毕节市七星关区

BIJIESHIQIXINGGUANQU

2012—2016 WUYEARBOOK **五年鉴**

七星关区人民政府 主办

中共毕节市七星关区委党史研究室
毕节市七星关区地方志编纂委员会办公室 编

方志出版社
Publishing House of Local Records

图书在版编目（CIP）数据

毕节市七星关区五年鉴. 2012—2016 / 毕节市七星关区地方志编纂委员会办公室编. —北京：方志出版社，2019. 2

ISBN 978-7-5144-3656-3

Ⅰ. ①毕… Ⅱ. ①中… Ⅲ. ①区（城市）—毕节—2012—2016—年鉴 Ⅳ. ①Z527. 34

中国版本图书馆 CIP 数据核字（2019）第 029116 号

毕节市七星关区五年鉴（2012—2016）

编　　者： 毕节市七星关区地方志编纂委员会办公室
责任编辑： 何明忠

出 版 人： 冀祥德
出 版 者： 方志出版社
地址　北京市朝阳区潘家园东里 9 号（国家方志馆 4 层）
邮编　100021
网址　http://www.fzph.org
发　　行： 方志出版社发行中心
电话（010）67110500
经　　销： 各地新华书店
印　　刷： 成都市标点制版印务有限责任公司

开　　本： 889×1194mm　1/16
印　　张： 33. 5
字　　数： 857 千字
版　　次： 2019 年 2 月第 1 版　　2019 年 2 月第 1 次印刷
印　　数： 001 ~ 500 册

ISBN 978-7-5144-3656-3　　　　定价：360. 00 元

《毕节市七星关区五年鉴（2012—2016）》编纂委员会

《毕节市七星关区五年鉴（2012—2016）》编辑部

主　　编	唐光启			
副 主 编	张正禄	周遵鹏		
编　　辑	谢安义	徐延娇	孔维勇	赵　敏
	胡妍娟	李　婧		
校　　对	唐光启	张正禄	周遵鹏	谢安义
	徐延娇	孔维勇	赵　敏	胡妍娟
	李　婧			
编　　务	杨　杰	杨伯祥		

编辑说明

一、《毕节市七星关区五年鉴（2012—2016）》是经毕节市七星关区委、区人民政府研究决定，由七星关区年鉴编辑部编纂出版，系统记述本行政区域2012至2016年度自然、政治、经济、文化、社会等方面情况的年度资料性文献，是具有公报性、权威性、资料性的大型工具书。其功能是“存史、资政、信息、教化”，其宗旨是“为建设有中国特色社会主义服务，为建设毕节试验区、振兴七星关区服务”。内容主要是记述2012至2016年度七星关区的基本情况、最新成就、重大事件、发展趋势等。本年鉴将为社会各界了解七星关、建设七星关、开发七星关和研究七星关提供全面、详实的区情资料。

三、本卷分为18个部分，即《大事记》《文件选编》《区概况》《领导名录》《政治》《军事国防教育》《法制》《经济管理与监督》《财政税务》《金融保险》《农业》《工业能源》《城乡建设环境保护》《交通通讯》《教育文化科技》《医疗卫生食品药品监督红十字会》《社会生活》《镇乡办事处概况》。各类目由分目和条目组成，分目在概述后，按“一事一条”的原则记述条目。

四、本卷按年度时限，客观、准确地记载全区各部门和各镇、乡、办事处贯彻落实党的方针、政策，实现国民经济持续、健康发展和社会全面进步的业绩。着重反映深化体制改革，扩大对外开放，加强三个文明建设的新举措、新发展、新成果、新经验以及出现的新问题，全方位、多角度、客观真实地反映七星关区的新面貌。

五、年鉴编辑力求资料收集、甄别、考证与资料的整理、利用、编辑同步进行。本卷所用稿件，均由区直各工作部门，各镇、乡、办事处及有关单位提供，并经主要领导审阅，单位签章。主要数据由统计部门提供，由于口径与资料来源不同，使用时请以统计部门为准。

六、本卷《七星关区五年鉴（2012-2016）》因资料报送时限要求和特殊原因限制，个别类目略有缺省。

七、编纂出版《七星关区五年鉴（2012-2016）》是一项复杂的文字工程，涉及面广，工作量大，时效性强。工作中，区委、区政府高度重视，各部门和各镇、乡、办事处全力配合。在此，谨向支持和关心《七星关区五年鉴》工作的各级领导及社会各界人士表示衷心的感谢！

《毕节市七星关区五年鉴（2012-2016）》编辑部

区四大班子主要领导

▲ 中共毕节市委常委、区委书记周荣（前排中）视察小河景区建设情况

▲ 中共毕节市委常委、区委书记宫晓农（前排左一）视察七星关区北大附校

▲ 中共毕节市委常委、区委书记崔英魁（左二）到碧海办丁家寨村调研

▲ 七星关区委副书记、区长刘建平（右一）在黔西北工业园区调研

▲ 中共七星关区委副书记、区长胡敬斌（中）到乡镇走访调研

▲ 七星关区人大常委会主任邓俊波作工作报告

▲ 七星关区人大常委会主任周延（右二）深入重点项目施工现场调研

▲ 七星关区政协主席吴坚在政协第一届毕节市七星关区委员会第五次会议开幕式上讲话

▲ 七星关区政协主席吴贤耀在政协第二届毕节市七星关区委员会第二次会议闭幕式上讲话

区委领导

▲ 中共七星关区委副书记聂忠智在“鸡鸣三省”缅怀先烈活动现场讲话

▲ 中共七星关区委副书记颜岭（左一）到团结乡调研脱贫攻坚工作

▲ 中共七星关区委常委、常务副区长胡书龙（左一）慰问困难群众

▲ 中共七星关区委常委、常务副区长安旺（左二）调研鸡鸣三省旅游景区

▲ 中共七星关区委常委、区委组织部部长郑荣在2015年组织工作会议上作工作安排

▲ 中共七星关区委常委、区纪委书记何友谊（左二）到团结乡草坝村走访群众

▲ 中共七星关区委常委、区人武部政委王华国（右一）到林口镇走访调研

▲ 中共七星关区委常委、区政法委书记吴安宁在办公室批阅文件

▲ 中共七星关区委常委、副区长唐兴全（左一）与乡镇签订目标责任书

▲ 中共七星关区委常委、区委办主任张铭（中）到德溪街道办事处调研

▲ 中共七星关区委常委、宣传部部长叶荣（右二）为何官屯镇猫猫洞村十星级文明户授牌

区人大领导

▲ 七星关区人大常委会副主任熊和先参加区人代会

▲ 七星关区人大副主任安慧（左一）到朱昌镇调研农业生产

▲ 七星关区人大常委会副主任张媛（左二）到三板桥街道办事处调研

▲ 七星关区人大常委会副主任胡家敬（前排右一）参加代表视察活动

▲ 七星关区人大常委会副主任张骅（中）到杨家湾镇调研

▲ 七星关区人大常委会副主任林学方（左一）调研城市建设

▲ 七星关区人大常委会副主任肖世华（前排中）在明钧玻璃调研

▲ 七星关区人大常委会副主任胡卫国（中）调研企业工作

▲ 七星关区人大常委会副主任吕艺华（前排右一）到阴底乡调研通村通组路建设情况

区政府领导

▲ 七星关区副区长周祖华（中）到亮岩镇飞轮村红心猕猴桃种植基地进行调研指导

▲ 七星关区副区长高守军参加民政工作会议

▲ 七星关区副区长付波（左二）调研老年活动中心

▲ 七星关区副区长杨黔（左一）在制衣厂生产一线调研

▲ 七星关区副区长胡卫国（前排左二）走访慰问群众

▲ 七星关区副区长王大庆（左四）查看清水铺产业扶贫项目

▲ 七星关区副区长刘鑫（右一）调研怡景新城项目建设

▲ 七星关区副区长严琪（左三）在创美农产品批发市场调研

▲ 七星关区副区长李萍（右二）到拱拢坪调研景区建设情况

▲ 七星关区政协副主席熊雄（前排左二）陪同新疆昌吉州政协到七星关区周驿茶场考察康养产业发展情况

▲ 七星关区政协副主席邓庆（左二）到海子街镇访问慰问贫困户、查看村级阵地建设

目　录

大事记

文件选编

区概况

领导名录

政　治

军事国防教育

法　制

经济管理与监督

财政　税务

金融保险

农 业

工　业

城乡建设　环保

交通　通讯　贸易

教育　文化　科技

卫生食药监督　人口计生

社会生活

镇乡办事处概况

大事记

2012 年

1 月

5 日　毕节市人民政府与重庆盈田置业公司在七星关区政府会议室举行项目建设签约仪式。市委书记秦如培在仪式上作讲话。市委副书记、市长张吉勇，市委常委、威宁自治县委书记杨兴友，市委常委、七星关区区委书记宫晓农，市人大常委会副主任、黔西县委书记范元平，副市长、织金县政府县长高青，市政协副主席、大方县委书记卢林，市长助理、毕节经济开发区党工委书记张涛，重庆盈田置业发展有限公司董事长卿兴旺及其施工方负责人出席了签约仪式。市委常委、常务副市长吴强主持签约仪式。卿兴旺分别与毕节经济开发区、七星关区、大方县、黔西县政府签署合作协议。签约资金达23 亿元。区委副书记、区长刘建平参加签约仪式。

11 日　市委常委、区委书记宫晓农在区委副书记、区长刘建平，区委常委、纪委书记周延，区委常委、常务副区长胡书龙，副区长付波等陪同下，先后到三板桥体育场、碧海大道二期工程、德溪新区、同心大道、草海大道以及黔西北工业园区等地调研。

12 日　全区 2012 年经济工作会议在区行政办公中心大礼堂召开。市委常委、区委书记宫晓农在讲话中全面总结 2011 年经济社会发展取得的成绩和经验，深刻分析当前面临的形势，提出 2012 年经济工作的总体要求和目标任务，对经济社会发展和加强党对经济工作的领导作了全面部署. 区委副书记、区长刘建平在讲话中对如何做好 2012 年经济 T 作提出要求，对 2012 年经济社会发展的具体工作进行全面安排部署。区委常委、常务副区长胡书龙主持会议。

13 日　市委常委、区委书记宫晓农率区委副书记聂忠智，区委常委、人武部部长王华国，区委常委、政法委书记、区公安分局局长吴安宁，区人大常委会副主任胡家敬，区政协副主席邹芝桦，在区民政局相关负责人陪同下，分别慰问了军分区、人武部、民兵应急分队、消防大队、消防特勤中队、消防二中队和驻地官兵以及老红军刘泽贵、一级残疾军人张保军。为驻地官兵送去慰问金以及猪、羊、酒、水果、汤圆粉、食用油等慰问品，为刘泽贵、张保军送去慰问金及新年祝福。

17 日　区委办、区政府办发出《关于撤市设区后机构更名和设立的通知》（七星党办字［2012］12 号）。根据国务院（国函［2011］130 号）、省政府（黔府发［2011］33 号）、《贵州省人大常委会关于同意对地级毕节市所辖县级毕节市政权机构更名的批复》、毕节地委（毕委［2011］178 号）精神，撤销县级毕节市，设立地级毕节市，地级毕节市设立七星关区。按照毕节地区机构编制委员会（毕地机编［2011）79 号）批复，对七星关区有关机构作更名和设立。将“毕节市XX办公室”更名为“七星关区XX办公室”。

18日 市、区领导春节慰问环卫工人仪式在爱民广场举行。市委常委、区委书记宫晓农出席会议并讲话，副市长宋丽丽，市政协副主席周应华、区委副书记聂忠智，区委常委、宣传部部长何友谊出席会议。此次慰问活动给环卫工人发放慰问金35万元。

20日 为确保城区交通秩序安全畅通，市委常委、七星关区委书记宫晓农率区领导王华国、吴安宁、安旺、胡家敬、周祖华、周光乔到公园路、拥军路等路段，就城区交通管理问题进行实地调研。区城管大队、交警大队等有关部门负责人陪同调研。

29日 市委常委、区委书记宫晓农在区行政办公中心九楼多媒体会议室主持召开区委常委办公会议（一届〔2012〕2号）。会议传达学习了省政协十届五次会议、全省宣传部长工作会议精神，研究了当前有关工作。区委领导刘建平、聂忠智、周延、胡书龙、吴贤耀、郑荣、何友谊、王华国、吴安宁、安旺出席会议。区人大、政府、政协及有关部门负责人列席会议。

2月

3日 致公党中央社会服务部副部长李万通率致公党中央考察组赴七星关区考察慰问。区委常委、统战部部长吴贤耀，副区长高守军，区政协副主席、教育局局长燕金祥陪同考察。

4日至5日 区委副书记、区长刘建平到六盘水对接洽谈TM绿色高效节能电机及电动汽车项目。

9日 七星关区委农村工作暨全区扶贫开发工作会议在区行政办公中心九楼大会议室召开。市委常委、区委书记宫晓农出席会议并讲话。区委副书记聂忠智就如何做好“三农”及扶贫开发工作作指导讲话。区委常委、常务副区长胡书龙代表区委农村工作领导小组与各镇乡签订《毕节市七星关区2012年度促进农民增收综合责任书》。宫晓农在讲话中要求，正视贫困，找出差距，从九个方面打好减贫脱贫“攻坚战”。

15日 省委政研室副主任陈朝伦，省委党校哲学社科部主任唐正繁，省委组织部组织处副处长裴佳丽，省委政研室社会处副处长程联涛一行赴七星关区就建设发展型党组织工作进行调研。区委副书记聂忠智，区委常委、组织部部长郑荣及市、区相关部门负责人陪同调研。调研组一行先后到市东办事处水西田社区、力帆骏马振兴集团等地调研。在市委组织部会议室召开的座谈会上，陈朝伦、聂忠智分别讲话。

16日 七星关区“07－53”卫星落区工作会议在区行政办公中心“八三”会议室召开。区委常委、常务副市长胡书龙出席会议并讲话，区人武部部长冉学荣出席会议并就相关事宜作安排部署。区直相关部门和落区工作任务所涉镇乡有关负责人参加会议。胡书龙与落区工作所涉镇乡相关负责人签订七星关区执行“07－53”卫星落区工作目标责任书。

21日 市委常委、区委书记宫晓农在区行政办公中心九楼多媒体会议室主持召开区委常委办公会议（一届〔2012〕4号）。会议传达学习了省市组织部长会议暨人才交流工作会议、省市基层组织建设年动员部署及全市干部教育培训工作会议精神，研究了朱昌农业科技产业园建设有关问题，审定了《中共毕节市七星关区委关于在创先争优活动中开展基层组织建设年活动深化发展型党组织建设的实施意见》、《关于开展“八学八增”行动提升干部发展能力的实施意见》、《毕节市七星关区“八学八增”行动2012年推进计划》、《毕节市七星关区2012年人才工作推进计划》等事宜。刘建平、聂忠智、周延、吴贤耀、郑荣、王华国、吴安宁、安旺、赵均壮、曾稳长等领导出席会议。吴坚等领导及有关部门负责人列席会议。

22日 市委常委、区委书记宫晓农，区委副书记聂忠智，副区长杨黔在区直有关部门负责人陪同下，到朱昌镇就现代农业产业园建设工作进行调研。

3 月

1 日　市委常委、区委书记宫晓农在区行政办公中心九楼多媒体会议室主持召开区委常委办公会议（一届［2012］5 号）。会议传达了 2012 年省禁毒委员会第一次全体会议、乌蒙山片区区域发展与扶贫攻坚启动会、全省第三次项目建设现场观摩会总结交流会、中央及省“严肃换届纪律、深入整治用人上不正之风”工作推进会议、全市党建扶贫暨集团帮扶工作电视电话会议和全市生态文明家园建设暨农村危房改造工作会议精神，学习省委书记栗战书关于信访工作的重要批示精神及其署名文章《科学发展在毕节试验区的探索与实践》. 研究部署了召开首届劳动力资源开发促进会、城市管理和“整脏治乱”工作、开展“三・八”节系列活动和消防大队领导班子建设有关问题，审定了有关方案。市委领导刘建平、聂忠智、吴贤耀、何友谊、王华国、吴安宁、安旺出席会议。邓俊波、吴坚等区几大班子有关领导及区直相关部门负责人列席会议。

8 日至 9 日　市委常委、区委书记宫晓农，区政协主席吴坚、副主席宋邦友就德溪新区一级土地开发、生态主题公园、德溪中学投资建设工作到重庆、泸州等地就投资企业实力及项目合作相关事宜进行考察和洽谈，区规划局、教育局、政协办有关负责人陪同考察。

16 日　市委常委、区委书记宫晓农在区行政办公中心九楼多媒体会议室主持召开区委常委办公会议（一届［2012］6 号）。会议传达学习赵克志省长在省公安厅《贵州公安信息快报》第 103 号上的批示精神及毕节试验区创新支农资金管理体制机制试验实施方案论证会精神，研究实施第二轮津补贴、全区卫生和食品药品安全工作会议、2012 年财政预算安排、全区招商引资工作动员大会有关问题等事项。区委领导刘建平、聂宗智、周延、胡书龙、吴贤耀、郑荣、何友谊、王华国、吴安宁、安旺出席会议。邓俊波、吴坚等区几大班子有关领导和区直有关部门负责人到席会议。

21 日　毕节万丰国际商贸城揭幕盛典暨市场联盟、品牌商家启动仪式在该项目现场接待中心举行。中国市场学会理事长、国家粮食局原局长高铁生，国家商务部市场体系建设司副司长孔令羽，国家日史编委会皇家文化研究院院长兼党委书记李捍东，中国市场学会副秘书长、商品批发市场发展委员会常务副主任朱勇毅及市、区领导秦如培、王琪、宫晓农、刘建平、吴坚等应邀出席揭幕盛典。刘建平、孔令羽等在会上分别作讲话。

27 日　区委办下发《关于在全区开展“三问”、“三解”联系群众活动的实施意见》（七星党办发［2012］3 号）。决定在全区开展“问民情、问民意、问民需”、“解民困、解民忧、解民怨”联系群众活动。要求全区干部职工“零距离”接触群众，“面对面”服务群众，做群众“贴心人”，促进社会和谐稳定，为实现“两年明显变化、五年大见成效、十年实现跨越”的目标提供有力保障，推动全区经济社会又好又快、更好更快发展。

4 月

4 日　市委常委、常务副市长吴强，市委常委、区委书记宫晓农，副区长周祖华在区安监局、长春堡镇相关负责人陪同下，到长春堡镇永佳煤矿督查安全生产工作。吴强、宫晓农对永佳煤矿地面工业广场布置、监测监控系统和抽取系统运行、矿级负责人人井带班、地方政府监管职责落实等情况进行全面了解检查，提出具体要求。

8 日　贵州毕节碧春酒业有限公司、中国苏商投资控股集团有限公司、毕节市七星关区人民政府等甲乙丙三方在区行政办公中心九楼多媒体会议室共同签订《碧春酒异地技改扩能项目建设框架协议》。甲乙双方投资 7 亿元，在七星关区合作开发碧春酒这一贵州知名白酒品牌，做大做强毕节白酒产业。市委常委、区委书记宫晓农主持签约仪式。区委副书记、区长刘建平出席签约仪式。副区长付波，黔西北产业园区管委会主任赵伟，碧春酒业有限公司董事长杨大愚，中国苏商投资控股集团有限公司董事长秦林元以及区招商局、工能局、发改局等相关部门主要负责人参加签约仪式。

21日　毕节·南山公园项目奠基仪式在城南新区隆重开幕。省政府副秘书长、参事室主任吴跃，市委副书记、市长张吉勇，市委常委、区委书记宫晓农，副市长宋丽丽，市政协副主席肖远福，致公党广东省委办公室主任范桂蓉，区人大副主任张骅，副区长唐兴全，区政协副主席邹芝桦出席奠基仪式。区委副书记、区长刘建平主持奠基仪式。

28日　修缮一新的毕节红军山烈士陵园对外开放。市人大常委会主任安金黎，市委常委、毕节军分区政委沈绍翔，毕节武警支队副政委邓万祥，区领导王华国、李丽、张媛、江晓燕等出席开园仪式。区委副书记聂忠智主持开园仪式。驻毕部队武警官兵、机关干部及大中小学生代表参加开园仪式。

5月

3日　省委宣讲团第十一次党代会精神报告会在七星关区行政办公中心九楼大会议室举行。省委宣讲团成员、省委党校副校长、贵州行政学院副院长汪建初作宣讲报告。区委常委、宣传部部长何友谊主持报告会。区四大班子在家领导，区直各部门及镇乡办事处主要负责人聆听宣讲。

6日　全区2012年特色小城镇建设工作第一次现场推进会在团结乡召开。市委常委、区委书记宫晓农出席会议并讲话，区委副书记聂忠智主持会议。区委常委、常务副区长胡书龙，区委常委、宣传部部长何友谊，区委常委、区委办主任安旺，区人大常委会副主任肖世华，区政协副主席江晓燕等出席会议，区直相关部门及各镇乡办事处主要负责人参加会议。

8日　省政协主席王正福在省政协秘书长李月成，毕节市委常委、七星关区委书记宫晓农、区政协主席吴坚的陪同下，到七星关区朱昌镇调研双堰"同心新村"建设情况。

11日　省委常委、市委书记秦如培在市委常委、区委书记宫晓农的陪同下，到毕节卷烟厂、雍阳路、碧海大道调研。秦如培强调，只有大开发才能加快建设步伐，只有大建设才能提高发展水平，只有大发展才能加速后发赶超进程，要用第七届贵州旅发大会精神全力推动各项工作，以优异成绩迎接党的十八大胜利召开。

25日至26日　全市项目建设现场观摩会议在七星关区召开。省委常委、市委书记秦如培带队观摩并在总结会上讲话。市委副书记、市长张吉勇主持会议并作总结讲话。市领导安金黎、郭正良、周荣、吴强、杨兴友、宫晓农、孔昌生、杨海琰、范元平、吴安玉、谢定敏、卢林、张涛出席总结会议。

27日　省委常委、市委书记秦如培接见由国画大师李昌中、当代著名书法家张宗彪率领的宇宙摇篮书画采风团赴七星关区采风组一行。区委副书记、区长刘建平，区委常委、宣传部部长何友谊及区委宣传部有关负责人陪同。

28日　毕节市商品综合批发市场开工暨西客运站奠基仪式在三板桥办事处茶亭村举行，区人大主任邓俊波宣读省委常委、市委书记秦如培发来的贺信。市委副书记周荣出席会议并宣布开工。市委常委、区委书记宫晓农致辞，区委副书记、区长刘建平主持仪式。区政协主席吴坚，区委常委、常务副区长胡书龙，副区长周祖华、唐兴全等出席仪式。

6月

5日　中国博士后西部服务团暨中国博士后毕节试验区挂职服务团启动仪式在七星关区举行。在中国博士后基金会的"牵线搭桥"下，11名挂职博士后和15名博士后西部服务团成员正式投向试验区建设。这是毕节市紧扣"三化同步"成龙配套引进高层次人才和急需紧缺人才的一个缩影。

9日　七星关区打击违法建设专项行动动员大会在区行政办公中心大礼堂召开。市区领导周荣，朱江华、宫晓农、刘建平、邓俊波、禄春燕、聂忠智、周延、胡书龙，市检察院、法院、公安局、组织部、住建局领导石子友、张玉梅、陈学银、邱旭忠、顾掌权等出席会议。市直、区直部门主要负责人，七星关区各镇乡办事处党政负责人、纪委书记、派出所所长、国土所所长、规划执法中队中队长，城区6个办事处、梨树、鸭池、海子街、小坝镇中心校校长及各村（社区）支书、主任参加会议。周荣、宫晓农、朱江华、石子友分别作讲话。刘建平对全区打击违法建设工作进行安排部署。

16日 夹岩水利枢纽工程（毕节库区）建设征地七星关片区实物指标调查启动会在区行政办公中心九楼大会议室召开。市委常委、区委书记宫晓农出席会议并讲话。省水勘院高级工程师周海、市移民局副局长唐学智及区领导吴安宁、李丽、胡家敬、张骅、付波、燕金祥出席会议。区直相关部门负责人、涉及工程规划淹没区及工程占地区的镇乡负责人参加会议。

7月

4日 市委常委、区委书记宫晓农，区委副书记聂忠智到区住房和城乡建设局检查指导小河彝寨提升改造设计工作。宫晓农一行观看了毕节市规划建筑设计研究院关于小河彝寨提升改造设计方案的幻灯片，并听取了区住房和城乡建设局负责人关于小河彝寨提升改造设计方案的情况汇报，提出了具体要求。

10日 省、市、区三级人大代表李文德、杨国兵、邓俊波、安慧、张媛、胡家敬、张骅、肖世华、王大庆、林学方等到七星关区视察。副区长高守军及区直相关部门负责人陪同视察。视察汇报会在区行政办公中心八楼会议室举行。高守军受区委副书记、区长刘建平的委托，代表区政府就七星关区公安网格化巡防工作、区人民医院的管理、中小学校食堂建设及农村义务教育阶段学生营养餐实施计划等情况向视察组作汇报。

16日 全区2012年教育工程项目推进会在区行政办公中心九楼大会议室召开。会议全面落实省委省政府2012年农村寄宿制攻坚工程建设、突破学前教育乡镇中心幼儿园建设和教师公租房建设项目工作。区委常委、纪委书记周延主持会议，副区长高守军、区政协副主席燕金祥出席会议。各镇乡、区直有关部门相关负责人，各镇乡中心校、中学和区直各学校校长参加会议。

23日 七星关区半年经济工作会议在区行政办公中心九楼大会议室召开。会议深入学习贯彻全省半年经济工作会议精神，认真分析七星关区上半年的经济形势，安排部署下半年的经济工作。市委常委、区委书记宫晓农，区委副书记、区长刘建平出席会议并作讲话。区委副书记聂忠智主持会议并安排部署防汛减灾等工作。区人大常委会主任邓俊波、区政协主席吴坚及区四大班子在家领导出席会议。各镇乡办事处、区直各部门主要负责人、部分民营企业家代表参加会议。

8月

1日 市委副书记、代市长陈昌旭在市委常委、区委书记宫晓农，市长助理、毕节经济开发区党工委副书记张涛，市政府秘书长杨新江等陪同下，先后到市第一、二小微企业创业园、毕节经济开发区，七星关黔西北产业园B区、A区，碧海新区、德溪新区等地，就小微企业创业园、产业园区及城市建设项目等进行调研。

5日 中共毕节市七星关区委常委（扩大）会议在区行政办公中心召开。会议传达胡锦涛总书记、贾庆林主席等领导同志关于毕节试验区的重要批示精神、传达学习胡锦涛总书记和习近平副主席在7月23日在省部级主要领导干部专题研讨班上的重要讲话精神和省委书记赵克志8月3日上午在省委常委扩大会议上的讲话精神和市委书记张吉勇在市委常委（扩大）会议上的讲话精神。市委常委、区委书记宫晓农出席会议并作讲话，区委副书记、区长刘建平主持会议。区委副书记聂忠智传达中央和省、市领导讲话精神，区领导邓俊波、吴坚、周延、胡书龙分别作发言．区四大班子成员、正县级以上离退休老干部、区法检“两长”及区直有关部门主要负责人、各乡镇办事处党政主要负责人参加会议。

7日 毕节市旅发大会筹备工作专题会议在区文体广电旅游局召开。市委常委、区委书记宫晓农，区委副书记、区长刘建平，区委副书记聂忠智，区委常委、区委办主任安旺，副区长唐兴全、高守军，区政协副主席江晓燕出席会议。区委宣传部、区文体广电旅游局、住建局、交通局、财政局等相关部门负责人参加会议。宫晓农、刘建平分别作讲话。

8日 由区委、区政府主办，大新桥办事处、区民宗局、区文化体育广播电视旅游局、区彝学会、龙和公司承办的七星关区彝族火把节开幕式在大新桥办事处小河彝寨举行。市委常委、区委书记宫晓农在开幕式上致欢迎辞。原毕节地区人大工委主任禄绍康，市人大副主任倪小兵，市政协副主席、市交通局局长安顺才及区在家四大班子领导出席开幕式。区委副书记、区长刘建平主持开幕式。区委常委、副区长李丽介绍火把节筹备工作情况。市、区相关部门负责人参加开幕式。开幕式后举行了文艺演出和篝火晚会，将彝族火把节活动推向高潮。

9日 全区民生建设公开公示网络监管暨移动短信平台正式运行启动仪式在区行政办公中心举行。市纪委副书记、监察局局长索绍新到会作指导讲话。区委常委、常务副区长胡书龙代表区委副书记、区长刘建平作讲话。区领导邓俊波、吴坚、聂忠智、周延、郑荣、何友谊、安旺、安慧、张媛、胡家敬、张骅、肖世华、林学方、邹芝桦、周光乔、周遵林及区法检"两长"陆川、徐永出席启动仪式。各镇乡办事处及区直相关部门负责人参加启动仪式。

16日 七星关区承办毕节市第六届旅发大会现场调度会在小河风景区接待中心召开。市委常委、区委书记宫晓农出席会议并讲话。区委副书记聂忠智主持会议。区委常委、宣传部部长何友谊，区委常委、政法委书记吴安宁，区委常委、区委办公室主任安旺，副区长周祖华、高守军，区政协副主席江晓燕出席会议。区直相关部门、大新桥办事处及龙合公司主要负责人参加会议。

20日 区政府发出关于印发《毕节市七星关区农村敬老院规范管理暨开展争创星级农村敬老活动实施方案》的通知（七星府通〔2012〕35号）。《方案》要求，要通过贯彻落实省、市有关文件精神和开展以"关爱·责任·形象"为主题的争创星级农村敬老院活动（关爱五保对象，强化保障责任·树立良好形象）。合理规划布局，着力转变建设管理理念，提高床位利用率，落实运转经费，健全完善制度，配齐配强管理服务人员，提高供养服务能力和水平，全面推动全区敬老院建设管理工作迈上新台阶。

9月

3日 翠屏片区综合环境整治（棚户区改造）项目启动仪式在翠屏社区举行。中国科协副主席、联合国国际生态生命安全科学院院士陈祥福等出席启动仪式。贵州省住建厅副厅长杨跃光宣布项目正式启动。出席启动仪式的市、区领导有李克明、宋丽丽、辜康乐、刘建平、邓俊波、胡书龙、安旺、宋邦友。仪式由聂忠智主持。毕节创美房地产开发有限公司董事长辜晓罗及相关市直、区直单位负责人参加启动仪式。副市长宋丽丽和区长刘建平分别作讲话。

16日 七星关区承办毕节市第六届旅发大会现场调度会在小河风景区接待中心召开。市委常委、区委书记宫晓农出席会议并讲话。区委副书记聂忠智主持会议。区领导何友谊、吴安宁、安旺、周祖华、高守军、江晓燕出席会议。区直相关部门、大新桥办事处及龙合公司主要负责人参加会议。

24日 主题为"'创新、跨越、发展'的中国，毕节试验区·七星大讲坛"在区行政办公中心大礼堂开讲。讲坛由中国国防大学战略咨询小组副组长、学科带头人、博士生导师王宝付主讲。讲坛由区委副书记聂忠智主持。区四大班子在家领导及镇乡办事处副科级以上领导、区直各部门相关负责人到场聆听。

26日 七星关区第三批建设项目集中开工仪式在黔西北工业园区隆重举行。市委常委、区委书记宫晓农出席仪式并宣布项目开工，区委副书记、区长刘建平出席仪式并致辞，区委副书记聂忠智主持仪式。区领导邓俊波、吴坚、周延、胡书龙、王华国、安旺、张骅、付波、邹芝桦等出席仪式。毕节市添钰动力科技股份有限公司董事长颜亨稳。副董事长、首席科学家殷天明，浙江卓越市政园林建设有限公司毕节分公司总经理朱国华，贵州省三联教育集团董事长肖开玉以及攀枝花市建筑机械化施工有限公司项目经理熊发云出席仪式；区直各部门相关负责人、海子街镇相关负责人参加仪式。

10 月

6 日至 7 日　中共中央政治局常委、国务院总理温家宝在云南彝良看望慰问地震受灾群众部署灾后重建后，来到毕节市考察。他先后到威宁自治县、赫章县、七星关区、大方县、黔西县，深入乡村、社区、工厂企业，就加快扶贫开发、生态建设、结构调整，推动经济社会又好又快发展进行调研，带来了党中央、国务院的亲切关怀。温家宝强调，贵州尽快实现富裕，是西部和欠发达地区与全国缩小差距的一个重要象征，是国家兴旺发达的一个重要标志。

12 日　市委副书记、市长陈昌旭，市委副书记周荣，市委常委、常务副市长胡吉宏率市第二轮项目观摩组到七星关区参观。市委常委、区委书记宫晓农，区委副书记、区长刘建平及部分县、区相关负责人陪同参观。陈昌旭一行到毕节经济开发区兴国实业有限公司，深入车间参观了汽车灯具、线束和座椅，以及 LED 节能灯、太阳能和风能小微型发电机组等，该公司负责人就项目投资和建设等相关情况向观摩组作详细汇报。在海子街镇黔西北工业园区添钰动力科技股份有限公司，陈昌旭等一行还参观了该公司企业厂房和刚生产出来的电动轿车。宫晓农、刘建平分别向观摩组介绍情况。

17 日　七星关区园区建设项目调度会在海子街镇召开。市委常委、区委书记宫晓农出席会议并讲话。区领导胡书龙、吴贤耀、何友谊、李丽、唐兴全、高守军、付波出席会议。区委组织部相关负责人、黔西北产业园区相关负责人及海子街镇主要负责人参加会议。宫晓农要求，全区上下一定要绷紧推进园区建设这根弦，重点在产业建设上下功夫。会前，与会领导还到园区实地查看项目建设情况；会议还对项目推进工作进行责任分解。

24 日至 25 日　市委常委、区委书记宫晓农率七星关区党政考察团到大方县、金沙县考察。区领导邓俊波、聂忠智、吴贤耀、郑荣、何友谊、安旺、高守军，黔西北产业园区管委会主任赵伟，区直相关部门及海子街镇有关负责人参加考察。24 日下午，宫晓农一行在大方县领导卢林、高兴全、张瀚时、葛传彦等陪同下，实地考察大方县食品药品工业园区和循环经济产业园区。25 日，宫晓农一行在金沙县领导丁翊强、黄文发、卢宏、王明初等陪同下，先后考察朗月集团煤机装备制造基地、古新安置社区、电子信息产业园、规划展览馆、皇冠纸面石膏板厂等。

29 日　国家教育部机关党委副书记、纪委书记王家勤在省教育厅机关党办副主任崔秀杰和市、区教育局相关负责人的陪同下。到鸭池镇中心校检查指导学生营养改善计划工作。王家勤指出，实施营养改善计划是促进学生健康成长、提升国民素质的一项普惠工程、民心工程，量大面宽，学校领导一定要充分认识做好此项工作的重要意义，确保把好事办实办好。

30 日　全区 2012 年特色小城镇建设第二次现场推进会在青场镇召开。区委副书记、区长刘建平出席会议并讲话，市住建局局长顾掌权出席会议并作指导讲话。会议由区委副书记聂忠智主持。区人大常委会主任邓俊波，区政协主席吴坚，区委常委、常务副区长胡书龙，区委常委、宣传部部长何友谊，区委常委、区委办主任安旺出席会议，区直相关部门负责人，各镇乡办事处负责人及现场千余名群众参加会议。

11 月

8 日　全国关注、举世瞩目的中共十八大在北京人民大会堂隆重开幕。宫晓农、刘建平、邓俊波、吴坚等区四大班子在家领导在区行政办公中心九楼电视电话会议室集体收看大会开幕式盛况。

14 日　市委常委、区委书记宫晓农在区人大主任邓俊波陪同下到小海路项目建设指挥部检查指导工作。

16 日 毕节市第六届旅游产业发展大会在七星关区小河景区隆重召开。会议强调，要大力实施“旅游兴市”战略，进一步明确目标任务，创新工作举措，努力把毕节建设成为贵州文化旅游发展创新先导区，为实现科学发展、后发赶超、在西部超常规崛起作出应有贡献。贵州日报、贵州都市报、当代贵州、贵州人民广播电台、中国新闻社贵州分社、金黔在线等多家新闻媒体参与报道此次旅游发展大会相关活动。

23 日 全区流浪未成年人救助保护和控辍保学工作紧急会议在区政协五楼会议室召开。市委常委、区委书记宫晓农出席会议并作讲话，区委副书记、区长刘建平，区人大常委会主任邓俊波，区政协主席吴坚出席会议。会议由区委副书记聂忠智主持。区委副书记禄春燕，区委常委、纪委书记周延，区委常委、常务副区长胡书龙，区委常委、统战部部长吴贤耀，区委常委、人武部政委王华国，区委常委、政法委书记吴安宁，区委常委、区委办主任安旺，区委常委、副区长李丽，区人大常委会副主任张骅、林学方，区政协副主席周遵林出席会议。各镇乡办事处和区直相关部门负责人参加会议。

27 日至 28 日 川滇黔三省九县（区）护林联防协作会第二十八次会议在洪山大酒店召开。贵州省森林防火指挥部，泸州市、宜宾市、昭通市、毕节市林业局相关领导到会指导。区委副书记聂忠智出席会议并致欢迎辞。区委常委、常务副区长胡书龙主持会议。区委常委、副区长李丽代表值班县（七星关区）向大会作报告。七星关区、赫章、叙永、珙县、筠连、兴文、镇雄、彝良和威信 9 县（区）的有关领导和代表参加会议。

12 月

1 日至 6 日 国家主席胡锦涛在贵州省委书记、省长赵克志陪同下，深入遵义、毕节、贵阳等地的企业、乡村和社区考察。在毕节期间，胡锦涛到力帆骏马振兴车辆公司等地考察调研。中共中央政治局委员、中央书记处书记、中共中央办公厅主任栗战书等领导一同考察。

5 日 市委常委、区委书记宫晓农到青场镇调研小城镇建设工作，青场镇党政主要负责人陪同调研。宫晓农在实地查看该镇小城镇建设现场，参观沙盘规划模型图，详细询问工程施工情况，并听取该镇党政主要负责人的相关情况汇报后指出，随着交通基础设施的不断改善，青场的区位优势更加突出，小城镇建设最突出、最成功的地方就是始终保持同人民群众的密切联系，要继续发扬。

11 日 七星关区开展省、市、区三级人大代表视察活动并召开汇报会。市委副书记周荣，区委副书记、区长刘建平，区人大常委会主任邓俊波，副主任安慧、张媛、王大庆、胡家敬、张骅、肖世华、林学方参加视察并出席汇报会。区委常委、常务副区长胡书龙就本区旧城改造、保障性住房、红色文化及度假旅游景点建设情况作了汇报。

22 日 七星关区“践行十八大·永葆纯洁性”党性宗旨教育活动动员大会在区行政办公中心大礼堂召开。区委副书记、区长刘建平出席会议并讲话。区四大班子在家领导出席会议。会议由区委副书记聂忠智主持。区委常委、组织部部长郑荣就全区“践行十八大，永葆纯洁性”党性宗旨教育活动进行安排部署。各镇乡办事处和区直各部门负责人、区内媒体记者共1000余人参加大会。

26 日 区委一届二次全体（扩大）会议暨全区经济工作会议在区行政办公中心九楼大会议室召开。在上午举行第一次全体会议上，市委常委、区委书记宫晓农出席会议并作《深入贯彻党的十八大和胡锦涛主席重要讲话精神为2018年全面建成小康社会而努力奋斗》的报告。区委副书记、区长刘建平主持会议。区委副书记聂忠智作关于《中共毕节市七星关区委关于深入学习贯彻党的十八大、胡锦涛同志重要讲话精神确保与全国全省全市同步全面建成小康社会努力建设富裕和谐美丽七星关的实施意见（讨论稿）》的说明，区委常委、常务副区长胡书龙作关于《中共毕节市七星关区委、毕节市七星关区人民政府关于开展“三创一建”工作的实施意见（讨论稿）》的说明。区四大班子在家领导、区委委员出席会议，不是区委委员的镇乡办事处党政主要负责人及区直各部门主要负责人参加会议。与会人员分组对大会报告及两个讨论稿进行讨论。

2013 年

1 月

8 日 市委常委、区委书记宫晓农到区交通运输局调研。宫晓农强调，要做好海子街镇擦枪岩村、八寨镇劳动村的通村油（水泥）路建设工作，要树立“安全第一、质量第一、时间第二”的理念，高标准设计、高质量建设，将这两条公路打造成为七星关区通村油（水泥）路的样板路、示范路，为推动农村经济社会发展、提高农村群众的生产生活水平、全面推进小康社会建设打下坚实基础。

14 日 全区 2013 年教育重点工作电视电话会议在区行政办公中心九楼电视电话会议室召开，区委副书记、区长刘建平出席会议并作重要讲话。区委常委、纪委书记周延主持会议，区人大常委会副主任张骅、区政协副主席燕金祥出席会议。会议通报了全区控辍保学、清理整治非法和违规民办教育机构、教育工程建设三个方面的工作情况，并就下一阶段的工作进行了安排部署。

17 日 区委副书记聂忠智，区委常委、副区长李丽到阴底乡检查指导核桃种植工作。聂忠智、李丽实地察看了阴底乡红星村核桃种植基地，认真听取了该乡负责人关于核桃种植工作情况汇报后指出，要结合实际理清产业发展思路，认真研究、分析当前形势，加大产业结构调整力度，有效提高群众收入水平；要立足核桃产业发展实际，结合当地气候、土壤等，科学规划，规范管理，确保种植工作收到实效。

19 日 毕节市七星关区第一届人民代表大会第二次会议在区行政办公中心大礼堂隆重开幕。大会常务主席宫晓农、刘建平、胡书龙、郑荣、安慧、张媛、王大庆、胡家敬、张骅、肖世华、林学方在主席台前排就座，大会常务主席、大会执行主席邓俊波主持会议。主席团成员吴坚、周延、吴贤耀在主席台前排就座。在主席台就座的还有：何友谊、王华国、安旺、江晓燕、周遵林、陆川、徐永等及主席团其他成员。

22 日 毕节市七星关区第一届人大常委会第七次会议在区人大常委会五楼会议室召开。区人大常委会主任邓俊波，区人大常委会副主任安慧、张媛、王大庆、胡家敬、张骅、肖世华、林学方出席会议，区委常委、常务副区长胡书龙，区人民检察院检察长徐永应邀列席会议。

2 月

4 日 区领导宫晓农、邓俊波、吴坚、王华国、安旺、张骅、杨黔、邹芝桦、王林中在区直相关部门负责人的陪同下，看望慰问驻区部队及武警消防官兵。向官兵们致以节日的问候和美好的祝愿，并为他们送去 14.15 万元慰问金和价值 28.5 万元的猪、羊、面粉、食用油等慰问物资。

8 日 宫晓农、邓俊波、吴坚等“四大班子”领导在区直相关部门负责人的陪同下，到区机要局、应急办、行政办公中心保卫科、市郊供电局、毕节热电厂、戒毒所、鸭池派出所、贵州燃气公司进行慰问，分别为各部门送去2000 元慰问金和两件水果。

20 日 中国人民政治协商会议第一届毕节市七星关区委员会第二次会议在区政协五楼会议室胜利闭幕。会议通过了《中国人民政治协商会议第一届毕节市七星关区委员会第二次会议决议》；宣读了《中国人民政治协商会议第一届毕节市七星关区委员会第二次会议提案审查情况报告》。

21 日 中国共产党毕节市七星关区第一届纪律检查委员会第三次全体会议在区行政办公中心九楼大会议室召开。市委常委、区委书记宫晓农出席会议并作重要讲话。区委常委、纪委书记周延主持会议并代表中国共产党毕节市七星关区第一届纪律检查委员会常委会作《努力开创反腐倡廉工作新局面为七星关区同步建设小康社会提供坚强保障》的工作报告。区纪委委员，各乡镇办事处、区直有关部门、各纪工委有关负责人参加会议。

3 月

4 日　市委常委、区委书记宫晓农在区领导胡书龙、郑荣、安慧、邹芝桦和区直有关部门负责人的陪同下，深入长春堡、杨家湾、撒拉溪等镇就七星关区美丽乡村试点建设、农村环境综合整治“四改一建”等工作进行调研并现场办公，确定七星关区毕威公路沿线今年重点建设的 4 个村寨，并明确相关建设事宜。

7 日　国家发改委网站发布《深入推进毕节试验区改革发展规划（2013—2020 年）》，提出进一步加大政策支持和资金投入力度，下断深化改革，扩大开放，确保毕节试验区与全国同步实现全面建成小康社会的宏伟目标，为全国贫困地区探索一条超常规的后发赶超之路。《规划》分为发展基础、总体要求、优化国土空间开发格局、构建现代化基础设施体系、加强生态文明建设、推进新农村建设、促进资源富集区转型发展、完善基本公共服务体系、提升对内对外开放合作水平、政策保障等十大板块。

15 日　市委常委、区委书记宫晓农到龙场营镇就小城镇建设、农业产业结构调整等进行调研。调研中，宫晓农一行实地察看了该镇小城镇建设现场，并详细了解交通、水利、新农村基础设施建设情况。

19 日　全区 2013 年招商引资工作会议在区行政办公中心九楼大会议室召开。市委常委、区委书记宫晓农，区委副书记、区长刘建平出席会议并分别作讲话，区人大常委会主任邓俊波，区政协主席吴坚，区委常委、统战部部长吴贤耀，区委常委、组织部部长郑荣，副区长付波出席会议。会议由区委常委、常务副区长胡书龙主持。区直各部门主要负责人、各乡镇办事处主要负责人、各驻外招商分局负责人参加会议。

23 日　全区农村环境综合整治、推进美丽乡村建设工作电视电话会议在区行政办公中心九楼电视电话会议室召开。市委常委、区委书记宫晓农在主会场出席会议并讲话，区委副书记、区长刘建平主持会议。区领导胡书龙、郑荣、张纯朴、安慧、林学方、邹芝桦、王林中在主会场出席会议，各乡镇办事处党委书记、区直部门负责人在主会场参加会议，各乡镇办事处相关负责人在各分会场参加会议。

4 月

1 日　市委常委、区委书记宫晓农在区委副书记聂忠智，区委常委、宣传部部长何友谊，区委常委、区委办主任安旺的陪同下，到朱昌镇调研农业生产工作。宫晓农一行详细了解蔬菜基地建设、杭州中南园林工程有限公司朱昌城市绿化苗木基地建设、农科所（泰丰园）建设、粮增工程基地建设和烤烟生产等情况。

3 日　区委副书记、区长刘建平到长春堡镇裸依村检查指导美丽乡村建设工作。刘建平详细了解美丽乡村工程建设进度情况后要求，在做好服务群众、改善民生的同时，要狠抓工程建设，确保如期完工。

15 日　区人民政府一届六次常务会议在区行政办公中心八楼中间会议室召开。区委副书记、区长刘建平，区委常委、常务副区长胡书龙，区委常委、副区长张纯朴，副区长周祖华、唐兴全、高守军、樊博及区政协副主席宋邦友，区长助理朱雅亮等参加会议。区移民局、工商局、金融办、规划局、国土分局、房征局及流仓桥办事处、鸭池镇等单位负责人列席会议。

27 日　七星关区阿市乡麻窝村山体滑坡引发的地质灾害共造成 8 名村民遇难，12 间房屋倒塌，125 人受灾，紧急转移安置群众 76 人，部分道路、耕地被毁，直接经济损失 300 多万元。灾情发生后，省委、省政府高度重视，省委书记赵克志、省长陈敏尔先后作出重要批示。市委书记张吉勇第一时间率区委、区政府主要领导及市、区相关人员赶赴事发现场安排部署施救，随后，市长陈昌旭也赶到现场，指挥救援。在“4·27”山体滑坡指挥部的统一领导下，当地党委、政府正积极帮助家属做好遇难者善后工作，妥善解决受灾群众生活，组织受灾群众开展灾后重建，受灾群众情绪稳定。

5月

7日 省教育厅党组书记、厅长霍健康在省教育厅相关负责人，市委常委、市委秘书长王开俊，副市长冉霞及市教育局负责人的陪同下到七星关区调研教育“9+3”计划工作实施情况，并召开调研座谈汇报会。区委副书记、区长刘建平，区委常委、纪委书记周延，区人大常委会副主任张骅，副区长高守军，区政协副主席燕金祥出席汇报会。区政府办、教育局等相关部门负责人参加汇报会。

20日 市人大常委会副主任李克明率市人大调研组赴七星关区调研城市管理工作并听取汇报。区委常委、宣传部部长何友谊，区人大常委会副主任安慧，副区长周祖华、高守军及区直相关部门负责人陪同调研或参加汇报会。

22日 全区2013年上半年宏观经济运行调度会在区行政办公中心八楼中间会议室召开。会议分析当前全区经济发展形势，研究部署下一阶段经济工作。区委副书记、区长刘建平主持会议并讲话，区委常委、副区长张纯朴，副区长高守军、樊博，区长助理朱雅亮出席会议。区政府办、统计局、发改局、财政局等区直相关部门负责人参加会议。

26日 第十五届中国科协年会“百场院士专家科普报告黔贵行”七星关区报告会在区行政办公中心大礼堂举行。中国科学院新技术开发局高级工程师陈贺能作了主题为“能源科技前沿概览”的科普专题报告。市委常委、区委书记宫晓农，区委副书记、区长刘建平，区政协主席吴坚及区四大班子在家领导，区直各部门、各乡镇办事处副科级以上领导干部到场聆听报告。

27日 省委巡视二组组长李彦芳率巡视组成员到七星关区就执行党的路线方针政策和省委、省政府的决策部署，贯彻落实科学发展观，党风廉政建设，干部选拔任用，推进同步小康创建等方面进行巡视检查，并于当日下午在区行政办公中心九楼大会议室召开巡视工作动员大会。市委常委、组织部部长文松波在大会上对巡视工作进行动员部署，市委常委、区委书记宫晓农主持大会并向巡视组作工作汇报。市纪委副书记龙厚群，区委副书记、区长刘建平，区政协主席吴坚及区四大班子领导、副县级干部出席大会。区直各部门、各乡镇办事处负责人参加会议。

6月

3日 市委常委、区委书记宫晓农，市委常委、政法委书记、公安局局长、试点办主任周全富在区委副书记聂忠智，区委常委、政法委书记、公安局局长吴安宁的陪同下，到朱昌镇调研社会管理创新试点工作。

18日 省民政厅基政处调研员古丽亚一行赴七星关区检查评估“农村社区建设实验全覆盖示范单位”工作并召开汇报会，区委常委、区委办主任安旺主持汇报会，副区长唐兴全及市、区民政局相关负责人陪同检查评估。汇报会上，检查组一行还观看了七星关区对“农村社区建设实验全覆盖示范单位”创建工作的相关视频。

28日 全区重大工程和重点项目在七星关经济开发区集中开工。区委副书记、区长刘建平出席开工仪式并讲话。刘建平要求，各职能部门、项目业主、施工单位要高度重视，采取强有力措施，在确保工程质量的基础上，千方百计加快项目建设进度，努力形成更多更大的实物工作量，确保完成260亿元、力争完成273亿元固定资产投资目标，为推动全区经济社会发展作出积极贡献。

30日 区委常委、宣传部部长何友谊到水箐镇慰问老党员，为该镇水箐村刘子书、邓明生、赵吉安和流水村张贵方、吴维中5位老党员每人送去300元慰问金。慰问中，老党员们表示，将一如既往地支持党委、政府的各项工作，积极发挥老党员的余热，将国家的各项惠民政策宣传到群众中去。

7 月

12 日　省委书记、省人大常委会主任赵克志带领2013年全省第二次项目建设现场观摩会第一组代表走进七星关区，看到了一个发展迅速、活力四射的城市；7月14日，省委副书记、省长陈敏尔带领2013年全省第二次项目建设现场观摩会第二组代表走进七星关区，也看到了七星关区新面貌、新形象。

13 日　中国科协常务副主席、书记处第一书记、党组书记申维辰率中国科协考察组到朱昌中学考察。省委常委、宣传部部长喻红秋，省人大常委会副主任谢庆生，市领导曾永涛、杨兴友、杨海琰、李玉平及区领导聂忠智等陪同考察。

21 日　区委副书记、区长刘建平，区政协主席吴坚，区委常委、常务副区长胡书龙，区人大常委会副主任安慧、林学方，副区长杨黔，贵州七星关经济开发区、碧海新区、德溪新区以及区直相关部门负责人一行23人前往金沙县，就园区建设、城市建设、现代高效农业示范园建设等多个方面进行考察。

26 日　毕节飞雄机场继北京之后的又一条航线的首飞成功，该航线为上海虹桥—毕节飞雄—昆明长水。市委常委、副市长孔昌生到飞雄机场接见了吉祥航空商务部总经理助理孙培兰和执飞该航班的毕节籍机长罗垒等机组人员。

30 日　在“八·一”建军节来临之际，区领导宫晓农、吴坚、王华国、安旺、安慧、张骅、周祖华、唐兴全、邹芝桦、王林中等率慰问组带着全区人民的深情厚谊和节日的问候，先后到毕节军分区、市武警直属大队、武警教导队、武警七星关中队、武警三中队、区人武部、消防大队、消防支队、消防特勤中队、消防一中队、消防二中队等地慰问驻毕部队、武警及消防官兵，为他们送去慰问金和慰问品。

8 月

1 日　市委常委、区委书记宫晓农在区委办、农牧局、水利局、民政局等相关部门负责人的陪同下到朱昌镇调研抗旱救灾工作。宫晓农一行实地察看了该镇山脚村坡顶、坡脚、小伍坪和漆丫等组的受灾情况。

3 日　全国政协副主席、致公党中央主席万钢在国家科技部副部长张来武，致公党中央副主席闫小培，致公党中央社会服务部副部长李万通，贵州省政协副主席、致公党贵州省委主委谢晓尧，贵州省政协秘书长李月成，省科技厅厅长陈坚等的陪同下赴七星关区考察调研。市委书记张吉勇，市委副书记、市长陈昌旭，市委常委、区委书记宫晓农，市委常委、市委统战部部长袁晓玉，市政协副主席杜娟，区政协主席吴坚，区委常委、区委统战部部长吴贤耀等陪同调研。

8 日　全区2013年半年经济工作会议在区行政办公中心九楼大会议室召开。市委常委、区委书记宫晓农，区委副书记、区长刘建平出席会议并讲话，区四大班子在家领导出席会议。会议由区委常委、常务副区长胡书龙主持。各乡镇办事处党政负责人、区直各部门主要负责人及部分企业负责人参加会议。

28 日　省委党史研究室主任徐静一行赴七星关区调研《贵州革命老区同步小康行》电视系列节目拍摄工作座谈会召开。区委副书记、区长刘建平，市委党史地方志办公室主任潘圣群，市委党史地方志办公室副主任高隆礼，区委副书记聂忠智，副区长付波出席座谈会，会议由区委常委、区委办公室主任安旺主持。区直相关部门负责人参加座谈会。

9 月

6 日　中国·毕节试验区·七星大讲坛专题讲座在区行政办公中心大礼堂举行，本期讲座的主题为“认清形势、把握形势、走群众路线”，由省委党校科社部副主任、贵州省行政学院政治学系研究生导师郝建主讲。区委常委、常务副区长胡书龙主持讲座，区四大班子在家领导，区直各部门、各乡镇办事处领导干部，当代贵州杂志社及区内外相关媒体记者聆听讲座。

14 日 七星关区首届“十佳青少年”颁奖典礼在毕节学院演播厅举行。区领导吴坚、聂忠智、胡书龙、胡家敬、张骅、唐兴全、宋邦友、燕金祥及团市委副书记罗培林等出席并为获奖者颁奖。

18 日 七星关区第九届村（居）“两委”换届工作会议在区行政办公中心九楼大会议室召开。区委常委、组织部部长郑荣出席会议并讲话，副区长唐兴全主持会议。各乡镇办事处党委书记、组织委员、分管民政工作的班子成员及区直各部门主要负责人、换届工作督查组、严肃换届纪律工作组的相关同志参加会议。

24 日 毕节市七星关区 2012 年—2022 年文化旅游产业发展总体规划评审会议在区行政办公中心八楼中间会议室召开，省旅游评审组在会上对七星关区旅游产业发展规划提出了宝贵的建议。区委副书记、区长刘建平，区委副书记聂忠智，区委常委、区委办主任安旺，区人大常委会副主任张骅，副区长唐兴全、高守军，天河风景名胜区管理处处长丁世远出席会议。市、区相关部门负责人及涉及旅游产业发展的乡镇主要负责人参加会议。

29 日 全区 2013 年“四在农家·美丽乡村”示范点建设座谈会在区行政办公中心九楼多媒体会议室召开。会议由区委副书记聂忠智主持。区领导胡书龙、吴贤耀、郑荣、安旺、张纯朴、安慧、张媛、唐兴全、高守军、邹芝桦出席座谈会。相关乡镇、街道办事处及区直相关部门负责人参加座谈会。

10 月

13 日 全区农村“两硬化”、产业结构调整暨小城镇建设工作现场推进会在野角乡召开。区委副书记、区长刘建平出席会议并讲话，区政协主席吴坚，区委副书记聂忠智，区委常委、区委办主任安旺，区人大常委会副主任安慧，副区长杨黔出席会议。各乡镇党委书记、乡镇长，观音桥、碧海、三板桥、大新桥街道办党工委书记和街道办事处主任及区直相关部门主要负责人参加会议。

16 日至 17 日 省委常委、省纪委书记宋璇涛到七星关区就派出机构统管、政务服务和设立乡镇民生项目监督特派组工作进行调研，并详细了解反腐倡廉警示教育基地、案件谈话室的建设及使用情况。省纪委常委、秘书长李豫贵，省纪委党风室主任史芸，市委书记张吉勇，市委常委、市纪委书记朱江华，区委副书记、区长刘建平，区委常委、区纪委书记周延及市纪委、区纪委有关负责同志陪同或参加调研活动。

20 日至 21 日 区委副书记、区长刘建平在区委常委、宣传部部长何友谊，区委常委、政法委书记、市公安局七星关分局局长吴安宁，区委常委、区委办主任安旺，副区长周祖华及区政府办有关负责人的陪同下到水箐镇调研并出席水箐镇村“两委”换届选举工作会议。

28 日 七星关区“贵州长寿之乡”验收汇报会在区行政办公中心八楼中间会议室召开，省老年学会会长、原省民政厅党组成员、副厅长陈如昌，省老年学会副会长、原省统计局副巡视员程邦嘉及省老年学会、省老龄办相关负责人一行对七星关区“贵州长寿之乡”申报工作进行考核验收。区委副书记、区长刘建平出席会议，区委常委、纪委书记周延主持会议，副区长唐兴全出席会议，区直有关部门主要负责人参加会议。

11 月

13 日 全区同步小康驻村工作暨党建扶贫工作座谈会在区行政办公中心八楼中间会议室召开。省政协办公厅副巡视员、七星关区同步小康驻村工作队队长李安立出席会议并讲话。区委副书记张智，区委常委、副区长张纯朴在会上对全区同步小康驻村工作和党建扶贫工作作了指导并指出了当前驻村工作存在的问题。区委副书记聂忠智主持会议。省、市派驻七星关区的同步小康驻村工作组和市委党建扶贫工作队驻村干部参加座谈会。

12 月

4 日 市委常委、区委书记宫晓农，在区委副书记聂忠智，区委常委、组织部部长郑荣，区委常委、区委办主任安旺，副区长张纯朴的陪同下到杨家湾就美丽乡村建设情况进行实地调研。

5 日　贵州省老年学会举行授牌仪式，授予七星关区“贵州长寿之乡”荣誉称号，同时获此称号的还有罗甸县。据了解，全区总人口 152 万人，60 岁以上人口就有 16.82 万人，占总人口比例的 11%，其中：80 岁以上老人有 2.19 万人，占 1.43%；100 岁以上老人有 64 位。全区人口平均寿命为 72.4 岁。

2014 年

1 月

6 日　全区经济工作会议在区行政办公中心召开。市委常委、区委书记宫晓农回顾 2013 年经济工作，分析当前全区经济形势，提出 2014 年经济工作的总体要求和主要任务。区委副书记、区长刘建平总结 2013 年工作，对 2014 经济工作进行安排部署。区政协主席吴坚及区四大班子在家领导、5 名县级退休老干部出席会议。会议分别由区委副书记聂忠智和区委常委、常务副区长胡书龙主持。外来投资企业和民营企业代表、区直各部门负责人、各乡镇街道办事处负责人在主会场参加会议，村“两委”负责人在各分会场参加会议。

9 日　全区 2013 年度目标考核汇报暨民主测评会议在区行政办公中心九楼大会议室召开。市考核组组长雷先用及考核组全体成员出席会议，会议由区委副书记、区长刘建平主持。区政协主席吴坚、区委副书记聂忠智等区四大班子在家领导及区人武部部长、区人民法院院长、区人民检察院检察长出席会议。市公安局七星关分局政委，七星关经济开发区副主任，天河风景区管理处书记、处长，各乡镇、街道办事处党政负责人，区真各单位主要负责人，“两代表一委员”各 6 名参加会议。

15 日　区委常委、组织部部长郑荣在区人口计生局和民政局主要负责人的陪同下，先后到生机镇耿官村、联合村、生机村、生机镇敬老院、葛铺村开展走访慰问活动，为部分贫困党员、老党员、空巢老人、二女结扎户、贫困孤儿及敬老院老人送去节日的问候和新春的祝福。

22 日　政协第一届毕节市七星关区委员会常务委员会第十次会议在区行政办公中心政协二楼会议室召开。会议由区政协主席吴坚主持。区委常委、副区长张纯朴，区政协副主席邹芝桦、王林中、周光乔、燕金祥、江晓燕、周遵林出席会议。区政协各办委负责人参加会议，区直相关部门负责人应邀参加会议。

24 日　在新春佳节即将来临之际，市委常委、区委书记宫晓农率区领导周延、安旺、安慧、邹芝桦走访慰问消防支队、消防一中队、消防特勤中队和武警支队、武警直属一中队、武警教导队、武警三中队、武警四中队、武警直属大队、警通中队的消防、武警官兵，为他们送去慰问金及猪、羊、食用油等慰问物资。区委办、区民政局相关负责人陪同慰问。

28 日　全市党的群众路线教育实践活动部署视频会议召开，市委书记张吉勇、省委第五督导组组长宋键三出席会议并作重要讲话，市委副书记、市长陈昌旭主持会议。区四大班子在家领导及各乡镇、街道办事处、区直部门主要负责人在七星关区分会场参加会议。

2 月

9 日　全区 2014 年第一季度经济运行分析会在区行政办公中心八楼中间会议室召开。会议对全区 2014 年第一季度固定资产投资及重大项目、招商引资工作、工业增加值等经济运行情况进行全面分析。市委常委、区委书记宫晓农出席会议并作重要讲话，区委副书记、区长刘建平主持会议。区委常委、常务副区长胡书龙，副区长周祖华、唐兴全、高守军、付波、杨黔出席会议。区招商与投资促进局、发展和改革局、统计局等相关部门主要负责人参加会议。

10 日　中国共产党毕节市七星关区第一届纪律检查委员会第四次全体会议在区行政办公中心九楼大会议胜利召开，市委常委、区委书记宫晓农出席会议并作重要讲话。区领导刘建平、吴坚、聂忠智、胡书龙、吴贤耀、郑荣、何友谊、王华国、吴安宁、安旺等出席会议。

20 日　中国人民政治协商会议第一届毕节市七星关区委员会第三次会议在区政协五楼会议室隆重开幕。宫晓农、周应华、刘建平、吴坚、周延、邹芝桦、王林中、周光乔、燕金祥、江晓燕、周遵林、吕艺华及区政协秘书长王安民在主席台前排就座。吴坚、邹芝桦、王林中担任执行主席。开幕式由邹芝桦主持。

21 日　七星关区第一届人民代表大会第三次会议在区行政办公中心政府礼堂隆重开幕。宫晓农、刘建平、吴坚、聂忠智、周延、胡书龙、吴贤耀、郑荣、何友谊、安慧、张媛、王大庆、胡家敬、张骅、肖世华、林学方在主席台前排就座。会议由主席团常务主席、大会执行主席周延主持。

23 日　毕节市七星关区第一届人民代表大会第三次会议圆满完成各项议程后在区行政办公中心大礼堂胜利闭幕。经过选举，周延同志当选为毕节市七星关区人民代表大会常务委员会主任，禄智华同志当选为毕节市七星关区人民法院院长，史开才、李启念、高美菊等同志当选为毕节市七星关区人民代表大会常务委员会委员。

27 日　国家禁毒办副主任王刚一行到七星关区检查指导工作并听取相关情况汇报。汇报会上，区委常委、常务副区长胡书龙向检查组一行汇报了七星关区三年来禁毒工作落实情况。

3 月

4 日　市委常委、区委书记、区委党的群众路线教育实践活动领导小组组长宫晓农到区委党的群众路线教育实践活动办公室，对活动的开展进行指导，并详细了解督导组在督导工作中发现的问题。区委常委、组织部部长、区委党的群众路线教育实践活动领导小组副组长、办公室主任郑荣汇报了相关情况。

6 日　区委副书记、区长刘建平在区委常委、区委办主任、区委宣传部部长吴贤耀，副区长樊博及区城管局、交通局、交警大队、七星关经济开发区等部门相关负责人的陪同下，到七星关经济开发区及城市中心区对城市绿化靓化、交通秩序、卫生环境等进行调研。

10 日　七星关区人民政府一届十次区长办公会在区行政办公中心八楼中间会议室召开。区委副书记、区长刘建平主持会议。会议研究讨论了全区地质灾害防治、城乡低保标准调整、扶贫生态移民、城市管理和安全生产工作等相关问题，传达学习全省、全市教育工作会议和全市卫生和食品药品监管工作会议精神，安排部署“全国先进文化县”复审等相关工作。区委常委、常务副区长胡书龙，区委常委、副区长唐兴全，副区长周祖华、高守军、付波、杨黔、樊博、张怡、房公波，区长助理朱雅亮及区政府办、监察局、发改局、财政局、法制办等区直相关部门主要负责人参加会议。

是日　全区党的群众路线教育实践活动调度会在区行政办公中心大礼堂召开。市委常委、区委书记宫晓农出席会议并作重要讲话，会议由区委副书记聂忠智主持，区委常委、组织部部长郑荣及区委党的群众路线教育实践活动各督导组组长出席会议。各乡镇街道党委（党工委）负责人，区直各部门主要负责人，区委党的群众路线教育实践活动各督导组成员，2014 年市直部门派驻七星关区同步小康驻村干部，2013 年及 2014 年区直部门派驻七星关区同步小康驻村干部参加会议。

18 日　市委常委、政法委书记、公安局局长周全富在市委政法委副书记、禁毒办主任史迅的陪同下到七星关区就禁毒及“阳光工程”建设工作情况进行调研。区委常委、政法委书记、毕节市公安局七星关分局局长吴安宁就七星关区禁毒工作及“阳光工程”建设情况作了汇报。

20 日　全国政协常委、副秘书长、致公党中央常务副主席蒋作君在致公党中央秘书长曹鸿鸣、致公党中央社会服务部处长高莺及贵州省政协副主席、致公党贵州省委主委谢晓尧的陪同下，到七星关区对工业、农业、教育、医疗等进行实地考察。市政协主席郭正良，市委常委、区委书记宫晓农，市委常委、副市长唐柳成，区政协主席吴坚，区委副书记聂忠智，副区长高守军等陪同考察。

21日 致公党参与毕节试验区建设工作扩大会议在大众国际酒店会议室召开。全国政协常委、副秘书长、致公党中央常务副主席蒋作君出席会议并作重要讲话，全国政协委员、致公党中央副主席闫小培传达了统一战线参与毕节试验区建设联席会议第六次全体（扩大）会议精神，会议由全国政协委员、致公党中央委员会秘书长曹鸿鸣主持。省政协副主席、致公党贵州省委会主委谢晓尧，市领导郭正良、胡吉宏、宫晓农、唐柳成，区领导刘建平、吴坚、胡书龙、吴贤耀、安旺、杨黔及致公党东部六省三市相关负责人出席会议。

4月

9日 区委常委会进行党的群众路线教育实践活动第七次集中学习，集中观看了影片《焦裕禄》并组织学习《面向未来的赶考——习近平总书记指导河北省党的群众路线教育实践活动回访记》。市委常委、区委书记宫晓农主持学习，区四大班子在家领导及区直部门相关负责人参加学习。

22日 东部十省市民盟组织参与毕节试验区建设第二次工作会议在七星关区隆重开幕。全国政协副主席、民盟中央常务副主席陈晓光出席开幕式并作重要讲话，全国人大常委、民盟中央副主席龙庄伟主持会议，贵州省副省长、民盟贵州省委主委何力致辞，农业部发展计划司副司长黄金龙，民盟中央社会服务部部长郭勇，市委书记张吉勇，市政协主席郭正良，东部十省市民盟组织相关负责人出席会议，市委常委、区委书记宫晓农汇报了全区经济社会发展情况，市、区各相关部门负责人参加会议。

28日 市督导组到七星关区检查指导通村油路（水泥路）建设工作座谈会在区行政办公中心八楼中间会议室召开，区委常委、组织部部长郑荣，区委常委、副区长唐兴全，副区长周祖华，区政协副主席周光乔出席会议，市、区有关部门负责人参加会议。

5月

5日 区人民政府一届十一次常务会议在区行政办公中心八楼中间会议室召开，会议研究讨论了农村安全饮水工程建设、义务教育均衡发展等问题。区委副书记、区长刘建平主持会议。区委常委、常务副区长胡书龙，区委常委、副区长唐兴全，副区长周祖华、高守军、付波、杨黔、樊博，区政协副主席邹芝桦出席会议，区直相关部门主要负责人参加会议。

8日 市、区两级联合集中督导七星关区通村油路（水泥路）建设工作反馈会在区行政办公中心九楼大会议室召开，市委常委、区委书记宫晓农，市委常委、市委组织部部长文松波，市人大常委会副主任李克明，副市长高青，市政协副主席秦天志，市政协副主席、市交通运输局局长安顺才，区委常委、区委组织部部长郑荣及副区长周祖华出席会议，涉及通村油路（水泥路）建设任务的乡镇街道主要负责人及区督导组成员参加会议，市政府副秘书长张春主持会议。

13日至14日 市政协主席会议视察组视察七星关区通村油路（水泥路）建设情况。区政协主席吴坚，区委常委、组织部部长郑荣，区委常委、副区长唐兴全，副区长周祖华，区政协副主席周光乔及区交通运输局、区通村油路指挥部办公室负责人陪同。

20日 区委召开常委（扩大）会议，传达贯彻习近平总书记在《中共贵州省委（关于毕节试验区建设发展情况的报告）》上作出的重要批示精神和省委书记赵克志关于贯彻落实习近平总书记重要批示的批示精神。市委常委、区委书记宫晓农出席会议并作重要讲话，区领导刘建平、周延、吴坚等区四大班子在家领导出席会议，区直各部门及各乡镇街道主要负责人参加会议。

21日 省委常委、省委组织部部长孙永春在市委书记张吉勇，市委常委、区委书记宫晓农，区委常委、组织部部长郑荣的陪同下，到撒拉溪镇兴隆村调研指导第二批党的群众路线教育实践活动和同步小康驻村工作。

29日　全区领导干部警示教育大会在区行政办公中心大礼堂召开。市委常委、区委书记宫晓农，市委常委、市纪委书记蒋兴勇及区四大班子在家领导出席会议。会议由区委副书记、区长刘建平主持。各乡镇街道、区直各部门班子成员，国有公司（企业）主要负责人，各副科级事业单位主要负责人参加会议。

6月

10日　省人大常委会原副主任徐敬原，省科委原主任朱奕庆，省人大常委会法工委原主任李丽双一行到七星关区对关工委工作进行调研。区委副书记、区关工委第一主任聂忠智向调研组汇报了七星关区关工委工作开展情况，区委常委、组织部部长、区关工委主任郑荣，区政协副主席、区关工委副主任邹芝桦及老领导周长琦、吴学香、陈烈耀、唐华清、陈安忠、丁西文、邱长辉、覃有遂、兰锦华、袁来明、聂绍伦、刘仕谦、肖云湘等陪同调研。

18日　习近平总书记关于安全生产重要讲话精神专题宣讲会议在区行政办公中心九楼大会议室召开。会上，市安监局调研员孙杰宣讲习近平总书记关于安全生产重要讲话精神，副区长周祖华传达了副市长马炼关于安全生产的讲话精神并对全区安全生产工作进行安排部署。

27日　全区创省级文明城市工作推进会议在区行政办公中心九楼大会议室召开。市委常委、区委书记宫晓农出席会议并讲话。区委常委、常务副区长胡书龙，区委常委、区委办主任、宣传部部长吴贤耀，区人大常委会副主任张骅，区政协副主席燕金祥、周遵林等出席会议。会议由副区长杨黔主持。区直各部门主要负责人，各乡镇、街道主要负责人，城区各企业主要负责人参加会议。

7月

6日　七星关区举行以“忠诚跟党走·敬业作奉献”为主题的第三届乌蒙国际旅游文化节系列活动——职工群众广场健康舞大赛。毕节市总工会党组书记、副主席陈明江，区委副书记聂忠智，区委常委、区委办主任、宣传部部长吴贤耀，区人大常委会副主任安慧，区政协副主席邹芝桦、燕金祥，市城管局副局长吴至衡观看演出，并为获奖者颁奖。

14日　全区妇女第一次代表大会在区行政办公中心九楼大会议室召开，市委常委、区委书记宫晓农出席开幕式并作重要讲话，区委副书记、区长刘建平祝词，市妇联党组书记、主席陈萍，区委副书记聂忠智，区委常委、组织部部长郑荣，区委常委、区人武部政委王华国，区委常委、区委统战部部长安旺，区人大常委会副主任安慧，区政协副主席邹芝桦等出席开幕式。当天下午，区委常委、副区长唐兴全出席闭幕式并讲话。

17日　全市防汛抗洪抢险救灾工作紧急电视电话会议召开，市委副书记、市长陈昌旭出席会议并讲话。市委常委、常务副市长朱江华主持会议。副市长马炼通报了当前全市自然灾害情况。市委常委、区委书记宫晓农，区委副书记、区长刘建平，副区长周祖华以及区直相关部门主要负责人在七星关区分会场参加会议。

8月

1日　全区半年经济工作暨民营经济发展、人口计生工作会议召开。市委常委、区委书记宫晓农，区委副书记、区长刘建平，区人大常委会周延等区四大班子在家领导出席会议。区委副书记聂忠智主持会议。

9日　七星关区第三届乌蒙国际旅游文化节开幕式在毕节国家森林公园拱拢坪景区举行。区委副书记聂忠智出席开幕式并讲话。市文广局局长李明泽宣布毕节市七星关区第三届乌蒙国际旅游文化节开幕。区委常委、区委办主任、宣传部部长吴贤耀主持开幕式。区委常委、人武部政委王华国，区人大常委会副主任张骅，副区长杨黔，区政协副主席燕金祥、江晓燕等出席开幕式。

14日 国家卫生计生委副主任王培安一行赴七星关区调研卫生计生工作。省卫生计生委主任王忠，党组副书记、副主任杨克勤，市委书记张吉勇，市委常委、区委书记宫晓农，副市长冉霞、李玉平，区委常委、区委组织部部长郑荣，区委常委、副区长唐兴全及有关部门负责人陪同调研。

26日 省政协副主席、省政协书画院顾问左定超，省政协书画院常务副院长张润生率省政协书画院知名书画家到七星关区开展“下基层·送文化·促发展”书画作品交流活动。市委常委、区委书记宫晓农，市政协副主席辜康乐，区委副书记、区长刘建平，区政协主席吴坚，区政协副主席邹芝桦、燕金祥等出席交流活动。

9月

11日 毕节市2014年新兵欢送大会在区政府大礼堂举行。市委常委、常务副市长、市征兵工作领导小组副组长朱江华宣布2014年度新兵起运，市委常委、市征兵工作领导小组副组长、军分区司令员敖卫致欢送词，区委常委、区人武部政委王华国主持欢送会，军分区参谋长、区征兵工作领导小组办公室主任何长明，副区长周祖华，区人武部部长柏松，接兵干部代表、武警成都支队代表周占中出席欢送会。

19日 市委常委、区委书记宫晓农在区委副书记聂忠智、副区长高守军的陪同下，到长春堡镇调研农业产业结构调整工作。宫晓农强调，当前，七星关区党的群众路线教育实践活动已到了整改落实的关键阶段，一定要一鼓作气，善始善终，善作善成，用经济社会发展的成果来检验活动成效、取信于民。

29日 市委副书记、市长陈昌旭调研城区交通拥堵时强调，交通拥堵问题，事关广大市民根本利益，七星关区要从通道、车辆、人、管理、执行等五个方面，抓住节点、突出重点，有的放矢，合理制定整改规划，着力改善交通环境，为广大市民提供方便。市委常委、区委书记宫晓农，副市长高青、市政协副主席安顺才，区委副书记、区长刘建平，区委副书记聂忠智，副区长周祖华、樊博及市直、区直相关部门、城区各街道办事处、德溪公司、新宇公司、融达路桥公司主要负责人陪同调研。

10月

13日 毕节城区道路交通拥堵暨综合环境治理工作动员大会在七星关区召开。市委副书记、市长陈昌旭出席会议并讲话。市委常委、七星关区委书记宫晓农主持会议。市委常委、市委政法委书记、市公安局局长周全富，市委常委、市委秘书长、市委宣传部部长王开俊，副市长冉霞出席会议。

21日 市委常委、区委书记宫晓农在区委副书记聂忠智，区委常委、区委办主任、区委宣传部部长吴贤耀的陪同下，率区财政局、生态办、水利局、交通运输局、农牧局、扶贫办等相关部门负责人到放珠镇天桥村现场办公，帮助天桥村解决群众急需解决的“六小工程”和产业发展问题。

23日 全区党的群众路线教育实践活动总结大会在区行政办公中心九楼大会议室召开，市委第一督导组组长、原地区人大工委主任禄绍康出席会议并作指导讲话，市委常委、区委书记宫晓农作重要讲话，区委副书记聂忠智主持会议。宫晓农强调，贯彻党的群众路线没有休止符，作风建设永远在路上，一定要注重领导带头，做到亲力亲为，一定要坚持依靠群众，做到群策群力，一定要加强督促指导，做到从严从实，一定要注重制度落实，做到抓常抓细，一定要发扬认真精神，做到善做善成，更加紧密地团结在以习近平同志为总书记的党中央周围，忠诚恪守“三严三实”，牢记总书记从严治党的八个要求，一心一意谋发展，聚精会神抓党建，奋力开创全区改革发展、同步小康的新局面。

11 月

5 日至 7 日　深圳市罗湖区区委书记、区人大常委会主任倪泽望，区委副书记、区长贺海涛率团赴七星关区开展对口帮扶工作并举行座谈会。市委副书记、市长陈昌旭，市委常委、区委书记宫晓农，副市长李玉平及罗湖区、七星关区四大班子相关领导陪同考察或出席座谈会，罗湖区有关部门，部分企业负责人及毕节市、七星关区有关部门负责人陪同考察或参加座谈会。

12 日　七星关区人民政府与深圳市新一佳超市集团有限公司战略合作签约仪式在区行政办公中心八楼中间会议室举行，深圳新一佳超市集团有限公司执行总裁李波涛、商品采购总监谢立新、高级采购经理王刚，区领导聂忠智、张媛、王林中、江晓燕出席签约仪式，副区长高守军代表区人民政府与李波涛签署《毕节市七星关区人民政府与深圳市新一佳超市有限公司战略合作协议》，区直相关部门负责人参加签约仪式。

20 日　区禁毒工作汇报会在区行政办公中心八楼中间会议室召开。省高级人民法院副院长李建，区委常委、常务副区长、区禁毒委副主任胡书龙出席会议，区人大常委会副主任张骅主持会议，区禁毒委成员单位相关负责人参加会议。

25 日至 27 日　在省党史研究室、市史志办相关负责人的陪同下，北京东方天鼎文化传播有限公司董事长魏宗谦一行赴七星关区，就拍摄以反应“鸡鸣三省”会议重大革命历史题材为主题的电影《乌蒙磅礴》进行前期考察，并召开座谈会。区委副书记聂忠智，副区长杨黔，区政协副主席邹芝桦出席座谈会，区直相关部门负责人参加座谈。

12 月

2 日　由省人大常委会副主任袁周率省人大环资委赤水河环保世纪行成员一行到七星关区，检查赤水河沿岸环境保护工作。市人大常委会副主任倪小兵、李克明，副市长高青，区人大常委会主任周延、副主任林学方，副区长付波及市、区相关部门主要负责人陪同。

18 日　贵州省委深化作风建设第二巡回督导组到七星关区督导检查工作，与区领导进行座谈并反馈督导工作开展情况。督导工作座谈会在七星关区经济开发区第二会议室举行。省质监局原党组成员、纪检组长、在职正厅级干部、省委第二巡回督导组副组长杨庆雄，市委常委、区委书记宫晓农，市委组织部常务副部长罗昌琪，区委副书记胡敬斌、聂忠智，区委常委、组织部部长郑荣，区委常委、区纪委书记何友谊出席会议。省委深化作风建设第二巡回督导组部分成员以及区委各督导组组长，市委、区委活动办相关负责同志参加座谈会。

30 日　七星关区 2014 年党风廉政建设责任制落实情况述评大会在区行政办公中心九楼大会议室召开。市委常委、区委书记宫晓农，区委副书记、区政府党组书记、副区长、代理区长胡敬斌作述职述廉述德报告。市纪委副书记、市监察局局长索绍新主持会议，市委 2014 年度党风廉政建设责任制落实情况第七检查考核组副组长、市委副秘书长张青杰及区四大班子领导出席会议。

2015 年

1 月

3 日　七星关区安全生产委员会成员会议在区行政办公中心八楼中间会议室召开，副区长周祖华出席会议，区教育局、环保局等安全生产委员会成员单位主要负责人参加会议。

5 日　七星关区议警议军议消防会议在区行政办公中心召开。市委常委、区委书记宫晓农出席会议并作重要讲话。区委副书记、代理区长胡敬斌主持会议。区领导周延、吴坚、胡书龙、吴贤耀、郑荣、王华国、安旺、何万学、周祖华、邹芝桦及区人武部部长柏松出席会议，武警毕节市支队七星关区中队、七星关区消防大队及区直有关部门负责人参加会议。

6日 七星关区经济工作会议在区行政办公中心九楼大会议室召开。会议的主要任务是认真学习贯彻落实中央和全省、全市经济工作会议精神，总结2014年经济工作，分析当前经济发展形势，部署2015年经济工作。

市委常委、区委书记宫晓农，区委副书记、代理区长胡敬斌作重要讲话，区人大常委会主任周延、区政协主席吴坚及区四大班子领导出席会议。会议由区委副书记聂忠智主持。各乡镇街道办事处和区直各部门主要负责人参加会议。

是日 七星关区党的建设工作会议在区行政办公中心九楼会议室召开。会议的主要任务是，深入贯彻中央、省委关于党委（党组）抓党建工作会议精神和市委党的建设工作会议精神，研究部署七星关区从严管党治党工作，全面提高党的建设科学化水平，为全面建成小康、全面深化改革、全面依法治区提供坚强的组织保证。坚持党要管党从严治党，提高党建工作水平。奋力打造跨越发展全面发展的首善之区。

市委常委、区委书记宫晓农作重要讲话。区人大常委会主任周延、区政协主席吴坚等区四大班子领导、区人民法院院长、区人民检察院检察长出席会议。区委副书记聂忠智主持会议。区直各部门主要负责人，各乡镇街道党委（党工委）书记、组织委员、宣传委员，党建办、群教活动主要负责人等参加会议。

7日 七星关区荒山绿化和新一轮退耕还林启动会在区行政办公中心九楼大会议室召开。市委常委、区委书记宫晓农出席会议并讲话。区委副书记聂忠智主持会议。区人大常委会副主任张媛，副区长高守军，区政协副主席王林中、周遵林等出席会议。区直相关单位负责人，各乡镇街道主要领导、分管领导、林业站站长，重点区域的村“两委”负责人及部分农业企业代表参加会议。

8日 七星关区社会各界人士代表座谈会在区委统战部会议室召开。区委常委、统战部部长安旺主持会议。非公界代表、宗教界代表、台胞台属代表、民盟盟员代表、致公党党员代表、党外干部代表、政协委员代表等应邀参加会议，区委统战部、区工商联、区民宗局等部门有关负责人参加会议。

14日 文朝荣先进事迹在中央电视台《新闻联播》播出，七星关区积极组织全区干部收看，再次掀起学习文朝荣精神的热潮。

17日 毕节市七星关区一届人大四次会议全体党员代表会议召开。市委常委、区委书记宫晓农出席会议并讲话。会议由区委副书记聂忠智主持。全体党员代表参加会议。

19日 毕节市七星关区第一届人民代表大会第四次会议圆满完成各项议程后在区行政办公中心大礼堂胜利闭幕。宫晓农、周延、胡敬斌、吴坚、聂忠智、胡书龙、吴贤耀、郑荣、何友谊、安慧、张媛、王大庆、胡家敬、张骅、肖世华、林学方在主席台前排就座。大会主席团全体成员在主席台就座。闭幕式由主席团常务主席、大会执行主席周延主持。会议应到代表351名，实到代表307名，符合法定人数。经过选举，胡敬斌同志当选七星关区人民政府区长。会上，周延向胡敬斌同志颁发当选证书。

19日至20日 贵州省政协副主席黄康生到七星关区调研帮扶工作并召开座谈会。省政协秘书长李月成、常务副秘书长肖向阳、副秘书长李跃荣、省农信社副主任汪洋、贵州银行副行长柴柏林等参加调研，毕节市委副书记、市长陈昌旭参加座谈会，市委常委、区委书记宫晓农陪同调研并参加座谈会。市政协副主席辜康乐，区委副书记、区长胡敬斌，区政协主席吴坚，区委常委、区委办主任、区委宣传部部长吴贤耀，区政协副主席江晓燕等参加座谈会。

26日 贵州省政协委员支持毕节市七星关区经济社会发展招商引资座谈会在省政协会议室召开。省政协副主席黄康生出席座谈会，市委常委、区委书记宫晓农系统全面地介绍了七星关区基本情况和对招商引资重点项目作了推介，来自省扶贫办、道路运输局、水利厅等部门的省政协委员，部分企业董事长为七星关区发展建言献策。区委副书记、区长胡敬斌，区政协主席吴坚，副区长付波及区招商局、发改局、扶贫办等部门主要负责人参加座谈会。

2 月

8 日　纪念“鸡鸣三省”会议 80 周年座谈会在七星关区召开，来自中央党史研究室、中国人民解放军军事科学院、云贵川三省党史研究系统的专家学者和毕节市直有关部门、遵义会议纪念馆、四渡赤水纪念馆、七星关区有关单位的负责同志齐聚一堂，共同回顾党的奋斗历程，重温党的光辉历史，弘扬伟大的长征精神，继承和发扬革命优良传统，为谱写革命老区改革发展的新篇章、践行中国梦凝聚正能量。

12 日　七星关区委副书记、区长胡敬斌在副区长高守军及区森林防火指挥部部分成员单位相关负责人的陪同下，先后到朱昌镇花厂村、鸭池镇石桥村等实地检查两镇的绿化造林和森林防火工作。在巡查过程中，胡敬斌强调，各乡镇街道要加强巡查，做到森林防火早发现早处置，确保森林平安。

13 日　中国共产党毕节市七星关区第一届纪律检查委员会第五次全体会议在区行政办公中心举行，市委常委、区委书记宫晓农出席开幕式并作重要讲话。区人大常委会主任周延，区委副书记、区长胡敬斌，区政协主席吴坚，区委常委、常务副区长胡书龙，区委常委、区委办主任、宣传部部长吴贤耀，区委常委、组织部部长郑荣，区委常委、人武部政委王华国，区委常委、统战部部长安旺出席会议。区委常委、纪委书记何友谊主持会议并作工作报告。

14 日　由毕节市人大常委会主任吴安玉带队的“绿化毕节”行动现场观摩会第二观摩组赴七星关区观摩。市委副书记胡吉宏，市委常委、市纪委书记蒋兴勇，市政协副主席秦天志，七星关区委副书记、区长胡敬斌，区委副书记聂忠智陪同。

16 至 17 日　在七星关区人民喜迎新春佳节之际，市委常委、区委书记宫晓农，区人大常委会主任周延，区委副书记、区长胡敬斌，区政协主席吴坚分别率队走访慰问春节坚守在工作岗位的干部职工，向他们致以新春问候和诚挚祝福，区领导郑荣、王华国、何万学、安慧、王大庆、张骅、肖世华、林学方、周祖华、高守军、周光乔、燕金祥、周遵林、吕艺华，区人民检察院检察长徐永、区人民法院院长禄智华及区直相关部门负责人陪同走访慰问。

28 日　七星关区政府 2015 年第一次全体会议暨廉政工作会议在区行政办公中心召开。区委副书记、区长胡敬斌主持会议并讲话。区委常委、常务副区长胡书龙，区委常委、副区长唐兴全，副区长周祖华、高守军、付波、杨黔出席会议。区委常委、纪委书记何友谊，区人大常委会副主任张骅，区政协副主席邹芝桦应邀出席会议。各乡镇乡镇长、街道办事处主任，区政府各组成部门主要负责人参加会议。

3 月

6 日　七星关区统一战线参与“绿化毕节”行动、“同心林”建设启动仪式在八寨镇金银山举行。区委常委、统战部部长安旺，区人大常委会副主任王大庆，区政协副主席周光乔、王林中出席。副区长高守军主持。致公党毕节市七星关区支部代表、民盟七星关区总支代表、光彩事业促进会代表，区委统战部、工商联、民宗局、八寨镇及部分党外代表等 100 余人参加植树。

7 日　七星关区委副书记、区长胡敬斌在区政府办、交通局、水利局等部门主要负责人的陪同下，到大银、林口等乡镇调研通村公路建设、旅游发展等工作。

8 日　毕节市委常委、常务副市长罗建强，副市长蒋从跃一行赴七星关区调研，并在区行政办公中心八楼会议室召开座谈会。区委副书记、区长胡敬斌，区委常委、常务副区长胡书龙，副区长高守军等陪同调研并出席座谈会。市政府办、消防支队、发改委、城管局、商务局等市直有关部门主要负责人，区直相关部门负责人陪同调研并参加座谈会。

12 日　贵州省双拥办副主任、民政厅副厅长邹志强率省双拥模范城考核组赴七星关区考评双拥模范城创建工作。毕节市委常委、区委书记宫晓农，市人大常委会副主任马培译，市长助理王建峰，市政府副秘书长骆丽红，区委常委、人武部政委王华国，副区长杨黔，区政协副主席周遵林，区人武部部长柏松及市、区相关部门负责人陪同检查并参加汇报会。

13日 七星关区刺梨产业发展研讨会在区行政办公中心九楼大会议室召开。贵州大学教授，省刺梨学会理事长樊卫国作刺梨产业发展主题报告。市委常委、区委书记宫晓农出席会议并作重要讲话。区委副书记聂忠智主持会议。副区长高守军，区政协副主席王中林、周遵林出席会议。区直相关部门、各乡镇街道主要负责人及企业代表参加会议。

26日 毕节市委常委、常务副市长罗建强赴七星关区调研区公安局业务用房项目开工建设情况，区委副书记、区长胡敬斌，副区长付波等陪同调研。

31日 “中国梦·七星大课堂”在区行政中心大礼堂举行。深圳首届社科普及专家、深圳市委党校文史部主任许剑波作了主题为“磨砺务实风·助推中国梦”的讲座。区委常委、区委组织部部长郑荣主持。区四大班子领导及各乡镇街道、区直部门相关负责人聆听讲座。

4月

10日 七星关区政策法规大宣传、矛盾纠纷大排查、社会治安大整治、安全生产大整顿专项行动动员会议在区行政办公中心九楼大会议室召开。市委常委、区委书记宫晓农出席会议并作重要讲话，他强调，开展此次专项行动是深化“平安七星关”、“法治七星关”建设的重大举措，是促进社会平安的有效途径，各级各部门要切实增强政治意识、责任意识，扎实工作，全面提升人民群众法治意识，引导广大人民群众依法维护自身合法权益，着力化解矛盾纠纷，维护社会治安秩序。

会议由区委常委、区委办主任、宣传部部长吴贤耀主持。区人大常委会副主任胡家敬，副区长高守军，区政协副主席周光乔、周遵林，区人民检察院检察长徐永等在主会场出席会议。

21日 贵州省水库和生态移民局赴七星关区督促检查和调研移民安置工作座谈会在区行政办公中心八楼会议室召开。省水库和生态移民局巡视员陈万桥出席会议并作重要讲话。区委副书记、区长胡敬斌主持会议。省水库和生态移民局相关负责人等省领导及区领导周延、王大庆、张骅、付波、燕金祥等出席会议。区移民局、国土局、放珠镇、田坝镇、阴底乡、杨家湾镇等相关成员单位主要负责人参加会议。

5月

1日 七星关区委副书记、区长胡敬斌一行深入龙场营镇调研。胡敬斌要求，龙场营镇要据实做好灾情的统计和上报工作，迅速组织技术骨干深入灾区指导群众开展灾后补损；要安置好受灾群众，并确保受灾群众日常生活得到保障；要进一步加大地灾隐患点排查和监控工作，做好应急预案，确保群众生命财产安全。

12日 七星关区经济运行分析会议在区行政办公中心八楼会议室召开。区委副书记、区长胡敬斌出席会议并讲话。区委常委、副区长唐兴全，区人大常委会副主任肖世华，副区长周祖华、付波，区政协副主席王林中，区长助理房公波及区直相关部门主要负责人参加会议。

14日 国家烟草专卖局局长凌成兴到七星关区田坝桥镇调研。毕节市委书记陈志刚，市委常委、七星关区区委书记宫晓农，副市长李玉平以及田坝桥镇主要负责人陪同调研。

26日至28日 贵州省委教育工委原副书记陈光文率省扶贫办机关党办工作员李彤，黔南州非公党工委办公室主任张弘等调研组一行到七星关区调研基层党建工作。毕节市委组织部副部长、党建办主任黄家忠，七星关区委常委、区委组织部部长郑荣，区委组织部副部长吴道国等陪同调研。

29日 七星关区“四在农家·美丽乡村”创建工作推进会议在区行政办公中心九楼大会议室召开。市委常委、区委书记宫晓农出席会议并讲话，区四大班子领导出席会议。会议由区委副书记聂忠智主持，区委常委、区委办主任、宣传部部长吴贤耀对《七星关区“四在农家·美丽乡村”创建三年行动计划》和《七星关区2015年推进“四在农家·美丽乡村”创建工作实施方案》作说明。各乡镇街道主要负责人和分管负责人，区直各部门主要负责人，全区2015年“四在农家·美丽乡村”创建村村支书或主任参加会议。

6月

1日　民盟浙江省委社会服务部部长赵为民赴七星关区长春堡镇干堰村调研。民盟贵州省委社会服务处副处长雷吉华，民盟毕节市委专职副主委吴玲娜，区委常委、统战部部长安旺，民盟七星关区总支主委、区政协副主席周光乔及区直相关部门负责人陪同调研。

2日　贵州省委党校副校长汤正仁一行到七星关区委党校调研。毕节市委党校党委书记王向东，区委常委、区委办主任、宣传部部长吴贤耀陪同调研。

5日　七星关区政府召开倒天河水库环境综合治理动员大会，区委副书记、区长胡敬斌强调，倒天河水库环境问题直接关系广大市民的饮水安全和身体健康，开展倒天河水库环境综合治理，加强库区环境保护，事关民生、刻不容缓。

7日　七星关地质灾害防治防汛暨安全工作生产紧急会议在区行政办公中心九楼大会议室召开。区委副书记、区长胡敬斌主持会议，并通报了纳雍县“6·06”地质灾害事故情况，传达学习了市委书记陈志刚，市委副书记、市长陈昌旭关于“6·06”地质灾害事故的重要指示和全市地质灾害防治紧急会议精神。区委副书记聂忠智、副区长周祖华分别就全区地灾防治、安全生产和防汛减灾工作进行全面安排部署。区直各部门主要负责人，各乡镇街道主要负责人、分管负责人及安监站、派出所、国土所有关负责人参加会议。

24日　贵州省高级人民法院机关党委书记赵福全、刑事审判第三庭副庭长陈垦等到七星关区联系指导帮扶禁毒工作，并在区行政办公中心八楼会议室召开座谈会。毕节市中级人民法院院长黄兴文，区委常委、区委政法委书记、区禁毒委副书记、区公安局局长何万学及区直相关部门负责人陪同并参加座谈会。

7月

2日　七星关区关爱留守儿童空巢老人残疾人工作电视电话会议在区行政办公中心召开。市委常委、区委书记宫晓农出席会议并作重要讲话。区委副书记、区长胡敬斌出席会议并传达了全市留守儿童、空巢老人、残疾人暗访督查情况通报会议精神，并对七星关区关爱留守儿童空巢老人残疾人工作进行安排部署。会议由区委副书记聂忠智主持。区委常委、副区长卜令冲及区“三关爱”工作领导小组成员单位主要负责人在主会场参加会议。各乡镇街道主要负责人和有关同志在分会场参加会议。

8日　七星关区城市管理大整治、文明素质大提升专项行动推动大会召开。会上，市委常委、区委书记宫晓农强调，开展城市管理大整治、文明素质大提升专项行动，绝不是为了应付检查、装点门面，更不是搞形式主义，走过场，而是要实实在在地为群众打造宜居宜业的生活环境。区委副书记、区长胡敬斌主持会议。

10日　贵州省人大常委会委员、省人大内司委主任委员郑荣率人大常委会执法检查组赴七星关区检查“一法一条例”，即《中华人民共和国消防法》、《贵州省消防条例》的贯彻实施情况。毕节市人大常委会主任吴安玉、七星关区人大常委会主任周延、副区长周祖华及市、区有关部门负责人陪同检查。

18日　贵州省委副书记、省长陈敏尔赴毕节市七星关区调研农村留守儿童关爱工作。他强调，要认真贯彻习近平总书记视察贵州时的重要指示精神，更加精准地抓好农村留守儿童关爱工作，让孩子们健康快乐成长。副省长陈鸣明参加调研。

30日　七星关区半年经济工作会议在区行政办公中心九楼会议室召开。市委常委、区委书记宫晓农，区人大常委会主任周延，区政协主席吴坚，区委常委胡书龙、吴贤耀、郑荣、何友谊、王华国、何万学、赵泽英、张建军出席会议并在主席台就座。区委副书记、区长胡敬斌作重要讲话，区委副书记聂忠智主持会议。区人大、区政府、区政协领导出席会议，各乡镇街道及区直各部门主要负责人参加会议。

是日 七星关区“三严三实”专题教育暨党风廉政建设集中专项整治推进大会在区行政办公中心九楼大会议室召开。市委常委、区委书记宫晓农强调，全区各级各部门一定要紧盯问题，持续发力，杜绝“僵庸懒浮散”等“不严不实”现象，坚决整治“为官不为”，始终做到不搞形式，不走过场。区人大常委会主任周延，区委副书记、区长胡敬斌，区政协主席吴坚，区委常委胡书龙、吴贤耀、郑荣、何友谊、王华国、何万学、赵泽英、张建军出席会议并在主席台就座。区委副书记聂忠智主持会议。区人大、区政府、区政协领导出席会议，各乡镇街道及区直各部门主要负责人参加会议。

8 月

3 日 七星关区委常委、区委办主任、宣传部部长吴贤耀在区委宣传部贯彻学习省委工作会议精神、全省“三严三实”专题教育暨党风廉政建设集中专项整治推进大会精神会上要求，区委宣传部干部要带头率先垂范，突出学习不放松、真抓实干不懈怠、遵章守纪不违规、提高素质不落伍，努力达到开口能说、提笔能写、问策能对、遇事能办。

11 日 七星关区“三关爱”工作会议在区行政办公中心召开。市委常委、区委书记宫晓农强调，开展“三关爱”工作，决不能搞一流的政策、二流的执行、三流的效果，更不能以会议贯彻会议、以会议落实会议，与会人员务必以高度负责的敬业精神和求真务实的工作作风，认真领会工作安排部署，切实抓好落实。区委副书记、区长胡敬斌，区委常委、区委统战部部长安旺，副区长杨黔、区政协副主席、市东街道党工委书记周遵林出席会议。区直相关部门、各乡镇街道主要负责人及各乡镇街道教管中心主任、中学校长，城区各学校校长参加会议。

14 日 毕节市委副书记、市长陈昌旭率队到毕节东客站、明均玻璃、金河化工、中石化麻园加油站等企业，就安全生产等工作进行督导检查。市委常委、区委书记宫晓农，市政府副市长马炼，市政府秘书长杨新江，副区长周祖华，市政府办，市区安监局、交通局等相关部门负责人参加检查。

16 日 湖南省洞口县县委书记艾方毅率考察组赴七星关区考察城市建设及管理、扶贫攻坚等工作。区委常委、常务副区长胡书龙，区委常委、区委办主任、宣传部部长吴贤耀，副区长周祖华及区直相关部门负责人陪同考察。

31 日 毕节市七星关区第一届人民代表大会常务委员会第二十九次会议在区人大常委会五楼会议室召开，区人大常委会主任周延出席会议。区委常委、常务副区长胡书龙列席会议。会议由区人大常委会副主任张骅主持。区人大常委会副主任安慧、张媛、胡家敬、张骅、肖世华、林学方及常委会组成人员出席会议。区人民检察院检察长徐永，区人民法院院长禄智华及区政府办、区委组织部相关负责人，区人大常委会机关不是常委的主任、副主任应邀列席会议。

9 月

6 至 9 日 中央统战部副部长、秘书长冉万祥率办公厅副主任章建敏等一行 6 人赴七星关区调研。省委常委、省委统战部部长刘晓凯，省委统战部常务副部长陈庆义，省中华职教社专职副主任、秘书长、省委统战部试验办主任罗国庆，市委书记陈志刚，市委常委、市委统战部部长尹恒斌，副市长冉霞，市长助理王建峰，市委统战部常务副部长谌贻勇，区委副书记、区长胡敬斌，区委常委、统战部部长安旺等先后陪同调研。

12 日 2015 毕节试验区城镇化建设项目推介暨房地产交易博览会举行。上午，城镇化建设项目推介会在市科技文化中心大剧院召开。市委副书记、市长陈昌旭作项目推介，市委常委、常务副市长罗建强主持会议。区委副书记、区长胡敬斌，区委常委、常务副区长胡书龙及各县区相关领导及企业代表参加推介会。

20日　国家民政部副部长邹铭率队赴七星关区调研失能老人养老体制和困境儿童分类保障制度的建立情况。贵州省民政厅厅长丁治学、巡视员甄燕驰，毕节市副市长冉霞，七星关区委副书记、区长胡敬斌及市区相关单位负责人陪同调研。

22日　七星关区精准扶贫现场观摩暨农业板块经济建设调度会在区行政办公中心八楼会议室召开。市委常委、区委书记宫晓农出席会议并讲话，区委副书记聂忠智主持会议，区人大常委会副主任张媛及区政协副主席王林中、周遵林出席会议。各乡镇街道、区直有关单位负责人参加会议。

是日　七星关区迎接全省群众安全感满意度测评工作部署会议在区行政办公中心九楼会议室召开。市委常委、区委书记宫晓农出席会议并讲话。区委副书记聂忠智主持会议，区委常委、政法委书记何万学，区人大常委会副主任胡家敬，区政协副主席吕艺华、周遵林及经开区副主任严琪出席会议，各乡镇街道、区直部门、毕节市公安局七星关分局负责人参加会议。

28日　毕节市2015年第三批重大项目集中开工仪式在碧阳湖畔举行。市委副书记、市长陈昌旭，市委常委、常务副市长罗建强，市委常委、统战部部长尹恒斌，七星关区委副书记、区长胡敬斌出席仪式。

10月

8日至11日　民盟中央社会服务部副部长段海溪一行在民盟贵州省委秘书长范祖燕的陪同下，赴七星关区和双山新区开展“同心助学”调研活动并召开座谈会。毕节市领导尹恒斌、冉霞，七星关区领导胡敬斌、安旺、杨黔、姜玲玲、邹芝桦、周光乔，双山新区相关负责人，市、区及乡镇相关部门负责人参加了此次活动。

10日　中国森林氧吧论坛在武汉国际园林博览园区长江文明馆会议中心举行，首批“中国森林氧吧”榜单发布，37个湿地公园、国家森林公园和自然保护区入选，毕节国家森林公园榜上有名。

13日　贵州省委第一常规巡视组赴七星关区巡视工作“回头看”动员会在区行政办公中心九楼会议室召开。省委第一常规巡视组组长曾长明讲话，市委常委、市纪委书记蒋兴勇讲话，省委巡视办罗勇同志就相关巡视工作提要求，省委第一常规巡视组副组长龙怀宪及巡视组成员出席会议。市委常委、区委书记宫晓农主持会议并汇报七星关区巡视整改工作开展情况。区委、区人大、区政府、区政协四大班子领导，区直各部门、各乡镇街道主要负责人参加会议。

19日　七星关区人民政府召开常务会议落实细化毕节市委陈志刚书记的重要指示精神，扎实抓好抓实民生工程项目建设。区委副书记、区长胡敬斌强调，贯彻落实市委陈志刚书记的重要指示精神要不折不扣，崇尚实干、务求实效；要立即对全区范围内民生领域工程项目建设、管理、运行、效益等情况进行自查自纠，迅速在全区开展一次民生项目建设大排查、大整改、大讨论活动。

22日　七星关区小城镇暨农业板块经济建设现场观摩会总结会在区行政办公中心九楼会议室召开。区委副书记、区长胡敬斌强调，此次会议的目的是自觉遵守省委、省政府“共谋发展新路、同步幸福小镇、打造贵州小城镇升级版”的主题精神，按照市委、市政府关于“决战贫困、提速赶超、同步小康”的一系列决策部署，坚持区域化、规模化、产业化、标准化的板块经济发展理念，将农业产业发展与扶贫开发相结合、产业培育和城镇建设相结合、城镇经济与板块经济发展相结合，统筹推进小城镇建设和“美丽乡村”建设，加快推进特色新型城镇建设步伐，打造符合我区区情的高效集群农业经济板块，坚决打赢科学治贫、精准扶贫、有效脱贫这场输不起的攻坚战。

26日　毕节市精准扶贫“一市五金多套餐”经验推广暨生态畜牧业板块经济推进会在七星关区召开。市委副书记李建出席会议并讲话，市委常委、区委书记宫晓农出席会议并致辞，市人大常委会副主任王炳荣、副市长李玉平、市政协副主席辜康乐出席会议。会议由李玉平主持。

27日　毕节市“四新”建设观摩活动暨军警民联合演习在七星关区举行。贵州省委常委、省军区司令员王盛槐，省军区参谋长洪晓荣率观摩团到七星关区观摩。毕节市委副书记、市长陈昌旭，市委常委、毕节军分区司令员敖卫，区委副书记、区长胡敬斌，毕节军分区政委张平，其他军地领导陪同观摩。

29日　七星关区留守儿童专项行动工作调度电视电话会议召开。区委副书记、区长胡敬斌出席会议并讲话。他强调，全区上下要充分认识做好留守儿童关爱救助工作的艰巨性、严峻性和持久性，切实增强工作的责任感、紧迫感和压力感，按照“七长、双线、九平台”工作措施，真正把留守儿童关爱救助保护工作放在心上、抓在手上，进一步抓实抓好建档立卡、信息平台、动态监管、救助保护、健康教育、学生安全等各项基础工作，健全“纵到底、横到边”的监测预防、监护保护体系，按照市留守儿童关爱救助保护工作领导小组办公室督查整改通知的要求，强化整改、强化实效，举全区之力，持之以恒地把留守儿童关爱救助保护工作抓实、抓好、抓出成效。

11月

5日　毕节市委副书记、市长陈昌旭率队到七星关区调研精准扶贫工作开展情况。市委常委、区委书记宫晓农，副市长李玉平，市政府秘书长杨新江，区委副书记聂忠智等陪同调研。

11日　毕节市七星关区2015年“11.11”老年人健步走大联动活动开幕式在爱民广场举行。市委常委、组织部部长文松波出席开幕式并讲话。市人大常委会副主任杨海琰、副市长李玉平、区人大常委会副主任张骅、副区长杨黔、区政协副主席吕艺华及老领导李效敬、吴学香、吕开邦、周长琦、熊和先等出席，市、区相关部门负责人参加开幕式。区委常委、组织部部长郑荣主持开幕式。

14日　七星关区农业板块经济建设及精准扶贫工作第一轮第二次现场观摩会召开。区委副书记聂忠智，区委常委、副区长赵泽英，区人大常委会副主任张媛，副区长胡卫国，区政协副主席王林中、周遵林，带领由各乡镇（街道）党委（党工委）书记、区直相关单位及区农商行主要负责人组成的观摩团，先后到海子街、层台、小吉场、阿市、普宜等乡镇，对农业板块经济和“一市五金多套餐”精准扶贫工作开展情况进行现场观摩，并在普宜镇召开座谈会。

21日　七星关区农村电子商务发展暨阿里巴巴农村淘宝项目千人启动电视电话会议在区行政办公中心九楼会议室召开，市委常委、区委书记宫晓农主持会议并作总结讲话，区委副书记、区长胡敬斌出席会议并讲话。会议强调，要贯彻落实国家、省、市关于电子商务发展的决策部署，进一步统一思想，提高发展电子商务的意识，举全区之力、集全区之智，以坚定的信心和有力的举措推动我区阿里巴巴农村淘宝项目发展。

30日　七星关区基层组织建设暨“规范·示范·典范”村（社区）创建工作现场会召开。市委常委、区委书记宫晓农，区委副书记聂忠智及区委常委、组织部部长郑荣率全区各乡镇街道党委（党工委）书记及区直相关部门负责人参观了观音桥街道红堰村、市东街道文峰社区、洪山街道拥军社区及长春堡镇清塘村基层党建亮点建设现场。

12月

7日　贵州省委第一常规巡视组向七星关区反馈巡视“回头看”情况。会前，巡视组组长曾长明、副组长龙怀宪向毕节市委常委、七星关区委书记宫晓农传达了中央、省委关于巡视工作的精神和要求，并反馈巡视“回头看”情况。曾长明代表巡视组向七星关区进行了反馈，宫晓农主持会议并作表态发言。

16日　贵州省2016年城市棚户区改造项目集中动工现场会毕节市分会场集中动工仪式在德溪新区棚户区改造项目建设点举行。市委副书记、市长陈昌旭宣布项目开工，市委常委、区委书记宫晓农主持仪式，国开行贵州分行副行长刘彩虹，副市长蒋从跃，区委副书记、区长胡敬斌及其他县（区）

政府（管委会）主要负责人出席动工仪式。

17 日　毕节市委常委、常务副市长罗建强，副市长蒋从跃一行赴七星关区调研城市建设工作。区委副书记、区长胡敬斌，区委常委、常务副区长胡书龙，区人民政府党组成员刘鑫及市、区相关部门负责人陪同调研，并在区行政办公中心八楼会议室召开座谈会。

19 日　中国民主同盟毕节市七星关区工作委员会成立大会在区行政办公中心九楼会议室召开。

民盟中央副秘书长、组织部部长陈幼平，民盟贵州省委专职副主委黄先明；毕节市政协党组书记、中共毕节市七星关区区委书记宫晓农，中共毕节市委常委、统战部部长尹恒斌，民盟贵州省委副主委、毕节市人民政府副市长冉霞，中共毕节市委统战部副部长、市联络联系办主任廖碧江，民盟毕节市委主委卢凤礼；七星关区人大常委会主任周延，七星关区政协主席吴坚，中共毕节市七星关区委常委、组织部部长郑荣，民盟中央宣传部编辑室副调研员、七星关区人民政府副区长姜玲玲，民盟毕节市委副主委、区政协副主席邹芝桦出席会议。中共毕节市七星关区委常委、统战部部长安旺主持会议。

21 日　交通运输部安全与质量监督管理司副司长黄勇、国家安全生产应急救援指挥中心副巡视员邸长勇率国务院安委会第六督查组成员，赴七星关区督查安全生产工作。省政府副秘书长周乐职，省安全监管局、省煤矿安监局局长李尚宽，副市长马炼，市政协副主席、市交通运输局局长安顺才，副区长周祖华及省、市、区相关部门负责人陪同督查。

2016 年

1 月

1 日　毕节市委书记陈志刚到七星关区同心城市公园、成贵铁何官屯特大桥项目建设工地，看望慰问一线工人，向广大建设者送去节日问候和新春祝福。

6 日　七星关区第一届人民代表大会常务委员会第三十二次会议在区人大五楼会议室召开。会议听取并审议《毕节市七星关区“十二五”国民经济和社会发展规划完成情况及“十三五”规划纲要编制工作情况报告》；讨论通过区一届人代会第五次会议相关事宜；对区人大常委会工作报告及2016 年工作要点进行讨论修改；通过暂停个别区人大代表职务的决定，并进行人事任免。

11 日　毕节市政协党组书记、区委书记宫晓农到生机镇调研易地扶贫搬迁及生态移民工作。

14 日　上午 9 时，政协第一届毕节市七星关区委员会第五次会议在区行政办公中心大礼堂隆重开幕，标志着我区“两会”正式拉开。受政协第一届毕节市七星关区委员会常务委员会委托，区政协主席吴坚作常委会工作报告。

15 日　毕节市七星关区一届人大五次会议在区行政办公中心大礼堂隆重开幕。区委副书记、区长胡敬斌向大会作《政府工作报告》（以下简称《报告》）。《报告》分为三大部分：一、“十二五”时期发展回顾；二、“十三五”时期的总体要求和主要目标；三、2016 年的主要工作。

16 日　毕节市七星关区第一届人民代表大会第五次会议在区行政办公中心大礼堂举行第二次全体会议。受区人大常委会委托，区人大常委会主任周延作《毕节市七星关区人大常委会工作报告》。

17 日　区委扶贫工作会议在区行政办公中心九楼大会议室召开。市政协党组书记、区委书记宫晓农出席会议并讲话。他强调，“决战贫困、提速赶超、同步小康”是“十三五”时期的中心工作，是我区当前最大的政治任务，是我们必须完成的历史使命，必须摆在经济社会发展的首要位置来抓实抓好。我们要准确把握形势、总结经验教训，进一步统一思想、凝聚共识，齐心合力、决战决胜，坚决打赢全区脱贫攻坚这场硬仗。

是日　全区 2015 年乡镇（街道）党委（党工委）书记、区直机关工委书记抓党建工作述职评议会议在区行政办公中心九楼大会议室召开。市政协党组书记、区委书记宫晓农出席会议并讲话，区人大常委会主任周延，区委副书记、区长胡敬斌，区政协主席吴坚及区委常委领导出席会议。市委组织部机关党委书记卢文蔚出席会议并作指导讲话。

26日 民盟中央社会服务部部长郭勇、民盟中央美术院画家鲁家宝一行，赴我区经济开发区考察毕节市瑞庆新型墙体材料有限公司发展情况。副区长姜玲玲，区政协副主席邹芝桦，区委统战部及区联络联系办等相关负责人陪同考察。

27日 市委常委、区委书记崔英魁在调研我区城市建设时强调，城市建设要坚持规划先行，高标准、严要求推进，建设与管理并重，进一步提高城市品位，全力打造宜居宜业七星关。

是日 民盟中央社会服务部部长郭勇率考察组赴长春堡镇垭关村寒泊羊养殖基地考察调研，并对民盟中央定向帮扶点长春堡镇干堰村进行慰问。副区长姜玲玲，区政协副主席邹芝桦、周光乔及区委统战部、区联络联系办、长春堡镇相关负责人陪同考察慰问。

2月

1日 七星关区党政领导班子党风廉政建设责任制落实情况暨述责述廉述德评议大会在区行政办公中心九楼大会议室召开。市委常委、市纪委书记蒋兴勇出席会议并讲话，市委常委、区委书记崔英魁代表七星关区党政领导班子就党风廉政建设责任制落实情况作述责述廉述德报告。

是日 市委常委、区委书记崔英魁，区人大常委会主任周延，区委常委、常务副区长胡书龙，区委常委、区委办主任、宣传部部长吴贤耀在区离退干局相关负责人的陪同下，走访慰问了我区老领导、老干部，送去了区几大班子对老干部的新春祝福和诚挚问候。

3日 市委常委、区委书记崔英魁，区人大常委会主任周延，区委常委、人武部政委王华国，区委常委、统战部部长安旺，副区长周祖华，区政协副主席江晓燕一行先后到区消防大队、环城北路消防中队、毕节军分区、武警中队、区人武部进行慰问，同时还看望慰问了伤残军人，向他们致以新春的慰问和节日的美好祝福。

4日 七星关区在外人才座谈会在福朋喜来登酒店五楼会议厅召开。七星关区籍在国家部委、省直机关、市级机关及在其它地区工作的领导同志、专家学者，在外发展和返乡创业的成功人士，齐聚一堂，共商七星关发展大计，共谋七星关振兴之策，共探七星关崛起之路，为七星关经济社会发展献计献策。

14日 上班第一天，市委常委、区委书记崔英魁，区委副书记、区长胡敬斌，区人大常委会主任周延，区政协主席吴坚及区四大班子领导、区直各部门主要负责人赴撒拉溪镇沙乐村，与当地镇、村干部一起开展义务植树活动，为沙乐村播下新绿。

17日 市委常委、统战部部长尹恒斌到我区调研并听取相关工作汇报。区委常委、统战部部长安旺陪同调研。市、区相关部门有关负责人参加调研。

22日 正值元宵佳节，市委常委、区委书记崔英魁来到林口镇“鸡鸣三省”会议遗址，缅怀革命先烈的丰功伟绩，学习传承红军艰苦卓绝的革命精神，对“鸡鸣三省”旅游景区建设的相关情况进行实地调研，并在林口镇召开座谈会。区委常委、常务副区长胡书龙，副区长杨黔及区直各有关部门负责人陪同调研。

25日 全区“决战贫困、提速赶超、同步小康”推进大会在区行政办公中心大礼堂召开。大会的主要任务是，深入贯彻落实党的十八大、十八届历次全会和省委十一届六次全会、市委一届七次、八次全会以及中央、省、市经济工作和扶贫工作会议精神，对2015年工作再回顾、再总结，对2016年各项工作再安排、再落实、再部署，特别是精准扶贫脱贫工作，组织动员全区上下统一思想、坚定信心，认清形势、决战贫困，凝心聚力、共建小康，推动全区工作再上新台阶、实现新跨越。

3月

1日 市委常委、区委书记崔英魁在碧阳、洪山街道调研城市建设时强调，要理顺街道工作职能，发挥好上传下达的作用；要正确工作定位，在服务群众中增强执行力和落实力；要强化思想认识，讲政治、顾大局，层层传导压力，形成全区一盘棋，将行动统一到区委、区政府的安排部署上来，奋力实现全区经济社会发展再上新台阶、再创新佳绩。

7 日　市委常委、区委书记崔英魁在麻园街道调研城市建设管理时强调，街道要进一步理顺工作职能，抓好征地拆迁、信访维稳等工作，积极配合相关部门搞好城市建设与管理；要正确工作定位，为党分忧，为民解难，尊重民情民意，创新工作方式方法，做到服务化管理；要强化思想认识，相互团结，相互支持，相互理解，心往一处想，劲往一处使，将思想统一到区委区政府的决策部署上来，共同推进全区经济社会健康、和谐发展。

8 日　市委常委、区委书记崔英魁在七星关经济开发区调研工业园区建设管理工作时强调，要整合资源，合理规划布局，发挥区位优势，探索发展思路，形成产业链条，实现连片发展，加快完善园区建设管理工作；要进一步加大招商引资力度，大力挖掘招商引资线索，广泛观察，重点培养，做到精准招商，重点引进一批高新技术型和劳动密集型企业；要千方百计解决融资难问题，制定时间表，深入企业，深入基层，沉下去、接地气，做到精准服务，努力把资源优势转化为经济优势，加快推进园区建设改造升级，实现建设管理制度化、规范化。

15 日　区委副书记、区长胡敬斌到撒拉溪镇龙凤村、杨家湾镇大埂子村，就“四在农家·美丽乡村”建设、春耕生产、板块经济进行调研，区政协副主席邹芝桦及撒拉溪镇、杨家湾镇主要负责人陪同调研。

16 日　中国地质科学院岩溶地质研究所专家到大银镇对月亮山石林调研。区政协主席吴坚，区委常委、副区长张建军，区政协副主席邹芝桦陪同调研，大银镇负责人参与调研。

18 日　市委常委、区委书记崔英魁，区委副书记、区长胡敬斌，区人大常委会主任周延，区政协主席吴坚及区四大班子领导带领区直机关、企事业单位、社区居民走进市东街道、市西街道、洪山街道和麻园街道背街巷道及楼群院落打扫环境卫生，开展了城区环境卫生“文明在行动、满意在毕节”活动，以实际行动呼吁广大市民共同参与保护环境卫生、改善人居环境工作。

19 日　七星关区“新三板”上市专题讲座在区行政办公中心九楼大会议室举行。胡敬斌主持讲座时强调，举行“新三板”专题讲座会，既是一次培训会，也是一次学习会，更是一次思想解放的会议。胡敬斌强调，要实现弯道取直跨越发展，必须从经济发展的最前沿突破。

22 日—24 日　民盟中央副主席龙庄伟在民盟中央社会服务部部长郭勇及民盟中央贵州省委秘书长范祖燕的陪同下到我区考察调研。市委常委、区委书记崔英魁，副市长、民盟贵州省委副主委冉霞，区委副书记、区长胡敬斌，区委常委、统战部部长安旺，副区长姜玲玲及市、区相关部门负责人陪同考察。

24 日　致公党中央副主席曹鸿鸣在致公党中央社会服务部部长李万通，致公党贵州省委专职副主委、致公党贵阳市委主委宋平，致公党贵州省委副巡视员史武钢的陪同下到我区调研。市委常委、七星关区委书记崔英魁，市人大常委会副主任马培译，七星关区区长助理朱雅亮陪同调研。

4 月

18 日上午　纪念中华苏维埃人民共和国川滇黔省革命委员会成立 80 周年座谈会在毕节举行。

贵州省政协副主席陈敏，中央党史研究室宣教局副局长任贵祥出席并讲话。中央党史研究室研究一部主任蒋建农，中央文献研究室原副巡视员、任弼时研究专家宋毅军，贵州省委党史研究室主任杜丹、副主任覃爱华，毕节市委书记陈志刚，市委副书记、市长陈昌旭，市领导李建、王开俊、敖卫、崔英魁、杨海琰、李玉平、杜娟，以及红军长征经过的 11 省（市、区）党史研究室负责人，红二、六军团将士亲属、老红军代表出席。

19日 市委常委、区委书记崔英魁到海子街镇、碧海街道调研农业产业结构调整暨镇域经济发展。

25日 “中国梦·七星大课堂”在区行政办公中心大礼堂开讲，贵州省社会主义学院原巡视员吴愿学作了主题为“深化‘三大主题’认识·推进‘四个高地’建设”的专题讲座。

29日 区政协主席吴坚到朱昌镇宣讲统一战线聚力脱贫攻坚暨多党合作参与毕节试验区建设座谈会和省委常委会议精神。

5月

3日 区委副书记、区长胡敬斌到海子街镇就农村留守儿童关爱保护、精准扶贫、易地扶贫搬迁、美丽乡村建设、法治毕节创建等工作进行调研。

9日 民盟贵州省委秘书长范祖燕、社会服务处处长李智一行深入我区长春堡镇干堰村调研精准扶贫工作，与干堰村村民齐聚一堂，共话干堰发展。民盟毕节市委专职副主委吴玲娜及长春堡镇党政负责人陪同调研。

是日 国家林业局原党组副书记、副局长，中国油用牡丹专家委员会主任李育材率调研组到我区撒拉溪镇金龙中药材种植农民专业合作社，就油用牡丹产业发展情况进行了专题调研。

11日 受市委书记陈志刚委托，市委常委、区委书记崔英魁率七星关区、织金县、百里杜鹃管理区党政考察团赴仁怀市，就仁怀市旅游产业发展、城市建设和茅台古镇建设进行考察学习。

16日—17日 全国检察机关队伍建设工作会议暨第六届全国先进基层检察院表彰大会在北京召开。毕节市人民检察院获得第六届“全国检察机关基层检察院建设组织奖”，七星关区人民检察院荣获“全国先进基层检察院”称号，这是七星关区人民检察院继2009年、2011年之后，第三次获得该殊荣。

17日 全区乡镇领导班子换届工作会议在区行政办公中心九楼大会议室召开。市委常委、区委书记崔英魁出席会议并讲话，区委副书记、区长胡敬斌，区人大常委会主任周延，区政协主席吴坚，区委副书记聂忠智，区委常委胡书龙、吴贤耀、郑荣、何友谊、王华国、何万学在主席台前排就座，乡镇领导班子换届工作督导组组长安慧、张媛、胡家敬、张骅、肖世华、刘鑫、燕金祥、江晓燕、周遵林、吕艺华、禄智华、徐永在主席台就座，各乡镇（街道）党政正职、人大主席（主任）和区直部门主要负责人参加会议。

是日 市委常委、区委书记崔英魁在区委领导读书班专题辅导报告会上强调，要严格按照省委、市委的指示要求，不懈努力，踊跃参与，践行“三大主题”，构建“四个高地”，全力打造毕节试验区改革发展升级版，奋力实现跨越振兴“七星梦”，为中华民族的伟大复兴贡献力量。

是日 CCTV－发现之旅频道《谁不说俺家乡好》栏目组导演、栏目总监王英迪，制片主任、编导李聪率摄制组赴我区拍摄纪录片《中国古彝最后的土司庄园》。

25日 全区2016年城镇棚户区改造工作推进大会在区行政办公中心九楼大会议室召开。市委常委、区委书记崔英魁出席会议并讲话，区委副书记、区长胡敬斌出席会议并就棚户区改造工作作了安排部署，区人大常委会主任周延，区委常委、区委统战部部长安旺，区委常委、政法委书记、区公安分局局长何万学，区人大常委会副主任肖世华、林学方，副区长周祖华、刘鑫，区政协副主席王林中、江晓燕、周遵林，副县级领导丁世远、赵敏及区直各部门主要负责人、各乡镇街道主要负责人、区棚改办相关人员参加会议。会议由区委常委、区委办主任、区委宣传部部长吴贤耀主持。

5月31日—6月1日 市委常委、区委书记崔英魁到江苏省无锡市、浙江省杭州市考察物联网技术应用、电力电缆制造、环保设备制造等企业。市工能委主任张涛，市投资促进局局长胡奇文，副区长严琪，七星关经济开发区管委会副主任陈俊，贵阳银行毕节分行、区投资促进局主要负责人陪同考察。

6 月

5 日　区委副书记、区长胡敬斌来到田坝镇、普宜镇，对精准扶贫、留守儿童关爱、易地扶贫搬迁、水库移民搬迁等工作进行调研。

14 日　区委常委、区纪委书记易晓华在有关人员的陪同下，深入团结乡调研易地扶贫搬迁、精准扶贫再识别、民生监督等工作，并实地查看了该乡部分小学安全隐患和地质灾害点，针对存在的困难和问题，现场提出整改落实意见。

15 日　根据市委安排，市委常委、组织部部长文松波，市政协党组副书记、副主席杜鹃带队到我区调研督导换届工作。

17 日　市委书记陈志刚在调研我区棚户区改造工作进展情况。

18 日　市委常委、区委书记崔英魁在全区 2016 年城镇棚户区改造调度会上强调，全区上下要全面认真学习贯彻市委书记陈志刚在调研我区棚户区改造工作时的重要讲话精神，切实将思想统一到区委、区政府的决策部署上来，坚决打赢这场输不起的棚改攻坚战。

21 日　市委常委、区委书记崔英魁到大银、对坡、何官屯等镇调研指导精准脱贫工作。

27 日至—29 日　市委常委、区委书记崔英魁带队前往北京，向致公党中央、农业部发展计划司汇报我区 2016 年上半年工作开展情况和全区经济社会发展情况。

28—29 日　区政协副主席王林中率区贫困户核查识别工作督导组到阿市、普宜、大屯、龙场营、田坎等乡镇督导精准识别工作，查看各乡镇精准扶贫、精准脱贫工作推进情况。

6 月 29 日—7 月 2 日　区政协副主席江晓燕、提名副主席人选邓庆及政协办、智力支边办，区林业局、农牧局等相关部门负责人到黔西南布依族苗族自治州、广西壮族自治区考察养蜂业发展情况。

30 日　区一届人大常委会第 36 次会议在区人大五楼会议室召开，区人大常委会主任周延，区人大常委会副主任张骅、肖世华、林学方出席会议。市委提名的区人大常委会副主任人选、区人大常委会党组成员吕艺华，副区长刘鑫，区人民法院院长禄智华，区人民检察院代理检察长刘永，区政府办、区发改局等相关部门负责人，部分乡镇人大主席（街道办事处人大工委主任）应邀列席会议。会议分别由区人大常委会副主任张媛、胡家敬主持。

7 月

2 日　全区庆祝建党 95 周年暨“七一”表彰大会在区行政办公中心大礼堂隆重召开。市委常委、区委书记崔英魁发表重要讲话，区委副书记、区长胡敬斌主持会议。区四大班子领导及县级领导干部出席会议。。乡镇街道党政正职、组织委员（或分管领导），区直各部门主要领导和分管党务工作的领导，荣获表彰的优秀党支部书记、优秀共产党员、优秀党务工作者及先进基层党组织负责人，离退休老同志代表及非公企业和社会组织负责人代表参加会议。

13 日—16 日　区政协主席吴坚、副主席江晓燕率部分政协委员到仁怀市、赤水市、重庆合川区考察调研精准扶贫工作情况，学习产业扶贫、旅游扶贫等方面的先进经验。。

14 日　七星关区在区行政办公中心九楼大会议室召开新任领导干部警示教育会议。区委常委、组织部部长王晓园出席会议并讲话，区直相关部门负责人及各乡镇街道新任领导干部参加会议。

18 日　市委常委、区委书记崔英魁带队前往北京，向民盟中央汇报我区 2016 年上半年工作开展情况和全区经济社会发展情况。民盟中央副主席龙庄伟、社会服务部部长郭勇亲切接见了崔英魁一行。区委常委、统战部部长袁媛，副区长姜玲玲陪同。

19 日　2016 年全省第二次项目建设现场观摩会拉开序幕。当日下午，由省委常委张广智、慕德贵、王盛槐、王晓光等省领导率领的观摩团第二组走进我区，实地观摩有关项目建设，以项目为触点感受毕节跨越赶超的最新脉动。

23 日　由市委副书记、市长陈昌旭率领的全市工业项目建设现场观摩团第二组走进我区，实地观摩智能制造、新型工业、电子商务等项目，聚焦民营经济发展和大数据应用，实地感受企业转型升级后带来的最新成果。

29日　带着区委、区政府和全区人民的深情厚谊，市委常委、区委书记崔英魁率区四大班子领导冒着高温酷暑，先后来到驻我区各部队，看望慰问部队官兵，向全体官兵致以节日祝贺和崇高敬意，感谢官兵们为维护地方社会稳定和经济社会发展作出的重大贡献，与官兵们共同庆祝中国人民解放军建军89周年。

8月

1日　七星关区中华职教社成立大会在区政协五楼会议室召开。市委常委、区委书记崔英魁出席会议并作重要讲话,。市委统战部副部长、市联络联系办主任廖碧江，市中华职教社专职副主任夏青出席会议。区委常委、区委统战部部长袁媛主持会议。

2日　全区2016年上半年经济工作会议在区行政办公中心九楼大会议室召开。市委常委、区委书记崔英魁出席会议并讲话，区委副书记、区长胡敬斌，区人大常委会主任周延，区政协党组书记吴贤耀，区委副书记颜岭、杨伟，区委常委、常务副区长安旺在主席台就座。区四大班子在家领导出席会议。区直各部门主要负责人，各乡镇街道党政负责人，棚改指挥部征收工作组组长参加会议。

17日　区委常委、区委组织部部长王晓园到洪山街道兰苑社区调研智慧社区建设、党建扶贫工作开展情况。

22日　七星关区投资60万元在毕节实验学校流仓分校打造的又一道德讲堂投入使用，至此，全区已建道德讲堂总堂1个，乡镇道德讲堂32个，街道社区道德讲堂11个，文明单位道德讲堂9个，村级和学校挂牌道德讲堂467个，区级“德师”42名，乡镇、村级“德师”665名，实现了道德讲堂建设全覆盖。

24日　区委副书记、区同步小康驻村工作队队长杨伟到阿市乡调研同步小康驻村、精准扶贫等工作。区扶贫办及阿市乡相关负责人陪同调研。

28日　2016七星关区“中国古茶树之乡”授牌仪式暨太极古茶新闻发布会在福朋喜来登酒店五楼多媒体会议室举行。贵州省茶叶协会会长禄智明、中国茶叶流通协会副会长、贵州省茶叶协会常务副会长张达伟，市政协主席宫晓农，市人大常委会副主任王炳荣，区委副书记、区长胡敬斌，区政协主席吴坚等省、市、区领导、嘉宾、省茶叶协会专家组、媒体记者出席授牌仪式及新闻发布会。

30日　第十届毕节旅游产业发展大会第一组代表团在市人大常委会主任吴安玉，市委常委、市委宣传部部长何云江，市政协副主席安顺才等市级领导的带领下，赴我区观摩。区委副书记颜岭，区委常委、区委宣传部部长叶荣，副区长周祖华等区级领导陪同观摩。

9月

26日　市委常委、区委书记崔英魁在区行政办公中心九楼大会议室主持召开全区“牢记教训·履职尽责”专题预防提醒约谈会议，对各乡镇街道党政主要负责人，区直各部门、区属国有公司主要负责人进行了专题预防提醒约谈。

26—28日　省水库和生态移民局巡视员陈万桥率队赴夹岩水利枢纽工程，就今年移民工作任务和投资完成情况进行检查，并在毕节洪山酒店会议室召开调度会，对当前工作中存在的主要问题进行研究讨论，就下步工作进行安排部署。

30日　区委副书记、区长胡敬斌主持召开区政府党组会议和常务会议，学习贯彻中央、省、市有关会议精神和中纪委有关《通报》精神。

10月

1日　备受瞩目的同心城市公园音乐喷泉表演震撼上演，吸引了上万名观众到场观看。当晚，区委副书记、区长胡敬斌到同心城市公园就音乐喷泉表演安保工作进行调研，并就国庆期间全区安全生产工作进行再安排、再部署。区委常委、区委政法委书记、区公安分局局长何万学，副区长周祖华及区政府办、区公安分局、城投公司等相关单位和部门负责人参加调研。

9日 是全国第四个法定老年节，市委常委、区委书记崔英魁代表区委、区政府向全区老年朋友们表示节日祝贺，向辛勤工作在老龄战线的同志们致以亲切问候，并祝愿他们节日快乐、健康长寿、生活幸福。

17日 市委常委、区委书记崔英魁，区政协主席吴坚，区政协党组书记吴贤耀，区委副书记颜岭及区委、区人大、区政府、区政协四大班子领导与中国共产党毕节市七星关区第二次代表大会的参会代表们一道来到同心城市公园，观看音乐喷泉表演及水幕电影，切身感受七星关区日新月异的变化，与市民们一同感受七星关跃动的脉搏。

18日 七星关区第二次党代会代表团第三次会议召开，市委常委、区委书记崔英魁，区委副书记、区长胡敬斌，区人大常委会主任周延，区政协主席吴坚，区政协党组书记吴贤耀等区四大班子领导到各代表团与代表们一起讨论一届区委和区纪委工作报告。

19日 中国共产党毕节市七星关区第二届委员会第一次全体会议在区行政办公中心八楼中间会议室召开。会议选举产生了中国共产党毕节市七星关区第二届委员会常委、书记、副书记。崔英魁当选为区委书记。胡敬斌、颜岭当选为区委副书记。安旺、何万学、袁媛、王晓园、易晓华、张铭、叶荣当选为区委常委。会议还通过了中国共产党毕节市七星关区第二届纪律检查委员会第一次全体会议选举结果的报告。

是日 中国共产党毕节市七星关区第二届纪律检查委员会第一次全体会议召开，会议应到区纪委委员25名，实到24名，符合规定人数。会议依法选举产生了新一届纪委常委和书记、副书记。易晓华当选为纪委书记，刘贵、王驰当选为纪委副书记。马兴江、刘敏、李光路、雷朝举当选纪委常委(按姓氏笔画顺序排名)。

24日 七星关区“千企帮千村”“千凤还巢”“荣誉村主任”工作现场推进会在区行政办公中心五楼人大会议室召开。

是日 区委常委、宣传部部长叶荣，副区长李萍率调研组到田坎乡调研“扯勒姆秘”古彝文化旅游景区打造工作。

25日 市委常委、区委书记崔英魁到田坝镇、阴底乡调研指导工作。区委常委、副区长卜令冲到林口镇调研板块经济、秋冬种及易地扶贫搬迁等工作。区政协副主席王林中在相关部门负责人的陪同下到小吉场镇督导“五在农家·美丽乡村”示范点建设工作。

11月

2日 市委常委、区委书记崔英魁到层台镇调研指导精准脱贫工作。区委常委、区委组织部部长王晓园到观音桥街道调研村“两委”换届、村级集体经济建设等工作。

4日 2016年全省第四批重大项目集中开工七星关分会场仪式在毕节市倒天河水厂改扩建工程建设项目施工现场举行，此次七星关区集中开工11个重大项目，涉及工业经济、城市建设、基础设施、民生保障等多个领域，总投资达16.93亿元。

7日 由中国艺术摄影家协会、重庆企业家摄影协会及“西部摄影报”联合主办的“情系七星关”大型公益系列活动走进我区，部分老一辈革命家子女及摄影家在我区中华苏维埃川滇黔革命委员会旧址、“鸡鸣三省”等地进行调研和采风，市、区相关单位负责人陪同调研。

9日 由中国艺术摄影学会牵头，联合重庆企业家摄影协会、西部摄影报社共同主办的“情系七星关”大型系列公益活动启动仪式在人民公园举行，中国艺术摄影学会主席杨元惺，市委常委、区委书记崔英魁，副市长李玉平，区委常委、宣传部部长叶荣，副区长李萍，部分老革命家子女及爱心企业人士出席仪式。

10日 省部分全国人大代表赴我区集中视察。市人大常委会主任吴安玉，市委常委、区委书记崔英魁，市人大常委会副主任杨新江，副市长冉霞，区委副书记、区长胡敬斌，区人大常委会主任周延，区人大常委会副主任张媛，副区长刘鑫及市、区有关部门负责人陪同视察。

18日 区委副书记、区长胡敬斌前往南部新区、德溪新区、碧海新区调研教育、卫生项目推进情况。区委常委、宣传部部长叶荣，区人大常委会副主任张骅，副区长李萍陪同调研。

28日 市县乡三级冬春造林启动仪式在七星关区碧海街道胡家院村举行。市委书记周建琨，市委副书记、代市长桑维亮，市人大常委会主任吴安玉，市政协主席宫晓农，市委常委、纪委书记蒋兴勇，市委常委、区委书记崔英魁，市人大、市政府、市政协领导出席启动仪式。区领导胡敬斌、吴坚、吴贤耀、颜岭、安旺、何万学、易晓华、卜令冲、赖平及区直各部门，毕节军分区、武警毕节支队、公安消防支队官兵，碧海街道干部等400余人参加启动仪式。

是日 市委常委、区委书记崔英魁，区委副书记、区长胡敬斌调研城市建设时强调，要发挥规划引领作用，逐步完善城市功能，全面提升城市品质，努力树立良好形象，塑造七星关城市名片，让群众生活更方便更舒心更美好。

30日 区委副书记颜岭带领各乡镇党委书记、相关部门负责人赴黔南布依族苗族自治州惠水县考察学习易地扶贫搬迁工作，惠水县委副书记陈宇陪同考察。

12月

15日 在毕节市七星关区第二届人民代表大会第一次会议召开之际，市委常委、区委书记崔英魁，区委副书记、区长胡敬斌，区人大常会主任周延，区政协主席吴坚，区政协党组书记吴贤耀及区委、区人大、区政府、区政协四大班子领导到驻地，看望出席会议的人大代表。

16日 毕节市七星关区第二届人民代表大会第一次会议在区行政办公中心大礼堂隆重开幕。

17日 毕节市七星关区第二届人民代表大会第一次会议在区行政办公中心大礼堂举行第二次全体会议，听取区人大常委会工作报告和区人民法院、区人民检察院工作报告。

18日下午 中国人民政治协商会议第二届毕节市七星关区委员会第一次会议圆满完成各项议程后，在区行政办公中心大礼堂胜利闭幕。

19日 毕节市七星关区第二届人民代表大会第一次会议圆满完成各项议程后，在区行政办公中心大礼堂胜利闭幕。

崔英魁、胡敬斌、周延、吴贤耀、颜岭、安旺、何万学、王晓园、易晓华、张媛、胡家敬、张骅、肖世华、胡卫国、吕艺华在主席台前排就座。大会主席团全体成员在主席台就座。

闭幕式由主席团常务主席、大会执行主席周延主持。会议应到代表357名，实到代表353名，符合法定人数。

经过选举，崔英魁等95名同志当选为七星关区出席毕节市第二届人民代表大会代表。

会议听取议案审查委员会主任委员吕艺华同志作的《毕节市七星关区第二届人民代表大会第一次会议议案审查委员会关于会议期间代表提出的议案审查情况报告》；表决通过《关于毕节市七星关区人民政府工作报告的决议》、《毕节市七星关区2016年国民经济和社会发展计划执行情况与2017年国民经济和社会发展计划》、《关于毕节市七星关区2016年全区和区级财政预算执行情况及2017年全区和区级财政预算草案报告的决议》、《关于毕节市七星关区人大常委会工作报告的决议》、《关于毕节市七星关区人民法院工作报告的决议》、《关于毕节市七星关区人民检察院工作报告的决议》等。

21日 市委常委、区委书记崔英魁在碧海街道调研乐尚家园主题公园规划建设。区人大常委会副主任吕艺华到龙场营镇调研信访维稳、精准扶贫、农业板块经济建设及村“两委”换届等工作。

24日 市委书记周建琨到我区调研社区服务、城市建设、医疗卫生、社会治理等工作时强调，要以“大党建”统领“大安全”“大发展”，加快推进城市公共服务设施建设，夯实社区基层基础，抓实社会治理，确保更好地惠及民生、服务群众。

27日 区委副书记、区长胡敬斌在区行政办公中心八楼中间会议室主持召开区第二届人民政府第一次常务会议，传达毕节市七星关区第二届人民代表大会第一次会议及中国人民政治协商会议第二届毕节市七星关区委员会第一次会议精神，研究部署区《政府工作报告》重点工作任务分解落实、人大代表建议和政协委员提案办理等方面的工作。

（撰稿：新闻中心）

中共毕节市七星关区委办公室文件（通知）
中共毕节市委七星关区委办公室
毕节市七星关区人民政府办公室
关于撤市设区后机构更名和设立的通知

七星党办字〔2012〕12号

各乡、民族乡、镇党委和人民政府、各办事处、区委各工作部门、区级国家机关各单位、各垂管部门、人武部党委、各人民团体：

根据《国务院关于同意贵州省撤销毕节地区设立地级毕节市的批复》（国函［2011］130号）、《省人民政府关于撤销毕节地区设立地级毕节市的通知》（黔府发［2011）33号）、《贵州省人大常委会关于同意对地级毕节市所辖县级毕节市政权机构更名的批复》、《中共毕节地委关于中共毕节市委更名为中共七星关区委的批复》（毕委［2011］178号）精神，撤销县级毕节市，设立地级毕节市，地级毕节市设立七星关区。按照毕节地区机构编制委员会《关于毕节市七星关区机构设置方案的批复》（毕地机编［2011］79号），现将毕节市七星关区更名和设立的机构通知如下：

一、党的机构

1. 中国共产党毕节市七星关区纪律检查委员会（机关）

2. 中国共产党毕节市七星关区委员会办公室

3. 中国共产党毕节市七星关区委员会组织部

4. 中国共产党毕节市七星关区委员会宣传部

5. 中国共产党毕节市七星关区委员会统一战线工作部

6. 中国共产党毕节市七星关区委员会政法委员会（毕节市七星关区社会治安综合治理委员会办公室、毕节市七星关区国家安全委员会办公室）

7. 毕节市七星关区机构编制委员会办公室

8. 中国共产党毕节市七星关区直属机关工作委员会

中国共产党毕节市七星关区委员会离退休干部工作局，归口中国共产党毕节市七星关区委员会组织部管理。

中国共产党毕节市七星关区委员会台湾工作办公室（毕节市七星关区人民政府台湾事务办公室），归口中国共产党毕节市七星关区委员会统一战线工作部管理。

二、党委直属事业单位

1. 毕节市七星关区老年大学

2. 中国共产党毕节市七星关区委员会党史研究室

（毕节市七星关区地方志编纂委员会办公室）

3. 中国共产党毕节市七星关区委员会党校

（毕节市七星关区行政学校）

三、政府工作机构

1. 毕节市七星关区人民政府办公室

2. 毕节市七星关区发展和改革局

3. 毕节市七星关区教育局

4. 毕节市七星关区工业经济和能源局

5. 毕节市七星关区民族和宗教事务局

6. 毕节市七星关区监察局

7. 毕节市七星关区民政局

8. 毕节市七星关区司法局

9. 毕节市七星关区财政局

10. 毕节市七星关区人力资源和社会保障局

11. 毕节市七星关区环境保护局

12. 毕节市七星关区住房和城乡建设局

13. 毕节市七星关区交通运输局

14. 毕节市七星关区农牧局

15. 毕节市七星关区水利局

16. 毕节市七星关区人口和计划生育局

17. 毕节市七星关区扶贫开发办公室

18. 毕节市七星关区审计局

19. 毕节市七星关区林业局

20. 毕节市七星关区安全生产监督管理局（毕节市七星关区安全生产委员会办公室）

21. 毕节市七星关区统计局

22. 毕节市七星关区卫生和食品药品监督管理局

23. 毕节市七星关区文化体育广播电视旅游局

24. 毕节市七星关区城市管理局

25. 毕节市七星关区商务与投资促进局

毕节市七星关区监察局与中共毕节市七星关区纪律检查委员会机关合署办公，实行一个机构、两个机关名称的体制。

四、政府直属事业单位

1. 毕节市七星关区档案局（毕节市七星关区档案馆）

2. 毕节市七星关区水利水电工程移民局

五、政府其他机构

毕节市七星关区供销合作社联合社，为毕节市七星关区人民政府管理的供销合作社的联合组织。

六、按法律法规及章程设立的机构

1. 毕节市七星关区人民代表大会常务委员会（机关）

2. 中国人民政治协商会议毕节市七星关区委员会（机关）

3. 毕节市七星关区人民法院

4. 毕节市七星关区人民检察院

5. 毕节市七星关区总工会

6. 中国共产主义青年团毕节市七星关区委员会

7. 毕节市七星关区妇女联合会

8. 毕节市七星关区科学技术协会

9. 毕节市七星关区残疾人联合会

10. 毕节市七星关区工商业联合会（毕节市七星关区商会）

11. 毕节市七星关区红十字会

12. 毕节市七星关区计划生育协会

2012 年 1 月 17 日

毕节市七星关区人民政府办公室文件
毕节市七星关区人民政府办公室关于做好突发事件应对处置工作的指导意见

七星府办发〔2012〕2号

各镇乡人民政府、办事处，区直各工作部门：

为进一步规范突发事件应对处置有关工作，提高各级人民政府及其有关部门处置突发事件的能力，保障人民群众生命财产安全，维护社会稳定，在认真总结近年来我区开展突发事件应对处置工作经验教训的基础上，根据国家、省、市有关规定，经区人民政府同意，现就做好突发事件应对处置工作提出如下指导意见：

一、切实做好突发事件先期处置工作

（一）事发镇乡办事处。特别重大、重大、较大、一般突发事件发生后，事发镇乡办事处要立即启动相关应急预案，采取有效措施控制事态发展，组织各方面力量，全力开展以抢救人民群众生命财产为主的先期处置工作。实地勘查突发事件现场，划定突发事件现场范围，查清所需救援人员、物资及机械设备；组织公安、交通运输等部门对通往事发地主要交通线路实行有效的交通管控，确保交通组织有序，救援人员、物资及机械设备快速运达事发现场；明确临时集结地、就地待命等紧急应对措施，确保突发事件处置工作响应及时、反应迅速、应对有序高效。

（二）区人民政府有关部门。接报特别重大、重大、较大、一般突发事件信息后，针对事件的基本情况，迅速确定是否启动相关专项应急预案，或明确响应处置措施。根据应对处置工作需要，适时派出应对处置工作指导组，前往事发地现场指导应对处置工作。

（三）区人民政府办公室。接报特别重大、重大、较大、一般突发事件信息后，在向区人民政府领导报告的同时，立即通知相关部门进入待命状态。认真分析突发事件的基本情况，需启动区专项应急预案的，迅速做好启动的相关准备工作，待区人民政府领导作出应对处置决定后，发出应急预案启动指令。

二、切实做好突发事件信息报送与处理工作

（一）突发事件信息报送主体、范围和基本要素。

突发事件信息报送主体包括：突发事件发生镇乡办事处、事发单位主管部门，自然灾害、事故灾难、公共卫生事件、社会安全事件牵头处置部门，现场应急指挥部。

突发事件信息报送范围包括：自然灾害、事故灾难、公共卫生事件、社会安全事件一般及以上突发事件信息；发生在敏感地区、敏感时间、敏感人群或可能演化为较大及以上突发事件信息；在处置突发事件过程中，市委、市政府以及区委、区政府领导就处置突发事件所作批示（指示）的贯彻落实情况。

突发事件信息报送基本要素包括：信息来源、接报时间、发生时间和地点、事件起因和性质、基本过程、伤亡人数、财产损失、造成后果、影响范围、发展趋势、初步采取的处置措施、当前处理情况以及需要报告的其他有关事项。

（二）镇乡办事处及其有关部门突发事件信息报送。

突发事件信息实行分类管理、分级负责、逐级报告的原则。由事发镇乡办事处及其有关部门逐级向区人民政府及其有关部门报告。发生暴雨洪水、地质灾害、矿山事故、交通事故、环境污染、传染病疫情、食品安全、群体性事件等涉及公众安全、社会稳定的突发事件信息报送不受逐级报告原则的限制，由镇乡办事处及其有关部门同时向区人民政府及其有关部门报告。

（三）突发事件信息垂直报送。区人民政府各有关部门、有关行业主管单位，按照国家有关规定，需垂直上报突发事件信息的，在确保不超过上报时限的前提下，应先向区人民政府报告突发事件信息并注明“拟上报××局（委）”字样，在上报区人民政府30分钟内，垂直向上一级有关部门或行业主管部门报告。

（四）涉外突发事件信息报送。发生特别重大、重大、较大、一般涉外突发事件，事发镇乡办事处除需向区人民政府报告外，同时按国家涉外突发事件处理的有关规定向区外事侨务办报送应急信息。达到上报市等级规定的，由区人民政府办公室向市人民政府办公室报告，区外事侨务办向市外事办报告。

（五）各乡镇办事处。在处置特别重大、重大、较大、一般突发事件过程中，各地成立现场应急指挥部的，从成立之时起至应对处置工作结束，各镇乡办事处必须派员前往事发地现场，参加现场应急指挥部的应对处置工作，并负责现场指挥部向区人民政府直报信息的收集汇总上报，每日不少于1次，应对处置进展情况随时上报。

（六）突发事件信息报送时限。各镇乡办事处、区直各工作部门接报涉及公众安全、社会稳定的特别重大、重大突发事件信息，应在接报后第一时间（20分钟以内）上报区人民政府，较大、一般突发事件在接报后1小时内报区人民政府。紧急情况下，应先通过电话报告初步了解情况，并在电话报告后30分钟内以书面形式上报事件的最新情况。

（七）区人民政府办公室处理突发事件信息时限。区人民政府办公室接报特别重大、重大、较大、一般突发事件信息后，立即对信息进行综合分析研判，紧急情况下，先以电话或口头形式立即向区人民政府主要领导、分管领导、主任、有关副主任报告，再迅速按程序呈报《应急信息》。对于情况不清、要素不全，10分钟之内仍核实不清的信息，实行边报告、边核实，并注明“正在核实中”，同时指定专人跟踪核实后，再续报事件的最新情况。需上报市人民政府办公室的，由区人民政府办公室组织起草《应急信息》并按程序送审后，在规定时限内及时上报，最迟不得超过事件发生后90分钟。

（八）跨县级行政区域突发事件信息处理。发生涉及或影响到本行政区域以外的特别重大、重大、较大、一般突发事件，区人民政府办公室要及时向涉及或影响外县（区）的同级人民政府通报，并加强沟通与协调。区人民政府办公室及时向市人民政府办公室报告协同应对处置工作情况。

三、切实做好应急预案启动与响应工作

（一）应急预案启动、调整与终止。应急预案启动、调整与终止的提请、审批、发布程序，按照《贵州省突发事件应急预案管理办法》的有关规定执行。

（二）突发事件应急响应工作机制。应对处置工作实行综合协调、分类管理、分级负责、属地管理为主的应急管理体制。在区委、区政府的领导下，区应急指挥机构负责统一组织指挥、统一派遣救援力量、统一调配应急物资、统一对外发布突发事件信息和应对处置工作情况，确保应对处置工作高效、组织协调有力、应急响应有序、信息发布及时准确。

（三）区综合应急指挥部。根据突发事件应对工作需要，适时成立区综合应急指挥部，在指挥长的领导下，按照区委、区政府的统一安排部署，制定突发事件应对处置工作方案，研究处理应对处置工作中的重大问题、重要事项和日常工作事务，对启动应急响应的区各专项应急指挥部实行统一领导、统一指挥、综合协调。

区综合应急指挥部的指挥长由区长或其委托的副区长担任，有关副区长、武装部主要领导任副指挥长，区人民政府有关部门以及区综合应急救援大队主要领导为成员。按照职责任务分工下设各处置工作组，组长由有关牵头单位负责人担任。

（四）区专项应急指挥部。根据突发事件应对实际工作需要，适时启动区专项应急预案。区专项应急预案启动后，区专项应急指挥部随即开展工作，在指挥长的统一领导下，研究应对工作中的重要事项，发布相应类别、等级的应急响应指令，协调各有关部门之间、事发地专项应急指挥部的应对处置工作。

区专项应急指挥部的指挥长、副指挥长、成员按区专项应急预案中的设置规定确定，根据应对处置工作需要下设各处置工作组，组长由有关牵头单位负责人担任。各成员单位按照应急响应的措施和要求，组织开展应对处置工作。

（五）区现场应急指挥部或区现场处置工作指导组。根据突发事件应对处置工作需要，区人民政府适时设置成立现场应急指挥部或派出区现场处置工作指导组。

区现场应急指挥部指挥长或现场处置工作指导组组长，由区综合应急指挥部指挥长、区专项应急指挥部指挥长或其委托人担任，成员由区现场应急指挥部指挥长、现场处置工作指导组组长确定。区现场应急指挥部、现场处置工作指导组到达事发地现场后，负责组织、协调区人民政府有关部门调派救援人员、物资、装备支援事发地，负责指导督促事发地应急指挥部开展应对处置工作。区人民政府有关部门，事发镇乡办事处应急指挥部，按照有关应急预案和区现场应急指挥部、现场处置工作指导组统一安排部署，组织开展应对处置工作。

（六）专项应急预案启动两个以上Ⅲ级或Ⅳ级应急响应。由区人民政府办公室根据启动应急预案类型和实际应对工作需要，提出成立区综合应急指挥部的建议方案，明确指挥部下设各处置工作组及工作任务，按程序报区人民政府主要领导或其委托的相关领导批准后，发布应急响应指令，区综合应急指挥部及其成员单位启动相应的应急响应机制。区人民政府有关部门、事发地应急指挥部，按照区综合应急指挥部的统一部署和总体要求，开展应对处置工作。

（七）专项应急预案启动Ⅲ级或Ⅳ级应急响应。由区专项应急指挥部办公室提出请示，报区人民政府批准后，区专项应急指挥部随即开展工作。区专项应急指挥部办公室视不同突发事件类别和所承担任务，提出下设各处置工作组建议方案，按程序报指挥长批准后，发布启动相关的应急响应机制。区专项应急指挥部按照属地管理原则，统筹突发事件应对处置工作，对事发地专项应急指挥部的指挥决策进行指导。

（八）扩大应急或请求增援。当突发事件事态有扩大或难以控制趋势时，由区级应急指挥机构提出扩大应急或请求增援的请示，区人民政府办公室根据事态发展情况拟制《扩大应急方案》按程序送区人民政府领导批准后，发布扩大应急响应命令。

当事态特别严重，我区难以控制事态局势，需请求上一级有关部门协助处置时，由区人民政府办公室拟制请求增援请示，按程序送区人民政府领导签发后，以区人民政府名义向上一级人民政府请示。

当上一级人民政府有关部门决定应急增援，区人民政府决定扩大应急响应后，区人民政府有关部门、事发镇乡办事处及其各有关部门，要迅速做好应急增援和扩大应急工作部署，做好与增援部门之间的工作衔接，做好增援人员的后勤保障工作。

四、切实做好领导批示（指示）处理工作

（一）领导批示（指示）的督办。区人民政府办公室接市委、市政府、区委、区政府领导对特别重大、重大、较大、一般突发事件应对处置的批示（指示）后，要迅速下发《督办通知》，将领导批示（指示）传达至区人民政府有关部门以及事发镇乡办事处，并对贯彻落实情况进行跟踪督办。

（二）领导批示（指示）的贯彻落实。区人民政府有关部门以及事发镇乡办事处接区人民政府办公室转市委、市政府、区委、区政府领导同志对特别重大、重大、较大、一般突发事件的批示（指示）后，要迅速按照领导批示（指示）开展相应处置工作，并及时将贯彻落实情况向区人民政府报告。

（三）领导批示（指示）贯彻落实情况的报告。区人民政府办公室在规定的时限范围内搜集汇总各地、各部门对领导批示（指示）的贯彻落实情况，起草领导批示（指示）督办落实情况及时向有关领导同志报告。需向市委、市政府领导同志报告的，由区人民政府办公室迅速汇总贯彻落实市委、市政府领导同志批示（指示）情况，按程序送区人民政府领导签发后，及时向市政府办公室报告。

五、切实做好突发事件新闻发布工作

（一）突发事件新闻发布工作的原则。突发事件新闻发布工作，实行统一领导、归口管理，应急指挥机构统一公布突发事件基本情况及应对处置情况，宣传部门统一组织媒体采访报道，最大限度地让公众了解实情，正确引导社会舆论，并实施新闻舆情管理。

（二）新闻发布组及职责。突发事件发生后，区综合应急指挥部、专项应急指挥部成立或启动新闻发布组，组长由区委宣传部负责人担任，组成人员由组长提名应急指挥机构指挥长审定，其主要职责是：根据区应急指挥机构的授权，拟制新闻发布会工作方案，拟定新闻发布内容，拟写新闻通稿，组织实施新闻发布会议；负责对新闻媒体的采访活动实施管理、指导，协调解决新闻发布、宣传报道中出现的问题；负责对境外媒体有关事件报道的收集、整理和分析，跟踪舆情动态，加强互联网监控，有针对性地开展舆论引导工作；落实区应急指挥机构交办的其他事项。

六、切实做好突发事件应对总结评估工作

（一）应对处置工作结束。特别重大、重大、较大、一般突发事件应对处置任务区域性灾害得到控制；灾难应急救援任务完成；疫情对公众威胁消除；群体性事件现场得到控制，突发事件进入后期处理阶段，突发事件应对处置工作满足各类应急预案应急结束的基本条件，经相关类别的专家评估，区综合应急指挥部或专项应急指挥部审定，报区人民政府批准，由区综合应急指挥部或专项应急指挥部发布调整应急响应等级或结束应急响应的命令。启动应急预案或应急响应的区人民政府有关部门、事发镇乡办事处应急指挥部调整应急响应等级或结束应对处置状态，转入恢复与重建工作。

（二）总结评估。特别重大、重大、较大、一般突发事件应对处置工作结束后，相关后期任务转入常态化工作，凡启动专项应急预案的区人民政府有关部门，事发地镇乡办事处，并立即统筹组织媒体开展对外新闻发布和宣传报道工作。区综合应急指挥部、有关专项应急指挥部办公室，负责搜集汇总对外发布信息，按程序送区应急指挥机构指挥长审定后，由新闻发布组依据有关新闻法规起草新闻通稿，统一组织对外发布。

2012年1月13日

毕节市七星关区人民政府办公室文件
毕节市七星关区人民政府办公室关于印发七星关区农村义务教育学生营养改善计划实施方案的通知

七星府办通〔2012〕26号

各镇乡人民政府、办事处、区直各有关部门、直属机构：

《七星关区农村义务教育学生营养改善计划实施方案（试行）》已经区人民政府研究同意，现印发给你们，请遵照执行。

特此通知

二〇一二年三月十三日

七星关区农村义务教育学生营养改善计划实施方案（试行）

根据《国务院办公厅关于实施农村义务教育学生营养改善计划的意见》（国办发［2011154号）和《省人民政府办公厅关于印发贵州省农村义务教育学生营养改善计划实施方案的通知》（黔府办发［2011）134号）文件精神，为推动我区农村义务教育阶段学生营养改善计划（简称“计划”）顺利实施，进一步改善我区农村学生营养状况，不断提高农村学生健康水平，结合我区实际，特制定本方案。

一、实施范围

根据国办发［2011］54号文件精神，从2011年秋季学期开始，国务院以贫困地区和家庭经济困难学生为重点，启动实施农村义务教育学生营养改善计划。七星关区属贵州省连片特困地区65个县之一，全区纳入“计划”实施范围的农村义务教育阶段学校492所，共有学生212976人。

二、补助标准及资金来源

“计划”资金按每生每天3元、全年学生在校200天计算，每年每生补助600元，所需资金由中央财政全额承担。全部用于为学生提供营养食品，不得直接发给学生个人和家长。

三、供餐方式

具备或基本具备食堂供餐能力的学校全部采用食堂供给完整午餐、课间餐或早餐；其余暂不具备食堂供餐能力的学校采用供给课间餐进行过渡，待食堂设施完善后供给完整午餐；少数交通不便的偏远学校和教学点可采用家庭托餐。供餐食品包括鸡蛋、禽畜肉类、米饭、包子、馒头、稀饭、水果、蔬菜等。

四、组织领导

（一）成立七星关区农村义务教育阶段学生营养改善计划工作领导小组。

组　长：刘建平（区委副书记、区长）

副组长：高守军（区人民政府副区长）

成　员：聂祥华（区财政局局长）

领导小组下设办公室在教育局，具体负责统筹全区农村义务教育学生营养改善计划的组织实施和日常事务工作。由区教育局局长任办公室主任，陈影平兼任办公室副主任。

（二）部门工作职责分工

教育局：负责会同有关部门研究制定实施方案；牵头做好“计划”的实施、指导和监督检查；配合相关部门对供餐服务企业进行食品安全检查；核查营养餐的分配流通和落实到位情况，监管好每一个流通环节；指导全区各级各类学校加强学生营养知识和良好生活习惯的宣传教育，国家政策和爱党、爱国、爱社会主义的宣传教育等工作。

财政局：负责制订和完善相关制度，落实专项资金，加强资金监管，提高经费使用效益；按规定及时对镇乡中心校、中学核拨“计划”资金，资金实行国库集中支付，区级报账，结余留用，专款专用。

发展和改革局：负责建立价格监测和预警机制，开展生产成本调查，组织对食品价格进行监督检查，研究制定“计划”实施及流通环节费用减免政策。

农牧局：负责食用农产品生产环节的监督检查，会同教育局、卫食药监局等部门与当地食用农产品供应商签订质量安全生产责任书，牵头审定当地食用农产品生产单位的资格认定。

工商局：负责原材料供货商主体资质和实力的审查，资格的登记和管理；对营养改善工程供应的食品流通环节进行严格监管。

质监局：负责对辖区原材料供货商和学校食堂进行监管，每月定期、不定期检查，及时查处食品加工中的质量问题及违法行为。

卫生和食品药品监督局（食安办）：负责协调相关部门对食堂供餐和家庭托餐进行食品安全监管；协同各部门对供餐环节实施全程监管，定期对供应食品进行抽检；负责对供餐食堂进行餐饮服务许可认定，督促学生营养餐从业人员进行健康检查；配合教育部门定期开展学生营养改善状况调查，监测学生的家庭情况、体质、体能等指标以及膳食营养摄人状况，并建立学生身体健康档案配合协调处理学校食品卫生安全事故，指导学校卫生防疫和学生营养健康状况的监测评估，对学生营养食谱和营养改善提出指导意见。制定具体的食品安全培训方案和教材，对实施“计划”的中小学校长、工作人员进行食品安全相关法规制度和行业规范培训；负责对学校食堂餐饮食品安全的违法案件进行查处；配合有关部门组织实施学生食物中毒应急处置演练。

监察局：负责对营养计划工程实施过程中干部违纪违规问题的查处。

审计局：负责对营养工程资金进行专项审计。

公安局：维护营养计划实施工作的正常秩序，打击“计划”实施过程中的各种违法行为，及时处理相关治安案件，保证食品运输的畅通。

应急办：负责“计划”实施中食品安全事故的应急指挥、协调、处理，制定应急预案。

团委和妇联：加强对“计划”的宣传，从多种渠道争取社会对“计划”的支持，补充“计划”外资金，积极参加食品安全事故的善后处理。

镇乡人民政府：负责按照区政府的统一部署和安排，组织实施本镇乡学生营养改善计划；第一时间对辖区内的食品安全事故进行处置；发动居民委员会、村民委员会等有关基层组织，以及企业、基金会、慈善机构，积极参与改善学生就餐条件和加强社会监督等方面的工作。

学校：负责“计划”的具体落实；建立包括教师代表、家长代表、学生代表的“计划”监管委员会。按照有关法律法规和标准，做好食堂建设和设施设备配备，严格管理，建立“学校食堂十大管理制度”，规范操作，保证各个环节的食品卫生安全，妥善组织和管理好学生就餐；严格落实国家教学计划规定的健康教育时间，对学生和家长进行营养健康教育和食品卫生安全教育，培养科学的营养观念和饮食习惯，使广大学生能够利用营养知识终身受益。

五、健全管理机制

（一）建立食品安全管理机制

1. 严格食品原料和食堂设备采购公示制度；
2. 落实食品原料到校收发检验制度；
3. 建立“学校食堂十大管理制度”；
4. 实行学校领导自费陪餐制度；
5. 实行学生进餐看管制度；
6. 建立食品留样制度；
7. 建立区、镇（乡）、校营养餐管理机构；

8. 建立食品安全应急预案；

9. 签订区与镇（乡）及各部门，镇（乡）及各部门与学校，学校与餐饮人员安全目标责任书。

（二）实行农村义务教育阶段学生实名制管理

区教育局从2012年春季学期起，建立全区学生学籍管理信息平台，通过学籍管理信息平台建立营养餐实名制学生信息管理系统，对计划学生人数、补助标准、受益人次进行动态跟踪监控，对增加的学生必须报营养办查实审核，营养办再报区财政局备案，坚决严防套取冒领营养餐补助资金。

（三）建立学生营养健康状况监测评估机制

由区卫生和食品药品监督管理局牵头，区教育局配合，建立学生营养健康状况监测制度；每期第一周开展学生营养改善状况调查，包括学生的家庭情况、学习成绩、体质、体能等指标及膳食营养摄人状况；根据监测结果，科学制定配餐计划和营养食谱。各校负责建立学生身体健康档案，密切跟踪调查学生营养改善状况，为营养改善工作绩效评估提供科学依据。

（四）建立家庭托餐的准入、退出机制

区教育局负责建立家庭托餐准人机制。制定家庭托餐的基本条件和评审办法，对预进入“计划”的托餐家庭（个人），组织职能部门，通过筛选，最终确定家庭托餐推荐名单，指导学校做好选择。

建立家庭托餐退出机制。家庭托餐名单中出现下列情况之一者，学校要及时上报教育局营养办，停止其供餐资格并将其清退出供餐名单：1. 供餐家庭（个人）签约人无故更换的；2. 出现违反供餐合同（协议）行为的，包括严重降低供餐质量标准、随意变更供餐食谱、供餐期间严重缺失食品卫生安全保障条件等；3. 供餐期间发生重大食品卫生安全事故的；4. 供餐期间对就餐学生进行克扣、延时、减量、拒绝供餐或服务态度恶劣、有打骂（体罚）学生等行为，情节较为严重的；5. 在协议供餐时间内连续停止供餐三天以上的，或频繁发生停止供餐情况的；6. 在学校组织的测评中连续两次不合格的。

六、安全应急预案

（一）组织领导

成立七星关区农村义务教育学生营养改善计划食品安全事故处置工作领导小组，作为区学校食品安全事故的应急指挥、协调和处理机构.

组　长：高守军（区人民政府副区长）

副组长：燕金祥（区政协副主席、区教育局局长）

成　员：应急办、教育局、财政局、公安局、卫生和食品药品监督管理局、监察局、质量技术监督局、团委、妇联等单位有关负责人

领导小组下设办公室在应急办，区应急办主任担任办公室主任。

主要职责：贯彻执行国家、省、区有关应急工作的法律、法规和政策，执行区委、区政府有关应急决定，负责指挥协调相关部门对学校食堂、学生在校营养餐造成的食品安全事故原因进行调查及组织应急处理工作，负责领导、组织、协调事故应急救援工作和事故应急救援事项的决策，发布重要新闻信息及审议批准学校提交的应急处理工作报告等，承担区政府交办的其他工作。统一组织善后处理工作，落实整改措施，尽快恢复学校正常教育教学秩序。

（二）应急处理程序

1. 信息报送。食品安全事故发生（发现）后，事件现场有关人员立即报告学校负责人，学校负责人接到报告后，立即向当地镇乡政府主要领导和区应急办办公室报告。任何单位和个人对食品安全突发事件不得瞒报、迟报、谎报或者授意他人瞒报、迟报、谎报，不得阻碍他人报告。同时保护好饮用水、食品留样、炊饮餐具等现场。信息报送时应包括：事件名称，发生的时间、地点+范围，危害程度，存在隐患，采取的措施及请示解决的问题等

2. 事故处理。学校根据事故情况，立即启动学校食品安全应急预案，进行力所能及的先期救援，尽量减少损失，控制事态的蔓延、扩大。

应急办接到事故报告后，及时对应急行动中的重大事项做出决策，组织协调有关部门搞好保障和支援。迅速指挥、率领有关单位奔赴现场，立即指挥教育局、卫生和食品药品监督管理局等单位展开救治、救援。指挥监察局、公安局、卫食药监局、

质监局、工商局，对食品安全进行现场勘验调查，查清事故原因，写出调查报告。

3. 善后处理。教育局负责协调财政局保证医药费的垫付，待明确责任后落实资金出处；教育局、团委、妇联负责慰问直接受影响者及其家属；公安局、教育局、卫生和食品药品监督局、监察局负责事故的鉴定、裁定，责任追究和终极处理。

（三）责任追究

根据事故的鉴定、裁定，对在食品安全事故的预防、报告、调查、控制和处理过程中，有玩忽职守、失职、渎职等行为的，依据国家教育部、财政部、国务院食安委、发改委、监察部、农业部、审计署、国家工商局、国家质检局、国家食品药品监督管理局制定的《农村义务教育学生营养改善计划实施细则》中有关规定追究有关责任人的责任。造成重大损失的，依据国家有关法律法规进行处罚；造成严重不良后果的，追究相关人员责任；构成犯罪的，依法追究刑事责任。

（四）总结报告

食品安全事故善后处置工作结束后，相关部门及时总结分析应急救援经验教训，查找在食品安全工作中的不足，迅速弥补，提出改进应急救援工作的建议，完成应急救援总结报告，向领导小组汇报。领导小组把事故处理情况进行通报，并向区人民政府汇报。

七、监督检查

（一）成立监督工作领导小组。

组　长：周凌祥（区纪委副书记、监察局局长）

副组长：陈勇（区教育局常务副局长）

成　员：财政局、发展和改革局、农牧局、扶贫开发办公室、卫生和食品药品监督局、审计局、工商局、质量技术监督局、教育局等部门纪检组长（或纪检监察员）及各镇乡纪委书记和学校纪检专干。

领导小组下设办公室在区教育局监察室，区教育局纪检组长任办公室主任。

举报电话设在区监察局、区政府纠风办和区教育局。

区监察局举报电话：0857－8222614

区政府纠风办电话：0857－8345926

区教育局举报电话：0857－8222769

（二）监督检查机制。采用日常监督检查与专项监督检查相结合、内部监督检查与外部监督检查相结合等方式，进行全过程、全方位、常态化监督检查。重点监督检查以下几个方面：一是相关职能部门是否严格履行工作职责，管理责任是否到位。二是食品配送服务和大宗食品及原辅材料采购是否公开。三是食品采购、加工、贮存、配送等环节是否符合有关法规和标准。四是实行“计划”后学生的身体素质是否有明显提高。五是国家补助资金是否及时足额用于为学生提供食品，有无虚报冒领、套取、截留、挪用、克扣专项资金现象。六是对原材料供应者、农产品种养殖和经营户是否实行严格的资格准入和退出制度，相关手续和制度是否健全。七是各项规章制度是否健全和有效执行，是否发生重大食品卫生安全事故。八是“计划”实施过程中出现的问题是否整改，重大食品卫生安全事故是否及时有效处理，相关单位和人员责任是否追究到位。

（三）处理与责任追究。对“计划”实施过程中查出的各种违法违规行为，依据国家教育部、财政部、国务院食安委、发改委、监察部、农业部、审计署、国家工商局、国家质检局、国家食品药品监督管理局制定的《农村义务教育学生营养改善计划实施细则》的有关规定及国家有关法律法规进行处罚；造成严重不良后果的，追究相关人员责任；构成犯罪的，追究刑事责任。

中共毕节市七星关区委办公室文件（通报）
中共毕节市七星关区委办公室
毕节市七星关区人民政府办公室
关于印发《毕节市七星关区关于进一步深化“平安七星关”建设工作的实施方案》的通知

七星党办字〔2013〕24号

各乡、民族乡、镇党委和人民政府，各办事处，区委各工作部门，区级国家机关各单位，各垂管部门，人武部党委，各人民团体：

经区委、区政府同意，现将《毕节市七星关区关于进一步深化“平安七星关”建设工作的实施方案》印发给你们，请认真抓好贯彻落实。

2013年3月12日

毕节市七星关区
关于进一步深化“平安七星关”建设工作的实施方案

为深入贯彻落实中央、省、市关于加强和创新社会管理和平安建设的文件和会议精神，不断提高我区社会管理创新能力，全面提高人民群众的安全感和满意度，特制定本实施方案。

一、指导思想

以邓小平理论、“三个代表”重要思想和科学发展观为指导，深入贯彻落实党的十八大精神，坚持“打防结合，预防为主、专群结合，依靠群众”的方针，以“平安和谐社会单元”创建活动为载体，以完善社会管理综合治理工作机制为着力点，建立健全联动联创工作机制，拓展平安建设的深度和广度，不断增强创建效果，为我区与全国全省全市同步建成小康社会创造稳定的社会环境、良好的治安环境、规范的法治环境、安全的投资环境、和谐的人居环境。

二、目标任务

（一）总体目标

2013年，通过开展平安创建活动，努力实现“两控制四提高”的目标（两控制：控制群体性事件和重大公共安全事故的发生。四提高：提高人民群众参与平安创建的参与率；提高刑事案件的破案率；提高人民群众的安全感，达91.5%以上；提高人民群众对政法机关的满意度，达92%以上）。

（二）具体目标

1、全区10个以上的乡镇达到市级平安建设先进乡镇，其余乡镇达到市级平安建设合格乡镇。

2、平安村（居）、平安企业、平安小区、平安市场、平安公共交通（出租车）达98%以上，平安家庭、平安商店、平安餐饮业达95%以上。

3、平安机关、平安校园、平安医院、平安市场、平安公共交通（汽车站、交通车）均达100%。

三、创建任务

（一）以创建“平安家庭”为着力点，提高群众幸福指数

由区妇联牵头，深入推进“平安家庭”创建活动，使每一个家庭成员都做到学法用法、依法维权，男女平等、尊老爱幼，邻里和睦、文明居住，崇尚科学、勤俭节约，爱护环境、关心公益，做懂法守法的文明人、文明新风的传播人，使家庭成为幸福生活的起点、家庭成为平安和谐的基础，努力营造政治安定、社会安宁、环境安全、群众安康的社会环境。

（二）以创建“平安小区”为着力点，提升居民群众安全感

由各办事处牵头，全面落实人防、物防、技防等安全防范措施，重点落实楼群院落的值班守护，抓好物业管理的规范化建设，减少小区入室盗窃等违法犯罪活动。加大小区环境卫生整治力度，加大小区消防安全、建筑安全等；努力为小区创造和谐稳定的公共秩序，为居民提供安全的治安环境。

（三）以创建“平安村（居）”为着力点，营造宜居环境

由各乡镇办事处牵头，以网格化管理为社会管理创新工作的载体，建立和完善矛盾纠纷和公共安全隐患排查整改等制度，建立健全社区矫正组织、刑释解教人员帮教组织、人民调解组织、义务巡逻队等群防群治组织，有效预防辖区内黄赌毒、邪教违法活动、封建迷信活动、群体性和集体性上访、邻里纠纷、刑事治安案件和重大火灾事故、安全生产事故等现象的发生，努力创造安定有序、优美文明的生活环境。

（四）以创建“平安乡镇”为着力点，建设和谐平安新农村

由各乡镇办事处牵头，抓好社会治安防控体系建设、特殊人群服务管理、社会治安重点区域和突出社会治安问题的排查整治和消防安全、交通安全、食品安全等公共安全的排查和整治工作。建立健全人民调解、司法调解、行政调解、轻微刑事案和解等“五位一体”的调解组织建设，运用好多元化矛盾纠纷调解方式，畅通群众诉求表达渠道，加强便民利民服务体系建设，深入推进网格化建设工作，全面提高维护社会和谐稳定的能力、处理人民内部矛盾的能力、驾驭社会治安的能力、服务保障经济的能力和社会管理创新的能力，筑牢平安创建的工作基础。

（五）以创建“平安校园”为着力点，满足群众优质教育需求

由区教育局牵头，以学校为主体，抓好学校警务室规范化建设，配齐学校保安人员，落实好安全防范措施。开展学校法制宣传教育和心理辅导教育，促进未成年人的身心健康发展。抓好学校及周边社会治安综合治理措施的落实，切实开展学校水电安全、食品安全、建筑安全、交通安全等各类安全隐患的排查整治力度，改善学校及周边社会治安环境。对未成年人中留守儿童、服刑在教人员子女、有违法倾向的青少年、有困难的未成年人等特殊未成年人采取关爱、关怀、教育和帮教等措施，确保“控辍保学”工作成效明显，着力为师生提供安全、健康、文明的教学环境。

（六）以创建“平安医院”为着力点，构建良好的群众就医环境

由区卫食药监局牵头，规范医风医德和医院管理，全面提升医疗服务质量，降低医疗事故的发生。建立医患纠纷预防和调处机制，妥善处理医疗纠纷，抓好医院安全管理措施的落实，健全突发性公共事件和突发性公共卫生事件的对策与救治机制，确保医院内部医患纠纷、刑事案件、治安案件和安全隐患明显减少，医患关系更加和谐，为患者构建良好的就医环境。

（七）以创建“平安市场”为着力点，营造和谐稳定的市场经营环境

由区工商局牵头，规范市场的开办、经营、商品、秩序、管理等，全面提升市场的规范化管理水平，营造文明诚信的市场环境、优质高效的服务环境、健康安全的消费环境、安定良好的生活环境、平安放心的购物环境和规范有序的市场秩序。

（八）以创建“平安公共交通”为着力点，确保群众出行安全

由区交通运输局牵头，以“平安车站”、“平安出租车”、“平安公交车”、“平安线路”等为主要创建内容，建立从业人员准入、培训、考核机制，拓展行业服务品牌。强化行业监督管理，优化经营服务环境。强化公共交通硬件建设，优化经营和运力结构。加大对车站安全管理措施的落实，及时开展安全隐患排查整治，严格落实各项安全管理制度，全面做好客运站及周边治安整治工作，定期或不定期地开展对站外非法营运车辆的集中清理行动，对站外非法拉客人员给予有力打击，为群众出行提供优质、安全、畅通、文明的服务。

（九）以创建“平安企业”为着力点，推动生产经营领域安全高效发展

由区工能局和区安监局牵头，建立和完善企业内部调解组织机构，有效化解社会矛盾纠纷。完善公共安全体系建设，有效应对各种公共安全事件。督促企业抓好内部人防、技防、物防等措施的落实，认真开展安全检查，有效整改各类隐患。抓好安全生产机制建设，落实安全培训制度和保障安全生产。层层落实生产经营企业管理责任、强化企地平安共建，强化治安防范，实现安全生产、文明生产，推动全区生产经营企业安全高效发展。

（十）以创建“平安机关（单位）”为着力点，带动社会平安和谐建设深入开展

由各乡镇办事处牵头，以创建“平安科室”为主体，在党政机关和事业单位推进“平安机关（单位）”建设，健全维稳工作机制、落实平安创建措施，确保治安防范管控到位，队伍教育管理有效，让每一个干部职工不仅是“平安机关（单位）”创建的核心力量，更是平安七星关创建的中坚力量。

（十一）以创建“平安和谐餐饮业”为着力点，确保公共食品安全卫生

由区卫食药监局牵头，在餐饮行业广泛推进食品卫生安全宣传，健全食品安全管理制度，加强设备安全检查，严格持证上岗规定。明确监管职责，严防废弃油脂和其它毒害原料、辅料流向餐桌，保持经营场所整洁卫生，为居民提供安全卫生的餐饮服务环境。

（十二）以创建“平安和谐商店”为着力点，推动商贸流通领域快速健康发展

由区工商局牵头，以创建“平安和谐商店”为重点，推动全区商贸流通行业进一步提升服务质量，做到文明热情服务、遵纪守法经营，严防假冒伪劣、有毒有害商品进入市场，及时排查化解交易中的各类矛盾纠纷，为居民提供和谐、有序的消费环境。

四、创建措施

（一）坚持“严打整治”并重，全面提高人民群众安全感和满意度

一是坚持“严打”方针不动摇。严厉打击黑恶势力犯罪，杀人、爆炸等严重暴力犯罪，“两抢一盗”等影响人民群众安全感的多发性侵财性犯罪，严厉打击毒品犯罪以及贪污、贿赂、失职、渎职等犯罪，坚决遏制犯罪高发的态势，确保人民群众生命财产安全，维护良好的社会秩序。二是抓好“排查整治”工作。加大对城乡结合部、城中村等重点区域、重点场所、重点部位等案件高发易发区域的排查和整治工作，落实好领导责任制和重点整治措施，分析研判各种不稳因素，准确及时地掌握社会治安动态，预测社会治安发展趋势，提高驾驭社会治安局势的能力。三是抓好校园及周边矛盾纠纷和治安问题联动排查整治。充分发挥学校警务室的作用，认真开展校园及周边的消防安全、食品安全、道路安全等排查活动，深入推进平安校园建设。四是抓好涉路涉线突出治安问题和重点区段排查整治、安全事故隐患排查整治、矛盾纠纷化解等工作，深入推进平安公路、平安车站等创建活动。

（二）坚持“五网建设”并重，建立健全社会治安防控体系

一是抓好“警防网”建设。在城区要发挥好特（巡）警大队人员的作用，合理安排巡逻的时间、巡逻区域，加大街面的巡逻力度；要合理设置治安卡口，及时排查可疑人员、车辆及物品，形成排查网络，及时发现、控制各类违法犯罪活动；发挥城区网格化的作用，整合社区工作人员等力量抓好巡逻防范工作；在乡镇办事处组建5－10名治安协勤人员的巡逻队，提高人民群众的见警率和与犯罪分子的碰警率。二是抓好“民防网”建设。依托村

（居）组织，整合民力资源，以治安中心户长为依托，加强治安信息员、平安志愿者、单位内部组织等群防群治队伍建设。各村（社区）应组建一支义务巡逻队，充分发动广大人民群众参与社会治安综合治理工作自觉性和主动性。三是抓好“技防网”建设。抓好城区“天网工程”调试使用，实现“天网工程”在全区各乡镇办事处所在地全覆盖，实现重点路段、治安复杂环境、卡口、重点单位、重点部位等全覆盖；继续推进技防措施进小区、进企业等活动，推进城区商场等重要企业与“110”指挥中心联网报警系统建设工作，全面提高科技防范水平。四是抓好“保安网”建设。推动保安服务公司的发展，深入开展物业管理公司进企业、进学校、进社区、进机关“四进”活动，全面落实机关单位办公大楼及其宿舍区、住宅小区、中小学校警务室建设，提高保安值班守护防范质量。五是抓好“人民调解”网建设。健全人民调解、司法调解、行政调解、专业性调解和轻微刑事案件和解“五位一体”的矛盾纠纷化解新机制，真正把矛盾纠纷化解在基层、解决在萌芽状态。

（三）坚持“管理服务”并重，切实提高特殊群体管理服务水平

一是抓好刑释解教人员安置帮教工作。落实好刑释解教人员必接工作措施，实现出监（所）无缝衔接、安置帮教无一遗漏工作目标；二是抓好社区矫正工作。加大对判处管制、缓刑、暂予监外执行、假释、剥夺政治权利人员的社区矫正管控力度，建立完善司法机关、社区组织、家庭成员密切配合的社区矫正工作体系，落实各项矫正措施，推进社区矫正法制化、规范化建设。三是抓好对易肇事肇祸精神病人的管理。按照“统一排查、底数清、情况明；统一评估、源头把关；统一救治、医管并重；统一保障、注重实效”的“四个统一”的要求，抓好易肇事肇祸精神病人的管防建档、教育、管理、帮扶、帮教等工作机制，加快青少年教育保护中心建设。探索建立轻微刑事责任犯罪记录消除和证据封存制度，最大限度地教育和挽救失足青少年。四是抓好对未成年人中特殊人群的管理服务。全面开展对未成年人中特殊人群的“六大帮扶行动”。五是抓好吸毒人员的管理工作。按照“预防、排查、管理、服务、管控、打击”的工作原则，切实抓好吸毒人员的管理。六是抓好艾滋病人的服务管理工作。认真落实艾滋病人管理及关爱措施，明确收治对象、收治程序、管理模式等，推进工作制度化、规范化。七是抓好“两新组织”服务管理。将“两新组织”纳入党委和政府主导的社会管理体系，推动社会组织和民营经济组织参与社会管理，发挥其参与平安创建工作的积极性和主动性。八是抓好实有人口服务管理工作。加快居住证制度推进步伐，做好辖区人口底数清、情况明、管得住、服务好，保障流动人口的合法权益。

（四）坚持“防范化解”并重，着力预防和化解各类社会矛盾

一是抓好社会矛盾预警机制建设。切实做好重大决策、重大项目、重点工程的社会稳定风险评估工作，推动科学、民主、依法决策，防止因政策失当、失误引发矛盾纠纷，最大限度地规避社会风险，从源头上预防和化解各类社会矛盾。二是抓好社会调解组织建设。不断建立健全人民调解、行政调解、司法调解、专业性调解、轻微刑事案件和解等“五位一体”调解网络。重点抓好人民调解组织和征地拆迁、移民安置、环境污染、劳资矛盾、医疗纠纷、安全生产、食品药品安全、知识产权、交通事故等领域的行业性和专业性调解组织、仲裁组织建设。三是抓好涉法涉诉案件化解工作。建立健全涉法涉诉信访案件接访机制、交办机制、督办机制、责任查究等工作机制，有效化解涉法涉诉信访案件。

（五）坚持“和谐稳定”并重，努力营造和谐稳定的社会环境

一是加强国家安全人民防线建设。严密防范和严厉打击国内外敌对势力和“法轮功”、“门徒会”、“全能神”等邪教组织的渗透颠覆与分裂破坏活动，维护国家安全和社会稳定，确保不发生重大政治事件。二是健全涉稳案件和事件预防调处机制。加强互联网的管理，正面引导舆论，避免媒体恶意炒作事件发生；加强应急处突，提高预防和处置公共安全事件的能力；积极预防和妥善处置群体性事件，

严格实行维护稳定领导责任制，做好应对各类突发事件的充分准备；坚持抓早抓小抓苗头，完善应急处置机制，果断妥善处置各类群体性事件，防止矛盾激化，确保不发生非法聚集和大规模群体性事件。三是健全对重点人员的稳控工作机制。加大对缠纺、闹访以及对社会不满，有可能铤而走险、报复社会人员的排查力度，落实教育稳控措施，严防发生影响安全稳定的重大案（事）件，确保不发生大规模赴省进京非正常上访和滋事闹事事件。四是健全社会矛盾预警防控机制。进一步健全和完善群体性事件处置预案，确保群体性事件依法、果断、妥善处置。五是健全对境外来区人员的服务管理机制。完善境外来区人员工作准入和登记管理制度，加强对非法入境、非法居留、非法就业的管控，确保境外来区人员得到有效服务和管理。

五、实施步骤

（一）宣传发动阶段（2 月 1 日 –2 月 28 日）。制定工作方案，召开全区动员大会安排部署工作，全面开展宣传动员，层层分解任务，各单位制定切实可行的工作方案，做到目标明确、措施有力，推动创建活动迅速展开。

（二）深入实施阶段（3 月 1 日 –10 月 31 日）。狠抓落实、全力推进，各乡镇办事处、区直各部门全方位、多层次的开展“平安和谐社会单元”创建活动，通过抓乡镇办事处带村（社区），抓系统带单位，实现城乡互动，整体推进。

（三）总结验收阶段（11 月 1 日 – 11 月 30 日）。各牵头单位要根据创建标准认真组织开展自查自纠，组织人员进行初查初验，并按要求做好申报工作；由区平安建设工作领导小组抽派人员组成验收组，深入各社会单元进行考核验收，进行评比表彰命名。

六、工作要求

（一）加强组织领导。为加强“平安七星关”创建工作的开展，区委、区政府成立以主要领导为组长的平安建设工作领导小组，负责统一部署，全面协调全区“平安创建”各项工作。各乡镇办事处、区直各部门也要成立相应的领导机构，统一指挥，落实责任，协调本辖区、本部门、本行业内的平安创建活动。

（二）健全工作机制。一是健全领导责任机制。各乡镇办事处、区直各部门主要领导要切实担负起第一责任人的职责，明确责任领导、分管领导、具体责任人，层层抓落实。二是健全经费保障机制。区财政要将平安建设经费纳入区财政年度预算，为活动开展提供经费保障。各乡镇办事处、区直各部门要按照“谁受益、谁出资”的原则，多渠道解决平安建设经费，确保平安建设工作有序推进。三是健全督查指导机制。区综治办及各牵头单位要加强对重点单位、重点工作的督查指导，及时协调解决创建过程中的新情况、新问题，确保整体推进创建工作按计划、按进度顺利推进。四是健全考核激励机制。将平安创建任务完成情况纳入领导干部社会管理综合治理实绩考核的重要内容，纳入对各乡镇办事处、区直各部门年度目标考考核的重要内容，严格兑现奖惩；对“平安建设”成绩显著的乡镇办事处、区直各部门和个人进行表彰奖励。对工作责任不落实、措施不具体、工作不到位导致社会治安秩序不好、群众意见大的单位，将严格按照相关规定对相关责任单位和责任人进行查究。

（三）强化舆论宣传。各乡镇办事处、区直各相关部门要通过形式多样的宣传媒介、宣传渠道向全社会宣扬加强和创新社会管理、构建平安和谐七星关的重要性，及时宣传报道开展“平安七星关”创建活动的典型经验、成功做法和先进事迹，在我区营造出人人谋平安、处处创和谐的良好氛围。区级各新闻媒体都要安排一定的版面和时段宣传“平安七星关”创建工作，对不文明现象加大曝光力度，加强舆论监督。引导群众有序参与社会管理，努力营造全社会共同关心、支持、参与社会管理工作的良好氛围。

（四）收集整理资料，迎接检查验收。各乡镇办事处、区直各牵头单位要做好平安建设工作影像、图片、文字等资料的收集整理和立卷归档；要不断总结和推广平安建设工作典型经验，巩固和提高平安建设工作成果；要严格自查，认真做好查缺补漏工作，全面迎接平安创建工作的检查验收。

中共毕节市七星关区委文件（通知）
中共毕节市七星关区委
毕节市七星关区人民政府
关于印发《毕节市七星关区科级领导班子及领导干部落实科学发展观“双考双评双挂钩”动态跟踪考核管理办法》的通知

七星委〔2013〕32 号

各乡、民族乡、镇党委和人民政府、各办事处、区委各工作部门、区级国家机关各单位、各垂管部门、人武部党委、各人民团体：

《毕节市七星关区科级领导班子及领导干部落实科学发展观“双考双评双挂钩”动态跟踪考核管理办法》已经区委常委办公会议研究同意，现印发给你们，请认真组织实施。

2013 年 8 月 5 日

毕节市七星关区科级领导班子及领导干部落实科学发展观“双考双评双挂钩”动态跟踪考核管理办法

第一章　总则

第一条　为全面贯彻落实科学发展观，促使领导班子、领导干部在新一轮发展大潮中后发赶超、奋力争先，推动全区经济社会又好又快发展，力争 2018 年全面建成小康社会。根据《中华人民共和国公务员法》、《党政领导干部选拔任用工作条例》和《体现科学发展观要求的地方党政领导班子和领导干部综合考核评价试行办法》的要求，制定本办法。

第二条　本办法所指的“双考双评双挂钩”，“双考”是指对科级领导班子、领导干部进行体现科学发展能力的年度工作实绩考核和动态跟踪管理考核；“双评”是指民主测评和社会公认度评价；“双挂钩”是指考核结果与领导干部的使用和工资奖金挂钩。

第三条　考核评价工作应遵循以下原则：

（一）党管干部的原则；

（二）实事求是的原则；

（三）科学发展的原则；

（四）公平、公正、公开的原则；

（五）群众参与、注重实绩的原则。

第四条　领导班子和领导干部考评基础分为 100 分。包括年度工作目标考核、动态跟踪管理考核、民主测评和社会公认度评价三部分。

第二章 适用范围和分类

第五条 本办法适用于乡镇办事处、区直部门的领导班子及科级干部，班子成员中的县级及以上干部不列入本办法考核范围。

第六条 按照分类管理的原则，年度工作目标考核按照乡镇办事处、党群政务部门、执法监督部门、经济管理部门、社会发展部门、垂直管理部门、公司类七个类别进行考核管理。

第三章 年度工作目标考核

第七条 领导班子年度工作目标考核基础分为100分。

第八条 考核内容为领导班子年度工作目标和市级及以上党委政府考核的主要指标、小康指标完成情况。

第九条 领导干部年度工作目标考核基础分为100分，考核内容为领导干部在领导班子年度工作目标完成过程中发挥作用情况。

第十条 领导班子年度工作目标围绕党中央、国务院、省委、省政府、市委、市政府和区委、区政府重大决策部署、区委常委会议、区委常委办公会议、区委扩大会议、区党代会议、区人代会议、区政协会议、区长办公会议、区政府全体会议、区政府常务会议、区经济工作会议精神，按照区委、区政府的安排部署，由区考核办会同乡镇办事处、区直单位根据区国民经济和社会发展规划、年度工作目标任务及职能职责研究制定，经征求区委、区政府有关领导意见，并报区考核管理领导小组审定后下达执行。

第四章 动态跟踪考核

第十一条 领导班子和领导干部动态跟踪考核基础分均为100分。

第十二条 动态跟踪考核根据考核内容分为专项工作督查考核和流动红旗管理两部分，主要针对年度目标和区委、区政府安排的重点工作、重大项目建设、突发公共事件和重大自然灾害应急处置等工作进行。

（一）专项督查考核，专项督查考核有县级以上领导督查评价、联合督查考核和部门督查考核三种方式。

（1）县级及以上领导督查评价。县级及以上领导对市委、市政府，区委、区政府阶段性重点工作、重大项目建设、突发公共事件和重大自然灾害应急处置等工作进行督查后，由区考核办将县级及以上领导评价意见纳入动态跟踪考核评价体系。

（2）联合督查考核。区领导批示、区委办、区政府办文件明确要求进行督查考核的工作事项及年度目标完成情况抽查，由区考核办会同相关单位组成联合督查考核组进行督查考核，考核结果纳入动态跟踪考核评价体系。

（3）部门督查考核。未纳入年度目标体系项目的动态跟踪考核，由项目主管部门根据工作需要报区考核办审核后实施，并将考核结果报区考核办纳入动态跟踪考核评价体系。

（二）流动红旗管理。由区实绩考核办组织年度目标主管部门召开会议确定纳入流动红旗管理目标项目、考核内容及考核方式，报经考核领导小组审定后实施。

动态跟踪考核结果计入领导班子和领导干部年度考核得分。

第五章 民主测评和社会公认度评价

第十三条 民主测评和社会公认度评价基础分为100分。

第十四条 民主测评和社会公认度评价分两块进行，测评范围为：区四大班子领导，乡镇办事处及区直部门主要领导，被考核单位科级领导干部、站股室负责人、村（社区）负责人、“两代表一委员”、服务对象等。民主测评由区实绩考核办组织实施，社会公认度评价由区统计局民意调查中心组织实施。

第六章 加、扣分事项

第十五条 因工作成绩突出、有重大创新或工作落后、履职不力，受到上级机关通报表彰或批评、诫勉谈话、曝光、黄（红）色预警的，以上级机关文件（或有效印证材料）为依据，在文件（或印证材料）产生年度，对涉及的乡镇办事处、区直部门领导班子和责任领导干部给予加分鼓励或扣分处罚。

第十六条 领导班子成员因违法违纪受到党（政）纪处分的，按处分决定年度在其本人及违法违纪事件发生时所在单位领导班子考核总分中扣分。

第七章 考核工作步骤

第十七条 考核工作步骤：

（一）年初，由区考核办组织相关单位或部门研究制定乡镇办事处、区直单位年度工作目标，征求有关区领导意见后，报经区考核管理领导小组审定后下达执行，并予以公布。

（二）目标实施过程中，区考核办按照区委、区政府要求和工作需要组织开展动态跟踪考核工作，并将考核结果计入被考核领导班子和领导干部年度考核得分。

（三）年终由区考核办组织对乡镇办事处、区直单位目标完成情况进行考核，同时开展民主测评和社会公认度评价工作，考核前将乡镇办事处、区直单位提供的目标完成情况进行公示，接受社会监督。

（四）委托主管部门党委（党组）考核管理的科级领导干部，由主管部门党委（党组）组织考核并将考核结果报区考核办。

（五）区考核办以年度为单位，综合被考核单位领导班子、领导干部的年度工作目标考核、动态跟踪考核、民主测评和社会公认度评价及加扣分事项考核的得分，计算出领导班子、领导干部的年度考核综合得分。

第八章 考核结果与干部使用和工资奖金挂钩

第十八条 排名定等。纳入考核的部门由区考核办按照乡镇办事处、区直单位领导班子、领导干部年度考评得分高低进行分类排名，由区考核管理领导小组根据排名情况及等次比例确定等次，报经区委常委会审定；区委办、区人大办、区政府办、区政协办、区纪委（监察局）、区委组织部、区委宣传部、区委政法委、区委统战部等部门领导班子的考核由区考核办将考核结果提交区实绩考核管理领导小组审核定等。重要工作被一票否决的，领导班子排名按有关规定执行。

第十九条 考核结果与干部使用挂钩。由区委组织部、区考核办根据考核排名定等情况，提出领导班子建设和干部提拔、重用、留任、交流和降职、免职等建议。

第二十条 考核结果与工资奖金挂钩。

（一）年度考核结束后，由区考核办根据考核排名定等情况提出年度考核目标奖金方案建议，经区考核管理领导小组审核，报区委常委会议审定后兑现年度考核目标奖。

（二）因考核结果与干部使用挂钩改任非领导职务、降职、免职或引咎辞职、责令辞职的，一律按新的职级套改工资。

第九章 纪律与监督

第二十一条 考核人员、被考核对象、有关单位和人员必须遵守以下纪律：

（一）不准弄虚作假，提供虚假数据和修改考核结果；

（二）不准干扰和妨碍考核工作；

（三）不准夸大、缩小、隐瞒、歪曲事实；

（四）不准泄露考核秘密。

第二十二条 违反有关规定的，视其性质、情节轻重和造成的后果，进行批评教育或依照有关党纪法规，给予党纪、政纪处分。

第二十三条　区考核办设立咨询、举报电话，负责接受考核工作有关政策咨询，受理群众举报，接受社会对考核工作的监督。

第十章　附则

第二十四条　区考核办根据本办法，研究制定有关实施细则并组织实施。

第二十五条　本办法考核涉及的计分公式和计分办法中的分值权重比例，根据区考核管理领导小组意见可进行调整。

第二十六条　本办法由区考核办负责解释。

第二十七条　本办法自发布之日起施行。

中共毕节市七星关区委办公室文件（通报）
中共毕节市七星关区委办公室 毕节市七星关区人民政府办公室 关于大力开展“农民讲师”巡讲活动 切实提高农民同步小康能力的 实施意见

七星党办发〔2013〕3号

为深入贯彻落实党的十八大精神，加快农业农村发展，建设“美丽乡村”，全面推进农村经济、政治、文化、社会、生态文明建设，确保我区农村与全国全省同步全面建成小康社会。根据《中共毕节市委办公室毕节市人民政府办公室＜关于大力开展“农民讲师”巡讲活动切实提高农民同步小康能力的实施意见＞》（毕党办发〔2013〕6号）文件精神，现就我区大力开展“农民讲师”巡讲活动，切实提高农民同步小康能力提出如下实施意见。

一、指导思想

以邓小平理论、“三个代表”重要思想和科学发展观为指导，全面贯彻党的十八大、国办函〔2013〕35号文件精神，省委十一届二次全会、市委一届三次全会及全区经济工作会议精神，紧紧围绕到2020年与全国、全省、全市同步全面建成小康社会的宏伟目标，紧扣省委、市委以县为单位全面建成小康社会的决定和要求，全面推广“农民讲师”巡讲的成功经验，加大对农民的培训力度。通过强化部门协作，大力整合资源，着力构建协调统一、资源聚合、针对性强、效果明显的农民培训工作格局，切实提高农民同步小康的能力。推动我区广大农村经济、政治、文化、社会、生态文明全面协调发展，确保我区农村与全国、全省、全市同步全面建成小康社会。

二、目标要求

通过大力开展“农民讲师”巡讲活动，让农民培训农民，增强农民发展意愿，提升农民发展能力，强化广大农民在同步建成小康社会进程中的主体作用；整合各级各部门的政策、项目、资金、信息、市场等资源，大力扶持“农民讲师”带领农民创业致富；动员广大农民积极参与到同步小康进程中来，实现我区农村的同步小康。2013年，全区组建“农民讲师”团39个，成立“农民讲师”协会3个，选聘“农民讲师”100人，全区通过“农民讲师”巡讲活动培训农民8万人（次）以上，并逐年增加。到2016年，全区组建“农民讲师”团45个，成立“农民讲师”协会6个，选聘“农民讲师”200人，累计培训农民30万人（次）以上，建立“农民讲师”领办项目基地100个，受训农民来自项目基地的收入占总收入的比重达到20%以上。到2020年，全区组建“农民讲师”团50个，成立“农民讲师”协会10个，选聘“农民讲师”300人，累计培训农民64万人次，建立“农民讲师”领办项目基地200个，受训农民来自项目基地的收入占总收入的比重达到30%以上。

三、工作任务

（一）继续做好“农民讲师”评选

1. 严格评选程序。按照自下而上、层层选拔、分类分级实施的方式，从熟悉政策法规、有一定专长、“能说会道”的优秀村干部、农民党员和致富带头人中评选区、乡二级“农民讲师”，并颁发聘任证书。乡级农民讲师评选按照“三推一定”（即：群众代表推荐、乡村干部推荐、班子成员推荐，党委会确定）程序进行，区级农民讲师评选按照“一推两选”（即：乡镇择优推荐、区委组织部初选、群众及专家评选）程序进行。通过层层选拔，遴选优秀“农民讲师”，不断壮大“农民讲师”培训师资队伍力量。

2. 拓宽行业领域。将“农民讲师”评选对象的范围拓展到种植、养殖、加工、制造、纺织、刺绣、旅游、服务等各种领域，不断丰富“农民讲师”专业类型，优化“农民讲师”行业分布，组建农村实践经验丰富、带富能力突出、能承担大规模农民培训的师资队伍，满足广大农民提升致富能力、充分发挥同步小康主体作用的需要。

3. 加强教育培训。每年对“农民讲师”开展专门培训，或在区有关部门举办的相关培训班次中适当分配一定名额给“农民讲师”，为“农民讲师”拓宽眼界思路、转变思想观念、增长知识才干、提高素质能力搭建有效平台，畅通“农民讲师”素质提升渠道。针对“农民讲师”的政策理论、专业知识、教学技能开展培训，邀请专家为“农民讲师”提供专业指导和技术帮助，不断提高“农民讲师”的能力和素质。

4. 实行动态管理。建立全区“农民讲师”信息库，将“农民讲师”的基本信息、擅长技能、行业类型、巡讲经历、领办项目等录入系统，并实时进行更新。每年12月底对全区农民讲师进行一次综合测评，对作用发挥较好、听讲农民满意度高的农民讲师进行星级评定，并给予一定精神和物质奖励；对作用发挥不好、听讲农民满意度低的“农民讲师”实行淘汰。逐步建立“农民讲师”进出机制，激发“农民讲师”队伍活力。

（二）大力开展“农民讲师”巡讲

1. 明确巡讲任务。按照“分级负责、部门协作、分步实施”的原则，强化各级各部门的分工实施和协调配合，以乡镇办事处为单位，细化分解“农民讲师”巡讲工作任务，明确农民培训近期和远期目标，统筹推进“农民讲师”巡讲活动，形成纵向分级负责、横向部门协作良好的区、乡二级“农民讲师”巡讲机制。

2. 制定巡讲计划。按照巡讲任务，结合我区资源状况、地理优势、气候条件、产业基础等实际，在实地调研的基础上，认真制定针对性突出、可操作性强、带动效应明显的巡讲计划，明确巡讲的主题、时间、对象、规模、内容、方式等，精心准备符合农民文化水平和听受习惯的巡讲课件，努力为广大农民提供高质量的讲课，确保巡讲取得实实在在的效果。

3. 组织实施巡讲。按照巡讲计划，组织“农民讲师”深入乡镇、村组开展巡讲。要充分尊重和考虑当地实际和农民需求，有针对性地开展巡讲，达到农民按需“点单”、讲师照单“配菜”的要求，用群众听得懂的语言为农民解读涉及农民切身利益的中央、省、市、区方针政策，传授农村实用技术和致富经验。

（三）扶持“农民讲师”创业带富

1. 开展项目领办。认真做好“农民讲师”领办项目的论证立项申报工作，区牵头部门在每年6月底组织相关部门对“农民讲师”领办项目进行立项论证，并将项目向涉及的部门进行申报，有项目审批权限的部门要及时对项目的可行性、类型、规模、投入资金、参与实施的受训农民人数等进行调查审核，对符合领办条件的予以登记并纳入项目扶持范围，在政策、项目、技术、市场、信息等方面优先扶持。

2. 提供项目扶持。大力整合发改、农业、林业、畜牧水产、扶贫、工能、财政、旅游、科技、人社、民宗、党建、群团等部门的政策、项目、信息、资金等资源，将“农民讲师”纳入各单位重点扶持的范畴，着力在“农民讲师”实施项目领办上提供扶持，各相关单位在安排项目时要优先申报，扶持“农民讲师”把领办项目做大做强，为广大农民充分参与到项目中来提供条件，把“农民讲师”领办项目基地建成农民增收的主要渠道。

3. 落实导师指导。区人才办要组织相关部门的领导和专家组成“农民讲师”导师团队，分级对“农民讲师”进行政策和技术上的支持，帮助“农民讲师”提高政策理论水平，指导“农民讲师”把握市场信息的能力，帮助“农民讲师”协调解决实施领办项目过程中的困难和问题，提出解决问题的思路和方案，提供必要的咨询服务和技术指导，有效提升“农民讲师”抵御领办项目风险的能力。

四、保障措施

（一）加强组织领导

1. 成立区“农民讲师”巡讲协调工作领导小组，组成人员名单如下：

组　长：郑　荣　区委常委、区委组织部部长

副组长：吴道国　区委组织部副部长

吴玉梅　区委宣传部副部长、区委讲师团副团长（兼）

丁雪梅　区扶贫办主任

林　勇　区农牧局局长

成　员：许先正　区发改局常务副局长

王友贵　区财政局副局长

刘秀明　区文体广旅副局长

胡　勇　区林业局副局长

张在琴　区民宗局副局长

雷　震　区科技办副主任

邵家盛　区工能局副局长

丁　润　区人资社保障局副局长

徐　菊　区妇联副主席

史　记　区委党建办副主任、远教办主任

苏方龙　区委组织部人才办主任

支从国　区委组织部干部教育科负责人

领导小组下设办公室在区委组织部，苏方龙同志兼任办公室主任，由苏方龙和支从国二位同志负责巡讲工作的统筹协调、安排部署和指导服务，并负责组织开展日常工作。

2. 建立领导小组联席会议制度。领导小组组长或委托副组长作为联系会议召集人，每季度召开一次联席会议，通报工作开展情况，提出工作目标和要求，研究政策、项目、资金扶持等重大事项，开展专项督查。

各乡镇办事处比照成立“农民讲师”巡讲协调工作领导小组，建立有关工作制度，确保工作顺利开展。

（二）强化宣传推动。区宣传部门、新闻媒体、各乡镇办事处及相关单位要强化对“农民讲师”巡讲活动的宣传报道，广泛宣传“农民讲师”巡讲的重要意义、总体要求、目标任务和工作措施，切实提高广大农民和社会各界对“农民讲师”巡讲活动的知晓率、认同感、参与度和影响力；及时总结提炼“农民讲师”巡讲的典型经验、成功范例和先进事迹，为“农民讲师”巡讲活动营造良好的氛围。

（三）严格督查考核。加强对“农民讲师”巡讲活动的督查和考核，把“农民讲师”巡讲活动纳入同步小康考核内容一并考核。强化动态跟踪，领导小组办公室定期对工作开展情况进行抽查，并适时通报，确保巡讲工作真正落到实处。

（四）明确经费承担。按照分级负责的原则，区财政局和各乡镇办事处要将“农民讲师”巡讲活动所需经费列入财政预算，区级“农民讲师”巡讲的工作经费、食宿等费用由区级财政承担，乡镇办事处“农民讲师”巡讲的工作经费、食宿等费用由各乡镇办事处承担，确保“农民讲师”巡讲工作的正常开展。

2013 年 8 月 8 日

毕节七星关区人民政府办公室文件
毕节市七星关区人民政府办公室关于印发毕节市七星关区2014年城乡居民基本医疗保险实施方案的通知

七星府办通〔2014〕5号

各乡镇人民政府、街道办事处，区直各有关部门：

《毕节市七星关区2014年城乡居民基本医疗保险实施方案》已经区人民政府研究同意，现印发给你们，请遵照执行。

毕节市七星关区人民政府办公室

2014年1月15日

毕节市七星关区2014年城乡居民基本医疗保险实施方案

为进一步巩固我区城乡居民基本医疗保险成果，提高保障水平，根据《贵州省“十二五”期间深化医药卫生体制改革规划暨实施方案》（黔府发〔2012〕36号）、国家六部委《关于开展城乡居民大病保险工作的指导意见》（发改社会〔2012〕2605号）、贵州省卫生厅、财政厅、民政厅《关于我省2014—2016年度新农合参合群众个人缴费标准等问题的通知》（黔卫发〔2013〕78号）及《毕节市人民政府办公室关于印发城乡居民基本医疗保险实施方案的通知》（毕府办通〔2013〕195号）等文件精神，结合我区实际，特制定本方案。

一、指导思想

坚持大病统筹为主，兼顾受益面；坚持以收定支，收支平衡，保障适度，略有结余；坚持便民利民宗旨，全区范围内住院即时即报；坚持合理利用卫生资源，适当拉开不同级别医疗机构的起付线和补偿比例，引导病人到基层医疗机构就诊；在一个年度内保持政策的稳定性和连续性。

二、基本原则

全区范围内实行“八个统一”的区级统筹管理，即“统一参保范围、统一筹资标准、统一基金管理政策、统一补偿政策、统一服务监管、统一信息管理、统一现场减免、统一考核标准”。

（一）统一参保范围

2014年城乡居民基本医疗保险参保范围为：全区除参加城镇职工基本医疗保险以外的城乡居民（含在校大学生）；在原居住地未参保的外来务工的人员；外地录取到我区就读的大学生。

（二）统一筹资标准

1. 2014年筹资标准为390元/人/年，其中财政补助320元/人/年（各级财政补助标准待中央和省补助政策出台后按规定执行），个人缴费70元/人/年。

2. 对低保户、重点优抚对象、计划生育独生子女户和二女绝育户、重度残疾人等特殊人员的参保金缴纳，按各部门的规定执行。

（三）统一基金管理

城乡居民基本医疗保险基金分为住院统筹基金、门诊统筹基金和大病医疗保险基金，2014 年筹资总额为每人 390 元，其中 290 元用于住院统筹和大病统筹，100 元用于门诊统筹。城乡居民基本医疗保险统筹基金当年结余控制在 15% 以内，累计结余不超过当年统筹基金的 25%。

（四）统一补偿政策

以住院医疗费用补助为主，实行“住院统筹 + 门诊统筹 + 重大疾病补充医疗保险统筹”的补偿模式。

1. 住院补偿

（1）起付线：①按医疗机构级别，设立不同的起付线。一级定点医疗机构 100 元；二级定点医疗机构 200 元；三级定点医疗机构（含二级专科医院）300 元；毕节市以外的政府办医疗机构 500 元；毕节市以外的非政府办医疗机构 1000 元。②低于起付线以下的看病就医费用由个人自付。③每次住院都必须交起付费。

（2）补偿比例：参保患者在各级定点医疗机构住院，符合城乡居民基本医疗保险报销范围的住院费用按比例予以补偿，不设封顶线。一级定点医疗机构补偿比例为 85%；二级定点医疗机构为 75%；三级定点医疗机构（或二级专科医院）为 65%；毕节市以外的政府办医疗机构就医（不分级别）补偿比例为 55%；毕节市以外的非政府办医疗机构就医补偿比例为 35%。

具体见下表：

	一级定点医疗机构（乡级）	二级定点医疗机构（区级）	三级定点医疗机构或二级专科医院（市级）	毕节市外的政府办医疗机构	毕节市外的非政府办医疗机构
起付线	100 元	200 元	300 元	500 元	1000 元
补偿比例	85%	75%	65%	55%	35%

（3）计算参保患者的实际补偿金额时，首先应计算可补偿费用（即剔除不符合补偿范围的费用），并减去起付费后，再按规定的补偿比例进行补偿。

（4）保底补偿。在各级定点医疗机构住院治疗且医药费用超过起付线的病例，应实行保底补偿（非定点民营医疗机构不执行保底补偿）。实际补偿比例市内定点医疗机构不低于 60%，毕节市以外政府办医疗机构不低于 50%。即在按补偿方案测算后，如果城乡居民实际补偿所得金额与剔除起付线后的医疗总费用之比低于保底补偿比例，则按照保底补偿比例给予补偿。但其检查和治疗必须符合病情需要，与病情无关的检查和治疗所产生的费用不能纳入保底补偿范围。

（5）住院分娩补偿。为鼓励孕产妇住院分娩，对参保孕产妇住院分娩实行单病种包干补偿，按市卫生局制定的《关于调整住院分娩限价标准的通知》（毕卫发〔2013〕31 号）执行。对病理性产科的住院分娩按疾病住院补偿标准给予补偿。我区的孕产妇住院分娩先执行“降消项目”规定的定额补助政策，若有剩余部分再由城乡居民基本医疗保险基金按有关规定给予补偿。上述合计补偿金额不得超过其实际支出费用。

（6）实行单病种包干的疾病不执行上述五条规定，按《七星关区新型农村合作医疗支付方式改革“单病种总额限价、定额补偿”实施方案》（七星区合医通〔2013〕10 号）执行。

（7）重大疾病补偿：国家、省、市新的方案未出台之前，重大疾病补偿按贵州省卫生厅、贵州省民政厅《贵州省提高农村儿童重大疾病医疗保障水平试点工作实施方案》（黔卫发〔2011〕94号）、《贵州省卫生厅办公室关于印发<贵州省提高农村重大疾病医疗保障水平新增病种试点方案>的通知》（黔卫办发〔2011〕183号）、《贵州省卫生厅、贵州省民政厅关于进一步做好农村儿童两病医疗保障工作的通知》（黔卫发〔2012〕29号）、《贵州省卫生厅办公室关于调整农村儿童两病医疗保障方案部分内容的通知》（黔卫发〔2013〕83号）及《贵州省新农合慢性粒细胞白血病、血友病A、地中海贫血重大疾病按病种付费实施方案的通知》（黔卫发〔2013〕61号）等文件规定执行。其它重大疾病病种，患者在定点医院住院或门诊治疗所产生的医疗费用，补偿比例不论医疗机构等级和参保人员的属性，政策范围内的费用均统一按80%进行补偿，不设起付线和补偿封顶线。重大疾病包括恶性肿瘤放化疗，慢性肾功能不全透析治疗，再生障碍性贫血，白血病，血友病，器官移植及抗排治疗，冠心病支架植入术，心脏瓣膜置换术及术后抗凝，重性精神病（包括癫痫所致精神障碍、精神分裂症、偏执型精神分裂症、分裂情感性障碍、双向情感障碍、精神发育迟滞6种），耐多药肺结核，艾滋病机会性感染，急性心肌梗死，脑梗死，乳腺癌，宫颈癌，肺癌，食道癌，结肠癌，直肠癌、胃癌、唇腭裂、Ⅰ型糖尿病、甲亢和地中海贫血等24种。

2. 门诊补偿

（1）门诊补偿按乡（镇）街道办事处参保人数实行“总额控制，超支不补”的原则，门诊补偿资金为100元/人，包含门诊个人账户70元（个人缴纳部分），门诊统筹资金20元，一般诊疗费10元。

（2）门诊补偿方式：在门诊统筹定点医疗机构使用门诊帐户70元（个人缴费部分）以内的门诊费用，按100%报销，用完为止。门诊账户使用完后因病情需要继续就诊的，可使用门诊统筹资金，报销比例为85%。定点的村卫生室（社区卫生服务站）仅限在门诊账户余额范围内使用，不得使用统筹部分的门诊资金（具备条件的村卫生室或服务站除外），村级定点医疗机构每次门诊处方限额不高于30元。门诊统筹资金只能在乡（镇）卫生院（社区卫生服务中心）等定点的一级定点医疗机构和具备条件的村卫生室或服务站使用，但必须用新农合网络系统开展门诊统筹补偿工作，实行现场垫付。一级定点医疗机构的每次门诊处方限额不高于50元。门诊就诊必须填写门诊病历，开据三联单处方、和结算单（新农合系统打印），年度门诊补偿每人不超过300元。

（3）定点门诊统筹的乡镇卫生院、社区卫生服务中心、村卫生室、社区卫生服务站必须全部使用基药，门诊诊疗只收取零差价基本药费和辅助检查费，不准收取诊疗费用，乡镇民营医疗机构门诊统筹定点医院门诊诊疗必须全部使用基药，严格执行一般诊疗费收费标准，不参与一般诊疗费的分配。门诊一般诊疗费按毕节市新型农村合作医疗领导小组《关于对2012年新农合门诊统筹基金实行总额预付和按人头包干使用支付方式改革的通知》（毕合医领〔2012〕1号）规定执行，按乡镇参保人数10元/人，由镇乡包干使用，原则上村级7元/人，乡级3元/人，区合管中心在3月份之前预付60%，12月底前考核合格后，再补足40%。各乡镇卫生院、合医办要结合辖区内各村级定点医疗机构的具体情况，自行制定一般诊疗费账户资金使用的考核办法，可以以门诊就诊率、门诊补偿额、门诊诊疗项目的实施情况作为考核的具体参数，合理分配各村的考核指标，防止套取一般诊疗费账户资金。

（4）原2012年度、2013年度未使用完的门诊家庭账户资金及2014年度的门诊家庭账户资金，在2014年12月30日前个人缴费部分未用完的自然清零，不结转下年使用。

3. 其他

（1）各级定点医疗机构要严格执行《贵州省新型农村合作医疗基本药品目录（2013版）》（以下简称《基本药品目录》）和《国家基本药物目录（2012版）》（含省增补药品），不得自行制订或直接套用城镇职工基本医疗保险药品目录。政府办基层医疗卫生机构（镇乡卫生院和社区卫生服务中心）只能使用国家基本药物和省增补的基本药物，超出此范围使用的药物不予报销，费用由医疗机构自行负责；所有城乡居民基本医疗保险定点医疗机构必须优先使用基本药物并进入省级药物采购平台采购，否则不予报销，费用由医疗机构自行负责。

（2）明确补偿范围。城乡居民基本医疗保险基金用于参保城乡居民的医疗费用补偿，对于其他政策规定（或社会捐助）费用优惠的医疗项目，应先执行优惠政策（或社会捐助规定），剩余部分再按城乡居民基本医疗保险补偿政策给予补偿。上述合计补偿数不得超过其实际支出费用。

（3）慢性病大病门诊补偿。慢性病应由专家鉴定或先期病历核查认定，指定所用药物和定点医疗机构，由合管中心办理慢性病诊疗证方可报销补偿。不设起付线，费用累计计算，资金从住院统筹基金中支出。慢性病门诊每月结报一次（包括高血压Ⅱ期、心脏病并发心功能不全、脑出血及脑梗塞恢复期、慢性活动性肝炎、慢性阻塞性肺气肿、肺心病、癫痫、肝豆状核变性、失代偿期肝硬化、饮食控制无效型糖尿病、慢性肾炎、帕金森氏病、系统性红斑狼疮、重症肌无力、甲状腺功能亢进、甲状腺功能减退、精神病等疾病），按80%的报销比例予以补助，不设起付线。患一种慢性病的年度封顶线为1500元，患有多种慢性病的，每增加一病种封顶线相应增加500元，封顶线最多增至5000元。区、乡两级医疗机构必须利用新农合网络系统开展慢性病门诊统筹补偿工作，实行现场垫付。不按指定用药或不在指定的定点医疗机构就医所产生的费用一律不予补偿。

（4）参保城乡居民在日常生活、劳动中因意外伤害而发生的医药费用，若无他方责任，则纳入相关补偿范围（不含不予支付的项目）。对于发生意外伤害的参保城乡居民能够提供可靠证据证明无他方责任的意外伤害，其住院医药费用原则上比照疾病住院补偿规定执行；对于有他方责任的不予支付。意外伤害补偿应在乡村两级内公示15天以上，公示无异议、无举报、或调查确认，并按相关要求出具外伤证明后方可拨付补偿金。

（5）既参加城乡居民基本医疗保险又参加了商业医疗保险的城乡居民住院可以凭住院病历、医药费用发票、医院费用清单等复印件（加盖已报单位财务专用章及公章）及保险公司结报单据等材料到城乡居民基本医疗保险管理机构按规定办理补偿，即总费用减去保险公司赔偿金额后再按城乡居民基本医疗保险标准报销。在校学生及外出务工人员因病住院，先报销缴纳的意外保险后，剩余部分纳入城乡居民医疗保险按比例补偿，但补偿总金额不得超过治疗总费用。

（6）参保城乡居民在同一医院门诊检查后三天内住院，与当次住院密切相关的门诊检查费用纳入当次住院医药费用一并计算。在住院期间因病情需要到院外进行检查的费用计入当次住院医药费用补偿。

（7）参保城乡居民患肺结核（肺外结核例外），需要住院治疗并在结核病定点医疗机构住院治疗的，其住院费用按城乡居民基本医疗保险的有关规定进行支付。在非结核病定点医疗机构住院治疗肺结核病产生的住院费用（除危重病人抢救费用），城乡居民基本医疗保险基金不予报销。

（8）对于新生婴儿，出生当年可以凭户口本、患儿父（母）亲身份证、合医证、出生医学证明，按参保父（母）身份享受补偿，补偿标准与参保父（母）亲一致。

（9）对城乡低保户、重点优抚对象、70岁以上老年人、重度残疾人等特殊人员报销比例在政策范围内提高10个百分点；对农村计划生育独生子女户、二女绝育户和五保户政策范围内费用100%报销；80岁以上老人政策范围内费用100%报销。

（10）麻风病患者除麻风病治疗以外的其他疾病的治疗费用按毕节市卫生局《关于对麻风病人畸残矫治手术及麻风病长期住院病人实行单病种包干报销的通知》（毕卫发〔2012〕44号）的规定，按单病种包干及人头付费的方式进行报销。

（11）在毕节市范围内其他县的县、乡两级定点医疗机构住院产生的医药费用参照在一级、二级定点医疗机构补偿比例执行。在毕节市范围外就医的须选择在当地公立医院（或当地医保部门定点的医疗机构）住院，所产生的医疗费用，政策范围内的费用按市外报销比例进行报销。

（12）纯中医中药费用报销比例提高5个百分点。

（13）为进一步解决看病贵问题，减轻患者的医疗负担，在全市二级以上（含二级）医疗机构实行X线、CT、彩超、肝功能等医学检验和医学影像结果实行互认制度。患者因一次患病在区内各二级以上（含二级）医疗机构连续住院治疗的，对以上医学检验和医学影像检查结果实行互认，若重复检查的不予报销（因病情需要复查的例外），由医疗机构自付。

（14）对器官移植（肝脏、肾脏、角膜、皮肤、血管、骨、造血干细胞（骨髓、脐血）相关手术费用：辖区内的参保人员无论是捐献器官者或接受器官者，其相关治疗费用纳入城乡居民基本医疗保险报销。

（15）参加我区城乡居民基本医疗保险的外出务工人员（由聘用单位出具务工证明）在外地未参加任何医疗保险的，在务工地公立医院住院治疗的按区外报销规定报销。已参加当地医疗保险的，经当地报销后剩余的部分按市外报销的规定进行报销。

（16）根据《毕节市开展城乡居民大病保险工作实施意见》（毕府通〔2013〕54号）规定，对个人年度累计负担的合规医疗费用（合规医疗费用是指剔除不予支付事项后实际发生的全部医疗费用），按相关规定由保险公司给予补充医疗保险赔付。

（二）统一服务监管

实行区内定点医疗机构资格准入、监管督查分级管理制度，统一实行全区城乡居民基本医疗保险经办机构工作制度、服务规范、监管规范。

（三）统一信息管理

实行以省级新型农村合作医疗信息管理平台为依托，覆盖全区各级定点医疗机构和城乡居民基本医疗保险经办机构的城乡居民基本医疗保险信息管理系统。凡不使用新农合系统的医疗机构一律不纳入定点，所有定点医疗机构不经过新农合系统上传的诊疗费用一律不报销。

（四）统一现场减免

全区范围内因病住院均按区内不同级别医疗机构的统一补偿标准进行现场减免，患者只需缴纳个人自付部分。医疗费用补偿实行定点医疗机构垫支。垫资资金实行先预拨，后审核，审后补偿或扣减。转诊遵循以人为本、简化程序、方便群众的原则。参保城乡居民在区内所有定点医疗机构就医住院不需办理转诊手续（但跨县的要电话告知当地乡镇街道办事处合医办备案）；已在一、二级医院住院需转三级医院住院的必须按规定办理转诊手续（急诊转院的先转院后电话告知当地乡镇街道办事处合医办备案）；到市外医疗机构住院的必须按规定办理转诊手续。

（五）统一考核标准

严格按照省、市卫生行政部门相关要求，认真抓好参保率、基金管理使用、门诊统筹开展、住院率、次均住院费用控制、实际住院补偿比、自费比等关键业务控制指标任务的落实进行考核（考核方案另行制定）。

三、不予支付费用的诊疗项目

（一）服务项目类

1. 挂号费、院际会诊费、出诊费、远程诊疗费、消毒费、导医服务费等。

2. 检查治疗加急费、点名（预约）医疗服务费、特别护理费（除气性坏疽、破伤风等特殊传染病）、一般专项护理费（如口腔护理、会阴冲洗、床上洗发、擦浴等护理）、上门服务费、出院随访费、母子全程服务、出生证工本费、体检费、健康咨询、日常生活能力评定、建立健康档案等或类似医疗服务费。

3. 病历工本费（包括处方、发票、医嘱、检查报告单等）、微机查询与管理费、打印纸张费、各种帐单工本费、医疗信息卡、药品袋、试纸（剂）费等。

（二）非疾病治疗项目类

1. 各种美容项目：如雀斑、粉刺、疣、痤疮、祛斑、色素沉着与脱发（含斑秃）、白发、脱痣、穿耳、鞍鼻、隆胸、单眼皮改双眼皮、按摩美容等项目。

2. 各种非功能性整容、矫形和生理缺陷治疗如矫正口吃、矫斜眼、眼睑下垂（内翻）、切多指（趾）、疤痕、隆乳术、屈光不正、视力矫正等手术项目。

3. 糖尿病决策支持系统、睡眠呼吸监测系统、微量元素检测、骨密度测定、人体信息诊断（如智测）、电脑选择最佳妊娠期、胎儿性别与胎儿发育检查等诊疗项目。

4. 各种减肥、增胖、增高、健美、戒烟的诊疗项目。

5. 各种预防、保健性的诊疗项目：如各种疫苗（狂犬疫苗除外）、预防接种、疾病普查普治、旅游体检、职业体检、出境体检等。

6. 各种医疗咨询包括心理咨询（精神病人除外）、健康咨询、饮食咨询、家庭巡诊、传染病访视、疾病咨询、各种预测（包括中风预测、健康预测、疾病预测）、各种鉴定（司法鉴定、工伤鉴定、劳动鉴定、医疗鉴定、亲子鉴定）、健康指导等项。

7. 各种计划生育手术费用及因其所产生的各种费用（区委、区政府行文规定的例外）。

（三）治疗设备及医用材料类

1. 细胞刀、细胞试剂处理盒、正电子发射计算机断层显像（PET）、直线加速、核医学检查及治疗、微波治疗等。以及大型医疗设备进行的检查治疗项目。

2. 眼镜、义眼、义齿、义肢、肢架、助听器、健脑器、皮（钢）背心、钢围腰、钢头颈、腹托、胃托、肾托、阴囊托、子宫托、拐杖、轮椅、磁疗胸罩、畸形鞋垫、药枕、热敷袋、压脉袋、输液网、提睾带、疝气带、护膝带、腰带、被褥、人工肛袋等器具。

3. 各种家用检查检测仪（器）、治疗仪（器）、理疗仪（器）、按摩器和磁疗用品等治疗器械。

4. 采用不符合国家或省有关医用材料管理监督规定的医疗仪器、设备和医用材料进行的诊疗项目。

5. 省物价部门规定不可单独收费的一次性医用材料。

（四）治疗项目类

1. 除肝脏、肾脏、心脏瓣膜及支架、角膜、皮肤、血管、骨、骨髓移植以外的其它器官或组织移植手术，及其获取器官源或组织源的相关手术。

2. 体外震波（超声）碎石治疗、高压氧治疗、氦氖激光血管内照射（血疗）、麻醉手术后镇痛新技术（止痛床、镇痛泵）、经内镜逆行胰胆管造影术、肾穿刺术及活检、肾盂穿刺造影术等诊疗项目。

3. 镶牙、种植牙、洁牙、牙列不整矫治、黄黑牙、牙缺损、色斑牙、烤磁牙等诊疗项目。

4. 气功疗法、磁疗法、水吧疗法、氧吧疗法、体位疗法，心理治疗与暗示治疗法、音乐疗法、催眠疗法（精神病人除外），食疗法、保健性的营养疗法、推拿按摩等辅助治疗项目。

5. 不育（孕）症（为达到生育目的而实施人工受精、胚胎移植等所产生的费用不予报销，因输卵管阻塞、生殖器结核等疾病导致不孕不育，治疗该类疾病所产生的费用应纳入报销）、性功能障碍和节育手术的诊疗项目。

6. 各种科研、教学、临床验证性的诊疗项目。

7. 血色素在七克以上的输血费，急救病人确需用血、申报核实后予以报销。

（五）医疗服务设施项目类

1. 就（转）诊交通费、急救车费等。

2. 电视费、电话费、电炉费、电冰箱费、婴儿保温箱费、食品保温箱费和损害公物赔偿费等。

3. 陪护费、陪床（伴）费、高级病房费、护工费、洗理费、洗澡费、药浴费、消毒费、理发费、洗涤费、煎药费等。

4. 文娱活动费、报刊杂志费、健身活动费。

5. 非治疗性膳食费。

6. 鲜花与插花费。

7. 卫生餐具、脸盆、便盆、痰盂、口杯、卫生纸、床单（套）、枕套、扫床巾、尿布等一次性物品费用。

8. 肥皂水、消毒剂（液）、漱口液、垃圾袋、灭蚊药器等生活用品的费用。

9. 其他生活服务费用。

（六）特殊检查、治疗、材料的补充规定

1. 对特殊检查、治疗项目及特殊材料进行动态调节管理，按照“以收定支，收支平衡，略有结余”的原则，建立基金预警控制机制，根据城乡居民医保基金运行的情况，适当调整。预测基金结余超过15%的情况下，可以将部分特殊检查、治疗项目及特殊材料纳入可报销范畴，以提高受益程度；当预测基金有超支风险的时候，可撤除部分特殊检查、治疗项目及特殊材料的报销许可，以确保基金安全。

2. 单次（项）特殊治疗性的材料费用，国产材料按70%、进口材料按35%计入可补偿费用进行报销，特殊诊疗项目按70%计入可补偿费用进行报销。

3. 定点医疗机构根据实际治疗情况，确需使用部分特殊检查、治疗项目及特殊材料的，须到区合管中心进行登记备案，经审批同意后进入报销。

（七）疾病类

1. 性传播疾病（艾滋病机会性感染除外）。

2. 非医学指针的人工流产，人工引产。

3. 职业病（有他方责任承担）。

（八）其他

1. 因公（工）受伤、打架、斗殴、酗酒、自伤、自残、自杀、吸毒、戒毒、交通事故、医疗事故等应由工伤保险、生育保险基金和有他方责任承担的医疗费用。

2. 出国和赴港、澳、台地区开会、进修、讲学、考察、洽谈、探亲、旅行期间在境外发生的诊疗项目。

3. 住院病人应当出院而拒不出院者，经医疗技术鉴定小组鉴定，确认住院治疗终结成立，从鉴定确认的第二天起所发生的诊疗项目及一切费用；挂名住院、冒名顶替和不符合入院标准的病人所发生的诊疗项目及其一切费用。

4. 自请医生、自寻单方、自购药品、自行转诊转院或转往市外检查治疗等的费用。

5. 健康疗养、康复疗养发生的医疗费。未经审批的特殊检查、治疗项目及特殊材料的费用。

6. 未纳入物价政策管理的诊疗项目。

四、加强经办服务能力建设

（一）加强经办队伍建设。各镇乡街道办事处、区卫食药监局、区合管中心要进一步加强乡镇街道办事处的经办队伍建设，确保每个乡镇街道办事处有两名专职工作人员负责城乡居民基本医疗保险工作。

（二）保障经办机构工作场所和工作经费。各乡镇街道办事处要从方便群众和利于工作的角度安排好经办机构的工作场所。区财政局要解决好经办机构的工作经费，按参保总人数每人每年2元落实，确保日常工作的正常开展。

五、其他

（一）本方案从2014年1月1日起执行。

（二）本方案由毕节市七星关区新型农村合作医疗管理中心负责解释。

毕节七星关区人民政府办公室文件
毕节市七星关区人民政府办公室关于印发毕节市七星关区小学一年级划片招生实施办法的通知

七星府办通〔2014〕112 号

各乡镇人民政府、街道办事处，区政府各工作部门、各直属机构：

《毕节市七星关区小学一年级划片招生实施办法》经区人民政府报市人民政府研究同意，现印发给你们，请遵照执行。

毕节市七星关区人民政府办公室

2014 年 8 月 12 日

毕节市七星关区小学一年级划片招生实施办法

为规范七星关区小学一年级适龄儿童入学招生工作，根据《义务教育法》和《贵州省义务教育条例》等相关规定，制订毕节市七星关区小学适龄儿童入学划片招生实施方案，并经市人民政府同意，现予以公布实施。

一、划片原则

1. 就近入学原则。根据《义务教育法》第十二条：适龄儿童、少年免试入学，地方各级人民政府应当保障适龄儿童、少年在户籍所在地学校就近入学。

2. 公开、公平、公正、透明。

3. 统筹兼顾做好外来务工人员随迁子女入学。

二、划片方案

（一）主城区划片方案

将七星关区主城区按三个学区划分，即市西、市东和碧阳（南部新区）学区，由学校按照划片招生范围和要求予以报名注册就读，具体划片招生范围如下：

1. 市西学区。包括市西和洪山两个街道办事处。学区内各校招生范围如下：

毕节一小招生范围：百花社区、北门社区的北门组、德胜组、大修厂家委会，翠西社区的威西路；

毕节二小招生范围：松山社区、和平社区（长庆坡、水巷子除外）、北门社区的金钟组；

毕节三小招生范围：天河社区、金钟社区、北门社区的文笔组、和平社区的长庆坡和水巷子；

毕节四小招生范围：桂花社区、金桂社区、拥军社区；

毕节七小招生范围：翠西社区（从南门口至草海大道以南，除威西路部分）；

毕节十九小招生范围：翠西社区（从南门口至草海大道以北除威西路部分）；

毕节十二小片区招生范围：洪山社区、兰苑社区、洪南社区贵毕路以北区域。

2. 市东学区。包括市东和麻园两个街道办事处。学区内各校招生范围如下：

毕节五小招生范围：清毕社区；

毕节六小招生范围：水西田社区、双井社区一、二网格；

毕节八小招生范围：双井社区三、四网格；

毕节十小招生范围：文峰社区；

区实验学校招生范围：麻园社区、双城社区；

毕节九小招生范围：望城社区、双树社区；

毕节市第二实验学校招生范围：杨家塘社区。

3. 碧阳学区。包括碧阳街道办事处和南部新区，学区内各校招生范围如下：

毕节市实验学校招生范围：碧阳街道大兰村。1组范围：市第三人民医院往兰乔圣菲下300米；2、3组范围：市委、市政府后面。4、11、12、13、14组范围：市政府对面招商花园城及一院三馆周边；5、6组范围：市实验学校周边；7、8、9、10组范围：观邸至朱昌路口贵毕路沿线包含南山公园；15、16组范围：大兰村南安置区后面；实行预报名招生，预报名低于500人，空缺学位用于解决其他学区学生就读。预报名超过500人，实行摇号招生，未摇中学生由区教育局按照就近原则安排到其他学校就读。

毕节二十二小招生范围：碧阳办流仓村。

（二）乡镇划片方案（含碧海街道办事处）

由各镇乡人民政府按照就近入学原则组织适龄儿童就读相应村级小学。

（三）城郊划片方案

观音桥、大新桥、三板桥、德溪四个街道办事处由各街道组织适龄儿童在本辖区小学就近入学。具体招生范围如下：

观音桥街道办事处：

毕节十六小招生范围：五里坪村韩家院组、董家院组、邓李湾组、中心组、牌坊组、东风组、杉林组、墙园组、大发组、董家院组、陈家院组、麻塘组、白家湾组、营脚组、李白湾组、石板井组、花台组；

毕节十七小招生范围：塘房村农庄组、塘房组、邓家湾组、民族组、中心组、营脚组、宋家湾组、张家湾组、卢家沟组、熊家寨组；

观音桥希望小学招生范围：五里坪村树林组、献山组，塘房村民族组、燕家洼组。

大新桥街道办事处：

毕节十五小招生范围：大桥村桥边组、黄家院组、谢家湾组、大水沟组、中坝组、潘家冲组；

天生桥小学招生范围：天生桥村石街头组、台子组、瓦厂组、塘坎组；

殷官屯小学招生范围：殷官屯村新沟组、照壁组、前进组、跳灯河组、大坡村三亩田组；

小河小学招生范围：小河村水井坡组、坪湾组、新建组；

魏家屯小学招生范围：魏家屯村大石山组、花果组、李家院组、庙山组、赵家寨组；

大坡小学招生范围：大坡村大坡组、东风组、转山组、小山包组；

徐花屯小学招生范围：天生桥村大水井组、坪田组、主家树组。

三板桥街道办事处：

长宁小学招生范围：三板桥办六合村、洪山办洪南社区贵毕路以南区域；

毕节十三小招生范围：茶亭村；

毕节十四小招生范围：官大村；

灵峰小学招生范围：灵峰村；

新建小学招生范围：大坡坪村。

德溪街道办事处：

毕节十一小招生范围：碧玉村、德沟村；

后河小学招生范围：后河村、烂泥村；

甲秀小学招生范围：甲秀村。

三、入学条件

1. 入学年龄：学区内入学当年8月31日前出生年满七周岁的适龄儿童。

2. 片区界定：具有学区内户籍适龄儿童。需提供户口薄或户籍证明。父母或父母一方及适龄儿童户籍同在招生片区内，有自己的房屋所有权证并作为日常生活居住地。

3. 外来务工人员随迁子女界定：一是公安机关出具的暂住证明；二是单位或社区出具的务工证明或就业合同；三是社区出具已居住一年以上的租房证明，外来务工人员已购房的提供房产证或购房合同和付款证明（符合条件就读的外来务工人员随迁子女由城区相应办事处根据辖区内学校学位余缺情况，安排到有空额学位的学校就读）。

4. 特殊群体入学：

（1）解放军、武警部队现役军人的子女、烈士子女、因公牺牲和病故军人的子女入学按照毕节市教育局毕节军分区政治部关于印发《毕节市军人子女教育优待办法实施细则》的通知（政联〔2013〕1号）第五章《义务教育优待政策》予以解决；

（2）引进人才子女入学按照《毕节地区人才引进暂行办法》第四章激励政策第十二条配偶工作及子女入学规定：子女需转入或在毕节市中小学校入学或幼儿园入托的，由教育部门按照优先照顾的原则予以解决；

（3）招商引资人员子女入学按照《毕节市招商引资优惠政策》第二章《投资服务优惠》第九条的规定予以解决

（4）见义勇为人员子女入学按照《贵州省见义勇为人员奖励和保护条例》的规定予以解决；

（5）孤儿入学由教育行政部门统筹解决；

（6）城区小学教职工子女可随父母在所工作学校入学。

四、招生办法

1. 各学校不得跨片区招生。城区所有学校班额控制在64人/班以内，最多不超过72人/班。市实验学校班额控制在50人/班以内。

2. 每年8月11－20日由学区内各学校公布招生政策和名额，做好宣传并预报名。

3. 资格审查：新生资格由派出所、纪工委、学校，教师代表，家长代表组成资格审查组进行资格审查。

4. 符合入学条件规定的适龄儿童的监护人，在各学校规定的招生时间内持相关证明按户籍所在地的网格或居民组到相应学校预报名。预报名超过72人/班的学校（市实验学校50人/班）实行随机摇号确定学生，未摇中的适龄儿童由教管中心统筹安排其他相对就近的学校入学。预报名达不到64人/班的学校剩余学位可以由学区组织用随机摇号的方式解决有择校意愿的适龄儿童入学。

五、招生要求

1. 各学校向社会公布招生时间、招生范围，自觉接受社会监督；

2. 各学校不得对适龄儿童进行入学测试、分设重点班和非重点班。新生报名注册后电脑随机分班。

3. 学校要严格执行教育收费政策，不得以任何名义、任何形式向学生违规收取任何费用，对违反教育收费规定乱收费的，将按照有关规定追究相关人员的责任。

4. 各小学在招生期间设置专门的办事窗口，并公布联系电话。热情、耐心、细致地做好家长的思想工作。对招生工作中出现的矛盾问题，各乡镇街道要及时化解，严禁推诿和上移矛盾，以维持正常招生秩序，维护社会稳定，确保小学一年级招生工作顺利进行。

六、执行时间

本办法从2014年秋季学期施行。

附件：1. 毕节市七星关区主城区小学一年级网格招生范围表

2. 毕节市七星关区主城区小学办学规模统计表

附件1

毕节市七星关区主城区小学一年级网格招生范围表

序号	街道办事处	学　校	招生范围	备注
1	洪山街道办事处	毕节四小	桂花社区、金桂社区、拥军社区	
		毕节十二小	兰苑社区，洪山社区、环南社区贵毕路以北区域	
2	市西街道办事处	毕节一小	百花社区、北门社区的北门组、德胜组、大修厂家委会，翠西社区的威西路	
		毕节二小	松山社区、和平社区（长庆坡、水巷子除外）、北门社区的金钟组	

序号	街道办事处	学　校	招生范围	备注
2	市西街道办事处	毕节三小	天河社区、金钟社区、北门社区的文笔组、和平社区的长庆坡和水巷子	
		毕节七小	翠西社区（从南门口至草海大道以南，除威西路部分）	
		毕节十九小	翠西社区（从南门口至草海大道以北除威西路部分）	
3	麻园街道办事处	毕节市第二实验小学	杨家塘社区	
		毕节九小	望城社区、双树社区	
		区实验学校	麻园社区、双城社区	
4	市东街道办事处	毕节六小	水西田社区、双井社区一网格、二网格	
		毕节八小	双井社区三网格、四网格	
		毕节五小	清毕社区	
		毕节十小	文峰社区、东心一组至十二组	
5	碧阳街道办事处	二十二小	流仓村	
		市实验学校	大兰村	
6	观音桥街道办事处	毕节十六小	五里坪村。不含树林组、献山组	
		毕节十七小	塘房村。不含民族组、燕家洼组	
		观音桥希望小学	五里坪村树林组、献山组，塘房村民族组、燕家洼组	
7	大新桥街道办事处	毕节十五小	大桥村桥边组、黄家院组、谢家湾组、大水沟组、中坝组、潘家冲组	
		天生桥小学	天生桥村石街头组、台子组、瓦厂组、塘坎组	
		殷官屯小学	殷官屯村新沟组、照壁组、前进组、跳灯河组、大坡村三亩田组	
		小河小学	小河村水井坡组、坪湾组、新建组	
		魏家屯小学	魏家屯村大石山组、花果组、李家院组、庙山组、赵家寨组	
		大坡小学	大坡村大坡组、东风组、转山组、小山包组	
		徐花屯小学	天生桥村大水井组、坪田组、主家树组	
8	三板桥街道办事处	长宁小学	六合村、洪山街道洪南社区贵毕路以南区域	
		毕节十三小	茶亭村	
		毕节十四小	官大村	

序号	街道办事处	学　校	招生范围	备注
8	三板桥街道办事处	灵峰小学	灵峰村	
		新建小学	大坡坪村	
9	德溪街道办事处	毕节十一小	德溪街道碧玉村、德沟村	
		后河小学	德溪街道后河村、烂泥村	
		甲秀小学	德溪街道甲秀村	

附件2

毕节市七星关区主城区小学办学规模统计表

序号	街道办事处（学区）	学　校	办学规模（班）	2014年一年级可招生班级	2014年一年级可招生数（72人/班）	招生范围
1	市西学区：含洪山街道、市西街道	毕节四小	42	7	504	市西街道和洪山街道辖区内适龄儿童
		毕节十二小	12	2	144	
		毕节一小	36	6	432	
		毕节二小	18	3	216	
		毕节三小	18	3	216	
		毕节七小	18	3	216	
		毕节十九小	12	2	144	
2	市东学区：含麻园街道、市东街道	毕节九小	24	4	288	麻园街道和市东街道辖区内适龄儿童
		市第二实验小学	18	3	216	
		区实验学校	18	3	216	
		毕节六小	42	7	504	
		毕节八小	12	2	144	
		毕节五小	42	7	504	
		毕节十小	24	4	288	
3	碧阳学区：碧阳街道	毕节二十二小	12	2	144	碧阳街道大兰村辖区内适龄儿童
		毕节市实验小学	60	10	500	

毕节七星关区人民政府办公室文件
毕节市七星关区人民政府办公室关于印发毕节市七星关区加强村（社区）便民服务站（中心）规范化建设实施方案的通知

七星府办通〔2014〕167号

各乡镇人民政府、街道办事处，区政府各工作部门、各直属机构：

经区人民政府研究同意，现将《毕节市七星关区加强村（社区）级便民服务站（中心）规范化建设实施方案》印发给你们，请认真贯彻落实。

特此通知

毕节市七星关区人民政府办公室

2014年12月4日

毕节市七星关区加强村（社区）便民服务站（中心）规范化建设实施方案

为进一步加强七星关区政务服务工作规范化建设，提升政务服务水平，建立高效、便捷的区、乡（镇、街道）、村（社区）三级便民服务体系，形成覆盖全区的便民服务网络，努力构建便捷、高效、和谐的为民服务环境，根据省、市总体要求，结合我区实际，现就推进村级便民服务站规范化建设制订如下实施方案。

一、工作目标

以巩固深入学习党的群众教育路线实践活动成果为契机，进一步落实为人民服务的宗旨，着力解决联系和服务群众“最后一公里”的问题，按照更加注重强化基层的要求，在现有的机构、人员设置条件下，有效整合资源，在全区乡（镇、街道）各村（社区）推进便民服务站建设，实行“一站式”服务，逐步建立科学合理、行为规范、机制健全、运转协调、廉洁高效的便民利民服务工作体系。通过进一步搭建和完善综合性服务平台，方便群众办事，提高基层公共服务和社会管理水平；通过开展便民利民服务，及时了解和反映社情民意，促进社会和谐稳定；通过改进工作作风，提高基层组织推动发展、服务群众、凝聚人心、促进和谐稳定的能力，密切党同人民群众血肉联系，为实现我区经济社会发展历史性跨越夯实基层工作基础。

二、工作内容

（一）建设模式

乡镇所有村建立便民服务站，各街道所有社区建立便民服务中心，与区政务服务中心和乡（镇、街道）便民服务中心共同构成“区、乡（镇、街道）、村（社区）”三级便民利民党务政务综合服务体系。村（社区）便民服务站（中心）做到“六个有”，即“有场所、有牌子、有岗位、有人员、有制度、有台账”。

（二）场所落实

便民服务站（中心）办公场地原则上在村委会（社区）驻地单独设立，便民服务站面积不小于20平方米，社区便民服务中心面积不小于30平米，实行敞开式、柜台式服务，合理设置服务岗位，悬挂或放置岗位牌，标明服务事项。便民服务站（中心）使用统一的门头标牌，牌子一律为横排，字体为30公分大小，门头标牌内容为“××乡（镇、街道）××村（社区）便民服务站（中心）”，红底黑字，并配备相应的办公设施、公示栏等，编印相关政策法规、办事指南、申报表格等工作资料。

（三）窗口设置

各街道社区便民服务中心原则上设立窗口不少于2个：1个证件代办窗口，负责委托人委托的事项代办；1个直接办理服务窗口，负责内务管理、工作协调、各类报告（表）、证明盖章等。乡镇便民服务站原则上设立窗口不少于1个，负责委托人委托的事项代办，内务管理、工作协调、各类报告（表）、证明盖章等。鸭池镇各村、其他乡镇中心村可参照社区设置相应窗口。

（四）制度建设

便民服务站（中心）严格落实首问责任制、一次性告知制、服务承诺制，便民服务公开制、坚持轮流值班制、村级公章管理制度等制度。

1. 首问责任制，首问责任人认真记录群众申请委托事项，出具承办单，并承担申请委托事项的全程办理或及时移交给有关承办人，对群众提出的服务事项做到“一册登记、一人代办、全程负责”。

2. 服务承诺制，把代理事项、办理程序、工作职责以及受理人员名单等记录在册，按承诺时限开展办理。

3. 一次性告知制，当事人提出申请、窗口受理后，应一次性告知当事人办理事项所需的全部材料、办事流程。

4. 便民服务公开制，便民服务站（中心）将办公人员的身份、岗位职责、办事流程、依据、要求、申报材料、收费标准等向社会公开。

5. 轮流值班制。便民服务站必须保证白天有工作人员在岗值班，确保开门办公、办理业务、咨询等。

6. 村级公章管理制度。规范公章管理，方便群众办事盖章，提高办事效率，原则上村（社区）公章留在便民服务站（中心）。

（五）人员配备

1. 便民服务站（中心）主要负责人由村（社区）主要负责人兼任，具体负责便民服务站（中心）的日常管理、监督考核和统筹协调。村（社区）要明确驻村干部、村（社区）两委成员，具体负责便民服务站（中心）的接待工作和服务群众事务的办理。实行轮流值班、公开联系电话号码等方式，确保便民服务站（中心）每天有专（兼）职办理人员在岗工作，并定员定时到乡（镇、街道）便民服务中心为群众代办有关事项。社区便民服务中心保证至少有2名工作人员在岗，村便民服务站保证至少有1名工作人员在岗，所有工作人员一律实行挂牌上岗，便于服务对象监督。

2. 各村（社区）在保证原有人员在岗外，可根据自身情况适当增设服务窗口和增加工作人员。

（六）服务内容

凡是涉及老百姓切身利益的事项，都尽可能纳入便民服务站（中心）办理。设立公示牌，注明服务内容及办理事项。

1. 直接办理事项：

流动人口证明，贫困证明，出生证明，水电入户证明，计生诚信证明，入户证明，家庭基本情况证明等。

2. 代理办理事项：

未婚证明，助学贷款证明，城乡居民养老保险，生殖保健证明，政审证明，医疗救助证明等。

3. 申请办理：

农村低保，宅基地审批，失地农民养老保险，廉租住房购买，农业合作社等。

（七）办理方式

1. 工作人员根据服务对象申报的事项，按规定的流程及方式办理。

（1）直接办理。凡是程序简便，即收即办、现场办理。

（2）承诺办理。对不能当场办理，需要向社会公示的，由工作人员在规定的时限内公示、上报。

（3）代为办理。群众需要到上级部门办理的事项，工作人员可以代为办理，即由工作人员代收并登记、签字后，到上级有关业务部门集中办理，及时回复办理结果。

2. 对不符合受理条件的事项，受理窗口要明确给予答复，告知申请人不予受理的理由，耐心做好解释工作；不符合条件不予批准的事项，应当书面告知，说明理由。

3. 便民服务站（中心）要根据群众需要办理的事项，按照政策规定采取出具相关证明材料、当事人提供相关资料后代为办理等方式及时提供服务，并在工作中及时掌握反映社情民意。对群众交付的代办事项，要作详细登记并妥善保管相关资料，避免出现工作失误。

（八）规范管理

便民服务站（中心）工作人员和代办员接受村（社区）两委的领导和管理。便民服务站（中心）要对代办服务做出承诺，明确代办员到乡（镇、街道）便民服务中心办理业务的时间和各种事项的办理时限；要强化日常管理，制定便民服务站（中心）负责人和工作人员的岗位职责。建立申报登记、预约服务、一次性告知、全程代理、首问责任限时办结、信息公开、公章管理等制度，公开服务流程，推行服务承诺。乡（镇、街道）便民服务中心要加强对村（社区）便民服务站（中心）工作人员的考核管理，要健全监督机制。乡（镇、街道）及便民服务中心要通过设立意见箱、监督举报电话等，主动听取服务对象和有关方面意见和建议，及时受理有关投诉和建议，认真调查处理，实行责任追究。对工作不力的，乡（镇、街道）应对工作人员进行教育、整改；情节严重的，按规定作出处理；造成严重损失或恶劣影响的，要严格依法依纪追究有关人员的责任。

三、有关要求

（一）按照“整合资源、因地制宜”的原则，落实“便民服务站（中心）”的办公场地建设和办公设施配备等工作。充分整合村（社区）现有办公场所、人员等资源，要确保既节约投资，又做到经济适用。

（二）按照“六个有”的要求，即“有场所、有牌子、有岗位、有人员、有制度、有台账”。重点落实好“便民服务站”场所建设、挂牌服务、岗位设置、人员调配、工作职责、服务内容、运行方式和保障机制等工作。

（三）各乡（镇、街道）要高度重视便民服务站（中心）规范化建设，对已经建立便民服务站（中心）的村（社区）要按照本方案要求进行完善，对尚未设置便民服务站（中心）的村（社区）要及时启动建设工作，确保2015年初全面建成并实现规范化运行。同时，便民服务站（中心）规范化建设工作将纳入各乡（镇、街道）2015年目标考核范围，并从2015年第一季度全面开展督促检查工作。对办公条件差，确实难以在2015年完成便民服务站（中心）规范化建设工作的个别村（社区），相关乡（镇、街道）须将具体情况梳理报区政府政务服务中心审核，审核通过后可延期至2016年12月31日前完成相关工作。

（四）便民服务站（中心）建立后，要确保正常发挥作用，防止出现群众只见牌子而得不到服务，搞形式、走过场的情况。区直有关部门要通过定期、不定期和明查暗访等方式对便民服务站（中心）工作情况进行抽查，抽查中若发现便民服务站（中心）没有发挥相应作用的，要立即督促整改，并在全区通报批评，情节严重、影响恶劣的，按规定严格追究有关人员责任。

毕节市七星关区人民政府办公室关于印发毕节市七星关区调整规范机关津贴补贴实施方案和毕节市七星关区调整规范事业单位绩效工资实施方案的通知

七星府办通〔2015〕5号

各乡镇人民政府、街道办事处，区直各部门：

根据《毕节市人民政府关于对各县（区）规范津贴补贴标准实施方案的批复》（毕府复〔2014〕196号）精神，经区人民政府研究同意，现将《毕节市七星关区调整规范机关津贴补贴实施方案》和《毕节市七星关区调整规范事业单位绩效工资实施方案》印发给你们，请遵照执行。

毕节市七星关区人民政府办公室

2015年1月7日

毕节市七星关区调整规范机关津贴补贴施方案

一、实施范围和执行时间

实施范围：全区党的机关、人大机关、行政机关、政协机关、审判机关、检察机关、民主党派及工商联机关，以及经批准参照《中华人民共和国公务员法》管理的单位。

执行时间：2013年1月1日。

二、调整规范在职人员津贴补贴标准和离退休人员补贴标准

（一）调整规范在职人员津补贴标准。

在职人员津贴补贴按现任（聘）实际职务（技术等级）对应的津补贴标准执行。

（二）调整规范离退休人员补贴标准。

离退休人员补贴按离退休生活费待遇对应的职务（技术等级）享受相应的标准执行。

三、有关问题

（一）新录（聘）用人员在试用期（学徒期、熟练期）内，按在职人员最低津贴补贴标准执行。

（二）职务（技术等级）变动的人员，从职务（技术等级）变动的次月按所任（聘）职务（技术等级）的津贴补贴标准执行；无职务（技术等级）和未明确职务（技术等级）的人员，按在职人员最低津贴补贴标准执行。

（三）公务员在机关之间调动，明确职务的，按调动后所任职务对应的津贴补贴标准执行，因组织原因未明确职务期间，按调动前原任职务对应的津贴补贴标准执行。

（四）被收容教育、强制隔离戒毒和行政拘留的人员（含离退休人员），在处罚期间停发津贴补贴（离退休人员补贴）。正在接受立案或停职审查的人员，停发工作性津贴，生活性补贴按原享受标准继续发放，待审查结束作出结论后，再按照有关规定办理。

被刑事拘留在逃或批准逮捕在逃的人员（含离退休人员），停发津贴补贴。

受刑事处罚人员（含离退休人员），处分决定机关尚未作出处理决定的，从人民法院判决生效之日起，停发津贴补贴。

（五）军队转业干部现任职务低于部队转业职

务的，按转业时的职务执行相应津贴补贴标准。

（六）停职留（减）薪人员，津贴补贴暂缓执行。

（七）按国务院关于颁发《国务院关于安置老弱病残干部的暂行办法》和《国务院关于工人退休、退职的暂行办法》的通知（国发〔1978〕104号）文件规定办理了退职手续的人员，退职人员补贴标准按每月1300元的标准执行。

（八）调整规范津贴补贴所需经费，仍按原资金渠道解决。

（九）此次调整后的津贴补贴增资额不列入住房增量补贴计算基数，待下一步政策出台后，按新政策执行。

四、组织实施

（一）加强组织领导。各部门、各单位要高度重视，加强领导，实行“一把手”负责制。要周密安排、精心组织、扎实工作，切实把调整规范津贴补贴工作作为一件大事抓紧抓好。

（二）进一步严肃纪律。在调整规范津贴补贴工作中，区级纪委、组织、编委办、监察、财政、人力资源社会保障和审计部门要结合实际，认真履行监督职责，对违反规定发放津贴补贴的，将按照党纪政纪严肃查处。

（三）切实做好干部职工的思想政治工作。调整规范津贴补贴政策性强、敏感度高，各部门、各单位要耐心细致地做好相关人员的政策解释和思想政治工作，积极化解矛盾，确保实施工作的顺利进行。

（四）认真做好审批和兑现工作。各部门、各单位要按照本方案要求，认真查阅职工档案，如实填报调整规范津贴补贴的相关表册。本次增资部分，从2014年11月起列入工资统发，2013年1月至2014年10月期间的补发金额根据区财政状况逐步兑现。

（五）过去有关规定与本方案规定不一致的，按本方案规定执行。

毕节市七星关区机关公务员津贴补贴发放标准表

单位：元/月

在职人员				离休人员		退休人员	
职级	工作性津贴	生活性补贴	合计	职级	补贴标准	职级	补贴标准
正厅	1650	2490	4140	正厅	4140	正厅	3530
副厅	1460	2190	3650	副厅	3650	副厅	3120
正处	1270	1900	3170	正处	3170	正处	2710
副处	1170	1760	2930	副处	2930	副处	2510
正科	1080	1630	2710	正科及以下	2710	正科	2320
副科	1020	1520	2540			副科	2170
股级	1000	1480	2480			科员	2070
科员	970	1450	2420			办事员	1930
办事员	900	1360	2260			技师	2320
技师	1080	1630	2710			高级工	2170
高级工	1020	1520	2540			中级工	2070
中级工	970	1450	2420			初级工	1930
初级工	900	1360	2260			普通工	1930
普通工	900	1360	2260				

毕节市七星关区调整规范事业单位绩效工资实施方案

一、实施范围和执行时间

实施范围：七星关区事业单位（包括义务教育学校、公共卫生和基层医疗卫生事业单位、其他事业单位，下同）执行岗位绩效工资制度的正式工作人员。

执行时间：2013 年 1 月 1 日。

二、调整规范在职人员基础性绩效工资和退休人员补贴标准

在职人员基础性绩效工资标准，按现聘岗位对应的标准（表一）执行。在职人员原基础性绩效工资标准，高于本方案标准的，暂不调整。

退休人员补贴标准按本单位岗位设置的完成情况对应的标准（表二）执行。

三、绩效工资总量的核定办法

绩效工资总量由基础性绩效工资总量和奖励性绩效工资总量两部分构成。

其中，事业单位本年度的基础性绩效工资总量，按工作人员 1 月份发放的基础性绩效工资乘 12 核定；事业单位本年度奖励性绩效工资总量，按本年度基础性绩效工资总量乘以 3 除以 7 再加上年度 12 月份基本工资（含教师、护士基本工资标准提高 10% 部分，下同）额度核定。

各事业单位绩效工资总量原则上每年调整一次，当年的第一季度前由单位填写《七星关区事业单位绩效工资总量核定审批表》（表三），经主管部门审核后，报区人力资源社会保障、财政部门核定。确因机构、人员和工作任务发生重大变化等特殊情况需作调整的，由单位在当年核发奖励性绩效工资前填写《七星关区事业单位绩效工资总量动态调整审批表》（表四），经主管部门审核后，报区人力资源社会保障、财政部门核定。

四、经费保障问题

调整绩效工资和退休人员补贴所需经费，按原资金渠道解决。

五、有关问题的处理

（一）经批准，既有专业技术岗位等级又有管理岗位等级的“双肩挑”人员，基础性绩效工资按享受工资待遇岗位等级对应的标准执行。

（二）首聘期内，所聘岗位等级低于首聘前岗位等级的人员，基础性绩效工资按首聘前岗位等级对应的标准执行。其中，专业技术人员按首聘前岗位的最低岗位等级对应的标准执行。

（三）按省、市相关规定引进的高层次人才发放的特殊补贴、临时性科研课题（项目）报酬，以及经省委、省政府或市委、市政府同意对突出贡献人员发放的奖金和补贴不纳入绩效工资管理。

（四）对在职人员年人均补贴（不含国家和省另有规定保留的津贴补贴以及规定的改革性补贴，下同）超过核定绩效工资的部分，按原有资金渠道，纳入奖励性绩效工资管理。

（五）离休人员补贴按照《省委组织部省委老干部局省财政厅省人事厅省劳动和社会保障厅关于对我省企业事业单位离休人员比照机关规范后离休人员的补贴标准发放生活补贴的通知》（省老干通〔2009〕5 号）规定执行。

（六）首聘期内在同一岗位系列高职低聘的人员退休后，退休人员补贴按首聘前岗位等级对应的标准执行，其中专业技术人员按首聘前岗位的最低岗位等级对应的标准执行。

（七）退休时所聘岗位等级低于 2006 年工改时按工作年限对应岗位等级套改工资或增加退休费的人员，按享受工资待遇或增加退休费的岗位等级对应的补贴标准执行。其中，退休专业技术人员按助理级或中级对应最低专业技术岗位等级的补贴标准执行。

（八）实施绩效工资的其他有关问题仍按贵州省人力资源社会保障厅《关于印发贵州省义务教育学校实施绩效工资中有关问题的处理意见》（黔人社厅发〔2009〕2 号）、《关于公共卫生与基层医疗卫生事业单位实施绩效工资有关问题处理意见的通知》（黔人社厅发〔2010〕48号）、《关于其他事业单位实施绩效工资中有关问题的处理意见》（黔人社厅通〔2011〕417号）的规定执行。

（九）按国务院关于颁发《国务院关于安置老弱病残干部的暂行办法》和《国务院关于工人退休、退职的暂行办法》的通知（国发〔1978〕104号）文件规定办理了退职手续的人员，退职人员补贴标准按每人每月1300元执行。

（十）此次调整后的津贴补贴增资额不列入住房增量补贴计算基数，待下一步政策出台后，按新政策执行。

六、组织实施

（一）加强组织领导。各单位要高度重视，加强领导，实行“一把手”负责制。要周密安排，精心组织、扎实工作，切实把调整规范事业单位绩效工资工作作为一件大事抓紧抓好。

（二）进一步严肃纪律。在调整规范事业单位绩效工资工作中，区纪委、组织、编委办、监察、财政、人力资源社会保障和审计部门要结合实际，认真履行监督职责，对违反规定发放津贴补贴的，将按照党纪政纪严肃查处。

（三）切实做好干部职工的思想政治工作。调整规范事业单位绩效工资政策性强、敏感度高，各单位要耐心细致地做好相关人员的政策解释和思想政治工作，积极化解矛盾，确保实施工作的顺利进行。

（四）认真做好审批和兑现工作。各单位要按照本方案要求，认真查阅职工档案，如实填报调整规范事业单位绩效工资的相关表册。本次增资部分，从2014年11月起列入工资统发，2013年1月至2014年10月期间的补发金额根据区财政状况逐步兑现。

（五）过去有关规定与本方案规定不一致的，按本方案规定执行。

毕节市七星关区事业单位在职人员基础性绩效工资标准（表一）

单位：元/月

岗位等级（标准/项目）		基础性绩效工资	岗位等级（标准/项目）		基础性绩效工资
专业技术人员	一级	3110	管理人员	三级	2900
	二级	2860		四级	2560
	三级	2650		五级	2220
	四级	2460		六级	2050
	五级	2300		七级	1900
	六级	2170		八级	1780
	七级	2050		九级	1690
	八级	1960		十级	1580
	九级	1880	工勤人员	技术工一级	2050
	十级	1810		技术工二级	1900
	十一级	1740		技术工三级	1780
	十二级	1690		技术工四级	1690
	十三级	1580		技术工五级及普工	1580

毕节市七星关区事业单位退休人员补贴标准（表二）

单位：元/月

工资类型	职级	部份退休人员职级		退休人员补贴标准
		岗位设置前退休的专业技术人员（不含退休时所聘职级低于工改时按工作年限对应职级套改工资和增加退休费的人员）	首聘期内退休的高职低聘人员或退休时所聘职级低于工改时按工作年限对应职级套改工资和增加退休费的人员	
专业技术人员	一级	——	——	3780
	二级	——	——	3480
	三级	正高级	——	3120
	四级	——	正高级	2930
	五级	——	——	2710
	六级	副高级	——	2610
	七级	——	副高级	2500
	八级	——	——	2370
	九级	中级	——	2300
	十级	——	中级	2200
	十一级	助理级及以下	——	2120
	十二级	——	助理级及以下	2070
	十三级	——	——	1930
管理人员	三级	——	正厅级	3530
	四级	——	副厅级	3120
	五级	——	正县级	2710
	六级	——	副县级	2510
	七级	——	正科级	2320
	八级	——	副科级	2170
	九级	——	科员及以下	2070
	十级	——	——	1930

工资类型	职级	部份退休人员职级		退休人员补贴标准
		岗位设置前退休的专业技术人员（不含退休时所聘职级低于工改时按工作年限对应职级套改工资和增加退休费的人员）	首聘期内退休的高职低聘人员或退休时所聘职级低于工改时按工作年限对应职级套改工资和增加退休费的人员	
工勤人员	技术工一级	——	——	2490
	技术工二级	——	技师	2320
	技术工三级	——	高级工	2170
	技术工四级	——	中级工及以下	2070
	技术工五级	——	——	1930
	普工	——	——	1930

七星关区事业单位绩效工资总量核定审批表（表三）

年度： 单位：人、元

单位名称		编制数本	

年度1月份工作人员基本情况							
岗位等级		实有人数	基础性绩效工资	岗位等级		实有人数	基础性绩效工资
管理岗位	三级			专业技术岗位	一级		
	四级				二级		
	五级				三级		
	六级				四级		
	七级				五级		
	八级				六级		
	九级				七级		
	十级				八级		
工勤岗位	二级				九级		
	三级				十级		
	四级				十一级		
	五级				十二级		
	普通工				十三级		
合计				合计			

单位实有人数合计		1月份基础性绩效工资总额	

单位意见： 负责人签章： （章） 年　月　日	主管部门意见： （章） 年　月　日

本年度绩效工资总量核定情况（单位：元、年）					
上年12月份基本工资额度	绩效工资总量预算	基础性绩效工资总量预算	奖励性绩效工资总量预算	清理规范时津贴水平	超过规定绩效工资水平部分

人力资源社会保障部门意见： （章） 年　月　日	财政部门意见： （章） 年　月　日

注：1、绩效工资总量 = 上年12月基本工资额度 + 基础性绩效工资总额 + 基础性绩效工资总额 ×3 ÷7；2、超过规定绩效工资水平部分 =（清理规范时津贴补贴水平 − 绩效工资总量 ÷ 单位实有人数）×单位实有人数；3、本表一式4份，人力资源社会保障、财政、主管部门和单位各1份。

七星关区事业单位绩效工资总量动态调整审批表（表四）

年度： 单位：人、元

单位名称				编制数	
本年度工作人员基本信息变化情况					
岗位等级	实有人数增减	基础性绩效工资增减	岗位等级	实有人数增减	基础性绩效工资增减
管理岗位 三级			专业技术岗位 一级		
四级			二级		
五级			三级		
六级			四级		
七级			五级		
八级			六级		
九级			七级		
十级			八级		
工勤岗位 二级			九级		
三级			十级		
四级			十一级		
五级			十二级		
普通工			十三级		
合计			合计		
单位实有人数增减合计			基础性绩效工资总额增减		

单位意见：	主管部门意见：
负责人签章： （章） 年 月 日	（章） 年 月 日

绩效工资总量调整核定情况（单位：元、年）				
项目	人数	绩效工资总量	基础性绩效工资总量	奖励性绩效工资总量
调整前				
增减数额				
调整后				

人力资源社会保障部门意见：	财政部门意见：
（章） 年 月 日	（章） 年 月 日

注：本表一式4份，人力资源社会保障、财政、主管部门和单位各1份。

毕节市七星关区人民政府关于印发
毕节市七星关区人民政府工作规则的通知

七星府发〔2015〕1号

各乡镇人民政府、街道办事处，区政府各工作部门，各直属机构：

《毕节市七星关区人民政府工作规则》已经区人民政府一届23次常务会议研究通过，现印发给你们，请遵照执行。

毕节市七星关区人民政府
2015年2月27日

毕节市七星关区人民政府工作规则

第一章总　则

第一条　根据《中华人民共和国宪法》《中华人民共和国地方各级人民代表大会和地方各级人民政府组织法》，参照《国务院工作规则》《贵州省人民政府工作规则》《毕节市人民政府工作规则》，结合我区实际，制定本工作规则。

第二条　区人民政府坚持以邓小平理论和“三个代表”重要思想为指导，牢固树立科学发展观，认真贯彻党的路线、方针、政策，严格遵守宪法和法律法规，坚决执行党中央、国务院、省委、省人民政府、市委、市人民政府和区委的指示和决策部署，贯彻执行区人民代表大会及其常务委员会的决议决定，全面履行经济调节、市场监管、社会管理和公共服务的职能，实行科学民主决策，坚持依法行政，加强行政监督，形成行为规范、运转协调、公正透明、快捷高效的行政管理体制，建设法治政府、服务政府、廉洁政府。

第三条　区人民政府工作的准则是：执政为民，依法行政，实事求是，民主公开，务实清廉。

第二章　组成人员职责

第四条　区人民政府组成人员要模范遵守宪法和法律法规，认真履行职责，坚持解放思想、实事求是、与时俱进、开拓创新、忠于职守、服从命令、顾全大局，全心全意为人民服务。

第五条　区人民政府实行区长负责制，区长领导区人民政府的工作。副区长、区长助理、区人民政府办公室主任协助区长工作。区长外出期间，受区长委托，由区人民政府负责常务工作的副区长主持区人民政府的全面工作。

第六条　区长召集和主持区人民政府全体会议、区人民政府常务会议。区人民政府工作中的重大事项，必须经区人民政府全体会议或常务会议讨论决定。

第七条　副区长、区长助理按分工负责处理分管工作；受区长委托，负责其他方面的工作或专项任务，并可代表区人民政府进行外事活动。

第八条　区人民政府办公室主任在区长领导下，协调落实区人民政府决定事项，负责区长授权的其他工作，领导区人民政府办公室的全面工作。

第九条　区人民政府各工作部门实行主任、局长负责制，按照职能职责负责本部门的工作。

区人民政府各部门要依照法律、法规各司其职，各尽其责，进一步改进工作作风，创新管理方式，简化办事程序，提高行政效能，坚决贯彻落实区人民政府各项工作部署。

区审计局在区长领导下，依法独立行使审计监督职能，不受其他行政机关、社会团体和个人的干涉。

区监察局在区长和上级监察机关领导下，依法对本区国家行政机关及其公务员和区人民政府任命的其他人员实施监察，不受其他行政机关、社会团体和个人的干涉。

第三章　全面正确履行政府职能

第十条　区人民政府及其各工作部门要加快政府职能转变，全面履行经济调节、市场监管、社会管理和公共服务职能。形成权界清晰、分工合理、权责统一、运转高效、法治保障的机构职能体系，创造良好发展环境，提供基本均等公共服务，维护社会公平正义。

第十一条　全面落实国务院宏观调控政策，紧紧抓住国家深入实施西部大开发战略和出台《国务院关于进一步促进贵州经济社会又好又快发展的若干意见》（国发〔2012〕2号）、《国务院办公厅关于同意深入推进毕节试验区改革发展规划的函》（国办函〔2013〕35号）机遇，坚持加速发展、加快转型、推动跨越主基调，促进工业化、信息化、城镇化、农业现代化同步发展，调整和优化经济结构，统筹区域经济发展，实现经济增长、增加就业、稳定物价和财政收支平衡，运用经济、法律手段并辅之以必要的行政手段引导和调控经济运行，促进经济社会又好又快、更好更快发展，确保与全市、全省、全国同步全面建成小康社会。

第十二条　依法强化市场监管，完善监管体系，规范行政执法行为，创造公平和可预见的法制环境，鼓励创业、创新、创优，建立健全社会信用体系，整顿和规范市场经济秩序，建设统一开放、公平诚信、竞争有序的市场体系，建设诚信七星关、开放七星关、法治七星关。

第十三条　创新社会管理，形成源头治理、动态管理、应急处置相结合的社会管理机制，完善基层社会管理服务，妥善处理社会矛盾，注重解决民生问题，促进就业创业，健全社会保障体系，依法管理和规范社会组织、社会事务，维护社会秩序和社会稳定，维护社会公平正义和和谐稳定，建设平安七星关、和谐七星关。

第十四条　依法建立健全突发事件应急管理机制，完善各类应急预案，落实应急体系规划建设，健全信息通报、预防预警、应急处置、舆论引导机制，加强应急队伍建设，整合应急资源，抓好应急管理宣传、教育、培训和演练，强化源头管理，进一步推动基层应急管理工作，不断提高政府应对公共危机的能力。

第十五条　强化公共服务职能，完善公共政策，健全公共服务体系，整合优化公共资源，不断提供更多的公共产品和服务，推进部分公共产品和服务的市场化进程，建立健全公共产品和服务的监管和绩效评估制度，简化程序，降低成本，讲究质量，提高效益。

第四章　推进依法行政

第十六条区人民政府及其各工作部门要带头维护宪法和法律法规权威，建设法治政府。按照合法行政、合理行政、程序正当、高效便民、诚实守信、权责统一的要求行使权力，强化责任意识，不断提高依法行政的能力和水平。

第十七条区人民政府根据国家法律、行政法规、规章的修订情况、全区经济社会发展情况和扩大对外开放的需要，适时制定、修改或废止区人民政府规范性文件和行政措施。

第十八条　区人民政府及其各工作部门制定的规范性文件，必须符合法律、法规和国家有关规定的要求，严格遵守法定权限和程序，坚持从实际出发，准确反映全区经济社会发展要求，充分反映人民群众意愿，使所确立的制度能够切实解决问题，备而不繁，简明易行。重要规范性文件实施后要进行后评估，发现问题，及时完善。

第十九条区人民政府各部门制定规范性文件，涉及两个及以上部门职权范围的事项，要充分听取相关部门意见，并由区人民政府或有关部门联合制定规范性文件。其中，涉及公众权益、社会关注度高的事项及重要涉外、涉港澳台侨的事项，应当事先请示区人民政府。部门联合制定的重要规范性文件必须经区人民政府法制机构提出合法性审查意见，报请区人民政府批准方可发布，且要依法依规及时报备。区人民政府各部门提请区人民政府审议的规范性文件，应由区人民政府法制机构审查或组织起草，规范性文件的解释工作由区人民政府法制机构承办。

严格合法性审查，规范性文件不得设定行政许可、行政处罚、行政强制等事项，不得违法增加公民、法人和其它组织的义务。对违反法律、法规、规章或国家有关规定，以及规定不适当的规范性文件，要依法责令部门纠正或由区人民政府予以改变、撤销。

以区人民政府及区人民政府办公室名义制定规范性文件，文件草案送区人民政府全体会议、区人民政府常务会议讨论前，应先交由区人民政府法制机构进行合法性审查，有法制机构的书面合法性审查意见书后，方能上会讨论；区人民政府法制机构负责规范性文件备案审查并定期向社会公布目录。

第二十条　区人民政府要加强依法行政工作考核，要按照行政执法与经济利益脱钩、与责任挂钩的原则理顺行政执法体制，科学配置执法机关的职责和权限，相对集中行政处罚权，推进综合执法，严格实行执法责任制和执法过错追究制。各部门要严格执法，健全规则，规范程序，落实责任，强化监督，切实做到有法必依、执法必严、违法必究，公正执法、文明执法，维护公共利益、人民权益和社会秩序。

第五章　实行科学民主决策

第二十一条　区人民政府及其各工作部门要遵循行政决策规则和程序，实行依法决策、科学决策和民主决策，坚持法治、民主、公正、时机、择优的决策原则，把公众参与、专家论证、风险评估、合法性审查和集体讨论决定作为重大决策的必经程序，增强公共政策制定的透明度和公众参与度。

第二十二条　全区国民经济和社会发展计划、财政预决算、经济、社会、文化发展的重大政策措施，制定区人民政府规范性文件以及重大投资项目等重大事项，由区人民政府全体会议或常务会议讨论决定。

第二十三条　各部门提请区人民政府讨论决定的重大决策建议，必须符合宪法、法律和国家的方针政策，且经过深入调查研究，并经相关机构的评估论证或法律审查；涉及相关部门和乡镇街道办事处的，应事先征求意见充分协商；涉及重大公共利益和公众权益、容易引发社会稳定问题的，要进行社会稳定风险评估，通过公示或听证会等形式听取有关方面的意见和建议。

第二十四条　区人民政府各工作部门必须坚决贯彻落实区人民政府的重大决策和工作部署，及时跟踪和反馈执行情况。区人民政府办公室要加强督促检查，确保政令落实。

第二十五条区人民政府作出的重大决策实施后，应当按照客观公平、公正公开、及时高效的原则进行评估，根据评估情况及时发现并纠正决策存在的问题，适时调整和完善决策，减少决策失误造成的损失，提高决策的质量。

第二十六条　按照“谁决策、谁负责，决策权与决策责任相统一”的原则，对没有严格履行决策程序、违反有关原则和规定进行决策、造成重大损失或严重影响的人员进行责任追究，责任追究按照干部管理权限进行。对责任人的责任追究，按照《行政监察法》、《行政机关公务员处分条例》等有关规定办理。

经调查，发现决策过程存在下列情形之一的，要进行责任追究：

（一）超越权限、违反程序决策的；

（二）未深入进行调查研究、分析论证导致决策错误的；

（三）主观上存在推诿扯皮造成工作进展缓慢的；

（四）应当集体讨论决定而未经讨论的；

（五）依法应当作出决策而不决策的；

（六）应当听证而未听证的；

（七）违反保密纪律和档案管理规定的；

（八）不执行或不正当执行决策决定的；

（九）其他严重违反决策程序的情形。

第六章　推进政务公开

第二十七条　区人民政府及各部门要把公开透明作为政府工作的基本制度。深化政务公开，完善各类办事公开制度，健全政府信息发布制度，推进行政权力行使依据、过程、结果公开。

第二十八条　区人民政府全体会议和常务会议讨论决定的事项、区人民政府及各部门制定的政策措施，除依法需要保密的外，应及时公开。凡涉及公共利益、公共权益、需要广泛知晓的事项和社会关切的事项及法律法规、区人民政府及各部门规定需要公开的事项，应通过政府网站、政府公报、新闻发布会以及报刊、广播、电视、网络等方式，依法、及时、全面、准确、具体地向社会公开。

第二十九条　按照统筹规划、整合资源、服务应用、确保安全的原则，加强政府网站建设，大力推行电子政务，扎实推进政府信息公开工作，切实提高政府工作效率。

第七章　健全监督制度

第三十条　区人民政府要自觉接受区人民代表大会及其常务委员会的监督，认真负责地报告工作、接受询问和质询、依法备案行政规范性文件。自觉接受区政协、各民主党派和群众团体的民主监督，虚心听取意见和建议。

区人民政府及其各部门要依照有关规定认真办理人民代表的议案和政协委员的提案，办理结果应及时回复。

对区人大、区政协组织的视察、执法检查、调研和座谈等活动，区人民政府应明确专人和相关部门做好有关组织协调工作。

第三十一条　区人民政府各工作部门要按照有关法律规定接受司法监督，做好行政应诉工作，尊重并自觉履行人民法院的判决、裁定。同时要自觉接受审计、监察等部门的监督，对监督中发现的问题，要认真查处和整改并向区人民政府报告。

第三十二条　区人民政府及各工作部门要严格执行行政复议法，加强行政复议指导监督，自觉履行行政复议决定，纠正违法或不当的行政行为，依法及时化解行政争议。

第三十三条　区人民政府及各工作部门要自觉接受社会公众和新闻舆论的监督，认真调查核实有关情况，及时依法处理和改进工作。重大问题要向社会公布处理结果。

第三十四条　区人民政府及各工作部门要重视人民群众来信来访工作，进一步完善信访制度，畅通和规范群众诉求表达、利益协调、权益保障渠道；区人民政府领导及各部门负责人要亲自阅批重要的群众来信，定期接待群众来访，解决群众合理诉求。

第三十五条　区人民政府及各部门要实行实绩考核制度和行政问责制度，加强对重大决策落实、部门职责履行、重点工作推进以及自身建设等方面的考核评估，健全纠错制度，严格责任追究，提高政府执行力和公信力。

第八章　会议制度

第三十六条　区人民政府实行区人民政府全体会议、区人民政府常务会议和区人民政府专题会议制度。

第三十七条　区人民政府全体会议由区长、常务副区长、副区长、区长助理、区人民政府办公室主任和区人民政府工作部门主任、局长组成，由区长或委托常务副区长召集和主持。

区政府办公室副主任和有关负责同志列席会议。

根据需要，可邀请区人大常委会、区政协、人武部、区纪委、区人民法院、区人民检察院领导同志，区委、区人大常委会、区政协有关部门负责人，区人民团体负责人，省驻区新闻单位负责人列席会议。

根据需要，可安排有关部门（单位）、和乡镇人民政府（街道办事处）主要负责人列席会议。

区人民政府全体会议的内容，由区长或区人民政府常务会议研究确定。

区人民政府全体会议的主要任务是：

（一）传达贯彻党中央、国务院、省委、省政府、市委、市政府和区委的重要指示、决定和会议精神，以及区人民代表大会及其常务委员会的重要决议、决定；

（二）讨论决定区人民政府工作中的重大事项；

（三）部署区人民政府工作中的重要工作；

（四）讨论、通报和部署全区经济社会发展全局性工作；

（五）讨论决定需要区人民政府全体会议决定的其他事项。

区人民政府全体会议一般每年召开两次。根据需要，经研究可适时召开。

第三十八条　区人民政府常务会议由区长、常务副区长、副区长、区长助理、区人民政府办公室主任组成，由区长或委托常务副区长召集和主持。

区人民政府办公室副主任和有关负责人列席相关议题，区人民政府法制、审计、监察、发改、财政、督办督查和实绩考核部门主要负责人列席区人民政府常务会议。

根据需要，可邀请区人大常委会、区政协、人武部、区纪委、区人民法院、区人民检察院领导同志，区委、区人大常委会、区政协有关部门负责人，区人民团体负责人，省驻区新闻单位负责人列席会议。

根据需要，可安排有关部门（单位）和乡镇人民政府（街道办事处）主要负责人列席会议。

区人民政府常务会议议题，由区人民政府各部门提出，经区人民政府办公室相关副主任初步审核，报请区人民政府分管副区长召开专题会议充分讨论研究后，由区人民政府办公室主任呈报区长确定。涉及范围广、问题相对复杂的议题可由区长、常务副区长或副区长安排区人民政府办公室统筹汇总后形成报告，征求相关政府领导和关涉部门意见后呈报区长确定。区长根据工作需要可提出议题。

区人民政府常务会议的主要任务是：

（一）传达上级的重要指示、决定及重要会议、重要文件精神，并研究制定贯彻落实措施。

（二）讨论决定全区国民经济和社会发展规划、近期计划、年度计划、财政预算；研究分析一定时期全区经济社会发展形势，通报区人民政府总体工作情况；研究区人民政府工作中事关全区经济、社会、文化发展的重大政策措施、重要资金使用、重大经济社会活动及重大建设项目安排等重要事项。

（三）研究和决定临时性经费申请和有关行政事业性收费的减免，审批区本级预算追加支出额度较大的项目。

（四）研究确定社会管理和公共服务中有关体制改革、机制建设和制度建设方面的重大问题，讨论决定加强政府自身建设的重大事项。

（五）审议需要以区人民政府名义发布或批转的规范性文件，讨论通过由区人民政府发布的行政措施和决定。

（六）审定需要向市人民政府请示、报告或者向区委、区人大常委会报告和向区政协通报的重要事项，讨论并通过需提请区人大常委会审定的议案和提请区人民代表大会审议的政府工作报告、国民经济和社会发展计划执行情况与国民经济和社会发展计划草案、财政预算执行情况及预算草案报告。

（七）研究各乡镇人民政府（街道办事处）、区人民政府各部门上报的重要请示或重要报告。

（八）研究和决定区人民政府对行政部门领导干部进行问责的有关事宜。讨论须由区人民政府作出决定给予表彰奖励或处分的重要事项。

（九）通报和讨论其他重要事项。

区人民政府常务会议原则上每半月召开一次。如有需要，视议题收集情况、紧急程度可适时召开。

第三十九条区人民政府专题会议由区长、常务副区长、副区长、区长助理，或受区长、常务副区长、副区长委托的区人民政府办公室主任、副主任召集和主持，根据需要安排有关部门、单位和乡镇人民政府（街道办事处）负责人参加会议。

区人民政府专题会议议题由区长、常务副区长、副区长和区长助理确定。

区人民政府专题会议研究协调区人民政府日常工作中的具体问题，处理具体业务。可根据需要适时召开。

第四十条　区人民政府全体会议、常务会议和专题会议的组织工作由区人民政府办公室负责。

第四十一条　区人民政府各部门和各乡镇人民政府（街道办事处）提请区人民政府全体会议、区人民政府常务会议审议的议题及其附件材料，须充分征求有关部门或有关乡镇人民政府（街道办事处）的意见并取得其主要负责人签发盖章的书面复函，经本部门或乡镇人民政府（街道办事处）主要负责人或主持工作的负责人审定形成正式文件（各部门反馈意见应作为其附件一并上报），附区人民政府全体会议（常务会议）议题登记表，按照规定程序逐级送审确定。除区人民政府区长特批件外，临时提交审议的议题一般不再追加；非紧急事项不临时动议。原则上区人民政府办公室要将议题和有关会议文件在会议召开前送达与会人员。

需要列席区人民政府全体会议、区人民政府常务会议的单位名单，上报议题单位要在议题登记表中详细注明，由区人民政府办公室审定并负责通知参会。

第四十二条区人民政府领导同志不能出席区人民政府全体会议、区人民政府常务会议，须向会议召集人请假，如对议题有意见或建议，可在会前提出。区人民政府各部门主要负责同志和其他需要参加会议的人员应当按照通知要求参加会议，不能参加的，应提前向会议召集人请假（或由区人民政府办公室主任代为请示）获准后安排其他主持工作的副职代会，未经同意不得随意由他人代替出席会议。请假情况需向区人民政府办公室反馈。

第四十三条　区人民政府全体会议、区人民政府常务会议讨论的文件需要修改的，在会议结束时由议题呈报单位负责收回，由起草单位按会议讨论的意见修改，在规定时间内修改后报送区人民政府办公室，经区人民政府领导审查后按会议审定意见实施。讨论报区委审定的议题，议题呈报单位必须按会议讨论的意见，及时完善相关手续后送交区人民政府办公室按程序送审签发，及时呈报区委。

第四十四条　区人民政府全体会议、区人民政府常务会议纪要，按照“谁分管，谁负责”和“相对分工，统筹协调”原则，由区人民政府办公室各科室联合起草，各科室根据各自服务领域起草会议决议文稿，经区人民政府办公室联系副主任、区人民政府分管副区长逐级严格审核，由区人民政府办公室秘书一科汇总后，逐级呈送区人民政府办公室主任、区人民政府常务副区长把关，报区长签发。区人民政府专题会议纪要由召集会议的区长、常务副区长、副区长签发；区长助理、区人民政府办公室主任、副主任受委托召开的专题会议，会议纪要经受委托人审核后报委托人签发。研究重要事项的专题会议纪要经会议召集人审核后报区长签发。

第四十五条　区人民政府各部门召开的工作会议，要精简数量，控制规模，严格审批。应由区人民政府各部门召开的全区性会议，不以区人民政府名义召开，不邀请区人民政府负责人出席，不要求各乡镇人民政府（街道办事处）和各部门主要领导参加，确有必要的须报区人民政府批准。区人民政府领导一般不出席部门的工作会议。未经区人民政府批准，区人民政府各部门不得邀请上级部门和外县、区负责人出席会议。

确需以区人民政府名义召开的全区性会议，有关部门须提前15天上报会议方案，由区人民政府办公室审核提出意见后报区长或区人民政府常务会议审定。

全区性会议应尽可能采用视频会议形式召开。各类会议应充分准备，主办部门要牵头做好筹备工作，提高效率和质量，重在解决问题。

第四十六条　通过部门商洽在我区召开的全市性会议。有关部门须提前报告区人民政府，经同意后方可答复和安排。

第九章　公文处理

第四十七条　区人民政府各部门和各乡镇人民政府（街道办事处）向区人民政府报送的公文，应当符合《党政机关公文处理工作条例》《党政机关公文格式》和区人民政府关于行政机关公文处理工作的相关规定。凡不符合公文处理有关规定的，退回报文单位重办。因报文单位不按规定办文，造成误时误事的，由报文单位负责；造成工作损失的，要追究责任。区人民政府办公室负责指导、监督全区行政系统公文处理工作。

第四十八条　除区人民政府领导直接交办事项和必须直接报送的涉密、紧急事项外，不得以本机关名义直接向区人民政府领导个人报送公文，也不得以本机关负责人的名义向区人民政府报送公文。具有请示事项，需要签批意见的公文不得多头报送。

各乡镇人民政府（街道办事处）和各部门报送区人民政府的请示性公文，必须由主要负责人签发，主要负责人外出时，可指定负责工作的负责人签发。报批的事项要提前做好调研和协调工作，凡涉及其它部门职权的，必须主动与相关部门充分协商，由主办部门主要负责人与相关部门负责人会签或联合呈报区人民政府审批。部门之间有分歧的，主办部门应主动协商，协商后仍不能取得一致意见的，主办部门应列明各方理据，提出办理建议，与相关部门负责人会签后报区人民政府决定。属于各部门职权范围内的事项，不报区人民政府研究。

第四十九条　区人民政府各部门和乡镇人民政府（街道办事处）报送区人民政府审批的公文，由区人民政府办公室负责文书处理工作的科室统一登记、归口办理，经区人民政府办公室联系主任、副主任按照公文审批程序和区人民政府领导同志分工负责的原则提出拟办建议后，报区人民政府分管领导同志审批；区人民政府办公室收到上级或同级部门给区人民政府的文件、函件，根据区人民政府领导同志分工送区人民政府办公室对应科室按照公文审批程序办理；收到外商、企业等给区人民政府或区人民政府领导同志涉及政务的函件，应告知先转有关职能部门提出处理意见后，由职能部门转报区人民政府审批；外封注明区人民政府领导同志个人姓名的信件，由区人民政府办公室负责收发的科室签收登记原封转达相应科室办理；对涉及两位以上区人民政府领导同志分管工作的公文，应依次呈送分管的领导审批，重大事项报区长审批。

区人民政府领导同志收到直接报送的要求审批的公文，一般不先作批示，应交由区人民政府办公室按规定程序审核、拟办、运转。区人民政府领导批示的公文，由区人民政府办公室负责文书处理工作的科室统一转办、处理。

第五十条　区人民政府制定的规范性文件、发布的命令、提请区人民代表大会或区人民代表大会常务委员会审议的议案、报送市人民政府的请示和报告，区人民政府发布的涉及机构、人、财、物及规划、管理权限等调整利益和职权关系的重要文件，必须由分管副区长审核后，送区长签发。以区人民政府名义发出的其他公文，可由区人民政府分管领导审核签发。对涉及两位以上区人民政府领导同志分管工作的公文，应依次送区人民政府涉及领导签署意见，以最后签署意见时间为文件生效时间。

以区人民政府办公室名义发文，需联系副主任审核后由区人民政府办公室主任签发；重要公文报请区人民政府分管副区长或区长签发。属于区人民政府办公室机关内部事务的公文，由区人民政府办公室主任或分管副主任签发。

属部门职权范围内事务，应由部门自行发文或联合发文的，不再由区人民政府批转或区人民政府办公室转发。

凡法律法规和规章已作出明确规定的，一律不再制发文件，没有实质内容、可发可不发的文件简报，一律不发。

第五十一条　区人民政府在行政管理、公共服务以及民事经济活动中，作为一方当事人所订立的涉及国有资产、财政资金使用和自然资源、公共资源开发利用的协议，即政府合同，等同于政府重要文件管理。政府合同必须经相关部门充分论证、区政府法制机构提出明确书面审查意见，由区人民政府办公室审核后按照公文办理程序逐级送审签批同意后方可由区长签订或授权分管的副区长签订。重要合同需经区人民政府全体会议或常务会议审定。

第五十二条 区人民政府的领导同志签发文件或审批公文时，应当签署明确意见、姓名和日期。对于一般报告性公文，圈阅表示已阅知；对于有具体请示事项的公文，圈阅则表示同意请示的事项。

第五十三条 区人民政府内部承办文件实行实名制，文件、材料的拟稿人、核稿人必须签署本人姓名。文件的承办要实行会办制，凡涉及分管部门较多的事项，承办人要主动协调、实行会办。要提高办文质量和办文效率，紧急公文限时办理。

第五十四条 区人民政府各部门、各乡镇街道办事处和区人民政府办公室要加快协同办公系统建设和应用步伐，通过信息化办公手段提高公文办理效率。

第五十五条区人民政府办公室收到上级部门和领导的批示件，要立即按照分工送呈有关领导阅批，及时转有关部门办理或直接组织办理，并严格按规定时限要求办结和上报办理情况。

区人民政府各部门、各乡镇街道办事处对区人民政府批办和区人民政府办公室转办的公文，有明确时限要求的，要在时限内办理完毕并回复办理结果，没有明确时限要求的，办理完毕后要及时回复办理结果，重要情况及时报告。

第五十六条 以区人民政府、区人民政府办公室名义制发的普发性公文，应及时公开，并在区人民政府门户网站、《区人民政府公报》上刊载。

第十章 请示报告和督促检查

第五十七条 区人民政府在处理政府工作事务中，有关全区国民经济和社会发展规划，财政预算的确定和调整，须经区人民政府常务会议审议通过后，提请区人民代表大会及其常务委员会审议；区人民政府各项工作管理体制的重大改革，各工作部门的设立、撤销和合并，涉及全区范围和广大群众切身利益的重大行政措施，重要外事活动以及按组织原则需由区委决定的，应提出意见报请区委审定。

第五十八条 区人民政府各部门对于主管业务的重大决策，实施前应向区人民政府报告。

区人民政府各部门提请区委审定重要工作事项、受区人民政府委托向区人民代表大会及其常务委员会报告工作或向区政协通报工作，报告稿或通报稿须先经区人民政府有关会议讨论或由区人民政府分管领导审核报经区长同意。

区人民政府各部门分别按半年和全年书面向区人民政府报告工作情况，重要情况要及时报告。区人民政府办公室适时通报重要工作情况。

第五十九条 区人民政府各部门要切实加强政务信息工作，及时向区人民政府报告业务工作及经济社会发展中的重要情况，为区人民政府领导科学民主决策提供依据。区人民政府办公室负责组织开展政务信息的收集、编辑、审核和报送工作。

第六十条 区督办督查局和区实绩考核办是区人民政府实施督促检查工作的主管部门，负责对全区政务督查工作的组织、指导、协调和检查。督查工作要围绕重点工作、重要决策、工作部署和区委、区政府领导的重要批示开展。根据区人民政府领导意见，区人民政府办公室可组织协调有关部门开展专项督查，并及时报告督查结果。

区人民政府领导对事关全局的重要工作要亲自组织督查，以督查抓工作，以督查促落实。区人民政府领导直接进行的重点工作督查，区人民政府办公室负责安排，做好统筹、协调和服务保障工作。

区人民政府各部门开展的工作督查，应将督查方案报区人民政府审定，督查结果向区人民政府报告。区人民政府法制办负责承办行政执法督查工作。

对重要事项区督办督查局和区实绩考核办在必要时可与区监察局等有关部门组织联合督查，促进问题的解决。对久拖未决的问题，经两次以上督查仍未解决的，实行行政问责，追究有关人员责任。

第六十一条 对区人民政府的重要决策和区长、常务副区长、副区长的重要批示件，各部门要明确相关负责人负责落实，办理完毕后向区人民政府报告办理情况，办理过程中的重要情况要及时报告。

第六十二条　区人民政府各部门和各乡镇人民政府、街道办事处遇有紧急重大情况、群体性事件、突发事件，要及时请示、报告。对发生危害国家安全和影响社会稳定的事件、重大安全事故、重大特大刑事案件、重大灾情疫情等方面的紧急、重大情况，区人民政府各部门、各乡镇人民政府（街道办事处）主要负责同志要及时组织妥善处置，并按照规定的时限和要求及时向区人民政府报告。

第六十三条　区人民政府各部门、各乡镇人民政府（街道办事处）行政正职领导因公外出回区后，需本人书面或口头向主管的区人民政府领导同志销假并汇报情况；一些比较重大的问题，需向区长或常务副区长报告。

第六十四条　区人民政府各部门参加省政府、市政府召开的工作会议，应提出具体贯彻落实意见，在会后三天内向分管副区长报告。紧急事项应及时报告。

第六十五条区人民政府各部门、各乡镇街道办事处下属或行业管理单位工作中的请示事项，一般应向所属主管部门、乡镇人民政府或街道办事处请示，除特殊紧急事项外，不应越级向区人民政府请示。

第十一章　工作协调制度

第六十六条　各乡镇人民政府、街道办事处及区人民政府各部门（单位）之间工作中的争议，执行法律、法规、规章和政策中的争议以及其他需要区人民政府协调的问题，应及时协调解决。

第六十七条　对法律、法规、规章和上级政府有明确规定的，依照法律、法规、规章和上级政府的规定协调；没有明确规定的，按照顾全大局、兼顾各方利益的原则协调。区人民政府法制机构提供法律服务。

第六十八条　按照分级协调原则进行协调。

（一）部门协调。综合部门依照法律、法规、规章或经区政府指定进行协调。涉及各部门或单位在行政执法中产生的矛盾或争议由区政府法制机构进行协调。相关部门应积极配合并对议定的事项坚决执行。

（二）区人民政府办公室协调。综合部门难以协调的事项先由政府办公室主任、副主任进行协调，综合部门应提供情况并提出处理意见和建议。除特殊、紧急事项，一般不直接报区长、副区长处理。

（三）区人民政府裁决。对涉及面较大，经区人民政府办公室协调解决不了的重大问题，请示区人民政府分管副区长进行协调裁决或召开专题会议研究解决。重大问题应及时报告区长，由区长裁决或召开区人民政府常务会议进行研究解决。

（四）经协调取得一致意见或经区长、分管区长协调裁决的意见，各单位必须认真执行。在执行中如遇到新的问题可按照分级协调的原则进行协调解决，一般不得越级报告。

第十二章　调查研究制度

第六十九条　区长、常务副区长、副区长、区人民政府办公室主任，区人民政府各工作部门和各乡镇人民政府、街道办事处主要负责人，要围绕区人民政府的中心工作，围绕关系人民群众切身利益的重大问题，深入开展调查研究，切实帮助基层和群众解决难点和热点问题，对一时解决不了的，要组织有关部门研究，在以后的工作中逐步解决。经过研究未能解决的问题，要及时向上级报告。

第七十条　调查研究要讲求实效，力戒形式主义，要深入基层、深入群众、深入实际，用科学发展的观点去分析问题和解决问题。

第七十一条　区长、常务副区长、副区长下基层调研，需要作宣传报道的，报道内容必须经领导审定同意。调研活动的新闻报道，要突出主题，简明扼要，增强时效性和指导性。

第十三章　工作纪律

第七十二条　区人民政府组成人员要坚决贯彻

执行党和国家的路线方针政策、工作部署以及区委、区人民政府的工作部署和要求，严格遵守纪律，决不允许“上有政策、下有对策”，决不允许有令不行、有禁不止，决不允许在贯彻执行各项决策部署上打折扣、做选择、搞变通。

第七十三条　区人民政府组成人员必须坚决执行区人民政府的决定，如有不同意见应当向区人民政府提出，在区人民政府没有重新做出决定前，不得有任何与区人民政府决定相违背的言论和行为；代表区人民政府发表讲话或文章，个人发表涉及未经区人民政府研究决定的重大问题及事项的讲话或文章，事先须经区人民政府同意。

第七十四条　区人民政府组成人员要严格执行请销假制度。区长外出按市人民政府和区委的有关规定执行；常务副区长、副区长、区长助理、区人民政府办公室主任以及区人民政府各部门和各乡镇人民政府、街道办事处主要负责人出差、出访或请休（销）假，应当按照区委、区政府的有关规定履行请假手续，外出时间、地点和代为主持工作的负责同志名单，需报区人民政府总值班室备案管理。

第七十五条　区人民政府各部门发布涉及重要工作部署、经济社会发展重要问题的信息，要经过严格审定，重大情况要及时向区人民政府报告。

第七十六条　区人民政府组成人员要严格遵守保密法律法规、保密纪律和外事纪律，严禁泄漏国家秘密、工作秘密或者因履行职责掌握的商业秘密等，坚决维护国家的安全、荣誉和利益。

第十四章　廉政和作风建设

第七十七条　区人民政府及各部门要严格执行廉洁自律的各项规定和中央关于改进工作作风、密切联系群众的八项规定以及省委、市委、区委关于作风建设的十项规定，切实加强廉政建设和作风建设。

第七十八条　区人民政府及各部门要实行政务公开，规范行政行为，增强服务观念，认真履行职责，树立规范服务、从严治政的工作作风。全面推进政府系统惩治和预防腐败体系建设，做到干部清正、政府清廉、政治清明。严格规范权力行使，对职权范围内的事项要按程序和时限积极负责地办理，对不符合规定的事项要坚持原则不予办理；对因推诿、拖延等官僚作风及失职、渎职造成影响和损失的，要追究责任；对越权办事、以权谋私等违规、违纪、违法行为，要严肃查处。

第七十九条　区人民政府及各部门要严格执行财经纪律，艰苦奋斗，勤俭节约，坚决贯彻执行《党政机关厉行节约反对浪费条例》和《党政机关国内公务接待管理规定》，坚决制止奢侈浪费。严格控制因公出国（境）团组数量和规模，严格执行住房、办公用房、车辆配备等方面的规定，严格控制论坛、庆典、节会等活动，严格控制和规范会议、差旅经费等一般性支出，各类会议活动经费全部纳入预算管理，改革和规范公务接待，严肃整治公款大吃大喝和公款旅游行为，不得违反规定用公款送礼和宴请，不得接受基层的送礼和宴请，严格控制政府机关办公楼、接待场所等楼堂馆所建设，切实降低行政成本，建设节约型机关。

第八十条　区人民政府组成人员要廉洁从政，严格执行领导干部重大事项报告制度，不得利用职权和职务影响为本人或特定关系人谋取不正当利益；不得违反规定干预或插手市场经济活动；加强对亲属和身边工作人员的教育和约束，决不允许搞特权。

第八十一条　区人民政府组成人员要做学习的表率，区人民政府及各部门要全面加强自身建设，努力创建廉洁型、学习型、创新型、发展型、服务型机关。

第八十二条　区人民政府领导要深入基层、深入群众、深入实际开展调查研究，选择工作好的典型，总结推广经验；多到困难、问题比较多的地方指导工作，研究和解决实际问题。下基层要轻车简从，减少陪同，简化接待，减轻基层负担，不搞边界迎送。调研活动的新闻报道要突出主题，简明扼要，具有针对性和指导性。不得在名胜古迹、风景区召开会议。

区人民政府各部门也要根据各自的工作重点制定每年的调研计划，认真抓好调研工作的落实。

第八十三条　除区委、区人民政府统一组织安排的重要活动外，未经批准，区人民政府领导不出席各地、各部门、各单位举办的活动。不得举办庆典、剪彩、奠基、庆祝会等活动和各类论坛活动。不得参加各类商业性会议和活动。不得以个人名义为上述各类活动题词、题字以及发贺信、贺电。

第八十四条　严格执行因公出国（境）审批管理规定，没有上级党委、政府的统一安排，不得自立名目出国（境）。

第八十五条　上级党委、政府及其各部门副县级以上领导的视察、检查和调研及外地各类团组、来宾的来访，按照区委、区人民政府有关接待工作的规定办理。

第八十六条　区人民政府领导参加的内外事活动，一律由区人民政府办公室协调安排。邀请区人民政府领导参加的重要活动，要提前5天报区人民政府办公室，由区人民政府办公室按规定程序办理。

第十五章　附　则

第八十七条　区人民政府直属机构、直属事业单位、区人民政府其他部门适用本规则。

第八十八条　本规则自印发之日起施行。本规则执行过程中的问题由区人民政府办公室负责解释。撤市设区前县级毕节市人民政府2010年3月24日发布的《毕节市人民政府工作规则》同时废止。

毕节市七星关区人民政府
关于印发毕节市七星关区城乡
居民基本养老保险实施办法的通知

七星府通〔2015〕9号

各乡镇人民政府、街道办事处，区政府各工作部门、各直属机构：

《毕节市七星关区城乡居民基本养老保险实施办法》已经区人民政府一届26次常务会议研究同意，现印发给你们，请认真贯彻落实。

毕节市七星关区人民政府

2015年4月14日

毕节市七星关区城乡居民基本养老保险实施办法

第一章　总　则

第一条为进一步健全覆盖城乡居民的社会保障体系，保障城乡居民基本生活，根据《中华人民共和国社会保险法》《国务院关于建立统一的城乡居民基本养老保险制度的意见》（国发〔2014〕8号）《省人民政府关于印发〈贵州省城乡居民基本养老保险实施办法〉的通知》（黔府发〔2014〕20号）和《毕节市人民政府关于印发毕节市城乡居民基本养老保险实施办法的通知》（毕府发〔2014〕11号）规定，结合我区实际，制定本办法。

第二条　城乡居民基本养老保险坚持全覆盖、保基本、有弹性、可持续的原则，实行个人缴费、集体补助和政府补贴相结合，筹资标准、待遇水平与经济社会发展水平相适应，权利与义务相对应。

第三条　区人民政府将城乡居民基本养老保险纳入国民经济发展规划，并对社会保险经办机构提供必要的工作场地、设施设备和经费保障。整合现有公共服务资源和社会保险经办管理资源，充实基层经办力量。运用现代管理方式和政府购买服务方式，降低行政成本，提高工作效率，方便参保群众。

第四条　城乡居民基本养老保险工作经费纳入财政预算，不得从城乡居民基本养老保险基金中列支。

第五条凡年满16周岁（不含在校学生），非国家机关和事业单位工作人员以及不属于职工基本养老保险覆盖范围的城乡居民，可以参加城乡居民基本养老保险。

第六条　城乡居民基本养老保险基金实行市级管理，逐步过渡省级管理。区财政设立周转金，确保城乡居民基本养老保险待遇支付。

第七条　社会保险行政部门、财政部门应与金融管理部门、金融机构建立城乡居民基本养老保险金融合作机制，共同制定金融服务规范，健全服务网络，提高服务质量，方便城乡居民。

第二章　参保缴费

第八条　凡符合参保条件的城乡居民应携带居民户口簿和居民身份证等相关资料，到户籍所在地村（居）委会办理参保手续。

（一）参保人员携带户口簿、身份证原件及2张一寸免冠相片到户籍所在地村（居）委会提出参加城乡居民基本养老保险的申请，选择缴费档次，填写《城乡居民基本养老保险参保登记表》。若本人无法填写可由亲属或村（社区）协办员代填，但须本人签字、签章或留指纹确认。

（二）村（社区）协办员负责检查参保人员的相关资料是否齐全，在《城乡居民基本养老保险参保登记表》上签字，并加盖村（居）委会公章，同时将《城乡居民基本养老保险参保登记表》、户口簿、居民身份证复印件等材料，按规定时限一并上报乡（镇、街道）社保经办机构，参保居民本人也可以到乡（镇、街道）社保经办机构直接办理相关手续。

（三）乡（镇、街道）社保经办机构负责对参保人员的相关资料进行初审，审核无误后及时将参保登记信息录入农保信息系统，在《城乡居民基本养老保险登记表》上加盖公章，并按规定时限将《城乡居民基本养老保险登记表》、户口簿复印件、居民身份证等材料一并上报到区级社保经办机构。

（四）区级社保经办机构对参保人员的相关信息进行复核，复核无误后对登记信息进行确认，同时为其建立个人账户，并及时将有关材料归档备案。

第九条参加城乡居民基本养老保险的城乡居民，应当按规定缴纳养老保险费。缴费标准为每人每年100元、200元、300元、400元、500元、600元、700元、800元、900元、1000元、1200元、1500元、2000元等13个档次。城乡居民可自主选择缴费档次，在一个自然年度内，缴费档次确定后，一次性缴纳。

对重度残疾人等缴费困难群体、独生子女户、二女结扎户，区人民政府按不低于100元的标准代为缴纳。

第十条　有条件的村（社区）应对城乡居民参保缴费给予补助，补助标准由村（居）民会议和村（居）民代表会议确定，原则上不超过最高缴费档次标准。鼓励其他经济组织、公益慈善组织、个人为城乡居民参保缴费提供资助。补助、资助金额不超过最高缴费档次标准，且不能补缴。

第十一条　城乡居民按年及时缴费的，政府给予缴费补贴。对选择100元至400元档次标准缴费的，按每人每年30元给予补贴，省、市和区人民政府各负担10元；对选择500元至900元档次标准缴费的，补贴标准每人每年60元，省、市和区人民政府各负担20元；对选择1000元至2000元档次标准缴费的，补贴标准每人每年90元，省、市和区人民政府各负担30元。

对长期缴费的，适当增加基础养老金，具体标准和办法按省人力资源社会保障厅、省财政厅制定的相关规定执行。

第十二条　新农保或城居保制度实施时，距规定待遇领取年龄不足15年的城乡居民，可以补缴养老保险费，累计缴费不超过15年。补缴养老保险费的，政府不予补贴。

第十三条　社会保险经办机构为参保人建立终身记录的养老保险个人账户。个人缴费、集体补助（其他资助）、政府缴费补贴全部记入个人账户。

个人账户储存额按国家规定计息。

第十四条　参加城乡居民基本养老保险的人员，在缴费期间户籍迁移的，可在迁入地申请转移养老保险关系，一次性转移个人账户全部储存额，并按迁入地规定继续参保缴费；已经按规定领取城乡居民基本养老保险待遇的，养老保险关系不转移；丧失中华人民共和国国籍的，应终止城乡居民基本养老保险关系，个人账户余额全部退还本人；死亡的，个人账户余额可依法继承。

第三章　待遇领取

第十五条　城乡居民基本养老保险养老金由基础养老金和个人账户养老金组成，支付终身。

（一）基础养老金。基础养老金按国家确定的标准支付。区财政加发基础养老金，每人每月不低于5元，所需资金区财政自行筹集。

（二）个人账户养老金。个人账户养老金每人每月标准按个人账户全部储存额除以139计发。

第十六条　凡参保且年满60周岁，未领取职工基本养老保险待遇及政府规定的离退休费、退职生活费的，符合下列条件之一的城乡居民，可以领取城乡居民基本养老金：

（一）新农保或城居保制度实施时，已年满60周岁的；

（二）新农保或城居保制度实施时，已年满45周岁、未满60周岁，按年缴费的；

（三）新农保或城居保制度实施时，未年满45周岁，累计缴费15年以上的。

第十七条　凡符合条件的城乡居民申请领取养老金，应于到龄当月10日前携相关资料到户籍所在地村（居）委会办理待遇申请手续。于次月开始领取养老金。

（一）城乡居民基本养老保险待遇实行社会化发放，参保人员从办理待遇领取手续的次月起按月领取养老金。

（二）城乡居民基本养老保险待遇领取人员在领取养老金期间被判刑或劳动教养的，村（居）委会经办人员和乡（镇、街道）社保经办机构应及时提请区级社保经办机构停止为其发放养老金待遇。待服刑或劳动教养期满后，再继续为其发放养老金，停止发放的养老金不予补发。

（三）待遇领取人员对领取养老金标准有异议，提出重新核定申请的，区级社保经办机构对待遇领取标准进行重新核定，并将核定结果书面反馈待遇领取人员。确因计算错误需调整的，经领取待遇人员签字确认后，修改信息系统记录，系统保留处理前的记录。

（四）领取养老金的标准，随物价水平和消费水平的提高，根据基金承受能力适时调整，调整的幅度按上级文件规定执行。

第十八条　城乡居民基本养老保险待遇领取人员于死亡次月停止发放养老金。参保人员死亡后，其直系亲属或者其他合法继承人应在60日内到所属社会保险经办机构办理相关手续和领取一次性丧葬补助费500元，所需资金由区人民政府承担。

第四章　基金监管

第十九条　原新型农村社会养老保险基金和城镇居民社会养老保险基金，合并建立城乡居民基本养老保险基金。城乡居民基本养老保险基金由个人缴费、集体补助、政府补贴构成。

第二十条　城乡居民基本养老保险基金专款专用，任何部门、单位和个人均不得挤占、挪用，不得用于平衡财政预算。社保经办机构所开设的基金专户只能用于城乡居民基本养老保险基金储存和划拨，其他任何资金不得通过该账户结算。

第二十一条　城乡居民基本养老保险基金在市社会保险经办机构分别设立收入户、支出户，在同级财政设立社会保障基金专户。区社会险保经办机构设立收入户、支出户，不设财政专户。收入户用于储存每月收缴的养老保险费和定期向城乡居民基本养老保险基金专户划拨当月收缴的养老保险费收入；支出户用于储存城乡居民基本养老保险基金专户每月划拨应支付的养老保险待遇和发放养老保险待遇。

城乡居民基本养老保险基金实行收支两条线管理，单独记账、核算，并按国家有关规定实现保值增值。

第二十二条社会保险经办机构应履行城乡居民基本养老保险基金管理责任，严格基金征缴、上解划拨、待遇发放、内部控制和稽核管理。

第二十三条　区社会保险经办机构和乡（镇、街道）城乡居民社会养老保险服务中心、村（社区）服务中心应定期在行政村、社区（居委会）范围内对行政村、社区（居委会）城乡居民缴费和待遇领取资格进行公示，接受群众监督。

第二十四条　社会保险行政部门应履行城乡居民基本养老保险基金监管责任，对城乡居民基本养老保险基金的收支、划拨和投资运营进行监督。社会保险经办机构应定期披露城乡居民基本养老保险基金筹集和支付信息，做到公开透明，接受社会监督。

第二十五条　加强城乡居民基本养老保险基金专用票据管理。区级社保经办机构与乡（镇、街道）社保经办机构建立城乡居民基本养老保险费专用票据领销制度，做到按月结算，帐、证、票相符。

第二十六条　防范冒领养老金。

（一）区级社保经办机构应按要求对城乡居民基本养老保险待遇领取人员进行资格认证。定期向享有待遇领取人员发放资格认证通知，规定认证的时间和方式，要求提供的相关证明资料。没有通过资格认证的，社保经办机构应及时停止为其发放养老金，待其补办有关手续后，补发并续发养老金待遇。

（二）区级社保经办机构对因享受养老金待遇人员已死亡或其他原因不应享受养老金待遇，而冒领养老保险金的人员，须及时追回被冒领的养老保险金。对情节严重的冒领人员移交有关部门依法追究责任。

第二十七条城乡居民养老保险与城镇职工养老保险制度衔接的业务经办工作，参照《省人力资源和社会保障厅关于印发 < 贵州省城乡养老保险制度衔接实施意见 > 的通知》（黔人社厅发〔2014〕17号）执行；与其他养老保险制度衔接的业务经办工作，待有关政策办法出台后另行规定。

第五章　明确工作职责

第二十八条城乡居民基本养老保险工作列入区人民政府经济社会发展规划并纳入年度目标管理考核。区人民政府成立以区长为组长，分管副区长为副组长的城乡居民基本养老保险工作领导小组负责组织领导全区城乡居民基本养老保险工作。区人力资源和社会保障部门要切实履行城乡居民基本养老保险工作行政主管部门的职责，加强同有关部门的沟通和协调；财政部门确保城乡居民基本养老保险政府补贴资金及时足额到位，并管理好资金，落实工作经费；公安部门要协调配合，实行户籍、人口信息共享和核查比对；其他相关部门须协调配合做好政策衔接工作，搞好城乡居民基本养老保险宣传工作。加强社保经办机构建设，充实城乡居民基本养老保险的工作力量。

第二十九条　社会保险经办机构应当建立城乡居民基本养老保险参保档案，及时、完整、准确地记录城乡居民参保缴费和享受城乡居民基本养老保险待遇等个人权益信息，妥善保管、登记、申报的原始凭证和支付结算的会计凭证。

第三十条　社会保险经办机构应制定和建立城乡居民基本养老保险经办服务、内控稽核、会计核算等制度和办法，编制基金财务、会计和统计报表，提供咨询服务。

（一）市社会保险经办机构主要负责管理指导本区域城乡居民基本养老保险经办服务工作，规范基金核算、基金管理和统计，确保养老金按时足额发放。

区社会保险经办机构负责本区域城乡居民基本养老保险参保登记、费用收缴、基金划拨、待遇核定、待遇支付、转移接续、档案管理和统计等工作，确保养老金按时足额发放。

（二）乡（镇、街道）城乡居民社会养老保险服务中心和村（社区）服务中心负责本区域城乡居民基本养老保险参保登记、资格核对、信息录入、待遇领取、关系转移等的初审，承担政策宣传、信息公示、咨询查询等经办服务工作。

（三）各乡（镇、街道）需在所辖村（社区）班子成员中明确一名年轻、有文化、责任心强的干部协助本村（社区）协办员搞好城乡居民基本养老保险工作，村（社区）协办员具体负责城乡居民基本养老保险参保登记、缴费档次选定、待遇领取、关系转移等业务环节所需材料的收集上报，负责向参保人员发放有关材料，提醒参保人员按时缴费，通知参保人员办理待遇领取手续，并协助做好政策宣传与解释、待遇领取、资格认证、摸底调查、城乡居民的信息采集情况公示等工作。

第三十一条　社会保险行政部门和社会保险经办机构应加强城乡居民基本养老保险信息系统建设，发放统一的社会保障卡，支持业务经办和决策需求，方便城乡居民参保缴费、领取待遇和信息查询。

第三十二条　各有关部门要坚持正确舆论导向，运用通俗易懂的宣传方式，加强对城乡居民基本养老保险工作重要意义、基本原则和各项政策宣传，引导适龄居民积极参保，妥善处理改革发展稳定的关系，把这项惠民政策落到实处。

第六章　附则

第三十三条　缴费档次、缴费补贴标准根据经济社会发展水平调整。按省的统一部署，逐步建立城乡居民基本养老保险待遇正常调整机制。

第三十四条　区社会保险行政部门及乡（镇、街道）人民政府（办事处）、社区服务中心应当及时受理投诉举报。对违反规定的单位、工作人员及参保人，按照相关法律、法规规定处理。

第三十五条　本办法按《省人民政府关于印发〈贵州省城乡居民基本养老保险实施办法〉的通知》（黔府发〔2014〕20号）和《毕节市人民政府关于印发毕节市城乡居民基本养老保险实施办法的通知》（毕府发〔2014〕11号）规定时间执行。《毕节市人民政府办公室关于印发毕节市城乡居民社会养老保险实施方案（试行）的通知》（毕市府办通〔2011〕286号）同时废止。

第三十六条　本办法由区人力资源和社会保障局负责解释。

毕节市七星关区人民政府办公室关于印发毕节市七星关区农村环境卫生综合整治工作管理办法（试行）的通知

七星府办通〔2016〕98 号

各乡镇人民政府、街道办事处，区政府各工作部门，各直属机构：

《毕节市七星关区农村环境卫生综合整治工作管理办法（试行）》已经区人民政府研究同意，现予以印发，请认真贯彻落实。

毕节市七星关区人民政府办公室

2016 年 5 月 19 日

毕节市七星关区农村环境卫生综合整治工作管理办法（试行）

第一章　总　则

第一条　为加大农村环境卫生综合整治力度，逐步改善农村发展面貌，营造山清水秀、环境优美、生态宜居、安全舒适、高效便利、特色鲜明的人居环境，根据国务院办公厅《关于改善农村人居环境的指导意见》（国办发〔2014〕25 号）、《中华人民共和国住房和城乡建设部中央农村工作领导小组办公室中央精神文明建设指导委员会办公室中华人民共和国国家发展和改革委员会中华人民共和国财政部中华人民共和国环境保护部中华人民共和国农业部中华人民共和国商务部全国爱国卫生运动委员会办公室中华全国妇女联合会关于全面推进农村生活垃圾治理的指导意见》（村建〔2015〕170 号）、《贵州省农村生活垃圾治理实施方案》（黔建村函〔2015〕164 号）文件精神及市政府相关决策部署，确保到2020 年与全省全国同步全面建成小康社会，结合我区实际，特制定本办法。

第二条　农村环境卫生综合整治严格坚持“全面覆盖、长效管理、示范带动、保持常态”的总体思路，遵循“政府主导、城乡统筹、属地管理、全民参与、综合治理、全面推进、生态优先、重点突破、强化监管”的原则。

第三条　农村环境卫生综合整治的目标是着力做到“五整洁”（即公共场所整洁、楼群院落整洁、村民家中整洁、个人卫生整洁、圈舍厕所整洁）、“五有序”（即交通畅通有序、行人行走有序、标志标牌有序、建房规范有序、杂物堆放有序）和“五改善”（即农村道路改善、水利条件改善、电讯设施改善、医疗条件改善、文化基础改善），全面促进村容村貌更加整洁，生态环境更加优美，乡村特色更加鲜明，公共服务更加完善，村镇规划更加规范，“脏、乱、差”问题持续改善。

第四条　农村环境卫生综合整治的范围为：除市东街道、市西街道、洪山街道、麻园街道、碧阳街道以外的 37 个乡镇（街道）482 个行政村（社区）。按照示范打造、突出重点、逐步推进、全面实施的原则，重点推进集镇所在地村庄、省市级示范点、示范小城镇、旅游区、重点流域影响范围内及乡镇集中式水源地上游村庄的综合整治，示范引领，逐步推开，确保2020年农村环境卫生综合整治行政村推进率达95%以上。

第二章　管理机构

第五条　农村环境卫生综合整治在区“四在农家·美丽乡村”创建工作领导小组的统一领导下，由区督办督查局、区实绩考核办、区全面小康建设办公室、区整脏治乱和文明创建办公室等部门配合成立督查考核工作组，督查考核工作组下设办公室在区整脏治乱和文明创建办公室，由区整脏治乱和文明创建办公室主要负责人兼任督查考核工作组办公室主任，负责全区农村环境卫生综合整治长效管理和日常监督考核工作。

第六条　区全面小康建设办公室负责指导村民建房、村庄打造（包括村庄规划设计、建筑的平面改造、立面修饰、户型风格以及影响景观的棚舍、残破或倒塌的墙体、临时搭盖建筑物等），区整脏治乱和文明创建办公室负责统筹指导村庄美化亮化等工作，区财政局负责资金预算和投入，区发展和改革局负责项目规划编制和立项审批，区住房和城乡建设局、区城乡规划局负责村庄规划设计，区环境保护局负责指导农村垃圾收集、填埋、分类转运及农村污水处理等工作，区农牧局、区水务局、区卫生和计划生育局、区扶贫开发办公室、区教育局、团区委、区妇女联合协会、区总工会等单位和各相关乡镇（街道）结合自身职能职责，加大资源整合、资金捆绑、产业扶持、技术服务等方面的工作力度，扎实推进农村环境卫生综合整治工作。

第三章　工作内容

第七条　农村环境卫生综合整治主要工作内容：

（一）宣传引导、培育典型

通过宣传栏、墙报、宣传标语等形式，在自然村寨、楼群院落、校园等公共场所全方位、多渠道宣讲卫生防疫、养生保健知识，普及健康文明习惯，增强广大群众的环保意识、卫生意识和文明意识。大力宣传先进单位、村寨和个人，形成培育典型、表彰先进的长效机制，树立群众讲文明、树新风的思想观念，逐步改变农村落后的生产生活习惯。

（二）强化硬件设施建设

1. 在集镇及公路沿线人口聚集村庄、旅游景区、景点等处建设标准公厕和无害化卫生厕所，逐步消除露天粪坑和简易茅厕。规划建设标准化农贸市场和规模化停车场。根据综合人口分布、污水排放量、环境特点、地理状况等适时规划建设粪污分流、雨污分流管网体系，采取生物措施等有效形式，使农村污水处理规范有序。加大农村沼气池建设力度，积极推进农村改厨、改灶、改圈等工作覆盖面，营造良好卫生环境。

2. 积极实施农村通村、通组、连寨及串户路硬化，在村、组及人口密集自然村寨规划建设垃圾池、摆放垃圾箱，完善垃圾收集设施。

（三）农村生活垃圾收运处理

1. 立足实际，合理选择垃圾处理模式。针对我区农村地理位置、基础设施和经济实力参差不齐的现状，农村行政村、自然村垃圾处理可分别采取户集村收村填埋、户集村收乡镇填埋、户集村收乡镇清运区填埋等方式进行。垃圾填埋场等建设可以采取村村联建、村镇联建或乡镇联建的原则进行，选址必须符合规划、环保、卫计等部门要求，达到无害化设施标准，确保不对饮用水及地下水源造成二次污染。

2. 规范运作流程，强化分类减量措施。按照城乡统筹和垃圾处理“无害化、资源化、减量化”要求，结合全区实际，立足源头，通过政策引导，建立农户分类收集、乡镇压缩运输、区级进行无害化处理的垃圾收运模式，创新“两次分拣、双层减量”（农户源头分拣、镇村二次分拣，镇村分类减量、区乡压缩减量）的垃圾减量机制，最大限度实现生活垃圾减量化目标。一是农户利用统一配给的垃圾收集容器，自觉将日产生活垃圾按照低污染可降解垃圾和高污染不可降解垃圾进行初步分类收集；二是村组保洁员将农户日产生活垃圾集中运输到垃圾分拣场进行二次分拣减量；三是乡镇保洁员入村对分类减量后的生活垃圾进行压缩减量处理后，运往垃圾无害化处理场所进行处理。

（四）着力开展综合整治

按照建设社会主义新农村“二十字”方针要求，加大整治房屋乱搭乱建、垃圾乱丢乱倒、粪便乱堆、畜禽乱跑、柴草乱垛、污水乱排等不文明行为；扎实推进村庄建设有规划、示范引领有标准、环境整治有制度、宣传教育有载体、督促评定有规矩、“富学乐美”有平台，努力打造环境优美、生态优良的社会主义新农村。

第四章　管理机制

第八条　建立健全农村环境卫生综合整治相关机制：

（一）投入保障机制

农村环境卫生综合整治坚持项目、资金、投向、额度、渠道、用途“六不变”原则。建设资金通过以下渠道筹集：一是纳入财政预算。区人民政府结合农村人口比重把农村环境卫生综合整治资金纳入本级财政预算，根据年度财政情况逐年增加，保证年度预算资金及时足额到位，确保乡镇（街道）能够正常开展整治工作。二是强化项目申报。各乡镇（街道）结合各地实际，认真作好农村环境卫生综合整治规划编制，结合编制内容精心选择整治项目，将项目报区发展和改革局汇总后，由区发展和改革局统一申报，争取上级资金投入。三是整合项目资金。整合农村改路、改厕、农村安全饮水、农村沼气、新农村建设等项目建设资金，统筹推进农村环境卫生综合整治项目。四是发动社会帮扶。充分调动社会力量，广泛发动群众投资、投劳，以争取上级财政补助、乡镇自筹、社会赞助、群众参与等方式解决资金缺口。五是逐步推进农村环境卫生综合整治市场化管理，在项目建设和运营等环节积极引入市场化机制。

（二）垃圾规范处置机制

各乡镇（街道）结合实际制定切实可行的垃圾规范处置机制，加强培训和宣传，提高村民环境卫生意识，推行分类投放、分类收集、分类运输、分类处置。

（三）集镇保洁机制

各乡镇（街道）成立保洁队伍，明确工作职责、制定考核办法，做好日常保洁工作，加强对集镇、村（社区）内道路、公共场所、休闲绿地、农户房前屋后等公共卫生的管理，道路、公共场所、休闲绿地、垃圾箱周边等明确专人清扫，做到日产日清，保证垃圾清运及时，垃圾箱无外溢垃圾。

（四）村组保洁机制

各村（社区）须制定《环境卫生保洁公约》，村（社区）两委班子明确专人负责抓环境卫生；村（社区）成立保洁工作监督小组，实行包保责任制，细化保洁范围，对各自辖区进行巡查；落实农户房前屋后“三包”（包卫生、包秩序、包绿化）责任制，保洁人员负责做好所辖区域内保洁工作。

（五）激励创评机制

激励居民参与“十星级文明户”（致富星、道德星、诚信星、守法星、计生星、志愿星、卫生星、科教星、文体星、生态星）创评活动，提升农村文明程度，实现村民自我管理，自我教育、自我提高。

（六）教育培训机制

定期抓好对民生监督员、乡镇（街道）中心校长（教育管理中心主任）、村支部书记及保洁员的文明卫生教育培训工作。各乡镇（街道）每年至少开展二次以上集中教育培训工作，着力提升文明卫生理念和环境卫生保洁维护管理能力。

（七）落实监督督查责任机制

明确整治工作领导小组、成员单位及乡镇（街道）、村（社区）责任，形成互相监督、相互制约的监督督查机制，保证整治工作各司其职、各负其责，有序推进。

（八）落实整治责任倒查机制

将农村环境卫生综合整治工作纳入区政府重大决策督查程序，纳入各级各部门目标绩效考核指标。对工作推进不力、效果滞后的相关责任人进行约谈问责、责任倒查。

（九）落实群众参与约束机制

结合各地实际，进一步修订完善《村规民约》及《村民公约》，建立整治创建评价机制，全方位动员广大人民群众积极参与到农村环境卫生综合整治工作中来，创新环境卫生综合评比体系，树立群众环境卫生意识，推进整治工作全民参与。

第五章　监督考核

第九条　考核采用“季度记分、年终累计”的办法。即每季度末抽调相关单位人员组成考核组按照公平、公正、公开的方式进行检查考核，检查考核结果按期公示，全年四个季度考核分值的平均分为年终考核分值。

第十条农村环境卫生综合整治工作纳入全区年度工作目标考核体系，作为领导干部工作实绩考核指标，考核结果作为评价党政领导班子政绩和领导干部选拔任用的重要依据。区人民政府列出专项资金对整治工作先进集体及先进个人进行表彰奖励。

第十一条　严格执行《毕节市“四在农家·美丽乡村”创建农村环境综合整治责任追究办法（试行）》、《七星关区干部作风“马上就办”实施办法》、《七星关区干部作风督查考核办法》、《七星关区干部作风预警制度》和《七星关区干部召回管理办法》等制度，对在农村环境卫生综合整治过程中不作为、慢作为、乱作为的单位和责任人进行问责。

第十二条　各乡镇（街道）要建立相应的农村环境卫生综合整治考评机构，对所辖各村（居）委会实行农村环境卫生考核考评。

第六章　附则

第十三条　本办法适用于毕节市七星关区“四在农家·美丽乡村”创建和管理全过程。

第十四条本办法由区整脏治乱和文明创建办公室负责解释。

第十五条　本办法自公布之日起施行。

毕节市七星关区人民政府
关于印发毕节市七星关区 2016 年
乡镇街道财政管理体制改革实施方案的通知

七星府通〔2016〕10 号

各乡镇人民政府、街道办事处，区政府各工作部门，各直属机构：

《毕节市七星关区 2016 年乡镇街道财政管理体制改革实施方案》已经区委 2016 年第 11 次常委办公会议和区人民政府一届（52）次常务会议研究通过，现印发给你们，请认真贯彻执行。

毕节市七星关区人民政府

2016 年 9 月 12 日

毕节市七星关区 2016 年乡镇街道财政
管理体制改革实施方案

为进一步完善我区乡镇街道财政管理体制，充分调动乡镇街道培植财源、抓好财政收入、推动经济发展的积极性，根据中央、省、市关于深化财税体制改革和建立县乡基本财力保障机制的有关精神，结合我区实际，特制定本方案。

一、充分认识乡镇街道财政管理体制改革的重要性

乡镇街道财政是最基层的一级财政，是促进农村经济建设和社会事业和谐健康发展的重要保障。近年来，乡镇街道财政工作重点任务和职能发生了较大变化，特别是统筹城乡发展战略的实施，需要乡镇街道切实转变职能，强化农村社会管理和公共服务，全面贯彻落实各级党委政府支持新农村建设和强农惠农的政策措施，持续增加对农村经济和社会事业的资金投入。随着城乡一体化和“四在农家·美丽乡村”建设步伐的加快，对乡镇街道财政科学化、精细化、规范化管理要求日益提高，乡镇街道财政收支规模将出现重大变化。加快推进区乡财税体制改革，充分发挥乡镇街道财政职能作用，关系到广大群众的切身利益，关系到党和政府民生政策在基层的贯彻落实，具有重要的现实意义。

二、指导思想和基本原则

（一）指导思想。坚持以党的十八大和十八届三中、四中、五中全会精神，省委十一届四次全会和市委一届七次全会精神为指导，深入贯彻落实习近平总书记系列重要讲话精神和对毕节试验区的重要批示精神，结合当前经济社会发展形势、现行乡镇财政管理体制运转情况及财政收支的特点，进一步理顺区乡两级政府的财政分配关系，不断优化财政支出结构，建立和完善乡镇街道基本财力保障机制和财税收入激励奖补机制相结合的乡镇街道财政运行机制，巩固基层政权和维护社会稳定，促进县域经济社会全面协调发展。

（二）基本原则

1. 坚持“保工资、保民生、保运转”的原则。正确处理好区乡财政分配关系，确保职工工资正常发放，确保重点民生支出，确保基层政权正常运转。

2. 坚持“财权与事权相统一”的原则。合理确定区乡财政的收支范围和支出责任，规范和完善区对乡镇街道的财政转移支付制度，发挥财政体制的引导、调节作用，进一步提高乡镇街道财政发展经济的能力。

3. 坚持“激励和约束相结合”的原则。将体制分成、奖励与完成收入任务挂钩，并纳入目标考核，进一步提高乡镇街道自我发展的能力，确保财政收入稳步增长。

4. 坚持“因地制宜，分类确定”的原则。综合考虑乡镇街道经济状况、财政收入、财力水平及发展潜力等因素，正确处理和兼顾区乡利益，合理确定乡镇街道收入分配机制和基本支出保障需求。

三、主要内容

完善乡镇街道财政体制的总体要求是：“核定收支、经费包干、超收分成、短收减支”。通过对乡镇街道财政体制的调整和完善，合理确定区、乡镇街道税费分存比例，实现财力适度向乡镇街道倾斜，提高招商引资、争取项目、培植税源的积极性，促进乡镇街道经济和社会事业全面发展

（一）划分乡镇类型。根据乡镇街道的财力基础、收入增长空间、发展潜力、交通自然条件等因素分类分档划定为四类。

一类乡镇街道12个：市东街道、市西街道、三板桥街道、洪山街道、麻园街道、鸭池镇、朱昌镇、长春堡镇、撒拉溪镇、何官屯镇、大银镇、燕子口镇；

二类乡镇街道17个：德溪街道、碧海街道、碧阳街道、大新桥街道、观音桥街道、杨家湾镇、青场镇、对坡镇、林口镇、亮岩镇、清水铺镇、生机镇、田坝桥镇、海子街镇、八寨镇、小吉场镇、普宜镇；

三类乡镇街道5个：阴底乡、田坝镇、水箐镇、层台镇、龙场营镇；

四类乡镇街道8个：千溪乡、放珠镇、野角乡、大河乡、团结乡、阿市乡、大屯乡、田坎乡。

（二）核定收入基数和公用经费包干基数。按照上一年度收入实际完成数确定收入基数，并实行税源管理，新增税源第一年产生的税收，区级收入部分全部留给乡镇街道；结合区级财政可支配财力状况，充分考虑乡镇街道经济发展水平、行政运行成本（与市区距离、道路交通状况等）和总人口、财政供养人口、区域国土面积、少数民族乡镇、贫困乡镇等多种因素，对乡镇街道分类分档核定公用经费包干基数。

（三）收支挂钩，超收奖励、短收减支。根据核定的收支基数，超收的给予一定的奖励，用于增加乡镇街道公用经费或事业发展支出。短收的，按一定比例扣减包干经费支出指标。

（四）适应转变。在现行的“乡财县管乡用”体制基础上，做好“乡财县管乡用”体制向国库集中收付管理的转轨衔接，以适应新的乡镇街道财政体制的需要。

（五）抓好资金解缴和调拨。我区乡镇街道未设立金库，乡级收入统一缴入区级国库，按归属（经营地）据实划转乡镇街道；人员工资按月据实核拨，运转经费根据核定基数，按季度分配支出指标。

四、具体方案

（一）乡镇街道收入以2015年收入实际数为基数核定。

（二）乡镇街道人员工资、农村义务教育、新型农村合作医疗、城镇居民医疗保险、农村低保、城镇居民低保、抚恤事业费、城乡居民社会养老保险由区级财政承担。

乡镇街道公用经费包干基数包括村（社区）运转经费和乡镇街道公用经费。

1. 村（社区）运转经费包干基数为每村（社区）1.5万元；

2. 乡镇街道公用经费（含村级目标考核奖励经费）包干基数核定标准为：一类乡镇街道50万元、二类乡镇街道55万元、三类乡镇街道60万元、四类乡镇街道65万元。

3. 按各乡镇街道实有人口计算（以统计口径为准），另安排每人每年1元工作经费。

（三）超收分成办法：

1. 烟叶税：超基数50%以内的，超基数部分区与乡镇街道按4：6分成；超基数50%以上的，超基数50%以上部分区与乡镇街道按2：8分成。

2. 烟叶税外的其他税收收入：超基数部分，扣

除中央、省、市分成后，区与乡镇街道的分成办法是：一类乡镇街道4：6分成，二类乡镇街道3：7分成，三类乡镇街道2：8分成，四类乡镇街道1：9分成。

当年新增税源产生的税收，区级收入部分区财政不参与分成，全部留给乡镇街道。

各乡镇街道农民工返乡创业园和小城镇建设项目产生的税收，区级收入部分区财政不参与分成，全部留给乡镇街道。

3. 非税收入：超收部分，扣除中央、省、市分成后全部归乡镇街道。

（四）短收减支办法：烟叶税短收，按短收数的15%扣减乡镇街道公用经费包干基数；烟叶税外的其他税收收入短收，按短收数的20%扣减乡镇街道公用经费包干基数。

五、配套措施

（一）完善综合协税护税机制。按照依法征税、协税护税的原则，以财税部门作为财税征收的主体、乡镇街道和有关部门共同协助做好财政税收征管工作。要定期不定期分析税源和综合治税中存在的困难和问题，协调税务等部门加强税收征管，依法征税。要加强对税源的培植、摸排和管控工作，堵塞征管漏洞。

（二）建立和完善协调机制。按照税源管控、综合治税的原则，建立税源信息资源共享机制和财税征管监督约束机制。要建立区乡财政、税务及其他收入征管部门之间的数据共享、信息沟通、纠纷调解及资金解缴和调拨等协调机制。加强乡镇街道财政与区级各收入征管部门的信息化建设，实现乡镇街道与财税部门、其他相关部门之间的信息资源互换、共享。区级财政、税务部门和乡镇街道要建立辖区内的财税收入管控台账，除涉密信息外，要定期提供相关乡镇街道税源和财税收入征缴情况信息资料。

（三）加强调度和督办督查。严格对乡镇街道财政收支完成情况进行考核，加强调度，兑现奖惩。要建立责任倒查制度，坚持依法治税，对财税部门及相关部门财税收入征缴情况、提供涉税信息情况等进行责任倒查，对非因客观原因造成的应收未收或收过头税，要按有关规定追究单位相关领导及责任人的责任。

（四）建立收入台账，强化源头管控。税务部门要建立乡镇街道税收台账，按经营地为依据登记乡镇街道税收完成情况，及时提供税收进度等相关信息。严禁乡镇街道之间不正当的拉税，严禁财政、税务部门空转虚收、随意划转乡镇街道财税收入，严禁区直部门把区级收入违规下划乡镇街道。发行上述违规行为，将严肃追究。

（五）完善乡镇街道预决算编制。在现行区级财政体制框架内，采取“乡镇街道编制、县级审核汇总”等方式，科学编制综合财政预算。要实行预决算公开制度，逐步建立公开透明的财政预算管理机制。

（六）加强监督管理。加强对乡镇街道财政的管理和指导，建立健全财政管理制度，明确乡镇街道和区级各主管部门在财政资金使用和管理中的责任，规范财政资金的监督管理，提高财政资金使用效益和乡镇街道财政财务管理水平。要严格预算管理，加大审计机关、乡镇街道人大等监督机构的监督力度。

附件：

毕节市七星关区2016年乡镇街道财政收入任务分配表

单位：万元

序号	乡镇街道名称	烟叶税	烟叶税外其他税收（资源税、耕地占用税、城镇土地使用税、房产税）	非税收入	合　计
1	市西街道		3，610	15	3，625
2	市东街道		832	15	847
3	三板桥街道		78	8	86
4	大新桥街道	11	6	8	25
5	观音桥街道		106	8	114
6	洪山街道		138	10	148
7	麻园街道		386	10	396
8	碧阳街道		484	10	494
9	德溪街道		30	10	40
10	碧海街道		7	8	15
11	鸭池镇		440	15	455
12	朱昌镇	202	5	15	222
13	田坝镇	64	4	10	78
14	长春堡镇	195	59	12	266
15	撒拉溪镇	296	37	12	345
16	杨家湾镇	18	24	15	57
17	放珠镇	46	2	8	56
18	青场镇	118	3	15	136
19	水箐镇	177	18	10	205
20	何官屯镇	159	39	10	208
21	对坡镇	162	27	15	204
22	大银镇	525	2	5	532
23	林口镇	144	14	15	173
24	生机镇	122	6	15	143
25	清水铺镇	33	13	12	58

序号	乡镇街道名称	烟叶税	烟叶税外其他税收（资源税、耕地占用税、城镇土地使用税、房产税）	非税收入	合　计
26	亮岩镇	30	25	15	70
27	燕子口镇	165	41	12	218
28	八寨镇	100	23	15	138
29	田坝桥镇	227	105	10	342
30	海子街镇		6	5	11
31	层台镇		12	12	24
32	小吉场镇		47	15	62
33	普宜镇		6	15	21
34	龙场营镇		2	15	17
35	千溪乡	37	67	5	109
36	阴底乡	88	23	5	116
37	野角乡	300	2	5	307
38	大河乡	320	9	5	334
39	团结乡	175	4	5	184
40	阿市乡	13	6	5	24
41	大屯乡		2	5	7
42	田坎乡		2	3	5
	合　计	3，727	6，752	438	10，917

毕节市七星关区人民政府办公室关于印发毕节市七星关区精准扶贫“特惠贷”农户小额信用贷款及风险管理办法（暂行）的通知

七星府办通〔2016〕194号

各乡镇人民政府、街道办事处，区扶贫办、农牧局、林业局、卫计局、财政局、发改局、民政局、交通局、教育局、公安分局、国土局、市场监管局、文体广旅局，毕节农村商业银行：

《毕节市七星关区精准扶贫“特惠贷”农户小额信用贷款及风险管理办法（暂行）》已经区人民政府一届68次常务会议研究同意，现印发给你们，请认真抓好落实。

毕节市七星关区人民政府办公室

2016年10月8日

毕节市七星关区精准扶贫“特惠贷”农户小额信用贷款及风险管理办法（暂行）

第一章 总 则

第一条 为深入贯彻落实《贵州省扶贫开发办公室中国人民银行贵阳中心支行贵州省农村信用社联合社关于印发＜贵州省精准扶贫“特惠贷”实施意见＞的通知》（黔扶通〔2015〕96号）、《贵州省农村信用社“特惠贷”精准扶贫农户小额信用贷款管理办法》（黔农信办发〔2015〕288号）、《毕节市人民政府办公室关于印发毕节市发展扶贫小额信贷实施细则（试行）的通知》（毕府办通〔2015〕68号）精神及中央、省委、市委和区委扶贫工作会议精神，结合我区实际，特制定本管理办法。

第二条 本办法所称“特惠贷”精准扶贫农户小额信用贷款（以下简称“特惠贷”）是指针对有贷款意愿、有就业创业潜质、有职能素质和具备一定还款能力的建档立卡贫困农户提供“5万元以下、3年期以内、免除担保抵押、扶贫贴息支持、区级风险补偿、贫困农户自行还本”的小额信用贷款，旨在帮助贫困户加快“换穷业”步伐。

第三条 贵州毕节农村商业银行股份有限公司（以下简称农商行）及辖区内农商行分支机构办理“特惠贷”贷款业务，需遵守本管理办法。

第四条 “特惠贷”坚持“银行政府合作、信用贷款发放、扶贫贴息支持、区级风险补偿”的原则，区级建立健全风险补偿机制，积极为扶贫小额贷款分担风险。

第五条 “特惠贷”发放应按照建档、评级、授信、用信的顺序进行管理，实行限时办结制度，经办机构自收到借款人递交《七星关区精准扶贫“特惠贷”小额信用贷款申请表》当日起，经审核符合条件后，5个工作日内必须完成所有贷款流程并放款。

第六条 “特惠贷”应当遵循依法合规、审慎经营、平等自愿、公平诚信的原则，贷款用途应符合国家法律法规和有关政策规定。贷款贫困户自行选择实施有效的增收项目或者按照“资源变股权、资金变股金、农民变股民”的“三变”要求，通过引导贫困农户将资金入股农业产业化企业、农民专业合作社、种植养殖大户（以下简称经营主体或经营业主），充分建立有效利益联结的模式进行安排使用，不得发放无指定用途的“特惠贷”农户小额信用贷款。

第二章　贷款的对象和条件

第七条　贷款对象为七星关辖区内精准扶贫建档立卡贫困农户。

第八条　申请“特惠贷”应同时具备以下条件：

（一）借款人的信用等级，原则上在“一般”（含）以上；

（二）借款人具有完全民事行为能力；

（三）借款用途明确且合法；

（四）申请额度、期限合理；

（五）借款人具备还款意愿和一定还款能力；

（六）贷款人要求的其他条件。

第九条　借款人有下列情况之一的，不得对其发放“特惠贷”贷款：

（一）不具备本办法所规定条件的；

（二）生产、经营国家明文禁止产品、项目的；

（三）贷款用途不明确、不合法的；

（四）经营特殊行业未取得规定的批准文件的；

（五）采取欺诈手段骗取贷款或有其他严重违法经营行为的；

（六）其他违反国家相关法律法规或政策规定的。

第十条　对本办法实施前，在农商行有贷款的建档立卡贫困农户，应当结算前期贷款后，再按本办法办理“特惠贷”。

第十一条　区扶贫部门要及时剔除稳定脱贫农户，增加返贫农户，核准建档立卡贫困户，定期或不定期向农商行提供建档立卡动态管理贫困户名单。

第三章　贷款期限、利率、用途和还款方式

第十二条　贷款期限。贷款人应根据借款人生产经营实际、偿还能力等情况合理确定贷款期限，贷款最长期限原则上不超过3年。

第十三条　贷款利率。农商行以支农再贷款、扶贫再贷款发放“特惠贷”，执行人民银行的相关规定；以自有资金发放“特惠贷”，按照人民银行公布的同期同档次基准利率执行。

第十四条　贷款用途

（一）从事农业（农业、林业、牧业、副业、渔业）生产、加工等农业生产经营；

（二）用于增加贫困农户就业发展机会和提高劳动收入的资金需求；

（三）与农业生产经营相关的服务行业及其他非农行业的合理小额信贷资金需求；

（四）其他凡可以创收增收的项目均可申请贷款。

第十五条还款方式。“特惠贷”可根据借款人借款期限、还款能力及现金流情况，采用分期还本付息、分期还息到期还本等灵活还款方式。原则上一年期以上贷款不得采用到期利随本清方式还款。

第四章　贷款流程

第十六条　建档、评级与授信。农商行对借款人进行建档、评级及授信，并及时完成信贷管理系统评级流程。

（一）已对借款人进行农户建档、评级及授信的，使用原来的评级、授信结果；

（二）未对借款人按农户建档、评级及授信的，按照散户评定程序（贫困户申请→村委推荐→资信调查→审核推荐→签署意见）进行建档、评级及授信。

第十七条　贷款的调查与审查。对农户建档、评级、授信过程视同对借款人的贷前调查与审查前

移。贷款人收到借款人申请后，认真对贫困农户有效身份证件进行审核，及时与评级授信相关信息进行核对。

第十八条　贷款审批。按照农商行“特惠贷”审批权限进行审批。

第十九条　合同签订与发放。

（一）合同签订。在初次贷款时，农商行信贷管理人员审查、核实信用农户真实身份后，农商行与贫困农户面签《贵州毕节农村商业银行股份有限公司“特惠贷”农户借款合同》，具体贷款额度、贷款计息起止期间、贷款利率、结息方式、还款方式等以每次的借款借据记载为准。

（二）贷款发放。农商行应设立专门的放贷专柜，明确专门的信贷管理人员，具体负责贷款的发放审查和支付审查，信贷管理人员审核借款人借款符合规定用途，由放款人员在信贷管理系统中录入借款人贷款信息后，进行放贷。借款借据合同编号应与《贵州毕节农村商业银行股份有限公司“特惠贷”农户借款合同》编号一致。信贷管理人员对审核的真实性、准确性负责。

（三）产品标识。在信贷管理系统中发放“特惠贷”贷款，“信贷产品”项目规定统一选择“特惠贷（精准扶贫）”录入。

第二十条　贷后管理

（一）贷后检查。“特惠贷”农户小额信用贷款按照《贵州毕节农村商业银行“致富通”农户小额信用贷款管理办法》贷后检查的要求进行，各乡镇街道应配合农商行分支机构在贷款发放1个月内进行首次贷后检查，首先核实贷款资金用途落实情况，其次现场拍照取证。

（二）贷后管理监督。七星关区扶贫开发领导小组办公室、农商行将贷后管理监督责任对应落实到各乡镇街道、农商行分支机构，各乡镇街道要落实到村。按季度对贫困户贷款资金用途、使用情况、发展情况进行监督检查，对发现贫困农户转移用途，发生重大变故，影响信贷资金安全的，要督促整改完善。

（三）风险预警。农商行分支机构和各乡镇街道在贷后检查过程中或通过其他渠道，若发现借款人有下列情形之一的，应及时进行风险预警，提出有效的风险控制措施，并以书面形式向农商行扶贫事业部和区扶贫办报告。

1. 借款人无故逃逸、隐匿、被司法机关关押、逮捕等；

2. 借款人存在违法经营行为；

3. 借款人生产经营不正常，资产明显减少，还款能力明显降低，影响贷款偿还的；

4. 借款人死亡或家庭主要关系发生经济纠纷的；

5. 借款人有拒绝接受贷款监督，挪用贷款或转移收入、资产等行为；

6. 其他重大风险事项。

（四）贷款催收。信贷人员根据贷款预警情况，联合乡（镇、街道）对即将到期的贷款原则上提前10个工作日按村逐户抄列还款通知，提前5个工作日送达借款人，各乡镇街道协助催收贷款，并收回回执归档管理。

第二十一条　对稳定脱贫农户的贷款按照本办法要求进行管理直至贷款偿清，从稳定脱贫之日起停止发放新的“特惠贷”贷款。

第二十二条　台账管理。发放的“特惠贷”贷款要实行台账式管理，及时、逐笔登记贷款发放和收回、脱贫返贫等情况，填写“特惠贷”贷款管理台账。

第5章风险管理制度建设

第二十三条　区政府积极与农商行协商，在农商行开立“特惠贷”小额信用贷款“风险补偿金专户”，专款专用，不得随意挪用。

第二十四条　对符合下列情形的七星关区“特惠贷”农户小额信用贷款，纳入风险补偿范围：

（一）借款人死亡（没有遗属）或丧失劳动力（须有关部门鉴定）等原因丧失收入来源和收入不足以清偿贷款余额本息的。

（二）因重大自然灾害，如地震、泥石流、洪涝灾害、特大旱灾、严重冰雪天气、特大病虫灾害等造成借款人生产经营活动直接损失超过贷款余额本息的。

（三）区扶贫领导小组认定贫困借款户不能偿

还的其他情况。

（四）对以上（一）、（二）款情形纳入风险补偿的“特惠贷”贷款对象，贷款用途必须符合以下几个方面：

1. 发展种植养殖业、农产品加工等生产经营；

2. 农产品销售；

3. 乡村旅游服务业（含乡村旅游产品加工与销售）；

4. 与农业生产经营相关的服务行业；

5. 融合小额信贷和产业发展资金，促进产业发展规模化、集约化，与扶贫龙头企业、农民专业合作社建立利益联结机制，股份合作，入股分红。

（五）其他。对上述第（二）款情形的，结合实际，视借款人的偿还能力，贷款余额部分或全部纳入风险补偿范围。

第二十五条　风险补偿的办法

（一）对第二十四条第（一）、（二）款情形的风险补偿：

1. 借款的贫困农户因死亡绝户的，农商行直接申报补偿，其资产由地方政府依法处置，处置所得资金抵偿借款进入风险补偿资金。

2. 借款的贫困农户因借款人死亡有法定继承人的，农商行可先申报补偿，然后依法清收，清收所得资金进入风险补偿资金。

3. 对借款的贫困农户因灾、因病致其丧失劳动能力，由相关部门（由司法鉴定机构或人社部门鉴定）认定，转入社保兜底者，农商行直接申报补偿。

4. 对借款的贫困农户因重大自然灾害等原因等不能按期足额偿还的，借款人生产经营活动直接损失超过贷款余额的，由农商行提供相关证明材料，经审核认定后，直接申报补偿。

5. 对借款人仍然继续从事产业发展且具有发展潜力的，采取延期还款等方式纳入风险补偿后可继续给予支持，所延长期限最长不超过原借款期限的一半。

（二）对第二十四条第（三）款情形的风险补偿

由七星关区扶贫开发领导小组办公会议认定借款贫困户不能偿还的其他情况，由农商行提供相关证明材料，经扶贫开发领导小组审核认定后，直接申报补偿。

（三）对第二十四条第（四）款情形的风险补偿

“特惠贷”贷款用途不符合的，不能纳入风险补偿范围。

第二十六条　对不符合第二十五条规定情形的农户的不良贷款，依法催收和补偿。

对无正当理由到期不偿还贷款的“特惠贷”农户，由农商行依法启用法律程序催收，经人民法院穷尽执行措施后仍有不足的，不足部分由农商行按规定申报补偿，并将该农户列入金融系统数据库黑名单。

第二十七条农商行在确定贷款形成损失后的30天内向区扶贫开发领导小组提出补偿申请，并提供借款凭证、逾期催收通知书、区扶贫开发领导小组签署的审核证明等相关资料（A4纸打印、复印）。由区扶贫开发领导小组组长或副组长召集扶贫开发领导小组成员单位共同进行审核。在确认金融机构无道德风险和管理责任的前提下，经区扶贫开发领导小组审定同意后，在7个工作日内由精准扶贫“特惠贷”风险补偿资金进行补偿。无法收回的贷款（含本金和利息）按风险补偿资金承担70%，农商行承担30%的比例分别承担，农商行依据审批文件，扣收风险补偿资金归还逾期贷款本息。未收回的逾期贷款本息由农商行继续向借款人追债，或通过处置抵（质）押品、向保证人追债等方式确保贷款本息全部收回。

第二十八条　使用精准扶贫“特惠贷”风险补偿资金补偿贷款本息后，相关乡（镇、街道）协助农商行继续做好贷款本息追索工作，追回的贷款本息也相应按照风险补偿资金代偿例在5个工作日内存入风险补偿资金专户。

第六章　信贷档案管理

第二十九条　“特惠贷”农户小额信用贷款档案实行“专档专盒”进行管理，信贷档案盒加“特惠贷”标识。

第三十条　“特惠贷”农户小额信用贷款档案主要包括：

（一）七星关区“特惠贷”申请表；

（二）农商行对农户初始评级授信审批表；

（三）《贵州毕节农村商业银行股份有限公司“特惠贷”农户借款合同》；

（四）借款人有效身份证复印件、婚姻状况证明；

（五）借款申请书；

（六）借款借据；

（七）农商行对贫困农户贷款使用情况检查表；

（八）贷款人要求的其他资料。

第七章　财政贴息与兑付

第三十一条　贷款本息

“特惠贷”贷款利息由区财政出资建立七星关区“特惠贷”贴息资金，按季对贫困农户“特惠贷”小额信用贷款进行贴息。贴息资料由农商行分支机构牵头，乡（镇、街道）扶贫工作站配合，农商行分支机构于每季度季末月月初5日前将“特惠贷”小额信用贷款贴息清单电子档报农商行扶贫事业部，事业部根据贷款余额、结息天数、贷款利率等审核汇总后于每季度季末月月初10日前将电子版和加盖公章的纸质台账报区扶贫部门审核，扶贫部门主要审核台账中农户属性，即是否属于贫困户，审核中对有疑问的及时联系农商行进行核实，经核实后将符合贴息的贫困户贴息金额汇总并报涉农纪工委备案后划至区政府在农商行开设的“特惠贷”小额信用贷款贴息资金专户。

第八章　附　则

第三十二条　本办法涉及到的相关表格按照《贵州毕节农村商业银行“致富通”农户贷款管理办法》和《贵州毕节农村商业银行“致富通”农户信用等级及综合授信管理办法》有关规定执行。

第三十三条　本办法从下发之日起实施。原《贵州毕节农村商业银行股份有限公司“精准扶贫特惠贷”农户小额信用贷款管理办法》（毕农商银发〔2015〕341号文件）同时废止。

第三十四条　本办法由区财政局、扶贫办以及农商行各自负责解释。

第三十五条　本办法未列入的其他事项，原则上按照规定程序通过一事一议协商决定后实施。

第三十六条　本办法原则上执行至全面建成小康社会时止，并随国家政策和省、市、区有关规定调整而作相应调整、完善、执行和废止。

区概况

【概述】 毕节市七星关区位于贵州省西北部，是云贵川三省地区区域中心城市和黔西北政治、经济、文化中心及交通枢纽，地处北纬27度03分至27度46分，东与大方县相邻，南与纳雍县接壤，西与赫章县和云南省镇雄县毗邻，北与四川省叙永、古蔺县隔赤水河相望。全区总面积3412平方公里，辖44个镇乡办事处，全区人口1623082。最高海拔2217米，最低海拔470.1米，平均海拔1511米。全区气候冬无严寒，夏无酷暑，全区年平均气温14.2摄氏度。七星关区属中山地貌类型，东北部山地与沟壑交错，地势陡峭；中部属中山山地和河谷平地；西部属中山和高中山及谷地。主要农作物为玉米、水稻、马铃薯、油菜、烤烟。盛产生漆、大蒜和天麻、杜仲、半夏、党参等名贵中药材。有得天独厚的自然条件、种类繁多的矿产资源，物种多样的生物资源，蓄势待发的旅游资源。矿产资源主要有煤、煤层气、泥炭、地热、铁、铜、铅锌、铝土矿、硫铁矿、水泥用灰岩、建筑用灰岩、饰面用灰岩、化肥用白云岩、水泥用砂岩和页岩、耐火粘土、高岭土、矿泉水、砖瓦用页岩矿产等19种，其中煤初步查明资源储量的有37个矿区（井田），累计查明的资源储量11.4931亿吨，硫铁矿在全市境内分布面积约2000平方公里，预测资源储量19.2亿吨，查明9个硫铁矿矿区资源储量1791.65万吨。七星关区历史厚重、资源富集、区位优势明显。

【经济综合实力显著增强】 预计2016年，全区生产总值达320亿元，比2011年翻一番，年均增长15%。完成50万元以上固定资产投资448亿元，是2011年的3倍，年均增长28%；财政总收入93.18亿元，比2011年翻两番，年均增长29.9%；一般公共财政预算收入24.2亿元，是2011年的3倍，年均增长24.3%；农村常住居民人均可支配收入8040元，年均增长13%；城镇常住居民人均可支配收入26657元，年均增长9%；招商引资实际到位资金171.44亿元，是2011年的5倍，年均增长36.9%。

【新型工业化势头强劲】 始终把工业强区作为发展的重要引擎，全区规模工业产值突破百亿。传统产业加速提质增效，毕节卷烟厂新增产能20万箱，毕节热电厂热电联产项目正式启动，煤矿总产能提高到570万吨/年。新兴产业集群集聚发展，经济开发区累计完成投资176亿元，实现产值106亿元，解决就业5600多人；清丰建材产业园和朱昌、青场、清水铺、何官屯等8个乡镇园区实现产值5.3亿元，解决就业1100多人。

【农业产业化步伐加快】 按照区域化布局、规模化经营、产业化发展的思路，全面发展六大板块经济。预计今年农业总产值实现96.2亿元。生态畜牧业发展迅速，烟叶生产实现控量提质，农业机械化水平稳步提升，非粮农业增加值占第一产业增加值比重提高到85%。已建成的4个省级农业示范园区产值达21.6亿元，农业产业化水平大幅提升。

成功培育7家省级、26家市级龙头企业，完成“三品一标”认证32个、无公害农产品认证78.6万亩，毕节白萝卜和毕节白蒜成功注册国家地理标志证明商标。

【现代服务业高端聚集】 按照生产服务集聚、生活服务便利的要求，加快现代服务业跨越发展。预计实现服务业增加值156亿元、社会消费品零售总额121.3亿元，均比2011年翻了一番。万丰、远航、创美等7个专业市场建成运营，仓储物流、综合商贸经营水平有了较大提高。电子商务迅猛发展，农村淘宝交易额位居全省前列，被评为“省级电子商务进农村综合示范区”、“省级现代服务业集聚区”。福朋喜来登、鹏程国际等9家星级酒店和沃尔玛、苏宁易购等大型零售企业落户营业，消费供给结构有了明显改善。以旅游为引领的现代服务业有了新发展，建成国家森林公园拱拢坪景区、朱昌农业观光园区等景点景区，鸡鸣三省景区建设有序推进，沙锅寨被评为“贵州美丽乡村推荐旅游目的地”。累计接待游客2677.65万人次、旅游总收入实现198.52亿元。

【城市发展稳步推进】 深入实施城镇化带动战略，制定“七星捧月”中心城市规划方案，城市辐射带动和区域发展引领能力不断增强。完成124平方公里中心城区控规整合，城区面积达到50平方公里、增加了20.5平方公里，城镇化率提高到48.8%。抢抓国家棚改政策机遇，统筹推进老城改造和新区建设，五年完成棚户区改造19608户，其中2016年完成14000户，获市级嘉奖。建成工业大道、同心大道等城市交通主干线，完成松山路、翠屏路等13条城区道路改造，建成同心立交桥、德溪大桥、青龙山隧道等关键城市节点，基本建成德溪公园、纱帽山公园等6个城市公园，同心公园“多媒体水秀·音乐喷泉”和同心大厦“灯光秀”成为城市靓丽风景线。及时妥善处理一批房开项目遗留问题，促进房地产业健康发展。完成环北路木材市场搬迁，城市公共服务和管理水平明显提高，市容市貌显著改善。

【基础设施日趋完善】 奋力突破瓶颈制约，全面改善发展硬环境。高速公路从无到有，通车里程达148公里，成贵铁路顺利推进，毕叙铁路启动建设，改造国省干道、县乡公路170公里。完成夹岩水利枢纽工程投资7.25亿元，全面推进龙官桥中型水库和双河口、野角两座小（一）型水库建设，完成8座小（二）型病险水库除险加固。治理中小河流20公里，有效保护耕地5万亩。小农水重点县项目和农田水利“五小”工程、农村饮水安全工程建设深入推进，新增灌溉面积20万亩，农村群众饮水安全得到有效保障。城乡供电质量明显提升，有线电视、通讯设施不断完善。

【农村面貌焕然一新】 围绕打造“山水田园林地”相融合的宜居宜业宜游村镇，突出山地特色，完善小城镇规划编制。青场、普宜等4个示范特色小城镇基本建成，杨家湾、朱昌等7个中心城区卫星城和其他19个特色小城镇建设有序推进。“五在农家·美丽乡村”建设内涵不断深化，改造农村危房5.5万户，硬化院坝412万平方米，农村环境综合整治成效明显。基本实现乡乡通油路、村村通水泥路，通组路和连户路硬化基本实现全覆盖，90%以上行政村开通客运班线，群众出行更加便捷。

【生态建设能力增强】 持续强化生态保护和环境执法力度，积极推进生态文明先行示范区建设，生态底线更加牢固，生态优势更加凸显。森林覆盖率提高到51.73%，被评为“贵州省绿化模范县”和“贵州省森林城市”，拱拢坪国家森林公园荣获“中国森林氧吧”称号，鸡鸣三省景区通过省级地质公园评审。建成污水处理厂11座，铺设污水收集管网90公里，污水日处理能力达12万吨。关闭灵峰水泥厂等27家污染企业，东华新能源和金河化工搬迁技改，节能减排任务超额完成。饮用水源水质达标率保持100%。

【脱贫攻坚成果丰硕】 始终把脱贫攻坚作为第一民生工程。坚持“五个一批”和“六个精准”，细化“六个到村到户”，认真落实“1+10”扶贫政策，累计投入财政资金126亿元决战脱贫攻坚，14个贫困乡镇实现省级减贫摘帽，17个贫困乡镇实现市级减贫摘帽，24.6万人脱贫，贫困发生率从31%下降到13.1%。建立“一市五金多套餐”问需式精准扶贫机制，为11434户贫困户担保和贴息贷款2.84亿元，易地扶贫搬迁3439户14536人。

【社会保障更加有力】 全面实施社会保障兜底工程，覆盖城乡的社会保障体系基本建成。省市下达的城乡居民社会养老保险参保任务完成率达101.17%，城乡医保参保人数达111.29万人。新增就业4.51万人、转移农村劳动力12万人，5.4万名返乡农民工实现就业创业，城镇登记失业率控制在4.1%以内。农村五保对象供养和留守儿童、困境儿童、空巢老人、残疾人关爱工作扎实开展，11.8万困难群众的基本生活得到有效保障。建成各类保障性住房2.3万套，向低收入住房困难家庭发放租赁补贴1405万元。建成103个农村幸福院、170个居家养老服务中心，新建和改建31所敬老院，荣获“贵州长寿之乡”称号。

【教育事业再上台阶】 深入实施教育“9+3”计划，新建和改扩建义务教育阶段学校12所，完成薄弱学校改造35所，新增幼儿园322所，基本实现山村幼儿园全覆盖，基本普及十五年教育。教育资源配置不断优化，学前教育、小学、初中、高中阶段毛入学率稳步提升，中高考综合成绩位居全市前列。民办教育加快发展，北大附属实验学校、梁才学校建成招生。

【卫生和人口事业明显进步】 完成卫计整合，“四位一体”农村医疗保健服务体系初步形成，实现基层医疗卫生“五个全覆盖”。区医院建成新院区并成功创建二甲医院，区卫生监督所、妇幼保健院业务用房建成投用，乡镇卫生院、村卫生室标准化建设全面完成。每千名常住人口拥有医疗床位数5.6张、拥有执业（助理）医师1.52人、拥有执业注册护士2.4人。坚持贯彻执行计划生育基本国策，符合政策生育率提高到95.79%。

【文体广电等事业协调发展】 顺利通过第三次全国文化先进区复审验收，广播电视“村村通”、“广电云”实现全覆盖，《毕节晚报》APP上线，91.2调频广播收听率名列全省市州县级广播第一，城乡文化体育服务设施更加完善。双拥工作巩固提升，荣获“贵州省双拥模范城”称号。全面完成人口普查、文化普查、经济普查任务，深入开展第三次全国农业普查工作。精神文明建设、国防教育、人民防空、人民武装、民兵预备役、民族宗教、外事侨务、对台事务、气象、邮政、供销、工商联、档案、史志、残疾人、红十字会、工会、共青团、妇女儿童等事业健康发展。

【安全生产持续向好】 安全发展理念牢固树立，红线意识、底线思维深入人心，安全生产“五个全覆盖”责任体系全面落实。深入贯彻落实安全生产法律法规，安全生产执法检查力度持续加强，重点行业领域整治、打非治违成效显著，有效化解各类安全生产风险，成功摘掉“全国金属非金属矿山重点整治县区”帽子。应对突发事件能力显著提升，安全生产事故起数和死亡人数较前五年均实现大幅下降。

【群众工作成效显著】 完善三级联动视频接访平台，县级领导干部轮流接访群众8755批次、3.65万人次。案件办理和积案专案审议化解工作深入开展，办结多年积累的信访案件6641件。建立“公道评说”、“司法评议”工作机制，“六零六好”社会管理集成创新经验在全省推广。

【社会治安持续稳定】 实施“法治毕节”创建六大工程，圆满完成“六五”普法，全面启动“七五”普法。建成教育矫治、技能培训、治疗、预防教育和就业安置“五位一体”的特殊人群集中服务管理中心，经验在全省推广，项目在全省观摩。天网工程覆盖面不断扩大，社会治安防控体系更加完善。严厉打击各类违法犯罪活动，成功摘掉全国“外流贩毒突出通报地区”帽子，群众安全感和满意度达到97.34%、提高了近10个百分点。长春堡镇清塘村被评为“全国民主法治示范村”。

【改革步伐持续加快】 全力推进供给侧结构性改革和户籍制度、不动产统一登记改革，推动国土资源集约节约利用制度改革，获国土资源部授予“国土资源集约节约利用模范区”称号。全面推行工商登记“五证合一”制度，率先在全省实行注册资本认缴和工商登记“先照后证”。完成新一轮政府机构改革、事业单位分类改革。林权制度改革、财税体制改革不断深化，公车改革有序推进，医药卫生、文化体制、行政审批等制度改革不断深入，国有公司实体化步伐加快。

【开放水平持续提高】 招商引资落地项目208个，实际到位资金652.6亿元。与广州荔湾区、深圳罗湖区、重庆渝中区建立对口帮扶关系，促进经济、贸易、旅游、医疗等方面交流合作。外贸出口能力显著提升，经济开发区生产的新能源低速电动车销往巴基斯坦，美尚纺织、东海纺织生产的纺织产品销往日本、泰国、缅甸，“乌蒙山宝·毕节珍好”品牌农牧产品享誉国内外，对外贸易额达1亿元。

【创新驱动持续发力】 大力推进技术创新、制度创新和工作创新，440件专利申请获得授权，22项科技项目获得上级资金1700万元，完成商标注册200件，科技创新对经济发展贡献率从35.8%提升到45.3%。建立全省首家县级地灾预警应急系统、国土资源综合管理系统，成功开展全国“部省市区”四级地灾应急演练。建立“民生监督特派组”、“一市五金多套餐”、“七长双线九平台”等机制，得到省委、省政府领导充分肯定并在全市或全省推广。

【行政能力持续增强】 坚持用制度管权、管钱、管事、管人，全面推进法治政府、廉洁政府、服务政府建设，行政执行力和公信力明显提高。出台《政府工作规则》、《政府重大行政决策程序规定》、《财政资金支出管理办法》、《财政投资项目控制价评审管理制度》和《财政资金审计监督管理办法》，完善决策程序，推动政策落实。建立完善行政审批、依法行政工作考核机制，推行政府权力清单和责任清单制度。政务服务中心行政许可事项做到应进必进，建立“服务对象、政务大厅、监察部门”三位一体监督机制。成立政府廉政建设工作委员会，认真履行党风廉政建设主体责任，持续保持反腐败斗争高压态势，党政纪处分861人，移送司法机关63人，严肃处理违反党纪和中央“八项规定”及省委、市委、区委“十项规定”的干部446人。自觉接受人大法律监督和政协民主监督，办理人大代表议案和建议813件、政协委员提案422件，办结率均为100%。

（撰稿：政府办）

领导名录

七星关区领导名录

区几大班子

中国共产党毕节市七星关区委员会

书　记　周　荣（2011.12－2012.01）
　　　　宫晓农（2012.01－2015.12）
　　　　崔英魁（2016.01－2016.12）
副书记　刘建平（2011.12－2014.12）
　　　　胡敬斌（2014.12－2016.12）
　　　　聂忠智（2011.12－2016.05）
　　　　颜　岭（2016.05－2016.12）
常　委　周　延（2011.12－2014.02）
　　　　胡书龙（2011.12－2016.06）
　　　　郑　荣（2011.12－2016.06，女）
　　　　吴贤耀（2011.12－2016.05，彝）
　　　　何友谊（2011.12－2016.05）
　　　　王华国（2011.12－2016.10）
　　　　吴安宁（2011.12－2014.11）
　　　　安　旺（2011.12－2016.12，彝）
　　　　唐兴全（2014.03－2015.10）
　　　　何万学（2014.11－2016.12）
　　　　袁　媛（2016.06－2016.12，女，彝）
　　　　王晓园（2016.06－2016.12）
　　　　易晓华（2016.05－2016.12）
　　　　张　铭（2016.05－2016.12）
　　　　叶　荣（2016.05－2016.12）

毕节市七星关区人民代表大会常务委员会

主　任　邓俊波（2011.12－2013.06）
　　　　周　延（2014.02－2016.12）
副主任　熊和先（2011.12－2012.12）
　　　　安　慧（2011.12－2016.05，女，彝）
　　　　张　媛（2011.12－2016.12，女）
　　　　王大庆（2011.12－2016.05，苗）
　　　　胡家敬（2011.12－2016.12）
　　　　张　骅（2011.12－2016.12）

林学方（2011.12－2016.11）
肖世华（2011.12－2016.12）
胡卫国（2016.12－2016.12）
吕艺华（2016.12－2016.12）

毕节市七星关区人民政府

区　长　刘建平（2011.12－2014.12）
胡敬斌（2014.12－2016.12）
常务副区长　胡书龙（2011.12－2016.05）
安　旺（2016.06－2016.12，彝）
副区长　周祖华（2011.12－2016.12）
唐兴全（2011.12－2015.10）
高守军（2011.12－2015.07，彝）
付　波（2011.12－2016.06）
杨　黔（2011.12－2016.05，女，苗）
胡卫国（2015.08－2016.05）
刘　鑫（2015.11－2016.12）
王大庆（2016.05－2016.12，苗）
严　琪（2016.05－2016.12）
李　萍（2016.05－2016.12，女，彝）

中国人民政治协商会议七星关区委员会

主　席　吴　坚（2011.12－2016.12）
吴贤耀（2016.12－2016.12，彝）
副主席　宋邦友（2011.12－2012，12）
邹芝桦（2011.12－2016.12，女）
王林中（2011.12－2016.12）
周光乔（2011.12－2016.12）
燕金祥（2011.12－2016.12）
江晓燕（2011.12－2016.12，女）
周遵林（2011.12－2016.12）
吕艺华（2014.02－2016.12）
胡卫国（2016.12－2016.12）
熊　雄（2016.12－2016.12）
邓　庆（2016.12－2016.12，白）

七星关区乡镇（街道）领导名录

市西街道

党(工)委书记　吴至衡　康　海　王安民
人大工委主任　杨爱国　张　翼　高鹏程
党(工)委副书记、主任　沈　允(女、白)
王万松　高　伟
党(工)委副书记　毛家兴　周进学　彭吉显
刘晓玲(女)
党(工)委委员、纪(工)委书记
周进学　高鹏程　孙天珍(女)
党工委委员、组织委员
刘晓玲(女)　卢　鹏
党工委委员、宣传委员　武孔珍(女)
党(工)委委员、政法委书记
申　才　吴学海(穿青人)
侯　军
党(工)委委员　张翼查　勇　阮　顺　刘文俊
张　健(女,白)　高鹏程
支亚琴(女)　申　才
薛爱东　蔡慧芳(女)
刘晓玲(女)　武孔珍(女)
吉庆才
党(工)委委员、武装部长　副主任

薛爱东　李　军(穿青人)　周　峰

副主任　薛爱东　张　翼　查　勇　阮　顺
高鹏程　支亚琴(女)　李　军(穿青人)
张伍鸿烈(白)　张　宁(女)　郭太贤(布依)

计生专职副会长　席　宏　潘利华

市东街道

党(工)委书记　周遵林　聂祥春

人大工委主任　向胜利　田应碧

党(工)委副书记、主任　张治国　毛家兴
王占勇　谢永贵(白)

党(工)委副书记　黄远森　谢永贵(白)
樊　舡

党(工)委委员、纪工委书记　张指界
吕东华

党工委委员、组织委员　王　娟(女)

党工委委员、宣传委员　朱　然

党(工)委委员、政法委书记　申　才　彭吉显
张　云

武装部长、副主任　顾怀乾

党委委员、武装部长　向胜利　翟陪祥

党(工)委委员　田应碧　聂绍映(女)
张　云　谢永贵　陈丽萍(女、彝)
张　艳(女)　顾怀乾

副主任　翟陪祥　田应碧　聂绍映(女)
陈　铧　朱　奎　蒋　超(穿青人)
崔国庆　张　艳(女)　廖　凯

计生专职副会长　席　宏

麻园街道

党工委书记　毛家兴　黄远森

党工委副书记　主任　黄远森　向胜利

人大工委主任　向胜利　糜永珍(女)

党工委副书记　糜永珍(女)　陈丽萍(女、彝)

党工委委员、纪工委书记　汪　琴(女)
袁　野

党工委委员、组织委员　陈丽萍(女、彝)　刘海

党工委委员、政法委书记　顾艳华(女)
陈丽萍(女、彝)　罗　杰

党工委委员、宣传委员　曹富勇

党工委委员　龙秀学(彝)　罗明光

武装部长、副主任　孙　兆

副主任　崔国庆　蒋超　罗杰　周镔瑜

流仓桥街道

党委书记　林学方　肖玉明

党委副书记、主任　吴森绪

人大工委主任　熊　林

党委副书记　葛　龙

党委委员、纪工委书记　马　莉(女)

党委委员、政法委书记　刘　敏(女,白)

党委委员、武装部长　黄　龙　雷　洋

党委委员　王兴龙　吴传义　糜永珍(女)
孟祥瑞　魏　平　邵群书

副主任　黄　龙　雷　洋　王兴龙　吴传义
邵继革　吕卫鑫　郭　璇(女,穿青人)

计生专职副会长　王学美(女)

碧海街道

党工委书记　陈翔宇　李光俊(彝)

人大工委主任　张　鹏

党工委副书记、主任　许志刚　陆　军

党工委副书记　陈　瑞　杨秋菊(女,彝)
龚毅龙

党工委委员、纪工委书记　杨秋菊(女,彝)
张周平(女)

党工委委员、组织委员　徐延娇(女)
高　曼(女,彝)

党工委委员、宣传委员　曹　刚　潘永发

党工委委员、政法委书记　刘世佳

党工委委员、派出所所长　周　蕾

副主任、武装部长　吉庆文　夏　旭

党工委委员、副主任　武装部长　夏　旭

党工委委员、副主任　龚毅龙

党工委委员　喻永伦　张　竞　朱　鸿
副主任　周炜杰　王　玥(女)

碧阳街道

党工委书记　李福顺　戴德润
人大工委主任　龙天发(彝)
党工委副书记、主任　曾　铸
党工委副书记　聂开龙
党工委委员、纪工委书记　支亚琴(女)
党工委委员、组织委员　孟祥瑞
党工委委员、政法委书记　刘　敏(女、白)
党工委委员、宣传委员　邵群书(女)
吴道琼(女)
党工委委员、副主任　雷　娟(女)
党工委委员、副主任　武装部长　雷　洋
武装部长、副主任　陶永忠(苗)
党工委委员　孟祥瑞　邵群书(女)
靳玉环　黄　龙　龚　吉
副主任　罗　福　吕卫鑫　陈庆乔
计生专职副会长　王学美(女)

大新桥街道

党工委书记　史大学　王继福　徐　明
王万松
人大工委主任　余　鑫　李　静(女)　许　琴(女)
党工委副书记、主任　张合远　石　林
党工委副书记　李　静(女)　张晓玲(女)
党工委委员、纪工委书记　张晓玲(女)
阮鹏程
党工委委员、组织委员　王才旗　王志鑫
党工委委员、政法委书记　李　焱(彝)
党工委委员、宣传委员　陈　莉(女)
党工委委员、武装部长　副主任　聂祥剑
党工委委员、副主任　蔡　湛
党工委委员　高邦学　王才旗　陈　莉(女)
刘　渊　张兴万
副主任　石明勇　聂祥剑　王志鑫　向　琨

朱丽娟(女)
计生专职副会长　陈　俊(女)

德溪街道

党工委书记　肖玉明　王　驰
党工委副书记　主任　熊　林　丁淞江(白)
人大工委主任　王兴龙　周维香
党工委副书记　吴传义　丁淞江(白)　郭光全
党工委委员、纪工委书记　郭璇(女,穿青人)
魏　平
党工委委员、组织委员　彭春鸿
党工委委员、政法委书记　杨顶江
党工委委员、宣传委员　魏　平　胡汉中
党工委委员、武装部长　副主任　燕　文　邵继革
党工委委员　祝　云(女,彝)　王方琼　杨霞(女,彝)
副主任　邵继革　邓时启　李红燕(女)

观音桥街道

党(工)委书记　吴道国　张修德　宋勇
党(工)委副书记、主任　汤志刚　路绍丹　付立武
人大工委主任　赵　洪(白)
党(工)委副书记　张　华　付立武　雷　洋
党(工)委委员、纪工委书记　陈　昕(女,彝)
党(工)委委员、政法委书记　杨文松(女、彝)
刘世军
武装部长、副主任　刘世军　肖仕龙(苗)
党(工)委委员、武装部长、副主任　吉庆文
党(工)委委员、副主任　雷娟(女,白)　吴　成
党工委委员、组织委员　李文燕(女)　邓　诚
党工委委员、宣传委员　胡汉中　周永来
党(工)委委员　李文燕(女)　胡汉中　路　杰
刘　芳(女)
副主任　刘世军　肖仕龙(苗)　唐丽霞(女)
计生专职副会长　廖常英(女)

洪山街道

党工委书记　夏　冬　张和国

党工委副书记、主任 沈 允(女、白) 葛 龙
人大工委主任 葛 龙 彭吉显
党工委副书记 肖庆团 彭吉显 蔡慧芳(女)
党工委委员、纪工委书记 吴世渊 阮 顺
党工委委员、组织委员 蔡慧芳(女) 阮 春 李 梅(女)
党工委委员、政法委书记 史君 薛爱东
党工委委员、宣传委员 卢敦举 薛占琴(女)
党工委委员、武装部长、副主任 薛爱东 卢敦举 阮 春
党工委委员、副主任 阮 顺
副主任 邓庭国 聂 琴(女)
党工委委员、韩盛甲 吴承之
计生专职副会长 薛占琴(女)

三板桥街道

党(工)委书记 黄玉龙 石明殿
党(工)委副书记、主任 聂祥春 万寿益 路绍丹 刘青云
人大工委主任 施容(女) 吴传杰
党(工)委副书记 叶军 吴传杰 曾万年
党(工)委委员、纪工委书记 陈振华 张 梅(女,彝)
党工委委员、组织委员 付 将
党工委委员、武装部长、副主任 张光伟
党工委委员、政法委书记 吴传杰 樊 舡 汪 琴 吴正发
党工委委员、宣传委员 吴传英(女) 吴正发
党委委员、副主任 樊 舡
党工委委员、陈振华 付 将 支 莹 吴传英(女) 王 云 秦 兵 邓 漠
副主任 叶 军 张光伟 吴嘉玲(女) 李 随(女) 林 静(女) 支 莹 王思源 胡 华
计生专职副会长 周方廉

海子街镇

党委书记 陈翔宇 聂祥春 吴锦煜
人大主席 张 鹏 黄启刚
党委副书记、镇长 邓 涛 穆元兴 张金春 史 记
党委副书记 穆元兴 陈 瑞 史 记 郑 勇
党委委员、纪委书记 施 华 杨秋菊(女,彝) 吴红梅(女) 陈华阶(彝族)
党委委员、组织委员 徐延娇(女) 郑 勇
党委委员、组织委员 人大副主席 刘菊香(女)
党委委员、宣传委员 阮孝军
党委委员、政法委书记 张金春 韩盛甲
武装部长、副镇长 吉庆文 吕庆华
党委委员、武装部长 副镇长 杨 凯(苗族)
党委委员、副镇长 龚毅龙 唐遇杰(女)
党委委员、龚毅龙 杨秋菊(女,彝) 陈 瑞 韩盛甲 徐延娇(女) 唐义龙 阮孝军 周 威 唐遇杰(女) 吴道洪
副镇长 韩盛甲 陈 瑞 吕庆华 吴红梅(女) 李 彬 杨凯(苗) 李章淑(女) 罗昌欢 赵 青(女) 王芳叶
计生专职副会长 靳丽鹏

田坝桥镇

党委书记 吕碧生 赵德华 高 斌 肖庆团
党委副书记、镇长 李 吉(彝) 高 斌 钱明珠(女,白) 肖庆团 郭 璇(女,穿青人)
人大主席 雷兴中(彝)
党委副书记 汪 军 钱明珠(女,白) 聂志祥
党委副书记、政法委书记 邓 洁
党委委员、纪委书记 吴道军 胡 旭
党委委员、组织委员 陈 畅 吕敬康 谢春燕(女)
党委委员、政法委书记 钱明珠(女,白) 聂志祥 徐 滔
党委委员、宣传委员 李发莉(女)
党委委员 陈 畅 吕敬康 李发莉(女) 武丽平(女) 邓 洁 尹毕天 成贞诗 李 强

武装部长、副镇长　燕　文　赵栋梁　王　尹
副镇长　燕　文　杨秋菊(女,苗)　候　军
兰继鹏　付　堃(女)　高俊宝
计生专职副会长　罗　琴(女)

八寨镇

党委书记　袁　媛(女,彝)　张治国　王　涛
人大主席　史开才　李兴成
党委副书记、镇长　张治国　王　涛　邹　堃
党委副书记　王　涛　刘　睿
党委副书记、政法委书记　郝永坤
党委委员、纪委书记　李兴成　杨其贵(彝)
党委委员、组织委员　吴道洪　张杨彬
党委委员、政法委书记　沈　颖(女,白)
杨其贵(彝)
党委委员、宣传委员　王吉凤(女,彝)　张杨彬
党委委员、武装部长　刘　睿　张　勇
党委委员、武装部长　副镇长　罗　云
党委委员　吴道洪　季善吉　赵启志(白)
杨大成
副镇长　梁　杰　尹毕天　郝永坤　卢　令
聂伊妮(女)

层台镇

党委书记　李福顺　卯　洪　张合远
党委副书记、镇长　赵仁祥(白)　张　讯
人大主席　王　鹏(彝)　罗才平
党委副书记　黄　平　郭　璇(女　穿青人)
党委副书记、政法委书记　罗才平　孙奇
赵　艳(女)
党委委员、纪委书记　顾怀礼　孙　奇　陈宗堉(彝)
党委委员、组织委员　张　烈
党委委员、宣传委员　彭正富
武装部长、副镇长　周　鑫　康圣鸿
党委委员、副镇长　聂志祥　万昌荣
党委委员、聂志祥　肖　敏　彭正富
胡思娇杨(女)　张　楠　张　平

副镇长　孙　奇　聂志祥　段炼(侗)　刘洪琼(女)
翟　俊
计生专职副会长　刘国勇

小吉场镇

党委书记　吴长敏　赵　耀(白)
人大主席　彭永贵
党委副书记、镇长　陈大进　夏炜(蒙古族)　刘　晓
党委副书记、政法委书记　李应勇(蔡)　刘　晓
陈　波
党委委员、纪委书记　谢明全(白)　李　麒
党委委员、政法委书记　张兴万(彝)
党委委员、组织委员　陈　波
党委委员、组织委员　人大副主席　付善宇
党委委员、宣传委员　付善宇
党委委员　王　虎　陈　波　刘祥昌　蒲　兴
翁继宗　刘昌涯
党委委员、计生专职副会长　向　伟
党委委员、武装部长　副镇长　王　虎　丁龙清
王国军
副镇长　周　娟(女)　胡荣华　聂　婷(女)
陈　艳(女)　王国军　廖洪玲　孔伟亚

梨树镇

党委书记、人大主席　袁中传
党委副书记、镇长　王　伟
党委副书记　朱启伦
党委委员、纪委书记　冯　继
党委委员、政法委书记　谢道芳(女)
党委委员、武装部长　顾登宇
党委委员、副镇长　史国祥　王文凯　居　浏
党委委员、付立刚　聂艺琼(女)
副镇长　王　毅　陈　莉　王端贵　朱永杰

岔河镇

党委书记　钱　军(白)

党委副书记、镇长　张培林
人大主席　李重旭
党委副书记　胡　将
党委委员、纪委书记　王明生
党委委员、政法委书记　汪锦华
武装部长、副镇长　周炬村
党委委员、副镇长　沈丹杰（女）
党委委员、胡红宇　王思锐　潘　颖
副镇长　翟培洪　尹慕贤

小坝镇

党委书记　曹清培
党委副书记、镇长　周剑云　刘　朝
人大主席　王义淑
党委副书记　王　琴（女）
党委委员、纪委书记　潘应昌
党委委员、政法委书记　陈晓东（彝）
党委委员、武装部长、副镇长　靳　涛
党委委员　方平远　陈　辞　张　喆（回）
刘　勇（彝）　王　健
副镇长　颜家禄（白）　吴庆峰（彝）　孙梦醒
胡　松　李道奎

阿市乡

党委书记　邵昌明　宋尚万　周波（苗）
人大主席　沈　兴　刘智林
乡　长　周　明（苗）　周　波（苗）　熊　秀（女，彝）
党委副书记　刘智林　朱　勇　孙　奇
党委委员、纪委书记　刘　江　陈章琴（女）
党委委员、政法委书记　向　伟　蒲　兴
党委委员、组织委员　人大副主席　刘　踊
党委委员、组织委员　邓　漠　刘　踊
党委委员、武装部长　副乡长　谢　云（白）
党委委员、宣传委员　李　编（苗）
党委委员、副乡长　蒲　兴　田孟祥（畲族）
副乡长　陈玉梅（女）　范厚武
党委委员　陈章琴（女）　杨永阶（彝）　邓　漠
刘　踊　李　编（苗）　何　平　丁龙清
党委委员、计生专职副会长　何　平

普宜镇

党委书记　王继福　宋智祥　张治国
沈　颖（女，白）
人大主席　靳如忠　李昌相
党委副书记、镇长　宋智祥　汤法远　吴锦煜
沈　颖（女，白）　王　铮
党委副书记、政法委书记　罗云忠
党委副书记　史洪壁　沈　颖（女，白）
党委委员、政法委书记　朱　鸿
党委委员、纪委书记　王方义　罗云忠　夏天
党委委员、组织委员　王萍（女）　叶章玲（女，彝）
党委委员、宣传委员　蒲先富
党委委员、武装部长　副镇长　郑元中
武装部长、副镇长　孙　兆　郑慕天
党委委员　王　萍（女）　蒲先富　王兴文　李昌相
沈　杰　陈忠义　张邦华　赵　鹏
副镇长　向　琼（女）　罗云忠　夏天　何大龙
陈　桥　吕　爱
计生专职副会长　蒙志洪

大屯乡

党委书记　张静梅（女）　王　武（白）
人大主席　林学文　程斗文
乡　长　胡祥松（彝）
党委副书记　乡长　陆　军（彝）
党委副书记　程斗文　陆　军（彝）
党委副书记　政法委书记　王吉凤（女，彝）
党委委员、政法委书记　余　寰　高　昆（彝）
党委委员、纪委书记　陈华阶（彝）　漆俊峰
党委委员、组织委员　徐世伟　高　昆（彝）
党委委员、宣传委员　牟泰来
党委委员、武装部长　副乡长　陆　军（彝）
漆俊峰　张　培
党委委员、副乡长　陈寿银

副乡长 聂祥志 高 昆(彝) 牟泰来

党委委员 徐世伟 牟泰来 晏书福 赵然友 范 云(彝) 燕正友 王文才

计生专职副会长 王振帮

龙场营镇

党委书记 孙智全 熊 林

党委副书记、镇长 宋尚万 史洪壁 赵 科(白) 朱 勇

人大主席 黄启刚 刘 江 吴树斌

党委副书记 陈明福(彝) 陈 洁 吴树斌

党委副书记、政法委书记 赵 旭

党委委员、纪委书记 吴树斌 赵 旭 翟 洪

党委委员、政法委书记 王玉春 张庆 罗明光

党委委员、组织委员 赵 旭 常 勇 陈家伟

党委委员、宣传委员 杨 林(彝)

党委委员、派出所所长 翟志鹏

党委委员 靳天玉 陈 洁 杨 林(彝) 赵 旭 杨 娜 祁 桦(女) 黄 柯 陈 塑(彝)

党委委员、武装部长、副镇长 靳天玉 罗明光 杨 凯(苗) 刘绍森

党委委员、计生协会专职副会长 祁 桦(女)

副镇长 靳天玉 彭 刚 何大龙 吕 重 何 平(女)

田坎乡

党委书记 潘发顺 聂宗献 吴锦煜 梁 曙

人大主席 彭廷柱 陈 洺

党委副书记、乡长 张在进(彝) 陈明福 赵 耀(彝)

党委副书记 赵 耀(彝) 陈 洺(彝) 刘 曦

党委委员、纪委书记 李 勇(彝) 陈 洺(彝) 刘 曦 温世宏

党委委员、政法委书记 杨佳昌(彝) 陈 洺(彝) 胡海峰 温世宏 刘 曦

党委委员、组织委员 龙秀学(彝) 曾 义(彝)

党委委员、宣传委员 胡海峰

党委委员 陈 洺(彝) 杨佳昌(彝) 胡海峰 罗国华(彝) 许 靖 曾 义(彝) 薛廷猛 李旭东 吴孺华

党委委员、计生专职副会长 罗国华(彝)

副乡长、武装部长 路 宵 李靖(白)

副乡长 路 宵 彭 琼 吕 重 白 梅(女、彝) 温世宏

何官屯镇

党委书记 李启念 李 和 张道奇

党委副书记、镇长 李 和 高 丹 汪 涛(白) 刘礼贵

人大主席 阮友剑 周遵玉

党委副书记 刘天鹏

党委副书记 政法委书记 孙 斌

党委委员、纪委书记 路 杰 余 彪(蒙古族)

党委委员、政法委书记 陈让军

党委委员、组织委员 张成刚

党委委员、组织委员 人大副主席 孙 剑

党委委员、宣传委员 聂玉琴(女)

党委委员、武装部长、副镇长 邓 洁 孙 斌 朱启迅

党委委员 孙 斌 朱启迅 聂玉琴(女) 张成刚 林文祥 赵 桂(彝) 邓红梅(女,布依)

副镇长 孙 斌 朱启迅 吴世渊 邱 婷(女) 郑朝祖 周 鑫 郎潇潇(女) 徐 荣(女) 谢洪军(白) 孙浩然

党委委员、副镇长 朱启迅

计生专职、副会长 聂淑春(女)

对坡镇

党委书记 邓平举 钟 华 路绍丹

党委副书记、镇长 闵若梦 黄常坤 范 禹(女)

人大主席 罗 馨 李 昕

党委副书记 付 雯(女) 朱 政 范 禹(女) 阮孝军

党委委员、纪委书记 张达毅 余彪(蒙古) 徐 滔

党委委员、政法委书记 朱 政 余 寰

党委委员、组织委员 史学斌 肖 洋

党委委员、宣传委员 刘洪波

党委委员、副镇长 张道利

党委委员、副镇长 武装部长 余彪(蒙古)

副镇长 武装部长 范 禹(女)

党委委员 曹刚 王扬志 刘洪波 赵启义(白) 肖 洋 史学斌 杨 敏(女) 陈廷兵

副镇长 余 彪(蒙古) 刘 君 范 禹(女) 周珍云(女) 叶 燊

计生专职、副会长 陈孝文

水箐镇

党委书记 周 健 周晓波(彝) 彭华铭

党委副书记、镇长 王万松 彭华铭 赵明顺

人大主席 成 群 张 健(白)

党委副书记 王 隐 赵明顺

党委副书记 政法委书记 葛 玮

党委委员、纪委书记 张 健(白) 武丽平(女)

党委委员、组织委员 宋 丹

人大副主席 组织委员 赵 扩(彝)

党委委员、政法委书记 刘世佳 邓 阶

武装部长、副镇长 赵 扩(彝)

党委委员、武装部长 副镇长 靳丽朋

党委委员、宣传委员 胡旭 周文贤

党委委员 邓 阶 陈 茜(女) 张 健(白) 宋 丹 胡 旭 周文贤 舒銮琴 邓 群(女) 张玲琴(女)

党委委员、计生专职副会长 舒銮琴(女,彝)

副镇长 赵 扩(彝) 胡 鹏 陶 俊(苗) 罗 勇(苗) 周文贤 杨 刚(苗)

大银镇

党委书记 熊家伦 张治国 吴玉梅(女) 万益寿

党委副书记、镇长 苏 博(壮) 夏 炜(蒙古) 龙明元 聂开龙

人大主席 王向福 蒲先富

党委副书记 赵高寿 徐长跃 漆自勇

党委委员、纪委书记 薛朝成 许明友

党委委员、组织委员 许明友 谢 静

党委委员、政法委书记 李昌相 杨 烊 张和江 漆自勇

党委委员、宣传委员 张志祥(穿青人)

党委委员 许明友 陈 航(女 彝) 孙 颖 张合奎

武装部长、副镇长 张和江 樊 勇

副镇长 樊 勇 杨传坤(苗) 张合江

燕子口镇

党委书记 夏 冬 张达宇 宋家义

人大主席 王义文 李 宏 严 勇

党委副书记、镇长 张达宇 王义文 彭 义

党委副书记 李 宏 严 勇 周 峰 向曼丽(女)

党委委员、纪委书记 李鸿俊 周 峰 黎建涛

党委委员、组织委员 吴 翀 邓 江

党委委员、政法书记 周 峰 向曼丽(女)

党委委员、副镇长 武装部长胡渊 杨德才(苗)

党委委员 徐德友 丁昌文 吴 翀 向云呈 李建军

党委委员、计生专职副会长 李建军

副镇长 胡 渊 袁 理 向曼丽(女) 黎建涛 李官继 邓 江 何学伟 王春华 宋 敏

亮岩镇

党委书记 司静频(女) 崔庆鼎 林学文

人大主席 张茂良 成 群

党委副书记、镇长 崔庆鼎 吴传义

党委副书记 李 昕 郑 江

党委委员、纪委书记 袁野 陈大江(彝)

党委委员、组织委员 聂艳艳(女)

党委委员、组织委员　武装部长
党委委员、政法委书记　(孔维勇　陈大江(彝)　郑　江)
党委委员、宣传委员　姚　军　陈梦雨(彝)
党委委员　喻永伦　周　波(苗)　聂艳艳(女)　姚　军　金　鑫　柴忠鑫　杨　江
党委委员、副镇长　武装部长　闫　超
副镇长　喻永伦　周　波(苗)　燕　军　陈大江(彝)　王春华　张　俊

林口镇

党委书记　徐　明　黄明显
党委副书记、镇长　史远英(女)　张玉荣(女)
人大主席　周维香　龙　刚(彝)
党委副书记　肖庆团　王汉　王顺福
党委委员、纪委书记　阮鹏程　刘　学
党委委员、政法委书记　龙　刚(彝)
党委委员、组织委员　王　汉　朱　勇
党委委员　龙　刚(彝)　阮鹏程　王　汉　周　璇(女)　王顺福　袁树礼　赵　江　朱仁政
党委委员、武装部长、副镇长　彭春鸿　范　杰(彝)　袁树礼　孔　银
党委委员、宣传委员　周　璇(女)
副镇长　朱　勇　刘洪松(彝)　王娟智(女)　吴　涛
计生协会专职副会长　赵　江(彝)

清水铺镇

党委书记　肖玉明　李　萍(女,彝)　周　华
人大主席　施明泽
党委副书记、镇长　李　萍(女,彝)　周　华　刘　睿
党委副书记　刘礼贵　周　颖
党委委员、纪委书记　王师贵　周颖　徐　帅
党工委委员、政法委书记　徐　田　曾邦顺　徐　帅　周　颖
党委委员、组织委员　郑　江　吕绍学
党委委员、宣传委员　叶均平
党委委员　郑江　叶均平　徐　帅　潘礼黔　葛　松　黄远华
党委委员、副镇长、武装部长　唐　勇　曾邦顺　徐　帅　罗　询
副镇长　唐　勇　周　颖　曾邦顺　潘　文　孟令权　许惇译　林露云(女)
计生专职副会长　薛占琴(女)

生机镇

党委书记　陈大顺　宋　勇　赵仁祥(白)
人大主席　谢曰学
党委副书记、镇长　宋　勇　葛芝洪　吴世渊
党委副书记　政法委书记　金　杰
党委副书记　葛芝洪　高　敏
党委委员、纪委书记　高　敏　刘　学　张　勇
党委委员、组织委员　翁志远
党委委员、组织委员　人大副主席　李元发(彝)
党委委员、宣传委员　胡孝华
党委委员、政法委书记　吉章文　金　杰
党委委员、副镇长　武装部长　汪仕杰　刘发勇
党委委员　高　敏　吉章文　刘　学　翁志远　祝华烽　胡孝华　吴言纲　杨　旭　曾　波
副镇长　刘发勇　马娥(女)　金　杰　张　勇　李元发(彝)　詹会勇　陈华进(女,彝)
计生专职副会长　孔　银

团结乡

党委书记　徐贵祥　宋尚万　闵若梦
党委副书记、乡长　龙天发(彝)　龙中举(彝)
人大主席　曾明顺　李应勇(蔡)　杨秋菊(女,苗)
党委副书记、政法书记　范　杰(彝)
党委副书记　龙中举(彝)　范　杰(彝)
党委委员、纪委书记　潘永发(彝)　陈荣军
党委委员、政法书记　杨泽军(苗)　胡思娇杨(女)　曹　恒

党委委员、组织委员 彭启禄 汪国华
党委委员、宣传委员 刘 琼(女)
党委委员 彭启禄 刘 琼(女) 颜 斌 杨德祥 曾 剑
党委委员、计生专职副会长 颜斌
副乡长、武装部长 张泽才 陈荣军 曹 恒 杨 杰(苗)
副乡长 张泽才 曹 恒 陈荣军 杨 杰(苗)

鸭池镇

党委书记 邓 涛 周剑云
党委副书记、镇长 张在翔(彝) 宋家义 葛传友
人大主席 张荣怀(彝) 葛传友 向琨
党委副书记 宋家义 吕东华 周 兴
党委副书记 政法委书记 周 兴
党委委员、纪委书记 赵明顺 刘青云 韩 明
党委委员、组织委员 曹富勇 邵 兵
党委委员、组织委员 人大副主席 邵兵
党委委员、宣传委员 梁 达
党委委员、政法委书记 孙 鉴 李晓军(苗)
武装部长 副镇长 朱新宇 翟 强
党委委员、副镇长 武装部长 葛传友 翟 强
党委委员、副镇长 韩 明 杨 霞(女、彝) 刘 钊
党委委员 韩 明 曹富勇 杨 霞(女、彝) 梁 达 季春虎 沈莹莹(女,白) 吴红梅(女) 张 杰
副镇长 武装部长 朱新宇(2016.01-2016.07)
副镇长 葛传友 韩 明 刘青云 顾艳华(女) 范厚俊 陈孝艳(女) 周 雪(女,苗) 王万贵 黄 萍 徐婧菡(女)

朱昌镇

党委书记 李永红 崔庆鼎
党委副书记、镇长 张政权 罗 福
人大主席 罗 毅 顾登勇
党委副书记 王玉远 吴学海(穿青人) 罗 福
党委副书记 政法委书记 张 斌
党委委员、纪委书记 阮世祥 胡 辉
党委委员、组织委员 龚 吉 胡继元
党委委员、政法委书记 邱中卫 周卫华
党委委员、宣传委员 刘 芳(女)
党委委员 龚 吉 龙秀琼(女,彝) 张冀琴(女,彝) 顾登勇 王 超 陈 琳 潘 驰 刘敬华 聂 挺 罗 龙(穿青人)
武装部长、副镇长 杨 奎(彝) 罗 龙(穿青人)
副镇长 杨 奎(彝) 潘启才 罗 福 蔡云阳(女) 罗 龙(穿青人) 张 源(彝) 龙 升(彝) 黎冬华 罗 勇 唐 薇

田坝镇

党委书记 洪文贤 汤志刚 周进学(穿青人)
党委副书记、镇长 卯 洪 周进学(穿青人) 龙 升
人大主席 罗荣徐(彝) 成 群 武声录
党委副书记 彭华铭 施 华 周卫华
党委委员、纪委书记 武声录 曾剑弢
党委委员、组织委员 张 斌 王 应
党委委员、政法委书记 周遵武 赵 坦
党委委员、宣传委员 王国顶
武装部长、副镇长 肖昌礼 曾剑弢 赵 坦
党委委员 张 斌 王国顶 赵 坦 赵卫华(白) 刘永祝 韦 英 聂祥雷 邓建华 尹秀娟
副镇长 肖昌礼 武孔珍(女) 曾剑弢 肖星洁(女) 肖 亮
计生专职、副会长 韦 英(女)

阴底乡

党委书记 申开科 赵 科
人大主席 李林海(彝) 邓 永
党委副书记、乡长 杨明学(苗) 清成松(白)
党委副书记 清成松(白) 汪寿军

党委委员、纪委书记　李　云(彝)　龙秀红(彝)
党委委员、组织委员　汪寿军
党委委员、宣传委员　胡荣兵
党委委员、组织委员、人大副主席　杨　靖(彝)
党委委员、政法委书记　王　健
党委委员、武装部长　副乡长　李天震　刘　韬
党委委员　汪寿军　胡荣兵　陈春雨(彝)　陈龙海(彝)
副乡长　龙秀红(彝)　郎　东　黄先志　黎　梅(女)
计生专职副会长　郑诚成

千溪乡

党委书记　杨　黔(女,苗)　白　胜(彝)　毛　静
党委副书记、乡长　白　胜(彝)　王　武(白)　杨　刚(苗)
人大主席　夏　炜(蒙古)　龙　挺　施　华
党委副书记　王　武(白)　周　波(苗)　李大奎
党委副书记、政法委书记　张　源(彝)
党委委员、纪委书记　樊晓林(彝)
党委委员、组织委员　陈　健
党委委员、组织委员、人大副主席　周　婷(女)
党委委员、宣传委员　王永芬(女,苗)
党委委员、政法委书记　龙　挺　胡　鸿
党委委员、副乡长　杨明举
党委委员　王永芬(女,苗)　陈　健　胡　鸿　朱晓彦　王国顶(白)
党委委员、武装部长、副乡长　秦　兵　谢安义(白)　徐世伟
武装部长　王国顶(白)　王成祥
副乡长　熊　秀(女,彝)　汪文全　王国胜　王国顶(白)　吕　权
计生副会长　胡　鸿

长春堡镇

党委书记　叶　荣　张和国　彭春霞(女)
党委副书记、镇长　张和国　林学文　李鸿俊
人大主席　何怀山　吴传著　陈　余
党委副书记　徐　杰　杨　健　陈余
党委副书记　政法委书记　刘泉位
党委委员、纪委书记　吴传著　吕进萍(女)
党委委员、组织委员　陈　余　张　虎　胡思恬怡(女)
党委委员、政法委书记　胡　驰　彭　义
党委委员、宣传委员　宋　璟
党委委员、副镇长　胡　莎(女)　吕进萍(女)
武装部长、副镇长　刘天前　刘泉位　张　虎
党委委员　杨　健　吕进萍(女)　陈　余　周遵玉　吴勇志　吴　龑　刘　承　熊　鹏
副镇长　王　丽(女)　岳顶全　赵栋梁　杨秋菊(女,苗)　刘泉位　王　江　陈　晨(女)　王　江(彝)　张万科
计生专职副会长　吴　琴(女)

撒拉溪镇

党委书记　李　兵　阮世祥
党委副书记、镇长　王占勇　阮世祥　聂志祥
人大主席　吴学伦　郭太贤
党委副书记　路绍丹　翟　萧　谢　洪(白)　彭大宇
党委副书记、政法委书记　彭大宇
党委委员、纪委书记　刘　丽(女)　支从国
党委委员、政法委书记　靳玉环　周卫华　路　杰
党委委员、组织委员　王亚芬(女)
党委委员、宣传委员　路言贵
党委委员　路绍丹　胡崇江　王亚芬(女)　路言贵　顾怀明　丁　军　王大林　全登梅　付红梅
党委委员、副镇长　谢　洪(白)　杨　斌　丁　军
党委委员、武装部长、副镇长　周礼俊　彭定毕　陈　伟
副镇长　熊　杨　彭定毕　周卫华　陈　伟　徐　腾　吴映环　孟　鹏
党委委员、计生专职副会长　谢　洪(白)

杨家湾镇

党委书记　黄世忠　陈云峰

党委副书记、镇长 谢 勇(白) 赵 耀(白) 吴学海(穿青人)
人大主席 高 斌 聂 明 刘世军
党委副书记 聂 明 张 竞 刘烤熔
党委委员、政法委书记 刘庆国 周林
党委委员、宣传委员 金光法
党委委员、纪委书记 张竟 刘庆国 张华
党委委员、组织委员 金景成 胡洋
党委委员、武装部长 副镇长 顾健
党委委员 杨 琴(女) 金景成 金光法 肖 敏 余安定 张同亮 邓 群(女) 李勇斌 张 权
副镇长 徐 滔 刘烤熔 余 杰(女 彝) 武 聪 聂祥丽(女) 周 林 熊 琳(女) 金光雄

放珠镇

党委书记 王 磊 聂登远 张金春
人大主席 何 俊 周礼俊
党委副书记、镇长 聂登远 汤法远 彭 婷(女) 朱 江
党委副书记 许 广 朱 江 邓 肸
党委委员、纪委书记 杨其贵(彝) 刘天伟 苏 勇
党委委员、组织委员 王 耀 阮 艳(女)
党委委员、政法委书记 张体勇 葛 玮
武装部长、副镇长 王 军
党委委员、武装部长、副镇长 葛 玮 刘天伟 宋 刚
党委委员 余安定 路 韵 王 耀 向程涛 阮 艳(女) 王 军 吴传友 张达华
副镇长 葛 伟 余安定 向程涛 许 伟 许维书 徐 峰

野角乡

党委书记 李光俊(彝) 张道奇 胡荣华
人大主席 潘定华 宋家友(穿青人)
党委副书记、乡长 张道奇 胡荣华 杨秋菊(女,彝)
党委副书记 政法委书记 樊贵章
党委副书记 丁昭海 胡荣华 宋家友(穿青人)
党委委员、政法委书记 宋家友(穿青人) 樊贵章
党委委员、纪委书记 漆自勇 金开健
党委委员、组织委员 樊贵章 陈耀 李朝智(女)
党委委员、宣传委员 李俊白
党委委员 樊贵章 刘天伟 李俊白 陈 耀 李朝智(女) 葛 昆
武装部长 副乡长 吴学友
武装部长 关才明
副乡长 吴学友 鲁 军 唐 杰 徐 宁 金开健

青场镇

党委书记 唐凌宇 石明殿 陈文贵
党委副书记、镇长 陈云峰 陈文贵 吴付祥
人大主席 高美菊(女 彝) 吴付祥 吴春梅(女)
党委副书记 张 杰 吴付祥 吴春梅(女)
党委副书记 政法委书记 李 烈
党委委员、纪委书记 吴付祥 吴春梅(女) 李 烈 谢雨奇
党委委员、组织委员 吴江涛
党委委员、宣传委员 李 烈
党委委员、政法委书记 钱德祥(白) 吴 成 李 烈
党委委员 吴江涛 吴春梅(女) 李 烈 葛东杰 吴 旭 常丽佳(女)
党委委员、副镇长 刘廷阳 罗 恽
武装部长、副镇长 吴传斌 罗 恽
副镇长 吴传斌 彭 义 孙涌权(女) 赵 伦(白) 吴 成 石 寅(女) 徐 虎 徐 谞
计生专职副会长 李 华

大河乡

党委书记 王 驰 路 亮
党委副书记、乡长 路 亮 何怀新
人大主席 陈有斌 石 淼
党委副书记 何怀新 吴 奥

党委委员、组织委员　吕芳乾　付仕琴

党委委员、宣传委员　吴　涛(女)

党委委员、政法委书记　石　森　黄　龙

党委委员、纪委书记　胡　辉　石　森　吴长义　吕芳乾

武装部长、副乡长　吴　奥　苏　勇

党委委员、武装部长　副乡长　吴长义

党委委员　常开辉　黄启文　吴　涛(女)　吕芳乾　吴长义　王　耀　王　坤　郑前飞

副乡长　吴　奥　张义书

计生专职副会长　赵　伦

区直单位

区委办公室

区委常委　主　任　安　旺(彝)　吴贤耀(彝)　张　铭(苗)

常务副主任　徐永东

副主任　徐永东　陈　耿(彝)　黄明显　陈文贵　胡大为(女)　钟　华　黄宇新　赵　敏(女)　姜　勇(彝)　龙明元　丁　胜　黄世忠　王安民　徐　明　林　勇　支昕　胡　海　林露青(女　满)　唐玉江

纪检组长　孙　瑞

机关党委书记　聂祥瑞

政策研究室主任　徐永东　姜　勇(彝)　黄宇新

信访局局长　赵　敏(女)

督办督查局局长　丁　胜

保密局局长　蒋全华　苏　博(壮)　聂登远

机要局局长　陈　跃

区城乡统筹办主任　郭光全　赵　丽(女,白)

生态办主任　钟　华　黄世忠

区委区政府接待处处长　胡大为(女)　雷　燕(女)

中国共产党
七星关区纪律检查委员会

区委常委、纪委书记　周　延　何友谊　易晓华

副书记、监察局局长　周凌祥(女,彝)　刘　贵

副书记　张　龙　王　驰

常委、副局长　刘　贵　李　海

常委、民生项目监督青场镇、大河乡、野角乡特派组组长　雷朝举

常委　吕敬禄　马兴江(回)　刘　敏(女)　李光路

副局长　胡　晓(女)

机关党委书记　曾　义　施　华　吴贤卫(彝)

办公室主任　汪永立　向　勇　葛永胜　孙　站

案件审理室主任　刘　敏(女)　李　勇

案件检查一室主任　邹　堃　李光路

第一纪检监察室主任　李光路

案件检查二室主任　刘　敏(女)

第二纪检监察室主任　蒋正宇

案件检查三室主任　罗良雁(女)

第三纪检监察室主任　罗良雁(女)

第四纪检监察室主任　吴运成　刘青云　丁昱杰

信访室主任　施　华　孙　震　彭　洁

党风政风监督室主任　彭　洁　阮开府　丁昱杰

举报中心(非公有制经济发展侵权投诉中心)主任　向　勇　孙天珍(女)

民生建设公开公示监管中心主任　丁昱杰　刘勇军

干部室主任　曾　义　孙　震　高占武

案件审理室主任　刘　敏(女)　雷　蕾(女,彝)

调研法规室主任　刘天云　阮履云(女)

宣传教育室主任　孙　站　刘天云　杨　艳(女)

区委组织部

区委常委、组织部部长　郑　荣(女)　王晓园(穿青人)
常务副部长　肖世华　吕艺华
副部长　张　羿　吴道国　吕艺华　熊　宁　张万泽　刘昂志　徐庆(女)　胡大为(女)　黄常坤　薛朝端
副部长、党建办主任　熊　宁　吴道国　胡大为(女)
副部长、实绩考核办主任　吕艺华　张万泽　薛朝端
部务委员　熊　宁　穆元兴　周　华　黄常坤　严　红　张林涛　薛朝端　沈　吉
纪检组长　张玉荣(女)　张　蕊(女,彝)
机关党委书记　张林涛　夏　艳(女)
党建办副主任、远教办主任　史　记　薛朝端　陈　阳
党建办副主任　严红　王献金　杨春考
人才办主任　苏方龙　曾万年　王献金
人才办副主任　曾万年　刘真红
实绩考核办副主任　余　斌　赵　科(白)　刘国虹　石河梦
党员创业带富工程指导中心主任　王献金　石河梦　王　军

区委宣传部

区委常委(区委办主任)
宣传部部长　何友谊　吴贤耀(彝)　叶　荣
常务副部长(社科联主席)　季善旭
区委宣传部副部长　文联主席　吴晓曦
副部长　吴玉梅(女)　陈家贵　戴德润　卯　洪　汤志刚
区社科联主席　陈家贵
宣传中心主任　周训永　黎秀禹
新闻宣传中心副主任、区文联副主席　徐　渠　燕　军
整脏治乱和文明创建办公室主任　刘　晓
整脏治乱和文明创建办公室副主任　张　健(女　白)
精神文明建设指导委员会办公室主任　汪　琴(女)

区委统战部

区委常委、部长　吴贤耀(彝)　安旺(彝)　袁媛(女　彝)
常务副部长　陈亚星　彭春霞(女)
副部长、对台办主任　彭春霞(女)　史大学　王国权　申开科
副部长、工商联党组书记　王国权　戴沛颜(彝)
副部长、民宗局局长　杨勋坤(苗)　姜　勇(彝)
副部长"两新"党工委书记　戴沛颜(彝)
副部长　戴沛颜(彝)　许志刚　刘晓玲(女)
"两新"党工委专职副书记　王　富
对台办副主任　聂祥勇　王　富
毕节试验区七星关区工作联络联系办公室主任　垚　邑(女)　陈　畅
毕节试验区七星关区工作联络联系办公室副主任　胡　丹(女)
七星关区中华职教社专职副主任　靳　燕(女)

区委政法委

区委常委、书记　吴安宁　何万学
常务副书记、群众工作部副部长、维稳办主任　沈成林
副书记、国安办主任　安茂华(彝)
副书记、综治办主任　宋志刚　蒋家龙
副书记、禁毒办主任　康　海　周　健　蒋家龙
政法委委员、政工科科长　王国牛
政法委委员、区纪委派驻政法部门纪工委委员、纪检组组长　李　杰
维稳办专职副主任　聂宗益
综治办专职副主任　戴德润　杨琴(女)　田兴中
禁毒办专职副主任　杨正中
办公室(研究室)主任　段　彪
执法监督科科长　王湘黔
维护稳定科科长　朱世红
社会治安综合治理科科长　罗振民(彝)

信访科科长　王仁庆(女)　田兴中　杨　琴(女)
阳光工程管理办主任　明　凡(女)　聂　婷(女)
社会稳定风险评估中心主任　吴学勇

区纪委(监察局)
派驻部门纪工委(监察分局)

一、党群部门
派驻党群部门纪工委书记、民生项目监督燕子口镇、亮岩镇、生机镇、清水铺镇特派组组长　聂绍江　高　伟　孙　瑞
派驻党群部门纪工委副书记　监察分局局长　张玉荣(女)　孙　瑞
派驻党群部门纪工委委员、驻信访局纪检监察专员　龙纯会(女,穿青人)
派驻党群部门纪工委委员、区直机关工委纪委书记　赵红平(女,白)
派驻党群部门纪工委委员、区委组织部纪检组组长　张　蕊(女,彝)
派驻党群部门纪工委预防室主任、区政府办党组成员、纪检组长　张自葳(女)
派驻党群部门纪工委预防室主任、工会党组成员、纪检监察专员　曾　江(彝)
派驻党群部门纪工委督查室主任　吴　鑫
派驻党群部门纪工委办公室主任　刘天云
派驻党群部门纪工委委员、区委办党组成员、纪检组组长　孙瑞
派驻党群部门纪工委委员、办公室主任、区总工会党组成员、副科级纪检监察专员　孙　震
二、涉农部门
派驻涉农部门纪工委书记、民生项目监督水箐镇、何官屯镇、对坡镇、田坝桥镇特派组组长　钟玉莲(女)　吕东华
派驻涉农部门纪工委副书记、监察分局局长　马兴江(回)
派驻涉农部门纪工委委员、区移民局党组成员、纪检组组长　赵举远
派驻涉农部门纪工委委员、区林业局党组成员、纪检组组长　罗　敏(彝)
派驻涉农部门纪工委委员、区水利局党组成员、纪检组组长　许　锦(女)
派驻涉农部门纪工委委员、区扶贫办党组成员、纪检组组长　许　静
派驻涉农部门纪工委委员、办公室主任、区供销社党组成员、纪检组组长　崔艳丽
派驻涉农部门纪工委驻区农牧机局副科级纪检监察专员　沈和平
派驻涉农部门纪工委委员、区农牧局党组成员、纪检组组长　彭　吉　阮开府　王方义
三、科教文卫部门
派驻科教文卫部门纪工委书记、民生项目监督杨家湾镇、放珠镇、撒拉溪镇特派组组长、王仁庆(女　彝)
派驻科教文卫部门纪工委副书记、监察分局局长　刘拥政
派驻科教文卫部门纪工委副书记、监察分局局长、民生项目监督大银镇、林口镇、团结乡特派组组长　邹　堃　阮开府
派驻科教文卫部门纪工委办公室主任　王　亭(女)　肖星洁
派驻科教文卫部门纪工委督查室主任　孙维仲
派驻科教文卫部门纪工委预防室主任　黄　琪
派驻科教文卫部门纪工委委员、派驻文体广电旅游局(新闻出版局、版权局)党组成员、纪检组组长　张启学　周方石
派驻科教文卫部门纪工委委员、派驻教育局党组成员、纪检组组长　赵秀梅(女)　赵碧(女,白)
派驻科教文卫部门纪工委委员、区卫计局党组成员、纪检组组长　周方石　张启学
派驻七星关区人民医院纪检监察专员　卯　蕾(女)
四、政法部门
政法部门纪工委书记、区公安局党委委员、纪委书记　刘曙光(回)
派驻政法部门纪工委副书记、监察分局局长、检察院党组成员、纪检组组长　杨大富
派驻政法部门纪工委委员、副书记、正科级纪检员　谢仲林
派驻政法部门纪工委副科级纪检监察专员　徐　萍(女)
派驻政法部门纪工委委员、聂宗映
派驻政法部门纪工委委员、区委政法委委员、纪检组

组长　李　杰
派驻政法部门纪工委委员、区法院党组成员、纪检组组长　余　平　聂宗映
派驻政法部门纪工委督查室主任　吴运成
派驻政法部门纪工委办公室主任　何能文
派驻政法部门纪工委预防室主任　曾芳梅(女,穿青人)
五、经济发展部门
派驻经济发展部门纪工委书记、民生项目监督普宜镇、大屯乡、龙场营镇、田坎乡特派组组长　雷朝贵
派驻经济发展部门纪工委副书记、监察分局局长
　　支　牧　陈　昕(女,彝)
派驻经济发展部门纪工委委员、预防室主任、统计局党组成员、纪检组组长　王祥平
派驻经济发展部门纪工委委员、督查室主任、财政局党组成员、纪检组组长　蒋正宇　高　敏
派驻经济发展部门纪工委委员、工能局党组成员、纪检组组长　李晓静　苏传平
派驻经济发展部门纪工委委员、办公室主任、发改局党组成员　纪检组组长　王　琴(女,穿青人)
派驻经济发展部门纪工委委员、审计局党组成员、纪检组组长　林茂祥
派驻经济发展部门纪工委委员、环保局党组成员、纪检组组长　马顺辉(彝)　王　擎(女)
派驻经济发展部门纪工委委员、交通运输局党组成员、纪检组组长　苏传平　曾帮顺
派驻经济发展部门纪工委委员、市场监督管理局党组成员　纪检组组长　胡　江
派驻招商局副科级纪检监察专员　陈　琼(女)
派驻经济发展部门纪工委副科级纪检监察专员
　　李　丽(女)
六、社会发展部门
派驻社会发展部门纪工委书记、民生项目监督朱昌镇、田坝镇、千溪乡、阴底乡特派组组长
　　黄国萍(女,白)
派驻社会发展部门纪工委副书记、监察分局局长
　　汪永立
民生项目监督阿市乡、小吉场镇、层台镇特派组组长
　　叶宗乾
派驻社会发展部门纪工委督查室主任　赵　坤(白)
派驻社会发展部门纪工委办公室主任　王　俊(女)
派驻社会发展部门纪工委驻区房屋征收管理局副科级纪检监察专员　谢敬武
派驻社会发展部门纪工委委员、民族和宗教事务局党组成员、纪检组组长　洪世群(女)
派驻社会发展部门纪工委委员、城市综合执法大队党组成员、纪检组组长　毛仕新
派驻社会发展部门纪工委委员、安全生产监督管理局党组成员、纪检组组长　黄进东
派驻社会发展部门纪工委委员、住房和城乡建设局党组成员、纪检组组长　王　毅
派驻规划局副科级纪检监察专员　张周平(女)
派驻房产局副科级纪检监察专员　颜春苹(女)
派驻社会发展部门纪工委委员、区民政局党组成员、纪检组长　何能文
派驻社会发展部门纪工委委员、预防室主任、安全生产监督管理局党组成员、纪检组组长　陈大进
七　政府直属园区(公司)
派驻政府直属园区(公司)纪工委书记、民生项目监督海子街镇、八寨镇、鸭池镇、长春堡镇特派组组长
　　周剑云　王　瑛(女)
派驻政府直属园区(公司)纪工委副书记、监察分局局长　王　瑛(女)　何　平
派驻政府直属园区(公司)纪工委委员、驻黔西北工业园区管委会纪检监察专员　李秉德
派驻政府直属园区(公司)纪工委委员、驻德溪新区管委会纪检监察专员　何　平
派驻政府直属园区(公司)纪工委驻天河风景名胜管理处副科级纪检监察专员　张　华
派驻政府直属园区(公司)纪工委驻益民公司副科级纪检监察专员　张　琼(女)
派驻政府直属园区(公司)纪工委预防室主任
　　王方义
派驻政府直属园区(公司)纪工委办公室主任
　　艳　霞(女)
八、市东片区
派驻市东片区办事处纪工委书记、市东街道办党工委委员、纪工委书记、民生项目监督市东办特派组副组长、张指界　吕东华

派驻市东片区办事处纪工委副书记、监察分局局长
　　许志刚
派驻市东片区办事处纪工委副书记、委员、监察分局局长、观音桥街道办党工委委员、纪工委书记、民生项目监督观音桥街道办特派组副组长
　　陈　昕(女,彝)
派驻市东片区办事处纪工委监察分局办公室主任
　　张媛媛(女)
派驻市东片区办事处纪工委书记　刘　敏(女)
民生项目监督市东街道办事处、德溪街道办事处、碧阳街道办事处、麻园街道办事处、观音桥街道办事处、碧海街道办事处特派组组长　蒋全华　彭　洁
派驻市东片区办事处纪工委监察分局局长　葛永胜
派驻市东片区办事处纪工委督查室主任
　　龙秀琼(女,彝)
派驻市东片区办事处纪工委委员、麻园街道办党工委委员、纪工委书记、民生项目监督麻园街道办特派组副组长　汪　琴(女)　袁　野
派驻市东片区办事处纪工委委员、碧阳街道办党工委委员、纪工委书记、民生项目监督碧阳街道办特派组副组长　支亚琴(女)
德溪街道办党工委委员、纪工委书记、民生项目监督德溪街道办特派组副组长　郭　璇(女)　魏　平
碧海街道办党工委委员、纪工委书记、民生项目监督碧海街道办特派组副组长　杨秋菊(女,彝)　张周平(女)
九、市西片区
派驻市西片区办事处纪工委书记、民生项目监督市西办事处、三板桥办事处、大新桥办事处、洪山办事处特派组组长　吕敬禄
派驻市西片区办事处纪工委副书记、监察分局局长
　　顾　堃　张　梅(女　彝族)
派驻市西片区办事处纪工委办公室主任
　　朱平秀(女)
派驻市西片区办事处纪工委预防室主任　黎春燕
派驻市西片区办事处委员、大新桥街道党工委委员、纪工委书记、民生项目监督大新桥街道办特派组副组长　张晓玲(女)　阮鹏程
派驻市西片区办事处委员、三板桥街道党工委委员、纪工委书记、民生项目监督三板桥街道办特派组副组长　陈振华　张　梅(女　彝族)
派驻市西片区办事处委员、市西街道党工委委员、纪工委书记、民生项目监督市西(社区)特派组副组长
　　高鹏程　孙天珍(女)
派驻市西片区办事处委员、洪山街道党工委委员、纪工委书记、民生项目监督洪山(社区)特派组副组长
　　吴世渊　阮　顺

政务服务中心

主任(兼)　胡书龙　安　旺(彝)
常务副主任　罗荣杰(彝)　吴长敏
副主任　吕艺华(兼)　周凌祥(女　彝)(兼)
　　王瑞荣(穿青人)　余　鑫　吴玉萍(女)

机关党工委(国教办)

书记(主任)　张启学(布依)　白　胜(彝)
　　雷　燕(女)
副书记(副主任)　虞　琼(女)　马兴江(回)
　　潘发顺　潘云重
委员、纪委书记　赵红平(女,白)

小康办

主　任(区委办副主任)　徐　明
副主任　梁　俊　甘祖昌　邓　永　张永坤

离退干局

局　长　徐　庆(女)
副局长　老年大学常务副校长　陈祖卫
副局长　吴贤卫(彝)　张凤春

机构编制委员会办公室
(事业单位登记管理局)

主　任　袁德书　宋志刚
副主任　梁祖敏　罗　祥
事业单位登记管理局局长　胡　欣(女)

团区委

书　记　张治国　彭婷(女)　聂志祥　林露青(女,满)

副书记　彭　婷(女)　翟　萧　高占武　赵芳应(女)

新闻中心

主　任　黎秀禹

副主任　徐　渠
燕　军

妇　联

主　席　袁佳琳(女)　司静频(女)　张静梅(女)

副主席　王　擎(女)　徐　菊(女)　孙涌权(女)
刘洪琼(女)

科　协

主　席　孙　超　吕碧生　邓平举　赵德华
孙智全　李　和

副主席　张瑞军　周晓鸿(女　彝)　张在进(彝)

科技办

主　任　王正莲(女,彝)

副主任　雷　震(彝)　王玉芳　王　擎(女)
王玉远

总工会

区人大常委会副主任、主席(兼职)
安　慧(女　彝)
张　媛(女)

党组书记、副主席　胡永继

党组成员、副主席　王师伦　肖　平(女)　刘　荣(女)

党组成员　纪检监察专员　曾江(彝)

党组成员　梅怀品

市郊供电局

局　长　黄　剑

党支部书记、工会主席　李顺林　罗　勇

副局长　姚世璟　李景伟　王廷智

投资促进局

党组书记、局长　殷　震　李永红

常务副局长　王豫黔

党组成员、副局长　王　瑛(女)　陈垚邑(女、白)
路　华　徐忠诚　余永富(蒙古)

城乡规划局

局　长　宋家臣　黄明显　林　勇(穿青人)
宋尚万

副局长　张永平(苗)　张珍勇　李廷新　吴　刚
臧诗蓓(女)

纪检监察专员　张周平(女)

人民防空办公室(交通战备办公室)

主　任　陈　琨　陈亮欢　林露青(女,满)
史大学

副主任　吴长云(女)　吴传应

工商联(商会)

党组书记　副主席　王国权　戴沛颜(彝)

主席(会长)　邓　庆(白)

名誉主席　熊　鹏

副主席(会长)　周镔瑜

党组成员、副主席(副会长)　翟德信　顾光凯
孟凡东

党组成员　秘书长　潘赛群(女)

党组成员　李　瑛(女,彝)

兼职副主席 付绍友
黄仁海
陈亮欢
路 华

不驻会副主席 王泽方 燕翠萍(女) 陈廷贵
蒋秀敬 胡 磊 阿里木(维吾尔)
顾 翔 熊 亮(女) 肖 剑(羌)

不驻会副会长 王泽方 燕翠萍(女) 陈廷贵
蒋秀敬 阿里木(维吾尔) 胡 磊
顾翔 熊 亮(女) 周云德
王思明 吴 平

残 联

理 事 长 陈明荣(彝) 张达宇

副理事长 吴 端 刘 娅(女)

红十字会

常务副会长 曾贵章 钟玉莲(女)

党校

校 长 郑 荣(女) 王晓园(穿青人)

区行政学校

校 长 胡书龙 安 旺(彝)

党校(行政学校)党委书记 常务副校长 吴晓曦
叶建虹(女) 徐永东

党委委员、副校长 朱 凯 洪文贤

党校党委委员、办公室主任 王 洪(彝)

党史研究室(地方志编纂委员会办公室)

党组书记、主任 张 涛 唐光启

党组成员、副主任 张正禄(彝) 付立刚
虞修平(女) 周遵鹏

政府办

党组书记、政府办主任 杨志成 孔维平 陈翔宇

党组副书记、常务副主任 孔维平 石明殿
陈亮欢 姜 维

党组成员、副主任 陈 琨 吴道忠 陈秋平
姜 维(白) 谢 洪

副主任 石明殿 汪 鑫(彝) 聂宗献 陈 琨
陈亮欢 张 梅(女,彝) 许志刚 张爱玉
林露青(女,满) 丁淞江(白) 柏 侠(苗)
刘天斌 周 兴 陈秋平 谢 洪
雷 珊 杨佳昌 史开骆 王 强

应急办副主任 喻三明 王 强

应急办专职副主任 姜维(白) 杨佳昌

纪检组长 吕东华 张自葳

电子政务办主任 刘天斌 彭大宇 张 浩

公产管理中心主任 刘 林

外事侨务办主任 林文建 苏 健

国教办主任 高 先(彝)

政府法律顾问室专职副主任 肖仕龙(苗)

驻贵阳办事处主任 吴道忠

政府督学 蒋学工 彭金明 陈卡交 吴建军

政府督查室主任 王方贵

机关党委书记 丁淞江(白) 雷 珊(女) 聂 赟

机关事务管理局局长 雷 燕(女)

机关事务管理局副局长 李红艳(女) 胡莎(女)
刘 林

人大内设机构

法制委员会主任委员 徐 永(白)

财政经济委员会主任委员 孔维平

党组成员办公室主任 罗亚东 顾 堃

办公室常务副主任 朱岛育 董群荣 顾 堃

办公室副主任 周奎礼

农业农村工作委员会主任 李启念

农业农村工作委员会副主任 张志国

教育科学文化卫生工作委员会主任 张国富(彝)

罗亚东

教育科学文化卫生工作委员会副主任 刘 红(女)
选举任免联络工作委员会主任 罗良雁(女)
选举任免联络工作委员会副主任 吴传著
代工委主任 聂绍江 林科英(女)
代工委副主任 林科英(女) 许 琴(女)
民工委主任 罗启林(苗)
法治工作委员会主任 夏昭富 李启念 吴 让
法治工作委员会副主任 胡 奎 罗启林(苗)
财经委主任 杨兴全 王 茂
财经委副主任 靳如忠
信访办主任 许 琴(女) 董群荣

政协内设机构

党组成员 秘书长 王安民 徐永东
副秘书长 办公室主任 吴建平
副秘书长 路 朋
副秘书长 办公室常务副主任 范玲(女)
民宗委主任 李俊莲(苗)
经科委主任 罗晓娟(女)
提案法制委主任 张贵春
提案法制委副主任 魏 鑫(女)
人资环委主任 李蒸荣
文教委主任 顾 堃 路 朋 熊 秀(女,彝) 杨兴全
智力支边办主任 聂鸣华 邓平举
智力支边办副主任 杨旭东(苗)

发展和改革局

党组书记、局长 严 琪 陈 俊(彝) 毛家兴
党组成员、常务副局长 许先正 张 浩
党组成员、副局长 高君伦 段国红(女) 丁培鸿 黄佑春 刘 荣(女)
党组成员 纪检组长 李晓静 王 琴(女,穿青人)
党组成员 彭 令 吉章文
党组成员 节能减排大队队长 段国红(女)
节能减排大队队长 张 伟

工业经济贸易和能源局

党组书记、局 长 吴丰柏 廖康富
党组成员、常务副局长 傅绍友
党组成员、副局长 邵家盛 周 亮 廖秋玲(女 彝) 张蜀贵(白) 张 琦 赵炳刚
党组成员 傅绍友 陈永松 张蜀贵(白) 廖秋灵(女 彝) 张 琦 周 亮
党组成员 纪检组长李晓静 苏传平
党组成员 机关党委书记 王开禄
城镇集体工业联社主任 赵凤琪(女)
中小微企业创业园管理办公室主任 张建波
民营经济(中小企业)发展局局长 徐善权
综合执法大队大队长 唐 锦

民族和宗教事务局

党组书记、局 长 杨勋坤(苗) 姜 勇(彝)
党组成员、副局长 张在琴(女,彝) 吴长远 杨明学(苗) 李晓军(苗)
党组成员 纪检组组长 洪世群(女)
党组成员 赵高寿

民政局

党组书记、局长 焦中华 胡大为(女) 司静频(女)
党组成员、常务副局长 罗彦明 张政权
党组成员、老龄办主任 李 吉(彝) 张 炯(女)
党组成员、社会救助局局长 陈亮欢
党组成员、机关党委书记 李 静(女)
党组成员 潘永忠 王 查
党组成员、副局长 张贵宁(满) 杨孝雄
老龄工作委员会办公室副主任 杜美先(女) 陈玉芳(女)
烈士陵园管理所所长 罗 祥 丁昭海

财政局

党组书记、局长　聂祥华　王茂　肖荣华

党组成员、常务副局长　付明忠

党组成员、副局长、会计核算中心主任　肖荣华　桂亚男（女）

党组成员、副局长　肖荣华　王剑克　桂亚男（女）　王　婷　秦　楠（女）　王友贵　胡家芬（女）

党组成员　机关党委书记　蔡娟（女）

党组成员　纪检组长　蒋正宇　高敏

会计核算中心（国库支付中心）副主任　武　荣　候　军　卢敦举　张　励（女）　范劲松　赵世琴（女）

人力资源和社会保障局

党组书记、局长　刘昂志　胡大为（女）

党组成员、常务副局长（社会保险事业局局长）　肖秋玲（女）

党组成员、常务副局长　王占勇

党组成员、副局长　胡祥松（彝）

党组成员、纪检组长　施　容（女）

党组成员、机关党委书记　刘永琴（女）

党组成员、副局长　丁　润

党组成员　白建生　张　华

城乡居民社会养老保险服务中心主任　李　军

劳动保障监察大队大队长　董丽荣（女）

劳动争议仲裁院院长　潘启才

就业局局长　李慧文（女）

国土资源局

党组书记　局　长　汪　翔

党组副书记　常务副局长　张仕江

党组成员、副局长　张仕江　熊江屏　周遵俊　顾卫华

党组成员、机关党委书记　李晓英　顾卫华

党组成员、纪检组长　周遵俊　史开辂

党组成员、执法大队长　陆　艺

不动产登记中心主任　阎　静

党组成员地灾办主任　刘世祥　李晓英

执法监察大队大队长　李晓英

地灾办主任　邓成坤

环保局

党组书记、局　长　周春林　陈方生　孙　浩

党组成员、副局长　邓生钟　安　逸（彝）　胡立强　汤继学　崔艳丽（女）

党组成员、纪检组组长　马顺辉（彝）　王擎（女）

党组成员　大队长　陈　熙

住房和城乡建设局

党组书记、局长　彭新立　陈亮欢

党组成员、常务副局长　陈万富　陈兴明

党组成员、副局长　付春生　黄国平（女，白）　王　玮　周　德　陈　永

党组成员　周　德　黄代君（女）

党组成员、纪检组长（区纪委派驻社会发展部门纪工委委员）　王　毅　王思源

党组成员　机关党委书记　杨孝娟（女）　黄代君（女）　支亚琴（女）

房产事业局

房产事业局局长　张珍龙　梁　鸿

房产事业局副局长　叶宗乾　宋　璟　汤继学　肖明友（白）　张　榆　赵　勇（白）

纪检监察专员　颜春苹（女）

交通运输局

党组书记、局长　梁　鸿　肖玉明

党组成员、常务副局长 翟思勤 张在翔(彝)
党组成员、副局长(海事处处长) 孙良德
党组成员、副局长 朱强贵 安晋蓉(女 彝) 万益寿
党组成员、纪检组组长 苏传平 曾邦顺
党组成员 王有平 岳顶全
党组成员、机关党委书记 邓书贵 申 才
党组成员、公路运输管理所所长 范贤友 吴刚
党组成员、地方公路管理所所长 孙天刚
地方公路管理所教导员 陈祖荣

群众工作部(信访局)

群工部部长(兼) 何万学
群工部常务副部长 信访局局长 赵 敏(女)
群工部副部长(兼) 沈成林
群工部副部长、信访局常务副局长 郑 琴(女)
群工部副部长、信访局副局长、接访[调处]中心主任 刘拥政
群工部副部长、信访局副局长 张玉超 季虹(女) 顾艳华(女)
接访[调处]中心副主任 吴正发 李兴会(女 彝) 李德亮

烟草局

局长(经理) 王兴泉
副 经 理 王 邦
副 局 长 徐法家
纪检组长 宋 波

人武部

部 长 柏 松
政 委 王华国

农牧局

党组书记、局长 林勇(穿青人) 张珍龙
党组成员、常务副局长 胡家显 张 浩 王 磊
党组成员、副局长 朱启刚 石联府 王洪运 李 玲(女) 陈秋平 冷付春
党组成员、纪检组组长 彭 洁 阮开府 王方义
党组成员、机关党委书记 刘发富 王洪运
党组成员 龚 丹 杨 军(侗) 彭洪玖
党组成员、动物疫病预防控制中心主任、高级兽医师 邱声邦
动物疫病预防控制中心主任 许定尧
党组成员 动物卫生监督所所长 王荣美(穿青人) 张 品
农牧综合执法大队大队长 舒銮斌
草地畜牧业发展中心主任 许定尧
茶产业发展局局长 吴 馨

农业机械事业局

党组书记、局长 胡锦怀
党组成员、副局长 聂秉祥 邵仁领 王瑞荣(穿青人) 吴 刚 李作勇
副科级纪检监察专员 沈和平

烟草办

主 任 熊 雄
副主任 罗荣禹(彝) 罗 祥

法制办

主 任 董玉祥 崔国庆
副主任 曾 铸 高 丹 崔国庆
法律顾问室专职副主任 肖仕龙(苗)

水务局

党组书记 张志德
党组书记、局长 吕碧生
党组副书记、局长 陈方生 吕碧生
党组成员、常务副局长 王 磊

党组成员、副局长　罗永平　罗志琴(女)　冯忠远　王　丽(女)　陈章忠　邓时启
党组成员　机关党委书记　陈春兰(女)
党组成员　杨　琼(女)　司　彬　赵世琼(女)　陈章忠　张　杰　冯忠远　毛军舰(女,蒙古)
党组成员、水保办主任　冯忠远　杨　琼(女)
党组成员、纪检组组长(区纪委派驻涉农部门纪工委委员)　许　锦(女)
党组成员、倒天河水管所党支部书记所长　吴道军
党组成员、倒天河水管所党支部书记　毛军舰(女,蒙古)
倒天河水管所所长　张卫政

文化体育广播电视旅游局(区新闻出版局　区版权局)

党组书记、局长　徐兴志　卯　洪
党组成员、常务副局长　胡关友　宋智祥
党组成员、区广播电视台台长　朱光伦
党组成员、纪检组组长　张启学　周方石
副局长　李　琼(女　苗)　李章淑
党组成员　机关党委书记　樊国成
党组成员　石清泉　孙　武
党组成员、副局长　刘秀明　向云红　林　鸿　李仕平(彝)
广播电视台副台长　向昆鹏　赵温社
文化市场综合执法大队大队长　陈章智
体育事业发展中心主任　朱连义
文化管理所所长　张忠文
大屯土司庄园管理所所长　王安昌　陈　锋

卫生和计划生育局

党组书记、局长　陈大顺　夏　冬
党组成员、常务副局长　张永忠
党组成员、协会专职副会长　周遵林
党组成员、副局长　汪　涛(白)　喻茂红(女,穿青人)　胡　晓(女)
党组成员　纪检组长　周方石　张启学
党组成员　机关党委书记　张怀蓝
党组成员　流动人口计划生育管理局局长　石国平
党组成员　妇幼保健院院长　李亚国
副局长　李　海(白)
党组成员　谢才敬
副局长　苏方龙
党组成员　疾控中心主任　徐仕清
党组成员　执法大队大队长　李鸿俊
区人口和计划生育协会秘书长　李秋文
区爱国卫生运动委员会办公室主任　武绍龙
区人口和计划生育利益导向服务中心主任　吴丽娜(女)
区人民医院院长　阮　胜
区人民医院副院长　陈凯　刘春平　李毕光(女)
区妇幼保健院院长　李亚国
卫生监督所所长　王明祥
卫生监督所党支部书记　龙先璞(彝)
市西社区卫生服务中心主任　王成林
市东社区卫生服务中心主任　靳　伟
观音桥社区卫生服务中心主任　赵永佳(女)

人口和计划生育局

党组书记、局长　陈大顺
党组书记、常务局长　张永忠
党组成员、协会专职副会长　周遵林
党组成员、副局长　汪　涛(白)
党组成员、纪检组长　胡　晓(女)
党组成员、流动人口计划生育管理局局长　石国平
党组成员、妇幼保健中心主任　李亚国
副局长　李　海(白)
党组成员　谢才敬
区人口和计划生育协会秘书长　李秋文
执法大队大队长　李鸿俊
区人口和计划生育利益导向服务中心主任　张　宁(女)

卫生和食品药品监督管理局

党组书记、局　长　叶建虹(女)

党组成员、常务副局长 陈　勇
党组成员、区医院院长 阮　胜
党组成员、副局长 梁　义　喻茂红(女,穿青人)
党组成员、纪检组长 许　静(女)　周方石
党组成员 机关党委书记　张怀蓝
疾控中心党支部书记、主任 徐仕清
卫生监督所所长 王明祥
卫生监督所党支部书记 龙先璞(彝)
合管中心主任 杨　汛
区爱国卫生运动委员会办公室主任 靳　伟　武绍龙
卫生和食品药品稽查局局长 黄亚维
区人民医院副院长 陈　凯　刘春平　李毕光(女)
区妇幼保健院院长 李香兰(女)
市西社区卫生服务中心主任 陈　凯　王成林
市东社区卫生服务中心主任 武绍龙　靳　伟
洪南社区卫生服务中心主任 王成林　赵永佳(女)

教育局

党组书记、局　长 燕金祥　张　羿　叶　荣　张万泽
党组成员、常务副局长 陈　勇
党组成员、副局长 区营养办主任　安　逸(彝)
党组成员、副局长 陈影平　卢启霞(女,穿青人)　杨　健
党组成员、区营养办主任 杨　健　葛芝洪
党组成员、机关党委书记安逸(彝) 赵秀梅(女,白)
党组成员、教师工作股股长、教师培训中心负责人 曹廷栋
党组成员、纪检组长 赵　碧
党组成员 曹廷栋
毕节二中党支部书记、校长 赵连平　袁云祥　徐武
毕节二中党支部副书记 辜一伟(女)　吴道元
毕节二中副校长 袁云祥　张学辉　宋贵春　何文君　向云卫
七星关区中等职业学校党支部书记、校长 周光明　徐武　穆元春
七星关区中等职业学校副校长 饶　丰　严世康　周定富　田茂兴　许　旭
七星关区中等职业学校党支部副书记 周遵勤
毕节三中党支部书记、校长 曹明兴
毕节四中党支部书记 韩明忠
毕节四中校长 徐　武　张　丽(女)
毕节四中党支部书记、校长 张　丽(女)
毕节六中党支部书记、校长 李大元
毕节七中党支部书记 龚　霖
毕节七中校长 龚　霖
毕节七中党支部书记、校长 向云卫
毕节八中党支部书记、校长 唐泰祥
毕节八中党支部、学校负责人 阮　鹏
七星关区第一实验学校党支部书记校长 赵明德　钱　瑾
毕节进校党支部书记 胡齐忠
毕节进校校长 戴良玺
海子街中学党支部书记、校长 张家俊　阮　鹏
海子街中学党支部负责人 陈丽丽
海子街中学副校长(主持工作) 陈丽丽
朱昌中学党支部书记、校长 周遵勤　叶　涛　陈　库
朱昌中学党支部负责人　副校长(主持工作) 王　勇
龙场营中学党支部书记 杨茂春
龙场营中学校长 赵启科
燕子口中学党支部书记、校长 穆元春
燕子口中学党支部负责人、副校长(主持工作) 董荣松　李　鹏
杨家湾中学党支部书记、校长 何文君
杨家湾中学党支部负责人 黄佑彬
杨家湾中学副校长(主持工作) 黄佑彬

扶贫开发办

党组书记、主任(兼核桃产业办主任) 钟　华　丁雪梅(女)
党组成员、副主任 李兴学(苗)　袁　平　张爱周　付　将
党组成员 核桃产业发展办副主任　廖世穆
副主任 杨晓容(女)(挂职)

党组成员　许　静(女)

党组成员、纪检组组长　周方石　许　静(女)

核桃产业办副主任　石　鋆

外资项目管理中心(社会扶贫办公室)主　任　朱　勇　郑朝勇

审计局

党组书记、局长　王　茂　肖荣华

党组成员、副局长　夏　文　孙忠学(穿青人)　欧阳慕兰(女)

党组成员　纪检组长　林茂祥

党组成员　冯兵(女)

气象局

局　长　王安林

副局长　杨念华

林业局

党组书记、局长　廖康富　邓平举　吴道国

党组成员、常务副局长　翟思勤

党组成员、副局长　赵高军　胡　勇　潘定华

党组成员、森林公园管理处处长　周训军

党组成员、副局长　森林公园管理处处长　向仕光

党组成员、副局长　张永平　金玉竹(女)

党组成员、纪检组长　罗　敏(女,彝)

党组成员、机关党委书记　武健(女)

党组成员　薛占军

林业改革办公室主任　金玉竹(女)

区防治石漠化管理中心主任　张　庆

森林公安局局长　吴学爱

森林公安局政委　王　勇(彝)

安全生产监督管理局

党组书记、局长　孙浩　邓涛

党组成员、常务副局长　张正伦

党组成员、纪检组组长　黄进东　陈大进

党组成员、副局长　煤安局局长　张成述

党组成员、副局长　聂　焰　孙　超　谌宏永　张成述

区煤安局局长　蒙　映

统计局

党组书记、局长　陈　俊(彝)　潘　登

党组成员、常务副局长　潘　登　洪文贤

党组成员、副局长　乡统办主任李桂琴(女)

党组成员、副局长　丁晓蓬

党组成员、纪检组组长　王祥平

党组成员、袁锦碧(女)　刘天津(女)

乡统办副主任　廉庆隆　詹远会

民调中心主任　周　平

市场监督管理局

党组书记、局长　成明伟

党组副书记、常务副局长　罗达龙

党组副书记、副局长　罗达龙

党组成员、机关党委书记　黄仁海

党组成员、副局长　梁　义(女)　王剑克　葛　勇　高　伟　曾建波

党组成员、纪检组长　胡　江

党组成员、食品药品稽查局局长　黄亚维

党组成员、经检大队大队长　陈卫红

党组成员、质量技术监督稽查大队大队长　谌贻玲(女)

国税局

党组书记、局长　张　平　雷　春

党组成员、副局长　刘淑瑶(女)　肖文昌　杜昌剑　童　霖　张休荣　魏宗明　田　径　盖家魁　张　灿(女)　王良钦

地税局

党组书记、局长 张 竹 张守伟
党组成员、纪检组长 王 华
党组成员、机关党委书记 陈 莉(女)
党组成员、副局长 林 嵩 邓 勇 陈祥波 姚正东

(城市管理局)城市综合执法大队

党组书记、(局长)大队长 谢品邦 陈 戬
党组书记、大队长、市城管局七星关区分局局长 张志国
党组成员、常务副局长 毛 静
党组成员、(副局长)副大队长 曾贵勇 张炯(女) 戴德润 李吉(彝) 史远英(女) 陆 军 沈 兴
党组成员 纪检组长 毛仕新
园林绿化局局长 邵 波
党组成员 邵 波 支明彦
党组成员 机关党委书记 张万青 支明彦
党组成员 市城管局七星关分局副局长 刘熙杰
党组成员 城管大队大队长 陆 军
城管大队大队长 支明彦
城管大队教导员 支明彦 唐寿钢
环卫局局长 葛传远
市政管理局局长 吕拥护 张 普

城区河道管理处

处 长 孟天贵
副处长 裴良泉 陈 永 林文港

天河风景名胜区管理处

党委书记 吴荣勇
处 长 丁世远
副处长 王 磊 王 铮 张继锋 王义文
党政办主任 吕 庆 周 鑫 吕庆华
景区管理科科长 黄常富
规划建设科科长 聂开龙 罗 挺
风景资源监察大队大队长 陈 鹏(彝)
副科级纪检监察专员 张 华

(水库水电工程移民局)水库和生态移民局

党组书记、局长 唐光启 陈翔宇
党组副书记、副局长 谢 勇(白)
党组成员、副局长 谢 勇(白) 徐永华 杨泽军(苗) 罗 祥 周晓鸿(女 彝) 李 华
党组成员 纪检组组长 赵举远
副局长 罗 祥
党组成员区水利发展投资有限责任公司副总经理 徐永华

档案局(馆)

局长(馆长) 王寿山(彝) 熊家伦
副局长(副馆长) 李国英(女) 蒋 卫 周珍云(女) 熊 琳(女)

供销社

党组书记、主任 张 雷
党组成员、副主任 陈明富(彝) 孙贵平 张万军 翟培祥
党组成员 王 虎
党组成员、机关党委书记 颜燕(女)
党组成员、纪检组组长 汪维旭 崔艳丽(女)

公安局

区委常委、区委政法委书记、公安局党委书记、局长 吴安宁 何万学
党委副书记、政 委 何万学 尹 平(彝)
党委委员、常务副局长 沈承刚
党委委员、副局长 沈承刚 孔德兴 马顺尧(彝)

刘　歆

党委委员、纪委书记　刘曙光(回)　杨孝勇

党委委员、禁毒所所长　吉学俊

党委委员、刑侦大队大队长　曾丽华　王扬波

党委委员、特巡警大队大队长　秦　健

党委委员、禁毒大队大队长　邓成林

党委委员、治安大队大队长　沈承刚

党委委员、机关党委书记　曾丽华　明　凡

党委委员、办公室(指挥中心)主任　刘　歆

党委委员、消防大队党委书记　教导员　陈　军
全宏奎

党委委员、政工科科长　余本涛(蒙古)
郭正顶(穿青人)

党委委员、交警大队长　郭正顶(穿青人)

党委委员、水箐镇书记　周晓波(彝)

党委委员、市西办事处书记　康海

司法局

党组书记、局长　吴　让　董玉祥

党组成员、副局长　虞修平(女)　吴　迢　郑朝祖
徐　菊(女)

党组成员　政工科长　聂雨红(女)

党组成员　阮龙君

依法治理办公室副主任　付　煜　杨孝娟(女)

党组成员、依法治理办公室副主任　王　亭(女)

检察院

党组书记、检察长　徐　永

党组书记、代理检察长　刘　永

党组成员、常务副检察长　谢家英(女)
吴开艳(女)

党组成员、副检察长　李　谢(女)　郭正元
梁道义　王　鑫

党组成员、政工科科长　金必思

党组成员、副检察长　金必思

党组成员、纪检组组长　杨大富

党组成员、检察委员会专职委员　杨时忠

党组成员、公诉科科长　徐仁礼(女)

党组成员、反贪污贿赂局局长　金必思　伍成霖

党组成员、反渎职侵权局局长　金必思
王向阳(穿青人)

党组成员、机关党委书记　吴学亮

党组成员、机关党委书记、侦查监督科科长　李龙兴

职务犯罪预防局局长　刘　伟

党组成员、政工科科长　刘　伟

法　院

党组书记、审判委员会委员、院长　陆　川(彝)
禄智华(彝)

党组成员、审判委员会委员、常务副院长　薛卫东

党组成员、审判委员会委员、副院长(主持常务工作)
赵乾

党组成员、审判委员会委员、副院长　赵　乾
靳　忠　聂　健

党组成员、审判委员会委员、副院长(挂职)　许晓东

党组成员、审判委员会委员、执行局局长　周　璟

党组成员、审判委员会委员、政工科长　裴干明

党组成员、审判委员会委员、纪检组组长　余　平
聂忠映

党组成员、审判委员会委员、机关党委书记　胡强

审判委员会委员、民一庭庭长、赵驭欧

审判委员会委员、审监庭庭长、龙守福(白)

审判委员会委员、刑事审判庭庭长、冯军良

审判委员会委员、研究室主任、周训祥

审判委员会委员、民二庭庭长、石湘莹(女)　简泽智

审判委员会委员、民三庭庭长　魏雪松(女,穿青)

审判委员会委员、刑事审判庭一庭庭长　冯军良

审判委员会委员、刑事审判庭二庭庭长　刘　霞(女)

审判委员会委员、立案庭庭长　陈玉仙(女)

审判委员会委员、行政审判庭庭长　杨丽琴(女,彝)

研究室主任　黎景春

审监庭庭长　潘健禾

审管办主任　徐逸杰

信息宣传中心主任　彭　纪

执行局执行一庭庭长　聂　品

执行局执行二庭庭长　陈延华(穿青人)
执行局综合协调科科长　王　勇
执行局执行三庭庭长　王　勇
司法警察大队队长　付善银　周珂
司法警察大队政委　安春明　胡高仁
长春堡法庭庭长　石朝鹏
燕子口法庭庭长　陈明富
清水铺法庭庭长　孟天喜　吴秀华
杨家湾法庭庭长　徐永仁
普宜法庭庭长　李华中
龙场营法庭庭长　李华中
海子街法庭庭长　潘　鹏
何官屯法庭庭长　赵科学　邓坤
林口法庭庭长　刘仕荣　宋亚林
朱昌法庭庭长　聂宗武　邱丽娅
青场法庭庭长　罗修华
小吉场法庭庭长　周遵林
第一人民法庭庭长　朱　江
第二人民法庭庭长　陈　凯
第三人民法庭庭长　宋亚林
第四人民法庭庭长　李华忠
第五人民法庭庭长　罗修华
第六人民法庭庭长　吴秀华
第七人民法庭庭长　李忠熠
第八人民法庭庭长　邱丽娅(女,彝)
第九人民法庭庭长　邓　坤

房屋征收管理局

局　长　张正伦
副局长　付　煜　冯　祥　石　林　陈俊杰　蒋　卫
副科级纪检监察专员　谢敬武

消防大队

教导员　全宏奎
大队长　王　强　欧　智

碧海新区管委会

主　任　吴　健　张志德
副主任　周遵鹏　季　增　聂　明

贵州七星关区经济开发区党的工作委员会
贵州七星关经济开发区管理委员会

书　记　宫晓农　崔英魁
主　任　刘建平　胡敬斌
副主任(区政府党组成员)　陈　俊
副书记　聂忠智　张和国
副主任　徐　立　赵　伟(白)　王　磊　严　琪
李永红
党政办主任　许志刚　柏侠(苗)
党政办副主任　吴　刚　罗晓东　谭政贵　徐毅
规划建设与管理局局长　穆　龙　高　斌
规划建设与管理局副局长　孙　忠　杨　琼(女)
吕拥护
财政局局长　桂亚男(女)　胡关友
财政局副局长　赵祖亮
安监局局长　孙　超
安监局副局长　吴　湘(女)
投资促进局局长　路华　黄进东
投资促进局副局长　杨佳昌(彝)　李章淑(女)
杨　奎(彝)
房屋征收与补偿局局长　谢　勇(白)　张鲁周
房屋征收与补偿局副局长　张鲁周　黄虎林　陈　瑞
利用外资和招商引资项目代办服务中心主任　樊　衍

德溪新区管委会

德溪新区管委会主任　宋邦友　付　煜
德溪新区管委会常务副主任　徐长周　陈万富
德溪新区管委会副主任　陈丽梅(女)

(撰稿:区委组织部干部科)

政　治

中国共产党毕节市七星关区委员会

【概　述】 过去的五年，是七星关在决战贫困、同步小康道路上奋力前行的五年。五年来，面对发展环境复杂多变、宏观经济持续下行、目标任务艰巨繁重的严峻形势，七星关在第一届区委班子的带领下，全面贯彻党的十八大、十八届历次全会以及习近平总书记系列重要讲话精神，认真落实省委、省政府和市委、市政府各项决策部署，坚持稳中求进工作总基调，紧扣试验区三大主题，迎难而上、埋头苦干，团结奋进、锐意进取，圆满完成了区第一次党代会确定的目标任务，经济社会发展取得显著成就，七星大地发生了新的巨大变化。

【经济持续快速发展，综合实力显著增强】 五年来，七星关区积极应对宏观经济下行的冲击，化危为机、爬坡上行，实现了经济发展高位求进的重大跨越。地区生产总值从121.4亿元增加到290.58亿元，总量一直领跑全市，增速持续保持全市前列。财政总收入从11.53亿元增加到91.41亿元，一般公共财政预算收入从5.71亿元增加到22.87亿元，实现了从“要饭财政”到“吃饭财政”的转变。50万元以上固定资产投资从90亿元增加到278.2亿元，社会消费品零售总额从33.2亿元增加到103.7亿元，投资、消费拉动经济增长的作用愈发凸显。农村常住居民人均可支配收入从3624元增加到7116元，城镇常住居民人均可支配收入从14308元增加到24614元，群众收入快速增长。招商引资到位资金从28亿元增加到148.4亿元，投资环境对社会资本的吸附能力逐渐提升。五年奋进，突破了经济相对弱小的困境，完成了从贫困落后到经济强区的跨越，为七星关区的脱贫攻坚、同步小康深耕厚植了肥沃的土壤。

【产业发展不断提速，产业布局日趋合理】 五年来，把稳增长、调结构、转方式有机结合起来，统筹推进三次产业跨越式协调发展。工业转型取得新成效。规模工业产值突破百亿大关，经济开发区累计完成投资132.9亿元，建成标准厂房42万平方米，工业发展载体创建完成。添钰动力、腾盛电动车等新能源汽车生产项目落地建设，开发区被科技部确定为“国家新能源汽车高新技术产业化基地”。联尚科技、炬盛照明等光电项目相继落地，贵州致福光谷品牌不断打响。明钧玻璃、瑞泽建材等6个环保建材项目投产达效，环保建材产业链初步形成；智能终端产业园建成投产，大数据产业稳步推进。农业产业取得新进展。农业六大板块经济建设全面推进，烤烟生产控规提质，农机具逐步推广，传统农业继续巩固。建成4个省级农业园区，入驻企业和合作社53家，实现产值21.6亿元，现代农业稳步发展。建成6个现代化规模蛋鸡养殖场，蛋鸡存栏150万羽、日产鲜蛋130万枚，成为贵州最大蛋鸡养殖县，特色农业集聚发展。

现代服务业取得新突破。万丰国际商贸城、远航·七星万象城等专业市场建成运营。“鸡鸣三省”旅游景区建设全面推进，毕节国家森林公园拱拢坪景区、小河彝寨等景点景区基本建成；星级酒店发展到7家，旅游接待能力显著增强；旅游总收入增长到46.05亿元，旅游产业快速发展。阿里巴巴农村淘宝、浙江颐高等电商企业入驻毕节电商产业园。物流、交通运输、邮政快递、物业管理、信息咨询等现代服务业快速发展。五年奋进，七星关区突破了产业发展滞后的困境，完成了从单一产业到多产支撑的跨越，为我区的产业领跑、升级示范凝聚注入了强劲的动能。

【发展基础逐年筑牢，城乡面貌日新月异】 五年来，七星关区坚持统筹城乡发展，不断加大基础设施建设力度，全力以赴突破瓶颈制约，有效提升城乡一体化水平。全域联通交通格局初步形成。毕威、杭瑞、厦蓉等高速公路全线贯通，通车里程达148公里，实现与市内各县区高速公路互联互通，区内无高速过境的状况成为历史。公路通车里程达3689.8公里，实现乡乡通油路，基本实现村村通水泥路，居民出行条件有效改善。水利、电讯设施逐步完善。建成农村饮水安全工程533个（处），解决了农村53万人的饮水安全问题。有序推进小型农田水利重点县建设项目，有效灌溉面积率达26.77%，农业用水难题逐步缓解。大力实施城乡电网改造，实现区内全面通电、稳定供电。有序推进有线电视、移动通信、宽带网络等通讯设施建设，基本实现通讯信号全覆盖。新型城镇化更上层楼。草海大道、同心大道、同心立交桥、德溪大桥等城市骨干路桥建成通车。碧海新区、德溪新区、同心新区、南部新区建设稳步推进，城市建成区面积扩大到49.5平方公里，城镇化率提高到47%。青场、清水铺等29个小城镇建设深入推进，完成投资33.53亿元，5个春晖创业园建成并投入使用，城镇功能不断完善，镇域经济不断壮大。新农村建设再上台阶。完成院坝硬化415万平方米、连户路硬化3200公里，农村“两硬化”基本完成。完成农村危房改造4.8万户，解决了16.9万余人的住房安全问题。“四在农家·美丽乡村”创建、农村环境综合整治全面推进，新农村建设成效显著，农村面貌焕然一新。五年奋进，七星关区突破了基础设施薄弱的困境，完成了从闭塞落后到通达便捷的跨越，为我区的持续发展、再次腾飞积蓄沉淀了厚重的势能。

【生态建设成果丰硕，生态环境明显改善】 五年来，七星关区坚守生态底线，注重以生态优化倒逼经济转型，坚持环境净化与生态绿化并举，促进经济增收与生态增绿同步共赢。深入开展“六个一律”环保“利剑”执法专项行动，对132家污染源单位和35家环境违法企业予以行政处罚，污染源头治理进一步强化。严格执行饮用水源地环境保护制度，统筹推进水源涵养、水污染治理、水源地周边环境保护等工作，饮用水质达标率达100%，居民饮水安全得到有效保障。大力实施林业生态工程，完成各类营造林59.32万亩，森林覆盖率从43.03%提高到51.73%，被评为“贵州省森林城市”和“贵州省绿化模范县”。城乡生活垃圾无害化处理体系进一步完善，城镇污水处理率达90%。五年奋进，七星关区突破了生态环境脆弱的困境，完成了从林粮争地到林茂粮丰的跨越，为七星关区的魅力提升、加快崛起孕育涵养了盎然的生机。

【脱贫机制创新有力，脱贫成效初步显现】 五年来，七星关区始终把脱贫开发作为第一民生工程，不断创新脱贫机制，推动决战贫困不断增效，扶贫措施更加精准，贫困人口大幅减少。在“四看”法的基础上，探索开展了“四看两议三公开一公告”贫困户识别方法，贫困底数更加明晰。探索建立了“一市五金多套餐”问需式精准扶贫工作机制，投入5000万元建立免费苗木超市、大病医疗底垫周转资金、产业发展资金、小额贷款贴息资金、产业发展风险资金和贷款担保资金，协调金融机构向贫困户发放贷款1.8亿元，产业扶贫力度不断加大。减少贫困人口24.6万，12个贫困乡镇实现省级“减贫摘帽”、15个贫困乡镇实现市级“减贫摘帽”，贫困面貌明显改观。五年奋进，七星关区突破了贫困高发的困境，完成了从全面推进扶贫到集中攻坚脱贫的跨越，为我区的决胜贫困、同步小康筑牢奠定了坚实的基础。

【社会事业不断进步，发展成果更加惠民】 五年来，七星关区坚持以共建促共享、以共享带共建，努力把发展成果更多地转化为惠民实效，集中力量办成了一大批民生实事，民生福祉持续改善。教育事业长足发展。全面完成学前教育三年行动计划，每个乡镇均有公办幼儿园。大力实施教育“9+3”计划，全面推进农村学校寄宿制攻坚工程，加快城镇义务教育学校建设。全面实施薄弱学校改造工程，农村义务教育阶段学校营养改善计划实现全覆盖，义务教育实现初步均衡发展。区职中和毕节六中改扩建项目全面完成，高中、中职教育稳步推进，全区人均受教育年限达8.5年。梁才学校、北大附属实验学校全面建成，民办教育蓬勃发展。卫生计生事业稳步推进。卫计机构改革全面完成，卫生计生资源得到有机整合。城乡居民基本医疗保险参保人数从86.2万增加到110.5万。每千名常住人口拥有医疗床位数和执业（助理）医师数分别达到5.6张和1.52人。成功创建“国家级计划生育优质服务先进县”，符合政策生育率从92.6%提高到95.79%。社会保障体系逐步完善。城乡居民社会养老保险参保人数达45万人。最低生活保障覆盖11.62万人，实现了动态下的“应保尽保、应退尽退”。全力推进特殊人群服务管理园区建设，深入开展“三关爱”工作，从2012年起，每年投入500万元设立留守儿童关爱基金，特殊人群服务管理机制不断完善，特殊困难群体关爱力度不断加大。五年奋进，七星关区突破了民生单薄的困境，完成了从单项保障到全面普惠的跨越，为七星关区的人民安居、百姓乐业汇集提供了有力的保障。

【党的建设全面加强，执政能力不断提升】 五年来，七星关区坚持党要管党、从严治党，筑牢了经济社会发展保障，构筑了政通人和、共谋发展的政治局面。思想政治建设不断增强。深入开展党的群众路线教育实践活动和“三严三实”专题教育，党员干部的思想政治素质和工作水平明显提高。以“十星级文明户”创建和“七个起来”活动为抓手，大力开展农村思想政治教育，农村群众思想道德素质和科学文化水平明显提高。干部队伍建设不断强化。健全干部选拔任用机制，出台了《干部初始提名办法》和《党政领导干部选拔任用工作责任追究办法》。探索开展了“双考双评双挂钩”领导干部动态跟踪考核管理，有效促进干部职工履职尽责、创先争优。基层组织建设不断夯实。大力实施乡镇“七个一”关怀工程，基层工作保障不断强化。创新开展“规范·示范·典范”村（社区）创建，有效激发了村级干部干事创业热情。探索开展村级集体经济发展“五型模式”，为发展壮大村级集体经济找到了可行路子。大力实施“1+1+1+N”人才工程，为全区脱贫攻坚、同步小康提供了有力的人才支撑和智力支持。党风廉政建设不断加强。探索设立片区纪工委监察分局和民生项目监督特派组，实现纪检监察派驻全覆盖，深化民生监督工作，切实维护群众利益。严格执行中央八项规定和省、市十项规定，持之以恒纠正“四风”，查处顶风违纪干部446名，91人受到党纪政纪处分。大力整治“为官不为”，对42名庸政懒政干部实行召回管理，干部作风气象更新。始终保持惩治腐败高压态势，坚决支持纪委查办案件，立案查处违纪违法案件753件，给予党纪政纪处分861人，不敢腐的震慑作用充分发挥，不能腐、不想腐的长效机制更加健全。民主政治建设不断巩固。充分发挥人大、政协的监督作用和参政议政作用，累计采用人大议案、政协提案500余件，民智、民力进一步汇集。着力巩固壮大统一战线，大力推进多党合作，成立了民盟、致公党七星关区工委等7家区级民主党派工作委员会或支部，通过统一战线协调各类帮扶项目200余个、帮扶资金2500余万元，谱写了多党合作推进科学发展的新篇章，全区同舟共济、合力发展、和谐稳定的良好局面初步形成。五年奋进，七星关区突破了经济、党建融合不深的困境，完成了从单一被动到多元联动的跨越，为我区的经济发展、社会进步夯实筑牢了坚强的堡垒。

（撰稿人：办公室）

纪检监察

【概　述】 2012 年至 2016 年，在市纪委和区委的坚强领导下，全区各级纪检监察机关认真学习贯彻习近平总书记系列讲话精神，坚决贯彻落实上级纪委和区纪委全会工作部署，以全面从严治党为主轴，不断强化纪律和规矩意识；以落实“两个责任”为抓手，不断深化“三转”；以推进机制制度创新为动力，不断拓展监督渠道完善监督体系；以加强纪检监察队伍建设为保障，不断强基固本，全区党风廉政建设和反腐败工作取得了新进展新成效。

【唤醒党章意识，做细做实廉政教育宣传体系】 按照党章职责定位，回归本职，回归党章要求，把纪律和规矩挺在前面，廉政教育紧紧围绕纪律展开。在毕节晚报、七星关电视台、七星关区广播电台等媒体上开设廉政专栏，大力宣传全面从严治党必须把纪律和规矩挺在前面，唤醒广大党员干部党章意识，增强守纪律、讲规矩的自觉性。在区委党校建设精品廉政警示教育基地1个，把廉政警示教育纳入党校和行政学校培训内容，通过召开全区党风廉政警示教育大会，组织广大党员干部及家属参观廉政警示教育基地，充发挥警示、教育和震慑作用。通过创办《七星关纪检监察》内刊，进一步加大全区纪检监察机关监督执纪问责的宣传力度。通过加大曝光典型案例力度，提高廉政警示教育的实效性。2012 年以来，全区共组织各类廉政警示教育活动 1200 余场次，4.5 万余名党员干部接受廉政警示教育。共组织 61 名乡镇街道和区直部门一把手开展党纪党规知识测试，测试成绩全区通报，组织 2.2 万余名党员干部参加党纪党规知识在线测试。

【坚持“一案”双查，扎实推进“两个责任”有效落实】 区纪委和全区各级纪检监察机关积极履行监督责任，积极协助区委和各级党委（党组）落实党风廉政建设主体责任。一是积极协助党委落实主体责任。每年代区委起草《党风廉政建设和反腐败工作安排意见》，为全区党风廉政建设和反腐败斗争明确了方向、突出了工作重点。组织开展落实党风廉政建设责任制检查考核工作，对考核结果进行通报，督促全区各级党组织落实主体责任。组织开展落实党风廉政建设主体责任宣传工作，并依托《毕节晚报》、《七星关纪检监察》等媒体开展落实主体责任先进典型创建活动。二是坚持“一案双查”。2012 年以来，特别是党的十八大以来全区 80 名党员领导干部因落实主体责任不力被问责，7 名纪检监察干部因落实监督责任不力被问责。

【强化制度建设，作风建设持续巩固深化拓展】 坚持在“常”“长”上下功夫，持之以恒地巩固作风建设成果。一是强化问责效应。2013 年以来，18 名党委（党组）书记和 4 名纪委书记因落实作风建设主体责任和履行监督责任不力被诫勉谈话或提醒约谈，1 名党组书记因落实中央八项规定和省市区十项规定不力被追究主体责任，受到党内警告处分。二是建立“动态 + 常态”监督机制。紧盯重要节点、重要节假日，开展常态化监督检查，严查公款收送节礼、公款吃喝、违规配备使用公车等突出问题。成立专项检查组，针对违规发放津补贴、违规宴请、为官不为等问题开展专项督查，冒头就打。三是坚持从严执纪。把违反中央八项规定精神列为纪律审查的重点，注重把握时间节点，铁腕执纪。2013 年以来，全区纪检监察机关共处理违反中央八项规定精神问题党员干部 321 人，诫勉谈话、提醒谈话、批评教育和通报批评260 人，立案查处61 人，党政纪处分和组织处理 61 人。2014 年以来，区纪委加大查处典型案件曝光力度，对 69 起发生在群众身边的“四风”典型问题进行通报曝光。2015 年以来，突出整治“为官不为”问题，查处 70 人，党政纪处分 13 人。

【实践“四种形态”，始终保持惩治腐败高压态势】 全区各级纪检监察机关坚持把纪律挺在前面，强化纪律思维，以“六项纪律”为尺子，积极探索运用“四种形态”，区分违纪问题时间节点、问题性质、认错态度等进行恰当处理。一是坚持抓早抓小，把纪律挺在前面。围绕“六大纪律”和“两个责任”出现的苗头性、倾向性问题或轻微违规违纪问题，采用“咬耳扯袖”和“红脸出汗”两种方式，充分运用谈话函询等方式严肃党纪，抓早抓小。2012年以来，全区纪检监察机关共谈话函询4000多人。推进约谈常态化工作，2015年以来，已约谈180人，约谈对象主动上交违纪所得25.65万元，其中对违纪问题严重的2人进行立案审查。二是转变工作理念，坚持纪在法前。找准主战场，正确运用组织处理和党政纪轻处分两种手段，查处问题宽严相济。、组织处理38人，党纪重处分和作出重大职务调整51人，涉嫌违法犯罪移送司法机关10人，达到了惩处极少数、教育大多数的良好效果。三是突出纪律审查重点。重点盯住十八大以来不收敛不收手，问题线索反映集中、群众反映强烈，现在重要岗位且可能还要提拔使用的领导干部的案件。2012年以来，全区纪检监察机关受理信访举报1652件，初核线索1652件，立案720件，党政纪处分673人，移送司法机关依法处理66人。四是强化安全办案保障能力。建成规范化、标准化谈话室2间和录音录像电子监控系统。在碧海办事处邵关村建设“毕节市七星关区纪委310基地”，建立了80余人的陪护队伍。实行领导包案机制，根据办案工作需要，建立了“三统一”工作机制，即：统一安排部署、统一调配人员、统一提供后勤保障。积极推进乡镇谈话点规范化建设，17个乡镇已完成谈话点规范建设，进一步提升了民生监督组安全保障能力。五是做实做细查办案件后半篇文章。注重做好纪律审查后半篇文章，对发生在群众身边的不正之风和腐败问题，在查清问题之后、审理决定之前，开展案件回访活动，面对面与群众近距离交流，向群众清退违纪款和开展现场警示教育活动，增强群众获得感，用好腐败案件“活教材”。坚持以问题为导向，深刻剖析所办案件特点，以监察建议形式，督促相关主管部门堵塞监管漏洞、规范日常管理，进一步压实部门在监管上的主体责任。

【注重监督实效，民生监督工作持续精准发力】 以乡镇（街道）为单位按片成立了11个民生监督组，以村（社区）为单位成立了506个村级民生监督委员会，做到民生监督全覆盖。建立了纪工委委员兼任民生监督组副组长机制，进一步强化民生监督组监督力量和提升了工作水平；建立了村级民生监督委员会激励制度，进一步调动群众监督积极性。建立常委联系、纪检监察室指导、纪工委监察分局协同的三位一体的办案模式，通过以案代训解决民生监督组不会办案、办不好案的问题。2013年5月民生监督组设立以来，已发现问题2339个，立案393件，党政纪处分353人，将其涉嫌犯罪问题及线索移送司法机关依法处理9人。

【注重制度创新，推进纪检监察工作持续提升】 坚持与时俱进，积极探索，把上级精神与自身实际结合起来，创新工作思路、工作模式和工作方法。一是开展“三问·三解”服务群众活动。2012年，区纪委监察局组织发动全区1.8万余名党员干部开展“三问·三解”服务群众活动，以41个乡镇办事处为单位，85个区直部门参与，共同组建41个“三问·三解”服务群众活动工作区。活动开展以来，全区党员干部职工走访、电话联系群众240余万人次，41个工作区和85个区直单位通过深入基层查找问题86867个，解决群众困难55057件，帮扶群众现金物资874万余元。二是打造反腐“数据铁笼”。2012年，区纪委监察局建设了“一网三平台”，使民生建设完全置于群众的监督之下。平台运行以来，发布信息6万余条，涉及资金38亿余元，受理群众网上信访612件。为进一步规范权力运行，2015年区纪委监察局依托阳光党务政务网，建设了全区权力清单运行工作平台实现了“监督的再监督、检查的再检查”。全区各级纪检监察机关通过权力清单备案工作共发现问题903件，立案查处47件，党政纪处分26人，移送司法机关3人。三是积极深化拓展非公企业纪检组织建设工作。2014年以来，已在15个企业建立纪检组织，进一步加强了党对非公有制企业的政治领导，强化了在非公有制企业中党的纪检组织的监督、教育、惩处、保护职能，促进了全区非公有制经济健康发展。四是探索建设纠错容错机制。为建立与“四种形态”相适应的干部管理机制，代区委起草了《关于落实省委“三个区分”支持党员干部履职担当的实施意见》，并以区委的名义下发，鼓励干部“想为、敢为、勤为、善为”。

【强化监督管理，打造忠诚、干净、担当干部队伍】 以坚持高标准、严要求，树立纪检监察干部严于律己、履职尽责、谦虚文明、忠诚务实的良好形象。一是持续深化“三转”。2012年5月，组建了直属区纪委监察局领导的9个纪工委监察分局。2013年5月，以乡镇（街道办事处）为单位，设立了11个片区民生监督组。在编制不增加的基础上，经过两轮内部机构调整优化，增设了第三、第四纪检监察室、案件监督管理室和调研法规室，进一步增强了监督执纪力量。二是加强教育培训。编制了《七星关区乡镇办事处民生监督组运行机制制度汇编》、《模拟案卷》、《七星关区纪律审查工作经验交流选编》等工具资料，印发给全区纪检监察干部，达到了以学促干，学用相长。自觉对照纪检监察干部“三严守九严禁”纪律要求，全区220名纪检监察干部开展了会员卡清退，做到了“零持有”、“零报告”。开展了“党的群众路线教育实践活动”、“三严三实”专题教育活动和“两学一做”学习教育，进一步增强宗旨意识和党章意识。三是铁纪治军。完善内部监督管理机制。健全内控监督机制，始终做到严格要求、严格教育、严格管理、严格监督。按照打铁还需自身硬的要求，全面强化纪检监察人员的纪律意识、规矩意识和责任意识。2013年以来，全区共处理纪检监察干部7名，党纪处分6人、组织处理1人，其中：调离纪检监察系统4人，移送司法机关1人。

（撰稿人：办公室）

组　织

【概　述】 党的十八大以来，七星关区委组织部深入贯彻落实党的十八大神以及习近平总书记系列重要讲话精神，紧紧围绕“加速发展、加快转型、推动跨越”主基调和“强区升位、跨越发展”目标，锐意进取、改革创新，深入推进全区组织工作，为全区经济社会健康、有序发展奠定了坚实的组织基础。

【着力推进干部队伍建设，不断强化干部选配科学化】 一是健全干部选拔任用机制，出台了《干部初始提名办法》和《党政领导干部选拔任用工作责任追究办法》，细化干部选拔任用工作程序，加强各阶段的监督，保障选拔任用的质量。二是深入推进干部人事制度改革，从严落实《党政领导干部选拔任用工作条例》，加大在脱贫攻坚一线、信访维稳一线、征地拆迁一线选拔干部力度，树立注重实绩、崇尚基层的选人用人导向，切实加强对少数民族干部的培养选拔，重视女干部、党外干部的培养，合理使用各年龄段干部，不断优化干部队伍结构，从严落实有为才有位、有位更有为的干部选任机制。2016年11月底，圆满完成了全区32个班子换届工作；2016年12月底，参与完成了区二届党委、人大换届工作。

【深入推进基层组织建设，夯实基层党组织战斗堡垒】 一是强化主题教育，进一步转变干部作风。2013年开始，精心组织，全面抓好了全区党的群众路线教育实践活动、“三严三实”专题教育和“两学一做”学习教育活动。围绕“干部在行动、群众在感受”活动主线，实施“七大先锋工程”，立说立行，立查立改，着力整治“四风”问题和“不严不实”问题，着力引导广大党员干部亮身份、强素质、守底线、树形象。在窗口部门实行“承诺式”服务，在村（社区）开展“菜单式”服务。在服务群众工作中，广大党员干部展现了良好形象，赢得了广大群众的点赞欢迎。二是强化规范建设，进一步夯实基层基础。深入推进“一核多元”农村基层组织服务体系建设，围绕“十个一”标准实施村级组织规范化建设，村级组织实现设置规范、管理规范、服务规范。“一村一策”实施集中整顿，共整顿转化416个年终考核排名靠后的镇村后进党组织。强化集中组建，2016年全区非公企业党组织覆盖率为54.74%、社会组织党组织覆盖率为85.46%，非公党建“两个覆盖”进一步加强。实施乡镇“七个一”关怀工程，基层干部实现住得下、留得住，工作舒心、生活顺心。改善村级办公服务条件，2014—2016年全区新建、改扩建和维修村级服务阵地120个。三是强化增收行动，进一步激发干部激情。建立村干部待遇定期增长机制，加强组干部工作激励，村干部最低报酬达到每月1800元，2015年开始每月为组干部发放100元工作补贴。大力创建“规范·示范·典范”村（社区），对评审通过的村（社区）进行表彰奖励，极大地激发了村级干部的干事创业激情；2015—2016年全区成功创建规范、示范村（社区）50个，发放奖励资金442万元，成功创建的村级组织和282名村（社区）干部分别获得了1万元以上的激励资金。实施村级组织“增收行动”，运用“五型”模式、“六个一批”、“四众四破”等成功模式大力发展村级集体经济，2015年、2016年全区共打造42个省级集体经济试点，12个市级试点；2016年全区179个村（社区）有集体经济积累，130个村（社区）集体经济积累达到3万元以上。四是强化能力管理，进一步配强“五支队伍”。发挥村支部书记引领作用，抓住第九届、第十届村（社区）“两委”换届契机，选优配强村级干部队伍，对508个村支书、主任进行了轮训；发挥名誉支书或发展顾问作用，选聘了584名机关领导干部和在外成功人士到村担任名誉支书或发展顾问，发挥其桑梓情怀，为村级发展出谋划策；发挥村第一书记和驻村干部作用，多渠道整合力量资源，多角度助力同步小康，2013年以来共选派743名机关干部驻村开展帮扶，2015年以来共选派243名机关干部到村担任第一书记；发挥党员示范作用，开展机关在职党员到社区报到服务、农村党员志愿服务等活动，引导和教育党员创先争优，树立威信，塑造形象；发挥致富能手带富作用，整合区内创业扶持资金2000余万元，为有发展意愿和发展项目的创业人员提供贴息贷款，引导和扶持带富能手自主创业，通过“双培双带”，培育储备了一批优秀的党员和村级后备干部。五是强化典型培育，进一步提升党建水平。持续开展“1+N”城市主题社区创建，开展非公党建“规范化行动”，着力打造机关、农村、社区、企业等领域党建典型，将观音桥街道红堰村、洪山街道洪山社区、拥军社区、长春堡镇清水塘村以及北大附属实验学校、燃气公司党支部等20余个“听有内容、看有形象、学有经验”党建典型连点成线、连线成带，形成党建精品示范带。特别是打造了主题为“以民为天·河美家园”的天河社区、以善文化为主题的“颂善”松山社区、以“守望·诚信”为主题的望城社区、全市首个“书香社区”拥军社区等社区典型，社区党建已经成为全区乃至全市的“党建名片”。

【与时俱进探索考核机制，不断完善制度保障体系】 一是强化制度建设。制定出台了《毕节市七星关区科级领导班子和领导干部“双考双评双挂钩”分类指导差别化考核管理办法》《毕节市七星关区科级领导班子和领导干部“双考双评双挂钩”考核管理实施细则》，配套拟定了《七星关区目标考核体系管理办法》《七星关区重大决策部署贯彻落实情况考核管理办法（试行）》《七星关区“双考双评双挂钩”动态跟踪考核流动红旗管理办法》《七星关科级领导班子和领导干部预警制度》《七星关区选拔任用党政领导干部实绩报告及应用制度》《七星关区科级领导班子和领导干部正负面清单登记管理办法》《七星关区动态跟踪考核管理积分办法》和《七星关区部门服务事项考核管理办法》，完善了《毕节市七星关区创新工作考评办法（试行）》

《七星关区创造性工作申报制度》《七星关区乡镇街道党政领导干部月考核奖发放管理办法》等一系列考核管理制度，为全面客观公正地考核和评价干部提供了更科学有效的评价体系和制度保障。二是强化类别划分。将乡镇街道和区直部门进行分类别考核。一是乡镇街道。2016年，将全区42个乡镇街道划分为城市服务型、城镇主导型、综合发展型、农业生态型四个类别进行考核。二是区直部门。将72家区直部门划分为党群政务部门、执法监督部门、社会发展部门、经济管理部门和垂直管理部门五个类别进行分类考核和评比。三是强化目标设置。在制定目标考核体系时，按照“自上而下、上下结合”的原则，结合乡镇街道及各部门的特点，去除大量的文字表册图片等“软件”作为考核指标，将工作痕迹作为考核标准，对安全生产、信访、维稳等采取“无事”考核措施，根据分值权重，设置了不同的考核指标。四是强化动态督查。充分发挥考核办牵头抓总作用，精简、整合各类检查考核项目，以扩大知情权为重点，切实公开考核内容、考核程序、考核方法、考核结果，积极探索采用民主、公开的方式，确定考核项目的目标值和权重，做到“一站式”检查评比。目标体系制定下发后，采取半年目标考核、年度目标考核、动态跟踪考核和专项督查考核的方式，多侧面、多渠道对目标完成情况进行跟踪，并作出定性评价，考核得分按照一定比例计入年度目标考核得分。五是强化民意听取。把民意调查作为考核评价的“硬性”指标。在考评的方式方法上，主要采取领导班子及成员个人述职述廉、民主测评、民意调查等方法，让社会各界充分了解领导班子和领导干部的工作职责、工作重点和履职情况，让群众打分。六是强化结果运用。将目标考核工作与干部年度考核、奖励惩处、提拔使用、加强班子和干部队伍建设挂钩。

【健全人才工作机制，激发人才创新活力】 一是完善人才工作机制，努力吸引优秀人才。建立编制管理、岗位聘用、职称评定、户籍管理、配偶安置、子女入学、医疗服务、科研服务等“绿色通道”，对符合引进条件的高层次人才及急需紧缺人才给予政治、经济等方面的优惠待遇。同时，采取新闻媒体公开发布、组建招才引智推介团到人才聚集地区推介等方式，吸引更多优秀人才，努力优化人才结构，着力破解我区人才短缺问题。五年来，通过贵州省人才博览会、“六个一批人才”引进、聘用部属师范大学一本免费师范生等引才方式，按年度、分批次引进人才117名。其中，博士研究生1名，硕士研究生75名，本科生41名。范围涵盖了教育、医疗、农业、环保、文化、安监、国土、城市规划等领域。二是强化人才队伍建设，大力培育乡土人才。围绕建设数量充足、素质优良、结构合理的人才队伍，重点抓好农、林、牧、水专业人才和乡土人才团队建设。深入推进“1+1+1”人才工程，从农牧、林业、水务等部门选派了一批优秀专业技术人才组成专家服务团，通过专题讲座、现场指导、技术咨询等形式，深入基层一线“送教下乡”，开展科技指导服务，充分发挥专业技术人才支撑作用。扎实推进“农民讲师巡讲”活动，通过组建讲师巡讲团，制定讲师团培训计划，实行规范化管理，聘请素质高、专业强的业余教师，充分发挥“土专家”“田秀才”示范带动作用。近年来，通过整合各类资源，累计培训群众10万余人次，有效培育了一批农村实用人才，为“三农”工作提供有力的智力支持。三是健全人才激励机制，着力激发人才活力。通过制定《七星关区区管专家选拔管理办法》《七星关区引进人才考核激励实施办法》《七星关区“1+1+1”人才工程专家服务团管理办法》等机制，深入实施万名农业专家服务“三农”行动，进一步激发各类人才干事创业的热情，有效发挥优秀人才工作的主动性和创造性。深入推进圆梦小康专家行动计划，充分发挥专家队伍专长，选派389名专家办理实事1300余件，开展培训1100余场，推广新技术、新品种、新方法100余个，转化科技成果16个。大力抓好千名科技人员包千村工作，以实施板块经济和“一市五金多套餐”多个农业项目为契机，选派315名科技人员开展科技包村工作，制定产业规划500余个，开展技术指导培训2000余次，培训群众8万余人次。

（撰稿人：办公室）

宣传思想

【概　述】 2012－2016年，七星关区委宣传部在市委宣传部的正确指导下，在区委、区政府的坚强领导下，坚持以邓小平理论、“三个代表”重要思想、科学发展观和习近平新时代中国特色社会主义为指导，全面贯彻落实党的十八大、十九大精神，按照“抓理论武装人、抓精神塑造人、抓舆论引导人、抓宣传激励人、抓文明育新人、抓文化感染人”的要求，加快新媒体与传统媒体融合、对外工作不断实现新突破、取得新成绩，为全区传播好声音，凝聚正能量提供思想保证、精神力量、道德滋养和文化条件。

【理论教育】 着力抓好党的十八大、十九大精神和习近平新时代中国特色社会主义思想，省、市、区重要会议精神，推动党的政策入脑入心。以新时代农民（市民）讲习所、群众会、院坝会、道德讲堂等为载体，把巡回宣讲党的十八大、十九大精神、党的方针政策和讲授致富实用技术传递到广大群众中去，使新时代农民（市民）讲习所成了党和国家方针政策的“扬声器”，农村实用技术推广的“直通车”，农村和谐稳定的“连心桥”，农民脱贫致富的“助推器”，脱贫攻坚的“大本营”，得到广大群众一致好评。五年来，区委宣传部组织党的理论知识宣传宣讲16000余场，理论文章组稿200余篇。

【培育和践行核心价值观】 坚持在贯穿、结合、融入上下功夫，引导干部群众做社会主义核心价值观的坚定信仰者、积极传播者、模范践行者。大力弘扬中华优秀传统文化。五年来，充分利用学校、“道德讲堂”“书香书屋”等载体，广泛开展“开笔礼”、“网上祭英烈”、“晒党员家风、做党员先锋”等活动，大力弘扬中华优秀传统文化。组织骨干力量参与首届“最美七星关人”评比活动，编写出版七星关区首届道德模范暨“最美七星关人”故事汇——《盛开的白玉兰》一书。切实加大先进模范选树力度。以模范人物先进事迹弘扬良好道德风尚、彰显时代风采、培育人文风范，营造浓厚社会氛围。深化文明村镇、文明单位、文明校园、文明家庭创建，积极开展“最美七星关人”“最美家庭”“十佳青少年”“十佳教师”等选树活动，加大身边好人和道德模范评选、学习和宣传力度。充分利用“最美贵州人”、“我推荐・我评议身边好人”等活动平台，我区在全省推出吴贤耀、杜映竹、糜功武、龚定军等4名“最美贵州人”，王泽盼被评为全国最美孝心少年，罗应科被评为贵州省第五届见义勇为先进人物，刘娅婷被评为贵州省美德少年。糜功武、龚定军荣登中国好人榜。推进志愿服务制度化。我区充分发挥211个志愿者注册团体93349名注册志愿者示范作用，开展法治宣传、五城同创志愿服务、文明交通劝导等各类志愿服务活动，不断弘扬志愿服务精神，营造志愿服务氛围，引领社会风尚、服务发展大局。开展主题实践活动。开展“不忘初心、牢记使命”主题教育，2016年以来，先后组织210名党员干部到井冈山接受革命教育；利用清明节，2032个党支部分别到烈士陵园、“红三馆”、鸡鸣三省等红色文化基地重温入党誓词。开展“明礼知耻、崇德向善”主题活动，设置核心价值观宣传地标57处，打造以人民公园、德溪公园、同心步行街等为代表的一批社会主义核心价值观主题公园、主题街道。开展“感恩教育”活动，每年5月、7月和10月，分别开展感恩母亲、铭记党恩、感恩祖国等主题活动，在全社会营造“牢记使命、感恩奋进”的浓厚氛围。

【对外宣传】 初步构建了对外宣传的大格局。协调《人民日报》中央电视台《贵州日报》、贵州电视台等中央、省级主流媒体，加大对七星关区在改革发展、脱贫攻坚中涌现出来的先进典型进行报道，不断提升我区对外的知名度和美誉度。五年来，我区在中央级媒体报道稿件达到

280余条，省级媒体报道达1000余条。积极协助《人民日报》《光明日报》《经济日报》、中央电视台等10余家主流媒体记者先后深入七星关区进行采访报道；协助央视中文国际频道《走遍中国》栏目拍摄的七星关区专题纪录片《百岁老人的饮食秘密》《千年苗寨探族员》等，极大地提升了七星关区的知名度和美誉度。成功策划“高端访谈.同心圆梦”栏目，分别成功专访原贵州省人民政府副省长何力同志，河北省政协副主席、民盟中央常委边发吉同志，毕节试验区专家顾问组总顾问常近时同志，贵州省政协副主席谢晓尧同志，江苏省政协副主席麻建国同志，全国工商联原党组书记，中央统战部原副部长胡德平同志。通过对高端知名人士的访谈，有力地推动了“毕节试验区”发展变化在全国广泛传播，大大提升了我区对外的知名度和美誉度。成立区网络安全和信息化领导小组，建立健全我区网信工作体系，明确了党委（党组）领导班子对本地本部门本单位网络意识形态工作主体责任，领导班子主要负责人为第一责任人，直接主管的班子成员承担主要领导责任。五年来，我区成功化解所有的负面舆情，有效凝聚了改革发展正能量。

【新闻宣传】 七星关区新闻宣传工作以《毕节晚报》、七星关广播电视台为主要传播载体，刊播的每一条稿件都实行严格的“三审制度”，宣传面涵盖了全区，目前传播范围和影响力正逐步扩大。第一时间把党的好声音、正能量传递给我区广大干部群众，把我区在经济社会发展取得的成就、成功的经验传递出去。过去五年，《七星关新闻》共播出新闻稿件1720余期，播出稿件16720条，《民生八点半》共播出稿件900余期。播出稿件8690多条，微七星关上线至今组稿800余期，对外刊发稿件2400余条。区内两家主流媒体均完成中央、省、市外宣任务，近300条稿件在省市级好新闻评选中获奖，多条稿件被中央级媒体采用。在我区的发生的11.16和6.9突发事件中，区委宣传部第一时间安排经验丰富的记者奔赴一线进行采访，拟写新闻通稿，第一时间对外澄清事实，为区委、政府进行正确的舆情引导提供依据。

【文明创建】 以“文明在行动·满意在贵州”为抓手，“五城同创”为载体，狠抓全区环境综合卫生整治和全国文明城市创建工作。“文明在行动.满意在贵州”多次获得了全省、全市前列的好成绩，在区委坚强领导下，成功通过了“省级文明城市”复评考核工作，并取得名列全省第四的好成绩，毕节市获得了2018－2020创建周期全国文明城市提名资格。

【文化发展】 继续深化文化体制改革，抓好以县（区）为单位的文化产业统计监测工作，文化产业增加值占GDP的比重同比实现新突破，连续五年实现增长，占比达2.07%；针对上规企业少、个转企无增加、新增市场主体占比低、整改情况不明显等问题，积极采取有效措施，认真加以整改。积极组团参加深圳第文博会，省、市举办的文化产业博览会，大大提升了我区文化产品的知名度。

【宣传队伍素质建设】 一是定期开展技术练兵和岗位学习培训活动。结合七星关区实际，区新闻宣传中心、区电视台制定科学的培训计划，以引进来、走出去的方式加大培训力度，积极邀请知名新闻界人士对我区新闻采编人员进行培训，同时积极与《贵州日报》、贵州广播电视台、深圳、杭州等地知名媒体对接，组织我区新闻采编人员外出学习，同时，对全区通讯员队伍每年进行一次培训。二是制定合理的考核机制，定期对广大采编人员进行考核。三是不断充实人才队伍。在区委、区政府的关心和支持下，2011年以来，七星关区先后组织面向社会招考（聘）编辑记者、播音主持、后期制作、创意设计等岗位50余名。

（撰稿人：办公室）

新闻中心

【概　述】 五年以来，区新闻宣传中心结合实际，不断创新与改革，通过对《毕节晚报》

的改进，微七星关、七星关手机报等平台的增设，进一步提高宣传速度、拓展宣传渠道，为全区经济社会发展传递好声音、凝聚正能量。

【基本情况】 2012年，新闻宣传中心共编辑出版《毕节晚报》近140余期，编发各类稿件5000余条。在重点媒体《贵州日报》刊登了一篇头版头条，刊发了毕节市2011年第三届乌蒙旅游文化节及撤销原毕节市建立七星关区的专版文章；组织全省主流媒体形成采访团对小坝镇高新技术产业园区进行采访，采写稿件100余篇（条）。2013年，新闻宣传中心共编辑出版（毕节晚报》100余期；在重点媒体《贵州日报》刊登新闻稿件20余篇（条），贵州电视台新闻联播刊播10余条稿件；主流媒体《光明日报》5月2日头版头条刊发大河乡朱启平“山外山颠梦”，中央九台教育频道就朱启平大学梦先后赴七星关区大河乡拍摄录制专题片；协调中央七台《聚焦三农》栏目，录制了生机镇半坡小学《开学了》节目；组织协调中央、省主流媒体记者采访20余次，采写稿件40余篇（条）；积极参与（当代贵州乌蒙长歌》文化特刊组稿工作；协调中央电视台中文国际频道《百山百川行》在七星关区拍摄制作电视系列专题片；积极配合省、市《多彩贵州踏春行》等重大外宣工作。2014年，新闻宣传中心共编辑出版《毕节晚报》131余期，在重点媒体《贵州日报》刊登新闻稿件20余篇（条），贵州电视台新闻联播刊播20余条稿件；组织协调中央、省主流媒体记者采访20余次，采写稿件30余篇（条），积极配合中宣部、省、市关于进一步挖掘阿里木先进事迹。2015年，新闻宣传中心编辑出版《毕节晚报》140余期，在《人民日报》《光明日报》等中央媒体上刊发（播）稿件23条，新华每日电讯1条，在《贵州日报》、贵州电视台等省内主要新闻媒体上刊发（播）46条，其中在《人民日报》刊发稿件4条，《光明日报》4条，《经济日报》6条，《贵州日报》头版刊发12条、当代贵州“一个页码以上篇幅”的独立稿件2条，在贵州电视台中刊播稿件21条。为宣传七星关营造了良好的外部舆论环境。2016年，新闻宣传中心编辑出版《毕节晚报》321期，微七星关共发送300余期，七星关手机报共发放310余期。

【《毕节晚报》全新改版】 为扩大《毕节晚报》影响力，《毕节晚报》在不断思考与改革。2011年1月，《毕节晚报》从周二小报改版为周三大报（一、四版为彩版）；2016年1月1日，《毕节晚报》从周三大报（四个版）改为周五小报（全彩八个版），3月1日改为周日小报。《毕节晚报》在不断改版创新过程中，扩大了宣传覆盖面，目前，《毕节晚报》读者群涵盖了区直各部门、乡镇街道、学校、社区等。2016年，《毕节晚报》报头由原来的“LOGO+报眼+日期”改为“LOGO+导读+天气预报+日期+《毕节晚报》二维码和‘微七星关’二维码”，内容更丰富，主旨更明确。

【不断充实新媒体力量】 面对舆论宣传工作的新形势、新环境，区新闻宣传中心积极顺应发展潮流，主动、创造性地出击，《毕节晚报》在原有的宣传载体上，进一步拓宽宣传渠道，增设微七星关《毕节晚报》APP、《毕节晚报》网站、七星关手机报等宣传平台，逐步打造“媒体矩阵”，充分运用新技术新应用创新媒体传播方式，占领信息传播制高点。2015年4月6日，《毕节晚报》微信平台——《微七星关》以“不做时代旁观者，去变革”口号正式上线运营，自上线以来，《微七星关》定期将全区最新动态发布出去，让广大群众知晓并参与美丽七星关的建设；关注民生实事，想群众之所想、思群众之所思、急群众之所急，为构建和谐·美丽七星关贡献一份力。通过《毕节晚报》媒体人的共同努力，目前，微七星关进入全国政务宣传排名前20强，在全省官方公众号排名中位居第一。截至2016年，活跃粉丝量达18万+，每条稿件平均阅读量达1.9万次。2015年4月6日，七星关手机报正式上线运营，七星关手机报定期向七星关区副科级及以上领导干部发送全区最新动态，让领导干部及时了解七星关区重大会议精神及民生实事。2016年9月中旬，《毕节晚报》网站、APP正式上线，在10月17日—19日召开的中国共产党毕节市七星关区第二次党代会上，《毕节晚报》APP以图文直播的方式对此次大会进行全景式的直播，让广大人民群众第一时间了解大会内容。截止2016年，《毕节晚报》网站、APP浏览量达百万余人次，《毕节晚报》APP装机量达3122人次。

【内容创新】 作为党媒，《毕节晚报》始终将党性原则放在第一位，始终牢记“党媒永远姓党”原则，坚持正确的舆论导向。结合习总书记的系列讲话精神及当前的舆论环境，《毕节晚报》始终以“坚持党性原则，晚报风格”为办报宗旨，在宣传内容上进行提质扩容和重大创新。对于媒体融合，重点是打通内部的内容生产，打通运营管理和打通用户渠道。党媒的作用归根结底就是凝聚人心、引导人心、鼓舞人心，这也符合用户的刚性需求。针对重大节日，《毕节晚报》精心策划相关专题进行宣传报道。在注重形式改变的同时，并对各类稿件内容进行严格把关，稿件内容多以市委、市政府和区委、区政府的相关政策，广大群众关心的重大民生时事为主，力求迎合广大群众的阅读兴趣，做到“想祥众之所想、急群众之所急”，力争将《毕节晚报》做成广大群众喜闻乐见的报刊。为适应新形势下的宣传环境，微七星关推出的“白鹭岛”系列文章，以解读的方式，有温度、深度和广度地进行传播，深受读者喜爱。微七星关在发展过程中，在强调技术引领和驱动的同时，始终把内容建设摆在十分突出的位置，以内容优势赢得发展优势。微七星关坚持不做“标题党”，坚持不做低俗新闻。同时，《毕节晚报》在宣传报道过程中还采用图表的方式进行宣传，以图表解析的方式让广大群众对宣传内容更加直观明了。

【重大突发事件报道】 针对全区发生的重大突发事件，新闻宣传中心在第一时间安排经验丰富的记者奔赴一线进行采访，拟写新闻通稿。

【编辑出书】 新闻宣传中心策划首届“最美七星关人”评比活动，并编辑出版《盛开的白玉兰》一书。

【完善新闻发言人制度】 成立新闻宣传工作领导小组，建立完善新闻联络员、新闻通讯员队伍，完善新闻发言人制度，进一步建立、健全新闻发布审批备案机制、舆情收集分析研判机制、重要信息通报核实机制、新闻发布效果评估机制等新闻发布工作机制。在2015年“6.9”事件中，新闻发言人充分发挥了作用，引导了舆论导向。

【外宣水平提高】 五年来，新闻宣传中心加强和新华社、《贵州日报》报业集团、《毕节日报》报业集团等媒体负责人交流、沟通，及时将有深度、有影响力的稿件上传，为全区经济社会发展营造良好舆论氛围。同时，积极协助《人民日报》、《光明日报》、《经济日报》、《贵州日报》、《农民日报》等10余家主流媒体记者先后深入七星关区进行采访报道；协助央视中文国际频道《走遍中国》栏目拍摄的七星关区专题纪录片《百岁老人的饮食秘密》、《千年苗寨探族员》等，极大地提高了七星关区的知名度和美誉度。

（撰稿人：办公室）

统一战线

【概　述】 2012－2016年，是十二五规划全面推进十三五规划正式起步的重要五年，是助力精准扶贫精准脱贫的关键五年，七星关区统一战线始终围绕中心、服务大局，坚持以历届中央全会精神为指导，全面贯彻落实中央、省、市统战部长会议精神，以“同心思想”为引领，发挥统一战线凝聚共识、凝聚人心、凝聚智慧、凝聚力量的优势，以做实做好“多党合作、经济统战、协商民主、民族宗教、联络联系”等工作为基础，聚精会神争支持，一心一意促发展，扎实推进统一战线工作开创新局面，为七星关区经济社会各项事业发展提供最广泛的力量支持。

【联络联系工作】　一是做好对接联系。坚持以联络联系为抓手，在争取政策扶持、拓展融资渠道、协调部门关系、优化发展环境等方面积极做好牵线搭桥、穿针引线和协调服务工作，搭建联络联系工作“一对一”对接“三级”联络平台，确保联络联系有的放矢。五年来，对中央统战部参与建设点朱昌镇双堰“同心新村”、民盟中央参与建设点长春堡镇干堰村、致公党中央参与建设点杨家湾镇三合村进行提升打造，融入了统战元素、彰显了同心文化的同时，促进了各村经济社会的发展，为村民们带来了福祉。做好统一战线各级各界来我区考察、调研的接待服务工作以及外出回访共计350余次，二是抓好“同心工程”项目建设。五年来，统一战线紧紧围绕“同心五大工程”，着力打造同心示范品牌。在助推发展方面：一直以来，民盟中央和致公党中央注重帮助七星关区培育和发展产业，变“输血”式扶贫为“造血”式扶贫，增强群众自我发展的能力。邀请中国农科院专家、民盟盟员专家深入到乡镇，积极探索生态建设的路子，成功试验出石漠化陡坡地和坡耕地“横坡种植法”；协调300万元“富民强县”项目的申报实施；协调辽宁省委统战部10家企业结对帮扶我区10个村，开展“百企帮百村”活动，累计协调捐赠资金179万余元；协调瑞庆新型墙体材料、河北连生农业开发有限公司、贵州“致福光谷”等项目落地七星关区。在智力支持方面：对口帮扶的两个民主党派中央历任领导人多次亲临七星关区考察调研，先后组织国内各界各类顶级专家学者300余人次赴七星关区考察调研，指导发展。通过“走出去培训、请进来讲座”等方式为我区培训医务人员3000余人，培训教师2500余人，大大提高了我区医务人员和教学人员的综合能力。在改善民生方面：主要突出教育帮扶、医疗帮扶和扶贫济困三个领域，在教育帮扶中成功打造了“烛光行动”、“同心助学”、“致福足球”、“致公科普中心”等帮扶品牌。在医疗帮扶中打造了“增爱义诊”、“新肝行动”、“明眸工程”、“致福送诊”等帮扶品牌。据统计，在教育帮扶上：投入资金援建学校，捐赠助学金、教学用品、教学设施、学生校服及图书等共计价值540余万元；在医疗帮扶上：两个对口帮扶的民主党派中央及各级组织协调捐赠资金累计达200余万元，派出了100余名专家、教授到医院坐诊和开展临床教学指导，累计开展教学查房1796人次，诊查患者2208人次，培训医务人员3076人次，手术示教46人次，学术讲座14次，免费实施白内障复明手术300例、唇腭裂修复手术100例；在扶贫济困上：多年来，两个民主党派中央始终致力于七星关区的扶贫工作，协调各级组织开展各类慰问、捐赠活动，五年来，捐赠资金、物资共计110余万元。在生态建设方面：在致公党中央和民盟中央的帮助协调下，国家已投资7000万元在实施“三江源”生态保护项目，投资3000余万元实施倒天河水库加固工程。此外，“茅台酒原产地及赤水河上游地区生态建设和环境保护规划项目”规划已经省政府批准实施，重点打造了“两线四翼”八条产业示范带和“5521”（50万亩特色经果、50万亩蔬菜、20万亩生态畜牧业、10万亩中药材种植）产业示范工程。在示范带动方面：民盟中央将长春堡镇干堰村确定为对口帮扶点，历年来共投入资金500余万元，从基础设施建设、学校、村便民服务中心、村庄环境整治及农业产业结构调整等方面全力助推干堰村发展建设；联引河北连生农业开发有限公司落户长春堡镇垭关村，创建垭关寒泊羊养殖基地，投资3000万元，有效带动当地贫困户脱贫致富。致公党中央将杨家湾镇三合村选定为对口帮扶点，捐资25万元修建三合村便民服务中心，为三合小学学生捐赠衣服、鞋袜及学习用品等，共价值5万余元；由致公党中央牵头，东部六省三市参与，致公党贵州省委协调，以LED产业为平台，发挥致公党科技和企业资源优势，引进联尚科技、日昌晶照明、炬晟半导体等致公党党员企业入驻七星关经济开发区，打造了“贵州致福光谷产业园，全力助推我区脱贫攻坚。

【经济统战工作开展情况】

切实落实中央、省、市关于鼓励和支持非公有制经济发展的相关政策措施，鼓励和支持我区非公有制经济健康有序发展。一是引导非公经济人士参与全区精准扶贫精准脱贫工作。组织非公有制企业、非公有制经济人士捐赠新农村建设、救灾救济资金20余万元，资助50多名贫困大学生；组织区内12家非公企业联系帮扶12个贫困村，积极推进“服务三农、村企联动”行动；成立“七星关区光彩事业促进会”，组织商会会员开展各类活动，发放光彩助学金4万元；协调泛海控股集团捐赠”泛海助学金“50万元资助全区100名贫困大学生。二是注重搭建多元化平台促进非公经济发展。开展“五好”工商联建设和“四型”商（协）会建设活动，多次深入企业调研，已建基层商（协）会11个；认真开展中国光彩毕节行百日招商活动，完成签约项目6个，签约资金达30.6亿元；为小微企业搭建交流沟通平台，累计举办2场企业招聘会，提供就业岗位70余个，达成就业意向560余人次，搭建融资服务平台，共帮助30家小微企业融资贷款约8000万元；组织11家民营企业参加贵州省非公企业人才招聘会活动，推荐6家民营企业参加省最具有成长型中小企业评选活动，推荐34家中小企业参加“2016中国·贵州中小企业跨境投资与贸易合作对接会”，推荐15名非公经济人士到贵阳参加优秀企业家计划培训，6名非公经济人士到省社会主义学院学习。三是扎实推进“千企帮千村”“千凤还巢”和“荣誉村主任”工作服务全区脱贫攻坚。积极开展非公经济人士担任“荣誉村主任”工作，全区506个行政村均有非公经济人士担任“荣誉村主任”带动老百姓寻求脱贫方法。“引凤还巢”共成功引进418人返乡创业，创办企业和专业合作社200余个，解决就业人数上万人，累计投资规模超4亿元，就业人员人均工资达到2100元。通过对接苏州毕节商会协调民众财行金融控股集团出资60余万元购买物资，帮扶阿市乡贫困群众。“千企帮千村”联引了83个企业结对帮扶86个村，占任务数的101.22%，带动贫困老百姓脱贫致富。按照“立一块牌子、制作一条永久性宣传标语、编印一份宣传资料、制作一套高质量高水平的宣传展板”的要求，重点打造了长春堡镇垭关村寒泊羊养殖基地、朱昌镇家乡美农业综合开发公司2个“千企帮千村”示范点；打造清水铺镇黔程果蔬专业合作社、朱昌镇鸿达牧业有限公司等2个“荣誉村主任”示范点；亮岩镇太极生态农业综合观光园及致福光谷产业园等2个“千凤还巢”示范点。

【多党合作示范工作】 一是加强对党派工作的支持指导，帮助民主党派自身加强建设，成立了民盟和致公党七星关区工作委员会、建立了民革、民进、民建、九三学社及农工党等5个民主党派支部，实现全区7个民主党派全覆盖，并落实办公场所和经费。协调民进支部在我区长春堡中学、八寨中学、大银中学和团结中学开展“万个足球进校园”公益活动，分别为四所学校共捐赠价值12万元的足球400个。协调民进贵州省委联系企业为我区民族中学等5所学校捐赠价值10万元的净水设备。二是实现全区各乡镇（街道）以党委（党工委）副书记任统战委员的基层统战工作模式，配备统战联络员，将多党合作服务改革发展的力量向基层延伸。三是在贵州致福光谷产业园建立了贵州省第一家民主党派民营企业支部——致公党七星关区贵州致福光谷支部，夯实了统战工作基层组织，积极引导和鼓励他们参与脱贫攻坚任务。四是党外干部配备情况。人大班子中有1名党外干部，政协班子中有3名党外干部，政府部门中有6个部门（含政府工作部门和政府组成部门）领导班子配备党外干部，42个镇（乡、街道）共有17个镇（乡、街道）领导班子配备党外干部，法检两院以及群团部门领导班子未配备党外干部。建立546名党外干部数据库，其中县级干部10名，科级干部90名（实职领导干部59名，含区直部门和乡镇街道），股级干部446名。建立党外知识分子数据库283名（含区直部门和乡镇）。按《中国共产党统一战线工作条例（试行）》要求，协助做好区人大、政协换届有关工作。

【民族宗教工作】 坚持民族宗教无小事的思想，认真贯彻党的民族宗教政策，切实推进民族宗教事业稳步发展。民族工作方面：制定了民族乡“十二五”发展规划，坚持把“民族团结创建活动”摆在民族工作的重要位置来抓好抓实，打造七星关区“民族团结进步创建示范点”麻园街道双树社区、朱昌镇花厂村，并推荐燕子口镇一心村参与省级创建活动示范单位的评选，助推少数民族和民族地方社会经济发展。积极协调相关部门参与验收2014年省、市民委（民宗委）扶持的17个项目累计资金167万元；积极协调财政部门对2015年中央、省、市民族发展资金项目进行督促验收：争取到上级民宗部门项目13个，资金140万元；上报中央、省、市级竞争性项目2个，资金50万元，民族教育专项项目8个，资金31.9万元，民族节庆活动项目5个，资金25万元，落实中央级项目2个，资金83万元，省级项目3个，资金22万元。完成对长春堡镇干堰村熊嘎苗寨等11个少数民族村寨示范点打造的前期摸底调研工作。宗教工作方面：牵头召开宗教工作联席会议8次，规范宗教活动工作会14次，对和谐寺观教堂考评及有关工作进行安排部署，制定了创建和谐寺观教堂活动五年规划，明确了区、乡（镇）、村三级成员名单，全区共有924人为宗教工作三级管理成员。积极开展“宗教慈善周”活动，引导宗教界人士向社会捐资捐物参与社会活动，使信教群众正确审视修生养性的生活，累计捐资共计2万余元。

【海外统战工作】 认真贯彻执行中央对台政策，为祖国统一大业服务，把联络感情、争取民心、强化祖国统一的大局意识落实到对台工作中。积极加强与台胞、台属、台商的联络联系，推进涉台招商引资、项目推介等工作。认真做好台胞台属摸底、登记和上报工作，做好涉台婚姻登记、台胞台属接待服务工作，处理好涉台事务，目前对台工作健康有序开展。

【统一战线参与毕节试验区建设宣传工作】 从区委的高度切实加强抓好统一战线支持和参与毕节试验区建设宣传报道工作，成立统一战线参与七星关区建设宣传工作领导小组、制定宣传工作方案、组建新闻宣传队伍，建立宣传汇报工作机制和宣传报道奖励机制。五年来，在人民政协报、贵州日报、贵州政协报、人民网、新华网、光明网以及民主党派中央网站等报刊网络媒体共登载140余篇关于统一战线参与毕节试验区建设稿件。编辑《同心·动态》332期，编辑联络联系动态60期，在统一战线氛围营造工作上，我区在机场路口、朱昌隧道等代表性地段挂有“民盟中央、致公党中央对口帮扶县区七星关”标牌，在统一战线参与毕节试验区建设项目点上挂有52余块标识标牌，组织各镇乡街道办悬挂刷写横幅标语40余条，全区七星统一战线微信公众平台运转良好，制作了贵州致福光谷微视频，提供同心城市公园水幕电影同心素材。全区7个民主党派均开通宣传微信群，及时宣传报道统一战线各类信息，大力营造了全民知晓的毕节统战新氛围。

【特色亮点工作】 一是以同心城市公园为载体，充分展现试验区多党合作示范区品牌效应，强化示范引领。同心城市公园项目建设以重点打造同心广场、同心步行街、同心林、同心苑四个主要公园节点为主要内容，总占地面积239100平方米，总投资约11.6亿元。公园建成后，我部积极作为，以同心水幕电影等多形式多渠道宣传模式，通过拍摄宣传片、制作宣传展板、制作各类画报画册等方式在公园宣传介绍各民主党派对毕节的帮扶历程，充分展示“同心同德、同心同行、同心同向”的同心文化，向广大市民进行同心文化的宣传和熏陶。既满足了市民对文化休闲的需要，也为广大市民提供了优质的休闲游憩场所，为打造毕节对口帮扶、多党合作示范高地提供了示范引领。二是强化与民盟各级组织的联系，成功将“同心助学”教育扶贫项目形成帮扶品牌。自“同心助学”活动启动以来，我区主要领导亲自率队赴民盟中央对接沟通，与民盟中央社会服务部签订“同心助学”对口帮扶协议，争取到民盟中央及东部十省市民盟组织赴我区开展“同心助学”活动启动仪式及项目资金捐赠仪式，东部十省市相关学校与我区13所学校签订了结对协议。2016年9月，通过沟通对接，由民盟中央、民盟江苏省委、民盟贵州省委共同主办的东部十省市民盟组织参与毕节试验区精准扶贫“同心助学”工作经验交流会在江苏省南京市举行，来自全国民盟各级组织的相关负责人踊跃发言、交流经验，围绕如何帮助毕节试验区改善民生状况、促进教育发展、提升医疗水平等建言献策，并提出要利用东部省市优质的教育资源，开展教师培训，教学教研互动，指导学校管理、文化建设及关爱留守儿童等工作，全面帮助试验区教育教学和管理水平提质。自“同心助学”开展以来，我区已开展活动14次，累计请进来培训教师513名，走出去培训教师20名，培训学生237名，开展教研活动5次，捐款捐物181万元。三是争取到致公党中央发动东部六省三市各级组织定期在我区开展“致福送诊”活动。自2014年10月“致福送诊”活动启动以来，致公党各级组织组织医疗界各类专家赴我区人民医院通过坐诊、查房、现场教学、医疗讲座等方式，帮助我区提升医疗技术水平，同时也为我区疑难杂症患者提供了便捷服务，在我区引起强烈反响。自2016年底，已开展“致福送诊”19次，开展教学查房1796人次，诊查患者2208人次，培训医务人员3076人次，手术示教46人次，学术讲座14次。四是主动出击、有的放矢，立“四机制”促联络联系工作上台阶。写感谢信、一事一档跟踪管理、联络帮扶工作数据库、回访工作四项机制。凡在我区开展活动的民主党派组织和为我区做出特别贡献的民主党派和各界人士，都将根据实际情况分门别类书写赠予感谢信，激发对方积极参与我区建设；规范联络跟踪机制，做到帮扶联系事宜、同心项目档案齐全，装档规范，一事一档，切实提高项目落实率；将统一战线帮扶七星关区以来的情况，通过梳理收集建立数据台账和工作大事记，做到底数清，情况明，然后有针对性的对民盟和致公各级组织主动发函，邀请他们到我区进行考察帮扶，加强与民主党派的联络联系，带着项目定期与不定期开展回访活动。五是成立首个民营民主党派企业支部——致公党贵州致福光谷产业园区支部。2016年3月，在贵州致福光谷产业园成立了致公党毕节市七星关区贵州致福光谷支部，丰富了致福光谷品牌的内涵，整合党派优势资源服务园区企业发展，成为贵州省唯一一家民营企业民主党派支部，是毕节试验区先行先试的具体体现，必将引领致福光谷走向辉煌的明天。

（撰稿人：办公室）

机要（密码）

【概　述】 2012－2016年，在区委、区委密码工作领导小组和区委办公室的正确领导下，在上级业务部门的领导和悉心指导下，我区机要密码工作严格按照中央、省、市有关要求，以邓小平理论和“三个代表”重要思想为指导，认真贯彻落实科学发展观，学习党的十八大以来的路线、方针、政策、条例和有关会议精神，切实贯彻执行习近平总书记对机要密码工作的重要批示精神、中央《决定》、《条例》、以及省、市关于密码工作的纲领性文件精神，进一步加强对密码工作的领导和管理，全力做好密码通信、密码管理、信息化密码保障、密码安全保密及党委系统信息化建设等工作，紧紧围绕建设富裕、幸福、文明、和谐的七星关的总体要求，不断加强密码干部队伍建设，求真务实，扎实工作，较好地完成了各项工作任务。现将2012—2016年工作开展完成情况总结如下：

【认真贯彻落实密码工作的路线、方针、政策、条例和有关会议精神】 一是贯彻落实了习近平总书记一系列重要批示精神、中央《决定》、《条例》和省委《实施意见》等文件精神。建立健全了领导和管理体制，并结合实际，制定和完善各项规章制度，切实做到有章可循，按章管理。二是认真传达和学习省、市有关密码工作会议精神。组织密码干部认真学习省市党委系统密码工作会议、全市密码通信工作会议及有关文件精神。要求全体密码干部认真领会并吃透会议精神，把领导的讲话和会议的主要精神作为当前密码工作的指导思想，行为准则，努力做好新时期的密码工作。三是按省、市有关要求，认真制定每年工作要点。要求全体密码干部必须严格执行并努力按照《要点》的标准完成各项任务。

【努力抓好乡镇办事处及市直部门计算机通信网管理工作】 七星关区乡镇办事处及区直部门计算机通信网自建成以来，运转良好。充分实现了部门与镇、乡、办事处，部门与部门之间相互传输各类不涉密信息公文，缩短了公文和信息流转时限，提高了工作效率，全区共有173个单位接入，计算机操作员465名，日均访问量达1232人次，最高日访问量达3190人次，全年累计访问量达449680余万人次，接入单位通过网络及时准确发送和收取相关公文和信息23余万份，大大降低了行政成本，减少了财政开支，得到了区委、区政府领导和镇乡办事处及市直部门的好评和认可。2013年因为乡镇办事处及市直部门计算机通信网服务器工作年限较长，区委领导特批资金更换了新的服务器，更好的保证了网络通畅，系统的良好运转。2015年，为了升级改版，协同网代替了乡镇办事处及市直部门计算机传真通信网。

【深化优质服务，确保各级党政机关指示政令安全畅通】 一是严格工作程序，完善工作措施，确保密码通信绝对安全、绝对畅通，优质高效地完成密码通信任务。二是认真做好跟随党政领导服务工作，努力提高应急通信保障能力，为各级党政领导提供全方位全天候的密码通信保障服务。三是进一步规范密码电报的管理使用流程，做好电报译、传、办理工作，努力提高办报质量和时效。四是牢固树立“第一时间”观念，保证做到紧急重要电报“零差错”、“零停留”，坚决杜绝压误、丢失、漏发、漏收、错办电报等工作责任事故发生。努力提高了办报质量和实效，确保了各级党政机关指示政令安全畅通。

【增强责任意识，认真抓好信息化密码保障工作】 一是优选技术人才，增强电子政务内网管理中心人员力量，加大电子政务内网管理力度；二是对接入电子政务内网单位进行业务培训和技术指导，建立高效服务机制，确保电子政务内网安全畅通。认真做好电子政务内网建设、加密视频会议系统的维护管理工作。按照党委系统信息化工作要求，与电子政务内网使用部门分别签订《七星关区2016年电子政务内网安全责任状》。

【积极创新、不断推进党委系统信息化建设】 一是认真抓好党政综合信息保密网和党办综合信息保密网的管理和维护，明确网站管理人员，及时更新网页内容，使网站更新管理工作更加规范化、科学化、制度化、优质高效地为党政领导提供服务。五年来，每年新增上网信息2000余条，其中：区委门户网站更新信息1000余条，区党办网1000余条。二是认真抓好区委办、政府办、组织部、纪委办、宣传部、信访局、编委办、审计局等部门计算机接入党政电子政务内网的维护和管理工作。

【认真做应急密码通信系统建设各项准备工作】 按照中央、省、市机要部门的要求，为确保我市密码通信无论在任何时间、任何地点、任何情况下都畅通无阻。我局应急密码通信车已按要求配置到位。通过增加演练次数，不断提高对设备的熟悉程度。熟练掌握设备属性、熟悉设备操作流程，确保每位密码干部都能拉得出、用得上。真正做到在任何时间、任何地点都能圆满完成应急密码通信随行服务工作。充分调动干部的积极性和创新性，激发干部想干事、干成事的热情，形成争比进位、协调配合的工作氛围，形成工作合力，努力提高了机要密码干部的综合素质。

【不断加强密码干部队伍建设，增强新形势下密码工作活力】 一是以“政治坚定，业务精湛，作风过硬”为目标，积极组织密码干部参加“两学一做”等到教育活动、学习贯彻习近平总书记在中央密码工作领导小组报告上的重要批示，栗战书主任就学习贯彻习近平总书记重要指示精神作出的批示和省委书记陈敏尔同志就学习贯彻习近平总书记重要批示，不断提高密码干部政治思想水平。二是加强了机要密码干部的交流工作，五年来，共交流出五名密码干部，招录了六名新密码干部。不断增加了密码干部的合理流动渠道，努力提高了密码干部的工作积极性，增强了新形势下密码工作的活力。三是每年编发《七星关区机要工作》四期，进一步提高了密码干部文字写作能力。四是认真做好机要信息上报工作，每年编写上报《七星关区机要信息》60多期，其中共有30余篇信息被省委机要局《机要动态》栏目采用，提高了我区机要工作的宣传力度。

（撰稿人：邓书必）

老干部管理

【概　述】　2012年—2016年，七星关区老干部工作的总体要求是：以党的十八大精神为主线，全面学习贯彻十八届四中、五中、六中全会精神和习近平总书记系列重要讲话精神，在市老干局的指导下、在区委、区政府的坚强领导下，推动我区老干部工作健康有序的开展。认真抓好《关于进一步加强和改进离退休干部工作的意见》（以下简称意见）贯彻落实。不断改进工作方式，不断提高服务管理水平，全心全意为老干部服务，竭力满足老干部精神文化生活需求，为老同志办实事做好事，让老同志感受到老有所教、老有所学、老有所乐、老有所为，安度晚年。全面开展正能量活动，切实加强离退休干部思想政治工作和党组织建设，完善和创新服务管理工作，按照“两学一做”要求加强自身建设，着重抓好老干部“两项待遇”的落实，加强离退休干部“两项建设”、开展系列活动，充分利用离退休老同志的经验优势、威望优势、时空优势，组织动员部分老同志积极参与关心下一代工作，发挥老同志在青少年健康成长中的积极作用，让老同志在“决战贫困、提速赶超、同步小康”建设中释放正能量。〃

【抓好老干部“两个待遇”落实】　2012年，政治待遇方面：一是坚持重大节日期间走访慰问老干部制度。元月中旬，区四大班子领导分别医院及老干部家中走访离退休老干部，并为副厅级离休干部和正县级退休干部每人送去800元慰问金，为县级以下离休干部、离休干部遗孀、副县级退休干部每人送去500元慰问金。二是坚持邀请老干部参加区重大会议和重要活动制度。我区召开的区委扩大会、人代会、政协会、干部推荐考察会等重要会议、重大活动都邀请老干部参加，听取老干部的意见和建议。5月11日，区委组织部邀请离退休老同志在区行政办公中心九楼大会议室召开“向老干部汇报建设发展型党组织暨全区基层组织建设年活动工作推进会”，参会离退休老同志达300余人；6月30日，离退休老干部参加“七星关区庆祝中国产党成立91周年大会”；11月17日，区委邀请离退休老干部参加“七星关区学习贯彻党的十八大及十七届七中全会精神动员会”。一年来，参加区重大会议和重要活动的离退休老干部达500余人次。三是坚持老干部学习制度。每月15日，我局在老干活动中心组织老干部开展政治理论学习，学习内容包含党和国家大政方针和中央、省、市、区有关领导的讲话。如，5月15日学习国发2号文件及省第十一次党代会精神、2012年6月15日我局邀请区党校副校长朱凯为全区离退休老干部作学习国发2号及省第十一次党代会精神报告会、11月15日学习胡锦涛同志在十八大上的报告等。四是组织老干部参观工农业生产。经请示区委分管领导，6月18日上午，我局组织我区离退休老干部共39人参观团，在组织部有关领导的陪同下，分别参观了位于大方县贵州宣慰府、奢香博物馆、并瞻仰奢香墓。在“贵州宣慰府”，老同志们认真参观了“贵州宣慰府”当时办公的各级机构和部门以及奢香夫人的会客厅等，仔细观看奢香夫人的生平简介。老干部们对这位为国家统一、民族团结和古代水西经济社会发展作出重要贡献的民族女英雄表示钦佩，对大方县在传承和保护少数民族文化方面的工作给予高度评价。五是坚持每年开展两次以上有益于老干部身心健康的娱乐活动。6月28日和9月28日，以“钓鱼”、飞镖、麻将、乒乓球、象棋、“保龄球”、卡拉OK等内容的文体娱乐活动，庆祝党的91岁生日和中华人民共和国成立63周年。生活待遇方面：一是对解放初期享受特殊补贴200元、150元的退休干部140人参照毕节市做法提高医疗待遇。二是5月份落实了离退休干部一次性抚恤，按文件规定，从2011年8月起，由20个月调整为上一年度全国城镇居民人均可支配收入2倍加本人生前40个月基本工资或基本离退休费。三是按规定为65位离休干部无工作遗孀从今年元月起每月增加100元生活费。四是区政府拨款5万元到老干局作为特殊困难帮扶基金。五是2月份对65位无工作遗孀进行帮扶，为每人送去500元。六是经市委分管领导郑荣和区政府联系领导唐兴全协调，区民政局对65位无工作离休干部遗孀进行帮扶，元月19日，为她们每人送去一袋大米和一桶油。七是根据七星民临救［2012］03号，2月，民政局拨款19500元，为每人发放300元的临时救助金。八是为黄秀雪、吴珍会两位无工作遗孀每人给予1000元困年补助金。

2013年，政治待遇方面：一是重大节日期间走访慰问老干部。2月4日至7日，区四大班子领导分别医院及老干部家中走访离退休老干部，与他们促膝交谈，了解他们的身体生活情况。并为副厅级离休干部和正县级退休干部每人送去800元慰问金，为县级以下离休干部、离休干部遗孀、副县级退休干部每人送去500元慰问金。二是认真做好老干部报刊征订工作。2012年底，区老干局按相关标准为老干部发放2013年报刊费，由他们自行购买订阅，并为他们每人征订一份《晚晴》杂志。三是认真搞好老干部政治理论学习。每月15日，区老干部局都要组织老干部学习党的十八大精神，中央、省、市、区有关文件精神，学习中央、省、市、区有关领导的重要讲话和重要批示，让老干部及时了解国内外重大事件，了解区经济社会发展情况。四是加强活动中心基础设施建设，搞好各类活动的开展。年初，七星关区离退休干部工作局在老干部活动中心添置按摩椅、跑步机、台球桌等健身器材，以满足老干部健身娱乐需求。在中国共产党成立92周年、中华人民共和国64周年华诞来临之际，七星关区老干局邀请离退休老干部分别于6月28日、9月26日在老干部活动中心举行庆祝活动，让老干部们度过一个欢快美好的节日。参加庆祝活动的老干部达60余人。活动内容有象棋、麻将、飞镖、“钓鱼”、打“保龄球”、唱卡拉OK等。老干部们一边参加活动，一边相互寒暄、互致祝福，并饶有兴趣地畅谈我们国家改革开放以来所取得的成就，特别是近几年的巨大变化，让人振奋，鼓舞人心。活动采取自愿、自由组合，以比赛的方式进行，各项活动有序开展。在卡拉OK厅，老干部们用《歌唱祖国》、《唱支山歌给党听》、《没有共产党就没有新中国》等一首首高亢、激昂的歌曲以表达自己对祖国和中国共产党的热爱之情和美好的祝福。五是向老干部通报经济社会发展情况。7月19日，七星关区向老干部通报2013年上半年经济社会发展情况，区委常委、组织部长郑荣向老干部通报组织建设工作开展情况。唐兴全副区长围绕七星关区建设“一个枢纽（交通枢纽）、两个中心（经济中心、物流中心）、三大基地（特色农业基地、先进装备业基地、科学发展试验基地）”的战略定位，唱响“加速发展、加快转型、推动跨越”主基调；大力实施工业强区、城镇化带动两大战略，推进四化同步发展；坚持四个必须（必须抓好安全生产、必须抓好维护稳定、必须抓好民生和社会保障、必须抓好社会事业）的工作思路，着力破解发展难题等。对七星关区上半年主要经济指标增长情况、园区重大项目建设、城乡建设与管理、交通水利等重大基础设施建设、农业产业结构优化、小康社会建设、生态环境保护和建设、保障民生、信访维稳、人口计生等各项工作开展情况、取得效果以及存在问题和下步工作打算一一向老干部进行通报。六是开展参观考察活动。10月25日，七星关区委老干局组织30余名离退休老干部参观了工农业生产。副区长唐兴全向老干部们介绍了七星关区经济社会发展情况、招商引资项目情况和城市基础设施建设情况。老干部们先后参观了添钰动力、贵州新大欣高新科技园、毕节机场。11月15日，组织老干部到昆明、大理、丽江、楚雄等地参观考察，通过此次考察学习，老干部们真切地感受到了区外发展的巨大变化，视野更加开阔，思想更加解放，精神文化生活更加丰富。生活待遇方面：一是特殊困难老干部及遗孀的帮扶情况。2月初，区委、区政府拿出32500元，对无65工作遗孀进行帮扶，为每人送去500元。二是组织老干部进行健康体检。为落实好老干部的政治生活待遇，体现党和政府对老干部的关心、爱护，确保老干部的身心健康，5月27日至28日，七星关区委离退休干部工作局组织70余名离退休干部到毕节市第三人民医院体检中心进行健康体。此次健康体检，七星关区委离退休干部工作局做到周密安排、精心组织。提前与毕节市三人民医院联系，明确告知体检时间、地点，联系车辆接送，要求医院派出业务精湛的医务人员为老干部进行体检，全局干部职工为老干部全程跟踪服务。体检科目有：肝功能、肾功能、尿常规、眼底照片、五官科、心电图、腹部彩超、骨密度、全胸正位片、颈椎侧位片、经颅多普勒检测等。通过体检，让老干部了解自己的身体情况，做到早诊断、早预防、早治疗，增强了老干部的健康保健意识，同时也感受到党委政府对他们的关心和照顾，深得老干部们的一致好评。

2014年政治待遇方面：一是坚持重大节日走访慰问老干部制度。2014年春节前夕，区离退干局分为四个组，陪同区四大班子及区委分管领导分别到医院、老干部活动中心及老干部家中走访慰问老干部。走访慰问期间，为副厅级（含享受待遇）离休干部和正县级（实职）退休干部每人送去800元慰问金，为县级以下离休干部、离休干部遗孀、副县级（含享受待遇）退休干部每人送去500元慰问金。在建国65周年之际，市委常委区委书记宫晓农、区委副书记区长刘建平和区委各常委领导在区老干局陪同下分别走访离休老干部、建国前老党员，并送去慰问金每人500元。二是党报党刊征订工作。2013年底，区离退干局按照离退休干部报刊相关费用标准，将2014年报刊费发到老干部手中，由他们自行购买、订阅。三是坚持老干部学习制度。自4月起，每月15日在老干部活动中心组织老干部进行政治理论学习。学习内容有：十八届三中、四中全会精神，中央、省、市、区有关文件精神，习近平总书记系列重要讲话精神等。通过学习，让老干部及时了解国内外重大事件，了解七星关区经济社会发展情况。四是开展有益于老干部身心健康的文体娱乐活动。在中国共产党成立93周年和建国65周年之际，分别于6月27日、9月24日，邀请离退休老干部在老干部活动中心开展庆祝活动，9月25日，邀请建国初期参加工作“50.6.30”的退休老同志开展庆祝活动。活动内容有象棋、麻将、飞镖、“钓鱼”、“打保龄球”、唱卡拉ok、丢圈等。活动采取自愿、自由组合，以比赛的方式进行，历次参加活动的老干部达200余人次。五是按要求组织老干部参加区各类会议。2014年，按区委区政府要求，组织老干部参加全区经济工作会、领导干部会等各类重要会议，参会老干部60余人次。5月19日，区四大班子深入开展党的群众路线教育实践活动征求老干部意见座谈会在区老干部活动中心召开，参加座谈会老干部达29人。市委常委区委书记宫晓农、区人大主任周延、区政协主席吴坚、区委常委区委组织部部长郑荣、区委常委副区长唐兴全参加座谈会。座谈会上，老干部们踊跃发言，积极为七星关区经济社会发展建言献策。据统计，老干部们围绕城市基础设施、市场管理、医保、卫生、物价、学校安全、宴席泛滥等方面提出了30多条意见和建议。六是参观工农业生产。10月10日，组织老干部参观朱昌镇兴泰牧业有限公司养鸡流程和农业观光园，区委常委区委组织部部长郑荣、区委常委副区长唐兴全带领参观。一同参观的老干部有离休干部、副县级以上退休干部、建国前参加工作的退休干部，共31人。生活待遇方面：一是特殊困难离休干部及遗孀的帮扶情况。春节期间，对60位无工作离休干部遗孀进行帮扶，为每人送去1000元帮扶资金，共计60000元。二是落实离休干部护理费。经请示区委、区政府分管领导同意，区离退干局于6月18日，与区委组织部、区财政局、区人力资源和社会保障局联合转发《市委组织部市委离退干局市财政局市人力资源和社会保障局转发省老干通［2014］8号<关于调整离休退休人员护理费标准的通知>的通知》的通知。并按通知要求，自2014年元月起，提高我区离休干部护理费标准，抗日战争时期参加工作的离休干部每人每月从600元增至1200元，解放战争时期参加工作的离休干部每人每月从600元增至1000元

2015年，政治待遇方面：一是重大节日走访慰问老干部。2015年春节前夕，区离退干局陪同区四大班子及区委分管领导分别到医院、老干部活动中心及老干部家中走访慰问老干部，与他们促膝谈心、拉家常，了解他们的身体生活情况。走访慰问期间，为副厅级（享受）离休干部和正县级（实职）退休干部每人送去800元慰问金和慰问礼品，为县级以下离休干部、离休干部遗孀、副县级（享受）以下退休干部每人送去500元慰问金和慰问礼品。在中国人民抗日战争胜利70周年之际，陪同区委分管领导看望慰问参加过抗战的10名离休干部，并为每人送去5000元慰问金。二是党报党刊征订工作。2014年底，区离退干局按照离退休干部报刊相关费用标准，将2015年报刊费发到老干部手中，由他们自行购买订阅。三是寓教于乐，开展有益于老干部身心健康的文体娱乐活动。在中国共产党成立94周年和建国66周年之际，分别于6月30日、9月30日，邀请离退休老干部在老干部活动中心开展庆祝活动，活动内容有象棋、麻将、飞镖、“钓鱼”、“打保龄球”、唱卡拉OK、丢圈等。活动采取自愿、自由组合，以比赛的方式进行，参加活动的老干部达40余人。四是按规定走访易地安置离休干部及遗孀。1月30日，区离退干局陪同区政府联系领导到山东烟台看望慰问易安离休干部。五是按要求组织老干部参加区各类会议。2015年，区委区政府邀请老干部参加“三严三实”专题党课电视直播学习、文朝荣先进事迹报告会、领导干部会等各类重要会议达10余次，参会老干部60余人次。3月2日、3月30日，毕节市委离退休干部工作局、贵州省委老干部局分别到我区召开以宣讲“双先”精神和老干部看作风建设为主题的老干部党建工作调研座谈会，参加座谈会的离退休老同志达40余人次。六是参观工农业生产。为纪念遵义会议胜利召开80周年，9月14日只15日，组织20余名老干部到双山新区、遵义会议纪念馆、苟坝会议会址参观。生活待遇方面：一是两费落实情况。离休费均按时足额发放，医药费按规定据实报销。二是特殊困难离休干部及遗孀的帮扶情况。12月3日，对60位无工作离休干部遗孀进行帮扶，为每人送去1000元帮扶资金。三是按规定为离休干部无工作遗孀发放医药费困难补助。发放标准为：老红军遗孀每人每年3000元、地厅级离休干部遗孀每人每年2000元、县处级以下离休干部遗孀每人每年1500元。

2016年，政治待遇方面：一是开展走访慰问活动。2016年2月1日开始，区离退干局分为三个组，对七星关区离休老干部、副县级以上退休干部及离休干部遗孀进行走访慰问，陪同区四大班子及区委分管领导分别到医院、老干部活动中心慰问座谈，了解他们的身体生活状况。走访慰问期间，为副厅级（享受）离休干部和正县级（实职）退休干部为人送去1000元慰问金和一个礼包慰问物资，为县级以下离休干部、离休干部遗孀、副县级（享受）以下退休干部每人送去700元慰问金和一个礼包。慰问资金共计166600元。二是组织老干部参加经济社会发展情况通报会。2月23日，组织200余名离退休老同志参加区委、区政府召开的“七星关区离退休干部经济社会发展情况通报会”，让老同志及时了解全区的经济发展情况。三是党报党刊征订工作。按照上级的相关要求，结合离退休干部的具体实际，及时将报刊费发到离退休干部手中，使其及时订阅党报党刊。四是按要求传达学习相关文件和会议精神。在全

区组织工作会议上传达学习中央办公厅、国务院办公厅《关于进一步加强和改进离退休干部工作的意见》和市委常委、市委组织部部长文松波及市委老干局局长关凤晶在市老干部工作会议上的讲话精神。6月23日，召开十八大以来反腐倡廉暨组织工作宣讲会，会议邀请30名离退休老同志参加。主要向离退休老同志宣讲党的十八大以来反腐倡廉的有关情况，让其充分了解党的十八大以来反腐倡廉、组织工作的新变化和新成效。五是寓教于乐，开展有益于老干部身心健康的文体娱乐活动。在中国共产党成立95周年和建国67周年之际，分别于6月30日、9月30日，组织离退休老干部在老干部活动中心开展庆祝活动，活动内容有象棋、麻将、飞镖、“钓鱼”、“打保龄球”、卡拉OK、丢圈等，参加活动的老干部达40余人。六是参观工农业生产。为纪念红军长征胜利80周年，10月24日至28日，组织20余名老干部到红色圣地韶山和井冈山参观学习。生活待遇方面：一是两费落实情况。离休费均按时足额发放，医药费按规定据实报销。二是特殊困难离休干部及遗孀进行困难补助。12月3日，对60位无工作离休干部遗孀进行补助，为每人送去1200元困难补助资金。三是按规定为离休干部无工作遗孀发放医药费困难补助。发放标准为：老红军遗孀每人每年3000元、地厅级离休干部遗孀每人每年2000元、县处级以下离休干部遗孀每人每年1500元。四是落实离休干部护理费。根据2014年6月18日，区离退干部工作局与区委组织部、区财政局、区人力资源和社会保障局联合转发的《市委组织部市委离退干局市财政局市人力资源和社会保障局转发省老干通［2014］8号<关于调整离休退休人员护理费标准的通知>的通知》的要求，自2014年元月起，按月发放我区离休干部护理费。标准是，抗日战争时期参加工作的离休干部每人每月从600元增至1200元，解放战争时期参加工作的离休干部每人每月从600元增至1000元。

【做好离退休干部来信来访工作】 2012年至2016年，对老干部的来信来访，我局始终坚持做到笑脸相迎、热情接待，倾听老干部诉求，认真办理老干部信访件。在符合规定、政策范围内，能解决的，及时解决，不能解决的做好政策解释疏导工作。如2012年6月，部分老干部反映，在老干部生日期间，希望将生日蛋糕、鲜花改为其他物资，如长寿面等。接此信访件后，根据区委分管领导区委常委、组织部长郑荣的批示，我局于2012年5月26日以打电话的形式，广泛征求离退休老干部意见，决定从2012年7月1日起，离退休老干部生日时，离退休老干部生日时，将生日蛋糕、鲜花改为送两箱长寿面和一桶菜油。2014年3月3日，一位建国初期参加工作退休的老同志来我局反映住房难问题，我局将情况及时向有关领导汇报，并得到区政府的重视，经多方协调，至5月底，为这位老同志（自50年至今，没有属于自己的一套住房）联系一套住房，解决了他的住房难问题。2015年“50.6.30”退休老同志反映，1949年10月1日至当地解放期间参加工作享受供给制的企业退休人员生活困难的问题，经实地走访调研，这部分老同志与机关事业单位退休的同类人员相比，退休工资偏低，生活存在一定困难，我局将实际情况向区政府提出请示，建议区政府自2015年1月起，每月对1949年10月1日至当地解放期间参加工作享受供给制的企业退休人员（年初数15人，现有12人）给予一定的困难补助，2015年共发放困难补助资金29552元；离休干部闵布扬遗孀张大新反映其住房于2015年3月5日发生火灾，房屋财产受损严重，经请示区政府，2015年4月17日，给予张大新老同志10000元救助金。2016年2月5日，居住老干活动中心老干部宿舍一离休干部遗孀反映由于凝冻天气，造成活动中心老干宿舍水管爆裂，徐局长得知情况后，第一时间到水务公司去协调解决，水务公司随后便派人进行抢修。2月25日，一离休干部写信到我局反映其在1958年至1963年被错划为右派期间未补发工资问题，接访后，安排相关人员到组织部、人社局、教育局等单位查阅其档案，将查阅结果请示上级领导，后经查证，其反映事宜按规定不予补发被划为右派期间的工资，并以书面形式答复该离休干部。

【示范性老干部活动中创建工作】 一是在2012年3月至4月，我局对全区离退休干部党支部进行一次全面调查，并对各支部进行工作指导。目前为止，全区共成立离退休干部党支部24个，其中：机关离退休干部党支部14个，镇乡办10个；党员人数585人，其中：机关党支部人数411人，镇乡办党支部人数174人。各支部均有办公地点和一定的办公经费，工作开展正常。在深入开展创先争优活动中，认真组织学习，充分发挥党员先锋模范作用。一是积极组织离退休党员参加老干局每月15日开展的例会学习，使他们政治坚定、思想常新、理想永荐；二是动员部分离退休党员参加区老年大学学习，让他们增长知识、丰富生活、陶冶情操、促进健康、服务社会；三是组织党支部的离退休党员积极参与“创卫”及“整脏治乱”工作，由于部分老党员的积极参与和监督，院坝内卫生得以改观，花池绿树得到很好的保护；四是组织部分离退休党员进入关工委各个专门委员会，充分发挥“五老”作用，为乡镇（村）创建“五好”关工委和城区“老少共建”作出积极的贡献。2012年6月28日，市西办、七星关区住房和城乡建设局、教育局、国税局、卫食药监局、交通运输局、供销社、党校、公安分局等九个离退休干部党支部被七星关区委党建办评为全区2012年“五好”基层党组织，七星关区国税局离退休干部党支部书记朱大军被七星关区委党建办评为全区“十佳”党务工作者。二是2014年我局积极按照省委老干部局安排，根据我区老干活动中心实际情况，结合老干部精神文化、健身娱乐实际需求，对照示范性老干活动中心建设标准逐项实施，硬件软件均得到提升。添置了部分健身娱乐器材，方便了老干部健身娱乐、阅文看报，在全省开展创建示范性老干部活动中心活动中，我局老干部活动中心被贵州省委老干部局评委“贵州省三星级示范性老干部活动中心”。三是发挥老同志优势，为党的事业建设增添正能量。在开展“五老”人员就近就地与省、市、区同步小康驻村工作组结对活动。我区就近就地与省、市、区同步小康驻村工作组结对的老同志共有1234人，其中有机关企事业单位退休干部、学校退休教师和原担任过村支委的老支书等。2人与省同步小康工作组结对，35人与市同步小康工作组结对，1197人与区同步小康工作组结对，利用自身优势，发挥积极作用。一年来，七星关区离退休老同志共为村两委理清发展思路150条、开展政策宣讲220次、协调项目33个、协调解决资金147万元、解决困难问题160个、化解矛盾纠纷348起，做到退休不褪色、离位有作为，用实际行动助推七星关区同步小康建设。2015年，在市西街道探索开展“四就近”活动，并取得一定成效。如北门社区邀请辖区内离退休干部党员共谋社区发展、帮助化解矛盾纠纷、宣传党的方针政策等；百花社区三名退休老同志自发组织，在七星关区一小旁设“立小太阳”书屋，方便小朋友学习阅读参考资料、借阅课外读物，每天前来阅读学习的小朋友达100余人次，有时还帮助家长照看小朋友。

【以关工委为依托，充分发离退休干部的积极作用】 关工委是老干部发挥作用的重要平台，他们虽然离开了工作岗位，但仍然还以高度的政治责任感、使命感和无私奉献的精神，用自己的经验和智慧，为党、为国家、为人民、为社会发挥着余热，倾心关注试验区经济社会发展。特别是参加区关工委工作的离退休干部，他们不辞辛劳，对全区留守儿童、学生营养午餐计划和寄宿制学校等工作进行调研，并坚持每年定期或不定期到劳教所、戒毒所、毕节监狱看望和帮扶、帮教失足青年和服刑在押人员，深入基层对青年农民进行农业科技培训等。区关工委根据离退休干部的特长、能力、爱好和条件，并充分发挥他们优势和作用，广泛动员和协调社会力量为青少年办实事、做好事、解难事，挑选一部份老干部组成“十大员”，认真开展“十个一”的关爱活动。一是坚持开展好以社会主义核心价值体系为主要内容的主题教育活动。2012年，全区各级关工委共完成主题宣讲253场，其中区关工委完成7场（均为离退休干部主讲），乡镇办事处关工委完成246场，受教育青少年16万人次。开展普法教育宣讲794场次，其中区关工委在9月5日分别到毕节四中、鸭池中心校举办法制宣讲2场，组建10个法制关爱团（组）成员30人到社区开展21次帮教工作，帮教违法犯罪青少年23人，参加社区矫治工作2次，帮教4人次；2014年区关工委组织宣讲组老同志到六中、海子街二中等八所中小学开展主题宣讲8场，全区各级关工委共开展主题宣讲274场；组织法制组老同志到撒拉溪中学、何官屯中学开展法制宣讲2场，全区各级关工委共开展法制宣讲258场。2015年，关工委邀请老同志先后到毕节四中、对坡中学、大河中学、田坝中学、毕节一小、兰苑中学等7所学校开展7场主题宣讲活动。二是结合6.26禁毒等节日，先后两次到区强制戒毒所和贵州省毕节监狱帮教700余名吸毒和违法犯罪人员。三是关爱救助工作形成长效机制。2014年1月25日，区关工委法制组老领导到毕节监狱对服刑人员进行帮教，并在现场作了题为“失足未必千古恨，回头可奔万里程”的帮教讲话，要求服刑人员要面对现实，下大决心，认真反省，痛改前非，积极主动地接受改造，争取早日出狱，为社会服务，创造自己美好的人生。同时，为165名服刑人员送去16500元帮扶资金。6月26日，区关工委老领导到戒毒所参加“6.26”国际禁毒活动，观看戒毒人员自编、自拍、自演的文艺表演，并对全体戒毒人员做帮教讲话，鼓励他们要遵纪守法、服从管教，树立信心，下决心与毒品决裂，早日康复，回归社会，做一个对家庭有益、对社会有贡献的好公民。同时为全体戒毒人员送去3000元现金。2015年，区关工委以普法教育为契机，配合区司法局、区教育局深入开展“法律六进”活动，不断增强青少年法律意识。一是以《宪法》为主线开展法律进校园的教育活动。二是重点加强未成年人的法制教育，深入学校开展送法进校园、进班级、进课堂活动，组织学生“带法回家”活动；三是创新小板报、小报纸、小节目、小读物、小对联“五小载体”，深入打造法制文化，努力营造良好的社会法治氛围，不断增强青少年守法意识。在全区各级各类学校掀起争做美德少年、文明少年、守法少年的评选活动，11月21日，市教育局、市关工委在腾龙凯悦召开的“一评三管好”先进集体和美德少年表彰大会上，七星关区获4个先进集体、6名美德少年。帮教失足青少年。2016年关工委老领导分别先后深入林口中学、小吉场中学，千溪中学、七星关区第一实验学校、毕节第十九小、阿市小学等6所学校开展主题宣讲共6场，参加聆听主题教育的学生共13000余人。2016年区关工委法制组分别到水箐中学、八寨中学开展法制宣讲2场，参加听宣讲的学生共3000余人。各基层关工委共建立法制宣讲组147个，共有法制副校长141名，“五老”人员135名，共开展法制宣讲活动352场，受教育青少年250000余人。“2015年‘6·26’国际禁毒日，区关工委还为全体戒毒人员送去3000元关爱慰问金。2012年，区关工委离退休老干部协调毕节顺达驾校、超英美容公司等企业和区教育局、民政局等相关部门资金共计13.33万元，分别慰问毕节八小、林口小学、鸭池南箐小学等196名特困留守儿童。2014年，区关工委发放特困留守儿童帮扶资金达13万元，帮扶留守儿童687人。联系毕节市华馨房地产开发有限责任公司捐资5万元，为团结乡、龙场营镇等边远贫穷的15名大学生解决了入学难问题。关工委出资18000元为其他村四名大学生解决入学经费问题。2015年，区关工委向全区发放特困留守儿童帮扶资金105530元，受帮扶青少年1064人。特别在针对田坎乡茨竹村“6·9”惨痛事件，根据省关工委〔2015〕3号通知、毕市关通〔2015〕6号通知精神，结合“全市加强留守儿童空巢老人残疾人关爱工作紧急电视电话会议”的安排部署，区关工委6月15日，召开主任会议，拟定七星关通字〔2015〕4号通知下发各乡镇（街道办），采取“两级两步”的方式在全区开展留守儿童家长（监护人）培训。培训的内容主要是“学校的关爱、社会的关爱、家长（监护人）的关爱”。这次培训，各级关工委参与人员为2345人（次），共培训家长（监护人）21530名。2016年由区教育局统筹在580元的留守儿童基金中具体安排，区关工委对特困儿童的帮扶工作安排在10月至12月进行，资金主要是今年7月新凯金融信息有限公司捐赠给七星关区关工委的留守儿童帮扶资金10万元。关工委老领导通过分组分片由老同志深入各乡镇（街道）进行调研，进一步了解全区留守儿童底数，在此基础上对特困留守儿童进行帮扶。其它面上的留守儿童帮扶，帮扶方式主要采取调查了解、填报《关爱帮扶审批表》和《帮扶资金发放花名册》，经区关工委办公会议审核确定，再由区关工委老同志亲自到各乡镇（街道）发放帮扶资金，共帮扶青少年200余人。在关爱留守儿童方面，我们积极探索各种帮扶机制，继续发扬基层关工委的亮点做法：清水铺中学关工委在总结已毕业的“留守儿童实验班”成功经验的基础上，今年又在初一年级新开办3个“留守儿童实验班”，为全区中小学加强留守儿童的教育管理走出了一条新的路子。龙场营镇进一步充分利用网络信息，继续抓好“爱.西行”帮扶工作，并将帮扶规模进一步扩大。生机镇充分发挥“为了明天”爱心助学基金会的作用，集资25万元；对坡镇成立教育协会，集资10余万元；层台镇成立教育基金会，集资5万元。这些社会筹集资金全都用于特困儿童、留守儿童、贫困大学生的帮扶救助。洪山街道办联系企业老板为贫困大学生捐资助学等。各基层关工委共筹集资金300余万元，共帮扶留守儿童14000余名，困境儿童1500余名，贫困大学生875名。全区共建立帮扶基金会17个，基金额约100万元。五是协调农牧、林业、科协、农办等有关部门，以培养新型农民为抓手，着力培养返乡农民工懂技术、会经营、善管理的技能。2012年先后在何官屯镇猫猫洞村举办“农业部粮油（玉米）高产创建项目专项培训会”和八寨镇茶叶产业培训、撒拉溪镇核桃、杨家湾镇大棚蔬菜等种植技术培训。9月20日至24日，选派李德玖等10名以蔬菜生产为主的农业示范园区蔬菜种植专业户、技术人员、科技二传手、致富带头人、农村青年骨干参加“全省农村青年高海拔地区生态蔬菜栽培技术培训班”，为发展我区特色农业，壮大农村经济，增加农民收入，助推农业发展起到积极的推动作用。2014年关工委以培养新型农民为抓手，着力培养返乡农民工懂技术、会经营、善管理的技能。主要培训柑橘、核桃、粮油高产示范种植技能。组织青少年参加各类科技创新大赛，培养青少年热爱科学的情操。3月11日，区关工委老领导到撒拉溪镇龙凤村现场指导“国家马玲薯产业技术体系毕节综合实验站（七星关）技术培训”工作，受培训群众200多名。4月11日，区关工委老领导到朱昌镇宋伍村现场指导“无公害蔬菜栽培技术”工作，受培训群众300多名，努力调动人民群众科学种植的积极性和主动性。7月中旬，组织乡镇12名青年农民参加市关工委在市委党校举办的农业科技培训；9月9日，聘请农技专家到千溪乡开展板栗栽培技术培训，受培训青年农民200人；11月上旬，组织乡镇8名青年农民参加市关工委在金沙举办的葡萄、弥猴桃等栽培技术的培训。9月9日，区关工委配合市关工委在千溪乡举办板栗栽培技术培训，参加培训的青年农民200余人。2015年，区关工委组织农村种植大户、科技二传手20名参加市关工委在市委党校举办的优质高效蔬菜栽培技术培训。8月13日，区关工配合市关工委在放珠镇举办养牛技术培训，参加培训青年农民120名；11月25日，区关工委邀请农牧局果蔬站副站长、高级农艺师周云到鸭池镇干龙滩村葡萄基地举办葡萄种植技术培训，参加培训的青年农民57名。基层关工委共举办农业科技培训160场，培训17213人。2016年，区关工委建立科技培训专家组1个，继续发挥15名科技专家组成员的作用。按照省市关工委的安排和要求，省关工委出资75000元，区关工委选定小吉场、撒拉溪、林口三个培训点，于11月上旬组织专家组成员对青年农民进行蔬菜种植培训。共培训青年农民

220余名。基层关工委共投入资金8万余元，举办农业科技培训125场，培训青年农民43000余人。

【驻村帮扶见成效】 2014年，帮助拟定帮扶村发展规划，到工业园区等相关单位协调排污管道等建设材料，帮助解决通村通组路建设中遇到的困难和问题。按照“六个到村到户”精准扶贫要求，到农户家中走访调查，积极参与“进千家门、暖万人心”等活动，广泛征求群众意见，帮助制订相关发展计划。村民朱明贵（纯女户）身患疾病，家境困难，女儿考入贵师院，我局在资金困难的情况下，拿出3000元给予资助，同时，还积极主动到区直有关部门联系帮助3名贫困大学生，2家特困户协调资金2.1万元，解决他们入学和生活等方面的困难。帮助协调解决3名返乡农民工回乡创业办证难的问题，使他们能安心、合法、正常经营，带动当地经济发展。目前，3名返乡农民工分别创办的“洁具电动卷闸门帘责任有限公司（投资40余万元）、阳平石材加工厂（投资60余万元）、碧海超市（投资20余万元）”三家小微企业已开始正常生产经营。积极向区政府相关领导争取村学校附属工程建设经费50万元。配合办事处和村有关领导，调解村民纠纷10余起。2016年积极支持碧海办沙地村基础设施建设，出资5000元为碧海办沙地村安装了高音喇叭，为沙地村宣传党和国家政策法规、森林防火宣传等创造了条件，，大大改善了村委办公环境。通过与七星关区关心下一代工作委员会沟通协调，为沙地村5名困境儿童及困境青少年分别每人争取到1000元的困难帮扶资金共计5000多元，解决了他们学习和生活上的实际困难，提高了他们上学的积极性。在庆祝建党95周年之际，老干局出资1600元慰问了沙地村贫困高龄老党员黎学先和贫困高龄五保老党员彭莲英，使她们感受到了党和政府的温暖。配合村支两委班子成员积极开展精准扶贫工作和留守儿童摸排走访、关爱工作，真正掌握了全村精准扶贫农户基数和留守儿童底数，切实做到了情况清、底数明，为开展精准扶贫工作和留守儿童关爱工作奠定了坚实的基础。

（撰稿人：办公室）

信 访

【主要工作完成情况】 一是接访机制进一步健全和完善。共接待和处理群众来信来访网上信访7870批38067人次。二是信访案件化解有效推进。化解办结上级转交办案件、区自排查案件3800余件。三是排查工作效果明显。全区排查矛盾纠纷和信访问题10427件。排查出的矛盾纠纷和信访问题全部录入“三个四级个案台账”，做到情况清、底数明。四是周密部署，措施到位，圆满完成200余次重要、敏感节点期间信访维稳工作任务。

【突出工作开展情况】 2012年来，为贯彻落实中央、省、市相关文件精神，积极响应信访工作制度改革，着力推进县域信访工作管理新模式，创新社会管理工作，密切党群、干群关系。我区逐步健全各级群众工作机构，深入推进领导干部轮流排班接访制度，创新工作方法，探索开展“积案专案审议”化解工作，借助第三方力量，探索建立“公道评说”机制，创新疑难旧存案件化解工作。一是群众工作机构逐步完善。2013年2月，成立中共毕节市七星关区委群众工作委员会；设立中共毕节市七星关区委群众工作部，与毕节市七星关区信访局合署办公；设立毕节市七星关区三级联动视频接访（调处）中心，后增挂毕节市七星关区群众工作中心牌子，作第一名称。区级群众（信访）工作机构领导班子、工作力量逐步配齐配强；乡（镇、办事处）和村（社区）逐步对应设立群众工作站、群众工作室，相关工作制度逐步完善，各项工作有序有效推进，基层基础不断夯实。二是深入推进领导干部轮流排班接访制度。县级领导由每周三调整到每天轮流排班到区视频接访大厅接待来访群众，乡镇科级干部参照区县级领导轮流排班在乡镇视频接访中心接待处理信访问题。接访工作实行上下联动接访、视频交办督办，确保件件有回音，事事有着落。五年初来，区领导在区三级联动视频接访（调处）中心接待来访群众共1915批16320人次，通过各种措施及时化解群众反映问题。三是多途径、多方式全力化解信访积案。2013年来，每年抽派正、副科级后备干部到群工部（信访局）挂职锻炼，组建民生问题、纪检监察、涉法涉诉问题等相应“专案审议和化解工作”专项工作小组，按照“三个不局限”（不局限于原调查结论、不局限于原处理意见、不局限于原来的表态）和“两到位三不欠”（把能够解决的问题解决到位，对信访群众的实际困难帮扶救助到位，切实做到不欠政策帐、不欠程序帐、不欠感情帐）要求全力化解重大疑难老案。经过几年的努力，成功化解息访疑难老案202件。四是创新机制，探索实施新形势下做好群众（信访）工作的新思路、新举措、新方法。2014年，为充分发挥民间组织力量，引入第三方参与信访事项处理，以“公道评说理行天下”为理念，创建了信访事项公道评说机制，成立由人大代表、政协委员、党员代表、退休干部以及群众代表为成员的信访事项公道评说委员会，设立七星关区信访事项公道评说室，引导信访当事人，对重大、复杂、疑难信访事项进行评说，推动问题化解。三年来，评说信访疑难案件62件，推动解决23件，成效明显。2016年，市、区电视台对“公道评说”机制进行了报道，省、市群众工作中心也先后刊发了有关消息。同年5月，国家信访局党组副书记、副局长张恩玺同志，在省市相关领导陪同下，对七星关区信访事项公道评说机制作了专题调研，并给予高度评价；同年6月，时任贵州省委副书记、省委政法委书记谌贻琴率省直有关部门负责人到七星关区对信访事项公道评说机制进行调研，并给予了充分肯定；同年8月，中共毕节市委全面深化改革领导小组印发了《关于印发〈毕节市不动产产权登记数据服务管理改革工作方案〉等改革工作方案的通知》（毕改领发〔2016〕8号）文件，在全市推广探索实践的“信访事项公道评说”机制。

（撰稿人：办公室）

机构编制管理

【概　述】　2012年以来，七星关区编委办在区委、区政府的坚强领导下，在市编办的悉心指导下，认真贯彻落实党的十八大和十八届三中、四中、五中全会和习近平总书记系列重要讲话精神，按照“五位一体”总体布局和“四个全面”战略布局的要求，切实贯彻创新、协调、绿色、开放、共享的发展理念，主动适应和服务新常态，统筹谋划和不断深化行政体制改革，持续推进简政放权、放管结合、优化服务，严格控制并适应事业发展需要优化配置机构编制，确保各项改革任务和管理举措落地见效，为毕节试验区决战贫困、提速赶超、同步小康提供体制机制保障。

【深入学习贯彻十八届六中全会和习近平总书记系列重要讲话精神，统筹谋划“十三五”时期机构编制工作】　将深入学习党的十八届六中全会和习近平总书记系列重要讲话精神、省委十一届六次全会精神和市委一届八次全会精神作为贯穿全年的重大政治任务抓实抓好。在学、议、行上下功夫，把学习成果运用到推动工作上来，紧紧围绕区委、区政府中心工作，加强对工作跟踪及服务，以认真、严谨、负责的态度做好每一项工作，不断提高工作效率，提高服务水平，尽最大可能做到让单位和群众放心、满意，自觉接受群众监督，形成作风扎实、办事高效的良好风尚。研究谋划“十三五”时期机构编制工作，明确总体思路、重点任务和实施步骤。

【进一步深化行政体制改革，创新行政管理方式】　及时修订完善区政府工作部门及区直相关单位责任清单目录；加强对区直相关单位及乡（镇、街道）责任清单动态调整工作的指导；督促乡（镇、街道）全面完成权力清单和责任清单的动态调整工作。制定并审核全区政府部门以及乡镇、街道行政权力运行流程图，推动全区行政许可标准化建设，配合推进城市管理领域综合执法改革工作。按省、市编办的安排，推进扩权强镇试点，积极探索符合我区乡镇发展特点的行政管理体制。配合做好区法院、区检察院机构编制统一管理试点相关工作。

【深入推进事业单位改革，创新公益服务体制机制】 继续推进事业单位分类改革工作。积极配合区财政局做好区属生产经营性事业单位改革试点工作，完善相关配套政策。配合推进机关后勤服务社会化、行业协会脱钩等相关行业体制改革。推进事业单位体制机制创新。深入推进事业单位法人治理结构试点，推动试点单位按照法人治理结构运行，完善内部管理制度，落实法人自主权。对试点工作中存在的问题加强调查研究，提出对策。按照省、市编办的安排部署规范优化事业单位登记管理服务。组织实施法人和其他组织统一社会信用代码工作；贯彻落实国家关于建立各类事业单位统一登记管理制度的意见。按照省、市创新事业单位机构编制管理的意见，推进我区事业单位机构编制管理改革，探索和创新事业单位编制动态调整和管理办法，建立事业单位机构编制动态调整机制，破解编制资源供需难题。

【加强机构编制管理，严控机构编制增长】 采取切实措施进一步控编减编。严格按照省、市审核下达的各类编制控制总量，加大控编力度，做到增减平衡，确保全区各类编制不突破总量。抓好党政群机关消化超编人员工作。继续做好全区贯彻落实控编减编方案执行情况的专项督查工作，加大对存在问题的跟踪检查力度，确保问题整改到位。加大盘活机构编制资源力度。做到向深化改革要编制、向创新管理要编制、向信息技术要编制。继续坚持“减”编的办法，根据经济社会发展需要，有减有增，增减平衡。对各单位提出的增设机构、增加编制和领导职数事项，加强调查研究和定性定量分析，按照“内部调剂”的思路和做法，在不增加编制的情况下，积极盘活存量、优化配置。结合相关领域体制改革，对相关部门提出控减机构编制方案。强化机构编制监督检查。积极配合做好机构编制纳入审计、巡视和干部选人用人检查等工作，对机构编制核查以及巡视、审计中发现的问题进行整改。充分利用实名制管理系统开展动态监测，加强对机构编制违规违纪问题的查处和典型案件的通报。配合区委组织部做好对领导干部职数配备情况的审核工作。

【落实从严治党各项要求，大力抓好机关自身建设】 全面落实从严治党要求。以习近平总书记视察贵州时的重要讲话精神为指针，巩固“三严三实”专题教育成果，持续深入抓好整改落实。按照区委要求在党员中扎实开展“两学一做”学习教育活动，加强党性锻炼，引导党员同志在践行五大发展理念、决胜脱贫攻坚中发挥先锋模范作用。认真落实党风廉政建设主体责任和监督责任，从严从实抓好党建工作。进一步加强领导班子和干部队伍建设。加强干部能力培养锻炼，努力建设团结务实勤奋廉洁的领导班子和政治坚定、业务精通、作风过硬、纪律严明的干部队伍。通过在全体干部职工中开展“毕节大讲堂”活动，大力提升干部职工整体素质、工作水平和服务能力，促进本单位思想政治建设上新台阶。提高协调运转效率和水平。加大工作督办力度，明确牵头科室责任，以责促行、经责促效。

【大力推进“云上编制”平台建设】 按照市编办的安排部署，大力推进七星关区“云上编制”平台建设。共录入机构三定方案信息971条，权力清单3152条，责任清单3152条，占应录入数据的100%，为全区探索“互联网+机构编制”工作新模式奠定坚实基础。

【工作亮点及经验】

（一）加强管理，控编减编工作得到有效落实。加强机构编制管理，严肃机构编制纪律，对全区的机构编制实行动态管理，及时掌握各单位的人员变动情况。一是要求各单位如有人员变动时，要及时将该变动的人员信息报我办对实名制信息系统进行更新管理，以确保我办及时真实地掌握全区各单位的人员在编情况。二是严格把关，不随便增设机构，不随便给单位增编，禁止各单位超编进人，确保全区所有增编事项全部在2012年年底编制总量内调剂解决。（二）创新方法，消化超编工作扎实推进。一是严格退休制度，做好自然减员工作。二是加强编制管理，杜绝超编进人。首先，针对目前超编情况，严格控制行政机关人员增长，努力控制新录用人数，超编的党政机关一律不得安排公务员招考计划；其次，各单位进人必须由机构编制管理部门核编，凡没有空编的，一律不得超编进人。三是严格编制控制，推进"实名制"管理。四是加强计划调配，消化超编问题。五是改善结构，调剂余缺。六是强化机构编制与实有人员的监督检查。会同相关部门，定期开展编制核定、实有人员、领导职数、工资核发等情况的监督检查。全面完成全区党政机关消化行政超编工作。（三）深化改革，利民便民服务能力不断提高。我办按照"服务大局，规范管理"原则，加大力度，继续深入推进事业单位分类改革。配合做好事业单位转为企业、社会组织、行业协会商会脱钩、社会力量兴办公益事业等相关工作。一是政务服务中心服务上水平。乡镇政务服务中心始终以坚持深入推进行政审批制度改革、全面提升行政效能为指导，以"为民、务实、清廉"为宗旨，着力从提效率、促规范、强服务、倡廉洁方面下功夫，为群众"一站式服务"提供了便利；二是综合行政执法办公室切实履责。乡镇综合执法办公室不断整合资源，建立综合执法队伍，对黑网吧、无照经营、乱搭乱建等进行整治，并联合市场监管局、派出所、司法局开展综合执法行动，取得较好成绩；三是国土资源和规划建设环保办公室职能不断转变。改革前国土所只负责集体所有土地的审批，而对规划建设和环境保护的管理尚缺，改革后的国土部门加强了对损坏村庄和集镇房屋、公共设施、破坏村容镇貌和环境卫生等违法行为的打击力度，对农村集体土地进行了全面确权。（四）网络域名、网络红叶、网站标识管理工作不断完善。采取有力措施积极推进网络域名、网络红叶、网站标识管理工作，将全区机关事业单位中文域名注册维护费用纳入区财政预算。确保全区机关事业单位网上名称全覆盖、网站标识全覆盖、网络红页应用全覆盖、中文域名续费全覆盖。目前，我区域名注册覆盖率、网站标识覆盖率、网络红页覆盖率及中文域名续费率均达100%。（五）强化督促指导，政府部门权责清单工作深入推进。根据中央、省、市的安排部署，七星关区权力清单和责任清单编制工作自2015年10月启动以来，召开了动员部署会，印发了《毕节市七星关区推进政府工作部门权力清单制度实施方案》，根据方案的实施范围，七星关区应纳入权力清单和责任清单编制工作的单位有26个区直部门以及42个乡（镇）、街道。通过对26个区直部门以及42个乡（镇）、街道实施的行政权力进行梳理编制后：26个区直部门共计保留行政权力事项3152项，其中：行政许可157项，行政处罚2427项，行政强制152项，行政征收16项，行政给付33项，行政检查150项，行政确认34项，行政奖励20项，行政裁决4项，其他行政职权159项。42个乡（镇）街道共计保留行政权力事项3152项，其中：行政许可64项，行政处罚128项，行政强制106项，行政征收42项，行政给付202项，行政检查206项，行政确认336项，行政奖励96项，行政裁决64项，其他行政职权1908项。经毕节市七星关区人民政府常务会议研究同意，已在七星关区人民政府网站正式向社会公布。（六）深入推进事业单位改革，创新公益服务体制机制。继续推进事业单位分类改革工作。完善相关配套政策，配合推进机关后勤服务社会化、行业协会脱钩等相关行业体制改革。推进事业单位体制机制创新。深入推进事业单位法人治理结构试点，推动试点单位按照法人治理结构运行，完善内部管理制度，落实法人自主权。对试点工作中存在的问题加强调查研究，提出对策。按照省、市编办的安排部署规范优化事业单位登记管理服务。组织实施法人和其他组织统一社会信用代码工作；贯彻落实国家关于建立各类事业单位统一登记管理制度的意见。按照省、市创新事业单位机构编制管理的意见，推进我区事业单位机构编制管理改革，探索和创新事业单位编制动态调整和管理办法，建立事业单位机构编制动态调整机制，破解编制资源供需难题。（七）落实从严治党各项要求，大力抓好机关自身建设。积极配合区委、区政府各项中心工作，认真做好党建、计生、保密、创卫、“两学一做”、多彩贵州文明行动、同步小康驻村等各项工作，为推动全区经济社会健康发展作出应有的贡献。

（撰稿人：办公室）

区直机关工委

【概　述】 2012－2016年区直机关工委全面贯彻落实的十八大及十八大历次全会和习近平总书记系列重要讲话精神，坚持党要管党，从严治党的方针，围绕加强党的执政能力建设这个重点，以坚定理想信念、服务改革发展、加强作风建设、建设一流队伍为目标，全面推进机关党的思想、组织、作风、党风廉政和制度建设，不断提高机关党建科学化水平，较好地完成了各项工作任务，为服务全区科学发展、后发赶超、同步小康提供了坚强政治动力和思想组织保证。

【深入推进学习型机关党组织建设】 一是把学习贯彻习近平总书记系列重要讲话精神不断引向深入。把学习宣传贯彻习近平总书记系列讲话精神作为首要政治任务，以中心组为龙头，以机关党员干部为重点，以基层党组织为基础，坚持全面学与专题学、跟进学与反复学、集体研讨与个人自学相结合，把深入学习贯彻习近平总书记系列重要讲话精神作为推动机关党的建设主线，用党的创新理论武装头脑、指导实践、推动工作。二是结合机关实际，组织机关党员干部深入学习贯彻党的十八届历次全会，真正把思想和行动统一到中央和省、市、区委的各项部署和要求上来，统一思想，凝聚共识。三是严明政治纪律和政治规矩。坚持把讲政治作为最重要和第一位要求，把守纪律讲规矩摆在更加重要的位置，确保始终与中央和省委、市委、区委保持高度一致，始终做到政治上讲忠诚、组织上讲服从、行动上讲纪律，引导机关党员干部增强政治意识和规矩意识，严守党的政治纪律、政治规矩，带头遵守工作和生活纪律，自觉参加党的组织生活，增强组织纪律性，确保政令畅通。四是大力推动进学习型党组织建设。充分利用网上党校、QQ群、手机报、微信、微博、易信等新媒体平台，抓好所属党组织和党员干部的政治理论学习，社会主义核心价值观和共产主义道德、中华民族优秀传统文化和传统美德教育，党章和党性党风党纪、党的路线方针政策和形势任务、业务知识教育，不断优化机关党员干部知识结构，提升综合素质和履职能力。

【深入开展创先争优活动】 在区直机关党组织组织开展提升能力工程、服务发展工程、作风建设工程、夯实基础工程、培育文化工程、创建品牌工程“六大工程”，开展“强素质、严作风、树形象、创一流”主题实践活动，不断深化和拓展创先争优活动，五年来，共推荐上报市级、区级“先进基层党组织”40个，“五好基层党组织”173个，优秀共产党员73人，优秀党务工作者15人。通过创先争优活动的开展，引导基层党组织和广大党员在推动中心工作、履行岗位职责、服务人民群众中增比进位、创先争优，进一步激发了基层党组织和广大党员“履职尽责创先进、立足岗位争优秀”的政治热情。

【深入开展主题教育实践活动】 五年来，按照中央和省、市、区委的统一部署，先后组织开展了解放思想、推动跨越解放思想大讨论、基层组织建设年、党的群众路线教育实践、“三严三实”、“两学一做”等主题教育活动，不断丰富学习内容。着力解决一些党员理想信念模糊动摇、意识淡化、宗旨观念淡薄、精神不振、道德行为不端、能力不足等问题。进一步坚定理想信念，增强党性意识，严明纪律规矩，强化政治担当，切实解决机关党员队伍在思想、组织、作风、纪律等方面存在的问题，为党在思想上政治上行动上的团结统一夯实了基础，为决战决胜贫困提供了坚强组织保障。

【大力加强机关组织建设】

一是规范基层党组织换届选举工作。按照“思想好、作风正、能力强、实绩突出、群众拥护、熟悉党建知识”的要求，做好机关党组织换届选举工作，指导区直各机关党组织做好换届选举和补选工作，选配补齐基层党组织班子，选好配强机关基层党组织带头人。二是做好发展党员工作。严格按照控制总量、优化结构、提高质量、发挥作用的总要求，制定和实施发展党员工作规划和计划，严格执行发展党员推荐制、备案制、预审制、公示制、票决制和责任追究制等制度，加强入党积极分子培养、教育和考察，不断提高发展党员质量，优化党员队伍结构，严把党员“入口关”。五年来，共审批接收预备党员309人，转正党员210人。三是做好入党积极分子培训工作，确保发展党员工作质量。五年来，工举办区直机关入党积极分子培训班5期，培训入党积极分子683人。四是做好党费收缴、管理及使用工作。制定下发了《关于核定区直机关（单位）党费收缴基数的通知》，组织区直部门党组织完成了党费收缴基数核定工作，指导建立健全党费收缴台账，做好党费收缴工作，做到专户专储、专人管理、专款专用。五是加大党务干部培训力度，共举办机关党务干部培训班5期，培训机关党务干部528人次。

【认真落实党建工作责任制】 制定下发了《区直机关党的建设工作要点》，进一步加强对机关党建工作的领导，明确部门党组（党委）、机关党委、基层党组织抓机关党建工作的职责和要求，推动机关党建工作各项目标任务的贯彻落实。组织开展部门党组（党委）书记、机关党组织书记抓基层党建工作述职活动，进一步强化部门党委（党组）主要负责同志抓机关党建工作责任，全面落实从严治党要求，推进机关党建工作责任的进一步落实。

（撰稿人：办公室）

机关事务

【概　述】 根据《中共毕节市七星关区委毕节市七星关区人民政府职能转变和机构改革的实施意见》（七星党发〔2014〕11号）文件精神，于2014年11月成立七星关区机关事务管理局（撤销原七星关区委政府接待处）。2015年以来，七星关区机关事务局在区委、区政府的正确领导下，学习贯彻党的十八大精神，解放思想、提高认识，努力探索，按照《毕节市七星关区人民政府办公室关于印发毕节市七星关区机关事务管理局主要职责内设机构和人员编制规定的通知》（七星府办通〔2015〕108号）规定，设有办公室，计财科、接待科、基建管理科、后勤科五个内设科室和一个下设管理的副科级单位公产管理中心。七星关机关事务管理局主要职责是负责区级机关事务的管理、保障、服务工作；负责区委、区人大、区政府、区政协安排的厅级以上领导及重要来宾的接待工作，负责区委、区政府安排的重大活动后勤服务保障工作；负责区级机关及区直单位国有资产的使用管理、资产清查、产权界定等工作；按规定负责区办公中心办公用房的调配使用、设施设备维护等工作；负责区行政办公中心公共区域及相关场所的日常管理工作；负责区级公共机构节能管理工作。各股室相互配合使各项工作有序推进，坚持做到令行禁止，勤俭持家，提高效率，降低成本，进一步提高机关事务管理水平。

【公产管理中心工作不断优化】 1. 经营性资产剥离第一期工作已完成：全区共71个单位已进行自查，并及时上交了清查表册，目前已汇总完毕；2. 累计收缴公房出租租金2650余万元；3. 2015年对各单位移交的69个到期门面进行清理，并按照国有房产出租管理程序进行出租，截止目前签订租赁合同65份，出租65个门面。2016年根据相关要求，接收人武部房屋14户，套内面积2307.67平方米，其中门面7个，套内面积511.82平方米。4. 对我区老旧直管理公房进行安全大排查，共计修缮公房55户，投入维修资金61.2万元。5. 积极组织人员对六小至区医院段棚户区改造涉及公产的住房作动员搬迁工作，总共公产户为26户，截止目前已搬迁25

户。6. 接待群众来信来访294人次，成功处理上访案件10件。

【公车改革扎实推进】 1. 在区委、区政府的领导下，配合相关公车改革单位按进度完成相关工作。2. 收集区直机关（含参公单位）、乡镇、街道办事处车辆基础数据采集工作。3. 对采集数据进行分析、统计、总结。

【接待工作简、细、严】 按照“从简、从细、从严”的方针，克服人手少、事务多、任务重的种种矛盾和困难，认真履行了接待的基本职能，树立了我区的窗口形象。2015年至2016年期间共计接待来宾462批，近11889人次。其中接待省部级领导13批，82余人次，客商245批，4407余人次。专家学者11批448余人次；其他考察团193批6952余人次。完成了国家水利部赴七星关区考察组，民政部办公厅、财政部办公厅考察组，省委巡视组，致公党福建省委考察组等接待任务。在多次接待中，我们本着热情大方，不卑不亢、有礼有节的服务宗旨，赢得了各级来宾客人的好评。在接待费用管理方面，严格按照接待有关规定执行，做到了接待规格不超标、经费不超支、私客不准公请，专款专用，精打细算，真正做到从简、从细、从严搞好接待工作。

【后勤保障及时、全面、到位】 1. 公共机构节能工作。认真做好全区公共机构耗能统计和规划工作，以“绿色办公、低碳生活”为工作推进目标。2. 安全保卫工作。一是进一步加强了保安队伍管理。健全了岗位职责和奖惩机制，全面实行精细化考评管理；二是深入开展安全隐患排查。；三是切实做好了重大会议、节日和活动的安全保卫工作，协助有关部门做好了上访人员、群体性事件的秩序维护工作。3. 保障设备设施安全。加强水电设施的日常检查，全方位满足各单位维修服务，及时提供更换水暖件、电器器材等。今年来，共完成日常水电维修维护300余人次，完成了区委七楼部分办公室电力线路改造，有效预防和排除了各类安全隐患，保障了区行政办公中心各套设备设施的正常运转和水电的正常供应。4. 区行政办公中心保洁服务。在抓好公共区域卫生工作的基础上，努力塑造干净、整洁的工作氛围。同时，精心营造整洁、优美、舒适的环境。5. 会议服务工作。积极探索会场管理规范化、服务标准化，把握会前准备、会中服务、会后整理等各个环节，严格按程序周全策划，落实细节，切实提高会议服务质量和水平，“三级”干部联动会议，“七星关区第二次党员代表大会”，“七星关区二届一次人民代表大会及政治协商会议”等各类重大会议；确保了会议活动的顺利进行。

（撰稿：办公室）

党校、行政学校

【工作概述】 中共毕节市七星关区委党校（行政学校）是在区委直接领导下培养党员领导干部和理论干部的学校，是轮训和培训党员领导干部、培养党的理论队伍，学习研究马列主义、毛泽东思想、邓小平理论的重要阵地，是干部增强党性锻炼的熔炉。五年来，区委党校全面贯彻落实党的十八大、十八届三中、四中、五中、六中全会精神、习近平总书记系列讲话精神及省、市、区委历次全会精神，以科学发展观和习近平总书记系列重要讲话精神为指导，认真贯彻执行《中国共产党党校工作条例》和习近平在全国党校工作会议上的讲话精神，紧紧围绕区委区政府工作的总体思路及工作部署，深入扎实开展党的群众路线教育实践活动、“三严三实”专题教育活动和“两学一做”学习教育。以区委政府下达党校的年度工作目标为导向，充分利用校内外资源，以改革创新精神推进新一轮大规模干部培训，发挥党校“三个阵地、一个熔炉”的作用，五年来，培训干部近万人次。全校干部职工共同努力，保持认识不落伍、工作不松劲、标准不降低的良好工作作风，牢固占领理论阵地，解放思想、求真务实、与时俱进、开拓创新，党校工作在2013年“升格评估工作”合格，整体工作上了一个新台阶，为促进七星关区经济社会的全面发展，构建社会主义和谐社会和全面建设小康社会作出应有的贡献。

【升格评估】 为贯彻落实中共贵州省委办公厅《关于加强和改进新形势下全省县级党校工作的意见》的通知（黔委厅字［2013］19号）、省党校体制升格评审委员会《关于印发＜贵州省县（市、区）委党校体制升格评审实施办法＞的通知》（省评委［2013］1号）、市委《关于贯彻〈关于加强和改进新形势下全省县级党校工作的意见〉的实施意见》等文件精神，区委党校申报2013年县级党校体制升格评审，2013年12月19日专家组评审，各项综合96.92分。

【教学与培训】 按照党的十八大提出的“加强和改进干部教育培训，提高干部素质和能力”的要求和“党校姓党”的原则，开展以党员干部为主的培训工作。围绕区委、区政府工作重心，创新方式方法，在教学内容、教学方式、教学手段上狠下功夫，扎实抓好党员干部教育培训工作。一是教学内容精细化。根据组织安排、岗位和个人需求，科学设置课程，力求培训更贴近现实需要。还以和政协、纪检、农牧等部门联合调研做课题、选派教师驻村锻炼，安排教师到乡镇专题调研等方式，解决教师授课“接地气”等问题，让教师把理论和实际联系起来，把教学和科研结合起来。二是教学方式的多样化。采取案例式教学、体验式教学、专题辅导，警示教育、研讨式教学、学员论坛、现场观摩、视频教学等多种方式，趣味性和实效性有机统一。三是教学手段现代化，开展多媒体教学。根据《中国共产党党校工作条例》和中央、省市区干部培训工作会议精神，党校始终把干部教育培训作为主要工作，集中全校人力、财力，确保培训任务的圆满完成。班次和受训人次逐年增加。同时，在确保干部培训任务的基础上，党校着眼于提高干部培训质量而不断开拓创新：一是加强班级管理，按照《干部在党校学习期间加强作风建设的十五项规定》（试行），严格管理，进一步加强学员在党校学习期间的规范性和纪律性，保证学习时间和质量。二是改变传统授课方式，不断创新教学手段。远程教学、研讨式教学、体验式教学和案例式教学等不断得到运用。在培训上体现“三个创新”即学习内容创新、教学方式创新、学风管理创新。一是学习内容创新。根据我区区情和干部实际，为增强教学内容的针对性和实效性，在教学内容设置上创新性地实行六大模块，即基础理论与党的十八大、十八届三中、四中、五中、六中全会精神、经济社会发展问题研究、基本素质与能力提升、相关政策解读、清华大学远程视频教学、部门实际工作专题。六大模块旨在提高学员理论水平、综合素质和业务能力。二是教学方式创新。实行互动式辅导教学，教师精心设置问题及案例穿插在课堂教学中，学员就教师所提问题分成小组进行讨论，紧密联系工作实际提出解决问题的观点、对策和建议；开展军事训练与拓展训练，培养学员团队合作的精神；实行情景模拟与角色配对教学，深化教学效果。三是学风管理创新。认真执行中组部《九项规定》和省纪委、省委组织部、省委党校联合颁布的《十五项规定》，毕节市《干部教育培训学员管理“七不准”》，从严治校，从严管理，强化学风建设的执行力度。五年来，举办多类型培训，共培训学员近万人。2012年，共培训各级干部达2501人，其中完成主体班即区委组织部调训培训任务1033人，另外，与有关部门联合培训1326人。2013年，共举办各类干部培训班7期，培训干部800余人。2014年，共举办村（社区）支书（主任）培训班八期，培训1000余人；举办纪检监察干部培训班，培训干部112人；举办政协委员培训班两期，培训干部300余人；举办党务干部培训班，培训干部150人；举办入党积极分子培训班，培训干部100人；举办人大工作业务培训班，培训干部96人；举办“软弱涣散基层党组织书记培训班”，培训支书、主任63人；举办正副科级后备干部班，培训干部100人；和遵义县委党校联合举办“遵义县新型职业农民培训”，培训154人。到区直单位、乡（镇、办）等单位举行“党的群众路线”宣讲七场共1000余人次；举办“十八届三中全会”讲座2场共320人次。2015年，全年举办新任（提拔）领导干部培训班，培训学员56人；举办村支部书记能力提升培训班，培训村（社区）支部书记80人；举办党务干部培训班，培训党务干部157人；与七星关区纪委联合举办“七星关区2015年纪检监察干部“三严三实”专题党课警示教育暨业务培训班”，培训纪检监察干部157人；与毕节市委组织部、毕节市总工会联合举办“毕节市2015年非公企业党组织书记暨工会主席示范培训班”，培训毕节市非公企业党组织书记暨工会主席100人；与七星关区农牧局联合举办“七星关区基层农技人员暨镇（乡）农产品质量安全监管工作培训班”，培训农技人员90人；与毕节市委组织部、七星关委组织部联合举办三期“全市远教专干业务能力示范培训班”，分别培训全市远教专干93人、91人和93人。2016年，举办春季、秋季主体干部培训班，培训干部268人；举办入党积极分子培训班，培训入党积极分子157人；与区房征局联合举办“房征局业务培训班”，（七星关区房屋征收与补偿业务培训班）’，培训学员170余人；与区农牧局联合举办“蔬菜栽培技术·玉米栽培技术培训班”，培训学员88人；与市委党校联合举办四川省乐山市“脱贫攻坚”工作推进专题培训班，培训50学员人；与市委党校联合举办“湖北黄冈市赴贵州毕节市精准扶贫工作专题培训班”，培训学员57人。

【师资队伍建设】 五年来，采取各种切实可行的措施，着力提高教学质量和教学水平。认真组织公开课，组织教师上课、评课，让授课教师取长补短，相互帮助，共同提高；充分利用和合理整合学校教学资源，发挥清华大学教学扶贫站和中央党校远程教学站的功能和作用，努力提高教学培训质量；开展教研活动，推行集体备课制度，总结经验教训，对教学情况进行评估，扬长避短，提高教学水平；选送教师到省委党校和国家行政学校学习，增长知识扩大视野。；鼓励支持教师参加在职学习，提高教师的知识水平和业务能力；安排教师进行社会调研，增加社会知识和实践知识；安排年轻教师到鸭池镇挂职锻炼，着力培养年轻教师的社会实践知识和能力；选派骨干教师配合相关部门抓好十八大、十八届三中、四中、五中、六中全会精神及习近平总书记系列重要讲话精神宣讲。按建一流队伍、一流教学、一流科研“三个一流”目标，努力打造新时期党校干部教育师资队伍。2012年，上半年，党校派14名教师到市委党校跟班学习、管理。既是管理员，又是学员，学习知识的同时，也学习教学方法。同时，借助区委组织部组织干部外出考察学习、上级党校师资培训以及清华大学继续教育学院培训，党校一共组织了9名领导及教职工到域外进行考察学习，收到了很好的效果。特别是11月底，针对党的十八精神培训的需要，得到区委、区政府有关领导的关心，派8位专职教师到北大继续教育学院学习了党的十八大精神，为全区党的十八大精神的宣讲培训打下坚实的基础。2013年，选送1名教师到省委党校学习“十八大”精神，1名教师到湖南湘潭进修，增长知识和视野。配合相关部门抓好了全区“中国梦”的宣讲，选派了3名骨干教师参加了宣讲活动。

【教研、科研及调研工作】

每年办《齐心论坛》4期，紧扣毕节经济和社会发展脉搏，加强同优秀社科工作者的联系，真正起到“思想库”作用；认真组织老师搞好教研、科研及调研工作，加强理论研究和创新，认真组织专兼职教师积极参加省、市、区各类社科理论征文及投稿，五年来，区委党校在各级各类刊物上共发表文章45篇、参加征文组稿8篇、完成调研8篇、完成课题8个。2012年：党校在各类刊物发表文章27篇。其中，3篇是省级刊物。由中共毕节市七星关区委组织部、宣传部主办，七星关区新闻宣传中心承办的主题为“发展是硬道理，文化是软实力”的发展型党组织文化征文活动，党校获二等奖一名、三等奖一名，优秀奖2名。党校教师在区内各部门和基层调研30人次左右，共计撰写调研文章3篇，并且质量较高，其中，《毕节市七星关区城市建设问题及对策》一文得到市委常委、区委书记宫晓农同志的认可。2013年：党校组织专兼职教师积极参加市委党校课题竞聘，3个课题通过；参加市、区各类社科理论征文，获市级表彰2篇，在各级各类刊物上发表论文12篇。2014年：继续组织专兼职教师积极参加市委党校课题竞聘，参加市、区各类社科理论征文。参与区委宣传部牵头的“明德扬善·崇仁后仁”、“明德扬善·崇仁后义”两个课题的调研；参与区政协牵头的“党员干部宗旨意识调研”、“城郊蔬菜基地建设调研”、“解决城区交通瓶颈情况调研”三个课题的调研。2015年：认真组织老师搞好科研工作，认真组织专兼职教师积极参加省、市、区各类社科理论征文及投稿，发表省级科研论文2篇、区级4篇。认真组织教师参加课题调研，全年完成调研课题5个，其中市委党校立项课题2个，分别是：徐凤、张建《毕节市创新基层党建工作问题研究》，张恒弟、张思琴《毕节市加强服务型基层党组织建设研究——以毕节市熊头小区推进服务型基层党组织建设实践与研究为例子》；参与区政协牵头课题3个，分别是：徐凤《创新精准扶贫模式，实现精准扶贫目标》，张恒弟《夹岩水库上游污染治理的调研报告》，胡雪梅《充分利用市场机制，解决城市环境卫生工作的建议的调研报告》。2016年：认真组织专兼职教师积极参加市、区各类社科理论征文及投稿，完成七星关区老龄办（七星关区老年学会）关于开展应对人口老龄化促进老龄事业发展理论研讨征文两篇。

【宣讲工作、流动党校、远程教育、送教下乡】 宣讲工作：广泛开展宣讲活动。党校作为我区党的重要理论阵地，党校始终坚持为全区广大干部群众宣讲党的理论方针和时事政策。五年来，除了在党校培训之外，党校领导和骨干教师对全区各个乡镇以及区直部门进行宣讲，学习宣传贯彻党的十八大、十八届三中、四中、五中、六中全会精神及习近平总书记系列重要讲话精神，省、市、区委历次全会精神，党校领导和教师在对外宣讲中紧扣时事政治、紧密结合区情，较好地发挥了全区宣讲主力军作用，受到社会各界的好评。流动党校：2012年，以“流动党校”为载体，切实推进“八学八增”活动。为更好贯彻落实中共毕节市委《关于开展“八学八增”行动提升干部发展能力实施意见》

【毕组发（2012）3号】 精神，党校本着立足区情，以远程教育成员单位的师资力量为依托，以各乡镇办事处远程教育中心站点会议室、远程教育实训基地、示范服务基地、远程教育终端站点为教育阵地，通过创办“流动党校”送教下乡活动，以按需送教上门、流动授课为主要形式，把课堂搬到基层，让党校培训轮训干部的资源流动起来，更好地服务基层组织建设年活动及发展型党组织建设，推进农村干部“八学八增”培训工作，助推我区经济社会又好又快、更好更快发展。远程教育：2014—2016年，在清华大学继续教育学院扶贫办公室和校领导的指导下，积极争取区有关领导的关心，切实与各有关单位搞好协调配合，认真组织开展好清华远程教学站的各项工作，充分使用和利用好清华远程教学这块资源。送教下乡：2015年，根据区委组织部关于开展“提升素质、服务基层、送教下乡”活动的通知要求，为进一步提升我区乡（镇、街道）、村（社区）干部的政策理论水平和履职能力，增强其服务群众、推动发展的能力，延伸我校教学培训职能，拓展我校的培训渠道，特制定了《七星关区委党校关于开展《七星关区“提升素质、服务基层、送教下乡”活动计划》活动实施方案》，成立“提升素质、服务基层、送教下乡”活动领导小组，负责“送教下乡”活动的日常工作，确保了送教下乡“工作的顺利开展。共计“送教下乡”活动42场次。

【同步小康驻村、集团帮扶、精准扶贫、脱贫攻坚等工作】 2013年，党校到党建扶贫联系点鸭池镇看望贫困老党员发放慰问金4000元；看望石格村生病村民王艳慰问金1000元。2014年，党校派了2名干部到鸭池镇开展驻村工作，了解社情民意，帮助村民解决生产、生活等实际问题。校党委协调各方力量为联系村办实事，共计投入四万余元为八十村创建宣传外墙、添置远教设备、购置办公电脑、远教学习室的桌椅等物资。一年来党校通过加大帮扶力度，丰富帮扶内涵，落实帮扶举措，真正做到对精准扶贫帮困认识到位、领导到位、措施到位、资金到位、指导到位，实现了预期帮扶的目标，取得了较好的帮扶成效。进一步提高了农村基层党组织的凝聚力、号召力和战斗力，敦实了党的执政基础。利用三八妇女节、建党节及扶贫日共慰问了鸭池镇八十村和草堤村生活困难的群众共50户，每户送去了一桶油和一袋米，共计金额8900元。帮助群众渡过了暂时的困难。还到村里进行党的群众路线教育实践活动知识宣讲和组织了八十村部分贫困户到区医院进行体检，从精神和身体的角度给予困难群众充分的关怀与帮助，为贫困群众尽了一份绵薄之力。2015年，经校党委协调各方力量为联系村办实事5件（通村公路建设、慰问困难党员、补办办公用品、改善村里食堂、关爱留守儿童等），校党委共计补助村里4万多元。积极抽派3名干部到鸭池镇开展驻村工作，其中有2名担任村第一书记，严格执行对驻村干部补助的相关规定，驻村干部认真开展驻村工作，并做到每月按时向学校汇报驻村工作的开展情况。校党委利用建党节及扶贫日共慰问了鸭池镇八十村、哈啷村、草堤村生活困难党员共15户，每户送去了300元现金，共计金额4500元。教职工利用六一、中秋等节假日关爱留守儿童，党校共结对帮扶留守儿童42名，结对的人员切实开展每月向留守儿童打一次电话、一季度谈一次心、做一件实事、过一次生日等，以“七个一”活动的切实开展，让他们感受亲情，感受社会关爱。2016年，校党委共计花费二万柒仟叁百余元为燕子口镇云台村、黄泥村解决办公物品短缺困难问题，为清水铺镇红岩沟村田埂组通组公路建设补助壹万元。积极抽派2名干部到鸭池镇石桥村和石格村，1名到田坝镇田坝村开展驻村工作，其中有1名担任村第一书记，严格执行对驻村干部补助的相关规定，并要求驻村干部认真开展驻村工作，做到了解社情民意，帮助村民解决生产、生活等实际问题，有工作记录、每月小结和半年、年终工作总结。认真做好驻村工作档案的归档整理。全年，全校教职工与42名留守儿童结成了“爱心家长”，在春节和“六一”儿童节来临前夕，前往联系点看望慰问困难群众20户及留守儿童86名，共计花费2万元整。3月份支助2万元给鸭池镇石格村用于文明村镇建设，九月份资助五千元用于宣传栏建设。

【加强制度建设】 五年来，在大规模干部培训轮训的新形势下，党校的各类硬件、软件建设和师资队伍建设都被提高新的要求。为此，校党委带领全校教职工下大功夫来加强党校自身建设。加强内部制度建设，在原有基础上，经过充分酝酿，重新制订了《中共七星关区委党校内部管理制度》和《中共七星关区委党校岗位职责》，对教学、科研、后勤管理等方面作了全面疏理和完善，对校内各科室、各岗位职责进一步加以明确，切实加强了内部管理的科学性、规范性和纪律性。

【党建工作】 认真开展党的十八大精神系列学习教育活动：把学习宣传贯彻党的十八大精神作为首要政治任务，组织党员干部深入学习十八大报告、十八届三中、四中、五中、六中全会精神、新党章和习近平总书记的系列讲话精神，全面准确领会精神实质，切实用党的最新理论成果武装头脑、指导实践、推动工作，增强党员干部的道路自信、理论自信和制度自信。深入学习贯彻省委、市委、区委历次全会精神，推动党的十八大精神和省、市、区委全体会议精神入脑入心。把党章学习教育作为党组织经常性工作来抓，作为党委（党组）中心组、党支部政治学习日、党员集中培训的重要内容，推动党员干部做自觉学习党章、遵守党章、贯彻党章、维护党章的模范。思想政治建设（含精神文明建设）：深入开展社会主义核心价值体系学习教育，开展革命传统教育、普法教育，加强社会公德、职业道德、家庭美德、个人品德教育，引导党员作践行社会主义核心价值观的表率。认真组织开展“文明机关”等创建活动，深化文明单位创建工作，不断提高机关文明程度。深入开展群众性的文化活动，不断丰富机关文化生活。深入推进“三创一建进机关”活动，充分发挥示范带头作用，推进“满意在七星关”主题活动，着力发挥区党员在精神文明建设中的先锋模范作用，为我区“科学发展、后发赶超、同步小康”传递正能量，弘扬新风尚，凝聚精气神。根据有关文件和会议精神，成立了思想宣传工作领导小组，制定了工作实施意见，有学习制度和学习记录，每年按时上报相关信息简报24期，出学习专刊4期，有半年、年终工作总结。认真开展“明理知耻、崇德向善”、我们的节日、“我推荐、我评议身边好人”及道德模范评选推荐、德师讲堂、宣传部长上讲堂、“七星大讲堂”、党员干部上讲堂、推荐身边好人线索、微七星关等活动，及时认真组织相关的学习和报送有关资料。并把社会主义核心价值体系、“明理知耻、崇德向善”、十八大、十八届三中、四中、五中、六中全会等精神引入课题，充分发挥党校正能量理论宣传阵地作用。机关组织建设：成立了党建工作领导小组，制定了党建年初工作意见，制定了党建工作目标责任书、党员目标管理责任书并层层签订，制定了有关学习制度，有记录，有半年、年终总结，每年上报相关信息简报24期，按月完成组织部的新闻信息员报送信息工作。同时认真抓好统战、计生、妇委会等工作。进一步完善活动方案，丰富活动内容，促进基层党支部和党员“两个作用”的有效发挥。建立和完善党员访谈制度，开展支部成员和党员、党员和党员之间的谈心活动，结成对子，搞好帮扶，沟通思想，加深感情，增强党的向心力、凝聚力。成立“创先争优”活动领导小组，制定了实施方案，认真开展“创先争优”活动，在广大党员和干部职工中，树立“工作创一流，目标争第一”的进取意识，使党员有一种“我是党员我自豪”的荣誉感，感受到组织的温暖，把基层党组织建设成了具有亲和力、向心力和信任感、归属感的党员之家。认真开展“三会一课”制度，坚持了一个季度召开一次党员大会；一个季度召开一次党员民主生活会；一个季度上一次党课；一个月召开一次支部委员会和党小组会议。反腐倡廉及党风廉政建设工作：按照有关文件精神，成立了工作领导小组，制定了年初工作意见，制定并签订了党风廉政建设工作责任书并层层签订，制定了有关学习制度，有记录，有半年和年终工作总结，每年上报相关信息简报24期和网评文章。加强单位作风建设，严格执行中央的“八项规定”、省市区的“十项规定”、区纪委的严禁滥办酒席等各项纪律规定，对照纪律要求严肃查处和改进本单位作风方面的突出问题。建立了相关的制度与机制，深入推进本单位的党风廉政及廉政风险防控工作与廉政文化警示教育，进一步落实党风廉政建设职责、提升机关效能、巩固党风廉政建设成果。认真贯彻落实“一岗双责、两公开制度”。严格执行权力清单备案运行制度，深入推进本单位的反腐倡廉及党风廉政建设工作与廉政文化进机关工作。按照“八个坚持、八个反对”的要求，解决干部教职工的思想作风、工作作风和生活作风等方面存在的问题，整顿机关工作纪律，抓好廉政勤政建设，抵制各种歪风邪气，进一步落实党风廉政建设责任制，切实做好党务和政务公开。加强和改进对党员的教育、管理、监督和服务：强化党员教育培训，不断提高机关党员整体素质。严格落实“三会一课”、民主生活会等制度，进一步创新“三会一课”的形式和方法，提高党组织生活质量。认真开展民主评议党员工作，教育引导党员增强忧患、宗旨、使命和创新意识，按照党的纯洁性建设的要求，强化对“三不”党员的教育管理，及时按规章处置不合格党员。加强党员信息库日常维护、管理和使用。严格按照中组部《关于中国共产党党费收缴、使用和管理的规定》（中组发〔2008〕3号文件）和省市区委组织部的相关要求，做好党费收缴基数核定和规范党费收缴管理工作。健全党内激励关怀帮扶机制，完善党内激励、关怀、帮扶措施，推动党员教育、管理和服务工作的规范化、制度化严格党员发展工作：认真落实中央关于加强新形势下党员发展工作的要求和区委组织部相关规定，严格发展党员预审备案制度，严格发展党员工作程序，认真做好对入党积极分子的培养、教育、考察，注重在业务骨干、基层一线、高知群体、妇女及青年中培养、发展党员，确保发展党员质量。党支部工作：认真抓好支部换届工作，调整充实支部班子成员，加强学校基层组织建设，努力提高基层党组织的战斗力和凝聚力。认真落实区委党建目标责任制的各项要求，着力加强支部各项制度建设，坚持“三会一课”制度，把党员思想政治教育与师德建设结合起来。认真做好党员的管理、发展工作及党费的搜集上缴工作，在多种学习活动中党员充分发挥先锋模范作用。结合党的群众路线教育实践活动、“三严三实”专题教育、“两学一做”学习教育认真开展专题组织生活会，引导党员干部进一步坚定理想信念，加强党性锻炼，强化宗旨意识。认真严肃地开展我校党员组织关系排查工作，核实全体党员身份信息，细化了党员台账，夯实了组织基础，很好地发挥了党支部战斗堡垒作用和共产党员先锋模范作用，为持续推进七星关区经济社会又好又快发展奠定了坚实的思想和组织基础。“双考双评双挂钩”及目标考核工作：成立了领导小组，制定了工作实施意见、目标任务分解表、干部管理目标责任书、每季度工作实践报告、干部管理动态跟踪考核档案，并按要求及时上报了相关材料和表册。深入扎实开展党的群众路线教育实践活动、“三严三实”专题教育活动和“两学一做”学习教育：2014年，严格按照区委活动办的要求，以“整‘四风’、解难题、推发展、促改革、惠民生”为总抓手，以“干部在行动、群众在感受”为主线，根据相关文件精神制定了本单位活动开展工作方案，成立了党的群众路线活动领导小组，及时认真地上报相关的材料与信息，每一步和每一环节都认真按照区党的群众路线教育实践活动办公室的相关要求推进，完成了各环节工作，通过工作的完成，改善了干部职工不良的工作习惯和方法，得到广大人民群众的好评。单位的工作作风进一步改善，党组织的号召力、凝聚力和影响力得到了提升。2015年，深入扎实开展“三严三实”专题教育活动。2016年，按照相关文件精神，制定工作方案与学习计划。组织在职15名党员于5月7日召开了动员部署会，全体党员干部参加了手抄党章、知识竞赛等系列活动。以赠送书籍、上门上党课、“五个一”活动等形式在退休党员中开展“两学一做”学习教育。按时期报送了相关信息与资料。强化先锋模范典型事迹的学习，通过学习讨论，党员干部的责任意识、担当意识、争先意识，干事创业的激情和尽职履责的能力进一步增强，为下年终各项工作的顺利完成打下扎实基础。党务政务公开工作：按照有关文件精神，成立了工作领导小组，制定了工作方案与落实计划，针对不同内容确定公开形式。以文件、简报、党务政务公开栏、阳光政务网等形式，将长期的、程序性的公开内容与动态的、阶段性的公开内容有机结合起来，注重实效，方便党员群众及时查询和监督。通过党务政务公开工作，加强了党组织的自身建设，提高了干部领导水平，优化党校发展环境，强化了党内和群众监督，有效预防腐败的产生。群团工作和老干工作：每年组织全体教职工（含离退休）进行一次全面体检。切实抓好党校妇委会工作，充分发挥好妇女干部教职工的作用。认真抓好老干工作，每年对离退休教职工进行看望和慰问。深入扎实开展“在职党员进社区”活动：2015年，按照相关文件精神，成立了工作领导小组，制定工作方案。在职14名党员均于4月30日前到各自所在社区报到填表登记，并积极参加社区各项志愿服务，如“环境整治日”、慰问困难群众、关爱留守儿童等活动，力所能及当好服务社区“志愿者”。

【后勤服务工作】 后勤管理工作是党校搞好教育教学工作和其他工作的前提和保障。党校的后勤工作主要是在加强和完善基础设施建设和后勤管理上下功夫，不断营造良好的办学条件和培训环境。建立健全各项工作制度，合理使用学校资金，购买和添置部分教学设备和办公用品，着力提高后勤服务工作的质量，完善监督机制和服务功能：一是为学员服务，做到态度好，效率高，质量优，把学员对服务的满意度提升到一个新的高度。二是为教职工服务，创造更好的教学、生活条件，让教师以更充沛的体力和更旺盛的精力投入到教学中去，投入到各项工作中去。三是加强学校基础设施建设，努力创造和改善办学条件。进一步搞好校园绿化，加强对水电管网的维修和管理。加强对多媒体教室，图书室、电子阅览室、微机设备的管理，合理利用各项设备和资源，充分发挥其功能和作用。四是创新学员楼及食堂运行机制，充分保障主体班、各类外联培训班后勤服务。五是认真搞好校产管理，落实管护措施，对现有的校产及办公用具用品进行登记造册，落实管护责任，做到责任到人，加强对食堂、学员楼的管理，完善监督机制和服务功能，对坏损课桌椅、门窗等进行修理和维护，保证各项工作正常运转。六是建立健全各种规章制度。推行指纹打卡考勤制度，每月通报一次考勤，年终按年初制定的考勤制度执行奖惩。

【其他工作】　办公室工作和档案管理工作：规范公文处理，每月按要求报送信息；按照档案管理要求，对各类档案进行清理和整理，确保相关资料规范、齐全，实现档案规范化管理。综治工作（含禁毒工作）：制定社会治安综合治理（含禁毒工作）安排意见，签定了目标责任书，进一步加强单位各种工作措施，夯实内部管理，认真落实综治工作责任，积极加强职工的遵纪守法教育，积极预防违法犯罪，全校未发生任何违法案件。信访工作：制定信访工作安排意见，信访工作制度，明确领导及各科室责任。坚持矛盾纠纷和不稳定因素排查调处，积极开展“贵州省网上信访综合业务系统”的运用，及时办理录入各级交、转办信访事项。严格按照省、市、区有关安排部署，及时调处矛盾纠纷，排查不稳定隐患，全年无群体性事件和重大安全事故发生。安全工作：按照区安委办的要求做好相关安全措施，无安全事故发生。应急管理：制定应急管理预案，根据职责管理好预案建设工作。节假日，国家、省、市、区会议期间均安排工作人员值班，无突发公共事件发生。保密工作：统一认识，强化管理，突出重点，完善措施，不断提高保密工作法制化、规范化水平，积极推动“平安”建设，促进全区经济社会全面健康发展。“创全国文明城市”暨“多彩贵州文明行动”工作：彻底整治校内的环境卫生，积极参加全区开展的一系列专项活动，按要求整理规范各类表册、资料并上报。抓好计划生育工作：按要求对干部职工及其家属进行登记、核查，对女干部职工及男干部职工的配偶按要求进行妇检。“法治毕节”创建工作：严格按照省、市、区关于“法治毕节”创建工作要求进行，在区“法治毕节”创建工作领导小组办公室和区法治宣传教育领导小组办公室指导下，将“法治毕节”创建工作纳入区委党校教学计划及培训内容，积极开展宣讲、宣传，做好各类表卡册。消防安全工作：进一步完善消防安全工作制度，制定消防安全措施，开展消防安全知识讲座，确保不发生消防安全事故，全力推动消防安全工作不断前进。

【配合区委中心工作】　作为区委的重要部门，党校在人手紧张、教师欠缺情况下克服困难，积极选派人员，有力配合区委中心工作。五年来，党校有四名同志抽到拆迁办工作，有八名同志抽到驻村工作小组工作。同时，对于区里各单位各部门安排部署的各项工作，如党建工作、综治工作、普法工作、信访工作、档案工作、计划生育工作等一系列工作任务，党校都非常重视，在起初阶段都专门讨论部署，落实实施办法，安排人员负责。各项工作均能够不折不扣完成，并且效果明显，如信访工作，2012 年，党校第一季度和第三季度夺取流动红旗，还有“六型机关”建设 2012 年第二季度也夺取流动红旗等。

（撰稿人：杨建平）

党史地方志

【概　述】 七星关区史志办在区委、区政府的正确领导和上级业务部门的指导下，以邓小平理论、“三个代表”重要思想和科学发展观为指导，深入贯彻学习习近平同志一系列重要讲话精神和新时期党的各项方针政策，切实贯彻落实中央、省、市史志工作会议精神，紧紧围绕区委、区政府的中心工作，凝心聚力，埋头苦干，确保各项业务工作整体推进。

【以开展“群众路线教育”“三严三实”“两学一做”专题教育活动为契机，全面加强史志干部队伍作风建设】 史志办将“群众路线教育”“三严三实”“两学一做”教育与深入贯彻学习习近平总书记关于党史和党史工作的重要论述结合起来，开展一系列学习活动，完善各种工作制度，加强班子作风建设，提高史志工作水平，有力地推动全区史志工作健康发展。一是狠抓政治理论和业务知识学习。将党的十八大、十八届三中、四中、五中、六中全会精神和习近平总书记系列重要讲话精神，特别是关于党史和党史工作的重要论述以及全国、全省党史工作会议精神、《全国地方志事业发展规划纲要（2015－2020）》作为学习重点，坚持每月集中学习不少于一次，充分认识党史是“必修课”“营养剂”“教科书”和“清醒剂”，以及地方志工作在经济社会发展和社会主义文化强国建设中的重要作用，进一步明确工作思路和工作职责，促进史志工作的全面开展。同时，要求工作人员认真学习编纂业务知识，提高自身史志工作能力。二是加强领导班子作风建设。认真开展“群众路线教育”“三严三实”“两学一做”教育，“四型”机关创建、机关党建和精神文明创建、群众工作组、走基层转作风解难题、精准扶贫等一系列活动，进一步强化班子作风建设，做到班子团结有力、制度健全落实，努力打造一支“政治坚定、业务精通、纪律严明、作风优良”的党史工作干部队伍。三是突出三省红都主题，紧扣党史工作开展党史全民教育活动。

【围绕新时期史志工作要求，扎实推进史志工作上台阶】 1. 认真全面收集、整理资料，完成各年年鉴的编纂出版工作。2. 积极组织考证并完成了七星关三国蜀汉文化、鸡鸣三省会议会址、翰林山庄和毕节古城等红色文化、历史文化遗址遗迹的考证工作，为七星关区发展文化旅游努力挖掘文化资源和丰富文化内涵，编写出版了《七星关区蜀汉简史》《鸡鸣三省文史资料辑》等文史书籍。3. 完成了林青纪念馆的建设及室内陈列布展工作。4. 收集、整理和点校出版清代《毕节县志》（乾隆、同治、光绪志）并同时影印出版线装本，实现地方志的有效保存和利用。5. 组织编纂和出版《七星关区史志人物选》，为下轮地方志编纂储备大量的人物史实资料。6. 全面开展全区范围内的红色资源普查工作，摸清了全区红色资源的分布、立保和利用情况。7. 完成了《中国共产党毕节市七星关区历史大事记》（2004－2012）和《中国共产党毕节市七星关区组织史资料》（2001. 01－2011. 10）的编纂出版工作。8. 参与中共贵州省委党史研究室组织的长征系列丛书的编写工作，按时完成了《责任担当—寻路途中的鸡鸣三省会议》一书初稿的编写任务。9. 参与、协助中国人民政治协商会议毕节市七星关区委员会先后编写、出版了《凯碑镌文》《翰林山庄路氏文化世家》《七星关区历史资料辑》《七星关区前贤遗韵》等文史丛书。10. 指导民政、档案等有关部门单位完成《毕节市七星关区镇乡大典》《毕节市七星关区地名录》《毕节市七星关区档案志》等部门志的编纂工作。11. 切实完成七星关区委、区政府和上级业务部门安排的各种工作任务，主动参与组织、宣传、党校和积极协助民政、文化、旅游等有关部门单位，搞好区域内的有关文化挖掘、文物保护、文化产业发展等工作。

（撰稿人：徐延娇）

人民代表大会毕节市七星关区常务委员会

【概　述】 五年来，区一

届人大常委会在区委的坚强领导和各级人大的监督指导下，以邓小平理论和“三个代表”重要思想、科学发展观为指导，全面贯彻党的十八大和十八届历次全会精神，坚持党的领导、人民当家作主、依法治区有机统一，紧紧围绕区委的工作重心，服务全区经济社会发展大局，认真履行宪法和法律赋予的职责，不断创新服务理念和工作思维，提升工作科学化水平，为加快我区科学发展步伐，推动经济社会跨越发展，开创人大工作新局面作出了积极贡献。区一届人大一次会议以来，共召开5次人民代表大会，39次常委会会议，听取和审议专项工作报告131个，对22个法律法规的实施情况进行执法检查，作出117项决议决定，任免304名国家机关工作人员，圆满完成区一届人大一次会议以来的各项工作任务。

【坚持监督与支持并重，服务发展大局有新作为】 五年来，常委会紧紧围绕区委中心工作和本级人民代表大会的决议决定制定年度工作计划，坚持科学谋划人大常委会各项工作，把推进全区经济社会跨越发展贯穿于工作监督的全过程，着力在提高监督实效上下功夫，监督的领域进一步拓宽，方式进一步改进，实效进一步提高。——找准监督重点，围绕民生领域履行监督职能。常委会围绕年度工作要点和人大批准的“一府两院”工作报告所提出的各项目标任务，切实履行监督职能，听取“一府两院”在人代会上所作工作报告及任务分解落实情况，对照目标找准监督重点，有效实施监督工作。针对城区综合整治存在的突出问题，常委会多次组织人大代表深入城区调研视察，提出完善城市基础设施，综合整治车辆拥堵、环境脏乱、噪声污染等建议。督促政府及相关职能部门建成城区人行天桥6座，实行中心路段单向通行，改善交通拥堵现状；建成公共厕所20余座，改造农贸市场，提高城区绿化率，综合治理空气、噪声污染，极大地提升城市品位。围绕农村留守儿童和困境儿童关爱工作，常委会组织调研组深入乡镇村组、区直机关单位开展专题调研，提出加强宣传引导、统一信息采集、建立信息平台、完善救助体系的建议，督促政府及相关部门紧紧围绕“关爱谁、谁关爱、怎样关爱”的问题，健全完善政府、家庭、社会三位一体的留守儿童困境儿童关爱救助保护工作体系，构建政府主导、部门联动、家庭尽责、社会参与的工作格局。针对易地扶贫搬迁工作中群众搬迁意愿不高、搬迁对象确定困难、搬迁建造成本高昂、后续发展困难等问题，常委会通过深入调研后提出群众自主选择多元安置、加快后续产业发展、严把质量关等建议。五年来，重点听取审议了城乡医疗基本保障体系建设、食品安全、特色小城镇建设等专项工作报告131项，提出审议意见542条。——强化监督实效，围绕工作评议丰富监督内容。组织省、市、区人大代表对国民经济和社会发展计划执行情况、“十二五”规划完成情况及“十三五”规划纲要编制情况、通村公路建设、义务教育均衡发展等情况开展专题调研126次。对区扶贫办、区交通运输局、区林业局、区卫生和计划生育局等政府组成部门开展专项工作评议。尤其是对扶贫开发工作的专项评议中，常委会组织代表深入调查后，查找出全区扶贫对象识别不够精准，扶贫项目缺乏技术指导，扶贫资金监管不到位等问题，提出摸清底数，确保扶贫对象精准；因地制宜，确保扶贫规划精准；产业带动，确保扶贫措施精准；夯实基础，确保扶贫合力精准；强化培训，确保扶贫渠道精准；落实监管，确保资金管理精准；完善机制，确保扶贫制度精准的评议意见，有效督促政府及其相关部门在脱贫攻坚工作中探索出“一市五金多套餐”的精准脱贫措施，有力推进全区精准脱贫工作取得实实在在的效果。几年的工作评议中，先后查找存在问题近50个，提出合理化建议意见53条，为有效推进相关工作，服务全区经济社会和谐发展作出应有贡献。——夯实监督基础，围绕专题询问拓展监督形式。常委会不断探索实践专题询问这种法定监督形式，并取得明显成效。2015年，对倒天河水库饮用水水源环境保护工作进行专题询问，督促政府加强和改进倒天河水库饮用水水源环境保护工作，进一步保障城区人民饮水安全。通过实施专题询问，政府及有关部门针对倒天河水库周边环境保护存在的问题，采取治理污染源头、集中搬迁库区周边群众、恢复生态植被等措施，短期内污水直排入库的状况得到有效扼制，取得阶段性成效，并形成长效管理机制。2016年，针对部分区人大代表提出农村水利设施建设由于后续管护不到位，"白天装太阳、晚上装月亮"，闲置、荒废现象严重、作用发挥不好的问题，常委会就农村水利设施后续管护及作用发挥工作开展专题询问，提出专项审议意见10余条，督促区人民政府及相关部门整改落实，达到预期效果。

【坚持民主与法治并进，推进依法治区有新进步】 常委会始终强化法律监督责任，把推进依法治区作为常年工作的主旋律，认真行使重大事项决定权、监督权、人事任免权等法定职责，督促"一府两院"进一步依法行政、公正司法，营造良好法治环境。不断强化监督和执法检查力度，保证宪法和法律法规在本行政区域内得到正确全面施行，为"法治七星关"建设作出了积极贡献。——加强预算审查，推进预算执行。突出加强对财政预算编制、执行、决算审查监督，特别是加强对一般公共财政预算、政府性基金预算、社保基金预算以及政府性债务收支的全口径监督工作。每年听取审议计划、预算方面的报告，提出编制年度区级财政预算的意见、建议，促进预算编制完整、细化和规范。提前介入部门预算编制工作，监督前置，及时与政府及其相关部门衔接沟通，把好部门预算的审查关和批准关，促进我区部门预算安排的科学性、合理性。听取审议年度财政预算执行情况的报告，督促和推进预算执行，提高财政资金使用效率，促进财政收支任务顺利完成。听取审议审计报告，依法督促整改落实审计查出的问题。开展财政预算专项支出绩效管理、政府融资资金安排和使用情况专题调研，对《中华人民共和国预算法》等法律法规实施情况进行执法检查，促进财政资金的合理使用和有效监管。——突出司法监督，促进公平正义。常委会积极发挥司法监督在社会主义法治建设中的作用，多次组织人大代表对《中华人民共和国环境保护法》、《中华人民共和国民族区域自治法》等法律法规实施情况进行执法检查8次；配合省、市人大对未成年人保护"一法一条例"、《中华人民共和国职业教育法》等法律法规实施情况开展执法检查5次。组织人大代表开展"代表听审案、看执行"活动，增强对"两院"工作监督的针对性和实效性，提出加强和改进相关工作的意见建议93条。认真受理公民、法人及其他组织对司法机关办理案件的申诉，针对一些反映强烈的案件强化重点监督，督促司法机关公正执法。积极支持司法体制改革，不断推进公正司法、严格执法，有效促进"法治七星关"建设。依法做好规范性文件备案审查，修改完善《关于规范性文件备案审查办法》，对《毕节市七星关区人民政府办公室关于印发<农村环境卫生综合整治工作管理办法（试行）>的通知》等32件规范性文件进行备案审查。——强化信访工作，维护和谐稳定。常委会把受理和接待群众来信来访作为履行职能、强化监督的重要抓手，不断健全完善信访工作长效机制，加大信访案件转办督办力度。五年来，共受理群众来信来访1346件1986人次，其中：申诉类536件、控告揭发类147件、求决类212件、建议信息类451件。督促有关部门解决了一些群众反映强烈的涉法涉诉、土地征收、房屋拆迁等问题，为保障群众合法权益、化解社会矛盾、维护社会和谐稳定发挥积极作用。为推进村级民主法治建设，发扬基层民主，常委会组织起草《村民自治章程》和《村规民约》范本，印制800余册，发放至所有乡镇村民委员会和街道社区，要求结合各地实际修改完善，强化基层民主法治建设，规范村民行为。——严格法律程序，依法任免干部。坚持党管干部原则和人大依法任免相结合，严格执行人事任免办法，规范提名审查、表态发言、颁发任命证书、向《宪法》宣誓等程序，增强任职人员的责任意识、公仆意识和法治意识。五年来，先后任免国家机关工作人员304人，其中：选举区人民政府区长2名、人民检察院检察长1名、人民法院院长2名，任命区人民政府副区长11名、政府部门组成人员53名，任命人民法院副院长6名、审判委员会委员11名、审判员35名，任命人民检察院副检察长6名、检察委员会委员12名、检察员61名；决定免去区人民政府副区长5名、政府部门组成人员19名，免去人民法院审判委员会委员9名、审判员28名，免去人民检察院检察委员会委员8名、检察员35名。常委会在把好任命关的同时，注重通过加强日常联系、听取审议专项工作报告、开展执法检查、视察调研和工作评议等形式，了解掌握任命干部的履职情况，督促任命干部依法履职、勤政为民。

【坚持保障与激励并行，发挥代表作用有新载体】 常委会始终把发挥代表作用作为人大工作重点，坚持服务导向，突出代表主体地位，不断改进和创新代表活动方式，丰富代表活动内容，提高代表工作实效，切实保障人大代表依法行使职权。——加强培训，不断提升代表履职水平。常委会高度重视代表的学习培训，采取集中培训、以会代训、经验介绍等多种形式，强化代表履职能力。为提高代表培训效果，常委会领导成员分赴乡镇亲自授课，为基层人大代表讲授相关法律法规及人大业务知识。在开展第二批党的群众路线教育实践活动中，常委会找准活动载体，创新工作方法，在全区人大系统开展“四牵手五联系”主题实践活动，切实践行党的群众路线。组织部分人大代表参加各级人大举办的代表培训班，激发代表履职热情，提升履职能力和水平。——丰富载体，积极搭建代表履职平台。常委会不断探索和创新，在区人大机关建立“代表之家”1个，在乡镇（街道）建立“代表联络站”42个。组织代表学习法律法规300余次，让代表了解开展工作的法律程序和要求，掌握推进工作的方式方法。五年来，“代表之家”共开展代表活动123次，接待人大代表2132人次；“代表联络站”先后组织2000余名人大代表对精准扶贫、棚户区改造等群众普遍关心的热点难点问题进行调研。2014年9月，中共中央政治局常委、全国人大常委会委员长张德江同志视察区人大机关建设时，对七星关区“代表之家”的创建工作给予充分肯定和高度评价，指出：“这是一种联络联系代表，提高代表履职能力的好方法和好形式，一定要认真组织，认真总结经验，切实发挥作用。”我区“代表之家”的经验，深受全国各地县区人大的好评，先后迎接30余个兄弟县区人大前来参观学习。同时，坚持向代表通报常委会和“一府两院”重要工作情况，广泛征求代表意见建议，全面丰富代表履职活动。加强与驻区省市人大代表联系，积极为他们履职提供服务。邀请人大代表列席常委会会议、参加视察、执法检查等一些重大活动1300余人次，不断扩大代表参政议政的广度和深度。——督办建议，努力转化代表履职成果。常委会把督办代表建议、批评和意见作为联系代表、保障代表履职的重要途径。区一届人大一次会议以来代表提出的237件意见建议，都及时转交“一府两院”进行办理。每年常委会坚持听取和审议代表意见建议办理情况报告，选取事关全区经济社会发展、人民群众普遍关心、代表反映比较集中的意见建议，由常委会领导成员组织区政府分管领导、建议代表、承办单位主要负责人参与重点督办，督促各类意见建议的办理落实。做到“件件有着落，事事有回音”，落实率及满意率逐年提高。在我区人代会历史上连续多届、多次、联名代表最多提出的“沿赤水河公路建设”议案，在政府的高度重视下，已于前几天开工建设。拟投资9.3亿元，三年内建设完工。“沿赤水河公路建设”议案的落实，为本届政府办理代表议案工作画上了圆满的句号。——建章立制，逐步规范代表履职行为。区一届人大常委会任期的五年，先后修改完善《常委会联系人大代表暂行办法》、《代表视察办法》、《代表履职行为守则》等系列规定，规范代表履职行为、促进代表依法履职。五年来，常委会对违纪的4名市人大代表、7名区人大代表暂停执行代表职务，接受13名市区人大代表辞去职务，恢复1名区人大代表执行职务。——

强化领导，依法组织人大换届选举。为了保证区乡两级人大换届选举工作坚持党的领导、充分发扬民主、严格依法办事，常委会领导成员多次深入乡村进行调研，制定切实可行的实施方案。以规范程序为重点，严把培训关，为我区区乡两级人大换届选举全面展开奠定坚实基础。在提名确定正式代表候选人和投票选举阶段，常委会、区选举委员会和区换届选举工作指导组全力以赴，深入基层，及时发现情况，帮助解决问题，确保区乡两级人大换届选举依法按程序进行。

【坚持制度与规范并举，乡镇人大建设有新突破】 常委会始终坚持规范导向，把推进乡镇（街道）人大规范化建设、巩固乡镇（街道）人大工作基础作为重要工作来抓，积极探索新形势下做好乡镇（街道）人大建设工作的办法和措施。

——建立健全制度，推进乡镇人大规范化建设有章可循。五年来，全区32个乡镇人大主席团、10个街道办事处人大工委全面实施规范化建设，实现“有场所、有牌子、有设施、有制度、有活动、有记录”的“六有”目标。常委会统一制定《乡镇人民代表大会议事规则》等规章制度18项，建立健全《乡镇人民代表大会代表花名册》等表卡薄册14个，印发各乡镇统一执行。通过各项制度办法的实施，规范乡镇人民代表大会议事程序，增强监督效果。专题听取《乡镇（街道）人大规范化建设落实情况报告》，分析存在问题，提出整改措施。常委会领导班子成员亲自带队，分片区对乡镇（街道）人大规范化建设工作进行督查，确保乡镇（街道）人大“保障权、决定权、选举权、监督权”真正落到实处。——注重素质提升，确保乡镇人大规范化建设保障有力。针对乡镇人大干部新手多业务不熟的问题，常委会选取代表履职、法规执行、人大规范化建设等内容，有针对性地对人大代表、乡镇人大干部进行系统培训12场次，培训各级人大代表及人大干部2000余人次。为了增强培训实效，邀请深圳市罗湖区人大常委会相关领导亲临授课，对乡镇人大干部进行法治理论、代表联络联系等方面知识的系统培训，使乡镇人大干部依法履职能力和业务工作水平得到有效提升。在全区区乡两级人大换届选举工作开展过程中，先后组织各乡镇（选区）选举委员会组成人员开展业务培训3次，对换届选举工作流程、操作规范、注意事项、召开人代会会议程序及《贵州省乡镇人民代表大会工作条例》相关内容进行系统培训，并将严肃换届纪律及警示教育融入各项培训之中，确保全区区乡两级人大换届选举工作风清气正，顺利进行。

【坚持能力与形象并抓，依法履职水平有新提升】 常委会始终把加强自身建设放在突出位置，坚持问题导向，主动适应新形势新要求，以打造“学习型、效能型、创新型、和谐型、服务型”机关为抓手，履职能力有效增强，机关运转更加高效，工作效能得到提升。——坚持党的领导不打折扣。常委会在依法行使职权的同时，保证在思想上、政治上、行动上始终与党中央、省委、市委、区委保持高度一致，始终按照区委的统一部署，充分发挥人大优势，共谋发展之策、共拓发展之路，积极参与全区经济、政治、文化、社会、生态建设等重要工作及决胜贫困、同步小康的战略行动。按照区委安排，常委会班子成员积极参加夹岩水利枢纽工程七星关库区建设、高速公路建设、铁路建设、通村油路（水泥路）建设、棚户区改造、美丽乡村建设及其他重大项目建设的指挥调度，推动各项工作取得新进展。——强化学习提升履职能力。常委会以“三严三实”专题教育实践活动为载体，着力增强内生动力，加强自身建设。在“两学一做”学习教育开展过程中，通过组织对党章党规、习近平同志系列重要讲话的学习和做合格党员的研讨实践，准确把握总体要求和关键环节，解决党员队伍存在的“六个问题”，引导广大党员在“六个方面”争先锋、作表率，知行合一。——深入基层践行宗旨意识。始终牢固树立为民务实、联系群众的宗旨意识，组织开展常委会领导分工联系乡镇（街道）及区直单位，各委室对应联系有关区直单位、常委会组成人员联系人大代表、驻村干部联系村组农户。坚持深入基层调查研究，深入群众了解民情，广泛听取基层干部群众的意见建议，帮助解决实际问题。切实把“四在农家. 美丽乡村”创建工作帮扶联系点作为深入基层群众的切入点，多次组织机关干部进村入户体察民情、反映民意、凝聚民智、维护民利。常委会领导班子成员经常深入各自联系点，帮助协调解决精准扶贫、“四在农家”、同步小康中的困难和问题，真正使联系群众工作落实到位。——严肃纪律狠抓作风建设。常委会始终以坚持中央八项规定及省委、市委十项规定，七星关区干部作风“七严禁”“七不准”为纪律底线，严格要求机关干部遵守政治纪律及工作纪律，全力推进作风建设，重点整治“庸懒慢浮散”等不严不实、为官不为的问题，严守政治规矩，切实增强人大工作的执行力和落实力，提高人大机关办文、办会和办事效率。

（撰稿人：办公室）

七星关区政府办

【概 述】 2012 年至 2016 年来，在区委、区政府的正确领导下，深入学习贯彻习近平总书记关于办公室工作重要讲话精神，李克强总理提出的当好政府工作的“第一参谋助手”、“大服务员”、“高效督办员”精神要义，以改革创新为动力、以精细化、精准化、精品化为目标，着力在抓谋划、抓执行、抓督查、抓服务四个方面，推进工作机制创新和办法创新，不断提升履职能力，充分发挥好“发动机、参谋部、磨心、调味剂”的核心作用，以“精”为要，切实把好关，服好务，努力为全区经济社会提供优质高效服务。

【学习不断深化，务实学习型组织建设不断取得新成效】 办公室领导班子始终坚持把建设务实学习型组织作为内强素质、外树形象的根本途径，作为提高服务效能、促进全面履职的重要手段，坚持做到常学不怠、学以致用，扎实推进各项工作高效开展。一是坚持政策理论学习。办公室领导班子始终根据新任务、新形势的发展需要，重点学习掌握了党的十八大三中、四中、五中、六中全会及习近平系列重要讲话精神，深刻领会讲话的思想精髓和精神实质，积极参与党的群众路线教育实践活动和“三严三实”专题学习教育，进一步提高班子成员的政治觉悟、政策理论水平和业务能力，顾全大局、服务全局的意识明显提高，班子凝聚力和战斗力不断增强。二是坚持做到学用相长。坚持理论联系实际的原则，注重学以致用、学用相长，不断在实践中完善和提高班子的综合素质和工作水平，班子参谋协调能力和服务水平全面提高，创新解决问题和科学摆布工作能力得到进一步加强。

【制度建设切实推进，规范化水平不断提高】 按照“以制度管人、用机制激励人、靠岗位锻炼人”的思路，根据上级有关文件精神，结合办公室实际，每年制定年初工作计划，分解落实年度目标责任。不断修订完善办公室《学习制度》《财务制度》《接待制度》《请销假（休假）制度》《食堂管理制度》《公务接待管理制度》等制度。按照及时办理、按时办妥、限时办结的工作要求，不断规范办文、办会、值班、车辆、财务、印章管理等工作，做到收文有规范、办会有制度、办事有纪律，办公室服务工作高效运转。

【办文办会和“三服务”水平不断提高】 为使工作规范有序、优质高效，办公室严格按照“严细化管理、精细化服务”的标准，在办文、办会上下功夫。一是公文办理流程不断规范。按照上级有关精简文件、厉行节约的会议和文件精神，认真执行《党政机关公文处理规定》，严格履行收文登记、拟办、批转及发文审核、签批、印发等公文处理程序，做到急件急办、特件特办、密件专办。五年来，共转办国家、省、市文件 5000 余件，各类传真、电报 2500 余件，同级部门文件 14000 余件，信访来件 3500 余件；高质量起草各类文件、汇报材料、讲话稿 6000 余个，保证了公文质量，提高了公文办理效率。二是公文指导不断深化。五年来，区委办和政府办多次联合组织全区公文处理专题培训，对乡镇街道和区直各部门公文处理的格式和程序进行规范。三是文件流转过程进一步精简，推行无纸化办公。2013年建成七星关区协同办公系统并投入运行，更大程度地简化了收文、发文等流程，办公效率极大提高。四是会议办理程序进一步规范。本着节俭、高效、务实的原则承办各类会议，会前将任务分解到科室，责任明确到干部，严格执行会前登记、材料准备、会场布置、会后跟踪等程序，对会议全程做出周密细致的安排部署。五年来，办公室为以政府名义召开的全区各类大、中、小型会议及区政府常务会议、党组会等重要会议提供了优质高效的服务，共筹备各类会议4200余场次，很好地完成了上级交办的各类办会任务，保障了政府各项工作的顺利开展。五是干部职工服务发展、服务决策、服务落实的“三服务”思想意识不断提高，办公室文秘人员业务水平和综合技能，整体素质得到全面提升。

【应急处理能力不断提升】 五年来，办公室不断完善应急管理机构体系、预案体系、应急保障体系、监测预警体系、应急值班值守体系建设，不断探索提升应急综合协调、综合管理、高效服务能力，切实发挥了政府办公室运转枢纽作用，为全区经济社会安全稳定健康发展作出积极贡献。一是制定了《关于进一步加强应急管理工作意见》、《突发事件处置规程》等文件。在长春堡中学举办大型防震减灾应急演练，在碧阳湖联合组织开展抗洪应急救援演练，演练成效得到了市委、市政府有关领导的肯定。二是应急预案体系不断完善。按照“纵向到底，横向到边”的要求，组织编制完成《七星关区突发事件总体应急预案》、8个自然灾害类专项应急预案、8个事故灾难类专项应急预案、7个社会安全类专项应急预案、5个公共卫生类专项应急预案；督促和指导辖区各个乡镇办、各部门、中小学校、幼儿园及规模以上企业，根据各自职责全部制订完善了有关应急预案。注重预案实践演练，共开展地震、森林防火、防汛抗旱等应急演练30起。三是应急运行机制进一步规范。根据突发公共事件总体应急预案要求，进一步明确了应对突发公共事件组织体系、预测预警、处置程序机制，规范了突发公共事件应急工作流程，逐步建立预测预警体系。五年来，在凝冻、森林防火、防汛期间，通过应急信息平台向区四大班子领导、区直部门、乡镇街道主要负责人发布各类预警信息350余条，在政府网站应急管理栏目对外发布应急小常识50余篇。四是值守应急和信息报告能力不断强化。应急办公室专门落实专兼职值班员，坚持24小时值班制度和无缝交接班。认真做好日常值守应急和信息汇总工作，积极畅通信息渠道，严格信息报送制度，做到在第一时间内准确核实和掌握各类突发公共事件信息，确保了突发公共事件发现得早、处置得及时，有效保障了人民群众的生命和财产安全。五是防范处置重特大突发事件的能力不断提升。五年来，参与妥善处理各类重大自然灾害45起，事故灾难750起，公共卫生事件20起，社会安全事件22504起。尤其是妥善处理了2012年流仓“11.16”、2013年阿市“4.27”、环城北路农机加油站蒸汽爆炸等重大事件。六是应急队伍建设及培训宣传工作不断加强。不断建立以公安、人民武装等骨干力量为主体，基层民兵、企业、村（社区）应急队伍为基础的矿山、森林防火、医疗卫生、地质灾害、防汛抗旱、供电抢险、通讯抢险、交通事故、燃气应急、危险品运输应急、交通工程、应急供水等12支抢险应急分队。五年来，共开展全区性应急培训3起，发放各类防灾避险、自救互救基本技能宣传资料30000余份，科普读物6000余册，为广大群众解答防灾减灾知识1000余次。

【电子政务和信息工作稳步推进】 认真贯彻落实省、市关于电子政务建设、政府信息公开及安全等工作的各项规定，不断传播“好声音”，为政府工作聚集更多正能量。五年来，办公室严格按照各年《全省人民政府门户网站建设绩效评估指标体系》对区政府网站栏目进行及时优化调整，对栏目内容进行保障。区政府门户网站发布更新动态信息达9450条，及时发布公开区人民政府、区人民政府办公室和人事信息等文件880个，主动公开各年度国民经济和社会发展计划执行情况、财政预算执行情况、政府工作报告等政府重点工作动态1330余条，共发布公示243条、招聘公告238条、工程采购公告839条、生活类公告127条。自省长信箱、书记——省长直通交流平台、人民网直通车信件办理工作开展以来，共处理回复信件35件；区长信箱共受理群众诉求3975件，实现100%办结。五年来，办公室共编辑政务信息52期，上报省、市政务信息715条，约稿200条，调研文章24篇，编辑出版政府公报43期。

【电子商务和农村淘宝工作成效显著】 一是基础工作全面铺开。2015年电子商务办公室成立以来，参与组织召开2016年全区农村电子商务暨阿里巴巴农村淘宝项目千人启动大会，全区掀起了农村淘宝宣传热潮。全面启动招募农村淘宝“村级服务站合伙人”工作。目前，第一期农村淘宝合伙人招募工作已全面完成，推动建成投入运营农村淘宝村级服务站80个，农村淘宝开业至今已实现网上交易额4200万元，累计订单30万笔，在全省村淘中位居前列。组织参加了市举办的2016年“年货节”活动，实现总销售额72.2万元。二是业务素质不断拓展。为提升电商办工作人员的工作水平，先后邀请阿里巴及浙江颐高集团等知名电商企业对各单位电子商务分管领导、电商联络员、区域内中小企业、各乡镇街道部分创业能手等人员进行了总计15次电子商务相关知识培训。三是推动了毕节电子商务产业园建设步伐。目前，毕节电子商务产业园第一期建设工作已基本完成，成功引进阿里巴巴农村淘宝、浙江颐高集团等知名电商企业入驻园区，入住平台企业11家、服务企业28家、应用企业18家。建成毕节O2O特色体验馆、“乌蒙山宝·毕节珍好”农特产品展示中心、毕节农业大数据中心、阿里巴巴农村淘宝运营中心、毕节颐高电子商务运营中心以及京东、易田等电商体验区。成功举办了毕节市首届“互联网+”毕节电子商务高峰论坛。

【金融服务、外事侨务、国防教育等工作有序推进】 一是金融服务水平不断提高。自2012年7月金融办成立以来，紧紧围绕全区中心工作，积极发挥职能部门作用，创新工作思路，改进工作方法，认真履行对全区金融机构的协调服务、协助监管等职能，引导全区金融机构不断加大对支柱产业、重点项目、中小企业以及“三农”的信贷支持力度，充分发挥金融在促进地方经济发展和加快产业结构转型升级等方面的支撑保障作用，各项工作取得长足发展。二是外事侨务工作长足进步。五年来，外事侨务办紧紧围绕区委、区政府中心工作，深入开展学习党的各项方针政策，抓住地方外事为“中央整体外交服务，地方经济建设服务”的根本宗旨，发挥优势、锐意进取。认真学习中央、省、市、区各类重要文件和会议精神；认真做好七星关区的因公出国（境）手续的报批工作，共计为60余名区级领导干部办理因公出国（境）手续办理工作。认真做好马来西亚星洲媒体集团在我市朱昌中学和龙场营中学共计每年助养87名高中贫困学生的省侨联“爱心助学计划”工程，共争取资金18.3万元；全面推进全区基本侨情调查工作，对我区500余名归侨和侨眷有清楚的认定，进一步摸清了境外非政府组织在七星关区活动情况，为维护社会稳定和谐作出了积极贡献。扎实推进友城结好工作。2015年9月，与厄瓜多尔签署正式建立友好城市关系协议书。实现我区友好城市“零”突破。三是人防建设与经济社会不断融合发展，平时服务、交通战备、战时防空保障能力不断提高。着眼新形势，把握主题，积极创新，灵活运用广播电视、报刊、网络、微信等大众传媒载体，将国防教育有机地融入到学习、工作及社会生活中，多形式、多角度、多渠道开展国防教育，实现了思想教育与行为教育相结合，传统手段与新兴传媒相结合，深入扎实推动了国防教育工作经常化、制度化、规范化。

【党建工作不断深化】 五年来，全办党员干部政治理论水平进一步提高，党组织凝聚力、战斗力不断增强。一是认真学习贯彻十七大、十八大会议精神及习近平系列重要讲话精神，扎实开展“创先争优”、群众路线教育实践活动，认真践行“三严三实”要求和社会主义核心价值观，按照“认真、高效、协调、服务”的工作思路，紧紧围绕工作实际，突出“抓好党建促业务，抓好业务促服务”，干部队伍理论水平不断提升，党员服务意识不断提高、干部工作作风进一步转变，党组织的战斗堡垒作用和党员的先锋模范作用充分发挥。二是党的基层组织建设不断加强，各项规章制度不断健全完善。五年来，先后成立了办公室党组、机关党委和下属各单位党支部，顺利完成了机关党委和下属各党支部领导班子换届选举工作，为各项工作的开展提供了强有力的组织保证。先后制定了《加班管理制度》《目标考核管理办法》，修订完善了《办公室内部责任追究制度》《学习制度》《信访接待制度》等。三是党员队伍不断强大，教育管理持续开展。始终坚持“三会一课”制度，采取集中学习与个人自学相结合的形式，注重理论知识学习，共组织中心组学习60次以上，全体党员干部集中学习50次以上。根据党章和发展党员规程，优化党员队伍。五年来，按期转正6名预备党员，吸收了12名预备党员。三是党员干部为民服务意识不断增强。充分发挥综合协调联动作用，为群众办实事、好事。五年来，在职党员坚持到文峰、拥军、双城社区等开展关爱孤弱病残、卫生整治等活动，领导班子深入基层实地调研450余次，帮助联系帮扶乡镇、村（社区）协调解决水利、修路、农房改造等项目资金200余万元。从群众路线实践教育活动到遍访贫困村贫困户，通过干部下基层调研，以严的精神和实的作风，为群众解决生产生活中遇到的热点难点问题，干部的宗旨意识进一步增强，融洽了党群干群关系，树立了良好的干部队伍形象。

（撰稿人：办公室）

民　政

【概　述】 2012——2016年，七星关区民政局在区委区政府的精心领导下，在毕节市民政局的细心指导下，七星关区民政局在社会救助、社会组织及老龄等各项得到稳步推进，使民政兜底保障作用在全区得到全面发展。

【社会救助工作】 制定出台《毕节市七星关区城市居民最低生活保障实施细则》和《毕节市七星关区农村居民最低生活保障实施细则》。制定实施《七星关区低保经办人员和村（居）干部近亲属享受低保备案制度》。5年来，城市低保标准由2012年的330元/月/人提高到2016年的545元/月/人，提标幅度为65.15%，农村低保标准由2012年的1570元/年/人提高到2016年的3132元/年/人，提标幅度为99.49%。5年共下拨城市低保资金39927.03万元，农村低保资金86530.65万元，有效保障了城乡低保对象的基本生活（2012年城市低保对象12093户、30092人，2013年城市低保对象12313户、30484人，2014年城市低保对象11828户、28328人，2015年城市低保对象11622户、27016人，2016年城市低保对象11393户、26053人；2012年农村低保对象73768户、134636人，2013年农村低保对象73293户、126626人，2014年农村低保对象71745户、115127人，2015年农村低保对象57550户，88716人，2016年农村低保对象46067户，91967人）。发放农村低保季节性缺粮户救助粮1031.36万市斤，价值2549.01万元，切实解决了农村低保季节性缺粮户的基本生活（2012年农村低保季节性缺粮户22060户、36805人，2013年农村低保季节性缺粮户19211户、31223人，2014年农村低保季节性缺粮户18431户、29812人，2015年农村低保季节性缺粮户17278户、27971人，2016年农村低保季节性缺粮户16240户、34448人）。修订出台《七星关区城乡医疗救助管理办法》（七星府办通〔2012〕212号），实现城乡医疗救助一体化。建立社会救助工作“一门受理、协同办理”和“救急难”工作机制。5年来，下拨城乡医疗救助资金15919.2万元，共救助724716人次（其中资助城乡低保等困难群众687713人次参合参保，支出城乡医疗救助资金2564.68万元）。下拨临时救助资金2098.11万元，救助9631人（次）。同时，将精神病人住院救治纳入一站式结算。救助精神病人6503人（次），支付救助资金2380.65万元。制定出台《七星关区农村敬老院规范管理实施细则》。全区建有农村敬老院33所，床位1440张，床位利用率95.76%，法人登记率达100%。建成贵州省“二星级”建设标准敬老院22所，“三星级”建设标准敬老院4所，“星级”敬老院占全区敬老院总数的76.47%。共有五保供养对象4270人，其中集中供养对象1379人，分散供养对象2891人，集中供养率为32.3%。集中供养标准由2012年的6948元/年/人提高到2016年的10908元/年/人，分散供养标准由2012年的3241元/年/人提高到2016年的6272元/年/人。5年共发放五保供养资金11985.63万元。认真开展城市低收入家庭认定工作，5年共认定城市低收入家庭1616户。

【救灾救济工作】 2012－2016年，我区各乡镇街道均不同程度受灾，受灾人口达184.8787万人次，因灾倒损房屋6300间，农作物受灾面积122695.2公顷，其中：绝收面积为15011.13公顷，共造成直接经济损失37572.085万元。2012－2016年我区共发放救助粮13220.5吨、衣服3.5465万件、棉被2.3269万床、救助款1298.7万元，救助77.361万余人。

【留守儿童关爱保护工作】

2012－2016年，七星关区紧扣“3443”工作模式，参考市留守办制定的《留守儿童关爱保护工作流程图》，坚持问题导向，针对工作中的突出问题和困难，采取有力措施加以整改，努力补齐工作短板。不断健全完善工作机制；加强关爱阵地建设；加大建设经费投入；规范应急联动；全面建设规范，着力“抓创新”。在探究留守儿童工作中，我们认真研究未成年人保护相关法律法规，积极探索依法督促家庭落实监护主体责任的方法和手段，积极探索留守儿童关爱保护工作的新措施、好方法，在避免重复关爱、强化心理关爱等方面有所突破。通过全区上下通力合作，七星关区第一批7个乡镇的创建工作全部通过市级验收，初步形成了一套成熟的规范化建设工作模式，积累了经验“点”。我们把正在全面建设的乡镇街道作为留守儿童关爱保护工作规范化建设的打造“面”。“点”上成功的创新举措和先进经验在全区推开，“面”上积累的问题在“点”上的成功经验中找办法。“点”和“面”全面结合，取长补短，优劣互补，经验共享，全面提升留守儿童关爱保护工作水平，充分用“点”子建设好“面”子。

【老龄工作】 2012－2016年办老年人乘车卡（爱心卡）18139张。其中2012年办理年龄为70岁，2013年办理年龄降到65岁。 2012－2016实行高龄补贴制度：2012年补贴标准：90－99周岁（30元/人/月）、百岁老人（100元/人/月）补助；2013年补贴标准：90－99周岁（100元/人/月）、百岁老人（300元/人/月）；2015年9月，根据毕节市七星关区人民政府常务办公会议纪要一届（38次），同意《关于将80－89周岁高龄老人纳入高龄生活补贴范围的实施方案》，从2015年10月1日起，按照每人每月50元的标准发放2012－2016建成农村幸福院102个；建成城市社区居家养老服务中心2个。2016年落实经济困难高龄失能老年人生活补贴制度。从2016年7月1日起执行，补助标准为：经济困难高龄老年人按照每人每年600元的标准发放补助金；经济困难失能老年人按照每人每年1200元的标准发放补助金。

【孤儿基本生活保障】

2012年－2016年按照散居孤儿每人每月600元、集中养育孤儿每人每月1000元的标准发放孤儿基本生活资金。2012年1－12月，孤儿发放人数共267人，发放资金190.84万元。2013年1－12月，孤儿发放人数共312人，发放资金232.24万元。2014年1－12月，孤儿发放人数共351

人，发放资金248.58万元。2015年1－12月，孤儿发放人数共377人，发放资金271.46万元。2016年1－12月，孤儿发放人数共360人，发放资金271.86万元。2012年－2016年共发放孤儿基本生活补助资金1214.98万元。

【困境儿童生活补助】 根据《毕节市七星关区困境儿童救助保护实施方案的通知》（七星府办通〔2015〕156号）精神，2015年7月起，每月须为每名困境儿童发放100元生活补助资金。2015年7－12月，困境儿童发放人数共2392人，发放资金135.12万元。2016年1－12月，困境儿童发放人数共2663人，发放资金310.18万元。2015年－2016年共发放困境儿童生活补助资445.30万元。

【社会组织工作】 2012年至2016年，全区登记成立的社会组织共有121家（其中，民办非企业86家，社会团体35家）。2012年度全区共登记成立民办非企业登记29家，社会团体登记4家。2013年度全区共登记成立民办非企业登记14家，社会团体登记7家。2014年度全区共登记成立民办非企业登记9家，社会团体登记8家。2015年度全区共登记成立民办非企业登记15家，社会团体登记10家。2016年度全区共登记成立民办非企业登记19家，社会团体登记6家。

（撰稿人：办公室）

残疾人事业

【概　述】 2012至2016年来，在区委、区政府的正确领导和市残联的指导下，在各相关部门及社会各界的大力支持下，七星关区残疾人联合会坚持以“邓小平理论、三个代表”重要思想、科学发展观为指导，深入贯彻落实习近平总书记的系列讲话精神，坚持“创新、协调、绿色、开放、共享”五大发展观念，紧紧围绕“决战贫困、提速赶超、同步小康”目标，认真履行“代表、服务、管理”职能，坚持“夯实基础、加大宣传、扩大影响、多办实事、不断创新”的工作思路，着力解决残疾人最关心、最直接、最现实的康复、教育、就业、扶贫、维权等问题。

【基本情况】 七星关区是毕节市辖区所在地，全区总人口156万人，辖区有42个乡镇街道办，共有残疾人9万余人，占总人口数的5.77%。2012－2016年办理残疾人证共23398人，其中一级1606人，二级6573人，三级6345人，四级8874人，死亡人数为934人。残疾人中纳入精准扶贫对象4377人。

【残疾人康复】 五年来共完成省残疾人康复重点工程项目任务分别是：贫困白内障患者复明手术500多例，贫困听力障碍残疾人验配助听器149多台，贫困下肢缺肢者安装普及型小腿假肢35多具，贫困下肢缺肢者安装普及型大腿假肢33具，0－7岁贫困听力言语残疾儿童抢救性康复训练49多人，0－7岁贫困自闭症残疾儿童抢救性康复训练31人，15岁以下贫困智力残疾少年儿童抢救性康复训练54人，15岁以下贫困脑瘫残疾少年儿童抢救性康复训练45人，15岁以下贫困肢体残疾少年儿童矫治手术34例，贫困精神病患者服药治疗175例，贫困精神病患者住院治疗188例；完成“七彩梦行动计划”项目任务分别是：人工耳蜗12人，助听器验配与康复19例，贫困脑瘫儿童康复11人，贫困孤独症儿童康复6人，肢体残疾儿童矫治手术康复7人；假肢矫形器装配17人；脑瘫儿童辅助器具适配95人。完成“中央彩票专项公益金”康复项目任务分别是：助视器590例，大腿假肢安装25具，小腿假肢安装25具，特殊假肢安装8具，功能性上肢安装2具，矫形器36多例，贫困重度辅助器适配5多人，贫困精神病服药救助（不能享受报销）116人，贫困精神病服药救助（能享受报销）116人，贫困精神病住院服药医疗救助47人，贫困智力残疾儿童康复74人。上述各项目任务按规定时限完成，准时上报了相关资料和表册，同时还将每年度任务完成情况及时录入统计台账。

【残疾人教育】 五年来共

完成7—14周岁贫困听力残疾少年儿童入学数69人、7—14周岁贫困视力残疾少年儿童入学数183人、15岁以下贫困智力残疾少年儿童入学数120人。2015年9月启动了特殊教育，现接受特校特殊教育的小学生有200人，其他就读大中专院校有100多人，在各高中、初中、小学就读有300多人。

【残疾人培训】 五年来共完成城镇残疾人职业技能600多人、农村残疾人实用技术1000多人，创业培训200多人，盲人按摩300多人，其它（雇主培训）100多人，并按实名制录入要求及时将培训情况录入了信息系统。

【残疾人创业和就业】 已扶持省级残疾人创业就业示范点1个（原成立的毕节市残疾人名兴运输公司）、市级残疾人就业示范点1个（毕节市远芳藤椅家俱厂）、区级残疾人创业就业示范点3个（双余鞋业、博爱物业管理公司、心艾生猪养殖专业合作社），扶持残疾人从事个体经营、种养殖业和二、三产业或微型企业18户，扶持残疾人个体和自主创业500多人，扶持残疾人灵活和居家就业600人，按比例按排残疾人就业156人．为规范全区盲人按摩院，2016年新办了一所民办盲人按摩培训学校。

【残保金征收管理】 七星关区五年征收残保金累计数是1694万元，这些残保金30%用于残疾人培训、教育，残疾人创业就业、扶贫等，真正用于残疾人事业的发展。

【残疾人扶贫脱贫】 建立了残疾人精准帮扶对象数据库，通过同区扶贫办对结，把全区1000多户残疾家庭列为精准帮扶对象；残疾人扶贫脱贫主要是采取项目支撑和临时救助的方式进行的，对精神、智力和其它重度一、二级残疾人已实行居家托养880人次，累计资金56万元，临时救助1000余人，累计资金45万余元。2013年和2015年抽派干部职工到乡镇街道办驻村，为残疾人解决实际问题，并争取了两个硬化工程的实施。

【残疾人危房改造】 对残疾人及家庭危房进行改造，政府和残联部门投入资金250余万元，受益残疾人近300人。

【残疾人燃油补贴发放】 严格按照省、市规定对七星关区2012年至2016年以来残疾人机动轮椅燃油补贴对象进行了认真清理核实，累计发放燃油补贴3307人次，补贴资金总额达859820万元。2016年通过核实对补助资金已发放到村或社区而未及时发放给残疾人的154户进行督促发放到位；对不合格的696户进行取缔。

【社会保障】 （含纳入城乡低保、参加城乡基本养老保险和基本医疗保险、实行医疗救助和临时救助等情况）：凡符合条件的残疾人都享受城乡低保生活待遇，每年约为4000人，90 %以上的残疾人都参加城乡基本养老保险和基本医疗保险，获得医疗救助的残疾人100多人次和临时救助的残疾人200多人。2015年开始实施重度一级残疾人护理补贴，上报人数957人，共计发放资金57.42万元。各乡（镇、街道）申报的情况来看，2016年出台了重度一、二级残疾人护理补贴政策，发放残疾人护理补贴资金380余万元，三级、四级残疾低保对象将提高农村的20%，城镇12%的标准；2016年申报一级残疾人护理补贴的有1700人、二级残疾人护理补贴的有6215人，未申报一级残疾人护理补贴的有448人，二级残疾人护理补贴的有1785人。2015－2016实施数据动态更新工作，根据<市残联关于转发《贵州省残疾人基本服务状况和需求信息数据动态更新工作实施方案》的通知>的要求，全区目标任务数是95849人，其中已更新办理残疾人证录入有30243人，未持证残疾人录入65606人，保质保量完成了目标任务。区残联还组织全体干部职工下乡为重度困难的残疾人办理了残疾人证，免费为他们洗相片，帮助他们解决了出行难的实际问题。

【残疾人权益维护、无障碍环境建设及基层组织建设工作开展情况】 认真做好残疾人维权信访工作，切实维护社会和谐稳定和残疾人合法权益，办结维权信访案子20余起，办结率达100%，让残疾人合法权益得到了保护。无障碍改造：累计完成无障碍建设68户（其中市指标3户），投入资金296500元。基层组织建设方面：一是推进乡（镇、街道）残联规范化建设，配齐42个乡（镇、街道）残联专职理事长；二是配齐42个乡（镇、街道）和506个村（社区）的残疾人专职委员，固定发放42个乡（镇、街道）残联和24个社区残疾人专职委员报酬。

【宣传文化体育】 每年以"全国助残日"、"世界自闭症日"、"爱眼日"等为契机，采取多种形式进一步开展残疾人宣传文化体育相关活动，同时组织残疾人参加国家、省、市有关比赛，并获奖项若干。近几年参加残疾人和职业技能竞赛获奖若干；其中第一名3人、第二名4人、第三名1人、第五名1人。几年来荣获金牌3枚、银牌4枚、铜牌3枚。

【扶残助残等各项工作】 组织残疾人自愿者、社会爱心人士等帮扶残疾人，有近400多肢体残疾人获得救助（轮椅），20多个贫困残疾学生获得帮扶，1000多听力残疾人获得救助（助听器）。积极加快省发改委立项批准七星关区建设残疾人托养中心工程项目，完成地勘设计、编制可研报告，设计阶段已完成，目前托养中心建设已进入图纸评审阶段，因托养中心选址情况波动，导致托养中心未能按原计划完成，该工程以取得可研批复，规划选址意见书，土地预审文件书，地勘资料报告书，已完成设计方案和施工方案设计，争取完成修建工作。

（撰稿人：办公室）

商务与投资促进

【2012年－2016年工作开展情况】 2012年12月底完成招商引资到位资金54.88亿元。2013年12月底，列入招商引资进度项目125个，总投资1032.5亿元，招商引资续建和新建项目实际到位资金190.03亿元，占全年任务（190亿元）的100%。组织参加了省、市组织的各类招商引资洽谈会议，完成招商引资签约项目52个，签约资金达300.5亿元。其中，签定投资协议32个，签约资金210.52亿元，投资意向36个，意向资金达243.28亿元。2014年，全区列入调度的新建、续建项目117个，总投资764.598亿元。完成招商引资实际到位资金186.48亿元，同比增长22.69%，占全年目标任务211亿元的88.38%，其中：省内项目实际到位资金77.89亿元，占41.77%；省外项目实际到位资金108.59亿元，占58.23%，完成市下达给我区的全年目标任务数。

【2015年工作完成情况】 1、招商引资到位情况。2015年，截止11月20日，全区纳入省级招商引资平台管理项目65个，投产项目50个，到位资金135.82亿元，完成市委、政府下达的招商引资130亿元的任务数；新建项目25个，新建项目开工22个，开工率为88%，投资总额84.88亿元，到位资金31.72亿元。（2015新建项目25个，新建项目到位资金31.72亿元；2014年新建设项目34个，新建到位资金32.74亿元。）2、签约项目情况。2015年1－11月完成招商引资项目55个，资金357.85亿元，其中，签约投资项目协议13个，签约资金28.03亿元，落地率100%；达成投资意向17个，意向投资资金达279.82亿元。3、党政主要领导干部带头招商情况。在确保完成省、市组织的招商活动签约任务的基础上，还通过开展"小型、经常、多样、有效"的招商活动，突出以党政主要领导、分管领导开展的小分队招商。2015年上半年，党政主要领导、分管领导赴北京、广州、杭州、山东、四川等多地地开展招商引资考察和洽谈活动30余次。4、项目代办开展情况。为创造良好的投资环境，全力落实"五个一"工作机制，扎实开展代办服务工作，提供高效、便捷的优质服务，对企业进行全程跟踪代办服务，及时解决项目落地建设中存在的困难和问题。做好"红娘"和"保姆"。2015年上半年，共接待客商的咨询100多人次，代办项目

29个，代办事项90余件。5、项目储备、项目编制和项目精包装工作情况。以国家产业政策为先导，以资源特色和行业特点为基础，结合我区经济社会发展实际和相关产业发展规划，精心编制投资指南和招商引资项目册，有储备项目164余个，编制符合产业项目125个，对其中20个项目进行精包装。精包装项目目前落地建成1个，有意向性的5个。

【2016年工作完成情况】

1、招商引资到位情况。截至12月，七星关区纳入调度续建和新建项目共70个以上，投产项目46个以上，预计完成到位资金156亿元，同比增长20%左右。2、项目签约情况。目前，七星关区完成招商引资项目共52个。其中，签约投资项目协议49个，签约资金180多亿元。3、领导干部带头招商情况。截至12月，领导干部先后到北京、江苏、浙江、山东、广东、福建、重庆、成都等地开展招商活动81次。目前对接洽谈的企业有13家，其中：中国企业500强一家，有4家企业年内有望签约落地，签约金额约38亿元。4、项目代办开展情况。截止9月30日，代办服务中心共跟踪服务项目79个，服务代办事项378件，办结事项361件，其中，平台项目41个，代办事项228件，办结事项224件，代办率100%，办结率98%。2016年以来，数次为项目客商全程代办工商营业执照、机构代码证、刻章、地税等开户手续，通过代办服务，将原本约15个工作日完成的审批手续缩短至2到7个工作日，大大提高了项目审批效率，筑“巢”投资软环境，得到客商的一致好评。5、项目储备、项目编制和项目精包装工作情况。以国家产业政策为先导，以资源特色和行业特点为基础，结合全区经济社会发展实际和相关产业发展规划，精心编制投资指南和招商引资项目册。项目册含储备项目127个，网络平台项目库完成60个，精包装项目10个。目前，精包装项目落地建成1个，意向性5个。同时，在市投资促进局的指导下完成编制招商专案2个。

【工作主要措施和经验做法】

1、完善工作机制，强力推动招商引资工作。一是成立招商引资工作委员会。由区长任主任，分管区长任副主任，区投资促进局、国土资源局、农牧局、财政局等区直相关部门主要负责人为成员的招商引资工作委员会。二是细化分工、合作，切实改善投资环境。委员会内设招商组、联审组、推进组3个工作组。根据工作分工，分别由分管副区长统筹负责，按照“谁引进、谁负责，谁分管、谁落实”的原则，按行业分类全力做好招商引资项目服务、落地工作。三是完善目标管理责任制。将我区招商引资任务数，分解落实到各镇乡办事处和工作部门，实行部门一把手负责制，细化任务分解，做到目标到人、任务到人、责任到人、奖惩到人，并加强日常工作监督检查，确保招商工作有序推进。四是完善督查机制。督办督查局、“双考办”，把招商引资工作和项目建设作为全年督查工作的重点，采取重点督办、分段督办、定期督办和不定期抽查的办法，严督实查，跟踪问效。五是完善项目建设机制。继续推行领导联系重点项目制度，落实“五个一”机制，明确牵头领导，成立一套班子，指定责任部门，确定牵头单位，把任务捆绑在一起，把责任捆绑在一起，为落地项目提供高效服务。2、不断提高招商引资项目建设。以区招商引资局为业务指导，指导各乡镇、区级各部门编制项目，结合我区优势，坚持以国家产业政策为先导，以资源特色和行业特点为基础，以新型、低碳生态产业为发展方向，加强项目的创意、策划、编制认真收集、整理、论证、包装一批上规模、上档次、有市场、有效益的项目，增强项目招商实效。3、做好领导干部带头招商，不断增强招商引资实效。由领导干部带头，采取灵活多样打形式，开展产业招商、专业招商、小分队招商、以商引商，精细组织好小型招商推介会，突出小型“圆桌式”招商，提高招商项目的“对接率”和“成功率”。实现从全民招商转变为专业招商、从粗放招商转变为精细招商、从盲目招商转变为目标招商、从政策招商转变为环境招商，提高项目成功率。4、精心组织参加各类招商引资活动。精心准备，积极参与市委、市政府在各地举办的招商旅游推介会暨项目签约活动并获取招商信息。由区委、政府主要领导带队，开展招商引资推介，通过走出去、请进来，积极参与商会、行业协会、行业商会的年会和联谊活动，让民营企业家走进七星关区、了解七星关区、认识七星关区，鼓励参与七星关区的经济发展，助推七星关区发展。

（撰稿人：办公室）

人力资源和社会保障局

【概　述】 2012 - 2016年，七星关区人力资源和社会保障局在区委、区政府及毕节市人力资源和社会保障局的正确领导下，按照“就业保民生、社保安民心、人才促发展”的发展思路，以科学发展观为统领，坚持群众路线，围绕“加速发展、加快转型、推动跨越”的主基调，强化工作措施，狠抓工作落实，在人事人才工作管理、社会保障体系建设、推进就业再就业工程、努力构建和谐劳动关系方面取得了明显的成绩，于2013年获得国家级“敬老文明号”先进单位；2015年牵头申报、积极完善相关资料，金桂社区获得国家级充分社区；2016年天河社区获得国家级充分就业社区，同时获得省级充分就业社区4个；2016年4月27日，人社部副部长张义珍率人社部调研督查组到毕节调研，对我区人社工作取得的成绩给予充分肯定；2016年获得“毕节市人社系统2016年度综合目标考核一等奖”和“毕节市七星关区2016年度区直部门工作目标管理考核一等奖”等奖项，有力地推动了全区人力资源和社会保障工作又好又快的发展。

【就业创业】 七星关区人社局2012至2016年五年来，以促进就业和创业为目的，突出重点，突破难点，打造亮点，继续深入推进创建创业型城市工作。突出抓好农民工、退役军人、下岗失业人员等重点群体就业，推动建设覆盖城乡的公共就业服务体系。一是开展培训服务、搭建就业创业服务平台、加大就业创业基地建设力度、开展园区就业创业服务工作和加强宣传工作多措并举，鼓励劳动者多渠道、多形式就业。二是注重资金周转。开展创业担保贷款和就业困难人员灵活就业养老保险补贴工作，落实“一市五金多套餐”问需式精准扶贫的政策、推荐返乡农民工、大学生、残疾人、妇女、退伍军人等群体申报市级一次性创业补贴、场地租赁补贴和示范户称号三管齐下。三是强化就业补助资金的管理和使用，2016年积极争取省、市就业补助资金5981万元，区级财政匹配资金2952.12万元，共计8933.12万元；毕节市七星关区就业补助资金共计使用7060.64万元（其中公益性岗位补贴4234.89万元，社会保险补贴2814.32万元，职业培训补贴11.43万元）；创业担保贷款贴息资金4077.81万元；为区政府减轻资金压力3350万元。通过努力，2012至2016年五年来，毕节市七星关区实现城镇新增就业43922人次，职业培训20192人次，城镇登记失业率控制在4.2%以内。

亮点工作：一是开展“绿色通道”优质服务专项服务活动。举办专场招聘会，开展“就业援助月”、“春风行动”、“民营企业招聘周”等专项活动，加大对困难群体的就业援助。鼓励劳动者多渠道、多形式就业。二是多措并举，组织不同形式的农村劳动力就业创业技能培训，进一步提高劳动力技能水平，增强就业创业竞争力。三是加强部门配合，对就业安置人员进行职业指导、职业培训、劳动维权等就业服务，将就业与回归结合，提高他们的工作效率。同时，为进一步做好戒毒人员就业帮扶工作，七星关区按照“以人为本、科学戒毒、综合矫治、关怀救助”的原则，整合资源优势，强化部门沟通协调机制，以就业安置为核心，深入社区戒毒、康复人员当中，了解他们的生产生活情况，协助相关部门解决阳光人员最低生活保障、廉租房等问题，助推戒毒康复人员尽早实现就业，回归社会。

【社会保障】 五年来，七星关区人社局着力保障民生，稳步提高社会保障水平。一是细化任务，落实责任制，全力扩大社会保险覆盖面。对照每年目标任务，全局统一部署，精心组织，齐心协力，将各项目标任务层层细化分解，让每一位工作人员都能明确自己的工作职责和具体任务，将工作任务落到实处。一是城镇职工养老保险工作不断提升。城镇企业职工基本养老保险参保182250人次，征缴基本养老保险费106574万元。二是医疗保险工作有序推进。城镇职工医疗保险保人员共完成166643人次；完成征缴医保基金53835万元。三是生育保险稳步提升。生育保险参保110162人次，基金征缴收入1087万元。四是工伤保险平稳增长。参保人数132592人次，完成工伤保险费征缴8688万元。五是失业保险日趋完善。以往我区事业单位人员未纳入失业保险参保范畴，经过与区委、区政府多次协调，由区政府下发七星府办通［2012］233号文件，正式将全区250家事业单位13500名工作人员全部纳入失业保险参保范围，并于2012年9月正式启动。五年来，全区失业保险参保人数88168人次，失业保险征缴5351.77万元。六是城乡居民基本养老保险工作日趋规范。新型城乡居民社会养老保险工作自2011年7月1日全面启动以来，在区委、区政府的关心和帮助下，通过组织招考，录用131名工作人员，覆盖全区42个镇乡办事处，确保了每个乡镇办事处为新型城乡居民社会养老保险提供不小于30平米的办公场所，并通过金保网系统实现两级网络信息化平台建设，对全区42个乡镇办事处实现了全覆盖；建成42个乡镇办事处信息报送系统，实现信息的及时准确传输。五年来，我区城乡居民社会养老保险参保2086414人次，征缴城乡居民社会养老保险基金16231.9万元，累计完成社保卡数据采集27.1万人。七是被征地农民养老保险工作平稳增长。被征地农民基本养老保险参保168877人，截至2016年，有20927人已经达到领取待遇条件。在确保完成各项工作目标任务的基础上，按程序做好企业职工退休审批工作并及时按国家政策落实了养老待遇。按政策审批享受企业因病或非因工死亡人员供养直系亲属生活补助费、丧葬补助和一次性生活补助。

亮点工作：一方面城居保中心在经过不断的摸索和总结后，探索出一套行之有效的征缴对账模式，有效地杜绝了基金风险事件的发生，实现了账目平衡。七星关区城居保对帐工作是全市率先实现了月月对账、月月平账、一直坚持按月及时上交三账合一凭证的唯一区，此项工作得到省市及其他地州县区的认可，并派员到我局学习。同时，市人力资源和社会保障局对此亦给予高度肯定。

另一方面从2014年年初开始，七星关区为提高城乡居民社会养老保险征缴环节的工作效率，采取了以下措施：一是与农行商定，乡镇农行代办点不再负责基金征收，只负责待遇发放，乡镇各分中心安装POS机，进行无现金缴费。二是加大对金融机构的指导，从2014年4月起，为方便农村居民领取养老金，农行通过智付通惠农工程，在每个村安装取款设备，让服务深入到基层群众。截至2016年年底，378个村已全部开通取款设备；三是加大宣传力度。由单位主要领导在区委党校为村（社区）支书、主任、副主任作为期八期的专题培训；充分利用电台广播FM91.2频道进行城乡居民社会养老保险宣传。

【劳动维权】 坚持从构建和谐社会的高度出发，不断加强劳动保障监察队伍建设，加大执法维权工作力度，积极建立和谐稳定的劳动关系，切实维护劳动者的合法权益。一是重点开展各类专项检查，切实解决拖欠务工人员工资问题，实现零拖欠、零上访，维护劳动者合法权益。自2012年3月七星关区劳动保障监察大队升格为副科级机构后，七星关区劳动监察队伍更加充实，为七星关区劳动保障监察工作提供了有力保障。五年来，七星关区人社局劳动监察大队接到投诉、举报案件1393件，结案1390件，追发劳动者工资5219.6998万元，涉及劳动者5769人，用工年检1818户。其中2014年处理全体性事件7宗，涉及人员638人。二是实现劳动人事争议仲裁机构标准化建设。根据七星机编

【2012】 9号文件精神于2012年3月正式成立毕节市七星关区劳动人事争议仲裁院至2016年年底。劳动争议仲裁共受理劳动争议案件783起，结案770起，涉及金额2676.4万元，有效维护了七星关区的社会稳定。

亮点工作：在劳动监察创新工作中，首创“四个一体执法”机制，有效推动了七星关区劳动监察执法工作的开展。

（一）创建“领导干部一体执法”机制，变被动查处为主动服务；（二）创建“城乡一体执法”机制，变事后查处为事前预防；（三）创建“集体联动式一体执法”机制，开辟维权绿色通道；（四）创建“团队式一体执法”机制，大力营造团结协作环境。

【人事人才】 五年来，七星关区人社局坚持公正公开，人事人才工作有序推进。坚持围绕中心，服务大局，把公正、公开、择优作为深化人事制度改革的基本原则，积极探索，求实创新稳步推进人事制度改革有序发展。一是认真实施《公务员法》，做好公务员日常管理工作，并按照上级部门要求，认真组织好公务员招考、审查、录用和培训等工作，按照管理权限行文充实了157名公务员或参公人员。二是积极做好我区企业军转干部工作。根据上级相关文件精神，对我区企业退休军转干部的生活困难补贴进行调整并及时兑现到个人。三是完成2012－2016年年度政府系列干部考核工作。四是落实好各项工资福利政策。五是开展借调人员摸底工作，为区委、政府制定全区干部管理规定提供决策依据。六是完善人才引进工作机制，五年来共对外引进专业技术人才75人，并做好每年3月份的贵州人才博览会人才引进工作。七是积极做好人才服务工作，为我区经济社会发展提供智力支持和人才支撑，并积极创造条件解决大中专毕业生的就业问题。结合我区事业单位需求实际，组织和配合用人单位面向社会公开招考聘用事业单位工作人员2566人。八是认真做好专业技术人员继续教育及职称评审工作。

【项目建设】 全面建设七星关区基层就业和社会保障服务平台。七星关区基层就业和社会保障服务设施建设项目为2012年中央预算内投资的社会发展建设项目，该项目选址在观音桥办事处塘房村（碧海大道旁），建设面积5000平方米，根据《七星发改社事〔2013〕120号》文件，扩建面积5938.44平方米，总建设面积10938.44，平方米，该项目合同完备，程序合规，证书齐全。截至2016年年底，新建的13个乡镇（燕子口镇、林口镇、杨家湾镇、生机镇、海子街镇、八寨镇、水箐镇、阿市乡、大屯乡、朱昌镇、阴底乡、放珠镇、千溪乡）合建16个的乡镇（团结乡、麻园办事处、德溪办事处、大银镇、大河乡、长春堡镇、田坝桥镇、田坝镇、何官屯镇、市西办事处、野角乡、市东办事处亮岩、青场、吉场、碧海新区办事处、碧阳办事处）改建的5个乡镇（层台镇、龙场营镇、鸭池镇、田坝镇、田坎乡）皆已全面完工入驻。

创新、亮点工作：打造七星关区电子商务园创业孵化基地，就业工作取得新突破。七星关区就业局服务中心入驻电商产业园孵化基地，为园区免费提供各类政策咨询、发布招聘信息、提供创业专家指导服务等。省人社厅充分肯定了就业局就业工作取得的成绩，并投入专项资金1000万元，区级财政对等匹配专项资金1000万元，专项用于七星关区电子商务进农村综合示范区创建工作。通过不懈努力，七星关区电子商务孵化工作开局良好，电商产业园孵化基地在全省电商工作推进上得到省委、省政府的充分肯定，七星关区被贵州省人社厅授予“2016年省级电子商务进农村综合示范县”，同时毕节电子商务产业园还荣获了“2016年度贵州省电子商务十佳示范基地”、“2016年度贵州省省级现代服务业集聚区”、“2016年度毕节市市级创业孵化示范基地”的称号，此外，还被区委区政府评为“毕节市七星关区创业孵化基地”、“七星关区青年就业创业示范中心”。

（撰稿：办公室）

民族宗教事务

【民族工作】 （一）加快推进少数民族和民族地区经济发展。一是积极争取中央、省、市级少数民族发展资金。五年来争取中央、省、市项目128个，资金907万元，其中2012年26个，181万元；2013年13个，119万元；2014年28个，181万元；2015年27个，196万元；2016年落实34个，230万元。用于村庄环境整治、路灯亮化、基础设施建设及民族传统手艺扶持。二是加强少数民族特色村寨保护发展工作。2016年燕子口镇一心村、大屯乡三官村、阿市乡雄跨村获全省少数民族特色村寨命名。在燕子口镇一心村落实经费95万，安排项目5个；在大屯乡三官村落实经费45万元，安排项目3个；在阿市乡雄跨村落实资金66万元，安排项目3个。（二）大力加强民族团结进步创建活动。一是做好“民族团结和睦指数”统计监测工作。建立完善七星关区民族团结和睦指数统计监测工作方案，随时掌握民族团结和睦指数统计监测指标体系各项动态数据，提高分析运用统计监测数据开展工作的能力。二是认真做好城市民族工作。加强对外来流动人口集中的社区调研，指导各乡镇街道开展民族关系调研和矛盾隐患排查工作。选定洪山街道环南社区、市西街道翠西社区、市东街道龙山社区作为城市民族工作试点社区，探索城市民族服务管理工作新思路。三是认真做好公民民族称变更和人事档案民族确认工作。累计依法依规开展公民民族族称变更287人，民族成份人事档案认定29份。（三）抓好民族文化教育等社会事业的全面发展。一是五年安排资金50万元在阿市乡安然村、八寨镇金银山、大新桥小河、亮岩镇核桃树村等民族村寨开展了民族节庆活动。二是指导燕子口镇大南山小学、大屯乡三官小学、三板桥办事处灵峰小学开展“双语”教学。选调4名双语教师到大新桥街道小河致公万泽小学及长春堡镇干堰小学，从事双语教学工作。协助区教育局做好区民族中学、二中民族高中班、六中特色高中班招生工作。（四）做好民族文物古籍搜集整理工作。一是录制了10个传承人的影像资料、350个民族文化古籍资料视频、175个民族口传古籍音频；二是编辑视频资料238个、刻录光盘92张。三是用现代化技术复制了210本彝族古籍文献；四是编写民族古籍条目278条、翻译整理约10万字的苗族民间故事24个。

【宗教工作】 （一）加强和创新宗教事务管理。一是全面完善了全区宗教工作三级管理网络机构建设，全区明确924人为宗教工作三级管理成员。二是加大对宗教信教群众基本情况的调研。对全区五大宗教中各个教派的信教群众人数、登记在册的信教群众人数、贫困信教人数以及宗教界人士在各级人大、政协任职人数进行了调研和统计，做到底数清、情况明。三是依法取缔、合并、制止乱修乱建新建非法宗教活动场所18处。（二）妥善处理宗教领域矛盾纠纷及信访事件。做好信教群众来信来访工作。接待宗教领域来信来访36次；协调处理了各类宗教矛盾纠纷48次。（三）加强引导宗教与社会主义相适应。积极开展“宗教慈善周”活动，引导宗教界人士向社会捐资捐物参与社会活动，使信教群众正确审视修生养性的生活，2013年组织全区宗教界为阿市乡4·27自然灾害开展捐赠活动，捐赠善款60412元。2014年组织居士林为大银镇敬老院捐赠菜油500斤。2015年组织天主教人士为海子街镇大丫口村捐赠衣物1000多件。

（撰稿人：办公室）

档案管理

【概　述】 2012至2016年期间，在区委、区政府的正确领导下，在省、市档案局的精心指导下，七星关区档案局紧紧围绕全区经济和社会发展目标，以档案工作服务民生为重点，着力加强档案资源体系、利用体系、安全体系、信息化体系、人才体系建设，较好地完成了档案工作任务，各方面取得了新的成绩。

【改善档案基础设施建设】
1. 档案局基本设备投入不断增

长。五年来，该局增置专用扫描仪9台，更换高配计算机12台，复印机6台，服务器2台，紫光档案网络管理版软件1套，消毒柜1台，防磁柜2个，去湿机9台，装订机2台，触摸一体机1台，建立了数据中心机房，为档案管理由传统方式向现代手段转变创造了必要的条件。

2. 档案局业务经费投入逐年提高。五年来，档案事业发展经费不断增加，运行经费从2011年的50万元增至2016年100万元，2013年区政府拨专项经费150余万元用于创建全省社会主义新农村建设，区政府拨款25万元编写“七星关区档案志”。2014年拨专项经费67万元创建省资源数据库中心机房的建设，还划拨专项经费添置密集架、购置了电子设备及对部分单位档案进行整理。3. 理顺档案管理体制，健全管理制度。该局结合工作职责和职能，着力抓好档案资源体系建设，制定了相应的工作措施和办法，进一步完善和充实了《档案查阅利用制度》、《库房管理制度》、《保密制度》、《档案鉴定与销毁制度》、《岗位责任制》等规章制度，并按照全区的统一要求，制定和实施了服务承诺制、首问责任制、限时办结制和行政问责制四项制度，并贯彻落实到具体工作中，落实到实际行动上。2015年10月编印《毕节市七星关区档案局制度汇编》。

【扎实推进基础业务建设】

1. 档案资源建设成果丰硕。为丰富馆藏，改善馆藏结构，该局十分重视档案资源建设，将其作为档案工作的一项重要任务常抓不懈。五年以来，我局共接收土地承包、卫生、婚姻登记、优抚、独生子女、危改、林改等9种22627卷121356件民生档案进馆，档案局档案增加到124464卷（册），从根本上改变了国家综合档案局保管档案单一的局面，馆藏不断丰富，档案结构逐步合理。2012年10月23日至24日，在国家二级综合档案馆测评结果会上，测评组对我区创建工作给予充分肯定，一致认为我区档案馆各项指标已经达到国家二级综合档案馆标准，向国家档案局申报审批，国家档案局批准七星关区档案局为“市县国家综合档案馆测评国家二级馆”。2. 档案数字化有序推进。2014年，经过全局6个人7个多月的艰苦奋战，完成全省档案资源数据库建设的创建工作，共完成9个重点全宗2559卷6613件86325幅的全文扫描挂接工作以及648张照片3544条音视频档案的归档工作，目前已有371905条案卷级和文件级目录，为数字化档案局建设创造了条件，同时社会化服务功能取得较好成绩。2015年，我局对42个镇乡街道办、87个区直部门进行扫描挂接培训，要求各单位2014年以来的档案实行数字化管理，近五年以来新成立的单位从单位成立起进行扫描挂接，除原来已启动的几个区直单位外，从2015年全面启动全区所有单位和乡镇街道办事处的数字化档案室的建设。3. 重点档案抢救成效显著。2012年以来，该局全面完成了民国时期破损档案的抢救和修复工作，共抢救了1980卷，清理20195页，其中裱糊31卷，5181页，完成了全部档案目录的编制工作，所有目录全部录入电脑，并进行了数字化处理。4. 档案利用不断加强。近年来，提供档案利用54300余卷（盒），提供利用17600余人次，利用范围涉及人事、土地、房产、林权、婚姻、计生、凭证及其他政策性文件等，真正起到了档案工作服务社会、服务民生的重大作用。

【加强农业农村档案工作】

2013年七星关区被列为全省新农村建设档案工作示范区，区委、区政府高度重视，于2013年4月11日召开了全区各镇乡街道办事处参加的新农村建设档案工作会议，会上布置了新农村建设档案工作任务，下发了《七星关区关于创建全省社会主义新农村建设档案工作示范县实施意见》，成立了以区委副书记聂忠智同志为组长，副区长刘良灿同志为副组长、区直有关部门负责人为成员的创建工作领导小组，制定了工作措施和工作标准，划拨了150万元专项经费用于创建全省新农村建设档案示范县（区）建设，并分别给每个镇乡（办事处）、示范村分别配备了1台计算机、1套档案管理软件和50个档案盒，形成了区、乡（镇）、村三级联动，齐抓共管的局面。七星关档案局在开展创建全省社会主义新农村建设档案工作示范县工作中全力以赴、成立了三个工作组分别深入到全区38个乡镇、504个村（社区、居委会），进行档案管理业务培训，先后开展培训会89场，参训人员1238人。指导和帮助各乡（镇）对多年文件进行整理和规范管理，督促各村级组织对本村新农村建设的相关档案材料实行统一收集、分类整理、集中管理、有效利用，七星关区在创建全省社会主义新农村建设档案工作示范县（区）活动中，38个镇乡办事处，504个行政村（社区），14个涉农部门共整理档案141965卷（盒）1244245件。其中镇乡办64214卷（盒）855689件，行政村（社区）9750卷（盒）152409件，涉农部门68001盒236147件；专门档案（林改档案、合医档案、低保档案、社保档案、危改档案、婚姻档案、沼气工程档案、土地征用等档案）69807盒700324件；科技档案8752卷、会计档案26273卷、实物档案5489件，作废印章1657枚，照片档案7431张；黔达绿色养殖有限责任公司、七星关区碧秀佳蔬菜种植专业合作社整理档案25盒1032件。经省、市档案部门考评，全区38个镇乡办事处504个村（社区）全部达到贵州省机关档案管理标准，镇乡办事处达到一级标准20个，达到二级标准16个，达到三级标准的2个，504个村（社区）建档率达100%，20个乡镇达到示范乡镇、76个村达到示范村标准。于2013年12月25日通过贵州省档案局专家考评组的验收，荣获“全省社会主义新农村建设档案工作示范区”称号。

【实施人才强档战略】 一直以来，七星关区档案局十分重视档案工作者的业务素质建设，不断采取参加培训、组织培训、同行之间相互交流等形式学习档案专业相关的业务知识，共参加各类培训93期2738人次，每年都派出业务指导人员对各单位进行业务指导，2012年以来，共派出业务指导人员约3602人次，指导区直单位乡镇774个。通过参加业务培训和派出业务指导人员，让档案工作者增长了知识、提高了素质、开阔了眼界，为档案事业的发展奠定了人才的基础。

【提高档案现代化管理】 一段时间以来，该局将档案管理和信息化利用作为档案工作的重点来抓，通过自身建资源数据库的形式逐步实现档案数字化，2014年，经过全局6个人7个多月的艰苦奋战，完成全省档案资源数据库建设的创建工作，共完成9个重点全宗2559卷6613件86325幅的全文扫描挂接工作以及648张照片3544条音视频档案的归档工作，目前已有371905条案卷级和文件级目录，为数字化档案馆建设创造了条件，同时社会化服务功能取得较好成绩。2015年5月11－6月22日，我局对42个镇乡街道办、87个区直部门进行扫描挂接培训，要求各单位2014年以来的档案实行数字化管理，近五年以来新成立的单位从单位成立起进行扫描挂接，除原来已启动的几个区直单位外，从2015年全面启动全区所有单位和乡镇街道办事处的数字化档案室（馆）的建设。2012年以来，共接待利用者16000余人次，调阅档案和现行文件48000余卷次，为各级领导决策提供了服务，解决了广大利用者工龄、转正、提拔、退休、信访、婚姻证明、房产、土地、山林纠纷等问题，取得了良好的社会和经济效益。改版了七星关区档案信息网站，增设了农村档案信息平台查询网页，随时更新了网页内容，将部分可公开的档案信息挂在档案信息网上，利用者可以通过互联网等形式查阅可公开的档案信息，为全社会的民生建设和同步小康提供服务。

【强化档案业务指导】 1. 围绕项目建设，做好项目档案的管理指导。根据全区五年来的重大项目建设，对区倒天河水库大坝除险加固工程、杨家湾水电移民工程等重点项目档案工作进行业务指导，每年都要对贵州省和毕节市重大工程项目档案进行备案登记，确保了这些工程项目实施和竣工档案的齐全、完整和安全。2015年4月，对杨家湾水电移民工程项目实施过程中的档案资料进行了检查，对存在的问题提出了整改意见。2. 开展档案行政执法检查工作。五年来，每年都由区人大法工委牵头，区政府法制办公室和区档案局派人参加了对全区各机关和乡镇的档案执法检查工作，并将其穿插于业务指导、工作检查之中，共派出检查997人次，检查区直及乡镇142个。通过执法检查，全区各单位档案意识进一步增强。同时，积极配合做好上级业务部门的执法检查工作。2015年9月7日，国家档案局副局长、中央档案馆副馆长胡旺林和国家档案局经济科技档案业务指导司司长王雁宾等同志在省档案局党组成员、副局长梁贵刚和省档案局办公室主任汤溪等同志的陪同下来到我区市西街道办事处翠西社区进行档案执法检查，对社区档案工作给予充分肯定并对档案工作提出了三个方面的要求：一是充分发挥档案的“收管用”职能作用，二是抓住机遇建好各级档案馆，三是极大投入做好档案资源信息化工作。3. 积极开展重点档案的抢救工作。七星关区的民国时期档案得到国家、省、市档案局的帮助和支持，给予了抢救的工作经费，为我区民国时期档案的抢救和修复提供了一定的资金保障。大家齐心协力，在确保抢救和修复质量的前提下创造性地开展工作，努力降低成本，五年来全面完成了民国时期破损档案的抢救和修复工作，共抢救了1980卷，清理20195页，其中裱糊31卷，5181页，完成了全部档案目录的编制工作，所有目录全部录入电脑，并进行了数字化处理。根据我区的档案工作实际状况，完成了重点档案抢救与保护项目的报送工作，为今后争取上级补助资金打下了一定基础。4. 加大宣传力度，增强档案服务社会意识。《中华人民共和国档案法》及《贵州省档案条例》颁布实施后，区档案局一直认真履行档案执法监督和检查职能，在认真执法的同时，我们加大了宣传力度。一是积极反映汇报，与有关单位协调，争取对档案宣传工作的支持；二是抓住各种机会，把宣传工作结合在平时的工作中来做，扩大宣传面和实际效果，如在业务指导、检查工作、查阅利用时针对不同的人宣传介绍不同的内容知识；三是订购了新修改的《贵州省档案条例》挂图及学习手册，发放到各部门；四是对家庭档案工作作了指导，强化了个人的档案意识；五是通过不断补充完善七星关档案信息网站网页内容，让大家了解档案工作。六是充分发挥爱国主义教育基地的作用，对全区中小学生进行红色文化的宣传和教育，让他们了解历史，了解档案。五年来，我局爱国主义教育基地共接受参观人员共400余人次，通过平时的指导和不断加强宣传工作，全社会档案意识进一步增强。5. 进一步改善和健全档案局馆基础设施、设备，确保档案管理安全。2014年，通过努力争取了区政府档案专项补助资金67万元，完成了档案资源数据中心机房的建立和供电线路的改造，并在档案馆内重要的位置以及出口安装了8个高清摄像头，在档案馆建筑的四周安装了4个旋转式的摄像头。成立了档案安全领导小组，每天对馆内档案的情况、用电情况、门窗关闭情况和周边情况进行排查，并绷紧档案安全弦，通过改造和装修工程，档案安全管理水平进一步得到提高。

（撰稿人：办公室）

政协毕节市七星关区委员会

【概　述】 2012－2016年，是七星关区在决战贫困、同步小康道路上奋力前行的五年，也是区政协在继承中创新、巩固中发展的五年。区政协在中共毕节市七星关区委的坚强领导和政协毕节市委员会的正确指导下，坚持以中国特色社会主义理论体系为指导，深入学习贯彻习近平总书记系列重要讲话精神，认真贯彻落实中央、省委、市委和区委的一系列重大决策部署，严格按照政协章程，坚持团结和民主两大主题，团结动员全区广大政协委员及政协各参加单位，紧紧围绕区委、区政府中心工作，认真履行政治协商、民主监督、参政议政职能，充分发挥协调关系、汇聚力量、建言献策、服务大局作用，不断开创政协工作新局面，为决战贫困、提速赶超、同步小康作出了积极贡献。

【政治协商】 围绕中心、服务大局，政治协商有序推进。区政协根据政协自身的职责和特点，按照服务区委决策，跟进政府工作的工作定位，坚持运用全体会议总体协商、常委会议专题协商、主席会议重点协商、专门委员会对口协商和召开各种专题会、座谈会等形式，选择经济、政治、文化、社会和生态建设中具有综合性、全局性、前瞻性的重大问题开展了多层次、全方位的协商活动，努力推进协商民主的制度化、程序化、规范化，促进科学民主决策。全委会协商富有成效。全委会是政协最全面、最集中履行政治协商职能的重要形式。五年来政协历次全会，委员们都以分组讨论、撰写提案、反映社情民意、大会发言等形式重点围绕“一府两院”工作报告，以及我区经济、政治、文化和社会建设中的热点、难点问题建言献策，向区政府、区人民法院、区人民检察院及相关职能部门提出许多有价值的意见或建议。为提升全委会协商成效，区政协注重发挥大会发言的直接建言作用，每年都组织大会发言并提交发言材料。许多大会发言一语中的、见解独到，引起与会人员的共鸣，经办理落实后，对党政科学决策，部门改进工作，起到了积极推动作用。全委会闭会期间的专题协商、重点协商、对口协商等规范有序。全委会闭会期间，认真组织召开常委会、主席会、专委会对口协商座谈会等有关会议，在党委作出决策之前、人大作出决定之前和政府组织实施之前，采取多种协商形式，就半年的经济运行情况、农村基础设施建设、现代高效农业发展、生态建设、通村公路建设、棚户区改造等有关问题积极务实地开展协商讨论，发挥政协委员知情参政作用，达到了凝聚共识、推动工作的良好效果。

【民主监督】 突出重点、关注民生，民主监督扎实具体。区政协注重发挥政协优势，把握监督重点，通过组织委员视察、提案办理、开展行风评议、反映社情民意信息等途径和方式，就群众关心的热点、难点问题，开展多形式、多层次的民主监督，切实反映情况，坦率提出批评和建设性意见，促进相关工作的改进和加强，促使各项决策部署落到实处。1. 视察监督通过视察强化民主监督。组织委员深入实地、深入基层视察，对全区各级、各部门贯彻落实区委、区政府的重要决策部署和重点工作落实情况开展民主监督。五年来，通过主席会议视察、常委会议视察、界别视察、专委会调研和外出考察等形式，对农村义务教育阶段学生营养午餐落实、“天河古玩艺术城”划行规市、保障性安居工程、城区环境综合整治、扶贫攻坚推进工作、棚户区改造等事关广大人民群众切身利益的问题，深入现场视察、听取情况通报，就相关工作与部门负责同志坦诚交流，指出工作中存在的不足与问题，提出具有科学性、前瞻性、针对性和可操作性的意见和建议，并经主席会议专题讨论后，形成多篇视察报告，有力推进了相关工作的加强和改进。2. 提案督办。通过督办提案强化民主监督。区政协始终把提案及提案办理作为政协履行职能的一项重要手段，高度重视提案质量和办理质量，通过选题引导、帮助委员知情明政、组织委员收集民意等方式，围绕经济建设、文教卫生、基础设施建设、依法行政、社会保障体系建设等多个方面提出了建设性意见和建议，促成部分高质量提案的产生。提案办理中，采取主席会议督办、常委会议督办、部门联动督办等方式，坚持年中走访重点提案承办单位和提案承办重点部门，对提案办理进行督查、指导，年底对全部提案的办理情况进行“回头看”，加强跟踪督办。为提高提案办理实效，抓住提案反映较集中的问题，结合政情通报、对口协商、专项视察等形式，群策群力，共同推动相关问题的落实，让政协委员提案件件有答复，事事有着落。五年来，提出了《进一步加强城区出租车管理的意见》《关于对毕节城区僵尸车辆进行清理的建议》《超前谋划加快水果蔬菜生产基地建设的建议》等提案467件，经审查，立案444件，立案率达95.07%。这些提案都分别送区委、区政府转交有关部门办理。接到委员提案的各有关部门也以积极、认真、负责的态度，及时办理委员提案，并向有关提案委员和单位作出书面答复，办复率达100%。3. 民主评议。通过政治协商和民主评议实施民主监督。制定了

《政协毕节市七星关区委员会民主评议区直部门工作暂行办法》等制度，切实规范民主监督的内容、形式、程序和方法，为促进民主监督工作提供了有效的制度保证。专委会及委员参与政府政治协商活动强化监督。积极推荐政协委员担任行风评议员、人民陪审员、特邀监督员，在参加区政府和纪委、监察等区直有关部门组织的执法检查、民主评议、行风评议、听证会等协商活动中开展民主监督，客观反映存在问题及群众的意见建议，发挥有效的监督作用。对区直部门进行民主评议。本着"肯定成绩、查找不足、提出建议、督促整改、推动工作"的指导思想，由主席、副主席带队，相关专委会、政协委员组成评议组，对被评议部门的年度工作目标完成情况进行民主监督和行风评议，突出评议建议，强化整改实效。五年来，区政协先后对区农牧局、市场监管局、民宗局、文体广旅局、房产局、环保局、政务中心、残联、交通局、城管局、水利局、林业局、卫计局等13个区直部门进行监督评议，反映群众意见，找出存在问题，提出整改建议，均收到良好效果，切实推动部门工作的顺利开展，有效提高了民主监督的质量。4. 社情民意。通过反映社情民意信息强化民主监督。区政协坚持把了解民情和反映社情民意信息作为贴近民生、服务群众、表达民意的经常性工作，专门出台《关于进一步加强反映社情民意信息工作的意见》，组织引导政协委员搜集和反映全区经济、政治、文化、社会和生态文明建设中事关人民群众切身利益的突出问题，积极撰写社情民意信息。注重问题导向，发现和收集具有苗头性和倾向性的问题，经过认真梳理归纳后，及时向区委、区政府及有关部门报送了《引导土地流转、控制土地撂荒》《倒天河水库污染严重》《关于缓解交通拥堵的建议》等许多热点问题和群众的意愿诉求，其中《关于加强倒天河水库管理的建议》得到时任市委常委、区委书记宫晓农同志的高度重视，并批示相关领导牵头落实，充分发挥了社情民意信息"直通车"在民主监督中的作用，为促进党政部门完善制度、改进工作提供了民意基础和民情依据。

【参政议政】 五年来，区政协充分发挥自身优势，整合各方资源，带领250多名委员紧紧围绕区委、区政府工作大局，紧扣全区改革、发展和稳定的重大问题，为我区决战贫困、提速赶超、同步小康建言献策，切实做到参政参在关键处，议政议在点子上，努力提高资政建言的质量和水平。1. 话语权。积极行使"话语权"。区政协领导在列席区委常委会议和参加区委、区政府的重要会议及有关活动时，认真负责地提出意见、建议，为区委、区政府科学决策、民主决策提供参考。各专委会负责同志及区政协委员，在参加区直有关部门会议或活动时，坦率提出意见、建议，切实反映各界群众意见和关切。2. 调查研究。多层次开展调研。区政协始终坚持"没有调查就没有发言权"的原则，把深入调查研究作为提高建言质量的前提和基础，从党政点题、政协选题、委员荐题等渠道入手，不断拓展调研课题涉及领域，充分履行参政议政职能。五年来，围绕区委、区政府确立的发展战略和工作目标，把开展调查研究作为提高参政议政质量的重要手段，着重在"抓重点、讲质量、求实效"上下功夫，主动深入工作一线，努力集中各界智慧，先后组织调研组对全区城市建设、农村危房改造及生态文明家园建设、城区药品市场监管、推广种植皂荚树和元宝枫、蜜蜂养殖、城区停车场建设、校区划片等问题开展了专题调研，并分别撰写了调研报告，提出富有参考价值的意见建议，为区委、区政府科学决策提供参考，促进了调研成果的转化。3. 建言献策。创新建言献策办法。建言献策是政协委员参政议政的具体体现，在区委主要领导的重视下，区政协主动作为，积极创新，2015年拟定出台了《毕节市七星关区建言献策优秀成果评选奖励办法》，创建了"优秀建言献策奖励基金"，每年由区财政预算15万元在区政协设立建言献策奖励基金，作为专项资金滚动使用。通过近两年来的评选表彰，有效调动了政协委员和社会各界人士为七星关区发展建言献策的积极性。

【服务发展】 五年来，区政协始终坚持把服务发展作为履行职能的第一要务，充分发挥政协人才荟萃、智力密集、联系广泛的优势，围绕区委、区政府各个时段的中心工作，按照“支持、服务、参与”的工作要求，主动履职，积极参与经济建设和社会管理工作，在支持中服务、在服务中参与，推进各项工作迈上新的台阶。1. 服务建设。服务建设发展。根据区委安排，区政协班子成员及各委室参与了园区、企业及有关重大项目的指挥调度，经常深入联系园区、企业及项目联系点，适时对城市建设、“5个100工程”、对口帮扶工作及夹岩水利枢纽工程、园区培育、棚户区改造等项目的顺利推进开展调度协调、化解矛盾、督促检查等工作，解决建设发展中存在的困难和问题，真正把政协工作融入区委、区政府的中心工作，实现监督项目实施与助力项目建设双推进。此外，还积极参与，认真做好区三级联动视频接访和信访案件包保化解工作，协助区委、区政府做好协调群众关系和化解社会矛盾工作，积极帮助上访群众解决合理诉求，维护民心安定和社会稳定。2. 服务基层。深入基层服务。深入联系乡镇讲政策、出点子、理思路、筹资金、解难题，切实为基层群众办实事、办好事。一方面，区政协班子成员深入到工作联系点蹲点调研，遍访贫困村、贫困户，征求意见，了解需求，积极协调相关部门，帮助解决和督查通村、通组路建设以及人畜饮水困难等需求。另一方面，指导联系乡镇精准扶贫、安全生产、计划生育、教育卫生等工作，帮助乡镇排查化解矛盾纠纷、信访积案，维护和谐稳定。同时，积极联系协调政协委员、区内外爱心企业、社会爱心人士捐资助学及开展捐赠慰问活动；抽派干部到朱昌镇发启、双堰、小屯等村认真开展驻村工作，助力脱贫攻坚。3. 委室作用。发挥委室作用助推发展。各委室围绕各自职能助推经济社会发展。例如在智力支边方面，组织全区乡镇街道种养业大户及有想发展种养业愿望的群众进行培训，传授种植、养殖、病虫害防治基本知识，调动广大群众积极投身发展种养业。2016年，举办了全区首次蜜蜂养殖技术专题培训班，对各乡镇街道100余名养蜂群众进行培训，提高了广大养蜂群众的科学饲养管理水平，推动我区养蜂业的规模化、标准化发展。在文史征集和研究方面，创新并建立了文史丛书出版基金，完成了《中国古彝最后的土司庄园》《古城记忆》《七星神韵》《凯碑镌文》《翰林山庄路氏文化世家》等文史资料、画册的编辑出版，深化拓展了文史资料“存史、资政、团结、育人”的作用。

【凝心聚力】 五年来，区政协牢牢把握团结民主两大主题，充分发挥政协纽带作用，努力做好联谊交流、协调各方工作，为七星关区改革发展凝聚人心、汇聚力量。1. 联谊交流。加强对外联谊，增进交流合作。通过市、县（区）政协之间的交流联谊，不断探索完善与县（区）政协、各民主党派、工商联的联系联络制度。积极争取省政协的支持和指导，全力配合省政协办公厅挂帮我区的联络服务工作。主动服务好省政协及市政协赴我区开展的各类视察、调研及检查指导活动。赴四川省宜宾市高县、江安县，云南省昭通市鲁甸县参加云贵川二十五县（市、区）政协工作联席会，围绕“创新政协工作促进经济发展”等主题，进行广泛深入交流探讨。深化统一战线工作，加强与各民主党派及社会各界的联系沟通，充分发挥各民主党派政协委员的作用，助推全区经济社会发展。根据省政协、市政协的安排，组织政协机关干部及部分政协委员先后赴黔东南、铜仁、北戴河、青岛、贵阳等地进行专题考察学习，借鉴区外好的工作经验和理念，推动政协工作的创新和发展，同时借鉴区外好的发展理念和建设理念，助推我区经济社会发展。2. 宣传推介。积极推介和宣传我区改革发展成就。充分利用省外市（区）政协来七星关区考察调研的机会，积极推介和宣传我区区位、生态、交通、文化等优势及良好的投资环境，促进了外界对七星关区的了解。五年来，接待了重庆、四川、云南、广西、安徽、江西、浙江、广东、上海等省（市）的市（区）政协来七星关区考察。与区委组织部、区委宣传部在大南山苗寨举行“最美年夜饭”评比活动，为营造和谐美丽新农村的氛围起到了较好的示范作用。邀请了李少白、付欣、李建惠等全国著名摄影家赴七星关区采风，并在北京798艺术中心七星中街摄影出版社正度视觉空间举行了“多彩贵州·大美七星关”摄影大师采风作品展；展览通过影像传播的方式，宣传了七星关区百舸争流、千帆竞发的崭新形象，推介了七星关区山川秀美、人文厚重的旅游资源，为全区旅游产业上台阶打基础、拓空间，加深了社会各界对七星关区的认识了解。将大南山苗寨中国西部苗语标准音点的优秀民族传统文化，以“千年苗寨探族源”的定位推荐给中央电视台国际频道《走遍中国》栏目组并拍成专题片推向世界。在区委、区政府的支持下，牵头和中央电视台“发现之旅”频道合作，以七星关区打造中国藏羌彝文化走廊的基础性文史调研书籍《中国古彝最后的土司庄园》为基础，拍摄了《走进中国古彝最后的土司庄园》记录宣传片。以上各项推介活动的开展，对加深七星关区在外界的良好印象，提升七星关人民的自信心起到了良好的作用。3. 政协文化。着力营造政协文化氛围。为充分展示政协委员和政协机关干部的良好形象，营造浓厚的文化氛围，助推全区文化艺术的发展，在一届五次会议期间举办了书法美术摄影作品展。广大政协委员社会各界人士精心创作投稿，入展的113件作品主题鲜明、时代感强，紧紧围绕全区“决战贫困、提速赶超、同步小康”主题、政协“政治协商、民主监督、参政议政”职能以及七星关区境内山水风光、历史文化、民俗风情、发展变化等内容，反映了全区经济社会发展的重大成就和安定团结的政治局面，生活气息浓郁，表达了参展者热爱家乡的真挚感情，集中展示了政协委员风采，凸显七星关区政协群贤毕至、少长咸集、人才聚集的特点和优势，进一步增强了政协组织的凝聚力、战斗力和向心力。

【自身建设】 五年来，区政协始终坚持把提高政协队伍整体素质，作为政协顺应时代要求、发挥职能优势、彰显自身特色的重要方面，夯实基础、转变作风，自身建设不断加强。1. 学习教育。深化学习强素质。通过召开党组（中心组）学习会议、主席会议、常委会议，组织参加经济形势报告会、情况通报会等方式，学习十八大、十八届历次全会、习近平总书记系列重要讲话精神，全国、省、市政协的相关会议精神和中央、省、市、区重要会议精神。通过组织政协委员、政协干部外出考察及参加党校和社会主义学院及各级各类培训学习、参观区委党校党风廉政警示教育基地等方式，不断拓宽政协委员、政协干部学习途径，提高了政协委员、机关干部职工的理论水平和素质，为切实履职夯实政治理论基础。2. 作风建设。抓住契机转作风。按照中央、省委、市委和区委相关要求，以开展群众路线教育实践活动、“三严三实”专题教育、“两学一做”学习教育为契机，紧紧围绕协调推进“四个全面”战略布局，对照相关要求深入开展学习教育，认真贯彻中央八项规定，省委、市委、区委十项规定，把思想教育、党性分析、整改落实、立规执纪、完善制度结合起来，着力改进工作作风，不断加强自身建设。3. 建立机制。适应形势建机制。积极适应新形势新任务对政协工作的新要求，按照政治性、原则性、可操作性和创新性相统一的要求，先后研究制定和修订了《政协委员约谈制度》《政协委员辞职制度》等10多项制度，建立健全各项规章制度，坚持用制度管权、管人、管事，进一步推进机关工作制度化、规范化、程序化，增强服务意识和责任意识，提升机关工作能力水平，确保区政协机关为委员履职提供好制度保障。

（撰稿人：办公室）

工商联（商会）

【概　述】 2012－2016年是七星关区工商联（商会）第一届执行委员会任期的五年，是七星关区民营经济实力不断增强，结构不断优化，产业层次不断提升的五年，区工商联（商会）以中国特色社会主义理论体系为指导，深入学习贯彻党的十八大、十八届三中、四中、五中、六中全会精神和习近平总书记系列重要讲话精神；在区委、区政府的坚强领导下，在市工商联和区委统战部的悉心指导下，紧紧围绕区委、区政府中心工作，认真履行统一战线人民团体和民间商会的职能，深入开展调查研究，努力提高参政议政水平，积极探索做好非公有制经济人士思想政治工作的新途径，充分发挥了党和政府联系非公有制经济人士的桥梁和纽带与政府管理非公有制经济的助手作用，为全区非公有制经济健康发展和非公有制经济人士健康成长做出了应有的贡献，进一步开创了区工商联（商会）工作的新局面。

【坚持教育引导，推动非公有制经济人士素质不断提升】 以促进非公有制经济人士健康成长为主线，坚持“团结、服务、引导、教育”的方针，积极探索思想政治工作有效途径和载体，积极做好新形势下非公有制经济人士思想政治工作。一是围绕理想信念教育开展主题活动。先后集中开展了“中国特色社会主义”、“社会主义核心价值体系”、“科学发展观”、“非公有制经济人士理想信念”、“凝聚正能量，美丽七星关”为主题的非公有制经济人士理想信念教育实践活动，大力弘扬守法诚信、爱岗敬业、无私奉献的精神。开展了“三信”教育、“四信”教育、“守法诚信、争做新贵商”及“守法诚信、坚定信心”等教育活动，正面激励和典型宣传，培养了一批优秀企业家。非公有制经济人士有2人获得贵州省非公有制经济人士优秀企业家的荣誉；6人获得毕节市非公有制经济人士优秀企业家荣誉；1人获得十佳青年奖。树立了先进典型，发挥了示范作用，坚定了发展信心，取得了较好的社会效果。二是努力推动创建学习型组织。按照区委统战部、市工商联《关于开展全市非公有制经济人士教育培训工作的通知》要求，大力实施“非公有制经济人士素质提升工程”，制定了《七星关区工商联非公有制经济人士培训工作计划》，加强教育培训工作的科学性、系统性和连续性。共组织各类培训12次，参加学习培训人员达660余人次，安排了6名非公有制经济人士到省社会主义学院学习。组织非公有制经济人士参加省工商联举办非公有制经济人士成长计划6次，培训人员100余人次。通过有针对性的培训学习，使广大非公有制经济人士“爱国、敬业、诚信、守法、贡献”的意识明显提高，社会主义公私观、信用观、义利观和法制观明显增强，发展企业、回报社会的积极性明显上升。三是积极引导非公有制企业承担社会责任。引导非公有制经济人士弘扬“扶贫济困、乐善好施、发展企业、回馈社会”的“光彩精神”，引导非公有制企业发挥吸纳就业主渠道作用，引导非公有制企业积极参与公益事业、新农村建设和社会救助等工作。组织非公经济人士参与“千凤还巢”、千企帮千村”、荣誉村主任”三项重点工作，参与全区精准扶贫工作，深入朱昌、阿市、杨家湾、长春等乡镇开展新农村建设及扶贫救济等工作，参与各项公益事业赞助资金达800余万元；落实挂点帮扶企业51家，聘用非公有制经济成功人士担任“荣誉村主任”实现全覆盖。通过产业扶持、技能培训、解决就业、公益扶贫等帮扶措施，实现800余户2400多人脱贫。

【坚持调研献策，推动非公有制经济发展环境不断改善】 充分发挥桥梁纽带作用，积极反映会员在发展中遇到的新情况新问题，维护会员合法权益，通过人代会、政协会、座谈会和专题汇报等多种形式和渠道，发挥参政议政职能作用，及时把企业的意见和诉求反映给区委、区政府，并提出有针对性的意见和建议，使之转化为推动全区非公有制经济发展的政策和具体措施。一是定期不定期组织召开非公有制经济人士座谈会、研讨会、交流会，听取企业家的呼声，反映非公经济人士的诉求。共撰写调研报告和论文15篇，社情民意21条，建议提案62件。二是对全区非公有制经济和区工商联（商会）工作中出现的热点、难点及敏感性问题开展了专题调查研究，对非公有制经济发展面临的体制性障碍以及宏观调控下非公有制经济遇到的新情况、新问题和如何做好区工商联（商会）工作进行了探讨，撰写出了质量较高的专题调研文章。三是我们对全区非公有制经济的发展环境、资产规模、融资渠道、纳税情况、安置下岗职工和农村劳动力等情况进行了深入调研并撰写了调研报告，为区委、区政府制定相关政策提供了科学决策依据。

【坚持服务强会，推动非公有制企业服务体系不断完善】 紧扣时代脉搏，积极适应社会主义市场经济要求，探索服务载体和机制，致力搭建服务平台，丰富活动载体，助推经济转型发展。搭建融资担保服务平台，缓解企业“融资难”问题。加强银企合作，通过多方协调和沟通，促成我区小微企业合作发展商会与中国银行毕节分行签订了合作协议，解决了小微企业融资难的问题；与贵州银行、毕节农业银行签订战略合作协议，成立了“七星关区小额贷款基金会”和“七星关区融资担保公司”，向企业介绍融资产品，现场为企业提供咨询服务，帮助企业了解新的融资渠道，目前有30多家企业受益，落实贷款2140万元。积极搭建联络沟通平台，形成合力共同发展。坚持以服务会员为宗旨，搭建经贸合作交流平台，着力解决好信息不对称、政策不透明的问题，服务非公有制企业科学发展，扎实开展招商引资、招财引智服务。组织区内60多位企业家赴深圳、山东等地考察交流；邀请遵义市汇川区工商联（商会）20多家企业来我区举办招商洽谈会；主动对外交流合作，与施秉县、瓮安县、四川遂宁市多地的工商联（商会）缔结了友好商会；参与和接待了来自全国各地多批次商会学习考察团；通过召开“七星关区非公有制企业座谈会”，有效宣传了七星关区良好的非公有制经济发展环境。积极搭建法律维权服务平台，提升企业防范风险意识和能力。组织非公有制企业参加法律培训和讲座，邀请司法部门、律师事务所专家授课和开展法律咨询等活动。会同区人民法院在区工商联（商会）设立法律服务工作站。根据“六五”普法教育计划安排，通过开展集中培训、“送法进商会”、“送法进企业”等内容丰富、形式多样的法制宣传教育活动，进一步增强非公有制经济人士的法律意识和素质。

【坚持固本强基，推动基层商会组织网络不断发展】 高度重视会员发展，加强基层组织建设，会员队伍不断发展壮大，结构素质不断优化。按照确保质量、优化结构的要求发展吸收了一批优秀非公有制企业和非公有制经济人士加入到区工商联（商会）组织中来。共建各类商会49家，其中：乡、镇（街道）商会42家，行业商会5家，异地商会2家，会员总数已达到2593个，建成了覆盖全区乡镇街道和主要行业的商会组织。行业商会建设迈出新步伐。行业商会在强化行业自律、规范行业市场、维护会员合法权益等方面发挥了积极作用。

【坚持自身建设，推动各项工作任务圆满完成】 坚持党组中心组学习制度，认真落实主席办公会议制度，深入开展学习实践社会主义核心价值观、党的群众路线教育实践、“三严三实”、“两学一做”等主题活动，致力打造学习型工作团队。认真执行中央“八项规定”，坚决反对“四风”问题，落实党风廉政建设主体责任。加强机关日常管理，规范工作程序，将各项工作纳入年度目标责任考核，并层层签订了责任书，各项工作落实到个人，形成事事有人抓、事事有人管、任务明确、责任落实的工作格局，实现非公党建全覆盖，环境整治有效果，驻村帮扶见成效，脱贫攻坚步伐快，宣传报道有实绩。

（撰稿人：办公室）

共青团七星关区委

【概　述】 2012年至2016年五年来，共青团七星关区委以邓小平理论和“三个代表”重要思想、科学发展观、习近平重要讲话精神为指导，深入贯彻落实党的十八大精神及党的十八届三中、四中、五中、六中全会精神，在全面完成“十二五”规划的收官之年、在全面深化改革的关键之年、在全面推进“法治毕节”建设的开局之年、在“十三五”规划的开局之年、在全面深化改革的关键之年、在打赢脱贫攻坚的重要之年，在区委、区政府的正确领导下，深入贯彻中央、省委、市委党的群团工作会议精神，在共青团毕节市委的关心指导下，紧紧围绕区委、区政府的工作大局，围绕党政中心工作，进一步解放思想，开拓进取，不断深化团的各项工作，狠抓工作的具体落实，较好地完成了每年的各项目标任务，团的各项工作和建设取得了新的进展，与青年同心同德、攻坚克难、一起成长，团结带领全区广大团员青年勇立时代潮头、勇开风气之先、勇攀创新高峰，以平凡的实践汇聚起建设富裕和谐美丽七星关的力量，让青春绽放出绚丽的华彩。开展了在全区青少年中掀起学习热潮的“首届十佳青少年”评选活动，荣获了2014－2015年度大学生志愿服务西部计划绩效考核优秀等次服务县项目办。

【夯实基础，增强活力，机关党建取得新成效】 加强党风廉政建设，筑牢思想防线。一是开展党规党纪集中学习活动。五年来积极组织全体干部职工认真学习了“5个严禁、17个不准、5个一律”等换届选举纪律要求并广泛开展了廉政文化“六进”活动，推动了廉政文化建设的深入开展。以建设“学习型机关”为契机，努力打造“学习型机关、服务型队伍、效能型部门”。召开专题民主生活会，积极开展批评与自我批评。每年按时签订《党风廉政建设目标责任书》，有力地推动了党风廉政建设及反腐败工作向纵深发展。认真组织学习贯彻中央“八项规定”、省委、市委和区委“十项规定”及省党员干部作风“十不准”区干部作风“七严禁”、“七不准”等相关廉洁自律的各项规定，切实加强领导班子和干部职工的理论学习，制定了学习计划，干部集中学习共计90次，干部职工撰写学习心得60篇。组织全体干部职工认真学习《中国共产党廉洁自律准则》、《中国共产党纪律处分条例》、《贵州省国家公职人员、村（社区）干部惠民政策行为规范（试行）》、《关于深入落实“两个责任”推进干部约谈常态化的实施办法（试行）》、《中国共产党问责条例》等精神。开展了专题化学习共计80余次，干部职工集中学习300次。二是开展警示教育活动。五年来结合市县乡村四级换届情况，组织党员干部观看《加强换届风气监督警示教育案例选编》《灭蚁》等警示教育片，要求党员干部撰写心得体会。带领干部职工学习宣传严肃换届纪律“九严禁”，并在团区委微博微信“青年之声”平台上普及换届纪律“九严禁”知识，并组织严肃换届纪律知识考试。三是开展廉政文化宣传活动。深化机关廉政文化建设工作，在办公场所营造廉政宣传氛围，制作宣传画册，开设廉政文化宣传专栏，并开展讲廉政党课活动4次。以“两学一做”为统领，丰富机关党建内容。2016年以来，团区委党支部通过“三个结合”，将学习教育与团区委工作实际结合起来，做实做活“两学一做”学习教育。一是“传统与创新相结合”。暨坚持支部学习日、展板宣传等传统学习方式与通过新媒体宣传“两学一做”教育相结合。二是“集中学习与自主学习相结合”。支部采用集中学习与党员个人自学相结合，利用青年“微党课”、“自讲互学”创新学习方式，全年开展全体党员干部集中学习23次，“微党课”20次。三是“走出去与引进来相结合”。积极选派团干部参加团省委、团市委、区委相关学习培训，提升机关党员履职服务能力，增强做“合格党员”的实践基础。通过团的机关开放日，共青团与人大代表、政协委员面对面、与青年对话等方式，邀请各届青年代表走进团区委，了解共青团工作属性，增强团的吸引力的凝聚力。深入联系点小吉场镇，开展“总书记的话儿记心上·党的声音进万家”，暨“七·一”慰问活动，对全体党员讲述了习近平总书记关于“小康不小康，关键看老乡”“人民群众对美好生活的向往就是我们奋斗的目标”等亲切话语，引导全体党员回顾了党的光辉历程。组织召开全区党群部门“两学一做”观摩会，区委组织部等18个党群部门参加。在全区分片区分系统开展“两学一做”学习教育现场观摩会通报中年终党建工作加5分奖励。坚持党建带团建，共青团工作开启新篇章。一是大力推动组织建设工作。五年来指导各乡镇、办事处团委组建了各类突击队93支，突击队员人数达1746名，直接影响青年5000人，新建非公有制企业团组织41个，新建乡镇直属团组织754个，覆盖影响青年数15743人；召开七星关区第一次团代会，186名代表参加大会，大会选举产生第一届委员会，选举委员27名、常务委员9名、候补委员13名。通过换届，配齐配强42个乡镇团委书记，加强了对基层团组织领导和管理工作，新建共建委员会3个，新增、扩充团总支18个，新成立团支部21个，非公有制企业团组织41个，乡镇直属团组织754个，驻外团支部1个，覆盖影响青年人数3.9余万名。二是认真做好团员发展调控抓好团费收缴工作。2012年发展团员5417名，共收缴团费13000元，2013年发展团员8820名，共收缴团费21168元，2014年发展团员7031名，共收缴团费16874.4元，2015年发展团员5195名，共收缴团费12468元，2016年发展团员9287名，共收缴团费18574元，五年来共发展团员35750人，收缴团费85800元，有力地加强各级团组织和增强广大团员的组织观念。三是努力做好评优荐优工作。五年来涌现出一批先进典型，获全省优秀共青团干部3名，优秀共青团员1个，五四红旗团委12个，全市优秀共青团员16名，优秀团干部22名，五四红旗团支部13个，五四红旗团委12个，全区优秀共青团员63名，优秀团干部57名，五四红旗团支部46个，五四红旗团委28个，在全区青年中掀起了学习先进、赶超先进、争当先进的活动热潮。四是加强团干部队伍建设工作。五年来开展了形式多样、内容丰富的团干培训活动共计30次，共计培训团干600名。2016年根据中央、省市区委党的群团工作会议精神，紧紧围绕"以党建带团建，抓团建促党建"主题，大力加强共青团基础团务工作。召开了七星关区团员发展调控工作会，就团员发展改革进行培训，严格提质控量，牢固树立把政治标准放在首位意识，严把入口关，严格履行入团程序和入团手续，确保发展团员工作质量。

【围绕中心，服务大局，助力精准扶贫同步小康】 大力实施希望工程，助力精准扶贫。一是加大助学力度。团区委积极整合社会资源，多方筹募和争取资金，加大贫困助学力度，2012年，七星关区山区希望工程幸福校园计划共筹集资金358万，向省青基会申报获批的投资额为19万的燕子口镇阳光小学希望食堂已经投入使用，助学金额达93.25万，资助学生267人，分别是"香港善启慈善基金会"助学金9万、"予香泉"助学金2.25万、中天未来方舟"圆梦大学"助学金9万、万丰置业有限公司"汇集爱心放飞梦想"助学金30万、"同心·光彩"助学金6万、"习酒·我的大学"助学金7.5万、"国酒茅台"助学金12.5万、临时救助金10万、贫困救助金3万、"2012年毕节市雏鹰计划"救助金4万；2013年募集了来自香港善启慈善基金会、厦蓉高速毕生项目办、衡水中铁建控股有限公司、上海"予香泉"助学基金负责人、毕节家居联盟爱心第一团、四川金鑫坤城建筑有限公司、香港佛教协会有限公司等爱心机构、企业、个人共计376.55万善款，全部投入到七星关区各乡镇办事处修建希望学校、希望食堂、希望宿舍楼、希望幼儿园、爱心卫生室、爱心水窖及救助贫困学生等善举中；2014年全区各级共青团组织共引进资金三百余万元，贡献于我区希望工程事业，救助贫困学生335名，共计资助达152.1万。分别是广发银行希望厨具资助金36万、"香港善启慈善基金会"助学金15.5万、"国酒茅台"助学金35万、"习酒·我的大学"助学金20万、"北京中嘉仁和种子"助学金21万、"同心·光彩"助学金10.2万、万丰国际商贸城助学金3万、夏蓉高速毕生项目办助学金3万、"予香泉"助学金2.25万、"香港主力教育基金"助学金2.5万、"康德"助学金3.2万、"汤臣倍健"助学金2万、毕节市农商银行助学金20万、贵州高速公路集团有限公司毕生项目援建资金25万、联合建行毕节分行在鸭池镇兴建希望小学，推选6名老师到北京参加"希望工程全国教师培训班"；2015年助学金额达138万，资助学生359人。分别是“河仁基金·圆梦行动”助学金50万、“习酒·我的大学”助学金3.6万、“同心·光彩”助学金9万、“予香泉”助学金6.85万、“国酒茅台”助学金25万、“香港善启慈善基金会”助学金26.4万、“香港主力教育基金”助学金2.5万、香港佛教文化事业有限公司“为爱护航”助学金5万、临时救助金10万。2016年助学金额达388.95万，资助学生806人，创历史新高。分别是“习酒·我的大学”助学金4.5万、“同心·光彩”助学金9万、“予香泉”助学金4.35万、“国酒茅台”助学金210万、“香港善启慈善基金会”助学金129.6万、“香港主力教育基金”助学金2.5万、香港佛教文化事业有限公司“为爱护航”助学金9万、临时救助金10万、慈善日资助金10万。二是助推教育基础设施建设。2012年积极联系香港善启慈善基金会新奠基了2所幼儿园、1栋学生宿舍和1所希望学校。2013年筹集20万作为小吉场镇中心幼儿园工程款。2014年筹集资金36万，用于10所小学希望厨具。2015年筹集资金97万，用于小吉场镇第三幼儿园21万，燕子口镇甘沟小学36万，大屯乡左垅小学13万，放珠镇幼儿园25万、希望食堂2万。2016年筹集资金96万，用于长春堡镇张官村幼儿园50万，野角乡半边街幼儿园46万。深入推进“春晖行动”。一是扎实开展春晖助学活动。2012年至2016年组织实施“春晖行动——致公学生培养计划”，通过筛选、组织考试、面试等环节，选拔了27名家庭贫困、学业优秀的小学毕业生到到北京北大附属实验学校完成初、高中学业，累计减免费用510余万元。推选了12名家庭经济困难、品学兼优的小学毕业生参加“春晖行动——追梦班”考试，3人到贵阳美嘉国际学校免费就读，为每户贫困家庭节约7.8万元，共计23.4万元。实施“春晖梁才”计划，选拔了24位品学兼优的贫困中小学生到毕节梁才学校免费就读，累计减免学杂费生活费234万元。二是开展春晖“暖冬行动”、“爱心回访”、“健步行”活动。2012年联合“西部计划”河北大学生志愿者服务队在龙场营镇中学举行了主题为“爱，西行”关爱农民工子女的物资发放仪式。发放金额共计2万余元衣服和鞋子，获助农民工子女70人。联系厦门大学“爱在乌蒙”实践队在清水铺镇南沟村小学开展春晖援建活动，捐资修建篮球场和图书室。2014年开展“春晖健步”行动，帮助贫困家庭膝关节病人免费做17例人工关节术，节约手术治疗费用共计30余万元。2016年联系中国人民解放军理工大学气象学院等到大屯乡雅木小学开展关爱行动，捐资修建春晖图书室、篮球场和设立“海天奖学金”等。携手益缘公益协会在团区委驻村点撒拉溪镇永兴村为186名学生发放价值7万元冬季温暖包，联系香港善启慈善基金会为大屯乡、龙场营镇、野角乡和八寨镇6所学校学生发放书包2000个、羽绒服2000件，价值20万元。三是开展“春晖行动·微笑列车”行动。2015年组织七星关区22名贫困家庭唇腭裂患者做免费修复手术，四川宜宾口腔医院将承担此次唇腭裂患者在医院的检查、手术（含再次修复手术）、住院等费用，减免手术治疗费用7万余元。四是实施“救心”行动。五年来组织广州军区广州总医院专家到团区委为354名贫困家庭、留守儿童先天性心脏病患儿免费筛查义诊，一线心脏专家张卫达团队为90名患儿主刀手术，医院及爱心基金会累计减免手术费用300余万元。五是深入推进“春晖创业园”建设。五年来不断深化农村青年就业创业培训。做好农村青年致富带头人培养工作，加强创业培训、扩充创业项目、做好项目推介、宣传创业典型，帮助青年更新思想观念、提高创业本领、拓宽就业渠道。2012年组织了40名贵州省青年就业创业公共服务平台（YBES）镇级负责人在贵州省青年创业就业服务园区参加了培训。向团市委推荐了2人参加“中国农村青年就业创业－上海种都项目”，扶持更多的农村青年在种植业领域就业创业；召开春晖行动推进会、优秀“春晖使者”座谈会、优秀大学生创业代表座谈会等方式，与青年创业带富的杰出代表交流创业经验和创业心得；聘请了七星关区青年创业带富工程示范基地项目负责人，农牧局、人事局、工商局的专业技术人才，毕节学院、贵州民族学院的老师作为七星关区青年创业带富工程的创业导师，招募了青年创业导师70余名，YBC创业导师50名。

2013年组织七星关区12家企业代表参加全省首届投资创业博览会，并积极向区政府争取到75400元赞助资金，积极组织导师开展集体性创业帮扶活动，加大对青年创业就业的引导和扶持力度，实现帮扶式创业辅导，联合中国银行七星关区分行向140名七星关区创业青年发放了“贵州青年创业”借记卡（以下简称“青创卡”），并依托青创卡搭建了青年创业金融服务平台，为创业青年提供便捷有效的金融服务。加强与团市委联系，为小吉场镇和千溪乡争取到10万元春晖家园项目建设资金。2014年新增见习基地2家，提供见习岗位50个。全省青年就业创业带富培训会在遵义召开，为我区青年创业就业提供丰富经验。兴国集团承办了第十届“振兴杯”全国青年职业技能大赛七星关赛区比赛，我区青年技工积极参与，促进了务技能的提高；兴国集团青年技工毛由露作为全市代表到沈阳参加中国技能大赛决赛。11月，联合贵州高速公路集团有限公司毕节营运管理中心开展“青工技能大赛”，旨在提高青年技工的服务理念和业务技能。2015年在七星关经开区双余鞋业挂牌“春晖创业示范基地”，双余鞋业董事长余威开展系列春晖助学活动，先后在大屯乡左垗小学、朱昌镇发启小学捐赠33万元物资。发动各乡镇创建“春晖创业园”，鼓励、感召在外游子返乡创业、反哺故土，全力助推家乡经济社会发展。2016年在长春堡镇鑫康生态创业园挂牌“大学生春晖创业示范点”，不仅壮大了自己的产业，也带动了周边村寨的发展。在撒拉溪镇金龙中药材种植专业合作社挂牌“春晖创业示范点”，合作社负责人周明把在外务工时学习到的种植技术带回家乡，带动家乡经济发展。六是持续推进开展“春晖感恩教育”、“春晖行动—我与家乡共发展”主题教育活动。将在七星关区服务期满的省外西部计划志愿者、支教大学生、受助贫困大学生、驻外团工委工作人员等青年群体礼聘为“春晖使者”，让他们成为春晖理念的播种机。2012年召开了“春晖行动”推进会，并组织观看音乐电视《忘不了你呀妈妈》、《游子吟》，专题片《春晖行动》等宣传片，鼓励引导青年积极投身家乡的经济社会建设。2013年承办了“春晖行·中国梦”全国校媒走进七星关活动，向32名走进七星关的校园记者展示了七星关区春晖工作及千溪乡、经开区、海子街镇春晖工作开展情况，更邀请知名教授以春晖为主题向1000多名学生进行演讲。2014年礼聘春晖使者45名，建立春晖人才信息库1个，实施“春晖家园计划”项目3个，为七星关区普宜镇双河村修建一座村级便民大桥，在清水铺镇和八寨镇修建了春晖广场建设。开展“春晖十年——那山·那水·那人”为主题的征文活动，收到散文、诗歌、纪实文学等作品300余篇。邀请知名教授蔡顺华为毕节六中、毕节八中、毕节实验学校、毕节六小四所学校，共计1.5万余名学生讲授中华传统文化知识。深入开展联系点帮扶工作。每年年初拟定服务基层工作安排意见，明确青少年宫人员到联系点小吉场镇开展干部驻村工作。2013年1月到吉丰村开展党的十八大精神宣讲活动，看望慰问了10户贫困老党员、空巢老人、留守儿童；4月联同毕节家居联盟第一团慰问了27户鳏寡孤独老人、23户贫困户，共捐赠了一万余元的生活物资和肥料。全年为小吉场镇争取到帮扶资金43.6万元，其中1万元用作村级厕所修建、1.5万元为慰问品购买资金，2万元用于改善吉丰村村级办公设施资金，5万元用于小吉场镇春晖家园项目修建，14.1万元用于资助贫困学生，20万元为小吉场镇中心幼儿园工程款。2014年走访慰问困难群众30余次，形成调查问卷、访谈记录350份，切实帮助1000户贫困家庭、10000名贫困学生、留守儿童解决具体困难。2015年2月到吉丰村开展慰问活动，共走访慰问了20户贫困老党员、空巢老人、留守儿童，送去价值5000余元的大米、食用油和棉被；4月联系广州军区广州总医院心脏外科专家为七星关区65名先天性心脏病患儿进行免费义诊，其中联系点有5名患儿接受义诊；8月开展“遍访贫困村贫困户”工作，共走访15户贫困户，共捐赠了价值5000余元的生活物资；9月携手香港善启慈善基金会赴小吉场镇善启第三希望小学开展“与爱同行，快乐中秋”留守儿童慰问活动，全年为小吉场镇争取到帮扶资金75万元，其中联系爱心企业和人士，帮助贫困大学生共18名，救助资金共计5万余元；自主联系香港慈善机构捐资万25万港币，为小吉场镇修建善启慈善第三幼儿园；联系企业和慈善机构在春节、“六·一”儿童节、中秋节、重阳节等节假日开展关爱慰问留守儿童、空巢老人活动30余次，发放物资总金额合计35万余元。2016年2月组织8名志愿者开展“三下乡”和“赶场天赛起来”活动；组织中医院医生开展送医下乡，为群众开展义诊。3月积极联系广州军区广州总医院心脏外科专家为七星关区78名先天性心脏病患儿进行免费义诊，其中联系点有5名患儿接受义诊；5月开展“遍访贫困村贫困户”工作，共走访15户贫困户，共捐赠了价值5000余元的生活物资；6月到帮扶联系点为农村党员上“两学一做”专题党课、开展“党的声音进万家·总书记话儿记心上”宣讲活动，慰问老党员、生活困难党员共30名，发放价值5000余元的米、油等物资。7月联系在外创业人士梅品鑫先生为小吉场镇新建小学捐赠校服、电脑、桌椅等，共计5万余元。全年为小吉场镇争取到帮扶资金75万元，其中联系爱心企业和人士，帮助贫困大学生共18名，救助资金共计5万余元，联系企业和慈善机构在春节、“六·一”儿童节、中秋节、重阳节等节假日开展关爱慰问留守儿童、空巢老人活动40余次，发放物资总金额合计37万余元。全力助推精准扶贫工作。团区委高度重视扶贫攻坚工作，把扶贫攻坚工作纳入年初工作安排意见。2012年充分利用春晖使者、春晖捐款箱、爱心人士等爱心捐款渠道，积极争取资金、拓宽渠道联系资助者，通过“一对一”或“多对一”的亲情帮扶形式解决贫困学生上学问题。2013年5月组织志愿者前往野角乡开展“五·四”关爱孤寡老人慰问活动，为16名孤寡老人提供测血压、理发等服务及开展文艺表演、慰问品发放等活动；联系衡水中铁建控股集团及志愿者高岑岑为亮岩镇金华小学捐赠善款5万元、赠送1500余册图书；在海子街镇中心小学“七彩小屋”开展关爱留守儿童活动，为20名留守儿童送去近千元物资；6月到水灾严重的长春堡镇王丰村，为王丰村村民带去了50箱方便面、20个书包的慰问物资；7月联系广州军区总医院、北京爱佑华夏慈善基金会、中国星火基金会为七星关区各乡镇办的54名贫困先天性心脏病儿童进行义诊，派出专人护送13位确定进行手术治疗的患儿及家属乘坐大巴车到广州军区总医院接受治疗；8月陪同厦门大学“爱在乌蒙实践队”为清水铺镇南沟小学送去了两套乒乓球桌、5付乒乓球拍、1个篮球、10根跳绳、174本图书，还有100张心愿卡；9月组织志愿者到长春堡镇及杨家湾镇开展关爱留守儿童、孤寡老人活动，为59名孤寡老人和40名留守儿童送去了月饼、早餐奶及书包等中秋慰问物资；组织贵州高速集团厦蓉高速毕生项目部到生机镇高流小学开展助学捐赠活动，活动为学生发放了200个书包和5万元的助学金；在重阳节来临之际，组织医护志愿者到野角乡老少共融之家向入住的14位老人送去营养品，并为老人们进行体检；11月陪同香港佛教文化有限公司董事长许成彪先生分别到毕海新区张木蓉纪念卫生室、七星关区第十一中学、三板桥灵峰小学、阿市乡陈鑫希望小学、余慕莲希望小学、普宜镇多宝第三希望小学、大屯乡许麗昆希望小学进行走访，并捐助了3万余元关爱资金；组织25名志愿者参加“世界温州人微笑联盟走进七星关区”活动，活动为75名七星关区唇腭裂患儿提供了免费手术治疗，全年集团帮扶资金18余万元。2014年联合团市委、贵州省青少年发展基金会、毕节市农商银行、贵州高速公路集团有限公司、天津市道德模范张海霞女士等爱心组织开展关爱活动30次，关爱留守儿童1200名，资助物资共计35万余元。2015年1月组织10多名青年志愿者到团结乡老少共融之家开展志愿服务，义务帮助老人打扫卫生、整理内务；2月到杨家湾镇、放珠镇及长春堡镇开展“暖冬慰问”活动，看望、慰问了地中海贫血患儿、脑瘫病人和先心病儿童，为病患家庭共计送去15000元慰问金；3月携手浙江台州博轩文化传播有限公司在阴底乡罗雄小学举行爱心校服捐赠仪式，向罗雄小学捐赠340套学生校服，价值34000元，联合贵州高速公路集团公司毕生项目办到水箐镇燎原小学和老少共融之家开展送温暖关爱留守儿童慰问活动，为燎原小学的41名小朋友每人发放200元助学金和价值2000余元的书包、铅笔等学习用品，共计10000余元；携手“爱·西行”公益组织赴龙场营镇开展爱心公益活动，为龙场营镇元岩村、安顶村等小学结对帮扶的孩子们送去爱心帮扶款，共计发放帮扶款20900元；4月广州军区广州总医院心脏外科专家一行到七星关区青少年宫，65名贫困家庭先天性心脏病患儿免费义诊，并为2014年做过手术的34名患儿进行复查；联系贵阳市爱心人士罗雅丹女士到亮岩镇和光小学看望留守儿童，为他们送去价值10000多元的物资；团区委联合贵州高速公路集团毕生项目办向团结乡捐资4.5万元关爱留守儿童资金；牵线搭桥香港善启慈善基金会伍启宁与放珠镇签订60口水窖、价值20余万元的援建协议，并向贫困户发放300袋大米；5月牵线搭桥兴业银行贵阳分行为阴底乡阴底小学、水塘小学等四所小学捐赠校服共计2147套和图书共计2052册，总价值20余万元；6月四川宜宾口腔医院为七星关区22名唇腭裂患儿做免费修复手术，并承担此次唇腭裂患者在医院的检查、手术（含再次修复手术）、住院等费用；9月联合许成彪先生等爱心人士回访希望小学，开展关爱活动，共慰问800余名学生，发放衣服400余件，书籍800余本，学习用具900余套，另外还向学校的老师每个人发放了100元的教师节慰问金；赴小吉场镇吉丰村开展“青春同行·幸福童伴”慰问留守儿童活动，为50名留守儿童送去价值1万余元的月饼、书包、文具、故事书等爱心物资；重阳节来临之际，组织志愿者们到朱昌镇老少共融之家为老人们理发，修理胡须、包饺子，全年集团帮扶资金30余万元。与毕节农商行开展“银团合作”，在七星关区32个乡镇、10个办事处管辖范围内，将金融夜校以进村组的形式开到每一个乡镇村组，为广大群众提供金融服务，讲解金融贷款知识，累计召开1261场。2016年团区委充分发挥自身优势，整合各类资源，全力开展希望工程、春晖行动助力精准扶贫。1月组织中国人民解放军理工大学到大屯乡开展“春晖行动　暖冬行动”，为雅木小学捐赠春晖图书室一个，篮球场一个，成立助学金，慰问留守儿童。3月组织广州军区广州总医院专家到青少年宫为七星关区60余名患儿义诊，筛查出20名患儿适合手术，开展了“先心病患儿赴广州总医院手术协议签订仪式”，手术费用总共100.5万，其中医院减免24万，新农合报销61.2万，爱佑基金会资助8.1万元。5月回访“春晖行动·微笑列车”唇腭裂修复慈善项目活动，对七星关区部分唇腭裂儿童进行免费复查。6月携手贵州毕节农商银行在撒拉溪支行创建“青年创业服务站”，围绕撒拉溪镇“大人才引进大扶贫，大产业撬动大发展”发展思路，积极把撒拉溪镇打造成为银政团合作服务大众创业、万众创新和精准扶贫的特色种养殖业经济示范基地。7月积极协调与慈善企业对接，资助田坎乡田坎村岩脚组黄道会同学大学4年的学费及生活费用。联合香港善启慈善基金会回访亮岩镇“萧铃希望小学”，开展暑期关爱活动，关爱学生500余名，发放5万余元物资。争取到香港善启慈善基金会捐赠50万元港币，用于长春堡镇张官村幼儿园建设。发放“拾穗行动”助学金14400元，惠及12名“事实孤儿”，还赠送了书包等爱心物资。扎实开展关爱留守儿童活动。6个城区“微笑小屋”、12个乡镇老少共融之家的“微笑小屋”有序运转，招募专项志愿者67名，开展关爱帮助留守儿童活动。开展“青春同行·幸福童伴”行动。全区西部计划、千人计划志愿者分布在各乡镇街道，每个志愿者结对5名重点关爱留守儿童，开展“幸福双访、幸福家教、幸福过节、幸福谈心、幸福合影、幸福连线”活动。如中秋节之际，组织10名心理学专业志愿者在小吉场镇开展陪留守儿童过中秋活动，通过心理辅导游戏，引导留守儿童自立自强，同时为50名留守儿童送去了月饼、书包、文具、故事书等价值1万余元的爱心物资，让留守儿童感受到了中秋的温暖。2015年携手香港善启慈善基金会开展“暖冬行动”慰问留守儿童行动，走访了长春堡镇三道水小学、燕子口镇大南山小学、八寨镇华山村小学、何官屯镇善启小学。共慰问学生1400余名，其中留守儿童600余名，单亲及孤儿30余名，共发放书包、棉衣、御寒用品1400余件，价值10万余元；与贵州高速集团毕生项目部合作，争取到“留守儿童”关爱专项资金70万元。先后到林口镇、生机镇、水箐镇、燕子口镇、对坡镇开展慰问活动10余次，发放慰问金35万元；投入资金25万元维修燕子口镇金竹小学，为160名学生发放5万元慰问金及学习用品等。争取到南山碧桂园捐赠7万元，用于救助身患重病的孩子。加强与毕节移动公司合作，开展慰问活动3次，发放慰问金3万元。爱心人士罗雅丹一行慰问亮岩镇和光小学留守儿童，发放书包、文具、篮球、足球、图书等物资，价值1万余元，走访了两个贫困留守儿童，发放慰问金1800元；毕节移动公司为田坝桥镇螃蟹井小学100名留守儿童捐赠9000余元物资；贵州高速集团毕生项目办捐赠关爱留守儿童资金20万元；募集南山碧桂园爱心资金7万元资助14个身患重病儿童。另外，主动联系万丰、中天城投等企业，争取更多帮扶资金。2016年携手香港善启慈善基金会为杨家湾镇、八寨镇、生机镇、放珠镇、亮岩镇、大屯乡和龙场营镇等8个乡镇在重要节日开展慰问留守儿童活动，慰问留守儿童共计496名，累计发放书包692个，捐赠衣服和玩具400余件，为贫困农户、留守儿童发放大米300包，发放慰问金2.13万元；联系毕节新新人婚纱摄影公司为天桥小学捐赠书包270个，还免费为全区各乡镇困难家庭拍摄每套价值798元的全家福照片；与上海市少工委共同主办手拉手冬令营活动，组织了6名留守儿童在上海与在当地务工的家长见面；联系七星关区第一实验小学为11名留守儿童举办集体生日会，为留守儿童捐赠书包、文具等；“六·一”期间在洪山街道办事处、生机镇和碧海街道办事处开展慰问留守儿童活动，累计捐赠书包、文具600余套。建设“留守儿童自立自强中心”，争取上级团委资金3万元，在大河乡鸡姑小学建立“留守儿童自立自强中心”，为关爱留守儿童提供阵地保障。

【围绕社会和谐，青年参与经济社会建设作为不断凸显】

弘扬生态文明，积极参与“多彩贵州文明”行动。积极响应“文明在行动·满意七星关”号召，在全区青少年中营造良好氛围。一是开展文明卫生宣传活动。利用每周五下午时间进行宣传教育，通过“大喇叭”响起来，“我是创卫达人我宣言”等活动，吸引中小学生300余人参与“文明在行动·满意七星关”。二是组织开展亲子植树。团区委联合区妇联、区林业局组织135个家庭参与的亲子植树活动，让广大青少年在亲手劳动中树立植绿护绿意识，带动更多的人共同关心关注植绿护绿活动。各乡镇街道均组织青少年参与青年林建设，发动青少年1200余人。三是开展“青年林”建设活动。积极响应“绿色贵州建设三年行动计划”号召，2015年采取政企联建方式，由毕生项目办出资5万元，青少年宫出资2万元，区林业局提供场地、苗木等，在鸭池镇石桥边建设200亩区级青年林，并作为青少年校外实践基地。各乡镇办事处均建设100亩以上青年林。累计组织2500余名志愿者参加多彩贵州文明行、整脏治乱志愿者行动、创建卫生城市志愿服务行动、“文化、科技、卫生三下乡”活动、禁毒防艾宣传、法治宣传、安全宣传、应急演练等大型志愿服务活动30余次，服务时间共达3500个小时以上。助力“四在农家·五在农家·美丽乡村”建设。按照区委区政府关于美丽乡村建设整体目标要求，着力引导农村居民养成文明卫生良好习惯，广泛动员青少年参与农村人居环境综合整治工作。2015年7月组织贵州工程应用技术学院学生到美丽乡村创建示范点田坝桥镇开展“美丽乡村我的家”文艺汇演，志愿者向200余名群众宣传文明卫生知识宣传资料1000份，组织贵州大学、贵州工程应用技术学院大学生到放珠镇开展“三下乡”活动，30名大学生在乡村驻扎10天，为“云上放珠”建设搜集数据、整理资料，协助开展“四在农家·美丽乡村”及留守儿童关爱工作。8月组织毕节中医院医生团队到小吉场镇开展送健康下乡活动，200名群众接受免费检查，10名医生为群众讲授中医养身知识。10名志愿者协助美丽乡村创建与卫生健康知识宣传。2016年3月团区委组织青年志愿者到美丽乡村创建示范点田坝桥镇开展“五在农家·美丽乡村”农村环境综合整治志愿服务活动，150余名志愿者参与了活动。组织300余名志愿者开展“文明在行动·戊天有作为”宣传活动，通过志愿者向群众宣传了文明卫生知识，并带动了周边村民自觉参与环境整治活动中来。围绕青少年权益维护，实施青少年阳光工程。团区委作为七星关区预青工作牵头单位，五年来一是组织350名志愿者在人民公园举行了法治宣传活动，发放宣传材料5000余份，依托志愿者资源，全力开展预防青少年违法犯罪活动，开展了青少年未成年人保护法和预防未成年人犯罪法宣传教育、“禁毒”宣传教育、“防艾”宣传教育、假期自护宣传教育等主题活动。加强对闲散青少年的排查联系和服务帮助，积极参与重点青年群体教育帮助和预防犯罪工作，有效帮助其顺利回归社会，预防和减少重新犯罪；二是组织法制讲座，邀请区司法局专家对各乡镇团委书记、志愿者170人进行法律培训，增强学法用法能力；三是综合协调区司法局、区法院接待未成年人法律援助咨询100余次，同时联合区检察院、区公安分局、区法院联合出台了《七星关区关于合适成年人参与未成年人刑事诉讼的实施办法》及《七星关区预防青少年违法违规犯罪实施方案》，并以合适成年人身份参与未成年人提审50次，报送7名干部职工作为区法院陪审员，有利于整合各种社会资源防治未成年人犯罪。四是开展爱心助考。高考前，邀请毕节学院心理咨询专家作客七星关广播电台，为考生开展三期“面对面”心理辅导，帮助考生缓解压力，应对高考。高考期间，组织爱心车队参与爱心送考，确保考生顺利到达考场。五是建设“阳光家园”。争取上级团委、妇联资金10万元，在八寨镇建立留守儿童“阳光家园”，为关爱留守儿童提供阵地保障。与朱昌镇青少年宫结成对子，建立长期帮扶制度，共同开展关爱活动。2016年春节前，组织5名服刑人员未成年子女到贵阳与父母互动交流。团区委联系爱心人士为5名贫困服刑人员未成年子女每年发放资助金。

【发挥优势，用好新媒体，精神文明建设取得新突破】 以节假日为契机，开展主题教育活动，加强青少年思想道德建设。五年来开展了“义赠春联”和“迎新春·猜灯谜”活动6次、上千市民参与竞猜，活动氛围浓厚。“学习雷锋”主题志愿服务活动5次，1000名志愿者参加，发放宣传册10000份，并义务打扫公园及城区街道。“满意在毕节·文明七星关”志愿服务活动5次、“缅怀革命先烈，感受英雄情怀”清明扫墓活动5次、“交通文明行·志愿者在行动”志愿服务活动1次、团员集中入团宣誓大会等纪念建团90周年活动1次、“红领巾心向党”系列活动3次，“重温入党誓词、重学党的章程、牢记党的宗旨”等纪念建党91周年主题教育活动、举办了“构筑试验区精神高地”演讲比赛、开展了贵州省青少年第七届“同在蓝天下携手共成长”国学励志公益夏令营活动、“解放思想推动跨越”大讨论活动青年辩论赛、志愿者文明劝导队行动、“青春向心力喜迎十八大”微博征集大赛、青春正能量志愿者注册活动、党的十八大知识抢答赛、“我的中国梦·青春印”、“我的中国梦·青春韵”、“娃哈哈·启力杯青年足球比赛”活动、开展了“我的中国梦”微博征集活动、“春晖行·中国梦”全国校媒走进七星关区采访活动、承办了七星关区首届“十佳青少年”颁奖典礼、“花季护航”百场万人家庭教育公益大讲堂活动、“青年爱国说”、爱国主题征文·摄影大赛、开展了“五·四”青年活动、“六·一”儿童节慰问活动、“七·一”建党节活动、“八·一”建军节活动、“庆祝新中国65华诞·青春践行核心价值观”、“我和国旗合个影”主题教育实践活动40余次，覆盖影响青年7万余名，共举办各级各类青少年文化活动200场，“创新、活泼、时尚、多元”的青年文化蔚然成风。举办道德讲堂活动30场次，影响覆盖10000余人。选送我区选手李梦韩、曹青松参加中华经典诵读大赛，在全市决赛中取得第一名、第二名的优秀成绩；选送我区选手赵元曦、王蓉、周海彦参加贵州首届中华优秀传统文化“青春使者”暨民族服饰形象大使毕节赛区选拔赛活动，获得前十的好成绩，团区委荣获最佳组织奖；举行“奔跑吧！青年”青春同行·慈善助力彩跑活动，来自全区各行业350余名青少年热情参与，活动展示了全区青少年的精神面貌，倡导了健康的生活理念及生活方式。开展了青少年禁毒预防宣传教育、青年民族民间工艺传承人民博览会、全国科普日宣传活动5次、“我和国旗有个约会，向国旗敬礼”爱国主题教育活动10次，开展了“法制进校园”法制宣传教育活动。开展“亲子植树”活动，350余人现场参与，发动各乡镇青少年参与植绿护绿。开展植树活动，170余人现场参与。清明节组织毕节四中2000余名学生开展缅怀先烈暨十八岁成人礼活动。开展了“圆爱工程－关爱留守儿童系列行动”暨最美自强少年报告会1场，来自全省的10位首草自强少年分享了自己的成长故事，全区400余名中小学生现场聆听报告。面向全区青年开展了纪念“一二·九”冬季青年趣味运动会，来自各届青年180余人参加活动。五年来，开展主题活动100余次，覆盖影响青年8万余名，生动有效地传播了党的意识形态和思想主张，丰富了广大青少年精神文化生活，弘扬了社会主义核心价值观。志愿者行动引领时代新风尚。五年来按本地岗位需求，积极向上级团组织协调争取高校毕业生从事支医、支农、支教、扶贫工作，加大对各乡镇“三支一扶”工作的支持力度，积极支持乡镇一级团组织开展工作。不断招募“西部计划”、“千人计划”志愿者，他们分布在七星关区42个乡镇办事处，从事基础教育、基层社会管理等工作。并落实在岗服务的志愿者的生活补贴，实现每月及时足额发放。不断完善七星关区志愿者协会机制体制，依托社会招募志愿者和“三支一扶”、“西部计划”、“千人计划”志愿者建立起各类专业志愿者队伍，紧扣党政中心工作，切入社会内在需求，累计组织2500余名志愿者参与开展“学习雷锋”、环保宣传、质量月宣传、防灾减灾宣传、多彩贵州文明行动、“两创一建”、“整脏治乱”、“四在农家·美丽乡村”、“文明交通行”、禁毒宣传、“法治毕节”宣传、防艾宣传、“满意在毕节文明七星关”、“文明在行动满意七星关”、“农村思想政治教育暨赶场天赛起来”、“科技、文化、卫生三下乡”、“三创一建”、志愿者文明劝导行动、敬老爱老行动、“和谐三关爱”、关爱留守儿童、困境儿童、特殊群体等各项志愿服务活动80余次，服务时间共达4000个小时以上，取得了良好的社会效应，形成了工作品牌和亮点，七星关区青年志愿者品牌的号召力和影响力不断提高。特别是在2012年贵州省第七届旅游发展大会期间（4月20日——4月27日），共组织了800人次志愿者在南关桥、松山路、南门口、洪山路、三十米大道、区行政中心、市行政中心和水电技校路口等8个主要路口开展了“交通文明行志愿者在行动”志愿服务活动，维护行人和非机动车的交通秩序。通过活动的开展，引导和激发人们的文明意识，有效提升城市的文明程度，为旅发大会营造了自觉践行文明规范的良好社会氛围。由于工作成绩突出，白杨、吉章恒、冉刚、龙家顺等8人被毕节市委、毕节市人民政府评为第七届贵州旅游产业发展大会优秀志愿者，团区委书记彭婷被区委、区政府评为第七届贵州旅游产业发展大会先进个人，团区委被区委、区政府评为第七届贵州旅游产业发展大会先进集体。团区委全权管理的城区6个微笑小屋正式运行，面向社会招募了67名志愿者。小屋运行以来，团区委先后组织发动了

100余名志愿者到小屋开展各类关爱留守儿童活动，开展留守儿童课业辅导、亲情陪伴、集体生日等活动20次，受惠儿童100余名，投入关爱资金1万余元，为市民提供饮水、休息、问路、充电等服务上万人次；累计播放惠民利民标语120条。组织10名大银镇森林防火宣传志愿者乘坐摩托车开展森林防火宣传及巡查活动，发放宣传单500余份；组织七星关区机关企事业单位青年200余人在小河景区举办了“青春正能量”志愿者注册仪式暨联谊活动；组织5名志愿者到四中开展“花季护航·轻松备考12355行动”，为参加高考的1238名考生提供了免费饮水、热心咨询服务；组织30名志愿者参加“践行节能低碳，建设美丽家园”全国低碳日宣传活动，共发放低碳宣传资料2000余份；联合区工商局以微笑小屋为阵地举办了“维护消费者权益·志愿者在行动”活动，区消费者协会礼聘了17名微笑小屋志愿者为消费投诉义务联络员；联同毕节六小的20名志愿者共同发起中考“助考行动”志愿活动，为城区中考考生提供免费接送服务；组织志愿者参加《老年人权益保障法》宣传活动，共发放法律单行本200余本，发放其他老年法律宣传资料100余份，接受老年朋友和其他群众咨询老年人权益保障问题15余人；组织12名毕节学院学生到微笑小屋进行为期10天志愿服务；组织10名志愿者参加“实施《质量发展纲要，推进质量强国建设》”宣传活动，发放宣传资料600余份；组织10名志愿者参加“保护生态环境，建设美丽中国”科普宣传活动，发放宣传资料1000余份；组织50名志愿者服务“七星关区老年人健步走”活动，在春节期间，开展暖冬行动，微笑小屋志愿者为来往旅客准备休息、候车的凳子，为旅客提供手机充电，为春运旅客提供乘车、公交路线等信息咨询，帮助搬运行李，供应热水，发放春运出行安全常识宣传单，协助安检和文明安全宣传等志愿服务。为拓展服务内容，“微笑小屋”与区电视台“912”广播合作，开展“找到了”服务，全年累计收到发放遗失物品847件。新媒体运用开启思想引领新局面。一是把新媒体作为提升共青团凝聚力的突破口，五年来主动适应青少年成长环境、思想观念及交往方式的新变化，积极创新教育引导青少年的方式和方法，重视运用网站、微博、QQ群、微信平台、手机报等新型媒体载体。积极开展“我的中国梦”、“青年爱国说”、“我为核心价值观代言”、“奋斗的青春最美丽”等微博征集活动11次，吸引超过1.7万余名粉丝关注，大力推进官方微信、微博平台建设，团属网站升级改版，点击量超过2.5万人次，“指尖上的共青团”实现了与青年的实时交流，更好地服务广大青年、服务发展大局。二是根据青少年是网络主力军特点，团区委抓住新媒体这一载体，传播好声音，提升共青团工作影响力和覆盖面。及时发布动态。团区委官方微博微信平台有效运转，运用微博、微信公众号、QQ、短信平台、网站等新媒体，及时发布团内新动态，让团员青年及时了解团的工作，全年发布信息500余条。利用新媒体助力活动开展。“3·5”期间，利用微博微信公众平台开展“续写雷锋日记”、“为雷锋精神点赞”、“我与团旗合个影”等微博征集活动5次。3月，利用微信易企秀开展亲子植树网上报名，既方便群众参与又提高团委微信关注度。4月，充分利用新媒体方便快捷的优势，开展“网上祭英烈”活动，吸引超过1.7万余名粉丝关注，覆盖300多名大学生参与活动，扩大活动影响力，该活动还得到市区媒体关注。三是畅通共青团直接联系、服务、引导青年的渠道，不断扩大共青团的影响力和覆盖面，真正让共青团成为青年想得起、找得到、靠得住的组织。推进“青年之声”建设。通过青年之声平台，广大青少年发布诉求，共青团积极回应青年诉求，如，田坎乡贫困大学生黄道会同学因考上大学没钱上学而苦恼，团区委联系爱心人士一对一进行帮扶，解决其4年大学所有费用。团区委微视频作品荣获全省第二名。“青年之声”平台自开通以来，点击量达到54万人次，官方新浪微博截至目前关注量已达10718人，荣获“贵州十大团系统微博”。微信公众号关注量为2000余人，发布信息260

条。建立1+100制度。全区团干部直接联系不同领域的团员青年800名，并经常性通过微信、QQ、微博、微邦等网络社交媒体建立与团员青年的日常联系。及时发布动态。团区委官方微博微信平台有效运转，运用微博、微信公众号、网站等新媒体，及时发布团内新动态，让团员青年及时了解团的工作，发布信息500余条，点击量超过2.8万人次，“指尖上的共青团”实现了与青年的实时交流，更好地服务广大青年、服务发展大局。团区委开展的活动得到了中央电视台报道1次，贵州省电视台报道1次，七星关区电视台报道25次。共青团七星关区委网站刊载信息125篇，各类上报信息被团中央网站采用1篇，团省委网站采用5篇，团市委网站采用8篇，七星关区人民政府网采用1篇。在各级报刊，中国青年报采用1条，人民日报1条，光明日报1条，毕节晚报2条，毕节日报1条。市文明网采用13篇，在《毕节日报》刊载信息2篇，《毕节晚报》刊载3条。有效的宣传渠道，广泛的宣传形式，大大提升了七星关区青年的形象，提升了共青团组织的影响力。四是推进青少年综合服务平台建设。青少年综合服务平台是共青团组织使用管理的公益性、综合性服务场所，团组织联系青少年和开展活动的依托、通过对各类资源的整合，使之成为开展服务青少年工作的阵地、共青团服务社会和青少年参与社会实践的平台。通过对全区42个乡镇、街道办事处的资源摸底，首批拟建3至5个青少年综合服务平台，并开展示范性平台创建活动。

（撰稿人：孔玥）

妇 联

【概 述】 2012年以来，区妇联在区委、区政府的坚强领导和市妇联的正确指导下，在全区各级妇女组织的共同努力下，以建设“坚强阵地”和“温暖之家”为主线，“四个抓手”全面推动七星关区妇女工作迈上了新台阶。

【抓思想引领，树立四个意识】 一是讲政治。各级妇联始终把讲政治作为第一政治原则、第一政治品质和第一政治要求。开展引领广大妇女听党话、跟党走，做党的好女儿活动。2012年，党的十八大以来，开展了“同心齐攻坚巾帼心向党”、“巾帼心向党喜迎十八大”、“巾帼心向党喜迎十九大”等活动，党的十八大召开后，在全区妇联系统掀起学习党的十八大精神及十八届历次会议精神的热潮，全区各级妇联把党的十八大精神贯彻落实到妇联工作的全过程，带领全区广大妇女牢固树立“四个意识”，坚定“四个自信”。各级妇联成立新时代巾帼讲习所，按照“四讲四干”内容，通过“菜单式”、云上讲习等方式来传播党的好声音，凝聚起广大妇女为决战脱贫攻坚、决胜同步小康的巾帼之力。二是强宣传。2012－2016年，充分利用报刊、广播、电视等媒体广泛宣传妇女典型和妇女工作。向中央级媒体、毕节妇女网、毕节晚报、毕节日报等媒体共投送文字、图片稿件278篇，其中发表文章138篇。开通了七星关区妇联微博和微信公众号，运用新媒体掌握妇女群众舆情动态，扩展宣传渠道，为宣传妇女事业促进女发展营造良好舆论氛围。2016年共刊发、发布妇女儿童新闻91篇，其中经验总结类3篇，典型事例5篇，理性思考类3篇。调研文章4篇、舆情信息12篇。刊发文章61篇，国家级6篇（4篇报纸，2篇网文），省级9篇（网文），市级21篇（网文），区级25（1篇报纸，24篇网文）篇，区级电视台采用15篇，有效扩大了妇女儿童工作的宣传面和影响力。三是树典型。大力开展各类评选表彰活动，促进家庭文明建设，践行社会主义核心价值观。2013年以来，每年在“三八”期间，大力开展三八红旗手、巾帼建功标兵、五好文明家庭等评选表彰活动。2014年来，区妇联通过在全区范围内深入广泛地开展“明礼知耻．崇德向善”系列活动，弘扬家庭美德树立良好家风。五年来，全区共开展“明礼知耻·崇德向善”活动上百场（次），开展家庭故事会400次、举办家风家训评议会450余次。2016年，联合区电视台开展“七星关十佳新女性”和“七星关最美家庭”活动暨慈母、贤妻、孝女、致富女能手、最美好邻居、爱美女卫士、最美家庭等评选活动，并在四是加强未成人思想道德建设。联合教育局组织各中小学校开展“祖国好·家乡美”主题系列活动——“明礼知耻崇德向善”文明礼仪知识竞赛等活动；组织开展全区中小学生参加全国第二十届中小学生书画比赛；组织开展“家庭美德”家庭情景剧评选活动；组织开展“晒晒我的好家风”征文读书活动等。

【抓创业就业，促进巾帼脱贫致富】 妇女既是脱贫的主体，也是脱贫的对象。2012年以来，区妇联紧紧围绕区委区政府脱贫攻坚工作的部署及市妇联的要求，向全区妇女发出“妇女能顶半边天·脱贫路上齐攻坚”的倡议，带领全区妇女积极投身脱贫攻坚春季攻势、秋季攻势行动中来，全面掀起妇女参与脱贫攻坚的热潮。一是强化培训提高，扩宽就业渠道。首先把“指尖绝技”转化为“指尖经济”，让越来越多心灵手巧的妇女成为家庭的经济支柱，2012年以来，区妇联在燕子口镇大南山，生机镇开展2期100人的“锦绣计划”培训，为脱贫攻坚探索一条独特的锦绣之路。其次为进一步提高农村妇女的就业技能、创业能力、增强致富的本领增加家庭收入。区妇联联合区扶贫办开展“雨露计划·三女培育”，共开展“家政女”　“持家女”培训19期1670人，积极争取省、市妇联培训项目开展培训3期160人。二是实施巾帼家政行动，提升妇女就业技能。区妇联大力实施巾帼家政行动，帮助大兴清洁有限公司成功加入省妇联打造家庭品牌——“黔灵女”家庭，成立了一家七星关区“多彩黔灵女”家政服务公司，目前公司已开展四期育婴师培训，200名学员已全部上岗就业。三是搭建企业招工平台，促进妇女就近就业。为解决因信息不对等造成的企业用工难和务工人员就业难问题。区妇联组织500余名妇女参加全区“春暖乌蒙”就业服务月大型招聘会、华耀服装有限责任公司招聘、“同建就业桥共筑小康梦”大型招聘会，为其搭建就业招工平台，解决妇女就近就业，助推巾帼脱贫。四是树立先进典范，激励自主致富。为发挥脱贫先进典型示范带动作用，引导贫困户转变“等、靠、要”思想，进一步树立自强不息、自力更生信心，激励贫困户发展产业，增强内生发展动力，加快致富奔小康步伐，区妇联每年“三八”期间都表彰了一批农村“双学双比女能手”和不等不靠不要的“脱贫攻坚致富女能手”。五是积极争取项目支持，凝聚力量助力脱贫攻坚。2012年以来，区妇联争取“母亲水窖”200万元；“母亲邮包”11万元；“母亲健康快车”项目30万元；“导乐分娩”项目经费80万元；“音乐之声·我要上学”项目资金60万元；“蓝天春雷女童班”18万；农村妇女“两癌”救助金195万元；“儿童快乐家园”12万元；“蒲公英助学行动”助学金7万元；中小学性别平等教育进课堂项目工作经费5万元，为“春苗乐园”“心晴家园”募集书籍、座椅价值约20万元等。六是实施好党建扶贫，扎实开展联系帮扶工作。区妇联积极到联系帮扶点开展走访调研，在春节、“六一”、建党节、端午节等节点，开展走访慰问贫困户、老党员、留守儿童、贫困母亲、退伍军人等活动，切实为妇女群众办实事办好事。

【抓“两规”实施，维护妇女儿童权益】 一是大力推动“两规”实施。完成了《七星关区妇女发展规划（2011－2015年）》《七星关区儿童发展规划（2011－2015年）》终期评估工作，完成了《七星关区妇女发展规划（2016－2020年）》《七星关区儿童发展规划（2016－2020年）》的牵头编撰工作。并针对我区妇女儿童发展中存在的重难点问题和省、市“两规”终期评估中发现的突出问题，积极向区人民政府汇报召开了专题会议，建立完善常态化、制度化的监测及评估督导机制，促进相关成员单位落实好主体责任及部门责任，推动惠及全区妇女儿童的实事项目纳入政府及部门的制度安排和民生工程。二是推进“平安家庭”“法治示范家庭”创建。将“平安家庭”创建与“法治家庭”创建结合起来，以家庭和社区（村居）为着力点，综合开展反家暴、防艾、禁毒、禁赌、防拐卖、反邪教、安全防范等法制教育。巾帼讲习员通过不同形式向广大家庭开展普法宣传，引导群众积极参与“平安家庭”建设活动，推动家庭实现“五防五无”，为全面建成小康社会提供有力法治保障、创造良好社会环境。三是开展妇女儿童维权。2012年以来，共接待来电来访群众637批次640人次（其中：政治权利1件，婚姻家庭权益526件，劳动和社会保障权益7件，人身权益31件，财产权益20件，其他52件），信访办结率达到100%。2013年以来，每年联合公、检、法、司等单位开展了以“建设法治七星关·巾帼在行动——进社区、进家庭、到身边”为主题的三八维权周宣传活动，发放了《妇女权益保障法》、《反家庭暴力法》、预防艾滋病、儿童防性侵知识、“重视家庭教育”等有关维护妇女儿童权益的法律法规资料5万余份。四是创新维护妇女儿童权益模式。2014年10月，在七星关区洪山街道办事处洪山社区开展“巾帼评说室”试点创建工作。并积极探索政府购买服务模式，于2016年挂牌成立了贵州德馨关爱妇女儿童服务中心分中心。五是开展关爱留守儿童活动。在春节、“六一”、“端午”等节日进行慰问，开展“爱心妈妈（家长）”结对关爱留守儿童“七个一”活动和“亲自共读一本书”等活动。2015年，开展关爱留守儿童“鲲鹏行动”。由省妇联、省妇基会和贵州金沙酒业集团发起的关爱留守儿童“鲲鹏行动”在我区进行，区妇联组织85名志愿者分赴到25个乡镇（街道办）开展为期15天的心理疏导、课业辅导、特困救助等关爱帮扶活动。开展“心行动鲩爱护航”关爱留守儿童活动。2015年8月13日-8月18日，由妇联联手华南师范大学心理学院开设两期妇干心理学培训班，提高妇联干部服务留守儿童的能力，加大政府、社会对留守儿童心理矫正的力度。利用节日契机，开展“自制月饼传亲情”活动。开展“给留守儿童母亲一封信”活动。全区各乡镇（街道办）共寄出16000余封信件。在洪山街道办事处洪山社区创建“慈母书香屋”。

【抓基层基础，推进妇联发展】 区妇联坚持以问题为导向，不断改革创新，强化妇联组织工作队伍建设，更好地服务全区经济社会发展。一是强化妇女之家建设。为打造基层妇联组织凝聚妇女、服务妇女的重要阵地，参与社会管理和公共服务，提升“妇女之家”服务质量和服务水平。区妇联按照省级星级示范妇女之家创建标准，积极开展星级示范妇女之家创建活动，培育和选树一批高标准的示范妇女之家，推动全区妇女之家建设再上新台阶。2012年以来，观音桥街道办事处红堰社区妇女之家、长春堡镇清塘社区妇女之家、洪山街道办事处洪山社区等10个“妇女之家”荣获了省级示范妇女家；创建市级示范妇女之家13个，区级示范妇女之家25个。形成了省、市、区共同培育星级示范妇女之家格局。

（撰稿人：办公室）

总工会

【概　述】 五年来在区委、区政府和上级工会的正确领导下，各年工作取得了一定的成效，2012年度七星关区总工会工作获全市工会系统目标考核一等奖。有力地推动了工会整体工作的创新发展，工会的作用和社会影响力不断提升，为建设富裕和谐美丽七星关作出了应有的贡献。2013年来，由于工作成绩突出，被中华全国总工会命名为“全国工会职工法律援助维权服务示范单位”；荣获贵州省总工会、贵州省安全监督管理局共同颁发的“安康杯”竞赛活动优秀组织奖；2013年度我会工作目标考核荣获全市工会工作一等奖。2014年度我会荣获全市2014年度工会工作目标考核一等奖。2015年度在全区党群政务部门目标考核中荣获一等奖；工会工作荣获全市2015年度目标考核一等奖。

【关爱劳动模范，促进全社会形成争当模范的良好氛围】 该会进一步做好劳模的慰问工作，积极推动劳模政策的落实。爱护劳模，关心困难劳模生活，5年来已为25名省级劳模发放生活补贴资金10000元，并在春节期间，按照区委、区政府和市总工会的安排，走访慰问了全国劳动模范熊廷顺、申开珍、高永先、肖帮群、熊鹏等5人，每人发放慰问金25000元，向他们传达了党和国家的关心、社会的尊重，让他们感到当年在岗奉献的无尚光荣和今日的温暖。

【抓好工会组织和规范化建设，大力加强职工民主管理和民主监督】 一是加快工会组建步伐。抓好个非公企业工会组建工作；二是抓好乡镇、街道办事处工会规范化建设。为使乡镇街道办事处工会达到“六好”、“六有”规范化建设标准。区总工会采取“五个进一步”的工作方法（即：“进一步健全组织网络安全”、“进一步配强工会干部”、“进一步明确主要职责”、“进一步加强指导服务”、“进一步加强经费保障”）通过工会规范化建设行动，5年来七星关区乡镇、街道办事处全部按照标准完成基层工会的筹备建立。

【大力实施送温暖活动，为全区困难职工、农民工办实事、办好事、解难事】 一是健全完善特困职工档案。深入基层调查摸底，实施动态管理，对已建立的特困职工档案再次进行精准识别。二是组织安排“两节”送温暖活动。5年来元旦、春节期间与区直有关部门、基层工会密切配合，陪同区领导和上级工会领导慰问困难职工、下岗职工、农民工近7500余人，发放慰问金近400万元，三是继续到野角乡进村入户进行遍访、回访走访慰问了野角乡18户精准扶贫户，发放了1.8万元的慰问金并形成结对帮扶活动。主动与政府有关部门取得联系，完善四大班子领导走访慰问制度，着力形成工会与政府相关部门“齐抓共扶”的工作机制；四是5年来在“六一”儿童节来临之际，区总工会共投入近15万余元经费，购买书包、文具盒等学习用品，发给1519名留守儿童，下岗职工子女、单亲困难家庭子女，并勉励他们要好好学习，奋发向上，努力掌握科学文化知识，成为有理想、有文化、守纪律的社会主义事业的接班人。五是5年来开展“梦圆金秋助学”活动，为全区2000名困难职工、农民工子女考取大学的贫困生发放助学金280万元，切实帮助了困难职工、农民工子女读书难的实际问题。

【亮点工作】 根据我会实际，该会党组针对环卫工人普遍关心的热点和难点问题。开展了以下亮点工作。一是积极推行环卫工人“普惠卡”活动，联合佳诚超市给予环卫工人1717人购物优惠，每人每年购物优惠200元，实现环卫工人全覆盖，充分体现了工会组织关心职工、服务职工、服务大局这一主题，为党委政府分忧解难，产生了较好的社会效果。二是关爱女职工，给25名环卫女职工送去25000元。三是年终给环卫工人送温暖活动，每人500元，基本实现环卫工人全覆盖，充分体现了工会组织关心职工、服务职工、服务大局这一主题，为党委政府分忧解难，产生了较好的社会效果。为市委政府提出的“决战贫困、提速赶超、同步小康”作出了新的贡献。

（撰稿人：张周云）

老年大学

【概　述】 2012至2016年，七星关区老年大学在区委、区政府的领导下，在市老年大学的指导下，根据省、市老年教育工作会议精神，按照我区《老年教育“十二五”“十三五”发展规划》的要求，坚持以“增长知识、丰富生活、陶冶情操、促进健康、服务社会”的办学宗旨，进一步加强学校教学管理，规范学校办学方式，扩大学校办学规模，提高学校办学质量，使老年大学成为老年人学习知识、强身健体、美丽温馨的乐园。

【创新办学理念、构建和谐校园】 一是确立“全纳教育”办学理念。面对老年人的特殊群体，根据老年教育的需要，我区老年大学办学体现“有教无类”的教育思想。对老年人不论职务高低、资历长短、文化程度、在职、离职以及社会老人都同样接纳，一视同仁，实施平等教育。二是结合“康乐”教育理念。学校尊重老年人的生命特征，坚持一切从老年人的实际出发，在教育教学活动中，大胆探索创新，尽量满足老年学员精神层面的愿望，吸引他们在娱乐、艺术、文化等方面的注意力，用知识、文化、人际交往等社会性活动来改变他们生活方式，体验生命的价值，从而促进身心快乐、健康。三是实施“桥梁”教育。“社会参与”是“积极老龄化”的根本表现，社会参与是情怡志畅、长寿健康的源泉。我校通过基础课程和学会活动，架设老年学员通往家庭、社区和社会的桥梁，发挥其技能、经验与智慧，获得愉快和健康。四是确立“老龄化”的人本理念。实施“成长”教育，学校教育教学活动尽量适应老年学员学习的需求，注入新知识、新技能，以唤醒老年人的内在活动和潜能，使其从新成长，成为积极的老年贡献者。

【完善制度建设、把握教学方法】　一是实行区老年大学管理为主，各班级教师管理为辅，班委会直接管理的三级联动机制，按制度办事，用制度管人，不断提高学校服务水平和教学质量，确保各项工作有序推进。二是在教学管理方面结合普通教育学校的教学方法，讲课力求生动活泼，活动注重通俗易懂。学员有固定的教室，有固定的教学设备，有开展活动的场所，有专用的教学课本，把教学办成老年学员学习知识、增进健康的“银色殿堂”。

【紧扣目标任务、注重责任担当】　2012年，是实施老年教育“十二五”发展规划的第二年，我校紧紧围绕制定的目标任务，扎实有效地推进各项工作的开展。一是进一步稳定市老年大学的办学规模，切实加强学校的内部管理，广泛开辟好第二课堂，逐步向规范化办学迈进；二是进一步巩固乡镇老年学校的办学成果，对已建的乡镇老年学校抓好巩固提高，对未建老年学校的乡镇抓好组织机构的建立，督促其积极创造条件，尽快成立老年学校；三是按时完成市委、政府及上级部门交办的各项任务；四是学校学员有所上升，全年共有学员112名；五是学员积极性较高，在参加省、市各类活动中取得较好成绩。同时应邀参加辖区内举办的老年人文艺汇演展示中得到大家好评；六是2月24日，成立了毕节市老年书画研究会，并积极开展各项工作；七是3月28日在流仓桥办事处大兰村里立了毕节市第一所村级老年学校；八是10月18日至19日，成功举办了毕节地区第六届老年书画联谊会（展），征集参展书画作品260余幅，总体活动得到地委、行署的好评和肯定；九是组织干部职工参加各种捐赠活动，共捐资4800多元。2013年是实施老年教育“十二五”发展规划的第三年，按照区委、政府的总体安排部署和全区老年教育工作会议精神，扎实抓好各项工作的落实。一是进一步稳定区老年大学的办学规模，加强学校内部管理，广泛开辟好第二课堂；二是进一步巩固乡镇老年学校的办学成果，对已建乡镇老年学校抓好巩固与提高，对未建老年学校的乡镇办事处，对其进行协调指导，督促其积极创造条件，按要求尽快成立。三是老年学员逐年上升，全区共有老年学员2374名，比上一年增加615名；四是借签其它县办学经验，创办了4个校外辅导班，收取学员195人。五是按照市老年大学通知要求，积极组织（书画）作品参加省、市老年书画联谊会展；六是抓好干部驻村帮扶工作，积极组织干部职工和学员参加献爱心、送温暖活动，共捐款8700元，为扶贫济困尽一点微薄之力。七是在9月28日举行全区老年书画研究会“迎国庆”笔会，为（书画）爱好者答建一个交流学习的平台，创着书画作品50多幅，此项活动得到大家的肯定和好评；八是积极主动汇报工作，得到区委、政府分管领导大力支持，为该校协调资金10万元，用于解决交通工具费用。

2014年，是实施《我区老年教育“十二五”发展规划》的第四年，根据省、市老年教育工作会议精神，结合我区实际，切实抓好学校各项目标任务的落实。一是进一步稳定区老年大学的办学规模，切实加强学校的内部管理，广泛开辟好第二课堂，逐步向规范化办学迈进；二是进一步巩固乡镇老年学校的办学成果，对已建的乡镇老年学校着重抓好巩固提高，对未建老年学校的乡镇进行协调、指导、调研，督促其积极创造条件，尽快成立老年学校；三是老年学员逐年上升，全区共有老年学员3382名；四是按照市老年大学通知要求，积极组织25幅（书画）作品参加省、市老年书画联谊展；五是9月27日在我校举行七星关区老年书画研究会笔会，参加笔会人员40多人，创作（书画）作品80多幅，为书画爱好者搭建一个交流学习的平台，此次活动得到大家一致好评；六是新建乡镇老年学校7所，分别是三板桥街道办事处、八寨镇、千溪乡、大屯乡、田坎乡、亮岩镇、天河社区，将在12月底前挂牌结束；七是抓好区远程老年教育指导中心建设，8月中旬设备已安装完毕，并挂牌成立；八是指导清水铺镇、市西街道办天河社区老年远程教育试范点工作，确保2015年在我区逐步推开打下基础；九是积极组织干部职工和学员参加各种爱心捐赠活动，共捐现金8000元，为扶贫济困尽一点微薄之力。2015年，是实施《我区老年教育“十二五”发展规划》的最后一年，根据省、市老年教育工作会议精神，算好时间帐、任务帐，统筹兼顾，合理安排，认真抓好各项工作任务的贯彻落实。一是进一步稳定区老年大学的办学规模，切实加强学校的内部管理，广泛开辟好校外课堂，逐步向规范化办学迈进；二是进一步抓好乡镇老年学校的创建、巩固和提高，对未建老年学校的乡镇进行协调、指导与督促，帮助其积极创造条件，抓紧建立，按时或超额完成《我区老年教育“十二五”发展规划》目标任务；三是抓好基层老年教育的督促调研工作，多方面征求意见，为我区老年教育“十三五”规划打下坚石基础，目前，各项工作正在谋划中；四是新建乡镇老年学校8所，实现全区乡镇街道全履盖；五是老年学员逐年上升，全年共开设6个专业、7个班级，聘请教师7名，全区共有老年学员5586名，入学率占我区老年人口总数的3.4%；六是按照市老年大学通知要求，积极组织22幅（书画）作品参加省、市老年书画联谊（会）展；七是认真抓好远程老年教育播放点创建工作，区老教办、区远教办2次下文要求，全区2013年以来更新党员干部远程教育设备的乡镇街道（村、社区）全部加挂远程老年教育播放点的牌子，逐步完善远程老年教育三级网络体系，并明确专人负责，实现资源共享。截止目前，已创建远程老年教育播放点44个，超额完成上级部门安排的目标任务；八是组织干部职工及学员参加献爱心捐助活动，为帮扶村留守儿童、困境儿童、计生贫困户、空巢老人、残疾人等共捐资金8000多元，老式沙发18套，协调资金30000元，为扶贫济困献一份爱心；九是教学质量大幅度提升，《交谊舞》班参加2015年中国＊贵州＊黔南“都匀毛尖茶”国际体育舞蹈公开赛暨贵州省第二十二届体育舞蹈锦标赛荣获“巾帼乙组交谊舞”三等奖、“甲组交谊舞”二等奖；《健身气功》班参加“体育彩票杯”贵州省第十一届健身气功交流比赛“八段”一等奖、“易筋经”二等奖。2016年，是实施《我区老年教育“十三五”发展规划》的开局之年，根据省、市老年教育工作会议精神，统筹兼顾，合理安排，算好时间帐、任务帐，认真抓好各项工作任务的贯彻落实。一是进一步稳定区老年大学的办学规模，切实加强学校的内部管理，广泛开辟好校外第二课堂，逐步向规范化办学迈进；二是进一步抓好乡镇老年学校的创建、巩固和提高，加强协调指导督促，按照年初工作安排，结合《我区老年教育“十三五”发展规划》，全面完成各项目标任务；三是抓好基层老年教育的督促调研工作，多方面征求意见，为我区老年教育“十三五”规划制定提供可靠依据。目前《规划》已经区委同意，报请区委办行文印发；四是新建市西街道松山社区老年大学、麻园街道望城社区老年大学校，把老年教育工作逐步向基层延伸；五是老年学员逐年上升，全年共开设5个专业、7个班级，聘请教师7名，全区共有老年学员6302人，入学率占我区老年人口总数的3.4%；六是按照市老年大学通知要求，积极组织23幅老年（书画）作品参加省、市老年书画联谊（会）展；七是认真抓好远程老年教育播放点创建工作，区老教办、区远教办2次下文件，要求全区2013年以来更新党员干部远程教育设备的乡镇街道（村、社区），都要把老年教育工作溶入进去，成立远程老年教育播放点，实现资源共享，逐步完善全区远程老年教育三级网络体系。截止目前，已创建远程老年教育播放点66个，超额完成上级部门安排的目标任务；八是组织干部职工及学员参加献爱心捐助活动，为帮扶村留守儿童、困境儿童、计生贫困户、空巢老人、残疾人等共捐资金8000多元，支持麻园街道望城社区、市西街道松山社区建立老年大学资金各5000元，支持何官屯镇阿拉寨村村公所维修资金5000元，为扶贫济困献一份爱心；九是教学质量大幅度提升，《柔力球二班》参加2016年全省柔力球交流活动友谊赛中荣获优胜奖；十是按时完成区委、政府及上级业务部门交办的各项工作任务。

【加强队伍建设、提高服务意识】 一是加强教职工队伍的教育和管理，不断增强教职工人员的使命感、责任感和奉献精神。作重强调教职工的服务意识，积极组织并参与学校的教育教学活动，使教学工作生动活泼。二是学校教师实行能者为师制，自荐和聘请相结合，发挥学员的智慧、经验和一切丰富的教学内容，不断提高教学效果，让他们在学制班和学会活动中发挥优势和作用。

（撰稿人：办公室）

军事国防教育

人武部

2012年至2016年，七星关区人武部在毕节军分区党委、七星关区委的坚强领导下，始终坚持以党的创新理论为指导，深入学习贯彻党的十八大、全军政治工作会议、军委改革工作会议精神，习主席系列重要讲话精神和习主席政治建军、改革强军、依法治军战略思想，紧紧围绕深化国防和军队改革，以改革强军系列主题教育为牵引，紧密结合学党章党规、学系列讲话、做合格党员专题教育整顿活动，围绕“听党指挥、能打胜仗、作风优良”强军目标和整顿、备战、改革、规划”的总体思路铸军魂、谋打赢、改作风、求发展，切实以党在新形势下的强军目标统一思想、凝聚力量、引领发展，全面加强思想政治建设，扎实做好遂行多样化军事任务的各项准备，强力推进国防后备力量建设，全方位融入全面建成小康社会伟大实践，人武部和国防后备力量建设水平不断提高，圆满完成了各年度工作任务。

【思想政治建设】 坚持把思想政治建设摆在首位，抓住理论学习和思想教育不放松，始终坚持以“两项教育”活动为抓手，扭住思想作风建设不放松，注重在教育方式融合，党员干部管理等方面下功夫，全面提升思想政治教育效果，为强军兴军实践提供坚强政治保证。一是强化学习意识。开展学习型党组织建设活动，坚持党委中心组学习和自身学习，自2012年以来，着力在强根固本、掌握体系、领悟要义、看齐运用上下功夫，深入贯彻古田全军政治工作会议精神，把肃清郭伯雄、徐才厚流毒影响作为严肃政治任务紧抓不放，坚持大事大抓，坚持全面推进，坚持整风整改，坚持破立并举，坚持以上率下，肃清工作取得成效。开展坚定改革强军意志、投身改革强军实践主题教育实践活动，激励干部职工学理论、强本领、比干劲、作贡献，教育干部职工认识深化国防和军队改革是实现中国梦强军梦的必然要求，是强国兴军的内在要求，是应对风险挑战的现实需要，是适应国家全面深化改革的客观需要，进一步坚定理想信念，并在人武部党委的部署下，认真开展“讲政治、顾大局、守纪律”、“践行强军目标、做新一代革命军人”、“牢记强军目标，现身强军实践”、“三严三实”和“学党章党规、学系列讲话，做合格党员”主题教育。二是强化领导意识。在党委的决策上做到议事先议政、议政先议法；研究解决一切重大问题，坚持按党的路线方针政策和上级的指示精神办。认真组织学习《严格军队党员领导干部纪律约束的若干规定》、《中国共产党纪律处分条例》、《中国共产党廉洁自律准则》等党规党纪和习主席关于从严治党系列重要讲话精神，定期召开党委民主生活会，委员之间相互批评真诚坦率、直指要害，讲自己不绕弯子，评别人敢于较真，党味辣味浓厚，达到了统一思想、改进作风、增进团结的目的，党委班子的创造力凝聚力战斗力进一步增强。同时，针对查找出的问题，从部党委、部领导直至普通党员干部都进行了认领，并认真制定了整改落实清单，逐项抓好整改，确保问题清零，见根见底。三是强化制度意识。更加注重用各项规章制度规范工作，靠制度促进落实，不断提高人武部正规化建设水平。对省军区下人武部规范化建设标准，坚持抓学习、抓落实，对规定较为原则的，比如专武干部和职工管理问题，结合实际进行细化量化，制定管理措施。

【军事工作】 坚决贯彻中央军委和习主席决策指示，深入贯彻习主席“能打仗，打胜仗”指示要求及按照两级军区和军分区党委扩大会议精神，坚持以强军目标为统领，以应急应战任务为牵引，以实战化训练为主题，以考比拉为抓手，按纲施训打基础，真抓实练强能力，军事训练各项工作稳步推进。一是坚持党委议训制度。坚持把军事训练纳入党委重要议事日程，每月对训练形势进行分析，研究解决训练存在的问题，做到常抓常议，确保中心工作居中，深入开展“能打仗、打胜仗”大讨论。二是扎实抓好战备训练。严格按照要求，每年修订完善兵员动员、紧急收拢、抢险救灾、防暴制乱、重点目标守护、维护社会稳定、应对突发事件等各类预案；按照随时能遂行作战、战备值勤、抢险救灾及应对突发事件等任务的要求，搞好战备建设。近几年以来，圆满完成了2012年“4·04”扑救森林山火、“5·17”特大车辆交通事故救援、“7·22”永佳煤矿矿难救援、“7·22”毛栗水库抗洪抢险任务、“9·07”跨省支援云南彝良抗震救灾，深入16个村民组走访搜救转移群众330余人、2013年“4·27”“7·15”山体滑坡救援、2015年组织民兵应急分队50人在德溪办事处执行森林灭火任务、按照上级要求圆满完成了“07－71”整流罩回收和“神州十号”落区群众安全防护和疏散工作、“07－61”探月工程卫星残骸回收工作、组织精干力量参加毕节市军警民联合演练，充分提高了应急处突能力，受到上级肯定。三是认真组织首长机关训练和民兵训练。狠抓人武部党委机关军事训练，积极参加军分区军事比武竞赛。科学制定训练计划内容，部党委领导克服军、地事务繁忙的困难，带头参加训练，严格落实训练计划内容，不断提高训练标准，营造良好的军事训练氛围，提全体人员军事技能总体水平水平。四是扎实抓征兵工作。近几年来，以毕节晚报、七星关微信公众号、网站、电视台、广播、户外LED等媒介持续广泛播放、刊发征兵信息8000条/次、200余次深入所属46个镇（乡、办）和12所高中以上学校全面进行征兵宣传，在贵州工程应用技术学院、毕节职院、公园桥组织26场次征兵宣传活动，乡镇办悬挂标语4600余幅、发放征兵宣传资料6万余份，2012年至2016年共选送了2200名优秀青年补入部队。五是认真落实民兵整组工作。推进民兵组织向“四新”领域拓展，突出“四新领域”建设，用好编好区国土资源民兵应急分队、贵州省北斗卫星技术有限公司民兵通信保障分队、毕节职业技术学院医疗、交通运输民兵应急分队等各民兵分队，全区民兵队伍占上级赋予基干民兵编组任务总数的26.7%。

【两个经常性工作】 近年来，人武部按照上级安全工作指示要求，狠抓六类倾向性问题的治理，多次召开党委会议进行专题研究分析，配合上级于2015年分别开展干部大清查和财务大清查工作。一是狠抓干部职工教育管理，确保人人都在管控中。严格落实“三互”、“三责”要求，加强干部职工管理力度，确保“两个以外”不发生问题；制定《民兵应急分队管理办法》，做好一人一事工作，确保不发生问题，广泛开展谈心交心和定期对干部职工讲评活动，融洽上下级关系和干职关系。完善“三位一体”监管干部职工机制，管好干部职工“两个以外”，同时针对民兵骨干分队人员随意，约束力差，社会关系复杂等，重点就不假外出、乱交往、吃吃喝喝、行为举止不端、荣誉意识不强、擅乘擅骑摩托车等问题进行随机教育和针对性教育、时效教育引导，使干部职工和民兵认识“要我安全”为“我要安全”。二是狠抓车辆使用管理维护，确保车辆始终保持安全状态。每月组织驾驶员认真学习《道路交通安全法》和《成都军区军车交通违法抄告处理实施细则》，与每名驾驶员签订了驾驶员安全行车规定承诺书，确保安全行车。严格规定了车辆派遣手续，日常车辆派遣由当日值班首长批准，节假日除值班车辆外所有车辆钥匙统一交值班部领导保管，有效杜绝了各类车辆事故的发生。三是狠抓枪弹管理，确保枪弹绝对安全。以习主席关于安全工作一系列重要指示，认真贯彻落实军委决策部署，以国家《枪支管理法》和《民兵武装装备管理条例》为依据，及时调整了民兵武器装备仓库安全管理责任领导小组，逐级签订武器装备管理责任书，并加强经常性安全检查。严格武器弹药使用审批制度，认真组织武器弹药普查，确保弹药管理清楚，存放规范，管理正规，确保无存在漏洞隐患、无存在事故案件。四是狠抓网络安全管理，确保无泄密事件发生。升级安装了“公用计算机安全技术防范系统”、“计算机保密管理系统”及“涉密电子文件标签及水印系统”，规范了军事秘密信息传输管理秩序，文件资料指定专人保管，隐患苗头得到了有效的整治，确保无失泄密事件发生。五是狠抓营院安全管理，确保营区安全。加大对进出车辆的管控，严格外来人员出入登记，规范营区营院的秩序；加强本部重点目标的警卫，落实领导查岗查库制度，确保警卫安全。六是狠抓财经管理，确保财经使用正规。认真落实财经纪律，堵住财经管理中的漏洞，坚决执行管理各项规定，确保有限的经费投向战备训练。七是狠抓以涉“徐、郭”资料清理，确保无涉“徐、郭”资料。接到上级通知后，人武部立即召开党委会例会研究，成立专项清理清查领导小组，层层签订清查承诺书，逐个房间、逐个文件柜、逐个计算机、这本书籍全方位、地毯式清查清理，共清理出电子文档191份。

【国防后备建设】 认真贯彻各级关于国防后备力量建设的指示精神，扎实抓好人武部正规化建设和镇（乡）基层武装部规范化建设。一是人武部正规化建设有序推进。按照成都军区《军分区人武部正规化建设补充规定（试行）》以及《毕节市县（区）人武部正规化建设达标细则》等规定，人武部立足现有条件抓好硬件和软件建设，持续对“六室三库两中心一平台”进行规范。力所能及对人武部门厅、办公楼大厅、各办公室和其他老旧设施等进行整治规范，全面提升了人武部建设水平。二是基层武装部规范化建设持续展开。根据基层武装部规范化建设的内容、标准、方式和要求，积极想办法为各镇（乡、办）武装部配备补充各类防暴和抢险救灾器材，主动到各镇（乡、办）武装部进行检查指导，进一步做好规范和帮难解困。目前，基层武装部规范化建设达标率为90%以上。四是配齐配强专职人民武装干部。坚持区委组织部与人武部共同考核任用，确定了良好的用人机制和导向。五年以来，先后调整任免了60名专武部长，每年组织新任职人员参加上级培训，提升其能力素质，基层武装部建设呈现新气象。三是积极组织学习军训。坚持以国家人才培养的长远战略和国防后备力量建设目标，以《中华人民共和国国防法》《高级中学生学生军事训练教学大纲》为依据，扎实抓好七星关区学生军训工作。每年7月至9月份抽调民兵军训骨干200余人次，完成区大学、高中、中专（含技校、职高），初中军训。训练中，突出“抓教育强素质、抓训练强作风、抓养成强纪律”，确保学生军训安全和质量，为区国防后备建设奠定坚实的基础。

【参建参治水平】 深入贯彻落实总政治部、成都军区、省军区、军分区参与大扶贫战略行动的指示精神，注重在更新扶贫观念、转变扶贫手段上下功夫，坚持以生态扶贫、红色旅游扶贫、双拥共建扶贫为主，为驻地同步小康做出了应有的贡献。一是积极参与绿化贵州行动。指导全区民兵累计出动12842人次，完成86119亩植树造林任务（其中新增种植26007亩、补种2000亩、封山育林58112亩），种植各类苗木156万余株。本部机关好民兵应急分队先后在林口镇高速匝道边、大新桥倒天河水库等地域植树造林2000余亩。二是精准扶贫精心帮扶。注重在更新扶贫观念，转变扶贫手段上下功夫，坚持以智力扶贫、科技扶贫为止，帮助群众寻找致富路子。先后协调资金400余万元，出动民兵万余人次帮助对坡镇石板村、对坡镇乐海村、修筑村路7500余米和支援双山新区响水乡通村水泥路建设，帮助八赛镇中赛村修建军民共建饮水安全工程，组织干部职捐款5万余元帮助贫困户解决生活困难问题，结对资助贫困学生11人，并分别在对坡镇、林口镇、长春堡镇开展了遍访贫困村贫困户活动，给对坡镇兴乐小学修建图书室。三是积极推进红色资源开发利用。积极配合区委、区政府开发鸡鸣三省红色旅游项目工作，启动旅游公路、锦绣江山纪念碑，景区入口服务区配套设施、周家庄园等项目，将打造成西南地区5AAAAA级红色旅游风景区。四是积极保障军人军属合法权益。积极开展维军权、解军难、稳军心活动，协调地方司法部门共同设立军人军属法律援助工作站，近年来为现役干部战士化解军民纠纷，为军人军属提供法律咨询100余人次，为复员老军人办理社保、优抚的身份认定900余人，有力维护了军人军属合法权益，促进了部队稳定、社会和谐。王华国政委撰写的《毕节市七星关区人武部建起维权网络服务军人军属》被《法制日报》刊发。五是牢记职责使命，竭力参建参治。人武部始终坚持把为地方党委政府分忧、为民解难作为职责使命，把参建参治作为重要的政治任务来抓，切实做到一有情况，就能拉得出、上得去、完得成。人武部共出动干部职工和民兵应急分队上万余人次执行抢险救灾、现场维稳、城乡建设等任务，为推进毕镇高速、成贵铁路、旧城改造、小城镇建设以及倒天河水库环境保护等项目顺利实施作出了积极贡献。

（撰稿人：办公室）

公安消防

【概　述】　2012年至2016年，七星关区消防工作在区委、区政府的的正确领导下，在支队、区局等上级带领下，狠抓消防安全责任落实及消防安全隐患排查，不断夯实消防基础工作，落实消防经费保障力度，健全多种形式消防队伍建设，实现了全区火灾形势的持续稳定，圆满完成了以防火和灭火救援为中心的各项任务。2012年至2016年，七星关区紧紧围绕《毕节市七星关区消防工作目标责任书》这条主线，周密部署，攻坚克难，强力推进各项责任目标任务完成。

【落实政府领导责任】　及时召开了年初消防工作会议，明确年度目标任务，与42个乡镇街道办事处、各重点行业部门签订年度工作目标责任书，明确各级各部门消防安全职责；区政府召开消防安全专题工作会议、联席会及推进会等30余次，重点研究解决消防工作存在的难题，全面统筹谋划和强力推动年度社会消防工作目标落实。在重大节日、重要安保、重点时段期间，区政府组织相关单位开展消防安全检查50余次，切实推动各乡（镇、街道）、行业部门对消防工作的贯彻落实力度。

【落实行业部门主体责任】　政府坚持“谁主管、谁负责”的原则，督促各行业部门切实履行消防安全主体责任，要求各行业主管部门加强对本系统消防安全监管、检查工工作，落实民政、教育、卫计、文物四个部门行业标准化管理。进一步建立和完善行业部门“工作通报、会商研判、联合检查”机制。大队深入贯彻落实“管行业必须管安全、管业务必须管安全、管生产经营必须管安全”的要求，督导行业部门建立健全主要领导为第一责任人，分管领导为直接责任人的消防安全责任体系，全面落实消防安全管理职责，2012年至2016年共组织消防安全委员会成员单位召开消防工作联席会20次，研究解决消防工作存在的重大问题，科学分析研判当前火灾形势，全面统筹谋划和强力推动年度社会消防工作目标落实。

【联合部门开展检查】　结合全区消防工作实际，2012年至2016年联合公安、安监、民政、卫计、教育、供电、住建等行业部门共开展联合检查30余次，专项整治行动20次，对人员密集、易燃易爆、“三合一”、群租房、老旧住宅、少数民族村寨、文物古建筑、产业园区等场所不放心区域、高风险区域场所、连片物流仓储、施工工地和易燃易爆场所等开展联合督导检查，有效改善了全区消防安全环境。

【加强消防监管】 2012年至2016年累计提请政府挂牌督办重大火灾隐患单位21家，摘牌销案重大火灾隐患单位21家。先后72次约谈重大火灾隐患单位，督促、指导重大火灾隐患单位整改。2012年至2016年大队共检查单位13225家次，发现并责令整改火灾隐患和违法行为14513处，下发《责令改正通知书》9435份，下发《行政处罚决定书》362份，下发《临时查封决定书》94份，责令“三停”单位111家，拘留65人，罚款350.107万元。

【灭火救援情况】 2012年至2016年累计接警出动2590起，出动车辆3386辆，出动警力21068人，抢救被困人员764人，疏散被困人员5396人，抢救财产价值51260.2650万元。

【夯实消防基层基础】 大队党委坚持科学谋划，点线结合，扎实开展，在保障各项经费开支的同时把有限财力用在部队建设的刀刃上。结合基层中队执勤备战和实战化训练需求，已完成环城北路、开行路中队正规化建设，公寓房装修改造、南环东路、开行路中队训练塔建设并投入使用，南环东路中队功能性改造基本完成，目前正在开展内部装修。金属方舱模拟真火训练设施也到位安装调试完成。其余金属方舱烟热训练设施、危险化学品槽车泄漏火灾事故处置训练设施、模拟堵漏训练设施、模拟洞穴深井救援、模拟交通事故救援、模拟地质灾害事故救援等7类20余项训练设施已安装到位。建成社区微型消防站25个。督促重点单位落实“六加一”措施，规范运行消防安全“户籍化”系统。督促一般单位开展全员“一懂三会”培训。派出所消防辅警配备率和微型消防站建设达到100%。

【加强宣传培训提升消防安全意识】 积极组织开展“六月安全生产月”、“119消防宣传月”等主题宣传活动，共发放消防宣传资料80000余份，20万余人受到教育。组织消防安全重点单位明白人培训1500余人次。大力丰富消防宣传平台，在《毕节日报》、《乌蒙新报》、七星关区广播电视台9.12广播台开设“民生119”消防专栏，定期刊播消防安全提示和公益广告。

【“两红”行动】 2012年至2016年持续开展“红背篓”、“红水桶”行动。累计开展“红背篓”行动266次，帮扶困难群众1000余人；累计开展“红水桶”72次。

（撰稿人：办公室）

人民防空（交通战备）

【概　述】 2012至2016年，七星关区人民防空（交通战备）工作在区委、区政府、区人武部和上级业务部门的领导下，坚持以邓小平理论、“三个代表”重要思想和科学发展观为指导，认真落实十八大关于新形势下国防和军队建设思想及全省、十八届三中全会、四中全会和省委十一届四次、五次全会和毕节市委近几年有关会议精神。树立以作风优良的人民防空（交通战备）和职能科学、廉洁高效、人民满意的法治型、服务型人民防空（交通战备）机关为出发点，围绕有效履行战时防空、平时服务、急时支援任务，紧紧抓住防空袭斗争核心能力建设，按照国防建设和军民融合式发展的总体要求，以大力推进人防建设与经济社会融合发展，着力提高交通战备保障能力为重点，牵引整体发展，促进转型升级，不断提高履行战时防空、平时服务、急时支援使命任务和交通战备保障的能力水平，进一步创新发展思路，以服务经济社会发展为核心，以提升城市整体防护能力为重点，积极推进我区人民防空、交通战备建设，为增强国防实力、推动经济发展、促进社会和谐发挥积极作用。通过努力，牵引了人防事业的整体发展，促进了转型升级，不断提高了断履行战时防空、平时服务、急时支援使命任务和交通战备保障的能力水平，着力推进了全区人民防空、交通战备建设跨越发展。

【领导重视，政治保障人防工作有序推进】 七星关区作为毕节市城市建设中心，新时期有人防工作既有机遇也有挑战，为抓好此项工作，几年来，区委、区政府领导高度重视。首先，全区将人防工作纳入政府工作一项重要工作和目标考核，分管区长及时帮助解决人防建设发展中的重点、难点问题。其次，经费保证。区委政府领导对人防工作的宣传教育、人防工程建设项目与管理等相关工作上，将各经费纳入财政预算，优先予以了保障。

【加强学习，依法行政，扎实抓好防空地下室的建设与管理工作】 2012年以来，该办每年采取集中或分散形式，认真学习了人民防空、交通战备等法律法规，努力提升了业务能力与执法水平，分别派出业务人员参加了近几年贵州省人防办组织的人防工程质量监督管理业务培训和指挥通信等业务培训，同时在省办和市委政府的组织下，七星关区分别抽出5名同志前往北京、南京、内蒙、四川、广东、山东等地学习先进经验，通过学习，全办工作人员业务水平再次得以提升，并多次对人防建设管理等方面总结提练，理论文章被省办采用。为依法行政奠定了良好的基础。行政审批执行过程中，严格按照有关法律法规以及政策规定，坚持公开、公平、公正的原则，严格按照执法程序办事。依法处理违反人防法规建设行为，提高依法管理能力，主动接受执法监督部门、社会和群众监督，促进人民防空建设管理规范化、法制化，几年来，积极配合省人防质监站的工作，对省人防质监站检查出七星关区人防工程应整改的工程部位，我办积极督促整改到位。进一步加大了执法力度，推进人防工作不断向前迈进。在防空地下室的建设管理上，坚持“应建必建，能建则建，应缴必缴”的原则，把“结建”工作作为人防工程建设重中之重的任务，严格执行民用建筑修建防空地下室审批程序，对新建的防空地下室进行认真审核，严格把关，杜绝一切违规行为的发生。加强对人民防空设施工程监管，确保工程稳步推进，不断提高城市综合防护能力。除批建项目外，2012年至2016年，收缴人防易地建设费87145455元，另相应应收缴处罚罚款1000000元。依法行政，严格执法，认真抓好了人防工程行政审批与管理工作。

【加强人防宣传 提高人防意识】 结合民用建筑修建防空地下室是一件利在当代，功在千秋的大事，同时也是投资建设主体应尽的义务，在9.18人防宣传活动中，我办配合市人防办认真开展做好人民防空宣传教育，深入到如城区九小、十二小、十二中、十三中、六中、海中、麻园、碧阳街道、公园等单位通过办宣传栏，发放宣传手册等多种形式，认真开展了进机关、进学校、进企业、进社区、进网络“五进”活动，积极宣传了《中华人民共和国人民防空法》、《贵州省人民防空条例》等法律法规政策，进一步增强公民国防意识和人防意识，了解人防工程的作用。取得了较好的宣传效果和社会效果。

【信息建设，稳步推进】 面临复杂的国际局势，做好信息化条件下人民防空军事斗争准备是当前和今后时期的一项重要工作，回顾海湾战很争、科索沃等战争，无一不是信息化的军事战争，抓好人防信息建设工作，既然是责任，也是使命。为此，七星关区人防工作同志积极投身到该项工作中，一是重视信息建设的培训和学习。二是做好了防空袭预案的编制、人防潜力调查等基础信息保障工作。三是通过人防信息建设演练，认真学习总结。随着市人防信息保障中心的建立健全，信息平台建设工作的有效推进，信息建设工作再上新台阶。

【加强重要经济目标防护建设】 重要经济目标防护事关国家安全与发展，是人民防空的重要组织部分。为加强对七星关区重要经济目标的防护，预防和减少战时空袭造成的损失，保护人民生命财产安全，指导好七星关区重要经济目标单位按照制定的防护预案，切实加强重要目标的防护工作。同时，做好了七星关区人防潜力调查相关系列工作。

【着力推动交通战备保障工作】 按照国家和省交通战备办部署，一是对全区新增高速公路进行战备勘察，收集有关资料，充实交通战备数据。二是积极推进交通战备保障物资技术的储备，提高交通战备保障能力。三是按照上级命令，做好国防交通和交通应急保障相关业务建设管理工作。配合市办做好了交通战备调查等相关业务工作。交通战备工作有效推进。

【扎实抓好业务建设管理工作】 业务管理建设，是抓好人防工作的基础，为此，我办狠抓了业务管理建设。一是档案管理上，认真整理工程等各类档案，编制了卷内目录和案卷目录，进入微机管理。二是在工程报审，备案、审批等业务工作上，更是高标准，严要求，把握环节，注重细节，精细化管理。三是做好了相关办公室各项常规工作，使各项工作紧密衔接，全力推动了人防各项工作的有序运行。

【扎实做好落区应急保障工作】 近几年来，每年执行卫星发射落区任务时期，根据省、市一级火箭落区指挥部关于做好落区工作的通知精神，该办在落区指挥部的统一领导下，成立通讯保障、民兵执勤、道路保障、医疗、消防、治安等领导小组，积极开展工作，靠前指挥。对大屯、龙场营、田坎、普宜四个落区镇乡防空袭警报进行调试。做好落区各项应急保障工作，此项工作关系国家国防建设、经济建设和科技事业的发展，关系人民群众生命财产的安全，是一项十分重要的政治任务和军事任务。为抓好此项工作，我办认真代区政府拟写应急保障预案，目标责任书等，经领导审定后印发执行，切实做好各项准备工作，根据实际情况，对前线指挥部的生活作好后勤安排，同时，购置电筒、雨伞等执行任务必需品发放各前指单位，与各成员单位密切配合，以高度的政治责任感圆满完成了落区任务应急保障各项工作。几年来落区工作无一差错，圆满完成了工作任务。

【对照“三严三实”转变工作作风，提高工作效益】 按照区委安排，该办认真对照“三严三实”的要求，在落实上下功夫，该办全体党员特别是党员领导干部树立牢固的群众观点，牢记为人民服务宗旨，紧紧围绕新时期军事斗争准备，适应能打仗、打胜仗和融入经济社会的需要，及时与省市人防办请示汇报相关工作情况，与人防设备沟通，对浙商城等人防工程等建设项目加强服务，尽力降低不必要产生的工程建设成本，全力推进人防工程顺利进行。同时协调省相关资质部门亲临现场指导人防工程施工，以人防建设为目的，以服务为根本。

【深入实际，扎实抓好联系乡镇帮扶工作】 按照区委安排，该办深入到帮扶的田坝桥镇十二湾村、海子街镇五十亩村，放珠镇调查研究，制定帮扶方案，多次深入实际，先后投入9万元为有关村解决了办公条件设施差及困难留守儿童等问题，力尽所能使群众增产增收，认真做好了帮扶工作。

综上所述，2012年至2016年期间，七星关区人民防空工作严格按照上级主管部门安排，加强领导，精心组织，认真调研，强化责任，贯彻落实国家《中华人民共和国人民防空法》等法律法规。在落实市委、市政府、区委、区政府的各项工作部署的同时，按照“能打仗，打胜仗”的总要求和融合发展改革部署的要求，进一步理顺了全区人民防空、交通战备管理体制，大胆探索融合式发展的路子，把人防建设融入到经济建设、城市建设和应急救灾之中。以提升城市综合防御能力为出发点和落脚点，以推进信息化建设为手段，以重要目标防护为主线，努力实现人防战备效益、经济效益、社会效益最大化。强化执法监管，指导工程建设，依法收缴人防工程易地建设费，强化对人防工程开发利用的管理，全力推动了七星关区人防工作再上新台阶。

（撰稿人：张庆）

法 制

法制政府建设

【概　述】　七星关区法制办立足本职岗位，围绕区政府中心工作，以贯彻十八届四中全会、中共中央国务院《法治政府建设实施纲要（2015—2020年）》、国务院《全面推进依法行政实施纲要》为统领、以服务政府工作、服务社会为宗旨，按照年度的工作思路，以推进依法行政、建设法治政府为目标，以健全工作制度、规范行政行为为载体，紧密结合本区法制工作实际，认真履行职责，为推进依法治区进程和加快建设社会主义法治政府，提高政府及各部门依法行政能力水平开展了扎实的工作。

【为规范行政行为，该办严格遵循行政决策和行政规范性文件制定程序相关规定】　根据《毕节市七星关区人民政府重大行政决策程序规定》，对于七星关区拟出台的重大行政决策，均要求充分征求相关部门及利害关系人的意见，对于重大事项，还建议专题向区人大或其常委会报告。政策在正式提交政府有关会议集体讨论审议和决定前，必先经过该办合法性审查把关。2012年1月至2016年12月，该办进行前置审查的重大行政决策共145件。根据《毕节市人民政府及其工作部门行政规范性文件制定和审查程序规定》的相关要求，制定行政规范性文件，不得超越法律、法规、规章及上级相关政策赋予的职权，必须首先按照程序，经该办进行前置审查把关，涉及到人民群众的切身利益的，该办要求各相关起草单位向社会公开征求意见，凡是制定规范性文件违反相关程序或者超越了法律、法规及上级政策授权范围的，一律按照程序责令有关单位予以纠正。2012年至2016年12月，共对规范性文件进行前置审查共132件。

【加强行政规范性文件事后监管工作，确保法制统一】　七星关区于2016年7月6日制定公布了《毕节市七星关区人民政府办公室关于印发毕节市七星关区规范性文件制定程序和监督管理办法的通知》（七星府办通〔2016〕130号），我办严格按照省、市相关规定定期清理规范性文件，2016年我办根据区政府安排进行了一次规范性文件大清理，根据清理结果印发了《毕节市七星关区人民政府关于废止和宣布失效部分规范性文件及公布现行有效规范性文件的决定》（七星府发〔2016〕6号），并在政府网站上公布。2012年至2016年，该办对全区出台的106件行政规范性文件，均按照规定代政府向市政府和区人大提请备案审查。

【规范政府法律顾问工作，确保政府真正实现依法行政】　七星关区成立法律顾问室以来，与北京嘉润律师事务所（原北京亿嘉律师事务所）签订法律服务合同，聘请律师为七星关区政府提供法律服务，并由该办负责政府法律顾问室日常工作。该办通过政府法律顾问工作，对区政府及区直相关部门重要工作和重大项目提供法律咨询论证服务，2012年至2016年共审查规范性文件132份、重大决策、信访事项及各类合同、协议并出具法律意见书219份。

【加强行政层级监督，全面加强行政复议应诉工作】 2012年以来，共收到行政复议申请107件，（2012年14件、2013年26件、2014年16件、2015年25件、2016年26件）；共受理案件91件（2012年13件、2013年25件、2014年15件、2015年17件、2016年21件）；审结案件的基本情况为：2012年维持8件，撤销2件，申请人主动撤回申请后终止审理3件；2013年维持19件，撤销3件，申请人主动撤回申请后终止审理3件；2014年维持9件，撤销2件，申请人主动撤回申请后终止审理3件、当事人向人民法院提起行政诉讼后撤回行政复议申请1件；2015年维持10件，撤销5件，申请人主动撤回申请后终止审理3件；2016年维持8件，撤销2件，申请人主动撤回申请后终止审理9件，移交市公安局办理1件。行政复议涉及国土、公安、人力资源和社会保障局等部门。行政复议事项包括行政处罚、土地确权、林木林地确权、行政强制措施等行政管理行为。2012年以来办理区政府应诉案件202件，案件主要以国土、林地、房产颁证、房屋征收等行政案件为主，经一审法院审理后维持92件，驳回起诉70件，确认违法33件，原告撤诉后终止审理7件。均按时提交行政答辩和证据材料并组织区法律顾问及相关部门参与出庭应诉，积极配合法院判决生效后的执行案件。2012年以来办理10件行政赔偿案件。

【及时开展行政执法监督证申领和换发工作，确保行政执法监督工作的延续性】 行政执法人员素质高低，直接决定着行政执法质量。通过强化执法人员持证上岗制度，2015年我办开展了《贵州省行政执法证》清理工作，共清理出持证不在岗人员131人，不符合办理条件人员25人，收回执法证人员65人；为确保执法人员能规范执法、文明执法，我办共组织2618名行政执法人员参加相关培训，有效提升了执法人员执法水平。

【行政执法案卷评查工作】

执法案卷评查工作是落实行政执法责任制的重要内容，也是推进建设法治政府的重要组成部分，对提高我区行政效能，保证行政权力透明、公正运行具有积极的作用。2012年以来，由区法制办牵头，每年对全区主要执法部门办理结案的行政执法案卷进行了评查，共评出优秀卷宗15个，合格卷宗135个。

【“法治毕节”和“法治政府建设工程”创建工作积极有序开展】 2015年以来七星关区开展了“法治毕节”创建，我办作为“法治政府建设工程”的牵头部门，积极履行职能，对全区42个乡镇（街道办）和区直相关部门的“法治政府建设工程”创建工作进行了指导和督查，一是在法制办的督导下，全区开展了依法行政大讨论、法治乡镇长创建、依法行政示范点创建、“法治政府建设工程”观摩点创建等活动，不但创新了工作内容与方式、打造了七星关区“法治政府建设工程”的亮点，还取得了良好的社会效果。二是全面落实政府权责清单制度。根据中央、省、市的安排部署，我区及时召开了动员部署会，印发了《毕节市七星关区推进政府工作部门权力清单制度实施方案》，经过清理，七星关区42个乡镇街道和26个区直部门，保留行政权力共5501项经区政府一届（46）次政府常务会议研究通过，于2016年2月3日向社会公布。三是逐步完善行政审批制度。清理行政审批事项，调整完善行政审批职权目录，做好行政审批事项“接、管、放”工作，减少行政审批事项，最大限度地压缩行政审批范围，最大限度给市场放权。同时，加快推进政社分开，凡是社会能办好的尽量交给社会力量承担，尽量向社会放权。截止2016年，我区已进行七轮行政审批、行政服务事项清理改革工作，均严格按照法律、法规和规章规定，对违法设定的行政审批事项进行了取消或调整，切实做到职权法定、杜绝违法设定行政审批。

（撰稿人：办公室）

政法综治

【概　述】　2012年至2016年，我区的政法工作在区委、区政府的正确领导下，在市委政法委指导和关心下，全区政法干部团结协作，努力拼搏，深入学习实践科学发展观，全面贯彻落实党的十七大、十七届五、六中全会以及省委十一届一次全会精神、十八届四中、五中、六中全会、省委十一届五次全会和中央、省委、市委政法工作会议精神，按照全面建成小康社会、全面深化改革、全面依法治国、全面从严治党的要求，扎实开展平安创建和"法治毕节"创建工作，忠实履行好维护社会稳定、促进社会公平正义、保障人民安居乐业的神圣使命。通过全区上下各级各部门的共同努力，全区未发生重大政治事件、大型群体性事件、重特大安全事件、恶性刑事治安事件，政治大局平稳，社会秩序井然，为建设"法治七星关、平安七星关"创造了安定和谐的社会环境。

【"法治毕节"创建工作】　紧紧围绕省委、市委提出的"六大工程"，始终坚持突出问题重点整治原则，着力治理思想政治教育缺位、特殊群体管理困难、非访群访问题突出、社会治安防控薄弱、吸毒贩毒问题严重、群体性事件易发多发"六大社会治理顽症"，全面开展"民主法治示范村（社区）"创建，全面总结经验亮点，走出了一条从居民自治到社会法治的道路，为全省、全市探索出一条可借鉴、可复制的道路作出应有的贡献。截至2016年12月，六大工程333指标中，已完成250项，已启动83项，完成率75.07%。其中法治政府建设工程60指标，已完成59项，已启动1项；公正司法天平工程35项，已完成30项，已启动5项；全民守法宣教工程27指标，已完成26项，已启动1项；法治惠民服务工程116项，已完成61项，已启动55项；生态文明法治工程46项，已完成24项，已启动19项，另外3项不涉及七星关区；法治监督检查工程52项，已完成52项。

【法治政府建设工程】　2016年2月3日，编制完成权力清单和责任清单，涉及到的26家区直单位和1家试点乡镇的5544项权责清单已向社会公布。全面启动"法治乡镇长"创建，全区42个乡镇街道均设立法制办，具体负责依法行政工作。全面推行法律顾问制度，从区政府开始，各乡镇街道以及24个区直部门都聘请了法律顾问，要求凡涉及"三重一大"项目以及其它需要法律询问的项目，法律顾问必须到场并提出可行性建议。2016年，区法制办启动了"法治乡镇街道、法治单位、法治学校、法治企业、法治医院"创建，着力整治行政执法能力不强、依法行政意识薄弱的单位和乡镇街道。

【公正司法天平工程】　2016年4月14日，区委办、区政府办联合下发了《关于贯彻落实<领导干部干预司法活动、插手具体案件处理的记录、通报和责任追究规定>的实施意见》，严禁领导干部干预司法活动，保障司法机关依法独立公正行使司法权。2016年4月19日，区委下发了《中共毕节市七星关区委关于进一步支持人民法院、人民检察院依法独立公正行使审判权、检察权的意见》，建立健全司法人员履行法定职责保护机制，重点提出非因法定事由、非经法定程序，不得将法官、检察官调离、辞退或者作出免职、降级等处分。区公安分局、区法院、区检察院严格落实侦查讯问、全程同步录音录像制度。今年以来，全区在侦查、审查起诉、审判等诉讼过程中，从未出现执法不规范案例。

【全民守法宣教工作】　七星关区围绕宣传党的富民政策、法律法规、艰苦创业精神、传统美德和社会公德四个方面进行宣讲。七星关区电视台开设了"法治在线"栏目，2016年播出"法治毕节"新闻共计100余条，毕节晚报刊登"法治毕节"稿件共计95篇，"微七星关"推送"法治毕节"相关新闻98条，91.2播出"法治毕节"相关新闻75条。区外其他媒体如《法制生活报》、《红旗》等报刊杂志累计刊发"法治毕节"新闻、做法、经验100余条。建立了文化墙共计680余幅，8670平方米。印制《七星关区"法治毕节"创建工作宣传手册》20000份、《七星关区"法治毕节"创建知识手册》40000份，发放到各乡镇街道和区直各部门，人民群众知法守法尊法意识得到普遍增强。

【法治惠民服务工程】
2016年，民政、卫计、公安、教育、综治、禁毒等部门加强协作，本着为民惠民的宗旨，全力推进法治惠民服务工程。区民政局共划拨了城市低保资金6275.35万元，农村低保资金15189.67万元，完成"两无人员"兜底保障50688人，在德溪街道修建未成年人保护中心；公安分局成功破获"5·07"拐卖案、"10·15"朱昌杀人案、"11·19"何官屯杀人案等一批有影响的案件。成功打掉邱某、赵某为首的多个涉嫌聚众斗殴、组织卖淫黑恶势力犯罪团伙。破获"5·29南山赌博案"、"8·10阴底赌博案"及"8·26天河路赌博案"。卫计局在特殊人群管理园区修建了关爱医院，将患有传染病、高度残疾等不宜关押的犯罪群体全部统一收治；禁毒办建成了青少年预防警示教育基地，并向社会开放，增强了大中小学生、社会各界人士识毒防毒拒毒能力，其他如回归体验中心、十六中、精神病院等惠民工程的修建，标志着我区惠民服务水平已经上了一个新台阶。

【生态文明法治工程】
2016年，区检察院、区环保局、区林业局、区国土资源分局充分利用法律武器，保护我区生态环境。区检察院和区环保局联合在拱拢坪国家森林公园、白马山林场修建补植复绿基地1486亩，批准逮捕涉及破坏生态环境刑事案件12件18人，落实"补植复绿"检察建议64件，责令或判处当事人补植树木近2万株，恢复或修复林地870亩。特别是对区环保局怠于履职、大银镇生活垃圾污染、亮岩镇水源污染案件提起的行政公益诉讼，在全区引起强烈反响。区环保局立案查处环境违法案件16件，结案7件，行政处罚罚款近22万元。

【法治监督检查工程】
2016年，区纪委紧盯节点开展"四风"问题监督检查，共查处违反中央八项规定精神问题15个，处理19人，给予党纪政纪处分18人。发现农村危房改造方面问题275个，立案22起，给予党政纪处分7人。全区113个部门（单位）在"七星关区阳光党务政务网""权力清单监督公开"专栏上传权力清单监督报告事项共计8921件。区人大共召开3次常委会，听取了"一府两院"的6个工作报告，共收到32条议案意见，已经转交相关部门进行办理。共收到人大代表及群众来信来访35件，已办理22件，其他正在办理中。区政协组建调研组和评议组，提出69条意见和建议。区检察院公诉部门纠正遗漏罪行2件3人，纠正遗漏同案犯8件18人；反贪部门立案15件15人，侦结4件4人，移送起诉4件4人。区公安分局受理群众举报投诉事项33起，已答复28起。区法院在诉讼服务大厅公开监察室电话，设立立案二庭专门受理群众信访、举报、投诉，建立每周三领导轮流接访制度，对群众举报投诉处理及时，对信访事项按规定及时答复。

【创新社会治理体制机制，实现社会治理体系全覆盖】 以健立完善"基层组织体系、网格化网络体系、便民服务组织体系、村民自治工作机制、民生监督组织体系、群众自治组织协会体系""六大体系"为抓手，全面推广"六零六好"社会治理集成创新工作经验，全区成立"三委一组一中心"42个，"两站两会"455个，"一组一室"4851个，网格工作室7000个；基本实现六大社会治理体系的全覆盖。

【强化特殊人群服务管理】
1. 建立特殊人群服务管理示范园区，2012年至2016年区政府划拨土地140.7亩，投资1.2亿元，着力打造集社区戒毒社区康复人员阳光工程集中安置基地、强制隔离戒毒人员回归体验中心、违法人员集中医治关爱医院、有严重不良行为未成年人专门学校和青少年毒品预防宣传教育基地，“五位一体”的特殊人群服务管理示范园区，不断创新特殊人群服务管理工作机制，取得良好成效，2016年9月14日全省特殊人群服务管理现场观摩会在园区成功召开，得到省委主要领导充分肯定和高度评价。此项工作得到一致好评。2、抓好特殊人群众管理服务工作机制建设。2012年，区委、区政府出台了《毕节市七星关区加强和创新刑释解教人员等特殊人群社会服务管理工作机制建设的实施意见》和《关于对未成年人中特殊群体实施“六大帮扶行动”的实施意见》。在具体工作中主要抓好四个方面的工作：一是抓好排查模底工作。分类建立台账，做到底数清、情况明；二是抓好帮扶、帮教工作。对未成年人中特殊群体实施“六大帮扶行动”。即针对农村留守儿童开展“关爱行动”、针对流浪乞讨未成年人开展“保护行动”、针对困难未成年人开展“救助行动”、针对有不良行为的未成年人开展“帮教行动”、针对有违法犯罪行为的未成年人开展“拯救行动”、针对服刑在教人员未成子女开展“关怀行动”；三是抓好生活救助和就业安置。对省内刑释解教人员落实接回和生活安排工作措施；四是抓特殊人群司法保护工作。2014年，创新特殊人群“六项工程”工作机制。一是七星关区育新学校坚持“四化五无”的办学原则，强化对违法青少年的矫治教育工作，扎实推进“育新工程”建设。截止2016年12月，“育新学校”共招收“问题未成年人”210人，其中130人矫正效果良好，已通过评估离校。二是建立健全“七大工作制度”，对农村留守儿童实施“六大关怀行动”，扎实推进“雨露工程”建设。截止2014年年底，已对排查出的38105名重点未成年人进行帮扶帮教工作，落实帮扶帮教措施。三是进一步落实吸毒人员“强制戒毒所－阳光安置基地－社区（村）”的管控模式，以“集中管理、分散安置”为原则，扎实推进“阳光工程”建设。对全区1804名社区戒毒社区康复人员规范登记建档。四是制定健全刑释解戒人员无缝衔接安置帮教四四工作机制，扎实推进“回归工程”建设。2014年我区共落实接回刑释解戒人员346人，接回率达95.05%；对接回人员全部建立档案、落实帮教管控措施，对生活、居住有困难的进行了临时救助。五是按照“四个统一”的要求，扎实推进“安宁工程”建设。2014年对全区排查出来的2862名易肇事肇祸精神病人全部进行登记建档，全部落实专门责任人进行动态监控管理。六是以“四免一关怀”为原则，扎实推进“红丝带工程”建设。2014年对全区发现的47名艾滋病患者全部纳入动态服务治疗，开展温馨服务谈话，全面落实了“四免一关怀”政策。

【抓好网格化服务管理工作】

2012年，在网格化建设中，全面树立以网格化统筹工作全局的理念，合理设置平台，科学划分网格，整合部门职能，将网格化和便民服务体系有机融合，将社会管理服务前移，重点抓好“综治维稳信访队伍、综治维稳信访阵地、便民利民工作平台、平安建设、民生工程”五项建设，提升干部抓“矛盾纠纷排查调处、为民服务、为经济社会发展服务、群众工作、创新社会管理”五种能力，最终实现“为民服务群众满意、民生改善群众满意、平安建设群众满意、服务发展群众满意、干部作风群众满意”的目标。同时，将各类重点人口纳入网格化管理服务，做到底数清、情况明，确保管理和服务到位。2013年，在乡镇建成57个片区社会服务管理（网格化）中心，39个集镇网格工作室，125个村网格工作站；在城区，以金桂社区、洪南社区、双城社区、天河社区、翠西社区等社区为示范点，全区已建成60个便民利民服务（网格化）中心，119个社区网格化工作室，实现了便民利民服务（网格化）中心在主城区的全覆盖。2014年进一步规范设置农村网格。各乡镇街道设置四级或五级网格化体系，基本形成网中有格，格中有格的管理网络，实现网格化管理的全覆盖。

【抓好治安防控体系建设工作】 一是配齐村级警务助理。2016年，全区508个村（社区）全部配备了村级警务助理，与村

（社区）副主任享受同等待遇。二是开展天网工程建设。2012年投入资金约1.2亿元完成“天网一期”工程建设，建成摄像头1820个，报警点120个，1个监控中心主控平台、7个分控平台，并全部投入使用。2015年启动的“天网二期”新增了1235个高清摄像头（含40个300万像素的高空摄像头），已经全部投入使用；2016年又投入6000余万元启动“天网三期”，建成星光级摄像头987个，治安卡点102个，实现全区42个镇乡办全覆。三是强化警务巡逻。将城区划分为天河、东站、公园、西站、洪南5个大网格片区，每个大网格片区之下又细化为3个小网格。每个大网格片区配置警力61人，配备专用接处警1台、图传车1台、警用摩托车10台，24小时在网格内开展巡逻防范，接受指挥中心调度。四是开展扁平化指挥系统建设。2015年，共投入300余万元购入100辆摩托车和5辆图传处突车，更新完善无线集群通信等系统，8月份全面启动扁平化以来，99%的警情能在3分钟之内到达指定地点；城区刑事发案1717起，与2014年同期相比下降了8.7%，体现了接警速度更快，处置效率更高，刑事发案更低的特点。截止2016年11月，全区发刑事案件4077起，与2015年同期4988起相比下降18.3%，下降幅度创历史新高。其中：八类刑事案件发260起，同比下降10.0%；“两抢一盗”案件发2714起，同比下降25.5%。全区违法犯罪大幅下降，社会治安防控工作取得一定成效。

【深入推进“平安七星关”建设】 一是通过深入推进命案侦破和“打黑除恶”、积极开展“雷霆行动”，严厉打击经济犯罪，加大各类刑事案件的侦破力度，切实维护良好的社会治安环境。二是对提高群众的安全感和满意度工作提出具体目标和工作措施、制定考核奖惩办法。三是以创建“平安家庭”、“平安小区”、“平安村（居）”、“平安乡镇、”“平安校园”、“平安医院”、“平安市场”、“平安公共交通”、“平安企业”、“平安机关”、“平安和谐餐饮业”、“平安和谐商店”为着力点，全面推进社会管理平安创建活动。四是每月对社会治安形势进行一次分析研判，分析研判各种不稳定因素，牢牢掌握社会治安、维护稳定的主动权，为领导决策提供依据。五是打击侵害师生人身和财产安全的各种违法犯罪活动和校园及周边存在的流氓团伙、黑恶势力；清理整顿和取缔校园周边地区非法经营的网吧、电子游戏厅、录像厅、歌舞厅、音像书刊点和各类流动摊点，取缔和收缴有害青少年身心健康的各类非法出版物，整治学校及周边环境。六是加强社会治安防控体系建设，警防网建设方面，在易发案路段、社会治安突出地区、重点部位设立100个巡逻防控点；“民防网”建设方面，推广“治安中心户长”、“十户联防”等群防群治工作模式，加强治安信息员、民调会、治保会、保安、平安志愿者等群防群治队伍建设。“技防网”建设方面，总结“技防入户”试点工程建设经验，推进“天网工程”建设，实现重点路段、治安突出地区、卡口、重点单位、重点部位等报警监控网的全覆盖。“保安网”建设方面，督促城区各机关单位、家属楼、住宅小区全面落实保安值班守护；各乡镇办、党政机关、中小学校推行保安巡逻防范。七是开展“净网行动”。2014年，清理网络谣言案7起，拘留5人，罚款2人。开展网上落地查人150余人，训诫警告90余人；清理网上违法有害信息7000余条，本地删除有害信息500余条，通报异地违法网站版块70余条；清理检查重要信息系统下发整改通知书15家，清理整治网站160余家，处罚13家；检查网吧60余次，清理整治30余家，罚款8家，停业整顿2家，处罚收银员7人。

【围绕大局抓控防，维护社会稳定工作】 1、认真抓好“日排查、事化解、零报告”工作。加大突出矛盾纠纷和重大不安定隐患的排查上报、建立台账，每天按有事报情况，无事报平安的原则。七星关区严格执行“日排查、事化解、零报告”工作制度，按照“五个清楚”、“五个落实”的要求，切实抓好矛盾纠纷的调处和化解工作，确保了全国“两会”、全省“两会”等重大节日敏感时期没有发生赴省进京非法上访事件。2、抓好情报信息分析研判。充分调动镇乡街道、区直各部门、社会各界的积极性，广泛收集、分析、研判各种情报信息，为区委、政府及上级部门当好参谋助手，实现了下好先手棋，打好主动战的目标。3、抓好社会稳定风险评估。一是2012年8月成立了“社会稳定风险评估中心”，下设在区委政法委为副科级全额拨款事业单位（8个编制）。二是结合实际制定社会稳定风险实施方案，建立社会稳定风险评估机制，规定了评估主体、内容、范围等，并规范全区风险表样和操作规程。三是对重大决策和重大工程建设项目评估工作进行培训。四是根据中央、省、市关于社会稳定风险评估实施办法的规定，对重大项目、重大工程、重大活动实施社会稳定风险评估。4、抓好维稳工作提示制度、督办制度和实绩档案建设。对重要时期、重要工作、重大隐患、突出矛盾纠纷实行工作提示、督办制度。对镇乡街道党政第一责任人、政法书记、区直部门负责人全面建立维稳工作实绩档案。5、抓好突发群体性事件处置工作。一是认真结合实际，重新修定了我区预防和处置群体性事件工作预案，区委、区政府联合印发了《毕节市预防和处置群体性事件工作预案》。二是强化演练，为使预防和处置群体性事件工作预案有操作性、实效性，确保省第十一次党代会和中国共产党第十八次全国代表大会的顺利召开。2012年3月5日，我们在城区成功进行了处置群体性事件演练。三是及时制定专项活动应急预案。例如针对涉日方面的问题，结合实际制定了《七星关区涉日维稳预防工作方案》、《毕节市七星关区处置“保钓”游行示威应急预案》等，确保全区社会稳定。6、抓好敏感时期和重要节点的维稳工作。对“6.4”、“7.5”等敏感时期和全省“两会”、党的十八大等重要节点的维稳工作进行专题部署，要求各镇街道、区直各部门结合自身实施制定维稳工作预案，签订目标责任书，对重点人员实行包保稳控，对重要场所、办公地加强值班守护。今年，未发生影响全区稳定的群体性事件。

【切实加强反邪防邪和国家安全人们防线工作，坚决防范和打击敌对势力活动】 1、抓好安排部署，做好防处邪教工作。区委防范和处理邪教问题领导小组先后多次召开领导小组会议，对“无邪教创建工作”、“家庭拒绝邪教”承若卡的签订、“阵地建设”、“干净行动”、防范控制等各项工作进行认真研究和安排部署。2、抓好重要会议期间和各敏感节点的防控工作。层层签订了防控工作责任书，按照“双实名制”落实对重点人员的防控，在全国两会、省第十一次党代会、省第七届旅发大会、十八大期间，全区未发现邪教人员到省进京滋事，确保了全区社会政治稳定。3. 打造“六个一工程”，狠抓禁毒预防宣传教育。一是建好一个区级青少年禁毒预防宣传教育主阵地。二是组织乡镇街道订购“反邪防邪，人人有责”永久性宣传牌582块。三是抓好村和社区反邪教警示教育阵地建设，全区508个村和社区均建有一个反邪教警示教育阵地，同时阵地建设还延伸到了一些中小学校。在学校，继续组织开展反邪教警示教育“五个一”工程。四是创建一批毒品预防教育示范学校、示范班级。截止2016年，我区已创建省级示范学校1所，市级示范学校2所，区级示范学校80所，示范班级150个。五是制作一批禁毒公益宣传广告，已制作3个禁毒公益广告，在广播、电视台播放。六是利用微七星关、云上七星等互联网新媒体发布禁毒消息。七是利用道德讲堂平台开展禁毒知识宣传，2016年区直部门、乡镇街道、村（社区）共开展600余场次宣传活动。八是组建禁毒志愿者队伍。按区建大队，乡镇街道建中队，全区已建立43支禁毒志愿者队伍，禁毒达志愿者1600人。4、认真做好国家安全人民防线工作。我区成立了以区委书记为组长的国安领导小组，各乡镇办事处已成立相应的组织机构，切实加强对国家安全人民防线工作的领导、检查、考核。对乡镇街道、区直部门进行督促指导，对不安定因素进行排查和消除，加强对重点人员的防控，对我区出国人员进行仔细调查和登记，严密防止敌对势力的渗透和破坏活动，确保了国家安全。

【强化责任意识，努力抓好执法监督和涉法涉诉信访】 以“公正执法、加强监督、依法办案、服务大局”为工作方针，紧紧围绕“同人民群众密切联系、保护当事人的合法权益，维护信访秩序”这一目标，认真落实“一岗双责”、“谁主管、谁负责”、“属地管理”的原则，切实提高应对复杂局面和妥善处置赴省进京上访案件的能力。

（撰稿人：办公室）

公共安全

【概　述】 2012年至2016年，毕节市公安局七星关分局在区委、区政府、上级公安机关的坚强领导下，以党的十八大精神和习近平系列重要讲话精神为指导，深入贯彻落实科学发展观，依法严厉打击各类违法犯罪，不断加强社会治安防控体系建设，全力推进各项公安业务工作和队伍建设，进一步提升人民群众的安全感和满意度，确保全区治安大局持续稳定。七星关公安分局始终全力推进各项工作，全面深化公安改革，狠抓队伍建设和党风廉政建设，各项业务工作和队伍建设取得明显成绩，七星关公安分局工作在全市公安机关中连续三年排名第一，2016年安全感测评在全省九个市州中心城市中排名第二，满意度第一。尤其是在刑事发案控制、严打整治斗争、“黄赌毒”整治、队伍管理创新、社会综合治理等方面取得不错成绩。主要表现在以下方面：

【刑事发案控制创新低】 七星关公安分局党委逐渐完善指挥调度体系，实现高效指挥，及时调度，尤其是加大了对主城区的巡逻防范、接警处警的指挥调度效能，以扁平化指挥为依托，以网格巡逻体系为载体，刑事发案得到有效控制，尤其是近几年来，全区刑事发案呈逐年下降的良好趋势。2012年至2016年，全区共发刑事案件25924起。分别是：2012年刑事发案4946起，2013年刑事发案5317起，2014年刑事发案5790起，2015年刑事发案5533起，2016年刑事发案4338起；命案发案呈逐年下降趋势：2012年发命案13起，2013年发命案28起，2014年发命案24起，2015年发命案16起，2016年发命案13起。

【全力保持严打整治高压态势】 扎实开展各类专项行动，保持对各类违法犯罪的持续高压态势，“四大行动”、“五项行动”以及其他各类严打整治斗争均有序开展，并取得了明显的成效，逐渐掀起严打整治的新高潮。2012年至2016年，全局共破获各类刑事案件11525起。分别是：2012年破各类刑事案件2186起，2013年破获各类刑事案件2273起，2014年破获各类刑事案件2823起，2015年破获各类刑事案件1971起，2016年破获各类刑事案件2272起。打击处理能力逐步提升。2012年至2016年共刑事拘留5068人，逮捕4155人，起诉4379人，抓各类逃犯1978人。分别是：2012年刑事拘留692人，逮捕660人，起诉693人，抓获逃犯289人；2013年刑事拘留924人，逮捕725人，起诉719人，抓获逃犯960名；2014年刑事拘留1069人，逮捕882人，起诉1056人，抓获逃犯204人；2015年刑事拘留1191人，逮捕923人，起诉957人，抓获逃犯266名；2016刑事拘留1192人，逮捕965人，起诉954人，抓获逃犯259人。成功破获“7·02”杀人案、“8.20特大抢劫案”、“5·07拐卖案”、“5·21抢劫杀人案”等影响较大的案件。

【警务机制改革迈出新步伐】 七星关公安分局积极争取到区委区政府对扁平化指挥体系建设及应用工作的大力支持，2013年6月七星关区“天网工程”初步建成并投入使用，并成立了情报中心，至2016年，先后又投入2亿多元完成天网一、二、三期工程建设，建成摄像头4629个，治安卡口120个，其中，含高空高清摄像头40个。更新完善无线集群通信等系统，划分6个大网格巡防区域，调整配置300余名巡防力量，于2015年8月份全面启动扁平化体系，99%的警情能在3分钟之内到达指定地点；

城区刑事发案明显下降，体现了接警速度更快，处置效率更高，刑事发案更低的特点，社会治安明显好转，人民群众安全感满意度大幅提升。

【禁毒工作成效取得新突破】

2012年2016年五年中，禁毒执法工作是逐年呈现良好发展态势，有序开展“禁毒攻坚百日大会战”、“禁毒人民战争”、“吸毒人员大收戒”等专项行动，取得明显的突破，破案数、缴毒数、查处吸毒人数等都创历史新高。2015年成功摘掉了“省禁毒委挂牌整治重点地区”和“国家禁毒委外流贩毒突出通报督导地区”的帽子。2012年至2016年，共破获毒品案件1236起，缴毒60.701千克，收戒吸毒人员9307人。分别是：2012年破毒品案件59起，缴毒4645.29克，收戒吸毒人员1061人；2013年破毒品案件278起，缴毒12140克，收戒吸毒人员1813人；2014年破毒品案件270起，缴毒9975.71克，收戒吸毒人员1962人；2015年破毒品案件320起，缴毒17700克，收戒吸毒人员2471人；2016年破毒品案309起，缴毒16240克，收戒吸毒人员2000人。

【打黑除恶工作取得新进步】

七星关分局党委结合全区治安新形势，认真分析研判七星关黑恶势力新形势，成立了打黑大队，把打黑大队打造成打黑除恶工作中的“尖刀利器”，实行黑恶线索“零报告”制度，按照“黑恶必除，除恶务尽，打早打小，露头就打”的原则，严厉打击黑恶势力违法犯罪活动。2012年至2016年共破涉恶案件74起，刑拘487人，逮捕438人，起诉479人，打掉43个恶势力团伙；抓获饶某等5名黑社会在逃成员。

【公安队伍管理采取新举措】

2015年，七星关分局党委对原队伍管理规定进行修订完善，创新实行“一月一报”、“一周一检查”、“一周一学习”、“一月一考评”、“一季度一谈心”、“半年一分析”、“一年一座谈”的“七个一”民警思想动态分析制度，通过“七个一”制度的实行，及时掌握民警思想动态，切实解决民警实际困难，作风纪律得到有效改进，民警工作积极性得到提高。2015年至2016年，共收集民警“思想动态登记表”13000余份，组织民警谈心4300余人次，召开家属座谈会4次。

五年中，为了实现公安工作和队伍建设齐头并进、全面发展的良好局面，七星关公安分局重点从以下“六个全力”方面抓好各项工作：（一）全力维护政治大局持续稳定。一直以来，局党委始终把维护政治稳定作为重中之重的工作抓好落实。重点人员得到有效管控。国保大队、反恐大队、治安大队、特巡大队、各派出所明确专门人员，加强对各类重点人员的管理，特别是涉疆涉藏人员管理工作，确保重点人员不失管、不漏管。多年来未发生重点人员失管漏管情况；情报信息搜集及时准确。国保大队、各派出所物建秘密力量，积极搜集上报深层次、内幕性影响政治稳定的情报信息1000余条，为领导决策提供情报服务；舆情导控能力逐步提高。2012年至2016年，共上报互联网信息6000余期，部、省、市采用2000余期；上报舆情监测1900余期，部、省、市采用500余期；开展舆情引导300余万余条；落地查人400余人，处理本地有害信息2200余条；信访维稳工作高效有序。进一步贯彻落实《信访条例》和信访工作领导责任制，建立健全信访工作长效机制，加强矛盾纠纷化解工作；应急处突力量持续增强。在区委、区政府的大力支持下，2015年新增150名协勤编制和提高工资待遇；新组建了一支由120人组成的特战突击中队，成功处置小吉场、梁才学校闹丧、燕子口持械斗殴、创美世纪城业主非法游行、杨家湾周驿医院医闹、“8.14”出租车司机聚集等65起群体性案事件；防暴反恐能力逐渐提高。新成立了反恐怖大队，核查涉恐地区流动人员380余人，组织反恐演练30余次。情报搜集、舆情引导、巡逻防范等防暴反恐能力逐渐提高，各项反恐维稳工作有序开展。（二）全力提升社会综合治理效能。五年中，社会综合治理能力得到全面提升，社会治安环境得到有效改善。查处违法行为力度增加。

2012年至2016年共查处治安案件40011起，行政拘留17000余人；调处治安纠纷30000余起，其中，摸排出因国企改制、职工福利待遇、征地拆迁补偿等引发的矛盾纠纷隐患5500余起；内部安全工作得到加强。认真落实全区900余家内保单位安全检查工作，督促整改隐患5660处，成功预防或打击侵犯特殊群体人身财产权利的案事件100余起，实现了内保安全重大案件“零发案”目标；联合工商、文化等部门对校园周边进行清理整顿，依法取缔“黑网吧”100余家、台球室50余家、棋牌室300余家，销毁赌博机2000余台；建立“医患纠纷矛盾隐患排查化解台账”及责任制等长效工作机制，排查整改医疗机构安全隐患100余起。（三）全力夯实基层基础工作。五年中，分局派出所建设工作有序开展，基层基础工作得到夯实，硬件设施和软件建设取得长足进步，尤其是派出所基层基础建设三年攻坚战开展以来，取得了明显成效：用房建设稳步推进。在2014年省公安厅开展的三年攻坚战中，全局共有6个“无危小”派出所，经过三年的攻坚克难，6个派出所均新建办公业务用房，派出所用房及硬件设施建设得到明显的突破；基础工作得到夯实。先后通过召开培训会和治安大队业务人员专门下基层指导培训工作等多种方式，对基础信息工作进行培训和指导，进一步夯实基层信息采集维护等工作。七星关公安分局严格按照户籍制度改革的总体方针战略部署，严格执行推进户籍制度改革工作，全面落实无户口人员登记工作，五年中共办理出生登记218623人，办理14岁以上人员入户登记12470人；采取电视、网络等媒体等多种方式对户改工作进行宣传，继续抓好改革措施的全面落实。（四）全力维护保障公共安全。五年中，全区公共安全形势平稳可控，安全监管工作持续稳定。监所安全管理保持良好。坚持“监所安全无小事”的原则，牢固树立安全第一的思想，认真落实各项安全工作制度。看守所、戒毒所、拘留所未发生人员脱逃等重大事故；危爆物品管理得到强化。深刻吸取黔西“3.18”爆炸案教训，按照安全隐患大排查的要求，加大民爆物品、剧毒化学品的监管力度，检查涉爆单位700余次，临时施爆点2000余次；道路交通管理平稳有序。强化交通秩序管理，加强检查监督，严查酒后驾车等违法行为，积极开展各项集中整治专项行动。2012年至2016年共查处各类交通违法行为120余万起，其中，查获酒驾1238起；五年共发生各类交通事故35511起，其中：轻微事故23598起，一般事故11514起，重大事故550起。发生交通肇事逃逸案90起，共侦破79起；消防监管工作确保安全。全面加强消防安全监督指导工作，扎实开展清剿火患行动，加大消防安全宣传力度。2012年至2016年全区共发火灾事故1090起，抢救被困人员759人，抢救财产价值1513.77万元。检查单位9618家次，督促整改火灾隐患9181处，开展实兵实战灭火演练、联合救援等50余次，未发生重特大火灾事故。（五）全力推进公安队伍建设。按照区委、区政府和市局党委的要求，加强班子建设和培训教育，深化党风廉政建设，全力开展“三严三实”、“两学一做”等主题教育实践活动，切实转变工作作风，推进队伍管理正规化；修改完善了《队伍管理规定》、《队伍目标考评办法》等规定，进一步落实轮值轮训、从优待警等措施，从严治警，践行“三严三实”，全面推进公安队伍正规化建设。作风建设不断深化。严格按照“无违法违纪”责任书、党风廉政建设责任书的要求强化反腐倡廉教育，深入开展“三严三实”专题教育，整治“为官不为”现象，不断深化作风建设；宣传工作硕果累累。在公安部、省厅、市局等公安内网发表动态、简报、调研文章等3000余篇，在市级以上新闻媒体刊登公安类新闻稿件5000余篇，宣传工作全市排名前列；微电影《铭记》、舞蹈《使命》等在公安文艺活动中获奖，公安宣传及文艺活动在舆论引导和正能量宣传等方面发挥积极作用；立功受奖实现双丰收。积极挖掘、培养、树立基层先进典型，加大向上级报功请奖力度。五年中共有1100余人次、140余家次单位受到表彰，积极调动了民警工作积极性，提升了队伍的凝聚力和战斗力；违纪违法行为得到遏制。在队伍管理中严格执行中央“八项规定”和省、市“十项规定”、公安部“三项纪律”和省公安厅“十条警规”等规定。五年中共发督察通报55余期，通报320余次，通报民警560余人次；罚款120余人次，紧闭80余人次；共查处违纪案件45件54人，分别给予了党纪政纪处分。

（撰稿人：办公室）

人民检察

【概　述】 2012－2016年，七星关区检察院在区委和上级检察机关的正确领导下，在区人大及其常委会的法律监督和区政协的民主监督下，在区政府和社会各届的关心支持下，深入贯彻党的十八大、十八届历次全会精神及全国、全省政法工作会议、检察长工作会议精神，把思想统一到党委、政府的重大工作部署上来，紧紧围绕“科学发展、后发赶超、同步小康”的奋斗目标，扎实推进检察工作，为全区经济社会跨越发展、社会和谐稳定作出了积极贡献。

【紧紧围绕中心服务大局，立足检察职能履行职责】 五年来，七星关区检察院坚持围绕中心服务大局，紧紧围绕区委的决策部署和上级检察机关的工作要求，统筹发挥好打击、预防、监督、教育、保护等职能作用，扎实推进平安七星关、法治七星关建设，为实现“科学发展、后发赶超、同步小康”的奋斗目标提供有力的司法保障。一是围绕发生在群众身边、群众反映强烈的民生领域突出问题，积极查办和预防职务犯罪，深层次预防和化解社会矛盾。五年来，共立案查处贪污贿赂、渎职侵权等职务犯罪案件116件136人，其中民生领域职务犯罪55件68人。通过查办民生领域职务犯罪案件，切实维护群众合法权益，促进社会和谐稳定。同时，加大对涉及扶贫开发、征地拆迁等民生领域刑事案件审查力度，确保快捕快诉，促进快审快结，为民生领域重大工程项目建设的顺利推进提供坚强的法治保障。二是围绕建设健康有序的市场经济秩序，严厉打击合同诈骗、非法集资等严重危害经济健康发展的刑事犯罪活动。通过提前介入引导侦查确保案件质量，快捕快诉确保办案效率，追缴犯罪所得确保办案效果。五年来，共提起公诉81件126人，涉案总金额8000余万元，追回被害人损失1000余万元。三是围绕党的十八大提出加强环境保护、生态修复，建设美丽中国的要求，积极开展“生态·环境保护检察专项行动”。共查办生态环境领域职务犯罪案件28件38人，批准逮捕滥伐林木、非法占用农用地等犯罪10件14人，提起公诉42件58人；向行政机关发出督促履职检察建议341份，落实“补植复绿”检察建议191件，恢复林地378.7亩，补植树木10万余株；提起刑事附带民事诉讼2件2人，法院已判决被告人修复林地870余亩；建立两法衔接、信息共享长效机制44个，有力地打击和震慑了破坏生态环境违法犯罪，构筑了生态环境保护“防火墙”。四是围绕服务企业健康发展，营造新型“亲·清”政商关系。2015年以来，组织召开“检察长·董事长”“两长”座谈会3次，邀请60余名国有和民营企业家代表参加座谈，充分征求他们对检察机关服务企业发展的意见和建议。为营造新型政商关系，区检察院出台了服务企业发展的制度、规定12项，到商会、企业开展法律宣传43次，帮助企业解决实际困难32件，有力促进了企业的健康发展。

【适应以审判为中心的诉讼制度改革，切实加强批捕起诉工作】 坚持“打击少数、教育多数、增加和谐、宽严适度”的执法办案工作思路，以人民群众平安需求为导向，积极推进“法治毕节”建设，全力维护社会和谐稳定。一是突出打击重点，依法严厉打击严重刑事犯罪。针对七星关区刑事犯罪发案特点和社会治安实际，与公安、法院密切配合，始终把黑恶势力犯罪、严重暴力犯罪、严重影响群众安全感的“两抢一盗”等侵财型犯罪和严重破坏市场经济秩序的经济犯罪、严重扰乱社会管理秩序的“黄赌毒”、聚众斗殴等犯罪作为打击的重点。五年来，共批准逮捕各类犯罪嫌疑人4457人，提起公诉4959人。二是完善刑事和解机制，积极化解社会矛盾。坚持宽严相济的刑事政策，着力化解社会矛盾，促进社会和谐稳定。完善检调对接刑事和解机制，最大限度修复受损的社会关系。五年来，因刑事和解不批准逮捕191件249人，不起诉92件142人，建议公安机关撤案40件47人。对未成年人刑事犯罪坚持“教育、感化、挽救”的方针，对主观恶性较低、社会危险性较小、认罪悔罪较好，与被害人达成刑事和解且具备监管条件的，依法作出不批捕66件92人，不起诉18件23人，其中从宽处理的6名涉罪未成年人重返校园后已考上大学。三是加强羁押必要性审查，充分保障犯罪嫌疑人合法权益。坚持“理性、平和、文明、规范”的司法理念，充分贯彻打击与保护并重，切实维护刑事诉讼当事人的权利，对批准逮捕后双方当事人已达成刑事和解或没有羁押必要性的犯罪嫌疑人依法变更强制措施80件95人。四是适应以审判为中心的诉讼制度改革，加大诉讼证据审查力度，更加注重保障律师执业权利。牢固树立疑罪从无、保护人权的司法理念，加强客观性证据的审查力度，坚守防止冤假错案底线；在办理案件过程中，坚持和运用“非法证据”排除规则，严把证据关。五年来，经当事人申请启动非法证据排除程序40件次，自行启动30件次，排除非法证据13件次。非法证据被排除后，侦查机关重新补充完善证据8件次，有力地保障了刑事诉讼当事人的诉讼权利。运用电子卷宗制作系统，制作、导出、刻录电子卷宗，确保律师随时阅卷，着力解决律师阅卷难等问题；利用案件信息公开系统将案件信息与律师资料进行关联，律师可以随时随地通过互联网查询所代理案件的相关信息，方便律师参与刑事诉讼。

【加强查办和预防职务犯罪工作，有效遏制职务犯罪】 按照中央关于党风廉政建设和反腐败工作的决策部署，积极查办发生在党政机关和领导干部中的职务犯罪，以及发生在群众身边、损害群众利益的职务犯罪。五年来，依法立案查处各类职务犯罪案件116件136人，其中贪污贿赂案件88件100人，渎职侵权案件28件36人。成功追回潜逃犯罪嫌疑人4人。通过办案为国家挽回直接经济损失5200余万元。一是开展集中打击违法违章建筑背后职务犯罪专项行动。依法查处违法违章建筑背后职务犯罪10件10人，有效遏制了违法违章建筑泛滥势头，发挥了检察机关不可替代的职能作用。二是增强案件突破能力，加强行业治理。根据“普九债务清偿”过程中暴露出的职务犯罪问题，通过对全区“普九债务清偿”情况进行排查，由查个案扩展到查类案，共立案查办了教育系统系列贪污案件3件7人，涉案金额150余万元。集中查办了医药卫生系统职务犯罪案件12件12人，取得了查处一类案件、整顿一个行业、教育一批干部的良好效果。三是深化职务犯罪预防，发挥预防的基础性作用。紧紧围绕扶贫攻坚大战略的实施，秉承“预防出生产力”的工作理念，努力构筑点、线、面相结合的立体预防格局。介入重点工程27个，在项目部设立预防工作室、会签联系制度、开展警示教育。通过对重点岗位人员约谈提醒、参加工程廉洁例会、督促监理建立履职台账等方式开展监督，努力实现工程优质、干部优秀；积极开展案例分析和预防调查，结合查办职务犯罪开展案例分析53件，深入查找犯罪规律，有针对性地开展预防教育；努力拓宽预防教育工作覆盖面，与观音桥办事处联合建立片区警示教育基地，解决了基层工作人员接受警示教育比较困难的问题；购置流动宣传车，开展法律“六进”活动，共开展警示教育200余次，受教育人数超过2万人次；与22个民生部门签订联系制度，对民生资金实行三级备案和动态监管。

【全面强化法律监督，深入推进司法公正】 紧紧抓住人民群众反映强烈的执法不严、司法不公，不作为、乱作为等突出问题，进一步加强和规范诉讼监督工作，加大监督力度，增强监督实效。一是进一步加强民事行政监督、民事行政督促起诉工作，积极探索行政公益诉讼。五年来，共办理民事行政申诉案件共18件，提请抗诉7件，发出再审检察建议2件，不支持监督申请5件，终结审查3件；办理支持起诉案件17件，均获得法院采纳。认真按照《贵州省检察机关督促起诉专项活动工作方案》的要求，牢固树立“抓督促起诉就是促发展”理念，扎实推进督促履职和督促起诉工作，向有关部门发出督促履行职责检察建议书和督促起诉书共计511件，追回国有资金10.26亿元，为督促国家工作人员认真履职和防止国有资产流失筑起一道牢固的法律监督防线。积极探索行政公益诉讼，已完成行政公益诉讼诉前程序6件。针对七星关区环保局对毕节贵耀材料科技有限公司违法生产、排污怠于履行监管职责的行为，向仁怀市人民法院提起行政公益诉讼，督促行政机关依法行政，推动法治政府建设。二是进一步加强侦查、审判监督。加强对侦查活动的监督，监督侦查机关立案91件、监督撤案56件，纠正漏捕312人、追诉漏犯233人，提前介入引导侦查76件，纠正侦查机关侦查活动违法254起。强化审判监督工作，对适用法律错误、量刑畸轻畸重的案件，依法提出抗诉29件35人，全部获得市检察院支持。中级法院经审理后改判2件2人，裁定发回重审20件23人。三是进一步加强刑罚执行和监管活动监督。按照检察机关驻所检察执法规范的要求，进一步规范了出入所检查、监区巡视、与在押人员谈话、定期召开联席会议等形式，强化对监管活动的监督。五年来，针对看守所监管安全等方面存在的问题，提出书面检察建议220份；坚持每月到强制医疗机构巡视检察一次，针对发现的问题提出书面检察建议9份；建立社区矫正人员台账，定期与司法行政机关进行数据核对，防止脱管和漏管现象发生。共向司法行政机关发出书面检察建议165份；积极开展羁押必要性审查工作，依法提出羁押必要性审查建议共87件87人；建立纠防超期羁押长效机制，扎实抓好纠防超期羁押工作，公检法三机关连续多年保持了无超期羁押的良好态势。四是进一步做好接访工作，加强诉讼权利保障和监督。认真执行涉法涉诉信访事项导入法律程序工作机制，升级三级联动视频接访系统，建成控告、申诉、答复一体化服务平台，不断提升接访能力。严格按照“全国文明接待室”的标准和要求，做好群众来信、来访工作。共受理群众来信381件、来访678人次。办理阻碍行使诉讼权利和办案违法控告申诉案件6件，不服检察机关处理决定刑事申诉案件2件，不服人民法院生效刑事裁判申诉案件36件，国家赔偿案件1件，办理司法救助案件18件，发放司法救助金7万元。

【深入推进规范司法、科技强检和过硬队伍建设，筑牢检察工作发展基石】 按照建设政治坚定、业务精通、作风优良，党和人民满意的检察队伍总目标，以夯实基础为抓手，不断推进执法规范化、队伍专业化、办案信息化和检察文化建设。一是深化执法规范化建设。以贯彻落实修改后的《刑事诉讼法》、《民事诉讼法》、《人民检察院刑事诉讼规则》、《检察机关执法工作基本规范》为载体，切实加强对岗位行为标准、履职要求和工作程序的学习和培训，切实提高规范执法意识和执法办案水平；进一步细化执法办案流程、执法程序和执法标准，对各项检察业务工作实行流程管理，形成了结构合理、配置科学、程序规范、制约有效的执法规范体系，使各个执法环节有章可循；以案件管理为基础，建立集立案、审批、查询、监督于一体的执法办案管理监督系统，实现了案件集中受理、统一进出、流程管理、动态监控、案后评查的案件管理体系；对五年来办理的5700余件案件开展质量评查，立行立改、限期整治司法不规范问题12类55个；严格执行讯问职务犯罪嫌疑人全程同步录音录像制度，全面推行人民监督员、特约检察员、专家咨询委员制度，进一步落实和完善督察、执法监督、检察人员执法业绩档案等制度，及时发现和纠正执法不规范的问题。二是深化队伍专业化建设。牢牢把握队伍建设在检察工作中的根本性、基础性地位，紧紧抓住队伍建设“思想、素能、作风”三个关键，有计划、有步骤地推进检察队伍专业化建设；扎实开展党的群众路线教育实践活动，“三严三实”、“两学一做”、

"三强三铁"等专题学习教育和"规范司法行为专项整治"活动，组织干警接受红色教育，始终确保党员干警严守党的政治规矩和纪律。五年来，共投入200多万元选派300人（次）到中国刑事警察学院、西南政法大学、华东政法大学参加各类业务培训；健全岗位练兵长效机制，实施基层人才工程，6名检察官被评为检察机关业务骨干；狠抓纪律作风建设，突出整改"庸懒散慢浮"，旗帜鲜明反对"四风"；严格执行中央八项规定，认真落实党风廉政建设"两个责任"，强化常态化检务督察。三是深化信息化建设。紧跟大数据、信息化发展步伐，全面运行检察机关统一业务应用系统、检察业务分级保护系统，开通集电话、短信、微信、微博、客户端等多种渠道于一身的"12309网上网下一体化服务平台"和案件信息公开系统，已公开法律文书1194份，程序性信息2706条，重大案件信息180条。建成举报中心远程视频接访系统、看守所远程监控系统；案件管理中心配备快速扫描仪、电子触摸屏等先进设备；职务犯罪侦查部门运用测谎仪、心理分析仪、身体"五项检查"等先进设备介入侦查活动，大大提升了检察机关管理信息化水平，为检察工作发展注入新动力。在区委政府的大力支持下，投资1500余万元，建设职务犯罪办案工作区、一站式检务服务中心，进一步方便群众诉求，树立检察机关为民、便民的良好形象。四是深化检察文化建设。坚持以社会主义核心价值体系为指导，以牢固树立社会主义法治理念为根本，着力培育检察精神、提升职业素养、规范执法行为、塑造良好形象、陶冶高尚情操。因地制宜建设图书室、陈列室、荣誉室、文化长廊，创办内部刊物《七星检察》，编纂《调研文集》等，充分展示检察文化深厚底蕴和文化传承，激发了干警的职业感、荣誉感和归属感，铸造了"忠诚、厚德、崇法、廉正"的七星检察精神。

过去五年，通过全体检察人员的共同努力，七星关区检察院各项工作取得了较好成绩：连续6年获得区直目标考核一等奖，连续3年获全市检察业务目标考核一等奖；先后被省委、省政府评为"2012—2014年度全省文明单位"；全省、全市"机关企事业单位党建工作先进党组"；2015年，在全省检察机关第四次"4+1"工程创建推进会上，获得了全市检察机关独家"全省第二批基层检察院建设'4+1'工程示范院"荣誉称号；未成年人刑事检察工作被团省委评为2014—2015年度"青少年维权岗"，2016年4月得到高检院通报表扬；2016年5月，在全国检察机关基层检察院建设表彰会上，区检察院荣获第六届全国"先进基层检察院"荣誉称号。

（撰稿人：曹宣祥）

人民法院

【概　述】 2012－2016年，七星关区人民法院在区委的正确领导下，在区人大、政协的法律和民主监督下，在区政府的大力支持与上级法院的指导下，紧紧围绕"努力让人民群众在每一个司法案件中都感受到公平正义"的目标，忠实履行宪法和法律赋予的职责，狠抓执法办案第一要务。共受理各类案件26057件，同比上升47.86%。审（执）结案件24945件，同比上升44.42%，审限内结案率为99%。结案标的金额达26.56亿余元，同比上升75.53%。为实现全区经济社会的发展提供了有力的司法保障。

【牢固树立公平正义的目标，忠实履行审判职责】 （一）各项审判任务的完成情况。依法受理刑事案件3052件4312人，同比上升40.6%和26.64%，审结3032件4256人，同比分别上升了46.5%和33.71%。给予刑事处罚3980人，被判处有期徒刑15－20年的40人、10－15年的112人、5－10年的339人、5年以下的3489人。为国家、集体、个人挽回经济损失1397.72万元。其中，依法审结放火罪，非法持有、私藏枪支、弹药罪，交通肇事罪等危害公共安全犯罪的案件176件198人。依法审结生产、销售不符合安全标准的食品罪，金融诈骗罪，非法经营罪等破坏社会主义市场经济秩序犯罪的案件42件64人。依法审结故意杀人罪，故意伤害罪，强奸罪等侵犯公民人身、民主权利罪的案件646件928人。依法审结抢劫罪，抢夺罪，诈骗罪，盗窃罪等多发性侵犯财产罪的案件1067件1609人。依法审结组织、领导、参加黑社会性质组织罪，走私、贩卖、运输、制造毒品罪，引诱、容留、介绍卖淫罪，非法持有毒品罪，滥伐林木罪等妨碍社会管理秩序犯罪的案件703件1032人。依法审结贪污受贿罪，玩忽职守罪，行贿罪等职务犯罪的案件87件105人。依法审结其它犯罪案件311件320人。依法受理民商事案件18351件，同比上升38.56%，结案17699件，同比上升39.28%。结案标的金额17.7亿余元，同比上升74.97%。其中，依法审结离婚纠纷案件4044件，依法审结同居关系、遗产继承等家事案件1081件。依法审结民间借贷纠纷案件1577件。依法审结交通事故案件1374件。依法审结劳动争议案件1526件。依法审结人身损害、财产损害等侵权纠纷案件1493件。依法审结合同类纠纷案件3544件。依法审结相邻通行纠纷、物权保护纠纷、土地承包经营权纠纷等各类纠纷案件3060件。依法受理行政案件412件，同比上升4.85%，审结397件，同比上升17.8%。依法受理执行案件4242件，同比上升46.53%，执结3817件，同比上升76.8%。执结标的额为8.7亿余元，同比上升75.4%。（二）依法履行法定职责，维护社会公平正义。刑事审判工作：一是贯彻落实“宽严相济”的刑事政策，把握好宽与严的类别界限，相互接济，处罚适当，减少社会对抗，促进社会和谐。对犯罪情节较轻、社会危害性小、悔罪表现好的初犯、偶犯、老年犯及未成年犯给予从宽处理，共适用缓刑525人，免予刑事处罚34人。对于各种暴力犯罪和黑恶势力犯罪，坚持依法从严惩处，有效振慑犯罪，切实维护人民群众生命财产安全。依法打击各种职务犯罪行为，促进国家工作人员依法履职、廉洁用权。二是坚持罪刑法定和疑罪从无原则，严格排除非法证据，切实保护人权。三是加强刑事审判中的矛盾化解工作，积极促成轻微刑事案件当事人达成刑事和解、民事赔偿，累计有122名被害人获得赔偿达647.56万元。四是寓教于审，着力挽救“失足”未成年人。五年来，审结未成年犯罪案件405件512人，帮教、回访267人。2015年该院在审理王某、杨某、周某等11人在校学生的故意伤害案中，依法对8人判处缓刑，对3人免予刑事处罚，让被告人回归校园继续完成学业。现杨某、周某、王某等5人考上大学，取得了很好的法律效果和社会效果。五是推进量刑规范化建设，规范法官自由裁量权的行使，保证量刑公正均衡，切实提高刑事审判质量。民商事审判工作：一是发挥民事审判“繁简分流”程序优势，简案快审，繁案精审，切实提高民事审判工作效率。共适用简易程序审理案件15465件，简易程序适用率达61%。二是以构建和谐家庭为目标，妥善处理家事矛盾纠纷，引导和规范家庭成员之间相互履行责任义务，保障妇女、儿童、老人等弱势群体的合法权益。三是坚持“调解优先，调判结合”的原则。在民商事审判中，将调解工作贯穿于案件处理的全过程，加强对人民调解、行政调解等调解组织的调解结果进行司法确认，形成多元化矛盾纠纷化解机制。四是严格控制超6个月以上的各类未结案件，切实保护了当事人的合法权益。行政审判工作：一是依法监督和支持并举，全力维护行政机关依法行政和保护行政相对人合法权益。以合法性审查为原则，妥善审理好行政领域引发的各类行政争议案件。二是自2015年以来，全市县（区）法院行政诉讼案件实行异地交叉集中管辖。我院管辖纳雍、威宁、赫章三县行政诉讼案件，切实发挥行政审判的法律监督作用。三是认真贯彻执行新修订的《行政诉讼法》的规定，强化行政机关负责人出庭应诉制度，促进行政机关执法水平的提高。四是加强对行政机关执法的指导，对社会影响面大、矛盾易激化的行政执法工作提供法律咨询服务，有效减少行政争议纠纷，推动法治政府建设。执行工作：一是强化执行措施，加大执行工作力度。开展“打击拒不执行判决、裁定等犯罪行为”专项活动。对有履行能力而拒不履行生效裁判、对抗人民法院强制执行的被执行人，依法追究刑事责任1人、司法拘留28人、罚款96万元，强制被执行人履行义务。公开失信被执行人信息274人，使失信被执行人在银行贷款、乘坐飞机、高铁出行、出国（境）、高档消费等受到限制。二是建立执行案件信息公开、执行指挥中心、执行查控系统和网络拍卖等信息化平台。执行案件信息公开平台实现了执行案件信息全程网上公开。执行指挥中心实现了执行现场与指挥中心密切配合。执行查控系统实现了工商、银行、房产、国土等部门的信息资源共享，及时查封被执行人银行帐户存款、房屋、土地等财产。公开透明的网络拍卖最大限度地保护了当事人的合法权益。三是建立执行案件归口管理制度，规范执行行为。实现审、执分离，提高执行工作效率。四是强力破解执行难问题，保障有财产可供执行的案件如期得以执行，切实维护司法权威。对案件无财产可供执行、生活比较困难的执行权益人实施司法救助，体现司法人文关怀。

【创新便民措施，方便群众诉讼】 一是加强诉讼服务中心建设，全面推进诉讼服务中心转型升级，坚持硬件与软件并重。加强硬件设施建设，配置诉讼服务一体机、立案登记取号机、打印机、传真机、审判流程显示屏等设备。加强软件升级，按照“系统化、信息化、标准化、社会化”的要求，设置导诉分流台，开通网上立案12368诉讼服务热线，为当事人和诉讼参与人提供“一站式”诉讼服务。二是严格贯彻落实立案登记制，坚持有案必立，有诉必理，彻底解决了“立案难”的问题。三是健全涉诉信访工作机制，建立日常接访工作制度和每周三领导接访制度，开通法院系统网上信访、接访渠道，建立申诉案件由律师代理制度，引导当事人依法正确表达诉求，通过规范涉诉信访途径解决涉诉信访事项。四是加强人民法庭建设，为边远地区群众诉讼提供便捷服务。加大人民法庭办公用房、办公自动化的经费和人员投入，优化司法服务环境，切实解决人民法庭工作中的实际困难。人民法庭加大巡回审判工作力度，服务基层群众的职能得到有效发挥。五年来共受理案件7244件，结案6987件，结案率为96.45%，结案标的金额2639.13万元。

【加强信息化建设，促进司法公开】 一是以信息化为载体，打造审判流程、执行信息和裁判文书“三大公开”平台。二是加强科技法庭建设，该院投入200余万元资金新建14个审判法庭同步录音录像和后台储存系统，为今后实现庭审网络直播和建立电子卷宗夯实基础。三是推进办公自动化建设，启用电子签章，公文收发、文书审批处理都在内网系统上进行。四是加强审判管理信息化建设，设立审判管理部门，加强审判执行流程信息管理，实时跟踪案件质效、案件审限，如实记录部门和法官办案绩效指标，为审判管理提供科学决策依据。

【稳步推进司法改革工作，全面落实司法责任制】 （一）改革审判责任制，构建起由“审理者裁判、让裁判者负责”的审判权力运行机制。一是从改革人民法庭办案负责制开始，逐步推动建立全面覆盖刑事、民事、行政三大诉讼领域的审判责任制，取消了院长、分管领导、庭长对大部分案件的裁判权和裁判文书行政审批权，保障审理权和裁判权相统一，改变了长期以来“审者不判、判者不审”的传统司法管理模式。二是配套改革审判委员会议事制度，发挥审判委员会统筹审判执行工作和把关重大疑难案件的职能作用，减少审判委员会对个案的讨论决定权，大量个案裁判权由合议庭和主审法官行使。三是推进法院人员分类管理改革，实行员额法官、法官助理（书记员）和后勤人员分类管理制度。在省、市法院统筹下，通过考核、考试、答辩等环节，遴选出首批员额法官45人，获省法官检察官遴选委员会任命。（二）加强改革试点工作，提高审判效率。一是建立轻微刑事案件快速办理工作机制，2014年该院被省法院确定为全省“轻刑快审”试点法院后，试点工作以“及时受理、专人负责、简化庭审、快速裁判”为方针，对案件事实清楚、被告人认罪、处刑在三年以下的轻微刑事案件，要求当庭审理、当庭裁判，轻刑案件平均办案周期5天，最快4天，有效提高了司法效率。二是探索“家事案件”新的审理模式。2016年，最高人民法院确定我院作为“家事审判”试点法院后，该院成立了家事审判工作领导机构，制定家事审判工作实施方案和实施细则，设立专门的家事审判合议庭。在家事案件的审理中，我院加强案件的诉前、诉中调解。设置情感修复期，弥合亲情。聘请心理咨询专家，做好家事案件当事人的心理疏导。试点工作启动以来，共受理家事案件1517件，审结1471件，结案率97%，督促家庭成员之间相互履行法定义务，维护家庭和谐关系。家事案件试点工作中，该院签发了全省首例人身安全保护令，保护家庭弱势成员的人身安全。三是建立民事诉讼“小额速裁制度”，制定了《毕节市七星关区人民法院审理小额诉讼民事案件实施办法（试行）》，明确了小额诉讼的受案范围和向普通程序转换的规定，对该类案件定额收取诉讼费20元，为减轻当事人诉累、节约司法资源发挥了积极作用。（三）改革审判管理模式，提高案件质效。一是健全绩效考核工作机制，完善考核制度。强化审限内结案率、调解率、简易程序适用率等核心指标的考核。二是加强案件质量评查工作力度。对已结案件的程序、实体进行评查，确保诉讼卷宗及时移送归档管理。三是完善案件对外委托评估鉴定制度。保障评估鉴定公开、公正实施，防止评估鉴定拖延办案时限，切实维护当事人的合法权益。四是建立错案认定和责任追究制度。明确错案范围、标准，完善错案认定程序，监督审判执行权的正确行使。五是认真贯彻落实中办、国办关于《领导干部干预司法活动、插手具体案件处理的记录、通报和责任追究规定》，建立干预案件办理登记、监督制度。随案发放办案监督卡和干预案件办理登记表，防止领导干部和司法机关内部人员干预案件办理，杜绝办理关系案、人情案，确保办案结果的公平公正。

【自觉接受监督，改进法院工作】 一是始终坚持自觉接受人大监督，除每年向人大报告工作外，还根据常委会的安排报告专项工作开展情况。依法办理人大代表议案及政协委员提案，并及时反馈办理情况。二是邀请人大代表、政协委员视察法院工作、召开座谈会、旁听案件审理等形式，改进人民法院工作。三是接受人民检察院的法律监督，认真落实检察建议。四是广泛接受社会监督，建立完善人民法院工作新闻发布会制度，加强与媒体沟通，应用网站、微博、微信等信息平台公开人民法院审判执行工作，接受社会各界监督。

【加强队伍建设，提升司法能力】 一是以思想政治建设为根本，着力开展“党的群众路线教育”、“三严三实”专题教育、“两学一做”学习教育，整顿司法作风，规范司法行为，不断增强队伍的政治意识、纪律意识、服务意识。二是以司法能力建设为重点，加强干警的业务素质培训，先后派出干警227人次到国家法官学院、西南政法大学进行业务培训，着力提升法官队伍整体素质。三是以党风廉政建设为保障，着力提升队伍拒腐防变的能力。严格执行《中国共产党廉洁自律准则》和《中国共产党纪律处分条例》，做到防微杜渐，警钟长鸣。四是以激励机制为动力，着力提高干警工作热情。坚持严管厚爱，加强人文关怀，营造创先争优的良好氛围。五年来，1个集体、1人获最高人民法院表彰，2人获省法院表彰，2个集体、4人获中级法院授予三等功，17人获区委表彰。五是以工作绩效为导向，加强党组领导班子和中层干部队伍建设，畅通晋职晋级渠道，解决好干警的职级待遇。五年来，经区委组织部门考察、区委任命党组成员4人，副科级干部12人，院党组择优提拔任用了22名中层干部。五年来，区人民法院立足本职，抓住司法工作重点，全面落实立案登记制，加强审判执行工作管理和队伍建设，推进司法改革，着力提升诉讼服务水平，推行司法公开，树立了良好的司法形象，法院工作得到了人民群众的信任和肯定，人民群众对区法院工作的满意率逐年上升。

（撰稿人：办公室）

司法行政

【概　述】 五年来，七星关区司法行政系统在省司法厅、市司法局的正确指导下，紧扣七星关区委区政府中心工作，狠抓重点、突出特点、敢抓难点、积极试点，推动了各项工作不断上台阶。七星关区司法局以党的十八大和十八届四中、五中、六中全会精神为指导，全面贯彻落实科学发展观，从凝聚人心、振奋精神入手，坚持抓班子、带队伍的指导思想，以关注民生、维护社会稳定为出发点，充分发挥法律保障、法律服务和法制宣传的职能作用，为我局法治化建设营造了良好氛围和环境，使全区的司法行政工作呈现出蓬勃向上的发展势头。五年来，先后数次被授予司法行政工作先进单位、社会治安综合治理先进单位、区直机关优质服务单位等等。

【以依法治区为目标，深入开展普法依法治理，不断推进全民普法新进程】 五年来，七星关区的普法依法治理工作紧紧围绕区委区政府经济建设的总体目标要求，不断推进“六五”普法工作向纵深发展。我们以宪法和基本法律为重点，在全民中深入宣传和普及，以“法律六进”工作为载体，围绕机关、学校、企业、单位、新农村建设，全方位、多层次的开展普法送法活动，在普法形式上，以现代传媒扩大普法教育覆盖面，形成了高潮迭起的普法宣传局面。不断丰富“法律进乡村、进校园”的普法内容，充分发挥基层司法所的作用，在各个乡、镇（街道）广泛开展了普法宣传教育活动，并为村民提供各种法律服务，最大限度地满足了群众的法律需求。我们还重点抓了普法依法治理示范单位的创建工作，用局部实践有效带动“七五”普法的整体推进。期间，长春堡镇清塘村被评为2015年度“全国民主法治示范村”，法宣股周华于2014年被评为全国“六五”普法中期先进个人，七星关区普法办于2016年5月在“六五”普法工作中获得中宣部、司法部“2011－2015年全国法治宣传教育先进办公室”的表彰。

【以“平安创建”为中心，规范基层基础建设，大力维护社会稳定】 五年来，该局以加强司法所规范化建设为重点，强化基层司法行政机关职能，通过基层基础建设的深入开展，该局的人民调解工作和安置帮教工作水平不断提高，在维护社会稳定中发挥出更为重要的作用。一是司法所规范化建设全面展开。基层司法所是维护基层稳定的重要组成部分，也是司法行政工作的重点。我局统一标准，规范运作。运用中央下拨资金，统一规范建设办公用房。截止到今年，我区司法所现已建成35个，已为27个司法所配备了摩托车；为42个司法所配备了电脑、打印机、相机、办公桌椅、沙发、档案柜。在硬件建设的同时，我们加强了业务指导等软件建设和制度建设，明确了我局司法所的工作指导思想、工作目标和工作要求，强化了对司法所人员的培训，重点提升基层司法行政人员素质和服务能力。完成海子街、燕子口、亮岩、清水、团结、杨家湾、撒拉溪、长春堡、朱昌9个司法所规范化建设并经省司法厅验收合格。2、人民调解工作成果显著。五年来我们坚持“以防为主、调防结合”工作方针，从推进人民调解工作制度化、规范化、法制化建设入手，主动参与矛盾纠纷调处，把大量矛盾纠纷化解在基层。工作中我们始终把人民调解纳入到全局重要工作议事日程；纳入到社会治安综合治理、维护社会稳定的重要工作，纳入到加快富民强区建设，促进经济发展提供服务工作。五年间，全区共调处民间纠纷15031件，调解成功率达到98%以上。海子街司法所所长陶平于2013年被评为全国“模范人民调解员”。2015年七星关区大银镇人民调解委员会和清水铺镇人民调解委员会被省人民政府评为“全省优秀人民调解委员会”荣称号；李贵斌、薛廷枢被评为“全省优秀人员调解员”。3、安置帮教工作不断强化。以来，我们积极探索，筹建了区两劳释解人员安置基地，对刑释解教人员进行妥善安置，在乡镇（街道）

成立了由主要领导挂帅的安置帮教工作领导小组，建立了全区刑释解教人员档案库，将回归的刑释解教人员和籍服刑人员的基本情况统一管理，全区五年来回归的刑释解教人员全部落实了帮教，责任帮扶率达98%，维护了社会稳定，这项工作得到了市司法局和区委政法委的重视和高度评价。

【以民生工作为重点，发挥服务助推作用，全面开拓和规范法律服务】 一是律师事业持续发展，服务手段不断创新。五年来，七星关区的律师管理工作始终走在全市的前列，我们利用日益壮大的律师队伍，充分履行《律师法》所规定的职责，创新工作机制，加强自身建设，不断扩大服务领域，努力提高服务质量，充分发挥律师在推进全区经济结构调整、促进经济发展，维护社会稳定等方面的职能作用，为我区的经济发展和社会稳定作出了积极贡献。二是完善功能，大力开展弱势群体法律援助工作。近几年，通过认真贯彻《法律援助条例》，动员和引导律师、法律工作者积极为困难群众提供法律援助；做好妇女、职工维权中心等法律援助工作，开通农民工、残疾人法律援助绿色通道，对法律援助案件应援尽援。五年来，我局法律援助中心及各律师事务所共办理法律援助案件近1500多件。三是公证法律服务工作不断完善。我们从规范收费、办证程序，办证质量，加大责任追究力度入手，不断强化公证队伍建设，一是积极开展委托、赠与、房地产买卖等民事公证，二是提高服务质量和水平，规范内部管理，拓展业务渠道。公证处业务力求减少办证程序，方便群众快速便捷办证。充分发挥服务大局的职能作用，保证了各项工作的顺利进行。四是以强化队伍建设为保障，提高机关效能，树立司法行政队伍服务新形象。五年来，我局结合在全区开展的党的群众路线教育实践活动、“三严三实”、“两学一做”等活动，从加强领导班子建设、机关作风建设和队伍建设三个方面，进一步提高了依法行政、执法执纪的能力，树立了良好的机关工作良好形象，全面地提高了司法行政队伍的综合素质。严格坚持领导班子民主生活会和领导干部双重组织生活制度，加强领导班子民主集中制建设，注重不断提高领导班子抓落实出成果的能力，抓稳定促发展的能力，抓班子带队伍的能力，驾驭全局、解决复杂问题和应对突发事件的能力，提升领导班子的凝聚力和战斗力。以岗位、职责、业绩为重点，深化工作目标绩效考评工作，完善考评的办法和程序，保证绩效考评的针对性和有效性。把干部队伍的教育培训放在更加重要的位置上，按照教育培训的规划要求，以提高素质、培养能力、运用实践为目标，以基本知识、基本技能和基本职业道德风范为重点，强化司法行政队伍专业知识、法律应用、管理技能、规范执法等方面的培训；以服务效率、敬业精神、履行岗位职责、树立职业道德风范等内容为重点，深入开展局机关公务员的岗位练兵活动。抓好机关学习制度，制定切实可行的学习计划，举办各种系列知识讲座，不断提高机关公务员理论素养。加强机关和谐文化建设，创新活动载体，组织开展丰富多彩的文体活动，营造“知司法、想司法、爱司法、强司法”的浓厚氛围。

（撰稿人：办公室）

经济管理与监督

发展和改革

【概 述】 2012年在区委的正确领导下，在区人大及其常委会和区政协的监督、支持、帮助下，全区上下积极抢抓国发2号文件出台和国家深入实施新一轮西部大开发等重大历史机遇，紧紧围绕建设“一个枢纽（交通枢纽）、两个中心（经济中心、物流中心）、三大基地（特色农业基地、先进装备业基地、科学发展试验基地）”的战略定位，以“加速发展、加快转型、推动跨越”为主基调，大力实施工业强区、城镇化带动两大战略，推进“三化同步”，坚持“四个必须（必须抓好安全生产、必须抓好维护稳定、必须抓好民生和社会保障、必须抓好社会事业）”的工作思路，着力破解发展难题，奋力后发赶超，较好地完成了年初确定的各项目标任务，实现了全区社会协调快速发展。

【各项指标完成情况】 ——全区生产总值预计完成184.42亿元，同比增长17.7%，占计划增长20%的88.5%；——全社会固定资产投资预计完成228.83亿元，占计划完成210亿元的109%，同比增长56.63%，其中省口经固定资产投资预计完成182.48亿元，同比增长75.4%；——财政总收入预计完成28.54亿元，同比增长32.33%，占计划增长20%的161.65%；——粮食总产量预计达45.09万吨，占计划的102.48%，同比增长1.55%；——农民人均纯收入预计完成5193元，占计划的112.9%，同比增长17.70%，城镇居民家庭人均可支配收入预计完成19550元，占计划的97.75%，同比增长14.1%；——社会消费品零售总额预计完成52亿元，占计划的110.64%，同比增长23.81%；——人口自然增长率为4‰，控制在计划确定的5.7‰以内；

【坚定不移促转型，结构调整取得新进展】 坚持把结构调整作为主攻方向，切实加快经济发展方式转变。三次产业结构由上年的16.4：39.3：44.3调整为16.1：39.5：44.4。一是推动农业稳步发展。按照“稳粮保供给、增收惠民生、改革促统筹、强基增后劲”的基本思路，加快转变农业发展方式，推动农业产业向“结构更优、效益更高”目标迈进。在确保粮食、烤烟生产稳定发展的基础上，积极发展特色产业，建成杨家湾万亩大蒜、八寨茶叶等20个“十带百园”示范基地，种植核桃35.68万亩，柑桔5.60万亩，板栗2万亩，种植樱桃、梨子、枇杷等经果11.29万亩，有效地促进了农业产业化发展和农民增收。注册现代农业产业园规划面积1000亩，完成投资5100万元，已有4个项目入驻。雨润天成牛业、神龙果魔芋加工、富雄食品加工、黔蒜香等农业产业化项目建设加快推进。组建136个农民专业合作组织，推荐认证27个省级龙头企业、16个市级龙头企业、28个区级龙头企业。二是推动工业加快发展。扎实推进产业园区建设，努力完善黔西北产业园区基础设施，园区完成投资12亿元，新增开工项目11个，建成标准厂房23万平方米。何官屯工业孵化园入驻企业8户，塘房、牌坊、五里坪三个小微企业创业园建设积极推进。按照做大工业经济总量、优化产业结构、增强创新能力的要求，着力发展能源、化工、装备制造、新型建材、食品药品等产业，建成投产煤矿7对，累计建成投产或试运转煤矿16对；千溪煤矿、草堤煤矿、王家坝煤矿前期工作加快推进。全区全部工业增加值预计完成62.45亿元，同比增长19.30%，其中规模工业增加值预计完成56亿元，同比增长28.55%。三是积极促进服务业发展。以全省第七届、全市第六届旅游产业发展大会和首届乌蒙片区旅游联盟合作峰会召开为契机，推进旅游、现代物流、文化等服务业发展。完善拱拢坪景区、小河景区和鸡鸣三省红色文化体验园等旅游景点的基础设施和服务设施。完成洪山国际大酒店建设，大力推进金源达酒店、碧阳大酒店的建设。全区旅游总收入达29.23亿元，同比增长55.40%。远航商贸物流和万丰国际商贸城一期工程基本完工，黔金叶物流、重型汽车交易中心、湖南小商品批发市场、浙江商贸城等项目加快推进。房地产在建规模500万平方米，完成投资27.16亿元。服务业实现增加值47.47亿元，同比增长15.80%。

【千方百计抓投资，项目建设取得新突破】 坚持把项目建设作为第一抓手，牢固树立“抓项目就是抓发展”的理念，狠抓项目建设，扩大投资规模。一是推动国发2号文件项目化、实物化落实。共储备项目1184个，总投资2751.62亿元。认真把握国家基本建设投资方向，着力加大向上争取项目的工作力度，共向上争取中央项目54个，项目总投资6.04亿元，项目相继开工，达到了中央提出的“四个完毕（中央投资计划分解转发完毕、中央资金分解转发完毕、年度项目计划开工完毕、年度资金计划支付完毕）”的要求。二是大力推进重大项目建设。严格按照“一个项目、一名领导、一套班子、一个方案、一抓到底”的项目推进机制，强力推进重大项目建设。全年列入省、市、区重大工程和重点项目301个，项目总投资734.7亿元，完成投资147.1亿元，占年计划目标的131%，同比增长103%。神龙果魔芋加工、富民肉食品加工、江天水泥一期生产线、大树煤矿等一批重大项目相继建成，毕节大曲异地技改、添钰动力科技一期等项目顺利推进。三是强化项目调度管理，推进固定资产投资快速增长。认真做好固定资产投资协调服务、调度和管理工作，积极帮助解决项目建设中遇到的资金、土地、拆迁等方面的问题，加强督促检查，严格“四制管理”，确保项目顺利推进。四是加大招商引资力度。不断创新招商引资方式，引进明均玻璃、浙江卓越等一批优强企业入驻。共签约招商引资项目50个，签约资金276.5亿元，招商引资续建和新建项目实际到位资金140亿元，同比增长50%。

【突出重点抓统筹，城乡建设取得新成效】 坚持把城乡统筹作为重中之重，大力实施城镇化带动战略，城乡面貌明显改观。一是城市建设步伐加快。以规划为引领，完成了城市总规近期规划建设范围内控规全覆盖；完成了草海路二期、碧阳大道、城区路面质量提升等旧城区道路改造工程和碧海路、德溪新区1号路、七星关经济开发区3号路、百里杜鹃大道与新区骨干路网建设工程，扎实推进德溪新区路网、同心大道、小海路、雍阳路等道路建设工程。投入资金近2.42亿元，全面完成城区重要路段沿街房屋立面改造和亮化工程，重点实施了城区周边山体绿化亮化、城市重点节点亮化和绿化景观改造工程。积极推进城市供排水、供电、通讯、垃圾和污水处理等基础设施建设，全面完成何官屯220千伏输变电110千伏送出工程、野角35千伏输变电工程。启动实施城乡电网升级工程，2011年农村电网升级改造7个项目、城市电网建设10千伏及以下20个项目已完工。新农村信息化试点和电信、移动、联通3G场站工程有序推进。建成污水管网139公里，城市日供水能力提高到12.7万吨。

二是小城镇建设取得突破性进展。全面启动28个镇乡特色小城镇建设，实施各类建设项目217个，完工89个，完成投资5.63亿元。实施"一事一议"财政奖补项目222个，投入财政奖补资金2602万元，建成通组串户路221.66公里。朱昌镇双堰"同心新村"、撒拉溪镇省级社会主义新农村"整乡推进"试点、鸭池镇哈朗村"四在农家"、生态移民搬迁工程建设有力推进。三是基础设施建设进一步加强。着眼于全面提高发展的支撑能力和可持续发展能力，努力加快城乡基础设施建设，发展条件有新的改善。道路建设方面，杭瑞、厦蓉、毕威高速公路七星关境段建设工程顺利实施，成贵、隆黄等铁路建设项目前期工作向前推进。全面完成头步桥至岔河、放牛场至层台、关口至水箐、双坡至大银4条共59公里通乡油路建设工程，实现乡乡通油路目标；全面完成2011年度13条共120.3公里通村油（水泥）路续建工程，稳步推进2012年度17条156.61公里通村油（水泥）路建设工程。水利设施建设方面，扎实推进农村饮水安全、中小河流治理、病险水库除险加固、水土保持和农田水利等工程，观音河、十八河、跳墩河综合治理工程已完工，全面完成龙官桥水库、双河口水库和沔鱼河燕子口龙洞段、海子街前所柏杨林段河道治理项目前期工作。投入补贴资金5538万元，修建烟水工程项目2个，受益烟田面积6450亩。

【保稳定重民生，各项社会事业实现新发展】 坚持加强以改善民生为重点的社会建设，着力提升基本公共服务能力和水平。一是积极推进"十大民生"工程。投入资金18.4亿元，积极组织实施扶贫脱贫攻坚工程、就业和创业工程、劳动者素质提升工程、城乡社会保障体系建设工程、保障性住房建设工程和危房改造工程、基础设施向城乡延伸工程、农村生活环境改造工程、公共文化服务体系建设工程、公共卫生事业建设工程、社会管理创新和平安创建工程等"十大民生"工程。通过工程的实施，有效地保障了民生，推动了社会事业全面进步。二是认真办好十六件实事。列入全年实施的"千企万人"就业工程、"阳光工程"、村级综合服务站等16件实事有序推进，大多数项目达到年度目标任务要求。

三是社会事业全面进步。全区全年城镇新增就业2.20万人，城镇登记失业率3.9%。城乡居民社会养老保障参保人数达34.64万人。城乡居民医保参保人数达104.85万人，参保率99.03%。城市低保标准提高到每人每月330元，农村低保标准提高到每人每年1570元，实现动条件下的"应保尽保"。投资2.10亿元，续建廉租房3571套，已完工2980套；开工建设公租房1788套。全面完成24202户农村危房改造任务。全年共净减少农村贫困人口6.5万人，海子街、朱昌、层台和千溪4个镇乡实现减贫"摘帽"。全面启动46个教室周转房、57个学生宿舍、432个学生食堂工程建设。营养餐计划实现全覆盖，20.12万学生受益。常住人口符合政策生育率达96.12%，流动人口符合政策生育率87.87%，同比提高了3.57和18.20个百分点。大新桥、千溪等7个镇乡办事处20户以上自然村广播电视"村村通"工程已完工；在对坡镇建成全区第一个无线覆盖基站；建成田坝、亮岩、林口和海子街4个镇调频广播网。"智能交通"系统建成投入试运行。"天网工程"基本建成。安全生产同比实现"双降"，事故起数下降81.48%，死亡人数下降68.4%。

【概　述】 2013年，在区委、区政府的正确领导下，在区人大的依法监督和区政协的民主监督下，全区上下紧紧围绕各项目标任务，坚持"一条主线"，唱响"两加一推"主基调，抓住"四化同步"，强化"五个坚持"，紧扣"七个更加目标"，齐心协力，克难攻坚，努力加快全面建设小康社会进程，全区经济社会继续保持平稳较快发展的良好态势。

【经济发展快速增长，综合实力明显提升】 完成地区生产总值215.56亿元，同比增长17.2%，其中：第一产业增加值32.6亿元，同比增长6.4%；第二产业增加值85.5亿元，同比增长19.8%，第三产业增加值98.5亿元，同比增长18.3%，三次产业结构比为15.0：39.5：45.5，逐步趋于优化。全社会固定资产投资完成241.53亿元，同比增长36.1%，比年初计划19.3%高16.8个百分点。财政总收入完成87.14亿元，同比增长52.56%，比年初计划28%高24.56个百分点，其中：公共财政预算收入预计完成16.37亿元，同比增长38.95%。农民人均纯收入完成5788元，同比增长12.8%。城镇居民人均可支配收入完成21510元，同比增长10.03%。

【"三农"工作有序推进，农村经济平稳发展】 实施玉米、马铃薯高产创建万亩示范项目和水稻、玉米增产工程，粮食总产量达38.89万吨，基本实现稳产。完成烟叶收购22.08万担，占市下达计划的100.39%。积极发展特色产业，已建成杨家湾万亩大蒜、八寨茶叶等20个"十带百园"示范基地，新建大新桥、朱昌、撒拉溪3个蔬菜基地，新增种植茶叶2万亩、核桃5万亩、经果2.4万亩，新增5000头以上规模生猪养殖场3个、万羽以上规模蛋鸡养殖场7个，大牲畜存栏20.25万头，生态畜牧业快速发展，实现产值16.1亿元。七星关区现代高效农业示范园区已建成1万平方米蔬菜钢架大棚、14.8万平方米连体大棚，完成投资2.37亿元，贵州新丰、中南园艺等9家企业已入驻园区。现代中药材产业示范园区水、电、路等基础设施已基本完成，种植中药材1万亩。全区新增农民专业合作社138个，建成示范性专业合作社3个，培育省级龙头企业5家、市级龙头企业31家。

【园区建设取得突破，工业经济平稳增长】 七星关经济开发区建设加速推进，完成投资39.65亿元，标准厂房现已入住宝迪新能源汽车、蒙正药业、添钰TM绿色高效节能电机及电动汽车（二期）、柏仕特科技、水艺控膜技术研发应用西南基地项目、PVC海宁扣板、3D多功能墙体生产项目、贵州衣行服饰、美尚纺织等26个项目，协议总投资53.44亿元，占总建筑面积的96%（即入住率），预计年内可实现项目全入住。香港宝迪新能源汽车有限公司投资建设的宝迪新能源汽车整车制造项目总投资30亿元人民币，正进行整装车间钢构厂房钢材和汽车零配件订购工作。毕节明钧玻璃股份有限公司投资建设的明钧节能材料玻璃产业园项目，项目总投资28亿元，第一期投资10亿元的900T\D优质LOW－E玻璃基片生产线已于9月20日正式点火投产，并于10月13日产品下线。"两烟"、能源等传统产业基础不断巩固，化工、建材、装备制造、食品药品等产业得到长足发展，以新能源汽车为龙头的新兴产业迈出新步伐，产业多元化发展格局初步形成。全区规模工业增加值完成55亿元，同比增长20.5%。

【第三产业发展加快，服务产业成效凸显】 不断完善国家森林公园拱拢坪景区、小河风景区、"鸡鸣三省"红色文化体验园等旅游景点的基础设施和服务设施；南山公园入园主干道、"凤栖梧桐"主题公园已基本建成；洪山国际大酒店、福朋喜来登大酒店等一批四星级酒店相继建成并投入运营，全区旅游接待能力明显增强。2013年全年共接待游客455.48万人次，实现旅游总收入32.03亿元，同比增长29.7%。依托"双百市场"、"万村千乡市场"建设，积极培育和规范各种专业市场，万丰国际商贸城、浙江商贸城、毕节商品批发综合大市场等项目相继建成，交通运输、商贸、物流、保险、通讯、餐饮等服务业健康发展，全区消费品市场保持较快增长态势，社会消费品零售总额预计完成73.5亿元，同比增长13.8%，占计划的126.7%。

【项目建设加快推进，投资强度不断加大】 一是充分把握国发2号、国办函35号文件精神，抓好项目储备，全年共储备项目1184个，项目总投资2751.62亿元。二是认真把握国家基本建设投向，积极组织2013年中央预算内投资编报工作，共向上争取中央预算内投资项目151个，项目总投资30088万元，当年完成投资7978万元，竣工项目130个，竣工率达86.1%。三是加强重点、重大项目建设和管理，2013年全区列入省、市重大工程和重点项目共56个，项目总投资363.03亿元，其中：省重大项目13个，总投资124.93亿元，完成投资26.85亿元，占年度计划的277%；市重大项目43个，总投资238.1亿元，完成投资41.8亿元，占年度计划的126.5%。四是招商引资工作成效显著，共签约招商引资项目131个，总投资811.26亿元，实际到位资金181亿元，同比增长29.28%。

【基础设施不断完善，城乡统筹协调发展】 一是以市政基础设施建设为抓手，大力实施新区扩容建设带动旧城改造战略。全年实施城市基础设施建设项目34个，完成投资约30亿元，新建或改扩建城市道路23.87公里，建成污水管网25.33公里。第二污水处理厂以及海子街、朱昌、长春堡、何官屯污水处理厂建成并投入试运营。全省100个城市综合体项目之一的远航物流城市综合体，已累计完成投资5.57亿元，建成7.04万平方米的家居建材博览中心，成功引进央企“居然之家”入驻。二是小城镇建设迈上新台阶。青场镇、清水铺镇等9个示范小城镇建设顺利推进，完成投资4.86亿元，供水、供电、通讯等基础设施及农贸市场、停车场、公厕等配套服务设施不断完善，综合承载能力明显提升，城镇聚集效应凸显。三是农村基础设施不断完善。完成毕节至对坡、红卫桥至对坡、卧牛河至大屯等4条县乡公路大修工程，完成续建2012年通村油（水泥）路建设项目18条150.38公里。实施农村安全饮水工程195处，解决28.38万人的饮水安全问题。完成罗圈岩、小和平等4个水库除险加固任务，双河口水库、龙官桥水库项目已完成初步设计。建成6万千伏安海子街变电站、野角35千伏输变电工程，完成农村电网升级改造项目5个、县级电网及其他项目8个。新农村信息化试点和电信、移动、联通3G场站建设工程加快推进，启动“三网融合”［8］试点工作。四是人居环境不断改善。启动实施34个乡镇街道办事处的农村环境综合治理“两硬化”［9］工程，投入资金近3亿元，硬化院坝404.28平方米，硬化连户路2998.5千米。大力推进“毕威高速”辖区段沿线可视范围3个镇、14个村“黔西北民居”改造工程。完成水箐、生机2个生态扶贫移民搬迁安置点建设，实现99户共452人搬迁入驻；海子街镇店子村生态扶贫移民工程安置房已完工414套。新建农村沼气池1703口。

【民生事业扎实推进，社会环境稳定和谐】 一是社会事业协调进步。建成乡镇中心幼儿园13个、村级幼儿园5个，新建特殊学校1所，建成学生宿舍90个共9.07万平方米、教师周转房44个共3.86万平方米，德溪中学、思源学校建成投入使用，毕节职中实训楼已竣工，启动建设1000个中小学校班级教育“班班通”工程。区人民医院新院区建成并投入使用，完成11个乡镇卫生院、20个村卫生室的改造。创建“国家级计划生育优质服务先进县”工作顺利通过省级验收，全区常住人口出生率8.45‰，符合政策生育率96.26%，人口自然增长率4.05‰。完成“十二五”第二批“村村通”、“户户通”工程。二是民生切实得到改善。城镇新增就业11077人，失业人员再就业5825人，就业困难人员实现就业2980人，转移农村劳动力就业25200人，城镇登记失业率3.88%。减少贫困人口6.6万人，层台镇、千溪乡实现脱贫“摘帽”。基本建成保障性安居工程5203套，其中：廉租房501套，公租房3202套，城市棚户区改造1500套。建成各类安置房33.91万平方米。三是物价总体稳定。全区物资供应充足，粮食类价格保持稳定态势，肉、禽、蛋类涨跌互现，全年居民消费价格总指数约为101.3，控制在103计划内。

【生态建设稳步推进，节能减排初见成效】 一是扎实抓好生态建设工作，全面推进“三位一体”规划实施，积极抓好石漠化综合治理、封山育林、天然林保护等生态建设工程，完成各类营造林14.5万亩，森林覆盖率达46.9%，退耕还林成果得到进一步巩固。二是加大节能减排工作力度，严格节能目标考核，实行动态跟踪管理，积极配合省、市开展辖区内“万家企业”、用能单位能源利用状况监察工作。加强审批项目源头管理，积极推行固定资产投资项目节能登记、审查和评估办法，严禁不符合产业政策项目落地。三是狠抓环境保护和资源综合利用，加快推进城镇垃圾填埋场、污水处理厂建设，全年新增削减一氧化碳1814.97吨、氨氮51.83吨、二氧化硫803.76吨、氮氧化物122.8吨；城市空气优良天数达329天以上，城乡集中饮用水水质达标率100%，全区无重特大突发性环境事件发生。

【概　述】 2014年，在区委的正确领导下，在区人大和区政协的监督、支持、帮助下，努力克服经济下行不利因素影响，紧紧围绕区一届人大三次会议确定的各项目标任务，坚持“四化同步”发展，大力实施工业强区和城镇化带动战略，突出抓好稳增长、促改革、调结构、惠民生等各项重点工作，全区经济社会实现了持续快速健康发展。预计实现地区生产总值258.9亿元，同比增长15.4%，其中，第一产业增加值47.9亿元、同比增长7.1%，第二产业增加值97.4亿元、同比增长16.8%，第三产业增加值113.6亿元、同比增长16.4%，三次产业结构比为18.5：37.6：43.9，逐步趋于优化；全部工业增加值79.65亿元、同比增长15%；固定资产投资314.71亿元、同比增长30.3%；公共财政预算收入19.6亿元、同比增长19.77%；社会消费品零售总额83.52亿元、同比增长13.1%；农村常住居民人均可支配收入达6393元、同比增长13.5%；城镇常住居民人均可支配收入达22769元、同比增长9.1%。面对宏观经济持续下行压力，特别是在经济增速稳中缓降的情况下，实现了结构优化，效应增强，主要指标处于合理区间，经济运行总体平稳。

【农业产业化有序推进】 实现农业产值45亿元，非粮农业增加值占第一产业增加值的83.4%，粮食总产量42.13万吨，收购烟叶13.93万担。积极发展特色产业，休闲农业示范园入驻企业8家，建成蔬菜基地5450亩；现代高效农业示范园基础设施基本完善，贵州星丰公司、鸿达牧业公司等10家企业入驻园区。新增种植中药材2万亩、核桃3.1万亩、茶叶2万亩，新增5000头以上规模生猪养殖场1个、10万羽以上蛋鸡养殖场5个。

【工业化进程不断加快】 七星关经济开发区实现工业总产值15亿元，同比增长20.1%；实现工业增加值5亿元，同比增长56.25%；新建标准厂房3.85万平方米，骨干路网基本形成，供水、排洪、污水和垃圾处理等配套设施日趋完善。目前，已累计入驻企业45家，其中：明钧玻璃一期、毕节大曲技改扩能等28个项目建成投产。“两烟”、能源等传统产业基础不断巩固，化工、建材、装备制造、食品药品等产业持续发展，以新能源汽车为龙头的新兴产业迈出新步伐，产业多元化发展格局初步形成。

【服务业发展态势良好】 拱拢坪国家森林公园、小河风景区、“鸡鸣三省”等重点旅游景点景区的基础设施和服务设施不断完善，建成南山公园入园主干道和“凤栖梧桐”主题公园。全区旅游接待能力明显增强，全年共接待游客486.6万人次，实现旅游总收入38.44亿元，同比增长20%。积极培育和规范各类专业市场，万丰商贸城、浙江商贸城等一批专业市场建成营业。商贸、物流、保险、通讯等服务业健康发展。

【项目建设稳步推进】 一是抓好项目储备，全年共储备项目1184个，总投资2751.62亿元。二是认真把握国家基本建设投向，积极组织2014年中央预算内投资编报工作，共向上争取中央预算内投资项目494个，总投资4.26亿元，年度投资计划2.43亿元，已完成投资1.28亿元。三是加强重大项目建设管理，2014年全区列入省、市重大工程和重点项目共135个，总投资540.17亿元，其中：省重大项目22个，总投资212.17亿元，完成投资54.5亿元，占年度计划的120%；市重大项目113个，总投资328亿元，完成投资125亿元，占年度计划的119%。

【基础建设不断完善】 一是城市建设加快推进。全年实施城市基础设施建设项目45个，新增城市建成区面积2.5平方公里，建成污水管网24.77公里。同心大道、鹅顶山隧道、同心立交桥、青龙山1号隧道、德溪1号大桥基本建成通车。启动清毕路与文峰路交叉路口、桂花路桂花市场路口、南关桥路口3座人行天桥建设。“三网融合”工作有序推进。二是小城镇建设迈上新台阶。青场镇、清水铺镇等8个示范小城镇建设顺利推进，新建或改扩建道路25.52公里，建成杨家湾、撒拉溪污水处理厂，基础设施及配套服务设施不断完善，综合承载能力明显提升。三是农村基础设施不断完善。完成草堤至千溪、何官屯至石板井等县乡公路大修改造工程25.55公里；完成2013年度通村水泥路13条、96.5公里；通过“一事一议”方式实施通村水泥路749.2公里，完成694.5公里。全面启动2014年190处7.6万人饮水安全工程，完成饮水安全维修改造项目50处；启动新增15万人的农村饮水安全工程前期设计工作；完成鸭子塘水库、野鸡水库等病险水库除险加固工程；完成龙官桥水库、双河口水库项目初步设计的编制并已获得批复。完成小康电建设工程32个，扩建35千伏变电站2座，新增配变123台，新增10千伏及以下输电线路225.35公里。四是人居环境不断改善。硬化通寨路248公里、人行步道198公里、庭院45732户，完成“三改三治”工程572户。

【民生事业协调发展】 一是社会事业协调推进。完成9个乡镇中心幼儿园建设，建成学生宿舍4.53万平方米、教师公租房10.35万平方米、塑胶运动场6.26万平方米；实行全区小学一年级划片招生，就近入学。完成11个乡镇卫生院标准化建设和276个村卫生室改造。全区常住人口出生率8.64‰，人口自然增长率4.41‰，符合政策生育率96.46%。完成广播电视“村村通”工程22000套，七星关区广播电台91.2调频广播正式开播。二是民生切实得到改善。城镇新增就业10080人，城镇登记失业率3.88%。城乡居民医疗保险参保人数达106.48万人，完成计划任务的103.78%。城乡居民最低生活保障基本实现动态管理下的“应保尽保”。减少贫困人口5.37万人，放珠镇、对坡镇、普宜镇3个镇实现减贫“摘帽”。完成农村危房改造9997户，建设保障性住房7248套，已分配入住2303套。三是物价总体稳定，全年居民消费价格总指数约为102.3。

【生态建设成效显著】 一是扎实抓好生态建设工作。启动实施13.31万亩荒山绿化和3.5万亩新一轮退耕还林还草工程，完成各类营造林14.2万亩，综合治理石漠化14.02平方公里，森林覆盖率达47.9%。二是加大节能减排工作力度。严格节能目标考核，严禁不符合产业政策项目落地。三是狠抓环境保护工作。全区新增削减化学需氧量1197.96吨、氨氮297.93吨、二氧化硫631.9吨。加快推进城镇污水、垃圾处理等设施建设，城镇污水处理率达88.6%，城乡生活垃圾无害化处理率达57.86%。

【概　述】 2015年是“十二五”规划发展收官之年。面对复杂多变的宏观环境和经济下行压力加大的形势，全区各族人民在区委正确领导下，在区人大和区政协监督、支持和帮助下，紧紧围绕“决战贫困、提速赶超、同步小康”的奋斗目标，坚守“两条底线”，实施“主基调主战略”，着力转方式和调结构，提速“赶”、奋力“转”，抢抓机遇、艰苦奋斗、克难攻坚，全区经济社会发展取得显著成效，顺利完成区一届人大四次会议确定的年度目标任务，为“十二五”规划发展目标画上了圆满的句号。

【经济运行稳中有进，经济发展持续向好】 全区实现地区生产总值288.8亿元，同比增长13.8%，其中：第一产业增加值

53.6亿元，同比增长6.4%；第二产业增加值101.9亿元，同比增长12.3%，第三产业增加值133.3亿元，同比增长17.1%，三次产业结构比为18.5：35.3：46.2，三产结构趋于优化。全区工业增加值完成82.41亿元，同比增长11.4%；50万元以上固定资产投资完成368.1亿元，同比增长20.2%。一般公共财政预算收入完成22.87亿元，同比增长12.57%。社会消费品零售总额完成107.4亿元，同比增长12.2%。农村常住居民人均可支配收入达7135元，同比增长11.8%。城镇常住居民人均可支配收入达24614元，同比增长8.3%。

【三次产业协调发展，转型升级成效初显】 一是农业发展方式得以优化。2015年，粮食总产量稳定在40万吨左右，完成烤烟种植5.6万亩、烟叶收购13.74万担。朱昌现代高效农业等4个省级农业园区已初具规模，累计完成投资23.62亿元，实现产值21.6亿元，入驻企业53家，辐射带动种植蔬菜10万亩、中药材4.8万亩、绿化苗圃基地820亩。二是工业经济持续发展。七星关区经济开发区集聚效应初步显现，引进新能源汽车、新型建材、电子科技等产业，园区入驻企业53个，实现工业总产值53.1亿元、工业增加值15.9亿元。长春堡清丰建材产业园、何官屯工业孵化园等8个民营经济创业园入驻企业28家，实现产值1亿元。煤电烟酒等传统重点产业得到巩固发展，以添钰动力、腾盛汽车为龙头的新能源汽车产业迈出新步伐。三是服务业发展快速推进。“鸡鸣三省”旅游景区规划编制完成，南山公园等景区基础设施建设进一步完善。电商产业有序推进，阿里巴巴农村淘宝、浙江颐高等电商企业入驻电商产业园，已完成42个乡镇街道和506个村级电子商务选点工作。商贸物流服务业发展迅速，浙江商贸城、毕节小商品综合批发市场等一批专业市场建成投入使用；创美农副产品批发市场、石桥边物流园区等项目建设进展顺利。交通运输、信息咨询、餐饮业稳步发展。

【项目建设稳步推进，发展后劲不断增强。一是抓好项目储备】 以编制“十三五”规划为契机，认真做好项目谋划和包装工作，共储备“十三五”重大项目634个，项目总投资3564.87亿元。二是抓好项目申报工作。一方面是积极组织2015年中央预算内投资编报工作，共向上争取中央预算内投资项目63个，项目总投资12.65亿元，完成年度投资计划4.94亿元。另一方面是积极申报中央专项建设资金，分四批上报了34类172个项目，总投资1042.969亿元，全年共争取到项目9个2.05亿元。三是加强重大项目建设管理。2015年全区列入省、市重大工程和重点项目共100个，项目总投资543.03亿元，其中：省重大项目25个，总投资261.13亿元，完成投资70.5亿元，占年度计划的124.25%；市重大项目75个，总投资281.9亿元，完成投资118.97亿元，占年度计划的128.13%。四是招商引资取得新进展。2015年，招商引资实际到位资金148.4亿元。

【基础建设全面提速，城乡面貌持续改观。一是城镇建设加快推进】 德溪新区、碧海新区、同心新区等城市新区建设和老城区改造按计划推进，完成碧海大道、德溪大道、碧阳大道、同心大道、同心立交等城市骨干路网建设，建成桂花市场路口、清毕路、南关桥等3座人行天桥，同心城市公园、桂花市场搬迁等项目进展顺利，完成棚户区改造3007户。全面推动青场镇、清水铺镇等29个小城镇建设。二是农村基础设施不断完善。完成青场至大河29.8公里县乡公路大修；完成海子街至小吉场30.25公里省道提级改造和8条118.9公里县乡道大修及改造前期工作；实施通村油路（水泥路）共计662.2公里，实施示范型创建村小康路共计709.4公里，通组路、串户路硬化总里程达到1100公里。到2015年底，除因高速公路建设等重大项目影响外，基本实现村村通油路（水泥路）。启动双河口水库、龙官桥水库建设工作，配合作好夹岩水利枢纽工程建设。全力推进农网升级改造、配电网升级改造等供电通讯设施建设，积极支持3G和4G通信、宽带和光纤网络等通讯建设。三是人居环境不断改善。启动实施“贵州民居”建设5000户。139个“四在农家·美丽乡村”创建工作有序推进，完成农村危房改造5288户。

【社会事业不断加强，民生福祉稳步提升。一是精准扶贫深入推进】 建立“一市五金多套餐”精准扶贫工作新机制，实现贫困人口脱贫4.94万人，实现青场镇、龙场营镇等5个乡镇省级“减贫摘帽”，77个贫困村出列。二是社会保障不断完善。实现城镇新增就业9792人、失业人员实现再就业0.22万人、农业劳动力转移就业2.23万人，城镇登记失业率控制在4.1%；社会救助水平明显提高，实现城乡低保“应保尽保”；建成保障性住房2522套、分配入住2694套。三是教育事业长足发展。以控辍保学为核心，深入实施教育“9+3”计划，小学、初中辍学率分别为0.11%、0.83%，九年义务教育巩固率达95.17%。在城区新建义务教育阶段学校3所、改扩建2所，完成毕节六中扩容建设。四是卫生事业不断进步。区卫生监督所、妇幼保健院业务用房和7个乡镇卫生院、276个村卫生室标准化建设全面完成；“四位一体”的农村医疗保健服务体系建设不断完善；人口和计划生育服务水平明显提升，符合政策生育率达95.79%。五是物价总体稳定。全区物资供应充足，粮食类价格保持稳定态势，肉、禽、蛋类涨跌互现，全年居民消费价格总指数约为101.1，控制在国家和省调控目标范围内。六是“四关爱”工作全面启动。强化“双线、七长、九平台”关爱机制，全方位、多举措推进“四类人员”的关爱救助工作。

【生态建设稳步推进，绿色发展巩固提高】 一是大力实施林业生态工程，完成各类营造林任务19.02万亩，森林覆盖率达50.42%。二是加大节能减排工作力度，严格节能目标考核，实行动态跟踪管理；积极配合省、市开展辖区内“万家企业”、用能单位能源利用状况监察工作；加强审批项目源头管理，积极推行固定资产投资项目节能登记、审查和评估办法，严禁不符合产业政策项目落地。三是狠抓环境保护工作，完成20.1公里倒天河水库隔离网工程；开展污染防治及环境综合整治，削减化学需氧量6055.43吨、氨氮561.25吨，主要污染物排放量均控制在省、市下达的指标范围内。

【改革开放有序推进，发展活力不断激活】 有序推进行政体制、经济社会等重点领域和关键环节的改革试验工作，区内发展活力不断激活。主动融入长江经济带、珠三角经济圈和黔中经济区，积极开展与深圳罗湖区、重庆渝中区的对口合作，全区开放水平不断提高，新能源汽车、光电照明、制衣等各种产品出口贸易大幅提升，对外贸易额达1.72亿美元。

【规划纲要编制完成，勾勒未来美好蓝图】 《毕节市七星关区国民经济和社会发展第十三个五年规划纲要（草案）》已编制完成。纲要立足我区新常态实际，彰显五大发展理念，聚焦全面小康和决战贫困，勾勒未来五年全区经济社会发展蓝图，将成为全区上下未来五年的行动计划。

【2016年经济指标】 在区委的正确领导下，在区人大和区政协的监督、支持、帮助下，努力克服经济下行不利因素影响，紧紧围绕区一届人大五次会议确定的各项目标任务，牢牢把握主基调主战略，全面践行五大新发展理念，主动适应经济发展新常态，以守底线、走新路、奔小康为总纲，以“开局就是决战，起步就是冲刺”的劲头，统筹做好稳增长、促改革、调结构、惠民生、防风险各项工作，全区经济运行开局有力，调度有序，精准有效，全区经济社会实现了持续快速健康发展。预计实现地区生产总值333.4亿元，同比增长13%，其中，第一产业增加值66.04亿元、同比增长6%，第二产业增加值106亿元、同比增长10.1%，第三产业增加值161.4亿元、同比增长20.9%，三次产业结构比为19.7：32：48.3，逐步趋于优化；全部工业

增加值85.72亿元、同比增长8.1%；500万元以上固定资产投资226亿元、同比增长19.4%；公共财政预算收入24.23亿元、同比增长7.27%；社会消费品零售总额121.53亿元、同比增长13.2%；农村常住居民人均可支配收入达7821元、同比增长9.9%；城镇常住居民人均可支配收入达26681元、同比增长8.4%。面对宏观经济持续下行压力，特别是在经济增速稳中缓降的情况下，实现了结构优化，效应增强，主要指标处于合理区间，经济运行总体平稳。

【农业产业化有序推进】 农业产业发展步伐加快。继续实施粮食增产工程。粮食总产量达46.01万吨，高于40万吨的计划预期；积极推进现代烟草农业基地单元建设，完成烤烟种植4.8万亩、烟叶收购11.5万担。省级农业园区4个，入驻企业和合作社53家，实现产值3.6亿元，带动农民1.5万人。

【新型工业化势头强劲】 七星关经济开发区功能和产业布局进一步完善，引进新能源汽车、新型建材、电子科技等产业，园区入驻企业58家，实现工业总产值30亿元、工业增加值8.79亿元。清丰建材产业园、何官屯孵化园等8个乡镇园区入驻企业47家，实现产值1亿元。煤电烟酒传统重点产业加速转型升级，新能源汽车、LED等高新技术和战略性新兴产业呈现旺盛发展态势。

【现代服务业高端集聚】 鸡鸣三省、七星古城等景区建设加速推进，基本建成国家森林公园拱拢坪景区、小河彝族风景区、朱昌农业观光园区等景点景区。成功引进阿里巴巴农村淘宝、京东商城等40家电商企业入驻电子商务产业园，区－乡－村三级物流集散营运体系基本建成，初步形成线上线下互动创业创新格局。商贸物流服务业发展迅速，创美农副产品批发市场、毕节小商品综合批发市场等一批专业市场建成投入使用；桂花市场、石桥边物流园区等项目建设进展顺利。交通运输、信息咨询、餐饮业稳步发展。

【项目建设稳步推进】 一是扎实开展项目谋划储备。紧密围绕国家产业政策和投资意向，积极谋划基础设施、产业发展、社会民生等方面项目，全区项目库累计储备项目2172个，项目总投资2068.4亿元，已全部进入“国家重大项目库”平台系统，形成了“梯次明显、结构优化、接续有力”的项目储备格局。二是积极向上争取项目。抓住国家组织实施“十三五”规划和支持试验区发展的有利时机，加强向上对接沟通，重点做好中央预算内投资和专项建设资金项目争取工作。共向上争取到中央投资项目59个，项目总投资4.96亿元，其中中央投资2.6亿元，项目已全部开工建设；争取中央专项建设基金项目39个，总投资459.88亿元，申请专项建设基金90.37亿元。三是加快推进项目建设。以重大工程和重点建设作为促投资稳增长的有效措施和有力抓手，采取项目集中开工和项目观摩、“百日会战”等方式，促进项目尽快开工建设，推动项目按计划建成投产。全区列入省、市重大工程和重点项目共95个，项目总投资587.39亿元，其中：省重大项目25个，总投资330.15亿元，完成投资79亿元，占年度计划的114.2%；市重大项目70个，总投资257.24亿元，完成投资84.93亿元，占年度计划的116.3%。

【基础建设不断完善】 以“五城同创”为引领，围绕“一城三园五组团”城市框架体系，努力打造产城一体中心城区。一是突出抓好中心城区建设。启动环城快速通道、林荫大道、百里杜鹃大道东段和同心新区石桥边物流园区道路建设；推进发展路、德溪新区四号路、兴海大街东段、倒天河治理三期工程建设；完成观水路一二标段、常青路、同心大道上下营支线和天河路与环北路连接建设，城市网络通讯、电力设施、给排水、市场、公厕、垃圾清运等市政设施日臻完善。二是农村基础设施不断完善。启动大箐至二龙关，草堤至总溪河、海子街至卧牛河3条省道前期准备工作，实施椅子房至团结等3条县乡道改造

25.41公里；实施生机至杨柳湾、普宜至大屯2条县乡公路大修，实施通村油路（水泥路）窄路面加宽工程计划6条25.3公里，实施小康路共计2883.5公里，其中通村路共289个项目1040.39公里，通组路共1095个项目1121.26公里，连户路共2533个项目591.28公里，人行步道共406个项目130.57公里，预计总投资7.3亿元。快速推进双河口水库、龙官桥水库建设工作，配合作好夹岩水利枢纽工程建设。全力推进农网升级改造、配电网升级改造等供电通讯设施建设，积极支持3G和4G通信、宽带和光纤网络等通讯建设。三是人居环境不断改善。启动实施“贵州民居”建设4000户。181个“五在农家·美丽乡村”创建工作有序推进，完成农村危房改造5584户。

【民生事业协调发展】 一是社会保障不断完善。实现城镇新增就业11150人、失业人员实现再就业2160人、农村劳动力转移就业20895人，城镇登记失业率控制在4.1%以内；社会救助水平明显提高，实现城乡低保“应保尽保”。二是教育事业长足发展。以“控辍保学”为核心，深入实施教育“普十五”计划，学前三年毛入园率86.53%，“三残”儿童少年入学率90.95%，九年义务教育巩固率98.66%，幼儿园“两教一保”达标率90.11%。完成23所薄弱学校改造，毕节二十小建成并投入使用，实现农村义务教育阶段营养餐全覆盖。三是卫生事业不断进步。强力推进区二医、区肿瘤医院建设项目。10个乡镇卫生院标准化建设全部完工，实现乡镇卫生医疗全覆盖。“四位一体”的农村医疗保健服务体系建设不断完善；人口和计划生育服务水平明显提升，符合政策生育率达91.4%。四是“十件民生实事”圆满完成。完成易地扶贫搬迁2286户8416人。建成同心城市公园和北镇关公园，改造提升虎踞山公园和德溪公园向市民开放。建成3个农贸市场、1个专业木材市场、7个公厕，春节前基本建成毕节八中门口跨河人行桥，全面推进4个城市立体停车场建设。开通6条农村客运班线，新增投放160辆城市出租车。新增巩固提升15万人农村饮水安全工程，倒天河水厂改扩建有序推进。超额完成1.1万户城市棚户区改造任务，完成农村危房改造5584户，全面开工建设保障性安居工程1000套。建成42个城乡就业和社会保障平台，落实“3个15万”扶持政策，新增带动就业4000人。建成100个山村幼儿园并投入使用；整合资源启动区第三实验学校、区第一实验学校扩建工程，开工建设区第二、第四实验学校。文化馆、图书馆建设有序推进，建成区全民健身活动中心和14个村级农民体育健身工程，公益电影放映实现村村覆盖。五是物价总水平基本稳定。全区物资供应充足，粮食类价格保持稳定态势，肉、禽、蛋类涨跌互现，在合理区间运行，全年居民消费价格指数约为2%，控制在国家和省调控目标范围内。六是“四关爱”工作全面启动。强化“双线、七长、九平台”关爱机制，全方位、多举措推进“四类人员”的关爱救助工作。

【生态建设成效显著】 一是大力实施林业生态工程，完成各类营造林任务30.54万亩，森林覆盖率达51.73%。二是加大节能减排工作力度，严格节能目标考核，实行动态跟踪管理；积极配合省、市开展辖区内“万家企业”、用能单位能源利用状况监察工作；加强审批项目源头管理，积极推行固定资产投资项目节能登记、审查和评估办法，严禁不符合产业政策项目落地。三是狠抓环境保护工作，完成倒天河水库环境综合整治项目；开展污染防治及环境应急工作，化学需氧量、氨氮进一步削减，主要污染物排放量均控制在省、市下达的指标范围内。

（撰稿人：陈定德）

国土资源管理

【概　述】 2012—2016年，是全区经济社会提速赶超的重要时期，也是检验国土资源保障能力和服务水平的重要时期。这五年来，全区国土资源系统在区委、区政府和市国土资源局的领导下，以保护资源强基础，保障需求促发展，统筹协调求突破，积极服务谋转型，不断探索建立国土资源管理共同责任体制，健全国土资源工作监督机制，采取目标管理、量化考核等有效措施，实现了保发展、保红线、保增长、保民生的工作目标，经受各种自然灾害的考验，巩固安全生产成果，营造了和谐、稳定的发展环境，不断推动全市经济建设和社会进步。

【土地管理】　五年来，七星关区大力推进土地整理复垦开发和高标准基本农田建设，争取并实施城乡建设用地增减挂钩工作试点、低丘缓坡未利用土地开发利用试点，积极补充耕地，储备新增耕地指标49185亩，保持了耕地总量动态平衡，稳定基本农田数量，进而保证了用地报批工作顺利开展。在上级的关心下，5年来，扣除毕节经济开发区、双山新区、南部新区用地，全区报经国家、省政府批准用地51批（宗），面积34655.81亩。完成建设用地供应328宗，供应面积34187.63亩，收缴土地价款90.12亿元。在切实保障工业化、城镇化建设用地的同时，又筹集了必要的发展资金。

【矿政管理】　切实加强矿政管理，通过减少数量，提高产能，节约集约利用资源，为矿业经济不断壮大努力夯实基础。五年来，积极开展砂石土资源采矿权整合，设置大型石材基地采矿权，共关闭砂石土资源采矿权101宗，从原来的208宗减少至目前107宗。积极配合做好煤炭企业兼并重组工作。现已有27宗煤矿进入集团公司（另有3宗煤矿因资金等问题尚未加入），完成25宗煤矿兼并重组过户登记。配合做好整装勘查工作。协助开展“贵州省毕节市中东部地热水资源整装勘查”工作，鸭池镇上坝地热勘探孔（CK1）项目已完成，钻孔2301.21余米，进口水温51.5°C，日出水量400方，待专家评审评审后汇交地质资料。支持“四在农家.美丽乡村”建设，设置通村油路（水泥路）建设专用临时采石场54个，积极履行职责，应保尽保，及时供给砂石。加强矿产资源开发利用管理，共收取采矿权价款2116.52万元，矿产资源补偿费1162.2045万元，督促矿山企业缴存矿山环境治理恢复保证金6053.785万元。

【地籍测绘】　严格保护测量标志，加强测绘市场管理。配合开展全区第一次地理国情普查工作。做好土地登记工作。完成国有划拨土地使用权初始登记107宗，国有出让土地使用权初始登记203宗，国有出让土地使用权变更登记11084宗，抵押登记286宗，颁发宅基地使用权证211530本。认真开展确权工作。依法受理土地确权案件23件。开展示范小城镇及精细化确权登记发证工作，完成了清水铺镇、青场镇两个建制镇区域权属调查工作、涉及宗地3400余宗；继续推进不动产统一登记试点工作，完成了职责整合、机构建设、窗口建设，试点村权籍调查等工作，在对地物地貌航拍锁定的基础上，完成486宗房地一体地籍调查外业工作，录入相关数据。共颁发了46本不动产权证，为群众资产变资本、推进农村经济发展进一步夯实基础。同时，启动不动产登记信息管理平台建设工作。

【地质灾害防治】　积极加强地质灾害防治，切实推进地质灾害“高标准十有县”建设，群测群防监测网络体系不断完善，全区269个隐患点全部落实监测，并争取上级投资7682.26万元，实施治理工程26个，消除了8853余人面临的生命财产安全隐患。

【执法监察】　五年来，按照依法行政的有关要求，开展动态巡查14282次，切实保护资源。配合开展打击非法采煤采矿工作，实现常态化管理。认真做好信访维稳工作，接待来访530起，办理上级转办信访案件256件。立案查处违法案件82宗，没收违法建筑21591.06平方米，拆除违法建筑面积98740平方米，收缴罚款478.7399万元。依法配合办理行政复议案件5件、行政诉讼案件14件。国土资源开发利用秩序进一步规范。

【五年的成就】　（一）全省2016年突发性地质灾害应急演练在七星关区举行。2016年4

月28日，全省2016年突发性地质灾害应急演练活动在我区举行，演练以大数据战略为依托，采取“互联网+地质灾害预防”模式，通过贵州省地质灾害监测预警与决策支持平台，率先在全国开展地质灾害远程应急演练，实现国家、省、市、县四级应对突发性地质灾害的互联互动。（二）七星关区获国土资源部评为“全国第三届国土资源节约集约模范县（市）”。

2016年6月，七星关区获全国第三届国土资源节约集约模范县（市）荣誉称号。区国土资源局走“科技国土”创新管理路子，从土地、矿产、测绘、地灾防治等方面融入科技化、信息化管理手段，进一步增强了管理措施的及时性、有效性，实现了无序扩张、粗放浪费的传统资源供应模式向节约集约利用的转变。（三）毕节鸡鸣三省·贵州地质公园获批复同意预命名。已获批复同意预命名，标志着我区地质公园建设第一次迈出了实质性的步伐。省级地质公园将切实发挥“鸡鸣三省会址”红色文化与“地质公园”生态旅游相互融合提升的作用，推进鸡鸣三省复合型旅游景区项目建设，促进地质遗迹科学保护，助推七星关区旅游产业发展升级和精准扶贫开发工作，促进农民增收致富。

（撰稿人：办公室）

市场监督管理

【概　述】 2014年11月23日，七星关区人民政府印发毕节市七星关区市场监管局三定方案，将原毕节市七星关区工商行政管理局、毕节市七星关区食品药品监督管理局、毕节市七星关区质量技术监督局职能职责整合，成立毕节市七星关区市场监督管理局，属区人民政府工作部门。单位组建以来，在区委区政府的领导和关心下，按照“三定方案”要求，完成了原工商、质监、食药监承担的职能及区商务管理部门的酒类流通管理职责的整合及市场监管局的组建；在编委办及组织、人事、财政等部门的大力支持下，完成了原相关机构人员编制、经费划转；在机构改革期间，局党组结合实际，本着“大稳定小调整、轻机关重基层”的原则，顺利完成了干部职工的岗位调整，基层力量进一步充实，并实现了人员年龄结构、文化层次的优化组合。以此为标志，我区市场监管机构改革全面完成，统一高效的市场监管大格局形成。

【商事制度改革】 近年来，该局持续深化商事制度改革，市场准入环境更加便利。在巩固和扩大“先照后证”、“三证合一、一照一码”改革成果的基础上，落实国务院“五证合一”、“两证整合”改革部署，不断简化办事流程，方便办事群众，激发市场主体活力。2014年，全区新增市场主体11841户，注册资本金55.5亿元，分别同比增长16%、94%。截至2014年底，全区市场主体突破4万户，达到45334户；注册资本金突破100亿，达到125.1亿元。2015年，全区新增国营企业55户，注册资本203031万元，新增私营企业1656户，注册资本589406万元；新增个体工商户4607户，注册资金48568万元；新增农民专业合作社254户，资金数额55922万元。其中，与2014年同期私营企业1232户、农专社117户相比，分别增长34.4%、117.1%。全区私营企业呈现较快发展势头，改革红利进一步释放。2016年底，全区共有民营市场主体6.2万户，注册资本787亿元。新增各类企业3089户，注册资本447亿元；新增个体工商户7383户，注册资金35.1亿元；新增农民专业合作社305户，资金数额6.2亿元。

【市场监管】 2016年初研究制定《网格化监管工作实施意见（试行）》，按照“划分网格、责任到人、监管留痕、规范管理”的管理模式，根据区域和行业特点，将七星关区划分为88个网格，现已完成全区食品药品监管大格局构建，完整掌握全区食品药品市场主体基本信息，并打造出生机、湖南商会、三十米大道餐饮一条街等一批亮点示范网格。

【食品药品安全监管】 2014年，强化食品药品监管，保障群众用药安全和“餐桌”安全。全面推进“地方政府负总责、监管部门各负其责、企业第一责任人”的食品药品监管模式，统筹推进城乡食品药品安全监管，改革监管手段，着力推进网格化监管，组织开展食品药品、医疗器械专项整治工作，查处食品药品违法案件64件，成功查办了“罗平”不合格菜籽油案，没收不合格菜籽油21348公斤，社会反响良好。一年来，全区没有发生一起重特大食品药品安全事件。

2015年，坚持治标与治本并举、整治与建制相结合，进一步强化和落实各方责任，充分发挥市场机制、行业自律和社会监督作用，着力提高食品药品产业整体素质，全面提升全区食品药品安全工作水平。全年共培训食品药品生产经营人员709人次，发放相关宣传资料22500份；共抽检211个食品品种，对不合格的5个批次食品，各罚款2000元，对食品标签不合格的7户生产企业进行约谈；认真组织开展“元旦、春节”、“元宵节”、“两节、两会”、“五一”、“国家公务员、高考”期间及“十一”黄金周期间食品药品安全专项整治，检查各类食品药品经营单位及学校“营养餐”食堂23357户（次），下达监督意见书、责令整改通知书150余份；积极开展药品行政审批和换证工作，全年共完成216户申报、换证、备案、GSP认证工作；完成市局下达的药（械）不良反应目标任务数的145%；查处各类食品药品违法案件64件，比去年同比增长57.1%。特别是10月份，我局对城区食品商行进口冷冻食品进行检查，查扣无中文标示、部分无检验检疫合格证的进口冷冻食品17.8吨，货值金额达32.37万元，获得了良好的社会反响。2016年，创造性引导成立湖南商会洪南农贸市场等行业自律小组，打造食品监管示范区；全年共出动执法人员458人次，检查辖区学校食堂498个次，检查幼儿园食堂42个次，检查学校及周边食杂店户及餐饮经营户860户次；查处食品违法案件21件，结案19件（移送公安机关2件）。全年办理新申办药品经营企业29户，办理药品经营许可证变更换证88户，完成乡镇零售药店GSP认证12户，药品经营企业GSP跟踪检查87户，完成任务数114%，上报药品不良反应病例1900份，完成全年任务数的136%。全年未发生任何药品安全事故。

【特种设备安全监管】 2015年，以防止和减少事故为目标，全面贯彻落实“安全第一，预防为主、综合治理”的方针，不断加强特种设备安全监察工作力度。全年共出动执法人员246人次，检查特种设备使用单位86家（次），检查特种设备1326余台，开展维保电梯自查自纠426台，下达监察指令书36份，发现隐患126条。特别是8月25日，由交通运输部党组成员刘小明率队的国务院安委会综合督查组到我区合力超市和佳诚超市检查消防、电梯安全工作，并肯定了我局对自动扶梯的监管工作；9月16日，省质监局副局长徐国骏率队赴七星关区督查特种设备安全等工作，徐国骏局长在听取我局特种设备安全工作汇报后给予了充分的肯定。一年来，我局圆满完成“全省第一次项目观摩会”、“海峡两岸生态农业发展交流会”、“全省留守儿童困境儿童关爱救助保护工作现场推进会”、“毕节市委召开的一届七次会议”等26次重大会议和接待期间的特种设备安全保障工作。一年来，我区未发生一起特种设备安全事故。2016年，依托贵州省特种设备监管大数据平台，以信息化为手段，筹划创建七星关区省级电梯管理示范区。12月2日成立全市首家电梯安全行业协会，推进行业诚信体系建设，提升电梯管理能力与水平，推进电梯安全社会共治共享。全年共检查电梯、起重机械、锅炉和油气输送管道、压力容器及大型游乐设施等特种设备100余家，检查特种设备716台，下达监察指令书61份，与特种设备使用单位签订《特种设备使用单位目标责任书》120份，与维保单位签订安全目标责任书36份，立案查处各类违法使用特种设备行为45起。全年未发生食品药品、产品质量、特种设备安全事故。

【产品质量安全监管】 近年来，该局着力实施“质量兴区、品牌兴区”战略，经济产业结构日趋合理。2015年，全系统认真贯彻落实市委市政府、区委区政府实施质量兴区战略的决策部署，坚持走以质取胜的发展道路，将质量兴区、品牌兴区作为加快试验区科学发展、升级发展的重要举措。全年共签订质量兴区目标责任书15份，召开产品质量分析会3次；积极推动12家企业纳入贵州省名牌产品培育对象、2家企业纳入贵州省服务业名牌培育对象；积极开展农产品商标、地理标志注册与保护工作，2015年，我局申报的“毕节白萝卜”和“毕节白蒜”等地理标志证明商标已通过评审。全年来，培育指导申报贵州省著名商标4件，指导新注册商标98件，其中农产品商标19件，指导新注册商标件数同比增长5.38%；查处商标侵权案件39件，办理各类违法有关质量技术监督法律法规的执法案件25件，同比增长14.3%。通过质量兴区与品牌兴区战略的实施，我区产业市场竞争力进一步提升。2016年，制订出台《质量发展三年行动计划2016年任务措施》、《质量兴区目标责任书》，保障质量兴区工作顺利开展；以名牌创建为切入点，积极引导企业保质量、促发展，指导农产品商标和地理标志商标注册，加大对企业认定商标的支持力度及知名企业、知名品牌商标专用权的保护力度。

【行政执法】 近年来，该局严格依法行政，执法工作更加有力。一是建立行政执法联动机制。2015年，该局围绕依法治区的总体要求，通过进一步理顺执法体制，严格办案程序，提高案件质量，推动依法行政工作再上新台阶。全年共拟定《毕节市七星关区市场监督管理局2015年依法行政工作方案》、《<毕节市七星关区市场监督管理局行政处罚案件程序管理办法>（试行）及成立立案中心的通知》等62个制度和文件，评查各类行政执法案卷612件，同时完成执法主体、执法文书、执法证的统一工作，实现以“市场监管局”名义统一对外执法；悬挂各类法律法规宣传横幅75幅、展出宣传展板40块、提供咨询6千余人次，发放宣传资料33000余份；组织执法人员340人（次）参加质量、计量、标准化、特种设备监管知识等培训；全年组织召开案件评审会集体讨论案件40件，办结行政处罚案件179件，完成一般行政指导5700件，8件“项目+案例”行政指导，行政指导件数与去年同期相比增长26.4%。全年无行政复议案件及行政诉讼案。2016年，该局与毕节市公安局七星关分局、区人民检察院建立《市场监督管理行政执法与刑事司法衔接配合工作制度》，以服务常规执法办案为引领，紧密联合各办案部门，加强协作与支持，形成规范有序、高效联动、执法有力的常态化联动机制。二是扎实开展行政执法业务培训。以提高履职能力为核心，以改革重点任务、行政执法难点问题、市场监管新法规、新职能、新热点为内容，重点抓好基层分局干部职工的集中培训，2016年，全系统108位同志通过培训获得行政执法资格。三是进一步完善行政执法程序。完善并落实执法公开制度，做到执法主体、执法事项、执法依据全公开；严格执行《行政处罚案件核审办法》，一般程序处罚案件核审率达100%。2016年，共办结行政处罚案件234件，罚没金额340余万元，召开案件评审会62件次。

【商标品牌发展】 2014年，共指导新注册商标93件，培育贵州省著名商标4件，指导相关企业完成了乌蒙春烨、亚群夜郎、图佳、碧春等贵州省著名商标延续工作，完成了毕节白蒜、毕节白萝卜地理标志商标的申报工作，两件地理标志商标已被国家工商总局商标局受理。2014年底，全区共有商标681件，其中贵州省著名商标10件；在培育商标的同时，我局进一步加大了商标专用权保护力度，全年共查处商标侵权案件47件。通过商标战略的实施，提高了我区产品的附加值和知名度，品牌效应进一步发挥。2015年，培育指导申报贵州省著名商标4件，指导新注册商标98件，其中农产品商标19件，指导新注册商标件数同比增长5.38%；查处商标侵权案件39件，办理各类违法有关质量技术监督法律法规的执法案件25件，同比增长14.3%。通过质量兴区与品牌兴区战略的实施，我区产业市场竞争力进一步提升。2016年，全区共有4个产品获得贵州省名牌产品，共指导申请商标246件。“毕节刺梨”、“毕节柑橘”、“康降都督府”等特色商标列入申报项目，“毕节王傻子烧鸡”、“毕节朱昌核桃”、“七星关区四腮鱼”作为地理标志保护产品资源，“毕节白萝卜”被贵州省质量技术监督局列入地理标志产品重点培育名录；富泽新能源车、腾盛电动车、明钧玻璃、贵州衣行、华耀服装等制造业品牌正逐步崛起；“鸡鸣三省”等服务业品牌也日益壮大。

【消费维权】 近年来，该局倾力服务维权，消费环境更加放心。2015年，全年共发放宣传资料共18000余份，提供消费咨询360余人次，发布消费警示、提示、忠告8期，实施消费指导6期；全年共受理投诉172件，调解达成协议165件，为消费者挽回经济损失162.36万元。积极查处流通领域和服务领域侵害消费者权益案件，2015年共查处涉嫌掺杂使假和销售劣质商品的违法案件28件，罚款29.42万元；查处服务领域严重侵犯消费者合法权益的案件2件，罚款1.3万元；查处虚假宣传、欺诈消费者、利用格式合同或格式条款免除消费者权利、加重消费者义务、免除经营者义务等的案件40件，罚款17.13万元。2016年继续深化“放心消费在七星关”创建活动，切实把消费维权作为一项发展工程、民生工程、法治工程抓紧抓好。2016年，共受理投诉举报案件230件，办理“诉转案”案件2件，罚款5.18万元；指导企业快速解决小额消费纠纷17件。

【微型企业扶持发展】 严格贯彻落实“3个15万”扶持微型企业发展的决策部署，以“政府统一领导、微企办统筹协调、市场监管局牵头推进、相关部门协作配合”为工作机制，着力推进大众创新、万众创业，全区扶持微型企业发展工作取得新成效。2014年，全区共发展微型企业450户，解决就业3020人，户均带动6.7人就业，金融机构向微企提供贷款533万元。2015年底，我区共扶持发展微型企业450户，提前一个月全面完成全年扶持目标任务，注册资金达6234万元，解决就业2304人。2016年，成功受理397户，开展评审会7次，评审通过符合条件微型企业350户。

【党风廉政建设和干部队伍建设】 近年来，该局全面从严治党，干部队伍和党风廉政建设成效更加显著。2014年，全系统紧紧抓住“为民、务实、清廉”主题，坚持“照镜子、正衣冠、洗洗澡、治治病”的总要求，突出抓好“四风”整治和作风建设，取得良好效果。活动中，共收集各类意见建议137条，并针对文山会海、庸懒慢浮贪、奢侈浪费、会所歪风等突出问题，边查边改，立行立改，领导班子制定整改措施18条，建立修订完善制度24个，清理腾退超标办公用房180平米，查处公车私用1起；积极争取相关部门支持，协调配套资金13万元，对联系点八寨镇岩口村、板厂村硬化通村路9.8公里。认真贯彻落实上级党风廉政建设工作会议和纪检监察“三转”工作会议精神，全面抓好党风廉政建设党组主体责任和纪检组监督责任落实，及时调整纪检组长分管工作，完成了纪检监察机构参与的协调议事机构清理，使纪检监察工作回归主业；盯紧元旦、春节、中秋、国庆等重要节点，组织开展了收送礼品礼金、公款吃喝、奢侈浪费、公车私用等违反中央“八项规定”和省市区委“十项规定”行为的明查暗访，查处违反中央“八项规定”和省市区委“十项规定”人员20人；认真落实七星关区治理城乡滥办酒席借机敛财不正之风实施意见，实行婚嫁酒席申报备案制度，全年未收到违规酒席的举报或反映；认真做好案件线索报告和管理工作，全年受理信访举报4件，调查澄清2件，立案调查2件（其中移送区纪委处理1件），党纪政纪处分2人。2014年8月，我局廉政文化进机关工作被区纪委推荐为全市廉政文化“六进六增”示范参评单位。2015年，全系统结合“三严三实”专题教育，坚持干部职工每周一政治业务学习，积极组织开展“百万公众网络学习工程”在线学习活动，充分利用贵州数字图书馆资源以及无纸化学法用法平台，丰富学习内容、学习形式；狠抓制度建设，促权力规范运行。全年共制定印发《毕节市七星关区市场监督管理局干部岗位调整管理实施意见》、《毕节市七星关区市场监督管理局干部作风问责办法（试行）》等30余个制度，公开权力运行监督事项387件；认真落实党风廉政建设主体责任，签订160份党风廉政建设责任书；深入开展民生铸廉整治、“为官不为”、纪律作风等专项整治，对违反工作纪律的4名干部予以问责，给予全系统通报批评、责令作出书面检查、扣发2015年度1个月绩效奖励处罚；全年共考察出中层干部29名，其中包括2013年以来新进的5名公务员，树立正确用人导向，完善选人用人机制；我局按照区委安排，选派8名驻村干部、9名驻村“第一书记”以“精准扶贫”为主线，立足市场监管职能职责，深入开展送照下乡、法律宣传、微企服务、消费维权及亲切慰问等多种形式，切实开展同步小康驻村工作，有力加强干部队伍作风建设。2016年，科学制定《廉政与监管风险防范管理实施办法》，按潜在风险详细梳理行政审批、市场监管、行政执法、队伍管理及财务管理过程中各类风险点目录80条，并划分A、B、C三类风险等级及红、黄、蓝三类预警等级，同时对照制定防范措施91条；先后制定《毕节市七区关区市场监督管理局查岗制度》等制度，进一步明确带薪休假、请假、考勤制度；隆重召开纪念中国共产党建党95周年会议、学习党的十八届六中全会精神专题会议，并在全系统开展学文朝荣、学先进、学典型活动。二是着力推进干部队伍建设。全年共招录公务员19名，事业人员6名，划转食品药品监管人员41人；坚持每周一政治业务学习；制定《干部岗位调整管理实施意见》。三是扎实开展“两学一做”学习教育。成立学习教育领导小组，制定学习教育实施方案，重点对《中国共产党章程》、《中国共产党廉洁自律准则》、《中国共产党纪律处分条例》和《习近平总书记系列重要讲话读本（2016年版）》进行学习，进一步提高全体党员的思想认识，筑牢思想基础。

（撰稿人：办公室）

安全生产监督管理

【概　述】 2012－2016年，七星关区安监局在区委、区政府的正确领导下，在市安监局的指导下，以邓小平理论和“三个代表”重要思想为指导，用科学发展观统领安全生产工作，坚持“以人为本”的思想理念和“安全第一、预防为主、综合治理”的工作方针，紧紧围绕区委、区政府的中心工作，立足建立健全安全生产长效机制，认真贯彻党中央、国务院及省、市、区的一系列工作部署，认真执行《安全生产法》等法律、法规，扎实开展安全生产隐患排查治理工作，实现了隐患排查的经常化、规范化、制度化，很好地完成了2012－2016年安全生产各项工作目标任务。

【指标控制】 2012－2016年，除2013年煤矿发生1起事故死亡1人、2014年加油站发生1起事故死亡1人、2015年煤矿发生1起事故死亡1人外，该局直接监管的非煤矿山、烟花爆竹、工贸行业均实现了“零事故、零死亡”。

【及时安排部署、落实监管责任】 每年年初制定了《年度安全生产工作安排意见》，进一步明确全年的指导思想、工作目标、工作措施及工作任务。及时召开全区安全监管工作会议，对如何抓好全年安全监管工作进行了具体的安排部署，还采用以会代训的方式对安全监管执法人员开展安全监管培训，提升安全监管能力与水平。多次召开煤矿、非煤矿山、危险化学品、烟花爆竹等方面的专题会议，有针对性地对这些行业领域的重大事项进行研究部署。年初，与各镇乡办事处及区安委会成员单位签订了《全年安全生产目标管理责任书》。按照“属地管理、分级管理、条块结合”的原则，要求各负有安全生产监督管理职责的部门、各镇乡办事处安监站严格落实安全生产责任制，把安全生产责任指标层层分解到基层、到人、到岗，形成了各司其职、各负其职、齐抓共管的工作局面。

【精心谋划管控、认真组织实施】 严格执行全年监管执法计划，并以重点时段，重要节假日期间安全生产工作为重点，精心安排部署春运、春节、两会、五一、汛期、国庆等期间安全生产检查活动。通过全面、深入的监督检查和隐患排查治理，切实消除了生产建设过程中人的不安全行为、物的不安全状态和管理上的缺陷。2012－2016年，该局直接监管的煤矿、非煤矿山、危险化学品、烟花爆竹、工贸行业共开展安全生产监督检查和隐患排查治理8082家/次，查出一般事故隐患27210条，整改完成20210条，整改率100%，实施行政处罚220.29万元。1. 煤矿：一是积极推进煤矿节后复产复工，每年联合区工能局对区内煤矿企业上报的“三项计划”进行会审并确认备案。二是抓源头管理和重大灾害防治，深入开展隐患排查治理。2013－2017年，共开展监管检查巡查5879矿/次，查出一般事故隐患14258条，整改完成14258条，整改率为100%，实施行政处罚82.1万元。三是及时出台推行煤矿安全生产关键环节管控、自证合法等实施细则，狠抓企业主体责任落实。四是高标准严要求完成市下达的质量标准化建设任务。2. 非煤矿山：一是根据市、区非煤矿山企业节后复工复产文件要求，严格要求、严格标准、严格程序做好非煤矿山企业节后复工复产验收工作。二是根据《省安委会办公室关于开展红花岗区、七星关区两个非煤矿山重点县（区）安全生产攻坚克难工作综合评估的通知》（黔安办函〔2016〕23号）文件要求，全力组织开展非煤矿山安全生产攻坚克难迎评工作，并于2016年9月顺利通过省非煤矿山安全生产攻坚克难考评组验收，成功从全国非煤矿山重点县（区）名单调出。三是深入开展企业安全生产标准化建设，严格非煤矿山标准化审核程序，加强对标准化评审组织单位、评审单位和评审人员的管理。严格按照要求做好矿山整合关闭工作，提请区人民政府依法对证照到期且不具备安全生产条件的非煤矿山企业进行关闭，按时按要求完成市政府下达的年度关闭任务。四是抓关键环节管控，根据市安委办关于关键环节管控工作的相关要求，严格实行地下矿山十项关键环节管控和露天矿山六项关键环节管控，全面提升非煤矿山安全生产水平。五是认真开展安全生产宣传教育，组织非煤矿山监管人员、企业负责人及管理人员进行培训，2012－2016年，共计培训安全监管人员668人/次，非煤矿山企业负责人及安全管理人员478人/次，非煤矿山从业人员2659人/次，实现100%岗前培训、100%持证上岗。六是全面深入开展非煤矿山隐患排查治理和打非治违工作，2013－2017年，共检查非煤矿山企业1221家/次，查出一般事故隐患9044条，整改完成9044条，整改率100%，实施行政处罚77.8万元。3. 危险化学品及烟花爆竹：一是加强对危险化学品和烟花爆竹生产经营企业监督检查。2012－2016年，对危险化学品和烟花爆竹生产经营企业开展监管检查627家/次，查出一般事故隐患2377条，整改完成2377条，整改率达到100%，实施行政处罚54.89万元。二是狠抓烟花爆竹生产经营企业“三超一改”（超人员、超药量、超范围、改变工房用途）、“三违”（违章指挥，违规操作，违反劳动纪律），督促2家烟花爆竹生产企业成立安全管理机构、完善调度室建设、落实药物和产品流向登记、建立健全机械设备检修检测制度等。三是切实督促指导各危险化学品和烟花爆竹企业修订和完善隐患排查治理制度，确保隐患排查治理工作制度化、标准化、精细化、常态化，在所有企业全部落到实处，使隐患排查治理真正成为企业安全管理的主抓手。4. 冶金等工贸行业：一是认真开展节后复工复产各项工作和关节环节管控工作；二是认真开展工贸行业安全监管检查。2012－2016年，共检查工贸企业355家/次，查出一般事故隐患1531条，整改完成1531条，整改率100%，实施行政处罚5.5万元。三是认真履行全区安全生产综合监管职责，按要求检查铁路、高速公路、水库、道路交通、建筑施工等重点工程项目，及时完成区政府安排的紧急避险工作。

【强化宣传教育、增强安全

意识】 一是宣传方面。以全国安全生产月活动为契机，相继开展“书画比赛和摄影作品征集活动、安全生产应急预案演练活动、演讲比赛、安全生产知识抢答赛等活动；并结合6.16咨询日、6.26禁毒日、11.9消防日、12.4宪法日等活动平台。2012~2016年，共发放安全生产宣传挂画1000套，《安全生产小常识》5万册，安全生产宣传纸杯50万个等。二是教育方面。根据年初培训工作计划，2012~2016年，共组织全区煤矿、非煤矿山、危险化学品、烟花爆竹、工贸企业主要负责人、安全生产管理人员、从业人员及安全监管人员进行安全教育培训（复训）9116人/次。

【强化应急管理、增强救灾能力】 为加强全区生产安全事故应急救援预案管理工作，充分发挥应急预案的功能，全面提升应急管理能力和水平，我局以强化应急预案编制、评审、备案工作为重点，力求安全生产应急预案全覆盖，积极开展安全生产应急演练工作，加强安全生产应急管理培训，广泛开展应急预案管理宣传教育。认真贯彻落实《生产安全事故报告和调查处理条例》的有关规定。严格按照“四不放过”的原则处理生产安全事故，查明事故原因，查清事故性质，提出处理结果。定期对事故进行分析，及时查找监管工作中存在的问题和不足，总结经验教训，举一反三，不断提高安全生产执法监察水平。

【加强队伍建设、提升干部素质】 该局紧紧围绕全区安全生产工作大局，牢固树立“以人为本、安全发展”的理念，以增强干部职工依法行政意识、提高依法行政能力为核心，以思想政治建设、组织建设、作风建设、能力建设和反腐倡廉建设为抓手，健全制度，优化结构，增进活力，努力建设一支政治坚定、作风过硬、业务精湛、纪律严明、风清气正，善于推动安全发展、促进社会和谐的干部职工队伍，为全区安全生产形势的稳定好转提供坚强的组织保证。坚持每月召开全体干部职工会议，传达上级文件精神并总结上月工作，部署本月工作，并组织干部职工学习安全生产法律法规及相关业务知识，进一步提升安全监管人员的业务能力和水平。

【加强党建工作、培养党性修养】 每年，党组书记亲自安排党建工作，将党建工作与安全生产工作同安排、同部署、同落实，成绩明显。一是政治理论学习较好。严格按照上级文件要求抓学习，中心组学习及干部职工学习质量较好，并要求干部职工撰写各类学习笔记及学习心得体会，达到了学有所获，学以致用的目的，努力创建学习型机关；二是机关作风建设活动开展较好。党组历来重视抓机关作风并一以贯之，努力打造服务型机关。三是“一岗双责”落实较好。每年制定主要任务分解表，将党建目标和业务工作紧密结合，并开展了丰富多彩的文体活动。严格落实党风廉政建设责任制，认真抓好领导干部廉洁自律工作，取得很好的效果：一是层层签订党风廉政责任书，将党风廉政建设责任制落实到具体的人、具体股室；二是全局党员干部严格执行中央“八项规定”和省委、市委、区委“十项”规定；三是没有利用公款、利用节假日进行高档消费娱乐和旅游活动，执法人员在检查过程中没有吃、拿、卡、要等不良现象；四是切实加强了车辆的使用和管理，认真落实“收支两条线”管理规定，有效防止了财务收支过程中的不正当行为；五是没有发生因工作不到位、不履职、不尽责的信访案件；六是按要求及时完成区纪委交办的其他任务。

【细化责任分工、综合整体推进】 根据年初既定的综合目标考核任务，以“内强素质、外树形象”为目标，将精神文明建设、宣传思想、精准扶贫、干部驻村、信访维稳、社会治安综合治理暨禁毒、“文明在行动满意在七星关”等工作责任分解到各责任股室（局、队），全力整体推进，确保各项工作真正落实到岗、责任到人。

（撰稿人：办公室）

审 计

【依法履职尽责，积极有效

发挥审计作用】 开展审计项目840项，自审项目62个，委托审计并复核项目778个。审计共查出各类问题金额2，048，375万元；其中：违规资金73，816万元，管理不规范资金1，974，559万元。经审计处理处罚情况：处理处罚金额103，777万元。其中：应上缴财政金额18，799万元（罚没14，697万元）；应归还原渠道资金43862万元，应减少财政拨款1，297万元；审减节约投资31，297万元；移送纪检监察等部门处理事项44件，涉及人员11人，涉及资金2，519万元。按照区委、区政府和上级审计机关的安排，配合相关部门开展审计工作28项，提出审计建议20条，提交审计报告718篇。1、加强民生项目资金审计，促进各项惠民政策落实到位。按照审计署、省审计厅和市审计局的统一安排部署，组织开展了社保资金审计、城镇保障性安居工程跟踪审计、国有土地使用权出让收入审计、财政扶贫资金审计、地方政府性债务审计、稳增长促改革调结构惠民生政策措施落实情况跟踪审计等一批全国、全省和全市统一组织的审计项目，通过审计，深入查找了各项惠民政策在贯彻执行当中存在的问题，促进了国家各项政策措施落实到位，经济平稳运行、健康发展和转型升级加强财政资金审计，促进依法理财水平不断提高。2、围绕构建财政审计大格局，进一步拓展预算执行审计的广度和深度，以全部政府性资金为主线，对区本级财政预算执行和其他财政财务收支情况进行了审计。同时延伸审计了区林业、交通、教育、农牧、卫生等系统和单位的部门预算执行审计。以及部分乡镇、街道和行政事业单位的财政财务收支审计。重点审计了预算编制、调整、预算收支执行和预算平衡情况，审计调查了国库集中收付等财政管理制度执行情况。审计中注意从体制、机制和管理层面研究财政问题和提出审计建议，注重审计的整体性、效益性和建设性。3、强化专项资金审计，促进专项资金健康有效运行。结合我区实际，把群众最关心、最关注，涉及群众切身利益的专项资金作为审计工作的重点，对七星关区房屋征收与补偿资金、水利资金、抗震救灾资金、扶贫资金、学生营养改善计划补助资金、农村危房改造、河道治理、饮水安全、土地整理、农业、教育等专项资金进行了审计。对审计发现的问题及时督促相关项目单位进行了整改和纠正，促使各项专项资金规范管理、有效运行，发挥资金的经济效益和社会效益。4、加强政府投资建设项目审计，促进财政资金使用效益不断提高。加强了对财政性资金投入的重点工程、重点项目的监督检查，对道路建设、乡镇卫生院、村卫生室、村公所、文化站、中心学校等政府投资建设项目的竣工决算或结算进行了审计，有效促进项目建设资金安全运行。5、深化经济责任审计，促进权力运行不断规范。受区委组织部委托，对10名领导干部开展了经济责任审计，重点审查了领导干部任职期间单位“资金、资产、资源”管理制度是否完善，制度是否有效执行，把查处问题与完善制度机制有效结合起来；审查领导干部任职期间是否存在违规发放津贴补贴现象，是否发生资金截留挪用、体外循环、私设“小金库”等问题，提高资金的管理水平和使用效益；审查领导干部任职期间单位资产账实是否一致，是否存在帐外资产、资产未经规定程序随意处置，防止国有资产的流失。通过审计，增强了领导干部执行“中央八项规定”和财经纪律的意识，促进了领导干部依法行使权力和履行职责，提高了单位财务管理水平和依法理财能力

【坚持机关管理，努力提升审计工作效率】 1. 抓质量，提升审计工作能力和水平。严格实行审计项目审理制度，每一个审计项目都要经过审计组长审核、分管领导复核、审理机构审理，各级人员按照职责分工，对审计程序和质量认真把关，对审计工作中存在的问题，随时纠正，随时处理，把质量隐患消灭在萌芽状态。完善了审计业务会议制度，对审计报告进行集体会诊，确保审计程序合法、事实确凿、定性准确、处理处罚适当、审计建议有针对性和操作性。开展优秀审计项目评选活动，通过股室互评、领导点评、综合评审，使审计人员在评选中相互学

习、在交流中共同提高。通过上述措施，形成全员抓质量、全过程控制质量、全力打造“审计精品”的良好局面。2. 抓整改，提升审计工作的执行力。为了确保审计查明问题切实得到整改和纠正，一方面建立了审计整改报告制度，要求被审计单位在规定时间内向审计机关报送整改落实情况报告，包括审计决定的落实情况、审计建议和意见的采纳情况以及采取的改进措施等。另一方面凡5年内曾经审计过的单位，再次审计时，把前次审计查出问题的整改落实情况纳入审计实施方案，进行查证核实并列入审计评价。3. 抓创新，增强审计发展的驱动力。注重引导全体审计人员增强创新意识，了解新形势、掌握新技能、发现新问题、提出新建议。对全部的部门预算执行审计、经济责任审计、行政事业单位财政收支审计能够运用计算机进行辅助审计的项目全部运用AO软件进行审计。通过对新的审计方式方法的应用，不断积累经验，积极建立新型的审计工作模式。

【从严管理队伍，坚定不移打造审计铁军】 1. 抓班子，提高班子成员的整体合力。按照“集体领导、民主集中、个别酝酿、会议决定”的原则，加强了局领导班子的团结与协作。班子成员根据集体的决定和分工，认真履行自己的职责，自觉关心全局，维护班子的权威。认真开展批评与自我批评，努力营造讲实话、办实事、求实效的工作环境。班子成员带头执行廉洁自律的各项规定，时刻做到自重、自省、自警、自励，树立了领导班子廉洁高效的良好形象。2. 抓培训，提升全员综合能力。采取集中学习与自学相结合、学习培训与实践应用相结合的方式，通过组织审计人员参加上级审计机关、区政府及相关部门举办的各类培训班、鼓励审计人员参加职称考试和提高学历教育、以会代训、知识竞赛等措施，加大审计人员的教育培训力度，不断提高审计人员的业务能力和综合素质。先后组织参加了审计署视频集中培训、全市审计人员培训、计算机中级培训和基建审计软件培训等。3. 抓廉政，树立清正廉洁的审计形象。把廉政建设作为审计工作的生命线，着力加强了廉政教育，认真学习贯彻中央“八项规定”和省市区关于改进工作作风密切联系群众的相关规定，增强审计干部严格守规、廉洁从审的自觉性和在构筑反腐倡廉体系中的责任感、使命感，筑牢思想防线。加强了制度建设，进一步落实党风廉政建设责任制，严格按照“一岗双责”的要求，认真落实责任分解，责任督促，责任考核，责任追究四个关键环节任务，形成了用制度管权，按制度办事，靠制度管人的有效机制。加强了源头治腐，认真开展了廉政风险防控管理工作，完善了廉政预警机制，从源头上防治腐败，强化了对权力运行的监督和制约。加强了廉洁自律，认真落实领导班子民主生活会、民主评议、述职述廉等制度，严格执行领导干部廉洁从政各项规定和中央“八项规定”，开展经常性督促检查，及时发现和纠正问题，堵塞漏洞，不断提升惩治预防腐败的能力。

（撰稿人：办公室）

统　计

【经济综合情况】 2012年，全区实现生产总值184.42亿元，同比增长17.7%。其中：第一产业增加值为29.70亿元，比上年增长10.0%；第二产业增加值为72.75亿元，比上年增长19.3%（工业增加值62.45亿元，比上年增长19.3%）；第三产业增加值为81.96亿元，比上年增长18.9%。产业结构比为16.1：39.5：44.4。2013年，全区实现生产总值219.38亿元，同比增长17.2%。其中：第一产业增加值为35.47亿元，比上年增长6.5%；第二产业增加值为85.47亿元，比上年增长19.8%（工业增加值71.78亿元，比上年增长18.0%）；第三产业增加值为98.44亿元，同比增长18.2%。产业结构比为16.2：38.9：44.9。2014年，全区实现生产总值258.90亿元，同比增长15.4%。其中：第一产业增加值为47.87亿元，同比增长7.1%；第二产业增加值为97.36亿元，同比增长16.8%（工业增加值79.65亿元，同比增长15.0%）；第三产业增加值为

113.65亿元，比上年增长16.4%。产业结构比为18.5∶37.6∶43.9。2015年，全区实现生产总值290.58亿元，同比增长13.8%。其中：第一产业增加值为60.36亿元，同比增长6.6%；第二产业增加值为99.64亿元，同比增长11.4%（工业增加值82.33亿元，同比增长11.4%）；第三产业增加值为130.58亿元，同比增长17.9%。产业结构比为20.8∶34.3∶44.9。2016年，全区实现生产总值333.42亿元，同比增长13.0%。其中：第一产业增加值为66.04亿元，同比增长6%；第二产业增加值为105.98亿元，同比增长10.1%（工业增加值85.72亿元，同比增长8.1%）；第三产业增加值为161.40亿元，同比增长20.9%。产业结构比为19.8∶31.8∶48.4。五年来，GDP平均增长15.96%，一产平均增长21.09%，二产平均增长9.84%，三产平均增长18.88%。

【农业】 2012年，全年粮食总产量41.41万吨，比上年增长22.86%。其中：夏粮13.86万吨，比上年增长14.34%，秋粮27.55万吨，比上年增长27.65%。全年肉类总产量59063吨。家禽出栏数193.1万只，猪出栏数51.46万头，牛出栏数1.31万头，羊出栏数1.49万只。农林牧渔业总产值42.95亿元，比上年增长6.7%。其中：农业产值26.44亿元，林业产值0.84亿元，畜牧业产值14.6亿元，渔业产值0.08亿元，农林牧渔服务业产值0.99亿元。2013年，全年粮食总产量38.88万吨，比上年下降6.1%。其中：夏粮14.32万吨，比上年增长3.32%，秋粮24.56万吨，比上年下降10.85%。全年肉类总产量61932吨。家禽出栏数200.5万只，猪出栏数55.55万头，牛出栏数2.5万头，羊出栏数1.6万只。农林牧渔业总产值50.55亿元，比上年增长6.5%。其中：农业产值32.49亿元，林业产值0.89亿元，畜牧业产值15.94亿元，渔业产值0.08亿元，农林牧渔服务业产值1.14亿元。2014年，全年粮食总产量41.84万吨，同比增长7.59%。其中：夏粮14.23万吨，比上年下降0.66%，秋粮27.61万吨，比上年增长12.4%。全年大牲畜存栏数4.3万头，同比增长7.76%，出栏数15.5万头，同比增长4.21%；猪存栏数58.1万头，同比增长4.66%，出栏数65万头，同比增长4.44%；羊存栏数1.8万只，同比增长10.67%，出栏数4.5万只，同比增长28.69%；家禽存栏数208.3万只（羽），同比增长3.89%，出栏数297.8万只（羽），同比增长48.02%；肉类总产量8.4万吨，同比增长36%。农林牧渔业总产值53.56亿元，比上年增长5.96%。其中：农业产值34.52亿元，林业产值0.96亿元，畜牧业产值16.65亿元，渔业产值0.08亿元，农林牧渔服务业产值1.35亿元。2015年，全年粮食总产量43.16万吨，同比增长2.7%。其中：夏粮14.83万吨，同比增长－4.75%，秋粮28.34万吨，比上年增长7.15%。全年肉类总产量6.49吨。家禽出栏数212.32万只，猪出栏数66.26万头，牛出栏数2.63万头，羊出栏数2.18万只。农林牧渔业总产值95亿元，同比增长6.6%。其中：农业产值64.42亿元，林业产值2.87亿元，畜牧业产值23.75亿元，渔业产值0.15亿元，农林牧渔服务业产值3.81亿元。2016年，全年粮食总产量43.57万吨，同比增长0.93%。其中：夏粮14.61万吨，同比增长－14.61%，秋粮28.95万吨，同比增长2.18%。全年肉类总产量6.53吨。家禽出栏数262.09万只，猪出栏数71.44万头，牛出栏数2.79万头，羊出栏数2.35万只。农林牧渔业总产值124.5亿元，比上年增长31.05%。其中：农业产值81.27亿元，林业产值4.56亿元，畜牧业产值34.15亿元，渔业产值0.17亿元，农林牧渔服务业产值4.35亿元。农林牧渔总产值近五年的平均增长速度30.48%。

【工业】 2012年，全区规模以上工业总产值136.48亿元，同比增长33.1%。主要工业产品产量中：发电量21.98亿度，同比增长17.78%；原煤产量46.47万吨，同比增长29.30%；卷烟214亿支，同比增长1.54%；全年生产汽车48753辆，同比增长66.02%；全年生产水泥170.65

万吨，同比增长67.98%；全年生产化肥（折纯）28.46万吨，同比增长4.4%。全区2000万元以上规模工业增加值55.01亿元，增速17.6%；500万元以上规模工业增加值56.34亿元，增速22.3%。2013年，全区规模以上工业总产值108.69亿元（不含小坝、双山），同比增长8.85%。主要工业产品产量中：发电量21.54亿度，同比下降1.98%；原煤产量19.63万吨，同比下降21.58%；卷烟219亿支，同比增长2.34%；全年生产水泥122.09万吨，同比增长7.74%；全年生产化肥（折纯）28.23万吨，同比下降0.77%。全区2000万元以上规模工业增加值54.08亿元（不含小坝、双山），同比增长17.79%；500万元以上规模工业增加值54.09亿元（不含小坝、双山），同比增长20.57%。2014年，全区规模以上工业总产值116亿元（不含小坝、双山），同比增长12.8%。主要工业产品产量中：发电量15.63亿度，同比下降19.32%；原煤产量19.83万吨，同比增长65.09%；卷烟229亿支，同比增长4.57%；全年生产水泥104.36万吨，同比增长10.66%；全年生产化肥（折纯）22.68万吨，同比下降19.67%。全区2000万元以上规模工业增加值62.04亿元（不含小坝、双山），同比增长14.84%；500万元以上规模工业增加值63.3亿元（不含小坝、双山），同比增长18.25%。2015年，全区规模以上工业总产值110.45亿元（不含小坝、双山），同比增长0.4%。主要工业产品产量中：发电量18.3亿度，同比增长5.93%；原煤产量9.88万吨，同比下降2.13%；卷烟222.5亿支，同比下降2.84%；全年生产水泥141.38万吨，同比增长2.38%；全年生产化肥（折纯）5.97万吨，同比下降73.66%；全年制造白酒1001千升，同比增长18.07%；全年制造平板玻璃339.14万重量箱，同比增长325.62%。全区2000万元以上规模工业增加值62.52亿元（不含小坝、双山），同比增长8.6%。2016年，全区规模以上工业总产值120.37亿元（不含小坝、双山），同比增长9.02%。主要工业产品产量中：卷烟205亿支，同比下降7.87%；发电量17.04亿千瓦小时，同比下降6.92%；原煤产量6.16万吨，同比下降37.60%；水泥142.04万吨，同比增长0.47%；商品混凝土142.97万方，同比增长350.35%；白酒4488千升，同比增长35.93%；平板玻璃730.56万重量箱，同比增长115.42%。全区2000万元以上规模工业增加值62.21亿元（不含小坝、双山），同比增长-0.1%。五年来，全区规模以上工业增加值平均增长3.12%。

【固定资产投资】 2012年，全社会固定资产投资226.85亿元，同比增长58.3%。50万元以上固定资产投资为181.35亿元，同比增长45.3%。2013年，全社会固定资产投资225.98亿元（不含双山、小坝），同比增长36.5%。50万元以上固定资产投资为198.35亿元，同比增长32.3%。2014年，全社会固定资产投资279.1亿元（不含双山、小坝），同比增长23.5%。50万元以上固定资产投资为253.7亿元，同比增长27.9%。2015年，全区50万元以上固定资产投资完成253.9亿元（省口径，不含梨树镇、岔河镇、小坝镇），同比增长15.6%。500万元以上固定资产投资完成189.3亿元，同比增长21.9%。2016年，全区500万元以上固定资产投资完成226亿元，增长19.4%。五年来，50万元以上固定资产投资平均增长11.87%。

【社会消费品零售和物价】

2012年，全年实现社会消费品零售总额64.58亿元，同比增长18.17%。全区居民消费价格总指数为102.8%，服务项目价格指数为103.2%，消费品价格指数为102.7%，农业生产资料价格指数为109.7%。2013年，全年实现社会消费品零售总额73.79亿元，同比增长14.2%。全区居民消费价格总指数为101.4%，服务项目价格指数为102.6%，消费品价格指数为101.1%，农业生产资料价格指数为99.0%。2014年，全年实现社会消费品零售总额92.35亿元，同比增长25.17%。全区居民消费价格总指数为103.2%，服务项目价格指数为102.2%，消费品价格指数为102.1%，农业生产资料价格指数为100.1%。2015年，全年实现社会消费品零售总额103.7亿元，同比增长12.2%。全区居民消费价格总指数为101.1%，服务项目价格指数为101.5%，消费品价格指数为100.9%。农业生产资料价格指数为100.3%。2016年，全区社会消费品零售总额103.6亿元（不包含小坝、梨树、岔河），同比增长12.8%。全区居民消费价格总指数为102%，服务项目价格指数为102.8%，消费品价格指数为102.1%，农业生产资料价格指数为99.8%。五年来，社会消费品零售总额平均增长17.12%。

【财政和金融】　2012年，财政总收入28.54亿元，同比增长32.31%。其中：地方财政收入25.13亿元，同比增长33.74%，公共财政预算收入10亿元，同比增长29.03%。财政支出58.32亿元，同比增长31.21%，收入增幅比支出增幅高1.1个百分点。金融机构人民币各项存款余额为254.67亿元，比年初增加了49.16亿元，同比增长23.92%。年末金融机构人民币各项贷款余额为145.76亿元，比年初增加了30.52亿元，同比增长26.49%。2013年，财政总收入87.14亿元（市级财政收入数据纳入七星关统计），同比增长52.56%。其中：地方财政收入48.01亿元，同比增长78.41%，公共财政预算收入16.37亿元，同比增长38.95%。财政支出80.64亿元，同比增长38.79%，收入增幅比支出增幅高13.77个百分点。金融机构人民币各项存款余额为289.41亿元，比年初增加了35.14亿元，同比增长13.82%；其中城乡居民储蓄存款余额143.89亿元，比年初增加了27.4亿元，同比增长23.52%。年末金融机构人民币各项贷款余额为188.36亿元，比年初增加了42.6亿元，同比增长29.22%。2014年，财政总收入88.29亿元（市级财政收入数据纳入七星关统计），同比增长1.31%。其中：地方财政收入43.2亿元，同比下降10.03%，公共财政预算收入19.61亿元，同比增长19.77%。财政支出71.43亿元，同比下降5.44%，收入增幅比支出增幅高6.75个百分点。金融机构人民币各项存款余额为329.12亿元，比年初增加了39.71亿元，同比增长13.7%；其中城乡居民储蓄存款余额156.96亿元，比年初增加了13.07亿元，同比增长9.08%。年末金融机构人民币各项贷款余额为237.74亿元，比年初增加了49.38亿元，同比增长26.21%。2015年，财政总收入91.41亿元（市级财政收入数据纳入七星关统计），同比增长3.5%。其中：地方财政收入43.6亿元，同比下降0.92%，公共财政预算收入22.87亿元，同比增长16.6%。财政支出78.18亿元，同比增长9.4%，收入增幅比支出增幅低5.9个百分点。金融机构人民币各项存款余额为472.72亿元，比年初增加了143.60亿元，同比增长43.63%；金融机构人民币各项贷款余额为297.19亿元，比年初增加了59.69亿元，同比增长25.01%。2016年，财政总收入88.92亿元（市级财政收入数据纳入七星关统计），同比增长-2.37%。其中：地方财政收入43.85亿元，同比增长1.58%，公共财政预算收入24.23亿元，同比增长7.27%。财政支出85.53亿元，同比增长9.65%，收入增幅比支出增幅低12.02个百分点。金融机构人民币各项存款余额为612.07亿元，比年初增加了139.25亿元，同比增长29.48%；金融机构人民币各项贷款余额为386.13亿元，比年初增加了88.94亿元，同比增长29.93%。五年来，财政总收入平均增长32.86%，财政总支出平均增长10.05%。

【城乡居民收入】　2012年，全区城镇居民人均可支配收入19555元，比上年净增加2420元，同比增长14.12%。全区农村居民人均纯收入5131元，比上年增加719元，同比增长16.30%。2013年，全区城镇居民人均可支配收入20905元，比上年净增加1350元，同比增长6.9%。全区农村居民人均纯收入5803元，比上年增加672元，同比增长13.1%。2014年，全区城镇居民人均可支配收入

22727元，比上年净增加1822元，同比增长8.9%。全区农村居民人均纯收入6382元，比上年增加579元，同比增长13.3%。2015年，全区城镇居民人均可支配收入24614元，比上年净增加1887元，同比增长8.3%。全区农村居民人均纯收入7116元，比上年增加734元，同比增长11.5%。2016年，全区城镇居民人均可支配收入26681元，比上年净增加2067元，同比增长8.4%。全区农村居民人均纯收入7821元，比上年增加705元，同比增长9.9%。五年来，城镇居民人均可支配收入平均增长8.08%，农村居民人均纯收入平均增长11.11%。

【城镇化情况】 2012年，七星关区城镇化率为42.1%，比上年提高2.27个百分点。2013年，七星关区城镇化率为43.02%，比上年提高0.92个百分点。2014年，七星关区城镇化率为45.52%，比上年提高2.5个百分点。2015年，七星关区城镇化率为43.75%，比上年下降1.77个百分点。2016年，七星关区城镇化率为46.94%，比上年提高3.19个百分点。

（撰稿人：办公室）

国家统计局七星关调查队

【概　述】 2012年至2016年期间，七星关调查队按照国家统计局贵州调查总队的安排部署，在七星关区委、区政府的关心和支持下，坚持以邓小平理论和“三个代表”重要思想为指导，深入贯彻落实科学发展观，认真学习党的十八大精神，紧紧围绕“提高统计调查能力，提高统计数据质量，提高政府统计公信力”，以提高统计调查数据质量为中心，认真落实各项统计调查任务，不断改革创新，积极作为，为全面建成小康社会提供更加优质的统计调查服务。在全队干部职工的精诚团结、共同努力下，圆满完成了贵州调查总队及区委、区政府安排的各项工作任务。

【单位简介】 国家统计局七星关调查队，前身是1984年组建的毕节县农村抽样调查队，2007年12月21正式撤并为“国家统计局毕节市调查队”，毕节市撤市设区后更名为“国家统计局七星关调查队”，是国家统计局派驻地方行使统计调查行政职能并依照国家公务员制度进行管理的直属全额拨款事业单位。机构规格为正科级。单位设立一室两股（办公室、业务一般、业务二股）。

【主要职能】 1、贯彻执行国家统计局制定的全国统计调查方法制度，组织实施分乡镇农村住户居民收入调查、城乡一体化住户调查、农村贫困监测、农民工监测、畜禽监测调查、农产量、农户固定资产投资、播种面积调查、农产品生产者价格、农林牧渔中间消耗调查、小微企业、规模以下服务业、规模以下工业、小微建筑业等调查方案。2、准确、及时、系统地搜索、整理和编印相关社会经济统计调查资料。3、开展对社会经济问题的分析研究，向各级党政领导和社会公众提供统计调查资料和信息。4、负责对基层各级调查人员的业务培训和组织指导工作。5、完成地方政府交办的其他统计调查和分析研究工作。

【常规性调查】 常规性调查工作主要有：城乡住户一体化调查、农民工监测调查、贫困监测调查、农民工市民化进程调查、退耕还林还草调查、农户固定资产投资调查、全国月度劳动力调查、规下工业调查、小微企业跟踪调查、批发零售贸易住宿餐饮调查、小微建筑业调查、主要农作物播种面积调查、粮食产量调查、畜禽监测调查、集贸市场价格调查、主要农产品生产价格调查、中间消耗调查。

【临时性调查】 临时性调查工作主要有：千村调查、七星关区现代中药材产业示范园区、现代高效能农业示范园区、休闲农业示范园区中企业调查、七星关区政策性农业保险情况调查等。

【调查工作主要流程】 调查工作主要流程有：开户、业务培训、数据采集、包点人员审核、录入系统、数据汇总、专业负责人审核、领导把关、数据上报等。七星关队严格按照调查方案制度，规范操作流程，确保源头数据质量，不断增强数据的真实性和可靠性。

【主要经济指标完成情况】

2012 年以来，七星关调查队在充分调动自身能力的基础上，积极向区委、区政府主要领导汇报，努力争取人力和财力支持，多措并举，为七星关区城乡一体化调查工作奠定了坚实的基础，5 年来，七星关区城镇（农村）人均可支配收入实现稳步增长，具体指标增长情况如下：

七星关区 2012 年至 2016 年人均可支配收入情况表

年度	农村（元）	增速	城镇（元）	增速
2012	5131	16. 3	19555	14. 1
2013	5633	9. 7	20870	6. 7
2014	6382	13. 3	22727	8. 9
2015	7116	11. 5	24614	8. 3
2016	7821	9. 9	26681	8. 4

（撰稿人：办公室）

财政　税务

财政

【概　述】　“2012－2016”期间，七星关区财政工作在区委、区政府的领导下，在上级财政部门的指导下，切实贯彻执行积极的财政政策不动摇，适应建立公共财政的需要，紧紧围绕区委、区政府的目标，结合我局实际和我区区情，坚持有保有压的原则，在确保职工工资正常发放和机构正常运转的前提下，保证了重点项目的支出需要，有力地推动了我区经济社会向前发展。现将“2012－2016”期间工作开展情况汇报如下

【坚持做大财政“蛋糕”，确保财政收入快速增长】　一是紧紧抓住中央实施积极财政政策和省市关于加快实验区建设的历史机遇，从政策和资金上大力支持招商引资工作，壮大财源基础。特别在服务好本区重大项目建设的同时，留住和壮大了财源。二是继续强化依法征管，认真落实收入目标考核责任制，千方百计挖掘增收潜力，促进税收收入快速增长，加强税源监控，大税小税一起抓，确保应收尽收。三是进一步加强和规范非税收入管理，加大非税收入征管力度，严格实行“收支两条线”，确保各项非税收入及时足额征收入库。“2012－2016期间”，全区财政总收入累计完成3，182，364万元，其中：公共财政预算收入745，378万元，政府性基金收入1，024，068万元，上划中央、省收入合计1，558，506万元。2015年财政总收入927，000万元（年初预算数）比2011年215，688万元增长330%，年均增长66%；2015年财政总收入840340万元（预测数）比2011年215，688万元增长289.6%，年均增长57.9%；2015年公共财政收入208，000万元。

【优化支出结构，支持经济社会协调发展】　一是财政支出始终坚持有保有压的原则，牢固树立过“紧日子”的思想，从严控制“三公经费”等一般性支出，优先保证重点支出，确保人员工资和机构运转所需资金，确保事关民生、财源建设、重大项目、维护稳定等重点支出。二是加大对科、教、文、卫等社会事业的支持力度，并注重向农村倾斜，促进公共服务均等化。三是完善有利于结构调整的税收政策。四是加强地方债务管理，要修明渠、堵暗道，有效防范和化解财政风险。“2012－2016期间”，全区财政总支出累计完成3，234，287万元。其中：公共财政（一般）预算支出2，193，396万元；政府性基金支出1，040，891万元。

【加大“三农”投入力度，推动城乡协调发展】　一是加大农业综合开发投入力度，支持农业生产结构调整，促进农业增效。“2012－2016”期间，区财政局共实施农业综合开发项目9个，总投资2504.8万元，其中：财政资金2085.98万元。1、土地治理项目。七星关区财政局

"2012－2016"期间完成土地治理项目4个，总投资1593.78万元。分别为：2011年度和2013年度农业综合开发层台镇中低产田改造项目，2012年度农业综合开发对坡镇中低产田改造项目，2014年度长春堡镇高标准农田建设项目。2、产业化项目完成情况。2011年至2014年共计完成3个产业化项目，总投资661.02分别为：2011年度0.1万亩茶叶种植基地新建项目，2014年度0.12万亩蔬菜种植基地新建项目，2014年度0.05万亩中药材（皂角）种植基地新建项目。3、试点项目完成情况。2011年至2014年试点项目完成2个，总投资250万元，分别为：2013年朱昌镇土地治理扶持农民专业合作组织试点项目，2014年新型农业经营主体实施高标准农田建设试点项目。二是抓好一事一议财政奖补项目建设，服务广大人民群众。1、项目完成情况。"2012－2016"期间全区共计实施了1545个村级公益事业建设一事一议财政奖补项目，主要属交通类，材料投资27297.12万元，其中完成通组路硬化1032.557公里，材料投资20018.725万元。2、主要成效。1、推动了脱贫致富奔小康建设。2、完善了公益事业建设多元化投入机制。3、激发了农民开展农村公益事业建设的热情。

【继续关注民生，促进社会和谐】 一是坚持教育发展优先，继续加大对教育的投入力度，完善义务教育经费保障机制，深化义务教育绩效工资改革，全面推进中小学校舍安全工程建设。二是加强社会保障和就业服务体系建设，扩大社会保障基金规模，确保城乡居民最低生活保障、生活困难救助、医疗救助等民生性支出。三是支持医疗保障体系建设，巩固和完善城镇居民基本医疗保险制度和新型农村合作医疗制度，加快构建覆盖城乡的公共卫生服务体系，完善重大疾病防治财政补助政策，扩大计划免疫范围。四是加大对保障性住房建设的支持力度，落实地方配套资金，确保了建设进度，较好地缓解了城市低收入家庭住房困难。

【深化财政改革，加强财政管理】 一是认真落实省政府出台的分税制财政管理体制改革办法，税收实行属地征管入库，规范了征管程序，促进了征管工作健康有序发展。二是进一步提升财政预算编制的科学化、精细化水平，确保预算的严肃性。三是继续完善部门预算制度，规范部门预算编制程序，细化预算编制内容，提高预算分配的科学性、准确性。四是严格国库集中支付，切实提高财政支出管理水平。五是不断完善"乡财县管乡用"和"村财乡代管村用"管理办法，推动乡村两级财务管理走向法制化、规范化轨道。

（撰稿人：办公室）

国家税务

【概　述】 2012年至2016年，七星关区国税局在区委、区政府的正确领导下，全面落实党中央一系列方针政策，牢记"为国聚财、为民收税"的工作宗旨，进一步加强各项工作的科学统筹管理，狠抓工作执行力，全面加强税收征管、优化纳税服务、全面推进依法治税、推进党风廉政和队伍建设，圆满完成了各项工作任务，为七星关区经济社会发展作出了积极贡献。

【税收收入稳步增长】 坚持应收尽收的组织收入原则，广辟税源、堵塞挖潜、全力充实财政收入，竭力服务经济发展。2012年至2016年，全局累计组织入库各项收入2080372万元，年均增长12%。一般公共财政预算收入138831万元，其中税收收入105971万元，非税收入32860万元。充分发挥了税收组织收入作用，促进了经济与税收的良性循环，为全区改革发展和改善民生提供了财力保障。

【依法治税成效显著】 坚持依法治税的税收基本原则，加强税法宣传、强化执法监督、不断提高依法治税水平。一是强化税法宣传，优化税收工作环境。在总结多年税法宣传工作经验的基础上，坚持与时俱进，不断创新宣传形式，开展全方位、立体化、多层次、多形式的活动。2012年来先后开展了“阳光国税一日行”、“问需解难企业行”、“国税雷锋农村行”和“税法优惠乡镇行”等丰富多彩的税收宣传活动；开展“便民大走访、送法进税户”和“税法进校园，大手拉小手”等公益活动；通过电视台、报纸、办税服务厅公告栏、微信公众平台等多种形式开展“税收·环保伴您出行”、“营改增舞动全城”、“送政策上门”和“营改增”专期访谈等系列活动，增强了广大纳税人依法诚信纳税意识，取得了良好的社会效果。二是认真落实税收优惠政策。采取层层落实责任、广泛宣传送达政策、简化审批手续、密切部门配合、加强督促检查等切实有效的措施，确保优惠政策落实到位。三是建立健全执法监督机制，严格推行执法责任制。建立完善税务案件听证、审理和复议制度，保护纳税人合法权益；严格过错责任追究，切实做到赏罚分明，奖惩适当，有效扼制了随意执法现象的发生，增强了干部职工依法行政意识。四是以“五五”、“六五”普法为主线，创建纳税人实体学校，成立法律顾问室，营造国税部门法治建设的良好氛围，于2014年被评为“全省国税系统依法行政示范单位”（全省仅3个）。

【征管质量进一步提高】 2012年根据市局一体化改革方案，在总结经验基础上，结合现有纳税人户数和税收规模、风险等级、行业特点、税源分布等情况，以专业化管理为基本框架，确立分规模、分行业、分类型、分事项的税源管理架构，作为试点单位，为全省国税系统税源专业化管理提供了实践经验；2015年，进一步深化税收专业化管理改革，从原来的分行业管理调整为属地划片管理，设立税源管理科，专职负责纳税评估工作。有序推进营改增试点工作，顺利完成3次“营改增”企业的基础信息接收采集、调查核实、情况摸底、审核录入工作，并成功在七星关区运行了23个月，顺利完成该部分纳税人的基础信息接收采集、票种核定、增值税一般纳税人资格认定等工作。截止2016年12月30日，七星关区纳入“营改增”的纳税人共计776户，其中个体户256户，企业520户；交通运输行业172户，现代服务行业597户，邮政业和电信业7户。扎实推进三证合一，推动商事制度改革，认真做好金税三期试点推行工作，并于2015年9月8日正式单轨上线运行，运行首日，共办理税务登记49户，防伪税控金税盘发行30户，发票票种评定327户次，发票发售243户次，发票验旧929户次，申报144户次，征收税款开票706户次，共计征收税款265万元，总体运行顺畅。

【纳税服务不断优化】 近年来，七星关区国税局不断增强服务意识，正确处理税收与经济，执法与服务的关系，不断提高服务水平和质量。扎实推进“便民办税春风行动”，认真落实《全国县级税务机关纳税服务规范》，陆续推出以“六提速、三减负、一首问、三公开”为主要内容的“纳税服务套餐”。制作宣传片，加大对推行纳税服务工作的宣传力度；自行开发《纳税服务规范协同软件》，用“信息流”的方式，将前后台以及下户检查结合起来，提高办税效率；成立纳税人实体学校，开通“七星关区国家税务局”微信公众平台，打造“指尖上的纳税人学校”；建设“全职能”窗口，在七星关区政府政务服务大厅设置14个办税窗口，推行同城通办。取消非法定审批事项，将常用业务的7大类14项流转环节的涉税事项设定为即办事项，所有事项由原来的5－6个环节压缩为1个环节，一周办理涉税事宜的时间被缩短为当天即到即办，前移前台受理即批的12项业务共节省36个环节81天次；在全省创先性推出免填单服务，改变纳税人申请办理涉税事宜耗用时间长、填写资料烦的实际。深化网上办税服务平台应用，大力推行网上申报，大范围推行以财税库银横向联网为依托的电子缴税方式，逐步建立以网上办税为主体，其他申报方式为补充的多元化办税体系。通过多项便民举措，减轻资料报送负担，减轻税务检查负担，统筹发布纳税评估任务，统筹进户执法检查，规范执法事项。积极开展星级纳税服务单位创建，连续3年被市局评为四星级办税服务厅，服务质量和效率明显提升。

（撰稿人：韩淑鋆）

地方税务

【概　述】　七星关区地方税务局成立于1994年，下设办公室、政策法规股、计划财务股、征管和科技发展股、人事股、监察室和机关党办共7个股室，设立纳税服务、纳税评估、税源管理三类共7个分局。主要负责征收和管理的税种有：营业税、企业所得税、个人所得税、土地增值税、耕地占用税、契税、城市维护建设税、车船税、房产税、资源税、城镇土地使用税、印花税、烟叶税。五年来，七星关区地税局深入贯彻落实省局、市局和区委区政府安排部署，牢记“为国聚财、为民收税”的神圣使命，在区委区政府和市局的正确领导下，通过全局干部职工的共同努力，连续啃下“金税三期”上线、全面“营改增”、资源税改革、税收征管改革等“硬骨头”。五年来，七星关区地税局税收收入稳定增长、依法治税水平显著提高、征管提质增效、全面从严治党深入推进、各项工作取得新的成绩。

【着力“稳增长”，积极组织税收收入】　五年来，七星关区地税局严格落实“依法征税、应收尽收、坚决不收过头税、坚决防止和制止越权减免税、坚决落实各项税收优惠政策”的组织收入原则，严守省局“五条禁令”，努力克服后“营改增”时代的各种困难，通过强化税收分析与调度、加强对重点行业、重点税种、重点税源的专业化管理全力谋划组织收入工作。五年来，共组织入库两项收入926，235万元（其中，区级地方财政收入完成630，883万元）。其中，税收收入完成915，379万元，教育费附加完成10，856万元。

【着力“践法制”，持续规范税收执法】　五年来，该局认真贯彻落实国务院“放管服”改革决策部署，以巩固规范税收执法为主线，切实提高依法治税水平。一是规范税收执法行为。严格税务行政审批，按规定程序、权限和时限办理相关涉税事项；认真开展执法案件评查工作，确保执法文书使用完备，执法依据准确，处罚结果公平、公正、公开。二是定期开展好执法检查和执法督查。五年来，七星关区地税局大力营造公平、公正、公开的税收执法和服务环境，定期对本局执法情况开展执法检查和执法督查，通过检查及时发现存在问题，下达整改通知书，责令自行整改。三是坚决贯彻落实税收优惠政策。深入落实小微企业、高薪技术产业、高校毕业生创业、退役士兵、退伍军人、残疾人就业及西部大开发等税收优惠政策，切实为纳税人减负，激发市场活力，助推地方经济发展。

【着力“促改革”，深入推进征管体制改革】　五年来，七星关区地税局深入推进税收征管体制改革，征管质量明显提升。一是扎实推进“营改增”工作落地生根。在区委区政府和市局的正确领导下，区局全体干部职工坚定信心、加班加点、攻坚克难，确保“营改增”于2016年5月1日推行实施。二是加快转变征管方式。通过细化和完善指标考核机制，强化指导监督与指标考核，实施分类分级管理，推进“管户”与“管事”相结合的征管模式，进一步规范征管各环节工作。三是夯实征管基础，提升征管质效，强化数据清理，打牢税源基础，为大数据治税打下坚实基础。四是强化风险管理，持续抓好纳税评估工作。结合重点税源、重点行业、重要风险点，依托金三系统数据及第三方数据，积极开展风险应对工作，切实提高纳税人的纳税遵从度。

【着力“优服务”，切实优化纳税服务质量】　五年来，七星关区地税局持续开展便民办税春风行动，大力推进“放管服”和国家商事制度改革政策落实，不断深化国地税合作，让纳税人有更多获得感。一是深化国地税合作，采取国地税共建服务大厅、共驻政务服务大厅，实现“一人一机单POS双系统”，让纳税人“进一家门、办两家事”；定期召开税收分析联席会议，对七星关税源情况、税收入库情况进行分析比对，查找困难和问题，共同向区政府汇报，争取政府对税收工作的支持。二是优化硬件设备，进一步完善办税服务厅基础设施建设。根据国家税务总局标准化服务厅要求，不断完善办税服务厅VI标识，合理设置功能区，增设多台查询机，增设和完善“导税台”功能区，进一步简化办税流程和提高办税质量。三是实行多元化办税，线上线下齐助力。在做好办税服务厅前台申报及自助区申报的同时，积极鼓励纳税人多走“网路”、少走“马路”，大力宣传“智慧税务APP”软件，大力培训“网上办税厅”系统。四是加强业务培训，提高办税人员素质。通过日常学习、专题学习、系统学习、户外拓展培训等方式大力提升办税人员思想素质、服务意识和业务水平。五是强化考核结果应用，切实做到奖勤罚懒，奖优罚劣，逐步形成积极向上的工作氛围，有效促进工作开展。六是强化合作，税收宣传卓有成效。五年来，区局围绕“税收发展民生”、“聚焦营改增试点助力供给侧改革”、“深化税收改革、助力企业发展”等税收宣传月主题，通过线上线下的方式扎实做好税收宣传工作，参与《一场误会》、《来之不易》等微电影演出，制作《税务工作者的一天》、《国地税联合办税，深化合作》等专题片、广播类和电视类公益广告，通过“税收宣传进微企”、“创业服务有我”、“解决困难找我”、“纳税人学堂”“遍访企业”等活动营造了浓厚的税收宣传氛围。

【着力“带队伍”，狠抓干部队伍建设】 五年来，七星关区地税局不断完善干部管理制度，推动作风建设向前发展，实现了干部职工“零违纪”、干部选拔任用“零举报”、作风建设“零投诉”、当地纪委“零通报”、司法机关“零追究”。一是强化责任意识，大力加强领导班子建设。严格落实领导班子主体责任和监督责任，党组负责人和党组成员切实履行“一岗双责”，以上率下，一级抓一级，管好自己，带好队伍，做好表率。二是注重教育培训，提高干部队伍整体素质。五年来，我局组织和参与政治素质、综合管理和业务知识等的学习和培训百余次，干部职工专业知识和业务技能显著提升。三是建立科学绩效考核机制，调动工作积极性。通过加大平时考核力度、考核结果公开透明、强化考核结果运用等方式真正体现考核工作的导向性和约束性。四是大力推进地税文化建设，精神文明创建硕果累累。始终坚持“内强素质、外树形象”的要求，以“璀璨七星、地税荣光”为主题，开展内容多样的地税文化建设，建立图书室、丰富文化长廊、大力创建普法教育示范基地和廉政教育示范基地；印制地税文化宣传册，编印了《地税职工文选》、《税海浪花》廉政画册和职工《廉政读本》等书籍，展示地税人生机勃勃的精神状态；积极开展“青年文明号”和“巾帼文明岗”的创建活动。五年来，区地税局分别获得市级“青年文明号”和“巾帼文明岗”、“十佳办税服务厅”、“全省优秀基层党组织”、“全市基层党组织”、“贵州省精神文明建设先进单位”、“年度青年文明号”、“巾帼建功先进集体”、“全省文明单位”等荣誉称号。

【着力“严纪律”，管党治党成效显著】 五年来，七星关区地税局严格落实全面从严治党要求，驰而不息纠正“四风”，加强内控机制建设，完善制度体制机制，管党治党取得新突破。区局以党建工作为契机，分步骤分阶段深入推进党的群众路线教育实践活动，认真开好民主生活会，认真落实“三转”要求，积极探索“两个责任”试点工作，积极践行“三严三实”，认真落实“八项规定”，深入推进“两学一做”。并以“两学一做”为契机，扎实做好党建常规工作，成立党建工作领导小组，压实党建责任，规范党的组织建设，严肃党内政治生活，坚持用党章党规规范党员干部言行，抓住“关键少数”，抓实基层支部，督促好各支部按时开展好支部组织生活，增强党员政治素质；大力抓好党建扶贫工作，积极配合区委区政府深入开展驻村帮扶工作，协调有关部门解决通村公路的建设资金和修建通组公路，帮助驻村扶贫点居民修建饮水池、便民桥、文化广场和发展养殖业；班子成员多次率队到党建集团扶贫点进行走访遍访，看望慰问困难群众，全面了解驻村集团帮扶工作情况，并向扶贫点建言献策，为全区扶贫攻坚工作做出地税人应有的贡献，五年来，我局荣获“全省机关事业单位党建工作先进党组（党委）”、“全市机关事业单位党建工作先进党组（党委）、“全区机关事业单位党建工作先进党组（党委）”” 等称号，是七星关区受省委表彰的唯一一个基层党组织。

【着力“抓党风”，深入推进党风廉政建设】 五年来，七星关区地税局坚定不移推进党风廉政建设，严格贯彻落实中央“八项规定”和省市区“十项规定”精神，拓宽监督载体、延伸监督触角，确保机关作风建设持续好转。每年年初召开党风廉政工作会议，组织全局干部职工签订责任书，强化对全局干部职工日常工作纪律、服务纪律等方面进行巡查，勤打招呼和提醒，压实党风廉政建设责任；继续加大“马上就办”工作的落实，充分发挥兼职监察员作用，积极开展值班巡查，以学促廉，推动反腐态势持续高压威慑；围绕物态文化、精神文化、制度文化、行为文化等四个方面的建设内容，依托“一廊、一厅、一书屋”三个文化载体，开设内网廉政学习园地，形成了“三册”（地税文化手册、廉政读本、廉政画册）、“三档”（个人廉洁档案、“两个责任”落实档案、常态化约谈工作档案）、“三片”（廉政文化宣传片、地税文化宣传片、文明单位宣传片）等廉政载体；认真抓好党风廉政日活动，明确学习重点和内容，认真组织学习“四种形态”要求，落实运用好“四种形态”，时刻紧绷廉洁红线，确保执纪问责工作见成效。通过专题学习、主题教育会、党性体验、参观职务犯罪警示教育基地、勤政廉政警句征集、“家风助廉”文艺作品征集等各项活动的开展，提高了职工拒腐防变的意识，党风廉政建设工作稳步推进。

（撰稿人：办公室）

金融保险

毕节银监分局

【2012 年工作】 2012 年，毕节银监分局一方面遵循“稳中求进”的工作基调，紧紧抓住“守底线、强服务、严内控、促转型”的监管工作主线，坚持“五个抓手”，切实做到“五个稳步”开展监管工作；另一方面，着力把握试验区加速发展的主旋律，认真贯彻落实国发 2 号文件精神、“4·14”会议精神以及推动毕节试验区新一轮改革发展的工作要求，着力督促、指导辖区银行业加大金融支持和创新力度，推动试验区“强区升位、跨越发展”。2012 年末，全辖区共有银行业金融机构 7 类 487 个营业网点。其中，2012 年新增 26 个营业网点，另有 2 个村镇银行获得批筹；全辖区银行业金融机构资产总额 859.71 亿元，较年初增加 161.82 亿元，增长 23.19%；各项存款余额 716.35 亿元，较年初增加 113.61 亿元，增长 18.85%；各项贷款余额 433.22 亿元，较年初增加 82.91 亿元，增长 23.67%，全年贷款增幅较存款增幅多 4.82 个百分点；全辖银行业金融机构实现本年利润 11.15 亿元，同比增加 1.58 亿元。积极推进由浙江鹿城农合行批量发起的金沙、大方、纳雍、威宁、赫章 5 县统一冠名为“富民村镇银行”的筹建工作，金沙、大方、纳雍 3 县富民村镇银行已分别于 10 月、11 月相继开业；威宁、赫章 2 县已全部落实选址，并获得贵州银监局筹建批复，力争 2013 年 2 月底前开业，在全省率先实现全市（7 县 1 区）村镇银行全覆盖。2012 年共办理市场准人事项 108 件，其中：核准高管人员任职资格 66 件，批准机构准人及变更事项 42 件；组织 12 次高管人员任职资格考试，共有 133 人次参加考试，通过 68 人（含补考）。认真组织完成毕节市 8 家农村合作金融机构 2011 年度的监管评级工作，评级结果与省局复评基本一致（3C 级 2 家、4A 级 2 家、SA 级 4 家），真实、客观、准确反映了辖内农村金融机构发展水平和风险状况。同时，针对非现场监管工作发现的问题，采取下发监管意见、约见谈话等方式督促金融机构及时整改。全年共开展 22 个检查项目，累计派出检查组 30 个，投入 3038 个工作日，检查机构及营业网点 66 个，检查金额 43.53 亿元，检查发现问题 104 个，涉及违规金额 3.82 亿元，发出整改意见书 8 份，提出整改意见 51 条。检查中，现场检查组集中优势兵力打硬仗，充分暴露被查单位风险隐患，查深查透问题，检查力度和质量得到较大提升，检查结论为机构改革提供了指导作用。根据检查发现的问题，分局还有针对性地印发了现场检查意见书 19 份，责令被查机构强化责任追究，对责任人采取行政和经济处罚，尤其是屡查屡犯的问题，从严从重处罚，提升现场检查的有效性，提高监管的威慑力，促进被查机构的合规文化建设。

【2013 年工作】 2013 年末，全市银行业金融机构资产总额 941.69 亿元，较年初增加

103.99亿元，增长12.41%；本外币各项存款余额822.29亿元，较年初增加了105.94亿元，增长13.28%；各项贷款余额547.81亿元，比年初增加114.29亿元，增长26.36%。全年实现净利润15.70亿元，同比增加3.98亿元，增长33.95%。不良贷款余额13亿元，较年初下降4.42亿元，不良率2.37%，较年初下降1.64个百分点。至12月末，毕节辖内所有银行业机构小微企业、个体工商户、小微企业主贷款余额为129.56亿元，较年初增加30.93亿元，增幅为33.39%，高于全部贷款增速3.57个百分点。增加额较2013年初增加了27.53亿元。实现了“两个不低于”目标。截止2013年12月末，全市涉农贷款余额为348.04亿元，较年初增加68.20亿元，增长24.37个百分点。截至12月末，全市房地产行业（含住房按揭）贷款余额为74.67亿元，较年初增加了27.05亿元，增幅56.80%，其中住房按揭贷款49.89亿元，较年初增加12.98亿元，增幅为35.16%。截至12月末，全辖金融机构不良贷款余额13亿元，较年初下降4.42亿元，不良率2.37%，较年初下降1.64个百分点。2013年，分局督促省联社办事处、各县联社对监管部门现场检查和自身内部稽核检查发现的违法违规问题进行严格问责，全市共计问责处理592人。其中：行政处分48人（辞退11人、撤职3人、记大过6人、记过3人、警告25人）；其他处分180人（通报批评160人、离岗收贷2人、诫勉谈话9人、其他处理9人）；经济处罚364人，处罚金额34.54万元，并对其中涉及违法行为的移送司法机关1人。有效地震慑了违规人员，保持了案防工作的高压态势。

【2014年工作】 2014年末，毕节辖内银行业金融机构共有政策性银行、国有商业银行、邮政储蓄银行、城市商业银行、农村商业银行、农村信用联社和村镇银行25家法人和分支机构，535个营业网点，银行业总资产1051.06亿元，突破千亿元大关，较年初增加109.37亿元；总负债1018.44亿元，较年初增加104.50亿元；各项存款897.79亿元，较年初增加75.49亿元；各项贷款689.48亿元，较年初增加141.97亿元，贷款增速高于全省3.4个百分点；不良贷款14.63亿元，不良率2.12%，较年初下降0.25个百分点；实现盈利15.61亿元。分局按照“放权、规范、高效”的原则，审慎开展机构、业务和高管的市场准入工作，切实筑牢风险防控的第一关。全年共完成准入事项131个，其中机构准入20个，业务准入6个，共组织高管考试345人次，核准高管任职资格105个。分局积极派员参加省局EAST系统培训和现场检查业务培训，全面提高现场检查人员发现风险的能力；同时，分局统筹规划，突出重点，创新方式，有序组织开展现场检查，全年共开展各类现场检查25项，共投入工作日4650个，查出问题365个，涉及违规金额64.83亿余元；针对查出问题提出监管建议110余条。在农商行改制和农村信用社股权改造过程中，按照银监会相关规定和要求，引导符合条件、有一定经营管理经验、有资金实力的企业法人和自然人吸收入股，增加了民间资本的持股比率，优化股权结构。在黔西县联社改制农商行过程中，积极推动浙江佳信休闲用品有限公司、贵州黔西三阳植物油工贸有限公和贵州黔西树立置业有限公司入股黔西农商行，共投入资本金3060万元，占股份总额的25.475%；在织金农商行改制过程中，共吸收法人股股东8户5020万股，占股本总额的38.62%；在大方县联社股权改造过程中，吸收福建省闽清三得利陶瓷有限公司入股大方县联社，共入股950万股，持股比例为9.5%。

【2015年工作】 2015年末，毕节辖内银行业金融机构共有政策性银行、国有商业银行、股份制商业银行、邮政储蓄银行、城市商业银行、农村商业银行、农村信用联社和村镇银行26家法人和分支机构，560个营业网点，银行业金融机构资产1397.19亿元，较年初增加346.13亿元，增速32.93%；负债总额1360.06亿元，较年初增加341.61亿元，增速33.54%；

各项存款余额1202.15亿元，较年初增加304.36亿元，增速为33.90%，增速位居全省第一；各项贷款余额884.47亿元，较年初增加194.98亿元，增速28.28%，增速位居全省第二；不良贷款余额20.65亿元，较年初增加6.02亿元；不良贷款率2.33%，较年初增加0.21个百分点；实现盈利14.87亿元，较去年减少0.74亿元。分局认真贯彻落实中央和银监会以及贵州银监局小微企业金融服务工作要求，组织开展小微企业金融服务宣传月活动，多措并举加强督促指导，持续深化小微企业金融服务工作。截至2015年12月末，小微企业贷款余额（含个体工商户和小微企业主贷款）181.02亿元，较年初增加26.39亿元，增速为17.07%，低于各项贷款增速11.21个百分点；小微企业贷款户数为17157户，较去年同期增加3572户；小微企业申贷获得率为93.93%，较去年同期增加0.57个百分点。“三个不低于”目标中完成两个。积极督促、引导农业银行、农村商业银行、农村信用联社和邮储银行在行政村合理布设自助机具或POS机，要求既满足农村金融服务需求，又要防止重复过度布设而浪费金融资源。在行政村各类电子机具覆盖率达100%的基础上，要求各机构加大宣传和引导力度，不断提供农村地区电子机具使用率，把“村村通”做实为“村村用”，真正解决“最后一公里”问题。截至2015年12月末，全市共计安装投入使用助农取款“村村通”终端3849台，助农取款“村村通”在行政村的覆盖率为100%；新增POS机具1346台，POS机具总数达2891台；电子渠道业务替代率46.66%，较年初上升10.28个百分点，高于全省农信社系统1.57个百分点。同时，积极引导辖内机构合理布局，推进小微支行、社区支行、便民服务支行的设立，逐步实现全市社区、园区和乡镇金融机构全覆盖；引导银行机构改进特殊群体金融服务，创新服务方式和产品，积极履行社会责任，开发针对农民工、失地农民、下岗失业者、残障人士等特殊群体的金融产品。突出重点，加强信用风险管理。一是加大平台贷款风险防控力度。分局明确平台贷款监管科室负责平台贷款日常监管和现场检查；健全平台贷款监测和风险监管常态化机制，完善信息交流制度；做好“名单制”管理，严格标准规范退出；动态监测已退出平台的公司，不符合退出条件的重新纳入平台贷款管理。2015年末，全辖融资平台（含类平台）贷款余额为219.12亿元，较年初增加35.99亿元，增幅为19.65%。二是防范产能过剩行业信贷风险。从2015年12月末监测情况看，采矿业贷款余额30.37亿元，行业占比3.43%，不良贷款余额7.38亿元，不良率24.31%，远高于各项贷款不良率21.98个百分点。分局将继续督促各机构加强管控，及时收回，以防范风险。同时重点关注在压缩产能过剩过程中，煤炭等企业信贷资产的保全工作。三是加强房地产风险防控。对国家重点调控的房地产行业，分局予以高度重视，积极按照国家宏观调控政策，通过专项报表统计分析等方式，严格限控银行业金融机构房地产贷款发放；同时，积极引导银行业金融机构采取差别化信贷政策，在风险可控的情况下，将资金更多的投向保障民生的保障性住房建设项目。12月末，全市房地产行业贷款（含个人消费类贷款）176.44亿元，不良贷款余额1.08亿元，占全部房地产行业贷款的0.61%。其中房产开发贷款余额为14.95亿元，不良贷款余额为0.54亿元，不良率3.5%，高于全市不良贷款率1.27个百分点。

【2016年工作】 截至2016年末，毕节辖内共有银行业金融机构26家，营业网点575个，银行业资产总计1835.50亿元，较年初增长31.37%；各项贷款余额1148.31亿元，较年初增长29.83%；各项存款余额1616.63亿元，较年初增长34.48%；全年实现净利润25.23亿元，较年初增长69.62%；不良贷款率2.39%。全市银行业资产增速、存贷款增速均排名全省第二，各项重要指标处于较好水平。坚持监管导向，助力实体经济发展。一是持续加大对重点行业、重点项目信贷支持。引导辖内金融机构以绿色信贷为发展目标，结合近年中央26个部委支持毕节高

速公路、铁路、水利、电力等领域差别化政策，加大对重点领域、重点行业发展的支持。2016年全年重点工程贷款余额303.55亿元，较年初增长33.84%；交通水利、电力等基础设施贷款余额275.27亿元，较年初增长36.09%；保障性安居工程贷款余额22.47亿元，较年初增长478.57%。二是围绕支持农业供给侧结构性改革，不断提升薄弱领域金融服务。引导各机构结合毕节现代山地农业特点和融资需求，加大对农业生产、乡村旅游、生态制药等为一体的农业产业链的资金支持；配合市政府提出的“雁归兴毕”、“大众创业、万众创新”等行动，以“银团合作”为助推，支持返乡农民工、农村青年、农村妇女、大学生村官等在农村就业创业；督促机构坚持有保有压、有扶有控原则，通过探索创新农村金融产品和服务方式，持续加大对三农、小微金融支持力度。截至2016年末，全市小微企业贷款余额226.77亿元，较年初增加45.75亿元，增速25.27%；涉农贷款余额711.84亿元，较年初增加173.13亿元，较年初增长32.14%。三是紧扣供给侧结构改革，支持“去产能、去库存、去杠杆”。按照分类施策原则，指导机构在风险可控、合规经营的前提下采取增贷、稳贷、减贷、重组等处置措施，支持实体经济“去产能、去库存、去杠杆”；组织召开辖内银行业债权人委员会工作推进会，摸清辖内困难企业贷款情况，进一步帮扶和保护银行有效债权；降低企业融资成本，2016年末全市银行业金融机构企业贷款平均加权利率较上年同期下降30.94个基点。四是严格执行服务价格管理要求，减费让利“降成本”。要求机构按照无实质服务一律不得收费的要求，严格收费标准和收费项目；积极主动提高信贷审批效率，缩短信贷审批链条，下放授信审批权限，降低借款人融资时间成本。2016年，辖内分支机构金融服务收费实现免收项目659项，暂免收项目82项，单独为小微企业免收项目107项。践行普惠金融，深化银行体系建设。一是组织机构开展“防范打击非法集资宣传月”、“金融知识进万家”、“普及金融知识万里行”、“反恐怖主义法宣传”等活动，把金融知识送进校园、进社区、进企业、进乡村，提升消费者的金融知识水平和防范风险意识。二是组织机构开展“支农支小春雨行动”、“农民工春归金融服务”活动，扩大金融知识在农村的普及面。全年举办农民工座谈会、金融夜校活动开展金融夜校15311场次，参训79.28万余人次，覆盖全市行政村4435个，社区（街道）259个。三是深入推进机构建设，2016年，全市新设机构网点15个，其中，乡镇网点7个；支持贵州银行、贵阳银行网点设立向县域延伸，实现辖内县域网点全覆盖。四是稳步推进农信社改制农商行工作，启动赫章县联社改制工作，完成清产核资及改革前期准备，向贵州银监局上报筹建初审报告；引导相关联社扎实做好产权确权、小股金清理，持续优化监管指标，创造条件逐步达到改制要求。五是持续推动“引银入毕”工程、推动并指导中银消费金融有限公司在毕节辖内合规开展业务。六是不断完善农村金融服务体系。2016年全市农信系统共安装投入使用助农取款“村村通”终端3780台，在行政村的覆盖率为107.36%；农行设立“惠农通工程”服务点3499个，覆盖242个乡镇2579个行政村惠及农户100多万户；城商行和邮储银行设立便民服务点483个，覆盖全市247个乡镇。

中国人民银行毕节市中心支行

【2012年工作】 2012年，人民银行毕节市中心支行认真贯彻上级行工作部署和要求，以“夯基础、谋创新、促发展、创佳绩”为工作主线、“六个抓手六个新”为工作重点，严格贯彻执行稳健的货币政策，努力维护辖区金融稳定，加强和改进金融服务，为推动辖区经济社会跨越式发展作出了积极努力。截至12月末，毕节市金融机构各项存款余额为736.03亿元，比年初增加111.70亿元，增幅为17.89%，同比多增38.18亿元；各项贷款余额为433.45亿元，比年初增加83.44亿元，增幅为23.84%，同比多增15.95亿元。截至12月末，辖内妇女小额担保贷款余额为10.67亿元，年内

累计发放5.24亿元。五是认真执行支农再贷款管理规定，强化支农再贷款服务“三农”功能。年内累计发放支农再贷款10笔63390万元，收回9笔56,124.33万元，余额72796万元。年内共办理跨境人民币结算3笔共5120万元。截至12月末，全辖国际收支涉外收入1117.98万美元，同比增长18%；对外付汇申报274.23万美元，同比增长763%。银行结汇总额1154万美元，同比减少56.96%；售汇总额442万美元，同比增长112.5%。实现贸易出口总额11786.69万美元，同比增长515%。

【2013年工作】 截至12月，毕节市金融机构各项存款余额为838.78亿元，较年初增加102.74亿元，增幅13.96%，同比增加102.74亿元，增长13.96%；各项贷款余额547.81亿元，较年初增加114.29亿元，增幅26.36%，同比增加114.29亿元，增长26.36%。贷款增速明显快于各项存款，贷款同比增速居全省首位，信贷结构进一步优化，支持地方经济发展力度进一步加大。全年共发放支农再贷款12笔，金额8.79亿元，余额8.69亿元。重点对农村信用社资本约束、资产质量、内控管理、支农服务水平的监测考核，切实提高农村信用社支农服务功能。全年市辖办理跨境贸易人民币结算业务14笔，7141万元。对大方、纳雍两县富民村镇银行各发放2000万元支农再贷款，增强新设立地方法人金融机构服务地方经济发展能力。提请市政府召开推进“两社”清产核资工作会议，推动“两社”历史遗留问题的解决。全年累计发放失业人员小额担保贷款9684笔4.43亿元，余额9.23亿元。继续保持对违规资金的高压态势，加大对外汇指定银行、涉外企业的检查。全年全辖国际收支跨境收入1536.60万美元，跨境支出434.52万美元，银行结售汇总额1848万美元。截至12月末，新办贷款卡、年审贷款卡、受理企业信用报告查询同比增长61%，个人信用报告查询同比增长216%，新增发放机构信用代码证5373户。截至12月，全辖3605个行政村布放助农取款机具3447台，覆盖率达95%。以“零容忍”态度治理假币，全年收缴假币4618张，433041元。督促银行业金融机构落实全额清分和冠字号码查询工作，完善小面额人民币主办网点和主办银行制度，全辖建立小面额主办银行8个，主办网点98个。

【2014年工作】 截至12月末，毕节市金融机构人民币各项存款余额916.79亿元，同比增加78.01亿元，同比增长9.30%；各项贷款余额为689.48亿元，同比增加141.67亿元，同比增幅25.86%，贷款同比增幅高于存款同比增幅16.56个百分点。余额存贷比提升到75.21%，增量存贷比达到181.60%。截至2014年末，全市共认定民贸民品企业497家，对15家民贸企业发放民贸企业优惠利率贷款5.6936亿元，贴息额424万元，实现了民贸民品贴息贷款的良好开局。四是改进中小微型企业金融服务，提高金融支持中小微型企业水平。2014年全辖累计受理企业信用报告查询755笔，个人信用报告查询14113笔，新增机构信用代码发放6743户。创新对辖内122家金融机构开展2013年反洗钱风险等级评估工作，评估覆盖面达100%。组织市县两级法人金融机构491名员工参加反洗钱岗位准入远程培训；组织人民银行市县两级行反洗钱专兼职人员参加反洗钱新业务远程培训课程。完善可疑交易报告分析制度和反洗钱工作保密制度，认真分析重点可疑交易报告，对涉嫌洗钱行为明显事项，督促金融机构及时向公安机关报案。推进国库信息化建设，加大和税务、银行的协调力度，加强TIPS的宣传推广。加强对惠民村镇银行等新设法人银行机构和贵阳银行毕节分行等机构代理国库业务的现场和非现场指导，规范辖区各银行业金融机构代理国库业务。与市地方税务局联手，创新开展个体工商户横向联网批量扣税业务试点，推进签约工作，推广时间列全省第二。

【2015年工作】 截至2015年12月末，毕节市金融机构人民币各项存款余额1254.63亿

元，较年初增长36.85%，增速高于去年同期27.55个百分点；各项贷款余额884.46亿元，较年初增长28.32%，增速高于去年同期2.46个百分点。截至12月末支农再贷款余额15.55亿元，较年初增加5.47亿元，2015年累计发放18.04亿元。采取联保互保及第三方保证方式发放支农再贷款12.96亿元，占比83.34%。截至12月末，毕节市农村住房财产权抵押贷款余额4904万元，林权抵押贷款余额3521万元，涉农贷款余额为540.11亿元。加强与民宗局、财政局协调配合，积极做好创业就业、民贸民品等民生领域金融服务。2015年全市累计共有33家企业享受民贸民品优惠利率贷款贴息，累计发放贷款34770万元，累计贴息1083万元。做好创业小额担保贷款统计监测工作，创业小额担保贷款年内累计发放1810笔金额9915万元，年末余额17697万元，其中：妇女小额担保贷款余额16648万元。引导金融机构加大对“3个15万”扶持微型企业发展的金融服务。截至12月末，全市小微企业贷款余额143.09亿元，较年初增加20.97亿元，增长17.17%。加强金融市场管理和培育，推动跨境人民币业务规范发展，指导毕节农商行作为全市第一家银行机构成功加入全国银行间同业拆借市场。2015年毕节市跨境人民币业务累计发生28笔，累计金额392.85万元。四是推动成立毕节市金融学会。积极组织全市金融机构成立金融学会，于2015年10月获证批准成立，单位会员30家，个人会员27名，为推动全市金融研究工作搭建了学术研讨交流平台。强化金融统计管理，准确、及时、完整报送各项统计数据。县域法人激励考核政策效果明显，全市参与考核机构12家，达标率91.67%，新增可贷资金22.29亿元，新增当地贷款42.74亿元，年度新增当地贷款占新增可贷资金的191.75%，较上年同期提高77.23个百分点。积极做好金融统计服务工作。在加强涉密数据管理的前提下，及时、准确地向政府部门提供相关数据，为政府部门提供决策依据，其中《2015年7月毕节市金融统计分析》得到市委书记陈志刚同志批示，《毕节市金融统计信息专报》获得常务副市长罗建强同志批示。二是征信管理有序推进。探索具有毕节特色的小微企业信用体系建设工作，成功搭建毕节金融网及小微企业融资对接平台，报请市政府审议通过创建工作实施方案等系列文件，创建工作取得实质性进展。加强征信基础业务管理，截至12月末，全市累计受理企业信用报告查询936次；个人信用报告查询33256次；国家机关查询17次；发放机构信用代码证5773户，更新机构信用代码信息433户。推进中征应收账款融资服务平台推广应用，截至12月末，毕节辖内中征应收账款融资服务平台完成用户注册86户，其中资金提供方40户，应收账款债权人/债务人46户；累计成交金额46.876亿元。

【2016年工作】　截至12月末，全市金融机构人民币各项存款余额1667.31亿元，较年初增加412.68亿元，同比增长32.89%；各项贷款余额1148.31亿元，较年初增加263.84亿元，同比增长29.83%。其中，小微企业贷款余额178.85亿元，较年初增加36.18亿元，增长25.36%；涉农贷款余额711.84亿元，同比增加171.73亿元，增长31.8%。截至12月末，全市支农（扶贫）再贷款限额为21.45亿元，余额为21.39亿元。创新制定《扶贫再贷款“两建两优”管理暂行办法》，在中支建立虚拟“循环资金池”，建立对金融机构的最高额管理，给予“两个优先”政策保证，即要求金融机构所运用“两建两优”扶贫再贷款支持的新型农业经营主体带动贫困户人数不得低于总带动就业发展人数的20%，并优先支持带动贫困户就业发展突出新型农业经营主体，对运用扶贫再贷款支持建档立卡贫困户发展政策效果好的县区，优先满足其“两建两优”扶贫再贷款需求。自2016年9月份启动以来，已下达“两建两优”扶贫再贷款限额1.01亿元，地方金融机构运用扶贫再贷款资金支持600余家新型农业经营主体，带动1939余户贫困人口就业发展。截至12月末，全市创业小额担保贷款累计

发放 2.59 亿元，其中，妇女小额担保贷款余额 6850.95 万元。引导金融机构用好用足民族贸易和民族特需商品生产贷款优惠政策，2016 年，全市累计共有 23 家企业享受民贸民品优惠利率贷款贴息，累计发放贷款 2.69 亿元，累计贴息 701 万元。

建行毕节市分行

【2012 年工作】 建设银行毕节市分行截至 12 月 31 日，全行各项贷款余额 51.74 亿元，较年初新增 23.88 亿元，居四行首位。分行在继续大力支持全市基础设施、能源、资源加工等传统重点行业的同时，积极向民生领域、中小企业、个人信贷等领域倾斜。全年累计向基础设施、能源等传统重点行业领域发放各类贷款超过 27 亿元，其中对全市重点工程毕威高速、黔织高速贷款发放就达 24.89 亿元。全年共引进信托、票据理财等创新产品渠道融资 5 亿元，建行区域外其他分支机构融资 10 亿元，引进除建行外其他金融机构融资 20.81 亿元，全年共向地方融资 59.81 亿元。截止 2012 年末全行小企业贷款余额 3975 万元（建行口径），较上年新增达到 260%，实现了贷款增速不低于全部贷款增速，增量不低于上年水平的目标。分行积极向建行贵州省分行申报对毕节市执行区域差别化政策建议，为全面提升和加强对毕节市经济社会发展的金融服务争取政策支持。在 2012 年年初，分行就组织上报了毕节市执行区域差别化政策的相关材料，内容涵盖了信贷资源配置、重点行业差别化信贷政策、多渠道融资工具运用、新产品试点和金融创新等各个方面。省分行领导对此高度重视，组织多个相关部门就分行上报的建议进行研究讨论，并将其纳入向建总行申报的具体支持贵州经济社会发展的差别化政策措施中。

【2013 年工作】 截至 12 月 31 日，一般性存款余额 112.64 亿元；各项贷款余额 64.79 亿元，较年初增长 13.05 亿元，增幅同业第一，为地方经济建设做出了积极的贡献；实现利润 2.86 亿元，经济增加值 1.5 亿元，价值创造力领先同业。全年向城镇化基础设施建设项目、交通运输业、房地产业、能源基地建设、民生领域投放贷款 68.64 亿元，比上年新增 16.9 亿元，比上年同期增长 19.81 亿元，新增占比四行排名第一。此外，建行还积极牵线搭桥，充分发挥建设银行规模优势，引进建行系统内区域外其他分支机构支持试验区建设，贷款余额达 63.042 亿元。1. 为贯彻落实党中央建设新型城镇化和贵州省委“加速发展、加快转型、推动跨越”，推进工业化、城镇化、农业现代化“三化同步”，重点抓好省级“5 个 100 工程”的战略部署，发挥建设银行大型国有商业银行金融服务优势，建设银行毕节市分行明确了因地制宜服务好城镇化建设的经营思路，全年共向织金、金沙和毕节市七星关区城镇化建设项目授信 10.02 亿元，涉及城市道路建设、土地综合整治以及安置房建设。2. 按照《贵州省高速公路三年会战实施方案》，为支持试验区交通枢纽建设，推动经济快速发展，建设银行毕节市分行积极提供融资支持，参与兄弟行牵头的内部银团贷款。全年向交通运输业授信额达 33.09 亿元，主要投放至毕威、黔织、毕生、毕都、织纳、清织等高速公路建设以及城市道路施工和工程设施建设。3. 在极大的满足购房者购房意向的同时，积极向优质房地产开发商提供融资支持，尤其对保障房建设。2013 年分别向“瑞丰铭城”、“碧阳国际城 F 地块（兰乔圣菲）”项目授信 3 亿元，以上项目的建成为毕节试验区的发展做出了积极贡献。4. 积极向毕节市“十二五”规划提出的六大基地建设项目提供融资支持，以专业专注的服务水准以及各类创新金融产品做好金融服务，2013 年，与华润电力以及重庆能源下属公司签定了意向性贷款承诺书，与重庆能源（贵州）煤电有限公司签署了《银企合作协议》。同时，积极为向中城能源等客户提供信贷支持做好前期准备，向隶属于华电集团旗下的贵州大方发电有限公司提供基本建设贷款授信额度 6.1 亿元，有追索权保理 1.5 亿元。5. 为做好民生领域金融服务工作，本行充分利用“民本通达”民生系列金融服务品牌功能优势，以及分别针

对教育、医疗、社保、环保、文化五个领域，设计推出“教育慧民”、“医疗健民”、“社保安民”、“环保益民”、“文化悦民”五个子品牌系列产品综合服务方案，全力支持民生领域建设。此外，不断向毕节学院提供各类创新金融产品服务，包括代收代付业务、“e 动终端”进校园活动，为该校师生提供上门服务。二是助力小微企业发展。将小企业业务发展作为改善自身业务结构，实现战略转型的重要抓手，按照“两个不低于”（信贷投放增速不低于全部贷款增速、增量不低于上年）的发展目标，大力推动“助保贷”、“信用贷”等产品在小微企业的推广运用，取得明显效果。截至 2013 年 12 月 31 日，建设银行毕节市分行共向 35 户小微企业授信 1.15 亿元。

【2014 年工作】 截至 2014 年 12 月 31 日，建设银行毕节市分行各项贷款余额 81.33 亿元，较年初新增 16.54 亿元，新增在系统和同业分别排第二和第三位。其中，对公贷款 65.84 亿元，较年初新增 11.26 亿元，新增在系统和同业分别排第一和第三位。突出重点，大力加强自助银行建设进度和布局优化，加强电子银行深度推广运用等，促进服务渠道从以物理网点为主，向物理网点与电子渠道并重、多渠道全功能服务协调联动转变，提升客户服务覆盖面，优化用卡环境，提升服务满意度。截至 2014 年年底，建设银行毕节市分行完成了威宁、桂花支行的原址装修，计划新设网点也已基本完工。目前为止，建设银行毕节市分行机构数为 17 个，自助服务点 40 个（其中附行式服务点 17 个，离行式服务点 23 个）。同时，加快自助设备的布放，推进渠道延伸，扩大服务范围。2014 年，建设银行毕节市分行新增离行式自助服务点 8 个，新增自助设备 49 台，其中县支行新增自助设备 34 台，自助设备实现中收 1053 万元，其中县支行自助设备实现中收 720 万元，占全行自助设备收入的 68.38%；大力推动电子产品销售，努力提高善融商务交易总量，持续提升渠道服务能力。2014 年，建设银行毕节市分行网上银行活跃客户同比净新增 16336 户，市州分行排名首位，占全省净新增总额的 32.69%，计划完成率 268.68%，市州分行排名首位；手机银行活跃客户同比净新增 20726 户，市州分行排名第二，计划完成率 259.08%，市州分行排名第二；微信客户新增 8152 户，市州分行排名第二，计划完成率 216.41%，市州分行排名首位；全行实现代发代扣 1106.97 万元，二级行排名第二，计划完成率 62.9%，二级行排名第四；善融商务新增 B2B 活跃商户 1 户，B2C 活跃商户 3 户，交易总额达 1119.28 万元，计划完成率 371%，全省排名第一。

【2015 年工作】 截至 2015 年年底，各项存款余额达到 169.49 亿元，较年初新增 45.92 亿元，各项贷款余额 99.61 亿元，较年初新增 18.29 亿元。截止 12 月 31 日，善融商务新增 B2C 活跃商户 7 户，交易总额达 163.13 万元，活跃商户量居全省第一，为地方特色产业的宣传推广做出了积极贡献。

【2016 年工作】 截至 2016 年底，各项存款余额 194.81 亿元，较年初新增 49.23 亿元；各项贷款余额 106.69 元，四行占比 23.88%，较年初新增 7.08 亿元。其中对公贷款余额 67.58 亿元，个人贷款余额 39.11 亿元。表外融资余额 11.2 亿元，较年初新增 9.2 亿元；实现中间业务净收入 9631.52 万元，同比新增 1870.87 万元；实现账面利润 4.48 亿元，较年初增长 0.85 亿元。加快转型发展，不断突显服务职能。一是加强自助网点建设。2016 年，分行共建设 4 个自助银行网点，目前已完工，待验收后投入使用，搬迁自助设备 3 台，取款机更换为存取一体机 5 台；完成 17 个网点双录设备安装并成功上线，产品销售实现“双录”，达到监管要求；进一步完善消费者权益保护制度，设备配置齐全，17 个网点及分行渠道部安装了录音电话，记录、保存客户投诉及回访录音。二是加快智慧银行转型。11 月上旬，分行共投入使用智慧柜员机 67 台，覆盖辖内全部网点，大量减轻了柜面压力，快速、简便、易操作的体验赢得了客户的一致好评。

三是深入推进“三综合”建设。分行利用设备交易渠道分流客户，自助设备使用效率明显提升。制定了自助设备考核管理办法，每日通报设备运行情况，截止11月底，自助设备开机率较年初提高0.48%，达99.36%，全功能服务率提高1.89%，达92.75，缺钞率下降0.69%，达到1.16%。同时优化网点排班，大部分网点年底营销人员占比超过60%，全市网点营销人员平均达60%，完成省分行网点转型指标。

毕节农商银行

【2013年工作】 贵州毕节农村商业银行股份有限公司（以下简称“毕节农商银行”）于2013年10月23日正式挂牌开业，是经中国银监会批准、具有独立企业法人资格的地方性股份制商业银行，也是全省第一家直接在农村信用合作联社基础上改制成功的农村商业银行。其前身是毕节市农村信用合作联社，始建于50年代初。是拥有51个营业网点、下设四个片区办事处、内设14个职能部门、在职员工542人、存贷规模超过百亿的一家地方法人金融机构。目前，毕节农商银行在城区市场设立了14个营业网点，乡镇市场设立了37个营业网点；下设了燕林清、鸭朱阴、吉普龙、杨长青四个片区办事处；内设了办公室、人力资源部、计划财务部、业务发展部、风险管理部、会计结算部、信息科技部、法律合规部、个人金融部、公司金融部、安全保卫部、审计监察部、工会办公室、营业部等14个职能部门。截止2013年末，在职员工542人，其中硕士研究生1人，本科256人，大专206人，中专及以下79人。截止2013年末，毕节农商银行各项存款余额达672708万元，各项贷款余额436229万元，实现各项收入45536万元，存贷规模首次突破百亿。存、贷款在七星关区区域市场份额占比分别为23.57%、23.16%，均位居第一位；存、贷款区域市场增量份额占比分别为56.83%、24.47%，分别位居第一位、第二位。由于各项业务指标完成突出，毕节农商银行获得了贵州省联社2013业务发展奖、存贷款冲刺5000亿目标考核一等奖、年度小微企业金融服务先进单位等荣誉。改制后的毕节农商银行坚定不移地坚持“立足区域经济、服务三农、服务社区居民、服务中小微企业”的市场定位，积极发挥支农支小作用，以促进地方经济发展为己任。2013年末，毕节农商银行涉农贷款余额达305942万元，较年初上升102210万元，涉农贷款占比达70.13%，涉农贷款增量比去年同期上升87891万元，增长率为50.17%。大力支持各类经济弱势群体自主创业就业，累计发放中小微企业（含个体工商户）1790户金额68526万元，余额93218万元；累计发放就业创业担保贷款金额1544户11778万元，余额34925万元。大力支持“5个100工程”项目发展，2013年累计共投入“5个100”工程信贷资金19359万元。其中，投入7972万元支持青场镇、清水铺镇的小城镇建设；投入9357万元支持朱昌镇、杨家湾镇、撒拉溪镇、海子街镇、阿普龙片区的现代高效农业示范园建设；投入1500万元支持黔西北产业园区和小坝经济开发区建设；投入530万元支持远航物流城等城市综合体建设。截至年末，毕节农商行支持“5个100工程”项目贷款余额达43328万元。

【2015年工作】 截止12月末，各项存款余额400.3亿元，较年初增加74.2亿元，增幅22.75%；各项贷款余额282.5亿元，较年初增加35亿元，增幅14.13%。存、贷款市场份额分别占全市金融机构的31.9%和31.94%。实现经营利润12.2亿元，增幅7.61%；缴纳各种税收4.23亿元，同比多增0.33亿元。以支持种养殖业发展、农业产业化、“5个100”工程、“四在农家·美丽乡村”建设等为重点，持续加大信贷投入，较好地满足了“三农”发展资金需求。至12月末，涉农贷款余额244.04亿元，较年初增加33.01亿元，占全部贷款增量的94.3%，涉农贷款占比86.38%，累计投放涉农贷款187.01亿元，占本年贷款累计投放额的85.13%，涉农贷款增速15.64%，高于各项贷款增速1.51个百分点。其中农

户小额信用贷款余额153亿元，较年初增加28亿元，增幅22.35%。把农村信用工程建设作为解决农民“贷款难”的治本之策来抓，切实发挥农村信用工程建设在提升农户信用等级、减少农户融资成本、增加农村经济活力等方面的重要作用，深入推进农村信用工程建设，不断完善县、乡（镇）、村三级农村信用工程建设长效机制，形成了“争当信用户、争创信用村镇”的氛围。共建立农户经济档案146.97万户，评定信用农户等级146.92万户，贷款证累计发放121.46万个；涉农贷款余额244.04亿元，较年初增加33.01亿元，占比86.38%，增速15.64%，高于各项贷款增速1.51个百分点，其中农户小额信用贷款余额153亿元，较年初增加28亿元，增幅22.35%；新创建信用乡镇20个，信用乡镇总数达83个。广泛开展“金融夜校”，全面普及金融知识。打造“五个一”工程，在村组、社区开办“金融夜校”，普及金融知识、解读政策法规、传递致富信息，讲解贷款办理、支付结算操作、反假货币、非法集资识别与危害、产业发展与金融支持等内容，共举办“金融夜校”8723场次，参训人数38.69万余人次，基本覆盖到所有行政村（社区），提高了农民运用金融知识、金融工具促进自身发展的能力。坚持硬件、软件两手抓，全面改进营业场所建设、金融基础工程，至12月末，共原址改造营业网点33个，搬迁建设营业网点26个，门头改造87个；2015年标准化服务验收达标网点151个，达标网点总数达203个，占网点总数的65.7%，网点形象和服务水平持续提升。大力推进“信合村村通”建设，共安装投入使用助农取款“村村通”终端3820台，覆盖到全市所有行政村；新增POS机具1346台，POS机具总数达2891台；电子渠道业务替代率46.66%，较年初上升10.28个百分点，高于全省农信社系统1.57个百分点。结合“3个15万”等系列政策，合理调配信贷资源，健全工作机制，创新业务产品，以信用、保证及信用+保证、信用+抵（质）押等模式突破小微企业抵押担保瓶颈。至12月末，全市农信社小微企业贷款户数8189户，较去年同期增加3530户，贷款余额53.04亿元，较年初增加10.28亿元，小微企业贷款增速24.05%，高于各项贷款增速9.92个百分点，其中“黔微贷”微型企业项目贷款1531户，贷款余额2.42亿元；建立“信息互通、跟踪服务、产品创新、快速审批、责任落实、激励约束、信息反馈、回访督导”八项机制，在8县区全面开展“心系园区·信合在行动”活动，共向全市12个省级产业园区148户企业授信12.93亿元，累计贷款18.2亿元。

【2016年工作】 截止12月末，各项存款余额503.84亿元，较年初增加105.94亿元，增速25.46%，同比多增27.74亿元；各项贷款余额337.92亿元，较年初增加55.4亿元，增速19.61%，同比多增20.4亿元。存贷款增量、增幅均创历史新高，分别占全市金融机构的31.14%和29.43%，缴纳各种税收3.09亿元。持续推进农村信用工程，制定完善信用工程建设三年规划，坚持时间服从质量原则持续推进，不断改善农村金融生态环境，共创建信用组3623个（总数达15293个）、信用4974个（总数达2131个）、信用乡镇45个（总数达128个），创建数量为历年新增最多；共建立农户资信档案147.93万户，授信总额528.8亿元，农户小额信用贷款余额205.2亿元，较年初增加51.7亿元，惠及农户44万户。持续优化农村支付结算环境，大力推广“村村通”提高使用率，本年累计交易997.54万笔、金额111.77亿元，活跃率达100%，平均每台每月交易219笔，逐步由“村村通”向“人人用”转变；新增ATM机110台、POS机2759台、网银6.55万户、手机银行20.48万户，累计发卡84.24万张，电子渠道业务替代率72.01%，较年初增加10.39个百分点，居全省农信系统第一。持续深入普及金融知识，以组（社区）为单位召开金融夜校普及金融知识，共召开金融夜校15300场，参训人员达93.59万人次，覆盖全市所有行政村及大部分社区（街道），提高了农户运用金融工具促进自身发展的能

力。以深入开展“支农支小春雨行动”抓手，有效满足春耕备耕、夏播秋种及发展种养殖业等资金需求，有效助推农业产业结构调整、农业产业化发展、“四在农家．美丽乡村”建设及“5个100”工程等项目实施。至12月末，涉农贷款余额291.29亿元，占比86.2%，较年初上升47.25亿元，占全部贷款新增额的85.29%，涉农贷款增速19.53%。充分了解县域经济发展、项目落地、资金需求情况，做好重点项目金融服务工作。整合运用好“3个15万”政策，大力推广“黔微贷”、“贵工贷”等产品，至12月末，累计发放“黔微贷”2.95亿元，“贵园信贷通”1.9亿元；小微企业贷款余额64.4亿元，较年初增加11.36亿元，增速21.24%，贷款户数13562户，较去年同期增加5710户，申贷获得率98.86%，较去年同期上升3.92个百分点。

中国邮政储蓄银行毕节市分行

【2012年工作】 截至年末，全行各项存款余额56.47亿元，同比增长31.05%，市场占有率为7.88%，较去年提高0.73个百分点；全年累计放款46844.3万元，贷款余额49289.35万元。强力推进经营改革，竞争能力逐步增强。一是分行通过业务营销费预算安排为业务发展提供了经费保证，通过组织开展各季度和不同时期重点业务的竞赛活动推动业务持续发展；二是推行不同绩效奖励分配形式的激励，调动员工业务发展的积极性，保证了业务的发展；三是通过专业人才的引进和人员的增强配备，对业务的发展提供必要的人力保障；四是通过有计划的业务培训和各业务技能考试考核，保障了人员素质的不断提高；五是加大营业场所的改造力度，改善服务硬环境，促进业务快速发展。坚持渠道建设发展方针，提升综合服务能力。截止2012年年末，全市网点机构数已达94个（其中4个一级支行、13个二类支行、77个代理机构），乡镇覆盖率达31.56%。同时，加强了服务检查力度，通过明察暗访、自查互查相结合的方式，检查各项服务规范的落实情况和网点服务情况，推动全行服务工作的规范化和标准化。坚持把农村金融事业作为成事之道，进一步推进服务深度。2012年我行大力推进信用村镇建设工作，完成了威宁云贵乡平原村及水塘村的信用村的创建，争取总行、省分行关于信用村镇建设中小额贷款优惠政策，对我行信用户给予了额度增加、利率优惠、贷款优先、期限延长等政策支持措施。积极加快业务创新力度，服务中小企业及“三农”成效显著。一是加强机构建设，健全服务网络。成立了农村金融事业部及小企业信贷中心，在全市各乡镇设立了129个信贷受理点，开办了烟农贷款及小企业信贷业务。二是抢抓国发2号文重大机遇，服务地方经济，进一步加大中小企业及“三农”服务力度。是年，发放各类贷款3885笔，发放金额46844.3万元，其中惠农贷款796笔，金额2324万元，同比增长1536.1万元，增幅为194.96%；小企业贷款2笔，金额760万元。三是加快惠农产品创新，完善产品体系。2012年，在总行及省分行的政策支持下，分行在威宁县云贵乡试点开办烟农贷款业务，实现新增小额贷款余额1400多万元，惠及农户800多户，这是一项银行效益和社会效益双丰收的工作，使邮储银行积极履行社会责任，服务“三农”的力度得到进一步增强。

【2013年工作】 加强普惠金融服务，强力推进“三农”服务工作。是年，小企业贷款11笔，金额2705万元，同比增长116%。一是“烟农”贷款项目成功实施，为分行集群式开发特色行业贷款提供了好的做法，2013年，烟农贷款放款3195笔、金额9212.85万元，同比增长7800万元，进一步履行了社会责任；二是加强产品创新，启动了个人综合消费贷款，丰富了金融产品，拓宽了业务发展空间；三是在全市举办“创富大赛”，为创业者提供融资平台。积极加快业务创新力度，服务中小企业及“三农”成效显著。一是加强机构建设，健全服务网络。成立了农村金融事业部及小企业信贷中心，在全市各乡镇设立了129个信贷受理点，开办了烟农贷款及小企业信贷业务。二是抢抓国发

2号文重大机遇，服务地方经济，进一步加大中小企业及“三农”服务力度。是年，发放各类贷款3885笔，发放金额46844.3万元，其中惠农贷款796笔，金额2324万元，同比增长1536.1万元，增幅为194.96%；小企业贷款2笔，金额760万元。三是加快惠农产品创新，完善产品体系。2012年，在总行及省分行的政策支持下，分行在威宁县云贵乡试点开办烟农贷款业务，实现新增小额贷款余额1400多万元，惠及农户800多户，这是一项银行效益和社会效益双丰收的工作，使邮储银行积极履行社会责任，服务“三农”的力度得到进一步增强。

【2014年工作】 截至年末，个人储蓄余额达74.33亿元，市场占有率13.04%，较上年提高0.05%，较年初增长79086.7万元，增幅11.91%；全年累计放款74265.01万元，余额增长29253.09万元，贷款余额104531.4万元。全年累计放款74265.01万元，余额增长29253.09万元，贷款余额104531.4万元。其中个人零售贷款累计放款70785.01万元，余额101064.84万元，余额增长28127.7万元，增幅38.56%。小企业贷款全年累计发放贷款15笔3480万元，增长1125.39万元，增幅44.7%；公司项目授信一笔，授信金额15亿元，2014年实际用款2000万元。分行在制定年初工作计划时明确将信贷业务作为“吃饭”业务和收入支柱业务，按照省分行“做优资产业务”的指导思想，分行明确了信贷业务“又好又快”优先发展的策略，优先策划、优先落实，根据业务发展的季节性特征，分阶段开展业务竞赛活动，克服人员少、检查量大等因素，在结构调整、集团营销、新产品开发等方面积极拓展市场，成效显著。全市个人储蓄余额达74.33亿元，余额排全省第六，市场占有率13.04%，较上年提高0.05%，较年初增长79086.7万元，增幅11.91%。2014年是银行成立以来个人负债业务发展最为困难的一年，市分行在制定业务发展计划时，充分考虑经济形势影响，积极捕捉市场信息，制定切实可行的业务计划，实现批量业务拓展日常化，突出“抓早、抓实”，并针对性开展业务营销工作，确保业务发展稳中有升。坚持“大理财”观念统领个人业务发展，积极拓展增加中间业务收入的各种渠道，提高收益能力，全年实现中间业务收入728.19万元，增长15.30%，收入占个人业务收入的30.14%。

【2015年工作】 全年完成业务收入10434万元，增长23.58%，实现利润2314万元。截至2015年年末，全市各项存款余额达85.5亿元，较去年同期增长11.5%；全年累计发放个人零售及小企业贷款79180.7万元，余额增长25527.90万元，贷款结余129537.78万元；发放对公贷款11.3亿元，结余11.5亿元。2015年市分行加强与地方政府沟通，主动融入地方经济，积极支持地方经济社会发展，提供力所能及的信贷支撑，在结构调整、集团营销、新产品开发等方面积极拓展市场，成效显著。一是做好个人信用消费贷款、家庭农场贷款的新业务的发展工作，两项业务全年放款7316.60万元，新增余额6626.04万元。二是积极拓展一手房项目。2015年，大方华屹景城、黔西滨河湾、金源世纪城等一手房楼房项目成功获批，全年发放一手房贷款6435.80万元。三是加强与工业园区、工商联、人资社保、农委等部门的沟通联系，搭建银政企合作平台，创新银政企业务。全年与工商联联合开展了7场“金融服务县区行”活动，与100余家企业进行了座谈，并为符合条件的企业发放各类贷款1500万元；赫章、威宁与当地产业园区签订了合作协议，开展“贵园信贷通”业务，全年发放贷款750万元；赫章、威宁与当地担保公司开展“劳动密集型小企业贷款”业务合作，全年共发放劳动密集型小企业贷款1220万元；与农委合作拓展“农保贷”业务，目前各项前期准备工作已全部完成，2016将实现正式放款。2015年市分行公司业务发展以业务转型为核心，将公司贷款业务作为转型重点，贷款规模取得突破性进展。一是密切跟进织金国电、龙源风电、九冶集团，新增用信11.3亿元。二是

加大“一把手”营销力度，定期走访政府相关部门，主动汇报邮储银行的改革发展和对地方经济社会发展的支持情况，争取政府对邮储银行更多的支持，在“贵园信贷通”、劳动密集型、再就业贷款、“农保贷”等方面取得了突破。三是加大与集团客户的合作粘性，与烟草公司就“烟农贷”、烟叶款代付、烟草款归集等业务全面达成合作关系，为该行带来了丰富的资金结算量。四是突出公司贷款的特殊发展。积极跟进华电毕节热电、文家坝矿业、碧桂园房开、兖矿黔西煤业等项目，并对符合条件的项目开展授信调查，为2016年公司授信业务奠定了良好基础。

【2016年工作】 截至12月末，全市个人储蓄余额99.99亿元，较年初新增18.79亿元，增长23.14%；对公存款88833万元，较年初新增45855万元，增长106.69%；各项贷款余额328604万元，较年初新增84000万元，增长34.34%。截至12月末，发放各项贷款170615万元，余额328604万元，其中涉农贷款余额206402.22万元，较年初增加151682.53万元，增幅277.2%，占所有贷款余额的62.81%；农户贷款65815.64万元，占涉农贷款31.89%；农村企业贷款137523.81万元，占涉农贷款的66.62%；向建档立卡贫困户发放贷款1407.61万元，贷款余额168.75万元，有力推进金融扶贫工作开展。2016年，该行荣获“2015年度全国邮政用户满意企业”、总行“2015年度档案管理工作规范化管理劳动竞赛三等奖”、毕节市银行业协会举办的银协杯“歌唱祖国·爱岗敬业”迎国庆歌咏比赛三等奖；在全省2016年度“双提升”活动中，我行“特农贷”获金点子二等奖；辖内麻园路支行荣获省直“青年文明号”荣誉称号；赫章县支行被人民银行贵阳中心支行及贵州省扶贫开发办评为“贵州省金融精准扶贫先进单位”。是年，市分行先后向赫章县花泥村出资3万元改善村公所办公条件，向扶贫挂靠村织金县金龙包营村活动室捐赠价值5000余元的办公桌椅，向包营村浪底小学全校71名在校学生捐赠价值6000余元的校服、书籍等学习及生活用品，在做好本职工作的同时切实履行企业应尽的社会责任。

中国人寿保险股份有限公司毕节分公司

【2012年工作】 2012年以来，中国人寿保险毕节分公司业务截至12月31日（下同），全辖实现总保费19123.98万元，同比负增长10.69%。其中续期保费完成9255.52万元，个险销售渠道：长险首年期交1518.79元，完成年计划的56.67%，同比负增长27.38%，其中10年期及以上期交保费637.44万元，完成年计划的37.94%，同比负增长50.31%，短险66.56万元，完成年计划的23.77%。银保销售渠道：完成保费6163.16万元，完成年计划的72.11%，同比负增长15.37%，其中长险首年期交195.98万元，完成年计划的39.20%，同比负增长56.96%；长险趸交5967.18万元，完成年计划的74.59%，同比负增长26.69%。团险销售渠道：短险完成保费2111.97万元，完成年计划78.22%，同比负增长10.69%，其中意外险保费完成1772.15万元，完成年计划的80.55%，同比负增长7.02%；小额信贷完成159.18万元，完成年计划的53.06%，同比负增长9.92%，未完成年度目标任务。2012年，狠抓个险主渠道地位，促进业务健康发展。一是考核指标完成情况。截止2012年12月5日，毕节分公司个险渠道共完成总首年期交保费1471.78万元、完成年进度54.92%；首年标准保费667.19万元，完成年进度44.48%；十年期612.25万元，完成年进度36.44%，短期保费险66.56万元万元，完成年进度23.77%。二是队伍建设情况。截止2012年12月，毕节分公司个险渠道系统持证人力874人，其中主管系列45人（组经理以上职级），业务员系列812人。截止2012年新增人力258人，其中：业务主任以上职级23人，新人三晋率12.23%。目前，全辖区长险举绩576人、短险举绩28人，综合举绩604人，前三个季度季均举绩人力314人。三是公司紧紧围绕省公司下达的计划目标，结合

毕节实际情况分别制定并下发了《毕节分公司2012年个险渠道开门红业务推动1#、2#方案、3#方案》、《个险渠道5、6联动业务推动方案》、《六月新康宁专销行动方案》、《2012年春节假日经营方案》、《八九联动企划方案》、《四季度横刀立马、决战2012》等一系列业务推动，为了保证方案的顺利实施和落实，分公司在2011年12月，2012年5月份、2012年7月份、11月分别组织了县支公司一把手的高管会议、分管副经理、营销部经理、组训的项目师资班、销售精英专销行动启动大会。会议统一了思想、强化了业务推动追踪落实的各项工作要领、再一次激发了销售精英的展业热情。2012年，毕节分公司主要以高绩效产品说明会拉动全区个险业务的发展，分公司统一组织召开总裁峰会8场，财富论坛26场，参会客户1024人次，预约保费1640万元，回收率46.5%。下半年，公司拓宽产说会召开的形式，在原有的基础上推动个人品牌专场和职场产说会的召开，细分客户类型、突出个人品牌、形成业务增长新的亮点。

【2013年工作】 截至12月30日，全辖实现总保费18421.71万元，其中续期保费完成9035.35万元。个险销售渠道：完成首年新单保费1885.20万元，完成目标计划的68.36%；个险渠道市场份额占比32.22%，排名毕节个险第一。银保销售渠道：完成首年保费1129.59万元，完成目标计划的102.88%。团险渠道：完成团险短险保费2247.13万元，完成目标计划的86.43%，同比增长7.43%。基本实现“规范与发展”目标。根据省、市两级政府统一安排，2013年毕节城乡居民大病医保通过市场招标形式由商业保险公司承保，政府进行相应监督。2013年6月，中国人寿毕节分公司通过政府招投标，获得了毕节市城乡居民大病医保的承办权，公司承保毕节市七县一区、两个管委会（双山新区管委会、百里杜鹃管委会），共计6742084人的大病医保工作。截止2013年12月，分公司共收取保费11124.43万元，应赔付11558.11万元，现已赔付5408.00万元。分公司将继续发挥公司专业优势，搞好大病医保补偿工作，协助政府为民服务，做到让群众满意，让政府放心。

【2014年工作】 业务发展情况：2014年，面对复杂的经济形势和竞争态势，全市系统广大干部和员工在分公司党委、总经理室的正确带领下，以饱满的工作热情，坚定信心，迎难而上，取得了一定的成效，主要表现在以下方面：截至12月30日，全辖实现总保费16746.95万元，其中续期保费完成8825.61万元。个险销售渠道：完成首年新单保费1885.20万元，完成目标计划的68.36%；个险渠道市场份额占比32.22%，排名毕节个险第一。银保销售渠道：完成首年保费1129.59万元，完成目标计划的102.88%。团险渠道：完成团险短险保费2247.13万元，完成目标计划的86.43%，同比增长7.43%。突出渠道定位，推行差异化经营：突出和强化渠道定位，处理好巩固市场地位和提升业务价值的关系。推进差异化经营管理，实施区域、渠道和产品差异化经营策略。实行全系统统一的支公司个险、团险、银保条线万元保费绩效工资，充分调动基层一线员工的工作积极性。差异化经营的有效推行，逐步提高了渠道的专业化管理水平，提升了城区和重点县域市场的竞争力。强化风险管控，严守风险底线：坚持“事前防范，守住底线，服务发展”的风险管理理念，通过会议、培训、检查、督导等形式，从上至下培育浓厚的合规氛围，坚守风险底线。组织开展内控评估工作，评估测试基层内控风险管控情况；深入开展关键岗位检查，防范关键岗位风险；加强反洗钱检查力度、打牢反洗钱工作基础；扎实推进风险管理工作，定期收集各条线风险防范的措施，督促职能部门强化条线风险管理；做好授权经营工作，签署合规经营承诺书。进一步加强满期给付和非正常退保的应对工作，有效预防媒体危机及群体性事件的发生，守住不发生区域性、系统性风险的底线。

【2015年工作】 截止12月31日，全市总保费35390.75万

元（含大病保险14793.06万元，总保费为20597.69），首年新单保费完11526万元，同比增长64%；长险首年保费8025万元，同比增长79%；长险首年标保1981万元，同比增长93%；续期保费8880万元。多项指标均超额完成，毕节分公司快速向好发展。为民服务，大病医保工作顺利开展。根据省、市两级政府统一安排，2013年毕节城乡居民大病医保通过市场招标形式由商业保险公司承保，政府进行相应监督。2013年6月，中国人寿毕节分公司通过政府招投标，获得了毕节市城乡居民大病医保的承办权，公司承保毕节市七县一区、两个管委会（双山新区管委会、百里杜鹃管委会），共计6742084人的大病医保工作。2015年1月1日至2015年12月31日期间，我公司共计赔付1.46亿元（其中包含2013、2014年未赔付金额），赔付人数28711人，其中威宁赔付1620万元．赔付人数3860人。各县区均配备大病专职管理干部1名，我司发挥公司专业优势，大病医保补偿工作顺利开展，协助政府为民服务，做到让群众满意，让政府放心。多次开展大病保险服务质量提升培训班，从业务技能、礼仪培训、职业道德、大病保险理赔流程等方面对工作人员进行培训，提高他们的服务质量和服务能力，让我市的大病保险发展更好，让赔付工作效率更高，赔付时间更短，让群众满意，让政府满意。加强外部沟通，勇于承担社会责任，提升市场地位。以“国十条”为契机，亲自与部分市、县政府部门相关领导，毕节汽车运输公司、烟草公司，增进了与当地政府等相关部门沟通协调。2015年4月4日下午19时30分许，在贵州毕节织金县与纳雍县交界处的纳雍县境内老凹坝乡，一辆车牌号贵F－06818（品牌型号WD6608C3）的19座的万达牌客车发生坠崖事故。事故造成21人遇难，3人受伤。中国人寿毕节分公司团险部接到报案后，杨昌林总迅速作出重要指示，成立事故应急小组。于凌晨到达事故现场了解核实相关情况，积极配合政府部门救援受伤人员。将相关情况及时上报总、省公司后，首家现场表态承诺180万预付款，并在4月5日11时40分支付到位，现场得到了政府领导的充分肯定和赞扬。现场得到了政府领导的充分肯定和赞扬。上下级配合迅速，事故应急方案得以有效实施，履行了中国人寿的社会职责，总省市县各部门通力协作，深刻反应了国寿人的敬业心、工作能力和公司凝聚力，对整个系统进行了正能量的宣传。多次与信用社沟通协调，强势推动小额信贷保险和小微企业保险，努力做到队伍建设与业务发展齐头并进。支持“三农”保险方面，中国人寿毕节分公司为全市5万户信贷农户提供287亿小额信贷团险保障，2015年全年共赔款400余万元，有效抵御化解了信贷农户因病、因意外返贫的现象。

【2016年工作】 截止12月30日，毕节分公司实现总保费收入43250.45万元（含大病保险16907万元，总保费为26343.45万元，同比增长23.88%）；长期险首年标准保费2840.81万元，完成率111.4%；新单保费32236.32万元，完成率113.7%；长期险首年期交保费6446.23万元，完成率123.97%；10年期及以上首年期交保费3356.18万元，完成率130.6%；短期险保费4071.8万元，完成率87.57%；大病保险保费16907.66万元，同比增长14.29%。通过全体干部员工的共同努力，毕节分公司在2016年度获得个险“双领先”先进单位殊荣，在全省各项职能指标考核中晋升为“AAA”级公司。

农行毕节分行

【2012年工作】 金穗“惠农通”工程顺利推进，落实“惠农通”工程选点1380个，安装“智付通”1359台，“智付通”在赫章县和百里杜鹃管理区的461个行政村实现全覆盖，为今后实现涉农直补资金的代理奠定了基础，也为下一步农户贷款“集中连片＋协贷员＋惠农通”的服务模式试点提供了渠道基础。通过配套农村电子支付渠道的建设，使惠农卡成为农村重要的结算支付工具。新增发放惠农卡19.24万张，惠农卡发卡总量达152.74万张；在全市设立391个新农保代理服务点，服务点累

计交易量达9.48亿元。新农保工作得到当地党委、政府、社保部门及广大城乡居民的好评。其次是大力投放“三农”贷款，践行农行社会责任。累计发放涉农贷款20亿元，涉农贷款余额达40.03亿元，较年初增加3.74亿元；累计发放农户贷款1.88亿元，惠及农户5763户，农户贷款余额达1.72亿元；大方和赫章支行荣获全省农行2012年度“服务三农十优支行”称号。主体业务稳步增长。个人存款余额66.32亿元，增加8.56亿元，完成率全省第一：各项贷款余额55.3亿元，增加8.32亿元，增长17.7%；法人客户贷款占比从75.2%下降到71.5%，个人客户贷款占比从24.8%上升到28.5%；优良法人客户贷款余额34.2亿元，增加1.7亿元。实现拨备前利润2.46亿元，同比增加0.77亿元，增长45.1%；实现中间业务收入7056万元（不含委托资产处置手续费收入1915万元），增长5.1%；经济增加值o.95亿元，同比增长39.7%；经济资本回报率35.06%，同比提升5.9个百分点；成本收入比39.12%，同比下降7.92个百分点；存贷款综合净息差4.52%，同比提升0.38百分点。围绕地方经济发展，不断加大对地方的信贷支持力度。重点加大对煤、电力、化工、高速公路等项目的信贷投入，同时积极满足农村电网改造、房地产开发、旅游、县域医院等项目的融资需求以及个人信贷需求。全年累放各项贷款近28亿元，其中累放法人贷款20.3亿元，累放个人贷款7.4亿元（含农户贷款）。首先是以“千百工程”为抓手，推动农村产业（县域）信贷金融服务。累计发放贷款4390万元，支持食品加工、种植等省级以上农业产业化龙头企业；累计发放资源开发和能源行业贷款8.12亿元，积极支持地方能源开发；累计投放贷款2200万元，支持“一县一医院”中的5个县属医院；累计投放交通基础设施建设贷款3.4亿元、银团贷款3.9亿元支持高速公路建设；发放房地产贷款7800万元；择优支持国家4A级景区织金洞，发放贷款2000万元，并跟进威宁草海旅游项目；积极转变观念，全面发展小微企业金融业务，累计投放小微企业贷款2.8亿元；实现贴现1.3亿元。其次是积极应对市场需求，不断创新个贷产品及服务。与28家房开公司签订了按揭合作协议，协议金额35亿元；针对房地产市场低迷的情况，着力营销非房贷业务品种，在全行开展“好时贷”产品专题营销活动，使农行个贷产品真正“进机关、进社区、进市场”。年末个贷余额达12.8亿元（不含农户贷款），较年初增加3.9亿元，同比多增1.1亿元，增幅达43%，为历年之最；个贷增量市场份额为48.57%，较年初提高18.47个百分点，居四大行首位。

【2014年工作】 年末全行各项存款余额128.34亿元，较年初增加7.35亿元。存款余额继续保持同业第一。其中个人存款余额79.14亿元，较年初增加4.91亿元；对公存款余额49.2亿元，较年初增加2.44亿元。各项贷款余额82.7亿元，较年初增加21亿元，增量居同业首位。其中个人贷款余额26亿元，较年初增加4亿元，个人住房按揭贷款22亿元，居同业首位；对公贷款余额56亿元，较年初增加17亿元。实现中间业务收入9670万元，同比增加702万元。实现拨备前利润2.8亿元，同比上升1285万元。农行服务“三农”是践行发展普惠金融、促进民生改善和社会和谐的具体体现。立足农村市场，为农民脱贫致富雪中送炭，充当资金供给的“及时雨”。2014年，全行累放农户贷款1.67亿元，惠及农户4200余户。加强渠道建设和产品跟进，切实为农民提供金融服务。完成“万村千乡市场工程”490个，全年累计投放机具2096台，新增“惠农通”工程金融服务点1733个，总量达3732个，覆盖行政村2797个，覆盖率为80.33%。2014年末，全行惠农卡发卡总量达159万张，惠及农户100多万户。创新农村金融服务模式。重点加大对农业产业园区的中小企业、农业产业化龙头企业的支持力度，积极探索现代农业产业链服务模式。依托产业链上的核心经营主体，建立健全“龙头企业+农户”等服务模式。

【2015年工作】 年末全行各项存款余额170.25亿元，较年初增加41.9亿元。各项贷款余额137.28亿元，较年初增加54.57亿元。实现中间业务收入1.09亿元，同比增加1269万元。实现拨备前利润3.79亿元，同比上升0.99亿元。着力支持地方重大项目建设，推动试验区基础设施发展。支持地方高速公路发展，改善落后交通瓶颈，累计发放公路贷款61.38亿元，2015年发放贵黔、黔织、织纳等高速公路贷款39.30亿元。支持地方新型城镇化项目建设，通过混合制经营和PPP模式，发放1.8亿元助推七星关区实施旧城改造。助力农民进城创业就业发展，近三年累计发放农村居民购房贷款5515笔、7.16亿元。支持地方旅游产业发展，积极介入大健康产业，投放2.26亿元支持5A级百里杜鹃旅游景区、世界地质公园织金洞项目建设，大力提升“洞天福地·花海鹤乡”旅游品牌形象。累计向大方、纳雍、威宁、赫章四县医院发放贷款1.15亿元，有力支持地方公益事业发展。着力推进精准扶贫工作，支持地方农业产业发展。重点支持马铃薯、辣椒、核桃种植等特色产业，累计发放龙头企业贷款2.10亿元，加大新型农业经营主体扶持力度，打造种养殖业“领头人”，累计发放贷款4640万元。依托乡村产业规划和项目驱动，采取整村推进方式支持农户生产发展，2015年累放农户贷款3808户、1.97亿元。农户贷款余额1.83亿元，较年初增加2215万元。积极扶持地方小微企业发展，抓好实体经济服务，累计发放小微企业贷款3.08亿元，余额7.69亿元，2015年小微企业贷款较年初增加2.01亿元，增幅35.33%，涉及辣椒、茶叶、酱醋、中药材、淀粉加工等行业。有力助推“乌蒙山宝·毕节珍好”地方农特产品品牌打造。加强农村支付渠道建设。截至2015年底，惠农卡发卡总量达164.16万张，惠及农户100多万户。布放“惠农通”服务点3768个、POS机具3997台，农村支付渠道建设已全部覆盖252个乡（镇），行政村覆盖率为82%。丰富涉农代理功能。累计代收参保资金11.36亿元、代付参保资金20.10亿元，社保基金专户留存资金14亿元，参保农民惠农卡余额3亿元。2015年，在全市300万张社保IC卡发行计划中，我行为唯一代理发行金融机构。加大金融知识宣传力度。以进社区、校园、工地、厂区、乡镇等形式，积极开展“3.15”、“金融知识进万家”宣传活动，通过LED显示、设立宣传点、发放宣传折页等方式，向群众发放各类宣传资料近2万余份。

【2016年工作】 年末全行各项存款余额189.79亿元，较年初增加19.54亿元。各项贷款余额179.01亿元，较年初增加41.74亿元。存贷比94.32%，增长13.69个百分点。加快农村支付渠道建设，设立“惠农通工程”服务点3499个，布放机具3800台，助农取款点覆盖242个乡（镇），行政村覆盖率为72%。惠农卡发卡总量达168万张，当年新发卡4.12万张。加强涉农代理服务，做好新农保资金代收、代付工作，当年代理新农保资金收付5.78亿元。加大金融知识普及宣传力度，组织开展“金融知识进万家”、“金融知识普及月”等活动，社会反响好，得到了毕节银监分局书面表扬。新增分期消费额达5.17亿元，同比提升3.15亿元。一是加快信用卡业务发展。加大网点贷记卡发卡力度，加快自助服务终端、手机银行、网上银行等电子渠道建设，推进个人资金支付、结算、理财业务移动互联网化发展。二是加强汽车经销商合作。紧抓公车改革契机，加大优质客户群体营销宣传力度，践行“农行分期付、七天车上路”的承诺，提高汽车分期业务办理效率，汽车分期交易额4.48亿元，位居全省第一。威宁支行、大方支行分别获得全国农行汽车分期交易额贡献奖。

人保财险毕节分公司

【2012年工作】 经过全市系统广大员工扎实工作和奋力拼搏，2012年业务发展和经营成果显著。全年保费收入实现较快增长。实现保费收入23046万元（比同期增加4333万元），增长23.16%。业务进度排名全省系统第二，增速排名全省系统第

三。保费增量在行业占绝对优势。增量的绝对优势为公司稳定市场份额创造了条件。全年保险赔款支出13055万元，同比上升26.97%。全年经营效益良好。市场份额保持基本稳定为42%左右。主要工作举措：一是坚持车险主导公司业务发展的“龙头”地位，抓住车险有效益有规模的发展不放松，引领业务快速发展。二是加快推进非车险业务发展。三是强化销售能力建设，全力推进销售人力资源改革工作。四是强化电商业务建设，保持电商业务快速发展势头。五是积极探索和推行出单中心集中出单模式，为业务发展提供良好的后台支持和保障。六是深化推进理赔事业部改革工作，提升理赔服务效率与质量。七是积极推动政策性能繁母猪、政策性森林保险及“三农”基层服务网点建设工作。

2012年3月29日，为探讨和解决政策性森林保险理赔中遇到的困难和问题，人保财险毕节分公司与市林业局、七星关区林改办及森林森源资产评估中心召开座谈会。各参会单位分别就森林火灾出险情况、理赔工作中查勘、核损、赔款支付情况、森林保险的投保情况和引入中介机构参与等进行了介绍。经过沟通与探讨，对搞好政策性森林保险理赔工作初步达成了共识：一是针对农户对目测估损面积与实际测绘受损面积的问题，建议林业部门只出具受灾证明；二是赞同保险公司对政策性森林保险赔款支付情况进行公示；三是引入评估公司，由第三方机构来评估受灾情况。人保财险毕节分公司在2012年大力推进电子商务业务发展：一是各支公司明确电子商务渠道落地专员，保障电子商务业务有人抓，有人管。二是加大投入，扩大公司品牌影响力，推动电子商务发展。三是提前谋划2012年工作，按业务增幅43%安排2012年度任务计划。四是加强业务培训，提高业务技能和管理技能。2012年2月8日下午，人保财险毕节分公司与毕节市中医院在腾龙凯悦酒店举行了“特约救助医院”签约仪式。“特约救助医院”新模式是指，因保险责任事故需要进行医疗救治的受伤人员，在保险责任限额内，受伤人员先期及治疗期中无需向特约救助医院交付任何医疗救治费用，就可以得到医院及时的救治。待医治终结后，由人保财险毕节分公司与毕节市中医院按照国家相关规定结算医疗救治费用。“特约救助医院”新模式有四个特点：一是伤员无需先行垫付救治费用，保证了伤员在危难时刻能第一时间顺利地入院和得到医院及时救治。二是避免了经济条件困难的伤员因不能及时先垫付救治费用而得不到全面的治疗或不得不中断治疗的情况发生。三是减少纠纷，提升公司形象。四是能够促进政府、客户、群众等各方满意，为建设和谐社会做出积极贡献。

【2013年工作】 截止到12月底，业务发展持续增长，全年实现保费收入26499万元，比上年同期增加3455万元，同比增长14.98%。全年保险赔款支出15725万元。比上年同期增加3877万元。同比增长32.72%。全年经营实现盈利。公司的盈利能力逐年持续增强。2月2日，毕节分公司召开2013年全市系统工作会议。李国兴总经理代表党委、总经理室作了题为《巩固市场主导地位　提升盈利能力建设　推动业务又好又快发展》的工作报告。对2013年工作进行安排部署：一是开拓创新、苦练内功、注重客户价值创造，实现内涵式的增长。二是实施差异化市场竞争策略，采取积极措施从区域、渠道等不同维度留存老客户、赢得新客户。三是努力提升新保率与续保率，采取多种激励措施促进车险业务又好又快发展，保持车险业务在整体业务发展中的重要引擎作用。四是加大对非车险产品线拓展的广度和深度，开展对政府职能部门营销，实现与车险同步发展，从而推动整体业务发展。五是加大销售改革力度，打造高绩效的团队和建立健全的销售渠道体系，不断提高公司销售能力。六是重视电子商务渠道业务，提高市场占有率，巩固存续业务，积极拓展新业务。七是着力提高理赔标准化、流程化、专业化程度，通过客户服务水平的提升来促进业务快速发展，使良好的理赔服务成为业务发展的助推器。八是高度关注非车险销售服务能力建设工作，确保非车险工作落实到位和

见成效。九是加快“三农”网点建设，提前抓住政府为实现小康社会将大力发展农村经济建设的先机，率先抢占农村市场，以长远的眼光认识和做好农业保险工作。十是以客户为中心，提高全员服务意识，做好客户服务工作，全面降低客户投诉量。十一是坚持走“合规促发展，合规出效益”之路，视合规是各项工作的生命线。4 月 10 日，为贯彻全省纪检监察审计暨内控合规工作会议精神。毕节分公司召开 2013 年纪检监察暨内控合规工作会议，传达贯彻全省纪检监察审计暨内控合规工作会议精神。安排部署全系统 2013 年纪检监察暨内控合规工作任务。党委书记、总经理李国兴同志对贯彻落实好全省纪检监察审计暨内控合规工作会议精神，全面完成全市系统 2013 年的纪检监察合规工作任务提出了工作要求。纪委书记、副总经理李桂兵同志回顾了 2012 年纪检监察暨内控合规主要工作成效，明确全市系统 2013 年纪检监察暨内控合规工作的主要思路和任务。分公司分别与各支公司党支部、机关各部室负责人签订了《毕节分公司二〇一三年度党风廉政建设责任书》、《二〇一三年度支公司合规负责人合规管理责任状》。分公司监察部对参加会议人员进行了集中问责两项制度的解读宣导转培训学习。合规部也进行了内控合规暨反洗钱培训学习。2013 年，毕节市政府为全面开展政策性森林保险工作，印发了《毕节市政策性森林保险实施意见（暂行）》，将全市 1209.96 万亩公益林面积全部纳入保险范围，并于 10 月底前通过毕节市公共资源交易中心完成各县（区）政策性森林保险承保单位的政府采购工作，人保财险毕节分公司获得七星关区、大方县、黔西县、纳雍县、赫章县、双山新区、毕节经济开发区共计七个区域的承保项目。截至 2013 年 12 月 22 日，毕节分公司电子商务部实现电网销渠道保费 6108.62 万元，完成省分公司下达保费 6100 万元计划任务的 100.14%，提前完成全年电网销保费任务。其中网销渠道完成保费收入 1511.89 万元，完成省公司网销渠道计划任务的 188.99%。6 月 19 日，在七星关区举办的“人保财险三农保险服务站”授牌仪式上，七星关支公司在区政府、农牧局、七星关区 39 个镇乡（办事处）农业服务中心畜牧兽医专职人员的共同见证下，向七星关区海子街镇颁发了“三农保险服务站”牌匾，标志着七星关区 39 个乡镇级网点“三农保险服务站”达到了 100% 全覆盖。七星关区“三农保险服务站”主要围绕以下三个方面开展工作：一是做好辖区内政策性农业保险的宣传、推广工作。二是负责组织和开展辖内防灾防损（防疫病）工作。三是在上述基础之上，积极开展车辆保险、个人意外险等商业保险。4 月 27 日，毕节市七星关区阿市乡麻窝村发生山体滑坡引发地质灾害，滑坡体积约 20000 余立方米，造成当地砖厂多名工人被困及拖砖车辆被掩埋的重大事故。事发后，毕节分公司高度重视，第一时间组织相关人员赶赴现场了解灾情，保持与政府抢险救援领导小组联系。此次山体滑坡共造成 8 人死亡，12 间房屋倒塌。经核实，被掩埋八辆农用货车，有六辆在公司承保。

【2014 年工作】 人保财险毕节分公司紧紧围绕“对标市场抓发展，强化管控增效益，提升服务强后劲”的工作主基调，认真谋划和推动 2014 年工作并强化落实，截至 12 月底，公司实现保费收入 33548 万元，比去年同期增加 7049 万元，同比增长 26.6%（高于市场增速 23.85% 的 2.75 个百分点）。全年赔付支出 18459 万元，比去年同期增加 2734 万元，同比上升 17.39 个百分点。市场份额基本稳定，全年实现赢利。毕节分公司开展“预防洗钱维护金融安全”反洗钱宣传活动。2014 年 9 月 25 日，毕节分公司与七星关支公司联合在公司办公楼前设点开展以“预防洗钱 维护金融安全”为主题的反洗钱宣传咨询活动，该分公司李桂兵副总经理参加宣传咨询。活动期间，毕节分公司主要采取在公司营业大厅 LED 显示屏滚动播放反洗钱宣传标语、在柜台摆放宣传资料、在七星关支公司营业网点设点向客户散发宣传折页和宣传手册等方式进行反洗钱相关知识的宣传。据悉，毕节分公司本次反洗钱宣传活动共印发了

宣传资料4000份（宣传手册2000份、折页2000份）。通过宣传，使广大客户进一步认识洗钱行为的危害性和重要性，达到“预防洗钱维护金融安全”的反洗钱活动人人参与、人人有责的目的。同时，也向外界展示了人保公司坚决抵制洗钱犯罪行为的决心和高度的社会责任感。毕节分公司召开第一次“特约救助医院”合作经验交流会。2014年9月3日，毕节分公司组织召开第一次全市合作医院经验交流会。全市与人保财险毕节分公司合作的医院参会。会上，毕节分公司副总经理（兼理赔中心主任）李桂兵总结了“特约救助医院”建设的基本情况，肯定了“特约救助医院”建设初步取得的成效并分析了目前存在医疗费用逐年大幅度的增长、软组织受伤人员整体医疗费用过高，住院周期过长、医疗救治用药需进一步的规范和完善、人伤跟踪岗人员和医院医生需加强沟通等问题和困难，强调今后会将“特约救助医院”操作模式扩展壮大，让更多的被保险人或伤者受益。会议期间，毕节市中医院与纳雍新立医院就合作两年来的相关情况进行了经验交流。毕节分公司理赔中心人伤理赔服务分中心就公司目前涉及人伤案件情况，人伤赔款情况，医药费情况，新人伤理赔系统如何与合作医院进行对接等情况进行了分析，并就合作医院和非合作医院的医疗费用对比、在医疗审核过程中遇到的常见问题进行点评。2014年7月6日，人保财险毕节分公司、人保寿险毕节中心支公司在七星关区阿市乡头庄小学举行了捐赠活动。为积极落实人保“客户节”相关活动要求，充分展现“人民保险，服务人民”的核心理念，以及体现全国保险宣传日主题“爱无疆责任在行”的主题，经人保财、寿险两家兄弟公司的座谈交流，在教育局相关部门的协同下、阿市乡的大力支持下，举行了此次捐赠活动。此次捐赠包括单位捐赠和个人自主捐赠两种形式，捐赠的物品包括书包及其他学习用品共395套（“1个书包+其他学习用品”为1套），受捐学生395人，含个人捐赠共计近15000元。人保财险毕节分公司杨经邦副总经理代表人保财、寿险公司作了讲话。讲话介绍了公司悠久的历史以及核心价值观等等，积极鼓励同学们从小事做起，不辜负党和人民的殷切期望，不辜负家长们的期望，做一名品学兼优的好学生。好好努力，将来成为国家的栋梁之材！七星关区教育局、阿市乡政府对捐赠活动进行了高度称赞和评价，并对人保公司表示了深深的感谢。

【2015年工作】　人保财险毕节分公司坚持“一切为了客户”，紧密围绕“突出效益第一、引导价值创造、紧盯市场变化、对标市场发展、强化合规理念、降低经营风险”的经营思路，认真谋划和推动2015年工作并强化落实。截止至12月底，公司实现保费收入36021万元，比去年同期增加2472万元，同比增长7.37%。9月18日13：00左右，一辆车牌为渝BG8939的东风自卸大货车（人保财险重庆市分公司承保）在毕节市织金县一下坡路段，因制动失灵侧翻并撞向迎面开来的一辆摩托车和一辆依维科中巴车。三辆车上共乘坐12人（含驾驶员），其中5人经抢救无效死亡，其余7人受伤、暂无生命危险。事故发生当天，总公司、重庆市分公司、省分公司及织金支公司四方联动，开通理赔绿色通道，省公司理赔事业部总经理黄成杰、毕节分公司副总经理李桂兵第一时间赶赴现场指导理赔工作。9月19日8：10分，预赔款50万元支付到交警部门指定帐户，从现场查勘到支付预赔款全程仅用18小时，受到当地政府充分肯定。9月15日晚8时，贵阳分公司承保的贵A1142B号丰田轿车在六枝特区六郎路口，因左前轮轮胎爆炸、车辆失控，撞上路边行人致三人死亡两人受伤。9月16日早9时许，接到报案后，六盘水理赔中心迅速反应，中心经理及查勘人员一同赶赴现场开展查勘。16日下午5时，根据当地政府及有关部门要求，分公司将11万元预付赔款支付到交警队指定帐户上。分公司反应迅速、积极配合的工作态度，受到了当地政府及相关部门的一致好评，体现了人民保险，服务人民，勇担社会责任的崇高风尚。毕节分公司诉讼财产保全责任保险实现零突破。

2015年12月23日，毕节大方支公司首笔诉讼财产保全责任保险成功签单，实现毕节分公司该险种零突破。据了解，该笔业务来源于律师事务所渠道，为被保险人承担535万元保险责任，签单保费收入2.6万元。同时，分公司要求辖内支公司要充分认识到该险种市场需求大，效益好，要抓紧与律师事务所及法院的沟通，争取各支公司早日实现零的突破。

【2016年工作】 截止至2月25日，2016年毕节市政策性森林保险政府采购项目投标已全部结束，人保财险毕节分公司以80.2分的高分中标2016年毕节市政策性森林保险政府采购保险项目六个标段，分别为：七星关区（87.27分）、大方县（86.9分）、黔西县（87.88分）、赫章县（87.5分）、百里杜鹃管理区（84.1分）、金海湖区（85.92分），上述六个标段项目采购预算金额合计为1897.69万元，占整个招标项目份额48.49%。6月13日，人保财险贵州省公司纪委到毕节分公司开展“送课下基层”培训活动，毕节分公司总经理室、机关全体员现场参加培训，各县支公司班子成员通过视频方式参加了此次培训。培训期间，省公司纪委书记作重要讲话。省公司监察部/审计部/合规部/法律部分析了2015年内外部检查发现问题并对2016年监管政策作详细介绍，还就落实“两个责任”、严守党的纪律党员党纪党规进行教育培训，对党风廉政建设和反腐败工作形式、中央八项规定、“四风”等问题通过案例分析的形式进行解读。6月28日，毕节织金县发生“6.28”洪灾后，毕节分公司全体员工积极投入到救灾工作中，贵州省、市、县公司三级联动，立即组成救灾工作组赶赴灾区，迅速投入到抗灾救援的战斗中。此次洪灾使织金县损失严重，许多车辆被淹没冲毁，织金支公司共派出查勘车18辆，拖车23台到灾害现场进行救援。在织金县临时设立5家“6.28”水淹车集中定损点。省分公司派驻了移动办公车现场进行灾害车辆理赔，确保应急救援工作的顺利进行。此外，还在织金城区搭建临时报案点、服务点、服务站，向织金县灾民发放大米和矿泉水。“6.28水灾”期间，人保财险织金支公司快速理赔受损标的，共接报案270件，已结报案248件，销案22件，共支付赔款1694.56万元，受当地政府和老百姓好评。9月20日，毕节大方支公司独家为恒大集团结对帮扶大方县首批西门塔尔贷款购买养牛的农户提供养牛保险，保费共计21800元，为109头养牛提供风险保障。此次签单也是毕节市2016年养牛保险第一单。21日，支公司作为唯一保险机构代表出席“恒大集团结对帮扶大方县首批西门塔尔贷款购买仪式”，在现场发言中，支公司向广大农户普及了养牛保险及其他农险知识。活动现场共发放300余份养牛保险业务宣传手册。据了解，2016年，支公司预计“恒大养牛保险”养牛数量8000头，保费收入160万元。

中国太平洋人寿保险股份有限公司毕节中心支公司

【2012年工作】 太平洋寿险毕节中支坚持集团及总公司“稳中求进，以价值为核心稳增长”；“创新驱动，以优化投入产出为重点促转型”的经营方针，进一步推动“以客户需求为导向”的战略转型，以分公司提出的“强公司、富员工”的工作主基调，创新驱动，有效管理，勤俭办司，开源节流，促进公司全面协调、可持续发展。2012年，为切实加强干部队伍及内勤队伍作风建设，确保年度目标的顺利实现，扎实推进转型发展步伐，中支党委、总经理室决定在全司开展作风建设活动。活动紧紧围绕“高标准、高效率、高质量”的要求，解放思想、更新观念、改进作风、提高能力，解决问题、健全机制，着力打造开拓创新、执行有力、求真务实、能力过硬、联系群众、公正廉洁的干部员工队伍。一年来，中心支公司大力开展安贷宝业务，全年安贷宝业务保障金额达6.6亿元，为18800户农户提供了小额贷款意外伤害保障。2012年赔款5笔。该项业务以其费率低、理赔及时、为农户转移风险等特点受到群众欢迎。是年，坚持合规经营，主要是杜绝销售误导、反洗钱工作的持续开展。在全辖区组织全体内外勤员工开展各项杜绝

销售误导的培训；反洗钱工作的阶段性开展和总结。将合规与风险管理真正落实在源头，落实到每一个销售人员，落实在每一张保单，确保公司可持续的价值增长。为贯彻公司战略转型，改善用户体验，提升销售人员展业形象和销售能力，在全司推行“神行太保”移动出单。3月17日，公司参加了由七星关区政府、七星关区工商局、七星关区消费者协会主办，毕节市电视台承办的2012“消费与安全”——情系“3.15”大型公益活动。活动现场，公司摆放公司简介、荣誉太保及反洗钱宣传展板，为广大市民发放宣传资料，并接受现场咨询。5月12日，公司参加由毕节市保险行业协会组织的全国第四个“防灾减灾日”宣传活动，并围绕着“弘扬防灾减灾文化，提高防灾减灾意识”的主题。在全司开展系列“防灾减灾”活动，结合保险产品诠释风险的无处不在，提升了保险行业在社会公众面前的形象。

【2014年工作】 中国太平洋人寿保险股份有限公司毕节中心支公司依托集团及总公司优势，倡导和发扬“诚信天下，稳健一生，追求卓越”的企业核心价值观，始终以客户为导向，积极打造专业化、高品质的保险服务品牌，积极为毕节试验区经济社会发展，为构建和谐毕节提供保险服务。目前，在中支驻地七星关区设有客户服务中心和相关经营机构，在黔西、纳雍、大方、织金、金沙等5个县设有支公司。营销新保市场排名持续第一。2014年，营销新保保费2164万元，市场份额32.14%，上升4.14个百分点，持续市场排名第一。组织架构优化。2014年三季度，根据总公司党委《关于印发〈寿险公司组织架构优化若干意见〉的通知》（太保寿党委〔2014〕66号）精神及分公司党委的落地安排，毕节中心支公司实施了组织架构优化。一是个人业务与法人渠道业务横向分开。按照打造客户经营模式升级版的要求，分别整合个人业务和法人渠道业务资源，建立个人业务和法人渠道业务两大业务体系。按照各自的客户属性、业务规律和市场特点，分别实施专业化经营。二是前中后台职能纵向整合，建立共享平台，精简管理层级，缩短端到端距离。通过系统平台的连接和共享，加快对业务需求和市场变化的响应速度，实现对前台业务的有效支持。服务毕节试验区建设，继续推行安贷宝小额意外伤害保险。2014年，安贷宝业务承保保额7867万元，为1.5万户农户提供了小额贷款意外伤害保障。全年赔款12件，共赔付金额49万元。该项业务以其费率低、理赔及时和为农户及银行转移风险等特点受到群众欢迎。为7－18岁在校学生提供“校园卫士综合保障”。2014年，重新启动“校园卫士综合保障”项目。全年校园卫士综合保障项目保障金额250万，为全市4所学校，3114名学生提供了专业的综合保障。当年已决赔案6件，共计赔付2.3万元。“银发安康”关爱老年人公益活动。2014年底，毕节中支根据省老龄委、太平洋寿险贵州分公司的部署和安排，联合市老龄委启动关心、关爱高龄老人、空巢老人、失独老人、低收入老人公益活动。分公司下拨活动专项基金两万余元，开展温暖百岁老人公益活动数10次，活动期间为130多位老人送去米、油、水果等日常用品，还送去了意外保险保障。组织参加贵州分公司秋季运动会。11月1日，太平洋寿险贵州分公司2014年秋季职工运动会在贵州师范大学体育活动中心举行。毕节中支组队20余人参加了晨操、乒乓球、篮球、4□4花样接力、跳绳、踢毽子等6个项目的角逐，获得跳绳比赛团体三等奖的成绩。通过此次活动，不仅提高了员工群众性体育活动的水平，而且还培养了员工的竞争意识和团结协作精神。深入开展风险合规管理。2014年，为加强风险合规管理，开展了合规管理自查及整改工作，接受了分公司2014年合规审计检查；开展了合规与风险管理警示教育等；组织全司内外勤员工学习反洗钱内控制度；组织全司内外勤员工开展合规考试，对全员签署“合规责任书”等。

【2015年工作】 全年实现规模保费12827万元，寿险市场份额18.5%，排名第二；全年理赔案件共计341起，理赔金额为

926.77万元；全年缴纳税款402.23万元，其中营业税金及附加218.12万元，个人所得税184.11万元。2015年，营销新保保费4545万元，市场份额37.7%，上升6个百分点，持续市场排名第一。继2014年开展“银发安康”关爱老年人公益活动之后，公司团委于2015年9月，组织团员、青年带上文具、玩具、衣物等物品500余件，前往毕节市儿童福利院，开展送爱心公益活动，期间与福利院70余名孩子手牵手一起做游戏，让他们感受到家的温暖。建司以来个人理赔金额最大案例，毕节市十大经典理赔案例。大方李先生于2014年8月12日在公司购买了《安行宝两全保险》2份，意外身故保险金额200万元。2015年1月26日，李先生驾车途中因与一货车发生追尾，导致当场死亡。2015年3月25日，受益人谢女士在办理完李先生后事以后向我司提交了理赔资料，公司当即受理。经调查核实，李先生本次交通事故属于《安行宝两全保险》保险条款责任范围，根据合同约定，我司于2015年3月30日向其受益人给付意外身故保险金200万元。该赔案系建司以来个人理赔金额最高的案例，被列入毕节市2015年度“十大经典理赔案例”和太平洋寿险贵州分公司2015年度“十大经典理赔案例”。量身定制团体人身意外伤害保险。2015年，法人渠道专为法人单位的员工量身定制团体人身意外伤害保险，该险种保费低，保障高，真正做到了为法人单位的生产生活保驾护航，有效地化解风险。2015年为毕节实验区38个法人单位，800余名员工，提供了1.79亿元的保险保障。改进理赔服务品质。2015年，通过人员调整优化服务时效流程等，推进服务品质提升。到年底，中支公司理赔调查时效跃居全省第一，理赔时效位居全省前三，理赔获赔率100%。强化内控基础工作，合规管理综合考核位列全省第一。是年，调整和完善了中支公司及县支公司反洗钱工作指导小组；制定下发了反洗钱工作“一办法三通知”（《中国太平洋人寿保险股份有限公司毕节中心支公司反洗钱工作管理办法》、《关于进一步规范客户身份识别及客户身份资料交易记录保存工作的通知》、《关于规范客户风险等级划分数据审核操作流程的通知》、《关于规范大额和可疑交易相关岗位工作职责及操作流程的通知》）；新出台契约承保管理制度1个，行政管理制度2个，人力管理制度1个；开展合规自查和接受合规检查18项，开展合规知识微信测试，建立“中支合规管理”微信群等。一年来，始终坚持合规经营与基础管理“两个不放松”，制度建设与宣传教育齐推进，通过检查促内控执行到位，通过缺陷整改促合规保障到位，使中支公司的内控建设与合规管理得到加强，全年合规管理工作综合考核位列全省第一。

【2016年工作】 2016年，是太平洋寿险毕节中支快速发展的一年。全年实现规模保费2.58亿，其中个险渠道总保费2.4亿，寿险市场份额排名第二，其中营销新保保费5323万元，市场份额34.1%；法人渠道新保完成1648.7万元，年度目标达成率107.4%，其中非健险业务完成1593.8万元，年度目标达成率115.5%。是年初，根据分公司统一部署，中支工会深入一线，进行全面调查摸底，掌握困难员工及其家庭的具体情况，有针对性地落实帮扶措施，同时还建立困难职工档案。为促进企业文化建设，传播公司信息，增进学习沟通，经中支研究，决定从2016年1月起推行共享平台及法人渠道周一大晨会制度。由共享平台和法人渠道各部门人员轮流主持，每周会议的举行加强了共享平台与法人渠道各部门间的联系，锻炼了员工的综合能力，促进公司文化建设。是年，法人渠道新保目标与非健目标提前双达成，其中非健险提前54天达成年度目标。三大渠道业务的发展迅速：第一，金融合作部开发了大方农商行与纳雍联社2个县级市场，恢复了与“五大”银行的合作关系，与3个地方银行建立合作关系；第二，机构合作部成功开拓了驾意险和乘意险网上售票项目；第三，雇员福利部推进综合拓展，整合内部资源，5个四级机构建立了综拓专员，2016年综拓业务增长率为68.4%。是年7月1日，毕节中支顾问营销

正式筹建。顾问营销有统一的区域规划，统一以区域内公司服务件数量为标准，以城市道路为明确界限进行区域规划，引入国内先进的GIS地图引擎平台，实现在电子地图上自动规划区域。是年顾问营销系统人力达到183人，成功筹建2个行政区。是年续期服务完成1.22亿续收，人力由年初21人提升到47人，实现人力倍增。2016年完成了四个季度主题客户服务活动，持续提升报务质量，规范客户经理工作流程，形成A65311作业模式。专人督导理赔服务，建立理赔每周行事历，优化服务时效流程，推进服务品质提升。2016年共计285个理赔案件，赔付金额为665.7万元，毕节本部200个案件，大方9个案件，金沙4个案件，纳雍39个案件，黔西27个案件，织金6个案件。

中国太平洋财产保险股份有限公司毕节中心支公司

【2012年工作】 太保产险毕节中心支公司2012年实现保费收入8688.06万元，保费增长先抑后扬，从7月开始扭转负增长趋势，全年同比增幅19.26%，高于太保全省15.39%的平均值。保持了在毕节市场第二的位置，市场份额占15.73%。保费规模再创历史新高。其中企财险96.65万元，同比增加56.43万，车辆保险7481.7万元，同比增加1092.86万元，增幅17.11%。非车险增幅34.61%，其中货运险15.17万元，家财险5.12万元，意外险399.18万元，健康险146.07万元，责任险289.1万元，其他财产保险255.07万元。全年度赔款支出共计4721万元，简单赔付率54.34%，同期增长9.33%，已决赔款同比增幅较大，增长额为1442.27万元，增幅达到43.98%，高于保费增长率，其中含电力险摊回近270万赔款，5月黔西特大交通事故，承运人责任险已决赔付390万元，责任险同比增长363.86万元。2012年度综合成本率91.76%。中心支公司为提高客户满意度。一是整合销售团队，促进业务更好发展，取消原有的营销部，改设为销售管理部、三个销售团队（分别为销售一部、销售二部、销售三部），含5家县支公司销售团队共8个。2012年度各销售团队业务发展均取得了良好的成绩，毕节中支本部共计完成3898.37万元，同比30.32%，黔西1608.36万元，同比4.57%，金沙1150.81万元，同比9.96%，大方882.36万元，同比18.24%，织金571.31万元，同比7.9%，威宁576.85万元，同比34%。

二是业务工作发展有了新的举措：①、积极响应省公司按月举行的业务竞赛活动，逐月召开专门会议，对竞赛活动进行宣导和部署。将省公司下达的业务竞赛指标分解到8个销售团队，销售管理部每日追踪和督导各销售团队业务进度；逐步构建市场地图，总经理室和各销售团队按层级进行客户拜访，加大业务公关力度，下半年尤其是后四个月取得了明显成效；②、6月4日和7月4日分别召开全司员工大会，传达省公司6月2-3日和7月2日业务工作会议要求和条线工作安排部署，学习集团公司高国富董事长在江苏调研时题为“聚焦发展、奋发有为”的讲话。让全司员工清醒认识在严峻的市场环境下，中心支公司必须坚持围绕聚焦发展、服务、市场份额和增速开展工作；③、主动贴近市场，加大前端费用投入，加大在交叉销售、银保和车商渠道对其增量业务的奖励力度。中心支公司以渠道建设为主要抓手，主要渠道有电销渠道、车商渠道、交叉销售、银保渠道；④、非车险业务项目，将各销售团队的非车险业务项目落实到人，紧盯项目进度，总经理亲自带队，锁定项目，积极公关，成效显著，确保了2012年非车险业务指标的顺利完成；⑤、实行各销售团队差异化管理。针对各销售团队在不同经济区域业务发展的特点和优势，通过认真分析2012年各销售团队业务发展中存在的问题，明确下达各销售团队不同的业务发展指导意见，分析各销售团队业务发展的关键短板，指出各销售团队在2013年应该重点在什么领域开展工作，围绕续保、新保、转保和大项目开展工作，配套相关考核和激励机制，进一步调整政策，落实举措，加快业务快速发展。三是根据毕节中支总经理室制定的2012年全年工作计划目标及省公司理赔部下发的各项理赔环节控制目标的要求，贯彻落实保监会综合治理车险

“理赔难”工作部署会议精神，为提高保险理赔服务质量，中心支公司客户服务部于2012年2月24－25日两日组织面向全辖理赔人员召开2012年一季度理赔岗位培训会。全区24名理赔工作人员参加了本次会议，会上，分管领导对全年理赔工作作出了安排和要求，强调理赔各环节工作人员必须进一步改变观念、创新工作、统一思想、统一认识、认真贯彻执行省保监局、省公司的工作会议精神，努力提升理赔工作人员的客户服务能力，提高工作效率、工作质量和客户满意度，降低客户投诉率。此次培训的内容包括理赔各环节规范动作要求及技巧、单证收集要求、诉讼案件的处理流程及相关要求、理赔典型（虚假或疑难案件）案例分析并进行沟通交流、人伤案件的要求和注意事项、服务礼仪和相关法律法规。

【**2014年工作**】 各项指标完成情况：2014年实现保费收入14559.36万元，保费同比增幅30.21%，市场份额16.68%，比去年同期的15.86%增加0.82pt. 规模位居毕节保险市场第二。其中：机动车辆保险承保数量：58910件，保费收入13212.17万元，同比增加2879.64万元，增幅27.87%，保险金额：1946315.16万元，车险份额：17.73%，其中：交强险承保数量35585件，保费收入3589.34万元，市场份额14.55%；电销承保数量3657件，保费收入763.88万元，市场份额5.47%；网销承保数量60件，保费收入13.37万元，市场份额0.28%。非车险1347.19万元，同比增加478.67万元，增幅55.11%。包括：企业财产保险承保数量28件，保费216.24万元，同比29.98%，市场份额30.91%；货物运输保险12.42万元，家财险1.84万元，工程险24.93万元，责任险702.63万元，意外险162.06万元，健康险49.68万元，农业险168.25万元，其他险种9.15万元。应收保费78.08万元，已赚保费11741.71万元，净利润749.57万元，全口径综合成本率91.41%。全年赔款情况：2014年全年案件数为13157件，赔款支出7010.14万元，简单赔付率48.15%，机动车辆保险赔款13039件，赔款金额6480.37万元，其中交强险4928件，赔款金额：1634.46万元，电销1591件，赔款金额756.09万元，网销14件，赔款金额3.92万元，企业财产保险赔款金额：8.21万元，家财险3件，赔款金额0.1万元，工程险8件，赔款金额91.19万元，责任险10件，赔款金额114.93万元，意外险30件，赔款金额183.38万元，健康险57件，赔款金额35.53万元，农业险9件，赔款金额96.43万元。截止12月31日，未决赔款：3095件，估损金额3728.97万元。其中机动车辆保险2665件，估损金额2925.27万元，交强险1233件，估损金额841.78万元，电销165件，估损金额246.07万元，网销1件，估损金额0.15万元，企业财产险3件，估损金额102.5万元，工程险3件，估损金额30万元，责任险71件，估损金额145.27万元，意外险202件，估损金额449.4万元，健康险151件，估损金额76.53万元。狠抓渠道发展：2014年毕节财产保险市场总量跃居全省第三位，主要得益于全省第一的车险市场增速，但非车险市场尤其是农险市场潜力巨大。同时，以4S店为代表的毕节汽车销售行业尚处于起步阶段，未能与保险业形成相互促进的关系。针对2014年毕节保险市场的特点和本司业务构成情况，明确2014年业务发展的重点拓展方向。在政府职能部门方面，积极与政府职能部门和同业公司建立起良好的合作关系，在2014年一季度实现了农险业务的突破，收入保费168万元；8月份，通过政府招投标，获得了毕节市校责险近50%的市场份额，新增保费300余万元。同时，还积极与卫生、畜牧等主管部门加强联系，并提交了医责险、食品安全责任险、育肥猪养殖保险等保险方案和建议，为下一步的医疗责任、食品安全以及生猪保险等项目的开展建立起顺畅的沟通渠道。同时加强车商渠道、运输行业渠道的协同发展。

【**2015年工作**】 业务指标完成情况：2015年实现保费收入18838.3万元，再创历史新高，保费同比增幅29.39%，市场份额17.74%，比去年同期的16.68%增加1.06pt.。上缴各项税收1356.16万元，代收车船税

1352.46万元。其中：机动车辆保险承保数量：84228件，保费收入17494.06万元，同比增加4281.89万元，增幅32.41%，保险金额：2794272.46万元，车险份额：19.34%，其中：交强险承保数量52365件，保费收入4667.46万元，市场份额15.39%；电销承保数量3182件，保费收入616.62万元，市场份额3.91%；网销承保数量51件，保费收入8.84万元，市场份额0.09%。非车险1341.53万元，包括：企业财产保险承保数量37件，保费188.31万元，市场份额33.82%；货物运输保险11.77万元，家财险0.34万元，工程险11.15万元，责任险751.36万元，意外险141.94万元，健康险37.51万元，农业险199.15万元，其他险种2.72万元。全年赔款情况：2015年全年案件数为18194件，赔款支出10064.91万元，简单赔付率53.43%，机动车辆保险赔款17776件，赔款金额9221.2万元，其中交强险6383件，赔款金额2386.44万元，电销884件，赔款金额615.33万元，网销17件，赔款金额3.52万元，企业财产保险1件，赔款金额63.26万元，工程险3件，赔款金额24.85万元，责任险113件，赔款金额275.56万元，意外险123件，赔款金额388.49万元，健康险166件，赔款金额63.52万元，农业险3件，赔款金额28万元。截止12月31日，未决赔款：3037件，估损金额5393.6万元。其中机动车辆保险2823件，估损金额4454.05万元，交强险1304件，估损金额1617.32万元，电销109件，估损金额138.57万元，企业财产险7件，估损金额11.23万元，家财险1件，估损金额0.5万元，工程险8件，估损金额66.84万元，责任险148件，估损金额378.11万元，意外险43件，估损金额469.76万元，健康险4件，估损金额6.5万元，农业险3件，估损金额6.62万元。

【2016年工作】 业务指标完成情况：该司2016年实现保费收入22289.29万元，再创历史新高，保费突破2亿元大关，同比增幅18.32%，市场份额17.11%，上缴各项税收1443.96万元，代收车船税1687.67万元。其中：机动车辆保险承保数量：106638件，保费收入19707.63万元，同比增加2213.57万元，增幅12.65%，保险金额：3747940.24万元，车险份额：18.28%。其中：交强险承保数量65083件，保费收入5226.27万元，市场份额15.45%。其中：电销承保数量4907件，保费收入818.3万元，市场份额4.49%；网销承保数量288件，保费收入49.47万元，市场份额0.96%。非车险2026.77万元、农险554.89万元。其中：企业财产保险承保数量66件，保费265.83万元，市场份额56.3%；货物运输保险3.78万元，家财险0.84万元，工程险13.84万元，责任险1178.9万元，意外险409.52万元，健康险154.06万元。全年赔款情况：我司理赔服务宗旨：以“为投保人转移和分散了风险”为目标，挽回客户经济损失，充分发挥和谐社会“稳定器”与经济建设“助推器”的作用。2016年全年案件数为21138件，赔款支出13121.73万元，机动车辆保险赔款20831件，赔款金额12459.24万元，其中交强险8059件，赔款金额3696万元，电销890件，赔款金额558.76万元，网销36件，赔款金额14.65万元，企业财产保险5件，赔款金额15.55万元，工程险14件，赔款金额104.05万元，责任险184件，赔款金额185.85万元，意外险10件，赔款金额205万元，健康险33件，赔款金额42.38万元，农业险51件，赔款金额109.37万元。截止12月31日，未决赔款：1968件，估损金额6405.75万元。其中机动车辆保险1775件，估损金额5409.46万元，交强险840件，估损金额1985.94万元，电销67件，估损金额195.66万元，企业财产险12件，估损金额94.41万元，工程险3件，估损金额37.5万元，责任险143件，估损金额469.79万元，意外险33件，估损金额392.09万元，健康险2件，估损金额2.5万元。

农 业

全面小康建设

【2012年工作目标完成情况】（一）生态文明家园建设。继续深化有毕节特色的社会主义新农村建设，扎实认真地抓好朱昌镇双堰“同心新村”建设、撒拉溪镇省级社会主义新农村“整乡推进”试点建设和鸭池镇哈啷村“四在农家”暨徐健生故居的“五园新村”建设；配合做好梨树镇保河村至海子街镇邵关村生态旅游与农业产业示范带的高端规划和招商引资；作好市区共建的“百家哨至镇雄的毕节境内、普宜镇至大屯乡大河口”两线的“黔西北民居”精品示范建设基础工作；打造了13个“五园新村”精品示范村，并在13个精品村实施了3042户“黔西北民居”建设，完成了47800户的“黔西北民居”建设任务；完成朱昌、普宜和何官屯三镇的“幸福小镇”建设。（二）农村危房改造。2012年，市下达给七星关区的24202户农村危房改造任务（“整区推进”第一阶段的任务为11815户，第二阶段的任务为12387户），已全面完成。七星关区6个“改治结合”示范点已全部启动，计划实施45个项目，已启动42个，完工36个；计划投资6941.6万元，已完成投资5970万元。中央、省、市、区应补助的24916.6万元资金已到位14430.84万元，其中：中央及省级匹配资金11005.34万元；市级匹配资金425.5万元；按照新补助标准，七星关区已匹配资金4701.21万元（其中1701.21万元正在办理中），占“整市推进”区级应配套和垫支资金4701.21万元的100%。农村危房改造门户网站的建设得到省危改办、省住建厅的肯定，并刊发简报号召全省学习；网站建设取得的成效在贵州金黔在线网、贵州先锋网等刊发。

【2013年工作目标完成情况】（一）生态文明家园建设。1、“黔西北民居”建设。引导控制新建改造“黔西北民居”4万户；毕威高速公路沿线房屋立面改造2297户（含圈舍551间）22.78万平方米、垛檐、垛脊823.6米、飘带239.17米，投入资金626.70万元。2、美丽乡村“两硬化“建设。完成428个行政村，4307个村民组16.02万户（2013年4月摸底数为13.16万户）农户院坝、连户路硬化，院坝硬化13.05万户，连户路硬化9.60万户3498.3千米；共投入水泥32.04万吨，投入砂石144.16万方，政府投入资金2.89亿元。3、“五园新村”建设。建成海子街镇檫枪岩村、长春堡镇宋官村、长春堡镇清水塘村、长春堡镇王官村、撒拉溪镇杨柳村、杨家湾镇大埂子村、杨家湾镇七星村、鸭池镇核桃村、鸭池镇赶场坝村、林口镇鸡鸣三省村、青场镇上寨村、朱昌镇小屯村12个“五园新村”精品示范村，实施立面改造1882户18.53万平方米，美丽乡村“两硬化”建设2697户，院坝硬化10.54万平方米，连户路硬化54.45千米，河道治理1.35千米。种植经果林9030余亩、种植大棚蔬菜1030余亩，建成3个联栋大棚

育苗中心、中药材5亩，同时发展生态养羊、生猪示范养殖等项目。4、农村综合示范点建设。完成撒拉溪镇杨柳村、长春堡镇王官村2个农村综合整治示范建设，毕威高速公路可视范围“黔西北民居”建设全覆盖，美丽乡村“两硬化”建设全覆盖，完成通组路硬化2710米，治理河堤500米。（二）扶贫生态移民工程建设。2013年扶贫生态移民工程经黔发改地区〔2012〕429号批复，七星关区扶贫生态移民实施点为海子街镇店子村，新建住房496套，建筑面积4.6万平方米；新建安置区道路2.98万平方米；铺设供水管道4.29千米；架设输电线路10.67千米；新建排水（污）沟（管）6.76千米；建设绿化亮化等基础设施；总投资7467.08万元。其中，住房投资5306.37万元（中央、省级补助资金2503.2万元，其余自筹）；配套基础设施1491.71万元（整合部门资金或市县自筹）；征地费500万元和管理费249万元（地方自筹）。（三）农村危房改造。1、完成2008－2012年农村危房改造清理复核工作。2008－2012年，完成农村危房改造57645户，超出市级下达任务数58户；投入各级政府补助资金64020.55万元（含2012年扶贫生态移民整合危改资金172.25万元）。2、完成2010－2012年农村危房改造工程项目财务收支审计。3、组织新一轮农村危房库存摸底。根据2013年农村危房摸底调查方案，七星关区开展农村危房摸底调查工作，新增农村危房42102户（含2008年以来安排了指标但无力实施的近800户；2011年已实施生态文明家园“黔西北民居”建设现已成为危房的农户未统计在内），危房面积196.77万平方米，需各级政府补助资金5.25亿元（按照2013年全省补助标准预算），待中央和省批复后即可组织实施。（四）“四在农家，美丽乡村”示范点建设。2013年，七星关区继续深化“四在农家，美丽乡村”试点建设，建成大新桥办事处魏家屯村，朱昌镇双堰村，鸭池镇哈唧村，阿市乡团胜村，大屯乡大屯村，撒拉溪镇兴隆村火把地组、杨柳村，杨家湾镇三合村，青场镇火冲村，野角乡天星村，长春堡镇甘堰村、裸依村，碧海办事处丁家寨村乌都寨组，燕子口镇大南山，林口镇鸡鸣三省村15个区级示范点，重点打造撒拉溪镇兴隆村火把地组小康村建设试点、杨家湾镇三合村“美丽乡村”示范点，配合抓好朱昌镇双堰村社会创新管理模式建设。撒拉溪镇兴隆村火把地组“小康村”试点建设情况。毕节市七星关区撒拉溪镇兴隆村辖9个村民组，总人口1117户4430人，位于撒拉溪镇西南面，326国道贯穿而过，全长2公里，国土面积5.2平方公里，耕地面积2500亩，林地1000亩，草地650亩，以种植玉米、马铃薯为主要产业。近年来，撒拉溪镇加大农业产业结构调整，发展优势产业和特色经济，以”1＋1＋1”（即：一个专业技术领军人物带领一个团队打造一个产业带领群众致富）的发展模式，建成兴隆村农业产业示范园区、毕节市碧源食品有限公司、七星关区鸿谊食品厂、七星关区金峰生猪养殖场、七星关区鑫鸿蔬菜种植有限公司大棚蔬菜种植基地、七星关区兴盛经果林专业合作社等26家党员群众创业示范项目，解决就业250余人，农民人均纯收入达1.2万元。2013年，撒拉溪镇以“美丽乡村”院坝、连户路硬化为契机，在院坝、连户路硬化全覆盖的基础上，围绕“一组一企业、一户一大棚、户户有产业，人人能就业”小康村建设目标，选取兴隆村火把地组作为“小康村”试点建设，投入资金280万余元，按“黔西北民居”风格改造房屋66户，硬化院坝5139平方米、连户路3329米、通组公路1250米、环山公路1000米，改厕、改圈57个，修建文化活动广场1300多平方米，文化墙、花池70个，栽种腊梅花10株，女贞500米，铺垫彩砖人行道300米，栅栏500米，修建蓄水池650立方米，建提水站1个，精品桃园种植50亩，安装路灯91盏；水、电、路、讯、房、寨建设全面完成，同时不断转变群众生产生活习惯，建立健全环境卫生管理长效机制，一个“生产发展、生活富裕、乡风文明、村容整洁、管理民主”小康村寨全面形成。

【2014年工作目标完成情

况】（一）“四在农家·美丽乡村”基础设施建设小康房行动计划实施情况。农村危房改造：全区农村危房改造任务9997户（含“整区推进”提前1644户），已开工9997户，开工率100%；竣工9997户，竣工率100%。小康房建设：2014年全区计划建设小康房290户，截至目前已开工290户，开工率100%；房屋主体工程竣工290户，竣工率100%；需投入市、区补助资金870万元，其中，市级资金290万元，区级资金580万元，均未到位。（二）“四在农家·美丽乡村”基础设施建设小康寨行动计划实施情况。2014年，七星关区通寨公路（村以下小康路）建设项目已全面开工，可完成硬化道路248公里，人行步道硬化198公里，占任务的100 %；小康寨八项工程：庭院硬化可完成45732户；“三改三治”目前已通过整合完成572户，13162户没有资金安排，尚未启动；垃圾分类处理项目杨家湾镇、朱昌镇两个点已通过财政奖补一事一议批复同意实施，工程正在施工中，其他8个点目前没有资金安排，尚未启动；2个集中式饮用水源地保护项目没有资金安排，尚未启动；便民设施（公厕）已通过各种项目整合可完成57个，14个没有资金安排，尚未启动；文体活动广场通过整合项目可完成40个；污水处理通过整合可完成78个，77个没有资金安排，尚未启动；太阳能路灯已进入市公共资源交易中心采购程序，可全部完成。全区小康寨行动计划通过整合可完成投资10723万元，完成总投资计划12957万元的82.76%。（三）扶贫生态移民工程。完成征地52亩，241套房屋主体全面启动，其中已完工135套房屋主体，完成乡村公路3.3公里，完成输水管道3公里，完成污水处理1.76公里（管道建设），完成绿化工程8117平方米，农贸市场累计完成1400平方米。完成241套房屋主体建设。

【2015年工作目标完成情况】（一）小康房行动计划（含农村危房改造）。完成小康房（农村危房改造）建设任务5578户，投入各级政府补助资金5607.16万元，其中，危房改造任务5288户补助资金5027.16万元（中央补助2383.16万元，省级补助1322.00万元，市级补助528.80万元，区级补助793.20万元）；小康房建设任务290户补助资金580万元（区级补助资金）。（二）小康寨行动计划。小康寨行动计划共打造203个自然村寨，其中示范型12个，提升型108个，普及型83个。小康路（村以下部分）完成通组路166千米，连户路194千米，完成投资5259万元；小康寨“八项”工程完成“三改三治”及庭院硬化13734户，垃圾收集处理项目覆盖6个乡镇，集中式饮用水源地保护项目1个，便民设施（公厕）50个，文体活动广场及设施覆盖37个行政村，污水处理设施项目123个，照明设施1625盏，完成投资5743万元。（三）“四在农家·美丽乡村”创建工作。根据市委、政府的安排部署，七星关区2015年开展“四在农家·美丽乡村”创建工作。2015年市下达我区“四在农家·美丽乡村”创建139个，我区实际实施61个，其中8个市、区级重要示范创建点由碧兴公司承建，其余53个由相关乡镇自建。8个市、区级重要示范创建点目前已启动民居改造700户，竣工460户；其余53个创建点建设9月底全面启动。改造既有民居5000户并完成相关小康寨建设项目。

【2016年工作目标完成情况】（一）小康房行动计划（含农村危房改造）。完成小康房（农村危房改造）建设任务5874户，投入各级政府补助资金7381.8万元，其中，危房改造任务5584户补助资金6801.80万元（中央补助2876.32万元，省级补助1396万元，市级补助558.4万元，区级补助837.6万元，2015年置换资金1133.48万元）；小康房建设任务290户补助资金580万元（区级补助资金）。（二）小康寨行动计划。2016年，小康路（村以下部分）完成通组路硬化171公里，人行步道硬化194公里；小康寨“八项”工程中完成“三改三治”及庭院硬化13834户，垃圾分类收集处理项目6个，便民设施（公共厕所）项目50个，文体活动场所

（广场）项目37个，污水治理项目123个，照明设施1715套。小康寨行动计划累计完成投资12120万元，完成年度目标任务的101%。（三）“五在农家·美丽乡村”创建工作。民居建设情况。2016年“五在农家·美丽乡村”创建“贵州民居”建设共启动4634户，完工4148户。基础设施建设情况。完成自来水通水34355户，实现正常供电41461户，完成通组路硬化345千米，完成两硬化491户，安装宽带4812户，通闭路电视14571户，安装路灯1576盏，建成图书室34个，文化室32个，卫生室36个，文化小广场40个，改厨1414户，改厕1477户，改灶2677户，改杂3784户，种植绿化美化树种505556棵，新增垃圾收集设施60个，新增排污管网24675米。

（撰稿人：办公室）

扶贫开发

【概　述】 2012－2016年期间，毕节市七星关区扶贫开发工作坚持以邓小平理、“三个代表”重要思想、科学发展观为指导，深入贯彻习近平总书记系列重要讲话精神，认真落实国家、省、地扶贫开发会议精神和政策措施，紧紧围绕试验区“扶贫开发”这一主题，以净减少农村贫困人口为目标，以帮助贫困群众改善生产生活条件、拓宽基本增收门路、提高基本素质为切入点，以突出抓好产业化扶贫、农村劳动力转移培训、“整村推进”、社会扶贫为突破口，坚定不移地走开发式扶贫道路，不断加大扶贫开发力度，努力推动毕节市扶贫开发迈上新台阶，取得了明显成效。

【贫困人口逐年减少】 通过实施扶贫项目、调整产业结构、易地扶贫搬迁、劳动力培训转移、社会扶贫等措施，实现14个乡镇减贫“摘帽”，77个贫困村出列，24.5万人口脱贫。其中2012年，脱贫6.5万人，2013年脱贫6.6万人，2014年脱贫4.54万人，2015年脱贫3.14万人，2016年脱贫3.72万人。

【顺利实施专项扶贫资金项目】 2012－2016中央、省、市、区投入专项扶贫资金48148.43万元，实施结束各类扶贫项目个，实施项目1923个，项目覆盖38个乡镇。

【社会帮扶工作顺利推进】 2012至2016年度：累计完成社会帮扶资金共计5951万元，实施项目112个，项目覆盖31个乡镇，85个行政村。其中：深圳对口帮扶资金2424万元；烟草扶贫新村项目资金2400万元；社会捐赠资金100万元；市直部门驻村工作队帮扶资金230万元；省级、市级发展壮大村级经济实体资金497万元；集团帮扶项目资金300万元。

【农业产业结构调整成效显著】 七星关区紧紧围绕农业产业化发展思路，不断优化农业产业结构，大力发展区域农业，农业产业结构调整成效显著。五年期间，种植核桃19.1万亩，脱毒马铃薯5.75万亩，中药材3.2万亩，精果林1万亩，项目按照产业短、中、长相结合和立体发展的思路，有核桃项目的乡镇优先发展“核桃林下种植中药材”栽培模式，从而实现农业资源优化配置；将中药材、经果、蔬菜等农民增收产业有机结合起来，采取“公司＋基地＋农户”或“公司＋专业合作社＋基地＋农户”产业发展机制实施。

【草地生态畜牧业科技扶贫种草养羊初见成效】 2012年－2016年，共完成草地生态畜牧业科技扶贫种草养羊项目财政投资1500万元，发展养羊农户769户，人工种草4614万亩，投放种羊15380万只，修建圈舍23070平方米，建成千溪乡、团结乡、生机镇等核心示范区。养羊项目的实施，既增强了农户的责任心，又维持扶贫资金的再利用，最大限度地扩大了扶贫面。

【“雨露计划·圆梦行动”扎实有效】 “扶贫先扶智，脱穷先换脑”，配合产业发展共组织培训企业招工＋培训＋就业1200人，农业产业化技能培训19682人，通过培训，使参训农民掌握1－2门农业生产适用技术或外出务工技能，增强了依靠科技致富的本领，拓宽了增收渠道，加快了脱贫致富奔小康的步伐。“圆梦行动”实施范围进一步拓展，资助名贫困家庭子女，共计　万元，收到良好的社会反响。

【扶贫小额贷款工作开展顺利】 2012年－2016年，全区申请精准扶贫小额贷款贴息基金贫困农户共11428户45712人，累计发放贷款11428户30611.96万元，贴息金额合计1739.01万元。

（撰稿人：唐嵩淞）

农　牧

【2012年指标】 完成粮增工程25万亩，测土配方施肥80万亩，种植玉米65.2万亩，马铃薯70万亩，水稻9.2万亩，小麦25万亩，杂粮11万亩，粮食产量达到45.9万吨；生猪存栏71.46万头，出栏肥猪60.93万头，存栏牛16.4万头，出栏牛3.17万头，存栏羊5.48万只，出栏羊2.9万只，存栏禽231.3万只，出栏禽222.1万只；新增规模养殖场31个，建成千头牛场2个、万羽禽场5个，千只羊场、万头猪场2个；在朱昌镇建立现代农业产业园区，规划面积10100亩，总投资18756.45万元；共组建各类专业合作组织136个，培训农民5.8万人次以上；强化畜禽品种改良，输配发情母牛1.8856万头，输配发情母猪4.3743万头，推广杂交猪35.63万头；流转土地4.75万亩，调解各类土地纠纷60余起。

【2013年指标】 实施粮食增产工程25万亩，种植马铃薯70万亩，玉米63.35万亩，水稻9.35万亩，蔬菜45.7万亩，种杂粮25.4万亩，水果2.4万亩，茶叶1万亩；大牲畜存栏20.25万头，其中，生猪存栏70.92万头，牛：存栏16.59万头，出栏3.7万头，羊：存栏5.44万只，出栏3.3万只，家禽存栏244.85万羽，出栏270.1万羽，肉类总产量5.6万吨，完成沼气池2090口，服务网点4个；完成产地检疫18万头（只、羽），占全年任务的102.9%；畜禽产品检疫39吨15车次；运载工具消毒1996车次。屠宰检疫11.43万头，占全年任务114.3%，回收标识8.78万个，检出病害动物177头（只、羽），销毁处理171头（只、羽）；执法监管86次，动物卫生监督违法案件一般程序案件立案16件，结案16件，流转土地18400亩，共调解农村承包土地纠纷258件，其中土地流转纠纷68件。新增5000头生猪养殖场3个、10000羽蛋鸡养殖场7个；兑现玉米地膜覆盖补助资金48万元，面积1.2万亩。良种补助1003.75万元。能繁母猪入保2.3946万头；生态畜牧业信用担保有限公司共向毕节市农村信用合作联社发出意向函13笔，涉及贷款资金3320万元，已办结10笔，担保贷款金额1520万元，其中有7笔用于发展畜牧业，金额为820万元；2笔用于发展种植业，金额450万元；1笔用于发展服务业，金额250万元。新建138个专业合作社，建成示范性专业合作社3个，经省农委评审认证并向社会公布省级龙头企业5家，市级以上龙头企业31家。

【2014年指标】 实施粮食增产工程25万亩；实施马铃薯高产创建项目、玉米高产创建项目各1万亩；完成马铃薯种植面积70.2万亩，其中脱毒马铃薯49万亩；种植玉米65.1万亩，其中种植杂交玉米56万亩；水稻种植9.1万亩；油菜种植7万亩；全年粮食产量预计40.47万吨，同比增长1.67%，其中夏粮14.75万吨，秋粮24.56万吨。二是扎实抓好畜牧业发展。现生猪存栏68.9万头，肥猪出栏67.5万头；存栏牛15.3万头，出栏牛3.63万头；存栏羊5.6万只，出栏羊3.34万只；存栏禽290.2万羽，其中专业型蛋鸡存栏达100万羽，出栏禽265.5万羽，畜牧业产值16.3亿元，肉类产量6.3万吨，实现畜牧业产值16亿元。共注射种类动物疫苗967.96万针次，占应免数的100%；通过监测，免疫抗体合格率均在80.32%以上，全部达到国家标准，确保全区无重大动物疫病发生。完成产地检疫17.5万头（只、羽）（占全年任务17.5万头的100%）（禽类检疫不在任务范围内），检出病畜11头（只、羽）；运载工具消毒575车次。屠宰检疫各种牲畜共12.89万头（占全年任务9.9万头的130.2%）。回收标识11.72

万个，检出病害动物318头（只、羽），销毁处理317头（只、羽）。录入信息3万余条，占任务数2.5万条的120%；对流通环节共监管了114次、动物卫生监督违法案件一般程序案件立案12件，结案12件，简易程序立案5件，结案5件，占全年任务16件的106%；新建蔬菜标准化基地2个，全区完成蔬菜种植48.6万亩，种植水果1.65万亩；新增5000头生猪养殖场6个、10000羽蛋鸡养殖场7个；放养蚕种2000张，鲜蚕茧总产量80吨，产值368万元。巩固茶叶种植成果，完成茶叶种植1万亩。生态畜牧业信用担保有限公司共向贵州毕节农村商业银行股份有限公司发出意向函26笔，涉及贷款资金5000万元，办结担保业务18笔，担保贷款金额2980万元。其中有8笔用于发展畜牧养殖业，金额为1000万元；3笔用于发展种植业，金额600万元；3笔用于发展服务业，金额550万元。组建各类农民专业合作组织556个，其中2014年新组建了86个；

【2015年指标】 实施粮食增产工程23万亩、马铃薯高产创建1万亩、玉米高产创建1万亩，完成马铃薯种植70.2万亩、玉米种植65.1万亩、水稻种植9.1万亩，实现粮食产量41.85万吨。实现生猪存栏68.9万头，肥猪出栏67.5万头；存栏牛15.3万头，出栏牛3.63万头；存栏羊5.6万只，出栏羊3.34万只；存栏禽290.2万羽，其中蛋鸡150万羽，出栏禽265.5万羽，肉类总产量6.3万吨。实现农民人均纯收入7135元。非粮农业增加值占第一产业增加值比重85.2%。共注射种类动物疫苗1168.16万针次，免疫抗体合格率均在80.4%以上，全部达到国家标准，确保全区无重大动物疫病发生。完成产地检疫17.51万头（只、羽），屠宰检疫各种牲畜共12.89万头。对流通环节共监管了114次、动物卫生监督违法案件一般程序案件立案12件，结案12件，简易程序立案5件，结案5件。建成2个年出栏5000头生猪养殖场扩建项目（天和生猪养殖场、兴泰达公司）和斯栗村牲畜养殖专业合作社扩建项目。完成大新桥街道办时令蔬菜基地500亩扩建任务和3个300亩保供蔬菜基地建设，辐射带动全区种植蔬菜51.7万亩。抓好马铃薯种植，突出马铃薯产业转型升级。优化畜牧业内部结构，实现全区年存栏生猪50头以上、牛10头以上、羊100只以上、肉鸡2000羽以上、蛋鸡2000羽以上的规模养殖场（户）508个。完成14.6万亩的无公害产地认证，实现农业园区主导产业100%无公害。培育茂源家禽养殖、老黄哥食品、黔荞食品3家企业申报市级龙头企业，完成“三品一标”认证10个，申报3家市级龙头企业，完成示范性专业合作社3个，家庭农场5个，农家乐3个，休闲农庄6个，休闲乡村3个。建成省级农业园区4个，入驻企业和合作社53家，实现产值21.6亿元，带动就业2330人，辐射带动种植蔬菜10万亩、中药材4.8万亩，苗圃基地820亩。兑现农业直补资金1003.75万元。

【2016年指标】 实施马铃薯绿色增产增效技术推广项目1万亩、玉米绿色增产增效技术推广项目1万亩、荞麦绿色增产增效技术推广项目0.5万亩，种植马铃薯70万亩，种植玉米64万亩，种植水稻9万亩，种植马铃薯11.5万亩，商品蔬菜34.85万亩，全年粮食产量达46.01万吨，（夏粮16.5万吨，秋粮29.51万吨）；生态畜牧业保持良好势头。实现存栏生猪73万头，存栏牛16.38万头，存栏羊6.8万只，存栏禽300万羽，肉类总产量8.9万吨。建成省级农业园区2个，入驻企业和合作社40家，2016年实现产值3.6亿元，收入2.9亿元，利润1.35亿元，带动农民1.5万人。新增专业合作社306个，新增市级示范社8个，认定家庭农场10个，专业大户2家。建成大型规模养殖场7个，其中建成1个年出栏1万头生猪养殖场（毕节市江兴畜牧养殖有限公司）和2个年出栏5000头生猪养殖场（七星关区五丰膳食农业发展有限公司、七星关区小吉场镇高兴塔山民生猪养殖专业合作社）；完成新型职业农民培训131人，开展各类农业实用技术培训125次，共培训9000余人，发放资料7000余份。

农民人均可支配收入 8027 元；注射种类动物疫苗 1227.21 万针次，免疫抗体合格率均在 83.17% 以上，确保全区无重大动物疫病发生；完成产地检疫 32 万头（只、羽），屠宰检疫各种牲畜共 14 万头；审核办理《动物防疫条件合格证》22 张，签订动物卫生监督安全承诺书共 105 份、养殖场（户）出栏保证书 105 份；开展流通环节监管 128 次、动物卫生监督违法案件一般程序案件立案 12 件，结案 12 件，简易程序立案 8 件，结案 8 件，上传动物标识信息 3.85 万余条。

（撰稿人：办公室）

农业机械

【概　述】　2012 年以来，在区委、区政府的正确领导下，在上级业务部门的指导下，我局坚持以农机惠农政策为指引、农机技术推广为先导、农机安全监理为保障、农机技术培训为基础、农机管理服务为手段，全力打造农机服务新产业，全面提升农机服务现代农业水平。

【狠抓农机安全监督管理，确保农机安全生产形势稳定】　一是领导重视，健全机构。制定全区农机安全生产工作方案，成立农机安全工作领导小组，建立健全农机安全监督管理工作制度，层层签订农机安全目标责任书，明确各级各部门工作职责，落实安全责任，形成农机安全生产工作一级抓一级，层层抓落实的工作格局。二是开展农机安全生产专项整治行动，全面排查农机安全隐患，落实安全隐患整改措施，及时将督查情况反馈乡镇街道党委政府，近几年来无任何农机重大事故发生。三是开展拖拉机“送检上门”活动。每年从 4 月至 6 月底，我局组织农机监理人员深入到各乡镇、村，为农机手提供拖拉机安全技术检验、年检审等服务，减少了机手经济负担，保障农机安全生产。四是加强农机安全隐患源头管理。加强对拖拉机驾驶培训机构的监督，严格要求拖拉机驾驶申请人到驾校进行培训，对培训后的机手进行资格考试认证，合格的颁发驾驶证，不合格的继续培训直至考试合格后颁发驾驶证。依托农机专业合作社，邀请农机专业技术人员，对机手进行农机操作，维修技能等方面的培训，实现农机安全源头管理，有效遏制农机事故发生。五是加强行政审批事项的清理工作，为推进简政放权放管结合职能转变工作，根据有关部门要求，我局进一步优化办事流程，缩短办理时限，改进工作作风，为群众提供便捷服务。

【切实做好农机购置补贴工作，切实提高农机化作业水平】　一是该局 2012 – 2016 年争取并完成农机购置补贴资金 3422.5 万元，其中中央资金 2770 万元，省级配套资金 152.5 万元，区级配套资金 500 万元，补贴机具 8110 台套，受益农户 7900 余户。二是从 2014 年，以生机镇、撒拉溪镇作为农机购置补贴受理审批权限下放试点，实行农机购置补贴受理审批在乡镇一级办理，方便群众办理农机购置补贴手续，减轻农民往返区农机局办理补贴手续产生的经济负担，试点取得很好效果。2015 年，权限下放到以放珠、青场等 16 个乡镇，2016 年，权限下放到除海子街镇、鸭池镇及 10 个街道办事处的所有镇乡，通过权限下放，国家农机购置补贴政策得到很好落实，增强了农民购机积极性，提高了农业机械化水平。三是加强农机购置补贴工作业务培训。每年我局根据实际情况组织召开全区农机购置补贴暨安全生产工作培训会，切实提升乡镇农机员农机工作业务能力，塑造农机队伍新形象。四是开展补贴农机具核查工作。与区纪委监察局、财政局等部门，对全区各镇乡办近年来享受补贴农机具进行实地核查工作，强化农机购置补贴工作事前、事中、事后的全程监管，有效杜绝违规操作，套取国家补贴资金现象发生，加快推进农机化发展步伐。

【积极做好农机化项目建设，推进农机合作组织发展】　一是积极扶持区级农机专业合作社发展。根据区政府办《关于印发＜七星关区发展农机专业合作社实施方案＞的通知》（七星府办通〔2012〕27 号）要求，从 2012 年起，我区每年扶持发展 3 个农机专业合作社，截止2016年底，我区共扶持发展区级农机专业合作社15个，投入项目资金75万元。二是积极做好省级农机项目申报实施。从2013年起至2016年，我局积极组织申报实施省级农机化项目15个，按年度顺序分别为2个、5个、6个、2个，涉及项目资金共计305万元。通过扶持发展一批农机专业合作社，我区正逐步培育一批建设标准化、管理规范化、经营企业化、作业规模化、生产科技化农机专业合作社，加快推进农机化作业水平的发展步伐。

【积极做好农机技术推广工作，切实提高农业机械化水平】 2012年，在朱昌镇宋伍村组织实施全区玉米收割现场会；2013年，在田坝镇组织实施全区水稻机械化收割现场会，在撒拉溪镇组织实施机耕现场会；2015年，在小吉场镇组织实施全区水稻机械化收割现场会。通过召开农机现场会，先进适用的农业机械得到极大推广，为我区落实国家强农惠农政策，全面提高农业机械化水平，增加农民收入，推动农村经济发展奠定基础。

【党建工作】 （一）健全工作制度，增强党建工作合力。健全各项工作制度是党建创先工作顺利开展的根本保证，落实责任制是搞好党建工作的关键。在具体抓党建工作中，每年年初召开班子会议深入分析研讨，将基层党建作为工作重点，列入重要议事日程。局党组首先把党建目标任务进一步细化、量化，制定详细的《党建目标责任书》，并就党建工作履行情况做出公开承诺，广泛接受监督。（二）强化责任意识，以上率下狠抓党建。按照从严治党新要求，把抓好党建工作作为最大责任，主持召开专题研究党建工作，做到党建工作与农机工作目标同向、工作合拍、措施配套。并且认真学习领悟全面从严治党相关实施意见，定期听取党建工作汇报，按季度开展督查活动。认真落实党建工作目标管理责任制，严格落实考核问责机制。在认真贯彻落实从严治党总要求时，突出党组抓总、清单管理、分层指导、跟踪问效等“四个重点”，不断强化工作措施，全面推进“马上就办”服务，党员干部得到锻炼，群众百姓得到实惠。一是开展“两学一做”学习教育。按照有关要求，制定“两学一做”学习教育工作方案，成立工作领导小组，开展“手抄党章100天”活动，开展“两学一做”学习教育宣传活动，开展领导干部上党课，领导干部遍访回访贫困村贫困户工作，参加市级、区级“两学一做”学习教育知识竞赛。二是做好党风廉政建设工作。层层签订党风廉政建设责任书，落实党风廉政责任，按要求将“三重一大“等有关事项向涉农纪工委备案。三是加强机关作风建设。严格执行考勤制度，干部请假实行审批制；严格执行出差管理办法；出台干部实绩考核办法，将各项工作任务落实到岗、到人，实行绩效考核，确保各项农机工作目标任务圆满完成。（三）加强管理教育，坚定党的理想信念。在保证党的常规工作正常化的基础上，不断加强了党员的党性意识、宗旨意识、组织意识教育，创新了民主评议党员的方式，加强了党员经常性的教育工作，提高了党员素质。按照统一部署，精心组织，周密安排，分阶段、有步骤的组织全体党员特别是班子成员进行学习党的十八大文件精神、习近平同志一系列重要讲话和十八届三中、四中、五中全会报告，通过学习，进一步坚定理想信念，增强认真贯彻落实党的基本理论、基本路线的自觉性，强化立党为公、执政为民的理念。同时，继续落实“三会一课”制度、民主生活会制度、党务政务公开制度、民主评议党员制度等党内生活制度，按规定召开了支部委员会、党小组会议、全体党员大会、上好了党课，并认真进行会议的记录。认真组织党员培训学习，制定学习计划，学习了《关于改进工作作风，密切联系群众的八项规定》、《习近平总书记系列讲话》、《中共中央关于全面深化改革若干重大问题的决定》、《党政机关厉行节约、反对浪费条例》、《中国共产党问责条例》等，组织专题党课学习，并要求全体党员撰写学习心得广泛征求意见，通过专题组织生活会深入剖析自身存在的问题，并认真整改，希望我局全体党员干部全面掌握十八大以来党中央的各项规定，加强党性修养和党性锻炼，增强全心全意为人民服务的思想。（四）突出工作重点，围绕发展强化服务。结合“两学一做”学习教育，围绕持续深入反“四风”、改作风，针对“三重一大”制度落实，坚持权力清单运行备案工作，不断优化了发展环境。该局始终把基层党建工作与农机安全生产、农机购置补贴、农机服务体系建设等重点工作相互融合，在重点任务落实中建强组织，健全机制，夯实基础，保障发展，充分发挥了基层组织和广大党员的模范带头作用。根据区委组织部、关于开展同步小康驻村有关文件精神，为扎实推进七星关区同步小康驻村工作，加速推进扶贫攻坚步伐，实现“减贫摘帽”目标，该局先后选派郭纯刚、蔡久、王庆华、喻安亮、熊仕祥、于雨希、余俊章、王庆华、张悦悦、王龙、姚明刚等同志到撒拉溪镇、田坝桥镇、八寨镇以及小吉场镇开展驻村工作。同时，在办公经费紧张的前提下，千方百计对帮扶村进行物资上的帮扶，并做好驻村干部经费保障工作。（五）加强反腐倡廉，开展党风廉政教育。按照省委、市委、区委的要求，多次召开党风廉政建设会议研究部署，始终坚决执行中央八项规定和省市委各项规定，从严落实“两个责任”要求，开展专题预防提醒约谈工作。目前，全局干部职工作风明显好转，工作效率大幅提升，农机服务工作和重点任务落实的责任意识、担当意识明显增强，全局上下讲实话、察实情、办实事、求实效的工作作风全面形成。

（撰稿人：办公室）

水　利

【骨干水源工程】　（一）倒天河水库大坝加高工程。2004年5月立项实施，2010年4月完工的倒天河水库大坝加高工程，总投资8005.71万元，工程加高倒天河水库大坝9米，使水库库容从1023万m^3增加到1839万m^3，供水能力从4.5万吨/天增加到8.7万吨/天，水库下游河道防洪能力从30年一遇提高到50年一遇。该工程的实施，极大提高了七星关区城区自来水的供应能力和城市的防洪能力，为城市建设的快速发展提供了要素性的保障。

【龙官桥水库、双河口水库、野角水库工程】　1. 毕节市龙官桥水库工程初步设计于2014年12月22日批复，初设批复总投资28734万元，建设总工期为30个月。2016年5月8日开工建设。计划2019年3月底完成工程建设。2. 双河口水库工程初步设计报告于2014年11月20日下达。批复工程概算总投资为15485.59万元，工程总工期为18个月；2015年10月28日开工建设，计划2018年7月底完成工程建设。3. 野角水库工程。野角水库初设批复工程总投资10495万元，工程主要任务是为村镇供水和灌溉用水，工程建设工期26个月，2016年11月30号举行开工仪式，计划2019年3月完成工程建设。

【农村饮水安全工程】　“2012－2016”期间，七星关区获得中央及各级投资农村饮水安全工程总投资2.5亿元，建设项目533个（处），解决效益人口52.76万人，现已全面实施结束，实际解决了53万（含8.8万农村学校师生）人饮水不安全问题。

【中小河流治理工程】　“2012－2016”期间全区中小河流治理项目总投资8805.2万元，河道综合治理长度15.33km，保护人口5.5万人，保护农田3.02万亩。

【小型农田水利工程】　2014年七星关区成功争取到“小型农田水利重点县”建设项目，项目从2014—2016年3年连续实施，每年投资2000万元，总投资6000万元。项目的实施，全区将新增有效灌溉面积3万亩以上，其他项目投资1417.31万元。“2012 ~2016”期间，全区通过财政部门农发工程、国土部门土地整理项目、水利部门小农水工程的实施，2015年全区土地有效灌溉面积率达到23.43%，2016年达到23.91%。

【病险水库除险加固工程】　七星关区“2012 ~2016”期间

病险水库除险加固工程总投资1937.0万元，现已全面完工。共治理小（二）型病险水库8座，保护耕地1.0万亩，保护人口4.74万人。

【抗旱应急引调提水工程】（一）2014年生机镇抗旱应急水源配套工程，总投资257.65万元，其中中央计划投资240万元，区级配套17.65万元。工程已竣工验收并交付使用。（二）2015年普宜镇抗旱应急引调水工程总投资240万元，工程已竣工验收并交付使用。（三）2016年青场镇抗旱引调水提水工程工程总投资为360万元，小吉场镇抗旱引调水提水工程总投资405万元，目前均完成形象进度90%以上。

【水土保持工程】 全区“2012－2016”期间水土保持项目计划投资3756.0万元，现已完成投资2958.5万元。项目全面完成后，完成坡改梯184.3平方千米，经果林1410.78平方千米，水保林292.53平方千米，保土耕作2561.64平方千米，封禁治理1665.04平方千米。

（撰稿人：办公室）

林 业

【林业发展成就】 （一）森林覆盖率大幅提高：从2012年的45.96%增长到2016年底的53.95%，年均增长2个百分点。（二）林业生态建设成果喜人：2012至2016年，通过不断探索造林工程新机制、强化技术服务指导和完善财政扶持政策，共完成各类营造林90.93万亩（其中：2012年14.01万亩、2013年13.16万亩、2014年14.2万亩、2015年19.02万亩、2016年30.54万亩）。

（三）森林资源实现提质增量：全区活立木蓄积从2012年的266.17万立方米增长到2016年的422.08万立方米、森林面积从2012年的15.68万公顷增长到2016年的17.03万公顷。（四）森林资源管理全面加强：自2012年以来，每年聘请400余名护林员对全区森林资源进行管护，实现山有人管、林有人护；同时认真组织开展“雷霆行动”、“亮剑行动”（2012－2013年）和森林保护“六个严禁”执法专项行动（2014－2016年），严厉打击破坏森林资源的各类违法行为，保护全区森林资源。2012～2016年期间，共办结各类涉林案件340起，其中：刑事案件63起、治安案件28起、行政案件249起。（五）森林火灾防控能力进一步加强。坚持“预防为主、科学防控、积极消灭”的方针，强化森林防火宣传教育，提高全民森林防火意识，形成全民参与森林防火的良好氛围；备足备齐森林防火物资，森林防火期（每年10月至次年5月），组建60人的森林火灾应急处理队伍，负责突发森林火灾的应急扑救，提高火灾扑救能力；加大督查检查，严格火源管控力度。2012～2016年，全区仅发生森林火灾9起，过火面积约72.44公顷，受害林地面积6.97公顷，森林火灾平均受害率约0.13‰，远低于市控制指标0.7‰。（六）林业产业稳步发展。积极引导农民发展核桃、板栗、李等经济林，利用闲置的森林资源发展林下种植、林下养殖等林业产业，优化农村产业发展结构，促进全区林业产业发展。全区林业产值由2012年底的16.02亿元增加到2016年底的27.39亿元。（七）森林公园建设初具雏形。不断加强拱拢坪国家森林公园基础设施建设，2016年成功举办毕节市第十届旅游产业发展大会七星关区观摩会。先后获国家AAA级旅游景区、贵州省生态文明教育基地、毕节市十佳旅游景区，毕节市野外军事拓展训练营地等荣誉称号，现正在以国家AAAA级旅游景区标准进一步完善景区基础设施。

【主要经验和做法】 （一）全力推进造林绿化。1.强化责任落实。加强对生态建设及森林资源保护工作的组织领导，落实责任，科学谋划，精心组织，全力推动生态建设及资源保护工作。2.实施营造林全面质量管理。严格执行各项技术规程和技术标准，强化重点工程管理，积极调整林种树种结构，严把设计关、整地关、种苗关、栽植关、抚育关、管护关，确保造林质量。（二）着力加强森林资源管理。1.严格落实护林员管护责任制，加强对护林员的培训指导。2. 履行好森林资源监管职能，加大对超占、未批先占林地等违法行为的督办力度，不断加大打击涉林违法犯罪力度。（三）大力强化宣传教育。广泛宣传国家、省、市支持林业改革发展的方针、强林惠林的政策、林业法律法规；宣传林业产业在兴林富民中的重要作用，充分调动农民发展林业产业的积极性，促进林业产业加快发展。

【工作亮点】 1. 研究出台《毕节市七星关区森林保护“六个严禁”问责办法》，强化部门及地方政府的职能作用，对在工作过程中出现的不作为、慢作为、乱作为等情况进行问责，为林业生态环境持续健康发展保驾护航。2. 研究出台《毕节市七星关区破坏森林资源违法犯罪案件生态损失补偿机制》，鼓励和引导涉林案件违法行为人缴纳生态损失补偿金，开展异地“补植复绿”工作。

3. 研究出台《毕节市七星关区森林防火经费奖励办法》，每年由区财政预算奖励基层300万元，激发基层森林防火工作的积极性和主动性，保障全区林业生态安全。4. 研究出台《毕节市七星关区造林工程管护管理办法》，对造林3年以内的工程实行差别化管理，将过去“七分种，三分管”向“三分种，七分管”意识的转变，进一步明确乡镇（街道）、村、造林主体的责任，每年由区财政投资600余万元，奖惩并行，逐步消除“重栽轻管”和“造林不见林”的现象。5. 在拱拢坪国有林场探索建立森林资源智能管理系统，安装监控探头200个、应急广播150套、系统终端100个，其他设备若干，可准确自动识别烟雾、即时报告火情及位置显示功能、语音对讲通话、信息群发等，同时对护林员的即时管理，通过系统后台可清楚看到护林员所在位置及巡山路线，护林员也可通过系统终端上传所在位置的地理坐标、森林病虫害和侵占林地等森林资源现状，有效保护林业生态环境。

（撰稿人：办公室）

烤烟生产

【概　述】 毕节市七星关区烟草办公室内设三个股室：综合股、烟叶股、烟叶基础设施管护股。现有主任1名、副主任1名，股长2名，工作人员3名。主要负责宣传贯彻国家、省、市、区关于发展烤烟生产的方针、政策、法律、法规、规章和制度；牵头组织制定全区烤烟产业发展规划和近期烤烟生产计划；协调烟草等有关部门抓好烟草发展基础设施建设工作，协调、督促镇乡人民政府和烟草企业抓好现代烟草农业建设工作，推动全区烟草产业的持续、稳定发展。

【烤烟生产收购】 2012－2016年五年期间，在区委区政府的正确领导下，该办统筹、协调全区种植烤烟面积累计505100亩；收购烟叶累计916399担；支付烟叶款1，088，146，880.00元；完成烟叶税239，392，313.00元。积极协调区烟草部门、种烟镇乡对烤烟生产收购政策进行广泛宣传，稳定原“铁杆烟农”的基础上，扩大大村、大户、合作社的连片种植规模，全面完成了各年度烤烟种植计划面积。烟田规划、育苗、移栽、大田管理和收购期间，我办由主要领导牵头对各涉烟镇乡进行5次以上的抽点督查，及时掌握烤烟生产收购数据和存在的问题，给区委区政府烟叶工作提供正确的决策依据，确保烟农、烟草企业和政府三者之间的利益。

【烟叶生产基础设施管护使用】 2012－2016年以来，该办积极探索烟叶基础设施管护使用工作，做到一个项目一套管护办法，效益显著。管护工作在全市全省名列前茅，迎接了毕节市各县烟办及铜仁市烟办等参观学习。截止2017年底，全区35个烟水配套工程基本正常使用27个，占77%；部分使用5个，占14%；闲置3个，占9%。具体做法如下：（一）成立毕节市七星关区烟叶生产基础设施建设管护使用办公室（简称管护办），管护办主任由区烟办主任兼任，副主任由区烟草局（分公司）副局长兼任，由区烟办选任一名专职副主任，负责全区烟叶生产基础设施后续工作和管护办日常工作。管护办成员由区烟办和区烟草局抽调人员组成，与区烟办合署办公。做好烟叶基础设施维修建设项目的排查、统计、汇总、报送报批工作。　（二）积极争取市级管护资金。根据《毕节市烟叶生产基础设施运行管护办法（试行）》（毕府办通［2016］8号）精神，我办积极主动向上级主管部门争取烟叶生产基础设施后续管护资金593.68万元，主要用于管护人员劳务补贴；提水灌溉电费补贴；零星工程维修补贴（金额在5万元以下并通过一次性维修能够完全恢复独立系统工程效益的项目）和烤房建设补贴，资金实行专账核算、专款专用、滚动使用。（三）加强督查，细化管护，力争做到一个项目一套办法，每个项目都有人抓、有人管。五年来，我办每年度组织烟草、水利等部门督查烟水配套工程后续管护工作4次以上，进一步监督管护主体完善管护机构，落实专职管护人员，规范管护制度等。（四）实行烟水配套工程产权改革。结合贵州省农村小型水利工程产权制度改革工作，我区逐步落实，现在已有大银镇高峰烟水工程、田坝桥镇螃蟹井烟水工程等11个烟水配套工程进行产权改革。

【干部队伍建设】　加强机关作风建设，强化队伍管理。深入学习贯彻习近平新时代中国特色社会主义思想，党的十九大精神和习近平总书记在参加贵州代表团讨论时的指示精神。认真贯彻落实中央八项规定、省委十项规定、市委十项规定和区委十七项严禁，促进作风大转变、实现效力大提高。单位安排组织每周一次集体学习，及时传达党和国家路线、方针和政策。同时健全本部门各项规章制度，加强单位干部职工考核管理，为七星关区烟叶产业持续健康发展作出积极的贡献。

（撰稿人：胡江）

工　业

贵州七星关经济开发区

【概　述】 贵州七星关经济开发区于2012年8月经省人民政府批准设立，位于毕节城区东北部，距主城区11.5公里，总规划面积32.3平方公里，规划范围包括八寨镇、海子街镇、碧海办事处，涉及35个行政村，现有居住人口3.6万人，已建成面积3.5平方公里，全面建成后，预计将容纳人口近30万人。2013年11月，七星关经济开发区与毕节经济开发区被国家科技部批准为国家新能源汽车高新技术产业化基地。通过近几年的发展，开发区已成为七星关区对外开放的主平台、招商引资的主力军、经济发展的主引擎和城市建设的主战场。

【主要经济指标】 从建立之初至2016年底，在省委、省政府、市委、市政府及区委、区政府的关怀和坚强领导下，开发区深入贯彻省委、省政府“主基调主战略”，坚持工业强区战略，坚守“两条底线”，艰苦奋斗，攻坚克难，实现了从无到有、从小到大的突破，工业经济发展取得了初步成效。累计完成固定资产176亿元，基础设施投资83亿元，产业项目投资93亿元。完成工业总产值106亿元，工业增加值28亿元。拥有规模以上企业22家，解决就业3000余人。

【基础设施】 一是开发区加快基础建设，全力以赴突破制约发展瓶颈。建成工业大道、园区1号路、园区2号路、园区3号路、2号路西延伸段、连接段等道路，与厦蓉、杭瑞、小瓦高速公路形成内外互联的交通路网。完成一期公租房、扶贫生态移民工程、沙部小学、商业集聚服务区、电力设施、污水管网、10Kv输变电线路项目等工程。二是建成符合现代工业生产设计要求的标准厂房42万平方米，积极承建东部产业转移。

【项目建设】 开发区以项目建设和招商引资为中心，以园区建设为载体，以强化服务为保障，大力推动项目建设，引进项目57家，总投资122.1亿元，其中，投产项目38个。一是新能源汽车产业稳步推进。紧紧抓住“国家新能源汽车高新技术产业化基地”这一核心，奋力发展，已具备电动汽车电机及电子控制系统的研发能力，初步形成电机及电子控制系统生产流程，纯电动轿车、微型车、轻卡改装流程，初步具备电动特种车辆生产能力。引进腾盛电动车项目，建成低速电动车总装线、涂装线、焊接线、检测线。取得国家工程机械质量监督检验中心特种设备生产资质。完成投资6000万元，生产电动车600辆，实现产值3000万元，完成出口订单152万美元。二是新型建材产业发展迅速。充分发挥七星关区政治、交通、自然资源等比较优势，根据市场需求，引进玻璃制造、玻璃深加工、新型墙体材料项目11个，其中，明钧玻璃项目完成投资15.8亿元，建成日产1600吨玻璃基片项目，解决就业816人，与其他玻璃深加工企业形成玻璃产业链。三是服装纺织产业初具规模。引进服饰加工、内衣制造、制鞋等服装纺织项目10个，解决就业800余人，代加工出口服装1180万美元。四是光电产业不断壮大。引进灯丝、灯泡等光电项目3个，年产灯丝1.8亿条，灯泡1800万颗，不断形成西南地区最大的灯丝、灯泡生产基地。五是特色食品产业初显成效。毕节大曲建成制酒车间、灌装车间、勾兑车间，建成年产基酒7600吨生产线，解决就业岗位152个。

【财源建设】　推进融资缓解压力。充分利用“贵园信贷通”政策红利，制订《贵州七星关经济开发区“贵园信贷通”企业融资服务工作方案》，明确人员、落实办公室场所开展服务工作，完成53家企业资料的收集、编制等工作。单列5000万元工业发展资金支持经开区内名宇内衣等8家企业。通过“贵园信贷通”帮助21家企业向银行申请融资4500万元，放贷1600万元，切实帮助企业解决融资困难问题，缓解了企业资金压力。

【创新工作】　一是创新机制服务企业。进一步优化代办服务工作，建立服务企业工作队工作机制，由副科级以上干部任队长，一对一帮助企业解决实际困难，加快已签约项目选址、征地拆迁、手续办理等工作；积极对接、跟踪推进在谈项目，争取早日建设，形成带动效应。二是腾龙换鸟。整合标准厂房8.16万平方米标准厂房，入驻项目9个。清退僵尸企业3个，整合标准厂房1.95万平方米，接纳第一、第二创业园小微企业。三是深化改革促进发展。进一步深化体制机制改革，贯彻落实国家有关发展混合所有制经济精神，采用政府国有公司与开发区企业共同出资组建混合所有制企业方式，支持明钧玻璃、联尚科技、炬盛照明等技术先进、效益好、潜力大的企业做大做强。四是开通专线减少成本。开通开发区至东莞专线，搭建物流平台，解决企业零担运输问题，加快企业产品外运速度，增强企业产品竞争力。

（撰稿：刘琼琳）

工业经济与能源

【概　述】　毕节市七星关区工业经济和能源局为区人民政府工作部门，2010年根据《毕节市人民政府办公室关于印发毕节市工业经济贸易和能源局主要职责内设机构和人员编制规定的通知》（毕市府办通〔2010〕329号）设立毕节市工业经济贸易和能源局。2013年，根据《毕节市七星关区机构编制委员会办公室关于毕节市七星关区工业经济和能源局更名和调整内设机构的通知》（七星机编办〔2013〕16号），将毕节市七星关区工业经济和能源局更名为毕节市七星关区工业经济贸易和能源局，职责调整：“将原商务与投资促进（招商）局负责的商务职能整体划入区工业经济贸易和能源局”。2015年，根据《毕节市七星关区人民政府办公室关于印发毕节市七星关区工业经济和能源局（商务局）主要职责内设机构和人员编制规定的通知》（七星府办通〔2015〕65号）设立毕节市七星关区工业经济和能源局（商务局），加挂毕节市七星关区商务局牌子，职责调整：“（一）将原商务与投资促进局负责的除酒类流通外的商务职能整体划入区工业经济和能源局。（二）将原商务与投资促进局的牲畜定点屠宰管理的职责划入区农牧局。”内设14个职能股室，下属7个事业单位。2012－2016年，我局在区委、区政府的正确领导，区人大、区政协的监督及上级业务部门的指导下，以习近平新时代中国特色社会主义为指导，认真贯彻党的十八大、十九大精神，紧紧围绕全区各项工作目标，积极创新发展思路，推动工业经济实现健康发展、跨越式发展。

【抓调度、确保规模工业经济运行平稳】　2012年实现500万元以上规模工业产值135亿元，占全年目标任务144亿元的93.75%，和去年同期完成数103.36相比，同比上升30.61%，2012年预计实现工业增加值56亿元，占年度目标任务56亿元的100%，同比上升28.56%。截止2016年全区2000万元以上规模工业企业41家，累计实现产值120.67亿元，同比增长

9.02%；实现增加值62.21亿元，占全年目标任务67.4亿元的92.30%；新增入统工业企业13户，超额完成全年目标任务。

【抓项目、工业投资方向明确】 2012年完成包括工业园区在内工业固定资产投资22.6323亿元，占市年初目标任务20亿元的113.16%。新增入园开工项目11个，为年初目标任务10个的110%，其中产业项目7个，基础设施项目4个，已引进超亿元项目1个，新增土地开发面积2.5平方公里。

截止2016年全年完成500万元口径工业投资14.5亿元，其中技改投资6.3亿元。一是重点推进电商大数据的推广应用。七星关区电商产业园占地面积128亩，规划总投资2亿元，总建筑面积9.3万平米，目前已基本建成，累计完成投资20000万元。二是大力推动毕节热电二期热电联产发电项目、遵义至赫章天然气管道项目、明钧玻璃二期项目等传统工业项目。建成致福光谷产业园，将炬晟半导体、联尚科技、日昌晶培育成规上企业，区内风电项目、光伏发电项目、等离子发电项目、硫磺渣综合利用项目等新兴产业项目均在稳步推进。

【抓培育、民营经济发展向好】 2012年登记注册中小微企业1362户，比上年增加312户，同比增长29.4%。新增就业岗位167个，为年度目标任务120个的139.17%。重点扶持9户非公有制企业成为规模以上企业，为年度目标任务的300%。全年实现民营经济增加值72亿元，民间投资71亿元。截止2016年全区民营经济实现增加值122.98亿元，占年度目标任务111亿元的107.93%，同比增长16.19%；实现民间投资126.01亿元，占年度目标任务125亿元的100.81%，同比增长24.17%；注册资本累计实现314.29亿元，新增注册资本69.29亿元，占年度目标任务49亿元的141.41%，同比增长10.19%；市场主体累计实现70301户，新增市场主体13297户，占年度目标13700户的97.06%，同比增长15.59%；新增就业11994人，同比增长-3.97%，占年度目标11000人的109.04%。

【抓服务、商贸行业稳步向前】 以“双百市场”、“万村千乡市场工程”建设为重点，积极培育各种专业市场。推进万丰商贸城、远航七星万象城、浙江商贸城、毕节小商品综合批发市场、创美农副产品批发市场、黔西北农产品批发市场、电子商务园等项目二期工程及石桥粮食物流园区项目建设。2012年全区社会消费品零售总额累计完成64.5814亿元，截止2016年底，全区社会消费品零售总额累计数完成116.98亿元人民币（市反馈数），占全年目标任务的96.44%，同比增长12.85%；完成外贸进出口总额1068万美元，完成率53.40%；实际利用外资1.8955亿美元，同比增长77.15%。

【抓扶持、中小企业服务工作有序进行】 2012年争取省万户小老板资金17万元，扶持创业小老板34户；组织50多人中小企业管理者参加省星光培训，有力提高我区中小企业管理者的管理水平。主动抓好全区中小企业发展专项资金的申报和监管工作，一年来，争取国家和省中小企业发展资金530万元，惠及11个中小企业。2016年指导11余户中小企业、6个民族民间工艺品销售网点完善中小企业专项扶持资金申报材料上报，积极争取省民营经济（中小企业）发展专项扶持资金，支持民营（中小）企业转型升级。2016年，我区有14户中小企业获得支持资金共395万元。深入开展中小企业融资需求调查，积极与银行对接，探索建立政、银、企合作的信贷方式，启动“七星关区银政通小微企业贷款联合基金”贷款，通过“贵园信贷通”为10户企业解决贷款1340万元，通过“银政通中小微企业联合基金”贷款，向贵州银行推荐企业23户，有9户企业获得贷款1000万元。2016年先后组织企业参加北京“水博会”、第20届“西洽会”、2016年全省旅游商品供需对接会、2016年跨境合作系列活动、贵州省第二届民族民间工艺品及文化产品博览会、彝博会、第十届毕节市旅游发展大会、中国广州中小企业博览会、武汉食博会；

【抓建设、园区集聚初见成效】 截止2016年底，基本建成七星关区电子商务产业园，引入浙江颐高集团组建毕节颐高电子商务有限公司负责电子商务运营平台，引入毕节市农业大数据中心、阿里巴巴农村淘宝入驻园区，均已开始运营。建成七星关区五里坪中小微企业创业园，6户企业入园创业，解决就业人数60人，2016年实现产值1000余万元。建成七星关区何官屯工业孵化园，10户企业入园创业，园区解决就业人数96人，2016年实现产值2400余万元。规划建设七星关区塘房中小微企业创业园。另在七星关区清水铺镇、朱昌镇、撒拉溪镇和青场镇各建成一个返乡农民工创业园，吸引13户企业入园创业，园区解决就业人数213人，2016年实现产值共1670余万元。

【抓生产、推进煤炭行业提级改造】 2012年建成煤矿1个，即大树煤矿，完成煤矿固定资产投资4.12亿元；完成电煤41.8万吨；完成原煤生产176.12万吨（含社会产量）；组织、完成了夏泉等7个煤矿的《煤炭生产许可证》的年检工作；参与、配合市工能委、省能源局完成了宝黔等8个煤矿的《煤炭生产许可证》的颁证验收工作。截止2016年，我区全年完成煤矿固定资产投资2.35亿元，占年度目标任务2.3亿元的102.1%，完成产量38.1万吨；瓦斯抽放量1419万m？，占计划完成量的177%；完成煤炭外销15.08万吨，占全年目标任务的100.53%。公告关闭的煤矿3个，均已通过关闭验收。

【抓储备、粮食工作重点突出】 2012年来认真开展粮食行管工作，积极搞好危仓老库建设，全面完成十二五期间粮食储备任务。2016年帮助全区5家储备企业危仓老库改造，区级储备粮1500吨玉米轮换入库已完毕，2500吨区级储备粮的轮换工作正在进行中。

【抓监管、节能工作按步推进】 2012年来，积极开展区内节能减排工作，对建设期的煤矿的配电系统、机电设备、废渣、废水的配套处理设备、设施建设情况进行跟踪。截止2016年，我区赛德水泥有限公司、毕节市水泥厂、长泰源节能建材有限公司、宏腾建材有限公司4户企业已加入省资源综合利用协会。争取毕节明钧玻璃有限公司二期扩建及低温余热发电项目二期配套建设尽快开工，早日投入生产运行，并申请专项资金支持。

【抓基建、信息通信工作取得实效】 截止2016年底，乡镇以上城镇建成区实现网络全覆盖，基本消除移动通信盲点、盲区和弱覆盖区域，对辖区内高速公路、高速铁路、重要航段沿线同步覆盖3G/LTE信号。光纤到户覆盖家庭数合计达到38.1438万户，光缆线路总长度达到19234公里，3G/LTE基站总数达到2814个，城市宽带接入能力50M用户覆盖比例达到20%，农村宽带接入能力12M用户覆盖比例达到15%。城市有线电视网络双向化改造覆盖用户新增11365户，农村家庭数字电视延伸覆盖数新增95户，行政村通数字电视数达到130个，高清交互数字电视用户覆盖数新增8856户，信息基础设施建设投资达2.16亿元。全面实施大数据发展战略，完成电子制造产值、软件和信息技术服务收入、信息产业投资三项指标合计5.85亿元，占年度目标2.91亿元的201.03%。新引进的手机智能终端企业已投入生产，企业两化融合水平正逐步提升。

【抓督促、安全工作成效显著】 2012年非煤矿山、烟花爆竹、危险化学品、粮食等工能企业实现“零事故、零死亡”的目标，发生煤矿顶板事故（永佳煤矿7月26日）一起，无人员伤亡。截止2016年底，通过制定安全生产实施方案，加强对重点时段安全监督检查工作，制定重点时段行业安全生产工作方案，组织重点时段前、重点时段期间安全生产检查，增强企业安全生产保障能力，坚决杜绝各类事故的发生，安全工作成绩比较突出，安全生产形势持续稳定。

【抓行动、党建及党风廉政建设工作永远在路上】 建立和完善党员干部理论学习制度，制定中心组学习计划和干部职工学习计划，采取平时自学、集中辅导和警示教育相结合，多形式开展党员干部的思想教育，确保党员干部头脑清醒、政治坚定。加强《中国共产党党内监督条例》、《中国共产党纪律处分条例》、《中共共产党问责条例》等的学习，深入开展"两学一做"学习教育切实增强党员干部遵章守纪的自觉性。通过签订《党风廉政建设责任书》和《党建目标责任书》，严格按照目标责任书考核各支部党建工作完成情况。我局权责清单共五大项242小项，其中行政许可6项，行政检查15项，行政处罚202项，行政强制1项，其它类18项。凡涉及我局"三重一大"（既重大问题决策、重要干部任免、重大项目投资决策和大额资金使用）事项、人事任免、制度落实、三公经费、党费收缴及核算等需要公示的项目，均及时在公示栏、区阳光党务政务网公示。

（撰稿人：办公室）

市郊供电

【概　述】 五年来，全局上下团结奋进，履职担当，紧紧围绕网、省公司、市局总体工作部署，深入开展"两学一做"学习教育，认真落实市局和区委区政府的工作部署，坚持稳中求进总基调，不断夯实安全管理基础，提升营销信息化水平，全面完成各项工作任务。安全生产形势总体平稳，未发生四级以上电力人身、电力设备、电网安全事故事件，未发生对社会及局造成较大影响的安全事件，未发生恶性电气误操作事件。完成售电量从2013年7.46亿增加到12.12亿千瓦时。综合线损率从2013年8.45%降低到6.98%，电压合格率98.653%，客户满意度得分73分。

【防微杜渐　安全生产形势持续向好】 层层落实安全生产责任制。按照"党政同责、一岗双责、齐抓共管"的原则，层层签订安全生产目标责任书。结合各级安全管理人员岗位情况，组织修编《毕节市郊供电局安全生产管理人员到位规定》。修编下发《毕节市郊供电局安全管理评价考评实施方案》，进一步规范安全检查与考核。持续推进安全风险体系建设。修编《毕节市郊供电局安全生产风险管理体系建设方案》，发布《毕节市郊供电局安全生产风险管理体系要素提升计划》，组织开展风险评估回顾，圆满完成体系建设"三钻"复审。强化风险管控纠察。着力提升应急保供电管理水平。扎实开展各类安全检查。全面提升供电质量。

【多措并举　管理效益实现双赢】 开展降损攻坚"利剑行动"，线损管理达到预期目标。制定1个降损攻坚"利剑行动"总方案和三个子方案，主要从规范线损基础管理，以指标为主线，从制度、管控、考核三个维度实现线损全过程闭环管理，全员参与降损。客户关系持续改善。注重梳理分析客户12398、95598意见、建议、投诉内容，千方百计为客户解决实际问题。以客户投诉为导向，对客户抱怨单进行回应、解释、解决，对极少敏感客户采取一对一沟通协调．组织开展四类客户电话回访。实行客户网格化服务，配备客户经理，制作片区客户经理服务牌、客户经理服务卡，建立客户服务微信群，覆盖村寨（社区）514个，让客户的意见、建议、诉求在最短时间内得以解决。筑牢营销基础管理。开展系统应用培训，营销系统、计量自动化系统应用水平得以提升，营销系统抄核收、线损模块已进入实用化，营销、财务每月电费实现100%线上对账。上下齐心协力，发扬电费回收"三千精神"，电费回收实现100%，非现金缴费率显著提升。优化业扩流程，客户业扩报装效率得到提升。

【强化导向　配变整治成效明显】 一是紧紧围绕12398投诉、95598反映、部分群众反映强烈的供电质量问题，认真组织各供电所开展排查工作，梳理出低电压台区。其中通过自筹技改项目实施解决市局紧急项目解决，最大限度满足了客户用电的迫切需求。二是开展迎峰度冬和春节保供电专项检查，排查重过载变压器，积极争取市局迎峰度冬紧急项目，更换大容量变压器。三是为保证春节期间安全稳定供电，积极争取省公司紧急项目。四是加大科技投入，将双山沙子变、朱昌小屯前进变列为公司三相不平衡调平试点，安装调平简易装置，对三相负荷进行调平，进一步提高供电质量，有望能在全局推广。

【抓住关键　电网提速脱贫攻坚】　有序推进电网建设：争取政府各部门的支持和理解，解决电网建设工作中存在的问题和困难；注重新闻媒体宣传，发表基建稿件，营造电网建设的和谐氛围。群策助力脱贫攻坚。加快第一、二批中心村、低电压、贫困村通动力电、移民搬迁项目建设速度，按时完成供电辖区内低电压台区的治理，完成淘汰型电能表的更换工作，有效缓解供电辖区因低电压投诉频繁的问题；彻底解决生机片区因卡脖子造成片区供电能力不足的问题，获得当地政府的高度认可。

【管理精益　体制改革稳步推进】　有序推进子改分工作。按照省公司关于县级供电企业子改分的工作安排，制定《毕节市郊供电局资产、业务和人员无偿划转贵州电网有限责任公司改制工作总体方案》，明确推进时间节点、落实部门及责任人员，清查编制我局资产报告，制定人力资源分流可行性方案，有序推进小水电站上划，按流程处置历年遗留问题，完成阶段性子改分工作。推进精益化管理。按照公司、市局精益化管理推进方案，修编市郊局精益化管理实施细则，规范管理、降本增效，业务接待费用大幅下降，绩效在市局县级供电企业中排名靠前。推进信息系统全面实用化。组织开展站、线、变、户清理，落实TTU运行维护，实时监控和采集数据，完成CSGII系统“业务指标实用化率”达100%、“数据准确率”达98%。

【从严治党　党建党廉融入中心】　夯实党建基础，推进品牌建设。通过开展专题讲座、组织中心组学习，开展主题党日活动，党组织书记带头上党课等形式，深入学习“十九大”报告及习近平总书记系列重要讲话精神、《中国共产党章程》和《南网总纲》。实施“三个计划、三个平台”，开展理想信念教育，贯彻落实网公司党组1号文精神，报送动态信息、书记笔谈和基层声音，有序推进“两学一做”学习教育制度化常态化。层层签订党建目标考核责任书和党支部书记岗位责任书，召开政工例会暨主责约谈会，强化党支部过程管控及党建主业意识。规范党组织设置，召开党员大会选举产生“两委”。深化“双培三好”工程，把好党员发展入口关，优化党员队伍结构。扎实开展“我是党员”品牌建设，通过党员亮诺、承诺、践诺，做到摸清家底有的放矢、找准“痛点”整治要害、抓住“七寸”源头管控，切实推进“电亮先锋．六项行动”，降损“利剑行动”等取得明显成效。积极抓实电力扶贫，委派干部驻村，助力脱贫攻坚。深入推进党风廉政建设。召开专题会，研究布置市郊局党风廉政建设和反腐败工作，签订党建责任书和支部书记岗位责任书各，下发廉洁风险预警通知书，签订廉洁承诺书。强化选人用人监督。严格监督落实选人用人标准，实事求是评价中层干部廉洁情况，严格落实“党风廉政意见回复”。强化关键领域监督。对我局“三重一大”集体决策事项进行监督，各项决策程序规范，决策内容合规、执行到位。落实中央八项规定。精简文件简报、提高会议效率、降低“四项费用”、强化车辆管理。开展“四风”整治“回头看”，开展干部纪律作风问题约谈，办公用房面积监督检查，清理领导干部兼职取酬情况，对子女参加高考的职工进行谈心谈话，严禁操办酒席。五年来，在毕节供电局和七星关区委区政府的领导下，在全局干部员工的共同努力下，各项工作稳步推进。我局荣获贵州电网有限责任公司“优秀企业”称号，海子街供电所荣获南方电网公司“模范职工小家”、贵州电网有限责任公司“我最喜爱的供电所”、“我最喜爱的明星供电所”称号；海子街供电所、何官屯供电所、朱昌供电所、长春供电所荣获“四星级模范职工小家”称号。

（撰稿人：办公室）

城乡建设　环保

住房和城乡建设

【概　述】　2012年以来，七星关区住房和城乡建设局在区委区政府的坚强领导下，按照党的十八以来关于做好城乡建设的工作要求，紧紧围绕建设川、滇、黔三省结合部区域性中心城市和生态园林宜居城市的目标，大力实施城镇化带动战略，以新型城镇化为抓手，强化城乡一体化发展，突出重点，狠抓落实，圆满完成了各项工作目标任务，全区城乡建设事业呈现出欣欣向荣、稳步发展的大好局面。

【城市辐射能力进一步增强，城市品质不断提升】　1、城市空间不断拓展，城镇化率迅速提高。以打造生态园林宜居城市为目标，通过总规控规的不断修编完善，抢抓毕节试验区政策机遇优势，以项目建设为抓手，有效拓展城市框架，不断加快城镇化进程。城市建成区面积扩大到45平方公里，城镇化率从2012年的42.6%提高到2016年的47.9%，城市空间不断拓展。2、市政基础设施不断完善，城市承载能力大幅提升。（1）强力推进路网管网建设。相继完成天河路、环南路、东安路、生活路、草海大道等老城区20多条、长达30余公里的老城区主次干道改造工作。建成了碧阳大道、同心大道、同心立交桥、工业大道、百里杜鹃大道、德溪新区一、二号路等共计46.8公里的新区骨干路网，拓展了城市框架。在道路建设中同步建设供电、供气、供排水、通讯管网设施，总投资1.3亿余元的城区输配水管网工程建设和城区排水（雨水）一期工程在2015年全部完工。全区路网建设工程建成城市道路90.42公里，完成投资79亿元，建成碧海路、德溪新区1号路、七星关经济开发区3号路、百里杜鹃大道等新区骨干道路，建成德溪1号大桥、青龙山1号隧道、鹅顶山隧道等桥隧工程。（2）着力推进学校、医院等公共服务设施建设。通过积极争取外援项目、中央扶持和地方支持，加强卫生基础设施建设，改善医疗卫生条件。区医院新院区建设全面完工。新建德溪中学、思源学校并投入使用，完成毕节一小和毕节七中、六中改扩建工程并投入使用，毕节职中实训楼建设工程全部竣工，引进梁才、三联等民办学校到七星关区办学，建成中心幼儿园9所，新建特殊学校1所，新建学前教育项目23个。海天农贸市场、碧海蓝天农贸市场建成投入使用，创美农副产品批发市场、黔西北农产品综合批发市场等项目有序推进，城市服务功能不断完善。新增区政府旁停车场、汽车北站停车场、龙蟠山停车场等公共停车场，新增车位1256个。启动了德溪新区洗车场、碧海新区洗车场、草堤洗车场、南部新区洗车场、阳山洗车场等5个洗车场建设项目。3、配套设施不断完善，城市品味不断提升。一是环境整治扎实推进。实施完成长达8.9公里的倒天河综合治理一、二期工程，建成水域面积近400亩的碧阳湖，长达11.5公里的倒天河综合治理三期工程已基本完工。二是狠抓公园广场建设。在相继改造完成人民公园、阳山森林公园、纱帽山公园的基础上，加快推进虎踞山公园、北镇关公园、天河风景名胜区、小河景区建设，为市民休闲娱乐提供了舒适的环境。三是切实加强文化遗产保护。对在旧城改造区域内的铁匠街明代古城墙、陕西庙、城隍庙、贵州红二六军团政治部旧址、周素园故居等重要历史文化建筑实施有效保护，完成天河路立面改造、天河古玩艺术城和天河古城建设工作，积极传承城市历史文化。四是着力打造主次干道景观绿化带。相继完成碧阳大道、同心大道、学院路、开行路等城市主干道绿化带改造工作，实施了200余万平方米城区环城绿化工程，在麻园路、拥军路、洪山路、天河路、开行路、碧阳大道等城市主干道以及人民公园、纱帽山、倒天河两岸等区域实施了亮化工程，城市精细化管理水平不断提高，环境卫生秩序明显好转，市容市貌明显改观。

【大力推进小城镇建设，城乡一体化格局基本形成】 1、狠抓规划引领，做好发展定位。七星关区以示范小城镇为典型，按照“功能分区、布局合理”的要求，以“四小”、“六型”为建设方向，结合当地实际，认真开展29个建制乡总体规划编制，按照节地、节能、节水、节材和环境保护的要求，对原有小城镇规划进行调整，对镇乡政府所在地重点地段、主要街道、居住小区和工业园区编制控制性详细规划、修建性详细规划，并在小城镇的规划、设计、建设、管理中始终把“低碳环保”这一核心理念贯穿全过程，引导城乡建设模式转型。2、强化设施建设。2012年至2016年，七星关区以“8+X”项目为建设主线，围绕至全面建成小康社会的目标，逐步推进深化除城市规划区外的29个乡镇特色小城镇建设工作，不断完善和提升新老镇区基础设施和公共服务设施水平，五年来，全区共完成小城镇建设项目投资28.11亿元，共动工项目707个，完工项目238个。其中：青场镇和清水铺镇（省定100个示范小城镇）2个省定示范小城镇建设步伐不断加大，共完成项目投资约2.6亿元，启动项目38个；龙场营镇、撒拉溪镇、朱昌镇、普宜镇、小吉场镇、杨家湾镇等6个市定示范小城镇共完成投资约2.61亿元，启动小城镇建设项目35个；燕子口镇、对坡镇、林口镇、层台镇、亮岩镇、生机镇、阿市乡等7个市定特色小城镇和其他15个特色小城镇共完成投资4.14亿元，启动项目149个；新增达标小城镇“8+X”项目23个，其中省定示范小城镇5个，市定示范小城镇4个，特色小城镇14个；新增小城镇建成区面积3.21公里。建成新增小城镇道路10公里。七星关区青场镇、清水铺镇两个镇17个“镇村联动”建设点共实施项目27个。七星关区示范和特色小城镇实现新增城镇人口9487人，新增城镇就业人口8424人；新增小微企业（含个体工商户）213家。3、寻找产业支撑，促进小城镇健康发展。为更好地促进小城镇发展，为小城镇发展寻找产业支撑，我区加快产业发展项目建设进程，建成青场镇、清水铺镇、朱昌镇、撒拉溪镇、龙场营镇、长春堡镇等6返乡农民工创业园共建成建筑面积共计约25000㎡，其中，青场镇建成厂房和办公用房5170平方米，清水铺镇建成厂房3000多平方米，撒拉溪镇建成厂房3000多平方米，朱昌镇建成厂房3000多平方米，龙场营镇建成厂房5000多平方米，长春堡镇建成厂房5000多平方米；4、以“镇村联动”项目建设为契机，加快城镇化建设进程：七星关区按照“活力小镇、美丽乡村”镇村联动建设目标要求，以“镇村联动”项目建设为契机，围绕农村人居环境改善，整合“四在农家·美丽乡村”基础设施建设六项行动计划，建立美丽乡村“6+X”项目库，2015年，七星关区加快青场镇、清水铺镇镇村联动建设步伐，完成了青场镇海寨村、青坝村、青场村，清水铺镇东山村、大地村、橙满园村等6个“1+N”镇村联动建设试点。2016年新启动清水铺镇太平村、晓沟村、后山村，青场镇上寨、新沟村镇村联动项目一是青场镇实施镇村联动项目10个，累计完成投资1221.4万元。全面完成了青场村青坝村海寨村安全饮水、海寨村青场村青坝村电网改造、青场村道路硬化、青场村青坝村海寨村通信电缆工程、青场村青坝村海寨村节能路灯安装、青坝村海寨村垃圾池建设、青场村青坝村海寨村小广场建设、青场村青坝村海寨村卫生室建设等项目；二是清水铺镇启动镇村联动项目 24 个，总投资 4680 万元，其中：2015 年完成投资 4120 万，实施项目 18 个，全面完成了东山村村内道路建设、东山村路灯安装、东山村排污沟建设、东山村文化广场、大地村文化广场、大地村村内道路建设、橙满园村村内道路建设等项目，2016 年以来已完成投资 560 万元，启动项目 6 个。

【农村人居环境建设】 为贯彻落实全省改善农村人居环境工作部署。2016 年 9 月，我区经过申报、竞争陈述，省相关单位遴选、审议等程序，省住建厅确定将我区朱昌镇小屯村、朱昌镇双堰村、鸭池镇下坝村、鸭池镇哈郎村等 4 个村作为全省第一批改善农村人居环境示范带试点村（黔建村通〔2016〕314 号），将以四个试点村为重点，辐射周边村寨发展。5、农村生活垃圾污水处理设施建设全面启动。一是完善并规范管理第一污水处理厂、第二污水处理厂、清水铺镇、青场镇、海子街镇、小吉场镇、燕子口镇、朱昌镇、长春堡镇、何官屯镇、杨家湾镇、海子街镇、撒拉溪镇等 12 个污水处理工程及管网收集系统，加强集镇周边农村污水收集系统建设，确保管理有序，运营正常。二是全面推进垃圾无害化处理设施建设。建成城镇生活垃圾收运系统（一期）12 个垃圾转运系统工程，总投资为 4749 万元，总规模为 240 吨/天；同时完善集镇周边村寨垃圾收运设施，率先启动龙场营片区、普宜片区、吉场片区 3 个垃圾焚烧试点项目，适时启动覆盖其余乡镇的 6 个垃圾焚烧项目建设，实现全区农村垃圾焚烧全覆盖。

（撰稿人：办公室）

房产事业

【概　述】 2012 年至 2016 年，在区委区政府的正确领导下，在市住建局的指导和关心支持下，全局上下团结一致，以科学发展观为统领，以增强干部执行力为重点，进一步强化大局意识、责任意识，优化发展思路，创新工作举措，扎实推进各项工作的开展，充分发挥房地产行业管理职能，有力推动了七星关区房地产业的又好又快发展。

【房地产市场方面】 七星关区五年来的房地产业发展平稳：2012 年以来，共批准 90 个房地产开发项目设计方案，总用地面积 409.22 万平方米，总建筑面积 1815.06 万平方米。目前共有在建项目 91 个，建设规模 1429.41 万平方米，总投资 324 亿元。商品房销售 332 万平方米。前四年销售量呈直线上升，2015 年销售略显疲软。2016 年以来由于基础设施建设的不断完善，城市棚户区改造步伐的加快，交通运输等呈逐年向好趋势，房地产业得到了健康的发展，去库存工作有了明显改观。2012 年以来共办理抵押登记 16978 件，抵押金额 708657 万元。二手房市场的健康发展，对于整个房地产市场的全面启动有着巨大的拉动作用。

【住房保障方面】 为完善住房保障的配套政策，先后制定印发了《毕节市廉租住房保障五年规划》、《毕节市廉租住房管理办法（试行）》、《毕节城区最低收入家庭廉租住房保障管理实施细则》、《毕节市廉租住房出售暂行规定》、《毕节市廉租住房准入分配及退出管理办法》、《毕节市城镇低收入家庭认定办法》、《七星关区租赁住房补贴办法》等一系列文件，同时，为进一步加强对保障性住房的分配和后续管理，七星关区陆续出台了《七星关区廉租房小区管理奖惩规定》、《七星关区保障性住房分配管理办法（试行）》，为推进公廉并轨运行工作，七星关区的《七星关区公共租赁住房管理办法》已经政府审定通过批准实施。通过不断制定完善一系列住房保障配套政策，七星关区住房保障制度已基本建立。

【分配入住情况】 七星关区 2007 年－2015 年公共租赁住房（含廉租房）共 23931 套 1370850 平方米，（其中廉租房

6501套共325050平方米，公租房17430套共1045800平方米），至2016年年底分配入住公共租赁住房（含廉租房）17385套（廉租房6501套，公租房10884套）978090平方米。

（撰稿人：周桥）

城乡规划

【概　述】　毕节市七星关区城乡规划局原名毕节市规划局，成立于2003年3月27日，隶属原毕节市住房和城乡建设局，为副科级财政全额拨款事业单位。2008年10月30日，经原毕节市机构编制委员会批准，调整为正科级全额拨款事业单位，隶属原毕节市住房和城乡建设局。2012年1月撤市设区后，更名为毕节市七星关区城乡规划局，隶属毕节市七星关区住房和城乡建设局，为正科级全额拨款事业单位，核定人员编制数94人，设有局办公室、建设项目选址规划管理股、建设用地规划管理股、建设工程规划管理股、村镇规划管理股、法规股和执法大队等7个内设机构，执法大队设19个规划执法中队；并设有直属事业单位1个（区规划技术服务中心）。

2012年至2016年这五年时间，在区委区政府正确领导和住建局党组的指导下，全局干部职工不忘初心，紧紧围绕试验区主题，朝着“百姓富、生态美”的目标感恩奋进，出色完成规划编制、规划管理、规划实施各项工作任务。

【规划编制合理推进】　1、配合市规划局完成相关方案编制工作。大力推进《毕节—大方城市总体规划（2010－2030）》的实施，并积极协助市规划局完成《毕节—大方城市总体规划（2010—2030年）》的修改和《毕节市中心城区停车场专项规划》、《毕节市中心城区教育设施专项规划》等方案的编制工作。2、全面完成《总体规划》近期建设规划范围控规100%覆盖率的目标。完成了黔西北工业园区B区、同心新区、中心城区西片区、碧海新区、草堤十八—阳山南山片区的控规编制，积极协调市规划局完成七星关区部分地块控规整合工作。3、不断优化城市空间布局，完成相关规划设计方案编制。德溪公司地块、草海大道北侧地块、毕节一小东校区北侧地块、学院路口地块、毛坊厂改造地块、南环路兰苑花园地块等棚户区项目地块规划设计方案编制。完成了天河新城、大麦塘、燃料公司等地块的城市设计，一河五路三区城市设计，石桥边物流园城市设计，开展对旧城区古道路、司法路、环北路的风貌改造设计。4、坚持规划引领，以德溪新区、碧海新区、同心新区建设和棚户区改造为重点，把科学规划作为推进城镇化的龙头，构筑城市交通路网，加快镇乡总规编制和村庄整治，使城镇基础设施进一步完善，让农村人口城镇化力度进一步加快，着力提高人民群众的幸福指数。5、结合“四在农家·美丽乡村”“普及型、小康型、示范型”创建工作，全面推进“四在农家美丽乡村”创建规划方案编制。6、启动“七星捧月”规划编制，同步实施八寨、何官屯、朱昌、长春堡、撒拉溪、杨家湾和田坝桥7个卫星城镇总体规划和控制性详细规划编制工作。

【规划审批有序进行】　共核发《建设项目选址意见书》1392份，选址用地面积2056.25万平方米；《建设用地规划许可证》1305份；许可用地面积1690.79万平方米；《建设工程规划许可证》1724份，许可建筑面积2076.28万平方米；核发《建设工程竣工规划认可证》146份，竣工认可面积412.59万平方米；市政基础设施方面，许可道路65.55千米，输配水管网46.35千米，桥梁20座，隧道1个，排水工程38.13千米。

【规划管理与规划执法成效明显】　组建规划技术服务中心，开展对建设项目规划审批后的跟踪管理，适时对建设工程进行检查，核查建设情况与项目批准内容是否相符，共跟踪检测在建项目333个，发现未按施工图修建的44个项目并督促完成整改，有效遏止建设项目违规修建行为的蔓延。按照《毕节市七星关区2013年度关于严厉查处和控制新增违法建设工作的实施意见》、《查处和控制新增违法建设工作实施意见》的要求，采取乡镇街道属地管理，有关部门协调配合，查违办日常巡查督查、考核督办的方式，加大违法建设打击力度。共拆除违法建设5873起49.10万平方米，参加联合执法行动131次，拆除违法建设323起6.50万平方米，有效打击了违法建设行为，促进我区规划建设依法推进，营造了规范有序的城市建设环境。

【个人建房审批工作有序推进】 按照政府相关文件精神，对宅基地建房实行分类管理，严格核实申请人基本情况，严格审查建房条件，严格执行个人建房审批程序，共审批个人建房298户30055平方米，切实解决城区部分村（居）民住房实际困难问题。

【规划法律法规宣传工作大力推进】 开展了各种相关规划管理法律法规宣传，共发放《规划建设相关法律知识100问》、张贴打击违法建设宣传画等宣传资料14800余份，在规划执法车辆上安装宣传喇叭，在日常巡查和双休日不间断地宣传《中华人民共和国城乡规划法》，工作得到了广大群众的理解、支持和参与，营造了全区上下共同打击违法建设、优化市容环境的良好氛围。

【亮点工作】 1、加强批后监管，强化技术支撑作用。成立规划技术服务中心，配齐必要监管设备，加强对建设项目的批后管理和技术服务，将技术服务与行政执法相对分离，强化跟踪管理和技术服务，切实解决裁判员与运动员混为一体的问题，在有效规范了城乡规划管理的同时，有效从源头防治违规行为滋生和蔓延。2、加强规划执法，强化执法监督作用。建立查处和控制新增违法建设长效管理机制，成立由政府分管领导任办公室主任的毕节市七星关区查处违法建设工作协调领导小组办公室，考核督查全区各乡镇街道控制新增违法建设工作，并每个季度通报问责，并将考核结果纳入年终目标，与打违经费捆绑关联，有效调动各乡镇街道打非治违工作积极性。

（撰稿人：办公室）

房屋征收

【概　述】 棚户区改造是党中央、国务院决定实施的一项重大民生工程、发展工程和德政工程。七星关区委、区人民政府历来高度重视棚户区改造工作，深入贯彻落实党中央国务院重要决策部署，把棚户区改造工作纳入重要议事日程，将之列为改善城镇人居环境的重大民生工程和促进房地产业去库存的重要措施，结合实际，统筹兼顾，多措并举，强力推进，棚户区改造工作取得了一定成效。

【取得的成绩】 2012年以来至2016年，我区计划改造19014户，实际改造了19157户。其中采取货币安置的有11630户，实物安置的有6599户，综合整治的有928户。目前，安置房进行基础施工的为659套，主体施工的为2074套，基本建成的为1644套，竣工组织回迁的为2098套，调整安置的为124户。2013年、2016年两次被评为贵州省“住房保障示范县（区）”。

【加强组织领导，精心组织实施】 一是成立以区委主要领导任第一指挥长，区政府主要领导任总指挥长，四大班子领导任副指挥长的城镇棚户区改造工作指挥体系，分片区成立指挥部，县级领导分别担任指挥长，靠前指挥，帮助、支持重大工程重点项目征收补偿谈判工作。二是按照“早安排、早准备、早启动”的“三早”工作要求，开展详实的调查摸底及民意调查工作，认真制定各项目的房屋征收安置补偿方案。并根据区域实际，组建一线征收专业队伍。我区从各部门、乡镇抽调200多名政治素质好、业务能力强的干部，充实到棚改办、房征局和一线房屋征收工作组，任务分解落实，责任到指挥部、到工作组，形成了部门合力。为规范房屋征收与补偿活动，统一房屋征收临时安置、搬迁及房屋附属设施、装饰装修等补偿标准，我区在2012年先后出台了相关文件：区人民政府2号令《毕节市七星关区人民政府关于国有土地上房屋征收与补偿的有关规定》;《毕节市七星关区房屋征收附属设施、装饰装修及构筑物补偿标准》(七星府通〔2012〕31号)和《毕节市七星关区房屋征收临时安置补助费、搬迁补助费等费用标准》(七星府通〔2012〕32号)。

【坚持科学规划引领,提前谋划棚改选址及规划工作】 以市、区规划为指导,严格按照区域规划要求,以重大基础设施建设、重大公益性民生项目、土地释放、安置房建设等项目为基础谋划棚户区改造项目,实行集中连片改造,提升城市品质。结合各片区改造实际,因地制宜,严格遵循"依山不遮山、临水不挡水"的原则,优化规划设计方案,选定安置房建设点。坚持城镇棚户区改造与完善城市功能相结合,配套设施与城镇棚户区改造项目同步规划、同步报批、同步建设、同步交付使用。

【积极协调,多渠道筹措资金】 紧紧抓住国家加大棚改力度的政策机遇,积极争取上级财政性资金,发挥了杠杆的撬动作用。通过搭建市级融资平台,把争取利率低、周期长的国家政策性银行过渡贷款资金作为主要突破口。加强与政策性银行(国家开发银行和农业发展银行)的协调、对接,同时积极协调其他商业银行贷款资金用于短期周转,区财政调配土地出让金等资金投入棚户区改造;鼓励和吸纳社会资金,积极引导和支持有实力、信誉好的房地产开发企业参与棚户区改造,实行部分项目商品化运作。为我区城镇棚户区改造工作提供了有力的资金保障。

【加大宣传力度,营造了全民参与的氛围】 每年,中央、省、市分别召开棚改工作启动会后,我区就迅速召开区棚改工作推进大会,及时贯彻落实各级会议精神。同时,利用广播、电视、宣传栏、标语等媒体正面向群众宣传、公示征收补偿方案。我们坚持不厌其烦地宣讲棚户区改造的重大意义、补偿优惠政策以及搬迁奖励政策,帮助群众了解改造后安全舒适的新房、完善配套的公共基础设施对生活质量和环境带来的巨大变化,耐心细致做好群众思想工作,最大限度赢得广大群众的大力支持和积极参与。

【加强棚改工作的督办督查,坚持依法、阳光、有情征收】 对从事棚改工作的干部及单位实行目标考核管理,把棚改工作纳入绩效考核,加大考核分值的权重。按照"年任务,月分解,周调度,日报告"的原则,由区督办督查局、区实绩考核办和棚改办对棚改工作进行跟踪督查,不定期开展督办督查,对相关职能部门和单位履职情况和项目进展情况进行跟踪,对每周棚改工作推进最快、完成任务比例最高的片区指挥部授予"棚改工作流动红旗",对工作态度消极、不作为、乱作为的单位和个人按规定严肃问责。坚持依法、阳光、有情征收。一是坚持依法征收补偿。对征收补偿条例、办法等举办专题培训班进行详细讲解指导,使每个工作人员真正吃透条例、机制的内容规定,确保房屋征收补偿依法规范。二是坚持阳光征收补偿。按照公开、公平、公正的原则,严格房屋征收补偿程序,及时公示房屋征收补偿方案和每户民安置补偿情况,确保房屋征收补偿阳光透明。三是坚持有情征收补偿。始终把群众利益放在首位,带着深厚感情做好群众工作,积极主动了解棚户区群众的实际困难,帮助群众联系二手房、过渡房,帮助困难群众申请经济适用房、廉租房,确保"迁者有其居、居者有其房"。

【克难攻坚,化解遗留问题】 对改造项目中存在的各类遗留问题,集中排查、专题研究。涉及需市级层面研究解决的房屋征收重大事项,积极报请市政府召开专题会议研究解决,努力形成市、区两级共抓房屋征收的工作机制。同时,加强低收入群众的住房保障。对低收入被征收人执行最小产权调换面积和最低补偿金额两个最低保障,在征收住宅房屋时,给予被征收人"征一还一"产权调换或者货币化补偿,并保证收入低、住房面积小的被征收困难群众不因房屋征收降低原有生活水平。房屋征收中,对住宅房屋建筑面积低于45平方米的低收入被征收人,落实征收住房保障政策,按45平方米实施货币化补偿，选择产权调换面积60平方米以内不补差价，真正改善住房困难家庭的住房条件。

【统筹安置房源，加快改造群众搬迁进度】 一是建立房源超市，收集库存房源，搭建信息终端平台，帮助被征收人选房，加快已征收群众搬迁进度，迅速拆除已腾空房屋，通过拆除房屋带动城镇棚户区改造签约。二是通过政府搭桥引导群众选购、统一购买商品房安置等方式，有效促进商品房源与购房需求的信息互通。2016年，协调5家企业对城镇棚户区改造群众优惠团购1113套商品房用于安置，购买资金3亿元。通过对安置房源的统筹，着力解决存量房源不足、市场资源未充分利用、城镇棚户区改造群众无合适住房搬迁等问题，为顺利推动城镇棚户区改造奠定坚实的基础。

（撰稿人：杨远亮）

环境保护

【概　述】 七星关区环境保护工作始于1979年，其行政由原毕节县建设委员会、城乡建设环境保护局主管，具体环境保护工作由环境组、环境保护股、环境监测监理所负责，1990年12月，成立毕节县环境保护局，隶属于县人民政府，下设环境监测站，排污监理站两个直属事业单位。1993年，国家环保局将毕节县列为全国100个环境监理试点县之一，排污监理站更名为环境监理站，2004年4月更名为毕节市环境监察大队。2006年8月增设办公室、业务股为局属内设机构。2008年10月又增设毕节市污染减排办公室。2010年12月增设规划环评股、污染防治与总量股、法规生态股三个职能股室和辐射环境监理所、环境工程评估中心两个局属事业单位。2011年毕节市撤市建区后，原毕节市环境保护局更名为七星关区环境保护局。2014年1月增设环境突发事件应急处置中心，2014年10月环境监察大队升格为局属副科级事业单位。

七星关区环境保护工作，以区长环境保护目标责任书为龙头，以环保执法为主线，以实施环保基础设施项目和污染减排等为动力，以改善环境质量促进环境与经济“双赢”为根本出发点，坚持污染防治与生态保护并重。七星关区环保系统全体干部职工在区委、区政府及上级主管部门的大力支持下，严格执行环境保护的法律法规，依法强化环境监督管理；加大排污费征收工作力度，切实做到以收促管，以管促治；认真开展环境综合整治工作，以主要污染物减排工作为主线，努力完成区长环境保护目标责任制所规定的各项任务；严把建设项目审批关和验收关，坚决制止低水平重复建设，合理开发利用资源，控制新建项目排污总量；加强领导，抓好环境宣传教育，提高各级领导干部和全区人民的环保意识；依靠科技进步，推广环保科技，通过“以新代老”，做到增产不增污或增产减污。努力实现社会效益、经济效益、环境效益的协调统一，为全区经济发展和社会进步做贡献。

目前，七星关区环境保护局局属内设机构有：办公室、业务股、环境监测站、环境监察大队、环境工程技术评估中心、辐射环境监理所、环境突发事件应急中心。共有编制60人，在编人员53人。

【不断加大环境执法监管力度】 对辖区各排污单位的污染防治设施及运行情况、排污口排放情况、环评及“三同时”执行情况、持证排污情况、排污申报及排污费缴纳情况、限期治理情况等进行现场监察，规范重点污染源企业污染防治设施启停运报告制度。2012年至2016年，共出动人次2137人，检查企业597家，处理纠纷605起，收缴排污费1781万余元。2012年以来，共立案行政处罚环境违法企业50家，处罚金额224.38元。

【树立服务意识，严把建设项目审批关】 进一步增强发展意识，畅通环保行政审批“绿色通道”，创新服务模式，提供有效服务，促进园区、项目建设快速推进。2012年至2016年，共审批项目946余个。

【大力推进农村环境综合整治工作】 2012年以来，共争取国家、省、市环保专项资金600余万元，对15个行政村农村环境进行综合整治，项目地环境治理得到明显改善。同时，进一步加强生态乡镇和生态村创建工作，积极组织、协调、指导各乡镇办事处开展生态创建工作，五年来成功创建市级生态乡镇1个，创建生态村12个，其中省级生态村3个，市级生态村9个。

【扎实做好主要污染物减排工作】 加强结构减排、实施工程减排、强化监管减排。2012年至2016年，共减排二氧化硫1065.43吨、氮氧化物1071.74吨、化学需氧量3518.74吨、氨氮461.57吨。

【加强环境规划】 编制《毕节市七星关区环境保护“十三五”规划》、《毕节市七星关区赤水河流域》，指导全区环境保护工作。

（撰稿人：办公室）

天河风景名胜区管理

【概　述】 天河风景名胜区位于七星关城区西北部，与城区相连，为西南—东北走向的带状地域，西起魏家屯，东至沙帽山，南起灵峰山，北至弯腰树村，总面积38.9平方千米。区域内包括纱帽山公园、小河景区、北镇关公园（红军山）、天河古城、虎踞山公园等主题公园（景区）。天河风景名胜区管理处为副县级全额拨款的事业单位，下设党政办公室、景区管理科、规划建设科、风景资源监察大队及沙帽山公园管理所等机构。2012—2016年景区规划和景区建设取得了新进展，景区维护和景区管理进入了新阶段，党建工作和精神文明建设实现了新突破，扎实开展党的群众路线教育、“两学一做”教育和“三严三实”教育活动，认真学习贯彻十八大精神和深入学习习近平总书记系列讲话精神。

【全力推进景区建设】 一是天河古城东环线道路工程：目前，天河古城东环线道路一期工程已完成桥梁基础工程、完成预应力钢筋及箱梁混凝土浇筑，完成桥梁预应力张拉，桥梁主体工程已完工进入面层和接口施工。完成道路土路基工程，毛路达到通车条件，完成K0+040—K0+440段环城绿化供水管和灌溉水渠的改造施工。二是天河古城东环线安置房工程：目前两栋楼均已全面封顶进入室内装修阶段，已完成室内隔墙砌筑和弱电安装，完成附属排洪大沟工程。三是六洞桥至天河公园前大门段排污沟维修工程：启动并完成六洞桥至天河公园前大门段排污沟维修工程，并保证了汛期施工安全，全面治理了该段排污沟对倒天河河道的污染。四是天河古城风貌改造三期工程：启动天河古城风貌改造三期工程。完成施工图设计和审查，以及施工图预算编制及送审，同步完善古城风貌改造三期工程初步设计及可行性研究报告，现阶段已正式进入施工。五是北镇关三号步道北段工程：完成北镇关三号步道北段主园路和次园路青石板铺装，正在进行栏杆等收尾工程施工。六是省级风景名胜区申报工作：完成向区人民政府、市人民政府、省人民政府逐级上报申报省级风景名胜区报告，现省政府已批转省住建厅办理后续申报工作。七是年完成了省第七届旅发大会和市第六届旅发大会项目建设任务。包括：天河古城二期仿古风貌改造、古城道路改造、古城道路绿化、古城门楼、天河公园前大门门楼、停车场、仿古艺术墙、北镇关三号步道南、北段、烈士陵园园路、红军山入口改造、烈士陵园游廊、北镇关一区双层六角亭等工程以及虎踞山主2B段步道工程。八是全面完成了地市共建项目。完成了沙帽山登山主步道Ⅰ、Ⅱ标段工程，按时铺装梯步青石板和安装栈道塑木地板；完成了1—3号泉和休息亭廊的改造，新建了运动场、风雨廊道，完成公园入口改造、绿化、排污、供水等新增工程和灯光照明设施及电梯安装工作，累计完成投资6900770元。完成天河古城一期建设整体规划、古城城楼、道路建设、天河公园门景系统改造及园内设施升级规划设计工作；完成天河古城现有建筑风貌改造46栋20000多平方米的工程量；完成天河古城城门楼主体工程和两侧仿古景墙建设；四是完成“两园一山”（即虎踞山公园、北镇关—烈士陵园和潘家大山）建设任务。

九是完成虎踞山东入口高边坡治理工程，完成1、2号亭、中心观景台游廊及1、2号公厕主体工程，完成高位水池基础及剪力墙钢筋工程，完成所有步道系统的路基工程及挡土墙工程，完成铺装1400米，路灯工程完成电缆沟槽开挖。十是全面完成北镇关公园项目建设，现已全面接管。

【加强景区维护和管理】 以沙帽山管理为经验，全面提升景区管理水平。一是健全管理机构、提高管理水平。科学制定利于景区管理各项规章制度，对景区管理服务人员有计划的进行业务知识和工作技能培训，并进行了岗位人员调整，景区服务质量有明显提高。二是加强宣传报道，提高景区知名度。管理处建立处宣传工作领导小组，落实了各项宣传工作任务。继续以《中华人民共和国风景名胜区条例》、《贵州省风景名胜区条例》、《毕节市风景名胜区公园安全管理办法》等为重点，组织保安保洁工作人员集中学习12次。采取多种宣传形式。利用宣传车宣传景区保护相关法律法规及森林防火有关知识内容120次，发放宣传资料12000余份，张贴宣传标语160余条。三是加强景区管理，树立保护观念。加强对保安队伍管理。进一步完善相关制度，实行规范化、制度化的正常管理，维护了公园的良好治安秩序。加强对保洁队伍管理。认真落实保洁工作制度，强化区域管理，严格兑现奖惩，确保管理区域无卫生死角，创造了良好的健身娱乐环境。加强对景区自然资源管理。按照风景名胜区管理条例的规定，加大宣传力度，禁止在景区内开山采石，砍伐林木等，有效保护景区内自然资源。加强对景区设施管理。实行全天候巡逻制度。发现设施损坏情况，落实责任追究，并及时组织人员修复。五年来，没有发生如何安全事故。加强防火防汛管理。在森林防火期间，认真落实相关部门的工作安排，加强设点检查和林区巡逻，杜绝林区用火，防止森林火灾的发生。在汛期到来前，加强对安全隐患的排查，及时排除不安全因素。该单位组织人员在公路和步道清理土石40多处，处理翻根大树30余棵，确保了车辆和行人安全。

【不断加强党的建设】 扎实开展“群众路线教育实践活动”、“三严三实”和“两学一做”活动，整治“为官不为”，党建工作落到实处、充满活力、富有成效。一是加强支部建设，严格党的组织生活，丰富“三会一课”内容。6年来召开了24次党员大会，62次支部委员会，党员集中学习120次，上党课12次。按时上缴党费。二是落实党风廉政建设责任制，层层签订党风廉政建设责任书，把党风廉政建设作为硬措施、硬任务，始终放在心上，紧紧抓在手上，形成反腐倡廉的整体合力。我处干部职工未发生一起违法、违规事件。三是认真做好党务公开工作，及时更新党务公开栏，定期在民生监管平台上传需要进行公开的工程进度报告及通知公告，充分发扬党内民主，加强党内监督，自觉接受人民群众监督，让权力在阳关下运行。四是主要领导亲自前往联系点110余次，督导软弱涣散基层党组织的整改，对大新桥街道办事处大坡村党支部建设提出了建设性的意见和建议，帮助该支部实现管理民主、财务规范、群众认可。五是选派思想素质高、工作能力强的9位同志前往大新桥街道办事处、燕子口镇、放珠镇开展干部驻村工作，积极为群众排忧解难，化解矛盾纠纷，促进农村经济发展。六是认真组织单位人员到鸭池镇开展遍访贫困户工作。共走访贫困户200余户，实现户户见面，详细了解，并将搜集到的资料录入电脑系统。七是精心组织开展留守儿童帮扶活动。我处按照大新桥办事处安排对五名留守儿童进行一对一的帮扶，通过走访，送慰问品，交心谈心，帮助与其父母联系，一起过特殊纪念日等形式，为留守儿童的健康成长注入正能量。

【扎实推进其他工作】 一是抓好宣传工作。组织开展中国特色社会主义和中国梦的宣传教育，组织实施“明礼知耻·崇德向善”主题教育活动，着力抓好对外宣传，报送宣传信息265余条；舆情信息 110 条，网络舆情信息 110 条，报送网评文章 12 篇。二是抓好人口与计生工作。建立健全单位职工、借聘用人员计生家庭档案，规范打印装订成册。单位女职工或男职工家属的重检对象妇检率为 100%，无政策外生育。三是抓好档案管理工作。依据国家《档案法》，建立完善各类档案管理制度。对 6 年档案文件的大排查、大整理，将工作处理完备的文件、电子文档、实物等档案进入处档案室，档案室按程序处理档案，并及时向区档案馆报送档案。四是抓好干部考核工作。创新管理处干部职工“双考双评双挂钩”动态跟踪考核办法，实行科级干部和一般干部无差别化考核，完成干部职工四个季度考核，切实将考核结果运用到正副科级后备干部的考察推荐中。五是抓好政法综治工作。以平安建设为主题，坚持" 打防结合、预防为主、专群结合、依靠群众" 的方针，单位一把手与全处干部职工层层签订综治工作目标责任书，积极开展平安创建活动。进一步完善了我处突发事件应急预案体系，强化演练，针对景区实际做好应急预防工作，6 年来，景区内未发生一起突发事件，未造成人员伤亡。六是抓好信访维稳工作。落实岗位职责，实行全天开门接访。制定接待群众来访工作规则，切实规范接访流程，促进工作规范化。切实做好重要节点的群众（信访）工作排查防控，6 年妥善调查处理了因工程建设而产生的矛盾纠纷 110 余起。七是抓好保密工作。对照新修订《保密法》，完善保密工作规则制度，建立健全本单位要害部门部位、涉密载体和涉密人员管理制度。建立单位涉密计算机等涉密办公设备、纸介质涉密载体、涉密信息系统和涉密人员台账。撰写保密信息 12 期。

（撰稿：办公室）

城区河道管理

【概　述】　在毕节市七星关区区委、区政府的正确领导下，认真学习贯彻党的十八大精神，坚持“以人为本、服务七星关”的理念，提升城市品位，改善投资环境，扎实推进各项工作。倒天河是七星关区的贯城河、母亲河，总长 23 公里，起点为倒天河水库，终点为化肥厂。其中，倒天河水库至响水滩段 3. 29 公里，响水滩至五龙桥 3. 1 公里，五龙桥至碧阳湖大坝 4. 35 公里，碧阳湖大坝以下 12. 26 公里。建有拦河坝 7 座、翻板坝 3 座、道路 50 余公里、桥梁 20 座、截污干管 14. 2 公里，景观绿化面积 100 万余平方米；建成一个蓄水约 60 万立方米、水面 300 亩的碧阳湖；建有公厕 13 座，亭廊 12 座，休闲广场 15 个，景观照明设施 600 余处。倒天河一、二、三期工程是集农业灌溉、城市防洪、污染治理、交通组织、园林绿化、旧城改造和新区开发于一体的利民工程，为打造毕节山水园林宜居城市奠定坚实的基础。

【基础设施建设】　一是碧阳湖清淤工程。2016 年 3 月启动碧阳湖清淤工程，6 月全部完工，清除淤泥 17 万立方米，总投资 1318 万元。二是大兰排洪沟污水洪水处理工程。该工程于 2014 年 8 月启动，2015 年 11 月正式开工建设，2016 年 8 月全面完工，工程总投资约 1700 万元。建设箱涵 611 米，埋设 φ600 排污管道 848 米，污水已经进入污水处理一厂、二厂处理。平时大兰排洪沟污水沿箱涵进入排污管道，洪水大时通过泄洪口流入下游河道，不会对碧阳湖产生污染，向市民提供了一个“天蓝、地绿、水清”的居住环境。这两项工程彻底改善了碧阳湖长期被污染的现状，同时大大提升蓄水抗洪能力。三是倒天河二期市政设施维修改造工程。7 所公厕更换设施 515 次，更换垃圾箱 60 个，安装座椅 65 个，维修钩背灰箱 15 个。缺损花岗石维修 220 平方米，维修费用 50090 元；截污改造雨水管 5 处，改造费用 12880 元；对全部走廊木栏杆打磨喷漆，工程费用 69750 元；对 3 号坝桥下园路进行改造，改造费用 59530 元；对十号公厕、大树林公厕、五龙桥管理房进行维修，工程费用 176387 元；在郭家湾斜桥旁铺装“8”字砖 511. 5 平方米，工程费用 86955 元；在郭家湾斜桥下新建广场、高架桥旁新建梯步、郭家湾斜桥下广场安装不锈钢栏杆，工程费用

107475 元；对五龙桥到碧阳湖西岸人行道进行改扩建，工程费用约 200 万元；对大兰排洪沟闸门启闭机房进行外装饰，工程费用 325665 元；安装挡墙和维修排水管，工程费用 14558 元。

【开展“多彩贵州文明行动”活动】 一是狠抓环境卫生保洁和河道打捞工作。加强对五龙桥至碧阳湖沿河两岸的日常清扫保洁、垃圾清收和果皮箱、亭，廊护栏等的抹洗及垃圾清运，2016 年，共清扫垃圾及淤泥 600 吨，保证了河道、沿河两岸的公共设施卫生整洁及河面的长期清洁。加强对所辖区域 7 所公厕卫生的监督管理，确保辖区公厕每天随时进行冲洗，厕内地面、墙面干净、整洁，无臭味，并安排专职人员作好公厕的维修工作。二是加强市政园林设施管理，绿化亮化美化城市。成立市政设施维护小组，组员 12 人，24 小时轮换巡逻，打击破坏市政设施和偷盗照明电缆线的行为，2016 年全年制止破坏行为 20 次，抓住偷盗电缆者 1 人，抓住偷（破坏）竹笋者 12 人次，有效地抑制不法行为的滋生，减少了国家的经济损失。全面检查照明设施，查废补缺。市政设施维护小组不仅要巡查，还要进行维修。今年以来，维修损坏庭院灯 60 盏，更换节能灯 2000 余颗，更换灯罩 600 余个，更换电缆 1200 米。提高亮化水平、提升城市品位。加强了对沿河两岸绿化的日常管护，为沿河两岸约 15 万平方米的绿化植物松土、除草、浇水、修枝剪叶等日常管护。今年，由于雨水丰富，植物生长快，修剪枝条 4 次，剪草 4 次，17 个绿化养护工人加班加点进行修枝、剪草。确保绿化地带的植被整洁美观。及时对园林进行病虫害防治，特别是针对红叶石楠、栾树、含笑、紫薇、合欢、柳树、芽虫、蚧壳虫、天牛等病虫害进行多次、反复防治。灌木病虫害防治、草坪锈病、地下害虫防治、木病虫害防治累计 20 万平方米，乔木病虫害防治数量累计超过 18000 株，累计使用 5 万余元的农药，确保绿化地带的植被生机勃勃。

【开展“文明在行动．满意七星关”活动】 根据市委、市政府“文明在行动．满意在毕节”活动要求，结合区委、区政府关于“文明在行动．满意在七星关”的总体安排部署，着力营造文明旅游新风尚，提升七星关区旅游的满意度和美誉度。自 3 月 25 日以来，在孟天贵处长带领下，每周周五 15：00 全体干部职工带上喷壶、铲刀、发电机、磨光机、香蕉水、梯子、帕子、扫把等工具在天河路包保区域内开展“文明在行动，满意在七星关”活动：主要对天河一巷至七巷的白色垃圾、残破标语、野广告、建筑垃圾等进行清理，营造了“环境人人创、环境人人护”的良好氛围。

【开展驻村及精准扶贫工作】 2016 年，在管理人员过少的情况下，派工作积极的干部负责驻村工作。为有效解决村党建工作存在的实际困难和问题，单位领导干部每季度到村开展党建工作 1 次，重点慰问特殊困难群体，力所能及地帮助解决实际困难和问题。党员干部深入联系的点进行调研，针对群众关心的热点和难点问题进行帮扶，投资 7 万元帮助三板办事处灵峰村联合组、大地组修建水池，解决 105 人的饮水问题。帮助三板桥灵峰村村委解决办公经费 5000 元、对三板桥办事处灵峰村长湾组、灵峰组及堰塘组 6 名留守儿童进行物资和资金帮扶，共计 1500 元；对灵峰小学 130 名学生及 18 名留守儿童进行物资和资金帮扶，共计 2700 元；对大新桥第十六小学 100 名学生进行物资和资金帮扶，共计 2100 元；遍访层台镇五里村 34 户、幸福村 18 户、红岩村 19 户，帮助 3 个村解决各 2000 元办公经费。帮扶 6 户贫困户，帮扶资金 1 万元。帮扶资金合计 9. 73 万元。

【党风廉政建设】 一是始终坚持民主集中制原则。以党性原则为目标，对党、对事业、对同志高度负责，注重把握原则性和灵活性的关系，原则性的问题不动摇、不破坏。始终按照“集体领导、民主集中、个别酝酿、会议决定”的原则讨论决定重大事项，提高党风廉政建设水平。二是坚持严格自律，勤政廉政。严格执行领导干部廉洁从政的各项规定，深入贯彻落实《中国共产党纪律处分条例》、《中国共产党廉洁自律准则》、《中国共产党问责条例》省委《实施意见》及区委《实施办法》，切实加强反腐倡廉教育。2016年召开党风廉政建设会议8次，组织党员干部进行自查自纠3次，领导班子成员和干部职工无违反廉洁自律的事件发生。三是定期开展民主生活会。支部组织每月召开一次民主生活会，六名党员进行自评，根据自己自评的情况，采取自上而下，自下而上的互评，互评结束后，进行民主测评，汇总测评情况，没有不合格党员。在评议中党支部严格按照《民主评议党员制度》规定的程序，在个人自评的基础上，党员着重以加强作风建设为重点，围绕改进工作作风，提高工作效率，增强为基层服务的意识开展评议。通过民主生活会，党员增强了党性锻炼，切实从思想上、组织上、作风上加强建设，增强了党支部的战斗力和凝聚力。四是开展党员组织关系排查及党费收费工作。以“两学一做”活动为契机，党支部积极开展党员组织关系接转自查工作。严格按照上级党组织的管理要求认真做好对党员组织关系工作，能及时准确地按组织要求做好组织关系转移工作，无流动党员、失联党员、“口袋”党员等现象，党员自觉按规定交纳党费，未发生少交或不交现象，支部认真按有关规定做好收缴党费的组织工作，认真核对在册党员交纳党费的款项和人数，防止少交和漏交情况发生，同时把收到的党费集中起来，及时按规定向区直机关工委上缴，不把党费挪作他用。在向上级交纳党费后，支部及时向党员公布党费收缴情况，并在处党务公开栏中予以公开，接受广大党员职工监督。五是整治滥办酒席。为认真贯彻落实中央八项规定、省委十项规定和市委关于改进作风相关规定，成立以党支部书记为组长的领导小组，制定《七星关区城区河道管理处关于治理城乡滥办酒席实施意见》，全体干部职工签定《严禁滥办大办酒席承诺书》。通过专项治理，坚定遏制各类巧立名目滥办酒席借机敛财的不良风气，切实维护群众利益，着力培育崇尚文明、厉行节约的社会新风，有力推进党风、政风、民风建设，大力营造风清气正的良好社会环境，推进全处经济社会科学发展。

【开展“两学一做”专题教育深化干部作风建设】 2016年，根据中央、省委、市委、区委关于开展“学党章党规、学系列讲话，做合格党员”学习教育的安排部署，在党支部和党员干部中开展“两学一做”学习教育活动，制定了《七星关区城区河道管理处“两学一做”学习教育实施方案》。把《中国共产党廉洁自律准则》、《中国共产党纪律处分条例》、《中国共产党问责条例》、《习近平总书记系列重要讲话读本》、党的十八届五中、六中全会精神、市委一届九次全会精神，学习李保国先进事迹和中国女排精神等作为重要学习内容。“两学一做”学习教育活动是“三严三实”专题教育的继续和深化，也是加强党员干部思想教育、转变工作作风的有力举措，目的是在党员领导干部中，开展争当勤政廉政先锋活动。坚持自律、自警、自醒，树立正确的权力观和利益观，守住做人、处事、用权、交友的底线，守住自己的政治生命线，真正做到利益上淡泊而知足，生活上积极而健康，争当廉洁自律的“践行者”。召开座谈会4次，深入整治“为官不为”着力解决“慵庸懒浮散”等不严不实问题，努力营造与时俱进、开拓创新、敢于担当、奋发有为、马上就办、真抓实干、风清气正的良好氛围。明令禁止上班期间玩手机、使用办公电脑玩游戏、炒股等于工作无关的事。制定了《车辆管理使用规定》、《公务接待管理规定》、《财务管理制度》和《领导班子走村串户结对帮扶制度》；制定了《园林园路保洁规定》、《河道打捞制度》、《公厕管理规定》、《干部职工违规违纪管理规定》等切实可行的整改制度。通过“两学一做”学习教育专题教育活动，干部职工心灵得到洗礼，助推各项工作切实有效开展，为全年工作取得圆满成功奠定坚实基础。

（撰稿人：杨远刚）

交通 通讯 贸易

交通运输

【概　述】　毕节市七星关区交通运输局为毕节市七星关区人民政府工作部门，根据《毕节市七星关区人民政府办公室关于印发毕节市七星关区交通运输局主要职责内设机构和人员编制规定的通知》（七星府办通〔2016〕144号）精神，设办公室（政策法规股）、业务股、路政股（路政管理执法大队）3个职能股室，核定行政编制8名，其中局长1名，副局长3名，机关党委书记1名，内设机构领导职数3名；核定机关工勤人员编制2名。下属区地方海事处、区城市公共客运交通管理局、区地方公路管理所、区公路运输管理所和区公路质量监督站5个事业单位。全局工作主要围绕交通基础设施建设、公路养护与管理、道路运输、水上交通、城市公共客运等行业管理，承办区委、区政府和上级交通行业部门交办的各项工作。截止2016年底，七星关区管辖农村公路3448.297公里，其中新增国道28.933公里，新增省道192.197公里，县道659.347公里，乡道955.93公里，村道1611.89公里。农村公路桥梁108座，其中大桥2座，中桥58座，小桥48座。全区42个乡镇街道560个建制村，全部镇乡通油路，除因高速公路建设等重大项目影响的8个建制村正在实施沥青（水泥路）外，其余全部通畅，建制村通沥青（水泥路）率达98.57%，建制村通客运车辆率达90.51%。

【公路建设】　2012年至2016年总投资23.9亿元，县乡道改造及大修等重大项目全面完成，通村油路（水泥路）等民生项目全面竣工，交通运输行业管理工作全面推进，进一步改善了农村交通基础设施面貌，改善了农民出行条件，规范了城市公共交通管理，维护了正常道路运输秩序，为切实服务百姓、服务“三农”、助推全区经济发展奠定了坚实交通基础。（一）重大项目建设。2012年，完成关口至水箐等4条59公里通乡油路建设；2013年至2015年，完成大箐至二龙关等5条103公里县乡公路改造，完成草堤至千溪等3条50.35公里县乡公路大修；2016年，实施大银至仁和等3条25.41公里县乡公路改造，实施普宜至大屯等2条32.04公里县乡公路大修。2012年至2016年，总投资3.63亿元，全面完成通乡油路建设，实现了100%镇乡通沥青（水泥）路的目标，不断创新县乡公路建设模式，全面提升了县乡公路的通行能力。（二）民生工程项目。一是通村油路（水泥路）建设。2012年至2013年，完成通村油路（水泥路）、旅游公路、园区示范公路共计58条507.58公里；2014年至2015年，完成省市计划通村油路（水泥路）、区级安排“断头路、重要连接线”共计1423.97公里。二是“四在农家·美丽乡村”小康路建设。2015年，完成66个示范型创建村小康路建设共计555.1公里（其中通村路201.9公里，通组路219.99公里，连户路78.61公里，人行步道54.6

公里）；2016年，实施小康路建设共计2806.6公里（其中通村路965.04公里，通组路1115.86公里，连户路595.14公里，人行步道130.57公里）。三是农村公路桥梁建设。2012年至2016年，完成新建桥梁22座，完成危桥改造4座，完成渡改桥1座。四是乡镇客运站建设。2014年至2015年，完成乡镇客运站建设5个；2016年，实施乡镇客运站建设18个。五是农村客运招呼站建设。2014年至2015年，完成农村客运招呼站建设379个，总投资758万元。六是窄路面拓宽改造工程。2016年，实施窄路面拓宽改造6条25.3公里。2012年至2016年，总投资20.27亿元，大力实施通村油路（水泥路）、“断头路、重要连接线”、“四在农家·美丽乡村”小康路、农村公路桥梁、乡镇客运站、农村客运招呼站、窄路面拓宽改造等民生项目，基本实现建制村全部通油路（水泥路）的目标。

【公路管养】 按照“县乡公路县管，通村公路乡管”的主体原则，不断深化农村公路养护体制改革，强化村公路养护与管理。2012年至2016年共投入养护资金2498万元，综合好路率提升了2.5个百分点，基本达到抓养护、保畅通、促发展的养护目标，积极开展建筑控制区管理和公路、公路用地占（利）用管理，加强路政巡查，切实保护路产路权，恶性超限运输控制在3.3%以下，全区公路无“三乱”治理成果有效巩固。2014年完成了青场至大河大中修工程、大箐至二龙关安保工程；2015年完成大屯至海子街、毕节至对坡、关口至水箐、燕子口至核桃、头步桥至牛集、青场至大河养护工程；2016年完成头屯桥（新桥）、青场至大河安保、龙场至田坎养护工程。

【道路运输】 致力加强交通运输行业管理工作，促进交通运输行业规范、有序，切实履行行业管理职能职责，坚持行政执法和行业管理相结合、同步加强、同步提高的原则，通过实行规范化、精细化管理，加大联合执法力度等措施，严厉打击“非法营运”和交通运输市场欺行霸市行为，大力整治交通运输市场秩序，道路运输市场逐步规范；截止到2016年，全区农村客运班线达234条15874座，其中省际班线34条3798座，市际班线9条2686座，县际班线32条2582座，县内班线159条6808座；客运车辆通达行政村553个，通客运车辆率达90.51%，逐步解决了农村群众出行问题，全面提升了农村客运服务质量。

【城市客运】 2012年至2016年，新增更新公交车辆246辆，新增开通公交线路8条，全区（含金海湖新区）公交线路达到目前的20条，公交线路全面覆盖新建城区，新增出租汽车431辆，全区出租汽车数增加到881辆，通过新增城市公共交通运力，进一步满足市民乘车需求，逐步改善城市公共交通运输服务。创新出租汽车经营管理模式，成立9家出租汽车经营企业，全区所有出租汽车纳入公司化经营管理。积极开展公交改制工作，采用出租汽车经营权置换方式推进市公交客运有限责任公司第二次改制工作，原公交企业民营股东占股45.59%降低到9.84%；采用出租汽车经营权置换方式对民营四海巴士公司进行回购，同时成立国有独资公交公司对原民营公司公交线路进行经营管理，改制后的国有控股公交公司及国有独资公司实行一套人马管理，基本达到“一城一交”的公交运营模式。强化城市公共客运交通专项整治工作，进一步规范市场经营行为，抓好出租汽车违规违章行为常态整治，严厉打击城区非法营运违法行为，切实维护了合法经营者的权益和城市公共客运交通运营秩序。

【水上交通】 全区辖9道渡口、1道码头。2013年至2016年，完成团结乡安山发窝渡口“渡改桥”人行桥1座，项目总投资172.86万元；为辖区内七道渡口更换缆绳2000余米，钢丝绳1200余米；为许家河、半边山、周家沱、沙包组渡口分别更换人力钢质渡船1艘，共计4艘人力钢质船舶。

（撰稿人：办公室）

邮　政

【2012 年工作】　2012 年毕节市邮政局完成业务收入 13425.73 万元，为年计划的 100.9%，同比增长 16.8%。业务总量达到 13006.3 万元，同比增长 20.1%。全年实现业务收入绝对值超全省邮政平均增幅 1.4 个百分点，完成年计划进度排名全省邮政第三位。开展营业和投递等工种的岗位练兵、技能比武和文明服务、诚信服务、优质服务等活动，促进员工技能不断提高。是年，共举办集中培训 14 期，培训 556 人次；组织参加集团公司和省公司远程培训班 17 期，培训 3321 人次；开展了 281 人次的职业技能鉴定，生产人员持证率达到 67.2%。在全省邮政代理金融从业人员职业技能竞赛决赛中，取得了团体第一、个人全能第一和第二、汇兑业务单项第一的优异成绩。在全省邮政营业规范和投递规范考试中，毕节邮政人员参考率均达到 100%，合格率分别达到 96.45%、93.02%。企业发展能力不断增强。将能力建设作为重心工作常抓不懈，加大资金投入，持续提升服务能力。以服务“三农”为切入点，加快推进空白乡镇邮政金融全覆盖工作，通过规范化装修、增添金融机具以及服务设施等措施，不断提高邮政的对外服务形象。是年，累计投入资金 1382.9 万元，先后完成了 13 个新建代理金融网点的装修改造工程，新增代理金融网点 10 个；完成 17 个营业网点的装修改造工程和 4 个城市网点的 VIP 客户室装修改造工程，营业网点整体环境和基础设施进一步改善，邮政营业窗口形象进一步提升。启动毕节邮政邮件综合处理中心装修改造项目。完成 7 个城市投递网改造项目。启动远程教育培训改造工程，配备了 36 套电脑及所有储蓄网点的远程教育培训微机增配音箱 75 个。在贵州省邮政公司的统一部署下，完成了网运管理、邮储数据传输加密、客户积分兑换等 10 多个信息系统的上线工作，完成金融和邮务等系统升级 400 余次。应用 KPI 指标管控全市邮运生产。全市邮政营业局（所）全部纳入邮政营业信息管理系统，实现了网点管理科学化、实时化。进一步加强对全市邮政投递运行质量指标达标考核，投递运行各项指标持续提升。

【2013 年工作】　毕节市邮政局完成业务收入 1.73 亿元，完成年计划的 100.1%，同比增长 24.0%，增幅列全省邮政第 3 位，收入增幅高出全省邮政平均增幅 3.9 个百分点。业务总量达到 15734.8 万元，同比增长 21%。对全市委代办人员进行全面清理，进一步规范用工管理。加强队伍建设，对部分经营单位和专业局领导班子进行了调整和补充。加大了干部交流力度，有 8 名后备干部分别走上副科级领导岗位和助理岗位。开展劳务工转聘，16 名劳务工转为 B 类工，2 名 B 类工转为 A 类工。持续推进培训工作，全年累计举办集中培训 18 期，远程培训 9 期，培训 3210 人次，覆盖企业各岗位序列人员。建立健全机要通信运行应急保障工作机制，确保机要通信在特殊时期和特殊情况下，安全畅通、准确无误、万无一失，机要通信连续 26 年保持质量全红。按照“突出重点、注重效益”的原则，集中有限资金，加大建设支撑力度，保证重点业务发展。全年实施了 27 个支局网点装修改造建设项目，其他基建项目 43 个，进一步改善了用邮环境。按照省公司部署，启动了全市网络扩容改造工程、排队机改造工程和信息机房改造工程，对金融系统、邮务类系统以及 ATM 前置系统等进行升级改造。全面完成四类库改造工程，更新、购置了部分安防设施和生产设备，新增运钞车 5 辆，电动投递车 21 辆，邮运车 1 辆。全年总投入建设资金 2428 万元，与去年同比增长了 161.65%。依靠网络和品牌优势，毕节邮政服务“三农”、服务地方经济的能力进一步提升。是年，毕节市邮政局新增“三农”服务站 10 个，“三农”服务站总数达到 66 个；新增代售火车票网点 6 个，代售火车票网点总数达到 12 个，同时，全市所有邮政网点均可受理代售飞机票业务。

【2014 年工作】　2014 年，

全市邮政企业累计完成业务收入1.93亿元，业务收入增幅同比达到12.2%，高于全省邮政企业平均增幅4.5个百分点，收入增幅列全省邮政企业第2位。以管理费和业务费支出为控制重点，对资金的管理和监督检查进一步加强，三公经费及非生产性支出得到有效控制。全年企业有效收入占比达到71.54%，同比增幅为11.02%。按照“预算控制，逐级审批”的原则，加强了对业务宣传费和营销活动费的管控，注重投入产出，努力提升企业经营效益。制定出台了空闲局房及工程拆旧物资管理办法，进一步加大资产盘活力度。继续推进减员增效工作，用工总量得到有效控制，全员劳动生产率达到21.83万元/人，人均比去年提高了2.63万元，增幅为13.7%。严格执行“双定”标准，加强工时管理系统应用，规范“一台清”综合台席和专业台席设置，全市邮政营业网点人员、台席配置逐步趋于合理。制定了《毕节市邮政分公司教育培训管理办法（修订版）》，加强和规范全市邮政教育培训管理工作。持续抓好员工素质提升工程，全年共举办各类集中培训班18个，800余人次；组织参加省公司举办的网上远程培训班29期，2300余人次，集中培训班54期，325人次；持续开展各岗位职业技能鉴定工作，生产人员持证率由2013年的74.77%提高到79.32%，代理金融网点支局长持证率达到100%。持续开展优秀劳务工评选工作，进一步激发了员工岗位成才的积极性，增强了企业凝聚力。

【2015年工作】　全市邮政企业累计完成总收入2.12亿元，同比增长9.7%，完成年计划的102.1%，业务收入增幅和完成年计划进度高于全省平均水平。完成了19个普服网点的装修改造工程，进一步提升了邮政对外服务的整体形象。启动职工小家建设工程和威宁、织金两个县局房的改造工程，切实改善了基层一线员工的生产生活环境。完成了1个市级、5个县级邮件处理中心场地改造和扩建工程，新增县乡邮路34条、乡邮邮路22条、市县自办邮路2条，为包裹快递改革和发展提供了有力支撑，保证了旺季邮运高峰时段的邮件处理时限。充分利用自身拥有的网络优势和品牌优势，加强与社会各界的横向合作，拓宽服务领域，着力构建邮政综合便民服务平台，开办了预存代扣电费、代收费、代办警邮非现场罚款等业务，同时加快农村电商渠道建设，全年累计新建渠道444个，产生代购交易19.84万余元，代缴费笔数177.52万笔，交易金额12149.67万元。

【2016年工作】　全市邮政企业累计完成业务收入2.42亿元，为年计划的109.1%，同比增幅17.4%，收入增幅和完成进度均列全省第一位。员工年平均收入较上年同期增长16.39%，高于全省平均水平。加强用户欠费管理，用户欠费比例大幅下降，有效提高了企业运营资金周转速度。深入推进工时精细化管理和全岗位定员，实施动态配员机制，用工总量与2015年同期持平，劳产率达到27.27万元/人，同比增长14.48%，劳务用工占比为13.5%，同比下降了8.9个百分点。持续加大培训力度，全年共组织各类培训38次，培训1560余人次。启动初级人才评价选拔工作，13人被为初级人才，3人被评为高技能人才。加大员工纵向和横向的交流锻炼力度，通过各单位推荐，选派了10名优秀年轻员工进行双向交流，经过基层锻炼，其中有4名同志走上了领导岗位。扎实开展平安邮政创建工作，坚持一手抓经营服务，一手抓安全建设，有效保障全市邮政企业安全、高效、有序运行。全力做好“两会”、G20峰会、亚欧博览会等重大会议期间的邮件寄递安全保障工作。认真贯彻落实银监会要求，深入推进代理金融“两加强、两遏制”专项检查“回头看”活动，强化风险管理，增强风险防控意识。深入开展机要通信管理达标活动，切实加强机要通信质量管理，机要通信连续35年保持质量全红。加大空白乡镇局所能力投入，不断叠加业务项目，提高空白乡镇局所服务能力。加强服务质量监督，强化服务指标分析和问题整改跟踪，努力提升服务质量和客户满意度。强化营投服务管理，规范营业窗口业务操作，确保做到收寄实名

制、安全验视和检查“三个百分之百”。对22个营业网点进行装修、改造和新建，实施普遍服务网点升级改造项目85个，完成全市8个枪弹库改造项目，启动中央预算内资金项目3个。对部分有条件的农村网点厅堂布局重新进行了规划，扩大了客户休息区，设置了理财区、VIP服务区等，极大地改善了用邮环境，提升了服务能力。继续实施“村邮站”建设工作，全市“村邮站”建设累计完成400个，配备乡邮员54名，全市85.38%以上的建制村基本实现直接通邮，54.03%的建制村投递频次达到周三班。4项普遍服务业务在空白乡镇局所的开办率达到100%，通过火车票、代收费、邮政金融等业务叠加，将邮政服务与民生工程联系在一起，进一步提高邮政渠道的便民利民服务能力。

无线电管理

【2012年工作】　扎实做好无线电频率台站工作。一是认真做好台站核查。2012年全国无线电台站核查工作是一项专项工作，涉及面广、时间紧、任务重，完整性和准备性要求比较高，为此，分局在省局统一安排部署下，制订了《毕节无线电台站核查工作实施方案》，成立了以保密、公安、气象、文体广电、教育、森防、防汛办、移动、电信，联通等相关部门为成员单位的核查工作领导小组及核查工作办公室，召开了毕节市无线电台站核查工作动员部署会。在核查工作领导小组的指导下，历时3个多月时间，出动车辆30余台次，人员100余人次，行程4000多公里，开展人机见面182个台站，补办电台执照2403个，换发执照单位7家，换发执照71个，发放自查表25份。收回25份，登记率100%。通过核查共增加台站5790台，其中广播电视20台，超短波56台，集群通信3385台，移动公司GSM基站843台、TD-SCDMA基站201台及室分211台，联通公司GSM基站683台、WCDMA基站348台及室分53台。变更台站参数7台，注销超短波台站8台，报停电信PHS基站594台，累计修改数据库数据6000多条。查实全市共有设台单位32家，台站8806台，其中广播电台39台；地球站1台；雷达站5台；短波电台41台；超短波746台；集群通信基站10台，终端3375台；导航台1台；业余电台1台；电信PHS200台，CDMA基站390台；移动公司GSM基站2199台、TD基站412台；联通公司GSM基站985台、W网基站401台。在此次核查工作总结会上，分局核查无线电台站工作得到了核查工作领导小组的充分肯定，同时也得到了省局台站核查工作的领导好评。二是规范无线电台审批，严格规定做好频占费收缴。按照规范化服务型政府的要求，根据承接省人民政府126号、129号令下放行政许可事项和非行政许可事项的通知，对全市无线电行政审批和非行政审批事项基本程序和手续进行了多次梳理，严格执行下放事项审批权限，为无线电设台单位和用户提供并实施限时办结制度。在频占费收缴中，年初，为做好频占费收缴工作任务，分局早安排，抓落实，确保在省局规定的时限内完成收缴任务。发出缴费通知11份，完成收费单位11家，缴费率100%。全年受理新设台站申3家，设备2405台，发放电台执照2405个，新设台（站）执照核发率100%；年审台站单位30个，年审执照1833个，换发执照71个，全年收取频率占用费11.345万元，均按省局“收支两条线”的要求和国家收费标准较好地完成了无线电频率占用费的收缴工作。实施无线电信号监听监测，排查干扰保障通信安全畅通。一是做好日常监听监测工作。按照国家和省无线电管理局要求，分局监测站对重要频段的频率实行每周不少于40小时的监测，建立电波环境监测数据库并进行了分析比对。为确保全年党的十八大胜利召开，分局提前介入，早作安排，与铁路部门协调，共同签署并建立了频率协调的长效机制。另外还会同市文体电影电视局联合制定并下发了《毕节市广播电视无线电安全应急协调预案》以确保党的十八大期间电视节目播出安全。据统计，全年累计监测达20000小时，按时、准确报送月报资料12次，季报4次。二是及时受理并查处无线电干扰卫星电视信号案

件。在全年6月19日，7月4日，10月22日，分局接到来自威宁县、赫章县和织金县的3起干扰投诉。在经过干扰投诉分析和监测站技术人员监测发现，3起干扰案件均为所属县广播电视网络公司擅自安装卫星干扰器导致的干扰，分局领导非常关注，责成由分管领导亲自带队前往依法进行查处。在实际执法实践中，一方面加强对违法设置使用无线电频率台站的单位和个人进行无线电管理法律法规宣传，另一方面，按照条例和办法之规定，作出了没收其卫星电视干扰器，责令改正的行政处罚，并责成作出书面承诺。通过对干扰卫星电视信号案件的查处，国家明令禁止，三令五申严禁违法设置使用无线电台站，但因利益驱使的违法行为时有发生，维护空中电波秩序，保护人民群众合法权利，加强无线电频率资源合理利用，加大宣传无线电管理法规的力度任重而道远。因此，各级领导的大力支持和有关单位的协调配合是促进无线电管理事业协调有序发展的前提。三是积极完成专项电磁环境测试任务。分局领导把服务毕节经济建设，社会稳定、提高城市品位、推动工业省强战略实施为工作的出发点，积极完成织金县文体广播电视旅游局拟建大岩山94MHz调频广播预选站址、市气象局气象雷达搬迁选址、威宁拟建机场、毕节飞雄新建机场电磁环境测试。在开展无线电监测的测试工作中，分局选派由站长亲自带队组成的技术骨干力量，克服工作中遇到的恶劣气候和种种困难，不畏艰苦，团结协作，圆满完成了当地党委和政府交办的各艰巨而重要的任务，赢得了赞誉，树立了无线电管理者良好的形象。

【2013年工作】 按照国务院、省政府关于提高行政效能的要求，结合毕节市政府第六轮行政审批制度改革实施方案，对无线电行政审批和非行政审批事项进行了认真梳理，严格执行下放事项审批权限，按时办结设台单位和用户上报的审批事项。全年共受理新设台站审批4件，办结4件，指配频率3组，核发电台执照133个，年审台站3371个，换发执照2946个。同时，按照国家收费标准和省局的要求，完成了频率占用费的收缴工作，共收缴18家设台单位的频率占用费8万元。按照国家和省无线电管理局的要求，对重要频段进行监测，对非法信号进行及时查处，去年累计监测达23908小时，检测台站209个，准确报送监测月报12次，为分局无线电管理工作提供了可靠的技术依据。2013年收到无线电干扰投诉4起，成功排除4起。同时，对违规设台依法进行了查处，切实保护好了合法台站和人民群众的利益。一是毕节分局积极主动参与地方经济建设，把服务地方重大项目建设作为工作的切入点和突破口，先后完成了毕节飞雄机场在试飞、较飞期间的电磁环境保障工作、威宁县广电局台站搬迁电磁环境测试和织金县拟建机场的电磁环境测试，确保了重大项目的顺利建设和实施。二是选派1名技术骨干参加“协作13”西南地区军地电磁频谱管理联合演练，出色完成了演练任务。三是在国家法定假日和重要活动期间，严格执行24小时无线电监测制度，全力保障重要时期的无线电安全。四是做好考试无线电安全保障工作，全年共参加了各类考试保障9次，出动车辆11台次，派出专业技术人员47人次，共抓获作弊团伙2起，成功压制阻断作弊信号3次，切实维护考试的公平公正，保障了广大考生的利益，为净化考试风气发挥了积极作用。

【2014年工作】 按照市法制办、市编办的要求，对无线电行政审批和非行政审批事项进行了认真梳理，全年共受理新设台站审批3件，办结3件，指配频率1组，核发电台执照224个，年审台站169个，换发执照4310个，收缴频率占用费85750元。在打击“伪基站”专项活动中，主动带头成立领导小组，与公安、工商等部门密切配合，建立了联络联系的长效机制。全年共打掉违法犯罪活动团伙2个，捣毁销售“伪基站”窝点1处，抓获涉案人员9名，缴获“伪基站”设备3套、车辆1辆。在“查处非法设台、擅自占用频谱资源”专项活动中，成功打掉两个“响一声”电话诈骗窝点，缴获无人值守设备2套、手机312

部，并成功排除一起 DTMB - T 基站干扰电信 CDMA 基站案件。通过开展专项活动，有效维护了公众通信网络的安全，保护广大人民群众的生命财产安全。为更好地服务地方经济社会发展，分局结合实际，积极主动参与地方经济社会的发展和建设。一是完成了七星关区广播站发射台和纳雍广电局文昌阁发射台搬迁选址的电磁环境测试。二是加大对航空频段的监测保护力度，确保航空无线电频率使用安全。三是积极推进毕节市 4G 移动通信 700MHz 试验网建设。四是做好考试无线电安全保障工作，共参加考试的无线电安全保障 14 次，共抓获作弊团伙 3 起，成功压制阻断作弊信号 4 起，切实维护了考试的公平公正。五是圆满完成了在 5 月 17 - 19 日举办的“冷水河杯”2014 贵州·金沙·中国汽车拉力锦标赛的无线电安全保障工作。六是积极做好干扰查处工作，全年共受理干扰投诉 4 起，查处 4 起，处罚 1 起。收到七星关区小坝镇村民代表送来一面印有“服务百姓好卫士，空中电波守护神”字样的锦旗。七是积极参与“党建扶贫”活动，派专人到金沙县马路乡清坪村驻村开展帮扶工作，全年共解决帮扶资金 7 万元，协调建设移动通信基站 1 座，帮助该村产业发展、改善交通状况和解决通信困难等问题。

【2015 年工作】 组织设台单位召开了自查会议，对 25 家重点设台单位进行了走访，核查频率数据 273 条，核查设备 170 余台并完成频率台站数据的比对，梳理频率划分、分配和指配文件 50 余份，填报 10 份频率指配文件和 99 条频率数据，对专项活动要求监测的公众移动通信频段共监测 2760 小时，准确掌握了毕节辖区内无线电台站分布、使用情况和详细参数，完善了无线电台站数据库，为今后频率管理工作的有序发展奠定了坚实基础。对新设台站的行政许可及管理。按照市政务中心的要求，对无线电行政审批和非行政审批事项进行了认真梳理，并按时办结审批事项。全年共受理新设台站审批 5 件，办结 5 件，指配频率 1 组，核发电台执照 7066 个，年审台站 15 个，换发执照 15 个。完成频率占用费的收缴工作。按照国家收费标准，严格执行收支两条线，圆满完成了年度频率占用费的收缴工作，计划收费单位 15 家，实际完成收费 15 家，共收缴频率占用费 64700 元。四是引导业余无线电爱好者规范有序开展活动。为更好地服务广大无线电爱好者，根据省局统一安排部署，6 月 14 日分局组织了毕节市业余无线电（A 类）操作证考试，此次考试工作得以圆满完成，对促进毕节市业余无线电业务健康发展具有十分重要的作用。在公安、通信等部门密切配合下，共打掉“响一声”非法设台 4 起、端掉诈骗窝点 7 个、打掉犯罪团伙 1 个、抓获涉案人员 3 名，查获非法无线电设备 3 套、“响一声”群发器 26 个、手机 268 部、笔记本电脑 8 台、其他设备若干。市联通公司送来印有“安全卫士，电波专家”的锦旗一面。二是加强对公众移动通信基站建设的管理，组织召开毕节市 4G 网络基站建设推进会，切实做好 1.8GHz 频段 LTEFDD 和 TDD 网络无线电干扰预防和协调工作。三是完成对新建公众移动通信基站的抽样检测工作，共完成基站抽查 62 个。四是积极做好干扰查处工作，共受理干扰投诉 5 起，查处 5 起。

【2016 年工作】 切实做好毕节市无线电频率使用评估专项活动，分局成立了专项活动领导小组，并印发了《贵州省无线电管理局毕节分局无线电频率使用评估专项活动实施方案》。在整个专项活动中，该分局共走访核查卫星地球站 4 个；移动监测 18 天，分 3 个组共 6 人轮流排班监测，完成了毕节 8 个区、县的移动监测，累计监测行程 1006 公里，监测时长 61 小时，监测到 15043 个基站，并与三大通信运营商提供的 52499 个基站数据进行比对，发现非公众通信基站 28 个（其中大部分为公安电子围栏），并在威宁县现场查获“伪基站” 1 起，使用频率为 940.8MHz；启用赫章小型站、大方小型站、黔西小型站和织金小型站 4 个固定监测站进行固定监测，累计监测时间为 432 小时。在移动和固定监测中都发现 450 - 470MHz、930 - 934MHz 频段

内有违规占用的情况，从时域、频域、空域进行监测和分析，圆满完成工作任务。为进一步规范无线电频率使用，加强台站的事中事后管理，保障民航通信安全，该分局认真对民航及广电等设台单位进行了核查比对，共走访设台单位11家，核查台站78个，同时还建立健全了联络联系机制，为实现对频率台站的精细化管理奠定了良好的基础。。在公安、通信等部门密切配合下，共打掉“伪基站”7起，查获设备7套，抓获涉案人员10人；打掉“黑广播”2起，查获设备2套；查处移动通信干扰器1起。一是在春节、清明节、五一、国庆等重要节日和“两会”期间，严格实行领导带班、监测人员24小时值班制度，全力保障重要时期的无线电安全。二是对重要频段实行每周不少于40小时的监测，累计监测3.3万余小时，并通过监测发现不明信号3起。三是加大对航空频段的监测保护力度，及时消除对航空频率的干扰隐患2起，确保航空无线电频率使用安全。四是坚持每季度对小型站一次巡检，及时维修维护技术设施设备，确保监测工作的顺利完成。为更好地服务地方经济社会发展，分局结合实际，积极主动参与地方经济社会的发展和建设。一是积极参加全省无线电应急演练活动，提高分局无线电管理队伍应对突发事件及重大活动的应急处置和保障能力。二是圆满完成“杜鹃花节”无线电安全保障工作。三是积极做好干扰查处工作，共受理干扰投诉8起，查处8起。四是为切实维护考试公平公正，分局制定了《防范和打击利用无线电设备进行考试作弊工作方案》，全年共参加卫生资格、公务员招录、高考等19次考试的无线电安全保障，共出动车辆35台次、人员99人次，抓获考试作弊1起，压制考试作弊信号2起。五是按照市委市政府的统一部署，积极参与党建扶贫，派出专人到金沙县马路乡清坪村开展驻村帮扶工作，解决该村党建工作经费1万元，并资助该村一名贫困大学生学杂费5000元。六是积极参与“法治毕节”创建、“四在农家·美丽乡村”建设和帮扶威宁县石门乡等工作，多次深入挂帮联系点进行调研，积极向上级部门申请资金、协调项目。现已解决金沙县化觉镇法治宣传经费1.5万元；解决金沙县桂花乡果松村美丽乡村建设资金3万元；审批威宁县石门乡新建基站40个，已实现该乡移动通信全覆盖的建设任务。

电 信

【2012年工作】 毕节分公司认真贯彻落实集团及省公司的工作部署，面对日趋激烈的市场竞争环境，加强经营工作的针对性、指导性和精确性，整体经营工作步人良性轨道，移动业务市场份额取得突破。全年移动业务发展二十多万户，超全省平均完成率近16个百分点，宽带业务发展近五万户。移动及宽带持续发展，用户价值稳步提升。为持续提升宽带用户满意度，一是免费为用户进行提速工作，二是对e9－109档用户进行价值提升，宽带提速和用户价值提升明显。通过全城覆盖的宣传推广以及各类现场活动组织，累计提速4万余户。多渠道发力智能机销售。以iPhone4S发售为契机，引爆2012年智能机销售活动。全面开展客户维系，提高客户忠诚度。加强渠道建设，发挥渠道能力。建立健全渠道管理机构，充实渠道建设人员，对应于县区分公司营销部成立渠道组，承接城区渠道建设和管理，进一步深化农村支局建设，开展农村深耕计划。开展与邮政合作存单质押，与中国银行、建行、工行开展分期付款购iPhone4S的合作业务。继续开展便利性充值缴费网点建设，加快空中充网点的拓展，提升城市、乡镇、农村空中充网点的使用活跃率，加快推进标准化产品在便利渠道的加载销售，扩大快销品的覆盖面。强力推进农村深耕计划和商店化运营工作，为农村市场移动规模发展奠定基础。拓展行业应用及合作营销，持续开展Show3G营销活动，签约七星关、金沙、威宁、赫章平安城市项目，签约金额全省第一。加强网络覆盖和优化，网络建维能力持续提高。通过利旧致富星基站资源、共享其他运营商资源、加强管控施工进度等措施，提前完成2012年一期农村覆盖基站的建设，农村覆盖率大幅提升，

有力支撑农村移动业务发展。以流量经营为导向，通过基站流量分析，采取疏忙补盲方法，替换部分火石基站为DO基站，新增百余个3G基站，提高城区和农村DO共站比，3G覆盖率进一步得到提升，无线上网客户感知明显。新建多个城区基站，城区覆盖率得到提升，网络质量位居行列第二。加强资源管理，全面开展对ONU、AG设备及DSLAM等宽带设备端口的VLAN清理工作，提高宽带业务资源端口占用准确率，有效释放设备可用端口，提高了障碍处理及时率及端口可用率。加大服务整改，精细管控，服务支撑能力增强。

【2013年工作】 2013年移动及宽带持续发展，用户价值稳步提升。移动业务的发展围绕“智能终端销售”进行营销组织，有什么样的终端就配套什么样的营销政策，由终端带动业务发展。重点在“千元智能机”销售上下功夫，包装了“599档”、“799档”、“990档”等入门级智能机礼包进行促销。同时，与国际、国内各大手机品牌商家建立了深入的合作关系，将更先进、更潮、性价比更好的手机提供给用户，让用户切实能感受到物有所值，“卓越天翼”更加深入用户获得良好口碑。开展“家庭通信节约计划”，结合家庭用户需求，对公众客户家庭全家通信进行包装，推出“宽带1590礼包”，将全家人的手机通信、固话通信、宽带通信进行打包，更优惠向用户提供，降低家庭通信消费总支付。在城市和农村区域提供更丰富的产品供用户选择，推出800元包年、500元包年单宽带营销政策，让利于民并丰富用户多样化选择。对宽带用户进行普遍提速，将原来的1M、1.5M用户提速为2M，原来的2M－4M区域，根据资源达到情况，有条件提速为6M，进一步提升用户感知。开展“点亮光小区”活动，城市不同小区用户在指定的网站上集中点亮本小区，则本小区的光纤建设将首先部署，通过该活动，更加集中了有限的建设资源，同时也充分体现了“用心服务服务至上”的服务理念。通过建立和完善流量辅导体系，建成3G辅导站300多个，对新入网用户短信辅导5万多人次，推送流量剩余提醒达10多万人次，使用户流量消费更加明白清楚。加强网络覆盖和优化，网络建维能力持续提高。改造投诉重灾区ADSL区域，新增的宽带能力全面采用FTTH建设模式，宽带端口能力和FTTH端口能力大幅提升，完全能够满足各区域宽带用户的需求。加强城区及重要区域DO网络深度覆盖，有效解决有市场潜力区域的弱覆盖，有力地支撑了移动业务及3G智能手机的发展。启动城区移动网络优化工程，解决城区部分区域在3G覆盖率、DO数据连接成功率、FTP下行优良比方面比较弱的问题。全年完成36个新建站点的建设，网络有效覆盖率提升到76%；新建室内分布系统11个；完成97个基站的插板升级，EVDO基站联通传输改造24个，扩容BSC2个，DO载波扩容83个，1X载波扩容35个，DO共站比提升到95%；建设厦蓉、杭瑞、毕威等高速路C网室外基站12个、隧道室分22个，有效提升了交通要道客户的感知；积极开展WLAN分流3G流量建设和优化，完成大中专院校、五星级酒店、机场等11个热点区域建设工作。在通信设施共建共享工作方面，全年实现共享铁塔1座，传输杆路189公里，基站机房7个，基站供电17处，室分系统1个，节约投资300多万元。驻地网联合建设方面，与联通、移动达成14个小区联合建设，其中电信承建7个，移动承建4个，联通3个，全部采用FTTH建设模式，节约投资200余万元。经过持续近3年的宽带网优，宽带接入层以上基本无拥塞现象，实现G/EPONFTTH客户现场零配置，并优化业务开通流程，宽带装维服务能力得到提升。以降低断站率为目标投入200多万元开展无线网综合整治。加强基础管理，开展网络整治，保障网络安全，成功完成了“两会”和党的十八届三中全会等各类通信保障工作。

【2014年工作】 坚持依法行政，规范频率台站管理。按照市法制办、市编办的要求，对无线电行政审批和非行政审批事项进行了认真梳理，全年共受理新设台站审批3件，办结3件，指

配频率1组，核发电台执照224个，年审台站169个，换发执照4310个，收缴频率占用费85750元。建立联动机制，确保打击“伪基站”和“查处非法设台、擅自占用频谱资源”专项活动取得实效。在打击“伪基站”专项活动中，主动带头成立领导小组，与公安、工商等部门密切配合，建立了联络联系的长效机制。全年共打掉违法犯罪活动团伙2个，捣毁销售“伪基站”窝点1处，抓获涉案人员9名，缴获“伪基站”设备3套、车辆1辆。在“查处非法设台、擅自占用频谱资源”专项活动中，成功打掉两个“响一声”电话诈骗窝点，缴获无人值守设备2套、手机312部，并成功排除一起DT-MB－T基站干扰电信CDMA基站案件。通过开展专项活动，有效维护了公众通信网络的安全，保护广大人民群众的生命财产安全。围绕“三个服务”，切实做好安全保障工作。为更好地服务地方经济社会发展，分局结合实际，积极主动参与地方经济社会的发展和建设。一是完成了七星关区广播站发射台和纳雍广电局文昌阁发射台搬迁选址的电磁环境测试。二是加大对航空频段的监测保护力度，确保航空无线电频率使用安全。三是积极推进毕节市4G移动通信700MHz试验网建设。四是做好考试无线电安全保障工作，共参加考试的无线电安全保障14次，共抓获作弊团伙3起，成功压制阻断作弊信号4起，切实维护了考试的公平公正。五是圆满完成了在5月17－19日举办的“冷水河杯”2014贵州·金沙·中国汽车拉力锦标赛的无线电安全保障工作。六是积极做好干扰查处工作，全年共受理干扰投诉4起，查处4起，处罚1起。收到七星关区小坝镇村民代表送来一面印有“服务百姓好卫士，空中电波守护神”字样的锦旗。七是积极参与“党建扶贫”活动，派专人到金沙县马路乡清坪村驻村开展帮扶工作，全年共解决帮扶资金7万元，协调建设移动通信基站1座，帮助该村产业发展、改善交通状况和解决通信困难等问题。在全市同步小康驻村工作2014年总结会上，分局荣获“2014年度全市同步小康驻村工作先进集体”称号，分局驻村队员苟艳君同志被评为先进个人，受到中共毕节市委党的建设工作领导小组表彰。

【2015年工作】 拓展服务覆盖范围，提升企业综合服务能力。一是大力建设服务渠道。2015年，中国电信毕节分公司完成了全市250多个乡（镇、办事处）服务渠道的设立，其中包括专营店、开放门店；完成近2000户村级专营店、便利店建设工作。二是加大厂商渠道合作建设。根据用户对手机等各类电信终端需求的多样化，2015年，中国电信毕节分公司和多家厂商建立合作渠道，在营业门店中进驻厂商渠道，通过渠道覆盖拓展和渠道服务能力提升，有效拓展服务范围，提升服务质量。将合作渠道延伸至OPPO、金立、魅族等手机厂商渠道，加快合作门店进驻渗透率达64.7%。三是多样化运营模式。中国电信毕节分公司全市范围内开展打10000装宽带服务，积极推进易信、微信、淘宝等线上线下营销，试点“爱销售”甩单营销服务模式。实现窗口面对面服务向电话远程服务、网络线上服务、移动终端自助服务形式的转变，大大提高客户的业务办理便捷程度，满足客户随时随地的业务办理需求，有效提升企业服务能力。加强城乡网络建设，提升企业支撑服务水平。一是加大宽带网络建设。2015年中国电信毕节分公司加大投资，重点完成信息基础设施投资2.4745亿元，互联网出口带宽（省干带宽）提升至160G，光纤到户覆盖家庭数新增4万户，光缆新建近5000公里，城市20M宽带接入能力新增近10万户。农村用户宽带4M接入能力新增5000余户。二是加大无线基站建设。2015年，中国电信毕节分公司新建2G/3G/4G基站1600余个，实现了达到城区及乡镇的3G全覆盖，4G覆盖了七县两区城区，城市区域移动用户上网速率由3G时代的3.1M向4G时代的150M转变。三是整治隐患，优化网点，全面保障网路畅通。2015年，中国电信毕节分公司投入大量资金对全市城区网络、农村粗波分环网传输中继光缆、跨街、锈断和倒杆断线等问题定期整治：采取优化调整措施

解决农村弱覆盖的问题 18 个，通过滴管式建设开通城区弱覆盖区域站点近 100 个，开通杭瑞高速、毕威高速、黔大高速、夏蓉高速的新建室外站 31 个及隧道建设 24 个，整治天馈性能下降的基站 40 个，整治底噪较高的小区 75 个。四是积极支持毕节市各级政府和企事业单位信息化建设，2015 年先后完成全省交警路网监控集成组网项目、全省卫生系统远程医疗集成组网项目、全省法院系统提速改造、法院 VPDN 及远程讯问组网项目、平安城市、电子政务外网等重大服务项目；同时完善了政企客户承载网络，新建了全市政企 IP_RAN 承载网，实现了大客户电路端到端网管监控，为毕节市政企客户单位信息化工作作出了重大贡献。多样化服务全面满足用户需求。一是需求主导的产品多样化：2015 年，中国电信毕节分公司根据用户不同需求，逐步推出了多种产品，个人用户中单宽带、融合宽带及相关宽带应用业务深受用户喜爱，多品牌手机、多价位套餐、多业务组合是毕节本地用户优选，由低至高等不同的套餐满足中高低端等不同的消费水平；智慧城市、农技宝、平安城市、商务领航等多种政企产品、行业产品为政企客户、行业用户带来了极大的便捷，为后续的“互联网 +”工程夯实了基础。二是需求主导的活动的多样化：2015 年，中国电信毕节分公司回馈广大用户，或按月、按季度、按阶段推出了各类主题营销优惠、中秋与国庆双节优惠、年末回馈、返乡关怀等各式各样的温馨活动，服务广大用户，提高用户满意度。三是积极开展业务创新，满足新兴业务需求：积极推广天翼对讲、加密通信、宽带高清电视、翼支付、交费易、交费助手等业务，极大的丰富和满足用户新的体验和需求。四是降费惠民，降低用户消费门槛，2015 年，为了更好更快更广的服务用户，中国电信毕节分公司实施了提速降费战略：为普通宽带用户升级至光宽带，2015 年，近 5 万老用户免费提速至 20M；开展 10 元包 3G 的流量包等优惠促销，无线网络实行降费增速；实施流量包当月不清零政策等有力提网速、降费用活动，有效地提升用户满意度。划小改革，激活企业生命活力。一是划小承包，释放员工的服务能量：2015 年，中国电信毕节分公司全面实施经营单元划小承包，全市城市根据街道和区域划小为多个城市分局，农村以区域为标准划定多个农村支局，营业厅以厅的级别划定多个营业厅，开展员工脱产承包经营，自己当小 CEO，发挥其主人翁精神，最大限度调动其积极性。目前，已完成了近 100 个支局的承包工作。二是合作经营，创新合作模式，引入民间资本，参与宽带合作建设，参与农村乡镇光纤宽带改造，大力提升农村宽带服务能力。至 2015 年底，引资建设端口达 10000 余个。

【2016 年工作】 一是重点打造核心渠道。2016 年，中国电信毕节分公司完成了 5 个再造 TOP 厅、9 个城市社区店、10 个农村标杆卖场的强渠建设目标；强化 TOP 厅“五统一”及终端拉新率的管理，TOP 厅终端拉新率从 15% 提升到 29%；毕节分公司 TOP 厅 2016 年服务能力测评名列前茅，七星关区威宁路营业厅评为 2016 年度集团优秀旗舰店。二是加大厂商渠道合作建设。2016 年，中国电信毕节分公司和多家厂商建立合作渠道，在营业门店中进驻厂商渠道，通过渠道覆盖拓展和渠道服务能力提升，有效拓展服务范围，提升服务质量。并与 OPPO、VIVO、金立、魅族等手机厂商合作，提升终端进驻门店渗透率达 84.7%。三是多样化运营模式。中国电信毕节分公司全市范围内开展打 10000 装宽带服务，积极推进易信、微信、淘宝等线上线下营销，试点“爱销售”甩单营销服务模式。实现窗口面对面服务向电话远程服务、网络线上服务、移动终端自助服务形式的转变，大大提高客户的业务办理便捷程度，满足客户随时随地的业务办理需求，有效提升企业服务能力。四是通过开展“服务大体验能力再提升”、“宽带服务能力提升”等专项行动，组织专题讲座、专家论坛等天翼客户俱乐部活动，持续推进互联网 + 服务，有效提升客户感知。打造两张精品网络，提升企业支撑服务水平。一是加大光宽带网络建设，

2016年，通过“光速行动”的快速推进，累计安排12批次光网络提速改造，完成906个城市小区及243个乡镇所在地光宽改造，全市光端口能力达到36万线；其中城市光端口累计达到25万线，乡镇及行政村累计达到10万线，城市住宅FTTH覆盖率达到96%，乡镇住宅FTTH覆盖率达65%，城市区域及乡镇所在地实现全光覆盖。二是加大移动网建设增速提质，打造3G、4G精品网络。新增C网基站581个，农村C网覆盖从原来的67.8%提升到87.3%。新建4G基站1284个，城市覆盖率达到98.7%，乡镇所在地覆盖率达到92%。三是继续投入大量资金，持续对全市城区网络、农村环网传输中继光缆、跨街、锈断和倒杆断线等问题定期整治，优化网点，全面保障网路畅通。

移　动

【2012年工作】　2012年，公司全年净增移动用户20余万户，移动电话普及率44.67%，同比增长4.81%。2012年共新建城区基站277个，城区室外覆盖率提升到99%以上；同时，深入开展工业园区、边际网及村通基站建设，继续提升重点区域覆盖的同时加大农村区域的网络覆盖；为实现2015年全面完成20户以上自然村的覆盖，公司实施了158个自然村通基站建设，自然村覆盖率得到很大提升。同时，公司深入开展网络整治，确保网络持续稳定运行，在全市“六高一弱”整治工作中，闭环处理总计“六高一弱”小区1300个；完成全市2012年建设入网的1081个室分及宏站的优化调整，提升了全市覆盖率，确保毕节市区、各县城区和乡镇网络质量全面领先；完成2012年全市共计51个WLAN热点的弱覆盖调整，拆闲零流量AP共计253个，有效解决了WLAN弱覆盖与超忙AP问题，合理分流了无线网络流量。通过全方位的优化整治工作，有效地提升了传输运行质量和安全性。积极承担社会责任，致力实现企业与社会同发展。一是建立健全各类型应急预案，积极开展应急演练，全年共开展防汛、重大事故等各类应急演练8次，有效提升了各责任单位及责任人应急响应速度与通信保障能力。2012年，公司共完成各种大型会议及节日应急通信保障20余次，开通应急车25次，应急电源车4次，总计投入300人次以上。圆满地完成了“第七届旅发大会”、“云贵交界977地震灾害”、党的“十八大”召开期间等重大通信保障任务，多次获省、市、县级政府及上级有关部门的高度评价和表彰。二是协同贵州农经网承建农民多功能信息服务站，总投资30余万元为七星关区、织金、纳雍及百管委等四个村级信息服务站提供配套的电脑及其他电子设备，为村民提供了有效的便捷电子通道。三是积极开展云贵交界“9－7”地震灾害捐款活动，公司倡导员工向毕节地区慈善总会捐款3.59万元，以实际行动彰显了企业强烈的社会责任意识。

【2013年工作】　2013年，毕节移动分公司严格执行前台营业员及客户经理的准入机制，严把人才关，细化21项客户感知要素提升措施，启动满意度联动压力传递机制，不断提升用户满意度。2013年第一期客户满意度测评成绩排名全省第一，集团公司满意度测评集团客户满意度全省排名第二。截止2013年11月，公司不含0－5元通信用户达到300余万户，移动电话普及率达48%，全年营业税纳税金额达5千万余元，为促进全市经济又好又快、更好更快发展作出积极贡献。2013年，毕节移动分公司不断加强渠道建设，积极推进引商入柜，完成了全市16个营业厅的引商入柜工作，加快了渠道转型；截止2013年11月，全区渠道总数为4028个，其中实体渠道1090个（其中：自营厅21个、合作营业厅415个、特许店111个、特约代理店543个，社会直销员1866个）实体渠道数量占三家运营商实体渠道总数的63%，解决近6000余人员就业问题，为维持社会稳定做贡献，不断推进毕节市社会经济的发展。2013年，毕节移动分公司继续加大对基础网络的建设力度，投入建设资金5.2亿元，不断加强基础网络建设，提高网络覆盖能力。新建城区基站65个，城区室外覆盖率由12年的98%提

升到99.9%以上；新建高速覆盖基站70个，解决杭瑞、毕威、黔织等新建高速信号覆盖；新建村通基站64个，村通投资累计约30亿元，将自然村覆盖率从95.5%提升到95.95%，农村弱覆盖区域的通信得到进一步加强；新建边际网基站16个，完成了对12个乡镇容量受限和弱覆盖问题；新增612个AP，完成275个村委会、34个小学的行政村WLAN建设工程，行政村WLAN覆盖率增加8.25%；新建801个TD基站，完成城区扩展和部分补盲补弱工作，完成全部236个乡镇中心区域的覆盖，进一步夯实了网络基础，提高了网络覆盖能力和服务能力。毕节移动分公司不断提升应急保障能力，在雪凝灾害、洪涝灾害、抗震及矿难等各类灾害及突发事件中第一时间提供通信保障，有力支援了政府的救灾指挥调度。完成各种大型会议及节日应急通信保障18余次，开通应急车19次，应急电源车1次，总计投入350人次以上，吸收话务量约14894Erl。确保十八届三中全会期间网络与信息实现“零”事故，圆满地完成了“两会”、“纳雍麻嘎山体滑坡应急保障”、“毕节市第一次运动会应急保障”等重大通信保障任务，很好地履行了中国移动的企业社会责任，多次获省、市、县级政府及上级有关部门的高度评价和表彰，获得巨大的社会效益。

【2014年工作】 2014年投入建设资金4.5亿元，初步实现了4G无线网络乡乡通的覆盖工程；同时，公司狠抓基础网络建设工作，对已建高速公路、重点工程项目、旅游景点重点实施移动信号覆盖工作，全面提高网络覆盖能力和服务能力，助力地方经济快速健康发展。2014年启动700M工程，完成422个行政村的宽带接入工程，累计实现1242个行政村宽带接入，覆盖率达100%，为实现全市村通宽带，解决农村上网难问题做出了积极的贡献；按省委省政府的要求，近4年来共出资580余万元购置计算机、电视机、空调、相机、扫描仪等办公自动化设施，建设了黔西县洪水乡新桥村、百管委金坡乡永富村等累计30余个点信息化示范村，为破解农村与城镇共同发展，共享信息服务迈出了可喜的一步。中国移动毕节分公司始终以“正德厚生、臻于至善”的核心价值观服务大众，在服务工作中，始终坚持“创优质服务”的工作理念，做实、做细客户基础服务工作，着力推动和监督各项改善措施的落地执行，切实解决客户关心、投诉的问题，从源头把控的工作思路，持续稳步提升客户满意度，第三方测评客户满意度2011年到2014年连续四年毕节移动分公司排名全省第一；为了向广大用户提供便捷周到的服务，全市共建设了移动营业服务网点3400多个，每年支付代办业务酬金1.2亿余元，解决了4500多人的就业问题，上缴税收1.12亿元；市场份额始终保持在84%以上，用户普及率达到60%，市场占有率及业务收入总量稳居全省前三位，为保持行业领先地位和促进全区经济社会发展作出了积极贡献。把握当前毕节市经济跨越发展的机遇，以注重效益、规模发展为原则，开展信息化产品的业务优化和价值提升工程。一是投入资金700余万元，开发搭建了市级协同办公平台，实现了毕节市政府至各部门、各县、乡的方便、快捷的信息化政务，实现低碳、无纸化、高效的移动办公方式。二是紧密配合各卫生医疗系统开展新农合业务的发展，截止2014年，公司已持续为新农合项目投入超过2.15亿元资金，目前毕节地区专线建设共计598条、村医PC在用274户，信息机使用户数1283户，农医通用户数80.7万户，毕节地区新农合业务的发展基本得到普及。三是投入资金1.2亿元建成540余条光缆专线、6套煤监、税控平台，开通了金沙、黔西等7个县区的“煤炭安全监控系统”、“煤炭税费监控系统”。提升了煤炭及非煤矿山的安全管理措施，有效控制了人为安全事故的发生，最大限度地保护了人名群众的生命安全、企业及国家的财产安全；实现了政府对煤矿企业的科学监管，最大限度地降低了“税收流失”的不良现象，夯实了支柱产业的税源基础。

【2015年工作】 2015年，该公司克服了工程量大、时间紧

迫等困难，全力以赴加快4G工程建设，秉承“网络质量是通信企业生命线”的理念，持续打造以4G为核心的卓越品质网络，2015年共新建无线项目13个，总投资2.43亿元，共计新建4G基站2445个，其中宏站2119个，室分306个，无线优化基站20个，主要覆盖高速、乡镇延伸区域、重要景区及农村高流量小区。4G三期工程建设完成后，毕节4G站点共计建设规模为4167个站点，仅次于贵阳、遵义，与黔东南基本持平；新建2G站点704个，村通覆盖基本实现了20户以上自然村的移动网络覆盖。2015年新建700M站点435个，覆盖行政村581个，目前完成开通289个，覆盖行政村355个；截止2014年底，毕节分公司已完成1242个行政村通宽带建设任务，覆盖率达100%。2015年我公司投资1670万元，启动了700MLTE无线宽带建设项目，新增覆盖411个行政村，为边远村寨的宽带应用迈出了探索的关键一步。2015年，运用互联网经营思维，深挖数据运营模式，转变流量经营意识，加大客户粘性，提升客户价值。以圈子业务、家园卡等营销策略稳定存量市场，通过新入网优惠政策抓住新增市场，最终实现稳存量、促增量的目的，全市存量客户达350余万户，整体市场份额达到84.54%；全市移动营业网点达3400多个，共解决4500多人的就业问题；2015年，中国移动陆续推出八大惠民举措，包括“夜间流量套餐、假日流量套餐、4G流量卡、套外安心服务、流量促销计划、话音短信不限量套餐、国际漫游包天套餐，流量共享、流量不清零与流量交易”等措施，有效降低资费水平，切实让用户得到真正的实惠。

【2016年工作】 2016年全年运营收入达到23亿元，通信客户数到达355余万户，继续保持网络质量领先的绝对优势。强化4G规模运营，做好网络、渠道和营销的协同，把控营销过程中换机换卡和换套餐同步，实现4G客户转换一步到位，快速提升4G客户规模，行业市场持续稳定发展。2016年净增用户24万余户，占全省的23.52%，净增份额达93.05%，全省排名第一，通信份额85.07%，全省排名第一；全年净增宽带5万余户，同比增幅220.73%，持续提升客户份额，市场地位得到进一步提升。为持续建立和保持网络竞争新优势的核心，建成4G基站达6793个，实现全市已通车高速公路、重点景区全覆盖及89%的行政村覆盖；共建设完成宽带端口约35万个，覆盖用户约105万户，初步实现了重要城区和1836个行政村及部分自然村的有线宽带接入；此外，还通过700M项目完成了992个行政村的无线宽带覆盖；共计完成传输线路建设5.3万皮长公里，成功实现了全市城区及2828个行政村的光缆连接以及主要市政道路的管道覆盖。截止2016年底，毕节移动分公司在全市社会营业网点共计2000余个，解决了万余名社会人员的就业问题，为地方财政贡献税费达1.6亿元。全年开展应急通信保障47次，出动应急通信车50次，投入应急通信设备套47次，动用人员500余人，圆满地完成了地方各项应急通信保障任务。组织青年志愿者开展了学雷锋义务植树劳动、尊老敬老、帮困助贫、关爱农民工子女等形式多样的志愿者活动62次，参与人数达807人。积极响应政府扶贫政策，不断加大定点扶贫乡镇的移动通信网络建设力度，为贫困乡镇信息致富搭建网络桥梁，助力毕节市扶贫攻坚行动。在扶贫工作共涉及的纳雍、威宁、赫章3个县共18个乡镇建成2G基站220个、4G基站265个，共覆盖行政村287个，其中贫困村237个、覆盖贫困人口12.3万人，较好的解决了贫困乡镇基础通信及一村一品电商发展等问题；完成了威宁县石门乡14个行政村、87个居民组的手机网络覆盖和石门女姑等8个行政村的宽带网络覆盖，解决了贫困山区农民通信需求。

联 通

【2012年工作】 2012年，中国联通毕节市分公司紧跟地方经济发展步伐，服务地方经济建设，践行改善民生，全力加快投资建设步伐，全年累计完成投资1.2亿元，年度投资完成额和建设规模均创历史新高。新增基站

300座（其中3G基站175座、2G基站125座），新建本地传输光缆800余公里，新建城区管道50余公里，完成黔西县、大方县、七星关区传输汇聚网工程建设，基站传输平均成环率达到49.2%，宽带网络覆盖率达到55%，加快局房基础建设，重点推进市分公司通信综合楼主体工程建设，完成投资1447万元，完成3个区县分公司营业厅购置。圆满完成年度共建共享任务，节省建设投资437万元。加快网络提速工程，3G网络通过调测开通166站FE口，2G网络通过扩容TRX板件和增配静态信道、扩容Gb口电路，网速得到大幅提升，移动网质量故障率明显降低，网络质量和用户感知进一步提升。服务质量和服务水平持续改善。是年，中国联通毕节市分公司秉承“以客户为中心，以服务为根本”的服务理念，以为用户提供优质通信服务及促进社会和谐为己任，倾力做到“消费请客户放心，服务让社会满意”，重点实施服务窗口“零容忍”计划，完善服务质量监督体系，专项治理服务短板，建立3G专属服务，实施宽带承诺服务，建立消费者权益保障监督机构，建立健全“大服务”提升机制，推进服务提升工作趋向规范化和常态化，推进服务维系管理，以“服务八领先”为目标，完成分级服务体系、强化VIP客户专属服务，深入落实“3G行动计划”，SP投诉率大幅下降并杜绝强捆现象，有效提升用户良好感知。

【2014年工作】 2014年，在省分公司领导下，在地方党委政府及各级部门关心支持下，分公司上下加快节奏、开拓创新、突破发展，较好地完成了全年经营目标：收入和利润全面完成。主营业务收入同比增长20.32%，列全省第二位。开展“五个攻坚”推动企业核心竞争能力实现新提升。开展流量经营攻坚。开展网络赶超攻坚，以4G、3G、U900、2G四网协同组网加快建设移动网络，全年新建731个3G基站、45个4G基站、72个室分覆盖点，移动核心网具备EPC能力。全力建设分组系统，提升网络容量。加快宽带网络建设，全年新增接入网端口6.77万个、达到16.39万个。在网络层面持续推进端到端用户感知提升。以3A达标为载体，实施建立运维标准化工作体系。开展渠道发展与管理转型攻坚，提升渠道服务能力。推进网格及店面管理，提升网格规范化、店面精细化运作能力。开展终端开放经营转型攻坚，完善终端运营体系建设，整合厂商、国代资源促进终端上柜，完善终端售后服务保障终端售后服务满意度提升。开展客户存量价值经营转型攻坚，坚持以“用户保有、价值提升”为核心，持续推进客户维系向存量价值经营工作转型。强化工作执行和监督考核，认真落实行风工作要求，强化热点问题整治，实施服务触点分析，开展窗口及宽带末梢零容忍服务管理等举措，全业务投诉率降至2.76件/万户，全移网用户满意率96.47%，宽带回访满意率95%，申诉、升级投诉率≤2.1件/百万户，未发生企业责任案件。全面实施激发基层责任单元活力经营体制改革，实施“运营管理的集中化、专业化、扁平化”的新经营体制运营，建立以“毛利、成本”为导向、“四包一清单”为基本要素的激励体系，极大地调动了基层单元和一线员工和积极性、主动性。全面落实“营改增”，促进销售模式转型。坚持刚性控制各项成本费用进项税获票率，降低建设、运营成本和综合税负率。以实施“营改增”为契机，大力调整和优化传统运营模式，从追求规模快速扩张转变为更加注重真实有效发展转型。全年累计压降营销成本同比下降1.65%，较上年改善5.5个百分点，圆满完成省分公司刚性管控目标，并通过成本压降配套政策措施有效倒逼经营改革转型，促进向有效益的规模发展转变。

【2015年工作】 2015年，在省分公司领导下，在地方党委政府及各级部门关心支持下，分公司上下大力发扬“干字当头、敢字为先、拼字求胜”的精神，较好地完成了全年经营目标：收入增长列全省分公司第4位，利润持续改善。业务结构持续优化。移动宽带（3G/4G）业务、数据信息业务、宽带业务持续提升。用户规模持续提升。网络能

力持续改善，移动宽带网络覆盖到村，3G 网络人口覆盖率达到90% 以上，4G 网络在市区、县城主城区、发达乡镇镇区、重点场景基本连续覆盖。宽带接入网光纤化比例达到 90% 以上，新建、改造区域基本实现城区20M、农村 10M 接入能力。建好优质目标网络，加快形成 4G 时代新的核心竞争力。全年新增建设投资 3.47 亿元，打造 4G/3G 一体化精品网络，持续提升网络服务支撑能力。全年建设了 1734 个 3G 基站、744 个 4G 基站。以行业领先为目标，低成本、高速率地建设宽带接入网。全年新增宽带接入端口 10.2 万个，宽带接入网光纤化新建及改造区域速率达到城市 20M 以上、农村 10M 以上，IP 城域网出口带宽达到100G。真正实现“4G 到乡、3G 进村、光纤到户”的网络良好支撑。加快宽带“提速降费”体验，打造宽带行业领先品牌；提升宽带接入网质量，保证接入层光缆稳定性和抢修及时性；强化网络线对一线的服务支撑，率先承诺超时服务双倍赔偿，持续改善客户感知，提升客户满意度。加强网络优化工作，提高覆盖类投诉热点区域的解决率达到 90% 以上；提升室分可用率达到 90% 以上，确保网络稳定，持续提升网络运行质量。加快局房建设。推进于 10 月份完成威宁县综合楼主体工程竣工验收，并顺利进入装修工作；推进完成黔西县综合楼购置，并于 9 月份完成装修验收投入使用；推进完成赫章营业厅、纳雍营业厅、金沙营业厅购置与装修工作。

【2016 年工作】　聚焦“重点业务”取得新进展。坚持全面实施聚焦战略。聚焦 4G 业务，坚持以 4G 引领移动业务发展；聚焦宽带业务，坚持以视频融合推出“4K 超清视频业务和千兆宽带产品”引领宽带业务发展；聚焦流量引导，推出“流量王100”套餐，省内流量无限量；聚焦创新业务，聚焦旅游、消防、交通大数据等优势业务，持续推进 ICT、IDC、云计算、物联网、大数据等创新业务发展。网络支撑保障迈上新台阶。加快网络和基础设施建设，全年累计完成投资 1.4 亿元，新增 4G 基站424 个、3G 基站 130 个、室分覆盖楼宇 5 个小区、宽带端口 5.1 万个、IP 城域网出口带宽 160G、光缆达 3.3 万公里。全面完成光改任务，建成全光网络。顺利完成威宁综合楼建设并于 10 月投入使用。深化运维体制改革，推进全市维护和网优集约化，全年移网质量申告率和宽带平均故障申告率分别同比改善 47%、16.5%。通过搬迁 BBU 方式、网络结构调整、超长阻断基站管控、4G 网络支撑保障，提升网络接通率、降低网络掉话率，3G/4G 网络指标全部达标。在 11 月中旬省通信管理局组织对三家运营商高速公路网络测评，毕节联通网络质量第一。通过宽带扩容、环路保护、光改提速、深化覆盖、内容建设，提升宽带网络领先。城区全面实现光网络具备50M－100M 接入能力，乡镇全部实现 FTTH 网络具备 50M 以上接入能力。强化 IT 支撑保障，实施信息化一体化运营，推动信息化支撑水平不断提升。客户服务水平实现新提升。坚持以客户感知引领服务质量改善，从客户口碑、触点体验、投诉解决等三个方面开展客户感知提升工作。建立 NPS 常态化运营机制，坚持对关键触点服务质量进行深入体验，坚持问题导向，持续深化大服务体系运营，聚焦 4G、宽带等核心业务和窗口服务、电子电话渠道、网络质量等用户关键感知点，推动客户感知提升。企业基础管理水平得到新提升。强化经营全过程的降本增效，强化成本意识、节约意识和效益意识；加强预算执行，对非生产性行政线成本严格管控，降低行政办公费用；对与资源量挂钩的网运线成本要从系统协同、节能节电、新技术运用等维度找办法，在保证网络质量的前提下全力降低网运成本，推进降本增效刚性执行。规范物资采购管理。按照“规则在先、实施在后”原则和“三重一大”决策要求，通过集体“决策采购方案、确认采购结果”，进一步规范物资采购。利用内部商城减少各级单位现金支付，实现“去库存化、去现金化、去行政化”目标，更好支撑基层单元。加强内控与风险管理。加强网络信息安全、安全生产和保密工作。夯实安全生产、保密工作基础管理，杜绝责任安

全事故和失泄密事件发生。履行社会责任取得新进展。积极履行企业社会责任，认真落实国家“提速降费”要求，手机流量单价累计下降60%，固网宽带资费累计下降67%。通过“小能人”工程，扩大农村宽带网络覆盖范围。健全实名制工作长效管理机制，实名率达到100%。

供销合作

【概　述】 2012年至2016年，七星关区供销社认真贯彻落实党中央国务院、省、市、区委、政府关于供销合作社改革发展的重大部署，紧紧围绕区委、区政府和上级社的中心工作，高举为“三农”服务的旗帜，抓龙头、上项目、建网络，发展农合组织，推进基层组织创新，服务新农村建设，深化改革，开拓进取，实现了供销事业又好又快发展。2012年以来，实现商品购进总额576729万元、实现商品销售总额590733万元、实现利税14404万元。

【构建农村现代流通服务网络体系，搭建为农服务平台】 2012年以来，该单位大力实施“新网工程”，着力打造农村现代流通网络，按照区有配送中心、乡有超市、村有便利店的目标，强力推进农资、日用消费品建设。搞好农村商品流通是供销社的基本职能之一，特别是农资商品直接关系到农村市场的稳定和农民的切身利益，搞好供应工作是供销社的职能所系。一是随着市场经济的进一步完善，面临市场竞争给供销社带来“生与死”的考验，我社进一步深化农资经营机制和内部管理体制的改革，结合实际，在各乡镇建立了农资连锁经营网点86个，逐步构建起我区农资经营的“现代流通体系”，为农业生产的需要提供更优质的服务。在化肥货源不足，资金紧缺，储备困难的情况下，农资经营企业通过连锁经营由弱者变为强者，充分发挥群体优势，真正体现政治和经济上的连锁，在市场份额中始终保持供销社化肥经营的主渠道地位，淡季储备化肥61000吨，销售各种化肥387439吨，在保障供应、支援生产、助农增收、稳定市场等方面起到积极的作用。二是积极做好农资供应，认真开展“化肥低价配送下乡”活动，以每包低于市场价6元、8元、13元不等的价格让利于农民，共向市场配送化肥1220吨，共向农民让利23万余元，维护了农民利益，让农民真正得到了实惠，起到了稳定化肥价格、调剂市场的作用。

【建立村级综合服务站，加大为农服务力度】 为了更好地为三农服务，我社将建立村级综合服务站作为首要工作来抓，制定了《村级综合服务站和农村商品零售超市建设实施方案》，按照方案要求，经过深入到全区范围内进行选点，5年共建立了440个村级综合服务站和56个商品零售超市。

【推进基层供销社改革发展，加大为农服务力度】 一是建立新型供销合作社，加大为农服务力度。按照中华供销合作总社和省供销社提出的“政府主导、农民主体、供销社主办、市场化运作”的工作方针，该社以开放办社、加盟连锁、招商引资等形式建立了19个新型基层供销合作社。二是按照进一步推进农村供销合作社的建设和开放办社的有关要求，通过对亮岩、水箐、大河、八寨坪、小坝5家个体商业户的综合实力情况和经营能力状况进行考察后，分别与这5家签定了组建新型基层供销合作社的合作协议，让其承担供销社相关公共服务，代行供销社受政府及涉农部门委托的供销社职能，提前完成了市社下达的任务。三是村级综合服务站升级改造工作，根据市社下达的建设内容及标准，升级改造的52个村级综合服务站按照制度建设、场地建设、仓储建设、货源充足的有关要求已全面升级改造完成。四是庄稼医院的建设严格按照省社下达的标准组织实施，根据定人、定岗、定责的有关要求，完善庄稼医院的药（商）品分类，明码标价，以庄稼医院升级改造为试点规范建设4个乡镇级庄稼医院，分别是亮岩供销社庄稼医院、田坝桥供销社庄稼医院、海子街供销社平义食用菌专业合作社庄稼医院。五是引领和创办的2个农民专业合作社项目已实施完成。五是积极争取政府的支持，将贵州省供销社“贵农网”

农村电子商务落户到七星关区电子商务产业园组建成立“贵农网”农村电子商务运营中心，积极与贵州省“贵农网”农村电子商务公司进行对接，按照省社的要求积极争取把七星关区申报为“贵农网”农村电子商务第二批试点县（区）建设之一。

【发展扩大社员股金，积极参与农村金融服务】 按照〔2009〕40号《国务院关于加快供销合作社改革发展的若干意见和黔府发〔2010〕 9号《贵州省人民政府关于进一步加快供销合作社改革发展的实施意见》精神，为认真贯彻落实中华全国供销合作总社及省市供销社“发展自我、服务三农”的精神，在区委、区政府的领导和支持下，结合实际，克服困难，积极筹备，成立了海子街供销社社员股金服务部、供销贸易公司股金服务中心、鸭池供销社股金服务部和区农资公司股金办事处，以服务“三农”为宗旨，遵照“安全、方便、微利”的经营理念，面向系统和社会募集社员入股，利用吸收的社员股金盘活资产、整合资源，进一步促进供销基层社的发展，调剂本系统企业或社员发展经营资金缺口，重点支持“三农”，调剂给缺乏资金的农民购买生产资料、农田基本设施建设和发展种养殖业、农产品加工业等。社员股金服务部的运营，将进一步拓展七星关区供销合作社的业务范围，充分发挥社员股金在支持“三农”、服务地方经济建设中的积极作用，为七星关区农村经济发展搭建新的融资平台。

【推进基层供销社改革发展，加大为农服务力度】 一是对已建村级综合服务站进行升级改造。根据上级社下达的建设内容及标准，对已建52个村级综合服务站按照制度建设、场地建设、仓储建设、货源充足的有关要求进行基本改造，并已全面组织验收。二是庄稼医院的建设和升级改造工作。按照上级社下达的标准全部按升级改造的内容组织实施，根据定人、定岗、定责的有关要求，完善庄稼医院的药（商）品分类，明码标价，以庄稼医院升级改造为试点规范建设乡镇级庄稼医院。三是引领和创办的14个农民专业合作社项目已实施完成。四是认真组织市场建设，3个农贸市场建设已完成设计规划，资金已经到位，并已组织建设，明年年初可以投入使用。

【扎实有序开展“两学一做”学习教育】 该单位把开展好“两学一做”学习教育作为落实全面从严治党的重大举措，作为2016年党建工作的重中之重，超前谋划、积极行动，确保了学习教育安排有序、扎实推进。一是及早着手营造深厚氛围。中央作出关于在全体党员中开展“两学一做学习教育的部署后，将此项工作牢牢抓在手上，认真研究谋划，做好各项准备工作。及时召开全体党员会议，认真学习传达习总书记对“两学一做”学习教育的重要指示、中央和省、市及区委组织部、区直机关工委的通知精神，结合实际迅速启动，建立学习制度，做好学前准备，营造了学习教育氛围。二是扎实安排部署。在认真学习贯彻中央、省、市、区委会议和文件精神的基础上，拟定了《区供销社“两学一做”学习教育实施方案》、《区供销社“两学一做”学习教育进度安排表》等，明确了学习教育的目的意义、主要任务、推进措施和组织领导，并于5月10日召开了“两学一做”学习教育启动会，对区供销社“两学一做”学习教育进行了全面安排，迅速展开了学习教育。三是强化责任落实。我单位成立了以党组书记为组长、机关党委书记为副组长，各支部书记为成员的领导小组，具体工作由办公室承担。各支部也成立了相应的组织。确保了学习教育活动有领导、有组织、有人员、有落实。并将离退休党员全部纳入学习教育范围，确保了党员全覆盖。

（撰稿人：办公室）

烟草专卖

【概　述】 2012－2016年，在区委区政府的坚强领导下，七星关区烟草专卖局紧紧围绕“严控面积、坚守红线”的工作重点，按照“转方式、调结构、上水平、促发展”的思路，进一步解放思想，理清思路，深化改革，明确目标，细化管理，抢抓机遇，整体提升烟叶标准化生产、现代烟草农业发展和专卖管理水平。通过全体员工的共同努力，各项工作取得了一定成绩，为七星关烟草转型升级发展奠定了坚实的基础。

【稳步推进实现老烟区新发展】 2012 至 2016 年，全区共种植烤烟 446775 亩，共收购烟叶 834228 担，完成烟叶税收 24183 万元。

过去五年，七星关区局以转变生产方式、提升服务水平为抓手，促进“组织化程度、专业化服务、团队作风”三项同步提升。按照“风格要特，质量要优”要求，搞好“良态、良田、良种、良法”配套，并严格按照“工业青睐、烟农喜欢”的原则合理规划烟区，实现烟叶计划资源最大化。（一）烤烟标准化生产落实到位。一是按照市场需求合理安排种植计划。要求各烟叶站点要严格计划合同管理，科学约定单产，合理确保移栽密度，保证烤烟亩均株数栽足、面积栽实。二是优化烟叶布局。将计划资源向有市场需求、生态条件好、烟叶特色明显、完成计划好的烟区倾斜。要求全区 100 亩以上相对集中连片种植比例达到 80% 以上，形成稳定的烟叶产业带。三是抓好“技术保障”措施。全面推行井窖式移栽膜下小苗移栽技术和双行凹垄覆膜栽培技术，彻底解决我区常年移栽难题，实现大田烟株长势及整齐度明显提高；全面开展自制有机肥工作，配套推广油菜压青技术，扩大酒糟有机肥施用面积；以合作社为平台，进一步加大烘烤培训力度，建立强有力的科学烘烤队伍；重抓病虫害防控，根据气候条件精准预测和精确防治病虫害发生，有效减少病虫害造成的减产和损失。四是烘烤收购有力推进。全区全面推进专分散收工作，强化专分散收标准化流程管理，落实多项考核措施，实现了分级现场管理有序、烟叶收调较为平稳；烟叶收购全面实行“三约”交售制度，同时按照“十个一”服务新要求提升服务烟农水平，服务烟农热情规范，提升烟农满意度。（二）现代烟草农业建设水平持续提升。一是按照“布局合理、服务便捷、设施配套、功能齐全”的建设思路，配套建设育苗设施。二是按照“合理布局、适度规模、场群结合、充分利用”的建设思路，配套建设密集烤房。三是结合区域特点采取深耕为主，烟叶生产各环节采取实用为主、环节覆盖为辅的思路配置农机具。四是通过合理利用单元内县道和通村路修建机耕道，尽可能将基本烟田连接起来。五是按照建设优秀基层站点的发展方向，结合各单元站点现状合理规划站点建设相关工作。

【精心谋划形成专卖管理新格局】 一是加强精心案件管理。集中整治、突出检查、蹲点监管等方式严查销售假、非、私卷烟行为；加强与公安、工商密切配合，充分利用协作资源，以突破大要案件为抓手，形成强有力打击涉烟违法犯罪活动震慑力度。2012 年至 2016 年，该局共查获案件 500 起，其中 5 万元以上案件 40 起，省标案件 4 起，国标案件 2 起；查获卷烟 1017.09 万支，查获烟叶 88.9 吨，查获烟丝 73.3 吨，为“两烟”市场秩序稳定打下了良好的基础。二是实施精准市场监管。采取市场走访和设置流动咨询服务台的形式在日常工作中加强相关法律法规及知识的宣传，分别在每年的“3.15”　“6.29”“12.4”设置宣传咨询台开展宣传活动，同时抓住中秋国庆等重点时期开展整治活动，提高零售户守法经营意识，市场综合净化率年年达 98% 以上。2012 年以来，全区共接待专卖法律法规咨询群众 100500 余人次，发放宣传单 95000 余份。三是加强烤烟收购期间监管力度。加强与公、检、法等部门和当地政府的沟通协作，设置“联合执法服务点”，每年在毗邻乡镇边界和辖区高速出入站等地驻扎联合执法人员，对烟叶种植者、烟叶二道贩子的不正常动向进行暗访排查并开展路检路查，遏制非法营运烟叶活动，派驻专卖人员到烟叶收购点进行执法服务，达到预防和打击非法经营烟叶违法活动的目的。

【强化基础设施建设推进集约化生产】 七星关区种烟村组常年耕地面积 50 余万亩，规划基本烟田面积 10 余万亩，基本能满足烤烟常年种植面积3年以上不重茬的要求。自2012年以来，一是逐步配套完善烟区基础设施建设，全区共实施机耕道建设72条，总长262.146公里，投入资金4356.54万元；购置农机具11382台（套），采购资金683.73万元；实施插地大棚建设243个，共计43740平方米，有效改善烟区基础生产条件。二是积极配合区烟办，制定适合七星关区实际的烟水工程后续管护办法，确保维修后的烟水工程长期发挥效益。三是充分利用“四清”工作的成果，对已建基础设施建设的现状进行动态管理，每年年初由基础办牵头安排专人对使用的烤房、育苗设施、农机具等设施现状进行一次全面普查，适时更新现状普查表，为当年的维修提供真实可靠依据，确保基础设施建管到位。

【产业带动促进脱贫攻坚新成效】　党建扶贫工作中，一是联系捐赠资金扶贫新村建设。2015年，获国家局捐资1200万元，用于田坝桥、燕子口镇和千溪乡辖区内六个村的烟草扶贫新村建设。二是积极开展“三关爱”活动。为联系点大银镇空巢老人、留守儿童和残疾人送去大米、油等生活物资，并为其解决困难。三是解决基本人畜饮水及生产用水。2014年，将1.9万元捐赠款用于资助大银镇羊桥村转山、茨兰两个组修建一个蓄水池，作为人畜饮用及生产用水；捐资为特困农户杨发珍建造新房屋顶门面门窗。四是深入抓好驻村帮扶工作。2015年，为朱昌镇八亩村捐赠1.6万元用于八亩村党建扶贫，同时联系区烟办资金4.7万余元用于螃蟹村更换抽水机和维修水管。2016年匹配驻村扶贫资金3万元开展驻村扶贫工作。五是建立党建1+1扶贫机制。领导干部、机关党员及当地烟叶站党员结对帮扶贫困户，特别是贫困烟农。每年领导班子成员联系帮扶2户贫困户，了解当前急需解决的困难和问题，算好时间帐、经济帐，找准脱贫致富的路径，对其进行帮扶。六是与市政法委联系开展同步小康“民主法治示范村”共创共建工作，争取大河乡拉乐村、官代河村党建帮扶资金3.94万元，用于安装太阳路灯和修建垃圾池。通过一系列举措，为贫困烟农、贫困烟区改善了基础生产生活条件，注入了新活力。

【筑牢全面从严治党根基】（一）建立健全基层党组织，发挥战斗堡垒作用。2013年8月成立了中共七星关区烟草局（分公司）机关党委，选举产生机关党委支委成员7名，机关党委下辖9个支部，党员147名，党员全部实行属地管理，选优配强支部书记和支委成员，因地制宜制定党支部建设方案，建立先锋岗、模范岗、责任田，使党员成为基层岗位的中流砥柱，以此带动队伍整体素质和基层工作的全面提升。（二）严明政治纪律、严肃党内生活。通过贯彻落实上级各部门的要求部署，深入推进“两学一做”学习教育常态化，多次组织学习《党章》《中国共产党问责条例》《中国共产党党内监督条例》等，进一步强化政治规矩和政治纪律。通过开展“学党章守纪律讲规矩谋发展”专题教育讨论、“互促共进、敢于担当”专题组织生活会、“讲奉献、有作为，落实全面从严治党，全力推进党建扶贫攻坚，促进共享发展”党组中心组专题学习讨论、机关党支部“三会一课”、送廉政下基层等方式，牢固树立政治意识、大局意识、核心意识和看齐意识。（三）全面落实“从严治党”两个责任。成立了全面从严治党主体办和监督办，并制定考核方案，将责任层层落实到基层，层层传导压力，以党支部书记和部门负责人为第一责任人确保工作落实到位。认真落实民主集中制原则，全面完善和落实议事规则、决策程序，督促领导班子和党员干部严格按程序、规则和集体决策办事。同时，开展全体党员党性体检活动，检验党员是否政治合格、执行纪律合格、品德合格、发挥作用合格。

【全员参与提升综合管理水平】　一是人力资源改革见成效。面对历史问题和主要矛盾，积极主动开展“三定”工作，设置服务岗和辅助岗等多种性质岗位，并将合作社领办、值班、食堂等工作全部交由职工承担，进一步盘活了人力存量，推进了人事制度转型。通过两次深化人事制度改革，全面解决了人多事少的问题，达到人尽其用，人岗匹配。二是人才队伍建设持续深化。进一步深化员工教育培训工作，员工素质有了加强。通过组织参加河南农大学历教育，提高员工的知识水平；通过开展技能培训鉴定和竞赛，提高员工的技能水平；通过开展标准化培训，提高工作的流程规范化；通过开展企业文化的宣贯和培训，提高员工的道德素养；通过选派干部参加管理人才队伍培训，提高干部的管理能力。2012 年以来，建立了员工培训系统、网络学习平台等，举办培训班上百期，培训 1.2 万人次以上。网络学习实现在岗员工全员参与、全员考核。截止 2016 年底，共有硕士研究生 5 人，本科 83 人，大专 165 人，中技、中专、高中 120 人，高中以下 59 人。具有专业技术职称人员 96 人，中级职称 17 人，初级职称 79 人。具有技能等级人员 331 人，技师 19 人，高级技能 183 人，中级技能 107 人，初级技能 22 人，人才结构实现优化。三是法制建设有声有色。近年来，七星关区局结合“六五”普法和“法律六进”要求，全面加强普法宣传力度，营造良好和谐的法律学习氛围，于 2016 年获得全省“依法行政示范单位”创建荣誉，并多年荣获全区“六五”普法先进单位等称号。四是安全工作坚如磐石。安全工作责任到人、明确目标，广泛吸收先进的安全生产管理经验，着力管控安全生产中的薄弱环节，坚决遏制重特大事故发生，并有针对性地进行隐患工作排查，整改重点隐患，连续多年实现安全生产“零”事故目标，并于 2016 年底通过了国家安委会安全一级达标审核。五是企业管理现代化水平进一步提高。针对经验管理、传统管理色彩浓厚，新观点、新技术、新工具应用较少的问题，七星关区局将强力推进科技兴烟、科学管理、信息支撑、工具支撑，增强现代企业管理的气息，从“两烟”生产经营、专卖管理、综合管理、基础设施建设等各方面深入推进企业管理理念，各项重点费用控制在计划范围内，业务招待费等大幅度下降，实现企业降本增效。

（撰稿人：办公室）

教育　文化　科技

教　育

【概　述】　五年来，全区教育系统在区委区政府的坚强领导下，在各乡镇街道和区直部门的支持下，紧紧围绕“办人民满意的教育”为目标，认真贯彻落实中央、省、市有关教育方针政策，扎实推动办学条件提质，不断强化教师队伍建设，着力提升教育教学质量，切实推动全区教育事业持续健康发展，积极推进素质教育，不断优化教师队伍，努力提升教育教学质量，加强薄弱学校建设，促进义务教育均衡发展，全力办好人民满意的教育。

【基本情况】　截至2016年12月31日，全区共有学校818所，比2012年增加193所，其中幼儿园387所（含山村幼儿园290所），完全小学295所，教学点27个，初级中学54所，九年一贯制学校34所，特殊教育学校2所，高级中学5所，完全中学11所，中等职业学校1所，十二年一贯制学校2所。在校学生349422人，比2012年增加25395人，其中幼儿园54491人，小学157778人，初中89947人，特教637人，普通高中43102人，中职3467人。专任教师20899人，比2012年增加9083人，其中幼儿教师3682人，小学教师8713人，初中教师5510人，特教教师83人，高中教师2693人，中职教师218人。

【各类教育协调发展】　一是学前教育办学空间不断拓展。改建乡镇中心幼儿园和山村幼儿园，合理规划幼儿园建设。支持民办与公办同步发展，规范办园行为，提高覆盖率。全区4—6周岁幼儿78560人，在园幼儿67977人，学前三年毛入园率为86.53%，比2012年增加34.37个百分点。幼儿教学班1830个，教职工3682人，达“两教一保”标准班级1649个，达标率为90.11%。二是义务教育办学质量不断提升。推行中小学集团化办学模式，以市实验学校、毕节二中、区第三实验学校、毕节四小、北大附校等5所学校为龙头，组建覆盖28所中小学的5个教育集团。九年义务教育巩固率为98.66%，比2012年增加13.06个百分点。“三残”儿童少年入学率为90.95%。义务教育辍学率小学0.11%、初中0.61%。进城务工人员随迁子女3913人，就读公办学校3129人，就读比例为79.96%。三是高中教育改革不断深化。注重文化建设，发挥特色优势，深化课程改革，坚持数量与质量并重，加快推进省级、市级示范性普通高中创建工作。参加高考的13889名学生，比2012年增加4054人，11976名录取到省内外大专院校，比2012年增加1505人。四是职业教育持续发展。推进“校政、校企、校校”合作办学模式，加快省级示范性中等职业学校创建进程。开设专业从2012年的5个增加至6个，同时与上海、重庆、广东等地学校联合办学，开设16个专业。强化“双师型”教师队伍建设，中职专任教师从2012年的98人增加至现在的218人。

【办学条件】 截止2016年12月31日，全区薄改项目23个，6个竣工并投入使用，17个主体正在施工。中央、省级资金投入4402万元，区级财政配套投入1700万元的22个项目，已完成15个改扩建项目，7个新建项目正在进行基础施工。毕节二中、毕节四中的迁建项目和第二实验学校、第四实验学校的新建项目稳步推进。投入资金4872万元，补充2000套“班班通”教学设备；有网络信号的学校都接入网络；投入资金2552万元，补充学生计算机7000台（含桌椅），建设计算机教室272间。各中小学基本实现优质资源班班通，宽带网络校校通，计算机教室全覆盖，且生机比基本达到贵州省中小学办学标准。投入资金1654.83万元，补充中小学教学实验仪器设备291套，各中小学教学实验仪器配置达到省定标准。

【教育教学质量稳步提升】 完成“十二五”期间19个区级课题结题工作，毕节四小和普宜中学省级课题开题工作。全面落实国家课程标准和课程方案，构建规范特色的课程体系，不断推进学校内涵特色发展。创新教学方法，坚持因材施教，优化教学过程，教育教学质量稳步提升。五年来，完成2000余节优质课录播工作；完成4个省级研究课题的开题工作、顺利实施23个教育部关工委课题、结题33个课题，7个被评为优秀课题。职业教育初见成效。区职中校政、校企、校校合作办学模式有序推进，成功与深圳等东部沿海城市中等职业学校联合办学，增设汽修等六个专业，学生流失率逐年减少，毕业率和就业率逐年提升。组织中小学师生参加信息技术大赛。中小学生43件作品在贵州省“多彩创客、智造无限”首届创客嘉年华决赛中获作品数全省第一，一、二、三等奖获奖人次全省第一。组织参加省、市举办的中小学教师实验教学技能创新大赛获全市团体二等奖。教育“9＋3”计划成绩喜人，2014年荣获全市第一名、全省第七名的好成绩。2016年顺利通过省政府“普十五”及“两项督导”工作评估验收。

【加强教师队伍建设】 五年来，通过国家特岗教师专项计划录用教师4425名，从乡镇街道考调847名教师补充到城区缺员学校，大大缓解了我区学校尤其是农村中小学校师资紧张的压力；积极开展国培计划、中小学教师全员研修、骨干校长培训等各种层次的校长培训和教师培训，五年共培训教师10万余人次、校长3000人次，教师队伍素质和学校管理水平进一步提高；二是持续抓好师德师风建设，将2014年定为师德师风建设推进年，深入开展师德师风建设推进年活动，将2015年定为师德师风建设巩固年，巩固师德师风建设推进的成果。两年来，共表彰师德师风建设先进集体17个，先进个人1879人。三是开展教师系列表彰活动，五年来，累计表彰优秀教师、优秀班主任、先进教育工作者和先进德育工作者等4799人。

【安全工作扎实开展】 加强学校及周边环境治理力度，各类矛盾纠纷得到及时有效化解。在全区学校（幼儿园）配备安保人员1226人，配齐各类安保设施，出动人员500余人次，执法车辆200余台次对校园及周边环境进行专项整治，保障校园安全正常推进。加强安全宣传教育，全区各中小学认真落实“两个一分钟”安全警示教育和学生清查工作，深入开展安全隐患排查和完善安全“两个台账”工作。2012—2016年期间，累计发放安全宣传资料60余万份、安全光碟500余张，悬挂宣传条幅200余面，制作安全宣传展板300余块，开展各类应急演练400多场次。创建省、市、区级“安全文明校园”87所，市级“防震减灾科普示范学校”3所；市级“应急管理规范化学校”105所；市级“消防安全教育示范学校”1所。

【惠民政策全面落实】 按时下发农村寄宿贫困生第一批生活费补助资金1640.4万元，中职助学金178.2万元，免学费资金256.2万元。下发精准扶贫资金810.73万元，资助精准扶贫户高中子女2825人，中职学生99人，本科292人。完成营养餐工作员2000余人次的培训工作，424所营养改善计划试点学校169663学生的供餐工作，13500名大学生生源地信用助学贷款工作。按照“七长、双线、九平台”工作措施，着力抓好留守儿童关爱救助保护工作。在全区义务教育阶段学校建设留守儿童之家500余个，开通亲情电话124部，视频聊天室423个，配置图书30余万册，其他器材约5千余件，同时每年压缩行政办公经费的8%约500万元，用于建立留守儿童关爱基金，对全区在校留守儿童实行结对帮扶。在全区各学校培训配备了兼职心理健康教育教师900名，开展心理健康教育辅导8万余次。利用暑假组织部分优秀贫困留守儿童到北京、深圳等地开展夏令营活动，全面实施留守儿童关爱去标签化工作，充分发挥学校关爱主阵地作用。

【多项工作齐头并进】 一是在全区中小学积极开展“祖国好·家乡美”主题教育系列活动，培育学生爱祖国爱家乡的情怀；实施“三生四爱五心五好”和“美德少年”评选活动，评选“美德少年”600名；开展“十佳青少年”评选表彰、“明理知耻·崇德向善”知识抢答赛、中小学生艺术展演和中小学生器乐大赛等，全面推进学生素质能力教育。二是在2015年首次举办全区乡镇级足球联赛，按照成绩选拔参加区级足球联赛，推荐参加市级足球联赛。其中思源学校和毕节四小在市级足球联赛中分别荣获初中组、小学组一等奖，为全区普及校园足球运动开了一个好头。三是不断推进社会主义核心价值观进教材、进课堂、进头脑主题教育活动，引导学生遵规守纪，团结互助，勤劳节俭，孝敬父母，分清是非、善恶、美丑，逐步树立正确的世界观、人生观和价值观。

【强化党风廉政建设】 一是认真履行“监督责任”，着力解决发生在群众身边的不正之风和腐败问题。二是认真开展党的群众路线教育实践活动和“三严三实”专题教育，促进党风廉政建设。三是着力强化党的组织建设，着力深化党建扶贫工作。认真学习贯彻习总书记系列讲话和全会精神，进一步完善学习制度，扎实开展道德讲堂活动，着力打造教育党建品牌。五年来，建成“道德讲堂”104个、乡村学校少年宫15所。四是推进“义务教育初步均衡发展”督导评估工作，做好“两项督导”评估（考核）工作，进一步完善我区督政、督学、评估监测三位一体的教育督导体系。五是有序开展专项督查督导工作，对农村义务教育学校基本教学条件和基本生活条件进行督促整改，对教育经费专项督查，对职业教育工作进行专项自查，开展了春秋季开学工作检查。

（撰稿人：办公室）

文化体育广电旅游

【文化市场工作】 （一）开展打击治理“黑广播”违法犯罪及非法卫星接收设施整治行动。根据中央、省、市关于依法加强卫星地面接收设施监管治理，严厉打击非法卫星接收设施行为、“黑广播”违法犯罪活动的文件要求，我队组织执法人员开展了卫星地面接收设施、打击治理“黑广播”违法犯罪活动，检重点对宾馆酒店等场所进行检查，严厉打击使用卫星地面接收设施收看“法轮功”的电视节目行为。文化市场综合执法大队共出动执法人员460人次，执法车辆165车次，检查宾馆酒店102家，对播出机构、传输部门的节目名称、呼号、频率进行了检查，并没有发现违法违规行为。（二）召开经营业主法律法规培训会议。2012年以来共召开了经营业主法律法规培训会议六期，参加会议的有全区网吧、游戏室、歌舞厅、印刷复制企业、图书、音像制品等600余家经营业主负责人。会议主要是向经营业主宣传文化市场法律法规，让所有经营业主做到依法经营、守法经营、合法经营。同时会上还与各经营业主签订了《七星关区文化（新闻出版）经营单位消防安全管理责任书》、《七星关区文化（新闻出版）经营单位安全禁毒守法经营责任书》以及向各类别经营单位分发了年度审核登记表。（三）开展全区安全生产大检查工作。划定安全管理责任区域，层层落实安全生产责任，并针对每个岗位和每个环节开展全方位的安全检查，严格做到不留死角、不走过场。加大检查力度，重点对人员密集的公共娱乐场所开展安全检查，严禁超员经营、锁闭、封堵或占用疏散走道、疏散楼梯、安全出口，确保安全设施完备、应急措施完善。（四）开展网吧专项整治行动。一是加大对有证网吧的检查力度，重点查处接纳未成年人进入等违法违规经营行为；二是联合有关部门开展查处取缔“黑网吧”专项整治行动，为给未成年人营造健康文明的文化环境，加大了对辖区内“黑网吧”的打击力度，在整治期间，依法查处关停黑网吧80余家，共收缴主机152台，显示器160台，上网交换机35台，服务器31台，路由器7台。

（五）加大对歌舞娱乐场所日常检查，将歌舞娱乐场所和游戏游艺娱乐场所作为执法工作重点。一是联合公安等部门检查歌舞娱乐场所，重点检查是否超时经营、是否接纳未成年人进入、点歌系统是否存在违禁歌曲、是否存在安全隐患等违法违规行为。二是对无证经营或证照不全的歌舞、游艺娱乐场所，一律责令停业，2012以来共对18家无证经营歌舞娱乐场所下达停业通知书。（六）加大监管力度，强化“扫黄打非”专项行动。先后开展了“扫黄打非·清源”、“护苗”、“固边”、“净网”、清朗”等专项行动，严密封堵和查缴政治性非法出版物，除制定行动方案外，一方面加大日常巡查，另一方面加强联合执法，保持强势态势。2012年以来，共收缴盗版音像制品22万余张，收缴非法出版物340万册，依法取缔游商地摊35家，有效地净化了社会文化环境，进一步规范了新闻出版市场秩序，保护了知识产权。每年4月26日世界知识产权日，开展了侵权盗版及非法出版物集中销毁活动，近年来共销毁了所查缴的非法出版物、盗版教辅教材200余万册。（七）大力整顿校园周边环境。开展校园周边环境整治，规范校园周边文化经营场所经营秩序，遏制校园周边文化市场经营场所的各类违规违法经营活动，一是严查网吧、歌舞娱乐经营场所违规接纳未成年人；出版物经营场所贩售色情、暴力、恐怖等妨害未成年人身心健康的非法出版物等行为，二是检查网吧、歌舞厅等人员密集场所的各项安全管理制度以及安全措施是否完善；三是凡是在学校周边不足200米的文化市场经营场所坚决予以取缔。（八）狠抓制度管理，确保办案质量。在执法办案过程中，狠抓制度管理，严格按照相关法律法规的要求，在法定的职责权限内开展行政执法工作，以事实为依据，以法律法规为准绳，坚持公平公正，坚决做到依法行政、依法办案。根据相关制度规范举报、检查、立案、调查、处罚、结案等各个环节，确保办理案件事实清楚，证据确凿，适用法律法规依据正确，处罚内容适当。2012年以来共办理行政处罚案件93件，共计罚款22万元，其中文化市场案件75件，新闻出版案件18件。

【图书馆工作开展情况】 图书馆实行免费开放以来，每周开放时间在60小时，法定节假日不休息。2012年－2016年，图书馆办理读者借阅证5150个，总共接待读者20万余人次，其中儿童阅览室接待读者5.7万人次；成人阅览室接待读者5.1万人次；图书流通部接待读者4.2万人次，图书借阅册次为8.6万册次；电子阅览室接待读者2.8万人次，为未成年人服务12382人次，为进城务工人员提供服务2400人次；自修室到馆读者2.2万人次。多功能活动室和电子阅览室为群众播放科教片、讲座、电影、动画片等36次，1642人次，举办培训班2期，培训人员70人次。辅导乡镇、村图书室20次，62人。加强图书馆文献资源建设，图书馆藏量持续增加，阅读率增长迅速。2012年－2016年，新增文献44090册，其中图书36894册，过期杂志2701册，地方文献695册，音像制品300件，盲人书籍100册，电子绘本、视频动画等3400种，图书馆总藏量达165628册。在七星关区各乡镇（街道）、村（社区）开展下基层流动服务活动，每年达20次，读书活动吸引了广大读者前往，接待量达近15万余人次。通过“百科知识问答”，“读者之星”评选活动，新书好书荐活动，进一步推动了我区公共文化服务体系的建设，倡导全民阅读，引领广大读者与书籍为伴，与经典为友，与博览同行，开拓视野，从而享受读书的快乐，感受读书的幸福。每年开展4.23世界读书日系列读书活动和5月图书周活动，活动以“推荐一本好书”活动、百科知识抢答比赛、讲座、问卷调查等形式展开，参与活动的读者达2.5万人次。

为了完善公共文化服务体系，发挥公共图书馆社会职能，给广大读者提供更加便捷、丰富、有效的知识服务，保障普通市民和广大老百姓的基本文化权益，七星关区图书馆在各社区进行摸底后，在育新学校、望城社区、拥军社区、天河社区、松山社区建立七星关区图书馆图书流动服务点，共分配图书10000册图书到各服务点，并定时派图书馆人员到各服务点进行业务指导。

【群众文化工作】 2012年度文艺演出场次达42场。其中，为渲染新年气氛，为七星关区委、政府、统战部、文化系统、举行了团拜会3场、新年慰问演出1场。图书馆许可随民乐团在爱民广场演奏了《塞上铁骑》并获好评，组织地方戏演出达12场，组织沔鱼河地戏非物质文化申报，协调朱昌汉族民间文化“抬阁”并组织前期工作，积极参加民乐团排练。为宣传3.15消费者权益保护，艺术团在爱民广场举行了宣传演出，起到较好的宣传作用。到社区、学校、单位辅导了舞蹈《城市小交警》、《交警日记》、《交警》、《欢乐彝寨》、《苗族舞》、《奇迹》《技巧组合》等优秀节目；为了筹备毕节市旅发大会峰会，打造民族民间艺术特色节目如：大南山《撮步舞》、三官寨《撒麻舞》、《衣角舞）、《姆哼舞》大河口村《姆哼排锣》等。均在旅发会期间得到展示，获得了较高评价，区电视台已作了特别报道。大力开展文化走基层活动，到林口镇开展红色文化教育演出，到大河口进行计生政策宣传演出，到大银举行小城镇建设文艺演出，分别到田坎、普宜、岔河、进行送文化下乡，演出场次达10余场次。2013年一月至二月，为渲染新年气氛，为朱昌镇、长春镇、林口镇、八寨坪镇、海子街镇，小吉场镇，千溪等10余个乡镇举行新春慰问演出达10余场次。图书馆业务人员全面配合北京舞蹈编导，组织社区打造《七星之爱》广场舞、深入学校打造《衣角舞》、《撒麻舞》配合毕节市委、政府，七星关区委、政府举行毕节市首届运动会开幕式，图书馆所有工作人员分别到3个排练点协调校方与导演组的工作，为打造这台完美的开幕式演出冒着烈日奋战在第一线35天，同时图书馆业务人员不仅担任演出角色的同时还要参与排练点协调工作。打造民族民间文艺节目灵峰寺《芦笙舞》，提炼打造《撒麻舞》《衣角舞》搬上开幕式大舞台，充分展现我区悠久的历史文化、红色文化、丰富多彩的民族文化及蓬勃发展，欣欣向荣的和谐景象。图书馆排练的两个少儿舞蹈《哽哒爹》《阿哇叠》参加省文化馆主办的新作品舞蹈大赛，两个舞蹈节目均获省级二等奖。2014年文化下乡活动开展的有声有色，丰富了辖区农村居民的文化生活。辖区共演出70余场，在开展文化下乡活动中，注重当地文艺骨干的培训和文化阵地的建设，在每乡镇都设有文化站，并定期在社区广场或活动室内举办文娱表演和文化活动。文化下乡、文化进社区工作，在各区及部门的指导下，在街道党工委、办事处的精心组织下，取得了一定实效，使辖区人民群众得到了文化实惠。在以后的“三下乡“工作中，我们将进一步统筹和优化资源配置，在“送”与“建”上做文章，在办实事、办好事上下工夫，切实为辖区内农村居民提供广泛、实在的公共文化服务。充分利用节日气息，营造辖区农村文化氛围。通过组织新春活动；在元旦、春节期间组织节目为辖区群众义务举办社区广场文艺表演活动，全面活跃和丰富了乡镇及社区文化氛围。2015年以来，正常开展群众文化活动，合唱团、舞蹈团、少儿舞蹈队、京剧票友协会等馆办业余文艺团体始终积极排练和参加演出。京剧艺术源远流长，弘扬国粹、传承经典是每个文化人的责任，其中由图书馆组织的京剧票友协会在山西会馆的演出非常成功，受到广大群众的热烈好评。文化馆精心组织，认真编排，组织文化进社区和下乡演出活动10余场次。2月到12月期间到杨家湾镇、长春堡镇、八寨镇等各乡镇进行文化下乡演出15场，每场演出观众达2000人左右，均取得较好的宣传效果，也极大地丰富了广大群众的文化生活，促进了农村文化建设。为了更好地了解群文文化情况，加强群众和文化馆的交流与沟通，从2015年6月份起七星关区文化馆建立“馆长接待日”制度。文化馆馆长周维平在馆长室倾听前来咨询问题群众的意见和建议，解答大家提出的各种问题。2016年1至2月组织实施了文化三下乡活动，包括长春堡镇、朱昌镇、小吉场镇等；3月对毕节实验高中、第四实验高中进行管乐队辅导；4月18日进行了“乌蒙星火”大型红色话剧演出；6月组织了环保日公园广场文艺演出、组织了毕节市乌蒙文化节第四届文化艺术系列舞蹈、声乐大赛七星关赛区赛事活动、配合区委宣传部承办第二届群众文艺大展演活动；7月推选歌手参加毕节市音协举办的十佳歌手赛活动；8月组织进行了毕节市旅发大会拱拢坪观摩点的文艺演出；9月参加区“老年节”文艺活动；10月组织实施七星关城区广场舞展演活动；12月组织开展三下乡活动，先后去到到杨家湾镇、长春堡镇、八寨镇等各乡镇进行文化下乡演出15场。（一）大屯土司庄园修缮及陈列布展期工程。大屯土司庄园为全国重点文物保护单位，抢险维修工程内容为；大堂、客房、绣楼、遂雅堂、廊桥、宗祠屋面捡漏维修及油饰工程；轿厅修缮工程；厕所改建工程；内环整治（绿化）工程等。2011年5月25日开标后，贵州保利文物古建有限公司以190万元中标，5月30日进场施工，9月15日完工。大屯土司庄园陈列展览工程，为第七届省旅发大会建设项目，根据七星关区人民政府的安排，2011年11月底，完成了陈列展览大纲的编制及评审，根据陈列展览大纲由贵州和瑞规划设计有限公司完成设计方案。陈列布展工程于2012年2月22日开标后，贵州玮骅装饰工程有限公司以88万元中标，2012年4月5日全面完工。

（二）陕西会馆修缮工程。“陕西会馆”为七星关区区级文物保护单位，七星关区文化体育广播电视旅游局的建设项目，2011年9月2日通过招标，确定了施工单位“苏州思成古代建筑工程公司”，“陕西会馆”修缮工程全面启动，2012年3月28日已全面完工。

（三）喻家龙门修缮工程。根据区委、区人民政府的安排部署，为打造我区龙门文化，进行龙门文化试点建设，七星关区人民政府作出了修缮喻家龙门的决定，我局承担了喻家龙门修缮工作，2011年12月21日开标后，北京房修建筑工程有限公司以3380元每平方米中标，2012年3月28日已全面完工。（四）加强《中华人民共和国文物保护法》宣传，落实文物保护“五纳入”工作。2012年，我所紧紧围绕“5·18”国际博物馆日和我国“文化遗产日”宣传活动，加强《中华人民共和国文物保护法》宣传。2012年6月9日是我国第七个文化遗产日，按照上级文物部门的安排部署，为做好文化遗产日的宣传工作，我所认真准备宣传资料，并与燕子口镇做好对接工作，得到燕子口镇的大力支持，因此，6月9日在燕子口镇大南山举行的文化遗产日的宣传工作，取得了圆满成功。宣传活动主要是对广大群众进行文物法、非物质文化遗产保护法宣传，悬挂宣传横幅三条，散发宣传资料1000余册，提高了当地群众的文化遗产保护意识。按照国务院文物工作“五纳入”（即文物保护纳入国民经济和社会发展计划、纳入城市建设规划、纳入财政预算、纳入体制改革、纳入各级领导责任制）的要求，我区各级文物保护“五纳入”工作得到了明显加强。一是建立了文物保护工作责任制，落实了文物保护单位有保护范围、有保护标志、有文物档案、有保护组织等“四有”工作；二是加强了与城乡建设部门的配合，实行了城乡建设文物勘探先行。积极主动配合省考古所、完成了夹岩水库、毕节至镇雄高速公路建设项目的考古调查、勘探、发掘工作。

（五）积极开展文物保护法律法规知识宣传活动。大力开展文物保护宣传教育活动，开展好5·18“国际博物馆日”和“中国文化遗产日”宣传活动，营造全社会重视、关心、支持、参与文物保护的良好氛围。（六）完成我区45处文物保护单位保护标志制作、安装工作及文物四有工作（有保护范围、有保护标志、有记录档案和有保管机构）。

【旅游工作】 2012年以来，七星关区在省、市两级政府的领导下，抢抓国家实施西部大开发战略、加大力度扶持旅游业加快发展等重要机遇，切实贯彻落实省、市政府关于加快旅游业发展的意见，着力实施旅游景区建设，加强旅游基础设施和配套设施建设，旅游业发展取得了较好的成效，旅游业在我区国民经济发展中的支撑作用进一步增强。1. 旅游业保持快速发展，在国民经济中的地位和作用逐步增强。期间，全区旅游业持续快速发展。自开展旅游统计以来，旅游总收入年均增长40%以上。2012年无省旅游局认定数据，2013年七星关区全年共接待游客455.48万人次，实现旅游总收入32.03亿元，同比增长29.7%。2014年七星关区全年共接待游客486.6万人次，实现旅游总收入38.44亿元，同比增长20%。2015年七星关区全年共接待游客600万人次，实现旅游总收入46.05亿元，同比增长19.8%。游总收入增加值与GDP之比达到15%左右。2016年，全区接待游客量达到792.93万人次，同比增长30.1%，实现旅游收入64.29亿元，同比增长39.6%。2. 景区建设工作逐步展开，对游客人次和旅游收入的提升作用日益增强。七星关区有AAA级景区3家（泰丰园、拱拢坪、小河景区），其余的天河风景区、阳山公园、沙冒山公园、朱昌现代高效农业观光园、虎踞山公园、南山公园等旅游景区（点）也逐步发展起来。同时，依托新农村建设，古镇建设、古村建设，乡村旅游迅速兴起。结合乡村旅游示范点的建设，以农家生活体验等为一体的休闲、度假的乡村旅游经营户、农家特色餐饮异军突起，成为我区旅游业发展的后起之秀。3. 旅游产品渐趋丰富。期间，我区着力推出森林公园生态旅游、红色文化、民族文化乡村旅游等旅游产品，进一步丰富民族文化旅游和生态旅游内容，促进了旅游产品的多元化、多样性发展，旅游产品市场吸引力和竞争力得到显著提高。4. 以交通为重点的旅游基础设施和配套服务设施建设取得突破性进展。2012年以来，七星关区加快区域性交通基础设施建设，基本形成了公路、铁路、航空相结合的综合旅游交通运输网络。杭瑞高速毕节段、厦蓉高速毕节段、飞雄机场已建设投入使用；与新建的成贵高铁、隆黄铁路、昭黔铁路、毕水兴城际轨道等共同组成便捷的区域大交通格局；现有的贵毕路、毕威路、毕纳路及通乡油路、景区油路建设，基本连通毕节市各县（区、管理处），具有较好的通达条件。景区设施建设取得实质性进展。我区对拱拢坪景区、“鸡鸣三省”红色文化旅游区、小河风景区、泰丰园景区、十里城市田园、大南山少数民族旅游点、毕节南山公园等景区投入大量资金，修建了景区内公路、游览步道、公厕、停车场、门禁系统等基础设施及游览设施，旅游配套服务设施明显改善，旅游服务质量和水平进一步提高。2016年，全区共有星级酒店8家，其中四星级酒店（腾龙凯悦、毕节大酒店、大众国际酒店）3家、三星级酒店（洪南大酒店、金海大酒店、奢香大酒店）3家、二星级酒店（洪山大酒店、迎宾馆）2家，按照五星标准建设的洪山国际大酒店、毕节福朋喜来登大酒店已建成投入使用。现有独立法人资格的国内社（杜鹃旅行社、高原旅行社、多彩旅行社、职工旅行社、毕节青年旅行社、鸿通旅行社、磅礴乌蒙旅行社、毕节印象山水旅行社）8家，分社（贵州中意旅行社毕节分社、中国旅行社毕节分社）2家，旅游行业旅游服务意识不断提高，服务质量不断提升，为出游游客提供优质服务。5. 旅游投融资多元化迈出重要步伐。启动旅游经营管理体制改革，促进旅游业的市场化、社会化和产业化发展。在加强对旅游业发展的统筹协调、推进政企分开、改革管理体制、推进旅游资源开发特许经营权转让、规范旅游市场等方面进行尝试与突破，推动旅游投融资主体向多元化发展。推进毕节国家森林公园拱拢坪景区完成所有权、管理权、经营权相分离等形式的改革试点，鼓励有条件的景区以优势资源和资产引进大型涉旅企业作为战略合作者参与开发建设和经营管理；进一步整合资源和市场要素，逐步实现统一经营、统一管理的局面，培育旅游企业品牌。6. 以节庆活动为契机拓展旅游市场。进一步加大旅游宣传促销和市场开拓力度，积极采取走出去、请进来和举办一系列重大旅游节庆活动、推介会、新闻发布会、建立宣传窗口等多种宣传促销形式，在进一步巩固传统市场的基础上不断开拓新的旅游市场。七星关区乌蒙国际旅游文化节已成为七星关区旅游文化发展的新品牌，已成功举办三届。自举办以来，每届旅游文化节都吸引众多宾客，精彩纷呈，好戏连台，逐步形成了每年一届的常态化发展趋势，包含了自行车越野大赛、“七星之爱”广场舞展演活动、“七星大冲关”水上竞技活动、“七星之爱”京剧票友纳凉晚会、“七星之爱”摄影展等丰富多彩的旅游文化活动。积极组织少数民族的民俗文化活动，农历端午节，是苗族同胞传统节日“采花节”。全区各地的苗族同胞身着盛装，载歌载舞，庆祝节日。苗族小伙跳起原生态芦笙舞，苗族姑娘唱起祝酒歌。农历六月二十四，来自全区各地的彝族同胞齐聚小河风景区参加第四届小河彝族火把节。丰富多彩的节庆活动吸引了大量的游客参与其中。

【广电工作】 （一）圆满完成电影公司体制改革工作。至2013年以来，在区委、区政府的坚强领导和区国有企业改革改制工作领导小组的大力支持下，圆满完成了电影公司体制改革工作，30名在职职工已安置到乡镇科技宣教文化信息服务中心工作，33名退休职工享受事业单位退休待遇，电影公司资产已顺利移交区政府管理。（二）农村调频广播系统。建设农村调频广播，必须建管并重，乡镇党委、政府的方针政策能及时传达到农户。我局与乡镇密切联系，将农村调频广播系统的维修维护工作纳入“四位一体”服务体系，督促并指导广电网络公司乡镇服务站做好乡镇调频广播系统维修维护工作。（三）“四位一体”服务体系。我区有线电视、广播电视“村村通”和“户户通”工程、农村公益电影放映、农村调频广播维修维护已纳入“四位一体”服务体系。通过与广电网络公司的沟通，“四位一体”服务体系在我区得到了巩固和完善。（四）开展非法卫星接收设施整治工作。按照有关文件精神，我局设立专项整治工作办公室。制定了《七星关区开展境外卫星电视传播秩序专项整治工作实施方案》，建立部门联席会议制度，充分利用广播、电视等宣传媒体，广泛宣传国家有关法律法规，教育和引导广大群众自觉抵制违法安装使用境外卫星电视地面接收设施行为。对依法安装的单位用户进行了清查，积极组织相关职能部门，以城区和各乡镇为重点，对全区境外卫星电视广播地面接收设施进行全面调查摸底。目前我区没有存在生产境外卫星电视地面接收设施的现象。检查没有发现有宾馆擅自安装境外卫星电视地面接收设施现象。在专项整治工作领导小组办公室的协调下，出动执法车对城区宾馆等场所进行突击检查，没有发现非法接收境外卫星电视节目情况。目前，我区已把非法卫星电视接收设施问题纳入社会治安综合治理目标管理责任制。建立了乡镇文化服务中心信息联络制度，及时掌握我区境外卫星电视接收设施的销售，安装和使用情况。（五）广播电视安全播出工作。不断完善安全播出应急预案以及监视等相关工作制度，在重大活动和敏感时期实行24小时值班，与有重大事项及时启动安全播出预案，及时准备上报安全播出情况，做到播出安全万无一失，全区广播电视节目开播到现在，未发生播出安全责任事故，实现了“零事故、零中断、零插播”的安全播出目标。（六）农村公益电影放映工作。结合市召开的全市有线广播电视县乡联网工程总结表彰暨农村广播影视“四位一体”建设推进大会要求，积极构建“四位一体”综合覆盖服务体系，将工作移交给网盟公司，放映工作全面开展，切实解决好山区群众看电影难的问题，让基层群众充分享受先进文化的滋养，坚持社会效益第一的原则，健全体制机制，努力将农村公益电影放映这项惠民工程做好做实。（七）广播电视事业发展基本情况与基本数据。多彩贵州“广电云”村村通工程：七星关区多彩贵州“广电云”村村通工程建设项目于2016年4月正式启动，2016年10月31日全部完工。共铺设光缆干线1420余公里；信号覆盖410个行政村；光缆干线到村通达率100%；免费配套基础设施建设村级机房89个，落实率100%；新建区级和乡镇级10G传输平台，总投资额6601.6万元，区级财政年度贷款利息190.134万元已全部落实，区级政府补助资金落实到位率100%，达到省级验收标准3个100%要求，工程建设规范、资料齐全完备已通过市区两级验收。“百县万村”示范工程：七星关区共14个示范点，目前已确定了示范点器材安装、电源配置位置，待省统一下发器材，预计年前全部发放安装到位。村村通、户户通工程：七星关区圆满完成“十一五”、“十二五”村村通建设123287户、户户通建设45588户。切实解决山区群众看电视、听广播难的问题。目前全区有线数字广播电视用户数98991户，其中高清用户数42240，宽带使用数18053。农村调频应急广播：七星关区农村调频应急广播覆盖碧海街道办事处（原归属海子街镇）、田坝镇、对坡镇、朱昌镇、林口镇、清水铺镇、亮岩镇7个镇乡办事处。

【七星关广播电视台工作】

（一）电视工作。一是不断创新电视节目采编的思路和方法。为了提高我台电视新闻的可看性和鲜活力，七星关广播电视台不断创新新闻的拍摄、采访、编辑的方法和技巧。比如原来电视拍摄编辑提倡定格就是硬道理，要求多用固定镜头，我们发现固定镜头太多过于呆板，反其道提倡多用运动镜头，原来要求同期声不能太多，我们要求多用同期声，多用主持人出外镜。结果，形式丰富了，节目变得好看了。二是努力做到既让领党委政府满意，又让市民百姓喜欢。为扩大七星关电视台的电视节目的影响，2011年，七星关广播电视台新开设了民生栏目—－《民生八点半》，该栏目走近老百姓身边，关注百姓家长理短，真实反映群众心声，帮助老百姓调解和处理解决一些实际困难，设法帮助党委政府分忧。由于该栏目贴近百姓生活，且有亲和性、亲近性，开播仅一年就被为“全省优秀民生电视栏目”。目前《民生八点半》已经成为老百姓喜欢和信赖的电视栏目。真正做到了“仰不愧于党，俯不怍于民”。三是借台亮相、借船出海，近几年来，我们通过各种渠道牵线搭桥，设法加强与中央电视台、湖南卫视、贵州卫视等中央级、省级电视台合作。2013年参与拍摄的专题片：《木窝村的春天》在中央电视台一频道“生活早参考”栏目播出；2014年8月15日独立拍摄的《消失的轿车》在中央电视台十二频道《平安365》专题播出，2014年参与中央电视台拍摄制作纪录片《深谷雷音》，《“天眼”奥秘之吞天陷阱》在中央电视台十频道《地理中国》栏目播出；2014年参与湖南电视台拍摄制作《变形记》第八季第一期在湖南卫视播出。2016年，与中央电视台“发现之旅”频道联合摄制的专题片《走进中国最后古彝的土司庄园》，于12月8日下午播出。四是着眼外面，拓宽发展空间。近几年来，我们先后不仅摄制了近200部反映我区各领域发展变化和经验成就的专题片。还摄制了全国烟草现场会，全省项目观摩会、全省留守儿童现场会、全省地质灾害现场演练、全省特殊人群管理现场会等大型现场会的专题片，实现借台亮相、借船出海的目的。我台还全力参与各类电视大赛。2013年，由我台制作的公益广告《骨牌人生》，代表毕节市参加全国廉政公益广告大赛，获得全国公益广告三等奖，贵州省公益广告一等奖。受到省市有关领导的表扬。2015年，我台首次拍摄了《追》、《失而复得》、《背对背拥抱》三部微电影，全部获奖，获奖率达100%；2015年，我台参加毕节市首届“讲文明 树新风”公益广告大赛，《杜绝浪费 光盘行动》、《文明让座》等5条作品分别获奖，获奖率100%。五是主动策划传播正能量的大型活动，提升自身的对外形象，2013年以来，我台先后策划了“七星关区首届十佳青少年”、“七星关区首届十佳教师”、“七星关区首届最美司机”、“七星关区首届道德模范”“七星关区十佳女性暨最美家庭”评选活动，并举行盛大的颁奖典礼进行全程电视现场直播。唱响了主旋律，弘扬了榜样引领作用，推动了全社会良好道德风尚的形成。尤其是感人肺腑的颁奖典礼和现场直播提升了七星关电视台综合影响力。六是开展校台合作，搭建实训基地，全台发展储备人才。近几年来，我台主动与贵州大学、四川电影电视学院、贵州民族大学、贵州师范大学、贵州师范学院、贵州工程应用技术学院等省内外高校联系，为这些高校的传媒专业学习提共实习基地。由于，我们要求高，关心实习生，这些学校纷纷表示要将我台形成校台合作，他们在实习期间，可以胜任独立工作的，发给其稿费和实习工资，毕业双向选择后，我台正式聘用。（二）广播电台（FM91.2）：后发赶超，一路高歌猛进。七星关广播电台（调频FM91.2）于2014年5月1日正式开播。开播后，一炮打响，并迅速成为家喻户晓的媒体品牌，成为老百姓离不开的媒体平台、服务平台、资讯平台。我台目前实现了从早晨7：30点到晚上22：00点全直播，开设了交通、资讯、音乐、谈话、生活服务类节目，成了全省直播节目时间最长、自办栏目最多的县级广播电台之一。FM91.2还实现了网站和手机网络同时直播，使得全国各地的听众随时都可以通过七星关区人民政府网等网站和酷狗、蜻蜓和手机软件同步收听七星关广播电台（调频FM91.2）的节目，2015年年底，调频FM91.2网络收听人数达11万，排名全省第四，位居各地州县之首（排在贵州广播电台三个频率之后），可以说只要提到七星关综合广播FM91.2，都是一片赞誉声。2016年，荣获全国“广播民生影响力优秀媒体”荣誉称号。FM91.2在短短的时间内取得如此大的影响，被广大听众如此喜欢。（三）新媒体（云上七星）：聚结优势，蓄势待发。为了适应新形式下新闻宣传的要求，走融媒体发展之路。我台公众微信平台“云上七星”（原名“七星关综合广播”）自2014年9月上线，使得我区的对内对外宣传都迈上了一个新台阶。我台新媒体工作起步相对滞后，经过一年来的努力，我们不断丰富形式，努力提高稿件的原创性，与广播、电视逐步实现融合发展，目前，“云上七星”的影响力不断扩大，已有粉丝量15万余人。在全国县级台微信公众号排行榜（清博指数与广电新媒体联合发布）中，“云上七星”于2016年勇夺第一。

【群众体育工作】 （一）结合实际，开展内容丰富、形式多样的社区体育活动。为推动社区体育工作的全面发展，社区采取多种形式，努力搭建社区居民健身休闲娱乐、文化交流、学习教育的平台。并不断探索，选准适合社区居民的活动载体，不断营造健康向上的社区文化氛围。2012－2016年，制定了体育工作活动计划，力争做到“月月有活动，季季有安排，年年有比赛”。具体工作如下：2012年：一月开展了毕节市七星关区“春节”体育系列活动乒乓球赛、毕节市七星关区“春节”体育系列活动羽毛球赛、毕节市首届迎春“贵州京铁城杯”乒乓球锦标赛、毕节市第八届老年人运动会中国象棋比赛、毕节市庆“5.1”贵州“众隆商砼”杯乒乓球锦标赛、庆祝中国共产党成立91周年撒拉溪镇职工篮球运动会、万人健步行比赛、毕节市老年人秋季钓鱼比赛、街道老年人柔力球比赛、毕节市七星关区门球协会成立大会暨城区门球友谊赛等赛事。2013年：一月至二月，组织开展2013年“元旦”“春节”体育系列活动健身展示；组织参加毕节市第二届“迎春杯”乒乓球锦标赛；协助电信局开展职工拔河比赛；三月，协助七星关区妇联举办庆祝“三·八”国际劳动妇女节登山活动。四月，协助七星关区总工会举办“五·一”职工拔河比赛。五月，组织并参加毕节市第九届老年人运动会钓鱼比赛；组织选拔并训练队员参加毕节市首届体育运动会。六月，组队参加毕节市首届体育运动会；组织2013年毕节市城区万人健步行活动。八月，组织2013年毕节城区8月8日全民健身日活动。九月，组队参加毕节市秋季老年人运动会钓鱼比赛。2014年：组织参加“中交公路杯”首届青少年围棋赛、青少年羽毛球、乒乓球比赛、组织开展七星关区“红红火火”过大年羽毛球邀请赛和“迎新春”乒乓球邀请赛；组队参加2014年4月在金沙举行的中国杜鹃花节“冷水河杯”围棋邀请赛；协助区委会组织开展七星关区城区职工拔河赛和毕节日报社组织开展的毕节市首届传媒，企业篮球联谊赛；与市有关单位联合组织开展“全民健身日”活动，在毕节市七星关区第三届“乌蒙国际旅游文化节”期间，于拱拢坪国家级森林公园组织开展了自行车越野赛。组队参加在百里杜鹃管委会举行的象棋比赛：组队参加在织金县举行的钓鱼比赛；组队参加在赫章县举行的门球比赛，组队参加在惠水县举行的贵州省老年人健身球比赛。根据上级安排七星关区体育事业发展中心将拟培训三级社会体育指导员104名，并根据上级下达培训二级、一级、国家级社体指导员指标满员派人参加培训。2015年：积极筹备市文广局、市老年体协安排的毕节市2015年毕节市老年人象棋比赛。六月份组队参加了市文广局、市老体协在纳雍举办的2015年毕节市老年人钓鱼比赛。七月份代表毕节市参加在黔南州瓮安举行的全身钓鱼比赛。九月份代表毕节市参加在威宁举行的全省健身球比赛。组队参加毕节市第十届老年人运动会。十一月参加在江苏省昆山市举行的全国健身球操比赛。2016年，组织和指导开展了杨家湾镇第一届“迎新春、聚能量”篮球运动会；海子街镇第三届“古镇之春”体育活动暨“农产品物流杯”篮球运动会；放珠镇第三届“和谐杯”篮球运动会；“拓海中央公园杯”七星关羽毛球邀请赛；“万晟阳光城杯”乒乓球友好邀请赛；毕节市老年人门球赛；七星关区市东街道办事处第一届“东壁朝霞”暨“国林、春天”杯篮球邀请赛；“8.8”全民健身日七星关城区健身展示活动；“11.11”毕节城区中老年人健步走大联动活动。2016年11月21日—23日完成了七星关区三级社会体育指导员培训工作，培训三体社体指导员80名。（二）农民体育健身工程。2012年认真完成上级部门下达任务，使器材及时到位，催查有效，相关材料齐全。使之在规定时间内把乡、镇级两套，村级七套，路经工程健身器材九套全部安装好并投入使用。2013年在规定时间内把乡、镇级一套，村级六套，路经工程健身器材八套全部安装好并投入使用。2014年认真完成上级部门下达任务，使器材及时到位，催查有效，相关材料齐全。使之在规定时间内把乡、镇级七套，村级九十套，路经工程健身器村五套全部安装好并投入使用。2015年在规定时间内把乡、镇级五套，村级六四十四套，路经工程健身器材九套全部安装好并投入使用。2016年在规定时间内把乡、镇级一套，村级十四套，路经工程健身器材十一套全部安装好并投入使用。（三）场馆建设。七星关区全民健身活动中心的建设从2013年底筹备，2014年资金到位，土地落实，进入招投标和规划设计阶段，2015年七星关区全民健身活动中心进入实施阶段，2016年七星关全民健身活动中心主体工程基本竣工。

（撰稿人：办公室）

科　技

【概　述】　五年来，七星关区科技办在区委、区政府的正确领导下，在省科技厅、市科技局的指导下，以科学发展观为统领，坚持“合作创新、加强转化、重点突破、引领跨越”的科技方针，紧紧围绕区委、区政府“两年明显变化，五年大见成效，十年实现跨越”的总体发展思路，认真贯彻落实省、市、区科技大会精神，以实施科技项目、发展中药材种植、开发特色产品、培育优势产业、保护地方特色产品的知识产权为重点，以加速科技成果转化为动力，切实加大科技培训、宣传力度，不断拓宽科技服务领域，努力提高科技管理水平。

【科技宣传】　开展法律及知识产权、防震减灾等知识宣传。每年组织协调参加“三下乡”和“科技活动周”等系列宣传活动，开展防震减灾应急演练。年均发放宣传资料（防震减灾，知识产权、农村种植养殖实用技术、国防教育）2万余份，受益群众3万余人次。

【科技培训】 加强科技培训普及力度。组织专门队伍，深入中小型企业、进行科技项目申报培训。引导企业积极申报各类科技项目和保护自主知识产权。各乡镇、村、进行实用新技术的培训，进行新品种试验、示范和推广。加快科技向现实生产力的转化。鼓励和引导企业多方筹资，积极引进新工艺、新设备，立足本区资源优势，发展特色产业，精心打造一批具有自主知识产权的名牌产品，增强企业的市场竞争实力，带动区域经济快速发展。围绕我区产业结构调整、产业化发展抓好科技培训工作，力求实效。每年培训种植、养殖、科技信息等各类人员1万余人次，发放各类科技宣传资料10万余份。

【综合科技进步水平指数】 七星关区科技综合科技进步指数从2012年的9.73%提升到71.71%。投入技术应用研究与开发资金逐年递增，截止到2016年，科技投入已达到本级财政经常性支出的1%左右。

年份	2012	2013	2014	2015	2016
综合科技水平进步指数（%）	9.73	21.97	22.27	43.78	71.71

【科技项目】 创新科技项目申报与管理模式，不断提高科技管理水平。五年来，共组织申报科技计划项目410项，获得立项132项，获得资金1700多万，如：富民强县计划、科技特派员创业计划、中小企业创新基金等项目的立项实施。进一步加速科技成果向现实生产力转化，推动传统产业的升级改造和社会发展进步，有效促进我区科技与经济紧密结合。深入各乡镇、企业、农村，开展科技项目调研，严格项目论证、立项程序。注重项目的先导性对我区主要产业的引领作用，依托科技项目和科技成果两大载体，切实提高科技工作服务经济的能力，我们以科技与经济紧密结合为出发点，以增强区域经济竞争力为突破口，以培育自主知识产权、形成核心竞争力为目标，大力实施一批重大科技项目，加快科技成果转化，从而带动产业的整体发展。

【科技特派员试点工作】 抓好科技特派员试点工作。自七星关区被省科技厅列为科技特派员试点以来，认真按照七星关区科技特派员制度试点工作实施方案的要求，推行“科研院所+企业+科技特派员+基地”的运行模式，在区直涉科部门选派科技特派员深入农村和企业。做给村民看，带着村民干，帮助村民赚，充分发挥科技特派员的引领示范作用，促进了农业产业结构的调整，有的种植菌类、蔬菜、经果、药材、有的养殖肉鸽、山鸡、猪、羊。科技特派员引办、领办、创办企业的能力不断增强，建立了自己的专业合作社，如土老哥食品有限公司、汇江蚕桑有限责任公司等，成为科技特派员在生产加工行业的成功创业典范；大新桥办事处女科技特派员余慧明的七星关区特色蔬菜种植基地，不仅成为农村土地连片流转、农业产业结构调整的生动实例，更成为广大妇女创业的现实示范。

【中草药产业化发展】 毕节市七星关区自然环境复杂多样、生物资源丰富多彩、中草药多种多样，现有中药资源品种2000余种，常用中药材1200余种，全区中药资源蕴藏总量9000多吨，常年产量1500多吨。常年收购经营的中药材达60多种。2016年，中药材种植面积累计达到10万余亩（含刺梨）。现已建立中药材种植专业合作社61家，发展社员1000多人，引进和扶持世禧制药、金燕中草药、神农草医药、宏发药业、兴盛中药材、庆友中药材等企业10家，建立中药材基地10余个。全区种植中药材主要有天麻、苦参、刺梨、皂角、党参、续断、玫瑰、白及、杜仲、黄柏、太子参、金银花、百合、重楼、何首乌、板兰根、半夏、牡丹等20余种。其中大银镇、阿市乡、千溪乡、撒拉溪镇、大屯乡、龙场营镇、普宜镇、碧海办等八个镇乡中药材种植面积均在2200亩以上。

【地道特色产品（蔬菜、药材两大类）】 一、蔬菜类（白蒜、大白罗卜等）。1、毕节白蒜。毕节白蒜因其外皮和肉质均呈白色，皮肉嫩白而得名，具有瓣大均匀、味道纯正、浓郁、辛辣醇香等区别于其他品种大蒜的特点。白蒜属于多年生草本植物，百合科葱属国家卫生部公布的“药食两用”植物。单个蒜头一般有8-12瓣，重量在30-50克之间。经成分分析，新鲜大蒜每100克中含水分70克、蛋白质4.4克、脂肪0.2克、糖类23—24克；维生素B0.24毫克、维生素B20.05毫克、维生素B50.9毫克；维生素C3毫克。大蒜中含17种氨基酸，其中8种为人体必需氨基酸，尤以精氨基酸含量最高，占氨基酸总量的20.4%，其次是谷氨基酸，占氨基酸总量的19.75%，大蒜中还含有预防胃癌的元素锗（73.4毫克100克）和硒（0.3—0.8毫克100克），大蒜含挥发油约0.2%，目前已从油中鉴定出二烯丙基硫化物、甲基烯丙基三流化物、二烯丙基二硫化物等多种含硫化物。因此，祖国医学认为：大蒜性温、味辛辣、且下气、除风、止痢、散痛、消毒气等功效。目前，大蒜入药用于临床已遍及内科、外科、儿科、皮肤科、五官科、及老年保健、肿瘤科等等，随着科学技术的发展，大蒜的药理作用日益增多，如降血压、抗血小板聚集、降血脂和抗动肪粥样硬化、降低血糖等作用。大蒜汁还广泛用于保护皮肤的美容化妆产中，具有抗衰老、防癌和抑癌作用。另一方面，大蒜被人们制成蒜片、蒜米、蒜酱、蒜汁、蒜泥、蒜脯等各种可口小菜食品和香辛调味料，是人们日常生活中不可缺少的美味食品。所以，充分利用大蒜的食药价值，开拓广阔市场，进行工厂化生产大蒜多糖、大蒜精油等产品，可为企业创造丰厚的经济价值。七星关区境内气候温和、雨量充沛、环境优越、适于多种植物生长，是大蒜种植的最佳适生区，有种植大蒜的传统习惯和悠久历史，早在清朝末年就已经开始种植。尤以“毕节白蒜”享誉省内外，“毕节白蒜”品牌的形成已有50多年的历史。主要种植地点分布在七星关区三板桥、杨家湾、撒拉溪、放珠、青场、朱昌、阴底、田坝、水箐等24个乡镇。种植面积达25000余亩。2、大白萝卜。境内种植白萝卜历史悠久，品种以毕节白皮萝卜为主，分布于全县各乡镇。1980年土地承包到户后，几乎每户都有种植萝卜，且种植面积逐年加大，1988年种植面积达30万亩以上，产量60万吨。80年代末，毕节镇农技站引进山西农科院选育的风光一代、丰翘一代在城郊流仓村试种，通过几年试验示范、改良和推广，到1993年，“毕节白萝卜”发展成连片1000亩以上的优质萝卜示范基地。主要分布于毕节县毕节镇的流仓村、后河村、德沟村、碧玉村、茶亭村、大兰村、六合村、五里村、塘房村、大桥村、魏家屯村、官屯镇的白果村等1400米至1600米海拔的区域。毕节生产的白萝卜以其特有的土质，独特的气候，尤其是科学的栽培管理技术，成就其质脆、味甜、汁多、口感胜水果，深受广大消费者的喜爱。萝卜营养价值丰富，含有多种人体所需的营养成分和有益物质，如丰富的维生素C、B，氨基酸以及微量元素钙、铁、钾、镁、锌、锰、磷、粗纤维等，具有清热、解毒、消炎、降气、除积、止咳化痰、助消化、防癌抗癌等功效。是食用和馈赠的佳品。3、七星关区“奶奶青菜”。“奶奶青菜”因其叶柄上长出较大的形似“奶奶”的肉质凸出物而独具其名，因其产量高，口感好，富含纤维素、维生素、钙、铁等，长期食用有增强机体免疫力、保持血管弹性、防止皮肤粗糙、增强排毒、避免肥胖等功效，有“长寿菜”之称。早在明朝末年，本地农民就有种植奶奶青菜的这种习惯，但在那个时候只是自给自足，直到十一届三中全会市场开放以后，奶奶青菜才进入市场，唯独七星关区区域内种植出来的品质才好，成为七星关区的地道特色产品，并越来越受到消费者的欢迎。

【药材类：苦参、草乌、刺梨等】 1、苦参。苦参为七星关区道地药材之一。苦参（学名：RadixSophoraeflavescentis）为豆科苦参属的植物。别名：苦骨、地槐、水槐、菟槐、骄槐、野槐。在我地习惯叫苦参根。生长于海拔1500米左右的地区，多生在山坡、沙地、草坡、灌木林中及田野附近，八十年代初期在我区朱昌镇大坡农场就有人工栽培。2012年七星关区远程民族中医药研究所在放珠镇长沟村和朱昌镇八亩村进行人工示范栽培，2013年扩展到阴底乡、田坝镇、田坝桥镇、小坝镇、亮岩镇、燕子口镇等乡镇，目前种植面积共约0.4万亩，今年新增种植苦参2000亩，全区总计种植达到6000亩。苦参用途较多，在药用领域的使用范围较广，根入药具有清热燥湿、杀虫、利尿的功效，用于治疗热痢、便血、黄疸尿闭、赤白带下、阴肿阴痒、湿疹、湿疮、皮肤瘙痒、疥癣麻风、外治滴虫性阴道炎等病症。此外，在农药和兽药厂用量也较大。国内市场需求量大，2010年仅贵州远程药业、汉方药业两家企业年需求量就达200余吨。七星关为苦参种植最适宜区，《贵州省中药材产业发展扶贫规划（2012－2015年）》中，已将苦参列入23个重点发展的品种之列。在《七星关区中药产业发展十二.五规划》中，已将苦参、续断、天麻、杜仲、黄柏、党参、草乌等列入重点发展品种。2、草乌。草乌俗名耗子头，有剧毒，为毛茛科多年生植物，主要成分含乌头碱，以块根入药，具有搜风遂湿，散寒止痛、软坚散结的功用。用于治疗风寒湿痹，肢节疼痛，心腹冷痛，寒疝，阴疽，瘰疬，痰核漫肿等症；草乌是七星关区的地道药材之一，野生资源遍布全区。2010年在民盟中央的支持下，在海子街镇五十亩村和朱昌镇八亩村建立人工栽培示范基地200亩，目前，在野角、水箐、田坝等乡镇也在开展人工种植。3、刺梨。刺梨是蔷薇科蔷薇属野生植物，刺梨是落叶灌木，喜欢潮湿的生长环境，不耐干燥高温。分布在年降雨量为800～1500毫升的地区，特别是1000－3000毫升的地区，已经有纪录300多年的历史。刺梨是云贵高原及攀西高原特有的野生资源，以贵州为主产，云南次之。中国的贵州是刺梨的主要产地，虽然其他地区也有的刺梨栽培但是维生素C的含量只有几百个单位，所以特殊的植物只适合在它的原产地培育。产量以贵州最多，而贵州的毕节、六盘水最好。据《黔滇纪游》云："刺梨野生，夏花秋实，于与果多芒刺，味甘酸，食之消闷，煎汁为膏，色同楂梨，四封皆产，移之他境则不生。"上世纪40年代，我国著名营养学家罗登义教授首先发现了刺梨的营养价值。其果肉中维生素C的含量居各类水果之冠，比苹果、梨高500倍，柑橘高100倍，猕猴桃高9倍。刺梨含有非常丰富的营养素，刺梨是目前全球已知蔬果中这三种营养素含量最高的水果。刺梨果实引人注目的是它具有高的抗坏血酸（VC）含量，此外，刺梨果实包括：可评估其植物化学物的量，例如：没食子酸、SOD、维它命P和有关化合物。这些植物化学物也是极好的抗氧化物，也是癌抑制剂。没食子酸具有抗菌药、抗滤过性病原体和抗真菌活动大范围抗发炎效果，抗瘤、抗MUSTIGENIC和抗支气管肺炎发作，SOD具有广泛的抗人体组织内的致癌物（抗致癌物）因此增强了抗坏血酸水平，刺梨果实提供了许多对人体有益的植物化合物，并具有健胃、消食、滋补、止咳、消炎、抗癌和抗衰老的药用保健功效。七星关区位于川、滇、黔三省交汇处，地处乌蒙山腹地，川滇黔锁钥，贵州高原屋脊，长江珠江屏障。是黔西北的大门。是毕节市政治、经济、科技文化和信息中心。境内地形西高东低，平均海拔1511米，属北亚热带湿润季风气候，境内气候温和，年均降雨量为954毫米，日照率约31%，无霜期250天左右。境内属喀斯特地貌，峰峦叠嶂，溪流纵横。夏无酷暑，冬无严寒，为多种生物聚居及相互制约创造了良好环境。根据罗登义教授的研究成果，毕节市的土壤和气候条件最适宜刺梨的生长，在此生长的刺梨营养成分含量最高。为了发展贵州的刺梨产业，罗登义教授专门从毕节（现七星关区）和六盘水取了野生刺梨的植株进行培养，培养出了贵农2号和贵农5号两个优良品种，现在这两个品种已经在省内大范围种植，长势良好，亩产在1.5吨到1.8吨之间，按目前的市场价，每亩年均收入可以达到5000元以上。

七星关区是贵州省刺梨主产区，现有野生刺梨鲜果年产量500吨以上，野生品种多。因其海拔、经纬度、年平均气温等地理气候优势，区内所产刺梨Vc、Vp、SOD等含量高于省内其它产区，品质上乘，是高端刺梨产品生产的优质原料。2015年种植刺梨基地10万亩，2015年前种植并产果的基地5000亩，2015年由区政府委托德溪公司育有刺梨苗1450万株。同时，计划2015年-2019年种植刺梨50万亩，其中2015年种植10万亩，2016年种植10万亩，2017年种植10万亩，2018年种植10万亩，2019年种植10万亩。刺梨种植第四年进入盛果期，以盛果期每亩产刺梨鲜果1.5吨计，50万亩基地共计产刺梨鲜果75万吨，预计2018年产鲜果18万吨，2019年产鲜果33万吨，2020年产鲜果48万吨，2021年产鲜果63吨，2022年后每年产鲜果75万吨。目前正筹备建设刺梨综合开发试验平台，以适应当前我区刺梨产业发展的需要。2017年拟将刺梨申报为国家地理标志证明商标。

【县域经济知识产权试点市工作】 毕节市七星关区被列入全省十个县域经济知识产权试点区之一以来，成立了毕节市七星关区县域经济知识产权试点工作领导小组，并建立了县域经济知识产权试点工作联席会议制度。紧扣《贵州省县域经济知识产权试点工作方案》开展工作。2012年至2016年共指导企业申报各类专利1800余件，获得专利授权558件，依托专利转化，带动高新技术产业发展。把新产品计划立项与产品鉴定、专利申报、经费补助结合起来，提高新产品的鉴定率和投产率，高新技术产品的集聚、研究、开发和产业化步伐进一步加快。按照省、市知识产权局的安排部署进一步加强知识产权宣传教育。每年策划组织“4、26”世界知识产权宣传日活动，丰富、创新活动内容。充分利用宣传媒介扩大知识产权基本概念与基本知识的宣传，提高全民的知识产权意识。进一步加强知识产权培训教育工作。提高自身业务能力。积极推进企事业单位建立和完善知识产权制度。认真配合市知识产权局开展专利行政执法，严厉打击专利违法行为。

【防震减灾工作】 积极贯彻落实省、市地震局的相关会议精神及工作安排，成立了防震减灾办公室并落实人员和经费，切实履行职能，进一步修订和完善全区地震应急预案，加大防震减灾科普宣传教育力度，进一步推动全区防震减灾工作的开展。一是适时开展地震应急演练。每年“5.12”防震减灾日期间，联合市科技局及市、区相关单位，在辖区学校开展地震应急逃生避险演练，提高广大师生防灾减灾意识，提升应急逃生避险能力。二是扎实推进农村居民安居工程建设。2014年11月，投入50万元、在我区生机镇镰刀湾村实施的16户安居工程通过省地震局验收。

【扶贫工作】 按照区委、区政府的安排部署，我办认真落实精准扶贫干部驻村工作，陆续选派雷震、李翔龙、郭刚等同志到三板桥办事处坡坪村驻村。针对当地党组织涣散的情况，积极组织开展“两学一做”，加强政治学习和理论指导。根据村情，编制坡坪村产业发展规划，确定坡坪村毕节市“后花园”、毕节市“菜篮子”发展方向。领办药用花卉观光园和林下仿野生天麻种植基地两个项目，目前已获投资300余万，我办还给林下仿野生天麻种植基地项目拨付了8万元的产业发展资金。建设党员带头致富圣女果基地一个。争取到3.1公里通组路建设项目，项目资金60万元。认真开展“三关爱”和贫困户识别工作。

（撰稿人：办公室）

科　协

【概　述】 2012年以来，七星关区科协高举中国特色社会主义伟大旗帜，以邓小平理论、“三个代表”重要思想、科学发展观和习近平总书记系列重要讲话精神为指导，以“四个全面”的战略布局为统领，深入贯彻落实党的十八大和十八届三中、四中、五中、六中全会精神，在区委、区政府的领导和市科协的指导下，坚决贯彻“自主创新、重点跨越、支撑发展、引领未来”的科技工作方针和“政府推动、全民参与、提升素质、促进和谐”的全民科学素质行动工作方针，认真履行科协为科技工作者服务、为驱动创新发展服务、为提高全民科学素质服务，为党和政府科学决策服务的职责定位，坚持决战贫困，奋力提速赶超，努力为全面实现同步小康服务。

【做好贵州省公民科学素质先进县（市、区）创建工作】 2014年4月七星关区创建贵州省公民科学素质先进县（市、区）工作启动以来，区科协切实履行全民科学素质工作领导小组办公室职责，发挥“参谋部”的作用，按照“政府推动、全民参与、提升素质、促进和谐”的全民科学素质行动工作方针，进一步完善目标责任管理，加强统筹协调、检查指导、督促调度等工作。进一步落实《全民科学素质行动计划纲要》和实施《全民科学素质行动计划纲要》九个方面的实施方案，整合资源推进科普工作和全民科学素质工作，全面推进各项工作，确保创建2014—2015年贵州省公民科学素质先进县（市、区）工作顺利通过验收。

【组织中国流动科技馆七星关区站巡展活动】 2012年12月12日至2013年3月11日，中国流动科技馆七星关区站巡展活动在毕节二中展出。此次活动以“体验科学”为主题，展出面积500平方米，共展出展品40余件，包括“声光体验”、“电磁探秘”、“运动旋律”等六大主题。免费向全区青少年及社会公众开放3个月，整个活动期间参观人数达37716人次。为我区青少年零距离接触科学、体验科技、开阔眼界、增长知识搭建了平台，通过青少年亲身观看、体验，真正感受到了科技所带来的魅力，科技所带来的快乐、科技所带来的改变，激发了我区青少年对知识的渴望，对科学的热爱，让青少年懂得去思考去探索。

【举办第十五届中国科协年会七星关区卫星会场】 第十五届中国科协年会于2013年5月在贵州举办，主会场设在贵阳，各县（市、区）设立卫星会场。七星关区科协认真做好各项工作，确保第十五届中国科协年会七星关区卫星会议各项工作全面顺利完成。组织召开第十五届中国科协年会七星关区卫星会场同步直播会议，组织有关领导、党委政府工作人员及科技人员共192人，在七星关区行政办公中心九楼大会议室，集中收看年会开幕式和大会特邀报告会。组织开展系列科普活动，开展科普进社区3场，开展科普进农村3场，开展科普进校园3场，开展科普进企业1场，在七星关区水泥厂开展科普宣传，开展科普进机关科普讲座1场。请院士专家在区行政办公中心大礼堂开展领导干部和公务员科普知识讲座。

【中国“探月工程”首席科学家、中国科学院院士、著名航天专家、中国科技馆发展基金会欧阳自远院士一行赴七星关区调研农村中学科技馆相关工作】 2013年5月，中国科技馆发展基金会资助七星关区朱昌中学、海子街中学、田坝桥中学、鸭池中学、长春堡中学、青场中学等6所学校实施“中国科技馆发展基金会中西部地区农村中学科技馆公益试点项目”（以下简称“农村中学科技馆”）。农村中学科技馆建设和运行管理，充分发挥农村中学科技馆在青少年科普教育工作中的作用，让周边更多的学校学生能够参观体验农村中学科技馆，发挥了农村中学科技馆辐射作用，激发农村中小学青少年学生学科学、爱科学、用科学的热情，提高中小学生科学素质。2014年6月24日—25日，中国“探月工程”首席科学家、中国科学院院士、著名航天专家、中国科技馆发展基金会欧阳自远院士一行赴七星关区调研农村中学科技馆相关工作，专家组对我区农村中学科技馆工作给予一致的肯定。6月24日下午，“嫦娥之父”欧阳自远院士在七星关区行政办公中心大礼堂作了题为“中国的探月梦”的科普报告，领导干部、公务员及部分中小学生共1000余人聆听了报告。6月25日下午，贵州省农村中学科技馆调研座谈会在七星关区召开，会议由贵州省科技馆馆长方荣基同志主持，中国“探月工程”首席科学家、中国科学院院士、著名航天专家欧阳自远院士，中国科技馆发展基金会秘书长田英，中国科技馆发展基金会项目主管饶荣亮，贵州省科协党组书记、副主席苗宏，贵州省科协党组成员、机关党委书记王利军等省、市、区领导及农村中学科技馆的负责人和科协负责人参加会议。

【突出重点，抓青少年科技教育活动有特色】 举办一年一度的青少年科技创新大赛。七星关区青少年科技创新大赛始于2006年，截止2016年已经连续举办11届，每届都颁发“青少年科技创新区长奖”，以此激发广大青少年科技创新热情。2012年—2016年，每年都组织大量的青少年科技创新作品参加毕节市、贵州省甚至全国的青少年科技创新大赛并取得了优异成绩。5年来，区科协获全国青少年科技创新大赛“基层赛事优秀组织单位”奖1次，贵州省青少年科技创新大赛组织奖3次，毕节市青少年科技创新组织奖5次，青少年科技创新大赛已成为我区科普工作的一个品牌。

【抓“百万公众网络学习工程”促提升】 按照省、市全民科学素质工作领导小组的安排部署，把实施“百万公众网络学习工程”作为提高全民科学素质的有效途径，进一步加大阅读站点建设，不断扩大活动范围、增强影响力。2012年—2016年，我区每年都超额完成了市科协考核的目标任务，总共完成70余万人参加成效测试，100余百万人次参加网上学习。通过“百万公众网络学习工程”活动的开展，对我区公民科学素质提升起到极其重要的作用。

【创新宣传载体，抓社区科普工作有力度】 2012年以来，区科协创新社区科普宣传载体，加强宣传阵地的建设，着力创建贵州省科普示范社区、全国科普示范社区。重点打造了市西街道办事处天河社区、洪山街道办事处兰苑社区、市东街道办龙山社区、朱昌镇双堰社区、杨家湾镇周驿茶场社区等。2015年市西街道办事处天河社区、洪山街道办事处兰苑社区被评贵州省科普示范社区，2016年市西街道办事处天河社区被中国科协命名为全国科普示范社区，市东街道办龙山社区、朱昌镇双堰社区、杨家湾镇周驿茶场社区获得市科普示范社区命名。社区建筑总建筑面积200余平方米以上，大部分都建成了内容包括社区科普大学、社区科普体验室、百万公众网络要内容的社区科普活动阵地。2015年建设麻园街道办事处双城社区（地点在区行政办公中心广场）、洪山街道办事处兰苑社区、桂花社区（地点在人民公园小广场）固定式电子科普宣传橱窗。

【做好“科普惠农兴村计划”助力精准扶贫】 认真组织实施“科普惠农兴村计划”，围绕全区“精准扶贫、决战贫困”与支柱产业发展开展深入调研，充分发挥农村专业技术协会、农村科普示范基地和科普惠农带头人在农民科技培训中的作用。2012年—2016年实施“科普惠农兴村计划”项目6个，其中：农村专业技术协会3个、农村科普示范基地2个、科普惠农带头人1个。2012年—2016年实施科技致富“二传手培训”项目3个。2016年在10个乡镇、街道的14个村建设科普中国e站终端设备14台。

【找准切入点，科普大篷车联合进农村巡展营造氛围】 每年在文化、科技、卫生“三下乡”、“全国科普日”、“全国科技活动周”、“世界环境日”等活动期间，组织开展科普大篷车进农村巡展活动，营造浓厚的科普文化氛围，深受广大群众的欢迎。

（撰稿人：张在进）

卫生食药监督　人口计生

卫生计生

【综述】　2012年以来，七星关区委、区政府高度重视医疗卫生和人口发展事业，全面贯彻落实党和国家计生和卫生工作方针政策，紧紧围绕统筹解决人口问题、提升全面健康水平这一主要任务，努力探索符合区情的特色卫生服务和人口发展道路，在各级政府、卫生和计生系统的强力推动下，全区卫生和人口计生工作取得重大突破，逐步从人口大区向人力资源大区转变、城乡医疗卫生服务体系基本形成，疾病防治能力不断增强，医疗保障覆盖人口稳步扩大，人民群众健康水平显著提高，为实现经济社会发展的历史性跨越、全面建成小康社会打下具有决定性意义的基础。

【医疗资源不断得到增长】

全区现有各级各类医疗卫生机构1026所。其中市属区所在地医疗机构27家，区级医疗卫生机构4家（区人民医院、区妇幼保健院、区疾控中心、区卫生监督所）；镇乡卫生院32家；社区卫生服务中心3家；一级民营综合医院53家；个体诊所141个；村（社区）卫生室764个，学校医务室2家。全区拥有床位8437张。全区共有各类注册卫生专业技术人员7254人，其中注册的执业（助理）医师2741人，注册执业护士4513人。每千人常驻人口拥有卫生专业技术人员5.58人，每千常驻人口拥有执业（助理）医师2.1人，每千常驻人口拥有执业护士3.47人，每千常驻人口拥有床位数6.49张。

【基础设施建设明显改善】

我区通过积极争取外援项目、中央扶持和地方支持，加强卫生基础设施建设，改善医疗卫生条件。近年来，获准实施的卫生计生基础设施建设项目524个，建设规模227874平方米，总投资124869万元，其中中央预算内投资16928万元，省级资金3332万元，市级资金273万元，地方配套资金87534万元，自筹资金16802万元。获建中央预算内投资建设项目440个，其中村卫生室扩建改造项目399个，县级医院6个，卫生院标准化建设项目35个；获建地方债券支持建设项目56个，其中卫生院业务用房扩建项目7个，计生服务站建设项目1个，计生服务室建设项目48个；保障性住房建设项目27个；自筹自建项目1个。

【深化医改取得阶段性成果】

政府所办基层医疗机构实现基本药物制度全覆盖。公立医院改革全面启动，取消药品加成，实行零差率销售，药占比降至30%以下，医疗费用平均增长幅度有效控制。松散型医联体正式建立，医养结合试点工作初显成效，家庭医生签约服务稳步实施，居民签约服务率达35%，重点人群签约服务率达65%，贫困人口签约服务率达100%。

【深入开展健康扶贫保障工程】　全面落实农村人口四重医疗保障制度，确保贫困人口住院医疗费用实际补偿比达到90%以上，农村贫困人口100%参加城乡居民医疗保险。深化农村贫困人口大病专项救治工作，强化大病集中救治，落实“四定”措施。全面提升36种慢性病保障水平，实施慢性病签约服务管理。深入开展健康扶贫巡诊义诊，从区、乡级医疗机构选派人员组建医疗队，实施巡诊义诊进基层、进乡村、进贫困人群家中，指导基层做好疾病诊断、治疗、康复工作，减少贫困人口“因病致贫，因病返贫”，助推全区脱贫攻坚。

【重大传染病防治工作成效显著】　历年来，没有甲类传染病发生。乙丙类传染病发病率降到263.88/10万，低于全国、全省、全市平均水平。始终保持无脊灰状态。加强麻风病防控，发病率降到1/10万。麻疹得到有效控制，发病率控制在1/百万。预防接种工作扎实开展，实现规范化数字预防接种门诊和储苗冰箱便携式温度检测系统配置全覆盖，接种率保持在95%以上。艾滋病、结核病等重大传染病得到有效控制。卫生应急处置能力不断加强，没有发生重大公共卫生事件。

【医疗服务管理不断强化】

扎实开展基层医疗卫生服务能力三年提升工作。区人民医院5+2重点科室（重点专科）建设涵盖一级和二级诊疗科目26个，乡镇卫生院特色专科建设3个，建成区级医学影像中心1个、区级医学检验中心1个，区级病理诊断中心1个。实施“五个全面建成”，初步建立远程医疗网络体系共享机制。搭建分级诊疗信息平台，合理利用卫生资源，逐步形成基层首诊、分级诊疗、双向转诊的医疗服务模式。大力推行医院精细化管理，建立健全了医疗安全管理组织、核心制度。组建七星关区医疗纠纷调解委员会，建立了医疗纠纷第三方调解机制，推行了医疗责任保险制度，医患关系日趋和谐。

【中医药事业蓬勃发展】

全面实施中医药服务能力提升工程，中医药服务体系进一步完善，开展了七星关区人民医院中医科建设，创建特色中医科，传统医学确有专长人员的考核合格112人，确定1个乡镇卫生院中医科为区级重点专科，争取中央、省中医馆专项建设资金，完成13个乡镇卫生院（社区卫生服务中心）中医馆建设项目，全面完成中药资源普查工作。

【人口保持稳定均衡发展】

实现了计划生育“单独两孩、全面两孩”政策的历史性变革。群众生育观念明显转变，全区人口出生率和自然增长率控制在相对合理的水平，出生政策符合率、出生人口性别比均在目标范围内。利益导向机制建设取得新突破。计生服务管理不断转型升级。一是加强人口计划生育服务体系建设，深入推进国家免费孕前优生健康检查试点工作，提高出生人口素质。孕前优生检查任务完成率为100%，全区现有35家医院开展G6PD. CAH筛查、新生儿听力筛查工作。二是完善人口计划生育利益导向政策体系，继续实施农村计划生育家庭奖励扶助、计划生育家庭特别扶助和“少生快富”千户示范工程。2012年以来，共兑现利益导向资金3431.6904万元，共惠及计生家庭65420人。三是推动人口计划生育管理体制机制创新，推广实施诚信计划生育奖励政策，进一步完善人口计生“双诚信、双承诺”工作机制，截止目前，与目标人群签定承诺书388342份，履约率达99%，诚信计生工作水平得到有效提升。四是以“一盘棋”管理模式为依托，着力推进流动人口计划生育区域管理协作责任制，不断完善流动人口管理服务体系，流动人口基本公共卫生计生服务均等化成效明显。

【人才队伍不断夯实】　全区卫计人员2304人，硕士研究生4人，大学生894　人，大专生1055人，副高职称78人，中级职称197人，初级职称1482人。探索引进人才和招聘人才新机制，不拘一格选人才，引进博士生、学科带头人1人。招录订单定向医学生109人，落实订单定向医学生就业28人，安排订单定向生规培28人。全科医生规范化培训计划和全科医师转岗培训61人，全面提高了卫技人员素质，切实解决了基层卫生人才短缺的问题。

（撰稿人：办公室）

红十字会

【概　述】 根据原毕市机编（2008）28号文件精神，区红十字会于2010年单独设置，为正科级建制，列入群团组织序列，核定参公事业编制5名。区红十字会设会长一名，由副区长兼任（不占红十字会编制）；设常务副会长一名（正科级），主持工作；内设业务股一个，股长一名；设工会主席一名。又根据2010年6月10日原毕节市四届（51次）市长办公会议纪要，原市委、政府将红十字会列入“双考双评双挂钩”考核范围，人员及办公经费从2011年起列入财政预算。目前区红十字会有应急用车1辆。

2012—2016年，七星关区红十字会在区委、政府和市红十字会的正确领导下，深入贯彻落实党的十八大和十八大以来的路线、方针、政策，牢固树立“创新、协调、绿色、开放、共享”发展理念，围绕“大党建”、“大扶贫”“大安全”、“大发展”破解难题，按照“守底线、走新路、奔小康”要求，推进“三救三献一实施”工作，大力弘扬红十字“人道、博爱、奉献”精神，以保护人民的生命健康、改善最易受损害群众生产、生活为根本出发点，全面完成了上级下达的各项工作任务：

【围绕中心，深入开展红十字“博爱送万家”活动】 围绕“党建扶贫暨集团帮扶”、“遍访贫困村贫困户”、“三问三解”、干部驻村等工作，红十字会全体人员分别奔赴到贫困及联系点镇、乡、街道、社区走访慰问困难户，留守儿童。共计走访1359户，6160人，发放大米1456袋、食用油356桶、绵被323床、毛毯80床、拖鞋2000双、100合中老年奶粉、衣恋包22个、大礼包146个、困难学生校服2027套，解决了部分困难群众的燃眉之急，充分发挥了部门自身的职能作用和助手作用。

【大力弘扬红十字“人道、博爱、奉献”精神，有效组织开展志愿者服务系列活动】 一是开展“5·8”博爱周和“5·12”防灾减灾等宣传培训活动。在爱民广场，人民公园，大新桥街道办事处天生桥社区等地组织志愿者进行培训，同时把红十字会知识宣传结合起来，参与培训和宣传活动人员达3000余人次，共计发放宣传资料3500余册；二是在贵州工程技术学院、毕节医专开展无偿捐献干细胞志愿服务活动，每年开展宣传讲座二期，前来听讲座的师生达1500余人次；三是协助市中心血站开展“6·14”“世界献血者日”活动。让更多的公民了解、支持和参与无偿献血。每年组织大型无偿献血活动2次，五年累计参与无偿献血41666人次，献血量为1250万毫升，基本实现了我区临床用血来自无偿献血的目标，为助推我区“五城同创”、大力传播红十字知识、弘扬红十字精神起到了积极的作用。

【对接广东东莞精恒电子有限公司资助我区贫困学生】 区红十字会经过多渠道联系，与广东东莞精恒电子有限公司结成帮扶对子，并得到大力支持。从2014年起，广东东莞精恒电子有限公司支持我区贫困学生每人3000元/年，坚持不断。其中2014年—2015年每年获助学30人，2016年获助学60人。已获助学金360000元；获助困4人、助困金24000元。为助力我区脱贫攻坚奠定了一定的基础。

【积极推进应急救护知识公益培训进企业、进校园，不断提高企业员工、学校师生自救互救能力】 五年里，每年成功举办应急救护公益培训四期，7800余人次。重点培训了现场救护的意义、心肺复苏术、创伤、意外伤害等相关理论知识和操作技能。为了让参加培训人员更好地掌握心肺复苏的技术要领和正确的操作手法，志愿者指导参训人员利用心肺复苏训练模拟人实际操作练习，让受训人员掌握了应急救护培训技能，提高了在事发现场挽救生命的机率，降低灾难的伤害程度，对全面推进红十字应急救护知识企业、进校园奠定了良好的基础。

【情系地震灾区，开展爱心传递】 2013年4月20日四川省雅安市发生7.0级地震，2014年8月3日云南省昭通市鲁甸县发生6.5级地震。面对地震灾害，区红十字会积极响应，通过发倡议书、设置募捐箱等方式在机关、企业、学校、公园等地开展宣传活动，积极倡议社会人士向四川雅安、云南鲁甸地震灾区募捐，共募集爱心善款141987.8元，全部经市红十字会转往地震灾区。

【积极争取“爱爱基金”和“小天使阳光基金”申报救助】 五年里区红十字会收到“爱爱基金”申报求助69人，获得救助49人，发放救助金24.5万元；小天使阳光基金申报6人，获得救助6人，发放救助金36万元。

【不断加强基层组织建设】 五年共组建红十字志愿者服务队12个，招募志愿者1236人，发展会员单位50个，收取会费50000元，并发挥了应有的作用。

【有效实施“绿色家园行动——健康新村”（博爱家园）项目】 大新桥街道办事处天生桥社区“绿色家园行动——健康新村”（博爱家园）项目是根据当地群众的实际需要和风景旅游区的区位优势，结合红十字会的性质，以援建项目为载体，推动农村红十字事业健康发展，促进社会主义新农村建设为目标所申报的项目，是毕节市2013——2014年红十字系统唯一的一个项目，同时也是对我们七星关区红十字会工作的一次考验。项目的主要建设内容为（5+X）．即：1、组建基层红十字会组织；2、新建红十字服务站（含书库）100平方米，并购置相应的办公设施，便民服务用品；3；建一个文化广场，面积1500平方米，建宣传栏30平方米，购置健身器材等；4、建立励业帮扶培训基地，每年举办4期各50人以上的励业帮扶培训班；5、设立爱心互助金，主要用于扶持经果林发展；6、“X”为自选项目，长100米，高2.2米的堡坎建设，其作用在于防止水土流失，保护生态环境。

【争取中国红十字会基金会支持80万元，建“博爱校医室”10所】 校医室建成后，一是帮助学校培训校医100名；二是资助学校学生进行体检和疾病筛查；三是帮助学校设计开展红十字青少年、紧急救护培训、自救互救知识健康教育等课程。通过各项活动的开展，师生卫生等健康知识得到提高，并学会了基础的应急救护技巧，学生身心健康状况得到了明显改善。

【引进项目资金，加强基础建设】 五年引进小型项目五个，资金190万元：一是引进中国银行35万元，启动鸭池镇岩头村河堤治理工程；二是引进贵州华电毕节热电有限责任公司分别支持鸭池镇河坝村，朱昌镇小屯村共100万元“整乡脱贫、整村出列”项目。三是引进35万元完成长春堡镇集镇供水工程；四是参与联系辽宁营口爱心企业捐助20万元支持八寨镇村寨道路改造。

（撰稿人：曾贵章）

社会生活

政务服务

【概况】 毕节市七星关区人民政府政务服务中心成立于2002年12月，是全省第一个县级政务服务中心。中心内设办公室、业务科、督察科、采购科、审批服务科、网络管理科，承担着行政服务事项审批、政务公开、政府采购三大职能。毕节市七星关区人民政府政务服务中心的运作模式是"一站式"办公、"一条龙"服务。以"中心服务于窗口、窗口服务于百姓"为理念，以"便民、高效、廉洁、正规"为宗旨，创新思路，完善和加强中心制度化建设和规范化管理，简化办事程序，对大厅实行人性化管理服务，强化窗口单位责任意识和服务意识，努力提高政务中心的服务水平和工作效率，争创环境一流、服务一流、形象一流，努力打造七星关区政务服务中心星级服务水平。

【大厅建设】 2012年，政务中心租用区政府对面星辰商住楼一楼和二楼作为办公地，总面积为2030平方米，大厅面积1580平方米，大厅共有房产、国土、住建、工商、卫生、计生、交通、安监、烟草、发改、工能、规划、城管、公安等30个行政审批部门和水务、供电2个服务单位进驻，同时另行设立了国税、地税、社保、合医和车管5个政务服务分中心，由于面积限制，尚不具备"前厅后室"的基本功能。2015年，根据省、市加强政务服务工作的要求，在区委、区政府的高度重视下，投资3600余万元购置和装修新的服务大厅，新大厅面积达3600平方米，2015年7月20日新政务大厅正式建成启用，大厅设置有便民服务区、企业设立登记区、行政审批综合服务区，按照"前厅后室"的原则，在设置95个服务窗口的同时，建设了20间进驻部门审批室，实现部分部门成建制进驻。按照区政府要求，具有行政审批职能的部门按"三集中三到位"要求，全部纳入中心集中审批，规范办件。

【行政审批】 2012年，政务服务大厅和国税、地税、车管、合医、社保五个分中心共受理行政审批服务事项189779件，办结189742件，办结率为99.98%。其中受理即办件172540件，全部现场办结，办结率为100%；受理承诺件17239件，办件数17202件，办结率为99.79%。承诺件提前办结数17187件，提前办结率为99.91%，期内办结率为99.99%，并通过绿色通道和预约服务、延时服务办理行政审批服务事项283件。2013年，共受理行政审批服务事项142388件（含分中心办件），办结142316件，办结率为99.95%。其中，即办件办结率为100%；承诺件期内办结率为100%，没有出现过一起超期办件现象，提前办结率为99.99%；在现已受理的行政审批服务事项中，现场办结率为89.96%，基本达到省里规定的期内办结率99%和现场办结率90%的目标要求。2014年，共受理行政审批服务事项37715件，办结37691件，办结率为

99.93%。其中，即办件25782件，办结率为100%；承诺件11832件，期内办结率为100%，提前办结率为99.89%，没有出现超期办件现象。2015年，全区政务大厅共受理行政审批服务事项217783件（含分中心），办结217435件，办结率为99.84%，其中提前办结率为99.33%，现场办结率为99.99%，达到省里规定的期内办结率99%和现场办结率90%的目标要求。2016年，全区政务大厅共受理行政审批服务事项183298件（不含分中心），办结183297件，办结率为99.99%，其中即办件收件数181901，即办件办件数为181901，办结率为100%，现场办结率为99.24%，达到省里规定的期内办结率99%和现场办结率90%的目标要求。

【贵州省网上办事大厅建设】

2012年以来，该中心一直使用的都是行政审批系统，所有的办件量都要录入到行政审批系统中。2014年省政务中心成立后，开通了贵州省网上办事大厅。2015年我中心搬迁至新大厅后，2017年10月份便接入到贵州省网上办事大厅，我中心加强七星关分中心建设，敞开大门迎接“大数据”时代，抢抓贵州省实施“互联网+政务服务”的历史机遇，认真建设涵盖政务、商务、事务“三位一体”的网上办事大厅建设，实现“一网受理、联网审批、统一监管”的网络全覆盖，推行网上审批，强化审批事项动态管理和审批流程跟踪，实现省、市、区三级行政审批数据交换，逐步提高网上办事可申报率，积极探索构建实体办事大厅与网上办事大厅“线上线下、虚实一体”暨面对面和网对网的政务服务新模式。促进办事群众由“群众跑”向“数据跑”转变。

【村、社区便民服务建设】

2012年-2014年，为了进一步完善区、乡、村三级基层便民服务体系建设，名心先后制定出台了《乡镇街道办事处便民服务中心管理办法》、《乡镇街道办事处便民服务中心工作方案》、《加强村（社区）便民服务站（中心）规范化建设实施法案》，对乡镇街道办事处便民服务中心规范化建设提出了明确的要求，从场地建设、窗口设置、进驻事项、规章制度、服务方式、运行模式等方面都作出了统一规定，将乡镇街道办事处便民服务工作纳入了全区“双考双评双挂钩”的考核内容，实行单列考核。按照平时检查与年度目标考核相结合的原则，采取明查暗访的方式对乡镇街道办事处便民工作进行检查和考核。目前，全区乡镇街道办事处建立了便民服务中心、村（社区）建立了便民服务站（中心），促使基层政务服务工作不断走向制度化和规范化。2015年以来，为努力实现“互联网+政务服务”工作向村、社区延伸，全力建设省、市、县、乡、村“五级便民服务体系”，政务中心推进“互联网+政务服务”向村社区延伸。各乡镇（街道）、村（社区）将政策咨询、低保办理、农机补贴、养老保险缴纳、新农合医保、老年证办理、户籍户政管理、居住证明、计生证明、林木采伐与运输、高龄补贴等与村民群众密切相关的政务服务事项全部整合纳入乡镇（街道）、村（社区）政务服务点办理。同时，我中心为便民服务点采购办公设备。通过对全区42个乡镇街道的通网情况进行统计，为网络覆盖的242个村采购电脑、彩色打印机、高拍仪等设备，开展网上办事大厅延伸到村及社区并开展业务办理，为群众提供上门服务、免费代办服务，实现就近申请、远程受理、异地打证。

【政务信息公开】 2012年-2015年10月，政务中心紧紧围绕“办事公开透明”这一主题，一是深入推进办事公开，对行政审批及服务事项的事项名称、设立依据、申报资料、办理流程、办理时限、收费标准、办理结果在区政府和中心门户网站进行公开，推进电子政务建设，把门户网站作为办事信息公开的重要途径，开设办事公开、便民服务信息等专栏，为公众提供免费下载服务，为服务对象提供全方位信息服务，努力完善办事公开机制。设立触摸屏载体和征求意见箱，公开监督举报电话，充分利用LED电子显示屏，将事项办理信息情况进行公开，加强办事过程的监督，让各进驻部门窗口的行政审批运作置于“阳光”下，防止了“暗箱”操作等问题。为群众提供高效、便捷、规范、廉洁的服务环境。2016年以来，编制权力清单和责任清单，全区26个职权部门共清理事项5407项，其中行政许可222项，行政征收27项，行政给付35项，行政确认60项，其他权力183项，行政处罚4446项，行政检查188项，行政奖励43项，行政强制200项，行政裁决3项，清理完毕并在政府网站公布。

【政府采购工作】 为了切实加强政府采购招标工作的规范化建设，按照公开、公正和公平和平等竞争的原则，对政府采购招投标项目严格执行招标公告、资格审查、开标评标、中标公示等规定程序，全程接受有关监督单位的监督。对进入毕节市七星关区项目交易咨询服务中心的所有政府采购项目，其招标公告及中标公告均在中国采购网、贵州省采购网、七星关区人民政府网、七星关区阳光党务政务网和七星关区政务服务中心进行公告。2012年，共完成政府采购15次，完成采购预算资金8879.74万元，实际完成采购资金8472.37万元，节约采购资金407.37万元，整个采购活动实现了零投诉的工作目标要求。2013年，共完成政府采购8次，完成采购预算资金4004.2144万元，实际完成采购资金3913.8500万元，节约采购资金90.3644万元，整个采购活动实现了零投诉的工作目标要求。2014年，共完成政府采购10次，完成采购预算资金1320.8071万元，实际完成采购资金1271.6770万元，整个采购活动实现了零投诉的工作目标要求。2016年，共完成政府采购6个，公开招投标采购额136.7125万，整个采购活动实现了零投诉的工作目标要求。2016年完成17个采购项目，成采购预算资金1753.5630万，实际采购资金1587.7030万，共节约采购预算资金165.8599万元，整个采购活动实现了零投诉的工作目标要求。

【政务服务形象】 政务服务窗口是党和政府联系群众的桥梁和纽带，窗口服务质量的好坏事关区委、区政府的形象，事关七星关的经济和社会发展。自政务中心成立以来，一直把政务服务形象作为工作的重点并将长期作为重点来抓，先后印发了《工作人员基本行为规范》、《工作人员考勤制度》、《窗口工作考核方案》、《优秀工作人员考评办法》等，形成了包括大厅管理、考勤考核、计算机使用、投诉举报等一系列行之有效的工作制度，使政务服务工作管理机制更趋科学合理，并着力抓好窗口人员职业道德培训，聘请专家对窗口人员进行爱岗敬业、礼仪举止、仪表仪容和文明用语培训，提升窗口的服务形象。

【管理考核模式】 为了进一步提高政务服务工作绩效，我们把加强窗口和工作人员的考核作为规范窗口管理的重要措施，将政务服务审批工作纳入了七星关区“双考双评双挂钩”考核内容，分别制定出台了窗口和工作人员两个考核办法，细化考核目标，明确考核方式，将窗口行为规范、办件数量、纪律作风、工作效能和服务质量有机结合起来实施综合考核。坚持把窗口考核与部门考核成绩相挂钩，实行“一月一考、一季一评、年终总评”，每季度开展“流动红旗窗口”和“先进服务个人”评比，把季度考核是否获得“流动红旗”和“先进服务个人”作为年终评先选优的入选条件，实行“一票否决制”，全面推行过程式管理，积极营造良好的服务氛围，努力强化窗口人员的文明服务意识。

【规范化运行】 为了切实推进政务服务工作的规范化管理，我们以高效、便民、利民为工作目标，多措并举，扎实工作，努力强化管理工作的规范性。一是建立了首问责任窗口，全面推行首问责任制。首问人员必须对群众咨询的问题做到一次性全部告知，让办事群众清清楚楚、明明白白，做到服务对象办事在大厅，满意在大厅；二是办事绩效实行监察监控。对行政审批服务事项办理进度情况推行电子监察，对可能出现超期办件的现象实行红黄牌预警机制，努力提高办事效率，确保不出现超时办理；三是实行首席代表负责制。服务窗口明确首席代表，负责加强窗口管理、协调和处理好每天行政审批服务中的相关事宜职责；四是严格兑现承诺时限。服务窗口必须严格按照对社会承诺的时限完成事项办件，即办件必须随办随结，承诺件必须在规定的时限完成，能够做到提前办结的要提前办结，不允许超越时限办理，对发现受理而不办理情况的，将严格追究有关人员的责任；五是组织开展民意调查，通过召开服务对象与服务单位“交心谈心”座谈会、设立征求意见箱和现场向群众发放调查表等形式对满意度进行测评，有效收集服务评价情况，制定完善相应的管理制度和措施，最大限度地为服务对象提供方便和便捷人性化服务。

（撰稿人：办公室）

城市综合执法大队

【概　述】 2012－2016年来，七星关区城市综合执法大队在区委、区政府的坚强领导下，区城市综合执法大队紧紧围绕“五城同创”，实现脏乱差整治从看得见到看不见转变、从管得了向管得好转变、从突击型向常态化转变。

【实行网格管理，提升市容管理标准】 按照“城市管理是走出来的”指示要求，实施了城市管理网格化工作，加大巡查管理频率，形成工作合力，将每个单元网格内的乱堆乱放、乱搭乱建、乱倒乱抛、乱画乱贴等市容秩序“脏乱差”现象、环卫清扫保洁、清收清运、垃圾设施摆放抹洗不到位、市政设施损坏、绿化管养缺失等问题解决在初始阶段和萌芽状态。五年来，在“门前三包”方面，与城区沿街责任单位及商铺签订“门前三包”责任书30000余份，整治沿街超越门面外墙占道经营商铺12000余户，拆除占道摊蓬8000余个。在“还路于民”方面，清理取缔占用城区人行道、车行道及其他公共场地占道经营的各类流动摊点20000余个，清除占道设置的水泥路障、梯步坎、地锁，各类岗亭、报刊亭以及变电箱、交换器等障碍设施8000余平方米。在“城市洗脸”方面，清除各类“野广告”、“牛皮癣”30万余处，收缴打击乱散发宣传小广告46起32万余张，清理拆除残标布副4200余条，拆除存有安全隐患、破旧、残缺的大型户外广告38块、门头牌匾广告642块、喷绘广告1344副、不雅医疗广告2650副。

【实行无缝对接，提升环卫保洁水平】 环卫市场化运营以来，按照“定人员、定任务、定标准、定时间、定奖罚”的精细化管理要求，推行路面冲洗、机械清扫、人工巡扫相结合，基本实现零星垃圾从看得见到看不见转变的目标。通过加大垃圾清收清运的密度和频度，逐步取缔占道设置的垃圾桶（斗），减少了因乱丢乱倒垃圾造成的垃圾积存和二次污染。通过实施文明公厕创建，加快对所辖74座公厕的升级改造和免费开放，确保了开放时间、保洁质量以及内部设施等达到“四无四净”要求。五年来，共清收清运生活垃圾90万吨，平均每月清收清运13500吨垃圾。城市道路机械化冲洗作业率达到80%以上，出动洗扫车30000余次。维修更换果皮箱5000个、垃圾斗360个，并投入资金约300万元购买4辆多功能防尘车，喷雾、适时开展城区洒水降尘。对环境卫生工作薄弱的区域开展垃圾突击清运整治活动，突击清理死角死面、暴雨冲积产生的垃圾12000多吨，确保城区道路干净、整洁。

【实行改造升级，提升市政承载能力】 及时维修维护城市破损道路和其它市政设施，同时从主城区、重要路段、重要区域有序向外围扩展启动城区人行道地砖、沥青路面维修升级改造工程。严格城市道路临时占用、开挖审批，督促通讯、供电、供水、供气等部门及时维修维护所属设施。增设花箱护栏，逐步取缔影响城市观瞻的护栏广告。对城区排污、排水管网进行摸排，及时清理维护排污沟、雨箅、检查井，夯实城市防洪防涝基础。一年来，完成了清毕路、桂花路人行道的改造工程，改造人行道地砖42000平方米，改造道沿10200米；完成了城区破损沥青路面修复工程，修复沥青路面

28000平方米；完成了城区盲道修复改造工程，修复改造盲道16500平方米；并组织开展皮夹山山体滑坡治理、观水路环卫冲洗作业蓄水池修建和加水系统改装等建设工作。为及时对排污排水管网清淤和修复损坏的路面，降低维修成本，成立了3个管网清淤组和4个零星修复施工队，共清理雨箅及检查井3500个次，零星修复地砖8000余平米，道沿3600余米，更换井盖400余套，雨箅386套，维修路灯9000余盏次，更换路灯电缆线4000余米。

【实行常态管护，提升园林美化效应】 围绕到2020年中心城区绿化率达40%以上，城镇人均公共绿地面积达12平方米以上的目标，对碧阳美食城、区政府后花园等地段实施绿化建设，共铺设草坪1200余平方米，种植景观灌木800余株。按照季节特性，开展对城区18万余平方米绿化植物的修剪除草、枯枝清除、病虫害防治、冲洗洒水等日常管养工作。改造安装城区行道树树箅2400余套，维修维护城区坏损树池、绿化带道牙石3100余起，18000平方米；因地制宜拆除改造影响道路通行的绿化带4200平方米，并妥善移植移种附属绿化植物。为营造节日氛围，提高城市品位，在南箐基地探索培育鲜花38万袋，用于补植补种城区分流岛、花箱护栏内坏死鲜花，累计补植补种鲜花215400余盆。为满足市民日常休闲娱乐需要，加强对人民公园、阳山公园、同心公园秩序管控，积极创建健康主题公园。规范管理游摊经营、宣传促销、歌舞晨练等各类破坏院内设施和秩序行为5200余次。维修维护绿化设施、健康设施1600次、补植补种绿化植物26万余株。

【整合信息平台，探索构建智慧城管】 为积极推进城市管理数字化、精细化、智慧化，集中对城区下水井盖、人行道树、路灯灯杆等上万件市政设施进行编号管理，面向社会公布了举报电话、信箱、门户网站和公众微信平台，全面提高了问题的发现、受理、处置速度，初步建立七星关数字城管管理雏型。到2018年年底，我们将有机整合公安天网，交警智能监控系统等载体，建立城市管理监督指挥中心及相关电话服务平台，建立完善城区范围内的市容市貌、卫生保洁、市政公用、路灯照明、园林绿化、城市秩序等公共服务领域，较为完善的城市管理信息发现、问题处置、情况反馈、综合评价等高效运转的城市管理机制，认人民生活得更美好，让城市更和谐。

【完善城市功能，加快基础设施建设】 一是启动城乡垃圾收运系统建设，初步建立线路优化、成本合理、高效环保的“户三包、村收集、乡镇（公司）转运、区处理”的垃圾收运模式。由区政府出资1.7亿元，已完成30个乡镇垃圾中转站建设和3个乡镇垃圾焚烧站建设。在建设和投入运行前，按照“日通报、周排名、月考核”的方式对乡镇的垃圾无害化处置进行跟踪考核，实施差别化奖补，共发放奖补资金1140万，大幅提升了我区垃圾无害化处理率。在2017年年底我区垃圾无害化处理率已达到90%以上（91.1%），超出区政府年初80%的目标11.1个百分点。二是完成公厕、农贸市场、停车场建设任务。历年如期完成我区新建和改建公厕28座、垃圾中转站8座、停车位12000个的民生实事目标。为逐步缓解城区公厕不足和分布不均的现状。并以新建同心公园地下停车场为管理试点，逐步推进城区公共停车位管理。为解决城市的“面子”和群众的“肚子”问题，将长期占道经营的弱势困难群众和城区清理拆除的夜市摊点集中引导到丽泽农贸市场和新建完成的“碧阳美食城”统一规范管理。按照划行归市要求，完成了洪南水果批发市场业态调整升级改造，通过对原有水果、建材批发经营商铺的疏导和规范，有效缓解了洪南路周边流动摊点对城市主干道的压力。三是按照绿色循环低碳的理念，积极推进城区道路和公园照明亮化提升改造，提升城区照明亮化效果，实现路灯智能化管控，降低使用成本的同时，解决群众出行难的问题。

【聚焦“五城同创”，开展综合环境治理】 开展校园、医院周边环境专项治理，清理取缔城区学校、医院周边流动摊点、占道搭建烧烤摊篷、无证无照经营食品摊点共计2700余个，切实保障食品安全，净化学校、医院周边的市容环境秩序。开展夜间露天烧烤及经营性燃煤专项整治，清理取缔流动烤摊摊点2000余个，整治超越门面外墙经营露天烧烤的商户1000余户，拆除占道搭建的摊篷600余个，取缔使用燃煤经营商户100余户，有效缓解油烟烧烤摊点和燃煤经营对环境的污染，改善城区空气质量。开展道路扬尘综合治理，整改处罚不文明施工工地156个、287起，办理运输渣土准运通行证553个，查处运输渣土车辆带泥上路污染城市道路246起，超高、未覆盖运输沿途遗撒污染城市道路313起，从源头上减少工地施工造成的环境污染。开展倒天河沿河污染专项治理，拆除沿河两岸临时搭建商铺、摊篷、特巡警岗亭、邮政报刊亭等36处，大力打击和查处向河道乱倒垃圾、乱排污水等污染环境的不文明行为400余起，切实改善倒天河及周边环境卫生状况。开展商业宣传促销噪音专项整治，整治沿街商户音响促销2000余户，收缴音响设备2000余个，流动摊点促销高音喇叭3000余个；劝阻制止利用车辆宣传促销噪音扰民行为30余次，建筑、加工噪音扰民80余次，尽力营造安静祥和的城区环境。同时还对占道修车、洗车、花鸟市场、街头赌博等进行专项集中治理，通过集中整治，高压管控，有效缓解“城市病”，积极推动了七星关区“五城同创”工作进程。

（撰稿人：彭宏智）

气　象

【概　述】 毕节市七星关区气象局于2012年7月获中国气象局批复正式成立（中气函〔2012〕281号），下设“三办一网”即：防雷减灾办公室、人工影响天气办公室、农村综合经济信息网络办公室和气象业务办公室。在区委、区政府的领导和上级部门的指导下，紧紧围绕“防灾减灾，气象先行”的服务理念，认真开展和完成气象服务工作。

【天气预报】 采用传真机、计算机网络、地面卫星接收装置、通信网络投入预报工作，收集各种气象信息、天气图表、卫星云图资料，制作短、中、长期天气预报并发布。

【公众与决策气象服务】 为区委、区政府及相关部门和群众提供短、中、长期天气预报，节假日和重大庆典等气象专题服务。

【人工影响天气】 七星关区气象局在全区范围内下设11门人影防雹高炮，一台新型移动火箭发射装置，人工影响天气作业民兵60余人。按照“早计划、早部署、早准备、早行动”的原则做好每年汛期防雹消灾工作。及时组织实施人工防雹作业及人工降雨工作，为七星关区农业生产取得了较好的经济效益和社会效益。每年组织实施人工增雨作业在50次左右，发射增雨炮弹800余发，增雨基本达50毫米以上，取得了明显的社会效益和经济效益。截止2016年全区11个炮站除，已完成9个炮站的标准化建设为下一步人影工作做好坚实的保障。

【气象服务工作】 七星关区气象局在全区各个乡镇安装有区域自动站，用于收集乡镇温度和降水情况。截止2014年全区共有区域自动气象站59个，个别乡镇安装有土壤墒情站，用于测量土壤墒情况，更好的做好气象为农服务工作。加强区域站的维护维修，2012年至2016年气象局职工下乡维护维修区域站2000余次，保证了数据传输的有效性、准确性和实用性，保障了气象决策服务数据材料的真实可用性。2014年气象局在七星关区部分乡镇安装有农经工作的LED显示屏用于显示农业气象信息，指导农事生产，并在部分乡镇组织人员进行相关知识培训。

【制度建设】 毕节市七星关区气象局逐步建立健全内部规章管理制度。制定了区气象局工作管理制度，主要内容包括业务管理制度、财务管理制度、局务政务公开工作和纪律制度、应急值守制度、安全生产制度、党建管理制度等等。

【党组织建设】 2014年，毕节市七星关区气象局党支部成立，有党员4人。成立了党风廉政建设领导小组和政务、局务监督检查小组，认真落实党风建设目标责任制，严格执行各项政务、局务制度，加强民主监督。

【其他工作】 在做好气象服务工作、人工影响天气工作的同时，严格按照区委政府的部署要求，结合各项工作的目标管理责任书，思想上高度重视，精心安排、狠抓落实。在人口计生、信访维稳、社会治安综合治理、应急管理等方面严格按照相关部门和文件精神要求抓好落实，按要求及时完成并上报存档。

（撰稿人：办公室）

水库和生态移民

【概　述】 水库和生态移民局是区人民政府直属正科级全额拨款事业单位，内设8个职能股室，核定事业编制32名。在区委、区政府的正确领导下，以邓小平理论、“三个代表”重要思想、科学发展观、习近平新时代中国特色社会主义思想为指导，深入贯彻党的十八届五中、六中全会精神，以改革创新为动力，坚持“守底线、走新路、奔小康”的要求，不断完善工作机制，整合各方资源，集中力量解决水库和易地扶贫搬迁群众生存环境恶劣、居住不安全、生活贫困等突出问题。提高搬迁群众收入水平和生活质量，实现“搬的出、稳得住、能致富”，确保与全国、全省、全市同步小康。

【夹岩水库】 一是严格按照有关设计规范和黔府发〔2010〕12号文件精神，做好夹岩水库移民搬迁安置前期工作。2012年6月13日毕节市召开水库实物指标调查启动会，按照会议安排，七星关区成立了实物指标调查工作领导小组，制定方案，明确三名副县级领导对涉及镇乡分片包保，专门从各相关部门和镇乡抽调239名得力骨干组成联合调查组，积极配合省水勘院，于2012年6月16日全面启动实物指标调查工作。在充分征求移民群众意愿的基础上，结合实际制定了《夹岩水利枢纽工程七星关区移民安置点选址方案》，并组织移民群众到双山新区移民安置实地踏勘。二是拟定了《关于整合资源抓好夹岩水利枢纽工程七星关库区移民安置的工作方案》，开展了七星关区输配水区线路确定工作、库区第二轮实物指标调查工作及水源工程区三通一平征地工作。三是做好淹没影响区杨家湾镇、放珠镇、田坝镇、大河乡、阴底乡5个乡镇21个村105个村民组，共涉及移民2101户9852人的土地、房屋、坟墓、树木等实物指标补偿工作。四是做好移民工作，完成双山安置的1484户7886人的移民意愿安置统计工作；积极抓好路桥改复建工程共14个项目的土地征收；抓好马场、金家老包安置点三通一平建设；完成田坝集镇安置点规划；完成工业企业和压覆矿理赔工作，涉及工矿企业4个，完成分散安置161户669人的协议签订；完成1265水位线下622户2707人移民户的搬迁任务，满足夹岩水库蓄水要求。五年来，共完成投资7.3亿元。

【龙官桥水库】 一是全面完成实物指标调查工作，涉及何官屯镇9个村民组1500余人；二是配合市设计院修改完善《毕节市七星关区龙官桥水库工程建设征地移民安置规划报告》和《毕节市七星关区龙官桥水库工程建设征地移民安置规划大纲》；三是做好龙官桥水库移民人口、房屋与零星树木的认定及复核工作，完成坝区土地和青苗补偿补助；四是完成水库左右坝尖、上坝公路、渣场、施工区土地测量、征收协议签订等工作，开展淹没区红线上剩余房屋测量及相关实物调查工作，纳入技施报告；完成电力改复建10KV的两条线路改迁工作，完成联通线路专项改复建工程的迁改。

【双河口水库】 一是全面启动实物指标调查工作，涉及海子街镇和八寨镇6个村23个组；二是开展移民安置意愿调查，编制了《双河口水库移民安置规划报告》；三是完成双河口水库土地赔付和学校复建工程。

【水库后期扶持】 一是按

照省下达的水利水电工程移民后期扶持人口指标，开展移民后期扶持人口核定工作；二是抓好后期扶持人口的动态管理工作，坚持“一次核定、动态管理”原则，做好死亡、服刑人口的核减和登记；三是根据核定的后期扶持人口数，按时足额发放后期扶持直补资金；四是加大后期项目扶持力度，抓好结余资金的上报；五是整合区内资源，加大移民帮扶力度，有效提高贫困移民的生活水平。

【扶贫生态移民】 一是完成2012年水箐镇东风大街安置点实施搬迁55户250人的搬迁入住工作，完成2012年生机镇镰刀湾安置点实施搬迁55户250人的搬迁入住工作；二是完成2013年碧海街道店子村安置点实施搬迁496户2086人的搬迁入住工作；三是完成2014和2015年生机镇幸福大街安置点共实施搬迁541户2385人的搬迁入住工作；四是完成2015年清水铺镇独山湖安置点实施搬迁243户1149人的搬迁入住工作。

【易地扶贫搬迁】 抓好“十三五”期间搬迁对象精准识别，对各年度搬迁任务做好统筹和指导工作。一是做好2016年易地扶贫搬迁实施搬迁安置827户3371人（贫困人口648户2676人）的安置工作，分别为清水铺镇、青场镇、团结乡、千溪乡、层台镇、阿市乡、小吉场镇、何官屯镇、普宜镇、田坎乡、撒拉溪镇、长春堡镇等12个安置点；二是做好2017－2018年易地扶贫搬迁项目建设工程前期工作。共建一个城区集中安置点，选址在碧海街道柏秧林村，由恒大集团帮扶代建；三是做好项目档案管理。制作“一户一档”等项目档案清单，发放到各涉及镇乡街道，根据易地扶贫搬迁工作时间节点应完成的工作收集档案材料，做到“一户一档”规范管理，每月对各涉及镇乡街道档案建设情况进行督查，发现问题限时要求整改，运用“二维码”对档案进行管理，做到规范、快捷、有效；四是做好2016年易地扶贫搬迁已搬群众的旧房拆除及“三块地”的盘活，抓好生计保障和后续发展，确保搬迁群众“搬得出、稳得住、能致富”。

【资金管理和使用】 移民资金做到专款专用、专项专用、专户储存、专帐核算、专人管理，严格按照国家有关移民政策管理使用移民资金，移民资金严格执行县级报帐制，严格执行财经纪律，加强对移民资金使用各个环节监管，未发生截留、挪用、挤占、贪污移民资金现象；做好有关检查和审计配合工作，开展移民资金管理使用情况内审自查并上报书面报告，对自查、审计和稽查中发现的问题及时整改落实到位，规范会计基础核算，健全财务档案，按规定和时限要求编制上报移民安置年度资金使用计划和有关财务报表，及时兑现移民资金，实施相关项目。

【信访、维稳】 一是认真贯彻落实《信访条例》和信访工作领导责任制，建立健全移民信访台账和档案，做好单位节假日值班工作，有效维护单位和谐稳定；二是按照分级负责、属地管理的原则，及时报送移民维稳信息，做好矛盾纠纷调处工作，推动移民搬迁；三是强化信访制度的落实，有效的开展重信重访专项治理工作，强化稳定意识，做好重要时间的信访工作；四是按时办结本级立案处理和上级交办信访案件。

【廉政建设】 一是开展系统行风政风建设，认真组织学习《党章》、《党内监督条例》、《党纪处分条例》、《廉政准则》等，加强对干部职工教育培训，树立依法行政、廉洁高效的服务意识，进一步强化干部职工政治观念，培育价值观，端正人生观、世界观和权力观，提高抵御各种诱惑的能力；二是始终坚持廉洁从政，建立完善依法行政、廉洁从政等方面的工作制度和行为规范，建立有效的监督工作机制；三是领导班子成员带头树立艰苦奋斗、勤俭节约的思想，带头抵制拜金主义、享乐主义和奢靡之风，牢固树立正确的人生观和价值观，坚决抵制腐朽没落的思想观念和生活方式的侵蚀，始终保持共产党员的政治本色。

【其他】 一是配合省市审计部门对易地扶贫搬迁资金和水库移民资金的审计，抓好稽查发现问题的整改落实；二是做好信息宣传工作，分别在市级和区级媒体、报刊等进行宣传，按时保质保量报送信息工作；三是做好干部驻村工作；四是按要求做好各级各部门交办的其它工作；五是做好干部职工管理工作；六是扎实抓好机关党建工作。

（撰稿人：王科文）

镇乡办事处概况

市西街道办事处

【概　述】 市西办事处位于七星关区中心老城区，是1994年毕节撤县设市撤镇（毕节镇）后新建的六个办事处之一，东与市东办事处隔河相望，南与流仓桥办事处接壤，西与三板桥办事处相邻，北与大新桥办事处毗邻，总面积11.8平方公里，辖12个社区1个工作站。2013年撤办建社区后新建为市西街道办事处，东与市东街道办事处隔河相望，南与洪山街道办事处接壤，西与三板桥街道办事处相邻，北与大新桥街道办事处毗邻，总面积5.91平方公里，辖翠西、北门、百花、和平、金钟、天河、松山7个社区。

2012年至2016年这五年来，市西街道办事处在区委、区政府的正确领导下，认真贯彻落实中央、省、市、区的有关会议和文件精神，全面完成区委、区政府下达的各项目标任务。

【提升服务质量，促进经济快速发展】 市西街道办事处一直致力于加大招商引资力度，提升服务质量，创新服务方式，推出“五个零”（服务受理“零推托，服务过程”零差错，服务事项“零积压”，服务对象“零投诉”，服务措施“零距离”）工作措施，为招商引资创造良好的服务环境，促进投资快速增长。在项目建设中，明确班子成员具体负责项目建设、招商引资工作，协助解决辖区内项目建设工作中征地、拆迁等问题。确保所有项目工程正常施工，全力跟踪服务过程，扎实推进项目建设工作。强力推进了辖区草海大道二期工程、廉租房建设、精神病院建设、浙商城、瑞丰新城、创美世纪城、草海片区、西客站片区、通津片区、翠竹园、翠屏片区、怡景新城、王家老坡棚户区改造及农贸市场建设等的环境综合整治等项目建设，确保了所有项目工程正常施工和按期完成任务。5年来，每年经济均持续增长，到2016年，城镇居民人均可支配收入已达26905元。

【强化机制创新，推动城市管理工作】 该办积极创新工作机制，深入开展“多彩贵州文明行动”工作。一是推行包片责任制。工作中实行副科级领导包社区，社区干部和保洁员以网格为单元的包片责任制，形成了横到边纵到底的工作格局。二是推行创卫工作“六个一”措施。即撰写一份倡议书，倡导文明新生活；发放一张便民服务连心卡，畅通便民利民新渠道；发送一条短信息，推进“多彩贵州文明动”；建立一支劝导队，形成文明软约束；设立一部监督专线，实现有监督举报即整改；完善一套制度，严格实行兑现奖惩责任制。三是建立《社区居民自治管理公约》。积极开展楼院长选举大会，在各社区实行楼群院落分类管理。四是实行保洁员星级考核制。增强保洁员竞争意识，荣获星级称号的保洁员，统一佩戴徽章、进行星级津贴奖励，并在社区荣誉台公示；对工作懒散、季度检查较差的保洁员进行严厉曝光，及时兑现奖惩，有效管理保洁员。五是成立环境卫生“大妈义务巡逻队”。大妈巡逻队员每天穿梭于社区楼群院落、背街小巷，对居民乱扔乱丢、随地吐痰等不文明行为进行劝导，促使大家养成良好的文明习惯。六是成立车友会。车友会由辖区内车主组成，让他们对社区车辆进出自行管理，参与社区停车位合理划设，规范社区车辆停放行为，杜绝乱停乱放，建立车友微信群，便于车主及时沟通交流，互通信息，掌握车辆停放情况，解决社区车辆“出行难”问题。七是成立“广告协会”，规范管理“野广告”。在楼群院落等醒目地段设置AB宣传栏，A面宣传办事处工作，B面设立信息公开栏使其规范分类发布，并将相对合法的服务性“野广告”，会同社区网格服务电话、相关法律法规等知识制成一本《市民服务手册》，发放到居民手中。八是严格控制新增违法建筑。在工作中，采用疏堵结合、分类管理、分类打击的办法，有效遏制了违法建筑的势头，有效控制了新增违法建设。

【强化过程管理，扎实推进人口与计划生育工作】 该办始终以“三按月”为计生工作主线，强化过程管理、责任落实和目标考核，有效促进“双诚信、双承诺”工作和流动人口计划生育服务管理。在工作中，加大对居民群众的宣传教育，5年来共开展集中宣传20余次，发放计划生育政策法规宣传资料20000余份，避孕药具5000余盒，接受政策法规咨询30000余人次。动员落实常住、返乡、流动人口长效避孕手术共1000余例。与此同时，注重利益导向，提倡优质服务，强化综合治理，常住人口出生2000余人，符合政策生育率达94.7%；出生人口性别比为100：112，完成免费孕前优生健康检查700余对，“双诚信、双承诺”签约率达98%，群众对政策知晓率达98%以上。

【强化社会稳定，着力做好信访维稳和社会治安综合治理】 一是创新机制，领导下沉。该办健全完善了矛盾纠纷排查调处机制、三级联动视频接访机制，实行领导干部包案督访、下访、回访制度，变群众上访为干部下访，积极推进信访积案和突出矛盾纠纷化解。按照“两个四级个案台帐管理体系”要求，将矛盾纠纷排查化解工作抓实、抓好、抓出成效。二是成立群众诉求评议会。为有效解决信访问题和畅通信访渠道，办事处建立了由信访人员亲属、信访事件涉及的各部门负责人、律师等组成的群众诉求评议会，对信访事件的原由进行一一梳理，达成解决共识。既有效缓解信访压力，又让信访人员得到合理、满意的答复。在逐步缓解了我办的信访工作压力的同时，确保了重大节假日和会议期间无重大事件发生。三是建设“群防群治”队伍，打造法治示范社区。在天河、和平、松山等社区打造民主法治示范社区，积极落实人防（巡查队伍）、物防（小区安保）、单元防（电控门）、技防（主干道和巷道设有天网、院落和重要部门、窗口设有监控摄像）、户防（平安E家）等措施和制度，最大限度的发挥网络触角作用，为广大群众安居乐业提供平安防线。四是加强刑释解教人员无缝对接帮教工作和社区矫正工作。结合“两学一做”工作，组织辖区内党员对吸毒人员和社区矫正人员进行帮教，正确引导他们重新做人，远离犯罪道路，积极走向健康的人生，鼓励其重归社会进行创业，有效维护了社会的稳定。五是建立禁毒预防宣传教育基地，实行“1+N”禁毒预防宣传教育。为进一步加强禁毒警示教育，维护社会稳定，办事处历时一年，有效利用约50平米的社区楼道空间，依次建立鉴厅、魔厅、火厅、择厅、愿厅等五个展厅，建成了首个社区禁毒预防宣传教育基地。让居民群众在家门口，就能接受“1+N”式的禁毒预防宣传教育。已组织辖区内5000余名中小学生、2000余名居民群众及吸毒人员参观禁毒预防宣传教育基地。真正实现了禁毒教育的现代化、系统化、经常化，使社区禁毒工作更形象、更生动、更直观。打破了部分居民“因毒致贫”瓶颈，有效维护了社会的和平稳定，获得了广大居民朋友及吸毒人员的一致好评。

【强化推进教育工作】 一是始终抓紧校园安全防范工作。每年均组织工作组对辖区内26

所学校（公办小学5所、公办中学2所、公办幼儿园2所、民办小学7所和民办幼儿园10所）进行安全教育和安全检查，及时消除安全隐患。二是扎实做好控辍保学工作。共完成中职招生700余人，特殊教育招生15人。小学适龄儿童入学率达98%，小学辍学率控制在1.6%以内。三是扎实抓好“三关爱”工作。办事处从“严”字当头、“实”处着手，以高度负责的精神、求真务实的作风，推行“三式三心”工作法，即地毯式排查，细心摸清底数，着力解决“关爱谁”问题。结对式包保，尽心落实责任，着力解决“谁关爱”问题。亲情式关爱，精心实施帮扶，着力解决“怎么关爱”问题。把辖区留守儿童，62名困境儿童、空巢老人和残疾人的关爱和救助工作落到实处，对他们进行专业心理辅导，发放慰问品和生活必需品，进行亲情聊天等，着力解决了“关爱谁、谁关爱和怎么关爱”的问题，切实维护了社会和谐稳定。每月由办事处关爱工作领导小组排出任务清单，由联系社区领导进行交叉检查，实行月调度、季考核、季通报、年终考评制度。四是引入项目制管理，让关爱更具专业化。为使留守儿童关爱活动更具专业化、规范化，办事处与贵州工程应用技术学院团委合作，引入项目制管理模式，建立“专业化关爱扶助团队”，由学院专业社团为社区留守儿童提供专业化服务。在社区DIY小屋，每周二、周四下午对留守儿童开展“四点半”课堂达120余次，对他们进行学习辅导；每周六下午开展舞蹈和绘画特色课程达60余次，丰富留守儿童精神生活，让他们拥有一个快乐的童年；利用“法律小屋”对留守儿童进行未成年人保护法等法律法规的宣传教育30余次，切实增强了未成年人运用法律维护自身权益的能力；利用心灵驿站，不定期对留守儿童进行一对一心理辅导达200人次，引导他们身心健康发展，原先不太说话的几个孩子，后来也会主动和老师进行交流，主动展示他们手工制作的成果。每年开展“两节”期间“关爱留守儿童，温暖在冬季”主题活动，每周一、二、四、五由各社区把所辖留守儿童送到天河社区DIY手工创意小屋或道德讲堂，由学院专业团队根据寒假活动方案所制定课程安排对其开展素质拓展、心理咨询、童话故事、辅导功课等丰富多彩的活动。学院心理协会对社区特殊困境儿童开展每周一次谈心、交流等心理安抚走访活动，联合辖区内医院，对留守儿童进行身体健康体检，确保留守儿童身心健康。自松山“颂善”社区建立以来，在松山社区每周六、周日为留守儿童讲授国学经典，让留守儿童学习国学、国画和古典乐器（古筝、葫芦丝、二胡、竹笛等）达20次1000余人次，培养孩子的兴趣爱好，寓教于乐，让国学经典对孩子们产生潜移默化影响，从小就受到国学文化熏陶，启迪心智，陶冶品行，提高修养。五是抓好师德师风建设。通过学校开展的集中学习和个人自学，通过“我的教育梦”征文活动、“贵州教师誓词”硬笔书法比赛、撰写心得体会等形式，使教师形成了依法执教、乐教、奉教的氛围，规范了教师的教学行为，提高了教师德育水平。

【强化监督管理，严防安全事故发生】　该办始终坚持安全第一、预防为主、集中整治的方针，稳步推进安全生产工作。一是严格落实安全生产责任制。年初将安全生产工作同其他中心工作同安排同部署，层层签订目标管理责任书，层层形成安全防护网。二是强化宣传教育，着力提高市民群众的安全意识。采取咨询、发放宣传资料、出动宣传车、培训讲解等方式，多层次、多渠道宣传安全生产方针政策，着力抓好《安全生产法》、《道路交通法》、《消防法》、《贵州省安全生产管理条例》的贯彻落实，大力提高辖区内各生产经营单位、企业主、群众的安全生产意识。形成了横到边、纵到底的安全生产宣传格局，起到了很好的宣传效果。三是加强安全生产监督管理，及时排除安全隐患。我办每年组织工商、消防等部门对辖区网吧、加油站、建筑工地、烟花爆竹销售点、危化物品存储点、医院、宾馆、娱乐场所、超市、学校等各种行业不定期进行安全排查整治，并跟踪督促落实，共消除隐患60余处，消除隐患率100%。与此同时，积极对道路交通、森林防火、食药品等专项领域进行集中整治，深入开展食品、药品安全整治，道路交通安全整治，切实保障人民群众身体健康和财产安全。

【强化社会保障工作】 该办结合“三关爱”工作目标，始终坚持“以人为本，为民解困”的工作主线，积极推进社会救助体系建设。一是实行“四到位”，严格进行低保核查。每年年初都要对全办的城低保和农低保对象进行为期一个多月的年审排查，并将排查结果进行评审公示，严格做到四个到位：即宣传发动到位、入户调查到位、评审评议到位、公开公示到位。通过低保年审排查，真正做到了动态管理下的应保尽保、应退尽退、进退及时。同时按照上级部门相关要求按时发放低保金。三是有序开展城乡医疗救助、临时救助。按照“扶贫帮困，分类施救”的原则，我办将城乡低保户、五保孤儿、重点优抚对象等作为救助的重点。认真开展发放大病救助资金、临时救助等工作。四是强化新型农村合作医疗工作。超额完成参合任务，2016年，完成参保率105.84%，共筹集参合金3725640元。其中自筹人数40121人，五保户及三无人员48人，重度残疾人833人，重点优抚对象246人，60年度精简老职工20人，农村计生两户68人。2016年上半年已完成参合成员系统信息录入工作及新参合家庭医疗证发放工作。工作期间认真履行职责，没有拖拉，推诿现象发生，参合群众在合医证使用过程中遇到的问题能及时得到解决，受益者能及时的领到资金补助。

【强化推进农村思想政治教育工作】 在贯彻落实农村思想政治教育中，一是建立松山“颂善”社区，让善文化像蒲公英一样在全办传播；打造阳光漂流书屋，以书本知识为载体，积极传播党的好声音；建立百姓e家，引导居民通过网络进行学习，深入持久地开展社会主义核心价值观、党的惠民政策和法律法规教育读书活动，切实转变群众思想观念；利用辖区LED平台、文化广场、微市西等广泛宣传农村电商知识和党的方针政策，引导居民把所学知识运用到生产实践中，提高致富本领。二是在各社区建立积德榜，大力宣传身边的好人好事、道德模范。采取群众喜闻乐见的方式，用身边人说身边事，积极宣传身边先进典型模范，引导居民向典型模范学习。

【强化推动党风廉政建设工作】 该办结合实际，坚持标本兼治，综合治理方针，扎实推进党风廉政建设责任制。一是强化“窗口”服务，提高服务效能。在办事处、翠西、北门、天河、百花、松山建立了便民服务大厅，按照“公开透明、服务便民”原则，简化办事流程，不让群众跑冤枉路。办事处便民服务中心共提供党政服务236余次、社会事务服务32000余次、合作医疗服务35100次、综合事务36000次。二是实行居务公开，接受群众监督。7个社区均建立了规范的居务公开栏，按规定定期公开工作内容，自觉接受群众监督，增强了居务公开的透明度。三是积极开展民生领域“三述一评”工作。通过开展民生领域联系社区领导述监督、检查、指导社区“两委”班子贯彻执行民生政策情况；社区干部述正确执行民生政策情况；包社区干部述督促、指导、协助社区“两委”班子贯彻落实民生政策情况，在陈述报告之后由评议代表进行质询提问和民主评议的“三述一评”工作，进一步改进了我办基层干部作风，维护了群众根本利益。四是扎实开展治理滥办酒席工作。办事处多次召开大会进行宣传教育，适当修改居规民约，签订相关承诺书，使居民群众形成了勤俭举办婚丧喜庆的社会文明新风尚。五是加大涉农资金监管。纪委办派专人负责监督涉农资金的造册、发放、上报等。及时在涉农资金监管系统中按要求报送相关资料，坚决杜绝违规违纪事件的发生。六是积极开展反腐倡廉活动。召开警示教育大会及其相关学习9次，工作中查处了1件违法违纪案件，对其给予党纪（警告）处分。通过违纪案件的查办，有效促进了全办党风廉政建设。

【强化推进基层党建工作】 一是实行项目制管理模式，实现社区活动经常化。办事处与贵州工程应用技术学院17个社团合作，以天河社区为大学生社会实践活动基地平台，引入项目制管理模式。把办事处、社区开展的活动实行项目外包，确保了服务平台活动更具专业化、规范化，使活动开展更加持续，效果更加满意。二是推出“特色菜”，激发党建新活力。办事处以建设发展型、服务型党组织为引领，将社区党建与社区发展、社区服务有机结合起来，紧紧围绕“组织强、环境美、乡风纯、产业兴”要求，念好“尽、净、竞、敬、近”五字诀，做好社区党建“水八碗”，推出党建工作“特色菜”，激发了社区党建新活力。三是建仿古印记，让居民记住乡愁。建设巷道文化，营造“颂善”氛围。在社区建立仿古吊脚楼、廊亭屋檐、百善墙承接传统与现代，囊括了《道德经》及《孔融让梨》《孟母教子》《五子登科》《精忠报国》等内容的木质结构文化长廊，整个文化长廊将有关老子、庄子、孔子、孟子等历代名师关于善文化的论述与观点装框入墙，引来居民驻足观看，力求从中汲取点滴国学精华；忆城坊、“龙门巷道”依原有巷子修建，既端庄大气又不铺张浪费。穿过龙门，较宽敞的墙体用油画画着国学文化中“精髓”，充分体现出崇善、颂善风格，每一位市民从此路过皆受感化。是利于居民延年益寿的生活环境，龙门、门当、吊角、石磨、古井、碓窝、石桌石凳、石阶、绿地……等古巷道文化景观的修建，都能引起共鸣，唤起市民文化记忆乡愁。四是打造“颂善社区”，搭建颂善服务新平台。建立集云阁、议事厅、知语居、修善堂、品雅轩等5个功能室，既能做好“水八碗”，又能推出特色菜，传统文化教育进社区，居民学习又娱乐。五是引入项目制管理模式，让服务更加专业化。松山社区与贵州工程应用技术学院团委合作，自2016年4月28日签约来，学校安排教授及优秀学生深入社区，已为居民提供课外辅导、心理健康咨询、国学教育（诵读、专家讲座等）、书法教学，开展舞蹈、音乐、古筝、葫芦丝、竹笛、二胡、国画等兴趣小组培训20次1000余人次，培养孩子的兴趣爱好，寓教于乐，让国学经典对居民们产生潜移默化影响，让孩子们从小就受到国学文化熏陶，启迪心智，陶冶品行，提高修养。同时联合共青团七星关区委在松山社区至善国学讲堂组织开展“不学礼·无以立”系列传统文化主题教育活动，让留守儿童穿上汉服，为留守儿童举行开笔礼（正衣冠、朱砂开智、启蒙描红、击鼓明智、行拜师礼、食智慧糕）1次，激励他们“立大志、树品格、尊道义，学传统、明伦理、促和谐”。活动长期免费对外开放。六是探索居民自治模式，推进社区民主自治建设。组建楼栋长队伍，共选出楼栋长32名，楼栋长选出，成为了社区民意畅通、矛盾化解、隐患排查的重要力量之一，给社区管理和建设增添了一臂之力；开展“和谐约定”活动，松山社区“两委”将社区党建、环境整治、惩治滥办酒席、“三关爱”等工作通过召开居民代表大会、党员大会等形式与居民群众共同商讨，根据商讨结果制定初步居规民约，进行公示，再让居民们提出修改意见和补充意见，待居规民约正式形成后，要求居民们在约定上面摁手印签字确认，成为居民们长期坚持、互相监督、共同遵守的“和谐约定”，使得居规民约具有高度有效性和约束力。七是实行党员网格化服务管理。结合“两学一做”“法治毕节”工作，以网格为单位，以院落党员为核心，建立“1+N”组织，党员对所在院落进行服务管理（尤其是“三不管”院落），助推三创（平安、文明、法治）小区建设，同时对涉及到棚户区改造楼群院落进行相关法律法规宣传及动员引导。八是强化动态跟踪考核工作。我办的目标考核工作实行“旬调度、月考核、季评比”的考核方式，办事处每季度定期召开一次工作点评会，对工作存在的问题以工作提示单的形式发到社区和办直部门。通过严格执行督促考核制度，使全办干部工作积极、努力，有效提高了全办工作效率。九是实行数字化管理，促进社区档案达国标。为强化我办档案管理工作，提高档案管理水平，办事处主动思考，购进先进设备，成立了数字化档案管理工作小组，着力对翠西社区档案进行整理。经过办事处、社区档案工作人员的不懈努力，我办翠西社区的档案管理工作得到了国家档案局副局长、中央档案馆副馆长胡旺林的莅临指导和点评赞赏，促使我办档案管理工作不断走向规范化、标准化、科学化。十是建立党员领岗制度。办事处率先在百花社区建立了党员报到领岗制度。结合各党员职业和专长技能，为党员设置了不同的岗位类型（即居民议事监督岗、法律援助岗、错时服务岗、民事纠纷调解岗、治安巡逻岗、多彩贵州文明行动岗、基层服务岗、党风廉政监督岗等岗位），同时，根据党员自愿和组织推荐的情况，结合社区建设发展和居民的实际需要，对参与报道的党员进行合理的岗位分配，使每个党员充分发挥自己作用。

【强化同步推进其它工作】 一是抓好电商发展工作。我办结合实际，利用“微市西”新型媒体，通过流动宣传车、制作墙体宣传广告，广泛发动宣传，在各社区醒目地段制作了淘宝合伙人招募公告，已有68名电商合伙人前来报名注册，已打造成型淘宝店1处，使电子商务在我办有序发展起来。二是抓好应急管理工作。我办成立了以办事处主任为组长的突发事件应急处理领导小组，组建专门的应急管理队伍，辖区内社区、学校、企业单位均根据要求成立应急预案，并配备相应的工具设施，保证应急事件发生时及时处置。每天由分管领导带领2名干部实行24小时值班，有突发事件发生时，组织相关人员采取有效措施处置。充分利用安全生产宣传月、全国防灾日等时间，开展应急管理知识培训，提高了群众处理应急事件能力。三是抓好武装工作。我办高标准完成武装部三室一库规范化建设，按要求圆满完成后备民兵参训，每年均创造性完成17－22周岁男性公民的兵役登记任务，有力推动征兵工作。四是统筹抓好食品药品安全、工会、团委、妇联、林业环保、残疾人、老干、科普、文广、旅游、人大、政协、民族宗教等工作。在妇联工作中，加强“妇女之家”建设，实现了社区“妇女之家”全覆盖，创建率达100%。在“三八”妇女节和“六一”儿童节开展慰问和临时性救助等活动。持续推进林权到户改革工作，认真完成辖区居民林权证的摸底、调查、勘察、发放等工作。严格落实巡查、防控等措施，严格治理野外违规用火行为。强化工作质量，推进残疾人基础信息调查工作，认真完成残疾人信息的调查、录入工作。在老干、科普、人大、政协、文广、旅游工作中，严格工作要求，强力推进各个阶段工作，确保各项工作统筹协调发展。

（撰稿人：办公室）

市东街道办事处

【概　述】 市东办街道事处位于东经105°17′、北纬27°18′之间。地处七星关城区，办公地点位于水西大道旁，距七星关区政府1.2千米。截止2012年年底，辖9个社区居委会，142个居民小组，辖区总人口9.9万人，其中常住人口8.4万人。2013年9月市东办事处划分为市东街道办事处和麻园街道办事处。划分后市东街道办事处东与麻园街道办事处接壤，南与市西街道办事处相邻，西与大新桥街道办事处接壤，北与观音桥街道办事处接壤，面积4.3平方千米。2016年3月，经请示批准后，将水西田社区的龙山小区和香山郦居两个楼盘成立为龙山社区，截止2016年年底市东街道办事处辖水西田、双井、清毕、文峰、龙山五个社区，常住人口3.39万人，流动人口0.2万人。有党支部14个，党员452人。

【小康创建】 切实做好小康示范创建工作，五年来街道办认真评审、报批了660户“小康之家示范户”，上报小康建设信息62条，群众对小康建设认可度、知晓率、行政服务满意度均达到98%以上，背街小巷道路硬化达100%，自来水、广播、电视、通讯、邮递、互联网等基础设施覆盖率均达到100%，全面实现小康建设工作的各项监测指标。

【招商引资】 多措并举全力营造招商引资的浓厚氛围，细化招商引资目标任务，将其纳入部门和个人年度目标考核。共完成招商引资项目9个，其中新建项目2个，续建项目7个，服务项目1个，完成协议资金6亿元，实际引资4亿元，超额完成全年招商引资目标任务。

【城市管理】 健全领导机构，精心组织，统筹协调“多彩贵州文明行动”、创建国家卫生城市工作。利用财政拨款1400余万元，完善辖区背街小巷道路硬化及雨污收集系统工程的改造。投入资金30余万元，对辖区野广告、垃圾等进行清理清运；取缔临时摊点50余家，清理流动摊点200余个，整治马路市场。引进物业公司对58个老旧小区楼群院落实行运营管理。

【民生工作】 发放各类民生资金2138万余元。完成城乡居民社会养老保险缴费60余万元，缴费完成率超过120%。完成新增城镇就业1180人，转移农村劳动力260人，占年度任务的100%，劳动力就业创业信息采集完成9247户18496人，非公人才统计完成填报367家2432人。参合人数23535人，参合率达105.82%。新农合受益人数43477人次，受益金额为11543.6万元。及时发放各种民生物资，“两节”期间组织慰问。对城市居民最低生活保障对象进行认真核查。每年“八一”建军节期间走访慰问优抚对象并组织参战老兵从走长征路。及时发放复员军人、残疾军人、烈属、带病回乡退伍军人生活补贴和优抚金。超额完成城乡居民养老保险征收和医保筹资工作。

【人口与计划生育】 严格执行“三按月”考评制度，加大计生政策宣传力度，完善全员人口信息化管理，落实计生奖励扶助政策，狠抓“四术”工作：重检对象5426人，妇检率100%。加大对全员人口信息的清理，共清理登记全员人口1394户4869人，持证现孕对象158人。免费孕前优生健康检查97对，完成全年任务的100%，做好妇女“两癌”普查登记工作，妇科病普查普治工作完成全年任务的95%。清理登记流动人口490人，其中已婚育龄妇女215人。兑现各种奖励扶持资金10.64万元。

【政法信访维稳】 拟定考核细则，责任细化明确。在人群较集中的场所进行法制教育、反邪、防毒反毒等宣传活动，开展系列普法活动。重视对突出矛盾和不稳定因素的排查，采取措施及时化解。积极办理群众来电来访。加大平安建设工作力度，着力营造良好的社会治安环境。在人群较集中的场所进行法制教育、反邪、防毒反毒等宣传活动20多次，制作、张贴、发放各类宣传标语、画、手册共800余（条、幅、本），刑释解教（戒）人员接回率达100%。完成“六零六好”社会治理创新工作，特殊人群服务管理率达100%，共排查、化解矛盾35起，排查调处率达100%。接回刑释解教人员19人，登记在册吸毒人员631人。2016年发刑事案件1351起，破案532起，销案23起，立行政案件2604件，查处1357起，调解治安案件及纠纷347起。接访中心共接访50次200余人，办理信访案件37件，民调安全感满意度明显提高。

【安全生产】 年初与相关部门和行业签订了《安全生产责任书》75份，召开4次安全生产工作例会，组织检查组158次，370人次，检查企业468家次，共排查隐患785条，整改785条。4月份成功组织参与全省地质灾害演练并得到全区通报表扬。悬挂横幅10余条，宣传展板10余张，设立警示标志10余处，设立宣传专栏2个，发放宣传资料1000余份。在“六月安全生产月”组织30人队伍参加省、市、区组织的安全宣传月活动，并制作2版宣传展板，2名宣传员在公园内发放宣传资料1000余份。积极配合区安监局举办安全生产岗前培训，参加培训的单位负责人安全人员共有80余人次，实现全年安全事故零发生。

【科教文卫】 五年来市东卫生服务中心每年开展健康教育宣传10以上；每年接种各类疫苗1万余人次；发放儿童健康管理手册；开展孕产妇保健管理、老年人健康管理等讲座。认真抓好教育工作，五年来移址新建毕节十小、改扩建毕节二中，毕节五小、六小扩建拆迁工作在加快进行，继续落实教育“9+3”工程，辖区学校教育教学质量稳步提高。

【宣传舆论】 五年来，街道办每年围绕党工委、行政中心工作，加大对各项工作的宣传力度，以召开专题会、学习会、报告会等多种形式对国家大政方针、会议精神进行学习，充分利用电视、报纸、网络、微信、QQ等新闻媒体，制作宣传标语、宣传画、宣传单等进行宣传报道。街道办加强党委中心组学习，每月集中学习1次以上。每年在《毕节日报》及市级以上主流媒体刊播新闻稿件3篇，《毕节晚报》发表新闻稿件13篇以上，《七星关区电视台》新闻稿15篇以上，开展道德讲堂10场以上，开展众文化活动至少6次。

【基层党建、创新管理】 五年来街道办以党建促发展、以发展强党建的理念，不断创新干部管理、社会管理、基层管理方式，全力推进发展型党组织建设。一是抓党委班子建设，坚决执行民主集中制，完善党内议事、决策机制，重大事项集体讨论机制，提高履职尽责的素质和能力；二是创新基层党建工作方式，以发展型党组织在网格上设置为主线，各社区结合自身优势和特点，打造一社区一品牌，如文峰社区村校共建，龙山社区党建“315”主题无缝式服务、清毕社区“1+4+N”服务体系、水西田社区网格化服务管理等等方式，不断拓宽基层党组织的服务面，基层党组织的管理更加完善、服务更加到位；三是抓好社区办公阵地建设，2012年完成了双城社区办公阵地正规化建设以及杨家塘社区（现属于麻园街道办事处）和水西田社区的基层办公阵地的建设；2016年完成龙山社区的基层办公阵地的建设。开展社区“两述一评”和党组织书记述党建工作，严格换届纪律，认真落实社区“两委”换届工作，选优配强社区班子，切实增强了基层组织的战斗力和凝聚力。

【名胜旅游】 市东办辖区内旅游风景区有响水滩、沙帽山公园。名胜古迹辖区内有红六军团政治部旧址。修建于明末时期的惠泉寺和修建于乾隆年间的陕西庙会，属县级文物单位。

（撰稿人：办公室）

麻园街道办事处

【概　述】 麻园街道办事处办公大楼位于七星关区碧阳大桥桥头，距七星关区政府1千米。2013年9月由原市东办事处划分出来。麻园街道办东南与碧阳街道办事处接壤，西与洪山街道办事处相邻，北靠市东街道办事处，面积4.2平方公里。辖杨家塘、望城、双树、麻园、双树五个社区，常住人口34243人，流动人口5000余人。有党支部7个，党员312人。

【社区建设】 围绕一个主题“培育睦邻文化，构建和谐社区”。以“四建四好”为抓手，即建基层阵地、组织作用发挥好，建文化高地、城市文明风尚好，建法治防地、邻里守望治安好，建和睦绿地、群众精神风貌好。遵循“共建、共治、共享、共融”的基本原则，坚持分类打造、共同实现的目标，上下联动，齐抓共管，以点带面，全面推广。紧紧围绕“培育睦邻文化，构建和谐社区”这个主题，以提高社区居民素质，提高城市文明程度，提高群众生活品质为出发点，全面提升居民的“认同感、满意度”，实现“组织强、环境美、邻里亲、法治畅、居民乐、管理顺”的总体目标。今年我们在望城社区以守望．诚信为理念，以建设绿色家园、和谐社区为目标。在望城花园小区打造守望诚信文化墙、二十四孝宣传栏、社会主义核心价值观展示区，让群众从潜移默化的宣传氛围中自觉践行明理知耻、从德向善；开展最美望城人、最美家庭等进行评选表彰；筹集资金100多万元，将社区办公场所进行改扩建，多角度谋划设置社区服务功能，现建成集服务大厅、党员活动室、图书室、文体活动大厅、电子阅览室、公益爱心服务区、爱心超市等于一体的综合办公服务阵地。

【党建工作】 加强党员干部队伍建设，发挥党员先锋模范作用。一是抓好党员发展工作。

按照“坚持标准、保证质量、改善结构、慎重发展”的方针，重点在基层一线、致富能手、妇女、返乡农民工、复员退伍军人中发展党员。着力解决社区党员队伍老化、文化偏低、致富能力弱等问题；3 年来共发展入党积极分子 20 名，发展党员 14 名，其中：大专以上学历 11 人，35 岁以下 10 人，女性 5 人。按时完成全办的党费收交工作，确保党内活动的正常开展。二是抓好党员的教育培训。坚持把集中性教育与经常性教育结合起来，建立和落实党员集中轮训制度，分期分批培训党员，“共举办党员培训班 40 期，培训党员 500 余人。三是继续实施党员创业带富工程，如杨家塘社区党员杨大发的洗车场等充分发挥了典型引路、示范推动的作用。通过从思想上引导，经济上帮助，能力上培养，技术上带动，树立典型，使群众干有示范，学有榜样，有效地发挥示范作用。四是抓好党员联系和服务群众工作。建立党员干部民情恳谈制度，畅通民情民意表达渠道，积极推行社区无职党员设岗定职和依岗承诺制度，不断提高党员联系和服务群众的水平。加强党风廉政建设，坚决查处违纪违法行为。明确党风廉政建设责任主体，通过开展警示教育、廉政文化宣传、组织参观警示教育基地，有身边人身边事强化对党员干部世界观、人生观、价值观的教育，强化党员干部抵制各种歪风邪气、拒腐防变的能力。积极查处党员干部违法违纪行为，2013 年 9 月以来，通报违反机关作风 8 起 15 人，其中办事处干部 3 人，立案 1 起，在全办起到很好的教育警示作用。签订《严禁滥办酒席借机敛财承诺书》1000 余份，开展酒店、宾馆巡查 80 次，查处群众违规滥办酒席 10 起，取消违规酒席 100 余桌。教育群众 500 余人，有效遏制了滥办酒席之风。

【党风廉政建设】 突出问题导向，切实抓好“两学一做”学习教育。一是以为党旗增辉、为群众服务为主题，深入开展学习教育，让党员亮身份、作承诺、做表率。使党员干部做一个讲政治、有信念，讲规矩、有纪律，讲道德、有品行，讲奉献、有作为的合格党员。二是以问题为导向，重点抓好干部作风建设。在学习教育期间，对违反规定或不作为的 3 名社区干部进行了通报批评，并作经济处罚，达到了警示教育全体干部职工的目的和效果。三是边学边转，开通民生服务热线。结合办事处实际，对微服务进行延伸，针对辖区部分居民不用手机、不用微信的情况，办事处开通民生服务热线，为辖区群众提供咨询、求助、投拆、监督等全方位服务。

【宣传培训】 加大宣传培训，抓好群众思想政治教育。一是加强阵地建设。以社会主义核心价值观及优秀传统文化为主要内容，建设文化墙，引导群众树立正确的价值观。充分利用微信群、微信公众号等工作平台，传播正能量信息。通过微信平台及时了解群众面临的问题，及时发现、及时解决。二是丰富活动内容。开展一周一培训、一月一课堂，举办文艺演出活动，用通俗易懂、贴近生活，群众喜闻乐见的方式大力宣传党的方针政策、惠民措施，宣传遵纪守法、诚信做人、礼义廉耻的道德教育故事及先进感人事迹，潜移默化的将思想政治教育工作置入群众内心，吸引群众广泛参与“感恩”教育、“身边好人”评比、道德模范评选等活动，让群众在参与过程中实现自我教育、自我提高。

【法制麻园】 创新工作方式，实施好法治麻园创建。一是紧紧围绕“六大工程”基本要求，以法制宣传教育和法律服务为切入点，以提高辖区居民法律素质为核心，将法制宣传进社区、法律服务进社区、依法治理进社区与“法治麻园”创建工作相结合。努力营造“政府依法行政、企业守法经营、百姓循法办事”的法治氛围。二是创建望城、麻园、杨家塘三个法治示范社区。今年我办以法治麻园社区、法治望城社区、法治杨家塘社区为三个示范点，以点带面，全面推进法治麻园创建工作。三是创建公益律师服务团队，请专业律师参与辖区矛盾纠纷调解、信访积案化解、法律事务咨询等工作。今年以来望城社区多次接受省市区检查，并得到领导一致好评。

【信访工作】 以打击违法犯罪，化解矛盾纠纷，构建和谐平安麻园为目标，通过矛盾排查调处报告制度、三级视频接访、矛盾调解制度、矛盾纠纷排查和调处制度，加大化解历史积案的力度，共排查调解矛盾纠纷105余起，调处105起，调处成功105起，调解率100%，调解成功率100%，未发生一起民转刑案件；有效处理应急突发事件26起，无一起转化为信访积案。积极受理解决来访信访案件56件，百日攻坚交办信访积案39件，已全部成功化解，化解成功率100%。处理历史遗留问题3起，结案3起；对11名刑释解教人员全部接回并实现无缝对接安置帮教，到目前为止治安案件发案187起，破获181起，破获率96.8%；强制戒毒9人，服刑4人，羁押5人，社区戒毒5人，社会康复19人，其中，阳光工程集中安置1人。二是着力提升辖区群众安全感满意度。我办组织干部职工、社区两委、辖区志愿者坚持每天夜间巡查，减少偷盗、抢劫等案件的发生，切实保障人民群众生命财产安全，提高群众安全感满意度。

【民生保障】 一是加强低保规范化管理，提高低保公信力，严格城镇和农村低保的审核把关。2013年9月年以来共组织10个工作组对5个社区进行了低保年度核查和新增扩面调查工作，严格按照低保申请程序的“三环节十步骤”认真审核低保对象的具体情况。农低保原保障358户802人，核查取消36户80人，新增21户47人，现保障348户，780人；城低保原保障1110户2622人，低保核查取消15户38人，其中新申请的27户56人，恢复申请7户12人，原保障户增保3户5人。二是惠民利民，高效服务，最大限度提升新农合参保范围。三年多来共有57689人参加城乡居民医疗保险，每年完成率105.5%，每年均超额完成975人。及时为群众申报办理各类新农合入院报销手续，共报销医疗费350余万元，涉及10546人（次）。三是切实做好辖区特殊群体关爱工作。全办共实施重大疾病救助382人，救助资金1236726元。实施了临时救助51人，救助资金200890元，实行资金直接从信用社拨付的发放方式。2014年以来“春节”慰问资金共计20500元。其中一户百岁老人，60户贫困户、低保户、五保对象、留守儿童、重点优抚对象。四是德育为先、教育为重，教育教学质量得到提升。切实把德育放在育人工作的首位，充分发挥课堂教学的主渠道作用，抓好德育教育渗透，有效地运用班会、黑板报、国旗下讲话等活动，增强学校德育教育；认真做好留守儿童之家建设工作，为每位留守儿童配备帮扶教师，定期开展活动，为留守儿童解决实际困难，温暖了学生的心灵、争强了学生的内心正能量。注重学校教育教学质量的提抓，建立健全了教师考勤制度、教学常规管理制度、教学质量奖惩制度等各种规章制度，激发教师爱岗进业、教书育人的积极性主动性。

【城市建设】 一是强化宣传，提高认识。通过小手拉大手，院落板凳会、入户宣传、集中动员等方式，开展健康教育和群众文明素质教育，提高群众创卫意识，让群众从思想上真正认识到社区是我家，环境卫生靠大家，做到不乱扔乱倒，自觉主动参与到环境卫生的整治当中。二是“定主体、定责任、定标准”，创新环境卫生管理模式，强化职责，落实责任，奖惩分明。三是“挂图作战、挂牌管理”。对辖区142个院落，156条巷道，826个楼栋实行一个院落一个领导，一条巷道一个干部，包保到人，责任明确。

【项目建设】 在2014年以来全区十大棚户区改造中，我办属于双树片区，设两个征收组，五个项目，棚改3650户，已全面完成。工作中一是采取“三个一”工作机制强力推进辖区棚改工作，每个项目一个领导亲自抓，一套班子具体抓，一个方案保证实施，实行主要领导包片、副科级领导包项目，现有6名副科级领导在项目点；二是及时化解矛盾纠纷实现“三零”目标。在棚改工作推进过程中，及时对房屋征拆过程中产生的各类矛盾纠纷问题进行化解，实现了零堵工、零上访、零事件的“三零”目标；三是形成合力实现无缝对接。自棚改工作启动以来，我办组织干部职工、社区两委与房征局形成合力，紧密配合，各施其职。在片区指挥长的领导下实现无缝对接，共同推进棚改工作。四是坚持以打促谈。坚决打击违法建设，不让投机分子有利可图，不让违法建设占半分便宜，一把尺子量到底，促使棚改户积极与房征局依法谈判。

【管理创新】 以“培育睦邻文化、构建和谐社区”为主题。按照“四建四好”，即建基层阵地、组织作用发挥好，建文化高地、城市文明风尚好，建法治防地、邻里守望治安好，建和睦绿地、群众精神风貌好的工作目标。在望城社区以以“守望·诚信、绿色·和谐”为主题，打造社区院落文化。并成立爱心志愿者队伍，照就近、便利的原则，通过联合包户、结对帮扶、亲情陪伴，给予弱势群体心理疏导、生活救助，使辖区群众深深感受到社会大家庭的温暖。组建公益律师服务团参与社区开展民主法治社区创建活动，指导社区完善自治章程和居规民约，开展社区干部法律知识培训，提升社区干部的法律意识，督促社区依法办事。2016 年 8 月 23 日，全区“法治毕节——和在农家创建”暨农村思想政治教育现场观摩会在望城社区观摩。2016 年 11 月 2 日，全区农村思想政治教育工作暨“多彩贵州文明行动”现场观摩会到望城社区观摩；2016 年 11 月 24 日，全市“法治毕节”创建工作宣讲报告会，望城社区代表七星关区参加全市宣讲报告。2016 年 12 月 1 日，全区社区社会治理创新工作现场观摩会到望城社区观摩。除此之外，今年以来望城社区还接受其他省、市、区、及乡镇、街道办事处现场学习观摩 30 余次。为整合资源，提高行政效率，全办进行机构改革，设立“四部一中心”，并完善对各社区的考核制度，实行星级评比制。

（撰稿人：杜卜会）

碧海街道办事处

【概　述】 碧海街道成立于 2013 年 9 月，位于东经 105°39′~105°45′，北纬 27°30′~27°35′，地处毕节市七星关区东北部，距区中心 7.5 公里，与小坝、梨树、海子街、观音桥等乡镇（街道）交界，辖 19 个行政村 139 个村民组，共 8388 户 39078 人，国土面积 51.41 平方公里，耕地面积 2.12 万亩，林地面积 2.68 万亩。地貌类型多样，具有山、丘、谷、洼，属于典型的喀斯特地质，境内大多土地属于半粘酸性土质。气候属亚热带季风气候，四季分明，冬无严寒，夏无酷暑，属雨热同季。境内有两条河流穿镜而过，其中一条名马过河，经碧海街道流入小坝镇境内，另一条名烧杠河，由八寨镇流入碧海街道，最终流入梨树小河，现已探明地下矿藏有煤、页岩、锌矿、铁矿等。

碧海街道自成立以来，在区委、区政府强有力的领导下，在上级各部门的大力关心支持下，坚持以邓小平理论和“三个代表”重要思想为指导，认真贯彻落实科学发展观，深入学习党的十八大、十九大全会精神，紧紧围绕“工业产业富街、特色农业稳街、科教文化强街、生态旅游兴街”的战略目标，带领街道广大党员干部进一步创新体制机制，完善目标管理和考核办法，以过程管理、信息调度、督促检查为手段，努力推动经济社会全面协调健康持续发展，较好的完成了区委、区政府下达的目标任务。

【集中精力保增长、调结构、转方式，推动街道经济突破性发展】 2013－2016 年期间，碧海街道紧紧围绕区委区政府提出的“加速发展、加快转型、推动跨越”的目标，以经济建设为中心，夯实发展基础，加快转变发展方式，依托经济开发区驻地的区域发展环境优势，不断优化经济结构，切实加大“引进来，走出去”的工作力度，为建设富裕碧海办奠定了坚实的经济基础。期间，街道财政总收入最高达 5300 万元以上，农民人均纯收入从 2014 年的 7856 元增长到 2016 年的 8836 元，增长率达 12%；完成招商引资项目 17 个，总投资达 8 亿元。

【凝聚心力抓民生、推项目、共发展，努力营造街道良好社会发展环境】 全力以赴改善和保障民生，共享改革开放丰硕成果。长效监督管理，确保卫生事业有序推进。一是积极推进新型农村合作医疗，加大参合金的收缴力度，期间，参合率均达105%以上；二是加强疾病预防控制工作，“五苗”接种率达90%以上，辖区内无重大传染病发病；三是狠抓妇幼保健工作，住院分娩率达95%以上，孕产妇管理率75%以上；四是加大食药卫生监督工作力度，辖区内未发生一起食品安全事件和食物中毒事件；五是积极推进医改工作，组织实施基本药物制度并实行零差错率销售，村级卫生室使用率达100%。集中各方力量，确保民政工作固基实体。街道党工委、办事处高度重视民政工作，将民政工作的开展作为关注民生的重要举措抓好抓实。一是在全面开展低保复核工作的基础上，成功实现由增量扩面向动态管理转变。2012－2016年期间，低保评定户数逐年减少；二是临时救助范围不断扩大，服刑人员家中无人照料的未成年子女、流浪未成年人、留守儿童、贫困家庭的空巢老人及残疾儿童等全部纳入救助范围，并切实以“四关爱”工作为中心，多角度、多渠道关爱留守儿童、困境儿童、空巢老人及残疾人等特殊人群，使“四关爱”工作家喻户晓，同时针对四类人员思想、学习和生活的不同，分门别类进行帮扶，确保关爱落到实处。着力打好扶贫战役，确保拓宽农民致富之路。一是全面启动精准扶贫减贫工作，按照“规划到户，责任到人”的要求，加大信贷扶持产业的力度，引导贫困农户走发展产业化扶贫路子，拓展农民增收渠道；二是积极争取集团帮扶资金。街道通过各种渠道，积极争取到深圳对口帮扶项目、第一批乡村旅游项目、胡家院村中草药种植基地道路建设及中央彩票公益金小型公益设施建设项目资金共计1606万元；三是实施2016年第一批中央财政专项扶贫资金、2016年第二批中央和省级财政专项扶贫资金、龙滩村林下养鸡、丁家寨2013年第一批乡村旅游项目基础设施建设部分、2014年精品水果项目基础设施建设部分、丁家寨中彩结余资金项目等6个项目。四是抓好教育医疗脱贫一批。完成331名贫困学生建档立卡工作，通过免学费、发放生活补助、“雨露计划·圆梦行动”资助等措施，发放生活费和学费20余万元；落实城乡居民医疗保险筹资工作，有效遏制和防止因学、因病增贫、致贫、返贫。五是加大帮扶力度，注重送技术、送信息、送门路、送项目进行“造血”，千方百计提高贫困群众的脱贫致富能力，实现了“扶贫”与“扶智”、“输血”与“造血”的有机结合。六是抓好社会兜底脱贫攻坚。落实好对最低活保障、特殊人员供养及临时救助。积极开展技能培训，确保抓好劳动保障工作。一是以提高农民素质和技能为重点，加快劳动技能培训，扩大农民群众的就业。2012－2016年以来，碧海街道多次组织技术培训，新增就业310人，完成劳动力转移500人；二是坚持以参保人利益为本，努力扩大各项社会保险覆盖范围，提高管理服务水平，强化社会保险基金管理，通过大力宣传，扩宽城乡居民社会养老保险覆盖率。2012－2016年期间，碧海街道参保人数逐年递增，参保率及续保率均高于当年目标任务。聚力保持生态环境，确保增强持续发展动力。一是深化集体林权制度配套改革，积极宣传和动员林农购买森林火险保险工作；二是认真开展退耕还林工作，通过开展深入细致的宣传及制定退耕还林还草工作考核管理办法，确保使退耕还林还草工作见成效；三是配齐林业管护人员，做好辖区内森林管护工作，完成各项工程造林和补植任务；四是采取七项有力措施确保人民群众生命财产和森林资源安全；2012－2016年期间，碧海街道未发生一起重特大森林火灾。五是定期到园区范围内大小企业组织开展环保及节能减排工作。依托城市建设之机，全方位打造“城市后花园”，统筹推进各项基础设施建设。加快基础建设步伐，促进设施功能发挥实效。一是积极协助有关部门启动辖区内各类帮扶项目及其他子项目建设；二是始终将通村水泥路的建设作为改善农村和农民生产生活条件的重要民生工程来抓好抓实，协助有关部门修建辖区内碧海大道、小海公路、厦蓉高速公路及七星关经济开发区1号路、2号路、3号路等道路总长30余公里，完成通村公路建设20.78公里；三是完成就业和社会保障服务中心建设任务，并完善相关办公及配套服务设施，以高效的办事运作方式将各项工作落到实处，为广大人民群众办事提供最大的方便；四是供水、供电、通讯等基础设施以及教育、医疗卫生、市场、停车场、公厕等配套服务设施不断完善。积极开展民心工程，保障广大群众根本利益。一是抓好农田水利基础设施建设，对彭家寨村黄家冲水库进行维修，确保满足干旱季节农田灌溉需求；二是抓好防汛渡汛工作，做好汛前部署和检查；三是积极协调抓好生态移民安置工作，辖区内店子生态移民安置房项目主体建筑和相关基础设施已全面完工。

【突破解决发展关键难题，夯实根基，致力稳步提高社会事业发展水平】 抓实抓牢人口和计划生育工作。紧紧围绕“三个按月”落实工作及“双诚信双承诺”的签订工作加强人口计划生育工作，并坚持以党政领导“一把手”亲自抓、负总责为核心的人口与计划生育目标管理责任制和计划生育“一票否决”制，实行副科级领导包村、包村干部及村干部包组的包保责任，将责任分解细化、严格做到依法管理、依法办事处、文明执法、正确执法，全方位开展优质服务，努力提升服务水平，力保年度人口与计划生育目标实现。2012－2016年期间，碧海街道出生人口落实率100%，手术落实率达100%，上环及时率达100%，顺利实现了“双降”目标，推动了街道人口和计生事业的持续健康发展。深抓稳抓维护社会稳定工作。街道各单位重视矛盾纠纷排查，将矛盾化解在基层。认真做好特殊节点的稳控工作，认真组织开展反邪教宣传工作，全面铺开特殊人员矫正工作。创新社会管理机制，积极开展网格室建立工作。选取邵关村为试点，拉近与群众距离，切实为群众排忧解难，充分化解矛盾纠纷。2012－2016年期间，碧海街道综治信访维稳中心接访率达100%，矛盾纠纷化解率达90%以上。强抓严抓安全生产工作。一是加强领导，不断完善安全生产监管机制，强化安全生产责任；二是加大安全生产执法力度，认真做好巡查工作，坚决查封取缔非法采矿窝点，着力打击业主的偷挖盗采行为，防止其死灰复燃，整改率达100%；三是以“四项”专项行动及道路交通“百日整治”工作为重点，不断提高群众安全防范意识，利用宣传单、宣传栏、展板、标语、现场咨询等多种形式对《安全生产法》、《道路交通法》等安全生产法律法规进行广泛宣传，并积极组织法制安全宣讲团到各中小学校宣讲安全知识，提高中小学生安全意识，发放告街道人民一封信等宣传资料10000余份，并在重点路段设置宣传标语及永久性道路交通安全警示牌；四是充分发挥各职能部门的作用，集中警力投入路面管理和打击非法营运工作，严格管控，安监站、农业服务中心、协管中队、交警四中队和派出所联合执法。五是认真抓好对加油站、民爆物品等安全监管。由于工作有力，措施得当，碧海街道未发生一起安全生产责任事故。

【紧紧围绕“工业产业富街、特色农业稳街、科教文化强街、生态旅游兴街”战略目标，统筹街道全面协调可持续发展】 以园区项目建设为契机，大力推进“工业产业富街”战略。一是继续以“五个专”为辖区内企业提供“保姆式”服务，营造良好的企业发展环境；二是抓好辖区内工业发展，工业产值稳步推进；三是着力发展特色优势产业，积极调整经济发展方式；四是大力发展民营经济，制定切实可行的民营经济发展规划。以覆盖信息网络为平台，快速推进“科教文化强街”战略。2012－2016年期间，碧海街道19个行政村实现无线广播全覆盖，增强了街道和村两级联系，方便两级信息沟通和交流，为工作开展提供便捷的信息通道；同时，为辖区群众掌握了解各类生产生活信息增添了新的途径，电信、移动无线网络和有线网络遍布全街道19个村，联通网络也覆盖碧海街道大多数村，便捷的通讯为群众的生活带来诸多方便，为群众增进感情、取得联系等方面提供便捷快速服务。以调整农业结构为突破，强力推进“特色农业稳街”战略。在确保粮食增产增收的同时，以“公司＋基地＋农户”的模式，并坚持长期项目主要发展刺梨、中期项目主要扶持农户发展养殖业、短期项目主要扶持种植业的产业化帮扶计划，通过产业发展带动，帮助解决就业3000余人，受益农户4600户，32000余人，为生态畜牧业发展势头强劲，刺梨基地投产远销省外，特色农业呈现“千帆竞发、百舸争流”的喜人局面，为保障民生奠定坚实的经济基础。以旅游业的发展建设为抓手，加快发展“生态旅游兴街”战略。充分发挥街道生态旅游资源优势和区位优势，坚持“办事处主导、社会参与、多元投入、市场运作”的基本原则，以“一山一河一寨”（白马山、烧杠河流域、丁家寨村乌都寨）旅游景区开发建设为重点，围绕特色做文章。一是着力打造“烧杠十里田园旅游点”，举街道之力使“乌都寨旅游观光点”形成“灵山”、“秀水”、“田园”“庭院”四位一体的旅游品牌，大力发展“城中村”旅游，从而带动餐饮、住宿、娱乐等生态旅游业的发展；二是按照“村集体＋合作社＋农户”的模式，以组织部提供的党员创业带富贴息贷款为基金，通过群众以土地入股或流转土地的形式，种植玫瑰花500亩，套种薰衣草等其他观赏性较强的花卉，以玫瑰花产业为载体，依托沙锅寨村良好的生态植被、优越的地理环境和淳朴的民风民俗，搭建完善“水电路讯”等相关配套设施，以玫瑰为信物，围绕爱情主题深挖和发掘各类文化资源，从而带动乡村客栈和玫瑰延伸产业如婚庆业等的发展，着力打造集休闲娱乐、观光旅游、养生享老为一体的城市玫瑰庄园；三是以“支部＋合作社＋农户”的模式，通过流转土地和群众以土地入股的方式发展种植中草药，同时配套完善机耕道、观光道、引水灌溉等基础设施的建设，将胡家院中草药基地作为全省中药产业观光示范园进行打造。

【围绕发展大局，抓好党的建设、精神文明建设、农村和谐社会建设、制度建设、规范化建设等五大建设，推动街道经济社会全面协调可持续发展】 切实加强党的建设，发挥党的政治核心作用、党组织的战斗堡垒作用。一是强力推进发展型党工委、发展型基层组织和发展型党员干部队伍的建设；二是重点围绕实现村级“办公场所标准化、提升保障力，制度建设系统化、提升执行力，班子运转高效化、提升战斗力，便民服务代办化、提升凝聚力，台账资料规范化、提升落实力，廉政教育常态化、提升约束力”的“六化六提升”目标，狠抓村级规范化建设，助推基层党建工作上水平；三是以“三严三实”专题教育，深化干部作风建设为载体，扎实开展各项工作；四是加强作风建设和党风廉政教育，进一步提高干部廉洁自律意识，提升办事效力。大力加强农村精神文明建设，开展群众文体活动，丰富群众精神文化生活。一是不断加大道德讲堂、农家书屋、文化活动室建设力度，辖区19个村分别建立道德讲堂、农家书屋、文化活动室并免费面向各村群众开放，已逐步形成良好的文化氛围；二是通过加大文化设施对外的开放力度，创新以各类文体活动比赛促进文化事业发展，多次组织开展篮球比赛、拔河比赛、等丰富多彩的文化体育活动，满足人民群众日益增长的物质文化需求。深化改革，以创新体制机制增强整体推进动力，加强农村和谐社会建设。为深入推进社会管理创新工作，积极构建基层社会管理工作新格局，碧海街道大胆探索创新社会管理措施和办法，把服务体系下沉到基层村组，缩小服务半径，简化办事程序，以“民主决策、民主管理、民主监督、周到服务”为突破口，努力向服务效能型政府转变，以五个“坚持”，即坚持民主决策“六议两公开一反馈”、民主管理“八制度一民约”、民主监管“4＋X模式”、周到服务“2＋X模式”、工作落实“六要明确”，扎实推进社会管理创新工作。同时，坚持稳定压倒一切，始终把确保一方平安作为我们的首要任务来抓。逐步加大对综治工作经费的投入，深入开展“六五”普法活动，强化公民法律意识。严厉打击违法犯罪活动，妥善处理群众关心的热点难点问题，确保了社会稳定和人民安居乐业，为打造平安、和谐碧海办夯实了基础。创新多角度、全方位管理工作机制，巩固工作成果，推进制度化建设。一是创新领导责任机制。实行副科级及以上领导干部联系村制度，明确每人至少联系两个村，且担任所联系村的第一书记，在抓好自己所分管和联系工作的基础上，切实加强对所联系村全年各项工作的督促、检查和指导；二是创新考核工作机制。推行“双挂钩、双考核、双流动”工作机制，增强基层组织战斗力。提出在干部职工动态跟踪管理考核的基础上，推行村干部月动态跟踪管理“双挂钩、双考核、双流动”工作机制；三是创新督促检查机制。对涉及街道经济社会发展全局和与群众利益密切相关的重大项目、重点工程和重要工作，实行党工委、办事处适时组织街道各相关部门负责人进行集体督查调度及村级自查制度。积极转变工作职能，以规范化建设为载体，强化服务型政府建设。一是把规范化建设当作事关街道党工委、办事处形象大事来抓，统一制作办事流程图及相关制度在街道及村两级张贴，街道办事环境面貌有了新变化、干部作风和人的精神面貌有了新改观；二是围绕“场所设施标准化、管理制度公开化”的目标，多方筹资对柏杨林、平桥、沙锅寨等村级组织活动场所进行改扩建，充分发挥服务型政府实效。

（撰稿人：办公室）

碧阳街道办事处

【概况】 碧阳街道办事处成立于2013年8月，办事处行政办公中心位于七星关区滨河西路384号（马鞍山安置小区），东经105°12′，北纬27°17′—27°18′之间，总面积5.984平方千米；东抵鸭池镇庙脚村，南至鸭池镇草堤村，西临三板桥六合村和洪山街道办事处环南社区，北达麻园街道办事处望城社区及德溪街道办事处；辖大兰、流仓社区，27个村民组，居住着汉、苗、彝等民族，2016年底，户籍人口25062人。辖区内现有林地4337.2亩，其中退耕还林近1000亩，森林覆盖率达到48.32%，环境优美，适宜人居。

城市建设日新月异，碧阳街道办事处正形成以毕节市行政办公中心、毕节工程应用技术学院，碧阳湖、南山公园、冷水洞公园，毕威、厦蓉、杭瑞等高速公路，招商花园城、碧阳国际城、兰乔圣菲商住楼等为主体，集文化、交通、旅游、休闲、安居为一体的城市中心，优美的人居环境和突出的区位优势强有力地助推我区经济文化更好更快发展。

【党建工作】 2013年以来，办事处党工委以“四个全面”为统领，以开展“三严三实”、“两学一做”学习教育为主线，全面落实党要管党、从严治党，夯实基层组织建设，牢固树立抓好党建促发展理念，全力抓好基层发展型服务型党组织建设。抓调查调研、制度建设、班子建设、作风建设，做好党建扶贫攻坚、换届选举、干部监督、干部教育培训，认真落实党风廉政建设和反腐败工作主体责任和监督责任，层层签订目标责任书，全面抓好干部作风建设，及时纠正办村干部工作、学习、生活等方面出现的不良风气，确保全办风清气正；认真做好发展党员工作，开展党员教育培训，把做合格党员工作落到实处。组织开展在职党员进社区活动，向辖区有党员的非公企业下派了党建工作指导员，实现非公有制企业和社会组织党建工作“两个覆盖”；充分发挥村党组织“一核多元”作用，围绕“七新行动”，以“范本村”创建为依托，加强村级组织自我“造血”和“输血”能力建设，大力发展社区集体经济，实现居民共同富裕。

【城市建设工作】 针对各项目建设实际，成立专项项目保障服务工作组和土地征收工作组，划分区域，明确职责，确保征地拆迁工作顺利进行。结合实际，把“多彩贵州文明行动”工作职责细化分解到各站所和各村，并列入办事处年终对各村进行综合考核内容之一，大力整治辖区环境卫生，给辖区广大人民群众创造舒适整洁的居住环境。积极采取源头治理、堵疏结合的方法，明确分管领导，强化日常巡查，解决规划队员加班待遇，按照“无缝隙、全覆盖”的原则，采取由分管领导带领规划队员实行“5+2”的巡查模式不间断的巡查，形成高压态势，严厉打击违法建设，有效遏制违法建设的滋生。抓实项目保障。抓好全省“五个一百”工程中南山公园项目征地拆迁及保障服务工作；切实做好招商花园城、碧阳国际城、居然之家、兰乔圣菲、盛世华都、瑞丰铭城等30余个落地项目的保障服务。全力做好信访积案化解工作，针对上访群众的不同诉求，实行积案化解工作专班，由领导干部带头、协调各方化解矛盾。

处理各类征地拆迁纠纷、群众占用储备用地等疑难问题，全力做好施工现场周边环境综合治理，为辖区项目建设顺利进行提供了坚强保障。

【教育工作】 围绕办人民满意的教育目标，着力推进教育均衡发展。2015年8月，办事处协调毕节二十二小搬迁毕节市工校水电技校校区。2015年9月10日，毕节二十二小挂牌“毕节市实验学校流仓分校”，与毕节市实验学校联合办学，实施教育集团化模式办学。争取国家薄弱学校改造资金810万元改建学校，争取区政府投入资金25万元、协调德溪公司赞助资金20万元、协调盛世华都房开赞助资金10万元，办事处投入资金20万元维修毕节二十二小校舍。

【扶贫工作】 全办按照《精准扶贫对象识别确定操作步骤》，区委区政府“一市五金多套餐”政策，认真开展遍访贫困村贫困户等各项扶贫工作。结合我办实际，从办属各单位，各村选派办干部、党员、致富能手，结对帮扶贫困户，全面完成净减少农村贫困人口任务。

【民政工作】 做到动态管理下的最低生活保障对象应保尽保、应退尽退、进退及时。对辖区空巢老人、留守儿童及困境儿童，严格按照：强化组织领导、强化摸底排查、强化关爱帮扶、强化安全教育、强化责任查究等“五强化”工作职责，对全办留守儿童、空巢老人全部落实办干部、村干部责任包保，实现无缝对接，监管到位。

【安全生产工作】 全办以“政策法规大宣传、矛盾纠纷大排查、社会治安大整治、安全生产大整顿”活动为契机，认真贯彻落实新《安全生产法》、《贵州省安全生产条例》及全区安全生产有关会议精神，切实增强工作责任感；与辖区各企事业单位和中小学校签订安全生产目标责任书，签订率达100%；强化道路交通、消防、农机等安全隐患排查治理；落实监管责任，加大监管力度，加强专项整治和隐患排查，及时消除事故隐患，确保人民群众生命财产安全得到全力保护。

【森林防火工作】 多举措抓好森林防火工作，通过“宣传教育、设卡值守、巡查督查、应急处置、落实制度”“五防范”构筑森林防火壁垒。全办各年按要求成立森林防火指挥部，形成党工委书记负总责、办事处主任负全责、其他班子成员负实责的指挥防控工作体系。装配森林防火宣传车，悬挂横幅标语，发放各种通知、禁令等宣传资料，开展在校学生“小手拉大手活动”，加大宣传力度，增强群众森林防火安全防范意识。组建护林防火巡查组，加大巡查力度，在林区实行不间断巡查，设立森林防火检查站，严防携带火源进入林区，巡查组实行每日零报告制度，确保辖区内无违法用火行为发生。加大应急处置力度，组建森林防火应急突击队，储备森林防火物资，确保能及时扑救森林火灾。制定《碧阳街道办事处森林防火责任追究制度》、《森林防火24小时值班制度》等，并把森林防火值班、值守、巡查纳入对办事处工作人员、各村、护林人员的年度目标责任考核，实现各年度辖区森林火灾事故零发生。

【综治信访维稳工作】 办事处积极实施“加强组织领导，明确工作职责；开展平安建设，构建和谐社会；加大整治力度，维护社会稳定；狠抓“矛盾纠纷大排查”，杜绝治安隐患；强化调处，抓好普法宣”“五举措”抓实综治信访维稳工作。确保全国、全省、全市、全区的重大活动、重要会议期间群众不到省进京上访；化解征地拆迁遗留的长期信访缠访闹访事件，处理了一大批疑难矛盾纠纷。围绕依法治区，加大普法宣传力度，做好“六五”普法总结工作；办、村、派出所多头并进、多措并举抓好社会治安综合治理，提高群众安全感满意度。落实维护稳定第一责任，成功将多起群体堵工事件化解在萌芽状态；把禁毒工作纳入重要议事日程，动态管控吸毒人员并落实好社区戒毒（康复），抓好禁毒预防、禁毒严打、禁种铲毒等工作。

【武装工作】 加强征兵入伍工作宣传动员，按期完成各年人武部下达的任务指标，组建辖区民兵应急分队。

【人口与计划生育工作】 按照早安排、早部署、早落实的“三早”思路，通过实施“双诚信、双承诺”工程，以稳定低生育水平，控制人口过快增长，提高出生人口素质，优化人口结构为主要任务，从源头上综合治理人口出生，从根本上消化手术库存，实现各年度工作目标任务。

【卫生工作】 大力加强宣传，提高合作医疗参合率为，实现各年度参合率超额完成，实现低保户、五保户、参战人员应保尽保。开展冬春季传染病防控宣传教育活动，针对学校、超市、物业、饮食等人员密集单位及场所进行宣传培训，有效防控冬春季传染病的发生。开展《食品卫生安全法》宣传活动，以辖区内饮食、药品经营等行业为重点进行整顿。办事处牵头辖区卫生院、卫生室每年开展义务为老年人进行身体检查3至4次。办事处组织干部职工每年体检1次。

【社区建设】 2015年，大兰村创建“规范·示范·典范”村，经七星关区委、区政府考核获得规范村荣誉称号；2016年，流仓村创建“规范·示范·典范”村，经七星关区委、区政府考核获得规范村荣誉称号。围绕“一核多元”基层组织建设，大兰村集体经济积累达到1.53亿元，流仓村集体经济积累超过200万元。

2016年7月5日，碧阳街道步入农村变社区、村民变市民轨道，村改社区2个。

（撰稿人：办公室）

大新桥街道办事处

【概　述】 大新桥街道地处毕节城郊结合部，位于毕节市中心西北部，距市中心1.5公里，辖大桥、小河、天生桥、魏家屯、殷官屯、大坡6个社区，共计35个村民组，2016年末，总人口18229人，总面积27.5平方公里，耕地面积8527亩。辖区旅游资源丰富，有天河公园、倒天河水库、小河彝族风情、小河溶洞等旅游资源。办事处驻大桥社区，有干部职工61人，其中党员49人。

【人口计生工作】 2012－2016年，全办结合实际，按照省人领小组下达的“三按月”绩效考核为指导，着力运用以“双诚信、双承诺”为助推剂、强化能力提升为保障的工作思路，完善各项工作机制，强化基层人口计生工作常态化、制度化、精细化管理，不断提高人口计生工作管理服务水平，5年来全办共出生1346人，常住人口共出生1229人（政策内出生1080人，政策外出生149人），符合政策生育率为87.87%。全办流动人口共出生117人，政策内出生98人，符合政策生育率为83.86%。完成避孕节育手术832例，结扎471例，其中二孩结扎383例，政策内二孩（三孩）长效避孕措施落实率、及时率达86.25%，孕前优生完成406人。

【安全生产】 严格执行“党政同责，一岗双责”制度，进一步落实办事处安全监管责任和企业主体责任，办事处与辖区内相关企事业单位及社区签订《安全生产工作目标管理责任书》，签订率达100%，督促各企业和单位落实好安全教育。同时，大力宣传《新安全生产法》、《消防法》、《道路交通安全法》、《贵州省安全生产条例》等法律法规，增强全民安全意识。全面排查治理事故隐患，搞好专项整治工作和重点行业领域隐患排查治理。5年来，全办合法性注册企业？家，烟花爆竹零售点5家，道路交通安全监管里程40公里，组织检查190次，排查隐患360条，整改率达100%。从源头上加强对农机安全的管理，与各社区、各农户签订安全责任书，加强全办道路交通管理，时时检查危险路段，树立标牌，做好警示，保证了交通安全和地灾安全。全年无任何安全事故发生。

【民生事业】 一是基础建设日趋完善。5年来启动全办通村（组）路建设，通村公路的大力实施，着力兑现了美丽乡村建设“两个硬化”目标。二是农业经济稳步发展。完成了杂粮种植任务19300余亩，种植马铃薯21000多亩，种植玉米35000多亩，其中杂交玉米推广面积20000多亩，育苗移栽推广面积9000多亩，技术培训260人次，投入资金30000余元。发展冷凉蔬菜种植5300多亩，种植速生蔬菜2000多亩，反季节蔬菜3000多亩，人工种草200多亩，新增刺梨种植50多亩，完成1000多亩市级大白萝卜种植任务，建设样板点200余亩，进行病虫害防治18000余亩。在距离水库较远的其他社区大力发展畜牧产业，5年来生猪存栏20000多头，能繁母猪400多头，出栏肥猪18000多头；大牲畜存栏480多头，其中牛存栏253头，能繁母牛121头，大牲畜出栏34头；禽存栏25000羽，出栏22000羽，肉产品产量613550公斤。建设农产品质量安全检测站点1个，进行农产品农药残留检测200批次，充分保障了农产品质量安全。三是农村综合环境整治成效显著。围绕辖区内主次干道及公共场所进行垃圾日产日清保洁，与辖区内各单位签订目标管理责任书，与沿街村民签订“门前三包”责任书，对一些重要路段用洒水车进行清扫，同时加强督促检查，发现问题，及时整改；创新机制，以购买服务的方式推行环境卫生整治市场化运作，倾力提高全办环境整治水平，群众满意度大幅提升，脏乱差现象得到有效遏制，群众生活环境得到极大改观。四是倒天河水库环境综合整治取得成效。一方面成立巡逻队，协助区综合执法大队开展水库周边执法巡逻，开展水库沿环湖路周边钓鱼、烧烤野炊以及放养等情况整治。另一方面对水库周边住户进行大力宣传，制作水库环境保护宣传标语22条，利用3辆宣车每天沿环湖路进行宣传环保卫生知识，并将水库环境综合整治理纳入《居民公约》，将水库水源保护工作做到家喻户晓，人人皆知，并在环湖路周围安放垃圾箱86个，灰池18个、灰斗15个，并进行及时清扫，水库周边环境卫生也得到了很大改善。五是林业环保稳定推进。街道办通过加强领导，明确分工，落实责任。采取党政主要领导亲自抓，分管领导具体抓，其他领导协助抓的工作机制，分工明确，责任到人，与各村、各单位签订责任书，层层落实防火责任制；加大宣传力度。防火高峰期，5年来，共制作了大横幅标语100条，森林防火宣传车在重要地点进行来回宣传400余次，发放防火宣传单15000份，张贴《毕节市森林防火戒严令》300张，制作防火警示牌35块，在坟头墓碑和林边大树上张贴防火温馨提示3300张；加大火源管控力度。在每年春节、元宵节清明节及“五一”节假日期间，统一指挥调度全体办、村干部，在天河古城门、天生桥、徐花屯、北镇关路口及各社区路口等多处布防设卡；加强应急值守力量。森林防火高峰期从办村干部中抽调扑火经验丰富、体力充沛者30余人组成专业扑火队伍，实行24小时值班值守，确保发生火灾时能迅速出击，控制火势；大力实施绿化七星关项目，荒山植树造林得到大面积覆盖，5年完成荒山绿化2000余亩；大力做好辖区环境保护工作，定期对辖区内企业开展检查，督促屠宰农业畜禽养殖行业等污染源治理，保障无生活垃圾倾倒在水库或河道内，年内辖区无突发环境事件发生。六是精准扶贫到户，做好扶贫减贫工作。5年来，办事处按照六个到村到户的要求，从结对帮扶、产业扶持、教育培训、医疗救助、兜底保障等五个方面对贫困户进行精准帮扶。在前期做好贫困户调查摸底遍访的基础上，对每户贫困户建档立卡，明确记载其家庭人口、基础设施、致贫原因等详细信息。2016年末，全办有建档立卡贫困户363户1300人，按照“六个精准、五个一批”的要求，量体裁衣，精准发力，对低保户、五保户等贫困人口采取政府社会保障兜底扶贫。一般贫困户、低保贫困户有劳动能力的贫困人口，则通过发展产业、技术培训和改善基础设施实现脱贫。5年来，通过“六个到村到户”精准帮扶，全办减少贫困人口874人。

【文教卫生】 一是科教文体卫生事业统筹推进。5年来，全办开展专业技术培训会40余期，受训人数3000余人次，进村入户宣传科学种养殖技术200多次，受训人数5000多人；义务教育巩固率达85%以上，小学入学率达99.89%，初中入学率达97.30%，小学和初中辍学率均为0。投资5万元打造小河文化示范社区，建成多功能娱乐厅一个；投资3万元建成天生桥文化广场1个，已通过验收；投资3万元建设的魏家屯社区健身路径已完成设备安装，社区文化建成后为丰富群众文化生活提供了阵地和平台。2016年全办参合人数为14160人，参合率达95%以上。二是社会保障能力不断提高。一是健全和完善了最低生活保障制度，确保应保尽保。2012-2016年，全办共发放农低保户资金1630余万元、发放五保供养金60余万元、城低保及生活补贴650余万元，80-89岁、90-99岁高龄生活补贴15余万元，发放临时救助款21余万元。二是加强养老保险征收。2016年末全办参加城乡居民基本养老保险5124人，5年来，累计征收养老保险费约200万元，缴费完成率86.9%，全面完成了全办60岁以上老人养老保险信息卡信息采集工作。三是“四关爱”工作稳扎稳打。通过完善制度，制定“四关爱”工作实施方案、领导小组，应急预案和强制报告制度。通过留守儿童规范管理，对留守儿童一户一档资料实行专人管理。通过落实“四个一批”工作法，运用亲情视频、电话联系等方式开展劝返留守儿童父母工作。办事处通过深入调查走访，摸清情况，将生活生产确实困难的留守儿童和留守老人采取纳入低保或给予临时救助等方式帮助解决困难。2016年底，全办留守儿童共计170人，留守老人56人，留守妇女8人，残疾人1103人，困境儿童34名，全办成功劝返20户留守儿童父母回乡，动员15名留守儿童的父母将孩子带在身边外出务工。

【社会稳定】 一是狠抓综合治理工作，成立了提升群众安全感工作领导小组，认真落实以村民组网格化服务为载体，发动干部职工深入到家家户户，切实为群众办实事、办好事。二是各社区成立了警务室，并配备1名警务助理，负责各社区社会治安巡逻防控，全力维护了全办辖区社会治安稳定。三是扎实做好信访工作。夯实动态管理，严格执行日排查，化解零报告制度，坚持三级视频接访制度，2016年，办事处信访案件共20件。五是扎实做好维稳工作。做到重要敏感时期、重大节日活动无上访、缠访情况发生，坚持“日排查、事化解、零报告”工作制度。六是抓好防邪反邪和国安工作和创新开展民主法治村整办推进创建工作。

【经济工作】 紧紧围绕“以改促发展、以招促发展、以扶持促发展”的指导思想，强化举措，狠抓落实，奠定了大新桥民营经济发展基础。2016年全办民营经济实现总产值12.35亿元，民营经济实体77户，其中含个体工商户68家，企业9家，完成民间投资3.27亿元，工业投资0.1亿元，民营经济增加值实现2.45亿元。

【党建工作】 坚持以科学发展观为指导，结合学习党的十八大、十八届四中、五中、六中全会精神及习近平总书记系列重要讲话精神，结合“两学一做”学习教育契机，以转变和改进作风为指导，以经济发展方式为主线，以保障和改善民生为根本，解放思想，开拓创新，真抓实干。一是“两学一做”学习教育扎实开展。把学习教育作为2016年党建工作的龙头任务，确保学习教育“学”有计划、“做”有抓手、“改”有方向、“促”有实效。积极动员部署，研究制定了《“两学一做”学习教育实施方案》和《学习教育安排计划》，对“两学一做”的各项工作进行了具体安排，并合理分配时间，分层次对学习教育的各项工作进行部署。扎实开展集中学习和专题研讨。组织全办各支部党员开展“手抄党章100天”活动，引导党员在抄写过程中熟读党章党规，增强党性修养。结合党委中心组学习、“三会一课”、党员组织生活会等制度，并对各支部业务骨干开展二级培训，督促指导各基层党组织认真开展好学习教育系列活动，并以专题讨论、讲党课等具体学习方式，努力使广大党员学有方向、学有方式、学有所获。认真查摆问题，及时整改落实。各支部和党员以专题学习讨论、讲党课和开展民主评议等措施，全面排查基层党组织和党员存在的问题，制定问题清单和整改清单，明确责任单位和责任人和整改时限。二是社区“两委”换届有序推进。自社区“两委”换届选举工作以来，党工委周密部署，统筹安排，成立领导机构，切实做好动员部署、摸底调研、业务培训、纪律宣传等前期工作，并在换届工作中做好指导工作。三是基层组织服务体系建设进一步加强。执行“两个最严格”的制度，进一步完善村干部值班服务和公章管理制度，通过党工委每月不定期2次以上的督查，2016年底，各村党支部值班服务和公章管制以形成常态化。深入推广“3142”党建工程，通过“三会一课”和“四议两公开”切实提升党建工作规范化、制度化和常态化，保障社区重大事项决策民主，公开透明。完善阵地服务功能，完成大坡社区办公场所扩建90平米，魏家屯社区办公场所扩建60平米，对全办6个社区办公活动场所进行了规范化建设。壮大服务队伍，党工委充分利用村“两委”成员、驻村干部、党员队伍、村民组长参与村组织服务工作，以此壮大村级干部队伍，发挥村民监督委员会、村民理事会、“五老”志愿者服务队作用，切实为民做好、做实服务工作。着力发展壮大村集体经济，按照“支部+农户”、“公司+支部+农户”、“支部+合作社+农户”等方式，结合各社区经济发展实际，以入股分红方式参与管理、帮助企业协调流转土地、处理群众矛盾等获得企业盈利分红，使得村集体经济积累达3万元以上，填补了村集体经济发展空白。四是考核工作进一步完善。制定了《党政正职以外的领导班子成员绩效考核办法》《股级及以下干部绩效考核办法》《村及村干部绩效考核办法》《村民组长考核办法》等考核管理办法，每月对各站、所、股、室及各社区进行一次目标任务完成情况进行考查评比，实行动态考核跟踪，并按照考查结果严格兑现奖惩。

【群团工作】 一是完成了扩大基层妇联组织成员工作，通过民主选举方式产生了妇联班子成员，进一步扩大了基层妇联组织的广泛性和代表性，充实了基层妇联组织工作力量。二是认真做好团员发展工作，给团组织补充新鲜血液，吸收了160名入团积极分子加入了中国共青团，加强了团组织的生命力和战斗力，增强了团组织的影响力和凝聚力。三是加强全办职工文化建设。每年“三八”妇女节及“七一”活动期间，组织全办干部职工参加各种文体比赛，不仅陶冶干部职工情操，又丰富了干部职工业余文化生活。四是做好离退休干部关爱工作。每年利用春节期间开展离退休老干部座谈，介绍本办工作开展情况的同时，听取老干部们的意见和建议，促进街道办工作快速有效开展。

【政协、统战、人大、宣传、武装、民族宗教等工作】 积极做好政协、统战、人大及民族宗教等对外联系工作，处理好辖区内的民族关系，推进了小河社区新建组民族村寨经济社会的发展；认真做好宣传思想工作，尤其是开展农村思想政治教育；抓好政治理论学习，每月开展中心组学习及干部职工集中学习，组织全体干部职工参加干部理论考试；开展了“我们的节日”、“我推荐、我评议身边的好人”、“道德讲堂”、“宣传部长上讲堂”、“明理知耻·崇德向善争做文明先锋”、“十星文明户创评”及“七个起来”创建活动等主题活动；超额完成武装部下达的征兵任务。

【纪检监察工作】 结合“两学一做”学习教育的开展，

围绕党工委、行政中心工作，以党员干部为重点，以完善支部为抓手，以强化监督为保证，明确反腐倡廉责任，推进廉政文化建设，为全办各项事业的健康发展创造了良好的政治环境。一是加强廉政教育，保证党员干部高效廉洁。认真组织党员干部学习党章党规及各种党风廉政准则，累计开展专题学习教育60次；组织观看反腐警示教育片15次；在全办范围内开展廉政党课16期。以廉政文化建设为切入点，用图片、展板、监督岗、文化长廊等形式，开展权力观、地位观、利益观为根本，以艰苦奋斗、勤政廉政和弘扬中华民族的传统美德为主题的教育活动。二是加强制度建设，保证权力运行阳光透明。为贯彻落实各项中央八项规定、省委十项规定，进一步完善了各项规章制度，坚持以制度管人、管事、管钱。按照“谁受理，谁处置，谁反馈”的原则，落实开门办公和首问责任制，随时处理日常事务，帮助群众解决各种问题，有效解决了干部作风不实、效率不高的问题，形成了良好的机关工作作风。三是认真落实党委主体责任。党政“一把手”认真履行“第一责任人”的职责，牢固树立责任意识、风险意识、落实意识，让廉政意识贯穿工作始终，在党政班子会、办干部会、村干部会上多次部署党风廉政建设工作，并多次过问、协调纪委监督工作情况。建立了党政“一把手”负总责，各班子成员认真履行“一岗双责”，按照“谁主管，谁负责”的原则，具体抓好分管部门的党风廉政建设工作，形成一级抓一级、层层抓落实的责任机制。四是认真落实纪委监督责任。规范“三资”管理，对各社区“三资”再次进行清理，规范“三资”台账，加强对村级财务的监管，全面实行“村账办代管”，同时发挥民生监督委员作用，强化监督。建立健全各社区党务、居务、财务公开制度，做好基层党建、项目招投标、惠民政策、惠民资金“三务”公开工作。

（撰稿人：罗鹏）

德溪街道办事处

【概　述】　德溪街道办事处位于毕节市七星关区城区东部，是2013年9月七星关区机构改革从原流仓桥办事处撤分新建的街道，距区行政办公中心1.5公里，距市行政办公中心3公里。全办总面积16.8平方公里，下辖5个社区，46个居民组，居住着汉、苗、彝等各族居民12921人。境内群山环绕，倒天河、观音河两河交汇，环境优美，气候怡人，景色秀丽。德溪街道办事处是德溪新区城市建设的主战场，规划建设区面积7.5平方公里，覆盖碧玉、德沟、后河、甲秀4个社区。目前，毕节梁才学校、区第四实验学校、区第五实验学校、万晟阳光城一期、中鼎华城一期等项目已建成使用，“19456”工程月亮湖段、毕节二中、区中医院等58个项目顺利推进。国家重点铁路干线成贵快铁、叙毕铁路穿境而过，20多条新建路网纵横交错、四通八达，交通区位优势明显。境内有大小景观桥梁20余座，规划打造180万平方米滨河景观，已建成占地面积约25万平方米、生态体系多样化的滨河景观公园—德溪湿地公园。随着德溪新区的开发建设，德溪街道将成为毕节最具品质的生态园林宜居新区和最具魅力的休闲旅游乡愁胜地。

2013年9月以来，德溪街道办事处充分结合街情社情，深入贯彻落实中央、省、市、区历次重要会议精神，紧扣市委“113攻坚战”战略部署和七星关区委“1136”工作规划，千方百计抢抓城市建设带来的发展机遇，切实把基层党建、脱贫攻坚、安全稳定、项目建设等重点工作抓实抓出成效。现将工作情况总结如下：

【落实从严治党要求，党建工作迈上新的台阶】　一是落实“两个责任”，全力推进党风廉政建设。1. 强化组织领导。每年按规定成立党风廉政建设领导小组，定期组织召开党风廉政建设专题会议，切实按照“三转”要求清理纪检干部兼管的业务工作，退出由纪检监察干部牵头但与纪检监察工作无关的业务，通过明确纪检干部的主责主业，确保党风廉政建设各项工作得到顺利推进。2. 强化责任落实。坚持将党风廉政建设与基层党建、城市建设项目保障服务、棚户区改造、脱贫攻坚等中心工作同部署、同落实、同督查、同考核，与重要部门、重要岗位负责人分别签订个人廉政风险防控承诺书84个，党政主要领导与班子成员及社区支书、主任签订责任书64个，层层明确工作职责，层层传递压力，层层抓好落实，形成了横向到边、纵向到底、一级抓一级、层层抓落实的工作格局。3. 强化宣传教育。通过加强宣传广泛接受党员群众的监督，进一步规范了惠民利民政策的执行和落实。2013年以来，制作严肃换届风气监督宣传栏和滚动显示屏共7个，宣传标语20幅，印发“一书一卡”68份，签订加强换届风气监督《承诺书》68份；邀请区纪委、区检察院作警示教育讲座2次，党工委中心组和干部职工大会专题学习《中国共产党廉洁自律准则》、《中国共产党纪律处分条例》、《中国共产党党内监督条例》、《中国共产党问责条例》和关于严肃换届纪律相关文件等1200余人次，组织干部职工观看《灭蚊》、《镜鉴》等警示教育片6次，组织严肃换届纪律谈心谈话32人次，约谈干部共101人次，在社区党支部换届选举工作中未出现任何违规违纪行为。4. 强化执规执纪。2013年以来，取消了社区干部本人及近亲属享受的非普惠制惠民政策22名；加大案件查办力度，给予党纪处分4人；按要求完成5个社区“三述一述”工作。通过强化执规执纪，切实维护好群众利益，进一步营造了风清气正的政治生态环境。2013年以来，全办权力清单备案202件，确保了权力规范运行；考察选拔干部和“三重一大”事项均按要求进行公示，未收到任何不良反映和举报；全办未出现滥办酒席现象，无任何领导干部因逢年过节收受礼品、出入私人会所、值班值守不到位等情况受到举报和查处，作风建设得到了进一步的改进和加强。二是加强教育监管，基层组织建设成效显著。1. 加强党员干部队伍建设。协助区委组织部考察科级干部10人，公开选拔村级警务助理5人，推选区级党代表3人、区人大代表6人、区政协委员3人和社区党支部班子成员18人，干部考察任用程序规范。2. 建强基层组织战斗堡垒。根据市委全面深化改革领导小组第三十二次会议暨城市社区建设专题现场会议精神，结合城市规划建设实际，积极争取各方支持，协调1500平方米公产房作为碧玉社区服务阵地，协调2931平方米公产房作为后河社区服务阵地，整合民政、宣传、文化等项目资金400余万元，集中打造功能完善、特色凸显的城市精品社区；烂泥社区新建活动阵地486.64平方米；德沟社区使用区政府划拨的8亩土地建设社区服务阵地；甲秀社区利用原甲秀小学进行改扩建。目前，该街道各社区的办公条件有了较大改善，服务功能日趋健全，为居民提供了更加优质的服务。3. 加强党员队伍教育监督管理。完成10个党支部341名党员的党组织关系集中排查工作，清理出流动党员6人，无失联党员；新建立非公企业联合党支部和社会组织联合党支部各1个，实现辖区83家非公企业和社会组织党建工作“两个覆盖”。通过党组织关系集中排查建立健全了全办党员档案，破解了党员管理难题。4. 深入开展“两学一做”学习教育。准确把握全区“党员给力、群众给分”的主线要求，着力解决党员队伍存在的七个方面突出问题，紧扣深入开展专题讨论、创新方式讲党课等四个关键环节，以争做“四讲四有”合格党员为目标，深入扎实地开展两学一做”学习教育工作。通过开展学习教育，全办党员同志增强了党性和宗旨意识，在各项工作中起到了模范带头作用。三是坚持统抓统管，全面完成其它党建任务。1. 加强宣传工作，进一步了扩大正面影响。加大法制教育宣传力度，组织全办干部职工、教师参加学法用法考试，增强了干部职工的法律意识，提高了依法行政能力。主动向各大媒体供稿，积极联系市区主流媒体对我街道城市建设进行宣传报道，扩大正面影响助推了城市建设进程。2. 加强统战工作，进一步形成了发展合力。按要求建好7个统战工作信息库；实施“千凤还巢”工程联引12个外出务工成功人士回乡创业，其中4人投资990万创办经济实体4个，带动就业54人，就业人员年增收3万元。通过加强统战工作，进一步凝聚了发展共识，形成了发展合力，有力地推动了全办各项工作的开展。3. 加强政务服务，进一步促进了社会和谐。精心布置400余平方米的便民利民服务大厅，贯彻执行“六公开”制度，张贴权力运行和民生事项办理流程，落实七星关区“马上就办”工作办法，社事、社保、合医、国土、计生、水利、农牧、安监、财政等部门全部进驻街道便民服务中心，社区便民利民服务站明确专人轮流值班，做到充分授权、集中服务，全年街道、社区共办结合作医疗、养老保险缴纳、生育服务证办理等事项2919件，实现了居民小事不出社区、大事不出街道的服务效果，解决了服务群众“最后一公里”的问题，提升了居民的满意度。

【强化项目保障服务，经济发展实现平稳增长】 一是切实做好项目建设保障服务工作。2013年以来完成项目建设用地征收4000余亩，迁坟4192所，为辖区在建或拟建的贵州工程应用技术学院东校区扩建、毕节新二中、第四实验学校、德溪小学、三号路、明钧玻璃商业用地、肖家院安置房二期、七星关区未成年人救助保护中心等58个重大项目建设的顺利推进提供了保障。二是完成22户微型企业的勘验及资料上报工作，上报企业全部通过评审，完成率为100%，通过率为100%。

【民生事业长足发展，群众幸福指数得到提升】 一是精准扶贫工作扎实有效。通过引导务工的方式，协调辖区企业提供就业岗位，优先解决贫困户就业问题，实现增收脱贫；通过发展产业的方式，充分发挥地处城郊的区位优势，大力引导贫困户发展蔬菜、水果种植业，支持社区牵头发展休闲观光农业，带动贫困户脱贫。通过金融扶持的方式，用足用活“特惠贷”政策，鼓励有条件的贫困户自行贷款发展，组织召开脱贫攻坚金融扶贫专题会议，积极争取农商行支持，采取“政府主导、社区担保、银行支持、合作社统筹、贫困户分红”的模式实现多方共赢；通过教育资助的方式，扎实做好贫困学生资助工作，决不让一个学生因家庭经济困难而辍学，把教育扶贫政策落到实处。通过政策兜底实现脱贫，针对无力可扶的贫困群众，通过城市低保、临时救助、社区关爱等方式大力扶持，确保此类群众实现“两不愁、三保障”。通过开展讲习实现自力脱贫，开设7个固定的新时代市民讲习所和5个流动市民讲习所，把讲习所办进楼群院坝、企业单位、田间地头，讲习党的好政策，传递党的政策好声音。二是卫食药监工作取得新进展。2013年以来参合人数35484人，收缴参合金3557250元，参合率103%。协助市场监管局对辖区食品经营户、药品经营店、社区诊所等进行食品药品安全检查，2013年以来全办无重大食药品安全事故发生，居民看病就医条件得到大幅改善。三是社会保障体系渐趋完善。严格按照程序进行低保对象的评审，实现动态管理下的应保尽保、应退进退、进退及时，并确保资金及时发放到位。2013年以来，共发放农村低保资金约584万元；共发放城市低保资金约66万元。其它各类民政资金严格按照有关要求进行公示和发放，发放春节期间价格农村低保对象价格补贴约9万元，城乡低保和五保免费电量电费资金7.7万元，最低生活保障对象一次性价格补贴约68.6万元；共发放五保供养金14.8万元；发放临时救助资金15.85万元。四是基础设施建设不断完善。完成13.8公里通村公路建设和0.7公里通组路建设任务，长期有效养护辖区公路里程10余公里。各社区分别建立管水组织各1个，以单个水利工程项目为单位组建管水组织5个，彻底解决了居民饮水困难的问题。随着全办基础设施建设的改善，为居民发展大棚蔬菜种植、兴办城郊休闲旅游产业等创造了良好的条件，为实现全办“决战贫困、提速赶超、同步小康”打下了坚实的基础。五是抓好棚户区改造工作。全力协助区房征局、德溪公司等单位加快推进棚户区改造工作。安排专人配合房屋征收工作，党政主要领导每周到项目点指导征收工作。2016年完成“城棚改”任务签约900户2700人，征收面积79000平方米，完成率为100%（其中货币化补偿315户，货币化安置率为35%）；

【加强生态环境保护，打造生态园林新城区】 一是抓好林业生态工作。完成“绿色七星关营造林”任务445.2亩；查获并报请区森林公安处理破坏森林资源案件2起；兑现退耕还林中央财政专项资金2.35万元，兑现退耕还林省级粮食掉运费0.2256万元；兑现省级财政公益林生态效益补偿资金0.4909万元；办理政策性森林保险投保1534.1亩，核损79.1亩，理赔3.5595万元。通过抓好荒山造林任务、加大森林防火工作力度和严格兑现资金政策，我街道辖区林业生态逐步得到恢复。二是抓好环保创模工作。完成2016年倒天河三期污水处理管网工程投资150万元，投入农业污染治理、生活垃圾处理建设资金4.8万元；开展环境保护宣传工作8次，制定环保宣传标语10副；开展辖区工矿、企业扬尘污染专项检查85人次；对市牧科所“乌蒙乌骨鸡养殖场”造成月亮湖河道水污染事故进行了调查处理，并督促整改落实，辖区生态环境得到大幅度改善。三是抓好“三创一建”工作。2013年以来共投入创卫经费60余万元，垃圾做到日产日清，规范临时菜场管理1个，辖区内背街小巷卫生脏乱差现象得到明显改善，辖区环境卫生秩序得到有效治理。在全区“三创一建”暨“多彩贵州文明行动”的工作检查中多次取得好成绩。

【推进社会治理创新，建设和谐平安新德溪】 一是严格值班值守，抓好应急管理工作。严格执行领导带班制度，按规定做好值班记录，2013年以来我街道无迟报、漏报、瞒报现象，未发生重大紧急事件及被相关部门通报无工作人员不在岗在位情况。二是控制违法建设，净化投资环境。采取源头治理、堵疏结合的方法，全天候、无死角实施巡查管控，严格执行违法建设管控奖惩规定，形成了办村联动、全民参与的打击合力，对违法建筑做到打早、打小、打了。2013年以来，制止并拆除违法建筑440宗总面积约19220平方米，无新增违法建设和区查违办督办案件，净化了德溪新区城市建设的投资环境。三是抓好群众（信访）工作，切实维护一方安定。2013年以来，全办共排查矛盾纠纷160起，成功调处158起，调处率98.8%；妥善处理非正常死亡事件2起，有效促进了德沟社区中坝、小桥公房纠纷、德沟社区墙院组集体山林林权群体访事项的化解，妥善处理甲秀社区大凹子组村民与村民张大全集体山林纠纷、碧玉社区田坝组村民集体土地纠纷等事项。通过加强矛盾纠纷的排查调处，切实依法依规维护群众的合理诉求，化解了历史遗留矛盾纠纷库存，维护了一方安定。四是人口和计划生育工作稳步推进。截止2016年12月20日，年度常住人口新出生217人，其中男孩204人，女孩197人，完成手术任务260例（其中女扎125例，上环135例），全面完成人口和计划生育工作目标任务。五是加强安全监管，实现安全生产零事故。落实投入经费8万元，在人、财、物方面保证安全生产监管工作的顺利开展。加强专项整治、隐患排查，收集辖区企事业单位驾驶员和车辆信息，全部录入交通云平台；共检查工矿商贸企业420家次，建筑施工企业130家次，检查学校120所次，检查人员密集场所200处次，清查烟花爆竹零售点128户，查处各类隐患和问题1765个，作现场检查记录426份，下发隐患整改通知书463份，完成事故隐患整改1657个，查出的隐患和问题整改面达到了99%以上。加大执法工作力度，开展执法行动219次，处理道路交通非法违法行为35起，清理烟花爆竹非法违法行为128起，其它行业37起。通过扎实有效的工作，我街道无任何安全生产事故发生。六是抓好“六大工程”，着力推进政法工作。法制毕节创建工作方面，投入经费8万元，用于烂泥社区民主法治示范村建设；碧玉、甲秀、烂泥社区“民主法治示范社区”建设已经区法治创建办验收合格予以授牌；抓好“法制政府建设工程”、“公平司法天平工程”等六大工程，法治毕节创建工作有序开展。政法工作方面，辖区内政府机关、金融单位、学校、医院全部招聘安保人员，建设5个社区警务室，共配备社区警务助理5名、社区专职巡逻队员5名；对本辖区的山林、地块、房前屋后、楼顶进行全面踏查，坚决杜绝种植毒品原植物现象发生；全办登记在册的103名吸毒人员纳入管控视线，确保不漏管失控。通过加强对“两抢一盗”和电信诈骗等多发性侵财犯罪行为给予严厉打击和加强治安巡逻等措施，提高了群众的安全感和满意度。七是落实公车改革制度，加强公务用车管理。根据《七星关区公务用车制度改革工作方案》要求，积极配合公务用车制度改革，提前完成公车改革工作，按规定上交3辆公车；对现有的公务用车实行严格管理，制定《德溪街道办事处公务用车管理制度》及《德溪街道办事处公务用车实施办法》，2013年以来该街道未发生公车私用及私车公养案例。

（撰稿人：办公室）

观音桥街道办事处

【概　述】 观音桥街道办事处位于七星关区城郊东北隅，距城中心约2.5公里，总面积23.23平方公里，东西长约10公里，南北宽约2.3公里，为典型的带状地块，703县道、工业大道贯穿全境。2013年9月行政区域调整划分后，划海子街镇桥头边村、红堰村、长征村、迎宾村入观音桥办事处，观音桥办事处更名为观音桥街道办事处。东以海子街尚家寨乡界为界；南以青龙山为界，与德沟村接壤；西以花牌坊、大发沟为界；以小寨湾、轿顶山界为界，北与大新桥办事处、田坝桥镇毗邻。2016年7月“村改社区”，下辖五里坪、塘房、桥头边、红堰、长征、迎宾6个社区51个居民组，居住着汉、苗、彝、白等民族，共4667户22431人。这里交通便利，风景优美，山清水秀，空气清新，气候温和，青龙山雄伟多姿，观音河蜿蜒而过，街道办事处因此得名。街道办事处行政办公中心设在五里坪社区。

2012—2016年，是“十二五”规划实施阶段。观音桥街道党工委、行政要紧密团结在以习近平同志为核心的党中央周围，全面贯彻落实党的十八届历次全会和习近平总书记系列重要讲话精神，坚决落实好省委省政府、市委市政府和区委区政府的决策部署，以改革开放统领全办经济工作。突出碧海新区建设（毕节试验区的典范区、毕节市重要的城市副中心、创新性产业服务基地、配套完善环境宜人的城市宜居区域）这条主线，做好三篇文章（社会治理创新、便民利民服务体系建设、村集体经济发展），办好四件实事（“四在农家美丽乡村六项行动计划、文化与教育、社会保障、就业工作），抓好六项工作〔征地拆迁、打击违法建设、人口与计生、信访维稳、安全生产（森林防火）、多彩贵州文明行动〕，下大力气抓实五大建设（思想建设、组织建设、作风建设、党风廉政建设、制度建设）的“1365”工作思路，通过全办广大党员干部职工、人民群众的共同努力，较好地实现了的各项工作目标，奋力实现经济平稳健康较快发展和社会和谐稳定。

【坚持党建统领，推进党的建设各项事业】 （一）狠抓宣传，保持定力，坚持贯彻落实好各级党的方针政策。深入学习贯彻习近平总书记系列重要讲话精神，把深入学习贯彻总书记重要讲话精神作为首要政治任务抓紧抓好，以讲话精神指导工作，巩固“两学一做”学习教育成果。深刻领会总书记系列重要讲话的精神内涵，广泛凝聚共识，超前部署舆论引导，学习好、宣传好、贯彻好党的十八大和省第十一次党代会精神，组织专题研讨和培训，抓好办、村干部培训，抓好理论宣讲，第一时间掀起了学习贯彻热潮。切实把思想和行动统一到中央最新要求和省委、市委、区政府的决策部署上来。（二）围绕主题，推进党建新发展。切实推进以“党旗红·人心暖”为主题，党员自愿服务为抓手的党建服务队伍，充分发挥党支部的组织和凝聚作用，充分发挥党员的示范带头引领作用。在红堰社区示范组织的带头致富、政策宣传、治安巡逻、纠纷调解、环境整治自愿服务队的基础上，各社区结合实际组织自愿队伍开展自愿服务，把党员自愿服务工作深入推进。（三）建强支部、壮大队伍。充分利用好换届机会配齐配强支部，特别是选出好的党组织书记。2012—2016年共发展党员55名，充分把创业带富的能手吸收进党的队伍。进一步指导各村开展居民自治责任，鼓励和支持各村成立了行业协会、自治组织、社会团体参与社会治理。对各村级服务阵地适当进行了升级改造，全面提升基层自我教育、自我管理、自我完善、自我约束能力。（四）加强党风廉政建设，坚持从严治党。严守党的政治纪律和政治规矩，坚定不移地执行中央八项规定和省市十项规定，筑牢干部道德防线。着力解决懒政怠政、为官不为等问题。切实推进廉政文化建设，充分利用四种形态，加大干部作风的整治整顿，加大案件的查处的力度，特别是民生资金、项目的监管，纠正损害群众利益的不正之风，切实解决群众反映强烈的突出问题确保政策落实到位，大力开展干部警示教育，实现了干部清廉、作风扎实。认真落实党工委主体责任和纪委监督责任，强化领导干部“一岗双责”和案件查办“一案双查”制度落实，推进了全面从严治党向基层延伸。坚持有腐必反、有贪必肃，坚持无禁区、全覆盖、零容忍。引导各级党员干部保持奋发有为的精神状态，带动各条战线、各个层面脚踏实地、苦干实干。

【集中力量攻克大扶贫】

（一）扎实开展脱贫攻坚春季攻势。围绕实现国定标准脱贫摘帽目标，按照省委、省政府脱贫攻坚的部署要求，及时发起了脱贫攻坚攻势，以社区为主战场，做到到户到人，坚持问题导向和项目实施导向，深入基层、靠前指挥、狠抓落实，抓实精准管理，完善脱贫攻坚指挥调度、考核评价体系，加快“五通四有”和贫困户“四有五覆盖”建设，建立激发贫困户发展内生动力扶贫机制，推进贫困户光荣脱贫机制；明确了时间表，挂图作战，集中力量攻克脱贫难点，切实做到扶贫对象、扶贫措施、扶贫成效、脱贫退出精准化，有效帮助前期脱贫的贫困户不返贫。2012—2016年，共脱贫252户1108人。（二）坚持精准施策。落实“六个精准”，深入实施“五个一批”工程，全面贯彻落实省委“1+10”配套政策。统筹推进教育脱贫，落实“两助三免”政策，完善最低生活保障与特困人员供养、临时救助等社会救助制度，将无业可扶、无力脱贫人员全部纳入兜底保障，统筹解决好就业、就学、就医、低保、医保、养老保险、产业扶持等问题。2012—2016年，全办居民缴纳医疗保险85080人，缴纳金额约5001000.00元；社保缴费到账5403人，缴费共计2102250.00元；共救助困难群众350人次，组织辖区企业，推进“百企帮千户”行动，凝聚脱贫攻坚合力。加强农村思想政治教育，引导贫困群众增强自身造血功能，通过艰苦创业摆脱了贫困。（三）补齐发展短板。认真开展群众脱贫项目意见征询，做到每个项目精准，每个扶贫对象意愿落实到位，做好扶贫项目申报工作。完成了五里社区献山组串户路、桥头边社区通组路建设，进一步完善了各社区自来水管护机制，努力补齐电压不稳的短板。认真落实教育、文化、科技、医疗卫生等政策措施，提升了公共服务供给和保障水平。（四）抓好产业脱贫。进一步完善了“一市五金多套餐”精准扶贫工作机制，认真落实了“特惠贷”金融扶贫政策，2012—2016年，共落实“特惠贷”353户，累积贷款金额1670.4万。立足资源优势，按照“资金跟着穷人走、穷人跟着能人走、能人跟着产业走、产业跟着市场走”的思路，各社区组织农民专业合作社，通过“三权”促“三变”试点，积极动员贫困户入股发展，参与创业就业，推进特色种植养殖、乡村旅游发展，吸纳就业推进脱贫。

【全力以赴抓牢大安全】

（一）扎实抓好安全生产。健全安全生产责任体系，落实安全生产党政同责、一岗双责责任，加强道路交通、建筑施工、消防、食品药品、烟花爆竹和危化物品等重点领域安全生产，坚决防止重特大安全事故发生。探索推行安全生产领域监管执法“双随机、一公开”规范化建设，突出抓好重点部位、重点环节、重点领域和重点人员的安全监管。强化调度落实、安全检查、安全整改、督查问责“四个到位”，深入开展安全隐患大排查大整治活动和安全生产宣传月活动，切实做好动态安全监管，切实堵住“安全漏洞”。2012—2016年，全办无安全事故发生。（二）深化“法治毕节”创建。深入开展“法治观音”建设活动，进一步巩固了2016年创建的塘房、五里坪、红堰社区示范创建的成果，全力打造了迎宾、桥头社区法治创建，提升依法治理的能力和水平，健全“党工委领导、行政负责、社会协同、公众参与、法律保障”社会治理体系，完善利益诉求表达、矛盾纠纷排查化解、公共安全管理、应急处置和舆情引导等机制，不断提升社会治理能力。扎实推进法治型政府建设，严格执行重大行政决策法定程序，深化行政执法体制改革，探索综合执法和联动执法，规范行政执法程序和操作流程，严格规范行政执法行为，提升依法行政水平，建设法治型、服务型、效能型、廉洁型政府。持续开展打黑除恶专项斗争，加大特殊人群服务管理力度，深入推进“天网工程”建设，完善立体化、数字化的社会治安防控体系；严厉打击性侵、伤害妇女儿童和未成年人犯罪，加强校园安全管理，构建政府、学校、家庭、社会“四位一体”校园安全格局，建设“平安观音桥”。加强民族宗教工作，扎实开展民族团结及和谐宗教创建工作。加大法治宣传力度，加快普法教育进程，增强全民法治意识。（三）筑牢民生保障底线。提高公共服务共建能力和共享水平，加快普及“十五”年教育步伐，实施“薄改计划”，和“教育攻坚三年行动”计划，加快义务教育阶段学校标准化建设，全力做广学前教育、做优义务教育、做特民族教育，扶持民办教育发展。积极实施全民创业行动计划，做好重点人群就业、农村劳动力转移就业等工作。全面提高公共就业服务能力，扎实做好城镇“零就业”家庭和农村低保家庭劳动力就业援助工作。进一步加强社区医疗中心的服务水平，提升医疗医技水平，同时加大对六个社区医务室的管理，最大限度发挥作用，真正实现就近就医。进一步完善社区广场建设，推进居民健身计划，开展丰富多彩的农民文艺活动。建立完善“全面放开二孩”政策配套服务机制，积极开展应对人口老龄化行动，全面提升计生服务水平。大力实施“全民参保计划”，重点关注低收入人群、失业人员、残障人士等群体的基本生活，织牢保障基本民生的安全网。全面加强农村留守儿童、困境儿童、留守老人、“五保”（三无）老人等重点人群的关爱服务。建立特殊人群关爱包保联动责任机制。（四）加强民主政治建设。充分发挥社事办作用，进一步建立群众认可社区规民约，充分发扬社区民主，实现自我管控。健全社区群团机构，适当解决社区民兵连、共青团、妇联等群团工作。加强社区民生监督委员的领导，发挥监督作用。

【全力以赴抓好大发展】

（一）强化基础设施建设。积极做好碧海大道、牌坊小微企业园、四通医院、卫生监督所、社保服务中心、区二医、北大附校、区民中、毕节四中、卧龙大都会、区公租房及成贵快铁、叙毕铁路、东青高速观音桥段征地拆迁工作，做好建设中的矛盾化解，保证工程顺利施工。2012—2016年，项目建设累计征地6500亩，共有42个项目建成落地。配合推进辖区农村电网升级改造，提高用电质量。争取资金开展辖区亮丽建设，安装路灯，环境亮化。（二）发展现代山地特色高效农业。积极争取立项建设塘房社区农业园区。引导和鼓励红堰、迎宾社区加大无公害、绿色蔬菜种植，推进农业产业改革。努力做好红堰食用菌有机农产品认定和品牌申报，积极培育新型农业经营主体，抓好农民专业合作组织的培育，加强新型职业农民技能培训，提高农业经营组织化、专业化水平，加快现代农业改革发展步伐。充分发挥区农产品直接销售市场专门窗口或平台作用，解决农产品产销问题。（三）大力发展现代服务业。建立以五里坪社区物业管理为试点，切实推进辖区各社区逐步建立物业管理为主的家政保安保洁等的服务业工作，解决社区集体经济困境，扩大辖区就业，提升扶贫平台效应。（四）推进村庄环境整治，提高生态文明建设水平。进一步做好青龙白虎两大动脉山系的绿化行动，做好防火护林工作，扎实开展森林保护“六个严禁”执法专项行动，坚决打击破坏森林资源的各类违法犯罪活动，守住林业生态红线，建立生态屏障，保住青山绿水。加大村庄环境整治，不断完善基础设施和公共服务设施。逐步建立村庄排污沟渠建设，积极争取推进“厕所革命”项目支持，加强健康环境治理，打造城市田园风光。实行最严格的环境保护制度，深化饮用水源保护行政首长负责制和流域“河长制”管理制度，落实观音河流域环境治理目标责任制。

【齐头并进推进社会事业工作】 认真做好一年一次的低保核查工作，及时做好资金的发放工作，做好留守儿童建档立卡的滚动核查更新，切实解决困境儿童的生活困难，实现特殊人群关爱帮助到位。加大对辖区的教育设施建设，做好“普十五”的宣传落实，做好中心幼儿园的扩建工作。认真落实计划生育政策，加大计生卫生服务工作，做好人口工作。做好统战、武装、工会、妇联及残疾的工作，确保各项社会事业统筹推进。

【加强党工委、行政班子自身建设】 把纪律和规矩挺在前面，严明党的纪律，带头严格落实中央“八项规定”、省委和市委“十项规定”，要求他人做到的自己率先做到，要求他人不做的自己坚决不做。始终坚持民主集中制，从严规范落实“三会一课”、民主生活会、组织生活会、谈心谈话等制度，严格执行常委会议事规则，坚持开展批评和自我批评，推进党内生活常态化、规范化、制度化。带头坚决反对“四风”，时刻保持为民务实清廉的党员干部形象。严格遵守廉洁从政各项规定，管好自己，管好配偶、子女和身边工作人员，自觉接受监督，带头履行”一岗双责”。带头深入践行“两学一做”学习教育。带头深入基层开展调查研究、问策于民，切实提高科学决策、民主决策、依法决策水平和抓落实的能力，打造廉洁政府。

（撰稿人：邵波）

洪山街道办事处

【概　述】 2013年7月21日，根据毕节市人民政府《关于七星关区撤建部分街道办事处批复》（毕府复〔2013〕78号）的精神，市政府同意撤销市西办事处，设立七星关区市西街道、洪山街道两个办事处。2013年8月，洪山街道办事处正式成立。洪山街道办事处位于毕节市中部，地处东经105度17分，北纬27度17分之间，东与市东街道办事处、麻园街道办事处隔河相望，西与三板桥街道办事处交界、北与市西街道办事处接壤，南与德溪街道办事处、碧阳街道办事处毗邻。下辖六个社区（洪山、金桂、环南、兰苑、桂花、拥军）。总面积4.8平方公里，总人口43604人（不含流动人口）。办事处驻滨河西路下段（原毕节地区印刷厂）。

【经济发展概况】 （一）2014年，全办完成固定资产投资完成0.42亿元，城镇居民人均可支配收入达22532元，工业产值完成19.78亿元，实现工业增加值4.83亿元，落实招商项目6个，完成招商任务8.5千万元。（二）2015年，全办完成固定资产投资0.52亿元，工业产值完成23.3亿元，实现工业增加值3.52亿元，落实招商项目6个，完成招商任务约6.5亿元。（三）2016年，辖区城镇居民人均可支配收入达25614元，工业产值完成14.28亿元，实现工业增加值0.33亿元，落实招商项目6个，完成招商任务2.177557亿元，解决就业人口200余人。

【党政工作】 （一）开展在职党员进社区报到服务居民活动。2014年6月，洪山街道办事处洪山社区积极探索基层组织服务体系建设，开展在职党员进社区活动。在市直机关党工委的支持下，21家党组织和200余名在职党员陆续到洪山社区报到，开展工作。社区根据前期“访千家、察民情”了解到的情况，结合报到党组织和党员自身资源优势和服务意愿，分类别、分区域成立了“政策宣讲、环境整治、医疗保健、家教、法律援助、技术、文体、扶弱帮困、纠纷调解”9支服务队，并结合每名党员的职业特点和个人特长，将其分别编入9支服务团队，让其认领一个服务岗位、确定一项帮扶类型、办好一件便民实事、提出一项合理建议。九支服务队党员利用"八小时"以外的时间，充分发挥政策法规"宣传员"、社情民意"信息员"、社区建设"参谋员"、文明创建"劝导员"、社区工作"服务员"、困难群众"帮扶员"的"六员"作用，切实帮助社区群众解决生产生活中的实际问题。取得了"九进九出"的效果。受到上级部门高度肯定。

截止2014年12月，市直机关21家单位党组织和200余名党员认领服务岗位220个，走访群众2000余户，开展政策宣传、技术、医疗、文体、环境整治等主题活动40余次，参与群众3000余人，结对帮扶30户，为社区办实事81件，调解矛盾纠纷5起，落实帮扶资金约15万余元，提供帮扶物资折合10万余元。活动的开展，党员称心、群众满意、社会认可。同时为驻区单位找到了共驻共建的载体，为社区党建找到了路径，创新了社区治理模式，夯实了基层党建基础，巩固了党的群众路线教育实践活动成果，为毕节市深入推进基层组织服务体系建设提供了有力借鉴。创新开展"一证五进"查民情、"四卡四队"连民心活动。办事处从服务方式上下功夫，创新开展"'一证五进'查民情、'四卡四队'连民心"活动（一证即干部民情服务证；五进即进机关、进企业、进学校、进社区、进群众家门；四卡即家庭梦想卡、困难群众卡、信访维稳卡、民生诉求卡；四队即社会帮扶服务队、法律援助服务队、文化卫生服务队、家政事务服务队），切实转变工作作风，拉近党员干部与群众距离，彰显创建"和谐洪山，幸福家园"的决心，扎实抓好党的群众路线教育实践。各社区通过召开座谈会（居民小组长、"两代表一委员"、居民代表、离退休老干部、业主委员会、物业管理公司、支部党员）、发放征求意见表、设立交流意见箱、公布监督电话等方式，广泛征求服务对象的意见和建议；办事处督察组到各社区、学校、企业走访座谈和开展个别谈话；办事处召集各社区支书主任、学校校长、非公企业支部书记、居民议事会成员参加座谈会，发放民意调查问卷和征求意见表，广泛征求党员领导干部在"四风"方面存在的问题，分别发放了65份。座谈会共收集到17条有关生活环境基础设施建设问题，1条惠民政策问题，家庭梦想20个。对征求到的问题，制定台账和措施，实行销号管理，定人定责限期整改，当场办结1件。（二）2015年，全办组织工作紧扣全面从严治党要求，围绕中心、服务大局，不断取得新进展、新成效。一是"严"字当头，作风建设有"硬度"。深入践行"三严三实"，大力整治"为官不为"，通报了违反工作纪律的干部4名，解聘了招聘人员2名，在全办广大党员干部中营造了严纪严行的良好氛围。二是"实"字为本，服务群众有"温度"。深入推进"一核多元"基层组织服务体系建设，执行最严格的值班值守和公章管理使用制度，确保群众办事找得着人、办得成事。积极响应"倡导全民阅读、建设书香社会"的时代要求，在拥军社区建成了全市首个"书香社区"，让群众共享公共文化服务资源，得到省、市、区领导的高度肯定。全办六个社区中，金桂、洪山、拥军党支部书记获得全区优秀党支部书记的称号，党工委荣获省级"五好"基层党组织称号。三是"新"字发力，基础保障有"力度"。创新实施"规范·示范·典范"社区创建，对评审达到创建标准的环南社区的规范社区、金桂社区的示范社区得到了区委的表彰，分别给予规范、示范社区2万元、3万元的活动经费，给予社区干部1万元、2万元的奖励，让社区干部获得激励性的新收入，找到工作的新方向，在全办形成示范引领效应，大大激发了广大社区干部的干事创业激情。探索发展壮大集体经济。在各社区党支部的努力下，在职党员进社区服务工作取得了很好的社会效应，凝聚了党心民心，2015年，共有党组织133家党组织到社区报到，参与活动的在职党员有5197人次，服务群众7600人次，开展各类活动243次，协调各类资金32.29余万元。四是"细"字着手，实绩考核有"精度"。在全办分类建立目标考核体系、细化目标考核指标，实施分类指导。解决了干部"干多干少一个样、干和不干一个样、干好干坏一个样"的问题，切实提振了干部干事创业的“动力”。（三）2016年，洪山街道在党建设方面：一是狠抓党风廉政建设责任制落实。根据《关于实行党风廉政建设责任制的规定》，结合实际，及时调整充实党风廉政建设和反腐败工作领导小组，明确领导班子和领导干部在党风廉政建设和反腐败工作中的责任。完善了党工委、纪工委及其主要负责人、领导班子其他成员的责任清单，明确责任界限，界定责任主体，班子成员认真履行“一岗双责”。党工委分别和领导班子、6个社区党支部、18个站股室及干部职工签订了《党风廉政建设责任书》共计47份。二是加强廉政教育。定期召开党风廉政建设警示教育大会，通过邀请区纪委领导讲解、观看廉政教育短片等形式，让党员干部从中汲取教训，常思贪欲之害、常怀律己之心、常修为政之德，自觉增强廉洁自律意识。三是落实“两个责任”推进干部约谈常态化情况。针对党员干部情况，结合时间节点、问题性质、本人态度等，开展个别约谈和集中约谈。2016年共约谈85人，其中预防提醒谈话78人次，纠错诫勉约谈4人次，问责处分约谈3人次，其中，全办“牢记教训·履职尽责”专题预防提醒共约谈38人。四是深入推进党务、政务、居务公开工作。在七星关区阳光党务政务网上及时公开民生资金使用情况，2016年，在民生建设公开公示网络监管平台上发布了各类信息592条。五是开展专项监察、严查民生领域案件。2016年以来，先后参与了区纪委牵头组织的信贷扶贫资金专项监察；农村饮水安全项目资金专项监察；9月初启动了我办的退耕还林补助资金专项监察，抽查了217户退耕还林户，发现问题1起，并及时给予纠正。民生监督特派组发现问题8件，其中立案1件，结案1件，收到群众信访举报5件，已全部给予答复，正在查处问题1件。六是认真搞好民生项目备案及权力清单备案工作。严格按照《毕节市民生项目备案办法》及《七星关区推行权力清单运行备案制实施方案》通知的精神，认真开展民生项目备案及权力清单备案工作。2016年，全办民生项目备案66个，涉及社会事务办、林业站、财政所等单位，备案资金816.616万元；大米4000公斤；棉被80床，棉衣各60件。权力清单备案272件，其中大额资金备案169件。通过备案，强化了责任追究，增强了各部门责任意识，为廉政建设打下了很好的基础。七是加强领导干部作风建设，严格执行中央八项规定，坚决整治“四风”问题。强化对党员干部的监督管理力度，加强对各项制度的执行情况和各项工作的开展情况监督检查。对机关、社区工作作风进行定期通报。同时，不定期召开居民代表参加的座谈会，通报党员干部作风情况；全面开展重点项目、重要工作督查，并对工作中存在的问题，提出整改意见。

【城市管理】 （一）2014年，我办“三创一建”工作充分发扬了艰苦奋斗、追求卓越、务实为民的精神，拓展工作思路、创新工作方法，实现了“硬件设施有突破，软件建设全达标”的目标。建立健全组织机构。成立了由党工委书记任组长、分管领导为副组长、相关部门为成员的“三创一建”工作领导小组，整合全办力量，明确分工，责任到人，为“三创一建”工作的顺利开展提供了强有力的组织保障。

创新提出“三下两小”创卫工作理念。全办干部职工深入居民户，了解民情，倾听民众呼声，本着民众利益无小事的宗旨，逐一将群众反映的民生问题建立台账，分步整改落实。我办先后启动的36条背街小巷硬化工程，目前已保质保量完成。同时，对兰苑社区路面全部进行油化，实验高中门口、洪山社区院坝等油化工程已全部完成。清理影响群众生活的排污沟、化粪池40余处。采取“一清二白三规范”措施治理残标和野广告。该办创造性地采取“一清二白三规范”的处理方式，对辖区内背街小巷、楼群院落野广告和残标进行清理、美白，同时耗资16余万元，制作广告发布栏380余面，规范居民信息发布。加强舆论造势，营造文明新风。重视舆论引导作用，先后联系区电视台、毕节日报、晚报、乌蒙新报等媒体报道环境卫生整治50余次，借助辖区内电子屏、公示栏、广告发布栏、文化墙等优势资源，大力宣传文明新风尚，向辖区内居民发放《给市民的一封信》、《文明承诺书》等宣传资料6万余份，在辖区内学校开展“文明伴我行”主题班会、“中国梦.我的梦”征文、禁毒宣传、“小手拉大手”等活动。（二）2015，加大“三创一建”工作力度，着力提高城市管理水平。在上级部门的指导下，我办“三创一建”工作充分拓展工作思路、创新工作方法，实现了“硬件设施有突破，软件建设全达标”的目标。一是建立健全组织机构。成立了由党工委书记任组长、分管领导为副组长、相关部门为成员的“三创一建”工作领导小组，整合全办力量，明确分工，责任到人，为“三创一建”工作的顺利开展提供了强有力的组织保障。二是秉承“三下两小”创卫工作理念。全办干部职工深入居民户，了解民情，倾听群众呼声，本着群众利益无小事的宗旨，逐一将群众反映的民生问题建立台账，分步整改落实。在深入细致排查的基础上，向区政府上报申请硬化14条背街小巷，目前全部工程已实施完工。三是修复辖区内信息发布栏。今年，我办先后投资2万余元，对辖区内100余面信息发布栏进行修复使用，方便群众信息发布，有效遏制了辖区内残标野广告的蔓延。四是充分利用保洁资源，激发保洁员工作激情。我办年初便制定了切实可行的保洁员管理条例，以制度出成绩，赏罚分明，极大地调动了保洁员的工作积极性。同时，充分发挥好我办14名卫生突击队员的资源优势，分工明确，协调配合，集中突击辖区卫生死角死面30余次，确保环境干净整洁。五是加强舆论造势，营造文明新风。重视舆论引导作用，利用各类媒体报道环境卫生整治40余次，借助辖区内电子屏、公示栏、广告发布栏、文化墙等优势资源，大力宣传文明新风尚，向辖区内居民发放《给市民的一封信》、《文明承诺书》等宣传资料3万余份，在辖区内学校开展“城市卫生与文明”主题班会、“我家的小康”征文、关爱青少年健康进校园、“小手拉大手”等活动。六是以身作则做表率，文明劝导促和谐。我办干部职工以身作则，率先垂范，大力营造“人人创建、共享文明”的浓厚氛围。组建文明劝导队，定期在斑马线路口、农贸市场等地对市民各种不文明的现象进行劝导，引导人们自觉践行文明，营造文明新风。（三）2016年，洪山街道以构建“和谐洪山·幸福家园”为目标，整合街道城管、规划、国土三支队伍力量，成立洪山街道综合执法中队，对辖区内控违拆违、城市管理、应急处突等进行综合执法；每月开展“最美院落、最洁巷道”评选活动，邀请区文明办、区整治办，高标准、严要求对街道背街小巷、楼群院落进行考核，评选出辖区内“最美院落、最洁巷道”，召开表彰大会挂牌表彰，同时表彰辖区“最美保洁员”，在辖区牢固树立劳动光荣理念。2016年，开展评比活动6次，评出“最美院落、最洁巷道”各36个（条）；深入开展“一社区·一品牌”创建活动，因地制宜，遵循人文性、实用性相结合原则，打造社区特色文化墙4000余平方，内容涵盖法治、中国传统文化、文明礼仪等。同时，在毕节四小，我街道招募20名“小交警”，在重要时间节点配合文明劝导队开展工作，引导辖区居民文明出行、安全出行，塑造洪山街道对外良好形象，不断提升市民文明素养，有效助推和谐社区创建。

【民生救助】 （一）2014年，洪山街道社会事务工作始终坚持“以民为本，为民解困，为民服务”的工作理念，努力开创民政事业的新局面：认真抓好城乡低保年度核查和提标工作。我们严格按照城乡低保“三环节、十步骤”开展工作，对享受低保待遇的人员，坚持每半年复查一次家庭收入，补助标准及时调整，对家庭收入和成员有变化的保障对象，及时办理停发、减发或增发手续。截止11月30日，共取消78户228人城市最低生活保障，对新申请城乡低保的68户进行了核查，入户率达100%，见面率88%。共发放城市低保金478.4275万元，农村低保金12.4379万元。开展慈善救助工作。截止11月30日，先后对30户特困家庭开展调查模底工作，主要是对白血病患者、尿毒症、心脏搭桥和器官移植等家庭进行申报，对特困家庭开展临时救助，发放城乡居民临时救助款52000元，城乡医疗救助20.976万元，发放农村低保季节性缺粮户救助粮4000斤，发放五保供养金450元。认真做好救灾救济和社会福利工作。一方面，在森林防火和防洪期间，我们认真抓好救灾救济工作，成立了自然灾害救助工作领导小组，拟订了自然灾害应急方案，同时各社区开设临时避灾场所，让部分困难户入住，确保他们生命财产安全，使灾害降至最低。另一方面，做好冬令、春荒救济工作，成立了冬春救助工作领导小组，拟订冬春救助实施方案，各社区以召开民主评困大会，对申请的困难户进行民主测评，对测评结果进行公示。冬春期间，共救助194户468人，发放救助粮10吨，发放慰问金7800元、中央自然灾害资金15000元，大米26袋、食用油26桶、棉被54床、棉衣54件。（二）2015年，我办始终坚持“以民为本，为民解困，为民服务”的工作理念，努力开创社会事务工作的新局面。一是认真抓好城乡低保年度核查和提标工作。严格按照城乡低保“三环节、十步骤”开展工作，2015年5月11日至5月30日对辖区1715户城乡低保户进行入户核查。通过核查，共上报建议暂停214户674人城乡低保（其中农村低保50户147人），入户率100%，入户见面率87.6%。截至12月14日，共发放城市低保金6100922元，农村低保金207895元。二是开展慈善救助工作。2015年，先后对33户特困家庭开展调查模底工作，对82名生病患者家庭进行申报，对特困家庭开展急难救助和临时救助，发放城乡居民急难救助、临时救助款共115500元，城乡医疗救助616580元。发放农村低保季节性缺粮35户99人共3000斤，兑现五保供养金1450元。三是认真做好救灾救济和社会福利工作。冬春期间，共救助142户477人，发放救助粮7吨，发放慰问金6000元，慰问大米600斤、慰问菜油26桶、棉被80床、棉衣80件，2014－2015冬春救助款30000元。四是老龄和老年教育工作得到加强。我办有60周岁以上老龄人5483人，占人口总的12.96%。协助区老龄办为192名65岁以上老年人办理公交车爱心卡192张，为6名90岁以上老人申请了高龄补贴，发放高龄补助29人13050元。为加强老年教育工作，在环南社区成立了老年学校。五是加大对留守儿童、窝巢老人、和残疾人的排查和管理，共排查出0－15岁留守儿童125人、空巢残疾老人3人、窝巢老人22人、困境儿童14人，发放困境儿童生活补助5600元，发放2014年度残疾人机动轮椅车燃油补贴13人3380元，发放2015年度残疾人机动轮椅车燃油补贴11人2860元，发放一级重试残疾人护理补贴8400元，发放2014年度残疾人居家养老补贴7人3500元。（三）2016，始终坚持“以民为本，为民解困，为民服务”的工作理念，努力开创社会事务工作的新局面。一是认真抓好城乡低保年度核查和提标工作。按照城乡低保“三环节、十步骤”开展工作，对辖区1715户城乡低保户进行入户核查。通过核查，共上报建议暂停214户674人城乡低保（其中农村低保50户147人），入户率100%，入户见面率89.6%。二是开展急难救助工作。发放城乡居民急难救助、临时救助款共131900元，城乡医疗救助472600元。发放各类优抚资金568280元。三是认真做好救灾救济和社会福利工作。冬春期间，共发放救助金4万元，棉被80床，防寒服60件、4吨米、20袋米、20桶油、20件防寒服、20床棉被、6000元现金（20户）。四是老龄和老年教育工作得到加强。为老年人办理免费IC乘车卡100余张，为年满80周岁以上的老人申请高龄补贴等；发放80岁高龄补贴资金166300元；为加强老年教育工作，在环南社区成立了老年学校。五是加大对留守儿童、空巢老人、和残疾人的排查和管理，共排查出0－15岁留守儿童21人、空巢残疾老人3人、空巢老人22人、困境儿童3人，发放困境儿童生活补助3000元，发放2014年度残疾人机动轮椅车燃油补贴13人3380元，发放2015年度残疾人机动轮椅车燃油补贴11人2860元，发放一级重试残疾人护理补贴8400元，发放2014年度残疾人居家养老补贴7人3500元。

【综治工作】 （一）2014年，洪山街道深化“群防群治”队伍建设，延伸居民组网络渠道，积极落实人防（巡查队伍）、物防（小区安保）、单元防（电控门）、技防（主干道和巷道设有天网、院落和重要部门、窗口设有监控摄像）、户防（平安E家等）等措施和制度，最大限度的发挥网络触角作用，为广大群众安居乐业提供一道平安防线。强化刑释出所人员无缝衔接、安置帮教工作，定人定责加强监护、教育和管理，做到不漏管、不失控，预防和减少重复犯罪。大力整治黑网吧，净化辖区网络文化环境，在辖区开展了1次整治黑网吧的专项行动，有效地震慑了黑网吧滋生的气焰，净化了辖区的网络文化环境；开展打击传销专项行动1次，从源头上防止了相关犯罪活动的发生和蔓延。积极做好“610”警示工作，实现“三零”目标。在全办发放各种资料15000余份，张贴宣传标语140多条，在社区制作“一墙一窗”反邪教宣传栏10余期，使反邪观念深入民心。认真开展禁毒工作，全面及时掌握社区戒毒（康复）人员的基本情况，逐人逐档登记备案。洪山社区禁毒工作站示范点工作得到国家和省、市、区禁毒部门领导肯定。（二）2015年，洪山街道一是深化“群防群治”队伍建设，积极落实人防、物防、单元防、技防、户防等措施，最大限度的发挥网络触角作用，为广大群众安居乐业提供平安防线。二是强化刑释出所人员无缝衔接、安置帮教工作，定人定责加强监护、教育和管理，做到不漏管、不失控，预防和减少重复犯罪。三是深入开展平安建设工作。办事处联合驻辖区派出所、机关事业单位开展夜间治安巡逻，有效打击了各种违法犯罪活动，切实提高了人民群众安全感和满意度。继续抓好基层平安建设工作，2015年，共创建平安单位45个，平安社区6个，平安校园2个，平安家庭14050户。四是扎实开展“社会治安大整治专项行动”。办事处积极联系派出所、工商、宣传等部门，大力开展打击“黄、赌、毒”打击行动、收缴管制刀具整治行动、治安乱点排查整治行动及黑网吧整治行动等，净化辖区居民生活环境，有效地震慑了违法犯罪分子的嚣张气焰。五是扎实开展“无邪教示范街道、社区”、“无邪教街道、社区”、“无邪教模范户”等创建活动，创建工作达到预期目标。按照区委610办的相关要求，认真开展打击防控、教育转化及反邪教警示教育工作，定期开展反邪教警示教育工作和反邪反邪知识进家庭工作，共发放各种宣传资料8000余份，张贴宣传标语140多条，在社区制作“一墙一窗”反邪教宣传栏10余期，使防邪反邪观念深入民心。六是认真开展禁毒工作。“社区戒毒”、“社区康复”工作扎实推进；认真开展涉毒人员摸底排查，做到底数清，情况明，各类表册卡薄齐全，档案规范；深入社区、院落、住户、学校开展“拒绝毒品，珍爱生命”、“无毒害创建”等宣传活动，禁毒工作扎实推进。在春节和“6·26”宣传日期间，组织禁毒委成员单位在人民公园、毕节四小、兰苑中学、毕节十二小等大型场合开展禁毒宣传活动，向务工返乡人员、广大群众、青少年发放《禁毒手册》、《禁毒法》、《新型毒品预防手册》、禁毒防艾宣传单等宣传资料5000余份，帮助解答群众咨询60余人次，提高了广大群众防毒、拒毒、反毒、防艾意识和能力。全面及时掌握社区戒毒（康复）人员的基本情况，逐人逐档登记备案。洪山社区禁毒工作得到国家和省、市、区禁毒部门及相关领导的肯定。七是创新社会治理模式。按照“健全组织、建强队伍、优化服务、创新管理、促进和谐”的要求，以“四进三零”为主要内容的社会治理模式，推行以“公共服务进中心”、“民生监督服务进网格”、“公益志愿服务进小区”、“义务巡逻进巷道”，实现政府行政服务“零障碍”、特殊人群管理“零遗漏”、居民便民服务“零距离”，打造社区精准化服务工作模式，形成社会管理人人参与、和谐社会人人共建的局面。（三）2016年，洪山街道一是深化“群防群治”队伍建设，延伸居民组网络渠道，积极落实人防（巡查队伍）、物防（小区安保）、单元防（电控门）、技防（主干道和巷道设有天网、院落和重要部门、窗口设有监控摄像）、户防（平安E家等）等措施和制度，最大限度的发挥网络触角作用，为广大群众安居乐业提供一道平安防线。二是强化刑释解教人员安置帮教工作，定人定责加强监护、教育和管理，做到不漏管、不失控，预防和减少重复犯罪。三是积极做好“610”反邪教警示工作，实现了“三零”目标。在全办发放各种资料5000余份，张贴宣传标语200多条，在社区、学校制作了“一墙一窗”反邪教宣传栏，加大宣传力度，使反邪观念深入民心。四是认真开展禁毒工作，全面及时掌握社区戒毒（康复）人员的基本情况，逐人逐档登记备案。洪山社区禁毒工作站示范点工作得到国家和省、市、区禁毒部门领导肯定。五是加强刑释解教人员无缝对接帮教工作和社区矫正工作，正确引导他们重新做人，远离犯罪道路，期间并无一人重新犯罪，有效维护了社会的稳定。五是加强刑释解教人员无缝对接帮教工作和社区矫正工作，正确引导他们重新做人，远离犯罪道路，减少重新犯罪，有效维护社会的稳定。六是充分认识反恐维稳工作的重要性和紧迫性。全办从讲政治、讲大局的高度出发，强化了“四种意识”，认真落实各项工作措施，积极化解各类社会矛盾，防患于未然，确保了全街道社会治安的稳定。

【计生工作】（一）2014年，洪山街道以育龄妇女网格化管理创新服务工作为主线，以落实“三按月”绩效管理工作为抓手，以完善计生工作效能为保障，在依法行政、宣传教育、利益导向、诚信计生、优质服务、综合治理等方面强化工作，确保实现人口出生率和自然增长率“双降”目标。一年来，常住出生339人（一孩303人、二孩34人、多孩2人；出生男孩数178人、女孩数161人），其中，政策内出生331人（一孩302人、二孩29人），政策外出生8人（一孩1人、二孩5人、多孩2人）。流入出生9人（一孩出生9人；男孩4人、女孩5人；政策内出生8人，政策外出生1人）。完成避孕节育手术342例，其中，上环189例，结扎153例（二女结扎13例），皮埋0例，人流5例。婚入24人，婚出12人，死亡43人。本年度办理一孩服务证194人，二孩准生证35人，流动人口婚育证13人。定期开展计生政策法规宣传，一年来共发放计生宣传品5000余份，大大提高了我办干部群众知晓率。加强流动人口服务管理工作，为流入我办的已婚育龄妇女提供优质服务，严格依法行政，依法办事，年初以来未出现一例计生群体事件的发生。强化“双诚信、双承诺”工作的结合，按照“一处守信，处处受益，一处失信，处处受制”的原则，强化部门职能和各社区作用的发挥，引导广大群众积极参与，加强民主监督力度，深化人口计生基层群众自治，建立“双向承诺、互为守信”的工作机制，加大宣传力度，全面深入社区各户调查摸底，与目标人群家庭签订双向承诺书，实际签订9099份。（二）2015年，洪山街道以网格化管理服务工作为主线，以落实“三按月”绩效管理工作为抓手，以完善计生工作效能为保障，在依法行政、宣传教育、利益导向、诚信计生、优质服务等方面强化工作，确保实现人口出生率和自然增长率“双降”目标。定期开展计生政策法规宣传，发放计生宣传品5000余份，大大提高了我办干部群众知晓率；加强流动人口服务管理工作，为流入已婚育龄妇女提供优质服务，严格依法行政，依法办事，年初以来未出现一例计生群体事件的发生；强化“双诚信、双承诺”工作，按照“一处守信，处处受益，一处失信，处处受制”的原则，与目标人群家庭签订8079份双向承诺书。（三）2016年，洪山街道以育龄妇女网格化管理创新服务工作为主线，以落实“三按月”工作为抓手，以完善计生工作效能为保障，在依法行政、宣传教育、利益导向、诚信计生、优质服务、综合治理等方面强化工作，确保实现人口均衡发展。全年，共出生348人（政策内出生322人，政策外出生26人，政策内一孩217人，政策内二孩102人）。共完成避孕节育手术113例，其中上环110例，结扎3例。定期开展计生政策法规宣传，发放计生宣传品3500余份，大大提高了干部群众知晓率。加强流动人口服务管理工作，为流入我办的已婚育龄妇女提供优质服务，严格依法行政，依法办事，2016年未出现一例计生群体事件的发生。强化“双诚信、双承诺”工作的结合，按照“一处守信，处处受益，一处失信，处处受制”的原则，强化部门职能和各社区作用发挥，引导广大群众积极参与，加强民主监督力度，深化人口计生基层群众自治，建立“双向承诺、互为守信”的工作机制，讨论制定切合实际的工作方案，加大宣传力度，全面深入社区各户调查摸底，与目标人群家庭签订双向承诺书6188份。诚信计生评议小组每季度认真对目标人群进行评议，并将评议结果张榜公示；强化履约监督，及时纠正和查处失职渎职或违规违纪问题。强化部门联动工作，确保兑现双方承诺的条件要求得到落实。

【安监工作】 （一）2014年，加强组织领导，完善工作制度。及时召开安全生产工作会议，传达学习区安全生产会议精神，全面分析我办安全生产形势，对全年安全生产工作进行总体安排部署。办事处成立了安全生产委员会，各社区成立了安全领导小组。明确安全职责、层层签订安全责任。按照“党政同责、一岗双责、齐抓共管”的原则明确党政领导、班子成员、社区、办直各部门、辖区企业安全生产职责并与之签订了安全生产目标责任书。一年来共签订党政领导、班子成员目标责任书7份，办直部门社区6份，辖区企业21份，签订率100%。加大执法力度，督促企业认真落实主体责任。按时对辖区危险化学品、烟花爆竹、建筑工地、医院、学校、冶金等工贸企业进行检查。今年以来共检查上述企业400余次，发现隐患150条，现场整改148条，上报2条。突出重点时段、重大节日期间安全生产检查。组织开展元旦、春节、“两会”、清明、国庆重大节日和道通、汛期安全生产等重点时段的安全工作检查，查出建筑工地违章操作隐患2条，超范围经营烟花爆竹2条，打击非法营运窝点2处，整治学校周边秩序2处，占道经营1处，占道婚丧嫁娶1处，消防通道堵塞隐患2条，火灾隐患2条，“三合一场所隐患”3条，桂花市场积水1处，围墙、边坡跨塌各1处，居民楼房安全隐患2处，上述隐患有2条报区政府协调解决，其余隐患全部落实整改。（二）2015年，一是加强安全监管，提高安全防范意识。一是加强组织领导，完善工作制度。及时召开安全生产工作会议，传达学习省、市、区安全生产会议精神，全面分析我办安全生产形势，对全年安全生产工作进行总体安排部署。办事处成立了安全生产委员会，各社区成立了安全领导小组。二是明确安全职责、层层签订安全责任。按照“党政同责、一岗双责、齐抓共管”的原则明确党政领导、班子成员、社区、办直各部门、辖区企业安全生产职责并与之签订了安全生产目标责任书。2015年共签订党政领导、班子成员目标责任书10份，办直部门社区15份，辖区企业21份，签订率100%。三是加大执法力度，督促企业认真落实主体责任。按时对辖区危险化学品、烟花爆竹、建筑工地、医院、学校、等工贸企业进行检查。今年以来，共检查上述企业300余次，发现隐患370条，现场整改370条。四是突出重点时段和重大节日期间安全生产检查。组织开展元旦、春节、“两会”、清明、国庆及汛期等重点时段安全生产大检查，查出建筑工地隐患1条，消防通道堵塞隐患7条，火灾隐患5条，“三合一场所”隐患3条，非法经营烟花爆竹4处，打击非法营运窝点3处，整治学校周边秩序1处，占道经营2处，桂花市场积水1处，边坡跨塌1处，居民楼房安全隐患32户。五是集中开展“六打六治”专项行动。按照“全覆盖、零容忍、严执法、落实效”的要求，强化“党政同责，一岗双责”和“行业监管、综合监管、属地管理”以及企业主体责任的落实。专项行动开展以来，共查处非法经营烟花爆竹6起，“三合一场所”2起，无证施工1起。六是抓好“安全生产法”及有关法律法规的宣传。紧紧围绕重点时段、重大节庆安全生产月活动，向辖区居民宣传防火、防盗等安全知识。2015年，向辖区居民发放安全宣传资料

800余份，悬挂宣传标语5条。（三）2016年一是加强安全监管，提高安全防范意识。一是加强组织领导，完善工作制度。及时召开安全生产工作会议，传达学习省、市、区安全生产会议精神，全面分析我办安全生产形势，对全年安全生产工作进行总体安排部署。办事处成立了安全生产委员会，各社区成立了安全领导小组。二是明确安全职责、层层签订安全责任。按照“党政同责、一岗双责、齐抓共管”的原则明确党政领导、班子成员、社区、办直各部门、辖区企业安全生产职责并与之签订了安全生产目标责任书。2016年共签订党政领导、班子成员目标责任书10份，办直部门社区16份，辖区企业24份，签订率100%。三是加大执法力度，督促企业认真落实主体责任。按时对辖区危险化学品、烟花爆竹、建筑工地、医院、学校、等工贸企业进行检查。今年以来，共检查上述企业200余次，发现隐患260条，现场整改258条。四是突出重点时段和重大节日期间安全生产检查。组织开展元旦、春节、“两会”、清明、国庆及汛期等重点时段安全生产大检查，查出建筑工地隐患2条，消防通道堵塞隐患4条，火灾隐患3条，非法经营烟花爆竹1处，整治学校周边秩序5处，占道经营8处。五是抓好“安全生产法”及有关法律法规的宣传。紧紧围绕重点时段、重大节庆安全生产月活动，向辖区居民宣传防火、防盗等安全知识。2016年，向辖区居民发放安全宣传资料3000余份，悬挂宣传标语12条。

【信访维稳】 （一）2014年，建立健全信访举报制度，落实领导接访、下访制度，建立信访接待中心，完善网络视频接访，健全维护群众权益和化解社会矛盾机制，进一步加大矛盾纠纷排查化解工作力度。强化矛盾纠纷隐患排查作。平时开展一周一排查，遇重大事项随时报告。在重大活动和节日期间，实行“一天一排查”制度，做到发现得早，处置得好。一年来接待群众来信来访40人次；排查不稳定因素及矛盾纠纷隐患350件，排查各类矛盾纠纷72起，成功调处50起，确保重大节假日和会议期间无重大事件发生。（二）2015年，一是建立健全信访举报制度，落实领导接访、下访制度，建立信访接待中心，健全维护群众权益和化解社会矛盾机制，进一步加大矛盾纠纷排查化解工作力度。二是强化矛盾纠纷隐患排查工作。平时开展一周一排查，遇重大事项随时报告。在重大活动和节日期间，实行“一天一排查”制度，做到发现得早，处置得好。一年来接待群众来信来访121人次；排查不稳定因素及矛盾纠纷隐患675件，排查各类矛盾纠纷109起，成功调处78起，确保重大节假日和会议期间无重大事件发生。负责洪山酒店重要会议和重要活动的维稳工作，确保各类活动有序开展。（三）一是建立健全信访举报制度，落实领导接访、下访制度，建立信访接待中心，完善网络视频接访，健全维护群众权益和化解社会矛盾机制，进一步加大矛盾纠纷排查化解工作力度。二是强化矛盾纠纷隐患排查作。平时开展一周一排查，遇重大事项随时报告。在重大活动和节日期间，实行“一天一排查”制度，做到发现得早，处置得好。今年来接待群众来信来访50人次；排查不稳定因素及矛盾纠纷隐患418件，排查各类矛盾纠纷43起，成功调处40起，确保重大节假日和会议期间无重大事件发生。

【违章建筑】 （一）2014年，在工作中，采用“堵疏结合”、“分类管理”、“分类打击”的办法，有效遏制了违法建筑的势头。落实责任包保制度，实行领导包片，做到社区不漏组、组不漏户，确保控制违法建设各项工作有序开展。坚持每日巡查，对违法建设做到早发现、早制止、早拆除。半年来，组织制止违法建设行为40起，拆除违法建筑48户次，拆除总面积2982平方米，有效遏制违法建筑的增长。（二）2015年，在工作中，采用“堵疏结合”、“分类管理”、“分类打击”的办法，有效遏制了违法建筑的势头。一是落实责任包保制度，实行领导包片，做到社区不漏组、组不漏户，确保控制违法建设各项工作有序开展。二是坚持每日巡查，对违法建设做到早发现、早制止、早拆除。2015年，组织制止违法建设行为145起，拆除违法建筑39起，拆除总面积3770平方米，有效遏制违法建筑的增长。（三）2016年，在工作中，采用“堵疏结合”、“分类管理”、“分类打击”的办法，有效遏制了违法建筑的势头。一是落实责任包保制度，实行领导包片，做到社区不漏组、组不漏户，确保控制违法建设各项工作有序开展。二是坚持每日巡查，对违法建设做到早发现、早制止、早拆除。今年来，组织制止违法建设行为50起，拆除违法建筑29户次，拆除总面积3230平方米，有效遏制违法建筑的增长。

【教育工作】（一）2014年，坚持将教育工作列入重要议事日程，定期研究部署学校教育工作，促进教育工作全方位发展。组织社区和学校全面开展失学儿童的摸底排查工作，落实工作责任制；狠抓保学控辍，不断巩固“两基”成果，确保义务教育阶段的学生都有书读。强化校园安全和卫生工作，组织人员对辖区内小学、幼儿园进行校舍安全和食堂卫生检查，及时消除不安全隐患。全年完成学前教育招生2443人，其中学前班1265人，完成区政府下达的1190人的指标；幼儿园1178人，完成区政府下达的1000人的指标。一年级招生718人，毛入学率为112.78%，初中七年级招生584人，毛入学率为122.36%。九年义务教育巩固率为139.56%，小学辍学率为0，初中辍学率为0.62%。完成中职招生206人，超额完成区政府下达的185人的指标。（二）2015年，组织社区和学校全面开展失学儿童的摸底排查工作，落实工作责任制；狠抓控辍保学，不断巩固“两基”成果，确保义务教育阶段的学生都有书读。强化校园安全和卫生工作，组织人员对辖区内公民小学、幼儿园进行校舍安全和食堂卫生检查，及时消除不安全隐患。2015年完成学前教育招生2120人，其中学前班875人，完成区政府下达的845人的指标，同时完成撤销学前班6个的指标；幼儿园1245人，完成区政府下达的1190人的指标。一年级招生898人，毛入学率为113.52%，初中七年级招生1520人，毛入学率为126.76%。九年义务教育巩固率为139.56%，小学辍学率为0，初中辍学率为0。完成中职招生201人，超额完成区政府下达的179人的指标。（三）2016年，坚持将教育工作列入重要议事日程，定期研究部署学校教育工作，促进教育工作全方位发展。组织社区和学校全面开展失学儿童的摸底排查工作，落实工作责任制；狠抓保学控辍，不断巩固“两基”成果，确保义务教育阶段的学生都有书读。强化校园安全和卫生工作，组织人员对辖区内小学、幼儿园进行校舍安全和食堂卫生检查，及时消除不安全隐患。今年来，全办4－6周岁幼儿1005人，在园在校幼儿971人，小学毛入学率为96.62%，高中毛入学率为87.45%%，净入学率小学初中都在99.9%以上，九年义务教育巩固率为90.52%，小学辍学率为0，初中辍学率为0。

【自选条目】2015年，建设书香社区，培育和践行社会主义核心价值观。在拥军社区建设书香书屋，定期开展各种活动，极力打造书香社区。开设了四点半学校（阳光少年之家）。每周一至周五下午4：30—6：00，安排一名教师到书香书屋辅导留守儿童和外来务工子女学习、阅读，让他们走出心理阴影，健康成长。目前已辅导留守儿童和外来务工子女600余人次；创办了歆歆妈妈故事会。为培养孩子从小养成爱读书的良好习惯，在职党员王天娥主动请缨，创办歆歆妈妈故事会，每周六下午3：30准时为社区孩子讲故事、教剪纸、绘画等，并将孩子们的作品在书屋的创意空间展示，让孩子们健康成长。2015年开展了16期，参加活动的孩子230余人次；开展书画摄影交流活动。每月中旬的星期六和每月的最后一个星期六，分别组织市区摄影家、书画家到书香书屋进行摄影书画交流，同时，辅导居民练习书画和摄影，社区可将书。

【宣传工作】2016年，创建“微洪山”公共信息平台，及时发布街道工作动态，及时传播各类政策法规，及时回应居民诉求，及时办理民生事项，以群众满意不满意、高兴不高兴、支持不支持作为检验街道和社区两级干部的工作成效的重要手段。在“微洪山”上设立“信仰加油站”专栏，自“两学一做”学习教育开展以来，每天编发一期党章党规、重要讲话、党风廉政、学习动态等内容，使广大社区党员和群众走出集中学习往返周转费时的苦恼，打开手机随时随地学。今年该专栏开办以来，累计发布办事处信息动态120余期，编发“信仰加油站”党章、党规、系列讲话等学习内容100期。每天点击学习人数都在200人以上。

（撰稿人：办公室）

三板桥街道办事处

【概　述】 三板桥街道办事处位于七星关区西郊2公里、326国道旁、地处东经105度12分至17分，北纬27度14分至18分之间，东与市西街道办事处和鸭池镇相接，南与鸭池镇和长春堡镇接壤，西与长春堡镇和何官屯镇毗邻，北与大新桥街道办事处相连，街道辖茶亭、官大、灵峰、六合、大坡坪五个社区，60个村民组、17个党支部，有党员398名，总人口1.9万余人，住有汉、苗、白、彝、土家、蒙古、布依七个族别，少数民族约占总人口的8%，总面积30.25平方公里，总耕地面积7714亩，平均海拔1768米。

【经济工作】 农业工作：一是科技兴农，完成杂交玉米种植1万余亩，地膜玉米2000余亩，脱毒马铃薯5000亩；六合社区规范化种植大葱2000亩，发展无公害蔬菜480亩，蔬菜种植7000亩，新建标准化蔬菜基地700亩，成立农业专业合作社有后山经果林协会、六合无公害蔬菜协会、官大养殖业协会。二是畜牧，以养殖大户带动传统养殖，扎实开展春秋“两防”工作，全办畜牧养殖稳步发展，农民收入持续增加。五年来，全办生猪存栏5678头、出栏3894头、肉总产量486.75吨，禽存栏25140羽、出栏82337羽、肉总产量20.5吨、总收入121.7万元。三是水利，保障好“渴望工程”的正常供水和管理，实施好大坡坪村、灵峰村饮水工程的施工、官大村敬老院地下饮水工程的施工，灵峰组织好拦山沟、排洪沟的清淤护理，维护好排洪设施，使防汛抗旱有准备，确保群众庄稼不受损。四是农机，扎实开展好一年一度的拖拉机年检、审工作；车辆年审率达95%，杜绝黑车、报废车、故障车上路运行驶；加大监查力度，扎实做好农机安全生产的监管监控、道路交通安全百日整顿等工作；积极配合相关部门对辖区非法营运车辆进行整治70次，对违纪违法的车主进行批评教育52人次，全年农机生产无事故发生。五是森林防火工作，办事处成立森林防火工作领导小组，明确工作目标，制定目标考核方案，负责统筹部署全办森林防火工作，采取多形式的宣传，配备森林防火宣传车5辆，制作森林防火大幅标语48幅、小幅标语150幅，并坚持24小时领导干部值班与村干部及森林防火员巡查制度，杜绝野外用火及火种进山。严格巡山守卡，严肃处理野外用火。五年来我办共处罚违法用火70余人次，行政拘留火灾隐患肇事者12人，罚款6万余元，有效遏制了森林火灾的发生。

招商引资及项目建设：一是招商引资方面，通过营造良好的投资环境，采取优惠政策，招商引资关门山隧道改扩建、地中海水会、六合塑料颗粒厂、官大塑料颗粒厂、浙商城、湖南商会、南山碧桂园、拓海置业等9个项目，完成招商引资1500亿元。二是项目建设方面，为了保障南山碧桂园、阳山消防通道、阳山环境综合整治、南部新区六合安置房、深圳路延伸段、顺达驾校、新毕驾校、草海二道、十一中扩建、易地移民安置房、东清高速、新西客站、浙投集团、公交公司、湖南商会等项目的顺利进行，现已投入资金约120万元新建灵峰公益性公墓，解决城市迁坟难得问题。并通过办村干部进村入户耐心细致的宣传、动员，共完成征地共计3000亩，房屋拆迁1016户，共计12万平方米，配合区政府在我办六合村强制执法4次，取缔非法砂厂2个、违法建筑3栋，1000余平方米，强力保障了南山公园项目的推进。加大打击违法建设的力度，常规巡查700余人次，下发违建通知书295份，拆除违法建筑165户，共计2万余平方米，较好地保障了上述项目在我办的顺利实施。

“多彩贵州文明行动”及“三创一建”：将“多彩贵州文明行动”及“三创一建”工作有机地结合在一起，结合我办地处城郊结合部、且周边正处在建设过程的特点，因地制宜，扎实开展此项工作。一是加强领导，责任到人；二是加深宣传，营造良好的工作氛围；三是加大资金投入，夯实硬件基础，五年来，先后在全办范围内投资20余万元，新建垃圾倒放场10处，购买手推车15部，大大地改善了环境整治的条件，让乡村更美了，街道更亮了，在区政府各季度考核评比中名列前茅。

【社会发展】 人口计生工作：五年来，全办各级各部门紧紧围绕年度目标任务，以稳步提高符合政策生育率为核心，狠抓妇检工作和“四术”任务的完成，强化PIS系统管理工作和室内资料建设，做好人口信息收集，准确上报出生人口数，全面执行人口计划，扎实开展“双诚信双承诺”、高度重视“国优”工作，大力推行“村民自治”，进一步完善计划生育服务体系，服务质量和服务水平不断提高，加大社抚费征收力度和流动人口管理力度，确保人口计生工作走上规范化、制度化、正常化轨道。五年来，常住人口符合政策生育率为96.47%，流动人口符合政策生育率未88.89%。共完成避孕节育手术649例，其中男扎20例，女扎320例（二女结扎17例），上环292例；五年来应检对象为4052人，实检对象为4052人，妇检率达100%。

安全生产工作：一是组织有力，一直以党委班子成员为组长，成立安全生产工作组，安全生产委员会，拟定安全生产工作安排意见，明确安全生产“一岗双责”；二是宣传到位，共督促辖区企业悬挂大型安全宣传横幅50余幅，张贴安全宣传标语500余张。办事处在重要路段悬挂大型宣传横幅53幅，发放《安全生产基本知识宣传手册》2000余份，张贴宣传挂图30套，安全警语20张，办安全专栏10期。三是加强综合执法力度，一是做好农机科技推广服务与安全隐患排查治理，坚决打击农用车、拖拉机、摩托车非法营运、违章驾驶等行为，邀请区公安局、交通局、农机局、电视台综合整治10余次，办事处安全领带小组自行组织整治69次。二是加大对我办灵峰村非法采煤窝点的动态巡查，做到了每周不少于2次的动态巡查，目前为止未发现有非法采煤窝点偷挖盗采的反弹现象，杜绝了非法采煤窝点的死灰复燃。三是查处采矿许可证到期的砂石企业5家，已责令停止矿山生产作业行为；结合全国“打非治违”工作要求，查处无证生产经营免烧砖点两家及生产塑料颗粒作坊一处。确保了一方的平安。

消防工作：一是加大宣传力度，在辖区企业悬挂消防宣传横幅69幅，标语600余条，并在群众中组织11次消防知识培训。二是落实消防责任，成立专项领导小组，深入推进安全网格化管理，并明确10名专职人员负责日常工作。加强队伍建设，办事处专门抽调20名年轻精干、责任心强的同志组成消防应急分队，并开展5次消防演练。三是开展消防检查整治，我办在消防整治安全大检查中共整治了各类消防隐患43处，有效遏制火灾事故的发生。

教育工作：根据本办教育教学现状，研究教育管理方案，指导各校制定行之有效的管理措施，杜绝一切事故的发生；坚持以教学为中心，全面提高教学质量，五年来中小学升学率明显上升，学生及家长较为满意；强化师风师德建设，促进校园和谐发展，使教师爱岗敬业、争比进位、争先创优。

新型农村合作医疗工作：以完善医疗管理办法和措施为抓手，巩固和提高参合率，使农民医疗有保障，有效解决广大农民看病难，因病治疗返贫问题。五年来共参合人数7万人，参合率达99%。

城乡居民养老保险：加大城乡居民养老保险工作宣传力度，五年来发放宣传资料、手册、《致广大人民群众一封信》等4000余份。五年来参保人数共32300人，参保目标任务完成率为99%，综合参保率达99%，60周岁以上参保人员共6213人，参保率为93%。

民政工作：高度重视家庭特别困难人员的生产生活问题，严格按照政策规定及有关办理农村低保的程序，做好农村低保工作，并抓好救灾、救济、优抚工作和因灾建房工作。五年来，发放60岁以上退役士兵生活补助55830元、参战人员上生活补助58人272360元、残疾军人抚恤金20人209525元、复员军人生活补助15人125690元、农村低保金4984742元，城市低保金469743元、临时救助金244000元、农村医疗救助金765470元、高龄补助210650元、冬春救助金120000元、冬春救助粮30吨、城乡低保对象一次性价格补贴金108781元、留守儿童及孤儿慰问大米14350斤和菜油545桶。精心组织、深入发动，扎实开展城乡居民社会养老保险参保登记、保费收缴、待遇审核等基础性工作.

认真抓好农村和城市最低生活保障的调查摸底和落实复查工作，坚持“应保尽保、应退则退”原则，确保低保工作“公平、公正、公开”。

【社会稳定工作】 维稳工作坚持“防治结合，以防为主”的指导思想，以了解社情民意、排查调处矛盾纠纷为抓手，以案发事了为信访工作的出发点和落脚点，强化抓“一个重视”（党委、行政重视），“二个突出”（突出“一岗双责”和“一票否决”），“三个健全”（健全信访联席会议制度、信访工作制度、信访工作责任追究制度），“四个到位”（一是领导、信访工作人员精力到位，二是摸底排查到位，三是包保责任落实到位，四是信访案件落实到位）五年来，全办排查解决矛盾纠纷100余起，接待信访事件49件，终结信访重点案件23起，上级相关部门转办的信访事项13件，彻底扭转了我办信访稳控工作任务较重的被动局面。健全社会治安防控体系，加强社会治安综合治理，依法打击各类违法犯罪活动，辖区秩序良好，群众安全感测评及满意度调查评价高。坚持不懈地开展反邪教工作，扎实抓好禁毒帮教工作，扎实抓好普法工作，认真排查调处矛盾纠纷，深入开展“平安村”、“平安家庭”创建活动，确保人民群众生命财产安全，为全办社会政治稳定打下坚实基础。

【目标保障工作】 党的基层组织建设：一是加强党政领导班子、干部职工思想建设，努力构建学习常态，提升干部履职能力，以学习习近平总书记系列讲话和学习党章党规为重点，每周一召开学习例会、月中月底召开中心组学习会议制度，着力加强干部职工的思想政治教育，促进干部职工思想上凝神聚魂、防微杜渐，业务上不断进步、精益求精，政治上对党忠诚、干净担当，不断提高干部职工的履职能力。坚持和完善党委中心组学习制度，强化党政领导班子成员党性锻炼，提高其党性修养，每季度学习1次以上，每年集中学习12天以上，中心组成员学习做到学习有记录、学习有心得体会、学习有笔记；二是严格推进党务、政务、村务公开，建设学习型、创新型、服务型、廉洁型领导班子，树立领导干部良好的形象；三是加强领导干部包村工作，包村领导负责联系和指导所包村的党支部加强自身建设，指导和协助村党组织抓好政策法律法规的宣传、村级集体经济的发展，帮助农民增收致富、化解矛盾纠纷。四是换届工作，加强换届纪律“九严禁”“十个不准、六个一律”的宣传教育，严格程序、确保平稳，圆满完成了街道村党支部换届工作，提高了支部书记素质，提升了基层党支部班子的凝聚力和战斗力，夯实了基层基础。五是发展党员工作，推行发展党员预审制、公示制和入党积极分子培训制等，注重吸收符合条件的知识分子、生产一线的工人、农民、青年和妇女入党，五年来新吸收符合条件的积极分子入党125人，共发展预备党员42人，预备党员按期转正32人，使全办党员队伍得以壮大，战斗力得到进一步的增强。

干部工作：结合建设“想干事、能干事、干成事”领导班子和干部队伍的要求，严格执行任前公示、竞争上岗和试用期制，充分落实群众对干部选拔任用的知情权、参与权、选举权和监督权。在干部监督上组织相关领导认真学习《党政领导干部任用工作条例》、《贵州省乡（镇、办事处）党政领导干部选拔任用工作暂行办法》《中国共产党党内监督检查办法》以及区委有关干部人事工作的规定。拓宽监督渠道，设立监督信箱、监督电话和信访值班室。在干部教育上坚持每周一干部职工集中学习制度，同时抓好我办干部学风，严格执行“述学、评学、考学”制度，提高干部职工综合素质，使之进一步为民服务。

远程教育工作：远程教育工作紧紧围绕建设社会主义新农村与和谐社会的主线，在“解决问题，强化管理，产生效益”上下功夫，突出“网络建设好、骨干队伍好、信息资源好、工作机制好、教学效果好、干部群众反映好”的“六个好”目标，按照“对上回答问题，对下解决问题”的要求，扎实推进各项工作并取得实效。

党风廉政建设：狠抓党风廉政建设责任制度的落实，层层签订《党风廉政建设责任书》，确保责任制落到实处。通过集中学习、分组讨论、自学等方式深入学习中央“八项规定”、贵州省党员干部政治纪律“十严禁”与作风“十不准”和市区党员干部“十不准”，并由街道纪工委牵头对贯彻学习情况进行督察。加强领导干部作风建设，切实治理城乡滥办酒席借机敛财不正之风。成立工作领导小组，制定实施方案，和群众签订承诺书6000余份，制作标语20幅，召开街道、社区宣传会议，加大宣传，发现一起制止一起，形成了崇尚文明、厉行节约的良好风尚。坚决查处违纪违法案件，五年来，受理案件来信来访15起，其中已清理回复3起，正在办理4起，已作信访结案处理4件。立案12件，结案9件，3件待协审再结案。结案的9件中给予党内警告处分4件，免于处分1件，“双开”1件。

武装工作：在民兵整组工作中，组建充实了基干民兵连、普通民兵连、森林防火分队、应急分队。努力完成军事训练，我办先后组织19名基干民兵赴黔西县进行封闭训练1次，10名民兵在赫章县开展森林防火集训1次。加强民兵思想政治教育，目前，已有6名优秀青年民兵加入党组织。加大征兵宣传力度，悬挂大型征兵横幅14幅，张贴征兵通知100余份、挂图30份，发放征兵手册600余份，五年来全面完成区征兵任务，受上级好评。

人大工作：坚持党对人大工作的绝对领导，把人大工作纳入重要议事日程，按照区委人大常委会要求与年初目标责任书，拟定工作计划，认真开展工作。组织人大代表学习《宪法》、《地方组织法》等法律法规；组织代表履行宪法和法律赋予的职权，按要求办理群众建议、意见，并对办事处行政领导及部门负责人工作进行督查、测评，协助与配合党政领导开展好其他工作。

政协工作：按照市政协要求与年初目标责任书，拟定工作计划，认真开展工作。一是认真落实政协委员的待遇，为政协委员订阅1报1刊，即《贵州政协报》、《文史天地》。二是充分发挥政协委员的参政议政作用。

（撰稿人：办公室）

海子街镇

【沉着应对经济下行压力，改革发展提档加速】 自2013年以来，各项经济指标稳步提升。海子街镇农村常住居民人均可支配收入从4996元增加到7820元，增长了56.5%；固定资产投资完成3.2亿元；民营经济增加值完成1.2亿元；财政总收入完成0.74亿元；坚持工业强镇主基调不动摇，不断优化招商环境，为全镇经济社会谋划良好契机，狠抓重点项目，全力稳增促调。濠州建材、中建材等一个个工业强企的入驻，进一步夯实工业强镇基础。长津现代高效农业园、海子街镇农产品物流园等一批批现代农业龙头企业的上马，海子街镇作为七星关区北出口农副产品集散地前景可期，产业结构不断优化。2013年以来，我镇完成规模以上招商引资项目13个，续建项目8个，累计到位资金近6亿元。

【加大民生事业投入，民生福祉不断增强】 一是确保幼有所教。筑牢根基助推教育事业发展蒸蒸日上。小学适龄儿童入学率从99.89%增长到2015年的99.89%，初中适龄少年入学率从94%增长到95.8%以上，义务教育巩固率从97%增长到101.2%，小学辍学率从0.62%控制到0.03%以内，三残儿童入学率达91.67%。二是确保病有所医。基本医疗卫生保障体系不断完善，城乡居民基本医疗保险参保率达100%；医疗卫生制度改革深入推进，社会资本投资办医力度进一步加大，以非营利性医疗机构为主、营利性医疗机构为辅的办医体系逐步形成；继续推进人口计生“三级计生例会”、“双诚信双承诺”和“三按月”工作机制，全面落实孕前优生健康检查、妇检查孕等工作，实现了“双降”目标。三是确保老有所养。通过大力宣传、加强考核、统筹调度等多措并举，城乡居民社会养老保险覆盖率和续保率不断扩宽，截止2016年，覆盖率达45%、续保率达73.5%。四是确保就业通畅。近年来，该镇就业人数不断增加，共计完成新增就业人数260人、农村劳动力转移就业1000余人，农村劳动力资源调查数据14000人，劳动力培训260人，协调各类就业岗位60个，扎实有效的推进了我镇劳动力转移培训工作。五是确保兜底到位。按照应保尽保，以户施保原则，该镇对原有城市低保户和农村低保户进行入户核查，按照实际足额发放低保金。截至目前，城乡低保1158户2374人（其中城市低保58户114人，农村低保1100户，2260人）。同时，积极争取上级各部门帮助解决各种临时救助，确保特困群众能够得到及时救助。

【抢抓基础设施建设，镇风村貌持续改善】 大力推广建设家用沼气净化池，2012年来，共完成100口沼气池的验收任务，启动“一事一议”项目建设24个，累计硬化道路18900米，院坝硬化3480平方米；修建15平方米的公厕3个，200米长的排污沟3个，1500平方米的广场1个；安装路灯130盏，完成1490户危房改造工程，确保户户有房住，大力推进生态家园建设工作，五年来完成1672户，农村面貌焕然一新。全面完成9条通村油（水泥）路的建设，涉及里程近40公里，基础设施建设持续发力。该镇先后共投入200余万元对大湾村、周家桥村、十三亩村、五十亩村等村级活动场地进行改造，新增办公场所面积1000平方米以上，配齐设施设备，确保村村服务阵地规范。同时，投入160余万元，对因年久失修已出现了多处漏水、电线老化、存在着很大安全隐患的政府办公大楼进行了维修，确保给干部职工和群众提供一个舒心的工作环境和服务环境，阵地建设日趋规范。牢固树立“保住青山绿水也是政绩”的观念，大力开展退耕还林、荒山绿化工作。2014、2015年我镇工完成退耕还林4207.2亩；荒山造林3303亩，人工促进封山育林1306.2亩，共4609.2亩，超额完成区下达任务，森林覆盖率从2013年的43%增长到2015年的49%，生态建设成效卓著。2015年，我镇成功获评国家级卫生乡镇，充分说明了该镇在村镇环境上的巨大转变。

【不断推进脱贫攻坚，目标任务后发赶超】 该镇以“一市五金多套餐”精准扶贫政策为契机，坚持“生态产业化、产业生态化”的发展理念，通过“四强举措、四分模式”机制全面带动全镇脱贫攻坚战略。截止到目前，完成易地扶贫搬迁19户、104人，新增村级专业合作社8个，公司2个，规划种植刺梨6000余亩，蔬菜2000余亩，莲藕200亩，九叶青花椒300余亩，中药材、绿化树150余亩，青翠李500亩；全镇积极发展板块经济，规划种植马铃薯12000余亩，发放小额贴息贷款及特惠贷400余户，金额1000余万元，养殖山地生态猪、牛、羊共15000余头，贫困发生率降到2016年的7.99%，为“决战贫困、提速赶超、同步小康”奠定坚实基础。

【提升社会治理能力，人民群众安全感、满意度不断增强】

安全生产趋势向好。该镇紧紧围绕“零事故”、“零死亡”的工作目标，把安全责任时时放在心上、紧紧抓在手上、牢牢扛在肩上。五年来，共计排查安全隐患3000余条、整改落实率达98%，共编制各类预案21个，组织人员对辖区内的地质灾害点进行演练10余次，切实提高群众地质灾害防灾救灾能力；建立和完善贵州省农村道路交通安全监管云平台，完成全镇驾驶人和机动车信息录入，共计1433条。由于组织有力，措施得当，该镇安全生产形势向好。社会治安不断改善。通过创建“法制一条街”，深入开展法制创建工作，“六五普法”、“七五普法”全方位带动我镇的社会稳定和谐建设。全镇18个村全部配齐村级警务助理、组织成立义务巡逻队，定时不定时对各村进行巡逻。加强社会治安的预防及研判，在集镇安装了40个监控，在公路沿线6个村安装了12个监控，加大对违法犯罪活动的打击力度。通过以上举措，有效的维护海子街镇社会和谐稳定，保障人民安居乐业，为经济建设健康发展营造了良好的社会环境。信访维稳成效显著。一是加强法律法规宣传，制定宣传标语，宣传画册等在全镇范围内进行张贴，同时利用赶集天集中宣传等方式，全面提高群众受教育率，近年来，开始宣传活动100余次，发放各类宣传资料50000余份。二是强化矛盾纠纷化解，通过“公道评说”、司法确认等措施，坚持责任到人、落实到位原则，全面调处排查出的矛盾纠纷，摸排各类矛盾纠纷300余起、调处成功率达90%以上。化解信访积案20余起，切实保障了信访渠道通畅。

【不断提高执政能力建设，确保服务能力不断攀升】 强化廉政建设。我镇严格落实党风廉政建设主体责任，切实履行“一岗双责’，通过党的群众路线教育实践活动、三严三实、两学一做学习教育的开展，狠抓“四风问题”。2012年以来，受理信访件61件，成功化解信访35件。初核案件26件、立案调查11件，处分11人，确保了政治生态风清气正。强化考核问效。一是完善机制。实行绩效考核机制，进一步激发干事激情，通过周通报、月公示、季排名、年定等的方式对镇村干部实绩进行综合排名。二是落实待遇。坚决落实待遇保障机制，进一步提高干事热情。严格执行和落实村级干部绩效考核津贴，不断增强工作积极性、主动性和创造性；三是激励带动。进一步增强组织凝聚，通过实施各类关怀激励机制，增强镇村干部的政治荣誉感和组织归属感，更好地发挥作用，服务群众。强化组织保障。为发展壮大村集体经济，该镇切实推进“规范、示范、典范”村的申报创建工作。围绕“组织强、环境美、乡风纯、产业新”12字方针，以村级组织自愿为前提，以“一核多元”工作开展为保障，以板块经济落实为支柱，积极推进村集体经济的积累。2015年，在党委的正确指导下，该镇大湾村成功荣获全区“示范村”称号，村集体增加经济20000元，大湾村村干部每人也增加工资20000元。2016年，海子街村、热水田村顺利通过全省集体经济试点村评审，成功进入全省集体经济试点村范畴。总结五年来的工作，经济社会发展中还存在不少问题，政府工作与人民群众的期望还有一定差距，受宏观经济的影响，该镇经济社会发展中存在的阶段性特征、矛盾和问题，主要表现在：一是发展经济的路子还不够宽，思路还不够广，工业农业发展不平衡，新的经济增长点不够多；二是产业结构的调整任务依然十分艰巨，经济总量小，农业产业化、标准化、市场化程度不高，特色不够明显；三是领导干部积极担当、主动作为的意识仍然有待加强。四是政府职能转变、效能提升还不够到位，作风建设需要进一步加强。这些问题我们必须高度重视，而且要采取有效措施，在今后的工作中认真加以解决。

（撰稿人：办公室）

田坝桥镇

【农业产业化】 立足镇情，整合资源，围绕脱毒马铃薯、高山冷凉蔬菜、生态畜牧、特色经果林、中药材、高山生态茶种养殖，探索发展农业板块经济，多渠道提高农民收入。一是年均完成粮食种植17000亩以上，产量达7490吨以上，实现粮食增收的预期目标；二是累计完成烤烟种植20400亩，实现税收1255万元；三是配套推广脱毒种薯11000亩，优质辣椒1800亩、油菜400亩、中药材500亩，推广反季节蔬菜1400亩；四是依托烤烟科技示范园区，大力发展农业板块经济，种植毕节大白萝卜2535亩，铁壳豌豆540亩，建成太子参种植基地600亩；五是养殖业有了实质性发展，新增养殖大户28户，生猪出栏27560头，家禽出栏94560只，牛、羊出栏10000余头；六是建成5000亩油用牡丹产业园。

【基础设施建设】 （一）道路通达程度进一步提高。一是全镇五年来建设完成弯腰树村、臭水井村、高桥村、十二湾村、田坝桥村、硝灰洞村通村（油）水泥路49.556公里，通组路35.635公里，实现村村通公路全覆盖；二是建设完成科技园区机耕路路面油化6.3公里；三是启动建设河边至黑甲寨旅游路3.8公里；四是累计实施危房改造549户，黔西北民居改造689户，五是完成院坝硬化2100户10000余平方米，联户路43.611公里；六是建设饮水安全工程6个，覆盖7个村78个村民组18547人；七是建设公租房116套，便民服务大厅1400平方米，完成便民服务大厅及原办公楼装修；八是“村村通”和有线电视同步实施，目前全镇共有4807户人家安装了村村通或有线电视，基本实现了全覆盖。（二）人居环境进一步改善。全镇五年来共启动实施“五在农家·美丽乡村”民居改造658户，院坝绿化、亮化287户，集中改圈32户，建设广场6个，打造旅游景点2处，安装路灯220盏，建设排污沟4.5公里，结合农村思想教育及“十星级”文明户评选等工作，人居环境得到了提升。（三）水利供电通讯设施进一步完善。一是维修弯腰树村、螃蟹村烟水配套工程及高桥村、店子上村等农村饮水安全工程5个（处），受益群众达8000余人；二是对硝灰洞村、臭水井村部分供电线路实施改造、变压器增容提质，解决了部分群众高峰期用电电压过低问题；三是新建通讯基站1座，有效解决了弯腰树村、硝灰洞村部分村民组移动信号较差的问题。（四）生态建设成果进一步巩固。大力实施林业生态工程，累计完成各类营造林17246.1亩（其中退耕还林任务数5215.2亩，人工促封7621.9亩，封山育林4500亩），行道树种植24.931公里。

【民生事业】 （一）扶贫开发成效显著。我镇2014年识别出贫困户1457户3776人，贫困村5个，贫困率为12%，经过两年帮扶脱贫和再次识别后，全镇目前共有贫困户655户2347人，贫困村3个，2016年计划脱贫927人，计划贫困村出列3个。一是发展生产方面：围绕园区化建设，区域化分工，新建科技园区1个，流转土地1200亩，成立黑山羊养殖场专业合作社1个，养羊300只；二是精准脱贫措施方面：截止目前全镇共发放“特惠贷”贷款207户414.3万元，政府贴息85.562万元；三是生态补偿方面。完成刺梨种植4202.9亩，帮扶贫困户种植经果林211户，发放苗木10400余株。组建种、养殖专业合作社13个，将有劳动力的贫困户90人转岗为护林员，每个组安排1－2人，每月工资150元；四是政府兜底方面。全镇贫困户共有301户461人享受农村低保；五是易地扶贫搬迁方面。目前已完成59户279人易地扶贫搬迁房屋主体建设，正在进行装修入住。（二）教育事业长足发展。农村义务教育学生营养改善工作有序有效开展。加大教育经费投入，巩固我镇“两基”教育成果，积极实施了“9＋3”教育工程，认真落实“两免一补”政策，累计投入基础设施建设费用416万元。高度重视学前教育，完成了中心幼儿园建设和螃蟹小学薄该工程建设，中心幼儿园于2015年9月份顺利开园。继续开展“春晖行动”，加大政府对教育的投入，累计划拨教育工作经费26.5万元。（三）社会保障体系逐步完善。一是进一步健全机制，加大核实力度，全镇2015年纳入农村低保对象1008户1502人，户数和人数较往年有所减少，将真正符合保障条件的人群纳入保障范围；二是建立“一帮一”工作机制，“三关爱”工作到位，让群众真正感受到温暖，干部职工户户走访见面，全镇累计走访5641人次，同时建立情亲视频聊天室，方便留守儿童和家长联系。加大劝返工作和救助工作力度，劝返留守儿童家长28人，实施临时救助37人，医疗救助7

人；三是就业工作持续稳定，就业人数逐年上升，全镇累计新增就业477人，失业人员实现再就业179人，就业困难人员实现就业256人，转移农业劳动力就业564人；四是城乡居民社会养老保险逐步普及，到2015年，符合参保条件的共有7200人，参保率达80%，其中60周岁及以上领取待遇人员2169人。（四）卫生计生事业稳步推进。一是农村新型合作医疗参保率逐步提升，通过大力宣传，细致工作，到2015全镇农村医疗保险参保人数1.667万人，参合率98.6%，完成年度任务数的105%，医保基金总额达到116.69万元，保障水平明显提高；二是加强食品宣传和监管，五年来累计宣传监管246次，未发生食品安全事故和医疗事故，防疫接种实现全覆盖；三是计划生育工作效果明显，到2015年全镇常住人口共出生140人，常住人口出生率为8.68‰，政策内出生134人，符合政策生育率为95.71%。流动人口共出生31人，政策内出生29人，符合政策生育率为93.55%，实现了“双降”目标。

【社会治理】　（一）安全生产形势向好。“党政同责、一岗双责、齐抓共管”的安全生产责任体系全面落实。重点行业领域整治、打非治违，始终坚持“安全第一、预防为主、防治结合”的方针，牢固树立“以人为本，安全发展”理念，继续加大道路交通、非煤矿山、烟花爆竹、特殊行业等巡查排查，进一步完善安全生产管理体系，强化监督职责，使安全生产各项工作落到实处。安全生产事故起数逐年下降。（二）信访维稳工作取得实效。完善镇、村两级明、暗“双线”信访信息网络和情报制度，通过走访调查，主动处置可能引发不良影响或极端事件和群体性事件，健全社会治安评估研判机制，严厉打击各类违法犯罪活动，妥善处置各类群体性事件，大力推进“平安田坝桥”建设，在测评中，我镇安全感为94.7%，比上一年同期增长0.24%。深入开展矛盾纠纷排查化解工作。截至目前，共排查各类矛盾纠纷2589起，调处成功2584起，调处成功率99.81%，累计接待来访群众1281批3254人次，现场处理和解释答复1276批次，立案交办全部办结，办结率100%；化解重大突出矛盾纠纷问题11件。（三）法制政府创建工作取得实质性进展。一是聘请专业法律顾问，规范政府行文和合同协议；二是编制各部门权责清单，做到权责分明；三是进一步规范领导干部权力，把权利关进制度的笼子；四是设立法制政府办公室，明确专人负责。

【作风建设】　加强政府自身建设，不断提高领导班子思想理论素养、工作水平和引领发展的能力，为经济社会又好又快发展提供坚强的保障。（一）不断增强服务意识。一是全面完成全镇领导干部党的十八大、十八届三中、四中、五中、六中全会精神集中学习工作；二是加强群众的培训宣传，累计培训到6000余人次；三是将人才工作纳入“双考双评双挂钩”目标考核管理；四是积极开展同步小康和美丽乡村建设驻村工作，全镇7个同步小康驻村工作组36名驻村干部共走访群众3577人次，主动帮助解决困难和问题817个，化解矛盾纠纷268件。（二）切实抓好党风廉政建设工作。强化党风廉政防治体系建设，严格落实党风廉政建设责任制，深化突出问题专项治理，深化“三问三解、三严三实、两学一做”等活动，政务服务水平进一步提升。严格把好中央“八项规定”和省委“十项规定”的落实，改进农村基层干部作风，强化为民意识和服务意识，强化群众监督。在全镇8个村均配备一名兼职纪检委员，实现了监督全覆盖，确保中央、省、市、区民生建设和强农惠农政策的贯彻落实。（三）“一核多元”引领发展思路。目前该镇8个行政村均已按要求规范化，建立食堂，规章制度上墙，寻找村级集体经济发展思路，全镇8个村已完成规划。

（撰稿人：办公室）

八寨镇

【概　述】　2012－2016年来，七星关区八寨镇在区委、区政府和镇党委的坚强领导下，在镇人大的有效监督下，在各部门及广大干部群众的大力支持下，坚持高举毛泽东思想、邓小平理论和“三个代表”重要思想伟大旗帜，全面落实科学发展观，深入贯彻落实党的十八大、十九大精神和习近平总书记系列重要讲话精神，紧紧围绕“保护生态、经济增长、农民增收、设施完善、社会稳定、群众幸福”这一奋斗目标，牢牢把握稳中求进总基调，统筹推进稳增长、调结构、惠民生、防风险各项工作，全镇经济平稳运行，民生持续改善，生态环境转变，社会和谐稳定。

【经济发展】 预计实现地区生产总值0.91亿元，增长16.5%；工业增加值0.56亿元，增长20%；固定资产投资1.5亿元，增长23.5%；社会消费品零售总额1.15亿元，增长24%；一般公共预算收入0.17亿元，增长8.2%；农村居民人均可支配收入5100元，增长13.2%。

【基础设施建设】 建成厦蓉高速金银山互通。花牌坊至赤水河省干道提级改造八寨段已启动，征地204亩。上级立项硬化修建通村公路6条15公里，投入资金339万元，实现了村村通水泥路。硬化通组路6条5公里，投入资金65万元。以上项目的实施，极大地改善了群众的生产生活环境，为社会各项事业发展奠定了坚实的基础。

【产业结构调整】 农业产业多元发展，大力发展蔬菜、草莓、茶叶、经果林、中药材等产业，种植蔬菜3000亩，种植刺梨、板栗、核桃等特色经果林8000亩，中药材种植300亩，茶叶种植400亩，草莓种植30亩。积极发展生态畜牧业，全镇大牲畜存栏9399头，生态家禽存栏32685羽。建立农业园区，农业产业化和机械化水平稳步提升。加大招商引资力度，发展微型企业7家，注册资本共计70余万元，创办民营企业66户。电商产业有序发展，建立农村淘宝服务站3个，累计销售额突破100万元。同时积极优化投资软环境建设，确保实现“引得进、住得下、能发展”的目标。

【社会事业】 教育事业不断推进。全面贯彻党的教育方针，坚持立德树人，培育和践行社会主义核心价值观。进一步加强学校的科学布局和调整，不断整合教育资源。加强师资队伍建设，全面推进全镇教育“减负提质”。积极争取教育经费265万元，大力改善办学条件。通过精细化管理，狠抓落实，教育教学质量得到了进一步提升。2017年，全镇学前三年毛入园率达86.28%，小学适龄儿童入学率达99.92%，初中阶段毛入学率达99.12%，九年义务教育巩固率达98.02%，三残儿童入学率达88.8%，小学及初中辍学率分别控制在0.01%和0.47%以内。文体事业日益繁荣。安装七星关区广播电视台（调频91.2）无线广播音柱38个，实现了全镇无线广播基本全覆盖目标。全镇有线数字电视普及率达到95%以上，实现了“村村通”，并逐步向“户户通”迈进。建成农家书屋15个，珍藏图书2000余册。建成800平方米综合文化大楼并投入使用。通过举办老年秧歌队、舞龙、“苗族采花节”等活动，极大地丰富了人民群众的精神文化生活。卫计事业持续发展。全面贯彻落实科学发展观，积极推进医药卫生体制改革，狠抓服务态度，规范医疗行为、提高医疗质量。推进医改、保障就医、服务民生，初步实现了管理科学化、决策民主化、信息公开化、服务多元化的目标。严抓公共卫生服务工作，通过开展对流动儿童调查摸底、麻疹的强化免疫、健康教育的下队宣传、慢病随访的登门入户等工作，力争提高辖区居民的健康水平，实现人人享有公共卫生均等化服务的目标。2017年，建成八寨卫生院投入使用，临床就医23991人次，总收入2771765.58元。进一步抓住统筹解决人口问题这一主轴，全镇常住人口符合政策生育率控制在94.6%以上，流动人口符合政策生育率控制在83%以上。一年来，发放卫生计生宣传画册180余次，张贴卫生计生宣传标语、横幅120条，永久性卫生计生标语15条，发放避孕药具500余人次，召开板凳会议60余次，涉及农户2500余人次。基本公共卫生服务项目健康档案建档率达到99%以上，常住人口新型城乡居民医疗保险参保率达到84.2%以上。民生保障不断加强。坚持“以民为本、为民解困、为民服务”的宗旨，牢固树立“民政为民、民政爱民”的理念，以更加务实的工作作风，全面提高民政服务管理社会化、科学化水平，充分发挥民政工作在构建社会主义和谐社会中的兜底作用，建立了农村社会保障救助体系，确保农村人均年纯收入低于3612元以及城镇人均月收入低于780元的特困群众能公平公正公开享受国家最低生活保障，全年累计发放资金620余万元，覆盖特困对象1040户2019人，集中供养30人。发放医疗救助、临时救助、复退军人优待金、高龄补贴、残疾人两项补贴、困境儿童救助、因灾建房补助等资金共计427万余元。发放冬春救助粮666袋，救助衣物80件，救助棉被130床。救助急难对象7户28人，发放资金13万元。大力开展留守儿童关爱工作，建成春苗乐园15个，心晴家园60个，每个春苗乐园和心晴家园都配备桌椅、书籍和儿童玩具，为我镇更好地开展留守儿童关爱全覆盖工作提供了坚实的保障。其他社会事业不断发展。全镇城乡居民养老保险参保人数9959人，缴费人员6276，收缴基金885700元。城镇新增就业70人次。深入开展社会治安综合整治活动，创新社会管理，完善矛盾纠纷排查化解机制。“法治毕节”创建六大工程深入实施，“七五”普法宣传教育全面启动，人民调解、社区矫正、安置帮教工作扎实开展。2017年，接管社区矫正对象55人，解决42起土地矛盾纠纷及信访积案，接收刑满释放人员16名，帮教16名，帮教率达100%，就业率达100%。深入开展安全隐患大排查、大整治，实现安全生产“零事故”。关心下一代、工青妇、残疾人、档案管理等各项工作全面发展。

【生态文明建设】 以美好乡村重点示范村、文明集镇创建为重点，全面推动各行政村、自然村的清洁工程。重点打造106省道、双河口水库、镇区周边等路线和“五在农家”示范村，全镇基本实现环境治理全覆盖。完善垃圾清运系统，新修日处理垃圾50吨垃圾中转站1个，已进入试运行阶段。分别在金银山社区、茅粟坪社区、八寨社区选址兴建污水处理厂，建成后的金银山社区日处理污水量100立方米，建成后的茅粟坪社区日处理污水量100立方米，建成后的八寨社区日处理污水量650立方米，主体工程已基本结束，即将进入试运行阶段。大力开展整脏治乱工作，乡村环境得到有效改善，形象实现一定提升。大力清理河道垃圾，河道周边农业面源和生活面源污染得到有效控制。着力抓好天然林保护、退耕还林、石漠化综合治理、荒山绿化“四大工程”建设。森林防火工作不断强化。2017年全镇完成退耕还林任务7929亩，全镇森林覆盖率达到51%。科学划定禁限养殖区域，推进畜禽养殖污染防控常态化。

【脱贫攻坚】 坚持精准扶贫，精准脱贫，全力推进脱贫攻坚“春季攻势”“夏季大比武”和“秋季攻势”，坚决打赢脱贫攻坚“四场硬仗”。通过对贫困户进行进一步精准识别，共识别建档立卡贫困户843户3129人，贫困发生率9.62%。2017年，新建通村通组路12条，建成钟寨蔬菜大棚125.6亩，覆盖贫困人口590人。运筹实施食用菌、茶叶、辣椒连片种植。在茅粟坪社区、中厂社区建成刺梨基地灌溉工程，在瓦窑坪村建成抗旱应急工程。515户贫困户申请特惠贷1685.53万元。完成易地扶贫搬迁55户251人，解决就业120人。幼儿园、学校等配套设施建设同步推进，进一步改善我镇学生就读环境，落实教育扶贫政策，资助精准扶贫户学生42人，资助资金18.231万元。建档立卡贫困人口参合率达100%。完成四类重点对象危房改造147户，同步实施厨房、厕所、圈舍改造，群众住房安全和卫生条件明显改善。

【小城镇建设】 对照”8+X”建设项目，大力推进小城镇和美丽乡村建设。卫生院、养老院、中学体育场等项目已基本具备验收条件。新大街及钟山公园已初步建成。“美丽乡村”建设全力推进，成功创建3个美丽乡村示范点，完成347栋民居立面改造，投入改造资金 1661 万元。

【服务型政府建设】 坚持“公开、公正、公平”的原则，实行政务公开。将审批、审核事项集中办理，公开所有办事过程，使行政活动过程和行政权力的运用公开化、透明化，提高权力运行的透明度，大力开展作风建设年、环境建设年、项目建设年活动，法治型、廉洁型和服务性政府建设务实推进。2017 年，新建 11 个村公所投入使用，投资 300 余万元新建的 600 余平方米便民服务大厅投入使用。

（撰稿人：党政办）

层台镇

【概　述】 层台镇位于七星关区东北部，距市中心 37 公里。东南与小吉场镇相临，西南接海子街镇，西抵八寨坪镇，北与燕子口和亮岩两镇接壤。地跨东经 105°25′—105°29′，北纬 27°26′—27°30′，地势狭长，由西南部向东北倾斜。平均海拔 1260 米，年平均气温约 15 摄氏度，雨量充沛，气候温和。近年来，镇党委、政府团结和带领全体党员和广大人民群众，高举邓小平理论和“三个代表”重要思想的伟大旗帜，认真贯彻落实中央、省委的大政方针以及市委、区委的具体工作部署，全面落实科学发展观，围绕“强镇富民”的目标，走出了一条“以基础设施建设为先导，产业结构调整为核心，农民持续增收为根本，党的建设为保障”的发展之路，促进了经济社会又好又快发展。

【民生建设】 1、精准扶贫。一是开展贫困户“回访”工作。到目前为止，各区直部门及我镇干部遍访贫困村 9 个，非贫困村 4 个，贫困户 1526 户，新增录入贫困户调查问卷 500 余户。二是扎实抓好精准扶贫工作。我镇以“建档立卡”落实扶贫到户政策，建立贫困家庭档案 1976 户 5857 人。三是易地扶贫搬迁工作。目前易地扶贫搬迁工作 106 户 482 人，其中集中安置 86 户 392 人。四是“一市五金多套餐”工作。对 1321 户、5117 人进行再摸底再排查，确定符合贷款的农户 956 户，目前我镇建档立卡精准扶贫户 2450 户，申请项目代款 165 户，审核通过 135 户，已放贷 132 户，发放贷款 300 余万元，贴息 60 余万元。五是项目发展工作。5 年来，我镇共投资 492 万元发展种养殖项目，其中 2012 年种植续断 1000 亩，2013 年种植核桃 1500 亩，2014 年种植脱毒马铃薯 425 亩、日本甜柿 160 亩，2015 年种植脱毒马铃薯 5568 亩、水产养殖投放鱼苗 3 万尾、养蜂 120 箱，2016 年发展养殖商品猪 600 头、种植脱毒马铃薯 340 亩、种植茶叶 103.5 亩。2、多彩贵州文明行动。以集镇及村庄建设规划为统领，依法打击和拆除违章建筑；全力抓好整脏治乱工作，建立垃圾处理场，组建集镇卫生队，购买垃圾运输车，定期处理垃圾，使集镇和主要交通干线的“脏、乱、差”现象得到彻底根治，在交通要道悬挂各类横幅 30 余条，在村路两侧制作大型墙体宣传多个，发放各类宣传资料 2000 多份，多次组织开展整脏治乱治安巡逻活动，对公路两边草堆、菜园、杂物、建筑垃圾进行清理。3、危房改造及小康房建设。5 年来共完成危房改造 2068 户，“四在农家”建设 258 户。4、教育工程。一是认真做好“控辍保学”工作，确保适龄儿童全部入学，入学的一个也不流失。二是完善学校硬件设施建设，5 年来共修建教师公租房和学生宿舍 16 栋，修建面积达 1.1132 平方米，总投资 1470.5 万元，现已全部完工并投入使用。三是加强校园周边环境治理，依法查处无证经营的网吧，确保在校园周边 200 米内无“两吧”和“三厅”。5、低保工作。5 年来共计发放低保金 1180 万元以上；孤儿补助 26 人次，发放孤儿生活费用 18.72 万元；困境儿童补助 1322 人次，发放补助资金 14.76 万元。

【基础设施建设】 一是通村通组公路建设。5 年来完成通村公路建设 53.6 公里，惠及光辉、官厢、红岩、斯栗、层台、五里桥、牛场、付家沟等行政村；完成通组路建设 17.021 公路，惠及光辉、官厢、红岩、斯栗、层台、五里桥、牛场、付家沟、幸福、东沟、向阳等行政村；完成连户路硬化 22.744 公里，极大地方便群众出行。同时，做好道路维护与监督，严格要求每个村的1名公路管护员、1名环境卫生监督员加强环境卫生管护，确保我镇的道路得以保护，环境卫生得以改善。二是小城镇建设工作。加强对小城镇建设的指导，确保我镇小城镇建设风格统一，完成徽派马头墙风格建设6户，小城镇广场水稳层已经硬化3000m2。

【“三农”工作】 一是完成农业生产各项任务。5年来，我镇大力发展农业产业，调整产业结构，促进农民增收，农作物种植面积取得新的突破，到2016年种植玉米1.36万亩（其中配套推广杂交玉米1.06万亩）、水稻0.4万亩、杂粮0.56万亩、夏秋反季节蔬菜0.17万亩、优质辣椒0.86万亩、马铃薯0.933万亩（脱毒马铃薯种植0.6万亩）。二是完成农业板块经济申报工作。目前共申报项目22个，其中农民专业合作社申报12个，村委会申报4个，种植大户申报3个，养殖大户申报3个，申报内容有经果林种植、蔬菜种植、特色养殖，申报类型达13种，有力推动了层台镇农业板块经济的发展。

【党的建设】 一是党风廉政建设。2016年，我镇集中开展民生项目资金专项整治活动，由镇纪委对2009——2015年的危房改造资金、扶贫小额到户贷款贴息进行专项监察，活动中共发现问题30个，已整改落实7个，仍在整改中的23个。二是党建工作。一是抓好党员发展工作，5年来共新培养142名入党积极分子，新发展党员63名。二是整顿软弱涣散基层党组织，加强村级后备干部建设。将党政主要领导联系点调整到软弱涣散村党组织，选派优秀镇干部到软弱涣散村，有效地提高了村干部工作的责任心和使命感。三是继续按照区委组织部“一核多元”建设要求，进一步完善村级组织阵地建设，营造统一规范的办事环境，提升干部服务意识，方便群众办事。四是增加村级集体经济积累。通过“农户+支部+合作社”和公司+支部+党员的远教电商模式，按照3：3：4的比例进行分红，最终达到农户、支部、合作社、公司多赢局面。目前，全镇有13个村已建成合作社发展种植辣椒、刺梨、养蜂、油用牡丹等。

（撰稿人：办公室）

小吉场镇

【概　述】 2012－2016年以来，该镇在区委、区政府领导下，深入学习贯彻党的十八、十九大、省委、市委、区委会议精神，认真领会习近平总书记一系列讲话精神，深入推进“两学一做”学习教育常态化制度化，以习近平新时代中国特色社会主义思想为指导，全面推进“113攻坚战”，精准落实区委“1136”战略，团结和带领全镇广大干群，求真务实，真抓实干，多措并举，以加快推进城镇化和农业产业化两大战略，以“五个五”工作为契机，突出精准脱贫、特色小城镇建设、农业板块经济调整三大重点，实现了全镇经济稳中有进、脱贫攻坚扎实有效、基础设施加快完善、生态环境不断提升、民生保障持续巩固、社会环境和谐稳定、干部群众团结奋进的良好局面。

【基础设施建设成效明显，发展基础更加夯实】 建成通村公路134公里，通组路50.8公里，启动实施德胜周家寨至永桥等重要连接线建设，基本实现了村村通水泥路，全镇村组互联互通，循环快捷的交通路网基本形成。完成永兴河永丰段1380米河道治理，实施永兴提灌站、吉坪村大梨树山塘治理等水利工程，实施农村和学校安全饮水工程16个，覆盖13个村16个点3.5万人口；启动投资460万元的集镇供水工程，建成后将集中解决集镇区2万余人饮水安全问题。电力、通讯等设施等级更高，覆盖更广，服务经济社会发展的能力更强。

【产业结构调整稳步推进，增收动力更加强劲】 围绕“一带一圈”农业产业发展规划，以抓板块经济为载体，整合退耕还林、产业发展等资金投入，农业产业结构调整迈出关键步伐，完成核桃种植1100亩，板栗900余亩，刺梨2650余亩；天麻、皂角、金银花、瓜蒌、续断、油用牡丹等特色种植面积近3000亩，2200亩的保供商品蔬菜基地建设全面启动，家兔、肉（蛋）鸡、生猪养殖规模逐步壮大，农业专业合作社增加到31个。劳务经济调整升级，农村商行银行、邮政储蓄银行、农村消费合作社等金融机构不断增多，物流快递等新兴产业发展迅速，农民增收势头强劲，农民人均纯收入从2012年的4908增长到2017年7056元，年均增长达9.5%。

【特色城镇建设取得突破，镇村面貌更加向好】 进行了两轮特色城镇建设规划修编，2012年被为全区示范小城镇启动建设，建成长2.1公里、宽32米的新集镇大街，完成长1.24公里的集镇老街改造，配套4000多平方米的新行政办公中心，5400平方米公租房及灯光球场、农贸市场、墨菊广场、客运站、医院、中心幼儿园、敬老院、污水处理厂、移民安置小区等项目，完成投资近亿元，集镇功能更加完善，布局更加优化，环境更做着。实施覆盖全镇1.2万余户的"两个硬化"工程，完成9个"四在农家·美丽乡村"示范村寨建设，改造黔西北民居1551户近14万平方米，危房改造2719户16.7万平方米，建成12个村级文化小广场，大力推进农村环境卫生综合整治，人居环境明显改善。同时，实施各种造林工程12000亩，全镇生态覆盖率达51.6%，青山绿水得到巩固。

【决战贫困工作力度加大，民生事业更加进步】 围绕"六个精准"要求，落实"五个一批"脱贫措施，组织镇村干部进行多次识别，完成精准脱贫建档立卡1364户5340人落实"一市五金多套餐"小额贴息贷款214户491.7万元，实施扶贫异地安置110户441人，落实教育扶贫措施178户854人，对贫困户挂图作战精准帮扶，共实现了2317户9791人脱贫和1个一类贫困村出列的脱贫目标。加大对留守儿童等弱势群众的关爱保护力度，建立镇村一户一档，落实责任一对一帮扶，劝返留守儿童父母482人，落实临时监护人35名，培训了800多名监护人，115名留守儿童被父母带出共同生活，建成了一批老少共融之家和留守儿童之家。同时，投入3000余万资金实施各类教育工程，镇中心幼儿园建成投入使用，全面启动普及十五年教育有关工作，教育办学条件和质量明显提升；城乡居民养老保险和新农合参保率不断巩固，人口卫生和计生工作水平不断提升，各项社会事业协调进步。

【社会治理体系不断完善，和谐大局更加巩固】 着力强化党政同责和一岗双责，筑牢安全防线，建立安监工作综合执法管理机制，安全生产未出现重大责任事故。大力推进以六零六好为目标的基层社会治理机制创新，健全完善信访三级联动接访机制，强化社会矛盾排查化解，排查化解各种矛盾纠纷1248起，化解信访疑难案件36起，有力处置了吉坪村抬尸闹事等群体性事件，维护了全镇稳定大局。强力推进依法治镇，不断加大社会治安综合治理力度，严厉打击涉毒、盗窃等违法犯罪活动，实现了群众社会治安满意度、安全感测评逐年上升。广泛开展农村政治思想建设工作，以"十星级文明户"创建为载体，扎实开展"七个起来"活动，弘扬新精神，传递正能量，风和气正的干事创业环境逐步形成。在林权、小水利产权等领域的农村产权制度改革逐步深入，改革创新的活力得到彰显。

【党的建设工作全面推进，组织保障更加有力】 把党建工作作为推进全镇各项工作的核心保障，狠抓主体责任落实，全力建设服务型发展型党组织，努力营造风清气正的干事创业环境。以开展党的群众路线教育实践活动、"三严三实"专题教育和"两学一做"学习教育为主线，着力解决"四风"问题、整治为官不为，共梳理整改突出问题18个。狠抓中央八项规定、省委十项规定和市委、区委有关规定的落实不放松，坚决支持纪检部门落实"三转"，落实"三重一大"备案制度，推进村级民生事务监督工作常态化，实现村级"三述一评"全覆盖，严厉查处党员违纪违法行为，对5名镇村干部落实了党政纪处分，确保纪律红线不逾越。着力固本强基，投入76.5万元建设村级活动阵地，深入推进“七新”基层党组织和“三范”村创建等工作，整顿软弱涣散党组织7个。加强干部管理制度体系建设，以规范党政班子工作运行机制为突破口，加强干部职工日常行为规范管理，通过抓班子，班子抓，干部纪律作风管理长效机制逐步形成。

【突出精准发力，全面加大脱贫力度】 要深入贯彻落实习近平总书记视察贵州时的重要讲话精神，以“四个切实”“五个一批”“六个精准”为基本要求和主要路径，把脱贫攻坚作为头等大事和第一民生工程来抓，举全镇之力，集全民之智，着力打赢脱贫攻坚战，完成920户4317人减贫任务，贫困村全部出列，全镇贫困发生率在3%左右，农民人均可支配收入年均增长12%以上，确保贫困群众同步小康一户不出列，一个不掉队。一是抓好精准识别。以四看法为参照，客观综合评价农户家庭情况，做好脱贫对象精准识别工作，尤其要着力解决当前贫困人口识别中存在的信息不准、把关不严等问题，做到该纳入的一个不少，不该纳入的一个不留，真正夯实脱贫作战基础信息库。二是落实精准帮扶。对全镇识别出的1364户5340人脱贫对象建档立卡，挂图作战，落实帮扶责任，做到一户一责、一户一帮，责任到户，奖惩到人。三是抓好精准施策。按照“五个一批”要求，深入落实省委1+10配套政策，根据脱贫对象情况制定一户一策措施。尤其要着力在宣传动员和服务引导上下功夫抓好“一市五金多套餐”问需式精准扶贫机制的落实，力争全镇套餐落实率达50%以上，并充分利用好贫困农户特惠贷等金融杠杆，帮助群众拓宽增收门路，打好群众产业脱贫组合拳。抓好松林二斗岩等边远贫困地区的异地扶贫安置措施落实，全力推进摆乃坪小城镇集中安置点建设，全面完成十三五期间303户1267人的搬迁任务。深入抓好贫困问需工作，落实好教育、医疗等扶贫措施，防止因病因学返贫现象发生。四是强化精准问责。坚决落实对脱贫对象基础信息不准一律问责，问需帮扶不实一律问责，脱贫效果不好一律问责的“三个一律”措施，把精准扶贫工作作为检验干部作风的红线和考核干部履职的底线，增强镇村干部打赢脱贫攻坚战的责任心和使命感。

【着力夯实基础，不断改善发展环境】 突出抓好基础设施建设和乡村环境提升，抢抓各级加大农村基础设施投入的机遇，力争三年内全镇水、电、路、讯设施全面升级。协调配合开展好海龙路提级改造工作，力争2018年前建成通车；完成全镇剩余70公里通村“断头路、连接线”修建，建成连接周边阿市、清水浦、海子街等乡镇的通乡公路，力争吉场到八堡公里列为县道提级改造，修建通组路62公里，彻底解决制约全镇发展的交通路网“最后一公里”问题。加快建成红旗集镇应急抗旱水援工程，解决集镇饮水安全问题，加大项目争取力度，实施15个村安全饮水工程，彻底解决全镇农村饮水安全问题。大力推进“四在农家＊美丽乡村”建设，加快实施同步小康“六项行动”计划，建成集镇新街变电项目，到2018年，基本完成农村电网提级改造工程，彻底解决农村高峰期用电梗阻问题；电讯宽带实现村村通，危房改造基本完成，全镇小康型以上示范村寨达60%以上，建成吉坪、新伦、德胜、大吉等一批美丽乡村示范点。农村环境卫生整治长效机制基本建立，星级文明户创建覆盖农户80%以上。全面完成德胜坝子周边河道治理和土地整治，启动南丰、永兴、大吉等小河流域治理工程，继续加大生态环境恢复治理力度，力争实施新增退耕还林2万亩以上，全镇森林覆盖率突破65%。

【完善功能定位，大力推进城镇建设】 要把推进特色小城镇建设作为今后五年加快全镇经济社会发展的重要支撑点，不断提升城镇品位，强化聚合功能，打造群众生产生活水平提升的综合平台。力争“十三五”期间完成城镇投资2亿元左右，城镇建成区面积达2平方公里以上，城镇化率提升10个百分点以上。

一是坚持规划引领。对城镇规划进行修编，拓展新区，提升老区，对集镇区功能布局进行优化。重点推动集镇新区和德胜农业观光园区产城一体、联动发展，找准“百年蚕桑·万亩田园”主题定位，彰显吉场无处不在的田园风光和传承悠久的农耕文化积淀，全力推进田园小镇打造。二是提升城镇风貌。筹集资金实施兰花大街房屋风貌提升，完善供水、供电、通讯、照明、绿化、休闲等公共服务设施，使小吉场集镇宜居宜游，宜家宜业。三是加快功能打造。对照“省列示范小城镇”的建设要求，高标准推进，采取整合项目资金投入、融资代建等方式，加快建成功能配套的客运站、春晖创业园、农产品交易中心、山体公园和湿地公园等设施，结合扶贫异地安置项目点建设，全面启动小城镇新区二期和三期工程，形成三横三纵的路网格局。适时启动老镇区棚户区改造，建设老街二中至水泥厂环线，解决老街功能不完整，交通拥堵，秩序凌乱，生活不便的问题。四是提高管理水平。突出建管并重，探索政府购买服务和社会分摊成本的集镇卫生管理机制，使城镇管理更加科学高效，做到“无处不精细、无处不精美、无处不精致、无处不精彩”。

【找准发展优势，聚力抓好产业培育】 要把产业培育作为决战贫困、同步小康的根本所在，坚持农业基础地位不动摇，坚持不懈推进农业产业结构调整，形成推动全镇经济社会发展的内生动力。一是狠抓种植经构调整。进一步完善全镇德胜周边生态农业圈和海龙公路沿线特色产业带“一圈一带”的农业发展区域规划，到2018年，在新建、红旗、永兴、余庆、永桥、双林等村新增刺梨、核桃、板栗等特色经果林5000亩以上，在总基、梨子、四伦等村新增油牡丹等特色经济作物3000亩以上，在南山、永兴、总基等村新增天麻等中药材种植2000亩以上。德胜保供蔬菜基地常年种植露地蔬菜2000亩以上，全镇脱毒马铃薯常年种植面积达万亩以上，蔬菜主导产业基本形成。二是加快农业经营主体培育。引进种养殖龙头企业3家以上，新增农业专业合作社20家以上，围绕蔬菜等主导产业的形成，服务农业生产的协会和经纪人队伍等逐渐成熟。三是推动农业经营方式转变。利用农村淘宝点，打造特色农产品销售平台，到2020年，基本上实现村村有电商，农产品网上销售额达50%以上。四是大力发展乡村旅游。建成德胜观光休闲农业园区、高兴河水产养殖休闲基地，加大吉丰长地埂、永坪母猪洞、高兴猴子桥等乡村旅游景点打造，真正把小吉场镇打造成七星关区后花园。五是大力培育城镇经济。加大投商引资和返乡农民工投资创业工作力度，建好返乡农民工创业园，大力扶持电商、快递物流、交通运输、农产品交易等产业发展，支持农村商业银行、邮政储蓄银行等金融机构发展壮大。六是突出改革驱动。尤其要全面推进农村产权制度改革。着力推进农村荒山、林地确权登记和林权抵押制度改革，大力推进易地扶贫搬迁工作中搬迁对象的资产确权工作，全面推开不动产登记工作，进一步畅通农村居民资产抵押渠道，为农村经营主体融资提供保障，激发农村经济活力。

【注重民生事业，切实提高幸福指数】 决战贫困，同步小康，重点要大力发展各项社会事业，提高群众幸福指数。坚持优先发展教育不动摇，继续巩固教育“9+3”成果，深入推进义务教育均衡发展，加快普及“十五”年教育步伐，全面实施“改薄计划”，大力实施特殊教育提升计划，加快义务教育阶段学校标准化建设，确保九年义务教育巩固率和高中阶段毛入学率均保持在85%以上，小学适龄儿童入学率保持在99%以上，初中入学率保持在95%以上，小学、初中辍学率分别控制在0.3%和1.5%以内；积极推进幼儿教育，在每个村建设一所幼儿园。大力抓好促进就业工作，进一步健全和完善城乡居民养老、失业、医疗、工伤、生育“五项社会保险制度”，完善社会福利、社会救助、优抚安置等制度，建成覆盖城乡居民的社会保障体系，逐步提高农村“五保”对象、城市“三无”人员供养水平，完善特殊困难群体的救助机制，确保城乡居民医保参保率保持在95%以上。特殊困难群体关爱救助工作，巩固留守儿童示范镇建设成效。加快推进医疗卫生基础设施建设，加强镇卫生院和村卫生室标准化建设，力争2017年镇卫生院新门诊大楼建成投入使用。全面推进人口计生“双诚信双承诺”和“三按月”工作机制，全面落实“全面放开二孩”政策，不断推进人口计生工作提质创优。

【守住平安和谐，扎实推进社会治理】 全面推进依法治镇，努力建设法治型政府，着力抓好“民主法治示范村”建设，2018年覆盖80%以上村，辐射带动全镇农村民主法治建设。推进社会治理创新，建立基层治理新机制，抓好矛盾纠纷排查化解，探索群众说事等工作制度，着力畅通群众利益表达渠道，及时就地解决群众反映诉求。不断深化毒情重点整治，大力打击吸、贩毒及“两抢一盗”等多发、高发犯罪行为，切实整治治安突出问题，建成覆盖镇区主要区域的天网工程，加快完善社会治安防控体系建设，做到人防、技防、物防、心防联动，不断提升群众安全感和满意度。强化党政同责和两个责任主体的落实，不断完善综合执法动态监管机制，守牢安全生产红线，严防各种责任事故发生。着力强化农村思想政治教育，抓好新时期精神文明建设。要以“七个起来”为重要抓手，大力宣传富民惠民政策、法律法规、传统美德和社会公德，传递党的好声音、宣传党的好政策，最大限度地激发干部群众参与发展、支持发展、推动发展的思想和行动自觉，提升群众的思想道德水平和精神文明素养。

【聚焦时代呼唤，全力抓好自身建设】 严格按照“党要管党、从严治党”的要求，大力实施党建工作创新工程，打造适应形势要求，顺应时代呼唤的先进党组织。一是强化理想信念。要以“两学一做”等活动为抓手，推进学教活动常态化，认真组织广大党员干部深入学习党的理论、方针、政策，学习习近平总书记系列重要讲话精神，使其从思想上、行动上与中央保持一致，确保全体党员的先进性、纯洁性和务实性，真正做到有信念，有纪律，有品行，有作为。二是抓好基层组织建设。以村“两委”换届为契机，优化村级班子结构，提高选人用人科学化水平，建强干部队伍，筑牢基层基础。以“三范”村创建为重要抓手，对照五好标准，狠抓一批“三范”村创建。完善党代表作用发挥长效机制。三是推进反腐倡廉建设。筑牢思想防线，从严教育干部遵纪守法，自觉从思想上划出红线，行为上明确界限、道德上坚守底线。认真落实“一岗双责”制、监督管理制，规范干部个人行为，强化运行监督。着力构建防范和保障机制，加大违法违纪案件的查处和惩治力度，重点查处问题线索反映集中、群众反映强烈的干部，严肃查处发生在群众身边、严重损害群众利益的腐败案件。四是狠抓作风建设。坚持从群众最关心的问题抓起，从群众最不满意的地方改起，坚决兑现整改承诺，确保整改任务落实到位。严守政治纪律，把严守政治纪律贯穿于各项工作之中，杜绝“上有政策，下有对策”行为，任何时候、任何情况下绝不越雷池半步。严守组织纪律，严格执行相关规定，绝不允许任何干部、任何单位工作人员信马由缰、自行其事，切实使作风大改进、大提升。

（撰稿人：张茍）

阿市苗族彝族乡

【概 述】 阿市苗族彝族乡是七星关区的6个少数民族乡之一，位于七星关区东北部，地垮东经105°35′-105°40′，北纬27°34′-27°36′之间。乡政府所在地距七星关城区69公里。东北与普宜镇接壤，东南与大方县长石、兴隆等镇乡相邻，西南与小吉场镇相连，西北与清水铺镇隔河相望。全乡总面积101.7平方公里，辖13个村，162个村民组。居住着汉、苗、彝、白、布依等民族，截止2018年5月，全乡居住户籍人口7055户27574人，其中男性14585人、女性12989人；少数民族占总人口的29%，其中苗族和彝族人口分别为968户4249人、920户3067

人。全乡境内气候特别是夏无酷暑、冬无严寒，季风气候比较明显，降雨量较为充沛。全乡平均温度在10℃~15℃之间。年日照时数在1500小时左右，无霜期280天左右，年均降水量在1100毫米左右。全乡境内生物资源丰富，本地杉、柳杉以及长青灌木数居多，现有林业面积12万余亩，森林覆盖率到72%。盛产中药材，主产半夏、天麻、黄精、白芨、党参等。矿产资源多样，全乡境内有煤、硫、黏土、砂岩、石膏等十余种矿源。旅游资源丰富，素有“抬头张家寨、低头九寨沟”美誉的嘎啦风景区和“云上苗寨”等旅游资源。

【经济指标】 近五年来，在区委、区政府的正确领导下，乡党委、政府聚焦打好打赢脱贫攻坚战，全乡上下团结一致，积极解放思想、求真务实、狠抓发展，经济社会各项事业取得了较好的发展。五年来，全乡固定资产投资年均增长20%，累计完成投资3.1亿元；招商引资年均增长15%，累计引资达4.3亿元，农民人均可支配收入达到6393元。我乡工业产值2.5亿元，实现民营经济增加值2.3亿元。

【脱贫攻坚】 始终坚持脱贫攻坚统揽全乡工作，先后多次组织全体乡村干部聚焦精准识别、精准退出开展遍访、走访，深入实施“六个精准”、“五个一批”和“六个到村到户”，脱贫攻坚取得阶段成效。累计为322户贫困农户贷款766.7万元，养殖能繁母牛312户，饲养乌骨鸡和本地土鸡5户，养殖黑山羊5户，撬动社会资金337万元。教育资助实现应助尽助；全乡建档立卡贫困群众参合率达100%；自身无能力脱贫对象全部纳入政策保障兜底。2014年脱贫70户301人，2015年脱贫62户269人，2016年脱贫240户1069人。2016年实现尖山村、湾子村、安然村、头庄村出列。

【农业产业】 粮食产量稳步上升，新品种、新技术全面推广，实现农民每亩减少12—15元的投入，增加50—60元的收入，粮食平均亩产由2012年的382公斤上升到2016年的420公斤，全乡播种面积累计达24.59万亩，粮食总产量43525吨，烤烟生产实现控规提质，农机具逐步推广；经果林种植7000余亩（其中核桃4000亩，板栗2000亩，桃、李共计1000余亩）；建成省级中药材园区1个，园区内种植中药材15300亩（其中：续断8000亩，苦参3180亩，党参4120亩），新建占地40亩的中药材初加工厂一个，有开泰畜牧养殖合作社、庆友畜牧养殖合作社、鑫阳养殖合作社的规范性规模化的养殖场3个，带动就业人数1000余人；巩固退耕还林种草2100亩，畜舍建设15000平方米，青储窖500立方米，生猪出栏6.6万头，牛出栏2500头，羊出栏8710只，家禽出栏21.9万羽。

【基础设施】 以实施“五在农家·美丽乡村”行动计划为重点，积极推进水、电、路、讯等基础设施建设，补齐农村发展短板，全力打造绿色靓丽新阿市。实施水土保持、土地治理、灌溉设施建设等项目，受益农田5000余亩。全面推进“两个硬化”工程，实施连户路硬化2451户、80710.2米，实施院坝硬化3214户、97174.37平方米；实施通组公路硬化42.499公里；实施通村公路47.4公里。建成头庄、麻窝、阿市、草坪、安然村、公子河小学、柳湾小学人畜安全饮水工程，受益群众余15000人；完成中寨村高标准基本农田整治及中寨播扎桥河道治理，保护农田1000余亩；完成小坪上和修木下坝田板块经济样板点水利灌溉建设。完成普宜变电站直达阿市乡集镇供电线路改造，对各村供电线路电杆更换加固。头庄、团胜、阿市、草坪、雄垮5个村通讯网络端口成功连接，七星关91.2广播频率实现全乡覆盖。

【特色小城镇建设】 始终全力以赴争资金、上项目，不断推动美丽乡村建设取得新进展。投入资金2155.08万元，完成危房2275户、127074平方米改造；实施生态家园建设709户；投入资金200万元，实施团胜村播扎83户贵州民居改造、广场和停车场建设、排污管道和太阳能路灯安装等项目。全面完成民心花园大街街道硬化、绿化及管网安装建设，完成供水和供电管网铺设，建成农贸市场、百货市场并投入使用，特色小城镇主体功能基本完成。有序推进小城镇建设“8+X”项目，阿市乡垃圾转运站、交通客运站、节能路灯安装工程等项目建成投入使用，特色小城镇已具雏形。加强农村建房管控力度，依法打击农村违法建筑，以中寨村、雄垮村等村寨为试点，积极组织开展编制乡村规划，美丽乡村建设有序开展。村村组建义务清扫队，定期不定期对环境卫生进行整治，人居环境不断提升。

【社会事业】 始终做到以人民为中心，全力发展社会各项事业。建成头庄小学、陈鑫小学、兴中小学、阁老小学、阿市小学、柳湾小学等6栋教学楼；建成头庄小学教师公租房、小学学生宿舍、柳湾小学教师公租房和学生宿舍。阿市小学营养餐食堂和中心幼儿园建成并投入使用；学前入学率达77.6%，小学适龄儿童入学率达99.25%，初中入学率95.2%，九年义务教育巩固率89.76%。完成卫计整合，扩大卫生院办公用房规模。13个行政村全部设立村级卫生室，“四位一体”的农村医疗保健服务体系初步建立，公共医疗卫生服务水平不断提高。合作医疗惠民政策实现全覆盖，筹缴参合金19759人，常驻人口参合率达103.23%。深入推进“双诚信、双承诺”工作，人口和计划生育服务水平明显提升，全乡常住人口出生率达8.64‰，人口自然增长率4.41‰，符合政策生育率96.46%。文化体育等事业大力推进，完成300平方米的文化活动中心，2000平方米的文体广场（含活动室、棋牌室）；各村配套1500册图书，完成13个村的农家书屋各村1500册图书的配套。投入资金48万元，完成12个村的全民健身广场；完成广播电视“村村通”1480套、“户户通”726套；精神文明建设、民族宗教、档案、残疾人、团委、妇女儿童等工作有序推进。投入资金80万元，新建阿市乡农村敬老院，32位五保老人规范入住，有效推进农村养老事业的发展；全面推进1644名留守儿童的关爱救助保护工作；发放救助大米270000斤，解决农村低保季节性缺粮5420人；发放医疗救助金2588860元，解决585人看病难的问题；发放临时救助金1250000元；发放助学金121500元，解决76名大学生就学困难的问题。办理结婚登记1420对，离婚登记38对，补发《结婚证》68对。

【社会治理】 持续深入开展“政策法规大宣传，矛盾纠纷大排查、社会治安大整治、安全生产大整顿”行动，全力打造平安阿市。全力推进矛盾纠纷排查、信访积案化解，依法打击缠访、闹访、非访等违法犯罪行为，减少了信访存量、遏制了信访增量。圆满完成“六五”普法，13个行政村建立村级警务室，配备13名村级警务助理，中央、省、市、区近年来召开的各类大会期间，全乡未发生一起重大赴省进京访事件。“党政同责、一岗双责、齐抓共管”的安全生产责任全面落实，全面落实安全生产工作责任制，不留视角、不留盲区开展严打整治工作，加强对向阳煤矿、白石岩砂厂等重点行业领域整治，按程序关闭向阳煤矿，狠抓打非治违工作，全乡未发生一起安全生产事故，为全乡经济社会发展营造了和谐稳定的社会环境。

【党的建设】 深入学习贯彻落实习党的十八大及十八届历次全会精神，自觉用思想和精神实质来指导实践、推动工作。以“为民、务实、清廉”为总要求，将“党的群众路线教育实践活动”和“两学一做”作为施政的根本标尺并认真践行好，全力抓好党员发展和干部管理，党员干部素质不断提高。全乡现有党员486名，40岁以下党员111名，其中预备党员18名，女党员80名，少数民族党员114名，大专及以上学历党员110名，干部党员92名。全面夯实基层组织阵地建设，按照标准化阵地建设要求，逐步启动头庄村、丫口田村、中寨村、团胜村、木拉村等11个村级服务阵地建设，为全乡决胜贫困、同步小康事业提供了坚强的政治保证和组织保障。

（撰稿人：办公室）

普宜镇

【概　述】 普宜镇位于东经105°38′～105°41′，北纬27°35′～27°37′之间。地处七星关区东北部，东与大屯乡接壤，南与大方县长石镇毗邻，西与阿市乡、清水铺镇相连，北与四川省叙永、古蔺两县隔河相望，处于两省三县结合部。人民政府驻宜兴社区，距离七星关区人民政府80千米，全镇总面积84.5平方千米。辖宜兴社区、老街社区、新街社区3个居民委员会，箐脚、摆盖、乐都、龙家、冷水、道角、木窝、双河8个村民委员会，下设158个村（居）民小组。总人口31867人，其中有苗、彝、仡佬、白等少数民族7094人。城镇常住人口9850人，城镇化率31%。地势南高北低，属典型的卡斯特地形地貌，最高点新街村半坡组申家坪子，海拔为1736.6米，最低点双河村六一组凉窝托，海拔为540米。属亚热带湿润季风气候，生长期年平均235天，无霜期年平均255天，年平均降水量892毫米。境内矿产资源煤炭储量丰富，有野猪、野山羊、猴子等多种野生动物，森林覆盖率达46%以上。

【加强基层基层党组织建设，狠抓管理】 一是加强“一核多元”基层组织服务体系建设，夯实深度贫困村基层堡垒。为贫困村基层党组织理清思路，明确发展目标，借力“大党建”统领，以“支部+”模式把脱贫攻坚与深度贫困村基层党组织建设“捆绑”起来。二是把深度贫困村村干部队伍建设作为重中之重来抓，配强配齐党组织“领路人”，着力提升干部的战斗力和凝聚力，使贫困村成为脱贫攻坚工作的主战场，基层干部成为脱贫攻坚工作的“主力军”，建设一支政治坚定、能力突出、作风过硬的村级干部队伍。三是充分发挥村第一书记和同步小康驻村干部作用，推动脱贫攻坚。进一步加强深度贫困村第一书记、驻村干部的管理，端正工作态度，明确、细化干部的工作职责。在精准脱贫工作中，做到每户每人的贫困状况了然于心、心中有数；充分发挥村第一书记和同步小康驻村干部在推动脱贫攻坚工作中的“先遣队”作用，啃下“硬骨头”，打赢扶贫攻坚战。

【主要经济指标】 五年来实现生产总值12.63亿元、同比增长11.5%，固定资产投资9.2亿元，增长18.7%，社会消费品零售总额2.3亿元，同比增长10.5%，一般公共预算收入1.5亿元，同比增长3.1%，农民人均可支配收入7352元，同比增长8.7%。

【基础设施加快完善】 始终坚持以交通、水利等重大基础设施建设为重点，不断夯实发展基础。5年来，全镇共建成通村（通组）公路91.5公里，实现村村通公路目标，“组组通公路”全镇已覆盖85%以上；完成8处农村饮水安全巩固提升工程启动建设，拟解决2.3万人的饮水安全问题；完成电网改造项目15个；新建4G通讯基站3个，4G信号覆盖面不断扩大，实现11个村（社区）通宽带。

【小城镇建设】 五年来，我镇先后引进贵州马一投资有限责任公司及返乡创业人士投资新建富民新区、迎宾小区和民贸小区。由小城镇建设拉动的恒隆购物广场、建材市场、七星塑业制品厂、普怡山泉水厂等一系列企业建成投产；兴普路、富民路、小康路、迎宾路路网已基本形成；民贸小区、普宜客运站正在建设中；迎宾休闲公园、医院、学校建设工程正在进行可研编制。小城镇建设得到提质扩容，第三产业得到全面发展，促进了就业、搞好了服务、发展了经济、提升了品位，集镇服务功能不断完善，小城镇整体形象不断升级。

【产业脱贫精准有效】 利用中央、省级扶贫资金，结合群众需求，精准实施能繁母牛332头，能繁母猪242头，商品猪1778头，鸡9940羽，马铃薯553亩，板栗68.5亩，樱桃55.5亩，百花桃94.5亩，李子133亩等种养殖项目，覆盖贫困人口531户2230人。878户贫困户通过“特惠贷”发展种养殖自主创业。帮助各村发展村级集体经济，如道角村养鸡，冷水村种植食用菌，箐脚村发展经果林，木窝村发展中蜂养殖，双河村发展早熟蔬菜等特色产业。各村分别成立了村社合一的合作社，为产业发展注入了强大的组织保障。接收恒大集团帮扶在我镇摆盖和乐都两个村建设了285个蔬菜大棚，发展高效设施农业。

【易地扶贫搬迁快速推进】

完成2016年易地扶贫搬迁普宜镇集中搬迁安置点建设，并组织98户415名贫困群众搬迁入住小区，指导17户82名群众进行自建搬迁房屋建设并如期搬迁入住。为让群众能搬得出，稳得住，能致富，组织开展“五个三”工程。一是将安置房一层门面出租收入作为搬迁户基本生活保障；二是提供公益性岗位和企业岗位，帮助群众就业；三是多渠道解决群众就医、就学问题；四是提供场地方便群众自治管理。

【现代服务业加速发展】

五年来，全镇范围内成功引进申通、中通、圆通、彝家人物流等物流公司，引进普宜汽贸中心、民贸酒店。共发放小微企业帮扶资金400万元，帮助26个企业得到发展壮大，为全镇解决新增就业1235人次。全镇企业总产值达到6.5亿元。

【农业产业多元发展】 紧紧围绕农业产业结构调整这一主线，以各类农业工程项目建设为载体，不断加大科技兴农工作力度，不断夯实农业发展基础。五年来，粮食总产量稳定在年均10万吨左右，大力发展特色经果林10000亩，种植早熟蔬菜3000亩，种植茶叶1500亩，积极发展生态畜牧业，实现林下养鸡20000余羽，饲养能繁母牛1524头；发展农业产业板块经济样板点完成4000亩；退耕还林8600亩，种植其他经果林11000亩；引导和培育发展农民专业合作社11个，引进和扶持农产品加工企业2家。农业产业结构得到有效调整，农民增收实现多渠道大幅度增长。

【提升村级办公场所标准化】

村级党组织活动场所是农村基层政权建设的重要组成部分，是村级各个组织和党员干部开展学习及其他活动的主要阵地，也是为村民提供文化、教育、娱乐等公益服务的重要场所。为了使全镇各行政村村级组织办公场所的设施完善、功能健全、活动有序，成为党组织开展党的活动、为民服务的重要阵地，村委会实施村务民主管理的重要场所，党员群众接受教育、参与村务和文娱活动的重要窗口。普宜镇投入530万元，改造7个村级服务场所。

【美丽乡村建设有序推进】

五年来，全镇各村环境整治工程启动实施。全面清理集镇占道经营行为，完成改造宜兴农贸市场。全镇生活垃圾无害化处理率达95%以上，普宜镇被评为“国家卫生乡镇”。完成美丽乡村建设点2个。结合国家环境监察部门的检查，强制关闭了五个坟石加工点和一家污染严重的砖厂，要求限期整改3家轻度污染的养猪场。组织对农村历年的垃圾进行清运，采取措施对原垃圾堆放场进行复耕。建成1个垃圾中转站和1个垃圾焚烧站，生活垃圾无害化处理率提高到95%。建成集镇1个污水处理厂，铺设污水管道3.3公里、改造污水管网0.8公里。

【文体广电等事业协调发展】

普宜镇文化服务中心建成，为全镇群众的文化生活提供重要的阵地。依托农村“五个起来”让群众深入了解各级方针、政策。莫莪艺术得到新的发展，艺术团规模不断壮大，表演形式多样化，多次受各级部门邀请参加文艺演出得到广泛好评。累计修建小型村级文化广场12个，为群众解决想娱乐无场地的难题，全镇老年活动中心在老街广场挂牌，为老龄群众提供更好更方便更规范的娱乐场所。

【群众工作成效显著】

2013年4月18日炮震事件经过几年的努力，已得到很好的控制，五年来信访案件同比下降36%，化解率96%。开展基层矛盾化解行动，有效将各类信访事件解决在萌芽状态。特别是多年来一直未解决，涉及群众多，影响群众发展的蚕桑贷款和生态文明家园建设补偿款等遗留问题彻底解决，攻克了困扰群众发展的资金难课题。

【社会治安持续稳定】 五年来刑事案件同比下降64%，破案率同比上升58%，组织夜间巡逻，有效打击了违法犯罪行为，维护了社会平安稳定，群众安全感显著提升。普宜派出所排名全市规划化派出所第一名，派出所所长同时荣获全市“十佳派出所所长”荣誉称号。深入开展安全隐患大排查、大整治，重特大安全生产事故得到有效遏制，非煤矿山、烟花爆竹等行业领域实现“零事故、零死亡”。食品药品安全监管能力不断提升。各行业应急预案体系不断完善，防灾减灾救灾能力明显增强。

（撰稿人：王刚）

大屯彝族乡

【概　述】 大屯彝族乡是一个边远，贫穷的少数民族乡。但这里有丰富的少数民族文化旅游资源，境内有国家级重点文物保护单位大屯土司庄园，有全省二十个少数民族保护与建设村寨之一的三官寨，有远近闻名的大河口椪柑及大河口旅游风光，有山峦叠翠、幽谷含青的溜儿河峡谷风光，有松涛阵阵，碧草如茵的木杉林场——大屯土司庄园主余达父先生长眠于此。

五年来，在区委、区政府强有力的领导下，在省、市、区各部门的关心支持下，该乡领导班子认真贯彻落实党的十七届五中、六中全会、省委十一届二次全会及市、区党代会精神，以邓小平理论和“三个代表”重要思想为指导，深入贯彻落实科学发展观，按照试验区“两年明显变化，五年大见成效，十年实现跨越”的宏伟目标，团结和带领全乡各族人民，抢抓机遇，开拓创新，奋力拼搏，以“农业稳乡、文化活乡、旅游兴乡、基础强乡”为根本出发点和落脚点，带领全乡干部群众真抓实干，扎实推进各项工作，促进全乡社会稳定，经济发展，并取得了明显的进步，全面完成了区委、区政府下达的各项年度目标任务。

【经济指标】 五年来，全乡经济发展取得新飞跃，其中生产总值达到31200万元，固定资产投资0.8亿、招商引资1亿元、民间投资0.3亿元。

【基础设施建设】 紧紧围绕“保增长、保民生、保稳定”和决战贫困“五通四有”、“四有五覆盖”脱贫的目标，认真抓好基础设施建设，力争实现基础强乡战略。

小康水建设方面，一是全面加强水利工程管理，特别是水资源管理、水利工程设施管理；二是完成小型水利工程的摸底调查；三是完成农村小型水利产权改革宣传工作；四是强化汛期安全监管。

小康电建设方面，联合电网公司规划高坡、青山、大屯等村电网改造提升项目，保障群众安全用电。

小康路建设方面，五年里，全乡新修了长中村杉木组通组公路0.3公里；高坡村通组公路3公里；大屯村和平组至新建组通组公路2公里；完成涉及烙烘村、雅木村、大屯村、高坡村等四个村三条通村水泥路11.9公里；三官村4.4公里一事一议通组路硬化；雅木村、大屯村、青山村等三条通村水泥路11.9公里安保工程，完成青山4公里断头路硬化工程；完成大屯村至三官村的公路硬化，三官至大纳公路，三官至青山顺山组经青山、小箐、上寨、下寨、新屋基、马安山到大纳路的公路硬化。

2016年度内乡内实现通村公路硬化36.8公里，通组公路硬化12.9公里，申报辖区内37.675公里通组路建设项目，二是对辖区内的公路积极投入资金进行养护，全乡好路率90%以上，三是启动农村客运站建设，大大改变了全乡内外交通条件，优化全乡人民的生产生活环境。

小康讯建设方面，配合移动公司升级网络，4G网络已覆盖，安装无线广播音柱32根，进一步拉近城乡距离。

小康房建设方面，2016年通过政策扶助建设小康房5户、实施农村危房改造117户。

小康寨建设方面，积极落实上级批复我乡的2015年村级公益事业建设“一事一议”财政奖补项目，努力推进小康寨建设，落实通组路硬化、排污沟修建、路灯安装、垃圾箱购置。一是通组路硬化大屯村新建组1700米、三官村三官寨组1600米、雅木村丫口组215米、大河村沟头、河边组2400米；二是修建烙烘村下湾组250米、雅木组119米排污沟；三是烙烘村下湾组、三官村三官寨组各安装太阳能路灯20盏。

【美丽乡村建设】 2012年以来，紧紧抓住全区特色小城镇建设的机遇，按照“四在农家·美丽乡村”的建设系列规划，以展现彝族文化、土司文化作为推动彝族古镇建设的要求，坚持高起点规划、高标准建设，现长400米，涉及农户60户，投资629.5万元的大屯彝族古镇立面改造工程已全面结束。另外，为完善集镇功能，投资10万元的垃圾填埋场、投资8万元的集镇水冲式厕所、投资102万元的排洪沟建设、投资25万元的亮化工程已全面完成，大屯彝族古镇已初见规模，投入60万元和90万元的办公楼改造和扩建已全面完成，投入320万元的干部职工保障性住房已全部入住；2014年度，完成彝族古镇步行道铺设共2000平方米，完成大屯村新建组农民健身广场建设及村庄环境综合整治区级示范点打造提升工作。配合完成大屯至田坎、大屯至龙场大屯境内8公里通乡油路改造工程，实施完毕烙烘村、大屯村通村水泥路硬化1.8公里及高坡村2.3公里通村水泥路建设工程，城镇化率提高1%以上，直至2016年，完成三官村办公楼建设，完成三官村53户彝族特色民居里面改造工作，三官村农民健身广场、老年活动中心农资超市工程顺利完工，三官村53户彝族特色民居立面改造工作成效明显，大大提升了三官彝族特色村寨的整体形象，进一步打造出宜居宜游民族特色文化美丽乡村。

【三农工作】 五年来，始终把农业增效、农民增收作为三农工作的出发点和落脚点，积极调整产业结构，大力发展特色产业，大力抓好种养殖，努力实现农业稳乡、产业富乡。全乡粮食产量达到6598吨，人均占有粮食329.58公斤；水果产量达389吨；林果业生产总值达79万元；全乡农牧业生产总值达到2488.05万元；干果基地发展达到2600亩，柑橘基地增加到4100亩；现乡内有商品牛、羊养殖基地5个、商品猪养殖基地5个，引导发展的中药材种植合作社1个，继续扶持两个精准扶贫户互助养鸡场；严厉打击破坏森林资源的违法行为，由于党委、政府高度重视，宣传到位，管理到位，全乡未发生森林火灾事故。

【脱贫攻坚】 2016年计划脱贫299户1301人，计划出列4个村（长中村、青山村、大河村、高坡村）。对识别出的扶贫对象（一般贫困户、低保贫困户），实行干部结对帮扶全覆盖，结对干部深入农户家中，帮助所结对的贫困户分析致贫原因，结合贫困户需求和实际，帮助制定帮扶计划。结对干部的信息、拟定的帮扶计划、落实的帮扶措施如实录入建档立卡系统。年度内申请“一市五金多套餐”贷款276户，落实贷款202户，落实项目200户，其中饲养能繁母牛177户、饲养绿壳蛋鸡2户、饲养乌骨鸡或本地鸡13户、饲养蛋鸭1户、饲养黑山养1户、种植设施蔬菜1户、栽桑养蚕2户；有效利用中央财政专项扶贫资金发展散户养猪520头，散户养殖绿壳蛋鸡20856羽，种植柑橘50亩、脱毒马铃薯1319.55亩，项目主要覆盖2016年脱贫户。2016年易地扶贫搬迁对象93户386人。

【多彩贵州文明行动】 一是加大宣传力度，采取小手拉大手、张帖宣传标语、召开群众会等形式，加强对文明乡镇和整脏治乱工作的宣传；二是加大宣传投入力度，聘请卫生保洁员13名并严格考核，形成了长效机制；三是与乡直各单位、各村签订目标责任书，纳入全乡“双评双考双挂钩”进行考核；四是加大责任追究制度，对不按“整脏治乱”工作责任书要求，不认真抓好“整脏治乱”的单位和个人，严格实行责任追究；五是加大对“五脏”、“五乱”的整治力度，确保建筑工地、交通秩序、饮食摊点、校园周边环境、大纳路、海龙路沿线两侧的住户、土司庄园和三官庆典场等重点区域不留卫生死角，努力营造全乡”净、畅、宁、和”的人居环境，提高群众满意度。

【科教文卫】 教育工作，一是继续加强教育工作管理，学校周边治安秩序良好，二是学校师生饮水安全工程协调推进，学生宿舍、教师公租房等学校教育工程基本竣工，大屯中学改扩建工程施工正常推进，协调教育局和有关部门解决雅木小学烂尾教学楼工程。三是建立中考激励制度，激发教育工作活力。文化工作，群众文化活动丰多彩，一年来开展“正家风、淳民风、构和谐、促发展”、赶场天晒起来、节日庆祝活动等农村思想政治教育活动126次，以家风带动民风转变，村民组织文艺活动，大屯土司文化艺术团（唢呐队、排锣队、文艺演出队）参加演出获奖。卫食药监，一是投入33000.00元建设雅木村村卫生室；二是改善卫生院管理，提高服务能力；三是做好参合金收缴完成，群众参合率达到100%；四是加强食品安全监管，联合工商分局开展定期不定期的食品安全排查；五是切实做好消费者权益保护工作，推进“一会两站”规范化建设。

【社会保障】 一是社会性保障工作得到加强，实现新增就业人员登记65人，及时发放60岁以上养老金2525人2315881.21元；二是民政工作正常开展，认真按照政策要求，全面准确掌握城乡低保对象中“分类施保”，落实各项工作责任，建立健全农村低保和城市低保台帐，各项民政资金按时发放到群众手中，婚姻登记、灾情上报、医疗救助、村务公开、敬老院管理等各项工作正常开展。2016年发放农村低保金3658092.00元、城市低保金285672.00元、五保供养金215400.00元、医疗救助23人发放救助金209950.00元、高龄补助金162100.00元、退役士兵及参战人员补助711928.00元，各项惠农资金按时全部发放到群众手中，民生工作得到着力改善。三是健全关爱服务留守儿童、空巢老人、残疾人等特殊群体工作制度，对全乡四类重点人员进行摸底排查、统计建档立卡和实行“一对一”结对帮扶，督促相关赡养人、抚养人落实监护责任，对无监护人的落实干部包保代理监护，让特殊人群切实感受到社会主义大家庭的温暖。

【人口计生】 人口计生工作以强化基层基础管理和提升优质服务为重点，狠抓流动人口服务管理、计生优惠政策落实兑现、新型人口文化建设、计划生育依法行政、全面两孩政策落实，各项工作有序推进。现全乡有6049户、23320人，育龄妇女6017人，已婚育龄妇女3827人，常住人口13845人，常住育龄妇女3001人，常住已婚育龄妇女1551人，流出人口9395人，流出育龄妇女3360人，流出已婚育龄妇女2312人。

【政法、综治和信访维稳】 一是加强矛盾纠纷集中排查及信访积案化解工作，五年来排查出各类矛盾137件，成功调处化解102件，上级转交办的7件，办结6件，成功劝返上访人员3人。二是认真抓好禁毒工作，加大对毒品原植物的排查力度，乡村干部深入田间地块进行排查，以大河口椪柑基地为阵地成立了大屯乡“阳光基地”，吸纳吸毒人员到“阳光基地”学习、劳动并进行教育，让吸毒人员能够更好回归社会；三是认真抓好反邪教工作，一年来乡内未发现邪教情况，四是依法打击各种犯罪活动，加强群防群治工作力度，层层责任明确。五是村级警务助理发挥作用，助力和谐大屯的建设，群众安全满意感明显提升。

【法治创建】 乡党委、政府认真落实“法治毕节”创建工作，将法治大屯建设列为全乡的重点工作之一。坚持问题导向、目标导向、效果导向，以实施“六大工程”为统领，以解决影响社会和谐稳定、影响民生福祉的突出问题为切入点，以建设“法治大屯”为目标，大力弘扬法治精神，创建“法治大屯”工作亮点。一是加强法治大屯建设宣传，充分利用宣传栏、大喇叭等载体更直接的向群众宣传法治建设；二是推进法治政府建设工程，完善法治政府相关制度，聘请政府法律顾问；三是成立了一支以村级警务助理为成员的巡逻队，每月定期或不定期开展巡逻，提高见警率，用法治为老百姓的生命、财产安保驾护航。

【安全生产】 认真落实2016年安全生产目标责任制，按“横到边、纵到底”的要求层层签订安全生产责任书，建立责任追究制，严格按照“党政同责、一岗双责”的要求，扎实抓好安全生产工作。一是充实交通协管中队大力开展交通安全巡查，对路段实行包保；二是对非煤矿山、人员密集场所消防、民用爆炸物品等工作进行专项治理；三是认真贯彻落实“安全第一、预防为主、综合治理”的方针，落实责任、立足防范、关口前移、强化管理的指导思想加强巡查。四是扎实抓好地灾防治工作，对全乡各地灾隐患点立牌管理，聘请专门人员进行监测，制定各隐患点防灾预案，开展汛期巡查监控工作并开展应急避灾演练工作隐患点100%演练到位。五是认真抓好消防工作，投入消防工作经费20000.00元，进村入户对农户用火、用电、用气及住房安全进行生活安全常识宣传教育，提高群众安全防范意识及能力。

【基层组织建设】 党风廉政。乡党政班子成员及干部职工严格执行中央八项规定和省、市十项规定，坚决整治“四风”突出问题，对村“两委”干部加强廉政教育和加大违纪案件查办力度，强化涉农资金使用和管理的监督检查，认真落实党风廉政建设责任制，强化主体和监督责任。成立乡“三查三问”专项行动领导小组深入开展“三查三问”专项行动。政务公开。明确专人负责乡党务、政务公开工作，及时收集和发布党务、政务信息，维护和更新政务公开栏和阳光政务网站、门户网站内容等，保障政务信息公开透明。村务公开。明确村“两委”村务公开责任人，严格实行村务公开考核管理，乡党委对包村领导问责，报请具有干管权限的部门处理；包村领导、分管领导对具体业务人员问责，报乡党委处理。组织工作。一是加强学习教育，利用集中学习与个人自学相结合的方式，组织学习党的十八大、十八届三中、四中、五中、六中全会及毕节试验区全面深化改革推进大会等中央、省、市、区重要会议精神，不断提高党员干部的思想政治素质；二是加强组织建设，每月开展业务知识及业务能力培训，配备完善各村电脑、打印机、办公桌椅等设施，扎实推进党的基层组织服务体系建设工作，进一步增强了党组织的凝聚力、战斗力，提升为民服务的能力和水平。三是加强班子建设，充分发挥乡党委及村、学校各级党组织集体领导作用，扎实推进各项工作。四是扎实开展好干部驻村、联系帮扶等各项工作，有效助推精准扶贫、通村水泥路建设等各项工作。五是严肃换届时期作风建设，组织学习换届纪律“九个严禁”详细内容，营造严明公正换届氛围，加强换届纪律作风建设，成功推选出新一届乡党政领导班子和村支“两委”班子成员。六是扎实开展“两学一做”教育实践，倡导全乡党员干部学习重要讲话和党章党规，确保高标准、高质量地建设好学习型、发展型、服务型党组织，为全乡经济发展、构建和谐社会提供了坚强有力的组织和思想保障。

（撰稿人：党政办）

龙场营镇

【概　述】 五年来，在区委、区政府的正确领导下，龙场营镇紧扣各项重点工作部署，较好地完成了五年来的各项工作任务。经济社会各项事业均保持良好的发展态势，各项工作得到持续平稳发展。

【强化领导，组织建设再谱新篇章】 1、强化自身建设。我镇始终把自身建设放在首位，利用民主生活会开展批评与自我批评，经常开展党政班子谈心谈话，不断促进党委班子团结和谐2、强化干部作风建设。五年来，我镇以群众路线教育实践活动、“三严三实”活动和“两学一做”学习教育为契机，不断强化干部作风建设，通过“学、评、改、干”，重点剖析了纪律松懈、工作不落实等问题，重点解决个别干部违纪违规问题。3、强化活动阵地建设。五年来，我镇以“道德讲堂”为阵地，开展150

余次讲座，传递好声音，凝聚正能量；通过“马上就办”、“一卡一台一中心”等工作制度，提高为民办事效率，群众办事更加方便快捷；与此同时，“一核多元”基层组织服务体系建设，使9个村都建成了标准的服务室，提高了为民办事的能力。4、强化党风廉政建设。该镇高度重视党风廉政建设和反腐败工作。一是重视群众来访，加强案件查办。对群众反映的问题，认真分析，加大查办力度。五年来，通过工作督查、上级转办或直接承办群众反映问题共100余件，立案调查11件，结案10件，10人受到党纪处分。二是强化权力运行监督，注重权利清单运行备案。坚持“厘清职责、分解权利、责任到人、全程公开、优化监督、落实追究”的原则，对“三重一大”事项决策集体研究、实行备案，形成一事一备案。

【立足实际，经济发展实现新跨越】 1、农业产业结构调整步伐加快。五年来，该镇把农业产业结构调整作为全镇经济发展的核心，收到一定效果。一是养殖业蓬勃发展。彭垣养猪场年出栏量1200多头，直接带动周边10余户群众发展生猪养殖，户均出栏量达200多头，到2017年8月底，全镇生猪出栏量达1.3万多头，养殖产业逐渐扩大。随着“一市五金多套餐”惠农政策的刺激，全镇养殖业发展迅速，饲养山羊近2000只，饲养牛3000多头。二是特色农业产业逐年壮大。发展经果林4000余亩、中药材1000多亩、蔬菜3000多亩；目前发展较好的有元岩村2400亩脆红李、上黄村2200亩脆红李种植基地，元岩村500亩皮球桃种植基地和黄金村380亩青脆李种植基地。传统农业生产模式逐渐转变，农民增收致富路子更宽更广。2、招商引资稳步推进。五年来，该镇加大招商引资力度，共招商引资4个多亿，引进项目15个，城镇建设、基础设施等变化明显。3、民营经济发展势头良好。五年来，我镇注重民营企业和个体私营经济发展，从各个方面鼓励和支持民营经济发展，新增个体工商户100多户，微小企业30多户，有规模以上的业主30多户，为活跃农村市场经济，解决农村剩余劳动力提供很多便利条件，为经济发展注入新的活力。

【真抓实干，民生项目建设取得新突破】 1、小城镇建设焕然一新。五年来，完成2公里多的新街建设，集镇面积扩大近一倍。基本完成500米的河道改造，完成了卫生院、学校、政府职工宿舍250套，1.3万平方米；完成了建筑面积5000平方米，投资670万元的返乡农民工创业园；完成了占地3000平方米的客运站建设；规划组织实施了亮化工程，完成了集镇新老街道140盏节能路灯安装2、农村公路旧貌换新颜。“要致富，先修路”，为切实解决这一突出问题，我镇采取“一事一议”的方式，五年来共投入3105万元，实施了62.7公里通村水泥路建设，辐射9个村，受益群众2万多人。实施了40公里的通组公路硬化，实施了117.4千米串户路硬化，使群众生活、出行更加方便。3、生活设施进一步改善。五年来，投入资金20万元重点打造了者把村、黄金村、上黄村文化小广场。投入70多万元，在各村新建300口沼气池，现已建成投入使用；同时还抓住扶持政策，在龙场、南坡、卧牛等7个村，投入300多万元，打造小康寨。

【完善功能，生态环境建设取得新进展】 1、多彩贵州文明行动扎实推进。为改变龙场营集镇脏、乱、差现象，成立多彩贵州文明行动领导小组和工作小组，每年投入近20万元招聘9名保洁员，每天对集镇各个角落进行保洁，确保集镇环境卫生干净整洁；每年投入近5万元聘请8名保洁员对通村公路进行保洁；投入近10万元，修建路边垃圾池；投入近20余万元购买两台垃圾运输车和10多个垃圾箱，使环境卫生得到极大改善。2、生态工程稳步推进。加大退耕还林工作力度，以“三江源”保护工程为抓手，以改善传统农业生产模式为导向，积极实施退耕还林工程，五年来，完成退耕还林近6000多亩，全镇森林覆盖率达到43%。群众种植中药材、精品水果等，既保护了生态环境，又增加了自身收入。

【民生优先，社会事业再创新辉煌】 1、精准扶贫到村到户。精准扶贫工作是最近时期以及未来几年工作的重中之重，我镇按照七星关区“六个到村到户”精准扶贫工作要求，成立了领导小组和工作小组，召开了动员大会、推进大会和群众大会，完成对贫困人口的识别工作，摸底识别贫困户3267人，对贫困村、贫困户建档立卡，精准识别群众需求，制定精准帮扶措施，建立了项目库和制定发展规划，切合实际带领群众脱贫致富。2、住房条件持续改善。五年来，共投入1096.56万元，对1315户农村危改户进行改造，2016年，易地扶贫搬迁68户，290人，使群众住房条件更加改善。投入31万元，支持12户农户进行小康房建设，为群众生活环境改善提供标准和示范。3、教育事业蓬勃发展。全镇共有在校学生3953人，教师227名，全镇小学适龄儿童入学率达99.5%，初中适龄少年入学率达98%，小学辍学率控制在0.3%，初中辍学率控制在0.9%。4、文化事业持续繁荣。五年来，完成广播电视“村村通”配发设备1500套、“户户通”配发设备1090多套，政府投入资金16余万元，广播电视传播到千家万户。投入资金10余万元，在黄金、川山等村新建农民运动场，不断改善群众生活环境。组建了2支文艺宣传队，在全镇范围开展宣传活动30余场，丰富了群众文化生活，提高了群众生活质量。5、人口计生深入推进。五年来，强化计生优质服务，投入40多万元，完善计生办、服务站服务功能，提高服务群众能力。完成免费孕前优生健康检查300多对。认真落实利益导向工作机制，发放结余并发症补助金8万多元，发放奖励扶助资金10万元，发放节育奖资金20余万元，让计生成为真正的惠民事业。6、社会保障逐步健全。五年来，共为困难群众发放低保金2500多万元，没有出现资金被截留、挪用、贪污和上折不及时等现象。城乡居民社会养老保险扎实推进，全镇共缴费339.35万元，共发放养老保险金1078万元。拨付医疗救助资金100余万元；拨付临时救助资金20余元；全面启动受灾困难群众生活救助工作，发放冬春救助粮300多吨，发放冬春救助资金20多万元，保障了困难群众的生产生活。敬老院正常投入使用，现有入住30人，床位利用率达75%，并聘请了2名专职护养人员，提高对入住老人的衣、食、住、行各方面的服务质量。7、社会管理不断加强。安全生产进一步巩固，未发生安全事故，无人员伤亡事故发生；综治维稳进一步完善，保持社会稳定。认真开展社会治安综合治理，着力打击各种违法犯罪行为。坚持领导干部接访制度。社会治理集成创新“六零六好”工作方法稳步推进。群众安全感满意度达90%以上，群众安全满意度得到提升。组织开展对全镇范围内道路交通隐患排查和治理，对非法客运从业人员摸底排查，对所有车辆进行台账管理，每月开展专项整治非法营运2次以上，确保了全镇道路交通安全。成立应急分队，制定处置突发事件应急预案，强化对突发事件的正确处理，保证社会秩序正常有序，保障人民群众生命财产安全。

（撰稿人：曹璞）

田坎彝族乡

【概　述】 2012－2016年，田坎乡深入贯彻落实党的十八大、十八届三中、四中、五中全会精神和上级经济工作会议精神，以科学发展观统揽全局，以加快发展为主题，以改革创新为主线，围绕“打基础、创环境，调结构、保增长，惠民生、求和谐，强作风、争一流”的总体要求，推进各项工作取得积极成效，全乡呈现经济运行总体平稳、重点项目扎实推进、发展基础不断夯实、农村面貌大为改观、民生得到切实改善、社会事业协调进步的良好局面，较好地完成了各项目标任务。

【经济增长】 一是把招商引资工作作为加快发展的基础支撑，2012－2016年共计招商引资2.2亿元；二是积极调整产业结构、推动全乡经济发展。在农业结构调整上，扩大柑桔、核桃种植面积（其中柑桔种植达1000亩，核桃种植达6000亩）；在发展养殖业上，大力发展以养猪、养羊、养牛、养鸡为主的畜牧业，通过应用养殖新技术，扩大养殖面，壮大养殖规模，共培育出40多户养殖大户，带动群众脱贫致富2000人次以上；三是切实发挥农业生产专业合作组织的引领作用。成立百诚养鸡专业合作社，养殖规模达到3.5万羽；成立核桃生产专业合作社和柑桔生产专业合作社，培育优势产业，增强市场竞争力，促进农业产业化进程；加大对种养大户的帮扶力度，共扶持种养殖微型企业14户。三是狠抓立体生态农业。根据海拔高差、气候条件、土质状况的实际，以柑桔、李子、核桃三棵“摇钱树”为支柱，初步形成了三大特色产业基地。

【基础设施建设】 2012-2016年期间，我乡按照“乡为单位、村为单元，示范带动、梯度推进”的思路，以提升乡域经济发展速度和质量为重点，以实施小康路、小康水、小康电、小康讯、小康房、小康寨“四在农家·美丽乡村”六项行动计划为抓手，进一步加快各项建设。2012年-2013年期间：投资1300多万元对龙场营镇至田坎乡13.5公里通乡油路进行改扩建；投资180万元建成公租房；投资240万元建成乡中心幼儿园；投资198万元新建各校点食堂和学生宿舍；投资6万余元成功启动了田坎乡集贸市场；投资300余万元完成派出所至二道河公路的硬化；投资13.8万元实施白沙河村和田坝村通组公路建设；全面完成白沙河村三叉沟、茨竹村五星组和田坝村安全饮水工程和青杠村小水窑工程；完成乡计生服务站改造装修工程和乡农业服务中心装修工程；完成100口沼气池的建设。2013年-2014年期间，投资90万元建成白沙河村长沙坝组和大元村沙包坪组15公里通组公路，解决1000余人次的出行难问题；扎实做好“一事一议”和财政奖补水泥路硬化工程，涉及田坎村、白沙河村、田坝村4个项目共4.121公里；大力推进“两个硬化”工程，共硬化连户路91.902公里，硬化院坝60295平方米；投入20余万元，修葺田坎乡计生服务站；投入60余万元，对乡老少共融之家进行了维修改造；投入10余万元，对政府食堂进行了全面改造。2015年-2016年期间。投资1000余万元，实施小水窖、提饮、管饮工程，有效解决青杠、大元、茨竹等村人畜饮水难题；高质量、高标准完成涉及白沙河村、田坝村、元山村、茨竹村、青杠村、大元村、田坎村共计52.7公里通村公路建设和24.42公里通组公路建设；抢抓政策机遇，大力实施农村危房改造工程，共实施危改105户356人；以“六小行动“为抓手，结合乡内实际情况，累计投资736.55万元，实施小康寨工程33处，建设文体广场6个，安装路灯300余盏，修筑排污沟1465米；推进小康讯工程，新建手机信号塔3座、机房3个，保障了群众在田间地头也能打电话。

【民生事业改善】 一是深入实施教育“9+3”计划，以控辍保学为核心，以提升教育教学质量为重点，切实巩固义务教育成果。完成田坎小学、岩脚小学和白沙河小学教师周转房工程建设，田坎小学、青杠小学、岩脚小学学生宿舍工程建设和青杠小学教学楼拆除重建工程建设；加强学前教育工作力度，各年度均按上级指标要求全面完成学前教育招生任务和义务教育阶段招生任务；通过大力实施控辍保学，确保了小学、初中辍学率分别控制在1.8%和2.8%以内，九年义务教育巩固率达85%以上；二是及时做好乡内60周岁以下，16周岁以上的应参保人数的摸底调查、政策宣传、参保登记及收缴养老保险金等工作；扎实开展新农合宣传工作，使党的惠民政策深入人心，全力做好参合金的收缴、管理、登记、入账等工作，并及时与上级有关部门及医疗机构协调对接，切实解决群众看病贵、看病难的难题。三是全力推进“文化惠民工程”建设。大力实施广播电视“村村通”和“户户通”工程，共安装广播电视接收机300余台。

【脱贫攻坚工作】 一是扶贫开发水平持续提升。以《毕节试验区区域发展与扶贫开发攻坚规划》的实施为契机，整合各类项目和资金，推进精准扶贫，按照上级相关文件精神，完成680人减贫任务，对扶贫对象实行动态监管，做到户有卡、村有册、乡有簿、区有档。二是易地扶贫搬迁有序开展。全乡十三五期间共计划实施易地扶贫搬迁452户1963人（建档立卡贫困户412户1769人），2016年完成搬迁入住78户327人（其中，建档立卡贫困户70户286人）；三是扶贫项目持续推进。继续推进和巩固茨竹村精准扶贫4个项目，强化全乡各村整村推进扶贫项目，发展本地土鸡、绿壳蛋鸡养殖11万羽，带动养殖户561户2876人；大力推进“一市五金多套餐”工作，抓好贫困户小额贴息贷款发展养殖，共引导202户农户贷款，放贷共计521.2万元。

【社会治安综合治理】 一是执行“党政同责”、“一岗双责”责任制，认真落实行业管理部门直接监管、安全监管部门综合监管、党委和政府属地监管“三个监管责任”，督促企业全面落实好安全生产主体责任，五年来，共开展隐患排查治理225次，集中力量开展打击非法营运查处231次，烟花爆竹和消防检查168次；深入开展食品、药品安全整治，切实保障人民群众生命财产安全。二是深入开展“除黑恶、摧团伙、扫黄毒”集中行动和“命案攻坚”行动，严厉打击黑恶势力、严重暴力、“两抢一盗”以及制假贩假、“黄、赌、毒”等各种违法犯罪活动。利用“6.26”及节假日等进行禁毒宣传，开展禁毒宣传85次，发放禁毒宣传资料25000份，挂拉禁毒标语3000余幅；实行每周三及节假日领导接访制度，及时化解重大矛盾纠纷及群体性事件40余起，排查矛盾纠纷135起，成功化解135起。三是抓作风、提效能，自身建设得到加强。深入开展第二批党的群众路线教育实践活动，切实加强政府自身建设，全面提高行政效能。认真贯彻落实中央“八项规定”和省委、市委、区委“十项规定”，严厉查处“吃拿卡要”“庸懒散拖”及公款吃喝、高档消费、滥办酒席、干部“走读”等不良现象；抓好党风廉政建设主体责任落实，强化正风肃纪，及时解决群众反映强烈的热点难点问题，建立健全12个专项制度。各类公文减少30%以上，会议减少60%以上。

（撰稿人：孙忠玲）

何官屯镇

【概　述】 五年来，何官屯镇在区委、区政府的坚强领导和镇党委的直接领导下，镇政府坚持以邓小平理论、“三个代表”重要思想和科学发展观为指导，全面贯彻落实党的十八大及十八届历次全会和习近平总书记系列重要讲话精神，坚守发展和生态两条底线，解放思想，与时俱进，开拓创新，求实进取，决胜贫困、奋力提速赶超，全镇经济社会发展取得了明显成效，为实现脱贫攻坚、同步全面建成小康社会奠定了坚实基础

【经济综合实力得到进一步提升】 主要经济指标明显提升。五年来，2016年全镇实现国民生产总值6.5亿元，年平均增长达10%，比2011年增加5.3亿元。2016年粮食生产总量达3万吨，年平均增长5%，比2011年增加2.43万吨。2016年农业总产值达2.4亿元，年平均增长11%，比2011年增加1.97亿元。2016年畜牧业总产值达1500万元，财政收入175.8万元，年平均增长9%，比2011年增加140万元。2016年农民人均纯收入达6251元，年平均增长8%，比2011年增加3200元。农业结构产业化不断向好发展。种植3000亩的油用牡丹基地和600亩的牡丹育苗基地，烤烟种植面积每年稳定在3800亩左右，建成一个1000余亩的区级高产玉米种植示范基地，良种良法得到全面推广，起到了很好的科技示范作用。大坝村6700余平方米10个大棚草莓基地和500亩冬桃种植基地、柳家村500亩蓝梅种植基地和900余亩刺梨种植、塘官村100余亩黄桃种植基地、白果村千亩冷凉蔬菜基地、千亩刺梨种植基地和2000亩大白萝卜基地、大坝村天牧养殖场、新华村祖顺养殖场、新华村五丰利民养殖场等一批种植养殖基地在全镇多点布局，快速发展后劲十足，起到了很好的示范带动作用。工业发展实现新突破。通过多种渠道成功引进了毕节市硫磺矿渣焙烧有

限公司、毕节市熠晟旅游开发公司、庆辉沙厂、众隆建材厂、猫猫洞石材基地、万象烟花爆竹厂、鑫源建材厂等项目，到位资金6.5亿元，解决就业2000余人，发挥了良好的经济发展推动作用。

【基础设施建设得到进一步完善】 辖区道路通达基本覆盖。积极配合区交通局完成了关口至水箐、毕节至官屯和官屯至石板井、官屯至对坡县乡道建设工程，共60余公里；完成了龙汉、龙官、柳家、后箐、白果、塘官、红峰、利民、洋塘、大渔洞、大坝、大坪子等12个村的通村水泥路建设工程约45公里；完成了后箐、大坪子、新华、关口、龙滩、柳家、猫猫洞、啊哪寨等村"一事一议"通组路建设工程20余公里；在建新华至大坪子、柳家至龙官大坪子、塘官至红峰、白果至塘官、龙官至龙汉等8条通村路24.8公里，通组路38公里，人行步道18.67公里以及23.24公里连户路，拟于2017年全面完成。积极稳妥推进成贵铁路（官屯段）、毕龙高速（官屯段）两大交通项目建设；新建农村客运招呼站10个。水电通讯设施明显改善。一是完成了总投资600余万元的观音河（官屯段）河堤治理工程；完成了占地约5亩的何官屯镇污水处理厂建设工程；实施了12个村农村饮水安全工程，目前，部分村已验收完工并投入使用；加大利民水库周边环境卫生综合整治投入力度，成效初现；全力推进龙官桥水库建设，目前各项工作正在紧张有序进行中。二是实现了自然村100%通电话。三是完成了19个村的农村电网变压器升级和供电线路提质改造，保障了全镇4万多群众的安全用电。

【民生事业不断发展】 教育事业取得长足发展。完成了塘官小学、官屯小学、大坝小学、建德小学、官屯中学等学校公租房建设和猫猫洞小学教学楼修建，新建了镇中心幼儿园1个，新建山村幼儿园15所、21个班，完成官屯二中和何官屯小学改扩建工程。学前教育毛入园率达到85%，小学适龄儿童入学率达到99%，初中毛入学率达到98%以上。各项惠民政策落实见成效。全面完成了镇敬老院暨老少共融之家建设并投入使用；全面完成了全镇19个村165个村民组1万余户的"两个硬化"工程；完成了总投资396万元的何官屯镇公租房建设工程60套3600平方米；完成了总投资2800余万元的何官屯集镇立面改造工程；柳家村王家庄组"四在农家·美丽乡村"建设工程正在组织实施中等等。完成小康房建设26户、危房改造2561户，大大改善了农户居住环境，认真落实了"住有所居"政策。为农村生活困难群众1563户2739人、城镇生活困难群众49户69人办理了最低生活保障，切实关注弱势群体生活，认真落实了"困有所保"政策；积极开展养老保险工作，为符合条件的60周岁以上老人及时办理基础养老金领取手续，激发16周岁至59周岁人员投保积极性，实现全镇参保人数能达到上级要求，认真落实了"老有所养"政策；新型农村合作医疗参合率年均达98%以上，认真落实了"病有所医"政策。解决就业2000余人，转移劳动力1万余人。认真做好了财政两贴一补资金、低保金、冬令款物等临时救助资金和其他补助资金等涉农惠农资金的发放和管理，确保资金安全和及时足额发放到群众手中。扶贫开发工作成效明显。认真抓好精准扶贫工作，按照"四看两议三公开"，抓好贫困户精准识别，通过进一步精准识别工作，共精准识别贫困户1367户5156人；按照"去规模、严标准、两本账、严程序"，采取"两抓两实一考核"的工作措施，进一步抓好精准识别贫困户工作，共精准识别出以"四看法"打分为标准，59分以下的贫困户963户3448人；认真落实"一市五金多套餐"贫困户申请小额贴息贷款198户，放贷资金449.9万元。采取集中安置、分散安置等多元化安置方式，认真做好易地扶贫搬迁工作，目前，涉及30户97人的2017年项目（2016年提前实施）塘官村白泥塘集中安置点已完成房屋主体建设80%以上。涉及54户208人的龙滩坪集中安置点已开工建设，预计2016年底主体全面建成，其他分散安置的农户将在2016年、2017年、2018年三年分期分批全面完成。

认真按照“五个一批”的帮扶措施实施有计划、有针对性的帮扶，确保贫困对象如期脱贫、贫困村如期出列。2016年计划脱贫474户2051人。“三关爱”工作稳步推进。目前，全镇共排查出留守妇女103人，留守儿童共1364人，留守老人207人。认真建好动态跟踪管理台账，及时做好三类人群的风险等级评估和安全隐患排查工作，全力做好重点对象的精准救助帮扶等各项工作。文体、卫生等事业健康发展。不断加强师资队伍建设和师德师风教育，教师素质和教育水平不断提高，小学毕业率达100%，初中进入高中阶段学习人数占毕业人数的98%以上；建立了老年大学文艺队、百姓广场舞等三支文艺队伍，完成了广播电视“村村通”模改数工程1万余套，完成七星关区广播音柱安装76个，实现19个村全覆盖；大力推进农村医疗卫生公共服务项目和全民健康工程建设；扎实做好整脏治乱暨多彩贵州文明行动工作、以“七个起来”为载体的农村思想政治教育工作等等。

【社会事务治理不断加强】 计划生育工作稳步推进。各项主体指标和专项指标如期完成，顺利通过了各级各类检查考核。在全面放开二孩生育的新形势下，紧紧围绕试验区“三大”主题，进一步强化全程跟踪管理服务、双诚信双承诺跟踪管理和优质服务，有效提升了全镇人口和计划生育工作的质量和水平。安全生产稳定向好。坚持以保障人民群众的生命财产安全为根本出发点，严格按照安全生产“党政同责、一岗双责、齐抓共管”和“三个必须”的要求抓好安全生产工作，采取“五个强化、五个一”措施突出抓好道路交通安全工作，突出抓好以非煤矿山、危险化品、烟花爆竹等为重点的其他安全生产工作。五年来，全镇无任何重大以上安全生产事故发生，且每年考核评比都位于全区前列，确保了全镇人民群众生命财产安全。社会管理不断加强。坚持以民为先的人本理念，不断加强和创新社会管理机制体制；认真做好“法治毕节”创建工作，坚持“防治结合、以防为主”方针，强化社会治安综合治理，严厉打击各类刑事犯罪；坚持不懈地开展反邪教、严打整治和禁毒帮教工作，加大对矛盾纠纷和信访问题的调查处理力度，认真研究和处理各类关系群众切身利益的问题，切实维护了全镇社会稳定，人民群众安全感满意度不断提升，营造了群众安居乐业的社会环境。

（撰稿人：党政办）

对坡镇

【概　述】 2012年至2016年，在区委、区政府和镇党委的正确领导下，七星关区对坡镇始终坚持以科学发展观为统领，全面贯彻中央大政方针政策和习近平总书记系列重要讲话精神，按照省委、市委、区委总体部署和区委统一安排，牢牢把握主基调主战略，坚守发展和生态两条底线，积极主动适应新常态，一心一意谋发展，聚精会神搞建设。五年来，对坡镇全镇干部与各族群众一道，齐心协力完成了十二五期间各项目标任务，全镇经济社会呈现快速发展、活力不断增强、结构趋于优化、民生继续改善、社会和谐稳定、干群精神振奋”的良好局面，各项工作取得了较好的成绩，为全面建设小康社会奠定了坚实基础。

【经济建设】 五年来，对坡镇立足本镇资源优势，大力发展与人民生活密切相关的商业、文化、卫生等事业，逐年加大固定资产投资力度，使全镇经济呈现良好的发展势头。全镇粮食总产量年均1.499万吨，财政收入年均182.168万元，农民人均可支配收入由2011年的3314元预计增加到2016年的8798元，实现了翻番的目标任务；固定资产投资由2011年的159.2万元增加到2015年的1.53亿元，招商引资完成6.1556亿元，各项指标逐年稳步提高。

【农业产业化】 五年来，对坡镇紧紧围绕农业增效、农民增收、农村发展的目标全面推进农业农村工作。一是不断加大对农业的扶持力度，良种补贴、粮食综合补贴、家电下乡补贴及时足额发放到位。二是大力调整产业结构，促进农村富余劳动力有序转移。结合该镇地域环境，大力发展中心、大堡四鳃鱼、中华鲟养殖基地，肖氏种养殖专业合作社、裕康养殖专业合作社、农银果蔬种养殖专业合作社等7个种养殖产业基地和24个农业专业合作社，投入资金1000万余元。三是不断增强群众科技兴农意识，五年共完成杂交玉米种植年均近2万亩，杂交水稻800余亩，马铃薯种植面积近2.1万亩。烤烟生产突出以连片种植为主，在跟踪服务上狠下功夫，引导烟农实施科学种植，全镇每年种植烤烟面积均在2500亩以上，实现烟叶特产税年均150万元以上。四是逐步推进林权改革工作。进一步强化生态文明林业绿化行动和推进新一轮退耕还林还草工作。五年来，完成退耕还林1404.3亩，石漠化工程1956亩，荒山造林及石漠化工程32600亩，三江源工程7269亩，扶贫生态项目工程4673亩。五是继续巩固森林防火无重大火灾发生成果，加大森林火灾高发季节宣传、巡查和监管力度，全面落实森林防火包保责任制，五年来全镇无重大森林火灾发生。

【现代服务业】 结合“环境建设年”、“项目建设年”等活动的开展，加大优势资源的发掘和整合力度，进一步优化投资软环境，营造良好的投资氛围、良好的人文经济环境和宽松的政策环境，加强对外宣传和推介，累计完成总投资近4.5亿元，先明煤矿、杉寨凯隆花炮厂、石板达军养殖场、中心四鳃鱼养殖场、矸石砖厂、雅珠石材加工园、特色小城镇“鸿远大街”等招商引资项目先后落户我镇，为加快我镇工业化、城镇化进程奠定了良好基础。服务业增加值预计实现2亿元，社会消费品零售总额200万元，仓储物流、物业管理等现代服务业快速发展。电子商务发展迅猛，农村淘宝交易额居全区前列，居民消费质量显著提高。

【民生社保】 一是农村低保更加公正有序。对坡镇始终坚持“公平、公正、公开”的原则，严格低保评议工作程序，切实做好“低保提标”工作，努力做到困难群众应保尽保。2016年，全镇被纳入农村低保1168户2415人，低保资金全面实行社会化发放，按月发放近50万元。二是不断加大危房改造和小康房建设力度，五年来完成农村危房改造1299户，完成小康房建设30户，今年分解指标50户已全部启动。三是强化敬老院服务管理工作，目前敬老院入住老人39名，并投入资金20余万元对敬老院进行修缮，文体娱乐设施也已配备齐全，进一步丰富了入住老人的精神文娱生活。

【精准扶贫】 全镇精准扶贫系统农户1538户5148人，2016年拟脱贫387户1533人，根据省、市、区有关会议精神及相关文件要求，扎实有序推进工作的开展。截止2016年11月，全镇“一市五金多套餐”已申请精准扶贫小额贷款农户549户，贷款落实351户1119.5万元，贴息资金235.01万元。全镇符合易地扶贫搬迁条件对象为80户338人，2016年拟实施搬迁23户87人，搬迁农户房屋建设已接近尾声，2017年集中搬迁18户83人，涉及田边、沟脚、法泥、新林等7个村。（二）扶贫措施更加有力。五年来，共计完成核桃产业化扶贫项目连片及四旁种植5000亩；完成种植优质脱毒马铃薯1200亩，折资43.2万元，惠及法泥、沟脚、杉寨、乐海等村1235户；争取财政专项扶贫资金25万元，完成对坡村给排水沟建设项目；争取财政专项扶贫资金30万元，完成集镇安全饮水工程；争取财政专项扶贫资金100万元，群众自筹资金1.17万元，实施法泥村壮大村集体经济鱼塘及配套设施项目，惠及贫困户229户622人，项目已全面建设完工。初步建成村集体经济3个，其中：2015年减贫摘帽奖励资金嘎木村花卉苗木培育种植基地建设及大堡村黑花生种植项目，投入专项扶贫资金30万元，惠及贫困户247户758人。目前对坡镇正积极申报产业发展项目和基础设施项目13个，共计投资扶贫资金204.2万元，分别为新门、新林、沟脚、石板、杉寨、乐海、中心等7个2016年贫困出列村，包含产业发展项目和基础设施项目10个，涉及资金190万元，拟带动贫困户387户1533人；今年还争取投入专项资金410万余元，规划大堡、中心香葱种植基地，目前，喷灌设施正在推进施工中，电力设施已完成规划设计，将逐步壮大村集体经济，使下步精准脱贫、有效脱贫更加有的放矢。

【基础设施建设】 五年来，对坡镇扎实推进以交通、环境改善为重点的基础设施建设，大力改善群众生产生活及文化娱乐生活条件。一是完成毕节至对坡704县道、田坝桥至对坡2条油路改造工程，交通更加顺畅，广大人民群众出行更加便利。二是投资3860余万元完成对坡至云南黑树、杉寨至乐海、对坡至石板、对坡至中心、嘎木至八寨、建华至黄塘、田边至法垠、法泥至大银等20余条71.7公里通村、通组公路建设，切实解决了群众多年来出行难、生产生活不便的问题。三是投资80余万元完成敬老院建设工程，让入住老人老有所依、老有所养。四是投资1000万余元新建对坡中学及围墙、公租房、学生宿舍等附属设施建设，投资1194万余元完成对坡小学、幼儿园校门、对坡小学塑胶运动场、各村学校校园建设及公租房建设；今年投入200万元新建法泥村幼儿园，目前正在进行基础开挖；投入45万元改建新门村幼儿园，并规划新建山村幼儿园新林、胜利、杉寨、兴乐4所，现已全面完成并投入使用，使教育教学环境得到改善，教学水平得到大幅提升。五是保质保量完成“两个硬化”建设任务，共硬化户数3705户，其中，硬化院坝2787户5.73万平方米，硬化连户路9.15万米，群众生产生活更加便利，人居环境得到了很大改善。六是投入700余万元完成政府办公楼修缮、政务服务中心院坝硬化、村办公楼修缮、院坝硬化等，并积极争取一事一议财政奖补项目投入30余万元，实施嘎木、对坡、田边、法泥等村文化广场建设，进一步丰富群众精神文化生活。七是投入60余万元在集镇及校园周边安装路灯200余盏，切实解决群众夜间出行难的问题。八是规划投入资金804.69万元实施农村饮水巩固提升工程，涉及大堡、新林、嘎木、杉寨、对坡集镇，目前已完成竞争性谈判，工程即将开工实施；九是投入50余万元完成13个村级卫生室改扩建项目工程，使群众就医更加便利，目前正在选址规划新建镇级卫生院，预计投入资金100余万元。十是完成投资675万余元的政府公租房项目建设及政府食堂、文娱室、图书室、办公楼修缮等五个一工程。十一是投资1265万元对3.3公里沔渔河河道进行综合治理，目前已全面完工。十二是协调区文广局建设“农家书屋”13个，藏书2万余册，并投入3万余元建成13个村文化墙，更加丰富群众文化知识。

【城镇发展】 2013年，为打造生态宜居、富裕美丽的新对坡，通过以商招商，引进重庆威圣特房地产开发有限公司投资3500万元承建小城镇“鸿远大街”项目建设，大街全长1500米，宽26米（其中主干路宽14米，两边人行道各6米），配套建设农贸市场、山体公园、休闲娱乐广场等基础设施。工程于2013年3月破土动工，完成征地120.9亩，拆迁坟墓141座，拆迁房屋5户1000余平方米。截止目前，第一期工程路灯、排污管道安装、山体公园、农贸市场、休闲娱乐广场等主体工程已基本完工，已建房屋100余栋约3000平方米，还有30余户农户正在启动房屋建设，入住群众已达80余户，进一步提升集镇品位，改善了人居环境和集镇面貌。第二期工程涵盖安全饮水、电力通讯、绿化美化等基础设施建设，并结合区位优势和地方特色，以“鸡鸣三省”红色文化旅游景区的打造及红卫桥至对坡28.9公里二级公路的实施为契机，将规划整条大街贯通连接704县道，以缓解集镇交通压力，增强小城镇辐射作用，切实将小城镇“鸿远大街”项目打造成商贸流通型和旅游观光型的交通枢纽。

【乡村建设】 突出山地特色，完善小城镇规划编制，打造“山水田园林地”相融合的宜居宜业宜游小镇，促进生产空间集约高效、生活空间宜居适度、生态空间山清水秀。一是全力打造两个“五在农家·美丽乡村”示范点——法泥村和杉寨村，其中法泥村建设贵州民居198户，投入980.65万元，其他配套工程预计投入资金500余万元；杉寨村建设贵州民居98户267.87万元，同时两村还积极申报LED路灯建设832盏，预计投入资金254.24万元。二是农村环境综合整治成效明显。基本实现村村通水泥路，通组路和连户路硬化加快向边远农村延伸；所有行政村开通客运班线，群众出行更加便捷。三是扎实抓好“文明整治”工作。强力推进“多彩贵州文明行动”和“文明在行动、满意在毕节”环境卫生综合整治活动的开展，人居环境得到了切实改善。四是牢牢守住生态底线，加强生态建设和环境保护力度，生态优势更加凸显，森林覆盖率提高到41.7%，建成污水处理厂1座，铺设污水收集管网10公里，全年空气质量优良天数达358天，饮用水源水质达标率保持100%，生态文明示范城镇建设稳步推进。

【社会事业】 （一）卫计事业提质增效。一是以摸清人口底数为基础，以稳步提升计生服务为核心，五年来，认真抓好1年4次的妇检及补检工作，不断优化生殖保健服务，认真落实各项优惠政策。二是积极改善农村卫生医疗条件，全面完成群众健康档案建档工作。认真做好新型农村合作医疗宣传动员工作，全镇参合率逐年提高，2015年参与农村医疗保险人员达24820人，除去民政、计生代缴部分人员外，实际收缴24194人217万余元，切实解决群众报销难问题，有效改善人民群众就医难、看病难的问题。（二）教育事业再上台阶。一是实施“科教兴镇”战略，教育教学水平逐年提升，全镇小学适龄儿童入学率、初中适龄少年入学率、小学六年巩固率、在校生辍学率、小学毕业生升入初中比例等指标每年均达到相关要求。并于2014年12月成立了对坡鸿远教育协会，积极倡议社会爱心人士及爱心企业募集善款、物资等共计17余万元，赞助贫困大学生66人10万余元，一定程度上减轻了这些贫困学生的家庭负担，激发了学生学习的积极性。二是切实认真做好留守儿童的关爱救助工作。自2015年以来，全镇积极开展留守儿童排查摸底工作，并积极争取社会力量对贫困留守儿童的关爱救助物资、善款等30余万元。截止2016年7月底，全镇0至16周岁留守儿童有1775人，今后对坡镇将继续按照中央、省、市、区有关精神，积极组织全体镇、村干部及学校教师开展大走访及关爱慰问活动，着力了解留守儿童家庭、生活、学习等情况，将关爱救助工作落到实处。与此同时，对坡镇还进一步加强劳务技能培训，劝返引导外出务工父母返乡创业就业，即解决就地就业问题，又解决对留守儿童、留守老人的照顾和关爱问题。三是高度重视科技科普工作，推动科技创新和技术进步，劳动者素质不断提高。广泛开展积极健康的文体活动，五年来完成5000余套“村村通”卫星接收机发放工作，不断丰富人民群众的文化娱乐内容。

【信访维稳】 对坡镇始终坚持“打防结合，预防为主”工作方针，以维护社会稳定，服务经济建设为己任，扎实开展“平安对坡”创建工作，层层签订创安工作目标管理责任书，使信访案件及矛盾纠纷化解率达93%以上。并加大村级警务室建设力度，配齐配强13个村级警务助理，聘请5名道路交通协管员及3名协警，进一步壮大治安巡逻队伍，切实加强道路交通安全整治力度。五年来全镇无重大刑事、治安案件发生，人民群众安全感明显增强。扎实开展禁毒斗争，强化禁毒宣传教育和落实帮教措施，全镇罂粟种植发现一起铲除一起、教育一起、处理一起，确保实现零种植目标。

【安全生产】 牢固树立安全第一思想，狠抓安全生产“一岗双责”责任制的落实，采取出动宣传车、办宣传栏、张贴标语，投入10万元创建安全生产网络监管指挥平台及安装远程监控探头适时监控等形式对安全生产有关法律法规进行宣传及监控。定期和不定期地开展打击黑车非驾、农用车载人等违法行为的专项整治行动1000余人次，几年来全镇无重特大安全事故发生。

【为民服务】 以党的群众路线教育实践活动为契机，扎实开展户访夜巡活动，及时了解群众所需及存在困难，并将相关政策法规宣传到户，让群众适时了解国家相关惠农政策，真正做到贴心为民服务的宗旨。全镇镇村干部共计走访调查完成1800批次4000余户22000余人，集中解决了群众用水、用电、两个硬化、断头路、环境卫生等困难需求20余类800余件，群众反响热烈，效果明显。

【党风廉政建设】 以“三严三实”专题教育活动为契机，认真履行财务监管职责，扎实堵塞各种漏洞，使各项管理工作有章可循，规范化管理，财务工作公开透明，进一步预防违法违纪行为发生。五年来，共计发布督查通报20期，通报批评镇村干部26人次，诫勉谈话15人次，打招呼21人次，提醒10余人，进一步增强了广大党员干部的廉洁意识。五年来，受党政纪处分27人，其中：科级干部3人，移送司法机关2人，在党员干部中起到了很好震慑和警示教育作用。自2015年推行“三重一大”权力清单备案以来，全镇已备案200余件，进一步规范了权力的运行及增强了党员干部的廉洁意识。

（撰稿人：办公室）

水箐镇

【概　述】 水箐镇位于七星关区西北部，距市区23公里，地处东经104°01′—104°07′。北纬27°17′—27°20′。东与何官屯镇相接，西与青场镇毗邻，南与野角乡接壤，北与青场镇和云南省相连，全镇辖中营、大湾、星火、流水、东风、马鞍、黄连、水箐、干沟、梨树、燎原和新地12个村，106个村民组，总人口31955人，气候温凉湿润，阴雨云雾多，日照少，年均温11至13.8℃，无霜期211天至252天，年降雨量990至1010毫米，山大坡陡，常现阴雨云雾，雨量较充沛，暴雨较多，地表径流量大，对农业生产影响极大。土地总面积为93.2平方公里。其中少数民族主要为苗族、彝族，分布在马鞍村、水箐村、中营村和黄连村。水箐镇属石灰岩高中山丘陵洼地，境内南高北低，最高海拔2257.5米，最低海拔1587.5米，平均海拔1830米。地势高而平缓，多为丘陵洼地，是有名的高山冷凉地区，土壤以地带性的铁铝质黄壤黄棕壤和灰色土为主，海拔1600米以下低洼处有马锡泥土及岩泥土分布。主要粮食作物有玉米、马铃薯、大豆、荞子。经济作物有烤烟、天麻、核桃、大蒜、茶叶等。境内有丰富的煤矿资源，但还没有形成规模开采。

【农业农村工作】 综合实力显著提升。2016年底，农业总产值达17724万元，年均增长12%；农民人均纯收入达6186元；实现非公经济总产值26709万元；完成农村专业合作社注册13个，3户小微企业的申报工作，新增民营经济68户，累计完成民间投资6419万元；创业培训3期2907人；完成招商引资任务1.2亿万元，占年任务数1.1亿元的110%左右；完成烟叶收购7380担，占任务数8039担的91.8%，实现烤烟税收110.9万元，占年任务数128万元的86%。农业产业提质增效。加大现代农业扶持力度，推进农业产业结构调整，优先发展优质、高效、安全、生态、有机农业。按照全镇农业产业发展思路，重点培育经果林、烤烟、生猪养殖产业，积极推进土地流转，种植烤烟2952亩，生猪出栏达到14363头，在继续巩固水箐村众森野猪养殖场、流水村嘉祥生态养殖场建设的基础上，在燎原村新增生猪养殖场1个、流水村新增生猪养殖场2个，新增干沟村养鸡场1个；新增农业专业合作社13个；着力抓好种植杂交玉米3.2万亩，脱毒马铃薯2.7万亩，蔬菜1.32万亩。根据全区农业板块经济的要求，结合镇实际，合理规划了除茶叶外的五个板块经济，近年重点实施了刺梨、马铃薯、冷凉蔬菜三大板块。其中：刺梨3671.2亩，分布在流水678亩，星火1810亩，马鞍1318.2亩（示范样板500亩）；蜂糖李1000亩（示范样板1000亩）；马铃薯3450亩（示范样板500亩）；冷凉蔬菜100亩的高效豌豆尖种植。

【基础设施建设】 镇容村貌持续改善。一是严格控制违法建筑，通过召开群众会、院坝会、板凳会、张贴宣传标语、进村入户走访等形式加大对全镇控制违法建筑及村镇建设规划的宣传力度，以村为单位实行干部包保，举全镇之力加大违法建筑控制打击力度，全年来，全镇无一起新增违法建筑，同时确保了规划知晓率达100%。二是积极巩固特色小城镇建设，该镇特色小城镇建设主体工程及水、电、讯等附属设施工程已全部竣工，集镇农贸市场工程已全面完工。三是强力推进“四在农家、美丽乡村”建设，将我镇梨树村、马鞍村拟建为“四在农家、美丽乡村”提升型建设，将马鞍村拟建为“四在农家、美丽乡村”普及型建设，相关工作还在进行中。道路交通焕然一新。以道路为主的基础设施明显改善，到2016年底共实施了41公里的通村水泥路路面硬化。累计实施了34.5公里通组路硬化。已实现村村通水泥路。

【环境治理工作】 环境治理成效明显。把改善环境质量作为重点，加强对辖区的1个采石厂的废物堆放及噪声污染进行环保检查力度，进一步加强对我镇境内7个生猪养殖场的环保检查，未发生环境污染纠纷。扎实开展对集镇、重点村庄等重点区域的环境综合整治工作。实施人工造林9000亩，义务植树16000棵；强化辖区卫生整治工作，推行了环卫市场华运行机制，聘用了一批社会人员加强环卫日常工作，洁净生活和环境卫生综合整治效果逐年上升，人民生活和工作环境得到进一步改善；镇容镇貌综合整治行动扎实开展，脏乱差现象得到初步遏制，对外形象明显提升。美丽乡村建设呈现亮点。整合各类资金500余万元，完成梨树村美丽乡村试点建设，改厨改灶81户，改圈74户，立面改造房屋70栋，新健农民文化广场1240平方。

【民生工作】 群众生活保障有力。发放优抚、救灾、低保、医疗救助、社会救助以及高龄老人补助等29299人次、资金达1081.2890万元；新增城镇就业300人、转移农村劳动力2890人；城乡居民养老保险实现参保人数达到7346人；为20916名老百姓办理了农村合作医疗保险。群众幸福感明显提升。投入资金414万元，大力推进农村危房改造工程，改造农村危房81户。民生工作长足进步。投入资金994万元，完成了水箐第二小学主体工程修建，建筑总面积4836.08平方米；改善校舍面积1255.71平方米，学生食堂792.32平方米；4551名中小学生得到“两免一补”，教育教学质量稳中有进；食品药品监管体系和突发公共卫生事件应急机制不断完善，相关传染疾病得到有效预防和救治，全镇12个村实现了村村有卫生室，基本上解决了农村老百姓看病难的问题；人口和计划生育水平逐年上升，人口和计划生育服务水平不断提高，优生优育局面开始形成。村民自治制定和社区建设得到加强，对村居干部进行了培训，村（居）干部队伍不断优化。按照“1234”（即一封书信凝聚关爱合力、两个精准夯实关爱基础、三项活动确保关爱到位、四大保障畅通关爱渠道、）的工作思路认让留守儿童工作取得阶段性的成效，现全镇共有留守儿童318户395人（其中在校留守儿童298名，享受农村低保51人）。监护较好留守儿童384人，监护一般12人，监护差留守儿童1人。困境儿童91名，孤儿17名（分散供养）。

【信访维稳工作】 社会大局和谐稳定。认真开展矛盾纠纷大排查，按照矛盾纠纷“日排查、事化解、零报告”要求把矛盾消化在萌芽状态，认真抓好重大不安全隐患的排查化解工作，积极预防突发性群体性事件的发生，完善信访案件人民调解代理对接处置机制，着力化解社会矛盾纠纷，全年调处各类民事纠纷301起，调成率100%；群众安全感满意度测评从2013年的84%提升到现在的94.2%，名列全区前列。牢固树立安全生产意识，建立党政同责、一岗双责齐抓共管安全生产责任体系，明确工作职责，强化责任落实，加强日常监管，对重点领域、重点区域和重要环节，深入开展专项治理行动，消除安全隐患，安全生产态势总体平稳受控。深入开展“法治毕节”创建，大湾社区和东风社区被成功命名为“法治示范村”称号。

【精准扶贫工作】 精准识别对象。把对贫困村、贫困户建档立卡作为实施精准扶贫的重要基础工作来抓，严格按照四看法和收支核算表和贫困户识别程序，综合考量，做好贫困户的识别和新纳入工作，抓住识别贫困户、规范建档立卡、实施动态管理、推行挂图作战四个关键环节，规范操作流程，确保信息精准、项目安排精准、贫困户纳入和退出精准。精确定位目标。针对建档立卡工作识别确认贫困村、贫困人口的分布情况和扶贫工作实际，对照2018年实现基本脱贫、2020年全面建成小康目标，根据“缺啥补啥”的原则，按照脱贫标准，倒排时限任务，编制了贫困村“扶贫规划和年度扶贫攻坚方案”，以“特惠贷”“产业支撑”为主导，整合资源，综合施策，抓住突破基础设施短板，在精准扶贫中巩固优势指标，攻坚弱项指标，大力改善贫困村基础设施、培育富民产业、实施易地扶贫搬迁、完善公共服务保障、提升发展能力素质、落实民生政策等，合力推进贫困村扶贫攻坚，为实现基本脱贫目标聚集发力。精选扶贫项目。多次深入贫困村，进村入户开展贫困村调研精准识别、精准分类、精准帮扶、精准规划等扶贫工作，从摸清底数、资金投入、产业培育、人畜饮水、危房改造、易地搬迁、技能培训、学前教育、农村医疗、文化服务、村容整洁、基层组织等方面入手分析致贫原因，科学编制贫困村扶贫项目规划，着重解决贫困村基础设施、人畜饮水、危房改造、产业发展、公共服务等瓶颈难题。精准制定措施。紧紧围绕“十个一”，即一村一个帮扶班子，谋思；一村一个工作队，落实；一村一个特色，增收；一村一个经济组织，提效；一村一个脱贫规划，引领；一村一个帮扶典型，示范；一户一个脱贫计划，帮准；一户一个责任人，包抓；一户一个项目，做实；一户一个培训，强智。明确要求扶贫对象不脱贫、联系干部不脱钩，实现了全镇贫困村驻村工作队、贫困户帮扶责任人全覆盖。全镇12个行政村贫困人口甄别和信息补录工作全部结束，并对全镇建档立卡贫困户（1193户，5022人）逐户进行建档管理，采取召开群众会，分村制定切实可行的扶贫计划，发放精准扶贫贷款280万元，涉及项目4个、323户，分别为养牛785户，养鸡2户，养猪1户，种植马铃薯1户。通过苗木超市落实冰糖李、板栗、核桃、杉树种植2275亩，涉及423户、1579人。同时，对2017年脱贫的219户、1034人（含出列村黄连村57户、237人），按照“五通四有”和“四有五覆盖”的要求认真落实了相关的项目，目前相关项目正在有序的开展。

【政府工作】 政府建设稳步推进。在持续推动全镇经济社会发展的同时，高度重视政府自身建设，全面优化政务环境，提升政府工作效能。在镇党委的统一领导下，积极开展党的“两学一做”，组织召开专题民主生活会1次，开展批评与自我批评，相互提出批评意见24条，深入基层与群众面对面交流征求意见，扎实推进整改落实；开展“诚信民生”建设活动，倾听基层群众诉求，积极回应社会关切，解决了一批热点、难点问题，服务型政府建设取得新成效。一年来，政府主动向镇人大报告重大事项，认真接受人大和社会各方面监督，共办理答复代表建议16件。坚持民主决策，将重大决策的公众参与、合法性审查和集体决策等有机结合，确保政府重大决策和重大行政行为的科学性和合法性。政府采购、工程建设阳光透明。严控“三公”经费支出，强化政府廉政建设，坚持抓早抓小、防微杜渐，积极营造风清气正的从政风气。行政效能有效提升。大力精简行政审批和公共服务事项，按要求完善了水箐镇行政权力事项清单45项。高标准新建了镇社保服务中心，完善了镇便民服务中心建设。加强了镇级预算执行和政府重大投资项目审计，强化了社保基金、扶贫救灾资金等专项审计和领导干部离任审计。加大了重大项目推进督查和监察问责力度。完善了政府法律顾问制度，建立了人民调解、行政调解、司法调解“三调联动”工作平台。全面规范了重大事项行政决策程序，自觉接受镇人大监督。扎实开展了党的群众路线教育实践和“三严三实”等各项活动，严格落实中央八项规定，坚决反对“四风”，提升了行政效能。与此同时，统计、档案、人防、地方志、国防动员、消防、民族宗教、防震减灾、文化体育、政务服务、应急管理、法制建设、依法行政、社保等工作不断加强；妇女儿童、老龄、残疾人等各项社会事业取得了新的成绩。

（撰稿人：章涛）

大银镇

【社会经济实力不断增强】 发展才是硬道理，大银镇党委政府紧紧抓住“以经济建设为中心”这条主线，创造性的开展工作，促进大银镇经济社会的健康发展。五年来，大银镇共计完成固定资产投资15034万元、招商引资2305万元；烤烟产值15576.4万元、烟税3426.81万元；2015年农村人均可支配收入7982元，比2011年的4117.63元增加3864.36元，年均增长15.25%。

【基础设施不断改善】 “权为民所用，利为民所谋”，大银镇党委政府积极争取项目，逐步改善大银镇基础设施建设。五年来，共实施“一事一议”项目10.1公里、机耕道44.6公里、串户路101公里、通村水泥路88.7公里。2013年完成“两个硬化”工程4339户，其中院坝硬化3217户，院坝硬化面积7.27万平方米，连户路91.539公里。2014年完成石营二级提灌人畜饮水工程，惠及全镇6个村1.6万人，解决群众用水难的问题；完成总投资62.4万元的生活、烤房用电项目，解决羊桥、新丰等六个村用电难问题；2015年完成总投资200万元的保旺烟草扶贫新村建设示范项目，争取修建大银至月亮山旅游公路建设项目，目前已进入招投标程序，完成羊桥街上至粑粑屋基段主街道硬化，并对该段地下排污进行改造，新装路灯；牛标尿至羊桥9.6公里通村水泥路和羊桥至木瓦7公里通村油路现已开工建设。

【农业现代化水平不断提高】 以科技兴农为抓手，以农业产业化为目标，着力推进农业现代化。五年来，烤烟种植面积累计7.79万亩；累计种植杂交玉米8.6万亩；粮食总产量6.86万吨；落实农业板块经济规划项目经果林10334亩，脱毒马铃薯4000亩，中药材1600亩，蔬菜6100亩；组织实施农业板块经济示范样板点李子500亩，刺梨1000亩，苦参1600亩，辣椒100亩，脱毒马铃薯二级种薯300亩；积极推进科技兴农，广泛实施农牧业生产良种良法和微型机械化田间耕作，为现代农业发展奠定一定基础。

【生态文明建设有序推进】 紧扣五大发展理念，推进生态文明建设，营造良好生态环境。一是加大对毁林开荒、乱砍滥伐、侵占林地等违法行为的处理力度，不断实施荒山造林和加强生态林的保护力度，五年来共实施荒山绿化4000亩，石漠化治理造林30000亩，森林覆盖率达62.5%。二是做好创建环境保护模范城市相关工作，落实乌江赤水河重点流域环境保护河长制。督促辖区内厂矿、企业、农业畜禽养殖行业完成年度主要污染物减排任务及环保手续办理，加强辖区内重点饮用水源地保护，加强生活污水、地膜污染防治检查。集镇生活垃圾及时清理并集中处理。

【精准扶贫各项工作扎实推进】 五年来，大银镇始终将群众的冷暖放在心上，坚决做细做实精准扶贫民生工程，始终做到“全心全意为人民服务”。一是共计完成农村危房改造923户，发放危改资金972.74万元；完成小康房建设14户，发放补助资金12万元；完成黔西北民居1504户；实施生态文明家园建设837户，发放补助资金447万元。二是扶贫工作逐步实现精细化管理。按照“六个到村到户”要求，对全镇贫困户开展结对帮扶、产业扶持、教育培训、危房改造、易地扶贫搬迁、基础设施建设等方面工作。每户贫困户落实干部一对一结对帮扶；认真开展建档立卡“回头看”，进一步完善精准扶贫信息平台，目前全镇建档立卡贫困人口1022户

3661人；完成所有贫困户遍访工作，全面掌握贫农户的基本现状和需求，摸清贫困户底子，实施分类扶贫、制定帮扶计划和措施、确定扶贫内容和途径，落实各项惠农政策。三是“一市五金多套餐”小额贴息贷款申请共340户，发放贴息贷款金额805.1万元，政府贴息金额168.68万元；饲养能繁母牛335户，种植设施蔬菜2户，饲养黑山羊3户，规模化火鸭养殖1户。通过“苗木超市”落实31.6万株苗木种植。四是易地扶贫搬迁工作有序推进，2016年实施分散搬迁农户24户，目前主体基本结束，2017年实施的83户，正在进行选址工作，九月份开始启动。

【社会事业持续健康发展】 五年来，大银镇始终把社会事业协调发展放在重要位置，抓好抓实教育、卫生等各项工作。一是抓好人口管理的经常性工作。大力宣传政策法规，落实国家奖励扶助政策，让人民群众自觉履行计划生育义务。2011年到2015年常住人口符合政策生育率分别为94.8%、95.1%、92.5%、95.8%、95.8%，长效避孕节育措施落实率分别为90.4%、91.4%、93.4%、94.4%、95.6%。免费孕前优生健康检查目标人群覆盖率达100%。二是教育工作稳中有进。五年来，教育基础设施不断完善，共建成12个食堂或餐厅，教师周转房9栋，学生宿舍4栋，教学楼4栋，留守儿童之家12个（其中标准化留守儿童之家1个），标准化寄宿制学校1所，中心幼儿园1所，厕所5个，安全饮水工程11个，改造校舍面积达8904平方米；在农村小学增设附属幼儿园和利用闲置校舍改扩建幼儿园4所，改善了中心幼儿园、石营山村幼儿园等5所幼儿园的办学条件；投入87万元用于全镇义务教育阶段学校教学设施设备和教学场地的维修维护；配发图书1.7万册，小学、初中图书生均分别达到11册和15册；全镇共安装16个班的“班班通”；安装多媒体教学设备16套，设微机室2个；所有布点中小学都配发了2台办公电脑和1台打印机；寄宿制学校都配发了床、餐桌椅、床上用品等。义务教育均衡发展，小学适龄儿童入学率从99.13%上升到99.5%，初中适龄少年入学率从85.2%上升到95.2%，义务教育巩固率达88%，初中毕业生升学率达98%，小学辍学率控制在1.5%以内，初中辍学率控制在2.2%以内；学前三年毛入园率84.3%，中考成绩五年来在全区农村中学均排名前十位。三是卫生工作健康发展。五年来，基本公共卫生服务项目健康档案建档率均达90%以上，“五苗”接种率均达95%，孕产妇住院分娩率均达95%；2011年城乡居民参合金收缴比例为80%，2015年为100%，年均增长4%。2015年新建羊桥、石营、保旺三个村卫生室，维修尖山、高峰、木瓦、新丰、黄塘、半林六个村卫生室。四是民政工作有效实施。全面准确掌握城乡低保对象基本生产生活情况，实现农村低保动态管理，建立低保家庭档案，按照“五优先、六不准”要求，做到低保对象认定准确，操作程序规范，发放资金及时。五年来，全镇累计享受低保14754人次，发放低保资金1608.06万元。2015年，五保供养人数达56人，其中包含20名符合条件的孤儿、留守儿童、空巢老人，“老少共融之家”管理规范，五年来未发生任何安全事故。认真审核医疗救助和临时救助情况，共计救助45人，发放救助资金19.5万元。落实留守儿童、困境儿童关爱帮扶措施，帮扶困境儿童56人，发放补助金共计5.9万元。五是重视文化体育广播电视及旅游工作。中央农村文化建设专项资金专款专用。五年来，在各村建立农家书屋9个，投入资金30万元，购买图书2万余册；共计发放“村村通”2368套，“户户通”750套。

【社会治理措施有力】 五年来，大银镇党委政府始终把社会和谐稳定作为头等大事来抓。一是耐心做好群众工作。坚持领导干部接访制度，加强矛盾纠纷排查和信访积案化解，共计排查化解矛盾纠纷281起，排查化解率达100%；信访案件69起，办结59起，办结率85.5%。二是禁毒工作有序开展。预防宣传教育覆盖面达95%，人民群众对禁毒工作满意度达90%，吸毒人员出监所接回率100%。三是加大安全生产工作力度。强化宣传教育，充分利用赶场天、节假日等有利时机，加大宣传的覆盖面。在各危险路段设置了固定安全宣传标语8幅，凸面镜3个，各类警示标牌40块，张贴临时标语和宣传横幅300条。五年以来，严格按照年初制定的各项重点工作监管执法计划进行安全监管，共对辖区内银盘山采石场、杨才文采石场和大银镇加油站等进行安全检查277次，排查出安全隐患334条，并及时责令整改，整改率为100%；开展路检路查252次，劝导各类车辆及驾驶员共计1240车/人次，对辖区内车辆和驾驶员建立了台账，并进行有效管理。全镇道路交通云平台录入驾驶人信息、车辆信息、道路信息等1262条。五年来，全镇未发生一起安全事故，实现“零死亡”的目标，有效推进全镇经济社会稳定发展。四是地质灾害防治措施有力。对辖区内8个地质灾害隐患点制定防灾预案和应急预案；隐患点落实防灾责任人和监测人员；树立地质灾害警示牌；开展地质灾害汛前排查、汛期巡查、汛后复查；指导、督促监测人员做好地质灾害隐患点每天不少于1次的监测监控工作，重点时段加大监测监控次数。每个隐患点都开展了一次突发性地质灾害应急避险演练，群众的防灾避灾意识得到提高。

【党建基础不断夯实】 明确党建责任，严格从严治党。一是明确责任、加强指导。认真贯彻落实党建工作职责和制度，明确支部书记作为党建工作的第一责任人，每年开展党支部书记述职述廉，督导各支部开展述职评议工作。二是加强思想建设。深入学习贯彻党的十八大和十八届五中全会精神，深入学习贯彻习近平总书记系列重要讲话和对毕节试验区的重要批示精神，深入学习贯彻省委十一届六次全会和市委一届八次全会精神，深化党的群众路线教育实践活动理论和实践成果，紧紧围绕“三严三实”专题教育，大力加强思想教育，提升干部职工政治素养。开展“两学一做”学习教育，全面推进从严治党、加强党的思想政治建设。三是抓班子、带队伍，提高班子的凝聚力和向心力，严肃组织纪律，抓实干部作风建设。强化基层组织服务体系建设，夯实党建基础。一是落实联系服务群众“最后一公里”。全力推进农村基层组织服务体系建设，健全村级值班值守、便民服务、便民代办和马上就办等制度，在各村建立便民服务站，有效解决群众办事难问题。二是严肃组织生活，做好党员发展工作。指导开展“三述一评”，严要求、高标准发展党员28名。三是加强阵地建设、强化保障机制。维修羊桥、保旺、新丰、木瓦4个村级活动场所，多方筹措资金，解决各村活动场所取暖、饮水等难题，确保农村基层服务有阵地。

【防腐拒变能力不断增强】 一是全面贯彻落实党风廉政建设主体责任。坚持“标本兼治、综合治理、惩防并举、注重预防”的方针，落实“一岗双责”，不断完善惩防体系建设，从源头上防治腐败的发生。狠抓廉政教育不放松，以党员干部为重点，扎实开展警示教育，推进廉政文化进机关、进校园等“六进”工作，构筑牢固的思想防线。狠抓制度落实不走样，认真执行党风廉政建设责任制，实行重大项目审批制，严格执行“收支两条线”管理制度，严格落实党务政务公开、民主评议等制度，强化对权力运行的制约和监督。狠抓从严惩处不手软，严肃查处各类违纪违法案件，查处通报镇干部2人、村干部3名，努力维护党纪政纪的严肃性。让干部自觉养成服务为先的岗位观、求实为上的为政观、民生为本的政绩观。二是加强反腐倡廉宣传学习教育，筑牢拒腐防变的思想防线。组织镇村干部学习《党员领导干部廉洁从政若干准则》、《中国共产党纪律处分条例》等相关法规和制度。同时，建立党风廉政举报平台，提高防腐拒变的能力。三是强化廉洁自律，规范领导干部廉洁从政行为。班子成员以身作则，廉洁自律，自觉用党纪政纪严格要求自己，做到自重、自省、自警、自励。坚决抵制不良风气，主动接受组织和社会各界监督，以实际行动自觉维护党在人民群众中的形象。四是坚持以德为本，固本强基。在思想道德建设上，始终把以政治品德、职业道德、家庭美德、社会公德为内容的“四德”建设放在首位；做到遵纪守法，言行一致，实事求是，在工作中不墨守成规，不弄虚作假，不搞形式主义。

（撰稿人：党政办）

燕子口镇

【概　述】 2012年至2016年，在区委、区政府的正确领导下，坚持以邓小平理论、“三个代表”重要思想、科学发展观和习近平系列讲话精神为指导，认真学习贯彻落实党的十八大和十八届列次全会和省、市、区相关会议精神，团结带领全镇各族人民，紧紧围绕“加速发展、加快转型、推动跨越”的主基调，牢牢守住发展和生态两条底线，以“决战贫困、提速赶超、同步小康”为统领，攻坚克难，锐意进取，狠抓落实，全镇经济社会呈现快速发展、活力不断增强、结构趋于优化、民生继续改善、社会和谐稳定、干群精神振奋”的良好局面，各项工作取得了较好的成绩。现就工作开展总结如下：

【项目建设】 2012年以来共完成返乡农民工创业项目5个、外出创业成功人士返乡创业项目3个，引进外地投资项目4个，支持村民自主创业项目32个，累计引进和投入资金3.57亿元，解决附近村民就业岗位3540个，为保持经济健康快速发展增添了后劲。

【产业结构调整】 1、加强农业示范样板建设，突出发展特色产业。引资25万元在大田村建100亩的无公害蔬菜示范点，小堡子、沓苏、新村、金竹915亩党参中药材种植已初具成效；在沓苏村种植前胡250亩，优质花生160亩；金竹村种植天麻100亩；在一心、雄狮等村沿厦蓉高速两旁种植1914.5亩刺梨，形成了以一心村为中心的刺梨种植板块；以阳光村为中心打造千亩茶叶基地，目前已初具规模；新建阳光蚕桑基地一个，拟投资125万元（形成种植、养殖、加工、销售一体化）目前基础已建成；沔鱼村种植红豆杉300亩；完成烤烟种植3000亩。2、通过大户带动，全力壮大畜牧业规模。全镇生猪存栏12325头、牛存栏1835头、羊存栏1225头、禽存栏42425羽。

【民生事业】 1、扎实开展脱贫攻坚活动。以“六个到村到户”为抓手，全力开展“精准扶贫”，对全镇24个村2474户7883人贫困人口进行了识别的建档立卡，制定帮扶计划，完成减贫4983人；2014年已脱贫166户，847人；2015年已脱贫378户，1397人，2016年脱贫648户，2739人；一心、海子等9个贫困村实现了“减贫摘帽”；自“一市五金多套餐”实施以来，全镇已申请精准扶贫小额贷款农户549户，贷款落实235户535.8万元，贴息资金112.478万元。2016年以来全镇实施易地扶贫搬迁72户317人，为贫困户的脱贫致富奠定了坚实的基础。2、保障体系不断健全。全镇享受农村低保1520户3289人，月发放低保资金70.9791万元；享受城市低保114户226人，月发放低保资金8.6970万元，低保基本实行“应保尽保、应退尽退”。投资120万元新建一所敬老院，对五保老人实行集中供养，目前供养老人23人。加大对孤儿的救助力度，确保孤儿基本生活费及时足额准确领取。深入开展“四关爱行动”，全镇目前有留守儿童1385户，2674人，每月定期开展了对留守儿走访，同时加大对困难群体关爱救助，解决好群众住房问题，2011年以来共实施危房改造1803户，补贴资金1381.56万元，小康房35户，补贴资金90万元。社会保障体系逐步健全完善。

【基础设施建设】 2012年以来累计完成通村公路硬化7条，共43.236千米，完成“一事一议”财政奖补项目10个。完成村民院坝硬化14.1321万平方米；硬化村民连户路15.6574万米。完成黄泥村、金竹村、小哨村等村人畜饮水工程，完成了小哨、中沟、龙洞3个村的路灯安装使用。修建中沟等村文化体育广场。投资3000万元建成了初具规模的小城镇。

【各项事业】 1、牢固树立

"以人为本"安全理念，毫不松懈抓好安全生产工作。认真落实安全生产责任制；做好基础工作，加大安全生产宣传力度，强化了安全生产的社会化管理；认真开展安全生产检查，制定应急预案和工作方案，搞好隐患排查和各个领域的专项整治，严厉打击"三非"，加强对煤矿、道路交通、地质灾害、消防、建筑、非煤矿山和烟花爆竹、电力安全的管理，各类安全事故得到有效遏制，切实保障了人民群众的生命财产安全。2、加快生态环境建设。加大石漠化治理力度和生态环境保护工作力度，2012年至2016年期间累计对石漠化严重的山坡地带恢复植被1500余亩，有效的遏制了山坡地带的石漠化现象。对我镇的闲置荒山进行造林，全镇森林覆盖率达到60%以上。3、加大多彩贵州文明行动工作力度。在公路沿线每村配1至2名保洁员，切实抓好公路沿线保洁工作，集镇街道实行"门前三包"、"摊前三包"责任制，乱堆乱倒乱排等不良行为得到有效遏治。

（撰稿人：办公室）

亮岩镇

【概　　述】　2012—2016年，在区委、区政府的坚强领导下，亮岩镇始终坚持以科学发展观为统领，全面贯彻中央大政方针政策和习近平总书记系列重要讲话精神，按照省、市、区总体部署和统一安排，坚持主基调主战略，坚持发展为要、民生为本、环境为重、牢牢守住发展和生态两条底线，积极主动适应新常态，统筹做好稳增长、调结构、惠民生、防风险各项工作。

【经济实力显著增强】　预计2016年，完成财政收入2000万元，是2012年10.8倍；完成固定资产投资2.1亿元，是2012年5.1倍；完成招商引资1.5万元，是2012年3倍。农民年人均纯收入达7210元，是2012年1.16倍。

【脱贫攻坚成果丰硕。】　始终把脱贫攻坚作为第一民生工程，坚持"五个一批"和"六个精准"，细化"六个到村到户"，认真落实"1+10"扶贫政策，累计投入财政专项扶贫资金359万元助推脱贫攻坚，实现3个贫困村出列、1876人脱贫，贫困发生率下降到3%以内。认真落实特惠贷政策，为506户贫困户担保贷款2226万元。"雨露计划"深入实施，"两无"人员全部纳入兜底保障，生态移民和易地扶贫搬迁完成274户1183人。

【农业产业化步伐加快】　按照区域化布局、标准化生产、规模化经营、产业化发展的思路，全面实施六大农业板块经济。今年，烟叶生产实现控规提质，农业机械化水平稳步提升。生态畜牧业发展迅速，现牛存栏500头、羊存栏600只、生猪存栏5000头，蛋鸡存栏10万羽。投入519.48万元，实施太极村、飞轮村土地治理项目3443.45亩，新添耕地面积19.25亩，修建机耕道348.44米，改建机耕道7条7267米，修建生产便道13条3300.9米，修建防洪堤2条753.83米，修建蓄水池13个。大力发展茶叶产业，2015年10月贵州省茶叶协会授予我镇"贵州古茶树之乡"称号，2016年8月中国茶叶流通协会授予七星关区"中国古茶树之乡"称号。

【城镇发展突飞猛进】　投资4600万元，实施小城镇建设，利用城镇人口、资金、资源集聚优势，不断提高城镇化水平。目前已完成基础设施及城镇主体功能服务区的建设。按照统一规划、统一风格的要求，已建成独具特色意大利风格民居房屋150余栋。农贸市场、客运站等设施正在进一步完善中。启动实施老街改造，与新街融为一体。以开展"文明在行动，满意在亮岩"和"多彩贵州文明行动"为载体和抓手，改善集镇人居环境。

【基础设施日臻完善】　坚持统筹推进基础设施建设，突破瓶颈制约，补齐发展短板，改善群众生产生活条件。共投入建设资金6423.46万元，完成通村水泥路硬化110.2公里，通组路硬化45.673公里，实现村村通水泥路目标。投入300余万元在合欢、金华、桥头、关沟、飞轮5个村修建人饮水利工程，有效保障农田水利灌溉。进一步实施新一轮农村电网改造升级，完成10千伏清燕二线工程，提高生产生活用电质量，实现村村通生产电。以3G、4G基站为重点，深入推进信息基础设施建设，实现“村村通宽带”。

【农村面貌极大改善】　总投入392.955万元，共硬化串户路2521户78.085公里，院坝硬化1555户5.29万平方米，覆盖12个村159个村民组。安装太阳能路灯336盏；完成农村危房改造1179户，实施各类造林11500余亩，森林覆盖率达到56%以上。投入资金50万元，实施敬老院绿化、美化、娱乐设施，健身器材等建设；累计投入100余万元实施亮岩镇河道治理，消除安全隐患。

【社会事业全面进步】　教育基础设施不断完善，新建幼儿园一所，完成亮岩中学搬迁，新建教师周转房148套、学生宿舍50间，新建燕林清片区唯一一个高标准田径场。小学适龄儿童入学率达100.22%，初中适龄少年入学率达102.77%，义务教育巩固率达90.5%，初中毕业生升学人数达99.8%，小学辍学率控制在1.2%以内，初中辍学率控制在0.5%以内；近年来中考上线率稳居七星关区农村中学前列。新建文化娱乐广场3个，打造核桃村花厂坡苗族“采花节”娱乐场所1个。投资38.4万元新建1个村卫生室，维修7个村卫生室。落实全面二孩政策，优化人口结构比例。

【社会保障更加有力】　一是共识别贫困户并完善建档立卡862户3173人。二是“四关爱”保障实现全覆盖。目前全镇0－15岁留守儿童1905人，留守老人569人，残疾人1680人，已实现动态跟踪管理，全程保障服务，确保关爱机制全覆盖。三是社会保障工作不断深入。目前农村低保数1415户2132人；城市低保45户62人。农村合作医疗参保率达到100.20%，投入30万元实施部分村级卫生室改造，解决群众看病远、看病难问题。做好新农保收缴工作，综合参保率达98%以上，续保率97%以上，缴费完成率达100%，及时兑现到龄群众的社会养老保险待遇，惠及范围更广，群众得到实惠更多。

【公共安全形势稳定】　持续开展煤矿、道路交通、非煤矿山、校园等行业领域专项整治，五年来未出现重大安全事故。进一步加强社区戒毒社区康复工作，大力开展禁毒预防宣传教育工作。按照四级排查五步调处工作机制，加大矛盾纠纷、信访案件、信访积案的排查调处工作力度，扎实开展好矛盾纠纷大排查专项行动，共排查出矛盾纠纷500余件，化解480余件，化解率约96%，化解信访积案13件，息诉息访12件，息诉息访率约为92.3%。严厉打击“两抢一盗”“黑恶势力”等各类违法犯罪行为，五年来群众安全感满意度均高达90分以上且逐年上升。

【社会治理能力不断提升】　一是法治建设逐步推进。全实施好“法治创建”六大工程，面推进依法治镇，加强“民主法治示范村”建设，着力打造核桃、合光、太极三个民主法治示范村创建，并通过验收。二是执政能力不断加强。认真践行“三严三实”专题教育和“两学一做”学习教育。倡导“马上办”的工作作风，提高服务质量，提高工作效率，简化办事程序，让群众少跑路能办事，办成事，用干部的辛苦指数换取了群众的幸福指数，不断提高群众的满意度。

（撰稿人：办公室）

林口镇

【概　述】　2012－2016年来，在上级党委、政府和林口镇党委的正确领导下，在镇人大的监督下，坚持以邓小平理论和“三个代表”的重要思想为指导，认真落实科学发展观，贯彻落实党的十八大、十八届三中、四中、五中、六中全会精神及省委十一届历次会议精神、市委及区委一届历次会议精神，习近平总书记系列重要讲话精神及中央、省、市和区委各项决策部署，始终坚持主基调主战略，继续深化“三大主题”，抢抓机遇，求实苦干，经济社会发展继续推进，呈现出良好的局面。以习近平总书记等中央领导对毕节试验区的重要批示精神为指导，以改善民生和加强基础设施建设为重点，全力以赴做好易地扶贫搬迁、精准扶贫、农民增收、鸡鸣三省红色旅游景区建设等工作，进一步促进了全镇经济的健康、持续、快速发展和社会的全面进步，围绕发展第一要务，战胜前进路上的各种困难，圆满完成了七星关区林口镇第一届人民政府确定的各项任务。

【综合经济实力持续增长】 始终坚持把经济发展作为一切发展的基础，始终坚持把发展作为第一要务，在加快发展中提高经济增长质量和效益。五年来，全镇生产总值从3.2亿元增加到4.3亿元，同比增长34%；固定资产投资从836万元增加到1116万元，同比增长33%；财政总收入完成600余万元，同比增长2.3%；招商引资到位资金3.2万万元，同比增长120%；社会消费品零售总额从2862万元增加到4035万元，同比增长41%；农民人均纯收入从3600增加到7280元，同比增长100%；城镇居民人均可支配收入从9586元增加到10832元，同比增长13%。

【基础设施建设不断加强】 以交通、水利为重点不断加强基础配套设施建设，进一步增强农村发展后劲。五年来，新建和改扩建硬化通村、通组公路132公里，基本实现组组通水泥路；完成农村环境综合整治、“两个硬化”3616户，院坝13.3万平方米，完成连户路71.78公里；协助毕生路完成辖区内改扩建工程，完成厦蓉高速公路建设并顺利通车，筹资420万元完成集镇老街油路改造3.2公里，安装路灯490盏，完成集镇老街、坪坝村、川山村、新庄村局部亮化工程。覆盖渭河、大地、年丰、中坝、高峰等村安全饮水工程项目5个；改造集镇供水管网6.4公里，解决5个村人畜饮水问题；在以上5个村推行安装水表计量收费管理模式，形成以水养水、节约用水的供水节水机制；全面启动鸡鸣三省景区建设工作，完成征地1400余亩，房屋拆迁130余户，迁坟127所，目前，景区建设工作正有序不紊的开展中；全面启动集镇停车场建设工程，预计年底完工并投入使用；实施农村电网升级改造工程前期摸底工作；新建社保中心、幼儿园、市场监管分局；改扩建青山、灯塔、大寨村办公场所800余平方米；改扩建大地、川山、坪坝、鸡鸣三省等村卫生室约420余平方米；新建政府、学校、卫生院公租房7000余平方米；装修美化政府办公楼、法庭；基础设施不断加强，有效改善群众看病难、入学难、出行难等问题，办公住宿环境得到明显改善，解决了干部职工后顾之忧，同时也提高了为民服务的质量。

【农业产业结构调整取得新进展】 紧紧围绕农业产业结构调整这一主线，进一步加大科技兴农工作力度，不断夯实农业发展基础。五年来，加大粮种补贴力度，有效实施粮增工程，全镇累计种植杂交玉米9万亩、脱毒马铃薯8万亩，粮食总产量达1.95万吨；累计完成烤烟种植每年3万亩以上，累计收购烟叶1200万斤以上；完成葡萄规模种植500余亩，完成刺梨栽种2641.2亩，完成车厘子种植900亩，完成蔬菜规模种植900亩，完成方竹种植2000亩，完成丹参种植400余亩；培育肉牛养殖专业户5户，养猪专业户21户，养羊专业户6户，完成能繁母猪统计1123头。利用荒坡地块种植牧草1000余亩，不断提高畜牧业在农业产值中的比重。完成荒山造林5814.1亩，完成石灰改良、坡改梯、石漠化治理6000余亩，加强饮用水水源地环境保护，饮用水水质达标率100%。

【美丽乡村建设进展明显】 完成生态文明家园建设黔西北特色民居建设981户，实施农村危房改造1401户，易地扶贫搬迁42户177人、小康房11户；投资200余万元实施大寨等村“五在农家．美丽乡村”示范点建设工程，美丽乡村建设成效显著。

【各项社会事业得到长足发展】 在加快经济发展的同时，切实加强社会建设和管理，注重社会事业协调发展。教育事业稳步发展，“两项督导”及“普十五”工程有序推进，投入资金

490万元完成11学校扩建工程和6个校园建设附属工程，新建中学、中心校教学楼和两所中学学生食堂，调整学校用地40余亩，为建设标准化、规范化学校奠定基础，教师队伍建设得到加强，教育质量稳中有升，捐资助学机制初步形成，共投入2.8万元资助困难家庭大学生入学。群众业余文化生活不断丰富，建成并投入使用“农家书屋”16个、农民建身场所2个，完成广播电视“村村通”工程1700余套，组建女子秧歌队1个。人口计生工作基层基础不断夯实，生育和妇幼保健服务水平明显提升，统筹解决人口问题取得实效。初步形成以中心卫生院为主体、以卫生服务中心为补充、以村级卫生室为延伸的农村公共卫生服务体系，重视卫生基础设施建设，建设不断完善，认真抓好镇卫生院综合楼建设工程。协调有关部门在下半镇中心点——该镇第二农贸市场，设置新型农村合作医疗渭河片区服务中心，切实解决了下半镇农民群众就医难、看病贵的问题，配齐村级卫生员和防疫员，农村公共卫生体系建设得到加强；新型农村合作医疗参合人数累计达15万余人，参合率每年均超过98.4%，新农合报销金额累计达700余万元，报销达92200人次。积极推动农村经济发展，实施“万村千乡市场工程”农家店13家，农村淘宝店2家，加快农村商品流通和实现便民购物；大力实施汽车和家电下乡工程，补贴各类车辆302辆、家电3100余台、资金200余万元；城乡低保基本实现动态条件下的应保尽保，社会保障能力不断提高；组织15名唇腭裂患儿到上级有关医院进行“微笑列车”项目治疗，为患者及其家属减轻了思想和经济负担。组织白内障患者到上级有关医院治疗，让30余名白内障患者重见光明。同时，落实帮扶措施，强化帮扶责任，组织镇村干部与贫困户结对帮扶，为贫困户增收作了积极有益的探索，不少贫困户初步找到了治穷致富的路子。以“六个到村到户”为载体，以“问需式”扶贫为抓手，扎实推进精准扶贫工作，实现对贫困村、贫困农户的精准化识别、精细化管理，2016年识别精准贫困户923户3285人，其中一般贫困户316户1504人，低保贫困户348户1396人，社会保障兜底的低保户和五保户259户385人。2014年脱贫195户845人，2015年脱贫174户745人；2016年计划脱贫73户341人；以保民生、保运转为根本。投资4万余元完成敬老院设施建设；顺利开展扶贫和低保两项制度衔接的基础性工作。积极开展矛盾纠纷排查调处，深入推进“法治林口”、“和谐林口”建设，深入开展社会治安“集中综合整治”专项行动，成功处理群众性事件2起，调解涉及土地纠纷、矿群矛盾30余起，查封赌博场所5家，查处治安案件15起，破获刑事案件40余起。政府投入20余万余元解决信访案件和矛盾纠纷，社会治安形势稳定好转。深入开展安全生产“三项行动”、“三项建设”，认真落实“一岗双责”和“层级管理”规定，实行工作组专职化管理和领导干部、一般干部包片包村（点）相结合的管理方式，层层签定安全生产目标管理责任书，完善巡查制度，加大督查力度，对全镇乡镇企业、道路交通等实施严管，切实维护了人民群众的生命财产安全，五年来，安全生产形势好转，态势平稳；同时，重视环境保护和资源的有效开发利用。深入推进“五在农家”及“整脏治乱”工作，集镇街道保洁制度逐步完善，投入资金明显加大，新建清洁池15个，协调资金60余万元建成集镇综合农贸市场1个，招聘14名保洁员对集镇实行全天保洁，并签订责任书，明确保洁员工作职责、林前村村干部的环境卫生和市场秩序工作职责、政府领导督查职责，加强垃圾处理，确保了集镇环境卫生。认真治理乱停乱放，确保了集市车辆停放有序。组织联防巡逻、集市贸易执法监察等，切实维护了正常的集市贸易秩序。有效治理粪土乱堆，柴草乱垛，垃圾乱倒，污水乱泼，畜禽乱跑，农具乱放等行为，竭力打造“净、畅、宁、和”的人居环境，集镇形象进一步得到改善。土地确权工作顺利开展。成立交通协管中队，投入3万多元配备服装，坚持场天上街整治交通秩序，确保道路安全畅通。社会主义精神文明建设、民主法制建设不断加强，村级公益事业

“一事一议”制度、政务村务公开制度、村级“三资”管理制度得到有效执行，基层民主不断扩大。

（撰稿人：办公室）

清水铺镇

【概　述】 清水铺镇位于贵州省毕节市西北部，川、黔两省交界处，距毕节市区72公里。总面积129.5平方公里，辖12个行政村4个居民社区8360户38580人。东连普宜镇、阿市乡；西邻生机镇，南靠亮岩镇，北接四川省叙永县赤水镇；属长江流域赤水河水系赤水河支系上游。全镇最低海拔650米，最高海拔1600米，属亚热带季风气候，夏无酷暑，冬无严寒，气候温和，年平均气温14.4°C，年均降雨量900毫米，无霜期258天。清水铺镇拥有较为便利的交通优势，出川油路703县道（原321国道）、704县道穿镇而过。居住有汉、彝、苗、白等多种民族。全镇以种养业为主，属典型的农业镇乡；粮食作物以辣椒、魔芋、洋芋等为主；经济作物以经果、烤烟、花生等为主；矿产资源主要有煤炭、铜、大理石等。

【基础设施建设】 以项目建设为龙头，加大融城对接步伐。2012年来，共硬化院坝2642户52404平方米，完成连户路建设106684.8米，农村环境得到了进一步优化、美化。2014年和2015年，在全镇上下的共同努力下，用两年的时间投入5000余万元完成了91公里的通村水泥路建设，全镇12个行政村4个居民社区全部实现了村村通水泥路的目标。2016年再次向上级争取了61.2公里通村路，目前已开始启动。五年来，我们积极争取小康寨、“一事　议”、水土保持等项目，完成“一事一议”通组公路建设25883米，改造农村危房2499户。投资100余万元，在东山村、大地村、橙满园村、后山村共安装了150余盏太阳能路灯，全面改善了群众居住和出行条件，全镇逐步形成了结构合理、功能完善、安全畅通、便捷迅速的美丽乡村体系。

【示范小城镇建设】 该镇依托特有的地理区位优势和生态旅游资源优势，着力打造美化亮化、设施一流、功能齐全的特色示范宜居小镇。2012年，我镇被确定为全省100个省定市级示范小城镇，在政策上、资金上得到了上级部门的大力支持。到目前为止，小城镇建设累计完成投资1.58亿元，28个“8＋X”项目已建成项目23个，已达标12个，其中2015年投资946万元在清水村官田组新修了日处理800立方米/天的污水处理厂，目前已竣工试运行中，待验收合格后，可正式投入使用。投资1.046亿元的农村客运站、垃圾中转站、高标准基本农田建设、扶贫生态移民安置点等7个项目正在有条不紊的推进之中。

【脱贫攻坚工作成效明显】

按照区委、区政府的要求，以“六个到村到户”为抓手，整合各类项目和资金，大力实施精准式扶贫，进一步创新扶贫方法、手段和渠道，认真落实“一市五金多套餐”政策，采取产业发展带动一批、小额贴息贷款帮扶一批、政府兜底帮扶一批的方式，对扶贫对象实行动态监管，确保不符合条件的一户不入，符合条件的一户不少。过去五年，共实现2个贫困村脱贫摘帽，305户1399人脱贫。

【农业产业结构调整】 始终坚持农业基础地位不动摇，在此基础上大力发展生态农业、特色农业、观光农业以及乡村生态旅游业。充分利用生态优势、气候优势，抓好以橙满园水果产业园区建设，不断扩大水果产业规模，逐步扩大赤水河沿线特色经果林的发展，充分发挥规模效应和作用，着力打造清水铺镇“一乡两园”：“毕节试验区橙子之乡、乡村旅游示范园、生态农业观光园”的品牌。通过加大农技推广力度，狠抓新型农民培育工程，促进了全镇现代农业稳步发展，完成了粮食产量增量，玉米增产工程，新建标准化蔬菜基地500余亩（辣椒基地、萝卜种植基地），新增标准化大棚10个，新增种植精品水果2000余亩。在后山村倒开门组推广200余亩覆膜玉米种植项目，获得了成功，亩产量达1300斤，为未来大面积推广奠定了坚实基础。认真抓好“绿化毕节”行动，全面完成20865.4亩退耕还林和荒山造林任务。并以此为契机，充分利用好区委扶持农业特色产业发展的政策和优惠条件，鼓励和引导社会资金投入农业农村，以大地村黔程果蔬专业合作社为代表的一大批专业合作社组织蓬勃发展，完成了7000余亩以清脆李、凤凰李为主的水果产业发展。同时，大力推进板块经济建设，在林间套种辣椒、萝卜等低矮作物，以短养长，着力加快农业产业结构调整步伐，推进特色产业规模化、规范化、标准化发展，稳步提升产业化经营水平，进一步促进农业增效、农民增收。

【社会各项事业全面发展】

卫计事业提质增效。卫计整合完成，医疗卫生服务体系不断完善，医疗服务能力不断提升。完成16个村卫生室标准化建设。镇卫生院现有职工在编40人，床位85张，成功创建为一甲医院，解决了群众看病难、看病贵的问题。全面贯彻落实计生国策，计划生育利益导向政策体系不断健全完善，累积发放各类计生优惠政策资金138万元，341户702人受益。计划生育优质服务不断提升，大力宣传放开二孩政策。教育事业再上台阶。教育、卫生、文化事业不断发展。五年来，建成教师周转房6090平米，农村寄宿制学校学生宿舍9200平方米。完成薄弱学校改造项目一个，含基本建成教学楼3800平方米，学生宿舍2000平方米，食堂200平方米，运动场8000平方米。，新建中心幼儿园一所。大力推进教育“9+3”计划，小学适龄儿童入学率达99.8%，初中适龄少年入学率达95.8%，小学巩固率达96%以上，义务教育完成率达99%。实现农村义务教育阶段学校营养餐计划全覆盖，校医、安保人员配置全覆盖，“两免一补”政策全覆盖。在中学建立留守儿童试验班，明确专人进行管理，取得明显成效，得到了上级部门和社会的广泛认可。教育资源配置不断优化，“基本普十五”和义务教育均衡发展，教育教学质量不断提升。文广体事业蓬勃发展。成功创办了老年大学暨群众文化艺术学校，并实行免费开放；镇综合文化站通过省文化厅定级评估，获得一级综合文化站荣誉称号。超额完成广播电视“村村通”工程2800套，“户户通”工程412套，全镇16个村多彩贵州“广电云”数字电视线路已架设完毕，预计2016年底可投入使用。建成镇级农民体育健身工程1个，面积1200平方米，村级农民体育健身工程5个，新增小广场4个，平均面积1000平方米。4G网络实现全覆盖。社会保障更加有力。全镇农村养老保险参保率均达到96%以上，累计发放养老金918万元。新型农村合作医疗参合率年均达95%以上，累计门诊报销1058万元，31.1043万人次受益，住院报销1590万元，1.8303万人次受益。城乡低保基本实现“应保则保，应退则退”，有效保障3300人城乡居民最低生活。发放临时救助金57万元、救助1135人次。落实“五保户”供养政策，供养农村五保对象167人，改造农村危房3044户，累计补助资金2899.04万元。

【“四关爱”工作有序推进】

留守儿童、困境儿童、空巢老人等群体关爱保护工作扎实推进。截止2016年10月，全镇留守儿童1190户2279人，困境儿童84人，留守老人596人，残疾人2302人、留守妇女359人。对这几类人群，从政策上支持、在心理上关心、在生活上保障，尤其是对留守儿童工作做到政策宣传到位、结对帮扶走访到位、重点人群关爱监护到位。认真落实“双线七长九平台”机制，在清水中学、清水小学分别建立“阳光少年之家”，对留守儿童加强心理疏导、加强社会关爱，确保农村特殊群体有一个健康向上，稳定和谐的社会环境。

【社会治安持续稳定】

“六五”普法圆满完成，“七五”普法、“法治毕节”全面推进。社会治安防控体系加快完善，成立了1支治安综合执法中队，依法严厉打击各类违法犯罪活动。以稳定为根本前提，制定完善各类应急救援预案，加强了群防群治治安巡逻队伍建设，配备了各种物资装备，确保突发事件的处置及时、有序、有力。集镇天网工程覆盖面不断加大，到2016

年底累计安装监控摄像头40余个，目前线路铺设完成，预计12月底可投入使用。加大矛盾纠纷查处力度，全镇无重大群体性事件、无重大公共安全事故发生，赴省进京非正常上访事件发生率明显下降。始终坚持“四禁并举、预防为主、严格执法、综合治理”的方针，对152名吸毒贩毒人员进行严厉打击和社会矫正，积极开展“阳光工程”，帮扶14名吸毒人员解决再就业，扶持10名吸毒人员进行自主创业；通过发放“警民连心卡”、“公众安全手册”等的宣传，使人民群众知晓率和参与率达96%以上，人民群众安全感满意度大幅提升。

【依法行政深入推进，加快建设法治政府】 始终认真贯彻依法治国基本方略，坚持法律面前人人平等，做到有法必依、执法必严、违法必究。落实政府权力清单和责任制度，实行政府法律顾问制度。深入推进政务公开，政府工作透明度进一步提高，主动接受社会监督。

【安全生产持续向好】 这五年，大力抓好安全生产工作，落实安全生产责任制，监管检查不断加强，开展安全执法检查、巡查、防汛检查、安全生产隐患排查等专项检查整治工作1020余次，抓早抓小，把隐患消除在萌芽状态。

【信访维稳成效显著】 全面落实社会治安综合治理各项措施，积极推行“司法评议”工作制，加强矛盾纠纷调处工作法和特殊群体“零距离”工作法，加大矛盾纠纷排查力度。五年来，全镇共调处矛盾纠纷320余件，调处率达100%，调处成功率达97.8%。

【着力打造优质高效政府服务环境】 一是注重提升执行力。进一步完善依法决策、科学决策、民主决策机制，完善政府规章、规范性文件合法性审查备案制度。自觉接受镇党委、人大的工作监督、法律监督。支持纪委依法独立履行监督职责，积极支持工、青、妇等人民团体发挥作用，深化政务村务公开，积极推进便民利民服务中心设施建设，围绕“办事更快捷、服务更优质、作风更踏实、行为更规范、群众更满意”的工作目标，优化政务环境，完善服务功能，转变服务方式，简化办事程序，提高服务效率。强化政府危机管理，切实提高应对危机和处置突发公共事件的能力，妥善处置各种灾害和突发公共事件。二是注重作风转变。认真落实中央“八项规定”和省委、市委、区委“十项规定”，以深入开展“三严三实”专题活动为契机，切实解决工作中出现的作风突出问题。始终坚持解放思想和开拓创新，不甘落后、奋勇争先，敢与快的比速度、敢与优的比结构、敢与强的比效益、敢与好的比质量，努力使观念思维、体制机制、工作措施等与新的形势和要求相适应。全面推行为民服务，在村级层面全面推行为民服务“125”工作法，统一建设为民服务大厅，实行村干部“开放式集中办公”，切实解决好联系群众“最后一公里”、服务群众“最后一步路”问题。三是注重廉洁自律。不断巩固党的群众路线教育实践活动中取得的工作成效，坚持走群众路线，以“干部清正、政府清廉”为目标，不断完善反腐倡廉制度体系，提高廉政风险防控管理工作水平。认真研究新形势下违纪违法案件发生的特点和规律，积极探索查办案件工作的有效途径和方法。认真落实“一岗双责”责任制，严格执行廉政准则和领导干部报告个人有关事项制度，大力推行经济责任审计制度，深入开展廉政建设和反腐败斗争，预防和严惩各种违法违纪行为。

（撰稿人：办公室）

生机镇

【概　述】 生机镇位于七星关区东北部的赤水河畔，地处北纬27°05′~27°56′、东经105°05′~105°55′之间，东与清水铺镇相连、南与亮岩镇相临、西与团结乡接壤，北与四川省叙永县的赤水镇、石坝乡隔河相望，厦蓉高速过境镰刀湾、高流、庆坪三个行政村，镇行政办公中心所在地经林生线上厦蓉高速到七星关区城区55分钟车程，经704县道离七星关区城区88千米；生机镇辖区境内地貌多样，地势东南高西北低，最低海拔570米，最高海拔1930米，海拔相对高差1360米，年平均气温14°C左右，年平均降雨量900毫米左右，无霜期230天左右。辖区总面积119.8平方千米，现有耕地面积30455亩，其中水田7750亩，旱地24070亩，森林覆盖率48%；全镇辖4个行政社区、8个行政村165个村民组，2016年年底，共有9046户40089人，有苗族、彝族、白族、蒙古族等少数民族居住；辖区内主产玉米、水稻、小麦、洋芋、红苕等粮食作物和烤烟、油菜、西瓜、茶叶、木耳、金针菇、花生、柑橘、桃、李、梨、核桃、板栗等经济作物；矿产资源主要有煤、硫、铁、大理石等。

过去五年，是全镇各项工作顺利平稳推进的五年，是全镇经济社会协调健康发展的五年，是全面实施“十二五”规划成效显著的五年。五年来，在区委、区政府和镇党委的正确领导下，在镇人大的监督和支持下，镇人民政府坚持以邓小平理论、“三个代表”重要思想和科学发展观为指导，全面贯彻落实党的十八大及十八届三中、四中、五中、六中全会精神和习近平总书记系列重要讲话精神，坚守发展和生态两条底线，围绕主基调主战略，紧扣目标，深化改革，创新思路，圆满完成了镇第一届人代会所确定的各项目标任务，全镇经济社会发展取得显著成效，实现了“十二五”完美收官，为推进脱贫攻坚、同步全面建成小康社会奠定了坚实基础。

【经济发展水平显著提升】

树立“壮大现有税源，扶持骨干税源，培植后续税源，引进外来税源”的财政工作思路，勤征细管，严格按照“乡财县管”的要求，实行预算内外资金综合管理，实行“定收定支、经费包干、超支不补、结余留用”的管理体制，规范各单位的支出管理。2015年，累计完成财政收入142万元，“十二五”期间，完成固定资产投资项目累计到位资金2.1亿元。

【生态建设成果进一步巩固】

“十二五”期间，实施“三江源”项目二期工程及巩固退耕还林成果补植补造工程10500亩，实施天保工程人工补植补造500亩、石漠化防治项目种植经果林2450亩、防护林1980亩、封山育林2000亩、库区种植核桃460亩12777株、荒山绿化和退耕还林4660亩，实施联合村土壤改良2000亩。

【农业生产水平进一步提高】

1. 农业板块经济建设有力推进。五年来，该镇结合各村优势，推进农业板块经济建设力度，初步具有特色化、观光型的农业产业链，完成种植柑橘8000亩、凤凰李700亩、冷凉蔬菜种植400亩、软籽石榴共计900亩、蓝莓300亩、及共5个村水土保持项目经果林种植6000余亩。2. 稳步推进基本农田规划种植。实施以704县道沿线为主线的玉米粮增工程，辐射带动，全面落实春播和秋冬种任务，粮食年总产量稳定在1.5万吨以上。3. 畜牧业发展服务质量得到加强。扎实抓好辖区内牲畜及家禽检疫注射工作，成立合作社3个。五年来扎实做好春、秋疫情防治工作，牲畜及家禽检疫注射10万余头（只），各类疫苗注射密度均达100%，4. “大数据”电子商务发展雏形初现。

以推动“大数据”建设为载体，大力推进电子商务与实体流通相结合的物流体系，建成镇级农村淘宝服务站1个，村级农村淘宝服务站2个，已正式营业。

【基础设施建设全面升级】

1. 公路建设取得突破性进展。（1）五年来该镇共实施通村水泥路共计150.563千米，全镇12个村全部实现了村村通水泥路，完成小康寨项目通组（寨）路硬化84.176千米。厦蓉高速毕生段如期建成通车，林生线互通完成水稳层建设即将铺油，704县道生机至杨柳湾公路大修即将维修结束，全镇公路网状交通初步形成。2. 新农村建设全面推进。完成危房改造工程1287户、黔西北民居改造923户、引导控制建设185户、撤除违法建筑6户、小康房建设50户、生态移民596户、贵州民居改造182户。

3. 小城镇建设持续推进。完善集镇老街基础设施，以BT模式建设特色小城镇，美化建设，提高居民幸福感。4. 水利基础设施建设得以巩固。完成半坡、葛铺、等村级小学学校饮水安全工程及抗旱应急水源工程并投入使用，同步推进集镇安全饮水管网安装。5. 扎实夯实基层组织活动阵地建设。按照“七个一”要求，扎实推进“一核多元”建设，完成镇便民服务场所，整合远程教育建设农家书屋 12 个，发放农村“村村通”文化设施，集镇街道实现了数字电视全覆盖。

【保障民生事业全面进步】 全面组织开展干部遍访贫困村贫困户，全镇进入精准扶贫系统人口 2268 户 7009 人，全面推进“一市五金多套餐”政策实施，申请“一市五金多套餐”政策扶持贫困户 564 户，“十二五”期间，全镇城乡居民社会养老保险参保率、缴费目标完成率均达 100% 以上。

【“和谐生机”建设稳步推进】 该镇认真落实“双线”目标管理和“一岗双责”责任制，以社会治理创新“六零六好”、群众工作“六强六创”和“法治生机”创建为抓手，真正做到稳步发展保稳定，强化治安促和谐。

（撰稿人：办公室）

团结彝族苗族乡

【概　述】 团结彝族苗族乡位于毕节市七星关区北部，地跨东经 105°18’、北纬 27°34’，西与林口毗邻，南与燕子口、亮岩两镇接壤，东与生机相邻，北与四川隔河相望。全乡 84 平方公里，土地总面积 8845.45 公顷。境内海拔起伏较大，最低海拔 660 米，最高为海拔 1976 米，境内气候温和，平均气温 13.8℃，年平均降雨量为 990 毫米，属于典型的亚热带季风气候，光照热量充沛，雨量集中，全年无霜期长，对喜温作物比较有利，这五年中均以种植玉米、马铃薯、烤烟、油菜、花生等为主。共辖团结村、草坝村、青龙村、青林村、青杠村、新中村、新田村、柱中村、海戛村、营坪村、发都村、银山村、安山村等 13 个村，村民组 136 个，全乡共有 13 个村，136 个村民组，5216 户，总人口 21886 人，是一个汉、彝、苗等多民族聚居区，少数民族约占总人口的 27.8%。全乡共有 19 个党支部，成立 2 个党总支。

【精准扶贫】 “实事求是、因地制宜、分类指导、精准扶贫”，精准扶贫工作以精准为核心，突出宣传倡导、利益导向、服务关怀、科学管理、鼓励引导，狠抓各项工作落实，促进农业产业结构转型发展，精准扶贫是新时期党和国家扶贫工作的精髓和亮点。党和国家一直十分关心和重视扶贫工作，改革开放以来，经过全国范围有计划有组织的大规模开发式扶贫，我乡贫困人口大量减少，贫困乡面貌显著变化，人民生活水平不断提高，但扶贫开发工作依然面临十分艰巨而繁重的任务，已进入啃硬骨头、攻坚拔寨的冲刺期，对党和乡的扶贫工作提出了新的要求和挑战。精准扶贫正是以习近平为总书记的党中央治国理政方略中对新时期扶贫工作新挑战与新要求的积极应对和正确指引。2014 团结乡精准扶贫户 1329 户 5614 人，经过教育扶贫、特惠贷引导创业、中央专项扶贫资金项目和易地扶贫搬迁等政策，落实帮扶措施，突出产业建设重点，充分发挥产业扶贫优势，积极配合村两委，对贫困户加大了产业扶贫和结构调整力度，逐步实现户户有帮扶产业。贫困村经济基础薄弱，起步低，因此产业扶贫应做到“稳、准、实”。团结乡结合实际和贫困户的能力，因地制宜，合理制定和发展种植、养殖等产业扶贫措施。2014 年脱贫 87 户 404 人，2015 年脱贫 104 户 487 人，2016 年脱贫 260 户 1034 人。

【农业产业】 团结彝族苗族乡人民政府与时俱进，不断开拓创新，加快了脱贫致富的步伐，经济和社会各项事业都取得了较大的发展，发展产业是促进经济增长方式转变的一个重要因素，2012 年狠抓科技兴农，推广杂交玉米种植 16500 亩，建成 6000 亩样版点。2015 年在沿河 9 个村种植 2000 亩柑橘、7000 亩樱桃、3600 亩香甘李，年产量达

6240万斤，产值达5000万元，在中海拔的法都村、海戛村种植5900亩烤烟，烟叶收购量5551担，产值665万元，巩固银山村300头规模养殖场1个，全乡成立农业专业合作社10家。截止2015年年底全乡共有306户申请“精准扶贫小额贷款贴息资金”用于发展种植和养殖。

【基础设施建设】　基础设施作为经济社会发展的基础和必备条件，抓好了可以为发展积蓄能量、增添后劲，而建设滞后则可能成为制约发展的瓶颈。2012年全面完成通乡油路改造，全面完成新田小学、安山小学、草坝小学、银山小学、柱中小学、发都小学、营坪小学等7所小学危改工程。截止2015年全乡共投资2000余万元硬化了村寨路、串户路和通村路，2016年新建成新田村广场1个。2016年新建的便民服务中心、干部职工公租房、教师周转房、学生宿舍近4000平方米，投资达6000万元，已顺利完工并投入使用。2016年广播电视全面实现户户通的目标。

【教育工作】　全乡教育工作以办人民满意的教育为目标，以创建教育强乡为总抓手，以改革创新为动力，以提高教育教学质量为核心，全面贯彻落实基础教育工作精神，进一步解放思想，深化改革，大力推进教育创新，贯彻落实政策扎实抓好义务教育，至2015年全乡小学入学率已达99.82%中学入学率已达100%，已保障小学、初中辍学率控制在1.8%和2.8%以内，且建成中心幼儿园1个并投入使用中。

【民政工作】　乡民政工作紧紧围绕乡党委、政府的中心工作，坚持“以民为本、为民服务、为民解困”的工作理念，全面落实民政政策，着力解决群众最关心、最直接、最现实的利益问题，在保障困难群众基本生活上办实事，在基层民主政治建设上求实效，在社会事务管理上创实绩，认真做好各项民政工作，按时完成了全年工作任务。巩固和发展农村新型合作医保，2015年和2016年均完成上级下发的参合金任务，群众参合率达100.93%和100.94%，年满60周岁的养老金发放率为100%。

【人口与计生】　五年来，坚持“以人为本、做强总量、提升内涵、优化服务”的思路，始终坚持以稳步提高符合政策生育率为核心，通过强化宣传教育、坚持规范管理，加强源头控制，完善利导机制，构建综合治理出生人口性别比长效机制，加强卫生规范和改造，实现卫计合一。2012年完成手术及时率为87.76%，到2014年完成手术及时率为已达100%。2016年孕前优生健康检查完成47对、覆盖率104%。

（撰稿人：聂建市）

鸭池镇

【概　述】　鸭池镇地处毕节市七星关区城郊，距市中心7公里，镇域面积91.1平方公里，东临梨树镇，南接岔河镇、朱昌镇，西北连千溪乡、碧阳办事处，北抵海子街镇。全镇共26个行政社区224个社区民组，居住着汉、彝、白、苗等民族14432户63881人。境内远航七星万象城、万丰国际商贸城、创美农副产品批发市场，黔西北电子农副产品销售物流园，贵州烟叶复考有限责任公司、三联学校、弘文学校、育才学校等多家企业、学校星罗棋布。十八河、倒天河横贯全镇，是发展农业的好地方。

2012－2016年是鸭池发展史上又一个精彩纷呈的五年。“十二五”期间，镇党委、政府以党的十八大、十八届三中、四中、五中全会及习近平总书记系列重要讲话精神为指导，以中央“四个全面”战略部署为统领，按照中央和省市区委、政府的各项决策部署，牢牢抓住发展这个第一要务，加快推进项目建设，做大做强特色产业，加大基础设施建设，持续强化民生改善，全镇呈现出了经济发展、社会稳定，人民安居乐业，社会各项事业健康协调发展的良好态势。

【党的建设】　过去这五年，鸭池镇认真落实党建主体责任，探索实践并总结出了“12345”党建工作思路（树立“一个”理念、发挥“两个”作用、突出“三个”重点、突出抓好“四项”工作、实现“五有”目标），党建工作逐步迈上了新台阶；始终坚持民主集中制原则，修订、新建了一系列规章制度，集体议事、分工负责、谋划决策、安排部署和督促落实等各项工作更加规范；开设了“周一调度工作”、QQ群和鸭池镇政府短信平台，经常性、多渠道抓好干部学习教育；先后组织开展了创先争优、党的群众路线教育实践活动、“三严三实”和“两学一做”等一系列党内教育，党员干部党性和宗旨意识不断增强，“四风”问题得到有效整改；高度重视干部培养帮带工作，近年来全镇先后有5名优秀年轻干部走上了领导岗位。高标准、严要求做好发展党员工作，累计发展党员83余名，党员队伍持续壮大；认真开展了党代会常任制工作，累计有90多条代表提案得到办理落实。坚持抓好“党员服务区”、“在职党员进村入户开展志愿服务活动”、“双代双协”等工作，广大党员服务群众的作用得到有效发挥；创新实施了“鸭池镇镇村干部百分制”和“镇村干部三卡一预警”积分管理办法，严格落实村干部坐班值班和便民服务代办制度，充分利用远教平台开展教育培训，村级组织活动场所“建、管、用”水平显著提升；全面推行“四议两公开”工作法，整顿转化了部分软弱涣散党组织，村级党内生活不断规范，战斗力得到加强，村民自治水平不断提升，村级集体经济不断壮大。

【廉政建设】 认真落实党风廉政建设主体责任，不断加大廉政知识教育培训力度，累计开展学习教育60余次，实现了廉政教育的经常化。逐级逐人签订《责任清单》、《告知书》和《承诺书》，层层分解了廉政任务，靠实了工作责任。畅通群众信访渠道，积极回应群众诉求，累计调查办理各渠道信访件146起。进一步规范廉政工作抓手，累计组织40余名村党组织书记和机关站所负责人进行了“三述”和测评。持续规范公务接待、办公采购、公务用车、办公用房、财务收支、项目管理和领导干部个人活动等行为，彻底杜绝了内部违纪现象的发生。引导镇人大、镇纪委发挥职能作用，对项目建设、民生工作等重点领域进行常态化监督检查，累计配合上级纪检监察机关调查处理违纪案件8起，营造了风清气正的工作氛围。严格执行村组干部任前联审、谈话等制度，实行上下班签到，规范请销假制度，对镇村干部的管理实现了持续从严，镇村干部工作效能显著提升。

【项目建设】 五年的时间，鸭池镇圆满完成了碧阳大道、碧阳二道城市主干道建设，杭瑞高速、厦蓉高速、毕威高速交汇竣工通车，岔河路、草千路、毕纳路的改扩及石桥至朱昌、干龙滩至煤冲，上坝至煤冲的通村水泥路的建设按时完成；德溪新区、石桥物流园、创美农产品交易市场、黔西北农产品电商物流园、远航物流园、万丰国际商贸城、公租房建设、鸭池中学扩建、弘文中学建设、第二污水处理厂、万晟商贸城、瑞丰铭城等一大批城建重点项目征拆工作有序推进，有力保障了全区、全镇建设大局，全镇城镇化水平不断加快。大力实施“四在农家·美丽乡村建设”，先后建成哈唧村、赶场坝村两个高标准新农村，完成新建小康房建设5户及棚户区立面改造共计4286户。紧抓精准扶贫、“一事一议财政奖补政策”机遇，大力实施通村道路和村组道路建设，全镇实现通行政村道路全硬化，通自然村道路硬化率达90%；投资180多万元，完成十八河河堤的修补加固工程；投资210万元建成哈唧、王家湾、草堤、石格、核桃、干龙滩、煤冲人畜安全饮水工程；完成“一事一议”财政奖补资金860万元，实施了41.6公里的通组路硬化项目。投入资金256万元，完成43939米连户路。72681平方米的院坝硬化建设。投资620万元，建成了哈唧文化广场、赶场坝文化广场、庙山脚文化广场、岩头村文化广场；投资1820万元，建成了鸭池镇行政服务中心，改扩建了26个村的村级办公阵地；投资3000万元，全面实施了农村学生营养餐和教师周转房、农村寄宿制学校宿舍建设工程。投资860万元改扩建了鸭池中心卫生院及21个村的村级卫生服务室，解决了群众看病不方便的问题。

【农业发展】　这五年，鸭池镇紧抓包村帮户和精准扶贫精准脱贫政策机遇，聚焦促农增收目标，持续调整优化产业结构，粮食实现稳产增收，蔬菜种植面积逐年扩大，旱作农业得到有效推广，畜牧、林果、劳务、商贸等多元产业平衡发展。积极推广山地高效农业种植，打造了以河、南箐农业综合板块，实现了全镇粮食缩面不减产。大力引导发展林果产业，做大做强刺梨产业；结合鸭池实际，建立“石桥—石格—哈啷；王家湾—哈啷—下坝—上坝—煤冲—干龙滩”两条林果产业示范带，加强荒山造林和环城绿化建设，积极扶持发展林下养鸡、种草养畜等林下经济的发展；加强4800亩扶贫核桃种植和管护，使林业经济发展为鸭池镇农村经济又一支柱。先后创建农民专业合作社38个，累计培育规模养殖大户15户，引导群众发展家庭养殖1200余户，至“十二五”末期实现全镇大牲畜存栏5313头、猪存栏1.2万余头、家禽存栏7.21万羽，均破历史新高。大力盘活闲置耕地，累计流转土地680亩，先后建成十八草莓葡萄、干龙滩精品草莓葡萄等特色果园，群众增收途径得到进一步拓宽。

【社会事务】　五年来，鸭池镇始终把民生社会事业作为保障脱贫攻坚和经济社会发展的重要抓手。完成2146户贫困户甄别、建档立卡分类管理，对190户贫困户实施了“一市五金多套餐”问需式精准帮扶，五年共减少贫困人口7273人。教育9+3工程稳步推进，义务教育巩固率达93%，人均受教育年限提升到8年，义务教育均衡发展通过验收，顺利实施了农村学生“营养午餐”工程，中小学参与全区统一考试成绩显著。开展农村医疗保健服务体系建设，基本医疗公共卫生服务均等化发展实现全覆盖，全镇26个村全面建成卫生服务体系。完成了鸭池镇卫生院和计划生育技术服务机构整合，初步建立一体化医疗联合服务体系；全面二孩政策运行平稳，常住人口出生率、自然增长率分别控制在省市区下达的目标以内。新增城镇就业2155人，转移农村劳动力就业18650人；建成公租房140套，改造农村危房1220户。2011年来城乡居民医保参合率年均达96.9%，共享受约1.2亿元的医疗补偿。逐步健全养老服务机构管理制度，投资55万元在7个村打造幸福园，敬老院入住率达95%；深入推进养老保险制度，到2015城乡居民养老保险参保25800人，发放养老金金额约114.5万元；加大弱势群体帮扶救助力度，农村五保对象全部得到妥善安置，及时发放各类救助金和救助粮。2011年来共发放低保金2761万元，临时救助及医疗救助3861万元；完成辖区内1094名留守儿童、138名空巢老人、3671名残疾人、60名困境儿童调查统计、建档立卡工作。制定“1+4”社会治理措施，建立健全农村贫困家庭、留守儿童、困境儿童、留守妇女、空巢老人、残疾人等特殊困难群体长效保障体系，建成流浪未成年人救助站，设立26村救助点，建设标准化农村“留守儿童之家”4个，实现了对辖区贫困家庭、留守儿童、困境儿童、留守妇女、空巢老人、残疾人的动态跟踪管理。按照标准建成鸭池镇老少共融之家，对辖区内的五保户实施集中供养。

【综合治理】　全面强化社会管理，在各村推行“网络化”管理模式，建立了片区、村、组、村民代表或党员服务区“四级”网络服务队伍，镇村两级协调联动，在排查调解矛盾纠纷、维护区域社会治安等方面发挥了重要作用，按照“三有一满意”目标化解疑难信访积案446件。命案、刑事案件发生率分别下降20.19%、15.4%，人民群众安全感达96.85%，较“十一”五期间上升0.47个百分点。高度重视防灾减灾，全镇26个行政村实现应急避险点全覆盖，累计开展防灾减灾科普知识集中宣传20余次，及时修复了水毁公路、管网、堤防、灌渠、耕地，切实维护了人民群众的生命财产安全。全镇26个行政村都建立了安监室、交管室和劝导站，每年与村、驾驶员签订责任书和承诺书，上路检查车辆、现场开展安全宣传基本实现常态化，多年来无重大农村道路交通事故发生。

（撰稿人：办公室）

朱昌镇

【概　述】　朱昌镇位于毕节市区东南，距市区 13 公里。东与大方县接壤，南与纳雍县相邻。境内地形地貌类型多样，大部分地区属高原丘陵、高原高山地带，西南部与全区最高山脉——乌箐大山相连，南部紧靠梅花箐梁子，西北部与沙垮梁子相依，境内溪沟、槽谷、坝地纵横交错，最高海拔打磨冲梁子 2177.3 米，最低海拔哈啷村罗家寨 1490 米，相对高差 687.3 米，一般海拔为 1600—1800 米，地势由西南向东北方向倾斜，耕地主要分布在槽子、坝地和斜坡地带。全镇坡耕地面积 1.4 万亩，梯坪地 1.4 万亩，水田 0.45 万亩，气候条件优越，森林覆盖率 31.5%，朱昌镇属亚热带气候，年均温 12.5℃，最热月（7 月）平均气温 22.0℃，最冷月（1 月）平均气温 2.3℃。极端最高温 32.8℃，极端最低温 -9.5℃，≥10℃，年积温 3689℃，年降水量 987.4 毫米，无霜期 246 天，年辐射量 90.42 千卡/平方厘米，年日照时数 1340.3 小时，主要灾害性天气有旱灾、暴雨、冰雹、倒春寒、秋风秋雨、低温等，其中冰雹、干旱、低温对农作物危害最大。土地资源丰富，宜种作物广泛，农业基础条件好，人文资源丰厚，对发展生态农业和生态旅游观光极其有利。全镇现有 14 个村，146 个村民组，12783 户，53155 人，农业人口 30981 人，居住有汉、彝、苗、白、布依等民族。全镇基础设施教为完善，截至 2016 年底水、电、路、讯设施完备，水资源丰富，朱昌镇草炭资源储量为 1 亿吨以上，主要分部在朱昌盆地的双堰村和宋伍村。五年来全镇人饮工程基本完成；10 千伏高压输电和 220 伏低压输电网络覆盖全镇 146 个村民组；毕纳路横贯全境，杭瑞高速公路在朱昌下匝，通村路 102.3 公里，实现油（水泥）路硬化，全镇绝大部分通组实现水泥路硬化，使我镇交通体系四通八达，通讯设施完善。

2012 年至 2016 年这五年是认真贯彻落实党十八大和十八届历次全会、习近平总书记系列重要讲话、特别是视察贵州时的重要讲话精神，全面决战决胜贫困的关键的五年。朱昌镇牢牢把握全面从严治党的总要求，按照区委、区政府的决策和部署，围绕朱昌现代高效农业示范园区的建设，立足“一园多区多点”的发展布局，着力建设“园在景中、景在园中”的新朱昌，推进了“园区景观化、农旅一体化”的发展格局。这五年镇域经济发展成效明显，人民收入稳步增长，截至 2016 年底我镇人均纯收入达到 8658 元，同比增长 10%；全镇金融机构存款达到 3.6 亿元，贷款 2.5 亿元。这五年共完成固定资产投资 7.7 亿元，完成了朱昌现代高效农业示范园区、鸿达牧业、七星水世界、朱昌农贸市场等多个项目建设。这五年朱昌镇招商引资签约资金 8.3 亿元，到位资金越 7 亿元。

【现代农业】　充分发挥省“5 个 100”工程项目之一的朱昌现代高效农业示范园区优势，着力补齐园区短板，提升了园区形象，不断创新探索农业 + 旅游的合作模式，重点加强园区外围的发展。五年园区共接待省内外党政考察 460 多批次，毕节城市“后花园正”逐步成型。一是着力打造集刺梨生产、加工、销售、仓储、物流于一体的刺梨产业示范园，结合冬春造林、退耕还林等工程，五年共完成刺梨种植 9100 亩，引进了两家大型刺梨加工企业野金素和刺梨花开落户返乡农民工创业园区。二是投资 2000 万元建设朱昌镇农贸市场和启动实施省级高标准农田治理项目。三是完成花厂、白泥绿壳蛋鸡养殖和八亩客观因素扶贫项目建设。四是农业产业结构调整迈出新步伐。我镇始终坚持以市场为导向、依靠科学技术、发挥区位优势，立足自身实际，建设现代高效农业示范园区畜牧产业园，截至 2016 年底存栏蛋鸡 77 万羽，存栏生猪 10000 头，完成园区周边精品水果种植和水上观光农业的建设规划设计。

【基础设施】　这五年基础设施建设不断完善，人居环境不断优化。为提高人居环境整体水平，我镇加大投入，不断完善基础设施建设，大力整治环境卫生，完成实施贵州民居改造，改善群众居住条件，推进特色化、现代化、信息化小城镇建。一、加快基础设施建设。一是投资48万元建设垃圾填埋场，解决我镇集镇垃圾处理难题，环境卫生状况得到极大改善。二是投资90万元建设小屯村黄家院子文化广场以及2500平方米文化墙，为村民休闲娱乐和业余健身提供活动场所。三是投资32万元在集镇安装太阳能路灯100盏，方便群众出行，节约政府开支。四是争取到省公路局专项资金180万元，对花厂街上排污沟和路面进行改造维护，改善了花厂街上脏乱差状况。五是争取了200万元完成双堰村智慧农村项目建设，可实现足不出户知村情、邻里关系更和谐的效果。六是完成通村公路建设20公里、通组公路35公里，改善群众出行条件。七是小屯、双堰成功申报省农村人居环境改善试点工程。八是基本完成246国道工程建设土地丈量和土地附属物清点工作。九是启动朱昌镇农贸市场建设，规范集镇市场秩序，改善集镇交通条件。十是投资220万元升级改造发启水库，提高供水覆盖面。二、持续推进美丽乡村建设，改善居住条件。一是完成小屯村“五在农家·美丽乡村”示范点建设工程，展现新农村风貌。二是争取投资1500万元完成高速公路沿线贵州民居改造310户。三是投资170万元对高速公路匝道两侧进行绿化，美化沿线环境。三、凝聚多方力量，发力整治环境卫生。一是争取市环保局等部门资金45万元采购垃圾运输车1台、垃圾桶300个、飞机斗30个，新建和改建垃圾池40口，增加配置保洁员12名，形成环境卫生常态化管理。争取到省环保厅投资180万元农村环境综合整治项目。二是开展多彩贵州文明行动，发动干部职工每周五下午三点开展环境卫生集中整治，小屯村还作为2016年全区“五在农家·美丽乡村”建设推进现场会观摩点。

【民生事业】 这五年民生不断改善，各项社会事业稳步推进，人民幸福感指数不断提高。一是实施危房改造，完工54户，受益227人，小康房5户，受益26人；全镇享受低保政策照顾1605户3153人，发放保金810多万元，发放临时救助金233133元、医疗救助1024930元；2016年合作医疗参合率达100%；二是全年城镇新增就业610人，同比增长12%，投资39万元修建300平方米的社保大楼作为办公服务场所。三是特殊群体保障措施增强。留守儿童规范化建设作为市级示范点并通过验收，敬老院消防设施完善、集居老人应急逃生技能考核通过省市消防总队验收。

【教育】 这五年教育事业快速发展。一是截至2016年完成学前教育招生571人、高中招生409人、中职招生506人、三残儿童6人，毛入学率85.44%，义务教育巩固率达到86.36%，小学辍学率为0.28%、初中辍学率1.33%；朱昌中学、朱昌小学创建义务教育管理标准学校、文明校园和“四在学校·幸福校园”创建通过验收，朱昌小学完成规范化建设学校创建，全镇教育通过省市区“两项督导”和“普十五”验收。二是进一步完善教育设施。投资620万元启动花厂幼儿园建设，宋伍小学、伍坪小学、发启小学扩建、改建工程已实施完毕，办学条件得到极大提升；启动宋伍小学、朱昌小学薄弱学校改造工程，征地工作已完成。三是强化教师队伍建设，根据区《教育系统人事调配管理办法》规范我镇教育系统人事调配，清理借用教师34名，完善我镇教师管理体系。

【文化】 这五年文化事业不断加强。一是完善公共文化设施安装。朱昌全镇范围内今年共计安装七星关综合广播音柱42个，安装农民体育健身器材2套，完成小屯村健身路径建设工程，完成12个村“广电云”村村通建设工程，实现全镇14个行政村全覆盖。二是启动综合文化站建设。投资120万元的朱昌镇综合文化服务站项目建设已完成项目规划设计，建筑面积500平方米。三是双堰村投资2万元配置科普图书室、网络学习室等活动场所，经常性开展科普宣传教育活动，通过了市级科普示范村创建验收。

【党建】 这五年党组织建设得到强化，稳步推进大党建促进大扶贫。充分发挥大党建的统领作用，扎实开展“两学一做”学习教育、集中换届、精准扶贫等各项工作，选好干部、用好干部，为脱贫攻坚、同步小康提供强有力的保障。一、责任担当意识得到了强化，党风廉政建设主体责任落到实处。转变作风，责任担当意识得到了强化，党风廉政建设主体责任落到实处，持续深化全面从严治党，突出党委主体责任落实，党风廉政建设稳步推进。一是加强领导，全面落实党风廉政建设责任制。全年共安排党风廉政工作 26 次，组织全镇干部职工专题学习 5 次。二是强化教育，筑牢拒腐防变的思想道德防线。先后组织镇村党员干部学习了中央、省、市、区一系列关于廉洁自律各项规定，切实提高广大党员干部责任意识和纪律意识，促使全体党员干部廉洁自律。三是严明纪律，着力优化经济社会发展软环境。结合镇实际情况制定完善了学习、考勤、值班、工作考核等制度，并按规定进行专项督查，对于违反相关规定的工作人员严惩不贷，实现科学管理、民主管理。四是深入开展六大专项行动，着力打造民生监督工作市级示范点建设。严格按照“五个规范”和“五个100%”的要求有序推进民生监督规范化创建工作。按要求完成省市开展的农村危房改造、信贷扶贫、农村安全饮水、退耕还林等民生项目专项监察。督促各职能部门做好各项民生项目资金公开，做好公开备案及抽查工作。五是高度重视，做好信访和案件查办指导工作。在镇纪委设立民生信访举报服务站，每周三安排一名领导在信访大厅接访，全年约谈干部 42 名；纪律审查共完成立案 13 件，结案 13 件，受到党政纪处分 13 人。二、抓党建促扶贫，脱贫攻坚稳步推进。一是以党的建设引领脱贫攻坚，坚持“五个一批”和“六个精准”，细化“六个到村到户”，认真落实“1＋10”扶贫政策，全年累计投入扶贫资金 3300 余万元，全镇如期脱贫 2222 人。贫困人口就地转为生态护林员 6 人。完成 23 户、97 人易地扶贫搬迁工作。二是开展贫困户识别工作回头看，进一步了完善全镇贫困户家庭人口信息、住房信息、工作信息数据采集、整理，并上传到贵州扶贫云大数据网络系统。争取扶贫资金建成 3 条通组路，启动 3 个出列村所有通组路建设，确保出列村“五通四有”全覆盖。启动脱毒马铃薯种植，确保贫困户户户有增收产业。动员贫困户通过“特惠贷”和“一市五金多套餐”贷款 556 万元发展产业。联系辖区企业召开座谈会，实现企业帮扶贫困户 63 户。三、加强组织领导，强化镇、村干部队伍建设。一是抓实抓牢镇党委换届工作，组好朱昌发展的火车头。把坚持党的领导、充分发扬民主和严格依法办事有机结合起来，严格按照法律规定的程序，从 813 名党员中推选出 88 名党员出席中共朱昌镇第二届党员代表大会，通过大会选举产生了平均年龄 34 岁的新一届党委领导班子。二是精心组织抓实抓牢政府换届工作。强化组织引领作用，认真落实人民代表大会制度，88 名人民代表在镇人代会上选出了新一届政府领导班子。三是加强组织领导，选好配强村两委班子。支部换届实行差额选举，通过调查摸底、民主评议和组织考察等方式选优配强村书记，先后调整软弱涣散村党支部书记 2 名，选派 2 名优秀镇干部下挂村支书，优化了村支部书记队伍。统筹抓好镇、村干部队伍的建设，为决战决胜贫困提供了组织基础。四、以“两学一做”学习教育为载体，探索创新出 1＋N 工作模式。对党员如何发挥作用进行了深入探讨，探索提出了“1＋N”工作模式，即：“1 个支部引领，N 个先锋队发挥作用”。这个理念提出后，全镇 14 个村支部结合自身实际组建了不同的先锋队。如：白泥村，脱贫先锋队带领 23 户贫困户参与成立农民专业合作社发展绿壳蛋鸡养殖；在伍坪村，产业发展先锋队带领 35 户贫困户参与发展“能繁”母猪养殖；在双堰村，和谐先锋队配合调解社会矛盾纠纷 80 余起。五、以“精准扶贫”为载体，发展壮大集体经济。加强村、企共建，充分发挥大兰与伍坪合作共建的成功经验，利用好精准扶贫相关政策措施，多方整合资源发展壮大村级集体经济。花厂村、山脚村和发启村将其出列的经费共计51万元入股到花厂福源砂厂，实现年收益3万元以上的村（社区）4个，10万元以上的村（社区）1个。

【社会治理】 这五年社会治理成效明显，以安全稳定为保障，推动经济社会健康发展。加强社会管理创新，有效防控风险，维护社会稳定，为经济社会发展营造良好环境，激活发展动力，打造和谐稳定平安新朱昌。一、切实加强社会治安综合治理。坚持“打防结合、预防为主”，加大对重点部位、重点区域的巡逻防控力度，有效减少治安案件发生，人民群众安全感和满意度明显提升，强化反邪防邪宣传教育，坚决打击各类邪教组织活动。加大对外流贩毒等毒品违法犯罪行为的打击力度。进一步推进社区戒毒社区康复“阳光工程”等项目建设，做好吸毒人员帮教、管理和就业安置。最大限度降低复吸率，减少新增吸毒人员。招聘村级警务助理16人、政府出资招聘7名协警，组建村级社会治安夜间巡逻队，在园区设立警务室，负责园区社会治安工作，加强巡查力度，切实保障人民群众的生命财产安全，社会更加和谐稳定。二、积极推动社会治理创新。进一步巩固和拓展好党的群众路线教育实践活动成果，加快“六零六好”朱昌经验应用和推广；进一步畅通信访渠道，认真贯彻《信访条例》，建立完善信访信息综合平台，坚持干部联系群众、接待群众、包案督访下访等制度。进一步强化基层基础设施建设，提高为民服务的能力；进一步深入开展农村法治宣传教育，增强领导干部法治观念，增强农民学法尊法守法用法意识。健全依法维权和化解纠纷机制，引导和支持农民群众通过合法途径维权，理性表达合理诉求，并通过村民议事会、监事会等，引导发挥村民民主协商在农村社会治理中的积极作用。依托三级联动视频接访平台和村级“公道评说”室，累计接访173批次，有效化解矛盾纠纷872起。依托“六零六好”经验推广，推进双堰村和宋伍村法治示范村建设进程，同时巩固和创新出小屯村黄家院子等一批有代表性的社会治理典型示范村寨。三、毫不放松安全生产。进一步强化“红线意识”和“底线思维”，牢固树立安全发展理念，严格履行“一岗双责”责任制，认真落实“三个监管责任”、安全生产“五个全覆盖”责任体系，督促企业全面落实好安全生产主体责任。重要节假日期间，主要领导、分管领导带队对辖区内涉安企业和道路交通进行隐患排查治理，招聘5名交通协管员，组建两支队伍进行道路交通安全管理，对全镇交通主干道和通村公路实行双线管理，有效防范道路交通事故的发生，保障了民众出行安全。进一步强化道路交通、烟花爆竹、森林防火、建筑施工、非煤矿山、地质灾害等行业领域专项整治，全年无安全生产事故发生，无重大交通事故发生。

（撰稿人：辛云祥）

田坝镇

【概　述】 五年来，在区委、区政府的正确领导下，田坝镇坚持以邓小平理论和“三个代表”重要思想为指导，认真贯彻落实党的十八大，十八届三中、四中、五中全会精神，全面贯彻落实科学发展观，深入贯彻习近平总书记系列重要讲话精神，依靠全镇党员干部群众，团结奋进，开拓创新，实现了经济稳步增长和社会事业协调发展。

【经济发展】 2012年以来，在区委、区政府的正确领导和各有关部门的大力关心和支持下，田坝镇党委、政府始终紧紧围绕区委、区政府的工作思路，坚持以邓小平理论和“三个代表”重要思想为指导，以科学发展观为统领，认真贯彻学习党的十八大和十八届三中、四中、五中全会精神和省市区有关会议精神，真抓实干，实现了“五年大发展、五年大变样”的目标，各项工作取得重大突破。全镇农民人均纯收入由2012年的3278元提高到2016年的5760元，年均增长15.16%；累计完成固定资产投资3.06亿元，招商引资累计完成4.5亿元。强劲的发展态势，为该镇决战贫困、提速赶超、同步小康奠定了坚实基础，积累了宝贵经验。

【大力调整产业结构，促进农业增产、农民增收】 五年来，该镇始终坚持科技兴镇不动摇，立足镇情，大力调整农业产业结构，千方百计提高农村劳动力素质。通过科技下乡等方式联合农牧、科技等相关业务部门，共举办科技培训班8期，培训1180人次，劳动者素质得到了提高。以板块经济建设为契机，加大产业结构调整力度。在田坝村建立了300亩杨梅、300亩红脆李、800余亩的早熟马铃薯种植示范基地；苏嘎村和兴旺村实施了545.5亩的脱毒马铃薯种植；田坝村和茨朗村发展800亩刺梨种植；在沙炭沟村启动100头规模的能繁母牛养殖项目；推广杂交玉米良种8000余亩，推广杂交玉米“营养坨”育苗移栽1200亩。

【全面实施新农村建设，各项基础设施不断完善】 一是加快交通水利基础设施建设进程。完成了田坝至茨朗村7.4公里、兴旺砖厂至猫场沟2.5公里、分水垭口至坪子上4.7公里、新民村1.3公里共18.2公里的通村公路硬化工程；完成“一事一议”通组公路建设26.8公里，连户路硬化27.8万米，院坝硬化33.7万平米，并对盘挪河村的通村公路路面进行了平整维修，解决了7个村3200余老百姓出行难的问题；完成河道治理3千米，维修灌溉渠道3千米。二是加强基层组织阵地建设。投入20余万元，对茨朗村服务阵地进行打造，极大地改善了便民服务环境。三是统筹推进“四在农家、美丽乡村建设”。五年来，我镇共实施危房改造1242户，共发放危改资金982万元。实施小康房建设14户，发放补助金32万元；投入资金109万元在苏嘎村苏嘎湾子建成“四在农家．美丽乡村”示范点。

【强化招商引资，促进工业兴镇】 认真落实区委、区政府招商引资工作文件和会议精神，不断营造和改善招商投资硬软环境，结合实际出台招商引资激励机制，切实加大招商引资工作力度。五年来，我镇共完成招商引资4.5亿，建成太阳风砖厂、老土哥雪莲果饮料有限公司、华林砖厂、鹏程黄沙厂、晟鑫沙厂和永宏沙厂等企业，实现年产值共5000多万元，带动就业232人。

【各项社会事业持续健康发展】 （一）抓好社会保障工作。五年来，共发放冬春救济粮150吨、救济款50余万元；发放五保金106.8万元，保障了83户五保户121人的生活；发放农村低保金498.32万元，解决898户低保户1801人生活困难问题；医疗救助84人次，46.72万元；临时救助45人次，16.8万元。全面完成城镇居民养老保险收缴和新型农民合作医疗参缴工作。（二）以人为本，切实抓好人口和计划生育工作。严格按照全镇人口计划的要求，扎实开展计划生育工作。完成“四术”任务1046例，占总任务数的83.27%；符合政策生育率为93.49%，一孩上环及时率为100%，二孩及以上手术及时率100%。全镇享受奖扶政策54户102人，农村独生子女户19户，二女结扎户13户，少生快富对象5户。认真抓好已婚育龄妇女妇科病普查普治工作和妇检工作，妇科病普查普治率达92%，发放计划生育药具1382人次。（三）狠抓安全生产工作，安全生产五年“零”事故。坚持“预防为主、安全第一、综合治理”的方针，健全完善各项规章制度，按照“横向到边，纵向到底”的工作原则，全面完善安全生产监管网络，认真开展道路交通百日大整顿活动；加大对夹岩水库建设、非煤矿山、地质灾害点、水上交通、库区安全、食品卫生以及烟花爆竹等危化物品生产、运输、销售的日常巡查和整治力度，取得了我镇安全生产五年“零”事故的佳绩，保护了人民群众的生命财产安全。（四）抓实文教卫生工作，促进精神文明建设。一是进一步巩固“两基”成果，提高适龄儿童入学率，减少适龄儿童辍学率，适龄儿童入学率达99.57%，初中毛入学率达100%。全面落实中职教育“9+3”计划，并完成各学校的教师周转房和学生宿舍建设5000余平米。二是完成苏嘎、先进、沙炭沟、盘挪河等4个村的卫生室改造工程，全镇新型农村合作医疗参合率达95%以上，有效解决人民群众看病难、看病贵的问题，受益人数达25000多人。三是整合资源，组建壮大民间花灯剧队伍，以老百姓喜闻乐见的方式宣传党的方针政策，弘扬“花灯戏”传统文化魅力；抓好农村广播电视“村村通”工程，全面扩大农村卫星广播电视覆盖面。（五）着力维护社会和谐稳定，深入开展“平安田坝”创建活动。依法严厉打击各种刑事犯罪和经济犯罪。五年来，共抓获各类违法犯罪人员87人，有效遏制我镇辖区内偷牛盗马、吸毒贩毒等违法犯罪案件的发生；加大矛盾纠纷的排查化解力度，共排查各种矛盾纠纷332起，成功调处321起，及时将矛盾解决在基层，消化在萌芽状态，确保了田坝社会平安、和谐、稳定。（六）有序推进精准扶贫精准脱贫工作。截至目前，共识别贫困村3个、贫困户795户、贫困人口3122人。有针对性地为各贫困村、贫困户制定帮扶计划，明确帮扶责任人，确定帮扶具体目标、任务，分类施策。一是积极争取项目，加大基础设施建设。近两年来，镇党委政府积极协调、多方争取，共为出行不便的7个村3200多老百姓解决了18.2公里的通村水泥路建设；二是全面落实“一市五金多套餐”帮扶措施，帮助381户贫困户申请贴息贷款，发放贷款492.7万元；发放刺梨、核桃、樱桃等间需式苗木23.2万余株；三是扎实落实扶贫项目。共落实核桃种植5000余亩，落实脱毒马铃薯种植545.5亩；以大户带贫困户的形式共落实刺梨种植760亩、脆红李500亩、脱毒马铃薯300亩、羊肚菌20亩。四是扎实开展易地扶贫搬迁工作。通过采取贫困户自愿申请和干部主动动员等方式，全面完成易地扶贫搬迁“回头看”，48户204人纳入今年的扶贫搬迁对象。（七）水库移民及生态移民易地扶贫搬迁。夹岩水利枢纽工程启动以来，我镇积极配合做好实物指标调查、库区矛盾纠纷协调、淹没区土地房屋等赔偿的核定以及库区移民搬迁工作。目前已完成先进村潘家岩脚组的搬迁任务，涉及总户数79户，总人口371人，其中，移民户为71户334人，非移民户8户37人；完成盘挪河村和茨朗村1265水位线下256户农户的协议签订，发放补偿存折227户，1265水位线下的移民搬迁安置补偿协议签订工作已全面启动。生态移民易地扶贫搬迁方面，截至目前，我镇共识别并建档立卡易地扶贫搬迁对象48户204人，涉及6个村26个村民组。48户中有44户已全面动工，4户正协调购房，16户已完成主体工程建设，预计10月底全面完成房屋主体工程建设。（八）扎实开展“四关爱”工作。2015年7月以来，按照横到边、纵到底要求，对全镇留守儿童、空巢老人、残疾人进行了全面排查。对1197名留守儿童进行精准建档，共签订三方协议876份。募集1.3万元，纳入镇“四关爱”基金，提供适时救助。采取“多对一”、“一对一”、“一对多”等模式落实留守儿童关爱救助，确保留守儿童身心健康成长。

【党的建设不断加强，执政能力进一步提升】 坚持和完善“三会一课”、党风廉政建设、干部跟踪管理等制度。加大对党员干部的管理和监督力度，提高党支部的创造力、凝聚力和战斗力。（一）强化责任，健全制度，形成合力。一是认真落实区委相关文件和会议精神。在具体抓党建工作中，将基层党建作为工作重点，列入重要议事日程，把党建工作列入对村考核的重要内容。二是建立分级负责的责任体系。镇党委与各村签订组织工作目标责任书，对驻村领导和党建指导员也明确工作职责，形成上下联动，一级抓一级、层层抓落实的良好格局。三是强化作风建设，从严管理镇村干部。对工作不到位、不作为的镇村干部进行批评教育，仍不加以改正的进行严肃处理。（二）加强基层组织服务体系建设，夯实党建基础。一是强化服务阵地建设，提升服务群众环境质量。投入20余万元，为茨朗村落实了服务阵地，改善服务环境，方便群众办事。创新工作机制，着力破解联系服务群众“最后一公里”问题。严格推行民生事务代办制和服务群众“首问责任制”。二是狠抓干部队伍建设，强力突破重点工作。制定和完善了镇村干部考核管理办法，加强镇村干部考核管理，确保考核管理规范化、经常化、动态化。有效保障了精准扶贫、夹岩水利枢纽工程等重点工作的顺利开展。三是抓党员队伍建设。严格按照“坚持标准、保证质量、改善结构、慎重发展”的方针，成熟一个发展一个，五年累计发展预备党员32名，吸收入党积极分子52名，党员队伍结构明显改善，先锋模范作用明显发挥。四是扎实抓好村级集体经济建设，壮大村级积累。按照一村一策的发展思路，整合各方力量，采取村集体 + 合作社 + 农户的模式，由镇党委指导，各村牵头，大力发展刺梨、核桃、羊肚菌等特色经济作物种植，发展壮大村级集体经济。五是强化驻村干部管理，确保驻村真蹲、实做、取得实效。按照必须落实好工作职责，必须到岗到位等“五个必须”要求，多次组织召开培训会和推进会，进一步细化到村开展工作职责，为“第一书记”和驻村干部到村开展工作指明方向。

（三）党风廉政建设不断加强。在推进党风廉政建设工作中，坚持教育为先、预防为主的原则，始终把思想教育放在首位，结合工作实际开展一系列党风廉政教育。一是加强理论学习，深入开展廉洁从政教育。组织党员干部深入学习了习近平总书记系列重要讲话、《中国共产党纪律处分条例》等法律法规、学习了市场经济知识和相关业务知识。牢固树立了党委班子成员正确的世界观、人生观、价值观，坚定了共产主义理想信念，提高了班子成员的政治敏锐性和领导发展经济的能力。二是结合典型案例，开展党纪党风警示教育。五年来，共立案16件，处分19人，其中警告和党内警告处分7人，党内严重警告5人，留党察看1人，行政撤职1人，开除党籍5人。通过案件的查处，使广大党员干部从反面教材中汲取教训，增强自身免疫力，做好提醒教育。三是浓厚宣传氛围，加强廉政文化建设。统一制作廉政文化宣传栏，并张贴到各村公开栏，进一步营造了“以廉为荣、以贪为耻”的良好社会氛围。

（撰稿人：党政办）

阴底彝族苗族白族乡

【概　述】　阴底彝族苗族白族乡位于毕节市七星关区西南面，距县城50公里。地跨东经105°0′—105°7′，纬度在27°4′_27°20′之间。海拔1450—2000米，政府所在地海拔1684米，属亚热带季风气候，雨资源丰富，年均降水量为850—1000毫米，日照量1200小时左右，无霜期250天左右，冬无严寒，夏无酷暑。东抵田坝镇，南抵纳雍县姑开镇界，西南抵赫章县古达乡界，北抵千溪乡界。总面积117.4平方公里，有耕地26634亩（其中农田1900亩）。居住着汉、彝、苗、白、布依、仡佬等民族。总户数9792户，现有人口43977人。（农业人口42870人）其中少数民族13156人，占总人口的29.94%。阴底彝族苗族白族乡人民政府驻阴底街上，辖阴底、箐口、高潮、马场、大丰、治中、红星、罗雄、对河、先锋、踏石朗等12个行政村，154个村民组。主产玉米、水稻、小麦、豆类、杂粮等农作物。次产烤烟、油菜、大蒜、花生等经济作物。宜种漆树、核桃、板栗、桃、李、杏、花椒、杜仲、板兰根等经果药材，荒山草坡多，比较适宜发展养殖业。乡内矿产资源有煤、硫、铁、锌、高岭土等，植被覆盖率达50%以上。

【党建工作】　（一）是加强自身建设，提升执政能力新高度。近年来，深入推进政务公开，扎实推进重要民生事项、投资项目、权利运行清单等信息公开。自觉接受人大、纪委的监督和社会各界的广泛监督，改善和加强党对群团组织的领导，充分发挥群团组织的桥梁和纽带作用，开展形式多样的活动，进一步增强了党组织的凝聚力，定期召开领导班子民主生活会，通过召开民主生活会，开展批评和自我批评，对照标准查找问题，带头落实整改措施在党员干部之间形成互相诊脉、互相帮助，从而达到共同进步的良好氛围。（二）是改进工作作风，提升服务群众新水平。深入推进党的群众路线教育和“三严三实”专题教育，有效开展“创先争优”活动，继续深化农村基层组织“三级联创”活动，不断完善服务功能，切实转变服务方式，改进工作作风，提高服务效率。以“马上就办”的作风推动工作落实，用干部的辛苦指数换取群众的幸福指数。加强基层民主法制建设，推进民主选举、民主决策、民主管理、民主监督和政务财务公开，完成上一届村支两委换届工作。完善村干部考核管理制度、驻村干部考核管理制度和村级印章管理制度，大力推进村级组织活动场所建设，基层组织体系“一核多元化”建设成绩显著。强化干部培训，提高干部队伍素质，优化党员队伍结构，做好党员发展和后备干部培养选拔工作。不断提高党的执政能力，巩固党的执政基础。加强对干部的教育跟踪管理，探索建立制度与教育并重的监督体系，建立干部监督考核机制，突出抓好党委班子和干部作风的监督，积极探索加强干部作风建设的新方法、新途径，不断完善乡村干部考核管理办法。（三）是狠抓党风廉政建设，廉政建设取得新成效。坚持“标本兼治”原则，认真抓好党员干部的党性、党风、党纪教育，建立健全党员干部学习教育制度，强化民主监督机制，促进党风廉政建设。组织广大党员干部认真学习了有关文件精神，播放党风廉政建设警示片，用典型案例对党员干部进行廉政教育，通过多渠道的宣传教育，增强了党员干部遵纪守法的自觉性。过去五年乡党委切实履行“一岗双责”，强化执纪监督问责，狠抓“四风”整治，“三公”经费支出大幅下降。严肃查处了一批违纪违法案件，2016 年乡纪委共发现问题 70 个，立案查处 9 件，结案 9 件，查处党员干部共 15 人，其中党内严重警告 4 人、进一步提升了廉政、履职意识，让权力在阳光下运行。（四）抓乡村两级换届，夯实执政基础。根据区委的安排，7 月 27 日我乡召开了中共阴底乡第二次代表大会，提出了今后五年阴底乡党委的工作思路，选举产生了新一届党委班子；9 名党委委员全部满票当选。11 月 24 日召开了阴底乡第二届人民代表大会第一次会议，选举产生了乡长、人大主席各 1 名，选举产生副乡长 3 名、人大副主席 1 名，所有候选人满票或高票当选。今年是村支部、村委会换届选举之年，根据上级安排，今年 9 月下旬以来，我们精心组织全乡村支两委换届选举工作。预计明年 3 月份，我乡村支部和村委会换届全面完成，我们严格贯彻执行村党支部侯选人的推选“七选七不选”的标准及村民委员会侯选人的推选“五选十不选”的标准，乡里加强了对侯选人资格审查，严把侯选人入口关，认真执行村党支部换届“两推一选”和村民委员会换届“海推海选”模式，通过依法民主、公开选举，把一批政治素质好、廉洁奉公、年富力强、能带领群众致富奔小康的优秀党员群众选进村支两委班子，配强了村级班子，为各项工作的开展提供了强有力的组织保证。（五）抓制度建设和学习型机关创建，营造良好氛围。以创建学习型机关和学习型党组织为抓手，完善领导干部学习机制，培植先进典型，努力提高机关干部的政治思想素质和引领农民发家致富的能力。实行机关干部工作下移与村干部互教互学机制，利用乡村干部的优势互补形成了机关干部和村干部“学教互动”的良好格局。实行分村包保管理模式，实行包村领导负责制，把各项工作分解到村，落实到岗，明确到人。各村实行量化考核，考核结果与干部年终待遇直接挂钩，以此激励干部开拓创新、务实工作。对全乡的重点工作进行了责任分解，每项工作都明确了责任人和责任领导，使人人头上有责任，个个肩上有担子。强化村干部教育培训，乡里制订出台了《阴底乡乡村干部管理办法》，强化了村干部规范化管理。坚持和完善民主集中制原则，建立健全党风廉政建设和工作制度，做到了用制度管事管人。由于制度完善，责任明确，干部思想作风明显好转，机关效能建设得到进一步提高，营造了干事创业的良好氛围。

【农业工作】　（一）重点项目建设全面铺开。以项目建设为突破口，一是交通通达程度进一步提高。实现全乡 12 个村均有通村水泥路，硬化通组路、连户路；二是水电讯设施进一步完善。建成农村饮水安全工程 9

个，受益群众3万余人。进一步维护田地综合整治工程，保护农田。有线电视、3G和4G通信、宽带和光纤网络等通讯设施建设有序推进。三是人居环境进一步改善。10月，该乡启动了全乡81公里的通村公路建设和10.7公里的通组路建设，2017年，我乡的交通通达程度将进一步提高。乡社保中心即将完工，搁置了一段时间的小城镇建设群英大街项目已经重新启动，并在11月完成了新大街道路油化和人行道路灯安装。（二）农业产业全面提升。截止2016年度，已实施脱毒马铃薯种植2300亩，其中脱毒马铃薯种薯繁殖460亩；实施脱毒马铃薯经济板块300亩，可提供脱毒优质种薯100万斤，可提供商品薯1000万斤。完成杂交玉米连片种植21000亩，杂交玉米覆盖率达90%以上；推广杂交玉米营养坨育苗17000亩；完成杂交玉米种植乡村级样板8个，面积2300亩；完成杂交玉米高产样板3个，面积1000亩；完成大白萝卜种植8500亩。落实优质辣椒板块300亩；完成400亩苦参板块种植；完成200亩青脆李板块种植；完成100亩白花桃板块种植。我乡现有产业化养殖大户8户，其中养牛户5户，养猪户1户，养羊户2户。正拟实施产业化种草养牛项目一个，计划养牛80头，带动40户贫困户脱贫致富。（三）“三防一减”全面落实。一是森林防火各项措施及责任落实情况：组建应急分队，发挥积极作用，乡成立了森林火险应急处置队伍；着迷彩服，随时整装待命，负责早上和夜间巡逻。各村成立了30人的森林防火应急队伍，应急队伍的建立，确保了森林山火发生时，反应更为敏捷，并能够有组织、有纪律、在最短的时间内赶赴现场，开展扑救活动，遏制山火的迅速蔓延。加强24小时值班，为了确保信息畅通，乡切实加强森林防火、防汛抗旱工作值班，政府安排值班人员24小时值班；林业站安排人员24小时值班。实行24小时巡山守护和各进山路口的检查、登记，按照预防为主，切实控制的原则和“打早打小打了”要求，对进山人员进行询问、盘查和宣传，并作好登记。同时，加强巡山护林力度。严禁一切野外用火，在交通要道、重要林区悬挂大幅标语10幅，书写小标语100余条；利用森林防火宣传车，沿林区公路全天宣传动员，各巡山护林人员在山的路口进行把守，严禁一切野外用火；各巡逻人员于早晚分别在有林村进行巡逻，对野外用火人员进行教育和惩处。二是防汛工作各项应急措施落实情况：年初，乡人民政府成立了防汛抗旱工作领导小组，制定了防汛抗旱工作预案，组建了防汛抗旱应急处置队伍，配备了防汛物资。乡党委政府明确了人员负责塘、库、沟渠等水利工程的防汛工作；负责地质灾害、路桥、房屋的防汛工作；负责卫生防疫和救助工作；负责企业安全和危险品管理工作；负责移民防汛安全工作。各村成立了20人以上的防汛抗旱应急处置队伍；乡组织人员对各自辖区内的山塘、水库、沟渠、路桥、房屋、企业、危化品生产管理和移民建房等进行了一次全面的安全大检查，进行了防汛工作责任分解，对重点水利工程安全防汛工作明确责任单位，安排专人负责；对地质灾害重点防治点群测群防任务进行了分解；对企业汛期安全重点隐患整治工作进行安排，明确责任人和联系人；对汛期24小时值班人员进行了调整。通过这些有力的措施，确保我乡汛期无险情发生。

【民生事业】 （一）计划生育工作常抓不懈。计划生育工作是全乡的工作重点。近年来，面对新的形势、新的机遇和挑战，乡党委、政府没有丝毫松懈，始终把计划生育工作作为头等大事来抓，全面落实人口与计划生育工作责任制，进一步完善了基层基础工作，加强了流动人口的管理及计划生育工作队伍建设，提高依法行政水平和服务水平，切实提升了计生服务水平。近一年来，全乡计生工作水平进一步提高。（二）文明创建和农村思想政治教育工作深入开展。注重全乡工作经验与典型事迹的推介报道，全年在各级报刊、网站发文30余篇，完成了区里下达的信息报送任务。扎实开展乡卫生整洁行动，以集中整治，强化日常工作为重点，集中阴底乡村主干道内的暴露垃圾，使主干道沿线“脏、乱、差”现象得到切实改变，逐步实现“乡风文明、村容整洁”的要求。以农村“七个起来”为载体，继续在全乡开展创评“星级文明户”活动，把创评“星级文明户”活动作为新时期加强农村精神文明建设的最重要载体，在全乡形成健康文明新风尚，使得农村思想政治教育在全乡得到深入开展。（三）征兵工作圆满完成。为切实做好武装各项工作，人武部注重做请示汇报工作，凡人武系统有重要工作，都会及时向党委、政府报告。对于需要党委、政府投入大量经费或拍板的重大工作，提请党委会专门开会加以讨论，不断增强武装工作在乡工作中的地位和作用，确保武装工作的制度落实。按照上级武装部的安排，在乡党委、政府的领导下，园满完成了年度各项工作任务，合理调整民兵组织，精干民兵队伍，认真组织培训，提升民兵队伍素质。今年，乡党委、政府对征兵工作非常重视，成立征兵领导小组，召开征兵工作专题会议，对年度征兵工作作出具体部署和要求，我乡完成预征人数9人，完成上级分配的征兵任务。（四）医疗卫生和新农合收缴工作落到实处。新建的卫生院门诊住院大楼投入使用后，为病人看病住院提供了良好的环境，手足口病等重大传染疾病得到有效防治。今年继续加大新型农村合作医疗的宣传和收缴力度，到目前我乡新型农合已全面完成收缴任务，参合率达到区任务下达的100%，有效地解决了农民就医难、看病贵的问题。（五）社会治安综合治理稳步推进。一是狠抓社会治安。今年来，乡党委、政府把加强社会治安综合治理、维护社会稳定、防范和处理邪教问题、普法依法治理、人民调解暨“三调联动”等工作作为党和政府的头等大事来抓，紧密结合本乡实际及县对乡镇综治工作责任状制定计划，分解任务，完善制度，加强队伍，加大依法治乡、治村力度，围绕“打防控”一体化建设，扎实开展治安防范工作。大力推进依法行政，严格执行《行政许可法》，规范行政执法程序，建立权责明确、行为规范、监督有效、保障有力的行政执法体制。二是构筑信访安全网。认真抓好中秋、十一等特别防护期稳控工作，召开专题会议，分门别类制定了稳控方案，成立以乡长为组长的稳控工作领导小组和原民办教师、原农话员、非法传教等重点人员稳控工作组，对宣教、阻访、劝访等工作实行专人负责制，对重点人员监控划分领导责任、行政责任和直接责任，尤其是对重点涉访人员实行干部24小时轮流值班监控制，极力做好其思想稳控工作。三是强化安全生产管理。乡党委、政府始终将安全生产工作摆在重要议事日程，组织力量对消防、危化物品、烟花爆竹等重点领域进行安全大检查。做好学校周边环境整治工作。联合区交警六中队，下半年对非法车辆营运、三轮车非法接送学生进行两次专项清理，学校与家长签订了责任状并向家长发放“致家长的一封信”，让家长教育孩子不要乘坐无牌无证的非法车辆上下学。认真开展“百日大行动”，对非法开采，乡党委、政府多次召开了专题会议部署清理整顿行动。

【精准扶贫工作】 深入开展全乡精准识别工作，确定全乡精准扶贫户1904户9191人，认真完成减贫摘帽中央资金和区级资金各项项目的具体落实，明确精准扶贫对象的帮扶责任人，确保帮扶精准而显成效。并完成全乡382户2093人年度脱贫对象的脱贫及完成2016年易地扶贫搬迁37户219人的搬迁工作。认真落实中央财政扶贫资金项目的申报、实施和监管，积极推进社会扶贫项目及对口帮扶项目的实施，认真实施好“雨露”行动计划、“因村派人”行动计划，全面推动脱贫攻坚。重点抓好脱毒马铃薯、杂交玉米、特色经果林、中药材、山地生态畜牧业等板块经济。一是用好2016年中央第一批专项扶贫资金382.9万元及第二批专项扶贫资金38.5万元，落实项目生态养牛395头，按每头补助5000元，预算197.5万元。生猪养殖1352头，按每头补助1000元，预算投资135.2万元。生态养羊10只，预算投资1万元。经果林种植130亩，预算投资9.2万元，其他项目预算补助40.2万元。预计在2017年4月完成验收。二是特惠贷政策扶贫，根据贫困户需求，加大“一市五金多套餐”贴息贷款扶持力度，针对全乡2016年383户2093人拟脱贫人口，加大帮扶措施落实力度，确保符合条件的贫困户应贷尽贷。

【小城镇建设】 该乡因种种原因搁置的新大街建设取得重大进展，新大街道路油化和路灯安装已全面完工，人行道和相关配套工程陆续施工，群英大街即将全面建成。小城镇建设将与美丽乡村建设交相辉映，让阴底焕然一新。

【水库移民】 阴底乡是夹岩水利枢纽工程涉及水库移民的重要乡镇，阴底乡共计7个村涉及水库移民，其中以马场村、对河村涉及面最广。阴底乡共计1122户5542人涉及水库移民，鉴于阴底涉及该项工作人多面广，阴底乡成立马场、对河两个水库移民专项工作组，全面开展水库移民工作。一年来，在乡党委、政府的高度重视和领导下，在区移民局的精诚配合支持下，我乡克服困难，如期完成水库移民工作年度目标任务。

【三关爱服务】 认真深入贯彻落实区“三关爱”工作各项部署，以关爱留守儿童和困境儿童，使其健康成长；关爱空巢老人，使其安度晚年为“三关爱”工作出发点和归宿，我乡通过各种形式做了大量工作，把“三关爱”工作纳入我乡工作的重要内容。一是建档立卡抓系统录入管理，加强“三关爱”工作基础。“三关爱”系统录入完毕，为了便于管理，在基本数据汇总的基础上，根据工作需要，对三类人群中的特殊对象情况进行了区分，分门别类进行造册登记，做好动态管理，增强了工作针对性。二是明确责任，责任到人，确保工作有人抓、有人管，抓管到位。三是“三关爱”社会氛围进一步形成，切实加大宣传力度，扩大“三关爱”社会影响及知晓率，通过各种形式，扩大了宣传影响，提高了群众知晓率。

【社会事业】 全面落实各项支农惠农政策，大力改善民生事业。加大农民实用技术和技能培训力度，提高农民致富能力。鼓励农村剩余劳动力外出务工或向第三产业转移，促进农民增收和劳动力就业转移，城乡就业持续扩大。抓好农民减负的监督管理，切实兑现“一事一议”财政奖补政策，真正做到农民减负，农民收入较快增长。扶贫政策力度加大，最低生活保障对象人数逐年减少，“四类人员”生活标准得到持续提高。

（撰稿人：办公室）

千溪乡

【概　述】 2012年－2016年以来，七星关区千溪彝族苗族白族乡在党中央、省委、市委的亲切关怀和区委的坚强领导下，面对复杂多变的内外环境和艰巨繁重的改革发展任务，全乡上下深入贯彻习近平总书记系列重要讲话精神，坚守生态和发展“两条底线”。以发展战贫困，扎实开展经济建设、政治建设、文化建设、社会建设、生态文明建设，以及党的建设。积极应对各种困难和挑战，克难攻坚，经济社会发展取得了显著成绩，谱写了千溪发展浓墨重彩的崭新篇章。

【结构调整步伐加快，综合实力显著增强】 该乡始终坚持“农产富乡、生态立乡、脱贫兴乡”的发展战略。加大产业结构调整力度，经济总量不断增大。财政总收入从2011年的68.2万元增加到112万元，年平均增长12.8%；农民人均可支配收入从2011年的3958元增加到7321元，年平均增长11%；社会固定资产投资达到5亿元，年平均增长33%，基本完成了中共千溪彝族苗族白族乡第一届委员会一次党代会提出的各项经济战略目标任务，乡域综合实力迈上新台阶。

【基础设施全面加强，农村发展基础不断夯实】 加强基础设施建设是在决战贫困中加快经济社会发展的基础和前提，也是牵动性最强、覆盖面最广的民生工程。这五年，我们始终坚持基础先行，全力以赴突破瓶颈制约。共完成通村公路建设35.62公里，“一事一议”项目通组路硬化16.3公里，实施“两个硬化”工程3089户，连户路硬化80613米，院坝硬化面积59208平方米，“两硬化”在全乡基本实现全覆盖。至此，由各村组道路连接城区、毕威、杭瑞高速的立体快捷交通网络已经形成。完成1个客运站、2栋政府公租房及附属设施、邮电办公场所、农业服务中心办公房、法朗4000平方米“两结合”点、农贸市场等建设，集镇功能日趋完善。完成5个农村饮水安全提升工程建设；实施10千伏及以下供电线路5千米、安装配电变压器5台。有线电视、3G和4G通信、宽带和光纤网络、邮政所等通讯建设有序推进。22798名群众最迫切、最关心的水、电、路、讯、集贸等基础设施建设迈出了历史性的新步伐，彻底改变了“煤油灯、锅接水、马驮路”传统落后面貌，跨越发展的基础不断夯实。

【扶贫开发扎实推进，乡村面貌明显改观】 我们始终坚持扶贫开发主题，按照“五个一批”的脱贫战略，以精准扶贫“六个到村到户”为契机，采取有力措施向全乡735户2255人的贫困人口发起总攻，全乡人民生活水平显著提高。完成全乡贫困户的精准扶贫建档立卡工作。在科学治贫、精准扶贫、有效脱贫中努力做到对象识别精准、原因分析精准、措施到户精准、项目安排精准、资金管理精准、退出机制精准、考核评价精准、督促检查精准“八个精准”。编制好千溪乡2016—2018年脱贫规划，对识别出的贫困人口实施“一对多”的帮扶，确保2018年全面脱贫；用好用活“一市五金多套餐”精准扶贫机制，为贫困户发放政府贴息贷款493万元；通过苗木超市落实板栗苗1700亩、核桃苗200亩种植，流转土地310亩，以“公司+村集体+贫困户”模式带动贫困户139户454人发展蔬菜种植；投入资金936万元，落实项目15个，加大了产业扶持力度；对2户7人给予大病医疗垫底周转资金救助13.3万元；实施了沙垮村海子组27户100人易地扶贫搬迁自主连建安置。同步小康“六项行动”扎实推进，完成农村危房改造581户，“贵州民居”建设476户。以贫困户为核心，带动全乡群众大力发展种养殖业，扎实推进扶贫开发，掀起了决战贫困的高潮。每年按计划完成减贫脱贫任务。五年来，共减少贫困人口7627人。全力加快“富、学、乐、美”“四在农家·美丽乡村”建设，建成了一批与千溪蓝天碧林交相辉映别具风格的“贵州民居”，乡村面貌在扶贫开发的进程中焕然一新。

【坚持推动绿色发展，生态立乡初绽异彩】 我们始终坚持围绕“产业生态化、生态产业化”的理念，正确处理好绿水青山与金山银山的关系，坚决守住“山秀、天蓝、水清、地洁”四条生态底线，着力打造毕节西城郊重要生态安全屏障。深化集体林权制度配套改革，深入开展“绿色千溪”行动计划，实施各类营造林3000多亩，全乡林地总面积达到2.9万亩。森林覆盖率从2011年的43%提高到53%。实施了兴荣、法朗、千朗沟、中屯等村基本农田治理，生态修复及农业发展基础进一步夯实。落实护林员就业95人，切实加大了林区巡查保护力度，积极开展“六个严禁”执法专项行动，全力维护和保住千溪“天然氧吧”的森林资源优势，筑牢生态屏障。生态修复张力不断凸显，生态立乡初放异彩。

【坚持和保障民生，社会事业全面进步】 我们始终坚持以民生为本，全力以赴加快社会事业发展，集中力量办成一大批民生实事。巩固“两基”成果，教育“9+3”计划、“4+2”工程及学生营养午餐健康稳步推进。投入180万完成千溪中学附属工程建设，各校教师周转房建设完工，新建学生宿舍3600㎡，办学条件进一步夯实，教学质量稳步提升。投入资金39.6万元完成中屯、沙垮、兴荣、千朗沟、法朗等5个村卫生室的建设改造，合作医疗、养老保险实现全覆盖。投入资金267万元，新建兴荣、法朗两个村农民健身活动中心，在兴荣村十八组、中屯村路家院子、千朗沟村寨窝、沙垮村共新建了4个小广场，新建1个综合文化站、购置图书600本，文化体育及精神文明建设进一步加强。总投资26.4万元的社会保障服务站正在有序施工中。“三类”人员关爱力度进一步加大，农村低保做到应保尽保。人口计生工作实现保位前移，安全生产实现“双降”目标，信访事件实行责任分解，得到有效化解，全面依法治乡深入推进，平安千溪建设成效明显。每年乡党委、政府都为群众办结了10件以上摸得着、看得见的民生实事，群众安全感和满意度明显增强，人民生活水平进一步提高，群众对小康的认可度大幅提高。

【坚持全面深化改革，发展活力不断增强】 我们始终坚持紧跟省、市、区先行先试改革步伐，大胆探索，勇于创新。共引进34家企业入驻千溪，解决1500余人就业。规模企业产值从零增长到0.52亿元，实现了工农业产值的零突破，产业多元化建设格局初见成效。

【坚持全面从严治党，党的建设全面加强】 我们始终坚持党要管党，从严治党。深入开展好党的群众路线教育、“三严三实”、“两学一做”从严治党“三部曲”，突出“严”的标准和“实”的作风，大力整治“庸、懒、慢、浮、散”，切实加强基层组织建设。认真开展好干部驻村工作，以文朝荣、彭练基为标杆，让广大干部见贤思齐，形成比学赶超的良好势头，在决战贫困中体现人生价值。严格落实党风廉政主体责任和监督责任，支持乡纪委实现“三转”。强化执纪监督，狠抓党风廉政建设突出问题集中整治，严肃整治“四风”突出问题，共查处违法违纪案件11件。全乡上下呈现出干事创业激情满怀、风清气正的良好氛围。

（撰稿人：办公室）

长春堡镇

【概　述】 七星关区长春堡镇位于毕节城区西部，镇政府所在地距离市中心13公里，326国道线贯穿胜地，是毕节市七星关区大镇之一，地处东经105°07′—105°16′，北纬27°09′—27°18′之间。海拔最高处为2086米，最低处1510米，平均1627米，属亚热带温润季风气候，年平均降雨量994毫米，日照率为31%，无霜期250天左右，夏无酷署，冬无严寒。地势从东向西逐渐倾斜，东与鸭池镇、三板桥办事处接壤，西与撒拉溪镇、阴底乡相连，南与千溪乡毗邻，北与何官屯镇、野角乡交界。总面积134平方公里。辖20个村，153个村民组，人口61052人，分布有汉、彝、苗、白等民族。属喀斯特地貌，土壤多为黄棕色泥土，以种植业为主，粮食作物以玉米、水稻、小麦、大豆、马铃薯为主；经济作物以烤烟为主，同时生产天麻、半夏、牡丹、芍药、玄参等名贵中药材；矿产资源主要有煤、铁矿、岩页等。

【党建工作】 一是抓好干部队伍建设。2012年以来，镇党委、政府大胆探索创新，在广泛深入调研的基础上，先后选派25名镇干部到村任支书，大胆培育、选拔了一批经济型、带富型村党支部书记，优化年龄结构，每村都有一名30岁以下班子成员，党支部书记平均年龄41岁，整体素质明显提高，加大从优秀驻村干部中选拔提拔干部的力度，形成了干部在一线培养的机制。二是抓好党组织组建工作，不断扩大党的工作覆盖面。以“让群众好办事、为群众办好事”为服务理念，推进“一核多元”基层组织服务体系建设，夯实党建工作基础。镇始终坚持把发展贯穿于党的思想建设、组织建设、作风建设、反腐倡廉建设和制度建设全过程，使党的建设与中心工作在指导思想上相一致、工作目标上相协调、工作部署上相衔接。2012年以来，长春堡镇以村级活动场所规范化建设为契机，强化村级阵地建设，加大村级活动场所基础设施建设的投入力度，先后投入500余万元对干堰、清塘、沈家屯等村级办公场所进行新建、改扩建，具备便民服务、学习培训、农村远教等功能。全面推行“1+1+N”工作法，即在村党支部的领导下，设立一个理事会，下设N多个协会，即养殖业协会、种植业协会、运输业协会、“计划生育协会”、法律法规宣传协会、“三关爱”协会等N多个协会，对农村能人创业给予政策、经济等方面的扶持，带动一批贫困户脱贫致富，培养出一批有觉悟、懂技术、善经营、会管理的农村经济发展带头人和能发挥示范带头、技术指导作用的专业型农民技术骨干，培育了一批实用人才，创建了一批产业基地，带动了一批产业的兴起。并结合实际，因地制宜，按照一村一策的发展思路，整合各方力量，采取村、企业、农户“三级联动”的模式，发展壮大集体经济。以清塘村、王官村为例，清塘村通过出租闲置土地给园区企业倒土收取租金20万元，用于开办利民超市和流转土地带领农户发展种植业，年增加集体经济10万余元；王官村通过出租闲置房屋引进企业办食品加工厂，年增加集体经济5万元；蔡官村采用公司+基地+农户+村集体的方式发展食用菌种植30余亩，每年可为村集体增加收入8万元。2015年，清塘村、王官村分别获得了“示范村、规范村”称号。2015年清塘村被国家民政部和国家司法部授予“全国民主法治示范村”称号，

【经济全面发展】 全镇牢固树立“一切为了发展，一切服务于发展”的理念，凝心聚力搞建设，一心一意谋发展，全镇经济建设发展取得了丰硕成果。

大力开展精准脱贫攻坚工作及招商引资工作，截至2016年全镇国民生产总值完成71130.5万元，同比增长14.6%；社会固定资产投资完成7.7亿元，同比增长18%；烟叶税收178.75万元，占任务的100%；农村常住居民可支配收入7280元，增幅14.83%；招商引资到位资金3.2亿元，同比增长14.8%。充分发挥资源优势、地域优势和交通优势，大力开展招商引资工作。

【基础设施建设】 长春堡镇以项目建设为突破口，重点加大道路交通、文化广场、人畜饮水、水利设施、烟水工程等基础设施建设。毕龙高速长春段有序推进；投资金200万余元完成裸依养老院改扩建工程，新增床位60个；投资50余万元修建裸依生态文化广场，占地面积2000平方米；投资250余万元建成干堰村、清塘村、王官村生态文化广场建设；投资710万元硬化长春村至水营村通村公路6.9公里、犀牛村至干堰村通村路7.3公里已全面竣工；自筹资金360万元干堰村环湖路和景区公路1.8公里全面完成；投资112万元建成通往垭关寒泊羊养殖基地水泥路1.2公里；投资40余万元建成垭关寒泊羊养殖基地人畜饮水工程；投资137.2万元的松营村、合桩村烤烟种植机耕道建设6.86公里已全面竣工；投资35万元建设长春集镇提水站1个，解决长春村6000余人饮水困难问题，投资150万元新建长春客运站1个；投资48余万元修建人资源和社会保障服务中心380平方米。投资420万元的王丰小流域一期农业发展项目共治理河道4公里，极大地改善了长春堡镇的人居环境，提升集镇品味。

【工业园区建设】 利用城郊结合的区位优势和丰富的页岩和石材资源优势，在清丰村、清塘村、王官村建成以钢材、木材、石材等为主的产业园区，特别是建设好以生产、销售一条龙服务的石材建材企业和木材加工销售企业。大力开展清丰建材产业园区建设，除引进多个企业入驻产业园区外，镇党委政府积极协调相关部门，对园区公路进行了油路改造，进一步完善了园区建设的配套功能。投资1.9亿元建设全长7.8公里的清丰建材产业园园区公路，截至2016年企业总产值达到4亿元以上，累计完成固定资产投资12亿元以上，新增就业人员500人左右。

【农业产业化建设】 一是加快农业产业化调整步伐，大力发展现代农业。认真落实国家支农惠农政策，围绕农民增收、农业增效两大目标，切实加大资金、技术投入，大力发展农业板块经济，推进农村经济稳步发展。我镇按照“南粮、北畜、中蔬菜”的规划部局，在稳定水稻、玉米两大传统主导产业基础上，重抓生态畜牧业、蔬菜产业、刺梨产业、中药材、茶叶等产业，全面推广烤烟种植、磨芋种植，完成烤烟移栽2600亩，粮增工程1万亩，新增人工种草4000亩，新增种植茶叶0.1万亩，种植蔬菜2万亩；种植特色经果林核桃12200亩，车厘子

672亩，刺梨12300亩；完成荒山造林10358.6亩，完成率为100%。全镇完成退耕还林4088.1亩，重点区域绿化耕地造林11935亩，完成率为100%。大力发展生态畜牧业，积极做好春秋“两防”工作，辖区内无重大动物疫情发生，投资3000万元的垭关村寒泊羊养殖基地现在进入圈舍、厂房施工阶段。鼓励农民工返乡创业，建成裸依大棚蔬菜种植基地1个，年创收180余万元。二是精准脱贫工作有序开展。自开展“一式五金多套餐”精准扶贫工作以来，紧扣区委、区政府扶贫攻坚主题，精心编制“六个到村到户”1+7精准帮扶工作方案，围绕“精准识别、精准施策”开展扶贫工作。按照一村一策，一户一策的扶贫工作思路，将农业板块经济与精准扶贫有机结合，大力发展山地农业，生态畜牧业，夏秋反季节无公害蔬菜种植。工作中，各村创新扶贫方式。如垭关村大弯组16户贫困户自愿组织建养牛场，采取“放伙牛”的方式发展养牛脱贫致富。承办全市精准扶贫现场会观摩会1次，全区精准扶贫现场会观摩会1次，其他县、乡镇现场观摩会20余场（次），5000余人。领办市委组织部扶贫干部培训班、村干培训班现场观摩教学5期（次），1000余人。

【社会保障工作】 长春堡镇高度重视民生问题，把关注民生的各项工作列为党委政府的首要工作来抓紧抓好落实，切实关心群众的生产生活，为构建和谐社会奠定基础。将农村低保、临时救助、医疗救助、救灾救济、五保供养、政务服务等工作纳入民生工作的重点，实行片区领导和分管领导首问责任制，切实帮助群众解决生产生活中存在困难和问题，为构建和谐的干群关系打下坚实基础。在农村低保、留守儿童、空巢老人、残疾人的关爱工作中，我镇开展全镇“一盘棋”关爱行动计划，按照村不漏组、组不漏户、户不漏人要求，开展对全镇所有家庭大走访活动，对所有家庭进行建档、立卡，落实帮扶措施。在镇中学、长春小学设立阳光留守儿童救助中心，实现全镇困境儿童全部集中供养。并全部建立的档案和帮扶措施，实现了留守儿童家庭、学校、村组和镇管理的无缝衔接。

【人口计生工作】 着力抓好人口计划生育工作，进一步夯实人口与计划生育工作基础。在区委、区政府的正确领导下，在区人口和计划生育领导小组的指导下，长春堡镇大力开展人口和计划生育工作，人口出生率和人口自然增长率与去年同期相比都明显下降。以“三按月”绩效管理为抓手，强化“双诚信、双承诺”管理机制，提高人口和计划生育工作管理水平。

【安全生产工作】 着力抓好安全生产工作，为构建和谐文明乡镇保驾护航。按照“党政同责、一岗双责、企业主体”的总要求，以“零事故、零死亡”为目标，安监、国土、农机、公安等多部门协调配合，齐抓共管，加大非法采煤采矿的巡查和打击力度，对合法煤矿和企业进行严格监管和不定期检查，有力提高了广大干部、企业管理人员、从业人员及人民群众的安全生产意识，全镇未发生生产安全事故。强化对煤矿、非煤矿山、烟花爆竹、道路交通等的安全专项整治和监督检查，强化对非法采煤采矿、非法营运等的巡查和打击，确保全镇安全生产形势稳定。

【文化、教育、卫生】 以党的十八大精神为指导，深化教育改革，改善办学条件，提高教学质量，切实抓好教育卫生文化等工作，大力推进公共服务均衡化发展。各学校教学质量进一步提高，长春中学中考成绩名列全区农村中学前列。我镇以教育基础设施建设为重点，突出抓好卫生和文化旅游工作。投资109.2万元，新建干堰小学、滑石小学、下伍小学公租房各280平方米；投资74.1万元新建下伍小学学生宿舍570平方米；协调资金27万元，对犀牛小学、合桩小学、下伍小学围墙进行改造；协调民盟中央美术院对镇中小学捐资20万元图书；完成了沈家屯小学、下伍小学、裸依小学等烂尾工程建设，进一步夯实了教育基础设施建设。投资30余万元新建垭关村、沈家屯村卫生服务室300平方米；投资10万元对阳鹊、宋官、下午、蔡官、松营、滑石卫生室进行维修改造；投资50万元新建人力资源公共服务平台480平方米。进一步改善了医疗卫生环境，城乡居民医保达95%以上，养老保险综合参保率达90%；大力开展文化旅游工作，在民盟中央和各级民盟组织的帮扶下，打造干堰村民族风情旅游景区，完成景区公路、环湖路、广场建设和其它配套基础设施建设。2012－2016年，共开展群众文化活动60场次，筹集资金55万元，完成干堰、王官、清塘、裸依、水营农民体育健身广场建设。

【新农村建设、整治创建、城镇建设】 强力推进社会主义新农村建设，加大对集镇环境建设、村庄整治力度。以“四在农家·美丽乡村”小康寨行动计划为依托，2012－2016年规划实施“四在农家·美丽乡村”小康寨行动计划11个村13个自然村寨，其中实施小康寨建设示范型2个，提升型8个，普及型3个，“四在农家·美丽乡村”建设示范点8个，完成民居改造106户，通村、通组路建设30.5公理，排污沟建设3200米，新建广场3个、公厕2个，安装路灯377盏。对城镇建设进行合理规划，有效地利用国土资源，加大对违法用地的打击力度，做到保护与开发并重。认真开展小城镇建设规划，加大对违法建设的打击力度，有效地控制了乱搭乱建现象的发生。

【社会治安综合治理】 坚持稳定压倒一切，始终把确保一方平安作为我们的首要任务来抓。逐步加大对综治工作经费的投入，强化公民法律意识，“平安镇（村）”创建工作成效显著。进一步完善了政法、公安、司法、治保调解等一系列防控体系，并强化管理。始终坚持矛盾纠纷排查调处工作，充分发挥镇村调解组织作用，及时化解群众矛盾纠纷。妥善处理各类信访案件，按照“诉求合理的设法予以解决、无理取闹的坚决司法打击、法律解决的引导诉讼”的方式，化解各类矛盾纠纷。分区域组织社会治安义务巡逻队3个加强巡逻，有效控制了各类案件的发生。积极开展创建“无毒村、无毒单位、无毒学校、无毒家庭”为重点的“四创”活动，建立对吸毒人员帮教档案，签订帮教责任书，落实帮教措施，加强对吸毒人员的法律、法规和党的政策教育，提高他们的法制观念，确保了社会稳定和人民安居乐业，为打造平安、和谐长春夯实了基础。

（撰稿人：办公室）

撒拉溪镇

【概　述】 2012年以来，在区委的正确领导下，撒拉溪镇党委团结带领广大党员干部群众，坚持以邓小平理论、“三个代表”重要思想和科学发展观为指导，深入贯彻落实党的十八大和十八届三中、四中、五中全会以及习近平总书记系列重要讲话精神，紧扣试验区“开发扶贫、生态建设、人口控制”的主题，以“决战贫困、提速赶超、同步小康”为总目标，负重前行，积极适应新常态，拼搏进取，奋力谋取新作为，较好地完成镇第一次党代会确定的目标任务，实现了“十二五”发展圆满收官，各项事业继续向前向好发展。

【凝心聚力促发展，保持经济稳步增长】 （一）全面加快镇域经济发展。回顾过去五年，坚持凝心聚力、科学发展，经济发展继续保持强劲势头，镇域经济实现稳步增长。全镇生产总值从2012年的3.62亿元上升到2015年的5.18亿元，年均增长率为8.6%；农民人均纯收入从2012年的5400元上升到2015年的7218元，年均增长率为6.7%；累计实现招商引资到位资金3.2亿元，累计完成固定资产投资2.9亿元，镇域经济运行状况呈现良好发展态势。

（二）全力推进基础设施建设。始终坚持以交通、水利等重大基础设施建设为重点，不断夯实发展基础。“十二五”期间，全镇交通基础设施建设实现跨越式发展。投入3630万元，完成通村路建设72.6千米，通组路建设20千米，小康路建设6千米，投入400万元，实施连户路、院坝硬化35万平方米；投入资金近32万元，在西方、水营、沙乐、永丰、杨柳、龙凤、龙场等村集中安装路灯150盏，完成农村亮化试点推进工程；加快农田水利基础设施建设步伐，全力推进烟水配套工程、农村安全饮水工程、山塘治理工程；投入4200万元，完成生态文明家园建设、农村危房改造2192户；全面完成兴隆村火把地组市级生态文明家园示范点建设，启动龙凤村市级“四在农家美丽乡村”示范点建设，新农村建设亮点纷呈，群众生产生活条件得到全面改善；全面完成广播电视村村通工程4450户，户户通工程2325户，全镇移动通讯网络实现全覆盖。（三）积极推进城镇化建设。以区委、区政府提出的“七星拱月”城镇规划理念为中心，对撒拉溪小城镇建设总规进行修编，完成撒拉、兴隆、西方、永兴、水营、龙凤等村村庄整治规划编制工作，抢抓326国道改扩建重大项目建设契机，倾力打造集客运站、集镇休闲广场、农贸市场、易地扶贫搬迁集中安置项目等多项功能要素为一体的碧溪大道项目建设，累计完成投资5000万元，预计于2017年上半年全面完工。投入资金775万元，完成撒拉溪镇污水处理厂建设，日处理污水380吨。积极开展农村综合环境整治专项行动，明确各村示范点，在集镇大街全面落实“门前三包”责任制，配置完善垃圾箱、清运车等设施设备，加大综合环境整治力度，城镇面貌焕然一新。（四）突出发展农业产业项目。五年来，我们克服了频繁发生的自然灾害，粮食生产得到巩固，年均粮食总产量稳定在1.6万吨左右；烤烟产业规模化、集约化程度不断提高，年均种植面积近5000亩，农业板块经济发展规模及效益实现快速发展，大力推进绿色毕节行动造林计划，累计完成退耕还林9497.6亩，种植刺梨6884亩、梨树415亩、塔柏727亩、柳杉8264.5亩；建设绿色有机蔬菜标准化种植基地1800余亩，发展中药材种植2050亩，沙乐、龙凤、双龙、雄嘎、冲锋等村种植核桃40000余亩，龙场村种植食用玫瑰花1800亩、龙凤村种植脱毒马铃薯8600余亩，带动就业1100人，实现产值3800万元；以农业增效、农民增收为中心，进一步调整完善“政府引导、村委主导、群众参与、利益共享”的产业项目发展新模式，以兴隆村蛋鸡养殖产业为主导，创新发展人才引领扶贫模式，板块经济发展亮点纷呈，围绕蔬菜、中药材、脱毒马铃薯板块等主导产业，因地制宜调整农业产业结构，“一村一品、一镇多业”的发展态势明显提升。以贫困村出列和贫困户脱贫为目标，整合各类扶贫资金，吸纳1108户4978人贫困人口参与种养殖发展。

【夯实基础惠民生，实现和谐有序发展】 五年来，以关注民生为本，以改善民生为先。（一）基层保障水平得到提升。投入资金50余万元，全面建成镇便民服务中心，完善政务服务体系，切实打造服务型政府。落实城乡居民最低生活保障政策，全镇居民2477户3700人享受城乡低保政策，落实“一事一议”奖补项目27个，累计投入资金515.51万元，建设道路20998千米，累计发放粮食救助175吨，扎实做好城乡居民医疗保险各项工作，居民医疗保险参保登记人数52215人，农村养老保险参保登记人数18464人，弱势困难群体关爱救济力度不断增强。（二）精准扶贫工作持续发力。成立脱贫攻坚作战室，采取“挂图作战、按图销号”的方式，制定作战图，全面细分贫困人口，逐级签订脱贫攻坚责任状，落实主要领导、分管负责人、驻村干部和村干部四级主体责任，列出时间表、明确脱贫摘帽标准，务必确保聚焦重点、精准发力，全力推进脱贫攻坚进程。2014年、2015年共计脱贫农户490户1965人，实现永兴、昌营、龙凤3个贫困村脱贫出列的目标。统筹协调、有序推进人才带动、产业扶贫和结构调整三个重要发展要素的关系。明确“人才引领扶贫、产业撬动发展”的发展思路，按照“政府引导、人才引领、群众参与、利益共享”的原则，通过专家帮扶，农业科技人才、返乡创业人才、农村实用人才等人才团队带动，在龙凤、兴隆、昌营、龙场等村建立5个人才引领扶贫工程示范基地。全面宣传落实“一市五金多套餐”政策，共计发放贷款417户997.9万元，贴息209.84万元。（三）人口计生事业稳步推进。以“一升双降”为中心，以完善个案精细化管理为重点，以创建“国优”为载体，坚持“依法行政、政策宣传、流动人口管理、督查指导、诚信计生”的工作机制抓好人口计生工作。人口自然增长率控制在5.75‰以内，人口出生率控制在12.25‰以内，落实计生两户127户。进一步规范“双诚信双承诺”和村级计划生育考核办法等工作机制，促进人口计生工作整体水平的提升。（四）社会治理能力显著提升。坚持“创新社会管理，促进产业发展”的科学发展理念，创新建立了“组织领导责任化、机构设置规范化、制度管理科学化、产业项目实体化、工作服务人文化、矛盾化解立体化”的社会管理“六化”模式，为经济社会事业健康快速发展创造了良好环境，并通过在镇级设置“三委一组一中心”、在村级设置“两站两会”，有效提高群众社会管理参与率与支持率，实现社会治安管理工作重心下移、关口前移，切实将矛盾纠纷排查化解在基层、消除在萌芽状态。2012年以来，全镇共计发生刑事案件145件，破案139件，发生矛盾纠纷399件，全面调处化解381件，刑事案件破案率和矛盾纠纷调处率均达95%以上。全面落实禁种铲毒工作责任制，突出重点、强化措施，形成党委领导、群众参与、齐抓共管的良好禁毒工作格局。截至目前，全镇吸毒回归社会人员共计73人，其中社区戒毒41人，社区康复32人，均已建立个人帮扶帮教方案，落实就业安置。（五）教育管理工作成效显著。保障水平不断提升。投入资金200多万元实施规范化学校建设，自2010年以来，启动并完成撒拉溪中学、撒拉溪二中、沙坝小学、撒拉溪小学、兴隆小学、西方小学等6所农村寄宿制学校建设攻坚工程，启动撒拉溪中学、高营小学、龙凤小学和朝营小学等4所农村薄弱学校改造工程。师资队伍实现均衡。全面落实教师绩效工资制度，建立健全教师补充机制，对区域内师资力量实行统一管理、均衡配置，强化培训交流，边远村和乡镇中心学校教师配置日趋合理，全镇小学阶段师生比达1：19.6，初中阶段师生比达1：15.3。素质教育成绩显著。在各年度教学成绩检测中，我镇以平均每年晋升5名以上的速度跃居2015年全区第16名；中考成绩逐年提高；中小学校际间教育质量差距逐年缩小。近三年来，全镇小学毕业生升学率达100%，初中毕业生升学率达98%。（六）安全生产工作常抓不懈。建立完善安全生产监管体系和“隐患排查治理、重大危险源安全管理、日常检查督促、重点时段安全生产监管”等机制，突出以煤矿、非煤矿山、道路交通、危险化学品、烟花爆竹、消防等领域，有效防范和遏制安全事故发生；组建专职消防队伍1支；聘用道路交通安全协管员7名，加强道路交通日常巡查排查。

【提升境界转作风，组织建设不断加强】（一）加强自身建设，提高班子整体效能。持之以恒抓好党委中心组学习，不断加强班子成员的政治理论水平，积极建设学习型班子，开展“三严三实”专题教育、党风廉政建设、党课教育等专题学习11次，班子成员深入查摆自身在修身不严、律己不严和用权不严等方面存在的问题共计78个，并全面完成整改。全镇党员干部积极走村入户访民情、知民意、解民忧，先后深入村组走访2635次，结对帮扶困难户622户，排查化解矛盾纠纷383起，切实转变了干部作风，密切了干群关系。同时，镇党委班子成员带头在全镇全面开展党员干部结对帮扶贫困户活动，通过党员干部与贫困户结对子等方式，建立与群众的密切联系制度，对困难群众提供各种帮助。通过各种方式不断提高新形势下党员干部工作的能力和水平，较好地履行了本职工作。（二）注重队伍建设，提升队伍综合素质。以“一核多元”为契机，大力实施“领头雁工程”，选派6名年富力强、踏实肯干的镇干部到村担任党支部书记，引导村级组织全面实施基层党组织书记“十个一”工作法，全面推行“四议两公开”工作法和文朝荣群众工作“六法”，切实增强村两委班子的凝聚力和战斗力。配齐配强村两委班子，帮助理清发展思路，实行项目台账管理，大力整顿小龙村、雄嘎村、永兴村、戈座村、双龙村基层软弱涣散党组织，着力解决村支部书记能力不足、精神懈怠等问题。投入资金38.8万元，新建杨柳村、沙乐村和双龙村村级活动场所，对朝营村、钟山村、水浸沟村和冲锋村村级活动场所进行维修改造，投入20余万元为各村购置电脑、文件柜等办公用品，设立便民利民服务站、党员活动室和驻村工作室，积极服务基层党组织建设。重视党员发展工作，根据各村和机关实际情况，严格按照《贵州省发展党员工作规程（试行）》标准，坚持“严格标准，保证质量，改善结构，慎重发展”的原则，把质量、控数量，建立定额培养发展党员机制，党员队伍年轻化、知识化水平连年提高。五年来，全镇共发展党员95名，其中女党员14名，高中以上学历67名，有效改善了党员的年龄结构和文化程度。2013年，依法组织了村“两委”换届选举工作，让新一批年富力强，政治过硬的年轻同志进入村两委，选优配强了村“两委”班子，与上届村“两委”班子平均年龄相比下降3岁，高中以上文化水平比重提高18%。（三）狠抓制度载体建设，提高组织服务能力。在抓好自身建设的同时，镇党委从抓党员干部作风入手，狠抓制度载体建设。研究修订了领导干部考核管理办法、民生事务代办制度、马上就办等一批切合实际、便于操作的规章制度，使“用制度管人、用制度管事”的理念得到深化。严格执行双轨制考核管理、服务承诺制、限时办结制，激发镇村干部干事创业的内在动力。建立健全脱贫保障机制，紧盯扶贫对象和需求清单、脱贫时限清单、扶贫措施清单、脱贫责任清单，强力推进精准扶贫责任落实。加强软弱涣散村治理整顿，激活组织活力。通过强班子，壮队伍；化矛盾，解民忧；理思路，稳民心；严制度，促落实等四项举措，双龙、水营等基层软弱涣散党组织全面完成整改。（四）贯彻从严治党，推进党风廉政建设。全面落实党风廉政建设责任制，始终把党风廉政建设和全镇主要工作相结合，做到同研究、同部署、同落实、同考核。重拳狠刹“走读风”，根除“厌学风”，遏制“吃喝风”，严禁“大操大办风”，镇村干部服务群众的能力得到了提升，作风得到很大改善。投资5万余元，按标准设置纪委谈话室一间。严格执行党风廉政各项规定，撑腰给力纪委履职，坚定不移从严执纪。五年来，共立案查处违纪案件12起，处理违纪党员13人，其中，党内警告7人、严重警告4人，行政警告1人，记过1人，达到了查处一个、挽救一批、教育一片的效果。

（撰稿人：办公室）

杨家湾镇

【概　述】 杨家湾镇位于毕节市七星关区西南角，全镇总面积94.5平方公里，辖17个村（居）委会，现有人口14910户58353人。

全镇属北亚热带湿润季风气候，境内气候独特，具有冬无严寒，夏无酷暑的特点。年平均降水量983毫米，日照率约33%，无霜期长达280天以上，耕地面积62400亩，森林覆盖率达42.3%。地面气候温和、雨量充沛，适于玉米、水稻、小麦、署类、豆类等粮食作物及半夏、天麻、金银花等中草药生长，且盛产烤烟、茶叶、大白蒜等农特经济作物，其中大白蒜闻名遐迩，远销至东南亚、西欧等国家和地区，素有“大白蒜之乡”的美称。境内属喀斯特地貌，矿产资源丰集，辖区内蕴藏大量原煤、大理石、铁矿、粘土等资源，原煤理论储量8亿吨，大理石储量0.8亿立方，粘土储量居全区之首。

境内自然风光神奇秀丽，人文景观历史悠久，具备发展文化生态旅游得天独厚的条件，有“中国森林氧吧”称号的拱拢坪国家森林公园，高峡平湖的夹岩水库七星河库区，更有诸葛亮祭七星的神秘传说，古驿道、摩崖石刻等文物古迹，有革命烈士夏曦纪念碑为中心的红色教育基地，昭示革命先烈的光辉，更有穿越百年的桥梁群落，在七星河上记录着时代的变迁。

【2012年至2016年经济发展概况】 2012年，生产总值4.1亿元，全镇种植优质大白蒜8000亩，小麦11700亩，马铃薯19200亩，其中脱毒马铃薯10000亩，种植魔芋1500亩，种植水

稻2200亩。二是积极引导农民以市场为导向，以效益为中心，调整种养结构，大力发展效益农业和畜牧业。目前已组建香炉村、周驿村、杨箐村核桃种植示范基地近万亩，发达、七星、开林等村特色经果林种植2000余亩，利用党员创业带富工程和妇女小额贷款工程建立中药材种植基地2个，百货超市2个。三是加大农业科技投入，积极推广实用技术，提升农业科技含量。投资8万元在三合村建立大棚3.6亩，计划种植反季节蔬菜，试种成功后可为群众年创收10万元以上；招商引资完成1.58亿元，并启动投资上亿元的集镇新区建设工程，结合微型企业、党员创业带富、妇女小额贷款等工程，全镇兴起了一批创业热潮，先后兴办100多家种养殖基地、餐饮、加工、零售等企业。

2013年生产总值3.85亿元，全年种植大白蒜8400亩，脱毒马铃薯16000亩；种植核桃3000亩，板栗1000亩，茶叶1500亩，樱桃2000亩，蔬菜1500亩，烤烟1400亩；发展山羊养殖大户12家，养殖山羊1100只；发展生猪养殖大户30家，养殖生猪2000头，品牌农业逐渐起色；全年招商引资完成1.5亿元；建成大型百货超市、服装超市3家；结合微型企业、党员创业带富、妇女小额贷款等工程，培育一批小微企业，先后兴办了50余家种植、养殖及餐饮、加工、零售等企业。

2014年种植粮食20000亩，大蒜8000亩、烤烟1000亩，蔬菜8000亩，粮食总产量达到12127吨；扩种核桃1500、樱桃2000亩、杨梅200亩，茶叶3000亩，中药材500亩；引进农特产品深加工企业1家，新增专业合作社3家，培育种养大户10户，启动建设三合山地有机茶、七星发达精品水果等特色农产品基地建设，农业组织化、市场化水平进一步提高。

2015年，全镇共种植玉米25135亩，马铃薯16536亩（其中：脱毒马铃薯1000亩），蔬菜13252亩，在环七星河生态农业经济带种植杨梅、车厘子、枇杷、脆李等特色经果林1900亩，在塘边—营盘特色农业经济带种植刺梨8000亩，大白蒜600亩，板栗1090亩，黄柏等中药材种植1200亩，在环拱拢坪特色林业经济带种植茶叶500亩，畜牧业方面，结合建成1个20万羽标准化蛋鸡养殖场，1个骟鸡养殖场，1个养牛场，牛存栏量3218头，羊2165头，猪9875头，鸡81361羽，鹌鹑15000羽，着力推进农业六大板块经济建设，农业产业化稳步推进；召开新年茶话会，邀请50余位杨家湾镇籍成功人士参加，聘请16名成功人士担任村经济发展顾问，落实招商引资项目5个，招商引资到位资金1亿元。启动预计投资1.5亿元的七星关区石材工业园区规划建设，完成玉金采石场、寨子山采石场、太平采石场的矿权整合，实现企业兼并重组、发展壮大，引资900万元建成归去来蓝莓种植园，全年共新增中小企业7家，民营经济发展显现活力。

2016年，全镇共种植玉米24367亩，马铃薯16536亩（其中：脱毒马铃薯1200亩），蔬菜12350亩，在环七星河生态农业经济带种植杨梅、车厘子、枇杷、脆李等特色经果林1900亩，在塘边—营盘特色农业经济带种植大白蒜1000亩，板栗1090亩，黄柏等中药材种植1200亩，在环拱拢坪特色林业经济带种植茶叶500亩，畜牧业方面，结合建成1个20万羽标准化蛋鸡养殖场；落实招商引资项目3个，招商引资到位资金1.2亿元。启动预计投资1.5亿元的七星关区石材工业园区规划建设，完成玉金采石场、寨子山采石场、太平采石场的矿权整合，实现企业兼并重组、发展壮大，引资900万元建成归去来蓝莓种植园，全年共新增中小企业54家。

2012年至2016年农民人均纯收入由4210元增长至7054元。

【基础设施、人居环境概况】 2012年，投资10万元，对营盘、大山等村通村公路进行了维护管理，完成发达村、站坡村通村水泥路建设工程；引入资金150多万元，建成集镇人畜饮水工程，惠及杨家湾村、站坡村共10个组4000多群众的安全用水问题；投资19万元修建了杨家湾村、七星村、站坡村抗旱救灾应急饮用水源工程；投资100多万元对松山大塘、阳雀山沟水库、鸭子塘等水库实施改善和除险加固工程；投资279万元对集镇326国道两旁民房进行了立面改造；投资2000万元的集镇老区立面改造工程已完工；投资上亿元，总长6公里、宽24米的集镇新区道路建设工程启动；继续实施农村危房改造工程，2012年共完成1100多户，涉及资金2000余万元，惠及群众6000余人。

2013年，投资10万元，维修营盘、香炉、戛木营、塘边等村通村公路20余公里；完成杨家湾村、出烟洞村两条通组路硬化工程，硬化道路3.4公里；启动香炉、营盘、戛木营、塘边等14个村42.8公里通村水泥路建设工程；投入资金40余万元，建成发达村人畜饮水工程，解决发达村2000余人饮水困难问题；投资150余万元对鸭子塘水库进行修缮，解决大埂子村3、4、5、6组213户农户安全饮水问题；投资240余万元建成营盘、松山人畜饮水工程；投入资金1100万元，共硬化连户路99.5公里，硬化院坝22万平方米；投入资金400万元，在大埂子村、三合村实施民房立面改造300余户2.5万平方米，改圈28个，改厕20个，新建环保垃圾池17个，修建排污沟渠800余米，安装节能路灯140盏；投资287万元，实施站坡村董家凹重金属污染治理工程；投资2000万元完成集镇老区立面改造工程，启动路灯安装、污水处理厂、给排水设施建设及农贸市场、客运站、加油站建设工程。启动集镇新区累计投资500万元，完成征地、迁坟等工作；投入资金2500余万元，新建教师公租房344套12040平方米，学生寄宿制宿舍11400平方米；投入资金300余万元，建成三合村生态小公园，完善周驿村、七星村等“农家书屋”基础设施，配置镇文化活动中心设备器材；投资300万元，改扩建镇中心卫生院，完善村级卫生室配套设施。

2014年完成投资400万元的三合村乡村生态旅游示范点建设，启动七星、发达等生态观光农业示范点建设；投资66万元完成周驿村、香炉村通组路硬化4.5公里；完成投资2200万元、总长44公里、涉及15个村、惠及5万余群众的通村公路硬化项目，实现通村公路硬化从零到全覆盖的跨越，农村客运线路正式开通，群众出行问题得到有效解决；投资240余万完成8个村通寨路硬化3.1公里，路灯安装80盏，公厕修建30平方米，排污沟修建1800米，购置垃圾箱80个、垃圾清运车和压缩车各1辆。农村环境得到有效改善，群众生产生活水平得到大幅提高；投资700万元完成寨子山、长岩头、沙坝等处的炼锌区重金属污染治理；投资800余万元建成污水处理厂及配套的7公里污水管网，节能减排的取得重大突破；城镇新区建设通过与国道改扩等项目有效整合，增加资金投入近3000万元，进入设计阶段。

2015投资386万元完成林场公租房56套3360平方米建设；完成鸭子塘小二型水库改造、松山大塘除险加固工程，解决三合、站坡等11个村级小学师生的安全饮水问题，完成16个村200余个农村小型水利工程产权摸底调查；投入1494万元实施39个小康寨建设，新建3个文体活动场所，安装路灯388盏，新建通寨路21.274公里、连户路2.12公里，垃圾处理设施4个，排污沟1.3公里；投资219.81万元实施危房改造256户；投资2750万元完成5公里G326国道改扩建工程，投资730万元完成开林、松山、杨箐等村通村公路14.6公里，通村公路实现全覆盖；城镇新区建设通过与国道改扩等项目有效整合，投入资金近1000万元；完成杨家湾村茅草坪集镇和七星村中心广场建设，启动投资10亿元的七星古城建设，城镇配套设施逐步完善。

2016年完成杨家湾村茅草坪集镇、大埂子村文化广场、三合村湿地小公园、七星村中心广场建设，进行前期征地拆迁等工作；投资386万元完成林场公租房56套3360平方米建设；完成鸭子塘小二型水库改造、松山大塘除险加固工程，解决三合、站坡等11个村级小学师生的安全饮水问题，完成17个村（居）200余个农村小型水利工程产权摸底调查；新建3个文体活动场所，安装路灯388盏，新建通寨路37.27公里、连户路39.99公里，人行过道0.5公里，垃圾处理设施4个，排污沟500米；投资199.3万元实施危房改造228户；投资2750万元完成5公里G326国道改扩建工程；投资890万元完成松山、发达、杨家湾等村通村公路17.8公里，通村公路实现全覆盖。

【社会事业及意识形态工作概况】 2012年依托拱拢坪国家森林公园和七星关红色文化资源，充分挖掘特色农业潜力，打造大白蒜之乡、樱桃之乡品牌，不断提升集镇形象，进一步密切干群关系；配齐了中学、中心校、二中普实器材，“两基”成果得到进一步巩固，教育教学质量大幅度提升；小学适龄儿童入学率达到99.70%；初中升学率达85%；农家书屋、农村电影放映、现代远程教育工作有序开展，丰富了农村群众的业余文化生活；新型农村合作医疗工作，全镇参合率达95%；全年共排查调处各类矛盾纠纷352起，化解历史信访案件8件，大部分得到妥善解决，调解满意率达100%。；全年共计走访群众50000多人次，解决群众反映问题300多个，化解民事纠纷30多起；在便民服务中心建立首问责任窗口1个，便民服务大厅1个，责任窗口1个、三级联动视频接访中心责任窗口1个，悬挂作风建设、环境建设投诉举报电话牌17个，督查小组进行督查12次；严肃换届纪律，圆满完成换届选举工作，通过换届，全镇共有2名优秀年经的中层干部进入了领导班子，增强了领导班子的凝聚力、战斗力和领导发展的能力；注重培养、吸收35岁以下、高中文化以上、农村种、养业等致富能手和优秀青年加入党组织。

2013年投入资金2500余万元，新建教师公租房344套12040平方米，学生寄宿制宿舍11400平方米；投入资金300余万元，建成三合村生态小公园，完善周驿村、七星村等“农家书屋”基础设施，配置镇文化活动中心设备器材，进一步丰富群众精神文化生活；投资300万元，改扩建镇中心卫生院，完善村级卫生室配套设施，并配备村级医务人员，完善村级卫生服务功能；参加农村居民最低生活保障4400余人，做到应保尽保；农村居民养老保险参保9629人，参保率达50%；参加新农合37000余人，常住人口参合率达97%；安全生产有效推进，全年未发生重特大安全事故，群众生命财产得到保障；无新增信访案件，协调化解历史积案5件；严厉打击吸毒贩毒、“两抢一盗”等违法犯罪活动，社会治安明显好转；投入资金50万元，对政府办公设施进行维修，改建便民服务中心，规范和完善服务窗口；认真落实中央八项规定和省、市十项规定，全面落实廉政建设责任制，完善行风建设监督评议机制，严格控制公务用车、公务接待经费使用，有效树立政府廉洁形象；切实抓好村级服务中心建设，在镇党委、政府高度重视下，完成了第九届村两委换届选举工作，通过此次换届选举，村两委会班子成员平均年龄48.3岁，比换届前下降1.2岁，新一届村委会成员中党员数43名，占到总数的55.13%；高中以上学历的有19名，占到总数的26%；妇女16名，占到总数的23%。

2014年以深入实施“百千万”工程为载体，多彩贵州文明创建活动取得新成效。扎实开展道德讲堂活动，共开设道德讲堂课程8次，参加讲堂党员群众1000余人次；创建文明村5个，文明户3200户，推动文明素质和镇村形象大提升。开展滥办酒席借机敛财不正之风专项整治活动，促进乡风文明进步，签订《承诺书》4500余份；大力开展“六打六治”打非治违和“除大隐患、防大事故”大检查等专项活动、排查整治各种隐患，组织综合执法72次，取缔非法采石点2个，销毁烟花爆竹6车；打击非法载人车辆40辆；责令非法生产经营企业停产停业16家，全年无重大安全事故发生；全年累计投入资金400余万元，改扩建镇卫生院住院大楼150平方米，修建职工住房40套，绿化医疗环境3000余平方米；完成周驿、杨家湾、站坡、杨箐卫生室修建工作；投资35万元完成发达、三合、出烟洞、松山、照壁、香炉、大埂子等村卫生室修缮工程，切实提高基本医疗服务保障能力。稳步实施创业带就业工程。加大扶持小微企业政策的落实，努力激发全民创业活力，实现城镇新增就业100人，转移农村劳动力就业500人；2014年共发放各类救助金38.6万元，各类优抚对象的优抚补助金40.6万元，发放低保金1111万元，五保户供养补助款24.06万元。全镇参加新型农村合作医疗保险39594人，参保率达到95%；参加新型农村养老保险12973人，参保率达到52.42%，续保率达到86.26%；有序推进精准扶贫工作。完成精准扶贫建档立卡3383户10069人，完成290户1001人的年度减贫计划。

2015年探索公道评说等创新工作方法，排查各类民间矛盾纠纷180起，调处176起，化解历史疑难信访件3件，深入推进“法治杨家湾”建设，加大治安管理、刑事案件等的打击力度，刑事案件立案24件，破13件，治安42起，拘留吸毒人员35人；以“十星级文明户”创建为载体扎实推进农村思想政治教育，在各村开展“十星级文明户”创评工作，大力开展“七个起来”活动，活动覆盖全镇16个村。认真开展道德讲堂、宣传部长上讲堂等活动，参加的干部群众党员达1500余人次；以“四在农家美丽乡村”创建为契机，大力宣传新农村、新农民、新风尚等，着力提升群众的整体素质，增强致富能力，全镇社会主义核心价值观的墙体标语达120余条；大力开展整治滥办酒席不正之风专项行动，促进乡风文明大进步，张贴通告20余份，发放通告1000余册，取消100余桌；打击非法载人车辆150辆，教育驾驶人员300余人；责令非法生产经营企业停产停业3家，完成“农村道路交通安全监管云平台”车辆录入2024辆，驾驶人员3208人，全年无重大安全事故发生，实现双降工作目标；认真做好困难群众和农村低保困难补助的发放、军人抚恤等惠民工作，切实解决贫困人口温饱及住房问题，共发放城低保2166户540902元，农低保4414人6246104元，各类救助金1477859元；发放低保户季节性缺粮30吨2000包，采集及录入残疾人信息3358人；新型农村社会养老保险参合人数40837人，城乡居民医疗保险综合参保人数14277人，综合参保率64.18%，续保率83%；完成311户1175人的年度减贫计划。

2016年加大治安管理、刑事案件等的打击力度，刑事案件立案34件，破12件，打处6人，抓获在逃人员9人；治安42起，办结40起；拘留吸毒人员39人；打击非法载人车辆156辆，教育驾驶人员280余人；责令非法生产经营企业停产停业2家，完成“农村道路交通安全监管云平台”车辆录入3080辆，驾驶人员3326人，全年无重大安全事故发生；投入资金537万元，建成公租房88套4080平方米，全面提升中小学教育教学水平；发放城低保83户563388元，农低保1126户4843824元，各类救助金2027000元；发放低保户季节性缺粮23.8吨，采集及录入残疾人信息3600人；新型农村社会养老保险参合人数40837人，城乡居民医疗保险综合参保人数14486人，综合参保率66.84%，续保率83.2%；2016年共实施异地搬迁38户147人，其中集中安置11户56人，分散安置27户91人；全镇共贴息贷款220户，贷款金额507.7万元，发展了开林村种植杨梅、营盘村种植板栗、发达村种植樱桃、站坡村养鸡、塘边村养羊、出烟洞村养牛等项目。

（撰稿人：办公室）

放珠镇

【概　述】　2012－2016这五年，是七星关区放珠镇励精图治，攻坚克难，奋发有为的五年。在区委、区政府和镇党委的正确领导下，在镇人大的监督支持下，始终坚持以科学发展观为统领，全面贯彻中央大政方针政策和习近平总书记系列重要讲话精神，按照区委总体部署和镇党委的统一安排，切实加快经济发展和维护社会大局稳定，切实加大社会救助与保障力度，推动社会各项事业稳步发展，认真履行职责，艰苦奋斗、全力以赴，不断推进放珠经济社会的全面发展，政府自身建设不断加强，为全面建设小康社会奠定了坚实基础。

【农业经发展】　截止2016年，放珠镇财政总收入595万元，（其中烤烟税270万元，耕地占用税152万元，企业营业税173万元）；工业总产值达2.9亿元；全社会固定资产投资完成2.6亿元，招商引资3.1亿元，农业特色产业2.26万亩（种植核桃1.79万亩，中药材麻类种植500亩，澳桃种植560亩，杨梅种植100亩，刺梨种植4541.5亩）；其中2015年，实施规模化板块经济种植蔬菜1.21万亩，杂交玉米种植1.33万亩，马铃薯种植1.73万亩，在天桥、海螺等村新增特色经果林0.3万亩，在天桥村新增种植精品水果300亩，毛家屯村500亩；完成荒山绿化2209.2亩，完成1500亩封山育林；五年内无重大森林火灾发生。春秋两防工作落实到位，2016年注射猪瘟1.7万头次，其中注射猪口蹄疫0.9万头次，注射蓝耳病0.8万头次，注射牛口蹄疫0.2万头次，注射羊口蹄疫0.5万头次。注射禽流感2万羽、鸡新城疫2万羽。贫困发生率逐年降低5%，农村居民人均可支配收入逐年增加，从2011年3580元增加到2016年8060元。

【城镇基础设施建设】 五年来，投资1141万元改善全镇2万多人的人畜安全饮水工程；全镇增设变压器15台；完成串户路99.96公里，投入299.88万元，硬化院坝18.8万平方米，投入564.63万元，实施通村公路（三岔路－永安－海螺－法桥－放珠公路）改造工程，投资1008.7万元，完成通村公路54.7公里、通组公路52公里，投资4191万元；投资900余万建设政府公租及附属设施。在全镇建移动机站5个，达到村村通宽带；在15个村居安装了宣传广播设备，使党的方针政策宣传常态化。投资200余万元改善或新建设15个村（居）办公场所。

【项目建设】 一是水库移民工程，2014年以来，完成库区征地1206亩，其中淹没区856亩，伏流区350亩，已签订用地协议，库区需移民14户51人，2015年搬迁3户11人。二是扶贫生态移民搬迁，五年来共完成需移民的69户贫困户的生态移民搬迁工程，投入扶贫资金101万元。三是完成“一事一议”普惠制项目52个，投资1240万元。四是完成扶贫项目28个，投入资金3250万元。五是修建“杨放公路”放珠段投入资金1400万。

【民生事业】 始终把文教卫生、民政救济和社会保障工作纳入党委政府重要工作日程。按教育均衡发展要求，投资2100万余元新建、改建全镇14个村小和放珠中学学生食堂、教学楼、教师公租房，加强学校建设，新建中心幼儿园一所，各村小幼儿园3所，配置校医16名。逐步健全养老服务机构管理制度，投资18万元在6个村打造幸福园，敬老院入住率达95%以上；深入推进医疗养老保险制度，到2016新型农村养老保险参保10424人，发放养老金约290万元；加大弱势群体帮扶救助力度，农村五保对象全部得到妥善安置，及时发放各类救助金和救助粮。2016年共发放低保金835.7182万元；完成辖区内3060名留守儿童、773名空巢老人、2430名残疾人、100名困境儿童调查统计、建档立卡工作。2016年城乡居民医保参合率达96.9%，投入42.3万元维修9个村卫生室，医疗条件不断完善。

【美丽乡村建设】 2011年以来危房改造共计1540户（其中五保户9户，困难户749户，低保户256户，一般户494户，集中建设供养32人），投入1389.67万元。完成小康房建设38户，投入资金114万元。完成小康寨建设村庄整治工程6个。2015年投资176.8万元，完成邵家村34户“四在农家美丽乡村”贵州民居建设；2016年投资170万打造法桥村一组“四在农家美丽乡村”建设。各村通过召开群众会，“乡村大喇叭”宣传，学校召开主题校会、主题班会、青年志愿者上街打扫卫生等加大对“多彩贵州文明行动”工作的宣传力度，进一步提高群众卫生习惯和环境保护意识；投入资金50余万元，加大对环境卫生整治，集镇、村寨环境面貌得到有效改善。

【综治维稳工作】 建立健全维稳工作机制，不断深化平安创建。一是加强政策法规宣传力度，通过广播、横幅、标语、道德讲堂、网络平台等渠道加大宣传力度，切实开展好政策法规大宣传，确保政策法规宣传取得实效；二是做好矛盾纠纷大排查、社会治安大整治活动。成立专项行动工作领导小组，明确牵头单位，做到责任落实到人，做到及时发现问题，及时介入处理，五年来化解各类矛盾纠纷122件；三是做好安全生产大整顿，加强道路交通安全和非煤矿山安全检查。以此为契机，高度重视安全生产工作，近年来无重大安全事故发生。人民群众的安全感、幸福感显著增强。在2014年全市人民满意度调查中获得全市第七，全区第一的好评。

【人口计生工作】 高度重视计划生育工作，较好地实现了稳定低生育水平；从2011年以来共出生人口1643人，其中男孩850人，女孩793人；政策内1459人、政策外184人；共完成避孕节育措施1559例，其中：结扎627例，上环932例。

【精准扶贫】 始终把精准扶贫作为政府核心工作。近五年来完成1845户7257人脱贫，其中2014年脱贫281户1150人，2015年完成170户617人，2016年计划脱贫人口400户1751人，对全镇977户3802人贫困户建立一户一档；两无人员全部纳入兜底保障；完成易地扶贫搬迁33户130人；“雨露计划圆梦行动”资助贫困学生42人；2015年按照区委、区政府对“一市五金多套餐”精准帮扶机制相关规定，已有680户贫困户在农商行贷到贴息贷款共1168.1万元发展种养殖；2016年精准扶贫“特惠贷”贴息贷款共计148户，547.05万元。

（撰稿：办公室）

野角乡

【概　述】 野角乡位于北纬27°14′00″－27°20′30″、东经104°58′45″－105°11′15″，地形东西低，南高北低，中部高，呈倒“U”型，平均海拔1650米，东连长春堡镇、何官屯镇，南邻撒拉溪镇、杨家湾镇，西接放珠镇，北依青场镇、水箐镇。乡人民政府驻西桥村学校组，电话号码0857，邮政编码551718，距七星关区城中心37千米。2016年辖沙拉槽、大麻塘、郎家塘、邓家湾、西桥、大水、元华、天星、白龙、北山、茅坪11个行政村118个村民组。总面积125.5平方千米，总人口26847人。

【人口计生工作】 着力抓好人口计划生育工作，进一步夯实人口与计划生育工作基础。在区委、区政府的正确领导下，在区人口和计划生育领导小组的指导下，野角乡大力开展人口和计划生育工作，人口出生率和人口自然增长率与去年同期相比都明显下降。以“三按月”绩效管理为抓手，强化“双诚信、双承诺”管理机制，提高人口和计划生育工作管理水平。

【党的建设】 大力落实党委主体责任，狠抓党风廉政建设，一是精心组织，认真落实，始终把党风廉政建设工作和反腐倡廉工作纳入重要工作议事日程，与各项工作同部署、同落实，将党风廉政建设责任层层分解，落实到责任领导和相关办公室，形成上下贯通，一级抓一级，一级对一级负责的工作格局。二是传达学习了相关会议精神，认真签订了党风廉政目标责任书180余份。三是每月抽调办公室相关人员，组成检查组，采取明查暗访，不打招呼、突击检查等方式对机关作风定期或不定期进行跟踪检查，对违反工作纪律，工作效率低下，工作质量差的进行了约谈批评，对主要责任人给予了经济处罚、大会作检讨等处理。四是认真落实中央八项规定及省、市、区规定精神，坚决纠正四风。紧盯春节、五一、端午节易发节点，加大明察暗访力度，提醒提示中层以上干部，节假日要过一个干净文明祥和的节日，在公款吃喝、公车私用、婚丧嫁娶上一定要绷紧弦，切不可侥幸行事，一定要时刻牢记纪律红线，不触碰、不违纪，努力形成作风建设新常态。五是积极开展了守纪律、讲规矩、转作风、提效能纪律作风整顿活动，撰写心得体会20篇，上报信息12篇。六是开展民生监督警示教育进乡镇活动、干部作风大整顿活动，通过为期一月的纪律作风教育整顿，干部职工中存在的不良倾向和作风问题，在较短时间内予以改正，机关作风有了明显好转。七是全力配合上级开展各类大检查，由专人负责，积极配合，提供资料，在财务管理、三公经费使用上，未发生任何违纪现象。八是推行党务公开、政务公开和办事公开。对今年党员承诺事项进行了公示，对乡重大事项、项目建设定期进行了公开，做到公开、透明、方便群众监督。九是按时上报文件、报表。全面解决“空壳村”问题。一是巧借“政策扶持资金”捆绑企业助村集体脱壳。村集体将上级部门扶持项目经营主体的资金在不改变资金性质的前提下，通过协议方式，量化为股金入股到经营主体，助力村集体经济脱壳。今年年初，村支部将区扶贫办的项目扶持资金26万元作为股金注入努比亚种羊繁育基地，使村支部占据该公司10%的股份。同时通过向其申报生产便道、饮用水池等基础设施建设项目等进行量化，以此为股本要求企业向周边贫困户免费发放种养，并在提供技术指导的同时对成品羊进行保底收购，带动群众脱贫致富。二是自筹强基固本贴息贷款，捆绑联营户使村级实体崛地。针对村支部发展集体经济无启动资金，能人（大户）创业无后续资金的实际，我乡自筹资金成立“强基固本基金”，为各村支部分别提供10万元的贴息贷款（贴息时间一年，贴息金额8400元）用于注入村域范围内发展计划好、经营风险小、管理能力强的能人（大户或合作社）项目，并以此为媒盘活2016年第一、二批中央财政专项扶贫发展基金，通过股份制的形式建立利益联结机制，将合作社、支部、贫困户三者进行捆绑，帮助村级集体经济发展起步，为空壳村的消除提供“第一桶金”；助力产业发展壮大，为合作社走出困境雪中送炭。截止目前已通过这样的方式在农商行贷款80万元（政府贴息67200元）。分别在沙拉槽、白龙两个村种植蔬菜400亩；在邓家湾村培育野生天麻1000余亩；在元华村种植红心猕猴桃100亩，并以短养长套种大豆；在北山村发展养殖肉猪120头；在郎家塘村发展林下养鸡，已出栏鸡5000余羽；在大水村新建食用菌生产大棚22个，连片种植脆红李4000亩。目前邓家湾村、郎家塘村、北山村、大水村村集体经济达到3万元。扎实推进范本村打造工作。野角乡扎实推进大水村范本村打造，一是成立“水陆之珍种养合作社”和组建“大有可为建筑施工队”。在土地确权的基础上，将全村的剩余土地全部收归村集体所有，按照“支部+合作社”的模式组建“水陆之珍种养合作社”。新建蔬菜大棚200个，建生猪养殖场，石蛙养殖场等，并配套建设农产品交易中心等基础设施，目前在大水村新建食用菌生产大棚22个，连片种植脆红李1000亩。大水村党支部将在家的劳动力根据其掌握的技术和专长进行归行划队，并牵头组建“大有可为建筑施工队”。目前承接了本村通村路、通组路、村级服务阵地、贵州民居等各类基础设施建设，所得的利润作为村集体经济收益与群众分红，壮大村集体经济的同时拓宽群众增收渠道。二是加快推进“生态人居”、“生态环境”、“生态经济”、“生态文化”四大工程建设。重点围绕大水村道班（大二路与从通村路交界处）经新坡、塘边、团结（分路经大火地、旧屋基至天星半边街）、凉水、李家坪子至水箐镇边界和农业园区产业带进行打造，覆盖大水5个村民组256户。做到以点带面、稳步推进，建成生态农业与乡村旅游的示范点，形成宜居宜业宜游的美丽乡村新格局，使美丽乡村成为大美野角的靓丽名片。扎实开展“两学一做”学习教育常态化制度化建设。自“两学一做”学习教育启动以来，我乡紧扣“学、改、做”要求，注重学与做的辩证统一，推动“两学一做”学习教育常态化制度化建设，使其在脱贫攻坚中焕发光彩。学习过程中，在牢固学好党章党规、习近平总书记系列重要讲话精神同时，更加注重典型学、交流学、活动学，学习黄大发“信念为先、团结为要”的精神，学习塘约农村改革经验，并开展了4次知识抢答竞赛巩固学习成果，真正做到入脑入心。在依托“脱贫攻坚讲习所”平台，认真领会区委主要领导历次到我乡蹲点调研时的指导讲话精神，乡党委组织班子成员深入田间地头给群众讲解脱贫攻坚有关知识，使群众知晓率达100%，与时俱进学习借鉴“塘约经验”，盘活农村资源资产资金，深化农村改革，不断发展壮大集体经济，促进农业增效、农民增收和农村发展，形成脱贫攻坚强大动力。一是着力强化班子建设，激发内生动力。抓好乡村两级班子建设，建立健全村干部激励薪酬体系和考核机制，逐步提高村干部待遇；严管善用第一书记和驻村干部。二是着力抓好能人带动，做好示范引领。鼓励和引导有能力、有条件、管理能力强的能人，通过“能人+贫困户、合作社+贫困户的模式在全乡7个贫困村中培育能人示范带动基地3个，示范带动60户贫困户加快脱贫步伐。三是组织党员讲师团，开展政策宣传。党员讲师团深入农村，给群众宣传国家扶贫政策，及时把党和政府的脱贫计划传达给大家，引导大家的自觉行动、转变观念，投身于建设家乡的队伍中来，带动群众脱贫致富。四是以提升党员素质为根本，加强党员队伍建设。我乡扎实开展党员培训和民主评议工作，对党员进行理想信念、宗旨意识、纪律作风等方面的培训教育，提高党员的综合素质。五是强化人才资源统计，圆满完成区人才办安排的人才统计任务。六是强化理论武装，凝聚思想共识。办年以来，党委中心组结合党的十八届历次全会精神，“三严三实”，“四个全面”战略布局等组织开展了专题学习18次。积极组织开展系列活动，丰富宣传内涵。一是开展普法宣传，建设法治野角。深入开展法治宣传活动。我乡充分利用法治宣传栏、黑板报、法治文化长廊等多种形式，在乡、村人员密集的地方进行法治建设、禁毒、普法等宣传，逐步使尚法、守法、用法的观念深入人心。加强法治文化教育活动。我乡以预防青少年违法犯罪为重点，积极开展法治教育进校园活动，邀请派出所对乡域内中学和所有小学的师生进行法治文化宣讲，努力创建法治校园、和谐校园。二是开展联谊活动，扩大交流合作。我乡举办了“六一”、“我们的节日·端午”等活动，大力宣传农村思想政治教育；在集镇处开展“赶场天赛起来”活动等。三是开展志愿活动，传递社会正能量。该乡以志愿服务活动为载体，组织机关、乡直单位、卫生院、学校团支部的广大党员干部，积极参加义务植树、免费义诊、义务洁乡等志愿服务活动。深化文明创建，丰富群众生活。一是广泛开展群众性文化娱乐活动。一是广场舞深入大街小巷，全乡11个村共发展广场舞民间团体11个，吸纳广场舞爱好者160余人，每当夜幕降临，随歌而舞的人们在享受文化的同时也在传播着文化。二是以农家书屋为载体，组织开展全民阅读活动，不断提升群众文化素质；以乡村文化广场为阵地，设立文化宣传长廊、配套文化体育设施，引导群众农闲时节广泛开展文化娱乐、广场健身等文体活动；以乡村学校少年宫为平台，不断拓展活动内容，开发特色项目，为未成年人的健康成长和全面发展创造条件。二是培育和践行社会主义核心价值观。一是加大社会主义核心价值观的宣传力度。利用我乡“七个起来”，大力传播社会主义核心价值观，弘扬主旋律，传播正能量。在全乡各村都制作了社会主义核心价值观宣传画和宣传提示语等内容，引导群众以实际行动践行社会主义核心价值观。二是把社会主义核心价值观融入校园。我乡各中小学，坚持育人为本、德育为先，把社会主义核心价值观融入校园，形成课堂教学、社会实践、校园文化多位一体的育人平台，社会主义核心价值观建设硕果累累。三是新建墙体标语，助推脱贫攻坚。为加大脱贫攻坚宣传力度，我乡新建脱贫攻坚宣传标语2000余平方米，喷绘20余幅，为全乡脱贫攻坚工作奠定宣传基层。加强媒体宣传，提升群众知晓率。1、在毕节日报刊播本单位新闻稿件3篇，在毕节晚报、区电视台、微七星关、云上七星刊播本单位新闻稿件10篇以上。2、对全乡舆情管控全面，没有出现因管控不力而产生负面影响。

【产业发展】 围绕“一线三圈”为重点打造区域，通过以点连线，以线带片的方式渐进向全乡范围内辐射铺开。

各村按照“一村一策”的要求，本着因地制宜、科学规划、合力推进的原则，通过“村社一体合作社＋公司＋基地＋农户”的模式，重点围绕经果林、蔬菜、脱毒马铃薯、烤烟等进行打造。

【基础设施建设】　一是水电路等基础设施建设有序推进。本着差什么补什么的原则，我乡积极与上级有关职能部门对接，争取相关基础设施项目，全乡实施的通村路近90公里，通组路60余公里，各产业园区机耕道60余公里，目前，各路段施工正有序推进中；乡客运站已建成并投入使用；全乡河道治理工程等项目正在申报当中。二是教育基础设施稳步推进。争取爱心人士捐赠40万新建的半边街幼儿园已启动施工；涉及野角中学、快乐小学等4个学校的薄改工程已完成征地拆迁；涉及野角中学、中心校、幼儿园等三所学校的示范校建设已初具雏形。三是乡村两级办公阵地明显改善。筹资100万元，实施政府服务功能提升工程；新建的4个村村级服务阵地已完成二楼的封顶。四是美丽乡村建设取得重大进展。在天星、沙拉槽、白龙、邓家湾、大水、西桥、郎家塘等村实施以贵州民居房屋改扩建为主要载体的美丽乡村建设，同时因村制宜配套完善相关基础设施。目前正推进大水、天星一线涉及7个村民组328户农户的“美丽乡村”市级示范点的建设。五是农村环境卫生、特色集镇建设等取得新进展。

【政法综治】　坚持稳定压倒一切，始终把确保一方平安作为我们的首要任务来抓。逐步加大对综治工作经费的投入，强化公民法律意识，“平安乡（村）”创建工作成效显著。进一步完善了政法、公安、司法、治保调解等一系列防控体系，并强化管理。始终坚持矛盾纠纷排查调处工作，充分发挥镇村调解组织作用，及时化解群众矛盾纠纷。妥善处理各类信访案件，按照“诉求合理的设法予以解决、无理取闹的坚决司法打击、法律解决的引导诉讼”的方式，化解各类矛盾纠纷。积极开展创建“无毒村、无毒单位、无毒学校、无毒家庭”为重点的“四创”活动，建立对吸毒人员帮教档案，签订帮教责任书，落实帮教措施，加强对吸毒人员的法律、法规和党的政策教育，提高他们的法制观念，确保了社会稳定和人民安居乐业，为打造平安、和谐长春夯实了基础。社会治安防控体系“六网”建设情况：全乡单位宿舍楼院数4个，楼栋数8栋，安装视频监控8栋，成立业主委员会楼栋数8栋。通过楼群院落防控网建设，单位宿舍楼的治安形势明显好转，没有发生偷盗等案件；全乡在单位和重要行业场所设立了警务室，并有专职人员值班守护，建立了出入登记制度，有效维护了单位和重要行业场所的安全；全乡11个村设立村级警务助理11人，组建义务巡逻队33支，共108人，共巡逻6542人次，118个村民组组建义务守寨队118支，共243人，共巡逻21111人次，提高了群防群治意识，有效维护了社会稳定和谐，各种治安刑事案件、矛盾纠纷明显下降。

平安建设治安整治“七项行动”建设情况：全乡学校9所，设立警务室9个，配备安保人员10个，设立护校队人数50人，安装视频监控10个，加强校园隐患排查27次，排查出隐患3处，整治隐患3处；医院1个，设置警务室1个，安保人员1人，群众对医疗服务满意度高达96%；通过排查，全乡无突出治安问题。特殊人群“六项工程”情况：全乡有严重不良行为未成年人7人，均送去育新学校就读，有3人毕业；流浪未成年人13人；农村留守儿童数1437人；闲散青少年数7人；服刑在教人员未成年人子女数53人；在册吸毒人员数107人，乡镇阳光工程安置点数1个，安置人员6人；排查发现的艾滋病患者5人；2016年刑事解教人员数5人；疑是精神病患者数55人，易肇事肇祸精神病人数21人。乡党委政府采取各种切实有效措施，明确特殊人群包保责任，加强对特殊人群的管理。截止现在，移送精神病院住院治疗的2人，帮助刑事解教人员5人，帮助物质和资金折资共计3万余元。禁毒踏查工作：全乡自2012年以来共开展禁毒踏查62次，铲除毒品原植物1800余株，教育群众5000余人次。群防群治基层基础建设建设：在全乡下辖11个村均建设村级警务室，并配备1名村级警务助理，完善了村级警务室的相关制度，对村级警务助理进行系统的培训，对完善农村群防群治基层基础奠定了基础。

【安全生产】 认真履行安全生产职责，全面落实安全生产责任制度，强化安全生产目标管理，乡政府与各行政村签定目标管理责任书33份、与乡直各单位签订目标管理责任书51份、企业向政府签定承诺书33份，各行政村与辖区村民组签定责任书354份、机动车驾驶员或车主向村委会签定承诺书528份，2012年来，加强对企业安全生产监管，共出动车辆532台次，人员3686人次，对我乡非煤矿山、建筑施工、烟花爆竹、医院、学校、道路交通、非法采煤采矿等行业和领域开展检查926次，严格落实隐患排查治理制度，实行隐患闭合管理。

【教育文卫事业】 一是实现小学适龄儿童入学率达100%，初中适龄少年入学率达99%，义务教育巩固率达98%，初中毕业生升学率达99%，小学辍学率控制在0.2%以内，初中辍学率控制在1.32%以内，全面完成了各项指标任务和控制要求。二是全面落实学生宿舍工程项目建设，小学开展寄宿制工作3所，入住率达31%，初中寄宿制入住率达70.2%。重点抓好教育“9+3”和“控辍保学”工作，确保辖区内无辍学生，为进一步开展好普十五的相关工作打下坚实基础。文化旅游工作：完成安装农民健身工程2个，农家书屋11个，免费开放图书室、电子阅览室各1个，建成多媒体活动室1个，休闲文化广场2个，完成村村通工程11个行政村全覆盖，开展群众喜闻乐见的文化活动14场次，极大地丰富了群众精神文化生活。卫食药监工作：实现城乡居民医保参合率达100%（举家外出务工人员除外），村卫生室使用率达100%，认真做好食品药品安全监管，认真做好辖区内农村群众宴席及食品生产加工小作坊、食品摊贩的登记备案工作，各学校食堂餐饮服务许可证持有率达100%。做好辖区内诊所、药房等的监管，无任何医药事故发生。完成了“一会两站”挂牌和人员配置，做好宣传和维权工作，食品质量卫生安全投诉事件投诉处理率达100%，未发生食品安全事故。我乡本着“扶贫先扶智、教育拔穷根”的理念，通过多方筹措资金，于2016在野角中学举行“野角乡奖学、助学基金募集暨筹集大会”募集资金40余万元，该基金在乡财政设立助学基金专项账户进行专项资金管理，保证专款专用，并制定了一套完善的考评和申领程序，保证资金用在最优秀的教师、最优秀的贫困学生身上。在全乡再次掀起尊师重教和教育扶贫新高潮，为全乡全面脱贫、决胜小康再立新功！通过广泛的宣传走访和摸底调查，将全乡符合条件的贫困学生全部建立台账，并主动对接，上下协调完善各类手续和申报资料，使全乡符合条件的贫困学生实现了应助尽助。截至2016年，全乡第一批受助学生达124人，受助金额24.13万元。

【社会事务工作】 一是继续推进“四在农家·美丽乡村”建设，着力打造天星村“四在农家·美丽乡村”示范点，对天星村100余户村民民居进行了改造，其余各项指标稳步推进，逐步改善农村人口居住环境。二是切实解决了五保老人的供养问题。为生活困难人群1180户，2235人办理了最低生活保障，全年共发放低保金593.0065万元，切实关注弱势群体生活；全面实施城乡居民养老保险工作，为2530位60周岁以上老人办理基础养老金领取手续，激发16周岁-59周岁人员投保积极性，实现全乡参保人数能达到上级指标；

【脱贫攻坚工作】 全乡现精准扶贫系统共有1465户，5672人，其中已脱贫716户、3175人；现有贫困户749户、2497人，其中民政兜底222户349人。目前，全乡上下正克难攻坚、真抓实干，因贫施策、因策发力，同心同向同力精准施策，抓紧抓准抓实脱贫攻坚。我乡的做法主要是：创新思路整合资源推进产业扶贫，一是用活“一市五金多套餐”普惠发展助弱变强。为用好用活“一市五金多套餐”惠民政策，在既充分利用本乡资源优势发展壮大养殖业的同时为贫困户找准精准脱贫的路子，我乡总结提炼出“四到户四把关九措施”实施办法（即精准识别到户，把好对象审核关——实行“四不贷两具有”审核制度；精准发动到户，把好政策宣传关——实行干部上门宣传发动责任制度；精准放贷到户，把好资金使用关——实行“约时定人”放贷、保证金管理、干部“联户保购”等制度；精准管理到户，把好帮扶成效关——实行小额贴息贷款养牛“一户一档”管理、按季度走访帮扶和召开例会动态管理制度、始量保本审核销售管理、技术干部专职服务和合作社运行等多项制度），大力推进“一市五金多套餐”小额贴息贷款项目落到实处。截至目前，全乡已发放养牛项目贴息贷款865户、2483.6万元。全乡牛存栏数9000余头。同时，大力发展“多套餐”中的其他套餐，使全乡传统产业风生水起。二是集聚“特惠贷”抱团发展弱弱联合。我们将有发展意愿、却无发展能力的贫困户进行捆绑，动员贫困户将自身享受的5万元“特惠贷”以股金的形式注入支部领办的种养基地，同时又以产业工人的身份在基地务工增收。目前，已通过这样的方式在大水村建成食用菌生产大棚22个，在北山村建成能繁母猪养殖基地1个，在郎家塘村建成生猪养殖场两个。涉及贫困户30余户，累计可为贫困户年创收近百万元。三是招商引资分红保底以强带弱。我乡充分发挥政府引导作用，通过多方招商引资，引进嘉富农牧落户乡农业园区，在现有1000亩脆红李的基础上，继续连片种植脆红李、蜂糖李3000亩，同时，新建年出栏10万头的生猪养殖场，努力将我乡农业园打造成种养结合、农旅结合的现代高效观光农业园。面对企业3000余亩的用地需求和产业发展需要，我乡迅速抽调专人成立“农业产业发展办公室”，由乡长直接分管，除了为企业产业发展提供“保姆式”服务外，划定“分红保底线”保障股民利润稳定增长。农民将土地入股给企业生产经营，企业按30%的利益与入股群众分红，并设定“分红保底线”前三年企业建设没有利润收入期间，每年每亩地至少给以群。众300元的生活保障，待第四年企业大量投产后，每年给以群众30%的利润分成，并设定每亩600元为“分红保底线”，即当每亩地30%的利润低于600元时，企业支付给群众的红利每亩不得低于600元，且“分红保底线”按每年5%的涨幅递增，以确保入股农民利益得到有效保障。搭建平台凝聚合力开展教育扶贫，一是认真用好用活教育资助各项政策。通过广泛的宣传走访和摸底调查，将全乡符合条件的贫困学生全部建立台账，并主动对接，上下协调完善各类手续和申报资料，使全乡符合条件的贫困学生实现了应助尽助。截至目前，全乡受助学生达124人，受助金额24.13万元。二是成立基金会拓展教育扶贫模式。我乡本着“扶贫先扶智、教育拔穷根”的理念，通过多方筹措资金，2016年在野角中学举行“野角乡奖学、助学基金募集暨筹集大会”募集资金40余万元，该基金在乡财政设立助学基金专项账户进行专项资金管理，保证专款专用，并制定了一套完善的考评和申领程序，保证资金用在最优秀的教师、最优秀的贫困学生身上。情真意切真抓实干实行易地搬迁，一是为2016年分散安置的对象提供产业支撑。我乡2016年易地扶贫搬迁79户310人，主要涉及5个村10个村民组，乡政府通过筑巢引凤的方式，用真情吸引外出务工能人带着信息、技术、项目和资金返乡在搬迁户集中安置点创业，同时为他们制定一系列服务措施和优惠政策，让返乡人员“回得来，留得住，发展好”，同时带领搬迁户致富。目前，已在涉及安置搬迁户的元华村创建猕猴桃采摘园500亩，在白龙村创建蜂糖李基地1500亩，在沙拉槽村创建大棚蔬菜基地100亩，在大麻塘新建藏香猪养殖场1个，为搬迁贫困户提供产业支撑，使他们搬得出、稳得住、能致富。二是积极动员“一方水土养不起一方人”的贫困群众进行搬迁。面对符合搬迁条件的群众的不愿意、不理解、不接受，我乡通过“双向承诺”的方式压实责任，最大限度激发干部走访动员群众的干劲和潜力，使全体乡村干部始终带着耐心、关心、细心和责任心与贫困户交流沟通，用感恩的心，善待群众；用真诚之心，贴近群众；用宽容之心，感动群众；用炽热之心，关爱群众；用无私之心，服务群众。同时积极与碧海对接，组织贫困群众到碧海实地考察了解居住环境，打消贫困群众的搬迁顾虑。经过全乡上下的努力，除2016年自主安置的79户310人外，共动员2017年搬迁对象116户529人，2018年搬迁对象70户282人。均超额完成区政府追加的搬迁任务数。积极争取主动作为完善基础设施，一是水电路等基础设施建设有序推进。本着差什么补什么的原则，我乡积极与上级有关职能部门对接，争取相关基础设施项目，全乡实施的通村路近90公里，通组路60余公里，各产业园区机耕道60余公里，目前，各路段施工正有序推进中；乡客运站已建成并投入使用；全乡河道治理工程等项目正在申报当中。二是教育基础设施稳步推进。争取爱心人士捐赠40万新建的半边街幼儿园已完成主体施工；涉及野角中学、快乐小学等4个学校的薄改工程已完成征地拆迁；涉及野角中学、中心校、幼儿园等三所学校的示范校建设已初具雏形。三是乡村两级办公阵地明显改善。筹资100万元，实施政府服务功能提升工程；新建的4个村村级服务阵地已建成投入使用。四是美丽乡村建设取得重大进展。在天星、沙拉槽、白龙、邓家湾、大水、西桥、郎家塘等村实施以贵州民居房屋改扩建为主要载体的美丽乡村建设，同时因村制宜配套完善相关基础设施。目前正推进大水、天星一线涉及7个村民组328户农户的“美丽乡村”市级示范点的建设。五是农村环境卫生、特色集镇建设等取得新进展。层层把关精耕细作狠抓精准识别，一是通过“巡回培训—交叉检查—领导把关—定户包保—跟踪完善—督查考核”等六步曲对建档立卡贫困户的“一户一档”进行反复多次的核实完善，使“一户一档”资料与贫困户真实情况、明白卡填写的情况一一吻合，实现“三统一”。二是通过“日”食宿服务，免除后顾之忧有保障；“周”开单提示，明确工作责任有目标；“旬”督查巡访，切实改进作风有举措；“月”技能培训，提升综合实力有平台；“季”实绩亮晒，激发干事动力有实招；“年”测评考核，确保真蹲实驻有检验等“六步”管理法，真正使帮扶干部真帮实驻，达到真扶贫、扶真贫，降低“两率”，提高“一度”。虽然我乡在决战贫困、提速赶超的各项工作中取得了一些成绩，统筹推进了精准扶贫实现从“满灌扶贫”向“滴灌扶贫”的政策体制转变，从“部门扶贫”向“合力攻坚”的扶贫方式转变，从“被动脱贫”向“主动脱贫”的群众意愿主体转变，从“束手无策”向“多措并举”的帮扶措施转变，从“定向不动”向“灵活撬动”的资金使用转变，从“人均脱贫”向“人人脱贫”的“六个逐步转变”。但要确保全乡2018年贫困村全面出列仍存在一些困难和问题。一是贫困人口相对较多，扶贫任务很重。二是贫困人口分布零散，扶贫难度大。三是基础设施条件落后，脱贫致富障碍多。四是致贫原因非常复杂，返贫现象凸显。五是内生动力不足，脱贫主体意识不强。

（撰稿人：办公室）

青场镇

【概　述】 五年来，在区委、区政府的正确领导下，青场镇党委坚持以邓小平理论和“三个代表”重要思想为指导，以党的十八大及十八届历次全会精神为工作指南，全面贯彻落实科学发展观，立足“建设小城镇，致富新农村，积极推进城镇化进程，全面建成小康社会”的总体发展思路，以发展型服务型党组织建设为契机，加强农村基层服务体系和干部队伍建设，以项目建设为统揽，积极发展板块经济，夯实基础设施，全力改善民生，不断以新思想、新观念推进全镇跨越发展，实现了经济稳步增长和社会事业全面进步。

【经济指标】 五年来，全镇国民生产总值由2012年2.1亿元提升到2016年6.74亿元，同比增长2.20%；固定资产投资由0.42亿元提升到1.88亿元，同比增长3.48%；财政收入由825万元增加到2828万元，同比增长2.43%；社会消费品零售总额从0.1亿元增加到0.36亿元，同比增长2.6%。五年来，累计签约招商引资项目30余个，签约资金6.589亿元，引进五金加工、家具生产、鞋业生产、超市、药品零售和医院等18家企业入驻。全镇农民人均纯收入从2012年的5100元增加到2016年的7930.4元，生活水平得到极大提升，各项指标任务全面完成，社会事业健康发展。

【项目建设】 五年来，该镇紧扣发展富民这一主题，始终坚持项目带动发展战略，不断增强争项目、跑项目的意识，不失时机地申报项目、争取资金，全面加强基础设施建设。交通基础设施建设。五年来，全镇共建成通村水泥路13条共164.7公里；完成院坝硬化30万平方米、串户路121公里；完成“一事一议”通组路建设136公里；完成木山、鲍家、初都等村桥梁建设5座；完成毕镇高速公路建设征地3000余亩、房屋拆迁245户、迁墓170余座，累计发放各类补偿款1亿元，境内高速公路建设有序推进，并于2017年9月31日建成通车。水利工程建设。五年来，全镇完成投资150万元的机田井4口；2600万元的安全饮水工程17个、水池建设30个；投资357万元完成5·10洪灾受损河道治理1.3公里；投资43万元完成镇区饮水工程大山水池建设；完成投资154万元的青松农灌工程建设。危房改造建设。五年来，完成危房改造1638户发放补助款1464.1万元；完成新沟村贵州民居建设60户发放补助款90万元；完成青坝等村小康房建设98户发放补助款204万元。小城镇建设。自2011年10月启动小城镇建设以来，完成市政道路和沿河景观路建设4.9公里，新区电力电讯入地4公里，路灯安装100盏，绿化面积1000余平方，沿街商住楼建设已完成15万平方米，建成景观喷泉广场3000平方米，投资20万元完成广场LED显示屏建设，建成新街和老街集贸市场2个共7000平方米，水冲式公厕200平方米，春晖创业园5170平方米，卫计中心大楼3557平方米，职工保障性住房1.16万平方米，政务服务大厅200平方米，桥梁2座，完成400万元的红岩河新区段河道治理1.1公里。截至目前，新区“小桥流水”和“景观池塘”、省级高标准基本农田建设土地整治项目、污水处理厂、迎宾大道、客运站、镇区风貌建设工程、示范小城镇信息化建设、春晖大酒店、宾馆、沿街商住楼、超市、小学教师周转房及附属工程等项目建设有序推进，垃圾收运系统、集中式饮用水水源保护工程等项目已完成前期准备工作。五年来，小城镇建设已完成直接投资2.9亿元，拉动投资4.7亿元，吸纳农村剩余劳动力3500余人，解决劳动用工80余万个，创劳务经济收入近8000万元。在全省100个示范小城镇考核排名中，从2013年的第51位上升到2014年的第37位，实现了进位升级。2015年由于成绩突出，我镇被评为全省小城镇建设先进单位。

【产业调整】 紧紧围绕农业产业结构调整这一主线，不断加大科技兴农工作力度，不断夯实农业发展基础，农业产业化发展取得初步成效。五年来，全镇白茶种植从无到有，从有到蓬勃发展，目前已种植白茶7000余亩；种植中药材2000亩、核桃1万余亩、1000亩白蒜、皂角500亩、蜂糖李1000亩、脆红李1000亩；完成青坝村500亩玛瑙红樱桃种植；在青场、鲍家、渔洞、粮都、火冲、初都、大山等村逐年完成1万余亩脱毒马铃薯种植；建成100头以上规模生猪养殖场10个，养牛30头以上场地10个；投入专项产业扶贫资金106余万元，先后组建蔬菜、白茶、特色经果林等“村社一体”载体专业合作社6个。

【生态建设】 深化“全民动员·绿化青场”活动，完成小城镇周边区域绿化建设工程，全面提高集镇周边山头的绿化水平，并在关键部位、关键节点建设景观，提升城镇品位。五年来，全镇完成造林绿化4万余亩，实施荒山绿化1.5万亩，巩固退耕还林成果特色经果林项目建设1.12万亩，完成退耕还林抚育管护工作，天然林保护工程森林管护面积4万余亩，通村公路绿化20余公里。

【文化建设】 五年来，建设文化广场3600平方米，为群众提供了休闲、娱乐、健身的场所；完成全镇13个村农家书屋建设，购置书籍1.5万余册；投资30万元完成青场图书分馆和文化分馆建设；完成了5个村文化体育工程建设。积极开展送教下村、农民讲师、流动党校等活动。五年来，累计开展各类活动400余次，引领群众学科学、用科学，积极倡导婚丧事简办、新办，革除陈规陋习，树立了时代文明新风。

【脱贫攻坚】 五年来，通过广大党员干部、群众的积极努力，完成了青松、火冲等贫困村出列工作，实现减贫397户共1720人。一是通过“四看法”评分及人均可支配收入核查相结合的方式，识别出全镇贫困户1520户5080人。目前，全镇已发放贫困户贷款638.3万元，含265户养牛贫困户；种植脱毒马铃薯302户，发放扶贫补助资金17.6万元；核桃产业化种植142户。二是强力推进易地扶贫搬迁工作。通过开展逐村逐户走访、核实、审查等工作，确定35个区域1103人符合搬迁条件，其中2016年完成91户352人搬迁，其它各项精准扶贫措施正有序推进中。

【社会事业】 五年来，完成镇中心幼儿园建设，建成学生宿舍9600平方米、教师公租房7600平方米，新建火冲村村级小学，计划今年9月开班教学。五年来全镇小学适龄儿童入学率为105.5%，初中阶段辍学率控制在2.35%以内，比上级规定的2.8%控制目标低0.45个百分点，九年义务教育巩固率为95.17%，高出85%的控制目标10.17个百分点。完成镇卫生院标准化建设并按卫生和计生整合标准修建卫计整合大楼，完成12个村卫生室改造。投资110万元改扩建镇村级便民利民服务中心，实现权利在阳光下公开运行；完成13个村广播电视“村村通”工程3500余套；新增城镇就业1600人；城镇居民医疗保险参保人数达2.87万人，续保率100.8%。同时积极开展矛盾纠纷大排查、社会治安大整顿和法律法规大宣传，社会治安形势稳定好转，安全生产事故和非正常死亡人数维持在较低水平。

【镇容村貌建设】 五年来，投入资金300万余元，新建垃圾池20个、购买垃圾箱40个和垃圾桶500个，科学布局在交通要道、居民聚居点等，实现垃圾日产日清。同时结合全镇实际，采取市场化运作方式将镇区环卫工作，按照每年39.84万元承包给青场镇环卫保洁工作服务部，通过采取市场运作、政府监管方式，实现了镇区、村组环境卫生得到极大改善。五年来，采取“一事一议”等方式投资400万元安装镇区、村庄路灯420盏，改善了群众夜晚出行条件。投资90万元修建集镇道路边沟2千米和3.4千米的排污沟，有效改善集镇地下污水的排放问题。五年来，创建了火冲、青坝、上寨等村小康寨16个，新建火冲、青坝、木山、上寨等村文化活动广场6个。

（撰稿人：办公室）

大河乡

【概　述】 2012－2016年这五年是大河乡经济社会快速发展、各项工作取得较大突破的五年，也是该乡经济社会发展取得阶段性成果的关键五年。五年来，在乡党委的正确领导下，在乡人大的监督和支持下，乡人民政府始终坚持以邓小平理论和“三个代表”重要思想为指导，深入贯彻落实科学发展观，全面贯彻党的十七大及十七届三中、四中、五中、六中全会精神，立足大河乡情，紧扣发展第一要务，团结和依靠全乡各族人民，好中求快，以快促好，统筹抓好各项社会事业建设，克服了百年不遇的特大干旱等种种困难，抢抓机遇、克难攻艰、奋力拼搏，全乡经济社会发展步入又好又快、更好更快的良性轨道，综合实力不断攀升。

【经济发展全面提速，综合实力不断跃上新台阶】 1、工农业产值逐年递增。2011年，全乡工农业产值达到3823.2万元，相比2006年增长了34%。农村经济纯收入达到6441万元，相比2006年的3477万元增长了85%；农民人均纯收入达到3024元，相比2006年翻了一番。粮食总产量从2006年7762吨增加到9730吨，增长了20%，农民人均占有粮食从2006年410公斤增加到480公斤，人均增粮70公斤，增长了17%。2、财政税收成效显著。五年来，财政税收每年都超预算完成任务，而且每年呈上升趋势，其中2010年财政税收259.86万元，为年初预算数229.01万元的113.47%，增加收入30.85万元，比上年实际完成数247.07万元，增加收入12.79万元，增长5.18%。

【经济结构加速调整，农业工作不断实现新提升】 1、烤烟产业地位得到不断巩固。五年来完成烤烟产值4808.9635万元，实现烟叶特产税977.7927万元，烤烟基础设施建设不断完善，五年来，投资850万元修建密集式烤房267栋，2006年完成了350万元的柯乐村烟水配套工程建设，覆盖鸡姑、柯乐两村，解决了2000余亩烤烟望天吃饭的难题；2010年还投资200余万元在鸡姑村建成了28个烤烟连体大棚，实现了烟叶商品苗的供应；2、畜牧业发展势头良好。认真抓好春秋防工作，最大限度控制疫情，在拉乐、下沟两个村投资70万元实施种草养牛项目2个；到2011年全乡实现生猪存栏12600头，大牲畜存栏6800头［匹］，禽存栏54500只［羽］，全乡实现了肉类总产量1550吨，相比2006年增加了11%。3、蚕桑产业不断壮大。加强对5000亩桑园的管护，认真开展现场指导、短期种养殖技能培训，以“三江源”生态产业项目为载体，完成了3000亩的桑园提升工程，确保了蚕桑产业在我乡真正扎根。4、劳务经济稳步发展。切实发挥劳动力资源优势，进一步加强劳动力转移培训，采取政府支持、个人联系、能人带动等多种形式，不断拓宽劳务输转渠道。通过五年来的努力，我乡劳务经济收入在农民人均纯收入的比例达到40%以上。5、农村林权制度改革不断深入。真正实现了“山有其主，林有其权，树有其人”和“明晰产权，放活经营，规范流转”的目标。6、农耕环境不断改善。2009年在全乡8个村完成27个点共1100亩的小规模土地复垦项目，老百姓人均占有耕地增加0.05亩。7、农业产为结构调整步伐不断加快。2010年投入资金25万元在青杠村实施特色经果林1100亩。8、扶贫开发工作不断向纵深发展。2006年我乡贫困人口为9180人，到2011年减少到3640人（其中1156人通过地区集团帮扶当年实现了减贫摘帽），招商引资稳步推进。2011年已实现了招商720万元，招商项目刺梨、核桃和大棚蔬菜基地已在鸡姑、下沟两村落地。

【新农村建设步伐加快，农村面貌不断发生新变化】 全乡水、电、路、讯、教育、科技、文化、卫生、广播电视、体育等各项事业快速发展，村容村貌明显改观，人民群众的生产生活条件得到较大改善，人民生活水平不断提高。1、五年来，我乡基础设施进一步完善。2008年，完成总投资2025万元的青河油路改造；对下沟至青杠、双桥至官房、双桥至拉乐、双桥至官代河4条村级公路进行了改造；新建了青杠村级组织活动场所建设，对双桥、鸡姑、官代河、下沟四个村级组织活动场所进行了改扩建；在乡机关投资12万元修建的标准化水冲式公厕已投入使用。2、五年来，该乡生态文明家园建设和农村危房改造得到新的突破。自2008年农村危房改造工作启动以来，该乡切实加强宣传动员，全面实行包保责任制度，累计实施了712户农村危房改造1300余户生态文明家园建设，2011年，该乡进一步加大建设力度，目前，共有410户农村危房改造工程正在建设中。

3、加快重点工程建设。2007年以来，投资近100万元，先后完成了兽医站新建，司法所、政府机关宿舍、精神文明服务中心大楼的改建。乡机关办公环境得到极大的改善，同时投资110余万元，在双桥村修建了1所老年公寓并投入使用。4、加大了鸡姑、双桥两个集市的环境整治。进一步加大环卫设施的投入，同时聘请公益性岗位工作9

名，完善了环卫等工作机制，大大改善了集市环境卫生。5、村级“一事一议”财政奖补项目工程逐步完善。完成鸡姑四组到五组、鸡姑村二组到八组、双桥村河边到百多、双桥村烟站湾子、双桥村乡人民政府所在地到常家院子、拉乐村拖冲组、官代河村大塘组、官房村下寨组8条通组路水泥硬化以及官代河村大塘组的串户路硬化。6、水利基础设施建设进一步完善。山水林田路综合治理进一步加强，2009年，在柯乐村实施了毕节地区江河治理中央新增预算内水土保持工程，投入资金375万元，完成坡改梯465亩，栽种经果林1800亩，水保林120亩，硬化作业便道3公里，修建沟渠0.6公里，水池15口，沉砂池3口。投入资金150万元，实施双桥村（含官房）集镇安全饭水工程，拉乐村安全饮水工程，两项工程共解决了3个村7641人民群众的安全饮水问题，千方百计争取国家资金118万元的集镇供水工程项目，切实解决了政府机关所在地2000余人饮用水问题。

【社会事业协调发展，人民生活不断获得新改善】 1、人口和计划生育工作成效显著。一是夯实了基层基础，在全程跟踪管理服务上取得了新突破；二是消化大量的库存手术，在二女户结扎上取得了新突破；三是宣传工作和利益导工作取得新的突破；四是管理考核体制取得了新的突破。在每年的考核中，均完成了市委、政府下达的各项目标任务，每年均获得二等奖。2、安全生产工作进一步提高。五年来，我乡全面实行目标管理，责任到人，加大宣传力度，切实加强动态巡查，注重源头治理，集中开展了以道路交通、非煤矿山、民爆物资、食品药品卫生、校园周边环境、消防隐患、重特大事故隐患排查整治，落实监管责任，五年来，未发生任何安全生产责任事故。3、社会稳定工作健康发展。五年来，我们加大了矛盾纠纷的排查调处力度，以“三级视频”接访为依托，热情接待来访群众，关注群众关心的难点热点问题，变群众上访为干部下访；严厉打击各类违法犯罪活动，使群众治安满意度不断提升，有效化解了社会不稳定因素，做到“小纠纷不出村、大纠纷不出乡、矛盾不上交”。五年来，社会治安形势明显改善，实现零上访目标。4、社会保障民生工程取得明显效果。进一步巩固和完善农村低保救助体系，实现动态管理下的“应保尽保”，保障困难群众基本生活，并按时足额发放各类补助。5、教育事业稳步发展。围绕巩固“两基”成果，加大对教育事业的投入，建立义务教育阶段“保学控辍”长效机制，新建了大河中心校、青杠德贵小学、官房张洹小学、官代河岩口小学，扩建了鸡姑小学、拉乐小学、下沟小学、柯乐小学，大河中学寄宿制工程全面启用，教育基础设施建设步伐长足发展，为把沉重的人口负担向人力资源优势转换奠定了坚实的基础。五年来，我乡中考成绩形势喜人，考入贵阳一中、贵阳六中、毕节一中的学生在农村中学中一直名列前茅。升入南开、北师大等高等学府的学生不乏其人。6、公共卫生和医疗水平进一步提高。完成地氟病项目改良炉具任务铁炉1540个，电炊具5051套，多方协调，使停建了多年的乡卫生院建设完工并投入使用，完成全乡8个村的卫生室建设，极大地改善了我乡群众的医疗条件，不断加强公共卫生服务管理体系建设，扎实开展食品安全专项整治，加大新农合的宣传，认真抓好新型农村合作医疗政策的宣传和参合金筹资工作，五年来，我乡参合金的收缴比例逐年呈上升趋势。7、惠民政策落实到位。认真落实国家和省、地、市各项强农惠农政策、措施和资金，严格程序，及时办理，做到了公开、公正、透明。五年来，积极落实“汽车、摩托车下乡”等政策，按时足额发放各类补贴资金。五年来共补贴家电335台，汽车、摩托车362辆，发放补贴资金33.8万元。8、文化体育等各项事业不断完善。五年来，完成了鸡姑、双桥、柯乐3个村的农家书屋和鸡姑、下沟、双桥等村农民健身工程，由省文化厅投资15万元购置了舞台设备、室内图书、电子图书，极大丰富了人民群众和干部职工的业余文化生活。与此同时，广播电视、民政优抚、档案、妇女儿童和老年人权益保护、关心下一代等各项社会事业建设也都取得新的成效，促进了经济和社会协调发展。9、圆满完成了第六次全国人口普查工作任务。第六次人口普查是一项重大的国情国力调查，是和平时期最大的社会动员，是一项庞大的系统工程，结合我乡实际，人口普查摸清了全乡人口总数、人口结构、人口分布等情况，为全乡发展摸清了底数，掌握了情况。

【政府自身建设得到加强，服务能力不断获得新提升】 1、进一步公开政府政务，结合“双考双评双挂钩”工作，加强了对乡、村干部的绩效考核和教育管理，从严落实廉政建设责任制，自觉接受人民代表大会的依法监督和人民代表的民主监督，切实转变工作作风，及时办理人大议案，加强整改意见落实，扎实推进为人民服务的“实事工程”。2、推进了便民服务中心规范化管理，进一步提升了帮办服务水平。自2009年便民利民服务中心建立以来，共累计为民办实事200余件，大大加强了效能型机关的建设力度。3、加强了行政效能监督检查，进一步完善了机关内部管理制度，机关工作效能和工作作风明显改进。认真落实《廉政准则》的各项规定，深入开展了反腐倡廉警示教育，提高了机关工作人员特别是领导干部的廉洁从政意识。4、党的建设取得了较好的成绩。党的基层组织建设及党员队伍建设、干部队伍建设不断得到加强，党风廉政建设成果不断巩固，社会主义民主法制建设取得明显效果，党的基层组织先进性建设得到进一步加强，统一战线，人民武装，群团组织充分发挥了各自的职能作用。5、民主法制和精神文明建设、依法行政和廉政建设扎实推进，政府自身建设不断加强，进一步深化政务公开，基层民主得到有效保障，党群、干群关系更加密切，民族宗教、妇女儿童、老龄、统计、农机、档案、地方志、残疾人事业、人口普查等其他各项工作有序推进。

（撰稿人：办公室）